Rudolf Schenda:
Volk ohne Buch
Studien zur Sozialgeschichte der populären Lesestoffe
1770–1910

i
K
r

Deutscher
Taschenbuch
Verlag

Das Buch erschien ursprünglich als Band 5 der ›Studien zur Philosophie und Literatur des neunzehnten Jahrhunderts‹ im Forschungsunternehmen »Neunzehntes Jahrhundert« der Fritz Thyssen Stiftung.

Mai 1977
Deutscher Taschenbuch Verlag GmbH & Co. KG,
München
© 1970 Vittorio Klostermann Verlag, Frankfurt/M.
ISBN 3-465-00575-9
Umschlaggestaltung: Celestino Piatti
Gesamtherstellung: C. H. Beck'sche Buchdruckerei,
Nördlingen
Printed in Germany · ISBN 3-423-04282-6

INHALT

ANHANG

Vorwort

Dieses Buch ist ein Anfang. Es behandelt ein Thema, das bislang von der Literaturwissenschaft, ja sogar von der modischen Trivialliteraturforschung vernachlässigt worden ist. Es versucht, Aussagen über die billigsten, die anspruchslosesten, auch die „schmutzigsten" Lesestoffe zu machen und gleichzeitig deren Herstellern, Vermittlern und Verbrauchern auf die Spur zu kommen. Ein Anfang, nichts Endgültiges, eine Studienhilfe mit Anregungen zu weiteren Arbeiten: deshalb enthält dieses Buch einen aufwendigen Anmerkungsapparat, präzise Nachweise und Hinweise, eine umfangreiche Fachbibliographie. Jedem Nicht-Fachmann sei es gestattet, den Text ohne diesen leidigen Gelehrten-Kram zu genießen.

Dieses Buch ist ein Essay: der Versuch, anzufangen mit einer Sozialgeschichte massenhaft verbreiteter Literatur. Die Texte gehen, allein für das hier behandelte neunzehnte Jahrhundert, in die Hunderttausende. Tausende von Lesestoff-Produzenten, Autoren, Druckern, Verlegern bleiben ungenannt. Ein Versuch also, aus dieser unbekannten Fülle treffende Beispiele heranzuziehen und zu kommentieren.

Eine sozialhistorische Arbeit, teils volkskundlich, teils literaturwissenschaftlich orientiert, aber doch der historischen Arbeitstechnik und Methode verpflichtet. Dabei schien es notwendig, mit der Tradition national begrenzter Studien zu brechen und wenigstens ein Nachbarland in die Forschungen einzubeziehen. Diese Methode bezweckt keine komparatistische Effekthascherei; in der Tat wurde auf ein penetrantes Parallelisieren verzichtet und ein Großteil der Vergleichs-Korollarien dem denkenden Leser überlassen. Der Ausgriff auf französisches Gebiet soll vor allem daran hindern, die Ergebnisse dieser Arbeit als nationaltypisch anzusehen: alle gebotenen Fakten sind eher in europäischer als in deutscher Beziehung relevant.

Die historischen und kulturellen Dauerkontakte der Länder auf beiden Seiten des Rheins beschränken sich nicht auf Politik, Krieg und Kunst; sie betreffen auch die sogenannte Infrakultur. Speziell Frankreich bot sich als Partner bei den Forschungen an, da es, im Gegensatz zu England, noch keine umfassenden Studien zum Thema veröffentlicht hat, und da es andererseits, im Gegensatz zu Italien, genügend Hilfsmittel in Bibliotheken und Archiven zur Verfügung stellt. Das aus Frankreich beigebrachte Material erhebt nicht den geringsten Anspruch auf Vollständigkeit; es dient jedoch als Kontrastmittel, das die deutschen Verhältnisse hie und da deutlicher sichtbar macht.

Die Darstellung eines so umfassenden Phänomens über einen Zeitraum von eineinhalb Jahrhunderten (und ohne die weise Beschränkung auf einen kleinen geographischen Raum) bringt zwangsläufig die Makel der Simplifizierung, der raschen Generalisierung, des zu früh gezogenen Schlusses mit sich. Dem Autor sind diese Schwächen wohl bewußt. Er hat eine Pilot-Study angefertigt, um halbwegs brauchbare Hypothesen bilden zu können. Er hat diese zum Teil kraß formuliert, um die Kritiker herauszufordern, Einzelaspekte der Arbeit oder auch die ganze These vom „Volk ohne Buch" zu falsifizieren. Die Probleme der populären Lesestoffe mußten versuchsweise in einem größeren Zusammenhange gesehen und mit Hypothesen umstellt werden: nur so kann sich diese neue Abteilung der Literatur- oder der Sozialgeschichte wissenschaftlich entwickeln.

Dieses Buch wäre nicht zustandegekommen ohne ein großzügiges Stipendium der Fritz Thyssen Stiftung, Köln: erst dadurch wurden die vielen erwünschten Besuche in französischen und deutschen Archiven und Bibliotheken Realität; erst dadurch war das Wagnis einer umfasenderen Darstellung und einer ungekürzten Drucklegung möglich.

Die Fritz Thyssen Stiftung hat bei ihrem weitausgreifenden Forschungsunternehmen „19. Jahrhundert" eine große Zahl von Arbeitskreisen ins Leben gerufen, die sich in vorbildlicher Weise der intensiven Erforschung einer geschlossenen Epoche gewidmet haben. Im Jahre 1965 hat der seit 1963 bestehende Arbeitskreis „Deutsche Literaturwissenschaft" den Verfasser zu anregenden Sitzungen in Frankfurt eingeladen und ihn ermutigt, seine wissenschaftlichen Pläne zu verwirklichen. Dabei tolerierte man sowohl seine romanistischen Neigungen als auch einen Forschungsgegenstand, der ein wenig außerhalb des herkömmlichen germanistischen Interessenkreises, ein wenig unterhalb der „Trivialliteratur" lag. Im Januar 1965 fand eine größere Tagung mit dem Thema *Methodische Fragen bei der Erforschung der Trivialliteratur* statt; sie wurde im Dezember desselben Jahres durch ein zweites wissenschaftliches Treffen ergänzt. Die Ergebnisse dieser Arbeitstagungen sind inzwischen in dem Sammelband *Studien zur Trivialliteratur* als Band 1 der Reihe *Studien zur Philosophie und Literatur des 19. Jahrhunderts (*„*Neunzehntes Jahrhundert"*, *Forschungsunternehmen der Fritz Thyssen Stiftung, Arbeitskreis Deutsche Literaturwissenschaft)* veröffentlicht worden. Am 1./2. November 1968 trafen sich in Frankfurt Mitglieder verschiedener Arbeitskreise des Forschungsunternehmens „19.

Jahrhundert", um gemeinsam Probleme des „Trivialen" an Beispielen aus religiöser Literatur, Musik und bildender Kunst aus der zweiten Hälfte des 19. Jahrhunderts zu formulieren und zu diskutieren. Die Referate dieser anregenden Tagung sollen in einem weiteren Band der genannten Reihe im Druck erscheinen.

Ohne die Vorträge und Diskussionen in diesen aufgeschlossenen Zirkeln, ohne Kritik und Ermunterung von Seiten vieler Mitglieder dieser Arbeitskreise wäre die hier vorgelegte Studie ungleich schwächer ausgefallen. Der Fritz Thyssen Stiftung gebührt der besondere Dank des Verfassers.

Dieses Buch hat aber auch zahlreichen Freunden und Helfern für ihre Hinweise zu danken: den vielen Bibliothekarinnen und Bibliothekaren, Archivarinnen und Archivaren in Palermo, in Colmar, Épinal, Montbéliard, Paris, Strasbourg und Troyes, in Augsburg, Freiburg, Harburg, Karlsruhe, Lindau, Ludwigsburg, München, Nördlingen, Oldenburg, Reutlingen, Rottenburg, Sigmaringen, Stuttgart und Tübingen. Die Betroffenen werden verzeihen, wenn der Verfasser nicht hundert und mehr Namen nennt: die der Mitglieder des Arbeitskreises der Fritz Thyssen Stiftung „Deutsche Literaturwissenschaft", die von erfahrenen Ratgebern, bewundernswert versierten Bibliographen, unermüdlichen Auskunft-Erteilern, selbstlosen Schatz-Verwaltern, Bücher-Narren, Fachleuten, skeptischen Zweiflern und Kopf-Schüttlern und von allen Kollegen am Ludwig-Uhland-Institut der Universität Tübingen.

Der Verfasser wäre ein schlechter Literatursoziologe, wenn er nicht wüßte, daß seine individuelle Leistung von seiner gesellschaftlichen Umwelt stark mitgeprägt ist, nicht zuletzt von den aktuellen Problemen und Diskussionen in bezug auf das Bildungswesen, die politische Unbildung, die Hochschulreform, die Umgestaltung der „Volkskunde". Seine Position ist also historisch bedingt, sein Buch nicht nur Zeugnis für das 19. Jahrhundert, sondern auch Zeuge für die geistigen Evolutionen des Jahres 1968. Auch aus diesem Grunde muß der Gegenstand dieses Buches in wenigen Jahren neu diskutiert werden.

Vielleicht haben gerade deswegen einige Leser Freude an den nicht immer gewöhnlichen Darstellungen dieser Arbeit.

Tübingen, am 31. Dezember 1968   Rudolf Schenda

EINFÜHRUNG

Die Literaturhistoriker und die Literatursoziologie

Als Émile Durkheim im Jahre 1904 den Literaturhistoriker Gustave Lanson bat, an der École des Hautes Études über die Beziehungen zwischen Literaturgeschichte und Soziologie zu sprechen, da fragte sich der Literaturprofessor, „si nous n'avons pas déjà assez de besogne urgente, en Histoire littéraire, sans nous embarasser encore de prétentions sociologiques. [...] Le travail n'est pas près de manquer dans notre partie, et nous n'avons pas besoin de nous annexer une industrie nouvelle."[1] Den Soziologen, so meinte Lanson, gehe es doch allzusehr um das Generelle, das Kollektive, während der Literaturforscher dem Individuellen und Partikulären nachspüren müsse;[2] man könne schließlich nicht Victor Hugo und Émile Deschamps in einen gemeinsamen Topf mit dem Etikett „Romantische Bewegung" werfen: erst die gründliche Kenntnis des Besonderen führe zu allgemeinen Ideen.[3]

Bei weiterem Besinnen mußten Lanson jedoch einige Namen der französischen Geistesgeschichte zu denken geben: Madame de Staël, Abel François Villemain (obwohl nicht dieser, sondern schon der Vicomte Louis De Bonald als erster betont hatte, die Literatur sei „l'expression de la société"[4])

---

[1] G. Lanson: *L'Histoire littéraire et la sociologie*, p. 621.

[2] Cf. dazu A. Hirsch: *Soziologie und Literaturgeschichte*, der an diese Unterscheidung (nach Max Weber und Max Scheler zitiert) die Frage knüpft, ob die Soziologie vielleicht eine Naturwissenschaft sei (p. 75), um zu dem Schluß zu gelangen: „Die Methode der Soziologie ist nicht das Erkennen im Sinne der Naturwissenschaften, sondern das Verstehen, die Sinnerfassung." (p. 78). Folglich wird die Soziologie „für die Literaturgeschichte wichtig durch die Bildung allgemeiner, idealtypisch geformter Sinnbegriffe der gesellschaftlichen Kulturwirklichkeit, die als Mittel zur Erklärung des literarhistorischen Prozesses dienen." (p. 81). — Die Stelle bei Max Weber: *Wirtschaft und Gesellschaft*, 3. Aufl. Tübingen 1947, p. 9 und Studienausgabe Köln-Berlin 1964, I, p. 14 lautet: „Die Soziologie bildet [...] Typen-Begriffe und sucht generelle Regeln des Geschehens. Im Gegensatz zur Geschichte, welche die kausale Analyse und Zurechnung individueller, kulturwichtiger Handlungen, Gebilde, Persönlichkeiten erstrebt."

[3] Eine Rechtfertigung der induktiven Methode findet sich wenige Jahre zuvor bei G. Renard: *La Méthode scientifique*, p. 12—14.

[4] Darauf hat besonders G. Doutrepont: *La Littérature et la société*, p. VII hingewie-

13

und vor allem Hippolyte Taine[5] hatten die Literatur im Zusammenhang mit der Gesellschaft gesehen, das heißt, sie hatten die gesellschaftliche Umwelt des Schriftstellers in irgendeiner Weise für das Werden seines Werkes mitverantwortlich gemacht. Lanson gab schließlich zu, daß Kunstliteratur — und er dachte nur an diese Art von Literatur — ohne Publikum nicht denkbar sei, daß der Schriftsteller durch seine soziale Umgebung geprägt werde und daß ein Werk sich zu einem sozialen Phänomen entwickeln könne, das auf sein Publikum zurückwirke.[6] Nach der sozialen Einordnung dieser Leser fragte er dabei allerdings nicht.

Das war ein zögernder und doch mutiger Anfang: zunächst, wie so viele, von Durkheim angestoßen, macht sich Lanson von den traditionellen literaturwissenschaftlichen Denkweisen frei, um als erster folgende „Gesetze" der Literatursoziologie zu verkünden: 1. Zwischen Literatur und Leben besteht eine Korrelation (das heißt, die gesellschaftlichen Bedingungen wirken auf ein literarisches Werk, und dieses wiederum beeinflußt in irgendeiner Weise die Gesellschaft). 2. Die Literatur ist ein internationales Beziehungsfeld (das bedeutet, daß der Literatursoziologe unter Umständen auch die gesellschaftlichen Verhältnisse der Nachbarländer in seine Untersuchungen einbeziehen muß). 3. Der Autor unterliegt formal dem Zwang literarischer Tradition (das heißt, er ist dem Kollektivgeschmack der vorhergehenden Generationen unterworfen). 4. Literarische Formen sind vor ihrer ästhetischen Funktion fixiert (und Lanson hätte hinzufügen sollen: auch vor ihrer sozialen Funktion fixiert, das heißt, sie können unter verschiedenen Zeit-Raum-Bedingungen verschiedene Aufgaben übernehmen). 5. Das Meisterwerk ist eine Kollektivleistung, also kein individuelles, sondern ein gesellschaftliches Phänomen. 6. Das Buch koordiniert sein Publikum (es wirkt meinungsbildend, gleichschaltend, ordnend; es formiert eine Anhängerschaft oder eine Gruppe von Gegnern).[7]

---

sen. Die berühmte Phrase erschien 1802, vorgebildet freilich schon in der sofort unterdrückten ersten Ausgabe der *Théorie du pouvoir politique et religieux dans la société civile*, Konstanz 1796. Cf. auch B. Croce: *La letteratura come „espressione della società"*. In: *Problemi di estetica*, p. 56—59. — Horatio E. Smith: *Relativism in Bonald's Literary Doctrine*. In: *Modern Philology* 22, 1924/25, p. 193—210. — F. Baldensperger: *Ist die Literatur der Ausdruck der Gesellschaft?* — N. Fügen: *Die Hauptrichtungen*, p. 9—11.

[5] Zur soziologischen Ästhetik Taines cf. H. A. Needham: *Le Développement de l'esthétique*, p. 208—215.

[6] „Le livre, donc, est un phénomène social qui évolue. Dès qu'il est publié, l'auteur n'en dispose plus; il ne signifie plus la pensée de l'auteur, mais la pensée du public, la pensée tour à tour des publics qui se succèdent." G. Lanson: *L'Histoire littéraire et la sociologie*, p. 631.

[7] Ibid. p. 634—641: 1. Loi de corrélation de la littérature et de la vie. — 2. Loi des influences étrangères. — 3. Loi de cristallisation des genres. — 4. Loi de corrélation des

Man sollte meinen, diese klar formulierten Anfänge einer systematischen Literatursoziologie hätten die europäischen Kollegen dazu geführt, die zur Diskussion gestellten Postulate weiterzudenken, anhand von Beispielen zu verifizieren oder zu falsifizieren, zu korrigieren und zu verbreiten. Es scheint jedoch, daß selbst Levin Ludwig Schücking, Enkel des Droste-Hülshoff-Schützlings und später bedeutendster deutscher Anglist, diesen französischen Aufsatz nicht verwertet hat[8], als er mit seinem 1913 erschienenen Beitrag über *Literaturgeschichte und Geschmacksgeschichte* einen neuen Vorstoß in das Gebiet der literatursoziologischen Forschung wagte. „Geschmack", so stellt Schücking fest, sei etwas „zeitlich, kulturell und soziologisch Bedingtes", und die „Hauptfrage der Literaturgeschichte" solle lauten: „Was lesen die verschiedensten Bildungsschichten zu einer bestimmten Zeit?"[9] Freilich hält er bei diesen Konsumtionsstudien die „Untersuchung der Lektüre der eigentlich kulturtragenden Schichten" für ertragreicher als die Beantwortung der Frage, in welchem Umfange und wie lange im „niederen Volke" das Literaturgut bewahrt werde, „das ehedem den Gebildeten gehörte". Er konzentriert sich folglich auf die „führende Bildungsschicht", das heißt auf „diejenige Schicht [...], auf deren Willen und Mitteln die Kulturförderung künstlerischer und wissenschaftlicher Art wesentlich beruht."

Das ist aristokratisch gedacht[10], rücksichtslos in bezug auf eine „niedere" Literaturproduktion. Diese konnte nach Schückings Meinung nur „abgesunkenes Kulturgut" sein; an eine autochthone populäre Literatur dachte er gar nicht. Der Gedanke, daß eine solche Literatur sozial relevant sein könne, war aber zu seiner Zeit nicht mehr neu: Schücking fehlte also der kritische Blick eines Edmund Wengraf, der schon 1889 festgestellt hatte, die niedere Literatur liefere der Gesellschaft – und vor allem der weiblichen – ein verfälschtes Bild der Gegenwart, und sie sei deswegen ein bedenkens-

---

formes et des fins esthétiques. — 5. Loi d'apparition du chef-d'œuvre. — 6. Loi de l'action du livre sur le public. — Als theoretischer Vorläufer Lansons ist freilich Georges Renard mit seiner *Méthode scientifique de l'Histoire littéraire*, Paris 1900 zu erwähnen. Cf. G. Doutrepont: *Littérature et société*, p. XIII.

[8] Cf. die *Bibliographie* von Ebisch-Schücking von 1939, in deren allgemeinem Teil der Name Lanson hätte auftauchen müssen. Politische Gründe können nicht im Spiel gewesen sein.

[9] L. L. Schücking: *Literaturgeschichte und Geschmacksgeschichte*, p. 562, 564.

[10] Aristokratisch freilich nicht im Sinne eines so übertriebenen Adelskultes, wie ihn W. Wittich im *Wilhelm Meister* entdecken zu müssen glaubte. Werner Wittich: *Der soziale Gehalt von Goethes Roman „Wilhelm Meisters Lehrjahre"*. — In: *Hauptprobleme der Soziologie. Erinnerungsgabe für Max Weber* II. — München und Leipzig 1923, p. 278–306.

wertes Studienobjekt.[11] Schücking geht es jedoch weder um Probleme der Gegenwart, noch um den populären Roman. Innerhalb der Geschichte der Literatur einer gebildeten Oberschicht fordert er Untersuchungen über das Verhältnis von alten zu jungen Lesern, über die Lektüre von männlichem und weiblichem Publikum, über den literarischen Geschmack in Hauptstadt und Provinz oder bei den Angehörigen verschiedener Konfessionen. Er erkennt demnach, daß die Literaturkonsumtion gruppenspezifisch zu untersuchen sei. Er fragt aber auch nach dem „Grad der Verbreitung" einzelner Werke, nach dem Verhältnis zwischen Publikum und Literaturträgern und nach der „ästhetischen Gemeindebildung", welche das Verständnis eines Werkes und die Bildung eines bestimmten Geschmackes fördert – gerade hier hätte sich Schücking mit Lanson und seinem sechsten Gesetz von der Koordinierung des Publikums treffen können. Schließlich ist ihm die Bedeutung literarischer Institutionen nicht entgangen, und er fragt speziell nach den verschiedenen Haltungen, die der Autor gegenüber seinem Publikum einnehmen kann.[12] Kurz: Schücking will die Literaturgeschichte in Zusammenhang mit dem „ganzen Nationalkörper" (Herder) setzen.[13] Er spezifiziert somit – und das ist seine bahnbrechende Leistung – Gustave Lansons erstes Gesetz von der Korrelation zwischen Literatur und Leben, zwischen Kommunikationsmittel und Publikum.

Die einzelnen Möglichkeiten des Aufeinanderwirkens mögen hier noch ungeordnet erscheinen – die spätere *Bibliographie* von Ebisch-Schücking[14] liefert die Systematik nach –, doch wird man Schückings Nüchternheit besser würdigen, wenn man sie mit der vagen Ausdrucksweise vergleicht, deren sich Paul Merker im Jahre 1920 bediente[15], als er die „Zusammenhänge

---

[11] E. Wengraf: *Literatur und Gesellschaft.*

[12] 1) Der Autor arbeitet für einen bestimmten Auftraggeber oder 2) für ein gemischtes Publikum, oder er zeigt 3) eine „absolute Unabhängigkeit vom Publikum". L. L. Schücking: *Literaturgeschichte und Geschmacksgeschichte*, p. 573–576.

[13] Ibid. p. 577.

[14] Ebisch-Schücking: *Bibliographie zur Geschichte des literarischen Geschmacks in England* (1939).

[15] P. Merker: *Neue Aufgaben der deutschen Literaturgeschichte.* Das Vorwort ist am 31. Oktober 1920 datiert. — Cf. auch P. Merker: *Individualistische und soziologische Literaturgeschichtsforschung.* — In: *Zeitschrift für deutsche Bildung* 1, 1925, p. 15–27. Auch hier hat Merker noch nicht sehen wollen, worum es der Literatursoziologie ging: „Derselbe dumpfe Formwille, dieselbe unbewußte Geschmacksrichtung, dieselbe seelische Stimmung regt sich überall und gibt den verschiedenen Kulturgebieten ihren innerlich übereinstimmenden Charakter, wobei im einzelnen die Besonderheit des Materials jeweilig die eine Kulturäußerung vielleicht empfänglicher macht als die andere. Im literargeschichtlichen Geschehen im besonderen wirkt diese aus den Tiefen des gesamtseelischen Lebens der Zeit herausquellende, alle einzelnen Kulturgebiete durchdringende und befruchtende und schließlich auch die schaffenden Individualitäten in ihren Bann zwingende zeit-geistige Urkraft [!] in dreifacher Form [...]" und so fort (p. 26).

der poetischen Einzelproduktion mit dem literarischen Gesamtgeiste und weiterhin mit der allgemeinen Struktur einer Zeit" suchte.[16] Es dürfte schwierig sein, mit Begriffen wie „instinktiver Ausdruck des Kunstwollens" „sich ganz in das Kunstgefühl der alten Zeiten einzuleben"[17] oder mit dem von Merker geforderten Studium poetischer Theorien einen wesentlichen Beitrag zur Sozialgeschichte zu liefern. Dem Germanisten, allzusehr in der bürgerlichen Tradition seiner Wissenschaft befangen, schien literarische Wirkung nur in einer Richtung bemerkenswert: „Weltanschauung", „Stil der übrigen Künste und Kulturgebiete" (sic), „Literarische Kunsttheorie", „Ausländische Dichtung" (man denkt an Lansons zweites Gesetz, aber Merker dachte an ganz andere Bezüge) und „Literarischer Zeitstil" beeinflußten gemeinsam die „Literarische Individualleistung".[18] Die Ereignisse des Ersten Weltkrieges, seine Vorbereitung, sein Verlauf und seine Folgen, eine Häufung von Irrtümern, Dummheiten und Scheußlichkeiten, an welchen die Literaturproduzenten der zweiten Dekade unseres Jahrhunderts durchaus nicht unbeteiligt waren, gaben dem Germanisten ganz und gar nicht zu denken. Der Literaturhistoriker solle, so meinte Merker im Jahre des Kapp-Putsches und der Kommunistenkämpfe im Ruhrgebiet, „nicht mit geschlossenen Augen an dieser wunderbaren und fast geheimnisvoll anmutenden Harmonie der Lebensäußerungen vorübergehen und sich in eigenwilliger Beschränkung allen anderen Daseinsformen der nationalen Psyche gegenüber verschließen."[19] Man fragt sich, ob sich der Germanist, statt den Einzelleistungen deutscher Dichter, nicht besser der Gesamtkatastrophe des Deutschen Reiches hätte zuwenden sollen. Jedenfalls wäre es für ihn gewinnbringend gewesen, sich den weniger gefühlsbetonten Ergebnissen der französischen und anglistischen Forschung anzuschließen und, auf Lanson und Schücking fußend, die Theorie der Literatursoziologie weiter auszubauen. Aber die Mahnung eines Fritz Brüggemann aus dem Jahre 1925, die soziologische Literaturwissenschaft ernst zu nehmen, blieb ungehört.[20] Was Paul Merker in diesem Jahr neuerlich zur „so-

---

[16] P. Merker: *Neue Aufgaben*, p. 50. — Auf p. 52 meint Merker etwa, bei Diltheys Strukturbegriff komme „der dumpfe Formwille einer Epoche, das instinktive Gebundensein des Schaffenden an die Aufnahmefähigkeit und Ausdruckseigenart seiner Zeit, das sympathetische Zusammenklingen der einzelnen Kunstgebiete und ihr inneres Verhältnis zu tieferliegenden kulturpsychologischen Abwandlungen" nicht zum Ausdruck.

[17] Ibid. p. 54, 56.

[18] Ibid. p. 62 (man beachte die schematische Darstellung) — 63.

[19] Ibid. p. 63. — Zu P. Merker v. auch W. Emmerich: *Germanistische Volkstumsideologie*, p. 137–138.

[20] F. Brüggemann: *Psychogenetische Literaturwissenschaft. Eine Rechtfertigung und eine Forderung.* — In: *Zeitschrift für Deutschkunde* 39, 1925, p. 755–763, sp. p. 785–759.

ziologischen Literaturgeschichtsforschung" zu bemerken hatte, war, um Alfred Kleinberg zu zitieren, nur ein „Bierbankkommentar".[21]

Theoretischer Fortschritt war somit nicht in der Germanistik, sondern in Schückings späteren Werken[22] und bei den Soziologen zu suchen[23]: Karl Mannheim unterschied 1926 für die Interpretation geistiger Gebilde eine ideologische und eine soziologische Denkrichtung, eine Innen- und eine Außenbetrachtung, eine werkimmanente und eine funktionalisierende Analyse.[24] Ernst Kohn-Bramsted – der sich später Ernest K. Bramsted nannte[25] – hat das Verdienst, auf diese Differenzierung hingewiesen zu haben.[26] „Die Literatursoziologie", so bündelte Bramsted die Ergebnisse der bisherigen deutschsprachigen Forschung[27], „erfaßt den gesamten Wirkungszusammenhang von literarischer Produktion und Rezeption auf dem Hintergrund der Gesellschaft."[28]

Bramsted wiederum hatte übersehen, daß der Soziologe Leopold von Wiese auf dem Siebenten Deutschen Soziologentag in Berlin 1930 den Bereich der Kunstsoziologie – und damit auch der Literatursoziologie – um eine „komplementäre Aufgabe" erweitert hatte. Ihn fesselte nicht mehr nur der „Bereich menschlicher Beziehungen" – die Interaktionen der an der Kunst beteiligten Personen –, sondern auch die Kunst als „soziales Gebilde": als Machtmittel etwa oder als Propaganda, die Kunst in ihrer Abhängigkeit von ökonomischen Gegebenheiten, als proletarische oder als bürgerliche Kunst; „[..] uns fesselt", so sagte von Wiese, „wie sie, eben

---

[21] A. Kleinberg: *„Soziologische Literaturgeschichtsforschung",* p. 574. Wie weit das Mißverstehen der Germanisten ging, zeigt auch Paul Böckmann, der in seiner Antrittsvorlesung von 1930 über die *Aufgaben einer geisteswissenschaftlichen Literaturbetrachtung* Josef Nadler als Vertreter einer „soziologischen Literaturgeschichtsschreibung" preist. „Allerdings taucht mit diesen letzten Ordnungen die Gefahr auf, daß in ihnen das Kunstwerk besonders stark zurücktritt und schließlich nur noch Zusammenhänge verfolgt werden, die gänzlich außerhalb der geistigen Bedeutsamkeit [!] der Dichtung liegen." In: *Deutsche Vierteljahrsschrift* 9, 1931, p. 470.
[22] L. L. Schücking: *Soziologie der literarischen Geschmacksbildung* (1923, 1931). — *Die Familie im Puritanismus* (1929). — *Soziologie und Literatur* (1931).
[23] Cf. den schon zitierten (not. 2) Aufsatz von A. Hirsch: *Soziologie und Literaturgeschichte* (1928).
[24] K. Mannheim: *Ideologische und soziologische Interpretation.* Jene deckt Ideen, diese Ideologien auf (p. 429) — damit ist der Anstoß für die spätere Theorie L. von Wieses (cf. infra) von der Gruppenbeeinflussung durch die Kunst gegeben.
[25] Cf. E. K. Bramsted: *Aristocracy and the Middle Classes in Germany* (1937, 1964), ein Buch, das Wellek-Warren: *Theory of Literature* 1949, p. 100 „an admirably clearheaded study" nannten.
[26] E. K. Bramsted: *Probleme der Literatursoziologie* (1931).
[27] Besondere Erwähnung verdient das Buch von Alfred Kleinberg: *Die deutsche Dichtung* (1927).
[28] E. K. Bramsted: *Probleme,* p. 721.

weil sie als eine Kollektivkraft in der Sphäre des Menschlichen lebt, auch als soziale Macht wirkt, also den Zusammenhang der Menschengruppen ebenso mitgestaltet, wie sie das Verhalten von Einzelmenschen stark beeinflußt."[29] Gustave Lansons Idee von der „pensée du public" war damit noch einmal unterstrichen worden: Die Literatur war für die Soziologen relevant, weil sie Denken und Verhalten der Gesellschaft modifizierte.

Daß diese theoretischen Erörterungen in Wirklichkeit keinen Fortschritt mit sich brachten, erhellt aus der Tatsache, daß Levin L. Schücking noch 1931 Forderungen wiederholen mußte, die er doch schon vor dem ersten Weltkrieg erhoben hatte.[30] Heinrich Lützeler zog indes tapfer ins Gefecht gegen die Methode der Literatursoziologie[31], ihre „dichtungsgeschichtliche Fragwürdigkeit": sie ebne alle Wertstufen ein und verwische die Gegensätze von Kunst und Unkunst. „Aber auch wenn nicht unter Umständen der Schund mehr soziologische Zeugniskraft besitzen könnte als das Werk des Genies[32], so bliebe doch noch ein bedenklicher Abstand zwischen Soziologie und Dichtungsgeschichte bestehen; denn der dichterische Gehalt geht nicht auf im Soziologischen."[33] Das Immer-Menschliche, das Urphänomen, das Erlebnis, das Zeitüberwindende falle bei den Literatursoziologen – und das sei sehr bedenklich im Anblick der Nöte der heutigen Jugend – einfach weg. Die *Verspätete Nation*[34] suchte wieder einmal nach ihrem geistigen *Urquell*.[35]

Leo Löwenthal deckte 1932 die Furcht der „irrationalistischen Front der Literaturwissenschaft"[36] vor „historischem Pragmatismus", „historisierendem Psychologismus" und „positivistischer Methode" auf und tadelte ihre Isolierung und Simplifizierung, die sich mit einem Prozeß der Subli-

---

[29] L. von Wiese: *Methodologisches*, p. 128.

[30] L. L. Schücking: *Soziologie und Literatur*.

[31] Ausgehend von einer Kritik an Marianne Thalmann: *Die Anarchie im Bürgertum. Ein Beitrag zur Entwicklungsgeschichte des liberalen Dramas.* — München 1932. 63 p.

[32] Man beachte das positiv ablehnende „nicht" in dieser ängstlichen Formulierung und die unrealistische Dichotomie Schund: Genie. Daß „die sog. ‚Schundliteratur' " vom soziologischen Standpunkt aus betrachtet sehr aufschlußreich sein könnte, hatte E. K. Bramsted: *Probleme der Literatursoziologie*, p. 730 festgestellt (mit einem Hinweis auf H. Epstein: *Der Detektivroman der Unterschicht.* — Frankfurt 1930). Solche Zugeständnisse konnte das Schulblatt *Die Neueren Sprachen* natürlich nicht machen!

[33] H. Lützeler: *Probleme der Literatursoziologie. Zu einem Buch von Marianne Thalmann.* — In: *Die Neueren Sprachen* 40, 1932, p. 473–478, sp. p. 477.

[34] Cf. bei H. Plessner: *Die verspätete Nation* das cap. 7: *Traditionslosigkeit und Bedürfnis nach geschichtlicher Rechtfertigung des Lebens* (p. 83–91).

[35] *Am Ur-Quell* und *Der Urquell*: Titel volkskundlicher Zeitschriften (ed. F. S. Krauss) aus den Jahren 1890–1898.

[36] Zum Ausdruck gebracht in dem von Emil Ermatinger herausgegebenen Sammelband *Philosophie der Literaturwissenschaft.* — Berlin 1930.

mierung des Dichtergeistes paare. Aber auch diese massive Kritik hat das „schiefe Verhältnis" der Germanistik zur „Psychologie, Geschichte und Gesellschaftsforschung, die Willkür in der Auswahl ihrer Kategorien, die künstliche Isolierung und wissenschaftliche Entfremdung ihres Objekts" in den dreißiger Jahren nicht mehr geradebiegen können.[37] Erich Rothackers löbliches „Sammelreferat über Neuerscheinungen zur Kultursoziologie" wurde, entgegen dem Plan von 1933, im Jahre 1934 nicht fortgesetzt.[38]

Es nimmt daher nicht wunder, daß die Literaturhistoriker der nationalsozialistischen Anfangsjahre nur verwirrte und verworrene Theorien[39] zur Literatursoziologie lieferten: Karl Viëtor fühlte sich in dem *Programm einer Literatursoziologie* verpflichtet, Soziologie, Marxismus und Materialismus als verdammenswerte Einheit zu sehen.[40] Das versperrte ihm jeglichen Blick auf Autoren, die nach dem Mammon schielen, auf Produzenten, welche ihre Leser verdummen, auf Konsumenten, die ohne Kunstwerke zu leben imstande sind; auf gesellschaftliche Phänomene also – es sind nur einige von vielen –, die er vielleicht auch ohne Anbetung des Marxismus hätte erforschen können.[41] Immer wieder ging es den Germanisten – ganz im Fahrwasser Merkers – darum, den Individualisten im „Dichter" zu retten. Das zeigt sich, mehr noch als bei Viëtor, in dem Aufsatz von Georg Keferstein, der das „Volk" als nationale Einheit ohne soziale Schichtung sehen wollte und der dem „Dichter" gestattete, sich von seiner „Zeitbedingtheit" frei zu machen und für ein „ideales Publikum" zu arbeiten.[42]

---

[37] L. Löwenthal: *Zur gesellschaftlichen Lage der Literatur*, sp. p. 86, 91.

[38] E. Rothacker: *Zur Lehre vom Menschen.* — In: *Deutsche Vierteljahrsschrift für Literaturwissenschaft und Geistesgeschichte* 11, 1933, p. 145–163.

[39] Man lese in Walter Strauss: *Vorfragen einer Soziologie der literarischen Wirkung* Sätze wie p. 111: „Das ursprüngliche Können der Poiesis enthüllt sich als ein intentional sozialer Akt: denn indem sie das bloß soziale Nichtsein eines sowohl an sich wie in der Psyche durchaus existenten Eidos (Raphael ohne Hände) zu einem Sein für andere machen will, indem sie also die erotische Spannungsqual zwischen ohnmächtiger Wert- und erfüllender Seinsgesetzlichkeit, zwischen ästhetischer Eindrucksnorm und dem Bleigewicht ontologischer Wirkbarkeit auflösen möchte, muß ihr ein Rekurs auf den realisierenden, technischen, sozialpsychologischen Kausalnexus mit dem Ziel vonnöten sein, das in noetischer Finalität Letzte gemäß dem rückdeterminierenden Kalkül auf die kausalpoietischen Darstellungsmittel zu einem für uns Ersten zu gestalten."

[40] Hauptsächlich gemeint war natürlich L. Löwenthals Forderung, die Literaturgeschichte müsse materialistisch sein und sich um ökonomische Grundstrukturen kümmern. Cf. L. Löwenthal: *Zur gesellschaftlichen Lage*, p. 93.

[41] Karl Viëtor: *Programm einer Literatursoziologie.* — In: *Volk im Werden* 2, 1934, p. 35–44.

[42] G. Keferstein: *Aufgaben einer volksbezogenen Literatursoziologie.* — In: *Volksspiegel* 1, 1934, p. 114–123, sp. p. 119.

Wo es nur ein einheitliches „Volkstum" gab, konnte der Forscher das Phänomen des Proletariats großzügig übersehen.[43]

Die Progression der literatursoziologischen Forschung vollzog sich nach 1933 nicht mehr auf deutschem Boden. 1935 wurde in Boston das Buch von Albert Léon Guérard über Literatur und Gesellschaft gedruckt[44], die Arbeit von E. K. Bramsted über die sozialen Typen in der deutschen Literatur erschien 1937 in London[45], eine Diskussion verschiedener Meinungen für und wider den *Sociological Approach to Literature* mußte man in der *Modern Language Review*[46] suchen, die These des Vicomte De Bonald wurde 1942 in Belgien verfeinert[47], die umfassende neue Literaturtheorie von Wellek und Warren kam 1949 in New York heraus[48], die erste internationale Fachbibliographie wurde 1953 von einem Amerikaner zusammengestellt[49], und ein Franzose, Robert Escarpit, gab Anregungen zu den neuesten deutschen Forschungen.[50]

An dieser ganzen, freilich nur äußerst knapp dargestellten Entwicklung lassen sich zumindest drei Faktoren bedauern. Die i n t e r n a t i o n a l e V e r s t ä n d i g u n g ließ zu wünschen übrig; sie funktionierte halbwegs, dank Levin L. Schücking, im anglistischen Bereich, fehlte jedoch auf literatursoziologischem Gebiet weitgehend zwischen Deutschland und Frankreich. Schlimmer als die Beschränkung auf das nationale Terrain wirkte sich die i n t e r d i s z i p l i n ä r e I s o l a t i o n aus. Allzu lange weigerte sich die Germanistik, mit den soziologischen Nachbarn zu kollaborieren: eine Zusammenarbeit wäre in den zwanziger Jahren noch möglich gewesen. E. Rothackers Neuorientierung kam 1933 bereits zu spät. Es war töricht, die Soziologie als marxistischen Materialismus zu verteufeln, nur um auf den antipositivistischen und idealistischen Geleisen der Germanistik ungestört dahinfahren zu können. Eine Auseinandersetzung mit Bonald, Durkheim,

---

[43] Zur nationalsozialistischen Volkstumsidee cf. jetzt Wolfgang Emmerich: *Germanistische Volkstumsideologie*. — Tübingen 1968 (Volksleben, 20). — Cf. ferner Joseph Wulf: *Literatur und Dichtung im Dritten Reich. Eine Dokumentation*. — Reinbek 1966 (rororo Taschenbuch Ausgabe, 809–811).

[44] A. L. Guérard: *Literature and Society*. Cf. auch David Daiches: *Literature and Society*. — London 1938.

[45] E. K. Bramsted: *Aristocracy and the Middle Classes*.

[46] W. Witte: *The Sociological Approach*.

[47] G. Doutrepont: *La Littérature et la société*. Cf. p. IX: „Dire que la littérature est l'expression de la société, c'est dire qu'elle est l'expression de ce que la société fait et voit — et aussi de ce que la société pense, désire, rêve, imagine, applaudit, tolère ou condamne." Cf. auch P. Hamp: *La Littérature*.

[48] R. Wellek — A. Warren: *Theory of Literature*. Ein Jahr zuvor war J.-P. Sartre: *Qu'est-ce que la littérature?* erschienen.

[49] H. D. Duncan: *Language and Literature in Society*.

[50] R. Escarpit: *Sociologie de la littérature* (1960).

Lanson, Weber, Mehring, Mannheim, Bramsted, Kleinberg, von Wiese und Löwenthal hätte die Blaue Blume noch nicht rot gefärbt. Da es aber zu keiner gemeinsamen Diskussion kam, redeten die beiden Parteien eifernd und unversöhnlich aneinander vorbei.[51] Zumal die Germanistik beharrte auf der ästhetischen Individualinterpretation gegen den Hintergrund eines undefinierbaren Zeitgeistes und sträubte sich, ökonomischen Unterbau, Produktionsverhältnisse, die mit dem Phänomen Buch verbundenen Interaktionen von Produzenten, Vermittlungsinstanzen und Konsumenten, die sozialpsychologischen Funktionen und die Effekte der Kommunikation – zumal die der gesellschaftlich manipulierten – sinnvoll in ihre bisherigen Betrachtungen einzubeziehen. Sie begriff nur eine Korrelation zwischen Literatur und Geist, nicht die zwischen Literatur und ökonomisch-politischem Leben. Die wenigen Ansätze einer interdisziplinären Verständigung während der Weimarer Republik verkümmerten schließlich hoffnungslos im Dritten Reich.

Diese Entwicklung bedingt den F o r s c h u n g s r ü c k s t a n d, mit dem die deutsche Wissenschaft noch heute, eine Generation nach dem Beginn des zweiten Weltkrieges, zu kämpfen hat. Die Lücken der internationalen und interdisziplinären Verständigung sind nur mit Mühe aufzufüllen. Die hier vorgelegte Arbeit versucht, wenigstens die verhängnisvolle doppelte Isolation der Literaturwissenschaft in der ersten Hälfte unseres Jahrhunderts so gut wie möglich zu vermeiden.

Trivialliteraturforschung: Ein neuer Weg?

In den sechziger Jahren unseres Jahrhunderts – und speziell 1964 – sind so viele Arbeiten zum Thema T r i v i a l l i t e r a t u r erschienen[52], daß

---

[51] Ein eklatantes Beispiel von mißverstandener soziologischer Theorie liefert, für Frankreich, F. Baldensperger: *Ist die Literatur Ausdruck der Gesellschaft?* Sein vordergründiges Nicht-Verstehen-Wollen (Im Jahre x gab es y Selbstmorde, aber die Literatur hat sich nicht darum gekümmert; oder: Marcel Proust, anstatt die Industriegesellschaft zu schildern, sucht die Verlorene Zeit — folglich ist die Literatur keineswegs Ausdruck der Gesellschaft) grenzt an schülerhaften Starrsinn. — Noch 1949 hatte H. Kuhn in seinem Aufsatz über *Dichtungswissenschaft und Soziologie* weder von den hier zitierten Arbeiten der zwanziger und dreißiger, noch von den amerikanischen Fortschritten der vierziger Jahre Kenntnis genommen. Er hält daher „rein", „echt", „Wert", „Gestaltendes" oder „Gemeinschaft" für literatursoziologische Kriterien.
[52] K. V. Riedel: *Volksliteratur und „Massen"lesestoff.* 1962.
W. Nutz: *Der Trivialroman.* 1962.

es kaum nötig ist, diese Forschungsrichtung hier vorzustellen. Marianne Thalmann gebührt der Ruhm, diese Studien schon 1923[53] angestoßen zu haben. In der Tat mußten sich die soziologisch interessierten Literaturforscher fragen, ob nicht neben der Hochkunst des traditionellen Literaturgeschichtskanons die „minderwertige" Gebrauchskunst für weniger gebildete oder anspruchsvolle Leser eine Diskussion erforderte. Man verfiel dabei zunächst auf die „dekadente" Form des Romans[54] – und der des 18. Jahrhunderts fand besonders viele Liebhaber[55] –, schritt also von der vertrauten Höhe in literarische „Niederungen"[56] hinab, ängstlich besorgt, eine „untere Grenze" einzuhalten.[57] Schwierigkeiten bereitete offensichtlich die Terminologie: die Bezeichnungen für die neuentdeckte *minderwertige Prosaliteratur* sind äußerst vielfältig[58]; der Begriff „Trivialliteratur" hat sich aber bisher – gegenüber „Infra-" und „Subliteratur" oder anderen Bezeichnungen – durchgesetzt.

Es liegt auf der Hand, daß diese Bezeichnungen in Opposition stehen zur „Kunstliteratur", wie anderseits „Marginalliteratur"[59] nur in bezug auf eine „Zentralliteratur" zu konzipieren ist. Die Begriffe werten also von einem festen und in einer bestimmten und bestimmenden Gruppe akzeptierten Pol aus. Eine Bezeichnung, welche die Eigenwertigkeit des neu-

D. Bayer: *Der triviale Familien- und Liebesroman.* 1963.
H. Bausinger: *Schwierigkeiten bei der Untersuchung.* 1963.
M. Greiner: *Die Entstehung der modernen Unterhaltungsliteratur.* 1964.
M. Beaujean: *Der Trivialroman.* 1964.
W. Langenbucher: *Der aktuelle Unterhaltungsroman.* 1964.
T r i v i a l l i t e r a t u r. 1964.
R. Schenda: *Kleinformen der Trivialliteratur.* 1966.
H. Kreuzer: *Trivialliteratur.* 1967.
S t u d i e n   z u r   T r i v i a l l i t e r a t u r. 1968.
K.-I. Flessau: *Der moralische Roman.* 1968.
H. Bausinger: *Zu Kontinuität und Geschichtlichkeit.* 1968.
[53] M. Thalmann: *Der Trivialroman des 18. Jahrhunderts.* — R. Bauer: *Der historische Trivialroman.*
[54] *Roman und Dekadenz* behandelt F. Altheim: *Literatur und Gesellschaft I.*
[55] Thalmann, Bauer, Greiner, Beaujean und viele andere.
[56] M. Greiner: *Die Entstehung,* p. 10: „Wir wollen gerade die literarischen Niederungen aufsuchen, weil erst damit das Ganze der Literatur in Erscheinung tritt [...]."
[57] Wilhelm Müller: *Zur Topographie der „Unteren Grenze".* In: Bücherei und Bildung III, 1951, p. 665–669: „Wir sind von tiefem Mißtrauen erfüllt gegen alles „Literarische", das sich in der Massengesellschaft großer Beliebtheit erfreut, und dürfen zu keinen Konzessionen bereit sein, wenn es gilt, unsere untere Grenze diesseits der Dschungellandschaft des Thrillers zu legen." (p. 669). — Karlheinz Wallraf: *Soziologische Probleme der unteren Grenze.* — In: *Bücherei und Bildung* III, 1951, p. 792–796. —· K. Wallraf: *Die neue „untere Grenze".* Ibid. XIII, 1961, p. 145–153.
[58] H. F. Foltin: *Die minderwertige Prosaliteratur.*
[59] R. Queneau: *Littératures marginales.* — C. Pichois: *En marge de l'histoire littéraire.*

entdeckten literarischen Forschungsmaterials betont hätte, wurde nicht gefunden. Helmut Kreuzer hat sich mit Recht gegen diese starre Dichotomie von Kunst und Kitsch, Dichtung und Trivialliteratur verwahrt.[60] Die Diskriminierungen der „dominierenden Geschmacksträger einer Zeitgenossenschaft" (Kreuzer) sind in der Tat „d'une extrême sévérité", wie Robert Escarpit betont hat. Die Antithese „littérature savante" und „littérature populaire" ist zudem unsinnig, weil sie eine intellektuelle Größe mit einer soziologisch relevanten vergleicht.[61] Auch die Einteilung des gesamten Literaturkomplexes in drei Gruppen: Kunstliteratur, Unterhaltungsliteratur, Trivialliteratur[62] befriedigt nicht, wenn diese Gebiete nur nach Inhalt, Struktur und Stil differenziert werden sollen. Wertung und Abstufung bleiben auch bei diesem methodischen Schema allzu dominierend erhalten. Das Problem einer Methodik der Erforschung des Trivialen in Kunst- und Literaturgeschichte ist jedoch von einer Position formaler oder ästhetischer Wertung aus unlösbar.

Daß es mehr als nur den einen, den literarischen Zugang zur Trivialliteratur gibt, hat Hermann Bausinger betont.[63] Wie es scheint, haben der soziologische und der volkskundliche Forschungsansatz entschieden weniger Anhänger gefunden als der literarästhetische und der pädagogisch-ablehnende. Eine Verbindung zur literatursoziologischen Richtung hat die Trivialliteraturforschung selten gesucht und noch seltener gefunden: die Literaturkritik verdrehte ein wenig ihren Forschungsblick nach unten, änderte aber mit diesem „niederen" Gegenstand nicht auch ihre Methode. Umgekehrt muß man feststellen, daß die Literatursoziologie der zwanziger und dreißiger Jahre zwar eine neue Methode entwickelt hatte, ohne jedoch dieselbe an einem möglichst geeigneten Objekt zu demonstrieren. Irgendeine Art von massenhaft konsumierter Literatur hätte ohne Zweifel mehr sozialgeschichtlich relevante Fakten geliefert als die Kunstliteratur der Goethezeit.[64]

Halten wir fest: Die Trivialliteraturforschung hat sich hauptsächlich dem im 18. und 19. Jahrhundert vom gehobenen Bürgertum konsumierten Roman zugewendet. Dabei kümmerte sie sich wenig um die Theorie des „Tri-

[60] H. Kreuzer: *Trivialliteratur als Forschungsproblem.*
[61] R. Escarpit: *Y a-t-il des degrés dans la littérature?*, p. 6.
[62] K. Ziegler: *Vom Recht und Unrecht der Unterhaltungs- und Schundliteratur.* — H. F. Foltin: *Zur Erforschung der Unterhaltungs- und Trivialliteratur.* — In: *Studien zur Trivialliteratur,* p. 242–270. — Cf. dazu H. Bausinger: *Wege zur Erforschung der trivialen Literatur,* p. 8–12.
[63] H. Bausinger: ibid. p. 1–5.
[64] W. H. Bruford: *Die gesellschaftlichen Grundlagen der Goethezeit (Germany in the 18th Century: The Social Background).*

vialen"[65], das heißt um eine historische Differenzierung der „trivialen" Produktion und Konsumtion, um den formalen und ökonomischen Umfang der „trivialen" Literatur, um ihre soziologische Relevanz, um die sozialen Verschiebungen der „trivialen" Geschmacksträgergruppen oder um vergleichbare Erscheinungen auf dem Gebiet der darstellenden Kunst und der Musik. Sie versäumte eine Auseinandersetzung mit der Literatursoziologie, welche sie zu einer solchen Theorie des Trivialen geführt hätte. Sie vermied es aber auch, den Blick auf die von der Volkskunde entdeckten „Volkslesestoffe", die keine Trivialromane umfaßten, zu lenken.[66]

Erst in den letzten Jahren hat sich die Erkenntnis durchgesetzt, daß es, um dem Umfang[67] und der gesellschaftlichen Bedeutung der literarischen Massenproduktion gerecht zu werden, der Zusammenarbeit der verschiedensten Disziplinen[68] oder der Kombination von mehreren Forschungsmethoden – Bibliotheksforschung, Buchmarktforschung, traditionelle Literaturgeschichte, Literaturkritik, Pädagogik, Psychologie, Publizistik, Soziologie, Volkskunde, Wirtschaftsgeschichte – kurz: einer weitgefaßten Kommunikationsforschung und Sozialgeschichtsforschung bedarf.[69] Für eine umfassende Theorie einer solchen Gesamtforschung ist, vor allem auf historischem Gebiet, noch sehr wenig an propädeutischen Studien vorgelegt worden.[70] Vor allem aber hat es die bisherige Trivialliteraturforschung kaum verstanden[71], ihre Ergebnisse für eine Interpretation der heutigen

---

[65] Cf. H. Bausinger: *Wege zur Erforschung*, p. 17–22. — Eine Arbeit wie die von K.-I. Flessau: *Der moralische Roman*, die doch „Studien zur gesellschaftskritischen Trivialliteratur" bieten will, kommt zum Beispiel ohne eine Theorie des Begriffes „Trivialliteratur" aus.

[66] F. von der Leyen: *Volksliteratur und Volksbildung*. — O. Görner: *Der Volkslesestoff*. — R. Weiss: *Volkskunde der Schweiz*, p. 293–297: *Volkslesestoff*. — R. Schenda: *Italienische Volkslesestoffe*.

[67] Der „circuit populaire" der Literatur erfaßt (nach R. Escarpit: *Y a-t-il des degrés*, p. 8) 97% der Leser, der „circuit lettré" nur 3%. Nur 1% der gesamten Literaturproduktion wird von der Literaturgeschichte beachtet (ibid. p. 2).

[68] H. Bausinger: *Wege zur Erforschung*, p. 1–5.

[69] R. Escarpit: *Y a-t-il des degrés*, p. 7: „Ce qu'il nous faut appréhender ce n'est pas l'oeuvre en soi, ce n'est pas l'homme qu'elle exprime, ce n'est pas la société qui la porte, c'est le fait littéraire global et complexe qui met en jeu ces divers éléments, qui inclut non seulement l'élaboration de l'oeuvre, mais sa lecture." — Cf. auch R. Escarpit: *The Sociology of Literature*.

[70] H. Bausinger: *Wege zur Erforschung*, p. 28: „[...] die wesentliche Aufgabe, die sich in dem hier behandelten Bereich stellt, ist eine *Geschichte* der Trivialliteratur, und zwar eine detaillierte und genaue Geschichte, die nur in kleinen Schritten verwirklicht werden kann."

[71] Gegenbeispiele bieten freilich das Buch von W. Nutz, einige Aufsätze in dem Sammelband *Trivialliteratur*, der Beitrag von H. Schwerte über *Ganghofers Gesundung* und die Dissertation über die *Gartenlaube* von H. Radeck.

sozialen, kulturellen und politischen Verhältnisse nutzbar zu machen. Die neuen Wege der Trivialliteraturforschung sind zum großen Teil noch zu entdecken.

Eine „Sozialgeschichte" der populären Lesestoffe

Die hier vorliegende Arbeit versucht, einen dieser neuen Wege abzuschreiten. Sie trägt den Titel S o z i a l g e s c h i c h t e[72], weil sie die literarischen Fakten und Prozesse auf dem Hintergrund individueller Interaktionen und gesellschaftlicher Bedingungen sieht, und weil sie diesen Hintergrund in die Darstellung mit einbezieht.

Für eine solche Darstellung bieten sich verschiedene Arbeitsmethoden an. Es lohnt sich, diese Methoden zumindest theoretisch einmal durchzuspielen, um ihre Möglichkeiten und Grenzen besser zu erkennen. Da wäre zunächst einmal die klassische enzyklopädische Systematik, die etwa folgendermaßen aussehen könnte:

SOZIALGESCHICHTE DER LITERATUR

I. Phänomene der Produktion

A. Der A u t o r

1. Geschlecht, Abstammung, soziale Zugehörigkeit, Lebensverhältnisse. — 2. Motivation (Produktionsantrieb). — 3. Arbeitsmethoden. — 4. Produktionsarten und Produktionsmenge. — 5. Verdienst. — 6. Kontakt mit Kollegen, Kommunikatoren, Publikum (Publizität). — 7. Erfolg, Mißerfolg, Nachruhm.

B. D r u c k e r und V e r l e g e r

1. Soziale Herkunft, Berufsentwicklung, Lebensverhältnisse, Genealogie des Druck- oder Verlagshauses. — 2. Motivationen. — 3. Arbeitsmethoden. — 4. Produktionsentwicklung und Gesamtproduktion. — 5. Umsatz. — 6. Zusammenarbeit mit Autor und Kollegen, Kontakt zum Publikum (Publizität), Art des Publikums. — 7. Erfolg, Mißerfolg, historische Bedeutung.

---

[72] Zum Wissenschaftsbegriff „Sozialgeschichte" cf. Werner Conze: *Sozialgeschichte* und Hans Mommsen: *Sozialgeschichte* in: H.-U. Wehler: *Moderne deutsche Sozialgeschichte*, p. 19–26 und 27–34. — R. Engelsing: *Massenpublikum und Journalistentum*, p. 13–17: *Die Reichweite der Sozialgeschichte* (mit weiteren bibliographischen Hinweisen).

C. Das P r o d u k t
1. Bilder und Flugblätter. — 2. Heftchen. — 3. Bücher, Taschenbücher, Reihen. — 4. Periodische Presse. — 5. Auflagen, Bestseller. — 6. Preise, Preisentwicklung. — 7. Inhalte: a) Unterhaltung, b) Belehrung, c) Erbauung.

II. Phänomene der Diffusion

A. T e c h n i s c h e V e r m i t t l u n g
1. Kolportage. — 2. Stationärer Buchhandel und dessen soziale Differenzierung. — 3. Versandbuchhandel. — 4. Bibliotheken (Leih-, Volks-). — 5. Lesezirkel. — 6. Lesevereine. — 7. Buchgemeinschaften.

B. G e i s t i g e V e r m i t t l u n g
1. Person des Kritikers. — 2. Soziale und geistige Umwelt. — 3. Medien. — 4. Wirkung auf das Publikum. — 5. Wirkung auf den kritisierten Autor. — 6. Buchkritik als Gesellschaftskritik. — 7. Buchreklame.

C. H i n d e r n i s s e f ü r d i e V e r m i t t l u n g
1. Geistige Trägerschicht der Zensur. — 2. Behörden und deren Aktivität. — 3. Verordnungen (Legislative). — 4. Kontrollorgane, Prozesse (Exekutive). — 5. Die betroffenen Produzenten und Kommunikatoren. — 6. Negative Auswirkungen. Anti-Zensur-Bestrebungen. — 7. Indirekte Zensur: Auswahl in Bibliotheken.

III. Phänomene der Konsumtion

A. Der K o n s u m e n t
1. Analphabeten. — 2. Soziale Schichtung der Leser. — 3. Schulbildung. — 4. Altersgruppen. — 5. Berufsgruppen. — 6. Geschlechter. — 7. Motivationen.

B. Der K o n s u m
1. Statistik: a) Einzelgruppen, b) national, c) mondial. — 2. Bestsellerlisten und -dynamik. — 3. Beschaffungsgewohnheiten: a) Kauf, b) Ausleihe. — 4. Bücherbesitz. — 5. Bibliotheksfrequenzen. — 6. Lesegewohnheiten. — 7. Ökonomische Aspekte.

C. A u s w i r k u n g e n d e s K o n s u m s
1. Kulturelle Prozesse. — 2. Öffentliche Meinung. — 3. Politisches Bewußtsein. — 4. Religiöses Leben. — 5. Technischer Fortschritt. — 6. Andere Medien. — 7. Psychologische Effekte.

Ein solches System besticht durch seine Klarheit, durch die schöne Symmetrie seiner dreimal drei mal sieben Kapitel und durch die scheinbare Vollständigkeit seiner Gesichtspunkte. Die Transparenz verdeckt jedoch die Tatsache, daß dieses System wichtige Zusammenhänge verleugnet, daß das

Ganze nur als die Summe seiner Teile auftritt und daß die gesellschaftliche Grundlage nur hier und dort durch das Gerüst schimmert. Die Aspekte einer Sozialgeschichte der Literatur stellen jedoch kein enzyklopädisches Nebeneinander dar, sondern ein ständiges, prozessuales Miteinander der literarischen Fakten und der gesellschaftlichen Determinanten, ein Geflecht gegenseitiger Bedingungen und Abhängigkeiten, in welchem jedes Element jedes andere konditionieren oder von jedem andern konditioniert werden kann. Das wissenschaftliche Modell – aus Gründen der Übersichtlichkeit auf vier Elemente reduziert – wäre also, graphisch und nur exemplarisch dargestellt, nicht

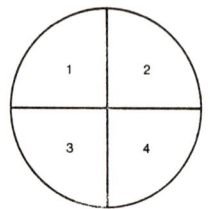

1 = Sozialhistorische Grundlagen
2 = Produktion
3 = Mediation
4 = Konsumtion

wobei der Kreis eine „Sozialgeschichte der Literatur" umfassen soll. Arbeiten, die nach diesem Modell gefertigt sind, genügen ganz offenbar keinen gehobenen wissenschaftlichen Ansprüchen. Aber auch ein Denkgerüst wie dieses

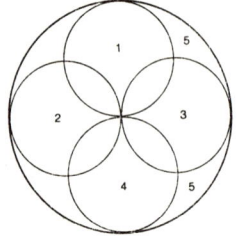

1 = Produktion
2 = Ideelle Vermittlung
3 = Materielle Vermittlung
4 = Konsumtion
5 = Gesellschaft[73]

befriedigt nicht, weil es partielle Überschneidungen nur einzelner Elemente (1 mit 2 und 3, nicht aber mit 4, etc.) zuläßt. Das prozessuale Miteinander der verschiedenen Aspekte einer Sozialgeschichte der Literatur ließe sich jedoch folgendermaßen – wenngleich immer noch unvollkommen – darstellen:

---

[73] Eine Variation des Modells bei N. Fügen: *Die Hauptrichtungen,* p. 107.

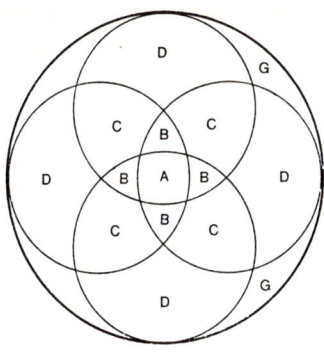

Bei diesem System gibt es auf der Grundlage der Gesellschaftsstruktur (G) einen zentralen Kern (A) – der in diesem speziellen Falle die vertracktesten Probleme einer Sozialgeschichte der populären Lesestoffe beinhaltet –, an welchem alle (n) Elemente des Systems teilhaben; andere Gebiete, auf welchen sich n-1 Elemente berühren (B); wieder andere, die nur n-2 oder n-3 (C, D) Elemente betreffen. Jedem Element bleibt also eine größte Zone (D), die keinen Bezug zu dem Gesamtsystem hat (die politische Machtgruppe etwa agiert nicht ausschließlich in Richtung auf literarische Fakten, oder: das Leben des Autors beinhaltet nicht ausschließlich einen literarischen Prozeß, etc.). Die graphische Darstellung – um nur einen weiteren Mangel dieses Hilfsmittels zu nennen – versperrt auch den Blick auf die ständige Dynamik dieses Systems. Die in diesem System erscheinende relative Größe der verschiedenen Zonen hat selbstverständlich keinen Aussagewert für deren tatsächlichen Umfang. Es ist jedoch einleuchtend, daß der Umfang der kombinatorischen Zonen umgekehrt proportional zum Anwachsen der beteiligten Elemente abnimmt. Komplexe Relationen sind seltener als einfache.

Bei einer wachsenden Zahl von Elementen wird das System außerordentlich komplex. Zwölf Elemente – zum Beispiel Literatur, Politik, Sozialstruktur, Produktion, Diffusion, Konsumtion, Biographie, Bildung, Geschmack, Ideologie, internationale Beziehungen, Wirkung[74] – ergeben et-

---

[74] G. Renard: *La Méthode scientifique* (1900), p. 120–461 sah die Literatur einer bestimmten Epoche ebenfalls, aber doch anders im Zusammenhang mit 12 (14) Problemkreisen: Milieu (psycho-physiologisch, terrestrisch und kosmisch, sozial), Ökonomie, Politik, Recht, Familienleben, Öffentlichem Leben, Religion, Moral, Wissenschaft, Künsten, Öffentlicher Erziehung und ausländischer Literatur.

wa einen Kern, an dem alle Elemente teilhaben, zehn verschiedene Arten von Mischzonen unterschiedlicher Intensität (die jeweils aus elf bis zwei Elementen bestehen) und für jedes Element eine kontaktlose – will man vom gesellschaftlichen Hintergrund absehen – Zone. Insgesamt würde dieses System $(n-1) \cdot n + 1$, in unserem Falle also 133 Zonen umfassen. Eine ideale Sozialgeschichte der populären Lesestoffe müßte also aus ebensovielen und zum Teil hochkomplizierten Einzeluntersuchungen bestehen, und sie hätte dann immer noch nicht die Rückwirkungen jedes Einzelkomplexes auf die 132 anderen – denn das ganze System ist ja doch in Bewegung – berücksichtigt. Das läuft auf eine astronomische Zahl von Beziehungsmöglichkeiten hinaus, vor allem, wenn man noch den Mut hat, einzugestehen, daß die zwölf Grundelemente in Wirklichkeit keine Einheiten – man denke an Punkt 1: L i t e r a t u r oder Punkt 4: P r o d u k t i o n – sondern selbst sehr komplexe Gebilde sind.[75]

Eine Gedankenspielerei, gewiß. Eine auch nur annähernd zufriedenstellende wissenschaftliche Beschreibung des Phänomens „Sozialgeschichte der Literatur" muß, so betrachtet, unmöglich erscheinen. Sie wäre, wenn sie je realisiert würde, ebenso umfangreich wie langweilig. Die mathematische Spekulation erklärt jedoch ein wenig die Fülle des in der Bibliographie zusammengetragenen Materials, das für diese Arbeit als ein Minimum in Betracht zu ziehen war, und sie ist eine Erklärung dafür, daß die Untersuchung notwendigerweise Stückwerk bleiben muß. Stückwerk nicht nur in bezug auf die Sekundärliteratur: ohne Zweifel gibt es ein paar tausend Arbeiten mehr, welche diesen und jenen Zwickel des Modells gründlich untersucht haben; sie ist Fragment vor allem angesichts des primären Materials, der populären Lesestoffe selbst.

Was diese Arbeit leisten möchte, ist, kurz zusammengefaßt, folgendes: Da sie sich von einer enzyklopädischen Systematik wenig verspricht und andererseits den komplexen Anforderungen einer „idealen" Sozialgeschichte der populären Lesestoffe nicht genügen kann, wählt sie wesentliche Aspekte einer solchen Geschichte aus und versucht, diese miteinander in Beziehung zu bringen. Ein einführendes Kapitel über *Das Problem des Lesens* möchte zeigen, daß die Kunst des Lesens keine Selbstverständlichkeit, sondern ein Resultat der verschiedensten philosophischen, politischen, pädagogischen und ökonomischen Diskussionen war. Nur ein geringer Teil der Bevölkerung konnte und durfte lesen; nicht zuletzt hat die *Zensur der populären Lesestoffe* – sie wird im zweiten Kapitel dargestellt – eine ra-

---

[75] Zur Komplexität von kommunikativen Systemen cf. H. Reimann: *Kommunikations-Systeme*, p. 39.

sche Entwicklung der Leserkreise verhindert. Das dritte Kapitel beschäftigt sich mit *Produktion und Vertrieb der populären Lesestoffe,* mit den Autoren und ihrer sozialen Stellung, mit der Entwicklung von Druckereien und Verlagshäusern, mit Buchhandlungen und Bibliotheken als Vermittlern der Lesestoffproduktion, mit dem Erfolg und Mißerfolg der Produzenten und Mediatoren. Im vierten Kapitel werden *Kolporteure und Kolportagebuchhandel* als die wichtigsten Vermittler der populären Lesestoffe erkannt, obschon gerade sie den strengsten Restriktionen unterworfen waren. Populäre Lesestoffe sind vorzüglich billige Druckwerke: Einzelblätter, Heftchen und Büchlein, Kalender und Traktate; diese werden im fünften Kapitel über *Formen und Gattungen der populären Lesestoffe* vorgestellt. Das sechste Kapitel versucht, die *Besonderen Kennzeichen der populären Lesestoffe* herauszuarbeiten: ihre Traditionsrelevanz, die Thematik, Erzähltypen und Erzählmotive, Stereotypen und Requisiten, Formeln und Schemata und die Parodie. Diese Lesestoffe kommen gewissen Anforderungen der *Leser der populären Lesestoffe* entgegen – der sozialen und psychischen Einordnung dieser Konsumenten ist das siebte Kapitel gewidmet.

Bei dieser Darstellung wird sich zeigen, warum ein großer Teil der europäischen Bevölkerung bis heute ein *Volk ohne Buch* geblieben ist. Der Titel verspricht keine Polemik, sondern nur nüchterne Feststellungen: neue Leserschichten wurden während des ganzen 19. Jahrhunderts nur sehr zögernd dem neuen Kommunikationsmittel Buch zugeführt; diese neuen Leserschichten werden aber auf die verschiedenste Weise von dem Phänomen B u c h überfordert: sei es von seinem Preis, sei es von seinem Inhalt oder von der Art seiner Vermittlung. Statistisch gesehen kommt darüber hinaus jeweils nur ein geringer Prozentsatz der Bevölkerung überhaupt als Lesestoffkonsument in Frage: im ganzen 19. Jahrhundert hat es mehr Nicht-Leser als Leser gegeben, und es wäre nicht vermessen, dieser Arbeit den Titel *Volk ohne Leser* beizufügen. Unsere heutige politische, soziale und geistige Situation ist übrigens nicht nur von dem Phänomen des Nicht-Lesens im 19. Jahrhundert abhängig, sondern ebensosehr von den Lesestoffen, die, wenn auch in relativ geringem Maße, effektiv konsumiert wurden: ihr Inhalt hat die Denkweisen der Leser ausgerichtet, ihre Aussagen haben die ganze Nation auf bestimmten Gebieten normiert. Die populären Lesestoffe sind also, wenn nicht ästhetisch, so doch sozialgeschichtlich zu bewerten. Was indes mit dem Begriff „populäre Lesestoffe" gemeint sei, soll hier zunächst noch erläutert werden.

Die „populären" Lesestoffe

Eine Sozialgeschichte der Lesestoffe sollte sich mit literarischen Fakten[76] beschäftigen, die die verschiedensten Rückschlüsse auf möglichst viele, wenn nicht alle, sozialen Schichten der Gesellschaft erlauben. Wenn Gustav Roethe im Jahre 1902 in einem Höhenflug über den Parnaß der deutschen Literatur jubelte: „Jetzt ist der Faust unser populärstes Werk"[77], dann glaubte er, eine Kulturepoche begrüßen zu dürfen, in der die deutschen Klassiker zum Gemeingut der ganzen Nation avanciert waren. Aber Roethe irrte: Weder Goethes Drama noch die von wackeren Germanisten neu edierten *Faust*-Volksbücher waren das Material, an welchem man Bildungsstand, Lesegeschmack oder politische Gesinnung der deutschen Gesamtgesellschaft, des deutschen „Volkes" hätte ablesen können. Das „populärste Werk" war seinerzeit irgendein millionenfach verkaufter Schauerroman aus einer Berliner oder Dresdner Winkeldruckerei, und das sozialgeschichtlich relevanteste Material lieferte ohne Zweifel die Masse der illustrierten Zeitschriften.

„Populär" – das ist freilich kein eindeutiger Begriff. Das Wörterbuch der Académie Française[78] brachte das Wort „populaire" mit den niederen Volksschichten zusammen, bezog es also auf eine soziale Klasse, die mit dem Adelsstand nichts gemein hatte. „Populär", das war irgendwo tief un-

---

[76] „Literarische Fakten" übersetzt das im Französischen gebräuchliche „faits littéraires" (gebildet nach A. Comte und nach E. Durkheims „faits sociaux"). Man beachte die erweiterte Bedeutung dieses Begriffs, den man auch mit „literarischer Tatbestand" wiedergeben könnte. „Tatbestände" sind, nach Kurt H. Wolff: *Versuch einer Wissenssoziologie*, p. 14 „mitgeteilte geistige Vorkommnisse" (gedruckte und mündliche Kommunikationen, Kunstwerke, Werkzeuge et al.).

[77] G. Roethe: *Vom literarischen Publikum in Deutschland*, p. 20. — Über den Chauvinisten Roethe v. W. Emmerich: *Germanistische Volkstumsideologie*, p. 130–132. — Ein lustiger Gegensatz zu Roethes Theorie bei Fritz Anders: *Was weiß das deutsche Volk von Goethe?* — In: *Seemanns Literarischer Jahresbericht für 1899 und Weihnachtskatalog*, p. 13–16, aus: F. Anders: *Skizzen aus unserm heutigen Volksleben*. Zweite Sammlung. Leipzig 1899. — Zur Popularität Goethes um die Jahrhundertwende cf. auch R. von Gottschall: *Die Lektüre des heutigen Lesepublikums*, p. 160—161. Hier wird ganz deutlich, daß als Konsumentenschicht für Goethes Werke nur das Bildungsbürgertum in Betracht gezogen wurde. Gottschall gibt wenigstens zu: „Das (sic) größte Bereich der Lektüre bietet die erzählende Unterhaltungsliteratur, und dabei muß man mit falscher Vornehmheit nicht den Hintertreppen- und Kolportageroman ausschließen, der viel in den Küchen und Gesindestuben gelesen wird und bisweilen ganz enorme Auflagen erlebt." (p. 166). — Dazu O. von Leixner: *Zur Reform unserer Volkslitteratur*, p. 5: „Es ist nicht übertrieben, wenn man behauptet, daß mancher dieser Schundromane von einer Million Menschen der unteren Schichten verschlungen wird."

[78] Institut de France: *Dictionnaire de l'Académie Française*. Sixième édition. Tome second. — Paris s. d., p. 456—457.

ten, und die Geschichte der „Volks"-Kunde zeigt, wie vieler Gelehrter, von
Herder bis zur Gegenwart, es bedurfte, um dieses „Volk" vom Beigeschmack
des „Pöbels" zu befreien[79], um es aufzuwerten mit Begriffen wie „Mut-
terboden", „Grundschichtliches" oder „Bauernkultur", um seinen Eigen-
wert von allen Seiten zu beleuchten, um es mit den höheren Ständen zu
„e i n e m V o l k, e i n e m R e i c h" zu verschmelzen. Das Akademiewör-
terbuch kannte aber noch eine zweite Bedeutung des Wortes „populaire":
Wenn der Fürst sich recht leutselig zeigte, sich also zum „Volke" herab-
ließ, und wenn dieses Volk ihm zujubelte, dann war er „populär": ein
Element der höheren sozialen Klasse konnte also, in passender Einkleidung
oder Verkleidung, von der niederen Klasse akzeptiert oder gar integriert
werden. In der Tat haben die Belege im *Deutschen Wörterbuch* der Brüder
Grimm zumeist die Konnotation des Absinkprozesses von der Führungsschicht in eine niedere Rezeptionsschicht: Kotzebue kann „populär" werden, die „Vernunft" aber nicht; Goethe selbst wußte, besser als Roethe,
daß seine „Sachen" nicht „popular" werden konnten, weil sie „nicht für
die Masse geschrieben" waren, und Nicolai meinte, verschiedene Wissenschaften ließen sich einfach nicht populär vortragen.[80] Das Wort „populär" setzt also auf jeden Fall eine Trennung intellektuell verschieden ge-
arteter Schichten voraus. Dazu kommt, daß zwar eine positive Größe
– der Fürst, der Dichter oder die Vernunft – „populär" w e r d e n (und
zwar in einem Absinkprozeß von „oben" nach „unten"), nicht aber eine un-
bewertete Größe von vorneherein „populär" s e i n kann. „Populär" beinhaltet also auch eine qualitative Wertung.

Ohne diese Wertung geht es, wie schon gezeigt wurde, auch bei dem Worte
„trivial" nicht. Ganz gleich, ob man der Ableitung „Dreiweg – öffentlicher Platz – Pöbel" oder der Erklärung „Sieben Freie Künste – Tri-
vium – Anfänger im Schulsystem" folgt[81], stets blickt man dabei von höherer, mit positivem Vorzeichen geschmückter Warte auf einen niedriger gelegenen Schauplatz, wo entweder schmutzige oder dumme, jedenfalls aber
minderwertige Leute herumstehen.[82] Wenn man aber zu irgendwelchen
akzeptablen Ergebnissen bei der Erforschung der „trivialen", „populä-

---

[79] „in meinen schuljahren, wo das wort ,populär' noch nicht so mode [!] war wie
jetzt, glaubten wir es hiesze pöbelhaft oder so etwas. Lichtenberg 1, 327" — so beginnt
der Artikel Popular, Populär im Grimmschen *Deutschen Wörterbuch* VII, Leipzig 1889,
col. 2002.
[80] J. und W. Grimm: ibid. col. 2002.
[81] Cf. R. Schenda: *Kleinformen der Trivialliteratur*, p. 49.
[82] Cf. Gero von Wilpert: *Sachwörterbuch der Literatur*. 4. Auflage. — Stuttgart 1964
(Kröners Taschenausgabe, 231), p. 742: „Trivialliteratur, niederes und literarisch wertloses
Unterhaltungsschrifttum."

ren" oder „massenhaft verbreiteten" Lesestoffe kommen will, ist es notwendig, jede Art von apriorischer Wertung aufzugeben, dadurch zu einem bisher verachteten Material vorzustoßen und anhand dieses Materials zu Kriterien zu gelangen, welche Wertungen in einem anderen Sinne zulassen, ja sogar herausfordern, als in dem bislang üblichen: nicht literarisch-ästhetisch, sondern literarisch-gesellschaftlich.[83] Diese Arbeit soll zum Beispiel zeigen, was die „populären" Lesestoffe für die Gesamtgesellschaft geleistet oder nicht geleistet haben.

Das Adjektiv „populär" wird dabei wertungsfrei, also nicht im Sinne der alten Wörterbücher, übernommen. Es hat die demokratischeren Konnotationen „gemein, allgemein, All-"[84] (beschränkt sich also auf keine soziale Klasse), „beliebt und bekannt" (das ist eine sozialpsychologische Kategorie des „Geschmacks"), „weit verbreitet" (ein quantifizierendes Urteil), „preiswert" (ein ökonomischer Aspekt), „auf bestimmte Lesergruppen zugeschnitten" (das zielt auf latente Intentionen ab) und „verständlich" (damit wird der Intelligenzgrad der Konsumenten ins Spiel gebracht).[85] Der Ausdruck „populär" wird also nicht schichtspezifisch definiert, sondern zunächst operational als ein Bündel sozialpsychologischer, ökonomischer, ideologischer und pädagogischer Aspekte begriffen. Im Laufe der Arbeit werden diese Aspekte zu erläutern und zu differenzieren sein.

Vom Umfang der populären Lesestoffe hat man sich bislang nur selten genaue Vorstellungen gemacht. Allgemein wurde das Anschwellen der Literatur„masse" im 19. Jahrhundert apostrophiert; im einzelnen klagten die Kulturkritiker über die Bücherflut für jugendliche Leser oder gegen die Invasion der Kolportageromane. Es wird sich zeigen, ob die bedruckte Papiermenge in Relation zur Bevölkerungszahl wirklich enorm zu nennen war. Im vergangenen Jahrhundert werkten in der Tat mehr Autoren, als

---

[83] K. V. Riedel: *Volksliteratur und „Massen"lesestoff*, p. 82 definierte 1962: „Als Volksliteratur hat der ganze Lesestoff der Masse zu gelten, insofern er ein allgemeines Lesebedürfnis befriedigt und nicht der praktischen Orientierung dient. Seine literarische Qualität ist unerheblich. Nur die allgemeine Verbreitung zeigt an, inwieweit eine Schrift wirklich zum Besitz des Volkes geworden ist." Bei einer solchen Definition tauchen so viele Vagheiten auf, daß man sie als unbrauchbar bezeichnen muß.

[84] Cf. den Artikel *popular* im *Shorter Oxford English Dictionary* II, 1950, p. 1545—1546, § 7: „Prevalent among, or accepted by, the people generally; common, general" und § 1: „Affecting, concerning, or open to all or any of the people; public". (Bei J. A. H. Murray: *A New English Dictionary* VII, 2, 1909, p. 1125).

[85] Zu den hier aufgezählten Bedeutungen cf. das Stichwort „popular" in: *The Random House Dictionary of the English Language*, New York 1966, p. 1119. Es ist bemerkenswert, daß das *Dictionnaire Quillet de la Langue Française* III, Paris 1963, p. 1486, s. v. „populaire" sich viel traditioneller, akademietreuer („qui n'est pas admis dans la bonne société") gebärdet.

eine Normal-Literaturgeschichte ahnen läßt: Deutschland besaß nicht nur tausend „Dichter", sondern mindestens 100 000 Männer und Frauen der Feder. Mindestens 99 % dieser Schriftsteller fallen für die Literaturgeschichtsschreibung aus.[86] Da die Oeuvrekataloge dieser Produzenten oftmals nicht dünner, manchmal eher dicker sind als die der kanonisierten „Dichter", bleibt ein ebenso hoher Prozentsatz des literarischen Materials im toten Winkel der Literaturbetrachtung. Dafür sind verschiedene Faktoren verantwortlich zu machen: die Scheu vor dieser Masse unheimlicher literarischer Fakten; eine nicht ganz unbegründete Furcht, sich am Abfallhaufen der literarischen Kultur die Hände schmutzig zu machen; die Beschämung über die Existenz dieser mißratenen Kinder unserer wohlanständigen Kultur, das traditionsgebundene literarische Denken, das Fehlen von neuen Auswahlprinzipien und Bewertungsmaßstäben und der Mangel an geeigneten Materialsammlungen. Wenn die Bibliothèque Nationale in Paris Hunderttausende von verschiedenen Volksbüchlein aus dem 19. Jahrhundert in ihren Magazinen konserviert, dann weiß der tapferste Explorator zunächst nicht, von welcher Ecke er diesen Literaturwust anpacken soll. Aber er hat doch zumindest diese ganze Kollektion zu seiner Verfügung, ganz im Gegensatz zu dem deutschen Lesestoff-Forscher, der sein Material in Dutzenden von Bibliotheken mühsam zusammensuchen muß! Erschreckender als die Menge der Druckwerke des 19. Jahrhunderts ist die Tatsache, daß sie nur noch zum geringsten Teil greifbar und erfaßbar sind.

Die negative ästhetische Bewertung der populären Lesestoffe, die Robert Prutz schon 1847 „thöricht"[87] nannte, wird bald der Vergangenheit angehören. Die Polarisierung „hohe Literatur": „niedere Literatur" wird 1984 zu einem Kuriosum in der Geschichte der Literaturwissenschaft geworden sein. Sie erinnert stark an den alten Zwist über Antike und Moderne: Mehr als zwei Jahrhunderte lang bemühten sich Dichter, Kritiker und Philosophen um die Lösung der strittigen Frage, ob der antiken Literatur ein eindeutiger Vorrang vor der modernen einzuräumen sei. Von Charles Perrault und Charles Boileau bis zu Friedrich Schlegel und Friedrich Schiller widmeten sich die Gelehrten eifrig dem Studium der griechischen und römischen Schriftsteller auf der Suche nach der „objektiven", regelbildenden Poesie. Auf Grund des poetischen Materials entwickelten sie li-

---

[86] Cf. R. Escarpit: *Y a-t-il des degrés*, p. 2.
[87] R. E. Prutz: *Ueber die Unterhaltungsliteratur*, p. 168: „Was uns betrifft, so vermögen wir weder jene Geringschätzung noch diese Bedenklichkeit theilen. Vielmehr dünkt es uns thöricht, scheel zu sehen auf die Existenz einer Literatur, und ob sie auch wirklich eine Literatur zweiten Ranges wäre, so lange wir die Thatsachen, welche ihre Existenz nöthig machen, so wenig wegschaffen als wegleugnen können."

terarische Maßstäbe, an denen gemessen die moderne Literatur bestenfalls „interessant" – um noch einmal einen Schlegelschen Begriff zu verwenden – erscheinen konnte. Schiller ist der besonnene Satz zu verdanken: „Man hätte deßwegen alte und moderne – naive und sentimentalische – Dichter entweder gar nicht, oder nur unter einem gemeinschaftlichen höhern Begriff (einen solchen giebt es wirklich) miteinander vergleichen sollen. Denn freylich, wenn man den Gattungsbegriff der Poesie zuvor einseitig aus den alten Poeten abstrahiert hat, so ist nichts leichter, aber auch nichts trivialer, als die modernen gegen sie herabzusetzen."[88] Es fällt nicht schwer, die Begriffe antik : modern gegen hochkünstlerisch : populär auszutauschen. Dem akademisch-dichotomischen Denken ist das Prinzip der Gleichberechtigung und der Eigengesetzlichkeit verschiedener Arten von Literatur entgegenzustellen. Der „gemeinschaftliche höhere Begriff" kann in diesem Falle nur der unserer historisch gewordenen Gesellschaft sein.

Die Zeit: 1770—1910

Es ist schwierig, das „Neunzehnte Jahrhundert" zeitlich abzugrenzen. Für den politischen Historiker mag es mit Napoleons Sturz und der Restauration, mit der Leipziger Völkerschlacht und dem Wiener Kongreß beginnen[89] und hundert Jahre später mit den Vorwehen des Ersten Weltkrieges aufhören: Schlachten und Friedensverträge bedingen in der Tat das Auf und Ab der politischen, wirtschaftlichen und gesellschaftlichen Entwicklung. Die geistigen Grundlagen dieses politisch und kulturell wenig gestörten Jahrhunderts sind freilich vor der Französischen Revolution in der Aufklärung zu suchen; ja, es zehrt geradezu, ruhend und nachvollziehend, von der philosophischen und naturwissenschaftlich-technischen Revolution des 18. Jahrhunderts.[90] Die Hauptideen dieser Aufklärung begannen nach Beendigung des Siebenjährigen Krieges, ein breiteres Publikum mit Universitäts-

---

[88] Friedrich von Schiller: *Über naive und sentimentalische Dichtung.* — In: Schillers *Werke. Nationalausgabe.* Zwanzigster Band: *Philosophische Schriften.* I. — Weimar 1962, p. 413–503, sp. p. 439.

[89] Cf. G. G. Gervinus: *Geschichte des neunzehnten Jahrhunderts seit den Wiener Verträgen.* — Zu Gervinus cf. Rudolf Unger: *Gervinus und die Anfänge der politischen Literaturgeschichtsschreibung in Deutschland. Eine Säkularerinnerung.* — Berlin 1935 *(Nachrichten von der Gesellschaft der Wissenschaften zu Göttingen,* Phil.-hist. Klasse, Fachgr. IV: Neuere Philologie und Literaturgeschichte, N F, Bd. I, Nr. 5), p. 71–94.

[90] Cf. F. Heer: *Die Rolle des Buches,* p. 10: „Wir Europäer sind, mehr als wir es wissen und bisweilen wissen wollen, Söhne unseres 18. und 19. Jahrhunderts. [...] Fast alle Pro-

oder höherer Schulbildung zu erreichen; in einem zweiten Schritt der Aufklärung spürt auch der Bürger das Heraufziehen einer neuen Zeit. Um 1770 tritt der ganze Komplex Schule – Erziehung – Buch – Leser in eine neue Phase. Die sechziger und siebziger Jahre sind die Wirkungszeit der Basedow, Campe, Claudius, Pestalozzi, von Rochow, Salzmann und Weisse, die Entstehungszeit des Hermesschen Bestsellers *Sophiens Reise* und der *Geschichte des Fräuleins von Sternheim* der Sophie von Laroche; die Zeit, in der Herder und Bürger begannen, sich mit der Volkspoesie zu beschäftigen; die Zeit, in welcher der Begriff „Volkskunde" entsteht[91] und in welcher man historisch, wenn nicht gar historistisch zu denken beginnt.[92] Um diese Zeit tauchen die ersten Berichte darüber auf, daß das „Volk" liest; die ersten Klagen, daß die Lesesucht überhand nimmt, die ersten Versuche, „gute" Lektüren für ein breites Publikum zu schaffen. Um das Geburtsjahr der Dampfmaschine (1769) tritt das Phänomen des Lesens deutlich ins Bewußtsein. Die „Revolution" des Buches geht der großen politischen Revolution um eine Generation voraus.

Es wird sich freilich bei näherem Zusehen herausstellen, daß der Erfolg der Popularaufklärung ein geringer war: weder lernten die unteren Schichten so rasch das Lesen, noch ließen sie sich vom Aberglauben alter Tradition fortscheuchen.[93] Und die Aufklärer selbst – ob sie nun an der Hochschule, im Pfarrhause oder im Volksschriftenverlag wirkten – stellten sich oft genug selber Fallen, strauchelten über ihre unrealistischen Pläne, blickten verdutzt auf ihre Mißerfolge.[94] Ohne diese vielen fehlgeschlagenen Aufklärungsbemühungen zwischen Hubertusburg und Bastille, ohne diese Diskrepanz zwischen theoretischem Anspruch und realisierbarer Leistung, ist die Reaktion der Politiker nicht zu verstehen, die ein übriges taten, um den erwachenden Pöbel wieder einzuschläfern. Die äußerst schleppende Bildungsentwicklung des 19. Jahrhunderts, die noch heute stark fortwirkt, beruht auf der Tatsache, daß die Volksaufklärung nach dem Siebenjährigen Kriege

blemstellungen unserer Zeit - vom globalen Weltbürgerkrieg bis zur Fahrt in den Kosmos - sind da vorgedacht, vorerhofft, vorgefürchtet worden, in Büchern, die als Romane, Utopien, Visionen, Programme zunächst zwischen 1770 und 1818 Zukunftsbilder von Höllen und Himmeln, von entmenschten Diktaturen, von maschinisierten Zivilisationen, von Totalkatastrophen — und von irdischen Paradiesen dem neugierigen neuen Publikum vorstellten." — Daß ein Umbruch der Lebensformen und Lebensordnungen nicht plötzlich im 19. Jahrhundert, sondern teilweise schon früher eingesetzt hat, betont, in Opposition zu F. Heers *Europäischer Geistesgeschichte* J. Dünninger: *Das 19. Jahrhundert als volkskundliches Problem*.

[91] H. Möller — D. Narr — H. Bausinger: *Aus den Anfängen der Volkskunde als Wissenschaft.* — In: *Zeitschrift für Volkskunde* 60, 1964, p. 218–241.

[92] Cf. Friedrich Meinecke: *Die Anfänge des Historismus*.

[93] Cf. H. Möller: *Angewandte Aufklärung und magia naturalis.*

[94] Cf. H. Bausinger: *Aufklärung und Aberglaube.*

keine geistige Revolution, sondern ein klägliches Gefecht gegen den zähen Brei jahrhundertealter Unbildung darstellte.[95] Einige dieser Scharmützel müssen in dieser Arbeit notwendigerweise zur Sprache kommen.

1770 also – weniger ein willkürliches Datum als ein Zeitpunkt, der zu den schönsten Hoffnungen berechtigte, der weniger A n a k r e o n t i k als vielmehr S t u r m u n d D r a n g bedeutete. Der Gang der poetischen und der politischen Geschichte hat jedoch die populären Lesestoffe wenig affiziert; höchstens Napoleons Aufstieg und Fall ist mit einiger Verspätung in weiten Kreisen, aber gleichsam auf dem Niveau einer schönen Räubergeschichte, konsumiert worden, und der Siebziger Krieg gab Gelegenheit, mit Hilfe von plumper Propaganda dem gemeinen Leser den Haß gegen den Feind auf der anderen Seite des Rheins bis zu einem neuen Kriege einzubläuen. Geschichte reduziert sich in den populären Heftchen auf die Heldentaten der Blücher oder Garibaldi; von Restauration und Bourbonen, österreichischer Intervention in Italien, vom Schicksal Griechenlands oder dem des Deutschen Bundes, von der Julirevolution und ihren deutschen Ausläufern, von den Ereignissen im Februar und im März 1848, von der Frankfurter Nationalversammlung, dem Dänischen Krieg und dem Risorgimento berichtet diese Literatur so gut wie nichts. Es fällt indes auf, daß die Auseinandersetzung zwischen Deutschland und Frankreich in stärkerem Maße aktualisiert worden ist als die bisher genannten Ereignisse oder Entwicklungen: seit 1870 werden die billigen Lesestoffe in großem Stil als Propagandamittel herangezogen.[96] Aus diesem Grunde war es ratsam, die Darstellung der populären Lesestoffe vor dem Beginn des ersten Weltkrieges abzubrechen, denn die nationalistische Kriegsliteratur zwischen 1910 und 1920 – Ausfluß der im vergangenen Jahrhundert geförderten Dummheit – hätte ein zusätzliches Kapitel, wenn nicht ein eigenes Buch erfordert.[97] So schließt diese Arbeit die Belle Époque mit ihrer Entwicklung von öffentlichen Bibliotheken, ihrer Schundliteratur-Ideologie und ihrer

[95] Mehr Erfolge hatte die Aufklärung im ökonomischen Sektor: ihre Fleiß- und Arbeits-Ideologie lehrte das deutsche Volk, über dessen frühere physische Trägheit noch viele Belege zu liefern wären (cf. H.-J. Ernst: *Das württembergische Armenwesen*, p. 122), die Arbeitswut, an der es noch heute leidet. Dieser Prozeß der Verfleißigung unserer Nation wäre eine Studie wert: der Enderfolg aufklärerischer Ideen zeigt sich hier bedeutend wirkungsvoller als auf dem Bildungssektor.

[96] Es sei nur an die auf billigstem Papier gedruckten *Kriegsbilderbogen* des Verlages Otto Kraffert & Co. in Dresden erinnert. — Für Frankreich cf. A. Dupuy: *La Guerre, la Commune et la presse*. — Über die „Notwendigkeit der Bildung" eines Volkes für die „Heranbildung" seiner Armee schreibt E. Schultze: *Freie öffentliche Bibliotheken*, p. 4–5.

[97] Es genügt, an die weit über hundert Zehnpfennig-Bändchen umfassenden *Volksschriften zum großen Krieg* zu erinnern, die im Verlag des Evangelischen Bundes (!) in Berlin erschienen. Hier einige Titel: (1) *Deutsche Wehrmannslieder*, (10) *Hausandacht für die Kriegszeit*, (13) *Im Kampf mit der Kriegslüge*, (17/18) *Glaubensworte unseres Kaisers*,

Kolportageliteratur in ihre Darstellung ein, führt jedoch die Umfunktionierung des Verbrecherromans zum Heldenbericht, sowie die Umwandlung der Schundliteratur in nationale Wertliteratur im einzelnen nicht mehr aus. Spätestens 1910 endet die *Welt von gestern,* beginnt die bewußte nationale Massenlenkung durch das Medium der populären Lesestoffe. Spätestens 1910 kommt es auch zu der „Allerweltleserei", wie Friedrich Paulsen das Phänomen nannte.[98] Man darf dieser eine „Allerweltsschreiberei" zur Seite stellen. Mit dem Objektivationsprozeß der Arbeit im Laufe des 18. und 19. Jahrhunderts – das Werkzeug wird zur Arbeits- und Kraftmaschine und schließlich zum Automaten –[99] verbindet sich ein Entsubjektivierungsprozeß der populären Literatur: sie löst sich nach und nach von dem individuell profilierten Autor, von der partikulären, lokal begrenzten Edition, von der persönlichen technischen Vermittlung, von der Kontrollinstanz der kritischen Organe und Institutionen und wird zur Massenliteratur – nicht nur im Sinne der Quantität, sondern in Form von Ballungen, die nur noch in ihrer Gesamtheit faßbar sind: Die Boulevardpresse, Die Kriegsliteratur, Der Kolportageroman, Die Heftchenliteratur, Der Dresdner Lieferungsroman, Die durch die Post beziehbare illustrierte Presse, Das Werk eines Vielschreibers, Die protestantische Traktatliteratur, Das Jugendbuch; oder: Der Schriftstellerverband, Der Borromäusverein, Die Volksbücherei: an die Stelle des Individuellen tritt immer häufiger das Kollektivum. Die Masse der populären literarischen Fakten besteht nicht mehr aus Einzelleistungen, sondern aus Kollektivleistungen. Diese Entwicklung ist bis spätestens 1910 zum Abschluß gekommen.

(32/33) *Gedichte zum Vortrag an vaterländischen Volksabenden,* (35) *Die Sprache Gottes im Weltkrieg 1914/15,* (54/55) *Englands Schuld am Weltkriege,* (67/68) *Gedanken im Lazarett,* (69/70) *Luther und Bismarck,* (104/105) *Alles, alles für unser Vaterland!,* (126/127) *Deutsche Kriegsweihnacht 1917,* (143) *Freue dich, du schönes Blümlein!,* (146/147) *Trost in Trauer.* — Im selben Verlag kamen von 1914–1918 insgesamt 55 *Heroldsrufe in eiserner Zeit,* „Kriegsflugblätter" von je 4 p. Umfang heraus. — Anspruchsvoller, aber nicht weniger beunruhigend sind die 150 Dreißigpfennig-Bändchen mit dem Reihentitel *Unterm Eisernen Kreuz 1914 (–1918). Kriegsschriften des Kaiser-Wilhelm-Dank, Verein der Soldatenfreunde,* die im Verlag Kameradschaft in Berlin erschienen. Solche Reihen gab es in großer Zahl. — Zur Kriegsverherrlichung ab 1912 cf. auch H. Radeck: *Gartenlaube,* p. 113–114, 122–123; W. Bube: *Die ländliche Volksbibliothek,* p. 212–213; P. Samuleit: *Kriegsschundliteratur;* O. Nippold: *Der deutsche Chauvinismus.*

[98] F. Paulsen: *Das deutsche Bildungswesen,* p. 168: „Was vor hundert Jahren überhaupt nicht las oder, wenn es las, höchstens einmal im Kalender blätterte oder in der Bibel oder einem Predigtbuch, die ländliche Bevölkerung, die Arbeiterwelt, die liest jetzt täglich, Mitteilungen und Betrachtungen aus der politischen und gesellschaftlichen Welt, naturwissenschaftliche und religiöse Aufklärungsliteratur, Erzählungen und Romane, Reisebeschreibungen und geschichtliche Darstellungen, patriotisch oder sozialdemokratisch appretiert."

[99] Arnold Gehlen: *Die Seele im technischen Zeitalter,* p. 19, nach Hermann Schmidt.

I. DAS PROBLEM DES LESENS

Reiz und Reaktion

Das Jahrhundert der Aufklärung fördert das Phänomen B u c h u n d
L e s e r in allen seinen Aspekten. Ein „philosophisch gelenktes Erfinden"[1] treibt die Entwicklung von Papiermühlen und Druckmaschinen[2]
voran: die Technik schafft auch hier die Voraussetzungen für die Diffusion
geistiger Produkte. Wissensdrang wohnt nicht mehr nur einer professora-
len, theologisch, juristisch oder medizinisch ausgebildeten Elite inne[3], Unterhaltungsbedürfnis kann jetzt auch durch wohlfeile Schriften gestillt werden: das 18. Jahrhundert bringt die *Bibliothèque bleue* hervor[4], die erste
Massenproduktion von populären Taschenbüchlein. Die Lust an Lesestoffen
wächst stetig[5], besonders stark ist der Drang nach geistlicher Erbauung[6]
und nach knapper Information.[7] Eine quantitative Analyse dieses Fort-
schrittes würde recht erfreuliche Ergebnisse zeitigen.

Diese Entwicklung verläuft jedoch im Rahmen von höchst komplizierten
Wechselbeziehungen. Die geistigen, politischen und ökonomischen Machtgruppen, Wissenschaft, Staat, Kirche, Wirtschaft mit allen ihren Institutionen, bedingen sich gegenseitig, stoßen sich wechselseitig an, schaukeln
sich auf oder hemmen einander. So weckt die philosophische Progression

[1] Mohammed Rassem: *Bemerkungen zur Entstehung der modernen Technik.* — In:
Technik im technischen Zeitalter. Stellungnahmen zur geschichtlichen Situation. — Düsseldorf 1965, p. 38–59, sp. p. 43.

[2] Cf. in der *Encyclopédie ou Dictionnaire raisonné des sciences, des arts et des métiers*
von Diderot und D'Alembert (1751–1772) die Artikel und Illustrationen zu *Imprimerie,
Livre, Papier, Presse.*

[3] L. A. Veit: *Das Aufklärungsschrifttum,* cap. 2: *Ein neuer literarischer Geschmack,*
sp. p. 18.

[4] R. Mandrou: *De la culture populaire,* cap. I A: *Une réussite étonnante.*

[5] Jacob Daniel Ernst bringt in der Vorrede zu seinem *Historischen Bilderhauß* II,
Altenburg 1686, zahlreiche Exempel von Leuten, die Bücher schätzten. Das Phänomen ist
also für das 18. Jahrhundert keineswegs revolutionär zu nennen.

[6] Cf. den Artikel *Erbauungsliteratur* in: *Die Religion in Geschichte und Gegenwart* II,
³1958, col. 540–547 (mit weiterführender Bibliographie).

[7] Cf. J.-P. Seguin: *Nouvelles à sensation.* — Für das 18. Jahrhundert I. Jentsch: *Zur
Geschichte des Zeitungslesens.*

des 18. Jahrhunderts ein mehrschichtiges Interesse an geistiger Tätigkeit. Pfarrer, Juristen, Mediziner, Historiker, Pädagogen, Tagesschriftsteller vermitteln die Theorien der Universitätsaufklärung, geben sie an die geistig Aufgeschlossenen im Adel und im gehobenen Bürgertum weiter. Die intellektuellen Regungen einer soziologisch nicht exakt stratifizierbaren Unterschicht von Leibeigenen, Bauern, Handwerkern, Arbeitern stacheln die geistigen Führer zu neuen Konzeptionen vom „Volk" und von der „Volksbildung" an. Aus dem Etatismus entwickeln sich die Anfänge einer „Volkskunde"; die „Statistik" befaßt sich im Detail mit den niederen Ständen. Dieses neue Phänomen „Volk" wiederum wird sich der geistigen und politischen Bevormundung bewußt, sucht sich revolutionär zu emanzipieren, fordert Freiheit, Gleichheit und Brüderlichkeit in bezug auf Geist, sozialen Status und Gesinnung und wandelt wieder das Weltbild der intellektuellen Führungsschicht. Die politischen Machtgruppen sind jedoch an einer freien Entwicklung des Denkens wenig interessiert: Denkendes Volk schadet politischer Oligarchie, so lautet die Meinung der staatlichen Organe, die sich vor einem liberalen, nicht mehr dem Gottesgnadentum hörigen Untertanengeist fürchten. Nach dem Anreiz des Neuen im achtzehnten Jahrhundert folgt die Reaktion der restaurativen, traditionell denkenden Kräfte.

Nach der Französischen Revolution und der napoleonischen Diktatur behalten diese reaktionären Machtgruppen während des ganzen neunzehnten Jahrhunderts die Oberhand. Die Revolution der Aufklärung war zum großen Teil gescheitert, die Vernunft der Bücher unterlag der ratio regum. Zu einem neuen großen Aufbruch der Intelligenzreserven konnte es nicht mehr kommen. Die „Schlacht" um Victor Hugos *Hernani* vermochte Europa nicht zu erschüttern, dem Jungen Deutschland gelang es nicht, die Nation zu einem politischen Bewußtsein zu bringen, Marxismus und Sozialismus waren zu einem Untergrund-Dasein verdammt, der Scapigliatura fehlte es an jeglicher Durchschlagkraft. Andere, von kleineren Gruppen angeregte Bewegungen sind in noch stärkerem Maße geistige Geschosse von minimaler Reichweite, Schattengefechte, Selbstbetrug. Doch bestimmen gerade diese schwachen und oft widerstreitenden Kräfte die Gesamtstruktur des Phänomens P o p u l ä r e   L e s e s t o f f e im 19. Jahrhundert. Es gilt hier, gerade die singulären und scheinbar unbedeutenden Ereignisse für ein Erkennen der geistigen und lesersoziologischen Hauptströmungen nutzbar zu machen.

Welche Anregungen in bezug auf die Volksbildung gingen von den vermittelnden Instanzen der Spätaufklärung aus, so wird man fragen, und weiter: Wie hat diese Bewegung das Lernen und Lesen bei neuen Schichten der Bevölkerung beeinflußt? Wie wirkten sich in dieser Entwicklung die Französische Revolution und die darauf folgende Restauration aus? Welche Ideologien entwickelten sich mit dem Phänomen des Lesens, und wie wirkten diese auf die Leserschicht zurück? Welche Wirkung hatten die populären Lesestoffe als „sozialer Tatbestand"? Die Beantwortung dieser Fragen soll zunächst zu einigen Thesen führen, die dann im Laufe der weiteren Arbeit weiter zu erhärten oder zu differenzieren sind.

Was ist Volksbildung?[8]

„Für die Volksbildung macht die zweyte Hälfte des Achtzehnten Jahrhunderts Epoche. Die Kenntniß dessen, was dafür geleistet wurde, ist erfreulich dem Menschenfreund, ermunternd dem Priester der Kultur, und für den Geschäftsführer des Gemeinwesens höchst lehrreich." So schrieb Ignaz Heinrich Wessenberg im Jahre 1814 über die pädagogischen Bestrebungen des philosophischen Säkulums.[9] Volksbildung: das hieß Jugendbildung, Schulbildung, und auf diesem Gebiet hatte die Menschheit, so konnte Wessenberg zufrieden feststellen, bedeutende Fortschritte gemacht, wollte man von den weniger bildungsbegeisterten Staaten Preußen, Frankreich und Italien[10] absehen. In der Tat war dieser Fortschritt nur zäh vonstatten gegangen[11], nicht zuletzt, weil die Eltern den Sinn des Schulbe-

---

[8] Diese Glossen zum Schulwesen um 1800 sollen keineswegs das so wichtige Buch von W. Götze über *Die Begründung der Volksbildung in der Aufklärungsbewegung* ersetzen.

[9] I. H. Wessenberg: *Die Elementarbildung des Volkes*, p. 7. Zu Wessenberg cf. Ferdinand Albert Graf: *Die Praxis der Volksbildung bei Ignaz Heinrich von Wessenberg.* – Meisenheim: Hain 1968. 169 p.

[10] Nach E.-A. de l'Étang: *Le Colportage*, p. 41—42 konnten um das Jahr 1860 von 1000 Italienern 178 lesen und schreiben, 41 nur lesen, und 781 waren Analphabeten. In den Provinzen Basilicata, Calabria, Sicilia und Sardegna konnten mehr als neun Zehntel der Bevölkerung weder lesen noch schreiben. Für Italien wäre demnach eine Verschiebung der Volksbildungsphänomene von rund 100 Jahren anzunehmen.

[11] „Die allerniedrigste Menschenklasse liest gar nicht, entweder weil sie nicht lesen kann, oder weil sie das Lesen verachtet, zuweilen auch wol, weil sie nichts zu lesen hat." *Berlinische Monatsschrift* VI, 1785, p. 295. — Zum Analphabetismus am Ende des 18. Jahrhunderts cf. I. Jentsch: *Zur Geschichte des Zeitungslesens*, p. 9–10. — Dr. Wohlfahrt: *Einige Momente zur Geschichte der Volksbildung* (1857), p. 189: „In weiterem Umfange war von einer fortgesetzten Jugend- und Volksbildung nicht die Rede, konnte es auch nicht sein, da die Volksschule noch auf einer viel zu tiefen Stufe stand, als daß sie das Bedürfniß einer höhern Bildung hätte hervorrufen können [. . .]".

suches ihrer Kinder nicht einsehen wollten. Das Schulgeld sei zu teuer, meinten sie um 1730 – aber wer hätte nicht ähnliche Argumente noch im 20. Jahrhundert vernommen? –, die Kinder müßten in Haus und Hof helfen, in der Schule lernten sie doch nur Böses, und schließlich könne man auch ohne Schulbildung leben.[12] Eltern und Kindern einzuprägen, daß der Schulbesuch nützlich sei – das war das große Verdienst der Pädagogen des 18. Jahrhunderts, und jedes Ländchen konnte sich in dieser Epoche so mancher – freilich zumeist religiös gelenkter – Fortschritte auf dem Gebiet der Schulbildung rühmen.[13] Die Freude an der Schule wurde den Kindern mit Kernsprüchen und anderen Propagandamitteln suggeriert. So sangen die Knaben und Mädchen zur Eröffnung der Preisverteilung beim Ravensburger Kinderfest von 1811[14]:

Volles Glück und steter Segen
Strömet Eltern dann entgegen,
Wenn sie gute Kinder haben;
Aber diese edeln Gaben:
Eltern Lieb' und Kinder Pflicht,
Pflanzt der Schulen Unterricht.

Fleiß, Gehorsam sind die Pflichten,
Welche redlich zu entrichten
Gute Bürger sich bestreben:
Aber so nach Pflicht zu leben,
Prägen Schulen nur allein
In das Herz der Jugend ein.

Sittsamkeit und sanfte Triebe,
Kenntniß, Fleiß und Arbeitsliebe
Sind der Mädchen schönste Zierde,
Gründen fest des Weibes Würde.
Solche Blumen der Natur
Wachsen doch in Schulen nur.

---

[12] Johann Jacob Rambach: *Anrede an die Eltern in den Gemeinden der ersten Superintendur [...] darinnen ihnen die Ursachen, warum sie ihre Kinder hinfort fleißiger zur Schule schicken sollen, vorgehalten, und ihre Entschuldigungen und Ausflüchte beantwortet werden.* — Gießen: E. H. Lammers 1733. 8 fol. n. n.
[13] Cf. etwa für Schwaben-Neuburg: Ludwig Schönchen: *Zur Geschichte der Volksbildung und des Unterrichts in Schwaben und Neuburg.* — In: *Bavaria* II, 2. München 1863, p. 937–970, sp. 963–970. — Cf. auch Eugen Schmid: *Geschichte des württembergischen evangelischen Volksschulwesens von 1806 bis 1910.* — Stuttgart 1933.
[14] *Lieder, welche am Tage des [...] Schul-Jugend-Festes in Ravensburg gesungen werden.* — Ravensburg: J. A. Gradmann 1811, p. 10–12. (Staatsarchiv Ludwigsburg D 54/79: Anfrage des Buchdruckers Gradmann, ob er die Lieder zum Schuljugendfest neu drukken dürfe.)

Liebe Schwestern! liebe Brüder!
Singet dankbar frohe Lieder.
Daß wir uns der Tugend weih'n,
Und so mancher Kenntniß freu'n,
Danken wir der Schul' allein;
Laßt uns ewig dankbar seyn.

Und im Chor erscholl es dazu nach jeder Strophe:

Heil dem König, Heil dem Staat,
Wo man gute Schulen hat!

Endlich frohlockte der Schlußchor:

Da jauchzet Jeder wonniglich:
Es lebe König Friederich!

Eine so massive Propaganda für den Schulgedanken bedarf freilich einiger kritischer Bemerkungen. Dabei wäre es billig, nur den Begriff des „Einprägens" mit der so illustren Geschichte der Prügelstrafen[15] zu illustrieren: war man doch im selben Jahre 1811 schon so weit, die Mädchen der württembergischen Waisenhäuser, „wenn Strafen nothwendig werden, stets abgesondert von den Knaben zu bestrafen", und körperliche Strafen waren ihnen von da an „von einer weiblichen Person zu ertheilen."[16] Bemerkenswerter ist doch die Tatsache, daß in diesem Lied nicht vom Denken die Rede ist, nicht vom Urteilen, nicht vom Mündig-Werden, sondern von Fleiß, Gehorsam, Pflicht und Sittsamkeit (nicht Sittlichkeit!), die dem guten Bürger, das heißt dem braven Untertan, ziemen. Die Verbreitung vulgarisierter Kant-Kernsätze, an welcher den aufklärerischen Volkspädagogen sehr gelegen war[17], und die sogar mit Hilfe von Lesebüchlein bewirkt werden sollte[18], scheiterte also an einer politischen Macht, die sich für einen

---

[15] Der von H. Heppe: *Geschichte des deutschen Volksschulwesens,* p. 219–220 zitierte schwäbische Schulmann Johann Jacob Häberle, welcher in 51 Amtsjahren 2,3 Millionen Prügel austeilte, mag als Kuriosität erscheinen. Doch lese man bei A. Knapp: *Lebensbild,* p. 72–73, wie 1809 im Lyceum zu Rottweil ein 20jähriger Schüler öffentlich 17 Stockstreiche erhielt, weil er eine Tanzveranstaltung besucht hatte, oder bei Chr. G. Salzmann: *Conrad Kiefer,* ³1827, p. 78–83 das genüßlich-sadistische Kapitel *Conrädchen bekömmt die Ruthe.* — Cf. H. Möller: *Kleinbürgerl. Familie,* p. 43–47.
[16] § 43 der Waisenhausordnung für Stuttgart und Ludwigsburg vom 1. 7. 1811. In: Th. Eisenlohr: *Sammlung* I, p. 274.
[17] J. A. Bergk: *Die Kunst, Bücher zu lesen,* cap. XXVIII: *Auf welche Weise und in welcher Ordnung muß man Kants Schriften studiren?,* p. 345–355. — Cf. auch J. B. Basedow: *Elementarwerk* I, 3. Buch: *Die Gemeinnützige Logik.*
[18] *Kleines Buchstabir- und Lesebuch, enthaltend die nöthigsten Kenntnisse und einige Bildungsmittel für die kleinere Jugend* [...] Nach der Schwelmer vierzehnten Auflage.

erhöhten Bildungsstand ihrer Untertanen nur wenig begeistern konnte. Volksbildung – das Problem stellte sich für den Monarchen ganz anders als für den Philosophen:

Es war nie Unser Wunsch, die deutschen Schullehrer eigentlich in den gelehrten Stand versezt zu sehen. Wir erinnern daher dieselbe, besonders die in ihrer Bildung am weitesten vorgerückte, sich wohl vorzusehen, daß sie die rechte Mittelstraße nicht verfehlen, nicht über die Sphäre ihres bestimmten Wirkungs-Kraises hinaus tretten, und sich eben dadurch zu ihren eigentlichen Berufsgeschäften weniger brauchbar machen. Sie werden daher wohl thun, wenn sie sich nur auf die – innerhalb den Gränzen i h r e s Berufs liegende – wissenschaftliche Theile einschränken, und sich desto mehr Mühe geben, in diesem was vorzügliches zu leisten, und besonders die nicht leichte Kunst sich zu eigen machen, den Schulkindern das, was sie zu lehren haben, recht faßlich und verständlich zu machen. Eben so wenig wünschen Wir, daß die deutschen Schulkinder, von denen weit der größere Theil, zu den Feldgeschäften und Gewerben bestimmt ist, mit Kenntnissen vollgepfropft werden, die außer ihrer Sphäre liegen, die sie nicht anwenden können, und ihnen also ganz unbrauchbar sind; Wir wollen bloß, daß die zarte und unverdorbene Jugend durch den öffentlichen Schul-Unterricht zu vernünftigen Menschen, guten Christen und sittlichen Bürgern des Staates gebildet werde. Die ganze Sorgfalt und Bemühung des deutschen Schullehrers muß also darauf gerichtet seyn, der Jugend nicht nur alle im gemeinen Leben unentbehrliche Kenntnisse beyzubringen, sondern auch und vorzüglich bey den zartesten Kindern schon die Keime der Tugend aufzuwecken, ein Gefühl für das Gute und Sittliche in ihm rege zu machen, ihre noch dunklen Begriffe zu entwickeln und zu bestimmen, und sie zu lehren, die ihnen beygebrachten Lebensregeln in Anwendung zu bringen.[19]

Dieses Schulprogramm sieht also ein begrenztes Denk- und Wissenspotential für Bildungsgeber und Bildungsempfänger vor. Bei dieser zwiespältigen Haltung der Obrigkeit mußte es zu den kuriosesten Widersprü-

---

— Crefeld: P. Schüllers Witwe 1811. 96 p. (BN Paris X. 15. 105). Hier werden Wörter und Begriffe erklärt wie möglich, unmöglich, wirklich — wesentlich, zufällig, nothwendig — Ursache und Wirkung — Mittel und Zweck — Wahrheit, Irrthum, irren, lügen — ungewiß, wahrscheinlich, gewiß — urtheilen, schließen — glauben, zweifeln — Aberglaube, Vorurtheil — Körper, Seele, Geist, Wesen — Religion, Christenthum, Bibel, Jesus Christus — Tugend, Frömmigkeit, Heuchelei, Sünde, Laster — Gewissen, Reue, Buße — Sinnlichkeit, Leidenschaft — Ehre, Ehrliebe, Ehrbegierde, Ehrgeiz, Ehrsucht — Glück, Zufriedenheit. Im Kapitel *Sittenlehren* heißt es p. 95: „Mache dir immer das zur Regel deiner Gesinnungen und Handlungen, von dem du wollen kannst, daß es ein allgemeines Gesetz sey!"

[19] Th. Eisenlohr: *Sammlung der württembergischen Schul-Geseze I*, p. 104–105: Gen. Syn. Reskript Friderichs II. an die Gen.-Superintendenten, betr. verschiedene Kirchen- und Schul-Sachen, vom 16. Januar 1799.

chen zwischen gewissen staatlichen Forderungen[20] und realen Verhältnissen kommen: „Die Schullehrer sollen mit der äußern Achtung, welche ihrem wichtigen Beruf gebührt, behandelt, und mit allen niedrigen Geschäften und Aufträgen von den Geistlichen und Dekanen verschont werden." So hieß es, theoretisch, in einer Generalverordnung aus dem Jahr 1810.[21] Noch 1808 hatte nämlich der Direktor des Oberzensurkollegiums in Stuttgart, Menoth, erklären können, es sei dem Staate einerlei, ob der Sprachlehrer Seiz existiere oder nicht.[22] Und die dementsprechenden Lehrerverhältnisse auf dem Lande lassen sich mit dem Fall des Dorfes Laibach im Kreis Künzelsau erläutern.[23] König Friedrich I. von Württemberg ordnete am 7. September 1809 durch den Geistlichen Rat Werkmeister an, daß in Laibach, einem Ort, der damals bei 52 Haushaltungen 350 Einwohner zählte, eine beständige Schule anzulegen sei. Der Gemeinderat war bereit, einem Lehrer jährlich folgende Beträge auszuzahlen: 20 fl. 48 kr. Holzgeld, 5 fl. 42 kr. fürs Läuten und Mesnern, 41 fl. 36 kr. für die Winterschule und 20 fl. 48 kr. für die Sommerschule, sowie 12 fl. für die Sonntagsschule. Außerdem sollten dem Pädagogen 39 Simmri Korn ins Haus geliefert werden. Bei einem so niedrigen Gehaltsangebot konnte bis 1842 in Laibach kein fester Lehrer angestellt werden. Der jeweilige Provisor hatte nur ein ärmliches Zimmer zu seiner Verfügung; die Schulstube nebenan war „beengt". So mochte niemand lange in Laibach lehren außer einem, Megner, der jedoch in den Ruf geriet, ein Bauernweib geschwängert zu haben. Ein anderer, der Provisor Sturm, schlug einmal ein Mädchen so lange, bis es ohnmächtig hinfiel. Immer wieder blieben die Kinder ohne Unterricht. Das seit 1833 festgelegte Jahreseinkommen von 250 fl. wurde in Laibach nie aufgebracht. Für 50 Kinder waren im Jahre 1828 nur 21 Schiefertafeln und zwölf Elementarbüchlein vorhanden. Erst um die Jahrhundertmitte besserten sich diese elenden Verhältnisse.

In einem Lande, wo den Behörden ein allzu gebildeter Lehrer nicht paßte, konnte dieser nicht zu der Ehrenstellung gelangen, die ihm nach der zitierten Generalverordnung zukam. Der Lehrer hatte vor allem Untertan zu sein: finanziell war er von der Gemeinde abhängig, beruflich unterstand er dem Geistlichen. Einen ordentlichen Religionsunterricht zu liefern, war

---

[20] Man beachte die völlig wirklichkeitsfremden württembergischen Verordnungen vom Jahre 1808 in bezug auf Schulbüchersammlung und Schulbücherkunde. Th. Eisenlohr: *Sammlung* I, p. 157–159, 169.
[21] §28 der General-Verordnung, betr. das deutsche Elementar-Schulwesen in den evangelischen Orten des Königreichs vom 26/31. Dezember 1810. Ibid. p. 238.
[22] Cf. den Text zu Anm. 74 im Kapitel *Zensur der populären Lesestoffe*.
[23] Ursula Langer: *Die geschichtliche Entwicklung der Volksschule Laibach*. (Masch. Zulassungsarbeit, Pädagogische Hochschule). — Stuttgart 1966, p. 22–34.

seine höchste Aufgabe.[24] „Sollte ein Schulmeister in diesem Punkte Widersetzlichkeiten zeigen", hieß es im Protokoll Nr. 141 der Beschlüsse des Direktoriums Augsburgischer Konfession vom 23. März 1813, „so hat der Pfarrherr dieses an die Inspektion und diese an die obere Behörde weiterzuberichten. Kein Pfarrer kann die Vernachlässigung des Religionsunterrichtes mit Widersetzlichkeit seines Schullehrers entschuldigen und der widerspenstige Schullehrer wird seine Oberen finden. Es erfülle jeder seinen Beruf und jeder halte sich in den ihm von dem Gesetz angewiesenen Schranken."[25]

In welchem Ansehen die Lehrer bei den Geistlichen in der ersten Jahrhunderthälfte standen, mag das Zeugnis illustrieren, welches ihnen der Geistliche Rat, Erzbischöfliche Dekan und Residenz-Stadtpfarrer in Sigmaringen, Maximilian Joseph Herz, im Jahre 1834 ausstellte. Ihre Fehler, meinte er, „sind zufolge ihres zu kurzen Aufenthalts in den Vorbereitungs-Instituten meist aus leerer Vielwisserei entstandener Eigendünkel und Hochmuth, daraus Modeunglaube, Ehrfurchtslosigkeit gegen das Heilige, dabei Ehrsucht, Anmaßung, Respektlosigkeit gegen Vorsteher und Pfarrer und Unbotmäßigkeit; ferner Unzufriedenheit mit ihrem Stande und ihren Verhältnissen, unzeitige Schmäh- und Tadelsucht über die bestehenden, aber nicht verstandenen Einrichtungen in Staat und Kirche, Abgeneigtheit für den Unterricht in den mühsamen technischen Fächern, und unsinnige Liebhaberei für Gegenstände, die über ihrer Geistessphäre liegen und womit sie allein groß thun zu können wähnen; eitle Vielgeschwätzigkeit in Fächern, die sie nicht verstehen, und aus Mangel an akademischer Befähigung in denselben nichts verstehen können; Trägheit, Trink- und Spielsucht, bei jüngern nicht selten Mädchenliebe mit oft groben Ausschweifungen; in der Schule gegen die Kinder Wildheit, Zorn, Ungeduld, Fluchen, Mißhandlung, Parteilichkeit, Schmeichelei gegen die Eltern, Ungerechtigkeit gegen die ärmeren Kinder, Trägheit in ständlicher und pünktlicher Ausfüllung der Unterrichtsstunden, Abrichten der Kinder zu einer täuschenden Prüfung etc."[26]

Man bemerkt heute mit Genugtuung, daß die deutsche Lehrerschaft nach der Julirevolution, nach Hambacher Fest und Frankfurter Studentenunruhen der frühen dreißiger Jahre der geistlichen und weltlichen Obrigkeit ein neues, selbstbewußtes Gesicht zeigte, und fragt sich, ob der Geistliche

---

[24] R. Stadelmann — W. Fischer: *Bildungswelt,* p. 179 über die nur zögernde Emanzipation der Realienkunde von der Religions-Erziehung.
[25] *Blätter für pfälzische Kirchengeschichte* 26, 1959, p. 82–83.
[26] M. J. Herz: *Praktische Anleitung zum seelsorglichen Privatunterricht.* — Stuttgart 1834, p. 94.

Rat Herz die Lasterhaftigkeit und Dummheit der Pädagogen ausschließlich deren schwachem Charakter zur Last legen wollte. In der Praxis konnte sich der deutsche Durchschnittslehrer, mit der Sorge um die tägliche Existenz beschäftigt[27], um ein reibungsloses Auskommen mit der gestrengen Obrigkeit bemüht und allzusehr mit den eigenen Leidenschaften belastet, nur wenig um das geistige Fortkommen und um ein pädagogisches Verständnis der Kinder kümmern, so wie das etwa Johann Ludwig Ewald zu Beginn des Jahrhunderts in seinen *Vorlesungen über die Erziehungslehre* gefordert hatte. Methodisch-didaktische Fragestellungen waren dem Dorflehrer fremd; einschlägige Bücher zu kaufen, erlaubten seine Einkünfte nicht.[28] So las er denn höchstens, und das während der Schulstunden, wie Karl Fischer, der Arbeiter, sich später erinnerte[29], einen zerfledderten Roman von Walter Scott: *Die Jungfrau vom See vom Verfasser des Wawerlei.* Auch Fischers Lehrer in Rothenburg an der Oder schien der Ansicht zu huldigen, das Lesen und das Schreiben und das Verhauen-Werden müsse der Jugend ein ausreichendes Bildungserlebnis sein, ganz zu schweigen von den „vielen Schimpf- und Thiernamen, die ich dabei zu hören kriegte". Friedrich Paulsen, der aus Nordfriesland stammende Professor der Pädagogik, beklagt sich in seinen Lebenserinnerungen[30] über den mechanischen Schulbetrieb um die Jahrhundertmitte und über die Prügel mit dem Tau-

---

[27] H. Heppe: *Geschichte des deutschen Volksschulwesens*, p. 337 berichtet aus Oberhessen (um 1805): „Das wesentliche Hindernis, welches alle geistigen Bestrebungen der Schulmeister niederhalten mußte, war die unerträgliche Armut derselben, die ihnen vor Allem die Anschaffung von Büchern fast ganz unmöglich machte. Mancher Schulmeister hatte nicht ein einziges Buch in seinem Besitze. [...] Die Hauptbeschäftigung der Schulmeister war und blieb die Ausübung ihres Handwerks [...]".

[28] Heinrich Gottlieb Zerrenner zählt 1786 in seinem Programm der *Volksaufklärung*, p. 31–34 eine Reihe von guten Schul- und Erziehungsbüchern auf: Resewiz' *Erziehung des Bürgers und Landmannes*, Villaumes *praktisches Handbuch*, Rists *Anweisung für Schulmeister niederer Schulen*, Rochows *Schulbuch für Kinder der Landleute*, Treumanns *Schulbuch zum Gebrauche der Landschulen*, Liebermanns *Schulbuch*, Tiemes *Erste Nahrung für den gesunden Menschenverstand*, Basedows *Buch für Kinder aller Stände* und schließlich das *Lehrbuch für Landschulen zum Gebrauch der evangelischen Jugend in Oesterreich* — Bücher also, die in den siebziger und achtziger Jahren seines Jahrhunderts erschienen waren. Aber, so fragt Zerrener, „wo sind nun diese Bücher, und wer hat sie, und in welchen Schulen sind sie im Gebrauch? Nicht zu gedenken, daß unter hundert Predigern höchstens zwanzig sie kennen, und zehn gelesen haben, und fünfe selbst besizzen: so hat sie unter hundert Schullehrern kaum einer gesehen und gelesen. Und die Schulen, wo sie im Gange sind, wo sie Lehrbücher sind, oder seyn dürfen, die die Stelle der ehehin dagewesenen, elenden, oder gar nicht daseyenden, eingenommen haben? Nennet sie mir doch, ich will mich herzlich freuen, wenn es recht viele sind." — Zur Kritik der Volksschullehrer-Ausbildung hundert Jahre später cf. Heinrich Schulz: *Sozialdemokratie und Volkserziehung*, p. 337–338.

[29] K. Fischer: *Denkwürdigkeiten* I, p. 24–29.

[30] F. Paulsen: *Aus meinem Leben*, p. 81–101.

Ende. Für ihn stellte die Schule im norddeutschen Raum „im ganzen noch durchaus den Typus der Volksschule dar, wie ihn das 16. Jahrhundert geschaffen, das 18. ein wenig ausgebaut hatte. Das Lesen und Schreiben das große Hauptstück des Unterrichts, der Sachunterricht zumeist Religionsunterricht, vor allem Katechismusunterricht, mit viel Auswendiglernen. Unser ‚großer‘ Katechismus stammte noch aus der Aufklärungszeit [...]".[31]

In vielen Schulen fehlten auch ganz vordergründig die Lesebücher. Im Oberamt Ostrach mangelte es 1809 an zwei- bis dreihundert Stück Lesebüchern und an 140 bis 150 Evangelienbüchern, klagte der Oberamtmann von Ostrach in einem Brief vom 27. Januar 1809 an die Fürstliche Regierung Sigmaringen. Die Hofbuchdruckerei bedauerte, so wenig Exemplare nicht wohlfeil herstellen zu können. Der Amtmann wurde also ersucht, sich einstweilen zu behelfen, bis ein allgemeines Lesebuch eingeführt worden sei.[32]

In Anbetracht solcher Schulverhältnisse kann man bei der großen Masse der Bevölkerung des 19. Jahrhunderts nur minimales Lesevermögen voraussetzen. Die Statistiken vermitteln uns ein irreführendes Bild. Wenn in Frankreich bei den Eheschließungen im Jahre 1855 nur 31 %, im Jahre 1866 nur noch 25 % der Paare nicht ihre Papiere unterschreiben konnten[33], so bedeutet das noch nicht, daß zwei Drittel oder drei Viertel der französischen Bevölkerung eine achtklassige Volksschulbildung genossen hatten. Noch 1857 mußte ein Volksbüchlein Nützlichkeit und Notwendigkeit einer keineswegs selbstverständlichen Schulbildung propagieren.[34] Und ebenso vorsichtig muß man die Statistiken interpretieren, die zwischen 1875 und 1888 ein Abnehmen des Analphabetismus in Deutschland von 2,37 % auf 0,71 % (man beachte die deutsche Exaktheit!) verzeichneten.[35] Die wahrscheinlich hohe Prozentzahl derjenigen, die auf der Schule gerade das Lesen und Schreiben und sonst höchstens ein bißchen Rechnen und Katechismus ge-

---

[31] Ibid. p. 89. — Cf. auch R. Stadelmann — W. Fischer: *Bildungswelt*, p. 210.

[32] St.-Arch. Sigmaringen II, 7417. Cf. ibid. II, 7414: Klagen über Schulbuchmangel in den Ämtern Achberg, Ostrach und Wald, 1814/17. — Zur Geschichte der Schulbücher cf. F. Bünger: *Entwickelungsgeschichte*. — W. Manz: *Der Königlich-bayerische Zentralschulbücherverlag*. — G. W. Hopf: *Musterung der deutschen Lesebücher*.

[33] M. Ragon: *Histoire de la littérature ouvrière*, p. 63 (nach E. Levasseur: *Histoire des classes ouvrières depuis 1789 jusqu'à nos jours*, 2 vol., 1867).

[34] *Dialogue sur l'instruction et l'éducation*, 1857. R. Schenda: *1000 FVB*, num. 300. Dort heißt es etwa: „Montrez un livre à celui qui ne sait rien, il ne voit que blanc et noir! est-il appelé à témoigner, il est obligé d'avouer son ignorance et [...] on lui fait apposer une croix au lieu de son nom [...]". Man glaubt, einen Aufklärer aus dem Jahre 1770 zu hören!

[35] *Die Schulbildung im Deutschen Reich*. In: *Die neue Zeit. Revue des geistigen und öffentlichen Lebens* VII, Stuttgart 1889, p. 237.

lernt hatten, wird in den Statistiken nicht ermittelt. Doch ist es gerade diese breite Bevölkerungsschicht, welche die ungeheure Ausdehnung anspruchslosester Lesestoffe im 19. Jahrhundert garantiert. Das staatliche Prinzip einer begrenzten Bildung für die unteren Klassen – die Lehrer eingeschlossen – förderte eine geistig begrenzte Literatur, die dem Staat und den Pädagogen am Jahrhundertende wiederum höchst zuwider war.[36] Alle wohlgemeinten Bestrebungen, das Buch- und Leseniveau im Laufe des neunzehnten Jahrhunderts anzuheben, waren von vornherein zum Scheitern verurteilt. Die Grundlagen für ein Verständnis anspruchsvollerer Literatur waren nur in den seltensten Fällen gegeben. Und gerade die erzieherisch-moralischen Büchlein mußten ihren Zweck verfehlen, weil die Masse der Leser zwar das Lesen, nicht aber das Reflektieren über den Lesestoff gelernt hatte – als Ausnahme mögen pietistisch erweckte Kreise im Handwerker- und Bauernstand genannt sein.[37] Die Volksbildner – und da ähneln die vom Ende des 19. Jahrhunderts fatal denen vom Ende des achtzehnten – sahen allzu oft an der Tatsache vorbei, daß sie nicht ein bildungsfähiges, sondern primär ein ungebildetes, ungeschultes, ja in der Schule schon verbildetes Volk vor sich hatten. Doch bedarf diese allgemeinere Darstellung der Bildungssituation noch einiger spezieller Hinweise.

Lesen lernen, lesen dürfen und lesen können

„Als Knabe von vier Jahren hatte ich bereits von meiner Mutter das Lesen erlernt, eine Sache, die mir an sich sehr langweilig und albern vorkam, wozu ich mich aber doch durch die schönen Bilder des ABC-Buchs locken ließ." Wer diese Erinnerungen aus dem Jahre 1768 liest – sie stammen von Karl Heinrich von Lang[38] – ist versucht, der Aufklärung frühe Er-

---

[36] Die Klagen über die qualitative Minderung der Literatur beginnen freilich schon am Ende des 18. Jahrhunderts. Cf. *Ueber die gegenwärtige Vielschreiberei.* — Daß noch nach der Revolution von 1848 „die breiteren Volksschichten in ihrer Erziehung durch Schule und Kirche in einer bewußt rückständigen Verfassung gehalten wurden", stellt K. Kupisch in seinem Aufsatz *Bürgerliche Frömmigkeit im Wilhelminischen Zeitalter* fest. In: H. J. Schoeps, ed.: *Das Wilhelminische Zeitalter*, p. 51.
[37] Gibt es über das „Denken" des Volkes eine Reihe von guten Arbeiten, so hat das „Reflektieren", das Nachdenken der einfachen Menschen noch keine historisch-psychologische Darstellung gefunden.
[38] *Die Memoiren des Ritters von Lang*, ed. H. Hausherr. — Stuttgart 1957, p. 10. Cf. ibid. p. 23–24: Langs Lektüren zwischen 1774 und 1778 aus der Bibliothek seines Oheims,

folge zuzuschreiben. Der kleine Lang war jedoch unter besonders günstigen Aspekten geboren: in einem gebildeten Pfarrhaus, in einer weitverzweigten pietistisch gefärbten intellektuellen Familie, in einem der geistig fortschrittlichsten Kleinstaaten Deutschlands, dem Fürstentum Oettingen nämlich, wo sich Männer wie Georg Adam Michel[39] und Georg Jakob Schäblen um eine pietistische Volksaufklärung und letzterer speziell um die Einrichtung von Kirchenbibliotheken und um die Verbreitung populärer Periodika bemühten.[40] Und wenn sich selbst Schäblen beklagte, das Leseinteresse der Oettingischen Pfarrer sei allzu gering[41], so wird man für weniger fortgeschrittene Staaten nicht sehr viele Leser voraussetzen können. Das Lesen-Lernen bedurfte einer starken Propagierung von Seiten der Volkserzieher, die nicht müde wurden, die Vorteile des Lesen-Könnens zu unterstreichen:

Wenn ihr aber lesen könnt, so könnt ihr euch dadurch alles zu Nutze machen, was die Menschen von tausend und mehreren Jahren, und fast in allen Gegenden der Welt, gesammlet haben. Ihr werdet alsdann die Geschichten von allerley Leuten lernen. Von dem einen wird man euch erzählen, wie er in dem grösten Ueberfluß mißvergnügt und elend war; von dem andern, wie er bey seiner Armuth glücklich gewesen ist. Bald werdet ihr einen finden, der sich durch Müßiggang und Lüderlichkeit krank und elend gemacht hat; bald einen andern, der durch Falschheit und Betrug ein Abscheu aller seiner Nebenmenschen wurde: und alles dieses wird euch nach und nach immer klüger und besser, und also immer glücklicher machen. Auch das wird euch das Leben nutzen, daß ihr weniger betrogen

---

des Herrn Georg Heinrich Lang, Pfarrers zu Bühl im Ries: Das *Elementarwerk* von Basedow, Rochows *Kinderfreund,* Raffs *Geographie* und *Naturgeschichte,* alle ins Deutsche übersetzten Werke der Madame de Beaumont, Fabeln von Lafontaine und Gellert, die *Bibel,* Arndts *Wahres Christentum,* Auszüge aus dem *Talmud* und *Alkoran,* das *Cabinet der Feen, Tausend und eine Nacht,* die *Vorübungen* von Müller (gemeint ist wohl Heinrich Müllers *Himmlischer Liebeskuß oder Übung des wahren Christentums,* 1659 und zahlreiche andere Ausgaben), die *Bremer Nachrichten,* „die alten unschuldigen Nachrichten von Tentzel", die *Berliner Bibliothek* und Brockes' *Irdisches Vergnügen in Gott.* Außerdem las der Oheim an Winterabenden vor: Schriften von Lavater, Claudius, Stilling, (A. H.) Niemeyer, den *Don Quichotte,* den *Bruder Gerundio* (von Francisco Isla, S. J., deutsch 1773), den *Siegwart* (von Johann Martin Miller) und den *Sebaldus Nothanker* (von Friedrich Nicolai), ferner Romane von Johann Karl Wezel (1747–1819) und Johann Paul Sattler (1747–1804), den *Teutschen Merkur* (von Christoph Martin Wieland), die *Göttinger Musenalmanache* und Schubarts *Teutsche Chronik.*
[39] Cf. P. Schattenmann: *G. A. Michel.* — Nürnberg 1962.
[40] G. J. Schäblen: *Offene Briefe an Prediger* I. — Schwabach 1778, p. 214–221. — — *Vorschlag zu Kyrchenbibliotheken.* — In: *Wöchentliche Blätter zum Unterricht und zur Erbauung* IV, Oettingen 1772, p. 241–246. — — Vorrede zu *Wöchentliche Blätter* I, 1770, p. 5–6, etc. Cf. R. Schenda: *G. J. Schäblen und seine volkspädagogischen Bemühungen in Oettingen.*
[41] G. J. Schäblen: *Offene Briefe an Prediger* I. — Schwabach 1778, p. 117.

werden könnt. Es giebt böse Menschen, denen man auf ihr Wort nicht trauen darf; wollt ihr diese zwingen ihr Versprechen zu halten, so müßt ihr euch ihr Wort schriftlich geben lassen. Könnt ihr nun nicht lesen, so können sie euch hinschreiben, was sie wollen. Unser voriger Schulmeister war so ein böser Mann. Ein gutherziger Freund von mir borgte ihm eine kleine Summe Geld. Da er ihm aber nicht völlig trauen wollte, so ließ er sich eine Handschrift geben. Mein Freund konnte nicht lesen, und der böse Schulmeister schrieb, anstatt der Handschrift, einen Vers aus einem Lied auf ein Papier, und läugnete darnach die Schuld, und betrog auf diese Art meinen zu leichtgläubigen Freund. Wenn ihr lesen könnt, so seyd ihr wenigstens vor einem so groben Betrug gesichert.

So hieß es in einem *Sittenbüchlein* des Jahres 1773.[42] Verdächtig ähnlich zeigt Friedrich Eberhard von Rochow 1776 in seinem *Kinderfreund,* wie der Analphabet Hans von einem gerissenen Bürger (der Schulmeister wurde aus verständlichen Gründen nicht weiter strapaziert) durch ein gefälschtes Schriftstück übers Ohr gehauen wird. „Und von der Zeit an schickte er alle Tage seine Kinder in die Schule, wo sie schreiben und lesen lernen konnten."[43] Immer wieder galt es, den Leuten die Furcht vor dem Lesenlernen auszureden, so als handle es sich da um eine technische Neuerung, gegen die sich die Bauern sträubten. Die *Legende für den gemeinen Mann* versuchte, folgendermaßen diese Angst-Schwelle zu überwinden:

In wenig Stunden lesen lernen! soll das möglich seyn ohne Hexerey? So sprach ein schon mannbarer Knecht. Galli hiessen sie ihn, Gallus aber hieß er. Einen Finger wollte ich aus der Hand geben, wenn ich lesen könnte!

Pfarrer. Zeitungen sagten, daß zu Affing, in Baiern, Kinder des Landmannes in etlich 20 Stunden lesen lernten. Zu München sollen Kinder, die nie einen Buchstaben gekannt haben, nach der Hofmannischen Methode aus den elend gedruckten Moyischen Augsburgerzeitungen auch ausländische Wörter sehr deutlich und akkurat nach einem 30 Stunden lang dauernden Unterrichte gelesen haben. Und wer die Moyischen Zeitungen kennt, muß immer gestehen, daß das schwer sey, denn keine Zeitungen in der Welt, glaube ich, sind auf abscheulichere Lumpen, und schlechter gedruckt, als diese.

Gallus. Was ihr da sagt! So könnte ich etwa noch lesen lernen?

Pfarrer. Und zwar sehr leicht.[44]

---

[42] *Sittenbüchlein für die Kinder des Landvolks.* — Homburg vor der Höhe 1773, p. 19–20.
[43] F. E. von Rochow: *Kinderfreund,* p. 46–47: *Vom Nutzen des Lesens und Schreibens.*
[44] *Legende für den gemeinen Mann, zum nützlichen Unterricht über Religion, Welt- und Menschenkenntniß ... Zweyter Theil.* — München: J. B. Strobl 1788, p. 52–53. Die genannten Personen sind Franz Xaver Hofmann, Lehrer, und Joseph Anton Moy, Herausgeber der *Augsburger Postzeitung.* Zum letzteren cf. H. Hart: *Die Geschichte der Augsburger Postzeitung,* p. 21–29.

Schließlich wurde das Lesen in den Tugendkatalog aufgenommen und als Laster-Bekämpfungsmittel angepriesen. In des *Sterbenden Bauers letzten Lehren* heißt es in der Tat:

Hoch Spielen, Buhlerey, und Schmähwort-volles Raufen,
Verfluche jederzeit, und ungestümmes Saufen.
Lies du dafür ein Buch, das dich zu Gott erschwingt,
Dir Eckel vor der Sünd, und Lust zur Tugend bringt.[45]

Für die neue, tugendhafte und nutzbringende Kunst stellten die Pädagogen eine Reihe von Übungsbüchern bereit, welche etwa Heinrich Gottlieb Zerrenner im Jahre 1786 so vorstellte: „Eine wichtige Sache! schon deswegen, weil Millionen Kinder allenthalben lesen lernen – und müssen. Aber wir haben auch besonders gedruckte artige Buchstabir- und Lesebücher: Ein solches ist Basedows eben genanntes *Buch für Kinder;* Wolkens *erste Kenntnisse für Kinder;* Weissens recht artiges *ABC-Buch für Kinder,* und andere mehr. Allein, was mir wirklich recht am Herzen liegt, ist die, erst neulich bekannt gemachte *Unerwartlich grosse Verbesserung in der Kunst, lesen zu lehren, nebst einem Buchstabirbüchlein* von J. B. Basedow[46], Leipzig und Hamburg, bei Bohn 1785."[47]

Eine Nation von Lesern, die man bald sogar in eine Nation von denkenden Lesern hätte verwandeln können, ein Volk, das, da es denken konnte, keiner Revolution bedurfte, sondern ständig voranschritt zu einem besseren Gemeinwesen – dieses Bild war zu golden, als daß es hätte Wahrheit werden können. Es ist bemerkenswert, daß die Entwicklung, die unter dem Einfluß der lebhaften volksaufklärerischen Propaganda in dieser Richtung verlaufen wäre, gerade durch die Französische Revolution gestört wurde. Zu einer Zeit, wo die aufklärerische Begeisterung ganz gleich welcher Richtung ohnehin schon einer gewissen Resignation Platz gemacht hatte, weil die Reformen nicht in dem gewünschten Maße durchgeführt werden konnten, gerade in dieser Zeit einer aufklärerischen Krisis schaltete sich der staatliche Sicherheitsdienst ein, der Volksbildung mit Revolutionsbildung gleichsetzte und aus Furcht vor der Emanzipation der Massen die neue geistige Bewegung als Lesesucht verdammte.[48] Diese Anti-Lese-Bewegung,

---

[45] *Sterbenden Bauers letzte Lehren.* — Dinkelsbühl 1792.
[46] Das Büchlein erschien später unter dem Titel *Geschenk an Bürgerschulen. Neues Werkzeug zum Lesenlehren.* — Leipzig 1786. Zu Christian Heinrich Wolke und Christian Felix Weisse cf. F. Bünger: *Entwickelungsgeschichte.*
[47] H. G. Zerrenner: *Volksaufklärung* (1786), p. 36.
[48] Zwei Generationen zuvor hatte sich Vergleichbares noch am preußischen Hofe ereignet. Friedrich II, vom strengen Vater in Küstrin inhaftiert (1730), mußte dort die philo-

hie und da, wie etwa bei Justus Möser, schon theoretisch vorgebildet[49], setzt in den neunziger Jahren verstärkt ein[50] und begleitet, mehr oder weniger deutlich erkennbar, die Epoche Napoleons und seiner Satrapen sowie die der Restauration.

Johann Rudolph Gottlieb Beyer, Prediger, Schulmann und Pastor im Erfurtischen[51], wollte 1795 in seinem Werk über das Bücherlesen[52] bestimmen, was das Lesen mit anderen Luxusartikeln gemein habe, „was für Gewinn und Verlust für die öffentliche und häusliche Wohlfahrt daraus entsteht, und wie jene zu erweitern, dieser aber zu vermindern sey". Für Beyer gehört das Lesen größtenteils zu den Gegenständen, „die ausser dem Gebiete der nothwendigen und natürlichen Bedürfnisse des Menschen liegen, und die blos durch erhöhete Sinnlichkeit, verfeinerte Empfindung, verädelte oder auch verzärtelte Gefühle zur Wirklichkeit gekommen, und zum Bedürfnis geworden sind", also zum Luxus[53], zumal das Lesen Geld und Zeit erfordert. Beyer sieht zwar die guten Seiten dieser geistigen Beschäftigung, denn die Bücher sind nicht nur Ideenträger und von „merkantilischem Nutzen", sondern sie fördern auch eine wünschenswerte Häuslichkeit: Lesen ist „also doch immer unschädlicher, als so manche andere Lustparthieen". Diesen Vorteilen stehen jedoch bedenkliche Nachteile entgegen:

1. Das Lesen als Unterhaltung und Zeitvertreib hält von der Arbeit ab. Die Lesesucht muß daher gebremst werden.

---

sophische und schöne Literatur heimlich lesen, „denn der König hatte alles Lesen und Schreiben, was nicht auf die Kameralgeschäfte Bezug hatte, verboten". Chr. W. von Dohm: *Denkwürdigkeiten meiner Zeit*, IV. — Lemgo und Hannover 1819, p. 44–45.

[49] J. Möser: *Patriotische Phantasien* II, p. 307–309: *Ueber die Erziehung der Kinder auf dem Lande* (1771): „[...] Ich fühle, daß das viele Buchstabiren und Schulgehen unsere Jugend vom Spinnrocken zieht [...] In der That aber sehe ich doch eigentlich nicht, was das Schreiben einem Ackermann sonderlich nütze [...] Was die Mädchen betrifft — o ich möchte keines heirathen, das lesen und schreiben kann! [...]"

[50] Cf. die *Bemerkungen über die Fehler unserer modernen Erziehung von einer praktischen Erzieherin; herausgegeben vom Verfasser des Siegfried von Lindenberg* (J. Gottwerth Müller von Itzehoe), Leipzig: Schneider 1791 und die Rezension dieses reaktionären Machwerkes in: *Allgemeine deutsche Bibliothek* 110/1, Kiel 1792, p. 251–254.

[51] Über J. R. G. Beyer cf. den Nachruf in der *Leipziger Literatur-Zeitung*, Januar 1814, col. 51.

[52] J. R. G. Beyer: *Ueber das Bücherlesen*, p. 4–34.

[53] Diese Ideen finden sich noch 1824 bei Franz Joseph Mone: *Theorie der Statistik, Erste Abtheilung*, p. 63–64 und 94: „Hingegen nimmt das Volk an allem Künstlerwerkzeug Antheil, nur liegt seinem Gebrauch ein anderer Zweck unter, als dem des Künstlers, nämlich Bildungsanstrich, Liebhaberei, Mode und Luxus." Auch Leihbibliotheken zählen für Mone zu den geistig-materiellen Genußmitteln.

2. Lesen führt zu Sinnlichkeit, Weichlichkeit, Empfindsamkeit, zu tierischen Trieben. Der Leser wird untauglich für die Realitäten des Lebens.

3. Durch das Lesen kommen teils ganz falsche, teils halbwahre oder unreife und unverdaute Ideen in Umlauf. Für viele Ideen ist der einfache Verstand nicht genügend vorbereitet; sie können daher nur Unheil stiften. Das falsche Lesen birgt also eine politische Gefahr in sich: „Entsteht nun daraus gerade nicht immer Aufstand und Revolution, so machts doch Unzufriedne und Mißvergnügte, die zu den Unternehmungen der gesetzgebenden und exekutiven Gewalt immer scheel sehen, und ihrer Landesverfassung nicht hold sind."[54]

Für Beyer wiegen diese Nachteile schwerer als die Vorteile. Er schlägt also vor, man müsse die Lesesucht der Zeitgenossen „in etwas vermindern" und von der unfruchtbaren zeit- und geistverderbenden Lektüre ab- und auf nützliche, gesunde und stärkende Geistesnahrung zu lenken suchen: „Und jemehr das Publikum gesunde und kräftige Geistesnahrung bekömmt, die nicht so wie die Lektüre des großen Haufens verschlungen werden kann, desto leichter kann es von der Lesesucht geheilt, und zu einer vernünftigen, wohlgeordneten und gemäsigtern Lektüre zurückgebracht werden."

Das Lesen war also zu einem Politikum ersten Ranges geworden. „Unser Bürger und Bauer", schrieb der erzpreußische Politiker und Historiker Christian Wilhelm von Dohm im Jahre 1796, „liest unstreitig mehr, als die nächste Generation vor ihm, und dieß ist noch einiger Zunahme fähig. Aber Lage und Bedürfnis werden hierin schon immer ein gewisses Maas halten. Der gemeine Mann wird zu allen Zeiten nur wenig lesen, und ich nehme keinen Anstand zu sagen – er muß nur wenig lesen."[55]

Wenn es so an einem aufrichtigen staatlichen Interesse an der Volksbildung fehlte, dann verwundern die realen Lese-Lern-Verhältnisse nicht mehr. In einer norddeutschen Schule ging es im Jahre 1808 folgendermaßen her:

Es wurden zuerst die sogenannten Leseschüler aufgerufen. Einer stieg nach dem andern über Tische und Bänke herüber und trat an den Tisch des Schulmeisters hin, um, wie es hieß, aufzusagen. Ein Jeder las sein Pensum, diesmal aus dem Propheten Daniel, der eine leyernd, der andre stotternd, der dritte radebrechend daher; und wenn er ausgelesen hatte, kletterte er auf seinen Platz wieder zurück, um dem folgenden Schüler am Tische Platz zu machen. Dieses Manöuvre mochte etwa Dreyviertelstunden währen; auf jeden der zwanzig Leseschüler kamen also

---

[54] J. R. G. Beyer: *Ueber das Bücherlesen*, p. 21.
[55] C. W. von Dohm: *Über Volkskalender*, p. 185.

2 ¼ Minute. Von Dreyviertelstunden wurden folglich 42 ¾ Minute von jedem Schüler in Müßiggang zugebracht. [...] Nun kam die Reihe an die Buchstabir-Schüler [nach den Sillabierschülern], welche Paarweise mit ihren jämmerlichen ABC-Büchern herzutraten und das ABC einmal vorwärts und einmal rückwärts hernennen mußten; wobey es denn auch nicht ohne Keifen und Strafen hergieng.[56]

„Es gab tausende von Dorf- und Stadtschulen", so kommentiert H. Heppe, „die diesen Schilderungen genau entsprachen, indem in ihnen nichts anderes als die roheste Stupidität, Gedankenlosigkeit und Verrottung wahrzunehmen war."[57] Und Friedrich Paulsen erinnerte sich an seine Schulzeit um 1850: „Das Lesenlernen war damals noch eine ungemein schwierige Kunst, deren Erlernung in der Schule nach der alten Methode jahrelang in Anspruch nahm und von manchem, bei unregelmäßigem Schulbesuch war es fast die Regel, nie zu einiger Sicherheit gebracht wurde. Die Übung geschah in der Weise: es wurden Tabellen an Gerüsten, die an den Tischen befestigt waren, aufgestellt; je zwei oder drei Schüler hatten, mit einem ‚Untergehülfen' als Lehrer, der einen Stock als Zeiger in der Hand hielt, eine zusammen. Zuerst eine Tabelle mit den Buchstaben; dann kamen Syllabiertabellen, a – b: ab, b – a: ba usw.; endlich Tabellen mit Wörtern: a – p: ap, f – e – l: fel, Apfel. Hatte sich einer in ein, zwei Jahren, es konnten aber auch drei oder vier und mehr werden, durch die Tabellen durchgearbeitet, dann kam er in den Katechismus, zuerst den kleinen, hierauf den großen, um nun endlich die Frucht der Lesekunst zu genießen: das Auswendiglernen."[58] Schließlich ist nicht zu übersehen, daß für den Großteil der Bevölkerung das Hochdeutsche eine durchaus fremde Sprache war: „Im ganzen Dorf war niemand, der hochdeutsch sprechen konnte, selbst der Lehrer nicht [...]" – solche Beobachtungen galten ja nicht nur für das Jahr 1830 und nicht nur für das Dorf in der Uckermark, wo sich Carl Büchsel über dieses Phänomen ärgerte.[59] Wie sollten da die Kinder – womöglich ohne Schulbücher – das Lesen erlernen? Selbst in der Schweiz, deren Sonntagsschul-Fazilitäten im Ausland als vorbildlich galten, war es um die Lesebildung der Fabrikarbeiter schlecht bestellt, und das trotz der 1832 eingeführten allgemeinen Schulpflicht, die freilich in Fabrik-Kreisen, sowohl bei Arbeitnehmern als auch bei Arbeitgebern, keinerlei Anklang gefunden hat-

---

[56] B. C. L. Natorp: *Briefwechsel einiger Schullehrer und Schulfreunde. Erstes Bändchen.* — Duisburg und Essen 1811, p. 173–174. Die Briefe sind fingiert.

[57] H. Heppe: *Geschichte des deutschen Volksschulwesens,* I. — Gotha 1858, p. 254. — Über die „traurige Verfassung der weiblichen Volksschulen" cf. *Allgemeine deutsche Bibliothek* 115/1, Kiel 1792, p. 281.

[58] F. Paulsen: *Aus meinem Leben,* p. 82–83.

[59] C. Büchsel: *Erinnerungen,* p. 84.

te.[60] „Bis in die zweite Hälfte des 19. Jahrhunderts kann ein Grossteil der Fabrikarbeiter nur mit Mühe lesen, und in die Kunst des Schreibens ist er noch weniger eingeweiht. Erst in der zweiten Hälfte des 19. Jahrhunderts erreicht die Volksbildung in stärkerem Masse auch die Fabrikbevölkerung, und ihr Verhalten zur Bildung beginnt sich zu wandeln."[61]

Die Zeitgenossen suchten diese Mißstände gelegentlich mit Scherzen zu bemänteln.[62] Aber auch Witze, wie der von der guten Frau, die in der Kirche ihr Gebetbuch falsch herum hält und sich damit entschuldigt, daß sie „links" sei[63], können nicht die traurige Tatsache verdecken, daß das Volk in dem Streit um Lesenutzen und Leseschaden der große Verlierer war. „Gewinnt im Unterland bei einer Lotterie einer ein Buch oder eine Broschüre, so tauscht er es sobald als möglich um ein Glas Bier oder einige Zigarren und bemerkt: ‚Man liest's ja doch nicht'." Das beobachtete der schwäbische Pfarrer Albert Gmelin noch im ersten Jahrzehnt dieses Jahrhunderts.[64]

Lesenutzen, Lesesucht

Die zeitgenössische Diskussion um die verderbliche Lesesucht erscheint nach dem bisher Gesagten in neuem Licht. Eine Reihe von Volksaufklärern hatte den Nutzen des Lesens im Prinzip bejaht – nur gewisse Ausschweifungen ins Reich der Abenteuer- und Liebesliteratur erschienen ihnen bedenklich. Der schon genannte Georg Jakob Schäblen, Archidiaconus zu Oettingen, unterstrich in seinen *Offenen Briefen an gemeine Christen* 1775 mit begeisterten Worten den Nutzen des Lesen-Könnens.[65] Ganz ähnlich, wenn auch nicht in so streng pietistischem Sinne, widerspricht der Verfasser

---

[60] R. Braun: *Sozialer und kultureller Wandel,* 1965, p. 112–113.

[61] Ibid. p. 313–314.

[62] Theophil Nelk: *Lustgärtlein.* — Lindau 1844, num. 4: „Ein Arzt hatte einem Schneider den Staar so glücklich gestochen, daß er sogar die feinsten Nadeln einfädeln konnte. Aber so oft man ihn ein Buch vorhielt, konnte er keinen Buchstaben unterscheiden. Als die Sache auf der Hochschule verlautete, konnten die Lehrer der Arzneikunde sich's gar nicht erklären, warum der Mann keinen Buchstaben unterscheiden könne, bis es herauskam, daß der Schneider nie lesen gelernt hatte."

[63] Ibid. num. 243.

[64] A. Gmelin: *Ein Beitrag zur Kunde des Schwabenvolks.* — In: *Monatsschrift für Pastoraltheologie* VIII, 1912, p. 63–73, 89–104, sp. p. 99.

[65] Cf. R. Schenda: *G. J. Schäblen,* p. 41–42. Ein Jahr zuvor hatte sich Johann Bernhard Basedow in seinem *Elementarwerk* IV, p. 248–255 sehr viel vorsichtiger über die „vernünftige Art, Leser zu bilden" geäußert.

der *Legende für den gemeinen Mann* in seiner Vorrede der Theorie „Bücher gehören ja gar nicht fürs Landvolk. Seine Sachen sind Acker und Pflug, Holz- und Feldbau, Viehzucht, Wirtschaft".[66] Er meint vielmehr, die zahlreichen guten Bücher über Oekonomie und Wirtschaft könnten dem Landmanne sehr wohl vorwärtshelfen, und „So gewannen nun die guten Leute" – freilich unter Aufsicht ihres Pfarrers – „Liebe zu den Büchern, und weil sie Nutzen daraus schöpfen konnten, waren sie ihnen so werth, als ihr Acker, und Pflug."[67] Ein Jahr später heißt es im dritten Bande dieses Werkes: „Wer lesen kann, und auch die lateinischen Buchstaben kennt, gewinnt hier sehr viel. Macht euch also die Erinnerung selbst: Wer Lesen lernt, verschafft sich mannigfaltigen und herrlichen Nutzen."[68] 1794 liest man im *Volksbuch* von H. G. Zerrenner und J. Füchtner folgenden Dialog:

Frag. Wie stellte er [i. e. der Pfarrer] es an, daß gute Bücher in sein Kirchspiel kamen?

Ant. Durch einen ihnen gemachten Vorschlag, alljährlich etwelche Gulden von den Gemeineinkünften, dann immer so was weniges [...] zusamm zu sparen, wodurch gute Bücher für die Gemeinde erkauft wurden.

Frag. War das wohl gut?

Ant. Sehr gut; weil sie dadurch so viel Gutes lernten, und auch vieles Böses, und vieler Unfug hiedurch unterblieb.

Frag. Wie kann man also die lange Winterabende am nützlichsten zubringen?

Ant. Durch fleißiges Lesen oder Zuhören eines guten Buchs."[69]

Und Johann Adam Bergk schreibt 1799: „Was giebt es nun für ein zweckmäßigeres Mittel, unsern Geist auszubilden, als das Bücherlesen? Wo finden wir einen so reichen und so mannichfaltigen Stoff, unsere Kräfte zu üben, und uns Interesse für das Selbstdenken einzuflößen, als in gedankenreichen Büchern?[70]

Die Propagierung des Lesens zielte also auf technische Fortbildung und geistige Emanzipation durch das Medium der Bücher. Aufgabe der Volkserzieher wäre es gewesen, die richtigen Bücher für ein neues Lesepublikum bereitzustellen; Aufgabe des Staates hätte es jedoch zuvor sein müssen, die schulisch-technischen Voraussetzungen für eine solche Lesebildung zu schaffen.[71]

---

66 *Legende für den gemeinen Mann* I, 1788, p. XVI.
67 Ibid. p. XX.
68 Ibid. III, 1789, p. 190.
69 H. G. Zerrenner — J. Füchtner: *Volksbuch* I, 1794, p. 69.
70 J. A. Bergk: *Die Kunst, Bücher zu lesen*, p. V.
71 Die Begriffe Bildung, Erziehung, Schule oder Lesen tauchen aber in der 1785 für das

Statt dessen fürchteten die Regierungen ein neues Lesepublikum als neue und gefährliche Macht im Staate. Anton Friedrich Büsching zeigte schon 1799 mit dem Beispiel der Berliner Akademie-Kalender[72], daß das Lesepublikum deren Inhalt bestimmte, nicht die Akademie: „Das Publicum, dessen zahlreichsten Theil der gemeine Mann ausmacht, ist ein großmächtiges Thier, welches sich nicht wohl durch Gewalt und auf einmahl bändigen und zwingen läst, sondern durch Klugheit und nach und nach gelehrig und folgsam gemacht werden muß."[73] Das Lesen, ursprünglich ein zum großen Teil „falsches" Konsumbedürfnis[74], war durch die Propaganda der Volksaufklärung zu einem echten Bedürfnis geworden[75] – nun galt es, den Konsumenten ihr Lesebedürfnis wieder auszutreiben, sie zum Maßhalten zu überreden: das Schema dieses Vorgangs ist aus der jüngsten Wirtschaftsgeschichte bekannt. Das vom Staat und von linientreuen Pädagogen zu diesem Zwecke bereitgestellte Propagandawort hieß L e s e s u c h t.[76] Der Begriff taucht – aus schon erwähnten Gründen – in der Literatur der 90er Jahre häufig auf. Hier einige Beispiele:

1791

Der Strohm der Publicität, im guten und schlimmen Sinn, läßt sich nicht mehr aufhalten; man hats zu weit kommen laßen; man hätte ihn längst beßer eindämmen und ihm eine andere Richtung geben sollen [...]; alle Lamentationen, alle Wahlkapitulationen und Comitial-Schlüße mit ihren Zumuthungen, Zusagen und Drohungen kommen viel, viel zu spät, und können bey [...] der ganzen Beschaffenheit, Politick und Independenz des Buchhandels, bey der Freyheit und Frechheit so vieler Schriftsteller und bey der unersättlichen Leselust aller Stände gerade so viel helfen, als der bekannte Vorschlag des Generals von Kyau, daß

Hochstift Speyer entworfenen Untertanen-Lehre überhaupt nicht auf. Dieser Unterdrückungskatechismus fand freilich schon bei den Zeitgenossen strenge Kritiker. Cf. *Probe eines Deutschen politischen Volcks-Catechismus.* — In: *Neues Patriotisches Archiv für Deutschland* I, Mannheim und Leipzig 1792, p. 309–402.

[72] Zur Kritik an diesen Kalendern cf. *Ueber das Kalenderwesen* (1783).

[73] A. F. Büsching: *Beschreibung seiner Reise*, p. 14.

[74] Zu diesem Begriff cf. Herbert Marcuse: *Der eindimensionale Mensch.* — Neuwied und Berlin 1967 (2. Aufl., Soziologische Texte, 40), p. 25.

[75] „Der Zustand der Litteratur in Deutschland wäre also jezt, daß die Verleger nicht so eigentlich mehr für Gelehrte, sondern mehr für ihre Leser drucken lassen." Frömmichen: *Einige Bemerkungen* (1780), p. 182. — Zum allgemeinen Lese-Interesse cf. auch I. Jentsch: *Zur Geschichte des Zeitungslesens*, p. 12–15.

[76] Cf. J. Goldfriedrich: *Geschichte des deutschen Buchhandels* III, 1909, p. 255–256 mit ebensoviel nützlichen wie falschen Angaben. — W. Götze: *Die Begründung der Volksbildung*, p. 63, 69. — H. L. Köster: *Geschichte der deutschen Jugendliteratur*, 4. Aufl., p. 386, 388, 392, 394.

man die Wiesen pflastern solle, damit ihnen die Maulwürfe keinen Schaden thun können.[77]

1794

Die Lesesucht ist ein thörigter, schädlicher Mißbrauch einer sonst guten Sache, ein wirklich großes Uebel, das so ansteckend ist, wie das gelbe Fieber in Philadelphia; sie ist die Quelle des sittlichen Verderbens für Kinder und Kindes Kinder. Thorheiten und Fehler werden durch sie in das gesellige Leben eingeführt und darin erhalten, nützliche Wahrheiten entkräftet und Irrthümer und Vorurtheile begünstigt und vermehrt. Verstand und Herz gewinnt nichts dabei, weil das Lesen mechanisch wird; der Geist verwildert an statt veredelt zu werden. Man liest ohne Zweck alles durcheinander, man genießt nichts und verschlingt alles, nichts wird geordnet, alles nur flüchtig gelesen und eben so flüchtig vergessen, was freilich bei vielen sehr nüzlich ist. — Jede gute Sache kann gemißbraucht werden, und jeder Mißbrauch ist schädlich, aber der gewiß am meisten, der die Seelenkräfte in Unordnung bringt, dessen traurige Folgen unabsehbar sind, der das Glück so vieler Menschen untergräbt, und physisches und moralisches Elend allgemein macht. Dies alles trifft die verderbliche Lesesucht.[78]

1795

Daher sieht man Bücherleser und Leserinnen, die mit dem Buche in der Hand aufstehen und zu Bette gehen, sich damit zu Tische setzen, es neben der Arbeit liegen haben, auf Spaziergängen sich damit tragen, und sich von der einmal angefangenen Lektüre nicht wieder trennen können, bis sie vollendet haben. Aber kaum ist die letzte Seite eines Buches verschlungen, so sehen sie sich schon wieder gierig um, wo sie ein anderes herbekommen wollen, und wo sie nur irgend etwas auf einer Toilette, auf einem Pulte, oder sonst wo erblicken, das in ihr Fach gehört, oder für sie lesbar scheinet, da nehmen sie es mit, und verschlingen es mit einer Art von Heißhunger [. . .].[79]

[77] (Friderich Carl Freyherr von Moser:) *Publicität.* (geschrieben im Dezember 1791). — In: *Neues patriotisches Archiv für Deutschland* I, Mannheim und Leipzig 1792, p. 519. Über Moser v. auch J. G. Heinzmann: *Appel*, p. 76–77.

[78] J. G. Hoche: *Vertraute Briefe*, p. 68.

[79] J. R. G. Beyer: *Ueber das Bücherlesen*, p. 7. - Eine etwas abgewogenere Gegenstimme erhebt sich im gleichen Jahre in den *Bremischen Beyträgen:* „Wer wird es tadeln, daß ein Mann von seiner Arbeit ermüdet, und nachdem er des Tages Last und Hitze getragen, statt daß Andre seines Gleichen öffentliche Häuser besuchen, und die übrigen Stunden des Tages am Spieltisch oder bey der Flasche tödten, ein Buch zur Hand nimmt, das [. . .] ihn [. . .] die Beschwerden der Arbeit vergessen macht, und ihn vor Langeweile schützt? Wer kann es unrecht finden, daß derjenige Theil unsers Geschlechts, welchem die ihm zugetheilten Geschäfte weit mehr müßige Stunden übrig lassen, als den Männern, und dessen lebhafterer Geist, und wirksamere Einbildungskraft nur selten und ungerne bey lauter ernsthaften Gegenständen verweilt, seine übrige Zeit mit Lesen solcher Bücher ausfüllet, die der weiblichen Lebhaftigkeit und ihren feinern Empfindungen angemessen sind? [. . .]" — *Warum lieset man Bücher*, p. 12–13.

Allgemeiner Beyfall kann dir von den bessern Lesern zu Theil werden. Darauf schränke dich also ein. Warum soll denn allein der eckle Kreis von lüsternen Lesern unterhalten werden? Warum gerade für die verdorbenere Menschengattung vorzüglich geschrieben und gedruckt werden, die ewig belustiget, ewig geschmeichelt, ewig getäuscht seyn will?[80]

[...] und das macht ihm [i. e. dem „redlichen Mann"] so manche böse Stunde, wenn er siehet, daß seinen Zeitgenossen jene edlen Menschen [i. e. Gellert, Rabener, Ebert, Zachariä, Cronek ...] immer mehr und mehr in Vergessenheit kommen, ja daß man sie fast gar nicht mehr ließt; – daß eine eitle Modesucht sich aller jungen Leser bemächtigt, und die Schriftsteller so frivol und eitel – so sittenlos und zwecklos arbeiten.[81]

[...] Und seit dieser Romanenseuche, sind an den kleinsten, sonst unbedeutenden Orten öffentliche Leseläden errichtet worden, wo man ehemals von dergleichen Dingen gar nichts wüßte; wodurch also die Allgemeinheit dieser Seuche recht national geworden.[82]

[...] Durch ihr [i. e. der jungen „Mode-Aufklärungs-Brochüren-Leser"] Beyspiel verführt, wiedmen sich viele der Lesesucht. Nur die Phantasie, die Neugierde, nicht der Verstand und das Herz wird durch ihre Lektür genährt. Ueber die Religion und die Staatsverfassung haben sie die lockersten Begriffe. Der Wetterhahn der Mode dreht ihren Kopf, bald nach Süden, bald nach Westen; so wie gerade ein launiger Rezensent ihn stimmt, und morgen wieder durch einen andern Rezensenten herumgewandelt wird. Kommen sie in einen Buchladen – so ist ihr Losungswort: Neues, Neues. Was über ein Jahr alt ist, ist ihnen abgeschmackte Waare. Brochüren, nicht Werke kaufen sie. Ihr Bibliothekchen ist daher auch so niedlich und Brochürenartig, wie ihr Kopf. – Politik, Revolution, Sektirey und Dichtung sind ihre Lieblingswissenschaften.[83]

In Teutschland wurde nie mehr gelesen, als jezt. Allein der größte Theil der Leser verschlingt die elendesten und geschmacklosesten Romane mit einem Heißhunger, wodurch man Kopf und Herz verdirbt. [...] Die Folgen einer solchen geschmack- und gedankenlosen Lektüre sind [...] unsinnige Verschwendung, unüberwindliche Scheu vor jeder Anstrengung, grenzenloser Hang zum Luxus, Unterdrückung der Stimme des Gewissens, Lebensüberdruß, und ein früher Tod. [...] Die Lektüre von den elenden Romanen, die in Schaaren zur Welt kom-

---

[80] J. G. Heinzmann: *Appel an meine Nation*, p. 110.
[81] Ibid. p. 115.
[82] Ibid. p. 147.
[83] Ibid. p. 413.

men, zerstören alle Blüthen der Menschheit, werfen den Menschen in die Reihe der vernunftlosen Geschöpfe, und verscheuchen Glück und Ruhe von der Erde.[84]

Diese plötzliche Denunziation der Lesesucht, Folge der allgemeinen Revolutions-Angst, gehörte zum Programm einer „beschränkten Aufklärung", das von unabhängigen, vernünftigen Zeitgenossen keineswegs kritiklos akzeptiert wurde. So schrieb Christoph Martin Wieland in seinem *Neuen Teutschen Merkur*:

Wozu diese seit kurzem so auffallend über Hand nehmende und bereits nicht mehr geheim gehaltene Verschwörung gegen die Freyheit der Vernunft und des Gewissens? Diese immer zunehmende Geringschätzung der Wissenschaften, der Gelehrten, der Schriftsteller? Wozu diese Anstalten, die Freyheit der Presse, die einzige mögliche Schutzwehre gegen die wieder einbrechende Barbarey, mit Fesseln zu belegen, die ihre gänzliche Vernichtung bewirken würden? [...] Man kann es nicht oft genug wiederholen: unbeschränkte Aufklärung über alle göttlichen und menschlichen Dinge hat der bürgerlichen Gesellschaft niemahls wahren Schaden gethan, und ist, selbst in Zeitläuften wie die unsrigen, so wenig gefährlich, daß sie vielmehr das einzige unfehlbare Mittel ist, wodurch die dermahlen noch bestehende Staaten befestiget, und ohne gewaltsame Erschütterungen und Umwälzungen von den Gebrechen, womit sie noch behaftet sind, nach und nach befreyt werden können.[85]

Doch solche Proteste eines Mannes, der selbst als frivol galt und dessen Werke zu den schädlichen Lektüren zählten, fruchteten nichts. In den gleichen Jahren, in denen die Lesesucht-Kritik zum Gemeinplatz wurde, in denen die Volksaufklärer zu keinem einheitlichen Volksbildungsprogramm gelangen konnten, außer zu dem einer Teil-Aufklärung in religiöser oder wirtschaftlich-technischer Hinsicht, in diesen Jahren bauten die Staaten ihre Zensurgesetze – wie noch zu zeigen sein wird[86] – auf und beschränkten

---

[84] J. A. Bergk: *Die Kunst, Bücher zu lesen*, p. 411–415: *Uiber das lesende Publikum*. — Bei J. L. Ewald: *Erbauungsbuch für Frauenzimmer aller Konfessionen*, Hannover 1803, vol. I, p. 175–183 wird dann auch ein Mädchen vom Romane-Lesen krank. Man schickt es aufs Land — selbstverständlich ohne Bücher.

[85] Chr. M. Wieland: *Fragmente aus Briefen vermischten Inhalts*. — In: *Neuer Teutscher Merkur*, 8. Stück 1793, p. 364–365. — Beachtenswert, daß sich Gottfried Keller noch 1849 mit der nicht auszurottenden Idee der beschränkten Aufklärung auseinandersetzen muß: er tadelt die „laute Klage der Retrograden" über den Schaden der Halbbildung und meint dazu: „An dieser Calamität ist aber nicht die Aufklärung schuld, sondern die menschliche Schwachheit, und die Abhülfe liegt in der Bildung selbst, einestheils dadurch, daß dieser Ehrgeiz eben einfach ein erstes Stadium ist, welches durch den steten Fortschritt von selbst überwunden wird; anderntheils durch die Volkspoesie, von der wir sprechen." Cf. die Rezension von J. Gotthelfs *Uli*-Romanen in: *Blätter für literarische Unterhaltung* 1849, num. 302, p. 1206.

[86] Cf. cap. II dieser Arbeit über *Zensur der populären Lesestoffe*.

damit in noch stärkerem Maße die Entwicklung der populären Lesestoffe. Proteste gegen diese staatliche Unterdrückung sind von Seiten der Pädagogen nicht laut geworden. Die angebliche Lesesucht wurde auch weiterhin angeprangert: 1835 etwa von Karl Preusker[87], der jedoch wenigstens dem Bürger und Landmann „wohlfeile, kurz und klar verfaßte Schriften" anbieten wollte.[88] 1857 schrieb F. W. Sommerlad, bei vielen Erwachsenen habe sich die Lust und das Bedürfnis zu lesen „nachgerade zur krankhaften Sucht gesteigert".[89] Ernst Schultze, der beliebte Schundroman-Bekämpfer, verdammte noch 1909 die Lesewut[90], und es dürfte nicht schwerfallen, in der heutigen Diskussion um Jugendliteratur Äußerungen zu finden, die denen der napoleonischen Ära stark ähneln.

Daß ausschweifende Lese s u c h t und ein nicht mehr zu hemmendes Lesebedürfnis stetig wachsender Bevölkerungsschichten auseinanderzuhalten seien, das wurde erst um die Jahrhundertmitte klar. Die Forderung von A. Merget aus dem Jahre 1847, das Volk s o l l e lesen[91], erscheint da plötzlich als progressiv, obwohl die Idee doch schon hundert Jahre alt war. Doch jetzt sind es nicht mehr die Volkspädagogen, die, mehr oder weniger vom Staat gelenkt, Qualität und Quantität der populären Lesestoffe besorgen. Buchdrucker und Verleger, Herausgeber von Zeitungen und Wochenblättern bestimmen die Marktlage auf der einen, das Lesebedürfnis neuer Lesermassen – der Begriff ist erst von 1860 an berechtigt – auf der anderen Seite. Aus diesem Wechselwirkungsverhältnis zwischen Produzenten und Konsumenten entwickelt sich, wie schon Rudolf Braun gezeigt hat[92], das neue Phänomen der Massenlesestoffe. Die Produktion liegt in den Händen von Technikern, die Tagesbedürfnisse befriedigen: den Nachrichtenhunger, die Sensationslust, den Unterhaltungsdrang. Diese Maschinerie – man darf ganz konkret an die Entwicklung des Schnellpressendrucks denken[93] – läßt sich kaum noch von der Zensur kontrollieren: Massenleser und Massenpresse haben sich nach der Jahrhundertmitte emanzipiert: „In

---

[87] K. Preusker: *Andeutungen* II, p. 117–118: „Uebrigens ist der so leicht um sich greifenden Lesesucht — das sogenannte reine Lesen ohne allen Nutzen, nur um dem Geiste oder vielmehr der Phantasie einen flüchtigen Zeitvertreib zu gewähren — möglichst entgegenzuwirken, mittelst der, wenigstens einige Zeit lang beharrlich fortgeführten Lectüre trefflicher Werke und erfolgter Auszüge daraus, welches jenem flüchtigen Lesen am meisten vorbeugen und zu ernster Beachtung des Inhalts anregen kann."

[88] K. Preusker: *Andeutungen* III, p. 22–23.

[89] F. W. Sommerlad: *Die Jugendschrift*, p. 289.

[90] E. Schultze: *Schundliteratur*, p. 40–80.

[91] A. Merget: *Versuch einer Charakteristik*.

[92] R. Braun: *Sozialer und kultureller Wandel*, 1965, p. 319. — Cf. auch schon 1828 W. Menzel: *Die deutsche Literatur* I, p. 270–273.

[93] Cf. *Lexikon des gesamten Buchwesens* II, 1936, p. 246, s. v. König, Friedrich.

unseren Tagen ist es nun wenigstens so weit gekommen", heißt es schließlich in einem Wochenblatt-Prospekt des Jahres 1868,

daß bald jeder Mensch in der Jugend lesen lernt, und zur Uebung und Anwendung dieser Kenntniß sich des nächsten Lesestoffes bedient, welcher im Mittelstande aus Schul- und Andachtsbüchern, aus dem Kalender, einer Mordthats-Geschichte, einigen nagelneuen Liedern besteht. Zur Anschaffung weiterer Lesestücke war größtentheils für die untere Volksklasse der Preis zu hoch, die Gelegenheit nicht geeignet, anderseits zu kostspielig.

Diesem Umstande zu begegnen, ermangelt es einen Lesestoff, der sowohl dem Inhalte als dem Preise nach, selbst dem Unbemitteltsten zugänglich ist, der die Neugierde und Wißbegierde zugleich befriedigt, und den Leseliebhabern der verschiedensten Volksklassen Gelegenheit bietet, ohne fühlbares Opfer, in den freien Stunden des Tages, – der Woche, – nach den Anstrengungen des Körpers, für Geist und Gemüth darin nützlichen Zeitvertreib zu finden, und der bei sorgfältiger Sammlung der wöchentlichen Lieferungen nach und nach eine interessante, würdige Haus- und Familienbibliothek bildet. Solchen Lesestoff, aus der Wirklichkeit gefaßt, liefert von nun an in deutscher Sprache:

der Wanderer

in einer wöchentlichen Zeitschrift von 1 Bogen oder 8 Quart-Seiten.[94]

Der technische Fortschritt, nicht der geistige, hatte dem Lesebedürfnis zum Siege verholfen. Diese Tatsache bestimmte zwangsläufig das qualitative Niveau der neuen, „interessanten" Massenlektüre. Doch gerade dieses Phänomen verwirrte die Hüter des „geistigen Erbes" aufs höchste: selten hat es eine größere Kluft des Unverständnisses zwischen Lesestoff-Produktion und der geistigen Elite gegeben als in der zweiten Hälfte des 19. Jahrhunderts. Selten wurden mehr hohle Phrasen vorgebracht, um eine Situation zu retten – die eines kontrolliert lesenden Volkes nämlich –, die längst nicht mehr zu retten war. Selten gab es konfusere Ideen über Volk, gute und schlechte Literatur, das echte Deutsche – oder Französische –, das zu bewahren sei, oder über die soziale Funktion der Lesestoffe.

Diese Lage illustriert eine selten gewordene Schrift, die Carl Wald, Chefredakteur der *Berliner Gartenlaube,* im Jahre 1889 zum Thema *Sozialdemokratie und Volksliteratur* veröffentlichte.[95] Wald fühlte sich berufen, die Arbeiter vor den Irrlehren der Sozialdemokratie zu schützen. Das einzige Mittel dazu war, seiner Ansicht nach, „eine gesunde und gediegene Volksliteratur", die freilich kaum existierte. An ihrer Stelle wuchere das

---

[94] *Der Wanderer.* Mülhausen: Risler, 6. 12. 1868, p. 1. — Arch. Dépt. Haut-Rhin, Colmar 1. T. 445.
[95] C. Wald: *Sozialdemokratie und Volksliteratur.* Badisches Generallandesarchiv Karlsruhe 237/11097.

Unkraut im Garten der Literatur, so meinte Wald. Da seien die Nachahmungen der historischen Romane über die 48er Revolution von Friedrich Spielhagen[96], die für ein großindustrielles Publikum geschrieben seien, Nachahmungen, in denen die Arbeiter gegen den Adel aufgehetzt würden. Gustav Freytag habe den Volkston nicht getroffen, und Paul Heyse sei stellenweise unsittlich. „Dagegen – man mag sagen was man will – darf man die verstorbene Marlitt als eine sehr populäre Schriftstellerin bezeichnen, denn es wird wenig Frauen und Mädchen geben, die nicht die meisten ihrer Romane gelesen hätten." Die Kritiken an der Marlitt seien bislang nie sachlich gewesen. Sie spreche ein weibliches Publikum an. „Ferner schrieb die Marlitt populär. Sie wußte den Ton zu treffen, welchen das Volk versteht." Dickens sei zwar auch ein Volksschriftsteller, tauge aber nicht für deutsche Leser; er sei breit, langweilig, ja unverständlich. Shakespeare und Schiller seien viel geeigneter fürs Volk. Aber die jetzigen Schreiber schmeichelten zu sehr dem Volk; der „kräftige deutsche Kern" werde „verweichlicht". Kraft sei das Wesentliche für die Volksliteratur: „Nur dadurch, daß Geburts-, Geld- und die sogenannte geistige Aristokratie vereint dahin streben, auch unter sich nur eine echte deutsche, kraftvolle Volksliteratur zu pflegen, – nur dadurch wird es möglich sein, auf die weitesten Kreise des Volkes, auf die Arbeiter und ihre Angehörigen, durch eine wahrhaft gesunde und kernige deutsche Volksliteratur Einfluß zu gewinnen."

Nach diesen Forderungen wendet sich Wald gegen die französische Unzuchtsliteratur. „Ich wundere mich gar nicht," schreibt er, „daß die Sozialdemokraten, wenn sie in unsern besten Theatern die französischen ,Ehebruchs'- und ,Courtisanendramen' gesehen haben, nachher die Abschaffung der Ehe und ,freie Liebe' verlangen." Wald spricht auch von den „Unsittenromanen" eines Zola und Daudet. Zola sei untalentiert und obszön und Sozialdemokrat. Sue dagegen sei „Sozialist" und entschieden besser. Die Unzuchtsliteratur sei zu verdammen, denn die Volksliteratur soll „eine moralische Hebung sämmtlicher Volkskreise anstreben, und sie soll dadurch eine wirksame Handhabe im Kampfe gegen die Socialdemokratie werden. Sie soll den nationalen, den christlich humanen und monarchischen Gedanken haben! Sie soll also, mit einem Wort, das wollen, was Kaiser Wilhelm will!"

Auch hundert Jahre zuvor schon hatte die Volksliteratur das wollen sollen, was der Monarch wollte, nämlich daß das lesende Volk politisch dumm bleibe. Wald aber hat einen nur scheinbar neuen Trick erfunden – Aufklä-

---

[96] Gemeint ist etwa F. Spielhagen (1829–1911): *Die von Hohenstein*, 4 vol., Berlin 1863, 6. Aufl. 1885 und andere politisch engagierte Romane dieses Erfolgsautors der sechziger und siebziger Jahre des vergangenen Jahrhunderts.

rern und Romantikern war er nicht ganz unbekannt gewesen –, um die Männer, diese gefährlichen, denkenden Männer, auch weiterhin von der Politik abzulenken: „Man muß das, was populär geworden ist, beachten, und seine Formen wählen! Man muß das, was bisher gefährlich gewirkt hat [...] auf das Strengste vermeiden. Ein Schiller und Göthe, ein Shakespeare müssen auch auf diesem Gebiet als Vorbilder dienen, und vor allen Dingen darf man niemals außer Acht lassen, daß es zum größten Theil die Frauen sind, welche den literarischen Unternehmungen einen dauernden Erfolg sichern. Und man muß in Erwägung ziehen, wie nützlich und wie nothwendig es ist, gerade auch auf das weibliche Publikum des Volkes zu wirken, weil auch durch dieses wiederum auf die Männer des Volkes indirekt eingewirkt wird." Kurzum: „Ich will nochmals betonen, daß eine gute Volksliteratur, wie in dem Vorstehenden zur Genüge nachgewiesen sein dürfte, eine sociale Nothwendigkeit ist. Es gilt auch auf diesem Wege dem Volke eine gesunde, kräftige und echt deutsche Kost zuzuführen, – es gilt den religiösen und patriotischen Sinn wieder zu wecken, zu heben und zu pflegen."[97]

Hier paaren sich – wie in vielen ähnlichen Schriften der Zeit[98] – Dummheit mit Nationalismus, vage Vorstellungen vom Volk mit noch vageren Ideen über gute Literatur. Hundert Jahre nach dem politischen Versagen der deutschen Volksaufklärer wirken solche Gartenlauben-Phrasen als ekles Gewäsch. „Gute Lektüre" – moralische, unpolitische, echt deutsche Lektüre – an diesen aus der Spätaufklärung stammenden Begriff klammerten sich die Retter des Volkes, Heil erhoffend, ohne nach den wahren Wünschen der Lesestoffkonsumenten zu fragen.

Gute Lektüren

In Christian Gotthilf Salzmanns Erziehungsbuch *Conrad Kiefer*[99] stellt der Herr Pfarrer ein „Bibliothekchen" für den Knaben Conrad – einen gutbürgerlichen Knaben – zusammen: „Zuerst kam hinein, ein Andachtsbuch, welches Morgen- und Abendandachten enthielt, und eine christliche Hauspostille. Er gab diese Bücher Conraden in meiner Gegenwart, und sagte: dieß ist Nahrung für die Seele. [...] Ferner gab er ihm verschie-

---

[97] C. Wald: *Sozialdemokratie und Volksliteratur*, passim.
[98] Cf. noch O. Glaubrecht: *Die Volksschrift*, 1857, dessen Plagiator F. W. Sommerlad: *Die Jugendschrift*, 1857 und H. Fränkel: *Ein neuer Weg*, 1889.
[99] C. G. Salzmann: *Conrad Kiefer*, ³1827, p. 236–238.

dene gute ökonomische Bücher, aus denen er lernen konnte wie man seinen Acker besser benutzen, allerley Klee und Grasarten und Küchengewächse anbauen [. . .] und Truthüner mit Vortheil erziehen könne.

In diesen Büchern, lieber Conrad, sagte er, steht viel, viel Gutes; und wenn er es recht versteht und klug anwendet, so kann er einmal ein wohlhabender Mann werden. [. . .] Endlich gab er ihm auch ein paar Beschreibungen von Reisen in fremde Länder. In diesen Büchern, sagte er, kann er lesen, damit er sieht, wie es in andern Ländern hergehe. "

Im Falle des noch formbaren Knaben gab es in bezug auf die Lektüren keine Schwierigkeiten: Conrad bekam nur, was ihm nützlich sein konnte, und es sei zugegeben, daß ihn sein Lehrer nicht ausschließlich mit moralischen Unterweisungen vollstopfen wollte. Volksbildung war aber doch etwas anderes: die Leser in der großen Stadt ließen sich eben nicht so problemlos füttern wie Conrädchen. Als Anton Friedrich Büsching im Jahre 1775 den Berliner Mühlendamm entlangspazierte, störten ihn die dortigen Büchlein-Verkäufer:

[. . .] jedesmal verursacht mir der Anblick der Tische, auf welchen geheftete Schriften für den gemeinen Mann zum Verkauf ausgelegt sind, ein großes Misvergnügen. Wer wird doch bey uns der gute Schriftsteller für den großen Haufen werden? Wer wird durch angenehme und lehrreiche Erzählungen und Lieder, den gemeinen Leuten von allen Klaßen, zu gesundem Menschenverstande, zu rechtschaffener Gesinnung, und nützlicher Belustigung behülflich seyn? Solche Schriften müsten, wie die bisherigen unsinnigen, abgeschmackten, abergläubischen und schmutzigen Histörchen, Lieder, Eulenspiegel, Traumdeutungen, Briefe vom Himmel, u. s. w. welche man auf den Mühlendamm und in verschiedenen anderen Gegenden der Stadt verkauft, nur 3 Pf. 6 Pf. 1 bis 2 Gr. kosten, durch Titel und gute Holzschnitte zum Kauf reitzen, und auf solche Weise nicht nur den Alten, sondern auch den Jungen in die Hände kommen, und die gegenwärtigen und künftigen Geschlechtsfolgen verbeßern. [. . .] Tausendmal habe ich mir Geschicklichkeit und Zeit gewünscht, um der Schriftsteller für die gemeinen Leute in und um Berlin zu werden, und so oft ich es schon in Gedanken gewesen bin, habe ich auch in Gedanken den kleinen Krämern in unserer Stadt, welche die Buchhändler für die gemeinen Leute sind, ihren ganzen Vorrath von unsinnigen und schädlichen Schriften abgekauft, und sie hinwieder mit reiner und gesunder Waare versehen. In solchen Gedanken habe ich mir auch das Amt eines Policeymeisters, und zugleich die Gewalt ausgebeten, alle alten und neuen Schriften, welche den Kopf, den Geschmack und die Gesinnung der gemeinen Leute verderben, bey den Krämern und Buchdruckern von Zeit zu Zeit aufsuchen und verbrennen zu dürfen.[100]

---

[100] A. F. Büsching: *Beschreibung seiner Reise*, p. 12–13. Zehn Jahre später tauchen diese Beschreibungen, verwässert, wieder in der Berlinischen Monatsschrift VI, 1785, p. 295 auf.

Die Furcht vor dem verderblichen Einfluß „schlechter" Lektüren –
über diesen Begriff wird an anderer Stelle zu reden sein – stachelte also die
Aufklärer zur Produktion „guter" Lesestoffe an. Da die schlechte Lektüre
offenbar schon älteren Datums und fest etabliert war, konnte sie primär
nur durch einen Ersetz-Prozeß, um nicht zu sagen Ersatz-Prozeß, beseitigt
werden.[101] Die gute Literatur, die an die Stelle der von Büsching imaginär
verbrannten Schundheftchen treten sollte, war aber wohlgemerkt noch nicht
geschrieben. Der zweitwichtigste Schritt in diesem Erziehungsmanöver hieß
wiederum Beschränkung, der dritte Lenkung. Somit galt es, Lektüre-
kanons – nach antikem Vorbild – auszuarbeiten, aber nicht mehr, wie bisher, für die gebildeten Damen[102] und Herren, sondern für das beschränkt
geschulte Volk. „So weit diese Klasse durchs Lesen sich bilden soll und
kann, schränke man sich auf die ihr schon geläufige Lesung der Bibel und
des Gesangbuchs, guter Predigt- und Gesezbücher, eines zweckmäßigen Katechismus und endlich des Kalenders ein", schlug der preußische Verwal-
tungsbeamte Julius Eberhard Wilhelm Ernst von Massow im Jahre 1800
vor; diese Lektüren seien „nützlich und seinem Beruf nicht nachtheilig".[103]
Indes wollte der ebenfalls preußisch etablierte Christian Wilhelm von
Dohm auch Erzählungen zugelassen wissen, die „unstreitig auch ein vor-
treffliches Vehikel" seien, „vernünftige, zufriedene, die Mühseligkeiten
und das Glück des Lebens gleich gut ertragende Menschen, gute Väter, Ehe-
gatten, Nachbarn und Bürger" dem Leser vorzustellen; Erzählungen sollten demnach sowohl Vorbilder liefern als auch Trost spenden.[104] Von Dohm,
der Basedow-Schüler und spätere preußische Minister, erwartete von der
im Prinzip akzeptierten beschränkten Lektüre doch eine lange Liste von
positiven Wirkungen:

---

[101] Cf. *Ueber die Mittel, bessere Bücher in die Hände der niedrigern lesenden Menschenklasse zu bringen*, 1785. Das dort vorgeschlagene Verfahren hat eine verblüffende
Ähnlichkeit mit modernen Schundheft-Tauschaktionen: „Wenn der Büchertischler eine
neue Provision verlangt, so gebe man sie ihm nicht umsonst, sondern man lasse sich an
Zahlungsstatt Exemplare von den schädlichsten gewöhnlichen Volksbüchern dafür geben,
und zwar zu einer Zeit, wo er sich nicht geschwinde mit neuem Vorrath davon versehen
kann. Unter solchen Umständen wird er das neue Volksbuch den Leuten anzupreisen nicht
unterlassen." (p. 309–310).
[102] Cf. *Plan de lecture pour une jeune dame*. — Paris: Prault 1784. 16°, 18 + 74 p.:
Eine Auswahl klassischer Literatur ersten Ranges. — Die *Encyclopédie des enfants* (Schenda: *1000 FVB*, num. 323) enthält p. 95–111 einen höchst anspruchsvollen Lektürekanon. —
Cf. auch, für die Jahrhundertmitte, August Lewald: *Das Buch der Gesellschaft. Für an-
gehende Weltleute*. — Stuttgart 1847, p. 45–54, cap. *Literatur*. — Eine Studie über solche
Lektürelisten bis zu Hermann Hesses *Bibliothek der Weltliteratur* ist ein literatursoziolo-
gisches Desiderat.
[103] J. E. W. E. von Massow: *Ideen zur Verbesserung*, p. 141.
[104] C. W. von Dohm: *Über Volkskalender*, p. 194.

Erweckung und Belebung ächter Religiosität und Sittlichkeit, Frohsinn in diesem Leben gestärkt durch den Blick in ein höheres, Nahrung und Uebung des geraden Menschenverstandes und Biedersinns, Ermunterung zum Umsichsehn und zur Aufmerksamkeit, zu jeder häuslichen Tugend, vor allem der Ordnung, dem Fleiß im Beruf, der guten Eintheilung der Zeit, der Reinlichkeit, Wirthschaftlichkeit, dem Sinn für Natur- und Familien-Freuden, der überlegten Wohlthätigkeit, die auch der Dürftigste üben kann, zur Liebe des Vaterlandes, auf Kenntniß seiner wahren Vorzüge gegründet, Belehrung über Kinderzucht, über die in den gewöhnlichsten Krankheiten zu vermeidenden Fehler, durch Erfahrung bewährte ökonomische Rathschläge [...] Verbreitung des Geistes wahrer Humanität, Arbeiten gegen die alten und neuen Vorurtheile, welche die Menschen auf eine so traurige Art trennen und unter ihnen, ohne weitern Anlaß, ja ohne daß sie sich kennen, Entfernung und wohl gar Feindseligkeit in mehrerm oder minderm Grade hervorbringen.[105]

Dieses erfreuliche Programm, eine Theorie der in der Tat weitverbreiteten *Not- und Hülfsbüchlein*, hatte jedoch nur wenig Verbindung zur Praxis der Schul- und Bildungsverhältnisse. Die Wirklichkeit sah nicht ganz so ideal aus. In der *Ordnung für die beiden Waisenhäuser zu Stuttgart und Ludwigsburg* vom 1. Juli 1811 lautet der Paragraph 54:

Zur Selbstbildung und nützlichen Beschäftigung der Waisen an Sonn- und Feiertagen soll eine sorgfältig gewählte Büchersammlung aus einem hiezu besonders auszusetzenden Fond, den die Freigebigkeit einzelner Privaten vielleicht vermehrt, nach und nach veranstaltet werden, wozu noch eine besondere Vorschrift ertheilt werden wird. Der Geistliche hat an Sonn- und Feiertagen die für jede Klasse der Kinder geeigneten Bücher zum Lesen zu geben. Dieses Lesen geschieht unter Aufsicht eines Lehrers oder Schulgehülfen, der die nöthigen Erklärungen gibt; der Geistliche hat selbst von Zeit zu Zeit die Lesestunden zu besuchen, und sich über das Gelesene mit den Kindern zu besprechen. Die anzuschaffenden Bücher sollen in vorzüglichen Erbauungs-Büchern für die Jugend, in Biographien, in Anleitungen zur geschickten Führung der Haushaltung, zweckmäßiger Krankenpflege, ökonomischen Kenntnissen bestehen. [106]

Erbauung und praktische Unterweisung, aber in gedrosselter Menge, sollten das ganze Jahrhundert hindurch die schönen Ergebnisse zeitigen, die von Dohm im Jahre 1796 erträumt hatte. Die katholische Seelsorge erhoffte sich 1834 „bessere Gesinnungen, vernünftige Grundsätze und wahre Selig-

---

[105] Ibid. p. 32–33.
[106] Th. Eisenlohr: *Sammlung der württembergischen Schul-Geseze*, p. 276. — Cf. für England einen Brief der Pädagogin Hannah Moore (1745–1833) an den Bischof von Bath und Wells (1801) über das Vorlesen und Lesen bei Kindern im Mendip-Kohlenbergbaudistrikt. — *English Letters of the XIXth Century*, ed. James Aitken. — Harmondsworth 1946 (Pelican Books, A 164), p. 49–54.

keits-Maximen [...] durch Verbreitung lehrreicher Bilder, nützlicher Unterrichts- und bewährter guter Gebetbücher."[107] Die Verteilung solcher Schriften – genannt werden das *Neue Testament*, Goffinés *Christliches Kirchenjahr*[108], die *Nachfolge Christi* und Jais' Gebetbuch[109] – sollte durch den Geistlichen bei Christenlehr-Schenkungen, Schulfeiern und Eheschliessungen erfolgen. „Man kann ja in unsern Tagen nichts wohlfeileres haben, als solche zweckmäßige Volksschriften", schrieb Pfarrer Herz 1834, „und sie laufen nur zu bald durch hundert Hände, werden von Hunderten gelesen, und gewiß von Keinem ohne Nutzen aus der Hand gelegt. Heil jedem frommen Manne, der Sünde und Aergerniß aus seinem Seelengebiete zu verscheuchen, jeden dieser Anlässe emsig benützt, und Gottes Segen jeder Gemeinde, welche mit einem solchen wahrhaft seelsorglichen Hirten beglückt wird."

Gute Lektüre hatte ganz offenbar etwas mit der Religion zu tun; sie mußte transzendieren, von dieser Welt ablenken. Kein Zufall, daß die „Andachtsstunden" in diesem Treibhaus die herrlichsten Blüten trieben: da waren nicht nur die unübertroffenen, wenngleich nicht immer frommen *Stunden der Andacht* des Heinrich Zschokke, sondern auch die von Fr. Liebetrut, Ludwig Hüffel, Jacob Glatz, Christian Wilhelm Spieker und Theodor Anton Heinrich Schmaltz.[110] So lag denn auch die Verbreitung guter Schriften und deren Organisation vorzüglich in der Hand der Kirchen. Die Gesellschaft für Propagation des Bons Livres, die seit 1834 ihren Sitz in Paris, Rue Cassette 20, hatte, gab eine Heftchenserie mit dem Reihentitel *Traités Religieux Catholiques* heraus. Die Editoren rückten in diesen Traktaten dem Bösen in der Welt zu Leibe[111], predigten Geduld auf Erden[112] und mahnten den Sünder zur Buße. Die *Bibliothèque Morale de la Jeunesse*, die in Rouen bei Mégard erschien, versicherte:

Aucun livre ne sortira de leurs presses, pour entrer dans cette collection, qu'il n'ait été au préalable lu et examiné attentivement, nonseulement par les Éditeurs, mais encore par les personnes les plus compétentes et les plus éclairées. Pour cet examen, ils auront recours particulièrement à des Ecclésiastiques. C'est à eux,

---

[107] Maximilian Joseph Herz: *Praktische Anleitung zum seelsorglichen Privatunterricht.* — Stuttgart 1834, p. 30–31.

[108] Gemeint ist die 1687 vollendete und bis heute massenhaft verbreitete *Hauspostille* des Prämonstratensers Leonhard Goffiné (1648—1719). Cf. L Th K. IV, col. 1036.

[109] Über den Volks- und Jugendschriftsteller Ägidius Jais, OSB (1750–1822) cf. L Th K. V, col. 858.

[110] A. Detmer: *Musterung,* 1844, p. 58–59. Die Vornamen wurden nach Möglichkeit ergänzt.

[111] Cf. *Le Mauvais Livre.* Schenda: *1000 FVB,* num. 560.

[112] *La Patience dans les maux de la vie.* Ibid. num. 678.

avant tout, qu'est confié le salut de l'Enfance, et, plus que qui que ce soit, ils sont capables de découvrir ce qui, le moins du monde, pourrait offrir quelque danger dans les publications destinées specialement à la Jeunesse chrétienne. Ainsi tous le Ouvrages composant la Bibliothèque morale de la Jeunesse sont-ils revus et approuvés par un Comité d'Ecclésiastiques nommé à cet effet par Monseigneur le Cardinal-Archevêque de Rouen [. . .][113].

Der Borromäus-Verein beginnt seine illustre Geschichte 1844 in Bonn. 1856 wurde in Paris das *Oeuvre des Bonnes Lectures* gegründet, das in Zusammenarbeit mit Regierung und Episkopat gute Lektüren für die arbeitenden Klassen liefern sollte.[114] An den technischen Voraussetzungen für die Propagation guter Bücher fehlte es also nicht, wohl aber am Material selbst, und nicht zuletzt auch an einer Theorie guter populärer Lesestoffe, an einem Leitfaden für potentielle populäre Autoren. So meinte zwar A. Merget 1847, das rechte Volksbuch „sei denn [. . .] eine solche, ein ganzes reiches Leben darstellende Erzählung, der bedeutende Vorgänge, Verwicklungen, großartige Schicksalswechsel nicht fehlen. Die Geschichte sei lehrhaft, die Lehre ruhe auf biblischem Grunde. Die Darstellung muß humoristisch sein, das Leben in seinen Tiefen erfassend, voll Gefühl, aber nicht sentimental; spruchkräftig, aber nicht predigerhaft. Einen Preis wollen wir nicht aussetzen; so thun Franzosen und Engländer. Der rechte Preis muß des Volkes Liebe und Wohlfahrt sein."[115]

Aber diese Forderungen waren ja doch zu wenig differenziert. Was sollte zum Beispiel ein französischer Jünger der literarischen Muse mit dem *Discours sur la littérature populaire* eines C. F. Girard anfangen, der nur unspezifische Forderungen aufstellte, wie „Quand le littérateur entre dans la vie populaire, il doit y entrer avec toutes ses ressources, mais il doit constamment étudier ce qui convient au peuple. S'il comprend bien sa mission, il cherchera surtout à satisfaire les besoins de l'âme ou du coeur, et il tiendra moins de compte de ceux de l' esprit. Le degré de culture de l'esprit forme la barrière naturelle entre les classes lettrées et celles qui ne le sont pas, mais elles sympathisent par l'âme et par le coeur." Notwendig für das Volk sei „un livre qui élève son âme ou qui affecte noblement son coeur". Wich-

---

[113] *Paul ou le jeune pâtre*, 1867. Ibid. num. 684, p. 8.

[114] *Histoire de l'Oeuvre des Bonnes Lectures*, Paris 1856, p. 3: „[...] ayant pour but de publier chaque semaine des feuilles illustrées, attrayantes par le fond et par la forme, accessibles à toutes les classes, à toutes intelligences et à toutes les bourses; dignes, en un mot, d'une popularité sans limites." — Selbstverständlich gab es noch Dutzende von anderen Vereinen zur Verbreitung guter Lesestoffe. Ihre Geschichte verdient eine eingehende Darstellung. Erwähnt sei noch der seit den neunziger Jahren in Basel, Bern und Zürich mit Heftchenserien wirksame *Verein für Verbreitung guter Schriften*.

[115] A. Merget: *Versuch einer Charakteristik*, p. 400.

tig sei vor allem die „simplicité" und die Verwendung von literarischen Bildern, wobei man die Worte Christi als Vorbild nehmen solle.[116] Herz, Seele, Einfalt: wie sollte man die, konkret, in einer Erzählung ansprechen? Und wollte das Volk wirklich so wenig mit dem „esprit" zu tun haben?

So erklärt sich schließlich das bedauernswerte Phänomen, daß Karl Preusker, der sich doch ein Leben lang mit der Volksbildung beschäftigt hatte, am Ende seiner Laufbahn nur mehr als ein halbes Jahrhundert alte Ideen wiederholt:

> Sollten die Wissenschaften ihren Zweck erfüllen, so müssen sie in das Leben übertragen werden; dies wird durch Abfassung populärer, allgemein verständlicher Schriften und deren leichte Erlangung mittelst Volksbibliotheken ermöglicht. Der Bürgerstand, wie der leselustige Landmann, muß vom Lesen der aus Leihbibliotheken und von deren Herumträgern erlangten Ritter- und Räubergeschichten und anderen schalen und schlüpfrigen, überhaupt von aller, für ihn ungeeigneter Leserei abgezogen und dagegen mit vorsichtig ausgewählter, nützlicher und zugleich auch unterhaltender Lectüre versehen werden, die man ihnen auf bequeme Art, und wenn nicht ganz unentgeltlich, so doch möglichst billig darbietet, wie das schon 1828 bei Gründung der Großenhainer Stadtbibliothek und bei bald darauf erfolgter Errichtung einiger solcher Lesezirkel auf dem Lande meine Absicht gewesen war.[117]

Welche Fortschritte hatte die Leserpädagogik in der ersten Hälfte des Jahrhunderts eigentlich gemacht? Und wie erklärt sich der endliche Mißerfolg des Vereins für Massenvertrieb guter Schriften am Ausgang des Jahrhunderts?[118] Ein ganzes Säkulum hindurch hatten die Volksschriftsteller den Geschmack der unteren Leserschichten nur teilweise zu treffen gewußt. Hundert Jahre lang waren die Pädagogen von einer idealen Theorie der „guten Lektüre" ausgegangen, hatten den Lesestoffen einen religiösen Anstrich verliehen, den Zweck des Lesens utilitarisiert und transzendisiert, den Leser mit moralischen Traktaten überschüttet. Die Lese-Normen galten als kodifiziert; alle Abweichungen wurden strengen Sanktionen unterworfen. Die wahrhaft populären Heftchen – die vom Mühlendamm, die aus der Kolportagekiste[119] – verfielen pauschaler Verdammnis; ihre Schädlich-

---

[116] C. F. Girard: *Discours sur la littérature populaire.* — Lausanne ²1864, p. 13–14.

[117] K. Preusker: *Selbstbiographie,* p. 211.

[118] T. Kellen: *Der Massenvertrieb der Volksliteratur,* p. 93–95.

[119] „Was liest jetzt der ganz gemeine (!) Mann gewöhnlich für Bücher? Nicht Bücher aus den Buchläden; sondern Broschüren, die er gefalzt von den Tischen der Bücherhändler, z. B. in Berlin im Durchgange des Schlosses und auf dem Mühlendamme, für ein paar Dreier oder Groschen kaufen kann, die ihm ein anderer Bücherliebhaber seines Ordens als gut empfohlen hat, oder worin er beim Blättern selbst etwas findet, das er zu verstehen meinet, und das ihm Vergnügen macht." *Ueber die Mittel, bessere Bücher in die Hände der niedrigern lesenden Menschenklasse zu bringen,* p. 295–296.

keit wurde postuliert, aber nicht bewiesen; ihr Inhalt blieb ohne nüchterne Analyse. So lebten ein Jahrhundert lang zwei Lektüre-Schichten nebeneinander (oder über- und untereinander) her: die künstliche, „gute" Volksliteratur und die von oben geschmähte „Schund"-Literatur. Beide Parteien übertrafen sich in wechselseitigem Nicht-Verstehen und beharrten bei ihrem althergebrachten Geschmack. Eine Verständigung war höchstens auf dem Gebiete der Andachtsliteratur denkbar. Die Klärung der Situation wäre schon deshalb nicht möglich gewesen, weil die populäre Partei zu keiner Artikulation ihrer Standpunkte fähig war und auch keinen Anwalt fand, der ihre Position hätte verteidigen können. Die geistige Führungsschicht war ausgezogen, das heidnische Lesevolk zu einer besseren Lektüre zu bekehren, ohne nach den Qualitäten der Eingeborenen-Literatur zu fragen. Recht geschah es den Missionaren, so könnte man mit Antonio Gramsci sagen, wenn ihre Ersatzliteratur unpopulär blieb: „La 'tendenziosità' della letteratura popolare, educativa d'intenzione, è così insipida e falsa, risponde così poco agli interessi mentali del popolo, che l'impopolarità è la sanzione giusta."[120] Der Lese-Heide in uns und in unserer Gesellschaft ist, trotz aller Bekehrungsversuche, noch lange nicht ausgerottet. Er wird so lange existieren, bis die Missionare ihr Sendungsbewußtsein aufgeben und sich ausschließlich der empirischen Ethnographie widmen werden.

Die Jugend liest

Das Unverständnis der Literaturproduzenten für die Bedürfnisse der einfachen Leserschichten sei noch einmal am Beispiel der Jugendlektüren exemplifiziert. Hier wiederholen sich, in immer neuen Variationen, die bisher aufgezeigten Phänomene, doch mag diese Vervielfältigung der Belege die bisher vorgebrachten Thesen bekräftigen und gelegentlich aus anderen Gesichtswinkeln beleuchten. Bei der bisher unbewältigten Masse der Kinder- und Jugendbücher des 19. Jahrhunderts[121] können hier nur einige Bemerkungen vorgetragen werden, die auf den sozialen Kontext, nicht auf die Literaturgeschichte des Jugendbuches abzielen.[122]

---

[120] A. Gramsci: *Letteratura popolare,* p. 131.
[121] H. Kunze: *Schatzbehalter,* p. 14–16. — Cf. den Gumuchian-*Katalog* num. 13 oder die *Bibliographie der Nürnberger Kinder- und Jugendbücher* von D. Rammensee. — C. Georg — L. Ost: *Schlagwortkatalog,* ab 1883, s. v. *Jugendliteratur.*
[122] H. L. Köster: *Geschichte der deutschen Jugendliteratur.* – J. Prestel: *Geschichte des*

Als der spätere Oberbibliothekar und Hofrat Johann Christoph Adelung 1772 in Leipzig ein Wochenblatt für Kinder herausgab – es ging 1774 wegen mangelnder Kindertümlichkeit ein –, da war, wie Christian Felix Weisse berichtet, „noch so wenig für eine belehrende und unterhaltende Lectüre für Kinder, die sich zu bilden anfiengen, gesorgt".[123] Das aus dem Französischen übersetzte *Magazin* der Madame Leprince de Beaumont[124] taugte angeblich nichts: Weisse nahm sich vielmehr den englischen *Spectator* zum Vorbild und machte eine „bürgerliche Familie von Eltern, Kindern und Hausfreunden" zum Mittelpunkt seines neuen *Kinderfreunds*, der im Oktober 1774 erstmalig bogenweise erschien.[125] Das Publikum dieses Wochenblattes rekrutierte sich dementsprechend aus dem gehobenen Bürgertum[126], wo es, wie in Weisses fiktiver Familie, wohl auch Charlotten geben mochte, die „zehnerley Bücher zu lesen angefangen und wieder aufgehöret"[127], und wo selbstverständlich ein Magister zur Stelle war, der, die Taschen mit Zuckerplätzchen angefüllt, die Kinder spielend unterrichtete, nicht ohne ihnen „eine kleine auserlesne Kinderbibliothek" anzulegen.[128] Diese märchenhafte Szenerie erinnert fatal an die Millionär-Interieurs von Hollywood-Filmen: sie täuscht einen verbreiteten Reichtum, hier nicht nur materieller, sondern ebensosehr geistiger Art, vor, den es beileibe nicht überall gab, vielleicht nicht einmal im Hause des Obersteuersekretärs Weisse. Doch das nur nebenbei.

Kauf und Lektüre von Kinderzeitschriften müssen am Ende des Jahrhunderts im Bürgertum „schick" gewesen sein. Bis zum Jahre 1789 erschienen mindestens 29 solcher Wochenblätter, bis 1800 noch einmal zehn an-

deutschen Jugendschrifttums. — J. Dyhrenfurth-Graebsch: *Geschichte des deutschen Jugendbuches.* — H. Kunze: *Schatzbehalter.* — D. Kraut: *Die Jugendbücher in der deutschen Schweiz.*

[123] Chr. F. Weisse: *Selbstbiographie*, p. 182.

[124] P. Hazard: *Les Livres, les enfants*, p. 24–27. — Cf. L. Göhring: *Die Anfänge der deutschen Jugendliteratur*, p. 8–9. „Daß sie aber, von [J. P.]Miller angefangen bis herab zu Basedow im Elementarbuch, in ihren Büchern die Französin nachgeahmt haben, [...] das verschweigen sie." (p. 8). Die deutsche Übersetzung und Bearbeitung des *Magasin des enfants* durch Johann Joachim Schwabe erschien 1758.

[125] Ein Faksimile-Nachdruck der ersten und der letzten Nummer des Wochenblattes, nach der vierten Auflage (Reutlingen: Grözinger und Enßlin 1818), erschien, außerhalb des Buchhandels, 1966 bei Ensslin & Laiblin, Reutlingen, 43 p.

[126] Cf. A. Knapp: *Lebensbild*, p. 21: „In meiner Kindheit las ich fleißig Weisse's Kinderfreund, sonderlich die Lust- und Schauspiele darin [...]". — Auch Johann Bernhard Basedows *Elementarwerk* I–IV, Dessau 1774, ist auf das gehobene Bürgertum und den Adel zugeschnitten.

[127] Wie not. 125, p. 16.

[128] Ibid. p. 30.

dere[129], und die Produzenten schlachteten den Kinderfreund-Titel aus: Neben den bekannteren von Christian Felix Weisse, Friedrich Eberhard von Rochow, Friedrich Philipp Wilmsen[130], Heinrich Gottlieb Zerrenner *(Der Schulfreund;* 1791–1811; *Der neue deutsche Kinderfreund,* 1815), Karl Traugott Thieme *(Gutmann, oder der sächsische Kinderfreund,* 1826), Johann Friedrich Ferdinand Schlez *(Lorenz Richards Unterhaltungen mit seiner Schuljugend über den Kinderfreund des Herrn von Rochow,* 1796; *Der Kinderfreund,* 1813), Michael Morgenbesser *(Schlesischer Kinderfreund,* 1826/27) und Friedrich Hoffmann *(Christlicher Kinderfreund,* 1826) erschienen bis 1832 mindestens dreißig andere, die sich patriotisch, mythologisch, physikalisch, technologisch, christlich oder anatomisch gebärdeten.[131] Arnaud Berquin führte den *Ami des Enfants* in Frankreich ein, wo er einen nicht geringen Erfolg hatte.[132] Aus einer literarischen Liebhaberei war ein Modeartikel geworden, der sich offenbar gut verkaufte und der auch den Nachdruckern Arbeit verschaffte.[133]

Man darf indes Johann Wolfgang von Goethe und Joseph von Eichendorff bemühen, um zu zeigen, daß selbst im gehobenen Bürgertum der Sinn der Kinder, die nach einer ihnen adäquaten Lektüre suchten, nicht so sehr nach der philanthropischen Lehr-Literatur aus der „pädagogischen Fabrik"[134] als vielmehr nach der populären Trödler-Literatur stand, deren größter Vorteil bekanntlich darin bestand, „daß, wenn wir ein solches Heft zerlesen [!] oder sonst beschädigt hatten, es bald wieder [!] angeschafft und aufs neue verschlungen [!] werden konnte".[135] Es mag sein, daß der Verfasser des *Kinderfreunds* „auf seinen Reisen überraschende und rührende Beweise der Liebe gegen ihn, von Postmeistern, Gastwirthen und Handwerksleuten erhalten" hat[136]; was diese Verehrer des berühmten Mannes sonst noch lasen, und was die vielen Angehörigen der „niederen Stände", die ihn nicht kannten, lesen mochten, das hat Weisse nie erfragt. Die Rechnung ist einfacher als man glauben mag: Selbst wenn der *Kinderfreund* in

---

[129] L. Göhring: *Die Anfänge der deutschen Jugendliteratur,* p. 13–14. (mit Bibliographie).

[130] Der *Brandenburgische Kinderfreund* übertraf das Rochowsche Vorbild bei weitem. Cf. Th. Fontane: *Meine Kinderjahre,* p. 24 und not. p. 373. — K. Gutzkow: *Knabenzeit,* p. 318–319: Lobeshymne auf dieses unvergeßliche erste Lesebuch seiner Kindheit.

[131] C. G. Kayser: *Vollständiges Bücherlexikon* III, 1835, col. 338–339.

[132] R. Schenda: *1000 FVB,* num. 129, 264. — C. F. Weisse: *Selbstbiographie,* p. 193, 198. — P. Hazard: *Les Livres, les enfants,* p. 38–45.

[133] L. Göhring: *Die Anfänge,* p. 22. — C. F. Weisse: *Selbstbiographie,* p. 189.

[134] J. Freiherr von Eichendorff: *Ahnung und Gegenwart,* cap. 5. Zu Eichendorffs wahllosen Lektüren aus der Leihbibliothek cf. H. Pleticha: *Begegnungen* II, p. 13–15.

[135] J. W. von Goethe: *Dichtung und Wahrheit* I.

[136] C. F. Weisse: *Selbstbiographie,* p. 190–191.

100 000 Exemplaren verbreitet war, dann kaufte ihn doch nur jeder Hundertste von zehn Millionen potentiellen Lesern, die es damals im deutschen Sprachraum gegeben haben mag.[137] Die Rechnung verbessert sich freilich zugunsten des *Kinderfreunds*, wenn man jedem Exemplar mehrere Leser zugesteht. Doch was kauften die übrigen 99 % der Leser? Und wie sahen die anderen Lektüren der mit dem *Kinderfreund* beschenkten jungen Leser aus? Verdienen Basedow, Weisse, Rochow, Campe in einer Sozialgeschichte der Literatur die Vorrangstellung, die sie in den traditionellen Untersuchungen über die Geschichte des Jugendbuches einnehmen? Unbestritten sind ihre pädagogischen Fortschritte und ihre literarische Wirkung im Rahmen des Großbürgertums: die Masse der Jugendlektüren bewegte sich jedoch entweder auf einem ganz anderen Gebiet, oder sie war nur ein fader, breitgetretener Abklatsch der Philanthropisten-Produktion.

Ein Blick in die Bibliographien[138] genügt, um daran zu erinnern, daß das Lesen der Kinder wohl oder übel mit einem ABC-Büchlein anheben mußte. In diesen Fibeln ist das Erbe des humanistischen Schulbetriebs deutlich spürbar; in Italien[139] wie in Frankreich[140] stehen gelegentlich noch Landessprache und lateinische Sprache beim Lesenlernen nebeneinander. Buchstabieren, Syllabieren und Wörter-Lesen führen, nach mühsamer und meist zusammenhangloser Paukerei, zum Lesen von Gebeten und Geboten der Kirche[141]: die Fibel ist oft erstes Erbauungsbuch und damit die direkte Brücke zur Bibel[142] und zum Katechismus[143]. Für weite Kreise der lesenden Bevölkerung aller sozialen Schichten geht die Lektüre über diese drei Bücher und das Gesangbuch kaum hinaus: höchstens ein Andachtsbuch kann gelegentlich ange-

---

[137] I. Dyhrenfurth-Graebsch: *Geschichte des deutschen Jugendbuches*, p. 52 spricht allzu vage von einer „recht erheblichen Verbreitung".

[138] D. Rammensee: *Bibliographie der Nürnberger Kinderbücher*, num. 2–69. — A. Rümann: *Alte deutsche Kinderbücher*, num. 1–13. — R. Schenda: *1000 FVB*, num. 2–11, 40–53, 894–898. — Wenigstens K. Horbecker beginnt sein Buch über *Alte vergessene Kinderbücher* mit dem Satz: „Am Anfang war das Abc-Buch." (p. 7). — Zur Geschichte des Lesebuches cf. F. Bünger: *Entwickelungsgeschichte*, die leider an übertriebener Preußenverehrung krankt.

[139] R. Schenda: *Italienische Volkslesestoffe*, col. 244 und num. 184, 186, 186a.

[140] R. Schenda: *1000 FVB*, num. 9, 46.

[141] Ibid. num. 2, 3 (protestantisch!), 4, 40–40c, 41, 42, 45, 46, 53.

[142] F. W. von Rochow beabsichtigte mit seinem *Kinderfreund* „die große Lücke zwischen Fibel und Bibel auszufüllen". (Vorbericht).

[143] Cf. B. C. L. Natorp: *Briefwechsel* II, p. 119–120 über den engen Zusammenhang zwischen Lesenlernen und Katechismus-Lesen (der „Junker'sche biblische Katechismus"). — Ibid. II, p. 147–148: „Aus der Fibel werden die Kinder in den kleinen Katechismus versetzt. [...] Es [das Buch] wird ihnen indeß blos wieder in die Hände gegeben, daß sie es durchsyllabiren und darin im Lesen sich üben sollen." — Zur Schullektüre von Bibel und Katechismus cf. H. Kreutzwald: *Zur Geschichte des Biblischen Unterrichts.*

schafft werden, das Jungen und Alten gleichermaßen zur Lektüre dient.[144] Kinderbücher, so erzählten noch 1967 die Hausierer von Grafenberg (Kreis Nürtingen), die in den zwanziger Jahren mit Reutlinger Drucken handelten, Kinderbücher habe es damals in ihrem Wirkungskreis nicht gegeben, man sei nur mit Erbauungsbüchern losgezogen.[145]

Es ist bemerkenswert, daß die Historiker der Jugendliteratur bei einer ungerechtfertigten Gleichsetzung von Kinderbuch und Bilderbuch dieser niederen Gattung von Jugendlektüren nur wenig Aufmerksamkeit geschenkt haben und den Eindruck erwecken, als ob alle Kinder des 18. und 19. Jahrhunderts geistige Fähigkeiten und finanzielle Mittel besessen hätten, sich die pädagogisch hervorragendsten und ästhetisch ansprechendsten Lern- und Bilderbücher zu kaufen. Die Masse der jugendlichen Leser – ein Bruchteil jeweils der gesamten Jugend – mußte sich doch ganz offenbar mit einem schäbigen ABC-Büchlein ohne Illustrationen begnügen, um das Lesen zu lernen, und später langte es höchstens zu Biblischen Historien und zum Kleinen Katechismus und vielleicht einmal im Jahr zu einem billig beim Kolporteur erstandenen Heftchen.[146] Das war der Lesealltag des Durchschnittskindes – womit nicht gesagt sein soll, daß dieses Kind täglich las –, nicht die Bücherwelt, die in der sonst so verdienstvollen Sammlung von Selbstzeugnissen wohlerzogener Bürgerknaben durch Heinrich Pleticha erscheint[147] und die uns von Irene Dyhrenfurth-Graebsch (in dreifacher Auflage) oder gar von Arthur Rümann und Bettina Hürlimann[148] vorgestellt

---

[144] Es ist nicht ausgeschlossen, daß dieses Faktum zum literarischen Topos wurde. Diesen Eindruck hat man jedenfalls, wenn man es auch noch in August Lafontaines Roman *Das Bekenntnis am Grabe*, Halle 1811, p. 14 wiederfindet: „Die Bücher, bis auf die Bibel, Gesangbuch und Katechismus, hielt er für unnütze Waare. Mehr Bücher, ausgenommen noch einen Kalender, ein Morgen- und Abendsegen-Buch und ein Predigt-Buch auf alle Sonntage im Jahre, waren nicht im Hause."

[145] Tonbandaufnahme im Archiv des Verlages Enßlin und Laiblin, Reutlingen. Cf. R. Schenda: *Bücher aus der Krämerkiste*, p. 123–127.

[146] Cf. die Visitationsakten des Dekanats Horb aus den Jahren 1846/47 im Diözesanarchiv Rottenburg. (Freundlicher Hinweis von Utz Jeggle).

[147] Als ergänzendes Beispiel (nicht bei Pleticha) das Zeugnis des Bauernsohnes Friedrich Paulsen: *Aus meinem Leben*, p. 19: „Zu Weihnachten 1849 wird es gewesen sein (Paulsen war also erst dreieinhalb Jahre alt), daß ich eine Fibel neben meinem Teller fand; ich erinnere mich ihrer Bilder, des blauen Walfisches und des gelben Wickelkindes noch wohl. Wann ich begonnen habe, unter Leitung der Mutter die Buchstaben zu studieren, weiß ich nicht; vermutlich haben mir die krausen Zeichen nicht lange Ruhe gelassen. Jedenfalls konnte ich, als ich im fünften Jahr in die Schule kam, fertig lesen."

[148] Cf. Bibliographie. — Die asoziologische Betrachtungsweise, die ganz allgemein von „der Jugend" redet, von „den Knaben" und vom „gesamten geistigen Leben unseres Volkes", wo jedermann Tiecks „Volks"-bücher liest, ist besonders stark spürbar in Kühner-Schott: *Jugendlektüre*. Cf. dort p. 870.

wird.[149] Ob zum Beispiel Rochows *Kinderfreund* von 1776, das „Lesebuch zum Gebrauch in Landschulen", auf dem platten Lande starke Verbreitung fand, ist höchst fraglich.[150] Und die so oft angeführten und kommentierten späteren Lesebücher, deren Zahl im Jahre 1857, wie G. W. Hopf bemerkt, „bereits so sehr angewachsen" war, „daß man – es ist ohne Übertreibung gesagt – jedem Tage des Jahres einen eigenen Band zutheilen könnte"[151], diese Lesebücher kamen nur der Minderheit von bürgerlichen Kindern zu. Ein allgemeines Lesebuch für die Volksschulen kam, unter den größten Schwierigkeiten, in Württemberg erst im Jahre 1854 zustande.[152]

Der hin- und herwogende Streit um die Jugendliteratur betrifft also, zumindest bis zur 48er Revolution, hauptsächlich einen „circuit lettré"[153]

[149] Cf. H. Zschokke: *Eine Selbstschau*, p. 242: „Für gebildetere Stände der bürgerlichen Gesellschaft ist allenthalben zum Überfluß mit nützlichem und unnützem Naschwerk gesorgt. Für sie blüht im Musengarten Hülle und Fülle der Rosen und Lilien. Für die bildungsärmeren Stände gibt es kaum einige Wiesenblumen darin. Kunst geht nach Brot und Ruhm, kümmert sich wenig um den gemeinen Mann, das ist um den Großteil jeder Nation, der freilich weder Ruhm noch Brot spenden kann. Ich, wenig auf Künstlerehre erpicht, fühle immer noch wie sonst für die Vergessenen im Volk mehr Teilnahme als für die Wohlgepflegten. Ich nahm mir auch vor, eine ganze Reihe belehrender kleiner Erzählungen für den gemeinen Mann zu entwerfen. Der Vorsatz war zwar leichter gefaßt als auszuführen. Dennoch ließ ich einige solcher Historien ausfliegen."

[150] Die Absichten des Autors waren freilich die besten: „Dieses Buch ist der Armen wegen so wohlfeil", heißt es im Vorbericht (das Büchlein kostete nur zwei Groschen). „Denn es muß in jedes Schulkindes Händen seyn. Sonst könnten viel Kinder zugleich daraus nicht lesen lernen." Von dem Büchlein sind nur zwei Originalexemplare erhalten (Einleitung von E. Wiegandt in der Ed. Leipzig 1925). Wie viele Nachdrucke und Nachahmungen existierten, ist trotz F. Bünger: *Entwickelungsgeschichte*, p. 154–156 ungeklärt. Gründe für die geringe Verbreitung der *Kinderfreunde* bei B. C. L. Natorp: Briefwechsel II (1813), p. 154–155.

[151] G. W. Hopf: *Musterung der deutschen Lesebücher.* — In: Centralblatt I, 1857, p. 135. — Für Frankreich cf. Schenda: *1000 FVB*, Sachverzeichnis s. v. *Lesebüchlein*.

[152] Viele Schulmänner fürchteten, bei den Beratungen um dieses Lesebuch, eine Vernachlässigung der religiösen Texte, zumal der bis dahin zum Lesen-Üben benützten Bibel. Bei einem 1844 veranstalteten Preisausschreiben für ein Lesebuch ging nur eine einzige Arbeit ein, die alle Erwartungen bitter enttäuschte. Die Befürworter eines Lesebuches, allen voran Rektor Eisenlohr und Professor Denzel, forderten eine Chrestomathie von prosaischen und poetischen Stücken, die, auf christlicher Grundlage ruhend, nützliche Kenntnisse aus Natur, Geschichte und Geographie enthalten sollte. Sachsen, Hessen, Baden und Preußen hatten schon Lesebücher aufzuweisen; Württemberg brauchte jedoch eines, das sich speziell auf die heimatlichen Verhältnisse bezog. Eine Kommission beschäftigte sich zwischen 1846 und 1850 mit der Zusammenstellung der Texte; der erste Entwurf dieses zweistufigen Lesebuchs wurde 1851 allen Geistlichen und Lehrern zur Beurteilung vorgelegt. Die Kommission zur Revision des Lesebuches arbeitete 1852/53 an der Vollendung des vielkritisierten Werkes, das schließlich 1854 in Stuttgart beim Buchhändler Eduard Hallberger erscheinen konnte. Das Konsistorium betonte dabei noch einmal, daß das Lesebuch in keiner Weise die Bibel verdrängen sollte. — E. Schmid: *Geschichte des württembergischen evangelischen Volksschulwesens*, p. 312–340.

[153] Zu den Begriffen „circuit lettré" und „circuit populaire" cf. R. Escarpit — N. Robin: *Atlas de la lecture à Bordeaux.*

der Produktion; und waren in bezug auf diese höhere Schicht von Jugend-literatur die Meinungen schon stark geteilt[154], so kamen die Kritiker erst recht zu keiner Einigung, als nach der Reichsgründung auch noch ein „cir-cuit populaire", die „Schmutz- und Schund"-Literatur der proletarischen Jugend, in ihr Blickfeld trat.

Den Pädagogen der Spätaufklärung ging es zunächst darum, die hier schon einmal erwähnte Lesesucht anzuprangern. Da ist das oftmals zitierte[155] Verdikt des Berliner Gymnasialdirektors Friedrich Gedicke aus dem Jahre 1787[156], das sich gegen die gesteigerte Jugendbuch-Produktion durch unfä-hige „Skribbler" wendet. Im selben Jahre schrieb der schwäbische Aufklä-rer Ferdinand Frey:

> Der Kenntnisse und Wissenschaften, die jetzt nicht nur Knaben, sondern auch Mädchen lernen sollen, ist eine solche Menge, daß ihnen schon beim bloßen Her-erzählen ihrer Namen davor grauen muß. Da werden uns, wenn wir im Buch-laden nach Erziehungsschriften fragen, Geographieen, Naturgeschichten, Natur-lehren, Weltgeschichten, Religionsgeschichten, Grössenlehren, Astronomieen, Seelen-lehren, Reisebeschreibungen, Predigten, Götter- und Fabellehren für Kinder, und bald alle andre Wissenschaften zu Gebrauch der lieben Jugend, die man kaum alle zugleich von uns Erwachsenen, die wir uns zu den Gebildeten rechnen, fodert, vorgelegt; der vielen andern, blos zur Unterhaltung geschriebenen Kinderbücher nicht zu gedenken. Und über manche dieser Wissenschaften sind wohl drey und mehrere Compendien vorhanden, unter denen man noch auswählen kann. [...] Muß da nicht der Kopf der jungen Leute von einem wüsten Chaos überladen, durch die Menge von Sachen, die man ihm eingießt, verwirrt und schwindlich ge-macht und das Herz von eitler, eingebildeter Vielwisserey aufgebläht werden? Da trift gewiß das Sprüchlein ein: Von Allen etwas, vom Ganzen nichts![157]

Schon 1781 machte sich, diesem immer wieder kritisierten Mißstand[158] zu steuern, der hessische Theologe und Pädagoge aus Hanau, Georg Fried-rich Götz daran, in einem Rezensionsorgan den Weizen von der Spreu zu sondern[159], denn „Unglaublich ist es, was für eine Menge von Kinderschrif-

---

[154] Cf. das wohlgelungene Kapitel *Kritik der Jugendschrift* in H. L. Köster: *Geschichte der deutschen Jugendliteratur*, p. 385–471 (mit Bibliographie).

[155] Kühner-Schott: *Jugendlektüre*, p. 869–870. — Dyhrenfurth-Graebsch: *Geschichte*, p. 73–74. — H. Kunze: *Schatzbehalter*, p. 45–46.

[156] H. L. Köster: *Geschichte der deutschen Jugendliteratur*, p. 386.

[157] F. Frey: *Briefe*, das Schriftstellerwesen in Deutschland betreffend. — In: *Schwäbi-sches Magazin zur Beförderung der Aufklärung*, ed. Johannes Kern. II, Ulm 1787, p. 470–471.

[158] H. L. Köster: *Geschichte der deutschen Jugendliteratur*, p. 385–390.

[159] G. F. Götz, ed.: *Kinderbibliothek für Aeltern und Erzieher, oder Nachrichten von den neuesten guten Kinderschriften.* – Frankfurt/M.: H. L. Brönner 1781–1784. — Zu

ten jede Messe unter den schönsten anlockendsten Titeln zum Vorschein kommt, die alle aus andern längst bekannten guten Kinderschriften ausgeschrieben und zusammengestoppelt sind".[160] Die Klagen richten sich also zunächst gegen die Produzenten, die einerseits zu viele Bücher auf den Markt werfen, anderseits auf Qualität zu wenig Wert legen. Den wesentlichen Fehler der Jugendschriften erkannte jedoch erst der Oettinger Rektor Georg Philipp Moll im Jahre 1797: Dieser neuen Büchergattung mangelte es an Kindertümlichkeit. „Sehr lehrreich für Kinder", spottete er über eines der Bücher[161]. „Ich bedaure des Verfassers Verstand", meinte er weiter; „Schön, aber gewiß nicht für Kinder" oder „Allerliebste Kindernatur" mäkelte Moll an anderen Erzählungen herum.[162] Er brachte es jedoch nicht fertig, seine Bemerkungen zu einer seriösen Analyse auszuarbeiten. Statt dessen schwenkte er auf die Generallinie der Anti-Lesebewegung ein: „Man sieht aus dem Gesagten, daß ich Bücher für die frühere Jugend überhaupt für überflüßig halte, und daß, wenn auch welche Statt finden sollten, die doch ganz anders beschaffen seyn müßten, als die sind, die wir für dieses Alter in so grosser Menge haben. Bey der Liebe zur Veränderung, die im alten, wie im jungen Herzen herrscht, und in diesem immer die Oberhand behält, dürfen Bücher für Kinder nicht dickleibig seyn."[163] Und ein Jahr später präzisierte er in den *Briefen an Selmar:* „Laß die Kinder nicht zu viel auf einmal lesen; denn leicht entsteht Lesewuth daraus. Wenig, aber mit Nachdenken sollen sie lesen. Leite sie vom Lesen wieder auf andere Zerstreuungen, Spiele, Beschäftigungen."[164]

Was die mangelnde Kindertümlichkeit anbetrifft, so mühten sich nur wenige Autoren, bei ihrem Publikum anzukommen. So schreibt D. F. A. A. Meyer in einer neuen Ausgabe der vielgelesenen Raffschen Naturgeschichte:

Unrecht hält Köster, op. cit. p. 391 A. Detmer für den ersten Pädagogen, der gute Jugendliteratur ausgewählt habe. — Über G. F. Götz cf. F. W. Strieder, ed.: *Grundlagen zu einer hessischen Gelehrten- und Schriftsteller-Geschichte* V, Cassel 1785, p. 22.

[160] G. F. Götz, op. cit., Vorbericht zum 3. Stück.

[161] *Das Buch der Natur oder Betrachtungen und Unterhaltungen für Kinder ... ein Pendant zu Raff's Naturgeschichte für die Jugend.* — Augsburg: Ch. Fr. Bürglen 1795. 3. Heft.

[162] G. Ph. Moll: *Ueber Kinder- und Jugendschriften,* p. 48–49. Man darf an die in Oettingen fortgeschrittenen Bemühungen um die Volksliteratur durch den eine Generation älteren G. J. Schäblen erinnern.

[163] Ibid. p. 16–17.

[164] G. Ph. Moll: *Briefe an Selmar als Vater über jugendliche Unterhaltung.* — Tübingen 1798, p. 132. Die von Moll zugelassenen Schriftsteller sind Campe, Salzmann, Trapp, Feddersen, Thieme und Weisse (p. 130). Stark ausgeprägt ist seine Abneigung gegen Fiction-Literatur (p. 131). Trotzdem versuchte er im Jahre 1800 zusammen mit dem Oettinger Archidiakon Oppenrieder eine Lesebibliothek zu gründen. Cf. *Oettingisches Wochenblatt* vom 24. 12. 1800.

Was neues für euch, lieben Kinder! Ein Buch mit Bildern von allerley kleinen und großen Thieren und Bäumen, Pflanzen und Kräutern, und vielen andern Dingen aus der Naturgeschichte. – Blättert einmahl darin. Ihr werdet schwarze und weiße Menschen, Affen, Löwen und Elephanten; Vögel, Wallfische und Kröten; und eine Menge andere Land- und Wasserthiere finden. – Auch Zuckerrohr, Thee- und Kaffebäume stehen darin. Ach, das ist ein schönes Buch! Ein solches Buch haben wir uns schon lange gewünscht. Gefällt es euch also, lieben Kinder? O recht sehr, lieber Herr [...].[165]

Dieser unterhaltsame Ton wird das ganze Buch hindurch gehalten. Die meisten Autoren hatten jedoch andere Prätentionen; unterhaltsam zu lehren schien doch zu billig; wichtiger war es, die Jugendlektüre aufzuwerten:

La lecture (je dis celle des bons livres) ouvre l'esprit, développe l'intelligence, orne la mémoire, forme le jugement, perfectionne le goût, éveille l'imagination; elle nous fait vivre dans tous les siècles et dans tous les climats; elle occupe agréablement nos loisirs, elle nous préserve de l'ennui et des dangers du désoeuvrement; enfin, telle est son influence, que seule elle peut dans un jeune homme suppléer à la foiblesse des moyens; et que sans elle, au contraire, les études languissent, et les talens eux-mêmes restent condamnés à une triste stérilité.[166]

Beim Durchblättern der Kinderenzyklopädie, welche dieses positive, wenn auch pathetische Programm enthält, fühlt man sich an die Geschichte erinnert, die Hannah Moore im gleichen Jahr ihrem Freund William Wilberforce erzählte:

A poor little girl [...] was in my room one day when a gentleman was sitting with me. He asked her what she was reading at school. „Oh, sir, the whole circle of the science!" „Indeed," said he, „that must be a very large work!" „No, sir; it is a very little book, it cost half-a-crown." My friend smiled and lamented that what was of such easy attainment had cost him so much time and money. I asked a little girl, a servant's child, the other day, what she was reading and if she could say her catechism. „Oh no, madam, I am learning S y n t a x."[167]

Die Neigung zum enzyklopädischen Wissen oder zumindest zum Besitz eines Buches, das solches Wissen enthielt, war in der Tat schon im ausgehenden 18. Jahrhundert im Handwerkerstand zu spüren gewesen.[168] Die Klagen der Pädagogen waren also keineswegs aus der Luft gegriffen. Da sich der Kleinbürger die Mammut-Enzyklopädie eines Johann Georg Krü-

---

[165] Georg Christian Raff — D. F. A. A. Meyer: *Naturgeschichte für Kinder.* — Reutlingen: Fleischhauer und Spohn 1816, Vorrede.
[166] *Encyclopédie des enfans.* Schenda: *1000 FVB,* num. 323, p. 95–96.
[167] *English Letters of the XIXth Century,* ed. James Aitken. — Harmondsworth 1946 (Pelican Books, A 164), p. 58–59.
[168] Stadelmann-Fischer: *Bildungswelt,* p. 184.

nitz[169] nicht leisten konnte, entstand das Bedürfnis nach wohlfeilen Klein-Enzyklopädien vor allem für die aufnahmefähige und bildungsbeflissene Jugend des Bürgertums, und das nicht zuletzt im Lande der Diderot und D'Alembert. „Pourquoi ne pas cultiver encore leur esprit par un grand nombre de connoissances qu'on peut leur donner sur une infinité de choses qu'ils sont en état de comprendre? Ces réflexions nous ont fait naître l'idée de ce petit Ouvrage." So ein „Allbuch" aus dem Jahre 1802[170], das sich für eine Bildung der Kinder „de petite bourgeoisie" einsetzt. Die Autoren gaben sich redliche Mühe: Das *Abrégé de toutes les sciences*[171] von 1811 behandelt hauptsächlich die Geographie, aber auch Religion, Meteorologie, Chemie, Poesie, Tanz, Mathematik, Handel, Kosmographie, Weltwunder, Mythologie – alles in schönster Unordnung. „D'après l'utilité de cet ouvrage, déjà reconnue du Public", mahnte das Avertissement, „et d'après toutes les peines qu'on s'est donné pour le perfectionner, on a lieu d'espérer qu'il sera généralement adopté dans les écoles pour donner aux enfans des notions fondamentales, vraies et exactes des choses, et que par-là il contribuera à la bonne éducation. C'est de celle-ci que dépend le bien de l'Etat et des familles: les parens ne peuvent donc la négliger sans blesser leur honneur et leur conscience, sans risquer l'avancement, la réputation et le bonheur de leurs enfans. C'est la bonne éducation qui pose les fondemens des bonnes moeurs, et les bonnes moeurs font le bonheur et la sûreté d'un Etat."[172]

Einen Vorteil schien den Produzenten diese enzyklopädische Wissensbildung zu haben: sie konnte nicht so sehr schaden wie Abenteuergeschichten oder gar gesellschaftskritische Traktate. Im Prinzip setzte sie ja doch die aufs Praktische ausgerichteten Bildungstendenzen der Volksaufklärer des 18. Jahrhunderts fort. So stieg denn die Enzyklopädien-Produktion weiter an. 1815 erschien die *Nouvelle encyclopédie de la jeunesse*[173] in der neunten

---

[169] J. G. Krünitz: *Ökonomisch-technologische Encyclopädie, oder allgemeines System der Staats- Stadt- Haus- und Landwirtschaft, wie auch der Erdbeschreibung, Kunst und Naturgeschichte in alphabetischer Ordnung.* (Fortgesetzt von F. J. und H. G. Floerke, J. W. D. Korth und C. O. Hoffmann). — Berlin 1773 (²1782)–1853.

[170] *Le Guide des jeunes gens, ou Recueil encyclopédique de notions élémentaires sur la Religion, la Morale, la Physique, la Géographie, le Commerce, les Sciences, l'Agriculture, et les Arts et Métiers. Ouvrage destiné à former l'Esprit et le Coeur des Jeunes Gens, et à procurer aux personnes légèrement instruites, les connoissances nécessaires pour leurs affaires, et le commerce de la vie.* — Paris: Delalain fils 1802. 8°, XII + 441 p.

[171] R. Schenda: *1000 FVB*, num. 12.

[172] Eine so dezidiert positive Einstellung zur Bildung war damals in Deutschland schon nicht mehr möglich, obwohl sie vierzig Jahre zuvor jedermann akzeptiert hätte!

[173] R. Schenda: *1000 FVB*, num. 322.

Auflage. Für die Miniatur-Enzyklopädie *Abrégé des Sciences*[174] machte der Katalog des Verlegers Blocquel im Jahre 1813 folgendermaßen Reklame: „Le succès de ce livre est tel que trois éditions en ont été faites en moins d'une année, et la vente en va toujours croissant." Der Herausgeber der *Encyclopédie des enfants*[175] schreibt über das Anwachsen dieses Werkes: „Nous l'avons vu naître; ce n'était alors qu'un petit livret, bien mince, et bien fait pour des enfants: peu à peu il a grossi; et enfin, il est devenu, dans ces dernières années, un très-épais et très-coûteux volume."[176] Der Band hatte sich, den Leserbedürfnissen entsprechend[177], von einer oberflächlichen[178] Kinder- zu einer anspruchsvollen Erwachsenen-Enzyklopädie entwickelt. ·

Bei diesem evidenten Wissensdrang in der bürgerlichen Jugend ist es nicht mehr erstaunlich, wenn der Hamburger Lehrer und Prediger A. Detmer 1844 bei der „fast unglaublichen Zahl der Jugendschriften"[179] den „Wissenschaftlichen Schriften für die Jugend" einen weitaus größeren Platz einräumt als den schöngeistigen Büchern.[180] Doch spielt bei Detmer auch wieder die Furcht vor dem Anwachsen der Unterhaltungsliteratur eine Rolle: diese Literaturgattung lehnt er grundsätzlich ab.[181] Und um die Jahrhundertmitte mehren sich die Klagen über die Flut der Jugendschriften: 1849 schrieb der Rektor der Nürnberger Handelsschule G. W. Hopf: „Aber die Menge der für die Jugend bestimmten Schriften ist bereits ins Ungeheure angewachsen. An unterhaltenden Geschichten für die Jugend, an Kinderfreunden, Possen, Schwänken, Festgaben für gute Kinder flutet es von allen Seiten; dazu kommen Volks- und Jugendkalender, Pfennig- und Hellerma-

---

[174] Ibid. num. 13.
[175] Ibid. num 323–323a.
[176] Ibid. num. 323, p. II.
[177] Cf. auch die enzyklopädischen Versprechungen im Titel des Briefstellers *Le grand secrétaire français*. Ibid. num. 849.
[178] Wie oberflächlich das enzyklopädische Wissen häufig bleiben mußte, zeigt das Stichwort *Allemagne* im *Abrégé des Sciences*, ibid. num. 13, p. 88: „D. Faites-nous l'histoire abrégé de l'Allemagne. – R. L'Allemagne, autrefois Germanie, fut en partie soumise par les Romains. A la ruine de l'empire d'Occident, en 474, elle était déjà tombée au pouvoir de différens peuples barbares qui s'y établirent. Charlemagne, roi de France, en reconquit la plus grande partie, et en 800 il fut sacré empereur d'Occident. Le nouvel empire passa bientôt aux princes allemands, et spécialement à l'illustre maison d'Aurriche (sic), qui depuis le treizième siècle, a presque toujours occupé le trône impérial. La Religion chrétienne est la seule reconnue dans l'Autriche; mais, depuis 1781, on y a permis l'exercice de toutes les religions."
[179] A. Detmer: *Musterung*, p. 1.
[180] Ibid. Inhaltsverzeichnis.
[181] Einen kleinen Eindruck von der Produktion der zwanziger Jahre vermittelt der Aufsatz von F. A. D. Tholuck: *Ueber die Litteratur unserer Jugendschriften* aus dem Jahre 1832. Die Jahrmarktsliteratur findet dabei selbstverständlich keine Berücksichtigung.

gazine, von England zu uns übergetragen, Lesekabinette, Turnzeitungen (damit desto weniger geturnt werde!), Conversationslexika und fliegende Blätter für die Jugend und andere Schriften mit anziehenden Titeln, mit noch anziehenderen Vignetten. Gutes, Mittelmäßiges, Schlechtes in buntester Mischung."[182] Und zehn Jahre später der Bürgerschullehrer L. Ballauf: „Was zuerst Bedenken erregen muß, ist die große Masse jener Kinderschriften, ganz abgesehen von ihrem qualitativen Werth oder Unwerth. Die Zahl der Unterhaltungsschriften, welche heut zu Tage jedes Kind zu besitzen pflegt, ist schon nicht gering; berücksichtigt man nun außerdem, daß jedes Buch in einem gewissen Kreise zu cirkuliren pflegt, so kommt ein erkleckliches Quantum heraus, welches jedes Kind, was zum lesen Lust hat, verschlingt. Aber daran ist es noch nicht genug: durch eigene Jugendzeitschriften – freilich keine ganz moderne Erfindung – wird die Masse und Buntheit des Gelesenen noch vergrößert."[183]

Die Belege, Zeugnisse einer starken Verwirrung unter der Lehrerschaft, lassen sich beliebig vermehren.[184] Man tut jedoch gut daran, den Gegenstand des Jammers mit einigen Zahlen besser zu umreißen. C. Kühner und Th. Schott fielen noch 1880 in den Chor der Klagenden ein und erklärten, „die Masse der Producte hier zu registriren," sei „eben so unmöglich als unersprießlich". Dann aber folgt eine kleine Statistik: „Im Jahre 1876 erschienen 452, 1877 – 485, 1878 – 443 Jugendschriften in Deutschland."[185] Man hätte nach dem Gesagten spektakulärere „Massen", „Überproduktionen" oder „Fluten" erwartet. Georgs *Schlagwort-Katalog*[186] verzeichnet für das Lustrum 1883–1887 über 2000 Jugendschriften; rund 500 Bilderbücher[187] und 200 Märchenbücher nicht gerechnet. Ein Jahrzehnt später bringt die Periode von 1893 bis 1897[188] rund 2700 Jugendschriften, 700 Bilderbücher und 400 Märchenbücher. Die Jahresproduktion an Jugendbüchern lag im Fin de Siècle also bei 600 bis 800 Titeln, ungerechnet die Fibeln und Lesebücher, von denen jährlich mehr als hundert neu auf den Markt kamen. Aber auch einen jährlichen Berg von 1000 neuen Büchern, die doch zumeist Büchlein waren, hätte ein kleines Team von Pädagogen

---

[182] G. W. Hopf: *Jugendschriften*, p. 6–7.

[183] L. Ballauf: *Ueber Kinder- und Jugendlektüre*, p. 37. Ballauf geht es um die Neubelebung der kindlichen Phantasie. — Cf. hier cap. II, not. 38.

[184] Zahlreiche weitere Hinweise bei H. L. Köster: *Geschichte der deutschen Jugendliteratur*, cap. *Kritik der Jugendschrift*.

[185] Kühner-Schott: *Jugendlektüre*, p. 871. Die Autoren berufen sich auf Engelbert Fischer: *Die Großmacht der Jugend- und Volksliteratur*, I–IV. — Wien 1877–1886.

[186] C. Georg — L. Ost: *Schlagwort-Katalog* I, 1883–1887. — Hannover 1889.

[187] Zur Problematik der Bilderbuchliteratur im 19. Jahrhundert cf. F. W. Sommerlad: *Die Jugendschrift*, 1857, p. 299–300.

[188] C. Georg — L. Ost: *Schlagwort-Katalog* III, 1893–1897. — Hannover 1900.

wohl kritisch sichten können. Dieser Mühe haben sich die Kritiker jedoch nicht unterzogen.[189] Es war einfacher, ein jahrhundertealtes Verurteilungsklischee zu wiederholen; es war zeitsparender, die schlechten Bücher nicht zu lesen. Nicht lange dauerte es, so hatten die Pädagogen, immer mehr um die künstlerische Erziehung der Jugend im Sinne des Rembrandtdeutschen bemüht, einen neuen Feind entdeckt: die Schundliteratur.[190] Das Lesen der Jugend, das Anwachsen der Jugendbuchproduktion waren nicht aufzuhalten gewesen. Jetzt galt es, wenigstens die übelsten Vertreter dieser Massenproduktion für einen „circuit populaire" auszumerzen. Stritten sich die Pädagogen des 19. Jahrhunderts um die Frage, ob die Jugend überhaupt und wieviel sie lesen solle, so ist die Diskussion um Schmutz und Schund[191] seit der Kunstwart- und Aufbruch-Ära zum Jugendliteratur-Problem unseres Jahrhunderts geworden. Schwierig zu sagen, ob die Kritiker im Kampfe gegen Produzenten und Konsumenten irgendwelche Fortschritte erzielt haben.

Thesen, Fragen, Probleme

I.

„Ce n'est pas assez de s'occuper des gens du peuple sous un point d'utilité, il faut aussi qu'ils participent aux jouissances de l'imagination et du coeur", schreibt die Pestalozzi-Bewunderin Madame de Staël in ihrem Deutschland-Buch.[192] Sie trifft damit prägnant den Unterschied zwischen

[189] Cf. jedoch den Österreicher E. Fischer: *Die Großmacht.* — Erst ab 1893 erschien die *Jugendschriften-Warte*, die „sämtliche innerhalb eines Jahres neu erschienenen Jugendschriften bekannt machen" wollte. H. Kunze: *Schatzbehalter*, p. 61, 65.
[190] Cf. H. Wolgast: *Das Elend unserer Jugendliteratur.* — H. Kunze: *Schatzbehalter*, p. 67–68.
[191]E. Schultze: *Die Schundliteratur.* — Cf. M. Lange: *Die fortschrittliche bürgerliche Jugendschriftenkritik*, p. 108–112: *Der Schundkampf der Weimarer Republik*, sowie die Bibliographie am Ende dieser Dissertation.
[192] Madame de Staël: *De l'Allemagne*, ed. La Comtesse Jean de Pange, I. — Paris 1958 (Les Grands Écrivains de la France), p. 276. — Der andere Bewunderer — und gleichzeitig Kritiker — der Pestalozzischen Erziehungslehre war bekanntlich Johann Gottlieb Fichte: *Reden an die deutsche Nation*, ed. R. Eucken, Leipzig 1909, p. 151–168. Der Umschwung von der Aufklärung zur Romantik ist in diesen Ausführungen vom Jahre 1808 deutlich vollzogen: „In der Regel galt bisher die Sinnenwelt für die rechte, eigentliche, wahre und wirklich bestehende Welt, sie war die erste, die dem Zöglinge der Erziehung vorgeführt wurde; von ihr erst wurde er zum Denken und zwar meist zu einem Denken über diese und im Dienste derselben angeführt. Die neue Erziehung kehrt diese Ordnung geradezu um. Ihr ist nur die Welt, die durch das Denken erfaßt wird, die wahre und wirklich bestehende Welt; in diese will sie ihren Zögling, sogleich wie sie mit demselben beginnt, einführen." (p. 155–156).

einer praktisch-technologischen Volksaufklärung, der die meisten deutschen Pädagogen ihrer Zeit huldigten, und der zur Reflexion zwingenden und das Gemüt ansprechenden Bildungsarbeit des Romanciers Johann Heinrich Pestalozzi. Genau besehen nähert sich jedoch auch der schweizerische Volkserzieher den nördlicheren Utilitaristen: in seiner Schule treiben die Mädchen beim Lesen das Spinnrad[193], und Schulmeister Glüphi ist auch der Ansicht, es „müsse bei der Erziehung des Menschen die ernste und strenge Berufsbildung allem Wortunterricht notwendig vorhergehen".[194] Pestalozzis eigene Aktivität braucht man dann kaum noch in die Waagschale zu werfen, um festzustellen, daß es den Pädagogen in der zweiten Hälfte des 18. Jahrhunderts vorzüglich um eine nützliche, praktische, ökonomische Ausbildung ging, an zweiter Stelle um die Förderung der Moral und der seelischen Erbauung, nicht aber um die Entwicklung des Verstandes, der von Johann Gottlieb Fichte geforderten Selbsttätigkeit durch die Lust zum Lernen[195], nicht um die Entwicklung des Denkvermögens, des Buch-Verstehens und des Lesevergnügens. Die wirtschaftlichen Bedingungen des Jahrhunderts, die technischen Entwicklungen forderten eine solche Haltung heraus: der Mensch mußte zunächst lernen, mit seiner materiellen Umwelt fertig zu werden, ohne dabei seine Seele an das Diesseits zu verlieren. Daraus folgt die

T h e s e I:

D i e ö k o n o m i s c h e n B e d i n g u n g e n d e r z w e i t e n H ä l f t e d e s 1 8 . J a h r h u n d e r t s u n d d i e v o l k s p ä d a g o g i s c h e A u s e i n a n d e r s e t z u n g m i t i h n e n f ö r d e r n u n d k o n s e r v i e r e n b i s i n s 1 9 . J a h r h u n d e r t h i n e i n e i n e b e g r e n z t e L e s e f ä h i g k e i t a l l e r K l a s s e n.

II.

Die Bestrebungen der Aufklärer sind den verschiedensten lokalen, temporären und individuellen Voraussetzungen unterworfen gewesen. Jedes der in diesem Kapitel angeführten Zitate ließe sich in der Einzelinterpretation aus der Sondersituation eines Kleinstaates, aus dem weltanschaulichen

---

[193] H. Pestalozzi: *Lienhard und Gertrud*. Dritter Teil. In: *Gesammelte Werke in zehn Bänden*, ed. E. Bosshart et al., II. — Zürich 1945, p. 206.
[194] Ibid. p. 210.
[195] J. G. Fichte: *Reden an die deutsche Nation*. Berlin 1808 (und viele andere Ed.), 2. Rede: *Vom Wesen der neuen Erziehung im Allgemeinen*. (Ed. R. Eucken, Leipzig 1909, p. 26). — Cf. auch Wolfgang Menzel: *Die deutsche Literatur*, I. — Stuttgart 1828, p. 260–280: *Erziehung*.

Impetus oder aus der persönlichen Mentalität des Autors erklären und relativieren, das heißt, in seiner Aussagekraft abschwächen.[196] Die Gesamtheit der Aussagen läßt aber doch auch allgemeine Grundzüge, Gemeinsamkeiten erkennen: das Fehlen eines einheitlichen theoretischen Programms, ein apolitisches Verhalten der Schriftsteller, ja häufig eine furchtsame Unterwürfigkeit in bezug auf den Fürsten, die überwiegende Förderung der großbürgerlichen Schulen, eine verbreitete Unsicherheit gegenüber dem Phänomen des Lesens und neuen, zahlreicheren Arten von Lesestoffen, die Furcht vor dem geistigen Fortschritt der Massen, das heißt, des Handwerker- und Bauernstandes, das Halt-Suchen an kodifizierten, zumeist religiös verankerten Normen. Daraus folgert das Einverständnis der Volksaufklärung, als die Regierungsmächte aus Furcht vor der geistigen Emanzipation der niederen Stände deren Schul- und Lesebildung nur ungenügend fördern. Knapper gesagt:

These II:

Die bürgerliche Aufklärung formuliert in bezug auf das Lesen und Lernen keine gemeinsame, überregionale und keine progressive Theorie. Sie neigt im einzelnen zu Kompromissen mit den Staaten und ist mit deren Bildungsrestriktionen einverstanden. Ihr unpolitisches Verhalten spiegelt sich in der Literatur, die sie den neuen Lesern vorlegt.

III.

Der Literaturkritiker Wolfgang Menzel schrieb 1828: „Das sinnige deutsche Volk liebt es zu denken und zu dichten, und zum Schreiben hat es immer Zeit [...] und so baut sich um uns die unermeßliche Büchermasse, die mit jedem Tage wächst, und wir erstaunen über das Ungeheure dieser Erscheinung, über das neue Wunder der Welt, die cyklopischen Mauern, die der Geist sich gründet."[197] Stärker hat keiner seiner Freunde aufgeschnitten, und doch übertrieben sie alle, die Kulturbeobachter, die von Bücherfluten, Lesermassen, Lesewut, Vielschreiberei, „auf den Markt werfen", Riesenkatalogen und unübersehbaren Haufen von Druckwerken faselten. Menzel selbst nennt eine deutsche Jahresproduktion von zehn Millionen Bänden. Wie kann man, bei den 30–40 Millionen Einwohnern, die der Deut-

---

[196] Cf. R. Schenda: *Georg Jakob Schäblen.*
[197] W. Menzel: *Die deutsche Literatur* I, p. 1–2.

sche Bund in der ersten Jahrhunderthälfte hatte, da von allgemeiner Lesesucht reden? Ging es den Kritikern nicht zunächst um eine unreflektierte
Verdammung eines aufgeblasenen Gespenstes, das anzugehen und zu beschreiben sie sich nicht getrauten? Sie verwechselten doch mit Absicht oder
mit blindem Eifer den nur relativ starken Zuwachs an Lesestoffen mit einer
absolut gefährlichen „Sündflut" (die Metapher stammt von Menzel)? Und
ging es nicht, ein wenig später, den Anhängern der Dichter-und-Denker-
Ideologie um eine Bestätigung des allseits regen deutschen „Geistes"-Le-
bens? In Wirklichkeit fehlte es an Schulen, an Lehrern, an Lesenkönnenden,
an Lesenwollenden, an Druckereien, an Büchern; der Lesekonsum war
durchschnittlich denkbar gering – vielleicht ein halbes gekauftes Buch pro
Erwachsenen im Jahr –, und diese Überlegungen führen zur

T h e s e   III:

I m   1 9 .   J a h r h u n d e r t   v e r b r a u c h t e   d a s   L e s e p u b l i k u m
e n t s c h i e d e n   w e n i g e r   L e s e m a t e r i a l ,   a l s   d i e   K r i t i k e r
d e s   L e s e n s   s u g g e r i e r e n   w o l l e n .   D i e   K l a g e n   ü b e r   e i n e
a l l g e m e i n e   L e s e s u c h t   u n d   ü b e r   e i n e   M a s s e n p r o d u k -
t i o n   v o n   B ü c h e r n   s i n d   e i n e   i d e o l o g i s c h e   F ä l s c h u n g .

IV.

Die Sozialdemokratin Klara Zetkin führte auf dem Mannheimer Par-
teitag der SPD im September 1906, auf dem die deutsche Sozialdemokratie zum ersten Male ausführlich die Erziehungsfrage diskutierte, aus, welche
Anstrengungen zur Schaffung einer guten sozialistischen Kinderliteratur
bis dahin gemacht worden seien, und stellte entrüstet fest, „daß unsere Literatur die Konkurrenz nicht bestand mit der ganz minderwertigen, billigen, bürgerlichen Kinderliteratur, die auf den Markt geworfen wird. Es ist
eine grobe Pflichtvernachlässigung der Eltern, wenn sie ihren Kindern, um
etliche Pfennige zu sparen, eine Literatur geben, die im schroffsten Gegensatz steht zu allen Idealen, zu denen sie sich bekennen und die sie in ihre
Kinder hineinzutragen vermöchten, wenn sie diesen eine von sozialistischem
Geiste erfüllte Literatur bieten könnten."[198] Das alte Lied! Die Pädagogen

---

[198] *Protokoll über die Verhandlungen des Parteitages der sozialdemokratischen Partei
Deutschlands abgehalten zu Mannheim vom 23. bis 29. September 1906 sowie Bericht über
die 4. Frauenkonferenz am 22. und 23. September 1906 in Mannheim.* — Berlin 1906, p.
357–358. Cf. dort auch p. 323–347 das Referat von Heinrich Schulz (Bremen): *Sozialdemokratie und Volkserziehung.* — Die Zahl der antisozialdemokratischen Volkserzie-
hungsschriften (cf. *Die Nothwendigkeit einer christlichen Volksbewegung* oder H. Rocholl: *Ueber christliche Volksbildung*) ist zu groß, als daß sie hier behandelt werden könnte.
Cf. auch F. Balser: *Sozial-Demokratie*, I–II.

produzierten Literatur, die ihrer Meinung nach „gut" war[199], und verdammten die Büchlein, die das Volk wirklich las. Sie dachten aber keineswegs daran, diese Art von Literatur zu analysieren, um vielleicht daraus
etwas über den wahren Lesegeschmack zu erfahren. Das gegenseitige Mißverstehen erstreckt sich über das ganze 19. Jahrhundert. Es läßt sich in
zwei Sätzen zusammenfassen:

These IV:

Das Volk liest stets etwas anderes, als die Pädagogen denken. Das Lesebedürfnis und der Lesegeschmack
der neuen Leserschichten wurden von den Pädagogen
des 19. Jahrhunderts nicht erkannt.

V.

Schon Johann Wolfgang von Goethe sprach in seinen Lebenserinnerungen von der Frankfurter Volksschriften-„Fabrik", und Wolfgang Menzel[200] stellte 1828 fest: „Leider ist der literarische Unterricht den Pädagogen von den Buchhändlern aus den Händen gewunden, und die letztern
überschwemmten Deutschland mit ihren lüderlichen, von außen gleißenden,
von innen hohlen Fabrikaten", und er schrieb diesen Umstand den Fehlern
der pädagogischen Jugendliteratur zu: der sokratischen Methode, der falschen Vielwisserei, der falschen Aufklärung und der falschen Moral. F.
Schaubach lästerte 1863 gegen die „genugsam bekannten Bücherfabriken,
welche im Stande wären, heute Arndt's Paradiesgärtlein, morgen den Wek-
ker von weiland Dulon[201] in Verlag zu nehmen."[202] Daß sich eine solche
Fabrikliteratur entwickelte, die sich durch schlechtes Papier, schlampige
Herstellung, fragwürdigen Inhalt und niedrigsten Preis auszeichnete, sollte
man jedoch nicht, wie dies Horst Kunze noch 1965 tut[203], den Produzenten
zur Last legen; ja, vielleicht ist es nicht einmal sinnvoll, hier aufs neue die
Volkspädagogen zu schwarzen Schafen zu machen. Das quantitative Lese-

---

[199] Diese Literatur hat einen herben, bissigen, aber bewundernswerten Kritiker gefunden in Paul Hazard mit seinem Buch *Les Livres, les enfants et les hommes*. Dort heißt es
zum Beispiel p. 59: „Mais il faut bien avouer que Basedow, s'il avait le génie pédagogique, manquait du génie littéraire; que Christian Felix Weisse, s'il était capable de faire
des vers, était incapable d'arriver à la poésie [...]".
[200] W. Menzel: *Die deutsche Literatur* I, p. 271–273.
[201] Christoph Joseph Rudolph Dulon (1807–1870): *Wecker, Sonntagsblatt zur Beförderung des religiösen Lebens*. Galt als ketzerisch. NDB IV, 1959, p. 187–188.
[202] F. Schaubach: *Zur Charakteristik*, p. 7.
[203] H. Kunze: *Schatzbehalter*, p. 89.

bedürfnis hatte die Theorien der Kritiker überholt und eine stärkere Produktion erforderlich gemacht, deren Qualität nicht mehr kontrollierbar, deren Preise aber den Konsumenten angemessen waren. Kurz:

These V:

Die pädagogische Literatur wird von fabrikmäßig hergestellten Lesestoffen überlagert, die dem Lesebedürfnis und Lesegeschmack der neuen Leserschichten entsprechen. Es ist müßig, diese Entwicklung in irgendeiner Richtung zu bedauern.

Diese einleitenden Thesen werfen neue Fragen und Probleme auf. Zunächst bleibt in den folgenden Kapiteln zu klären, ob und wie sich die Regierungen praktisch in die Sphäre der populären Lesestoffe einmischten und wie sie die freie Entwicklung des Lesens hemmten. Es ist also notwendig, die Zensurverhältnisse im Hinblick auf die populäre Literatur gründlich zu untersuchen. Dabei sollen auch mehr als bisher die Verhältnisse in Frankreich zum Vergleich herangezogen werden. Die Frage, ob und wie sich ein neues Lesebedürfnis manifestierte und entwickelte, wird an Hand von Untersuchungen über Produktion und Vertrieb der Lesestoffe zu beantworten sein. Einige statistische Angaben dürften sich dabei als nützlich erweisen. Die Rolle der Kolporteure verdient in diesem Zusammenhang ein besonderes Kapitel. Es fragt sich weiter, was nun eigentlich von den niederen Ständen gelesen wurde, und wie überhaupt diese Lesestoffe beschaffen waren. Hatten die begrenzte Lesefähigkeit und die staatliche Restriktion einen Einfluß auf den Inhalt der Lesestoffe? Wie gut oder wie schlecht war die „Schundliteratur" wirklich? Und schließlich bleibt das Problem der Lesererwartungen und des Lesegeschmacks – es sollte, da es heute noch von eminenter Wichtigkeit ist, wenigstens versuchsweise angeschnitten werden.

II. ZENSUR DER POPULÄREN LESESTOFFE

„Der ganze Verlag verboten . . ."

Wenn sich heute das öffentlich umstrittene Zensur-Problem fast ausschließlich auf die Diskussion um Verbot oder Zulassung sogenannter por-
nographischer Romane reduzieren ließe[1]; wenn es stimmte, daß sich moderne Zensoren damit begnügen, nur das sexuell Anstößige aus dem Buch-
verkehr zu ziehen, dann könnten sich die Leser der Gegenwart zu ihren
milden Aufsichtsbehörden Glück wünschen. Doch selbst wenn die jetzigen
Zensurverhältnisse die denkenden Leser noch auf die Barrikaden rufen: die
Leser des neunzehnten Jahrhunderts hätten den Satz „Eine Zensur findet
nicht statt"[2] mitsamt der *Lex Heinze*[3] und dem *Schmutz- und Schundge-
setz*[4] mit Freuden akzeptiert. Denn bei ihnen fand die Zensur statt, allerorten und in jeder denkbaren oder auch unerwarteten Form.[5]

---

[1] So bei D. Zimmer: *Die Grenzen literarischer Freiheit.* — A. Craig: *The Banned
Books of England.*

[2] Artikel 5, Abs. 1 des Grundgesetzes der Bundesrepublik Deutschland. Gemeint ist
die „Vorzensur". Eine Nachzensur ist nach wie vor möglich.

[3] Paragraph 184 des Reichs-Strafgesetzbuches; Abänderungen seit dem 25. 6. 1900 in
Kraft. Cf. dazu R. Schauer: *Zum Begriff der unzüchtigen Schrift* und die in jeder Hinsicht
beschränkte Dissertation von N. Hatzipetros: *Begriff der unzüchtigen Schrift.* Knappe
Geschichte der Lex Heinze in *Meyers Konversations-Lexikon*, 5. Aufl., vol. 20, 1900, p.
621–622.

[4] Gesetz über die Verbreitung jugendgefährdender Schriften in der Fassung vom 29.
April 1961: *Bundesgesetzblatt* 1961, I, p. 497.

[5] Eine zusammenhängende Geschichte der Zensur fehlt. Bemerkenswerte Bausteine zu
einer solchen Geschichte sind:
F. W. Held: *Zensuriana oder Geheimnisse der Zensur.* 1844.
Geschichte der Censur in Württemberg. 1847.
A. Wiesner: *Denkwürdigkeiten der Österreichischen Zensur.* 1847.
F. Sachse: *Die Anfänge der Bücherzensur.* 1870.
T. Wiedemann: *Die kirchliche Bücherzensur.* 1873.
H. Welschinger: *La Censure sous le Premier Empire.* 1887.
J. Goldfriedrich: *Geschichte des dt. Buchhandels* III, 1909, p. 343–434.
H. H. Houben: *Hier Zensur — wer dort?* 1918.
H. H. Houben: *Der gefesselte Biedermeier.* 1924.
H. H. Houben: *Polizei und Zensur.* 1926.
H. Tidemann: *Die Zensur in Bremen.* 1926–1929.

Es blüht der Lenz, es platzen die Schoten,
Wir atmen frei in der freien Natur!
Und wird uns der ganze Verlag verboten,
So schwindet am Ende von selbst die Zensur.

So Heinrich Heine[6], angeregt durch das Verbot der Gesamt-Produktion des Campe-Verlages im Jahre 1841. Der ganze Verlag – das betraf nicht nur den Fall Necker-Staël[7], die berüchtigte *Nonne* des Herrn Diderot[8], den frechen *Rheinischen Merkur* des schrecklichen Görres[9], Flauberts immer wieder zitierte *Madame Bovary*[10] oder Gutzkows *Wally, die Zweiflerin*[11], das betraf nicht nur die ganze von H. H. Houben zusammengestellte schöngeistige[12] und die von B. Kaiser oder E. Drahn ans Licht gebrachte politische[13] Literatur, sondern auch so harmlose Dialektstückchen wie Sebastian Sailers *Schöpfung*[14] oder die biederen Rektoratsreden des Professors

G. Sommer: *Die Zensurgeschichte des Königreichs Hannover.* 1929.

O. Sashegyi: *Zensur und Geistesfreiheit unter Joseph II.* 1958.

G. K. Schauer: *Der deutsche Buchhandel im Vormärz.* 1963.

U. Otto: *Die literarische Zensur.* 1968.

Zahlreiche Nachweise im *Register zum Archiv für Geschichte des Dt. Buchhandels* I–XX. — Leipzig 1898. s. v. *Censur.* — Sehr aufschlußreich sind die vom Obergerichtsadvokat und Redakteur des *Mannheimer Journals,* Gustav von Struve edierten *Actenstücke der Mannheimer Censur und Polizei,* 1845/46. Bayerisches Hauptstaatsarchiv München, M. Inn. 25125.

In A. Hauser: *Sozialgeschichte,* II, Index, taucht das Wort *Zensur* nicht auf. Man sucht das Stichwort ebenso vergeblich in G. Lukács: *Schriften zur Literatursoziologie,* in W. Stammler: *Deutsche Philologie im Aufriß,* Register 1959 oder in L. Löwenthal: *Literatur und Gesellschaft.* Im Fischer-Lexikon *Literatur* I–II, 2 spielt die *Zensur* ebensowenig die geringste Rolle. Der Artikel *Zensur* in Merker-Stammler: *Reallexikon* III, 1928/29, p. 522–524 ist allzu knapp; die Angaben in R. F. Arnold: *Allgemeine Bücherkunde,* p. 216–217 lückenhaft.

[6] H. Heine: *Bei des Nachtwächters Ankunft zu Paris.* In: H. Heines *Sämtliche Werke,* ed. E. Elster, I. Leipzig und Wien 1890, p. 304–305. — Cf. auch das *Börsenblatt für den deutschen Buchhandel* 1851, p. 199.

[7] H. Welschinger: *La Censure,* p. 162–190.

[8] Urteile des Königlichen Ober-Censur-Collegiums Stuttgart im Staatsarchiv Ludwigsburg, D. 54/200 (1809).

[9] H. H. Houben: *Der gefesselte Biedermeier,* p. 9–13.

[10] Über den *Bovary*-Prozeß unterrichtet der Ausstellungskatalog der BN Paris: *Gustave Flaubert et Madame Bovary.* — Paris 1957, sp. p. 17–18.

[11] H. Meyer: *Carl Friedrich Loening,* col. 1539–1542.

[12] H. H. Houben: *Verbotene Literatur.*

[13] B. Kaiser: *Aus Verbotenen Büchern.* — E. Drahn - S. Leonhard: *Unterirdische Literatur.*

[14] Der Bücherfiskal Hofrat Lehr fragte am 20. Februar 1811 das Oberzensurkollegium in Stuttgart, ob Sailers *Creatio* zum Verkauf freigegeben werden solle. Er fand das Stück anstößig. Zensor Osiander urteilte daraufhin: „Diese Brochure enthält eine im niedrigsten schwäbischen Volkstone verfaßte dramatische Darstellung der Geschichte der Schöpfung und des Sündenfalls. Die Absicht ist, die biblische Erzählung, also einen Theil der

Friedrich David Gräter zu Schwäbisch Hall.[15] Ihr besonderes Augenmerk richteten die Zensurbehörden jedoch auf die populären Lesestoffe, die in höchstem Grade verdächtig waren, „schlecht" zu sein, anstößig und gefährlich, sittenverderbend und schmutzig. Es lohnt sich, zunächst einmal den ideologischen Wurzeln dieser allergischen Reaktion nachzuspüren.

Mythos und Ideologie von der „schlechten" Lektüre

Den geistlichen Autoren des Mittelalters mußte jede Literatur minderwertig erscheinen, die den Sinn vom Jenseits abzulenken imstande war. Zweck der Laien-Lektüre sollte der Aufbau von Seelenkräften, der Anreiz zur Kontemplation, die Hinwendung zu Gott sein. Dem Wissenschaftler waren allenfalls Werke mit historischen oder naturkundlichen Informationen gestattet. Weltliche Geschichten wurden jedoch spätestens seit dem Hochmittelalter als unnütz, verlogen, sündhaft abgetan.[16] Diese Meinungen gingen in die Pädagogik der Renaissance ein. In Johann Ludwig Vives' Werk *De institutione feminae christianae* (1523) behandelt das fünfte Kapitel des ersten Buches die Frage *Qui non legendi scriptores, qui legendi*.[17] Da ist von der Pest der schlechten Bücher, „de pestiferis libris", die Rede, deren Albernheiten ohne Zahl seien – „quarum ineptiarum nullus est finis" – und von denen täglich neue erschienen – „quotidie prodeunt novae". Vives nennt den *Amadis*, den *Tristan*, den *Lanzelot*, *Paris und Vienna*, *Ponthus und Sydonia*, die *Magelona* und die *Melusina*, die *Celestina*, *Peter von der Provence*, *Floire und Blancheflor*, *Pyramus und Thisbe*. Zum

---

Religion lächerlich zu machen: auch enthält die Schrift manches, was gegen die guten Sitten anstößt." Das Stück wurde folglich für Württemberg verboten. Die Wohlersche Buchhandlung in Ulm erhielt jedoch die Erlaubnis, ihre Restauflage des Werkes im Ausland zu verkaufen. Die 360 Exemplare fanden in Augsburg in der Buchhandlung des Matth. Rieger einen willigen Abnehmer: die Katholiken waren in ihren eigenen Religionssachen stets weniger zimperlich als die Protestanten.

[15] Im Manuskript zu seinen Rektorats- und Ephoratsreden hatte Gräter von der Gemahlin des K. Prinzen Paul zu behaupten gewagt, „sie säuge einen künftigen König an ihren Brüsten". Das Oberzensurkollegium fand die Stelle unangemessen und ordnete an, sie „auf eine zweckmäßige Weise abzuändern". Staatsarchiv Ludwigsburg D 54/59 (1813).

[16] Cf. W. Fechter: *Das Publikum der mhd. Dichtung*, p. 109–110.

[17] J. L. Vivis Valentini *opera omnia*, ed. Gregorius Majansius, tom. IV. — Valencia 1783, p. 86–88. — Deutsche Übersetzung (mit vielen Mißverständnissen in bezug auf die Titel) bei Friedrich Kayser: *Johannes Ludovicus Vives' pädagogische Schriften*. Einleitung, Charakteristik, Übersetzung und Erläuterungen. — Freiburg 1896, p. 361–414. — Cf. auch H. Beyer: *Die deutschen Volksbücher*, p. 28–31.

Schmutz und Schund des frühen 16. Jahrhunderts gehören natürlich auch die *Facetien* des Poggio, das *Dekameron* des Boccaccio und der Liebesroman *Euryalus und Lucretia* des Aeneas Sylvius Piccolomini, dessen Autor Vives freilich, aus Pietät, verschweigt. An diesem beachtenswerten Stück pädagogischer Literatur hat man bislang die soziologische Komponente übersehen: Die Schrift ist Catharina von Aragon gewidmet, der ersten Frau Heinrichs VIII.; sie wendet sich also an eine Person aus adeligem Milieu, keineswegs an Dorfschullehrer. Der Topos von der Schädlichkeit der Unterhaltungsliteratur, seit Vives von ungezählten Moraleiferern nachgeredet[18], ist also ein Stück popularisierte Adels-Pädagogik.

Das Verdammungsurteil dringt über die barocke Predigt ins Volk. Protestanten und Katholiken sind sich in ihrem Urteil einig: Der Protestant Moses Pflacher verurteilt die Fabeln und Märlein, die sich das Weibervolk in den Rockenstuben erzählt, aber auch „die böse Nerrische Historien vom Marcolpho, Eilenspiegeln, Rollwagen, vnnd dergleichen, welche alle Paulus nennet Narrenteidung, die keinen Christen geziemen oder anstehen". Freilich verdammt Pflacher auch traditionellerweise[19] die erlogenen Legenden, Wallfahrts- und Fegfeuerbüchlein.[20] Der Katholik Wolfgang Rauscher zählt zu den verbotenen Büchern Schwänke, Zoten und Possen und nennt *Eulenspiegel,* Luthers *Tischreden, Rollwagen* und *Fortunati Wünschhütlein.* Eine andere Gruppe unwürdiger Bücher handelt, nach Rauscher, von der Liebs-Kunst; sie stecken voller Träume, Schiffahrten, Jagden, Schäfereien, Fischereien, Turniere und Ritterspiele; sie werden in Heftchen verkauft und entzünden die sündhafte Phantasie jugendlicher Leser. Eine dritte Gruppe solcher Schriften handelt von Aberglauben, Wund-Segen, Planetenlesen, Wahrsagen und Zaubereien; eine vierte besteht aus den ketzerischen Werken der Luther, Zwingli, Calvin, Schwenckfeld und aus den Chroniken von Aventin, Sleidan und Münster.[21] Diesem Index verbotener Bücher wird in Rauschers Predigt eine Serie von guten, erbaulichen Werken gegenübergestellt.

Einige Jahre, nachdem diese Kritik von Predigern gelesen und verbreitet und von zahlreichen Kirchgängern angehört worden war, wetterten Christian Gerber und Gotthard Heidegger gegen die Liebesgeschichte, den er-

---

[18] Zur Divulgation der Vives'schen Ideen cf. H. Beyer: ibid. p. 32–48 et passim.

[19] Cf. R. Schenda: *Hieronymus Rauscher und die protestantisch-katholische Legendenpolemik.* — In: Wolfgang Brückner, ed.: *Volkserzählung und Reformation.* — Berlin 1970 (im Druck).

[20] M. Pflacher: *Liber I. Samuelis. Christliche und Lehrhaffte Erklerung.* — Leipzig 1604, p. 343.

[21] W. Rauscher: *Oel und Wein Deß Mitleidigen Samaritans Für die Wunden der Sünder.* 1. Teil. — Dillingen 1689, p. 182–186.

götzlichen Zeitvertreib und die Erdichtung, welche die Romane dem Lesepublikum bieten.[22] Die Liebe reize nur zu sexueller Begierde, die Zeit solle man lieber auf Gott verwenden, die Erdichtung biete nur Lügenkram und verschleiere die Wahrheit. Soweit ist also das Indizierungssystem ein bipolares: das sündige Diesseits soll ausgeschaltet werden; nur der Blick zum Jenseits bleibt gestattet.[23]

Das Jahrhundert der Aufklärung mit seinen verbesserten Schulverhältnissen, einem allgemeinen Informationsdrang und einem gesteigerten Produktionspotential zumal auf dem populären Buchmarkt[24] brachte jedoch eine Evolution von Lesestoffen und Leserkreisen mit sich, welche die Aufklärer, die Initiatoren der Entwicklung, erschreckte. Dem oben geschilderten Phänomen des Lesehungers, ja der Lesesucht, standen die Volksaufklärer ablehnend gegenüber, und bald war für die Zauberlehrlings-Situation auch eine kritische Ideologie gefunden, die teils auf der bisherigen Verdammung schädlicher Lektüren aufbaute, teils aber auch neue Schlagworte ins Spiel brachte. Man gab zu bedenken, daß der Gewerbefleiß, die Industriosität, der Hang zu nützlicher Beschäftigung unter der Lesesucht leiden müsse; der Zeitverderb bringe eine sittliche Erschlaffung mit sich; die Sittenlosigkeit, die Empfindelei und die Religionsverachtung, die durch Weckung der Phantasie entstehende Schwärmerei – alle diese Bastarde der Lesesucht müßten dem Staatswesen den größten Schaden einbringen.[25] Dem an dieser Stelle fälligen Einwand, wie denn das Streben nach Vernunft bejaht, die Entwicklung des Denkens gefördert werden solle, ohne daß es schließlich zu einem Konflikt zwischen Ratio und Utilitas komme, begegneten Gelehrte und Volksbildner mit der weisen Doktrin, es gelte eben, nicht vieles, sondern weniges mit Verstand zu lesen – woher dieser Verstand kommen sollte, blieb dabei freilich offen. So spottete Lichtenberg: „Sie lesen nur und

---

[22] M. Spiegel: *Der Roman und sein Publikum*, p. 38–39.

[23] Aufschlußreich ist in diesem Zusammenhang auch die Meinung von C. F. Gellerts *Betschwester* (ed. W. Martens. — Berlin 1962. Komedia, 2), der alten und reichen Witwe Frau Richardinn, welche nur ihre drei Gebetbücher kennen und von so „teuflischen Büchern" wie die *Pamela* von Richardson nichts hören will (II, 1; ed. cit. p. 28 et p. 74). Den Hinweis verdanke ich der Güte von Dieter Narr. Das Stück erschien 1745, es ist also von der Problematik der „Lesesucht" noch nicht angekränkelt, sondern arbeitet vorzüglich den Gegensatz zwischen vertrocknetem, abergläubischem Pietismus und aufgeklärt-sittlicher Moderne heraus.

[24] Cf. R. Mandrou: *De la culture populaire*. — W. Wittmann: *Beruf und Buch im 18. Jahrhundert*.

[25] W. Götze: *Die Begründung der Volksbildung*, p. 69–70. — Die Einwendungen in bezug auf das für den Landmann gefährliche Lesen widerlegte schon 1786 H. G. Zerrenner in seiner *Volksaufklärung*, p. 19, 127–128.

sehen nicht, und trinken Hühnerbrühe."[26] Das „frühzeitige und offt gar zu häufige Lesen" hindere daran, sich selbst zu fühlen, meinte er 1769, und man solle langsam lesen und dabei denken.[27] Johann Ludwig Ewald, um das Staatswohl besorgt, ging 1790 bei seiner Ablehnung einer uneingeschränkten Volksaufklärung[28] gleich den Schritt vom *Lesen* zum *Wissen* weiter und tadelte „alles, was das Volk zu Vielwisserei bringt". Der Landmann habe nicht „Vielerlei zu wissen und vielerlei zu thun; sondern weniges recht zu wissen, treu und immer zu befolgen. [. . .] Weiß er vielerlei [. . .] so zerstreut, zertheilt ihn das zu sehr."[29] Noch deutlicher drückt sich der Philanthropist Christian Gotthilf Salzmann aus. Er verurteilt in seinem *Conrad Kiefer* (1796) den Nachbarn Niklaus, der zwar klug erscheint, aber töricht handelt, „weil er über das, was er liest nicht gehörig nachdenkt. Ein Mensch, der immer liest, und über das Gelesene nicht nachdenkt, nicht überlegt, ob es auch wahr sey, der kömmt mir vor wie ein Mensch der immer ißt, und das, was er genossen hat, nicht verdaut. [. . .] Und was liest denn Nachbar Niklas? Bücher die von allem Möglichen handeln, nur von dem nicht, was zu seinen Geschäften gehört. Da liest er Romane, politische Schriften u. dgl. Lernt er denn daraus, wie man das Kartoffelland zu rechte machen, seine Kinder erziehen, und seine Haushaltung verbessern muß?"[30]

Das verderbliche Lesen von Romanen und politischen Schriften entwikkelte sich zum nationalen Problem. Der preußische Staatsminister von Mas-

---

[26] G. Chr. Lichtenberg: *Aphorismen.* Nach den Handschriften hgg. von A. Leitzmann. vol. I–V. — Berlin 1902–1908 (Deutsche Literaturdenkmale des 18. und 19. Jahrhunderts, 123, 131, 136, 140, 141). sp. III, p. 57, E 202.

[27] Ibid. I, p. 123 und 128, B 260 und B 280.

[28] „De toutes les erreurs nuisibles, l'opinion qu'il y a des erreurs utiles aux hommes est la plus dangereuse et renferme toutes les autres." So schloß Condorcet seine 1779 verfaßte und 1790 veröffentlichte Dissertation über die Frage *S'il est utile aux hommes d'être trompés?* — *Oeuvres de Condorcet,* ed. A. Condorcet-O'Connor et M. F. Arago, V. — Paris 1847, p. 343–389, sp. p. 389. — J. L. Ewald: *Über Volksaufklärung,* p. 16 lehnt eine solche Fragestellung als typisch akademisch ab. — Revidierte Ansichten in J. L. Ewald: *Ist es jetzt rathsam [. . .] aufzuklären?* 1800. — Zu Ewald v. D. Narr: *Fragen der Volksbildung,* p. 53–56.

[29] J. L. Ewald: *Über Volksaufklärung,* p. 18–19.

[30] Chr. G. Salzmann: *Conrad Kiefer, oder Anweisung zu einer vernünftigen Erziehung der Kinder.* 3. Aufl. — Schnepfenthal 1827, p. 235–236. — Cf. schon 1773 den Barbier-Bauern, der liest und dabei verhungert, in: *Sittenbüchlein für die Kinder des Landvolks.* Homburg vor der Höhe 1773, p. 21–22. Dieses *Sittenbüchlein* ist eine Neuauflage des *Katechismus der Sittenlehre für das Landvolk* von J. G. Schlosser. Über diesen v. D. Narr: *Fragen der Volksbildung,* p. 56–58. — Ganz ähnlich wird in J. G. F. Jacobis *Unterricht-Noth und Hilfsbüchlein für Bürgers- und Bauersleute,* II, Weissenburg/Fr. 1790 *(Allgemeine und vollständige Volksbibliothek,* 2), p. 112–113 der „Doktorhänsel", ein Bauer, der zuviel liest und alles besser wissen will, als abschreckendes Beispiel geschildert.

sow setzte sich im Jahre 1800 in Gedickes Annalen mit den allzu großzügigen Plänen von H. Stephani auseinander und meinte, die kleinstädtischen Lesegesellschaften seien durch schlechte Bücher eher schädlich als nützlich: „Besonders nöthigt das Gemisch von Interessenten den Unternehmer, allen alles zu werden und sich dem verdorbenen Modegeschmack der Liebhaberei von Romanen, Schauspielen, kleinen witzigen aber übrigens schlechten Broschüren, Journalen etc. zu bequemen, ohne daß er es wagen darf, gründliche, ein anhaltendes Nachdenken erfordernde, mehr unterrichtende als unterhaltende oder die Langeweile tödtende Werke in Umlauf zu bringen. Natürlich wird hiedurch der Zweck, durchs Lesen die Nation zu bilden, sehr verfehlt, und es ist Pflicht des Staats, das nicht nur weniger nützliche, sondern auch sogar schädliche Lesen möglichst zu hindern."[32] Mit Genugtuung zitiert von Massow[33] den Ausspruch von Christian Wilhelm von Dohm: „Der gemeine Mann wird zu allen Zeiten nur wenig lesen, und ich nehme keinen Anstand zu sagen – er muß nur wenig lesen."[34] Und den gesamten Gedankengang dieser lektürefeindlichen Aufklärung oder aufgeklärten – nicht kirchlichen – Lektürefeindlichkeit brachte Heinrich Zschokke den Millionen seiner Leser näher:[35] Das Wachsen in Erkenntnis habe seine eigentümlichen Gefahren, der schlechten Lektüre gebe es zu viel, die Leser seien wahllos in ihrem Lektürekonsum, die Lesesucht sei eine unmäßige Begierde, der Geist gehe dabei müßig, und das bewirke eine Abspannung der eigenen Seelenkräfte. So mache die Lesesucht untüchtig für Leben und Beruf, Tausende fänden in derselben ihr inneres und äußeres Unglück. „Lies nicht viel!", ruft Zschokke dreimal aus, „am seltensten aber zu deinem bloßen Vergnügen".

Spätmittelalterliche Ablehnung von sündhaften Ritterromanen und von schlüpfrigen Histörchen, Horror vor den schwarzen, geilen Teufelchen auf dem Büchermarkt, und aufklärerisch-utilitaristische Ideologie von der Zerstörung des nationalen Gewerbefleißes durch müßiggängerische Lektüren verbanden sich zu einem Meinungs-Monopol, das sich auf populärer Ebene hundertfach manifestierte und dem unmündigen Volk die Idee vom „schlechten Buch" einhämmerte. Hier einige Beispiele:

---

[31] H. Stephani: *Grundriß der Staats-Erziehungs-Wissenschaft,* sprach sich p. 90–93 für die Errichtung und staatliche Förderung von Leseanstalten aus.

[32] J. E. W. E. von Massow: *Ideen zur Verbesserung,* p. 133.

[33] Ibid. p. 141.

[34] Chr. W. von Dohm: *Über Wichtigkeit und Einrichtung von Volkskalendern und Volksschriften überhaupt.* — Leipzig 1796, p. 10.

[35] H. Zschokke: *Stunden der Andacht* IV, 7: *Die Lesesucht.* (Aarau 1852, IV, p. 47–53).

1810

Aus dem populären Heftchen *La méchanceté des filles* (Schenda: *1000 FVB*, num. 564). Der Text, hier nach der Ausgabe 1810, p. 30 zitiert, dürfte im 17. Jh. entstanden sein; er wurde jedoch noch im 19. Jahrhundert viel gelesen. Keiner der späteren Drucker dachte daran, die Stelle als unmodern zu streichen. Das abschließende Exempel aus der Antike läßt auf einen „gebildeten" Autor und auf ein ehemals oberschichtliches Lesepublikum des Büchleins schließen.

De la lecture des livres impudiques. La lecture des livres lascifs, comme sont les Muses folâtres, le Parnasse spiritique, le Moyen de parvenir, les Liaisons dangereuses, et autres livres méchans inventés pour ruiner la chasteté et la pudicité: néanmoins les volages et mondaines cherchent ces livres, les achètent et les lisent mieux que des catéchismes: non-seulement les lisent, mais de plus apprennent, par cette lecture, les paillardises et les artifices des amans, et la manière de faire l'amour, de corrompre une vierge, de la former à des discours impudiques, et entretenir des compagnies déshonnêtes. Ce fut pourquoi l'empereur Auguste bannit Ovide, pour avoir dédié à la princesse sa fille son poême de l'Art d'aimer.

Um 1810

Johann Baptist Pflug, der oberschwäbische Maler, erzählt in seinen Erinnerungen *Aus der Räuber- und Franzosenzeit Schwabens* (1966, p. 21) von zwei Novizen im Kapuzinerkloster zu Biberach, die sich eines Nachts in bürgerlicher Kleidung aus dem Klosterstaube machten:

Das Lesen von Romanen, die sie sich aus der Leihbibliothek zu verschaffen wußten, soll ihnen den Kopf verrückt und den Geschmack am Klosterleben genommen haben.

1818

Das in Stuttgart erscheinende *Unterhaltungsblatt für alle Stände* bringt am 7. April 1818 (p. 167–168) einen Artikel über Romane und deren Gift, das zumal den jungen Leuten Zeit und Herz verderbe. Kirchliche und volkspädagogische Einwände vermischen sich in ideeller Weise: Nur die religiöse

Der Gutdenkende kann sich nicht genug wundern, daß es so viele Eltern giebt, die ihren, oft erst 12 und 14-jährigen, Kindern schon derley Bücher überlassen, welche ihnen Kopf und Herz verrücken, leider allzufrühe solche Gedanken und Absichten in ihnen erwecken, die das Ernsthaftere entfernen, und das Edlere, was die Religion in ihnen bilden sollte, im Keime ersticken. Daher rührt gewis auch ein groser, ich möchte wohl sagen,

Lektüre ist nützlich. Als Autor zeichnet ein Herr R.

der größte Theil früher Ausschweifungen und der wenige Geschmack am Religiösen, zu einer Zeit, wo das Herz für das letztere am empfänglichsten wäre; leider haben solche Eltern jenen falschen Begriff, daß derley Schriften dazu geeignet seyen, sich mehr in die Welt fügen zu lernen, und besser in den Umgang mit Menschen zu passen. [. . .] Würde ihnen (den Kindern) statt dieser, Zeit- und Herzverderbenden, Lektüre mehr Vergnügen am Nützlichen und Guten eingepflanzt, und ihrem, für die Ewigkeit geschaffenen, Geiste durch religiöse Schriften die nothwendige Nahrung verschafft, so würde es später nicht so viel Eltern-Kummer und Kinder-Reue, sondern tugendhaftere Menschen geben, die von ihren Zeit-Genossen Ehre statt Verachtung zu erndten hätten.

1824

In der angeblich aus England stammenden und ins Französische übersetzten *Histoire d'un Suicide* (Schenda: *1000 FVB*, num. 892, p. 4) schreibt der Selbstmörder seine Verzweiflung den schlechten Lektüren zu.

C'est la lecture de ces livres funestes qui ne devraient jamais être entre les mains d'un homme de bien, c'est l'athéisme qu'ils prêchaient qui fut la première cause de ma perte. Insensé! j'ai pu les croire! j'ai pu croire que l'homme disposoit à son gré de sa destinée; j'ai pu croire qu'il pouvoit s'ôter cette vie qu'il ne s'est pas donnée!

1829

Ein Schutzengel-Erziehungsbüchlein mit dem Titel *Le Bon Ange des Enfants* (Schenda: *1000 FVB*, num. 142, p. 28–31) ermahnt die Kinder, sich vom Pastor gute Bücher empfehlen zu lassen. Die schlechten seien Gift, das die Seele töte und Verderbnis und Unordnung, vor allem unter jungen Leuten, ausbreite. Ein abschreckendes Exempel solle zeigen, wie hoch

Un anglais, nommé William Béalde, s'était marié, dans la ville de Sairfield, avec une femme aimable et d'une honnête famille. Il paraissait un excellent père et un bon mari. Ses affaires de commerce déclinant depuis quelques années, il se livra à la lecture, et, malheureusement, il préféra celle des livres qui ont été faits contre la religion; en adopta les principes, jusqu'à se croire en droit de disposer de sa vie, de celle de sa femme et de ses enfans. Un matin il envoya son domestique porter une lettre dans le

man die Lektüre guter Bücher einschätzen müsse.

voisinage à un ami qu'il priait de venir à sa maison avec deux personnes, pour voir le changement de son état, et celui de sa famille. A la réception de sa lettre, l'ami vola; mais il était trop tard, ce malheureux avait employé le poignard, la hache et le pistolet. Il s'était servi des premières armes pour détruire sa famille; il avait tourné la dernière contre lui [...].

1833

In der Beilage zu der Zeitschrift *Didaskalia,* die unter dem Titel *Wöchentliche Unterhaltungen. Sonntags-Blatt für alle Stände* erschien, wird in der num. 4 vom 27. Januar 1833 die „Ausstattung einer Braut" beschrieben und zwar, wie sie in der „alten christlichen Zeit" und in der „neuen aufgeklärten Zeit" beschaffen war. Da heißt es in puncto Lektüre (num. 13):

Alte christliche Zeit:
Alle Abend gemeinschaftliches Gebet vor dem Schlafengehen.
Neue aufgeklärte Zeit:
Er liest im Bett ein verbotenes Buch, sie einen leichtfertigen Roman.

1835

Ein populärer Traktat eines französischen Vereins zur Verbreitung guter Schriften mit dem Titel *Le Mauvais livre* (Schenda: *1000 FVB,* num 560) schildert p. 14 die Quintessenz eines schlechten Buches.

Je ne me rappelle pas quel était le titre de l'ouvrage, mais ce dont je me souviens fort bien, c'est que, même dans les ateliers de Paris, je n'avais jamais entendu proférer autant d'impiétés qu'il en contenait: c'était un continuel mélange de raisonnemens contre l'existence de Dieu et sa divine religion, de peintures licencieuses propres à enflammer les passions, d'invectives contre l'autorité même la plus légitime, celle des pères et mères.

1844

Das *Münchener Conversationsblatt* V, 1844, berichtet nach dem Einsiedelner Blatt *Der Pilger,* November 1843,

In Burgdorf ist nämlich eine populäre Bearbeitung dieses argen Werkes herausgekommen; diese ist es, welche dem alten Manne in die Hände kam, und einen so

p. 184 vom Vater Lehnherr, der in Gams / St. Gallen seinen Sohn ermordete, wobei ihm Frau und Tochter halfen. Er schreibt sein Unglück der Lektüre von David Friedrich Strauss' *Leben Jesu* zu.

fürchterlichen Einfluß übte. – Wenn alte Leute in Folge solcher Lectüre so verkehrt werden können, was ist bei jungen zu besorgen! Und welche Verantwortung ruht auf dem Gewissen des Mannes, der solche Grundsätze aufstellt, und auf dem Gewissen des Verlegers, der sie verbreitet.

1844

Der Lehrer A. Detmer in Hamburg faßte in seiner *Musterung* „die fast unglaubliche Zahl der Jugendschriften" kritisch ins Auge und forderte, die Unterhaltungsschriften müßten „unbedingt verworfen werden" (p. 1):

Solche Todtschläger der Langeweile, deren eine unglaubliche Menge existiert, können nur verderblich einwirken. Sie sind es namentlich, die die Jugend methodisch auf das verderbliche Lesen seichter Romane vorbereiten, und eben durch die Leichtigkeit und Seichtheit alles Streben nach dem Ernsteren, Höheren und Edleren ersticken, ja durch wiederholtes und fortgesetztes Lesen und somit durch Gewöhnung an solche Lectüre in den so bild- und lenksamen Kinderherzen alle edleren Gefühle und Regungen vergiften.

1853

In dem Schutzengelbuch *Le bon Ange gardien* (Schenda: *1000 FVB*, num. 143) soll den Kindern der Weg zum Himmel gewiesen werden. Vor schlechter Gesellschaft werden sie ebenso gewarnt wie vor schlechten Büchern. Der Teufel habe bislang nichts Verderblicheres als solche Lektüren erfunden, und die Religion wäre durch dieselben schon längst zerstört worden, wenn sie nicht ein Werk Gottes wäre. Weiter heißt es dann p. 219:

Aussi, mon fils, voyez ce que sont devenues les moeurs et la foi, depuis que les mauvais livres sont si répandus et qu'il est si facile de se les procurer! Voyez que de corruption et d'impiété par toute la terre, que de blasphèmes et de scandales, que d'injustices, que de suicides, que de meurtres!

Or tout cela, croyez-le bien, n'a d'autre principale cause que les mauvais livres; et quand je parle de mauvais livres, remarquez que je ne veux pas seulement parler de ceux qui inspirent l'esprit du monde et l'amour profane, tels que les romans, les histoires d'intrigues galantes, les poésies et les comédies obscènes, mais encore ceux qui inspirent l'erreur ou l'impiété, comme les livres écrits contre l'Eglise romaine, les libelles remplis de calomnies contre les personnes sacrées, etc. [...]

1854

Dieses Beispiel handelt von von Sexualaufklärung. Charles Nisard zitiert in seinem Standardwerk *Histoire des livres populaires* I, p. 271–272 beifällig einen Artikel aus dem *Journal de l'amateur des livres,* in welchem ein populäres *Tableau de l'amour conjugal* als demoralisierender Lusterreger bezeichnet wird. Nisard hält sich mit einigen schmerzlichen Seufzern bei diesen üblen Lektüren auf:

Hélas! ce n'est pas seulement à l'occasion de cet infâme petit livre qu'on a raison d'exprimer un pareil regret, on le doit aussi, quoique peut-être avec une justice moins rigoureuse, à propos de bien d'autres parmi ceux que j'ai déjà parcourus et qu'il me reste à parcourir encore. Il est triste de penser que des familles entières, imprimeurs, éditeurs et colporteurs, ont vécu du trafic de ces livres et s'y sont enrichies; que les chefs des ces familles jouissent dans leur pays d'une considération proportionnée à leur fortune; qu'ils trouvent des gendres, des brus auxquels il ne répugne nullement de toucher des dots acquises au prix de l'empoisonnement systématique des âmes, et que ces brus et ces gendres continueront le même commerce [...].

1856

Am 1. Juli 1856 verschickte der französische Innenminister Billand ein Rundschreiben an seine Präfekten, das in der *Histoire de l'Oeuvre des Bonnes Lectures,* Paris 1856, p. 2 zitiert wird. Der Minister geht darin auf den um sich greifenden Feuilleton-Roman ein, der vielleicht noch gefährlicher sei als die politischen Spalten. Die Stelle übertrifft alle bisher zitierten an tönender, aber leerer Rhetorik.

Cette littérature facile, ne cherchant le succès que dans le cynisme de ses tableaux, l'immoralité de ses intrigues, les étranges perversités de ses héros, a pris de nos jours un triste et dangereux développement. Envahissant presque toutes les publications périodiques, profitant de cette périodicité même pour tenir chaque jour en suspens et pour aiguillonner sans relâche l'ardente curiosité du public, c'est à profusion qu'elle ne cesse de répandre les inépuisables fantaisies de l'imagination la plus déréglée. Les journaux sérieux se sont laissés aller à lui donner asile; elle pénètre avec eux jusque dans l'intimité du foyer domestique, et, une fois admise ainsi dans la famille, ni la jeunesse ni l'innocence n'y sont à l'abri de sa contagion.

1860

Die verheerenden Wirkungen dieser Lektüren zeigt abermals das Heftchen vom *Pauvre Père*

Pardon [...] Je n'étais pas digne de vous. L'orgueil et les mauvais livres m'ont perdu. [...].

(Schenda: *1000 FVB*, num. 690), dessen Tochter Nächte lang Romane liest, welche ihre Imagination entflammen. Auch der Sohn gibt sich gefährlichen Lektüren hin. Er ruiniert schließlich das ganze Haus und erschießt sich, nicht ohne die zitierten Abschiedszeilen (p. 31) zu hinterlassen. Das Mädchen stirbt bald darauf (p. 35).

Si cette malheureuse jeune fille eût repoussé loin d'elle le poison des mauvaises lectures, elle eût passé de longs jours au sein du bonheur.

1885

Der Protestant Josef Knapp schreibt in der zweiten Auflage seiner Exempelsammlung *Gottes Wort und Menschenwege*, Stuttgart 1885, p. V–VI:

Bekannt ist, daß nicht bloß die rein weltliche, sondern auch eine geradezu sündliche Presse im Bund mit einer rührigen, unermüdlichen Kolportage sogar in die entlegensten Ortschaften ihre Fühlhörner ausstreckt und keine Anstrengung scheut, solchem Begehren in jedweder Art gerecht zu werden. Sie befindet sich nachgerade auf dem Weg, die Stellung einer kulturellen Großmacht zu erringen und immer neue Gebiete des Volkslebens in Beschlag zu nehmen. Unter diesen Umständen kann sich die Kirche unmöglich der Aufgabe entziehen, dem fraglichen Lesetrieb auch ihrerseits mit klarem, liebevollem Verständnis zu begegnen und die rechten, gottgefälligen Bahnen zu eröffnen. [...]

1890

K. J. Müller schildert in seinem Vortrag über *Die Kolportage christlicher Schriften*, p. 3-6 den schaurig-giftigen Inhalt der Hintertreppenromane und deren Einfluß. Romane, Sozialdemokratie und Mordlust werden dabei in einen Topf geworfen. Hundert Jahre nach dem ersten Schrecken der Volkspädagogen über die Lesesucht des Volkes erlitten sie einen zweiten

Mehr als je wird jetzt in hohen und niederen Kreisen erkannt, welch verderblichen Einfluß die sogenannte „Schauer-Roman-Kolportage" in Stadt und Land auf unser Volk ausübt, daß durch sie die Sozialdemokratie immer größere und gefährlichere Dimensionen erhält, und daß die in erschreckender Weise zunehmenden Morde und Selbstmorde zum großen Teil Früchte dieser „Schauer-Roman-Kolportage" sind. Diese Wirkungen sind unausbleiblich. [...] Kann es nun wohl ein schlimmeres Gift für unser

Schock durch die Tatsache, daß die Massenleser Sensationen wünschten und nicht mehr Moral.

1894

In seiner Schrift *Moderne Kolportage-Litteratur* gibt P. Dehn eine genaue Beschreibung von Hausierern, die den Leuten das Geld aus den Taschen lokken. Er wagt es sogar, ein unzüchtiges Lied als abschreckendes Beispiel abzudrucken. Bei aller Kenntnis vom unzüchtigen Hausierwesen scheint Dehn von der wirklich niedrigen Literatur doch nur sehr wenig Ahnung gehabt zu haben.

1895

(Nach H. Huemer: *Untersuchungen*, p. 50). Der katholische Presseverein in Linz

Volk geben, als diese auf Mord und Selbstmord berechneten Schauerromane? Sie wirken nicht einmal langsam, sondern schnell und sicher. Wird unser Volk nicht vor diesen verderblichen Einflüssen bewahrt, dann geht es elend daran zu Grunde! [...].

Dabei vertreibt er die allerniedrigste Litteratur, neben Briefstellern, Kochbüchern, Kalendern etc. namentlich Planeten, Prophezeiungen, Traumbücher und Zauberbücher mit Sympathiemitteln. Diese Bücher sind nicht billig und zuweilen, um die Neugierde mehr zu reizen, verklebt; sie enthalten Mittel, wie man Krankheiten heilen und Liebestränke brauen kann, ihr Inhalt ist vielfach abscheulich, oft lüstern. Hier erscheint der Hausierer als der Träger eines noch immer nicht überwundenen Volksglaubens. Nicht weniger anstößig sind die Mordgeschichten und Liebeslieder, die er anpreist, ein jedes vier Seiten lang [...]. Auf der ersten Seite sieht man ein pikantes Bild: Ein Lieutenant küßt ein Mädchen. Und nun folgt das Liebeslied, eine Volksdichtung im schlimmsten Sinne des Wortes. Hier nur eine Probe:

Der Lieut'nant, der Lieut'nant,
Er küßt mit frohem Mut
Das Mädchen, das Mädchen,
Die Küsse schmecken gut.
Sie klagt nicht, sie zagt nicht,
Sie setzt sich nicht zur Wehr,
Sagt fröhlich, holdselig:
„Herr Lieut'nant, ach noch mehr."
Reicht Mündchen ihm und Wange,
Der Lieut'nant küßt sie lange,
Sie fragt auch nicht dabei,
Ob er ihr bleibet treu. [...]

Der Verein hat auch noch von Philipp Krausslich den Verlag an Broschüren, Tractätchen, Liedern, Gebetlein u. dgl. übernom-

kaufte gegen Ende des 19. Jahrhunderts die Volksbuchdruckerei Krausslich auf und meinte im Pressevereinskalender von 1895:

1904

O. von Leixner in seinem Beitrag *Zum Kampfe gegen den Schmutz* wendet sich vor allem gegen die unanständigen Witzblätter (p. 12, 14):

1909

E. Schultze übertrifft in seiner Schrift über *Die Schundliteratur* alle bisherigen Kritiken. Er prangert unermüdlich den unermeßlichen Schaden an, den die schlechten Bücher stiften. Hier nur ein winziger Ausschnitt (p. 23–24) aus diesem einflußreichen und heute noch gelegentlich benützten Werk.

men und mit denselben, wegen des oft abergläubischen, unsittlichen und sonst wertlosen Inhaltes so ziemlich aufgeräumt. [Der Sage nach warf man den gesamten Büchlein-Bestand in die Donau!] Es ist immerhin möglich, daß einige derartige anrüchige Pressprodukte noch in den Händen von Krämern sind und daher noch kursieren. Dem Vereine können selbstverständlich derlei Schriften nicht mehr zur Last gelegt werden.

Diese Blätter sind fast durchweg ein Geschwür am Körper der deutschen Presse und üben auf das öffentliche sittliche Leben einen verderblichen Einfluß aus, der von Jahr zu Jahr weiter gefressen und sich von den Hauptstädten auf das flache Land ausgedehnt hat. [...] Die Regierung, die diese Angelegenheit zuerst in die Hand nimmt, wird sich ein unauslöschbares Verdienst für die Menschheit erwerben. [...].

Es liegt ja auch auf der Hand, daß die Schundliteratur schon infolge der Wahl ihrer Stoffe Wirkungen der schlimmsten Art ausüben muß. Schildert sie doch niemals etwas anderes als Verbrechen aller Art – je blutiger und roher, desto besser; daneben Hinrichtungen und andere Dinge, die den Blutdurst des Lesers oder seine Sinnlichkeit aufstacheln sollen. Da dies zudem in einer Form geschieht, die nicht den geringsten Anspruch auf künstlerischen Wert erheben kann, so muß man von vornherein schließen, daß die Wirkungen der Schundliteratur-Hefte keine anderen sein können, als daß sie den Geschmack von Hunderttausenden rettungslos verderben, ihre Sinne aufregen und zugleich abstumpfen, ihrem Gefühl und ihrer Sittlichkeit alle Natürlichkeit und alle Sicherheit nehmen. Lassen wir sie weiter um sich greifen, so werden wir noch mehr wie heute ein krankhaft überreiztes Geschlecht haben, das keine größere Wonne kennt, als sich durch alle Verirrungen menschlicher Leidenschaften, durch alle Abgründe viehischer Grausamkeit und durch die ganze Schrekkenskammer der furchtbarsten Verbrechen führen zu lassen.

Es würde weder schwer fallen, die Belege zu vermehren, noch, sie bis auf die Gegenwart hin auszudehnen[36] – für unser Säkulum hat sich höchstens die Kritik auf modernere Massenmedien verlegt, jedoch nicht ihre Essenz verändert.[37] Die Angriffe sind immer wieder generell und vage; sie richten sich gegen d i e unzüchtigen Romane, d i e verderbliche Lektüre – dies im Gegensatz zur direkten Kritik früherer Pädagogen an bestimmten Titeln. Die angebliche Gefährlichkeit einzeln aufgeführter Schriften wird also zur allgemeinen Gefahr einer unbestimmten Gruppe von Lesestoffen aufgebauscht. Vor diesem Gespenst wird grundsätzlich gewarnt. Zugegeben – die Nennung von Titeln hätte den Verkauf dieser Titel gefördert; die allgemeine Kritik hätte sich jedoch auch durch Zitate oder Inhaltsangaben spezifizieren lassen. Was die Kritiker, zumeist in Ermangelung von Anschauungsmaterial, ausführlich dartun, das sind die konkreten Folgen dieser schlechten Lektüren. Das Wort Phantasie taucht da zunächst immer wieder auf. Phantasie ist schlecht, so lautet das formelhafte Urteil, das im Lande der Dichter zumindest Verwunderung hervorrufen muß.[38] Phantasie, Imagination führt zu Müßiggang, also zum Laster: zum wirtschaftlichen, physischen und spirituellen Ruin. Dieser Massenmasochismus gefährdet jedoch den Staat. Die Nation muß vor dieser Gefährdung geschützt werden – es geht schließlich nicht an, daß die ganze Gesellschaft durch die verderblichen Lesestoffe zu einer Räuberbande oder zu einer Selbstmörder-Clique wird.

---

[36] Cf. den nicht nur wegen seines Titels bemerkenswerten Artikel *Schundliteratur* von H. Beyer in Merker-Stammler: *Reallexikon der deutschen Literaturgeschichte* III, 1928/29, p. 201–203.

[37] Cf. J. T. Klapper: *The Effects of Mass Communication.*

[38] Man vergleiche auch den Pädagogen A. W. Grube: *Ueber den erziehlichen Einfluß der Sagen- und Märchen-Poesie.* — In: *Centralblatt* I, 1857, p. 301–307, sp. 305: „Es gibt übrigens phantasiereiche Kinder, die nicht gegen eine übermäßige Aufregung ihrer Phantasie reagiren, die von Lesewuth hingerissen, vor lauter Geschichten und Märlein zu keiner klaren Anschauung der wirklichen Welt gelangen. Diesen ist es gut, wenn man sie knapp hält sowohl in der mündlichen Mittheilung von Märchen als im Bücherlesen, dagegen desto strenger mit ihnen den Anschauungsunterricht und die Naturkunde treibt." Botanisiertrommeln für Träumer! — In dem sonst so erfreulich fortschrittlichen *System der öffentlichen Erziehung* von H. Stephani wird die Phantasie zwar nicht getadelt, aber auch nicht in das pädagogische Programm aufgenommen. — Zur Kritik an der Phantasie cf. auch J. G. Hoche: *Vertraute Briefe*, p. 103–112.

Alle Cassandra-Rufe der wohlgesinnten Pädagogen nützen jedoch nichts, wenn der Staat den schwachen Volkserziehern nicht zu Hilfe eilt.[39] Die Volkserzieher stimmen daher, von der Aufklärung bis zur Gegenwart, für eine staatliche Zensur, die alle schlechte Literatur (und der Begriff bleibt weiterhin unbestimmt, also grenzenlos weit) in allen ihren Formen verdammt.

Zensurbestimmungen nach dem Geschmack der Volkserzieher

Drei Hauptfaktoren bestimmen das Zensurwesen des 19. Jahrhunderts: die seit der Reformation allgemein geltende kirchliche Zensur[40]: eine „Überwachung des Schrifttums, um verderbliche Schriften von der Gemeinschaft der Gläubigen abzuwehren"[41]; die aus der kirchlichen Zensur hervorgegangene staatliche Zensur[42], der es darum ging, das Volk in einem Zustand politischer Unwissenheit und Unmündigkeit zu halten; und die genannten Bestrebungen der Volkspädagogen, die einer staatlichen Zensur Vorschub leisteten oder sie doch zumindest als notwendig akzeptierten.[43] In diesem dreifach günstigen Klima blühten immer neue Zensurgesetze auf: die vom Ende des 18. Jahrhunderts, die der napoleonischen Besatzungs-

---

[39] Cf. W. Götze: *Die Begründung der Volksbildung in der Aufklärungsbewegung*, p. 75. — Daß die staatliche Zensur nicht nur von oben institutionalisiert, sondern auch von unten her gewünscht sein kann, hat O. Sashegyi: *Zensur und Geistesfreiheit* nicht in Erwägung gezogen. — Die von Friedrich Gedicke herausgegebenen *Annalen des Preußischen Schul- und Kirchenwesens*, I, Berlin 1800, lassen sich von dem von pommerschen(!) Verhältnissen ausgehenden Staatsminister von Massow beraten und akzeptieren damit das Prinzip einer eingeschränkten Volksbildung. — J. G. Hoche wünscht 1794, *Vertraute Briefe* p. 139, „daß die Politik sich auch einmal diesen Gegenstand mit gehörigen Einschränkungen zur Beherzigung wählte [...]". J. R. G. Beyer: *Ueber das Bücherlesen*, p. 27 äußert dagegen, das Ignorieren schlechter Lesestoffe in gelehrten Zeitungen und gemischten Gesellschaften sei wirksamer als Prohibition und Konfiskation der Druckwerke.

[40] Franz Heiner: *Die kirchlichen Censuren.* — Paderborn 1884.

[41] Cf. den Artikel *Bücherzensur* im *Lexikon für Theologie und Kirche*, III, col. 741–744.

[42] Cf. das Kapitel *Die Zensurreform Josephs II.* in O. Sashegyi: *Zensur und Geistesfreiheit*, p. 15–36. — H. Welschinger: *La Censure sous le Premier Empire*.

[43] Auch die deutschen Buchhändler brachten es im Vormärz zu keiner einheitlichen Stellungnahme g e g e n die Zensur. G. K. Schauer: *Der deutsche Buchhandel*, col. 1453–1454. — *Der Beobachter* stellte 1847 fest, es sei eigentümlich, daß zu Beginn des Jahrhunderts die Pressezensur offenbar allerorten akzeptiert wurde und daß niemand zu protestieren wagte. *Geschichte der Censur in Württemberg*, p. 718.

zeit"⁴⁴" und die nach den Karlsbader Beschlüssen von 1819 in verschärfter Form herausgegebenen Zensurverordnungen.

In diesen Gesetzen spielten die populären Lesestoffe eine gesonderte Rolle. Am 16. November 1797 erließ Carl Friedrich von Baden eine umfangreiche Bücher-Censur-Ordnung, die als Oktavheftchen von 44 Seiten Umfang im Druck erschien. Alle Manuskripte und nachzudruckenden Werke – mit wenigen Ausnahmen – waren demnach einem aus der im ganzen Lande vorhandenen Schar von Zensoren vorzulegen. Die Aufgaben dieser Zensoren werden gerade im Hinblick auf Volksschriften detailliert gestellt, wegen des „hierbei niemals außer Acht zu lassenden Unterschied[s] zwischen gelehrten Abhandlungen und Volksschriften, in deren ersteren manches passirlich ist, was bei letzteren nicht nachgesehen werden kann." In r e l i g i ö s e r Hinsicht etwa durften bei Volks- und Jugendschriften keine theologischen Diskussionen zugelassen werden, „welche [. . .] leichtlich mit den angenommenen Grundwahrheiten der christlichen Religion, wie solche durch die Bibel dargestellt sind, unvereinbarlich erscheinen möchten" und welche, „in den Gedankenwechsel des gemeinen Mannes verpflanzt, [. . .] für diesen zu einem Stein des Anstoßes oder zum Anlas der Verirrung in wesentlichen Stücken der positiven Religion gemacht, damit aber zu deren Entnervung der Grund gelegt werde". In m o r a l i s c h e r Hinsicht waren solche Schriften zu verbieten, welche „die verführende Seite der dahin neigenden Lagen und Verhältniße des Lebens reizend darstellen, und somit ohne Noth und Nuzen die Sinnlichkeit in Aufruhr sezen". Dergleichen Darstellungen waren höchstens erlaubt, wenn damit Fehler und Verirrungen bloßgestellt werden sollten. „Genauer muß jedoch hierinn abermal bei Volks- und Jugend-Schriften verfahren werden, und ist hier auch eine Absicht, die an sich sonst nach obigen Voraussetzungen eine dergleichen gefährliche oder zweydeutige Darstellung rechtfertigen könnte, dazu nicht hinreichend, wann sie nicht zugleich auf eine dem Volk oder der Jugend unentbehrliche Kenntnis hinaus liefe, zu welcher diese Darstellung als Mittel sich verhielte, und mithin durch die Nothwendigkeit oder Gemeinnützlichkeit des Zwecks gerechtfertigt würde." In p o l i t i s c h e r Hinsicht waren Diskussionen, die das Gemeinwohl im Auge hatten, im allgemeinen unter Umständen erlaubt. „Bey der zweiten Classe hingegen" – und hier sind wieder die Volksschriften gemeint, aber daß deren Leser in der Meinung der Legislative ebenfalls einer „zweiten Classe" zugehörten, wird nun ganz offenbar – „muß abermals weiter darauf gesehen werden,

---

⁴⁴ Über die französische Bücherpolizei in deutschen Départements cf. das *Archiv für Geschichte des Deutschen Buchhandels*, I, 203–205; VIII, 319–322; XVII, 328–330, 347–350.

daß dergleichen Ausstreuungen, welche diese Classe [!] von Staats-Bürgern leicht verwirren oder beunruhigen, und in ihrer Hand zu einer vortheilhaften und gesetzmäsigen Aenderung ihrer etwa widrig erachtenden [sic] Lage dennoch nicht gereichen, im Zweifel niemals passirt, sondern nur alsdann geduldet werden, wenn die Schrift für das eigene Beste dieser Classe der Staatsbürger wesentlich nützlich, dergleichen die Staats-Gebrechen betreffende Puncte aber dabey unberührt zu lassen unmöglich, und sie in gemäsigte, dem Respect der Obrigkeiten, den auch beschwerte Unterthanen nicht ausser Augen setzen dürfen, angemessene Ausdrücke gekleidet wäre." Die Zensur erstreckte sich selbstverständlich auch auf Publikations-Anzeigen in öffentlichen Blättern, auf die Kontrolle von Buchhandlungen und auf eine genaue Durchsicht der Leihbibliotheksbestände. Für jedes zensierte Buch durfte der Zensor vom Drucker drei Freiexemplare und den dreifachen Ladenpreis des Werkes in bar verlangen; für die Leihbibliothek hatte er keine Lesegebühr zu bezahlen.[45]

Der Autor dieser Gesetze, dem man wohl gewünscht haben möchte, er hätte mehr gute Bücher gelesen, um sich eines besseren Stils befleißigen und erfreuen zu können, war ohne Zweifel von den Theorien der Aufklärer beeinflußt. Auch er huldigt dem Zirkelschluß, das Volk sei ungebildet und dürfe sich deswegen nicht durch Lektüre bilden. Auch er hielt dafür, eine niedrigere Menschenklasse könne ohne Reizung der Sinne ihr Dasein fristen. Daß das Volk sich in einer „Lage" befand, die es durchaus als „widrig" empfinden konnte, war ihm klar, nicht weniger klar als den Aufklärern, die ihr Bestes taten, um dem Landmanne einzureden, er sei glücklich, fröhlich und nützlich. Dem glücklichen Handwerker, der Mildheimische Lieder sang, nun zeigen zu wollen, daß im Staate irgendetwas „gebrechlich" sein konnte, mußte als Staatsverbrechen erscheinen. Es galt vor allen Dingen, den Respekt vor der Obrigkeit aufrechtzuerhalten – vor einer Obrigkeit, die vor dem Revolutionsgespenst französischen Musters zitterte und sehr wohl wußte, wie zerbrechlich sie war. Zensur war das beste Mittel, die Progression totzuschweigen.

Friedrich August, Herzog zu Sachsen, erließ am 17. Mai 1803 zu Dresden folgende Verordnung[46]:

---

[45] Badisches Generallandesarchiv Karlsruhe 236/149. — 1804 erschien die *Kur-Badische Bücher Censur-Ordnung* zu Karlsruhe in Macklots Hofbuchhandlung, 8°, 45 p., eine nur leicht veränderte Wiederholung der Censur-Ordnung von 1797. Insbesondere sind die Passagen über Volksschriften gleich geblieben. Ibid. — Über die kurzfristige Aufhebung der Zensur zwischen dem 28. Dezember 1831 und dem 28. Juli 1832 v. ibid. 236/5749.
[46] Mitgeteilt von Armin Tille: *Verzeichnis von 1802 konfiszierten Volksliedern.* — Zum Begriff des „unzüchtigen Liedes" cf. [R. Z. Becker:] *Steinbach, Gewerbe- und Betrieb-*

Von Gottes Gnaden, Friedrich August, Herzog zu Sachsen, Jülich, Cleve, Berg, Engern und Westphalen [...]

Liebe getreue. Nachdem Uns hinterbracht worden, dass mancherley ärgerliche und den guten Sitten zuwiderlaufende, auch sonst besonders dem gemeinen Volke schädliche Lieder und Aufsätze in den hiesigen Landen im Druck erschienen wären und auf Jahrmärkten zum freyen Verkauf ausgelegt würden; So hat die von Uns deshalb angeordnete Untersuchung nicht nur die Verbreitung solcher anstössigen Volksschriften durch sogenannte Liederhändler, Büchertrödler und Buchbinder auf den Stadt- und Dorf-Jahrmärkten bestätigt, sondern es sind auch die in der Beylage [...] verzeichneten, für anstössig befundenen, Lieder zu confisciren gewesen.

Damit jedoch sothanem Unwesen in möglichster Maasse gesteuert werde, so haben Wir beschlossen, dass künftig in Unseren gesammten Landen, dergleichen Lieder, Volksschriften und Flugblätter auf öffentlichem Markte zu führen und zu verkaufen, nur alsdann, wenn sie innerhalb Unserer Lande mit gehöriger Censur gedruckt und mit den Namen des Druckers und Druckorts versehen sind, gestattet, auch damit dieser Verfügung gehörig nachgelebet werde, von Seiten der Obrigkeiten genau invigiliret und bey den von Zeit zu Zeit auf den Märkten, bey den Liederhändlern, Büchertrödlern und Buchbindern anzustellenden Visitationen die mit den obangeführten Eigenschaften nicht versehenen Schriften sofort confisciret und, nach Befinden, die Contravenienten noch ausserdem mit Strafe beleget, nicht minder diejenigen, die mit solchen Schriften handeln, an den nächsten Wochen- und Jahrmärkten nach Publication dieser Unserer Willensmeinung, dessen ausdrücklich bedeutet und verwarnet werden sollen.

Hiernach haben Unsere gesammten Vasallen, Beamten, Stadträthe und andere Gerichtsobrigkeiten sich gehorsamst zu achten, und dem gemäss das Nöthige zu verfügen und zu besorgen.

Daran geschieht Unser Wille und Meinung.

Gegeben zu Dresden, am 17ten May 1803.

[sign.] Heinrich Ferdinand von Zedtwitz.

Rudolph Zacharias Becker oder einer seiner Freunde hat hier ganz offenbar dem sächsischen Herzog in den Ohren gelegen, ihm „hinterbracht", daß jedes Lied gute moralische Empfindungen erwecken oder befördern müsse und daß alle anderen Volksgesänge möglichst auszumerzen seien. Alle anderen Heftchen und Blätter wurden dann gleich mit verdammt. Immerhin

---

samkeit der Einwohner, Volksfeste. — In: *Nationalzeitung* 1799, p. 805 f. (zitiert nach G. Weissert: *Das Mildheimische Liederbuch,* p. 36–37): „Etwas plumpe, rohe Ausdrücke sind freylich bey den niedern Ständen, wo man nicht auf die feinsten Empfindungen rechnen kann, nicht gerade von schlimmer Konsequenz; aber ein so hoher Grad von Unzüchtigkeit im Gesang weist doch sicher auf die Verderbtheit der Sitten zurück und muß die Unschuld bey der zarten Jugend, welche solche Lieder von ihren Aeltern oft singen hört, nothwendig vergiften [...]".

ist bei diesen Verordnungen bemerkenswert, daß politische Rücksichten keinen Einfluß auf ihren Inhalt gehabt zu haben scheinen.

Anders wiederum in der österreichischen Zensurordnung vom 14. September 1810. Hier lautet der Paragraph sechs:[47]

> Broschüren, Jugend- und Volksschriften, Unterhaltungsbücher, müssen nach der ganzen Strenge der bestehenden Censurgesetze behandelt werden. Hier muss nicht nur Alles entfernt werden, was der Religion, der Sittlichkeit, der Achtung und Anhängigkeit an das regierende Haus, die bestehende Regierungsform u. s. w. geradezu, oder mehr gedeckt entgegen ist, sondern es sind auch alle Schriften der Art zu entfernen, welche weder auf den Verstand noch auf das Herz vortheilhaft wirken, und deren einzige Tendenz ist, die Sinnlichkeit zu wiegen. Es soll daher alles Ernstes getrachtet werden, der so nachtheiligen Romanen-Lektüre ein Ende zu machen. Dabei versteht es sich von selbst, dass hier jene wenigen guten Romane, welche zur Aufklärung des Verstandes und zur Veredlung des Herzens dienen, nicht gemeint sein können, wohl aber der endlose Wust von Romanen, welche einzig um Liebeleien als ihre ewige Achse sich drehen, oder die Einbildungskraft mit Hirngespinsten füllen.

Damit war nicht nur abergläubischen und unorthodoxen Piècen, nicht nur unzüchtigen Liedern und staatsgefährlichen Pamphleten, sondern auch der Masse der Ritter-, Räuber- und Liebesromane der Garaus gemacht. Als Romane waren höchstens die pädagogischen zugelassen, in denen man dann wieder lesen konnte, wie gefährlich das Lesen von Romanen sei. Auch hier gingen also die Theorien der Volksaufklärer in die staatlichen Gesetze ein, und wo die allgemeinen Bestimmungen den Anforderungen nicht genügten, erließ das Staatsoberhaupt ergänzende Verordnungen. So gab sich Friedrich II., Herzog und später König von Württemberg, nicht mit der von Herzog Karl Eugen am 13. Juli 1791 anbefohlenen ersten Zensur für Journale und Zeitungen[48] zufrieden. Am 13. September 1798 schrieb er daher an die Oberämter:[49]

> Es ist Uns schon mehrmalen die Anzeige geschehen [!], daß in Unseren Herzogl. Landen durch fahrende Hausirer besonders von Reutlingen, gedruckte, zügellose Lieder und Scartequen verbreitet werden. Da Wir nun diesem für die Sitten des Landvolks ebenso verderblichen als für die öffentliche Ruhe gefährlichen Unfug länger nachzusehen keineswegs gemeynt sind; So ertheilen Wir euch den gemessenen Befehl, auf dergleichen Hausirer ein wachsames Auge zu haben, dieselbe, wenn sie sich über Verbreitung solcher zügellosen und sittenverderblichen Lieder und Scartequen betretten, zu arretieren, die sich solchergestalt bey ihnen vorfindende

---

[47] T. Wiedemann: *Die kirchliche Bücher-Censur*, p. 396–397.
[48] *Geschichte der Censur in Württemberg*, p. 713.
[49] Staatsarchiv Ludwigsburg, D 52/506.

Schriften ihnen abzunehmen, sie selbst aber ad Protocoll zur Verantwortung zu ziehen und das Erlernte sofort mit Anschluß des Protokolls an Unsere Herzogliche Regierung zu Verfügung des Weiteren unterth. zu berichten.

Auch die neuen württembergischen Zensur-Ordnungen von 1808, 1809 und 1812[50] wurden in bezug auf die populären Lesestoffe noch mehrfach ergänzt. Ein dem soeben zitierten entsprechendes Rundschreiben ging am 29. Mai 1809 an die Bücherfiskale im Lande.[51] Und das *Decret des Königlichen Ober-Censur-Collegiums, betreffend den Handel der Landkrämer und Hausirer mit Drukschriften* vom 21./26. Mai 1812[52] wandte sich noch einmal gegen den „Unfug durch den Verkehr mit unsittlichen, abergläubischen oder in sonstiger Hinsicht verwerflichen, fliegenden Blättern, Liedern und andern Volksschriften". Das Netz der Verordnungen war also überall – nicht nur in Württemberg – großzügig genug ausgeworfen und dicht genug geknüpft, um notfalls den „ganzen Verlag" von populären Lesestoffen einfangen zu können.[53]

Organisation der Zensur populärer Lesestoffe

Oberste Zensurbehörde war in Württemberg das mit den Verordnungen vom 18. und 22. Mai 1809 eingesetzte Königliche Ober-Censur-Collegium (OCC) in Stuttgart, das dem Polizei-Ministerium hörig war. Es bestand schon am 12. Mai 1809 aus den Herren

Geheimer Rath von Menoth,
Oberregierungsrath Schübler,

---

[50] *Königlich-Württembergisches Staats- und Regierungsblatt*, 1808, p. 273–277; 1809, p. 34–35 und 49; 1812, p. 238. — Die kurzfristige Aufhebung der Pressezensur durch König Wilhelm mit dem Gesetz vom 30. Januar 1817 (gültig bis zu den Karlsbader Beschlüssen) wurde von vielen Beamten mißbilligt und von den Bürgern zu wenig gewürdigt. Cf. [J. G. von Pahl:] *Erkennt wohl jedermann in Württemberg die Wohlthat der freien Presse?* — In: *Der Volksfreund aus Schwaben* II, 1819 (Nro 3 = 9. Januar), p. 9–11 und (Beilage zu Nro 4) 17–18.
[51] Staatsarchiv Ludwigsburg, D 52/506.
[52] *Königlich-Württembergisches Staats- und Regierungsblatt*, 6. Juni 1812, p. 287–288.
[53] Über den französischen Gesetzesentwurf vom 29. Dezember 1826, der eine Einschränkung der Druckereien in jeder Hinsicht vorsah und der bald ironisch „la loi de Justice et d'Amour" genannt wurde und Proteste im ganzen Lande auslöste, cf. P. Chauvet: *Les Ouvriers du livre*, p. 74–84 und die *Oraison funèbre* von 1827 (Schenda: *1000 FVB*, num. 639).

Prälat von Süskind,

Geistlicher Rath von Werkmeister,

Gymnasialprofessor Osiander,

Leibmedicus von Reuss,

Hofmedicus Storr und

Hofrath Lehr.[54]

Der Bücherzensor Oberstudiendirektionsrat und Oberregierungsrat Christian Ludwig Schübler wurde am 31. Dezember 1810 auf Befehl des Königs seines Zensur-Amtes enthoben, weil im Kirchenregister von 1810 die Taufe des Sohnes des Herzogs Wilhelm unrichtig dargestellt war.[55] Schübler hatte den Schnitzer des Autors Tiedemann sträflicherweise übersehen. Seine und seiner Kollegen Bitten um Begnadigung wurden mit der Bemerkung zurückgewiesen, „Allerhöchstdieselben müßen es billig befremdend aufnehmen wenn es der Minister [des Polizey-Ministerii] oder das Censur Collegium wagen, gegen eine bestimmte Königliche Resolution noch die Meinung aufzustellen, daß Seine Königliche Majestät davon zurückgehen würden. Indem nun Allerhöchstdieselben derlei Anmaßungen für die Zukunft sehr ernstlich zurückweisen, bestehen Allerhöchst Sie, daß OberRegierungsRath Schübler von dem Censur Collegio ausgeschlossen und OberConsistorialRath v. Baer an dessen Stelle hiezu ernannt werde."[56]

Diese Episode aus der Geschichte des OCC charakterisiert trefflich die untertänigste Position des „hohen" Kollegiums gegenüber dem allmächtigen Tyrannen. Um die innere Struktur des OCC zu kennzeichnen, bedarf es einer etwas längeren Geschichte: Der Tübinger Bücherzensor Obertribunalrat Dr. Frick[57] hatte in den zu Tübingen gedruckten Briefen des Prinzen Eugen von Savoyen[58] eine Stelle entdeckt, die den französischen Cha-

---

[54] Staatsarchiv Ludwigsburg, D 52/485.

[55] Es handelte sich um die Taufe des Friedrich Wilhelm Alexander Ferdinand am 15. Juli 1810 im Palais des Herzogs Wilhelm, bei der Seine Majestät der König als Taufzeuge fungiert hatte.

[56] Schreiben vom 28. Januar 1811, sign. Friderich. Staatsarchiv Ludwigsburg, D 52/433.

[57] Frick war zusammen mit dem Obertribunalrat von Baz verantwortlich „für die zu Tübingen herauskommenden nicht scientifischen, so wie für die Bogenweise zu censirenden Schriften". Die wissenschaftliche Produktion, soweit sie nicht Württemberg betraf, wurde in Tübingen gesondert von Professoren der verschiedenen Fakultäten zensiert. *Königlich-Württembergisches Staats- und Regierungsblatt*, 1808, p. 277. — *Königlich Württembergisches Hof- und Staatshandbuch*, 1809/1810, p. 122–123. — Ein in Tübingen bereits zensiertes Werk durfte in Reutlingen ohne Genehmigung des OCC gedruckt werden. Staatsarchiv Ludwigsburg, D 54/86.

[58] *Sammlung der hinterlassenen politischen Schriften des Prinzen Eugens von Savoyen*. vol. I–VIII. — Stuttgart und Tübingen 1811–1821.

rakter kritisierte und die Frick dem OCC vorlegen zu müssen glaubte mit
der Anfrage, ob diese Passage zu streichen sei. Es hieß dort im 10. Brief unter anderem: „[...] Die Franzosen verfallen auf alle Extreme, von der
Schmeichelei auf Gewalt, von der Gewalt auf Bestechung, von der Bestechung auf Religion, von der Religion auf die Verschwörung [...]". Das
Problem gab den Stuttgarter Zensoren zu denken: Süskind, Baer und Werkmeister stimmten für eine Streichung der Stelle, Osiander dagegen meinte,
man dürfe sie ruhig drucken, da sie sich auf die Franzosen von damals be-
ziehe, „und mit eben dem Rechte müßte auch die Schilderung des Jul. Cae-
sar von den Galliern gestrichen werden". Reuss und Storr schlugen sich auf
Süskinds Seite, während Lehr dem Kollegen Osiander beipflichtete: in den
Eugenschen Werken müßten dann sehr viele andere Stellen auch wegfallen,
und diese Kritiken seien doch schon vor so langer Zeit niedergeschrieben
worden. Direktor Menoth ordnete, dieses Durcheinander von Meinungen
mit Mißbehagen betrachtend, kurzerhand an, die Affäre noch einmal zirkulieren zu lassen, und da er, der Gewaltige, gleicher Meinung mit der Minderheit Osiander-Lehr war, so nahm er als selbstverständlich an, daß „vielleicht die majora die Gründe des H. Hofr. Lehr beherzigen dürfte". Daraufhin schwenkte die Mehrheit einhellig um, und jeder beteuerte, daß er
die fragliche Stelle billige. „Ich habe das Eugensche Werk nicht gelesen und
wußte nicht, daß noch mehrere solche blos historische, dem damaligen Franzosen ungünstige Bemerkungen [...] vorkommen", entschuldigte sich
Süskind wie ein Schüler – er, der Prälat, Feldprobst, Oberhofprediger und
Oberkonsistorialrat Dr. Fridrich Gottlieb von Süskind. „Mit dieser veränderten Ansicht conformiert sich", schrieb Baer vor seine Signatur. Und
Menoth, knapp: „ist nach diesen veränderten Ansichten der Bücherfiscal
Frick zu bescheiden. 27. Febr. 1811. Menoth."[59]

So die Praxis. Statt eines Kommentars sei die einschlägige theoretische
Passage aus der Zensurordnung von 1808 zitiert: „Sämtliche Mitglieder
[des OCC] stehen übrigens mit einander in der Maaße in einer collegiali-
schen Verbindung, daß einzelne Anstände, welche ein Censor nicht für sich
selbst zu erledigen sich getraut, collegialisch in Ueberlegung zu ziehen, und
nach der Stimmenmehrheit zu erörtern, oder zu höherer Entscheidung vorzulegen sind."[60]

Jedes Mitglied des OCC hatte für die Zensur einer bestimmten Literaturgattung zu sorgen. Alle Schriften wurden dem Kollegium als sauber geschriebene und zusammengelegte Manuskripte vorgelegt – sofern es sich

---

[59] Staatsarchiv Ludwigsburg, D 54/82.
[60] *Königlich-Württembergisches Staats- und Regierungsblatt*, 1808, p. 273.

nicht um Neuauflagen oder Nachdrucke handelte – und innerhalb von acht Tagen oder auch mehreren Wochen zensiert. Abschlägige Bescheide erhielten etwa am 7. Januar 1814 der Drucker Fleischhauer in Reutlingen für *Vierhundert Kriegslieder* „wegen der politischen Tendenz", Mäcken am 11. Januar 1814 aus dem gleichen Grund für *Drei Kriegslieder*. Nach einer Polizei-Ministerial-Verfügung vom 27. September 1811 hatte das OCC dem Polizeimeister jedes Vierteljahr ein Verzeichnis der zur Zensur eingereichten Schriften vorzulegen; die Verfügung wurde am 22. November 1815 wieder aufgehoben.[61] Diese Listen weisen keinerlei literarischen Reichtum auf, und an populären Heftchen läßt sich kaum eines finden. Die Zensur hemmte jedenfalls die freie Entfaltung des Buchdruckergewerbes auf ganz empfindliche Weise – das spürt man deutlich an den harmlosnützlichen und steril-trockenen Titeln, die dem OCC von den Druckern zur Begutachtung vorgelegt wurden. Aufregendere Texte druckte man eben heimlich und versteckt vor den Augen des Bücherfiskals.

Diese Fiskale des OCC waren 1809 in jedem Ort des Königreichs, wo Buchdruckereien oder Buchhandlungen existierten, angestellt worden.[62] Sie hatten die Aufgabe, „auf alle, in irgend einem Sinne für den Staat oder das Publicum nachtheilige oder gefährliche Drukschriften, und ihre etwaige Verbreitung ein wachsames Auge zu halten", und das Recht, „zu jeder Zeit die Buchdrukereien zu visitiren, und sich die Erlaubniß Scheine produciren zu lassen, in den Buchhandlungen die Catalogen, so wie die Bücher-Vorräthe selbst durchzusehen, jedes ihm bedenklich oder gefährlich scheinende Werk zur Einsicht zu verlangen, und den Debit davon vorläufig zu untersagen, um darüber gleichbalden Bericht an das Ober-Censur-Collegium erstatten zu können".[63] Die *Instruction wonach sich die Bücher-Fiscale bey Ausübung ihres Amtes zu benehmen haben*[64] lautete am 26. Februar 1809 noch ein wenig schärfer: die gefährlichen Druckschriften müßten „in ihrem ersten Entstehen unterdrückt werden; wobey jedoch die Mitaufsicht und Mitwürkung der Polizey-Behörden nicht ausgeschlossen ist." Zu-

---

[61] Die Vierteljahresverzeichnisse 1812–1815 finden sich im Staatsarchiv Ludwigsburg, D 54/40. — In den dreißiger Jahren erschienen in München periodisch *Fortsetzung(en) der Übersicht über die von der Bayerischen Staats-Regierung gegen den Mißbrauch der Presse getroffenen Verfügungen*. Ibid. E 146/741.

[62] Zur Beaufsichtigung von später gegründeten Druckereien: Der Schultheiß von Großkuchen, Kr. Heidenheim, Mettenleiter, erhielt im Jahre 1813 die Erlaubnis zur Errichtung einer Steindruckerei nur unter der Bedingung, „daß solche genauerer Aufsicht der Censur untergeordnet werden solle". Das OCC schlug seiner Königl. Majestät den Schul-Inspektor Lang von Weiler Neresheim als Aufsichtsperson vor. Staatsarchiv Ludwigsburg, D 52/515.

[63] *Königlich-Württembergisches Staats- und Regierungsblatt*, 1809, p. 35.

[64] Staatsarchiv Ludwigsburg, D 54/221 und 236.

dem war in dieser Instruktion kurzerhand und deutlich von der Konfiskation der unerlaubten Bücher die Rede. Der Öffentlichkeit wurden diese internen Regelungen vorenthalten.

Das OCC war unermüdlich auf eine Verbesserung seines Kontrollsystems bedacht. In einem Gutachten vom 23. März 1812 schlug es dem Polizei-Ministerium vor, zu veranlassen, „daß kein Landkrämer, Bilderhändler, und dergl., weder inn- noch ausländische, weder auf Märkten noch sonst, irgend eine Schrift oder fliegendes Blatt verkaufen dürfen, ohne vorher einem der angestellten Bücherfiscale dasselbe in Specie vorgewiesen, und von ihm durch ein schriftliches Certificat zum Verkauf legitimiert zu seyn. Die hiegegen Handelnde würden bey entdecktem Contraventionsfall mit einer Legalstrafe, welche nach gehorsam unterzeichneten Erachten etwa auf 10 Thaler zu bestimmen seyn möchte, zu belegen, und wenn der verkaufte Artikel schädlich ist alle Exemplarien zu confisciren seyn." Das Kollegium sprach sich für eine Vermehrung der Kontrollbeamten und für eine wachsamere Beobachtung aller Händler aus. Man glaubte, „daß, wenn die Beamte die pflichtmäßige Aufmerksamkeit anwenden, der Zweck, den Verkehr mit schädlichen Volksschriften und fliegenden Blättern zu hintertreiben erreicht, und es der Censur möglich gemacht werden würde, auch die auswärts [besonders von Augsburg] hereinkommende wie innländische Schriften dieser Art unter ihre Aufsicht zu bringen".[65]

Einige der Bücherfiskale entwickelten in der Tat eine rege Aktivität. Der in Reutlingen zuständige Beamte, Rektor Baur, hatte gegen ein halbes Dutzend Buchdrucker zu kämpfen, die immer wieder versuchten, sich der Schnüffelei des Fiskals zu entziehen. Am 28. Mai 1809 berichtete Baur nach Stuttgart:

Koenigliche Majestaet!

Bei den Buchdruckern Justus und Jakob Fleischhauer, traf ich unter anderem beiliegende 11 Exemplarien von Liedern an, wovon mehrere, welche ich mit einem Reisblei auf dem Titelblatt durch einen Punkt bezeichnet habe, für die Moralität und das feinere Gefühl nachtheilig scheinen. Da aber neben diesen verderblichen Liedern mehrere sind, welche nicht gerade anstößig scheinen, so wage ich die allerunterthänigste Anfrage, wie es mit der Confiscation dieser Lieder gehalten werden solle, der ich mich der Allerhöchsten Huld Ehrfurchtsvoll empfehle, und in tiefstem Respect ersterbe, Eurer Koeniglichen Majestaet allerunterthänigst treu gehorsamster Baur, Bücherfiscal.

Geheimer Rat von Menoth übergab den Brief dem Hofrat Lehr „zur Prüfung und Gutachten". Nachdem er dieses erhalten, schrieb er folgendes

---

[65] Ibid. D 52/504.

nach Reutlingen: „[...] und gibt demselben hierauf zu erkennen, daß, da unter diesen Liedern sich sehr viele schädliche befinden, wovon die nicht-anstößigen nicht separiert werden können, der ganze Vorrath zu confisciren ist. Zugleich hat derselbe von jedem – außer den in Frage stehenden – bei Nachdruckern zu Reutlingen noch vorhandenen dergleichen Lieder-Schrift-chen ein Exemplar an das K. O. C. C. zur Einsicht einzuschicken. 5. Juni 1809."[66]

Am gleichen 28. Mai 1809 hatte Baur jedoch noch einen weiteren Fall zu melden:

Am 27.ten dieses traf ich bei den hiesigen Buchdruckern Lorenz, Fischer und Heerbrandt ein Katholisches Gesangbuch unter der Presse an, welches nach der Angabe für den Buchhändler, Heerbrandt in Tübingen, gedruckt wird. Ich fragte nach dem Censur Schein. Statt desselben wurden mir die auf dem Titelblatt gedruckten Worte „mit Bewilligung der Obern" vorgezeigt. Da mir aber nicht dargethan wurde, wer denn diese „Obern" sind, und irgendein Buchdrucker, um mich zu täuschen, sogar auf eine verbothene Schrift hindrucken könnte „Mit Allerhöchster Genehmigung" so hielt ich eine allerunterthänigste Anzeige um so mehr meinen Pflichten gemäs als, wenn auch diese „Obern" die Censoren zu Tübingen seyn sollten, die hiesigen Buchdrucker, den Allerhöchsten Gesezen gemäs, doch nicht berechtigt wären, dieses Gesangbuch zu drucken. Und daß unter diesen „Obern" das Hochpreisliche OberCensur-Collegium zu verstehen sey, kann ich mir biß izt nicht glauben machen [...].[67]

Dieses Mal hatte der eifrige Fiskal kein Glück in Stuttgart. Der Verfasser des fraglichen Gesangbuches war nämlich der Zensor und Geistliche Rat Benedikt Maria Leonhard Werkmeister selbst; das Buch durfte also trotz der Baurschen Proteste weiter gedruckt werden.

Auch Baur feilte in seiner Manier an der Verfeinerung des Zensursystems herum, nicht nur weil er die Drucker ärgern wollte, sondern weil ihm die Arbeit über den Kopf wuchs. Die Buchproduzenten druckten unbekümmert Schriften, die in andern Oberamtsbezirken bereits beschlagnahmt worden waren, sie legten Schriften neu auf, ohne sie Baur vorzuzeigen, und gaben zu ihrer Rechtfertigung an, diese Büchlein seien schon vor Erfindung der Bücherfiskale genehmigt gewesen. Sie ließen sich schließlich von den Eninger Hausierern schlechte Bücher aus dem Ausland mitbringen, um sie heimlich zu reproduzieren. All diesen Unfug wollte Baur abgeschafft wissen. Nur dann würden, so meinte er in einer Supplik an das OCC vom 20. Mai 1812, „nach meinem allerunterthänigsten Erachten die verwerflichen

---

[66] Ibid. D 52/506.
[67] Ibid. D 54/86.

Schriften schnell verdrängt werden, was ich durch HausAussuchungen nicht ganz bezwecken könnte, indem sie solche alte Piecen in irgend einem mir unbekannten Winkel des Hauses verbergen können, wo ich nie hindringen kann."[68]

Dem Bücherfiskal von Schwäbisch Hall, Professor Seiferheld, gelang es im März 1813 nach langem vergeblichen Bemühen, einen Kolporteur, den Sohn des Eninger Händlers Jacob Lotter, zu erwischen und dessen Kolportagekiste auszuräumen. „Zu meiner nicht geringen Beruhigung", schrieb er nach Stuttgart, „glückte es mir endlich dieser Tagen, die wenige vorräthige Waare des jungen Lotters [...] zu untersuchen und den Anschluß [das heißt, die beigelegten Exemplare] als elendes, gegen Sitten und die schuldige Verehrung gegen das allerhöchste Wesen [verstoßendes Zeug] worunter sich Sprüche für die Zimmerleute bey Errichtung neuer Gebäude auszeichnen, zu finden, und hinwegzunehmen. So sehr ich mich nun hiezu verpflichtet fand, so sehr war ich dennoch in Verlegenheit, da ich auf einigen die Inscription ‚Mit gnädigster Genehmigung', den Ort und Nahmen des Buchdruckers erblickte. Ich nahm anfänglich Anstand, auf diese die Hand zu deken; es besiegte aber mein Dienst Eifer meine Bedenklichkeit, weil ich solche Lieder antraf, deren Inhalt unter würkliche Scartequen gehört, und wodurch bey der Jugend nichts gutes gestiftet wird [...]."[69]

Die beschlagnahmten Liedflugschriften, die aus Fleischhauers Offizin stammen dürften, enthielten in der Tat so verderbliche Verse wie „Das Canape ist mein Vergnügen" oder „Ihr Männer! traut den Weibern nicht". Die Unsicherheit Seiferhelds spiegelt die Torheiten des ganzen Bücherfiskal-Geschäftes wider.

Ein Blick nach Frankreich genügt, um die dortigen Zensurverhältnisse als durchaus vergleichbar mit den süddeutschen erkennen zu lassen. Die Buchhandelskontrolle in den Départements Haut et Bas Rhin wurde von Straßburg ausgeübt. Der „Inspecteur de l'Imprimerie et de la Librairie" war im Jahre 1811 ein Herr Bach. Er schrieb den Druckern und Buchhändlern am 4. März 1811 einen strengen Brief, in dem es unter anderem hieß: „Je n'ai pas besoin, Messieurs, de vous prévenir que j'apporterai la surveillance la plus sévère sur tout ce qui pourrait s'écarter de la stricte observation de ces mêmes loix". In dem Brief schwirrten Wörter wie „surveillance, contravention, principe, soupçon, méfiance, danger". Eine besonders strikte „surveillance" wollte Herr Inspektor Bach dem Buchimport angedeihen lassen; dabei schloß er eine Kontrolle von Privatleuten,

---

[68] Ibid. D 54/89.
[69] Ibid. D 54/176.

die sich im Ausland Bücher anschafften, durchaus nicht aus.[70] An übereifrigen, selbstherrlichen Zensoren hat es also auch im Westen nicht gemangelt.

Fast möchte man fragen, wer unter dem Zensur-System mehr zu leiden hatte: die Buchdrucker oder die Zensoren. Die Druckereien und ihre Produktion mehrten sich trotz aller einschränkenden Maßnahmen von Seiten der Regierungen, und die Bücherfiskale bemühten sich keuchend, mit dieser Entwicklung Schritt zu halten. Der zum Bücherzensor ernannte Geheimrat und Stadtdirektor zu Mannheim, Riegel, nannte in einem Schreiben an das Innenministerium vom 10. März 1839 die Bücherzensur ein „unangenehmes und intricates Geschäft". Zahlreiche Zensoren baten immer wieder um Dispens von ihren Zensurpflichten. Die Großherzoglich Badische Regierung des Seekreises in Konstanz gab am 14. Mai 1839 zu, daß „die Stelle des Censors dahier eine lästige, wegen der Persönlichkeit der Redactoren mit Unannehmlichkeiten verbunden und durch ihre Chikane zeitraubend ist". Der Konstanzer Zensor selbst, Regierungsrat Fröhlich, schrieb dem Innenministerium in Karlsruhe am 4. September 1839 von „Schwierigkeiten und Verdrußlichkeiten" – seine Gesundheit erlaube nicht, daß er das Geschäft weiterführe. Erst am 20. Dezember konnte er das zusätzliche Amt an den Assessor Dr. Schütt abgeben. Dieser ließ sich vorsichtshalber gleich einen Substituenten, den Amtsassessor Gässler beigesellen, für den Fall, daß er, Schütt, krank werde. Um ihre Gesundheit bangten die meisten Zensoren; sie hätten, um ihren Pflichten nachkommen zu können, dem Zensuramt ihre Mittagspause opfern müssen; das war, wie immer wieder vorgebracht wurde, für einen ohnehin schon vollbeschäftigten Beamten zu viel.[71] Es läßt sich denken, daß auch das Sozialprestige der Zensoren ein denkbar geringes war.[72]

Die Organisation der Zensur litt nicht nur unter den engen Bestimmungen der zahlreichen Gesetze, sondern vornehmlich unter dem hierarchischen System der Exekutivämter. Direktor Menoth in Stuttgart fürchtete den Polizeiminister; dieser hatte Furcht vor dem Tyrannen Friedrich. Jedes Element in diesem System kompensierte seine Angst vor dem Vorgesetzten durch Strenge gegenüber dem Untergebenen. In dieser Hierarchie von buckelnden und trampelnden Dienern des Staates blieb der Unterste der am meisten Geschädigte: der Drucker, der Kolporteur, das billige Druckwerk.

---

[70] Archives Haut-Rhin, Colmar, 1. T. 454.
[71] Badisches Generallandesarchiv Karlsruhe, 236/227. Cf. weiter unten: Zensur des *Leuchtturms*, 1839 (not. 92).
[72] *Der Erzähler am See* III, Lindau 1844, berichtet p. 224: In Köln ist ein neuer Censor angestellt worden, welcher Wenzel heißt. Die dortigen Journalisten sagen seitdem für s t r e i c h e n — w e n z e l n.

Der Drucker wurde mit Geldstrafen sanktioniert, den Kolporteur steckte man ins Polizeigefängnis, die Druckwerke flogen ins Feuer. Zensur war der neue Hexenwahn des neunzehnten, aufgeklärten Jahrhunderts, und die unbedeutendsten Inquisitoren rannten, trotz physischer Überanstrengung und in Ehrfurcht vor der Majestät ersterbend, herum, um die infernalischen, diabolischen, volksschädlichen, staatserschütternden Hexendrucke zum Autodafé zu zerren: Tragödie der Dummheit nach so vielen Jahrzehnten der Aufklärung; Unbildung, die nur Unbildung zeugen und die schon vorhandene Volksverdummung weiter hätscheln konnte. Auch für diesen Sektor des Staatswesens gilt, was Heinrich Stephani im Jahre 1804 über die Justizbeamten schrieb: „Keine Klasse von Staatsdienern ist bis jetzt in der Regel weniger das, was sie seyn soll, als eben diese. Die Dürftigkeit ihres Zustandes, der einseitige Blick derselben in den öffentlichen Angelegenheiten, ihre Verwirrung in Bestimmung dessen, was als Recht gelten soll, ihr bald sklavischer Sinn für die liebe Gewohnheit, und bald despotisches Verfahren, womit sie sich selbst zu Herren der Gesetze machen, deren Diener sie bloß seyn sollten; ihre Nichtachtung der Grenze zwischen dem Rechtlichen und Politisch-Nützlichen, wird mit jedem Tag allgemein bekannter."[73] Der aus solchen Beamten zusammengesetzten Zensurorganisation fielen vor allem die kleinen populären Drucke zum Opfer.

Opfer des Zensurwahns

1782: *Widersinnige Sagen*

Im Jahre 1782 erschien in Brixen eine Sammlung von Sagen über Schätze, wilde Frauen, Bergmännlein und über Lazarus Gitschner. Sie trug den Titel

Sagen der Vorzeit, oder ausführliche Beschreibung von dem berühmten Salzburgischen Untersberg oder Wunderberg. Wie solche Lazarus Gitschner, ein frommer Bauersmann von der Pfarr Berghaim, vor seinem Tod seinem Sohn Johann Gitschner in Gegenwart mehrer geistl. und weltlicher Personen geoffenbahret, und dieses alles nach seinem Tod bey vorgenommener Inventur schriftlich vorgefunden worden. Brixen, im Jahr 1782.

---

[73] H. Stephani: *System der öffentlichen Erziehung*, 1813, p. 141. In dieser 2. Auflage der Zusatz, die Lage habe sich durch den Umsturz der Dinge in Deutschland aufs glücklichste verbessert.

Das Büchlein gelangte durch einen Eninger Kolporteur von Augsburg nach Reutlingen. Buchdrucker Fischer wollte es nachdrucken, erhielt jedoch keine Erlaubnis dazu, da es sich, nach Meinung des OCC um eine „höchst abergläubische und widersinnige Pièce" handelte.[74]

1802: *Unzüchtige Lieder*

Die Lieddrucke der Solbrigschen Druckerei in Leipzig hatten auf dem Jahrmarkt zu Görlitz im August 1800 Anstoß erregt und waren konfisziert worden. Alle Lieder des Verlages hatte der Zensor streng zu prüfen. Unter anderen schied er folgende Texte aus:[75]

Gestern legt ich mich
Das Mädchen will einen Freyer
Höret, ihr Herren, gehet mit zum Vogelfang
Als die Venus neulich
Wer hat Lust mit mir zu
Komm mein Trutschel
Guten Morgen, Herr Apotheker
Frau, brings Vogelhäusel
Ermuntre dich, Karlinchen
Wo bleibst du, Hannchen
Als die schöne Galathee[76]
Soldaten die sind mein
Ach Lisettchen, deine.

1808: *Rüge für den Zensor*

Am 27. August 1808 ersuchte der Buchdrucker Mäntler aus Stuttgart das Oberzensurkollegium um Druckerlaubnis für ein Hochzeitsgedicht zu Ehren des Sprachlehrers Seitz. Da der Drucker es eilig hatte, erhielt er die Genehmigung auch schon am darauffolgenden Tage. Oberzensor Menoth geriet durch die Affäre in einen erstaunlichen Zorn. Am 27. August nachmittags ließ er den Professor Christian Nathanael Osiander folgendes wissen:[77]

---

[74] Staatsarchiv Ludwigsburg, D 54/171. Umfang des Büchleins: 174 × 110 mm, 40 p.
[75] A. Tille: *Verzeichnis von 1802 konfiszierten Volksliedern.* — Cf. auch G. Witkowski: *Verzeichnis der [...] Volkslieder.* — Zur Geschichte der Zensur der Volkslieder cf. O. Bökel: *Psychologie der Volksdichtung*, p. 165–169.
[76] Die „unanständigste" Strophe in diesem Lied lautet z. B.: „3) Kaum hat er dieses ausgesagt, So legt sie in's grüne Gras, Und that d'rauf einen kühnen Griff, Daß sie ganz voll Entzücken rief: Ich glaub er will mich, ach Herr je, und ach Herr je, und ach Herr je, Ich glaub er will mich, ach Herr je, und ach Herr je, o Jemine." - Text nach *Drei Neue Lieder*, s. l. n. d., 2 fol. n. n., in dem Sammelband *Weltliche Lieder* 50. A. 1432 der Badischen Landesbibliothek Karlsruhe.
[77] Staatsarchiv Ludwigsburg, D 54/46.

„Diesen Unfug, das Censur Collegium so zu behelligen, daß ein jeder der ein Gelegenheits-Gedicht herausgeben will, in instanti die Censur zu erhalten sich befugt glaubt, muß endlich einmahl ein Ende gemacht werden. Ob dem Sprachlehrer Seitz morgen oder später das Gedicht gedruckt wird, hieran ist der Staat so wenig interessirt als wenn Seitz nicht existire. Will also H. Pr. Osiander die Censur übernehmen, so hängt es von ihm ab, es gleich zu thun, oder nicht. Übrigens erwarte ich die Anträge des Collegii, um einem solchen Unfug zu begegnen. Stuttgart, den 27. August 8. [sign.] Menoth."

1809: *Abgeschmackte Jesus-Märchen*

Unsers Herrn Christi Kinderbuch[78], 1809 bei Mäcken in Reutlingen gedruckt, wurde vom OCC beanstandet, weil es „abgeschmackte Wundermärchen" enthielt. Osiander meinte, daß diese „übrigens ganz unbedeutende Volksschrift verboten werden sollte". Schübler wies dagegen auf die Tatsache hin, das Buch *De Infantia Christi* sei „uralt", es sei in alle ihm bekannte Sprachen übersetzt und lasse sich weder vertilgen noch verbieten. „Als V o l k s b u c h betrachtet, befördert es freilich die Aufklärung nicht, aber wo wollte es hinkommen, wenn man alle solche Bücher verbieten wollte?" Süskind hielt die „Mährchen-Zusätze" für schädlich in religiöser Hinsicht und sprach sich für ein Verbot aus. Auch Lehr stimmte für ein Verbot, „sei es auch nur aus dem Grund, um dadurch nach Jahren das gemeine Publikum zu z w i n g e n, bessere Schriften zu lesen, da es die anderen, schlechten, nicht mehr haben kann". Das Büchlein erhielt folglich keine Druckerlaubnis.[79] — Im gleichen Jahre wurden in Württemberg sämtliche Kriegsberichte aus Vorarlberg und Tirol und Schlachtenberichte wie von Napoleons Niederlage bei Aspern (am 21./22. Mai 1809) konfisziert.[80]

---

[78] J. Görres: *Die Teutschen Volksbücher*, p. 250–256, num. 47: „eine liebliche Idylle in der Religion".

[79] Staatsarchiv Ludwigsburg, D 54/159.

[80] Ibid. D 54/160. — Die Büschel D 52/398–399 enthalten ein gutes Dutzend pro-tirolerischer Flugblätter in Folioformat, die angeblich im Bodenseegebiet im Umlauf waren: Proklamationen, Kriegsberichte, Siegesnachrichten, Ansprachen; so z. B. die *Anrede/eines Feldpaters an die Landestruppen in der Seekapelle zu Bregenz/am 4ten Sonntag Trinitatis den 18ten Juni 1809./Zum Drucke gegeben auf Befehl der Obern./Bregenz gedruckt und verlegt bey Joseph Brentano. 1809.* 4°, 8 p. num. — Am 12. Mai 1809 begab sich der Bücherfiscal Hofrat Lehr in das Lesezimmer des Museums, um sich seinen Zensur-Aufgaben hinzugeben. In der Tat fand er das tags zuvor mit der Schweizer Post eingetroffene Wochenblatt *Der Erzähler* aus St. Gallen, und zwar die Nr. 18 vom 5. Mai 1809. Sie enthielt unter anderem eine antinapoleonische Proklamation des österreichischen Kaisers vom 6. April und einen Bericht von den Freiheitskämpfen in Tirol und Vorarlberg und wurde deshalb von Lehr als „anstößig" empfunden und mit „fiscalischem Beschlag" belegt. — Am 16. Juni 1809 nahm Lehr gleich vier verschiedene Zeitungen mit: den genannten St.

1810: *Una Sancta – unendlich gefährlich*

Jean Risler in Mülhausen im Elsaß druckte im Jahre 1810 ohne Genehmigung ein kirchliches Blättchen von jeweils vier Seiten Umfang im Oktav-Format, in welchem, in den Nummern 43 und 44, eine Predigt des Jenaer Superintendenten Marezoll *Über die Wiedervereinigung der protestantischen und römischen Kirche* nebst Geburts- und Todesanzeigen erschienen waren. Das Blättchen wurde am 21. 12. 1810 verboten, weil es „infiniment dangereux" war. Als Redakteur des Blättchens zeichnete der Pfarrer Graf von Mülhausen.[81]

1812: *Die Fratze des Schwärmers*

Mitteilung König Friedrichs von Württemberg an den Polizeiminister Grafen von Taube vom 30. November 1812:

Euer Excellenz habe ich auf Allerhöchsten Befehl zu eröfnen die Ehre, daß Seine Königliche Majestät in der heutigen Stuttgardter Zeitung die Annonce gelesen haben, wie um den Preiß von 24 Kr. das Portrait des vormaligen Helfer Dann[82] in dem Hause des Schreiner-Meisters Mohr zu kaufen sey. Es könne zwar Seiner Königlichen Majestät einerlei seyn, welche Fratze, gemahlt oder in Kupfer gestochen, in das Publicum gebracht werde, allein gerade bei diesem Fall sehen es Allerhöchstdieselbe, da jener Mann, welcher von Seiner Königlichen Majestät als ein gefährlicher Schwärmer beurtheilt werden müsse, von Allerhöchst Ihnen auf eine andere Stelle gesetzt worden sey, als einen indirecten Troz gegen die Allerhöchste Verordnungen an, und Euer Excellenz möchten deßhalb gleichbalden Seiner Königlichen Majestät berichten, wer das Bild gemahlt, und in Kupfer gestochen habe, auch auf wessen Veranstaltung der öffentliche Verkauf desselben eingeleitet worden seye, überhaupt wie es komme, daß ein Schreiner Meister solches im Verlage habe, auch soll vorläufig der fernere Verkauf desselben nicht mehr in den öffentlichen Blättern annoncirt werden. Mich damit etc. Stuttgardt den 30. Nov. 1812. [sign.] Vellnagel.[83]

Galler *Erzähler* num. 23 vom 9. Juni 1809, die *Staats- und Gelehrte Zeitung des Hamburgischen unpartheyischen Correspondenten*, num. 89 vom 6. Juni 1809, das *Frankfurter Journal*, num. 94 vom 13. Juni 1809 und die *Rheinische Correspondenz*, num. 100 vom 14. Juni 1809. Sie alle enthielten Negatives über Napoleon, und solche Berichte und Äußerungen durften die Stuttgarter Bürger nicht lesen. Staatsarchiv Ludwigsburg, D 52/485 und 480.
[81] Archives Haut-Rhin, Colmar, 1. T. 454.
[82] Über den Pietisten Christian Adam Dann (1758–1837), der wegen seiner Leichenpredigt auf den Hofschauspieler Weberling kurz zuvor nach Öschingen strafversetzt worden war, cf. Julius Roessle: *Von Bengel bis Blumhardt.* — Metzingen 1959, p. 233–239 und 415. — Mit dem hier genannten Porträt wurde 1813 auch ein Gedicht auf Dann verkauft.
[83] Staatsarchiv Ludwigsburg, D 52/512. Das Kupfer stammte von Ludwig Fr. Autenrieth, der im Hause des Schreiners wohnte.

1813: *Jesus' Abenteuer*

Am 26. März 1813 begab sich der Polizeikommissar von Colmar, J. Kübler, in die Lesekabinette der vier dort existierenden Buchhandlungen, um deren Inhaber die Unterdrückung von zwei Büchern mitzuteilen, nämlich *Thérèse Philosophe* und *Les Aventures de Jésus Cadet*.[84] Ein Exemplar von *Jesus' Abenteuern* fand Kübler in der Tat bei George Pannetier, und im Buchladen des Herrn Jean Baptiste Geng entdeckte er *La Vie du Roy Salomon*.[85] Der Kommissar beschlagnahmte die beanstandeten Bücher; bei Neukirch und Xavier Fontaine ging er allerdings leer aus.[86]

1827: *Drehleiermann lügt brave Leute an*

Der „joueur de vielle" Pierre Auclair aus Azé (Saône et Loire) hatte im März 1827 in der Buchdruckerei Gourdet in Cosne (Nièvre) folgende Flugblätter erstanden:

> *Miracle arrivé à Besançon*
> *Complainte touchante, Senone*
> *Récit véritable d'un sacrilège*
> *Cantique nouveau sur les contre-temps.*

Auclair erhielt keine Verkaufserlaubnis wegen der „intention évidente où est le vendeur, de tromper la bonne foi du public".[87]

1830: *Schwarzleser in Teplitz*

Alfred Meissners Vater, Badearzt in Teplitz, hielt sich 1830 den *Nürnberger Correspondenten*, der wöchentlich über die böhmische Grenze kam, in Österreich jedoch verboten war, „weil sich", so Meissner sarkastisch, „unwissende Völker besser, mindestens bequemer, als aufgeklärte regieren lassen". Bei einer überraschenden Kontrolle konnte Vater Meissner seine Wochenblätter nicht schnell genug ins Feuer stecken. „Es folgten Haussuchungen, Vorladungen, Verhöre. Schließlich wurde mein Vater wegen heimlichen Bezugs ausländischer, mit dem non admittitur bezeichneter Zeitungen in eine namhafte Strafsumme verurteilt. Ein ganzer Actenstoß über diese Angelegenheit war nach Prag, an's ‚Gubernium', gegangen und zog meinem Vater dort namentlich beim Landeschef, Grafen Chotek, eine böse Note zu. Das alles hatte der arge *Nürnberger Correspondent* verschuldet."[88]

---

[84] Nicht bei Schenda: *1000 FVB*.
[85] Wohl ein Zauberbüchlein. Nicht bei Schenda: *1000 FVB*.
[86] Archives Haut-Rhin, Colmar, 1. T. 454.
[87] Archives Nationales, Paris, F18. 551.
[88] A. Meissner: *Geschichte meines Lebens*. I. Band. 3. Aufl. — Wien und Teschen 1884, p. 9–12.

1835: *Die niedrigsten Laster*

In diesem Jahr erschien in der Brodhagschen Buchhandlung in Stuttgart der Roman *Der König* von Anton Johann Grosshoffinger (1808–1873) in 1000 Exemplaren. Er wurde, ebenso wie in Bayern, wegen seiner antimonarchischen Tendenzen beschlagnahmt; im Urteil der Zensur hieß es jedoch, er enthalte „die niedrigsten Laster, Ehebruch, Blutschande, Mord, Totschlag [...] in fratzenhaften Bildern [...] welche gegen Religion und Sittlichkeit anstoßen". Grosshoffinger wurde, aus Leipzig kommend, in Stuttgart wegen seiner politischen Ansichten verhört, aber für harmlos befunden.[89]

1835: *Nordlicht erschüttert Monarchie*

Im Januar 1835 wurde am Oberrhein ein aus der Schweiz importiertes Blatt mit dem Titel *Das Nordlicht. Ein Volksblatt in zwanglosen Heften. Neujahr 1835. No. 1.*[90] konfisziert und nach Paris geschickt. Das Innenministerium verbot dessen Einfuhr mit dem Urteil (Schreiben an den Präfekten vom 31. 1. 1835): „La tendance générale de ce journal rédigé pour les classes inférieures de la société, me parait comme à vous dangereuse, en ce qu'elle révèle l'intention manifeste d'ébranler la confiance du peuple dans les institutions monarchiques, de la porter à la révolte par l'influence des principes démagogiques les plus outrés, et de préconiser la loi agraire."

Das Blatt fordert in der Tat den vernünftigen Republikaner, schimpft auf die Ausbeuter der Monarchie und auf die Religion der Pfaffen:

„Vertraut auf Euch selbst, Ihr Arbeiter, Handwerker und Bauern! die Ihr von Hochmuth und Herrschsucht fern, in reger Thätigkeit ein anspruchsloses Leben führt. Ihr seyd der Kern des Volks, an Euch ist's, den Wurm zu zertreten, der an dem innersten Marke des Volkes nagt; schüttelt sie ab die Fesseln, die arbeitsscheue Müssiggänger Euch schmiedeten! Dann wird Freiheit und Gleichheit, und mit ihnen neues Leben wieder einziehen unter den Völkern; Ungerechtigkeit und Herrschsucht aber zu Schanden werden. So sey es."[91]

1839: *Verdunkelter Leuchtturm*

Wie die Zensur in bezug auf die in Konstanz erscheinende Tageszeitung *Der Leuchtturm* im Jahre 1839 gehandhabt wurde, zeigt ein Bündel von

---

[89] Staatsarchiv Ludwigsburg, E 146/741.
[90] 4°, 16 p.
[91] Archives Haut-Rhin, Colmar, 1. T. 462.

Zeitungsausschnitten im Badischen Generallandesarchiv.[92] Die Blätter sind mit den Ausstreichungen des Zensors übersät.[93]

1841: *Kniebeugung der Protestanten*

Am 11. Oktober 1841 brachte der in Nürnberg erscheinende *Korrespondent von und für Deutschland* in seiner Beilage eine Buchanzeige der Stettinschen Buchhandlung in Ulm. Der württembergische Verlag bot eine „für Protestanten und Katholiken in Bayern höchst wichtige Schrift" zum Preise von 36 Kreuzern an. Ihr Titel lautete: *Die Kniebeugung der Protestanten vor dem Sanctissimum der Katholischen Kirche in dem bayerischen Heere und in der bayerischen Landwehr;* ihr Inhalt bezog sich also auf die sogenannte „Kniebeugungsaffäre"[94], auf den Beschluß Ludwigs I. vom 14. August 1838, auch protestantische Militärs hätten bei öffentlichen Anlässen vor dem Sanctissimum niederzuknien, und auf das lebhafte ablehnende Echo, das dieser Beschluß bis dahin gefunden hatte. Das Stettinsche Büchlein wurde beschlagnahmt „in Erwägung, daß die erwähnte Druckschrift über eine von Seiner Majestät dem Koenige Allerhoechst unmittelbar getroffenen Anordnung tadelnd sich verbreitet". Öffentliche Kritik war wieder einmal unterdrückt worden, die kleinen Leser erfuhren nichts von der Aufregung unter den höheren Staatsbeamten, von der schwankenden Stellung des Königs, der hinter jedem Tadel eine Revolution witterte.[95]

1843: *Innenminister will alles wissen*

In einem Rundschreiben der Direction de la Police générale, Section de la Correspondance générale et de la police administrative beim französischen Innenministerium vom 8. November 1843, das an alle Präfekten gerichtet war, verlangt die Polizei ein drittes Belegexemplar von allen Druckwerken, die sich mit politischen Fragen beschäftigen, und fügt mit drohenden Worten hinzu: „Je viens vous rappeler ces instructions; j'ajouterai que si les journaux qui paraissent dans votre département contenaient, parfois, des

---

[92] Badisches Generallandesarchiv Karlsruhe, 236/5753. — Cf. auch A. Diesbach: *Das Konstanzer Wochenblatt.*

[93] Anfänglich ließen die Drucker an der Stelle der zensierten Passagen und Artikel das Papier weiß, dann wurden diese allzu eklatanten Zeugen der Zensur untersagt. Erinnerungswürdig in diesem Zusammenhang ein Zitat aus dem *Beobachter,* Stuttgart, 19. Juli 1847, p. 780: „Wir bemerken, daß der erste Artikel in unserem gestrigen Blatte ‚Geschichte der Censur etc.' infolge von Censurstrichen unvollständig zum Abdruck gekommen ist."

[94] M. Doeberl: *Entwicklungsgeschichte Bayerns* III, 1931, p. 130–131.

[95] Bayerisches Hauptstaatsarchiv München, M. Inn. 25117.

126

articles ou des nouvelles ayant trait aux affaires de la localité et susceptibles d'éveiller mon attention, je désire qu'un exemplaire de ces journaux me soit adressé, par une communication particulière, et dans la forme adoptée pour la correspondance confidentielle. Veuillez, je vous prie, tenir la main à ce que mes intentions à cet égard soient ponctuellement suivies. Le Ministre de l'Intérieur [sign.] T. Duchâtel." Der Präfekt des Département Vosges sandte, eilfertig, auch gleich ein im Département Meurthe gedrucktes Werkchen mit dem Titel *Réponse à de misérables attaques,* das sich angeblich auf zwei in den Vogesen ansässige Universitätsbeamte bezog.[96]

1844: *Strafwürdige Klagetöne*

Die bayerische Polizei beschlagnahmte einen billigen Lieddruck mit dem Titel *Klagetöne über den Wucher im Jahre 1844*[97], der folgendermaßen anhob:

> So sind denn alle Teufel los?
> Sind wir von aller Hilfe bloß?
> Will uns Bedrängte niemand retten;
> Und müßen wir denn ganz allein –
> Soll gar kein and'res Mittel sein –
> Des Elends schwere Kelter treten?

Der keineswegs ungebildete noch ungeschickte Dichter, der mit „Spaß und Ernst" unterzeichnete, sprach von Hunger, falschen Versprechungen und Wucher, reimte *Patriot* mit *Spott* und *Brot* mit *Not,* und er bat den Herrgott, er möge das *Vater Unser* nicht zu einem *Vater Ihrer* werden lassen. Als Grund für die Unterdrückung gab die Königliche Regierung von Oberbayern am 29. Oktober 1844 an, das Druckwerk sei unzulässig, „indem durch dasselbe strafwürdige Aufregung und gefährliche Unzufriedenheit, Mißvergnügen und Unruhe zu erwecken gesucht wird."

1846: *Indezenter Hahnrei*

Am 28. Oktober 1846 hatte das Innenministerium, Direktion der Schönen Künste, Abt. Druckerei und Buchhandel zwei in Épinal gedruckte Büchlein mit dem Titel *Passeport et patente de cocu* zu rügen, weil sie „d'une indécence grossière" waren, und weil die Präfektur trotzdem eine Druckerlaubnis erteilt hatte. Der Präfekt erklärte in seiner Antwort vom 31. Ok-

---

[96] Archives Vosges, Épinal, 7. T. 6. Schreiben der Präfektur vom 9. November 1843.
[97] 204 × 120 mm, 2 fol. n. n., s. l. n. d. — Bayerisches Hauptstaatsarchiv München, M. Inn. 25117.

tober, er habe mit seiner Erlaubniserteilung dem Drucker, Pellerin, klargemacht, daß er die Büchlein auf eigene Gefahr drucke, und Pellerin habe sich jetzt bereiterklärt, die besagten Schriften aus dem Handel zu ziehen.[98]

1848: *Tyrannen, Volksschinder und Geldsäcke*

Die Zahl der im Jahre 1848 beschlagnahmten politischen Flugschriften ist Legion. Eines dieser Flugblätter mit dem Titel *Gruß zum neuen Jahr! An unsere Brüder, die deutschen Proletarier* protestiert gegen Not und Sklaverei, gegen den höhnischen Trost der Pfaffen, daß dem Leben im Jammertal ein herrliches ewiges Leben folgen soll. Es ruft auf zu einem heimlichen Kampf bis zum offenen Ausbruch der Revolution:

O pocht nur noch ein Jahr, ihr Brüder in der Eisenhütte, und füllt noch mehr die Säcke eurer reichen Treiber! Webt noch ein Jährlein an dem Leichentuch Alt-Deutschlands, ihr armen Weber! Stehlt, treibt Alles – nur daß ihr bis dahin nicht verhungert! Flechtet, ihr Seiler, flechtet und drehet! Eure ersten Stricke gelten dem Otterngezücht der Diplomaten, besonders den Schuften am Bundestage. Sie sollen an den Thoren in der Eschenheimer Gasse aufgehängt werden, ohne daß sich was ,wegplaudern' läßt [...] Ihr verfluchten Tirannen, ihr Henker des Rechts, ihr schonungslosen Volksschinder, ihr Fürsten, Aristokraten, Pfaffen, und Geldsäcke! Das Gericht komme über euch! [...] Deutschland. Gedruckt bei Schlagdrauf und Hilfdirselbst. 1848.[99]

Eine solche Sprache redeten Agitatoren für ein Volk, dem man seit hundert Jahren politische Aufklärung und Bildung vorenthalten hatte.

---

[98] Archives Vosges, Épinal, 7. T. 6.

[99] Staatsarchiv Ludwigsburg, E. 146/741. Ibid. sind noch folgende Flugblätter bemerkenswert: *Deutsche Männer!* [...] *Gebt uns was wir wollen, die Freiheit, oder wir werden sie nehmen!* [...] 2°, 1 fol., eins. bedruckt, s. l. n. d. — *Die badischen Soldaten an ihre Kameraden im übrigen Deutschland.* („Wir wollen gern die *Pflichten* erfüllen, die jeder gute Bürger dem Staate und der Regierung gegenüber zu erfüllen hat, aber auch die *Rechte* wollen wir, die ein anderer Bürger hat und damit basta! ... Freiheit! Gleichheit! Bruderliebe!"). 315 × 240, 1 fol., eins. bedr., s. l. n. d. — Ferner: *Ueber Fürstenstaat und Fürstenheer, Volksstaat und Volksheer. Von einem ehemaligen Söldner. Kanton Thurgau im Jahr 1848.* 8°, 47 p. — Man vergleiche J. L. Ewald: *Ist es jetzt rathsam* [...] und seine These, wahre Volksaufklärung verhindere Revolutionen; ferner J. H. von Wessenberg: *Die Elementarbildung des Volks*, p. VIII, der ganz ähnlich meint, „daß die Länder, wo die Volkskultur die schönsten Fortschritte gemacht hat, vor Aufruhr, Anarchie und Fanatismus geborgen blieben, während diese Dämonen gerade d i e Völker, in denen, neben dem blendenden Schein einer falschen und schiefen Kultur der höhern Stände, die Aufklärung und Bildung der untern ganz vernachläßigt, oder absichtlich gehindert war, in alle Greuel der Wuth und des Elends hinabstürzten. Wann wurden die ewigen Rechte der Menschheit schrecklicher, aber zugleich auffallender an denen gerächt, die sie verkannten, oder unterdrückten?" Diese Worte haben nichts an Aktualität verloren.

Anfang September 1853 erhielt der Präfekt von Colmar einen Brief seines
Kollegen in Straßburg mit der Mitteilung, der ehemalige Metzger Barbaras,
Jacques aus Straßburg sei dort am 26. August abgereist, um sich in Colmar
dem Verkauf des Werkes *Les Mystères du Peuple* zu widmen – der Mann
sei besonders streng zu überwachen. Am 7. September erteilte daher der
Colmarer Präfekt seinem Polizeikommissar und dem Gendarmerie-Kommandanten den Befehl, das Individuum Barbaras zu beschatten. Am 24.
September hatte die Polizei schon ganze Arbeit geleistet: Barbaras war in
seiner Colmarer Wohnung entdeckt worden, und, da er keinen Kolportage-
ausweis hatte, beschlagnahmte man nicht nur Sues *Mystères du Peuple,* sondern auch noch viele andere Bände. Der gesamte Besitz des Kolporteurs Barbaras sah folgendermaßen aus:

76 Bd. u. Lieferg.		*Mystères du peuple*
10 Bd.		*Juif errant* (Sue)
52 Bd. u. Lieferg.		*Histoire de France*
77 Bd. u. Lieferg.		*Histoire de France*
36 Bd. u. Lieferg.		*Werke von Buffon*
41	Lieferg.	*Histoire de la Bastille*
16 Bd. u. Lieferg.		*Mystères des enfants trouvés*
4 Bd.		*Mystères de Paris* (Sue!)
16	Lieferg.	*Voyage autour du monde*
9 Bd.		Sämtliche Werke von W. Scott
20	Lieferg.	*Les Crimes célèbres*
24	Lieferg.	*Mémoires d'outre-tombe* de Chateaubriand
22	Lieferg.	*Histoire des Girondins* (Lamartine!)
7 Bd.		*La Galerie illustrée de l'histoire du peuple français*
7 Bd.		*Le Médecin du peuple*
2 Bd.		*Les Martyrs* par Chateaubriand
1 Bd.		*Itinéraire de Paris à Jérusalem* (Chateaubriand!)
1 Bd.		*Le Génie du Christianisme* (Chateaubriand)
1 Bd.		*Le Dernier des Abencérages* (Chateaubriand).

Wenige Tage später meldete der Präfekt dem Herrn Innenminister:
„[...] A la suite d'une visite domicilière pratiquée dans les formes lé-
gales, on vient de saisir chez le nommé Barbaras 76 volumes de l'ouvrage
intitulé les *Mystères du peuple* qui étaient soigneusement cachés." (Von
legalem Vorgehen und versteckten Büchern war jedoch in dem Polizei-
bericht keine Rede gewesen.) Am 12. Oktober mußte der Präfekt den Po-
lizeidienststellen mitteilen, daß der genannte Barbaras schon wieder in den
Gemeinden des Départements dem Colportagebuchhandel oblag. Der Misse-

täter wurde gefangengesetzt und am 5. November in Colmar zu acht Tagen Gefängnis und zu einer Geldstrafe von 16 fr. verurteilt „pour colportage d'imprimés sans autorisation".[100]

1857: *Blick über die Grenzpfähle*

Folgende ausländische Blätter wurden im Oberelsaß ständig kontrolliert und häufig beschlagnahmt:
Schweizerische National-Zeitung, Basel
Der Bund, Bern
Basler Nachrichten, Basel
Schwäbischer Merkur, Stuttgart
Neue Zürcher-Zeitung, Zürich
Allgemeines Intelligenzblatt der Stadt Basel, Basel.[101]

1859: *Infames England*

Am 4. Juli 1859 schickte ein Unbekannter dem britischen Konsul in Boulogne ein Flugblatt von vier Seiten Umfang mit dem Titel *L'Hymne des Francs.* Es war im Juni in Arles bei Dumas et Dayre erschienen und nannte als Verfasser „Fréderic Billot, Auteur du Chant du Mharatte, dédié à Nana-Saïb". In diesem siebenstrophigen Lied wurden die Engländer folgendermaßen geschmäht:

> [...] On sait ta politique infâme
> D'irriter les peuples entre eux!
> Ton cabinet de fiel, n'a d'âme
> Que pour des brigands dangereux.
> Tu pactises avec tout crime
> Qui peut faire hausser ton coton [...]
> Alsops ajuste la victime
> Que lui signale Palmerston![102]

Der Unterpräfekt von Boulogne beeilte sich, „de détruire l'irritation profonde qu'un tel envoi avait causé dans l'esprit du consul", schrieb der Präfekt des Départements Pas-de-Calais am 7. Juli 1859 an seinen Innenminister.[103]

1866: *Armes Frankreich*

Am 20. August 1866 versuchte der Notar Firmien Fossier aus Tours, fol-

---

[100] Archives Haut-Rhin, Colmar, 1. T. 484.
[101] Ibid. 1. T. 475.
[102] *L'Hymne des Francs, dédiée au 3me Régiment de Zouaves.* Arles-sur-Rhône, 1859 (Imprimerie Dumas et Dayre, rue du Forum). 4 p.
[103] Archives Nationales, Paris, F18. 554.

gende politische Broschüren an der Grenzstation St. Louis aus der Schweiz nach Frankreich einzuschmuggeln:

Les Propos de Sabiénus
La Femme de César
La Justice divine
Pauvre France
L'Expédition du Mexique
Les deux Cours (moeurs des Bonaparte).

Die Zollbeamten beschlagnahmten neben diesen Pamphleten auch noch sechs „politische Photographien".[104] Viele solcher politischen Schriften, die gegen' die französische Regierung gerichtet waren, erschienen in den sechziger Jahren im Ausland: in London, Brüssel, Frankfurt, Prag, Basel, Bern. Die Zollbehörden hatten solchen Druckwerken ihr besonderes Augenmerk zuzuwenden und waren verpflichtet, alle eingeführten Politica zu beschlagnahmen. So wurden etwa im 5. Band, 9. Heft des in Basel bei Krüsi erscheinenden *Illustrirten Volks-Novellisten* „Geheime Memoiren Louis Napoleons III., herausgegeben von L. Schubar, 13 Bände" mit verlockenden Worten angeboten. Die Abteilung Buchhandel im Innenministerium befahl daher dem Präfekten des Département Haut-Rhin mit Schreiben vom 3. November 1865 „que les Mémoires Secrets de Louis Napoléon Bonaparte par Louis Schubar (Docteur Lubarsh), doivent être rigoureusement saisis dans tous les bureaux de Douane où ils seraient présentés".[105]

1860–1870: *Doppelte Verbrechen*

Die Zentralverwaltung in Paris hatte es sich „zur Regel gemacht", „d' empêcher la circulation, par le colportage, de tout imprimé ayant pour objet des relations de crimes, délits, jugement ou exécutions".[106] So wurden unter anderen folgende Drucke verboten:

Die große Verbrecherin Anna Sauerbronn, Mörderin ihrer Eltern und ihres Bräutigams, geschehen in Magdeburg im Königreich Preussen 1861.
Beschreibung des schrecklichen Raubmordes bei Zweibrücken.
Das unheimliche Haus.
Der Leichenberauber zu Paris.[107]

---

[104] Archives Haut-Rhin, Colmar, 1. T. 463.
[105] Ibid. 1. T. 463.
[106] Brief des Innenministeriums vom 20. Februar 1863 an den Präfekten des Département Bas-Rhin. Archives Bas-Rhin, Strasbourg, T. 212.
[107] Die Geschichte vom Leichenfledderer war 1861 in französischer Sprache auch in Paris, Charmes, Saint-Germain und Lille erschienen. Sie trug den Titel *Un Vampire, le sergeant Bertrand*. 2°, 1 fol. Bibl. Nat. Paris, F. 4975 (61–64).

Die am 30. November 1852 vom Polizeiminister Charlemagne Émile de Maupas begründete Commission d'examen des livres du colportage beschloß in ihrer Sitzung vom 10. Juni 1868, folgende Werke nicht zur Kolportage zuzulassen:

(Wegen Unmoral)	*Marthe Narades*
	par Ernest Daudet. Éditeur Ventu.
(Wegen Unmoral)	*Théorie de l'amour artificiel*
	par Adolphe de Saint Lanne.
	Librairie internationale à Paris et à Bruxelles.
(Wegen Gottlosigkeit)	*A Batons rompus*
	par Émile Deschanel. Hachette éditeur.
	L'Impot expliqué par demandes et par réponses.
	Catéchisme du contribuable.
	Par Gustave Isambert rédacteur du *Temps.*
	Lechevalier éditeur.
(Wegen Unmoral)	*L'Art de s'amuser en Société.*
	Anonyme. Sartorius éditeur.

In der Sitzung vom 2. Juni 1869 wurden unter dem Vorsitz des Herrn de Pongerville folgende Werke zurückgewiesen:

La Vie cléricale – F. Magnard
Les Gendarmes – Pessard
Histoire intime d'un homme – E. Leclerq
La Confession de l'abbé Passereau – Alf. Assolant

In der Sitzung vom 16. Juni wurden verdammt:

Mémoires d'un curé Vendéen – par Eugène Bonnemère
Armée et démocratie – par le Général Cluseret
Le Roman d'une conspiration – par Blanc (?)
Les Aigles du Capitole – par E. Lockroy
Congé d'ivrogne – feuille (ein Einblattdruck)
Aux électeurs de la Seine. Portraits des Députés – une feuille.

Und so gehen die Listen titelreich weiter, vom populären Flugblatt bis zum Verbot von Stendhals *Le Rouge et le noir* am 1. September 1869 und der *Chartreuse de Parme* am 13. Oktober desselben Jahres.[108]

---

[108] Archives Nationales, Paris, F[18]. 554.

Prinzipien und Konsequenzen der Zensur

Das Bemühen der späten Aufklärung, klare Grenzen zu schaffen zwischen dem Nützlichen und dem Schädlichen, zwischen progressiver Vernunft und geistig lebloser Unmündigkeit, die oft übertriebene Sucht, soziale Fakten in ein dualistisches und verbesserungsbedürftiges Weltbild einzuordnen – wobei die kritische Entzauberung in neuen Zauber umschlagen konnte, wie es Hermann Bausinger einmal formulierte[109] – dieses Bemühen wirkte sich auch auf die Diffusion und die Wirksamkeit populärer Lesestoffe aus. Dem Nützlichkeitsprinzip wurde dabei ohne Zweifel der Vorrang eingeräumt. Freilich wußten die Aufklärer kaum zu differenzieren zwischen dem Nutzen für das Individuum – den Landmann, den Handwerker, den Jüngling, die Hausfrau – und dem Nutzen für die Gesellschaft, das heißt, den Staat. Vielmehr waren sie davon überzeugt, daß jedes schadhafte Rädchen dem Ganzen der Staatsmaschinerie schaden müsse.[110] Das Leben der Kleinstelemente der Gesellschaft mußte also gelenkt und überwacht werden. Die Gesamtheit dieser Infrastruktur wurde Volk genannt, die Einzelelemente wurden paritätisch behandelt – für Ausnahmeerscheinungen, Außenseiter, Individualisten war in diesem System kein Platz. Die Kleinmaschinerie wurde einem generellen Gesundheitsreglement unterworfen, um ein „durch schlechte Lektür verunstaltetes Volk" zu vermeiden, das „in ganzen Geschlechtern verdorben wird"[111], das heißt, um ein kontinuierliches Funktionieren des gesamten Staatswesens zu gewährleisten. „Adiaphora"[112] hatten in einem solchen Staatswesen, zumal wenn es von streng klassizistischen und pietistischen Kräften bewegt wurde, keine Existenzberechtigung.

---

[109] H. Bausinger: *Aufklärung und Aberglaube*, p. 350.

[110] Cf. L. Westenrieder: *Ob es [...] wohlgethan sey [...]*, p. 300: „[...] und wenn es ein Unrecht, und eine Schande, eine grobe Sünde wider das Vaterland ist, gute Bücher zu unterdrücken: so muß die Begünstigung schlechter Bücher, solcher Bücher, welche eine unendliche Massa von irrigen Einsichten, verwerflichen Grundsätzen, verkehrten Rathschlägen, und niedrigen Gesinnungen verbreiten, nicht weniger ein Unrecht, eine Schande, und eine grobe Sünde wider das Vaterland seyn". Zu Westenrieder cf. Hans Moser: *Lorenz Westenrieder und die Volkskunde.* — In: *Bayer. Jahrb. f. Volkskunde* 1953, p. 159–188.

[111] Ibid. p. 300–301.

[112] Den Begriff der „Adiophora" hat Dieter Narr in bezug auf das Volksleben der Aufklärungszeit mit anregenden Gedanken interpretiert in seinem Beitrag *Geistliche Äußerungen zur Fasnacht, besonders aus dem 18. Jahrhundert.* — In: *Masken zwischen Spiel und Ernst.* — Tübingen 1967 *(Volksleben,* 18), p. 15–33.

Die Literatur-Diätetik baute sich auf strengen Grundsätzen der Aufklärungs-Hygiene auf, die von Widersprüchlichkeiten nicht frei waren[113] und deren gesundheitsfördernde Wirkungen überhaupt in Frage gestellt werden dürfen. Sie schloß, auf das Wachsen der Vernunft bedacht, alle die Texte aus, die Johann Gottfried Herder, Gottfried August Bürger oder Joseph Görres „auf dunkle Weise lebendig poetisch", „in Fantasie, als Empfindung, wahre Ausgüsse einheimischer Natur" oder von „durchaus stammhaftem, sinnlich kräftigem, derbem, markirtem Charakter" genannt hätten[114] – es ist sinnvoll, sich diese Gleichzeitigkeit von Spätaufklärung und Romantik vor Augen zu halten. Verpönt waren also Volkslieder (v. den Beleg von 1802), Sagen (1782), Legenden (1809, 1813), Mirakelberichte (1827), das heißt, Literaturformen, die der P h a n t a s i e von Einzelnen oder Erzählgemeinschaften entspringen. Ausgeschlossen waren Erotika, weil sie das Triebleben förderten, zur Wollust reizten, zur Erschlaffung führten.[115] In diese Sparte der kräfteraubenden Lesestoffe gehörten weiter die Romane (1835, 1853), die zum Müßiggang und zur Vernachlässigung der täglichen Pflichten führen mußten – von Freizeit und Zeitvertreib war ja noch keine Rede, und die Vokabeln Entspannung und Erholung spielten noch keine sozialhygienische Rolle. Berichte von Verbrechen (1860) mußten schließlich von den immer noch perfektiblen Lesern ferngehalten werden, um nicht in ihnen asoziale Gelüste wachzurufen oder um ihr Bild von einer heilen und glücklichen Welt nicht zu zerstören. Gestattet waren dagegen positive Exempel von Tugendhelden, treuen Untertanen und gütigen Herrschern – erbauliche Beispiele also, die zu neuer Biederkeit und stiller Güte hinführten:

> Ich lese nicht Romanen,
> ich lese nicht für Scherz,
> Geschichten deutscher Ahnen

---

[113] Auch in der Behandlung der Volkslesestoffe ist bei den Aufklärern gelegentlich eine „Binnenreaktion" zu beobachten, wie sie Dieter Narr: *Fragen der Volksbildung*, p. 47 beschrieben hat. Auch hier gibt es, selbstverständlich, Revisionen, wie die in not. 28 zitierte von J. L. Ewald, regionale Unterschiede, stark ausgeprägte individuelle Auffassungen — ihre Darstellung würde jedoch eine eigene Arbeit erfordern.

[114] J. G. Herder: *Briefwechsel über Ossian* (1773). — G. A. Bürger: *Aus Daniel Wunderlichs Buch (Deutsches Museum* 1776/1). — J. Görres: *Die teutschen Volksbücher* (1807).

[115] Nicht unerwähnt bleiben darf die im 18./19. Jahrhundert verbreitete heillose Angst vor der „Selbstbefleckung" der Kinder — Angst also, der Staat möchte vor lauter Onanie zur impotenten Krüppelgesellschaft werden. Cf. Dr. Zimmermann: *Warnung an Eltern* [...] — In: *Deutsches Museum* 1778/1, p. 452–460. — S. G. Vogel: *Unterricht für Eltern* [...] *wie das Laster der* [...] *Selbstbefleckung* [...] *zu heilen.* Stendal 1786. — A. B. Zürn: *Hephata.* 1841. (Badisches Generallandesarchiv Karlsruhe, 236/243). — Schenda: *1000 FVB*, num. 435. Etc. etc. — Zur Theorie, daß Romanlektüre zum Wahnsinn führen kann, cf. M. Foucault: *Folie et déraison*, p. 269.

veredeln mir das Herz.
Die waren brav und bieder,
die Männer hatten Muth,
und ihre Mädchen wieder,
die waren fromm und gut.

So singt das „Mädchen aus Schwaben" in einem aufklärerischen Auf-
bau-Lied.[116]

Soweit mochte der Bürger zu einem brauchbaren Untertanen erzogen
worden sein; die Tatsache, daß dieser Mensch nach dem obersten Ideal der
Aufklärung auch noch vernünftig denken sollte, führte jedoch zu Ideologie-
Komplikationen und zu der ein wenig beschämenden Klein-Lösung einer
relativen Aufklärung.[117] Das Denken mußte sich auf die unmittelbare Umwelt des Lesers beschränken, auf die Mildheimische Welt mit Äckern,
Scheunen, Obstbäumen und noch lebenden Leichen – hier durfte der Landmann denkend perfektionieren, mehr Kartoffeln bauen, besseres Obst züch-
ten, Scheintote optimistisch zu neuem Leben erwärmen, notfalls auch lesen
lernen, um die Noth- und Hilfsbüchlein verwenden zu können. Das Denken durfte jedoch über den Dorfzaun oder die Werkstatt nicht hinausge-
hen:" [...] schädlich ist die politische Zweifelsucht, das Grübeln über
die Rechte des Landesherrn und des Unterthanen", meinte Ewald im Jahre
1790.[118] Konfessionsfragen, Diskussionen über Religionsreformen mußten
also zum Beispiel von den Lesern ferngehalten werden (1810, 1812, 1841),
Zeitkritik war zu unterdrücken (1844, 1866), Revolutionspamphlete kamen als Lesestoffe nicht in Frage (1848). Besonders gefährlich konnten politische Zeitungen wirken: ihnen galt die spezielle Aufmerksamkeit der
Zensoren (1830, 1835, 1839, 1843, 1857); in diesen Blättern feierte die
Zensurtinte Freudenfeste. Politische Flugschriften waren außerordentlich
gefährlich, da sie auch zu internationalen Komplikationen führen konnten
(1859, 1866). Kurz: Druckwerke, die zu politischem Denken oder auch nur
zu politischem Gruppenbewußtsein führen könnten, waren grundsätzlich
verboten: So schrieb das württembergische Innenministerium am 25. Februar 1813 an die Oberämter:

[116] *Ich bin ein Mädchen aus Schwaben.* In: *Vier schöne weltliche Lieder.* — Reutlingen: Justus Fleischhauer. s. a. — In: Sammelband *Weltliche Lieder,* Badische Landesbibliothek Karlsruhe, 50. A. 1432.
[117] Cf. D. Narr: *Fragen der Volksbildung,* p. 53.
[118] J. L. Ewald: *Über Volksaufklärung,* p. 28: Die Obrigkeit sei von Gott eingesetzt,
man müsse ihr daher gehorchen.

Der königl. Section der innern Administration wird andurch notificirt, daß aus Rücksicht auf die gegenwärtige Zeitumstände von Königl. Polizey Ministerium den sämtl. Königl. Landvogtey Aemtern aufgegeben worden ist, weder den Ehninger noch anderen Krämern und Unterthanen den Hausirhandel mit Flugschriften, welche in irgend einiger näheren oder entfernteren Beziehung politische Gegenstände bezielen, wann dieselben auch gleich nur Compilationen aus Zeitungen seyn sollten, in deren Landvogteyl. Bezirken zu gestatten.
Stuttgart den 25. Febr. 1813.

Ministerium des Innern.
[sign.] Von Reyschach.[119]

Und knapp ein Jahr später lautete ein Dekret König Friedrichs:

Seine Königliche Majestät haben das au. Anbringen des Königlichen Polizey-Ministerii vom 17. d. M. den Druck von Flugschriften, welche sich auf die Ereignisse des Tages beziehen, betreffend, eingesehen und geben hierauf gfl. zu erkennen, daß in Allerhöchstdero Reiche keine dergleichen Schriften gedruckt werden sollen, dem öffentlichen Verkaufe derselben aber, in so ferne darinn nichts gegen benannte Souverains, oder Ministers, gute Sitten und Religion vorkommt, nichts in den Weg zu legen ist, indem solches nicht zu verhindern ist; wonach das Ober-Censur-Collegium zu bescheiden ist.
Decr. Schorndorf den 19. Jan. 1814

[sign.] Friderich.[120]

Die Verhältnisse wurden nach 1830 keineswegs besser. König Ludwig I. von Bayern, in ständiger Furcht lebend, seine Untertanen möchten ihn stürzen, forderte im April 1832 strengste Zensur der politischen Blätter – gegen die Gründung des katholischen Büchervereins im Jahr 1830 hatte er natürlich nichts einzuwenden gehabt. Sein Minister, Fürst Öttingen-Wallerstein, der, weil in einer freieren öttingischen Aufklärungsatmosphäre groß geworden, liberal gesinnt war und daher später seinen Abschied nehmen mußte, dieser Friederich von Öttingen war persönlich dafür verantwortlich, daß die *Deutsche Tribüne* und der *Westbote* unterdrückt wurden und die Pressen, auf denen sie vervielfältigt worden, der Vernichtung anheim fielen. Ludwig I. hatte diese Zensurforderungen keineswegs auf eigenem Studium der Verhältnisse aufgebaut, sondern sie aus dem „Ausland" übernommen. Im Protokoll der 9. Sitzung der Deutschen Bundesversammlung vom 2. März 1832 hatte der Paragraph 67: „Den Mißbrauch der Presse, insbesondere Verbot der in Rheinbayern erscheinenden Zeitblätter: die *Deutsche Tribüne* (ed. Dr. Wirth) und der *Westbote* (ed. Dr. Siebenpfeif-

---

[119] Staatsarchiv Ludwigsburg, D 41/1355.
[120] Ibid. D 52/457.

fer), dann des zu Hanau erscheinenden Zeitblattes: die *Neuen Zeitschwingen* (ed. Georg Stein?) betreffend" die genannten Blätter für alle deutschen Bundesstaaten wegen aufrührerischer und anarchistischer Ideen verboten. So erklärt sich auch die Szene in Harro Harrings Satire *Das Volk* (1832), wo es heißt: „Ganz richtig, Herr Stadtrath! man liest dort sogar die Tribüne, den Westboten, den Hochwächter und dergleichen hochverrätherische Journale!", und wo der Herr Stadtrat antwort' ich."[121]

Nach der Julirevolution schließlich waren die einzelnen Staaten bestrebt, „die beiden Revolutionsjahre aus dem Bewußtsein der Zeitgenossen möglichst zu verdrängen" – und wiederum wuchsen die Kataloge der verbotenen Politika.[122] Und doch war gerade der politische Bildungs- und Lesehunger gewaltig angeschwollen. Von frommen Traktaten wollten die Arbeiter der fünfziger Jahre nichts wissen, auf politischem Gebiet wollten sie sich informieren, nicht auf religiösem.[123] Wo man die Informationen nicht auf legalem Wege erhalten konnte, beschaffte man sie sich auf dem Schwarzmarkt der clandestinen Presse.

Politische Flugschriften wurden in den dreißiger Jahren in der Schweiz, im Elsaß oder gar in Paris gedruckt und nach Baden eingeschmuggelt. Von dort brachten Fuhrknechte und Kolporteure die Blätter päckchenweise nach Württemberg. Der Fuhrmann Bezeler transportierte ein Paket mit 24 Exemplaren der Flugschrift *Eins ist noth* nach Ulm zum Tuchmacher Kölln. Bei dem Knecht des Fuhrunternehmers Gäuble von Reutlingen fand die Polizei ein ähnliches Paket, das an den Rechtskonsulenten Biegger zu Tettnang adressiert war.[124] 1848 verschickten unbekannte Absender politische

---

[121] M. Doeberl: *Entwicklungsgeschichte Bayerns*, III, p. 119. Dazu ist heranzuziehen Staatsarchiv Ludwigsburg, E 146/741. — H. Harring: *Das Volk*. Straßburg 1832, p. 105.

[122] F. Balser: *Sozial-Demokratie*, p. 325.

[123] Ein Kolporteur der Evangelischen Gesellschaft Stuttgart berichtete: „Bei L. traf ich auf republikanisch gesinnte Eisenbahnarbeiter, die schimpften und fluchten gewaltig über die Verbreitung des Tractats: ‚Guter Rath an Wähler', und drohten mir mit Schlägen. Ich werde überhaupt in dieser Gegend von Vielen schnöde und kalt abgewiesen und oft gar nicht angehört. Die Gemüther sind gar zu sehr mit der Politik und dem revolutionären Treiben angefüllt, und dadurch aller Sinn für die Wahrheit erstickt. Sie sagen mir frei in's Angesicht: ‚Jetzt glaubt ja Niemand nichts mehr, wer wird jetzt noch Tractate oder Gebetbücher kaufen!' Politische Schriften will man und keine andere." L. Hofacker: *Ein güldenes Jubiläum*, p. 73.

[124] Staatsarchiv Ludwigsburg, E 146/741. — In einem Bericht der K. Ober-Zoll-Administration an das Finanzministerium vom 27. April 1833 heißt es: „Als Verbreiter derselben werden die Fabricanten Rapp und Sohn in Mühlacker bezeichnet. Auch läßt es sich nicht bezweifeln, daß der Sohn des berüchtigten Schmugglers Leicht von Neuhausen im Großherzogtum Baden, welcher sich gegenwärtig in Heimsheim aufhält, hiezu mitwirkt.

Schriften päckchenweise an biedere Bürger, oder man legte sie einzeln auf Fenstergesimse, klebte sie an Häuser, warf sie in Treppenschächte, verteilte sie in Wirtshäusern, verstreute sie in den Straßen der Städte. „Benützt alle möglichen Gelegenheiten", schreibt das Flugblatt *An das ausgesogene Volk in Deutschland,* „Fuhrleute, Omnibus, Condukteurs, Eisenbahnen usw. – nur auf den Posten seid behutsam. Schicket diese Blätter nach allen Richtungen, wo ihr Bekannte habt, durch ganz Deutschland. Sammelt Beiträge zur Deckung der Druckkosten, für fernere republikanische Flugschriften und schicket sie uns zu, damit wir sie unentgeltlich in die ganze deutsche Nation hinauswerfen können."[125]

Am 17. Mai 1849 meldete der Generalmajor von Baumbach dem württembergischen Kriegsministerium, daß der Friseur Holzschuh in der Stuttgarter Eberhardtstraße das Flugblatt *Badische Soldaten!*[126] „in großer Menge an alle vorübergehenden Soldaten ausgetheilt" habe, „und daß ich selbst gesehen habe wie dieser Mann einem vorübergehenden Soldaten des 4. Infanterie Regiments ein Exemplar, welches er von einem größern an der Thüre auf einem Stuhle liegenden Pack nahm, in die Hand gegeben hat." Von Baumbach protestierte „gegen dieses verbrecherische Bestreben" und forderte, daß „auf das Kräftigste eingeschritten werde", bevor der gute Geist bei der Truppe unterwühlt sei.[127]

Man ist geneigt zu fragen, ob die Zensurverhältnisse wirklich so bildungshemmend, geisttötend und verdummend waren, wie Johann Goldfriedrich sie dargestellt hat[128], wenn solche Möglichkeiten der heimlichen Lektürebeschaffung doch noch vorhanden waren. Daß Sensationsliteratur und Erotika, wenn nicht auf diese Weise, so doch nach anderen Methoden heimlich gehandelt wurden, ist ja doch ebenso klar, auch wenn die Zensurakten in dieser Hinsicht weniger Material bieten.[129] Und am 17. November 1849

Die Verhaftung desselben dürfte daher um so mehr begründet seyn, als nach früheren Mittheilungen der großherzogl. Badenschen Regierung Adlerwirth Leicht neben dem Schmuggel-Gewerbe sich noch mit der Verbreitung revolutionärer Schriften beschäftigt."
[125] Ibid. E 146/741.
[126] Diese Ansprache sollte in der Greinerschen Buchdruckerei gedruckt worden sein.
[127] Staatsarchiv Ludwigsburg, E 146/741.
[128] J. Goldfriedrich: *Geschichte des deutschen Buchhandels* III, 6. Kapitel: *Die Censurverhältnisse.*
[129] Gustav Nieritz schreibt in seiner *Selbstbiographie*, p. 59 (die Szene spielt um das Jahr 1810): „Eines Tages besuchte ich meinen Freund, des Braumeisters Sohn. Ich fand ihn allein in der Wohnstube und er sagte geheimnißvoll zu mir: ,Gustav, ich will Dir etwas zeigen'. Hierauf erkletterte er mit Hilfe eines Stuhls und des herangeschobenen Tisches die Ecke eines hohen Schrankes und bemächtigte sich eines dort liegenden, von seinem Vater versteckten Buches. Dasselbe enthielt die schmuzigsten, abscheulichsten Bilder und einen demselben angemessenen Text, von welchen beiden man nicht begreifen konnte, wie ein Maler und ein Schriftsteller ihre Hände zu einem so scheußlichen Werk zu rühren ver-

erhielt doch der Regierungsdirektor des Schwarzwaldkreises, von Autenrieth in Reutlingen, ein Schreiben vom Direktor des Geheimen Cabinets des Königs, Freiherrn von Maucler[130], in welchem von einer „Masse revolutionärer Flugblätter und Schriften" die Rede war, die von Reutlingen aus verbreitet wurden. Die „im Lande erscheinenden kleineren Flugblätter" seien „ihres gedrängten Inhaltes und ihrer Wohlfeilheit wegen für den gemeinen Mann besonders leicht zugänglich".[131] Aber hier liefern die Akten doch nur ein verzerrtes Bild: wie sie die Menge der unzüchtigen Schriften unverhältnismäßig groß erscheinen lassen, so blähen sie auch die „Masse"

---

mocht hatten. Die Urheber solcher Abscheulichkeiten sind moralische Ungeheuer und Todtschläger, die durch die Aussicht auf einen kleinen Geldgewinn der Verübung der ärgsten Schandthaten fähig sind. Wie vorsichtig Aeltern in Bezug auf dergleichen Geheimnisse gegen ihre Kinder sein müssen, welche die Augen überall haben, da, wo es jene nicht ahnen!" Natürlich ist diese Darstellung stark von der Polemik gegen schlechte Lektüren beeinflußt.

Einen kleinen Einblick in den französischen Erotika-Handel liefern die Akten, die Angriffe gegen die Pariser Kolportagekommission enthalten (Archives Nationales, Paris, F^{18}. 555). Einiges Aufsehen erregte ein Artikel von einem Herrn Auguste Marais, der in Caen in dem republikanischen Blatt *Le Suffrage Universel* am 24. Oktober 1868 (num. 42) erschien. Marais zitierte darin einige unanständige Passagen aus dem Büchlein *La Malice des grandes filles* und fragte, wie es möglich sei, daß die Kommission diesem Büchlein den Kolportage-Erlaubnis-Stempel gegeben habe. Die Polizei beschlagnahmte zunächst einmal die Zeitung, und die ganze Affäre hatte einen nicht gering zu schätzenden Papierkrieg zur Folge. Die Kommission führte das Versehen auf einen Irrtum zurück, der ihr vor vielen Jahren passiert sein mußte. In der Tat waren schon 1857 und 1858 Pellerin-Drucke wie *La Malice des femmes, Malice des hommes* und *Catéchisme à l'usage des grandes filles* (Schenda: *1000 FVB*, num 549, 550 und 188) und 1860 das Büchlein *Instruction pour les garçons qui souhaitent se marier ou guide nécessaire dans toutes les circonstances pour être heureux en mariage* verboten worden. An der Moral der Kommission war also nicht zu zweifeln. Doch sei die Unanständigkeit selbst dem heutigen Leser nicht vorenthalten; es handelt sich um ein Gedicht mit dem Titel *L'Audience Ministérielle*. Frau Hortense geht darin zu einem Minister, um eine Gnade für ihren Mann zu erwirken:

Chez le ministre exempt de blâme
On peut aisément parvenir,
Il ne voit jamais une femme
Sans chercher à l'entretenir

heißt es da, und die folgenden Verse lassen keinen Zweifel darüber, daß der Minister nicht zugeknöpft bleibt, und Frau Hortense schließt ihren Bericht:

J'ai dû, dans cette circonstance,
Me donner bien du mouvement. —

Zur Unterdrückung volkskundlich relevanter erotischer Fakten vor allem im 19. Jahrhundert cf. noch den Brief Hermann Bausingers an Walter Böckmann in: *Die Verfälschung der Erotik in der Literatur. Wahn und Wirklichkeit einer Moral.* littera, 6, Gertenbach 1966, p. 9–12.

[130] Zu den Personalien cf. das *Königlich Württembergische Hof- und Staatshandbuch*, als Fortsetzung der Ausgabe von 1847 enthaltend die Veränderungen bis 1. 10. 1850. — Stuttgart 1850, p. 34, 56.

[131] Staatsarchiv Ludwigsburg, E 146/741.

der politischen Blätter auf – beide Gattungen bildeten in Wirklichkeit nur
ein Minimum der gesamten populären Lektüreproduktion und -konsum-
tion.[132] Die Leser wurden also mit moralischen Histörchen gefüttert oder
ganz ohne Lesestoffe gelassen, ja, eher duldete man noch religiösen und
abergläubischen Wunderglauben[133] und die Sensationsberichte als die politischen Pamphlete, die ohne Zweifel einen entschieden höheren Bildungswert besaßen. Die wirkliche „Masse" der niedrigsten Literatur – von der
noch die Rede sein wird – diese geduldete Summe aller Anspruchslosigkeit,
Naivität, Reaktion, Plattheit und Eintönigkeit, kommt in der Zensurdis-
kussion nicht zur Sprache. Diesem Literaturwust gegenüber wirken auch
die praktisch-erzieherischen Lesestoffe, welche die Aufklärer so gepriesen
hatten, verhältnismäßig unbedeutend.[134] Im Notfall – in politisch-gesell-
schaftlichen Fragen nämlich – wußte der einfache Mann ganz und gar
nicht, wie er sich helfen sollte. Die Situation um die Jahrhundertmitte
wird aus einem 1842 erschienenen Aufruf deutlich, der neben viel Pathos
auch eine Reihe guter Überlegungen zur Frage liefert, welche Rolle die un-
zensierte Presse zu spielen habe.[135] Da heißt es:

> Die Presse sey nicht für das Volk! Nichts im ganzen Staate ist so sehr für das
> Volk als die Presse. Wo soll denn der arme Arbeiter, der den ganzen Tag sich
> plagen muß, für sich und die Seinen, die Kenntniß von Staatsdingen, die ihm
> nothwendig ist, hernehmen? Um in die Residenz zu gehen, wo die Kammern sind
> und des Landes Wohl berathen, hat er weder Zeit noch Geld, auch fehlt ihm die
> Bildung, um aus langen und weitläufigen Verhandlungen den Kern herauszuzie-

---

[132] Ganz anders die Verhältnisse in Paris während der Belagerung und der Kommune
von 1870/71. Cf. F. Maillard: *Les Publications de la rue.* Diese Bibliographie zeigt, wie
viel an satirischen, politischen Liedern und Aufrufen im Laufe eines einzigen Jahres in
Paris gedruckt wurden, mit Titeln wie *La Femme du déporté* (167), *La Fuite triomphale
des Prussiens* (183), *Gustave Flourens, martyr de la liberté* (213), *Histoire des amours,
scandales et libertinages de Bonaparte* (216), *Jules Favre et Bismarck* (225), *Paris n'est pas
perdu* (290), *Paris prussien* (292) oder *Les Prussiens dans Paris* (332). Es kann kein Zweifel
bestehen, daß diese Flugblätter und Heftchen von vier oder acht Seiten in solcher Zeit patriotischer Hochstimmung oder Verzweiflung den Druckern aus den Händen gerissen wurden.
[133] Ein Artikel in der Zeitung *Le Siècle,* Paris, 13. Oktober 1868, machte der französischen Kolportagekommission schwere Vorwürfe in Hinsicht auf genehmigte Büchlein wie
Dragon rouge, Petit Albert, Clef des songes, Triple oracle und *Art de tirer les cartes*
(Schenda: *1000 FVB,* num. 313, 26, 229, –, und 87). Die Archives Nationales, Paris, F[18].
555, bieten weiteres Material zur Kritik an der Kommission.
[134] Robert Mandrou: *De la culture populaire,* p. 63, sieht freilich die Verhältnisse allzu
negativ, wenn er über die *Traités scientifiques et techniques* schreibt: „C'est un très
faible effectif de livrets qui traitent de ces matières, et c'est le signe même de l'absence
presque totale d'intérêt du public populaire pour ce genre de livres...". Diese Behauptung trifft für das 19. Jahrhundert keineswegs mehr zu.
[135] *Deutsche Presse im Jahre 1842,* p. 109.

hen. Die Presse aber bringt ihm das, was ihm frommt, gerade mundrecht, und in stiller Feierstunde im Kreise der Seinen kann er sich belehren. Wie soll der Arme Schutz und Hülfe finden, wenn Beamtenwillkühr ihn drückt, ungerechte Abgabenvertheilung ihn zu Grunde richtet, ein bestechlicher Richter sein Recht verdreht, sein reicher Brodherr ihm die Frucht seines Schweißes verkümmert? Zum Schnekkengange des heutigen Rechtsweges hat er keine Zeit, die Advokaten zu bezahlen kein Geld, seine Sache selbst zu führen keine Bildung: die Presse aber ist sein Advokat, sie hat Zeit und Geld und Bildung für ihn, und indem sie dem Einen hilft, warnt sie zugleich tausende und schützt sie vor ähnlichen Fällen. Wer soll den wenig gebildeten arbeitsamen Staatsbürger warnen, wenn ein Minister seinen Glauben anzutasten, zu verkümmern, zu verdrehen, oder mit gefährlichen Elementen zu vermischen sucht; wenn er, pietistischer Verblendung hingegeben, dieses Gift in den ganzen Staat säet und nur Prediger dieser Gesinnung anstellt; oder wenn er eine engherzige und verderbliche Politik im Handel verfolgt, die das Wohlsein und die Existenz der Gewerbetreibenden gefährdet und aufs Spiel setzt? Die Presse muß die Hüterin und Wächterin des schlichten Bürgers seyn in solchen Dingen und ihm ein leuchtendes Wahrzeichen aufstecken, das ihn warnt, zur Prüfung und Vorsicht ruft. Deshalb ist die Presse recht eigentlich für das Volk und in seinem Interesse muß sie frey sein.

Was aber die Presse forderte, weil sie es nicht besaß, das konnte auch die Gesamtheit der populären Lesestoffe nicht bieten: sie durfte weder opponieren, noch regulieren, ja nicht einmal reflektieren. Die Ideale der Aufklärung waren gerade an der Klippe der Lesestoffe gescheitert. In dem Versuch, die Selbständigkeit der „niederen Classen" zu beschränken und in nützliche Bahnen zu lenken, in ihrer Furcht, die Evolution der Leserkreise möchte zur Revolution eines gebildeten Proletariats anschwellen, machten sich die Volkspädagogen zu Handlangern des Absolutismus gleich welcher Couleur. Ihre Unsicherheit in bezug auf die Bildung, die man dem Volk vermitteln oder nicht vermitteln sollte, und die Uneinheitlichkeit ihrer Bestrebungen wurden vom Staat ausgenützt: wenn sich die Spätaufklärer nicht einig waren, was und wieviel die Untertanen lesen sollten, dann entschied eben der Herrscher, daß das Volk möglichst wenig lesen sollte. Die umwälzende Leistung der Aufklärung war eine philosophische, vielleicht auch eine ökonomisch-praktische, keinesfalls aber eine politische. Was die Leser zwischen 1770 und 1870 aus ihren Lesestoffen lernen konnten, war fromm zu denken, praktisch zu handeln, von Abenteuern nur zu träumen, mit ihrem Los zufrieden zu sein und Befehle auszuführen.

III. PRODUKTION UND VERTRIEB DER POPULÄREN LESESTOFFE

Das sitzende Volk

„Ach lieber Herr und Freund", schrieb der Verleger Johann Georg von Cotta am 22. Juni 1834 aus Stuttgart an den in München wirkenden Professor Ludwig Aurbacher, „warum sind wir ein schreibendes, lesendes, druckendes und sitzendes Volk geworden."[1] Die Frage zu beantworten, war auf beiden Seiten keine Zeit: Verleger suchten Autoren, um auf den Buchmessen zu bestehen[2]; Autoren rannten Verlegern nach, um ihre schriftstellerische Freiheit finanziell sichern zu können[3]; die Druckereien arbeiteten Tag und Nacht, damit das sitzende Volk seine Blätter und Bücher zur rechten Zeit bekam. Dabei ging es den Produzenten nicht nur darum, das vorhandene und oft gefühlte Lesebedürfnis[4] zu stillen; die verschiedensten Macht- und Interessengruppen versuchten auch, durch das publizistische Medium die neuen Leserschichten zu beeinflussen.[5]

Wer die Produzenten der neuen Massenmedien waren, läßt sich, nach hundert und mehr Jahren, nur noch unter großen Schwierigkeiten ermitteln: die Autoren blieben, auf dieser Ebene, oftmals anonym: das Honorar war ihnen wichtiger als ihr Ruhm[6], und zudem war es damals, wie Clemens Brentano in der *Geschichte vom braven Kasperl und der schönen Annerl*

---

[1] W. Kosch: *Ludwig Aurbacher*, p. 94.

[2] Cf. *Schreiben an einen Freund*, 1789.

[3] Cf. H. J. Haferkorn: *Der freie Schriftsteller*, col. 530–531. — Charakteristisch die Werke, die Carl August Schönke „einen Verleger suchend, als Manuscript fertig" hatte, bei J. B. Heindl: *Galerie berühmter Pädagogen* II, p. 385.

[4] Die Herausgeber der *Bremischen Beyträge zur lehrreichen und angenehmen Unterhaltung für denkende Bürger* wünschten 1795 „einem von vielen ihrer Mitbürger, deren Urtheil ihnen stets wichtig seyn wird, bemerkten Bedürfnisse, so viel an ihnen liegt, abzuhelfen [...]". — H. Stephani: *System der öffentlichen Erziehung*, ²1813, p. 186, gesteht sogar dem Landmanne ein Lesebedürfnis zu.

[5] Cf. etwa H. Böttcher: *Das publizistische Werk J. H. Wicherns.* — R. Schenda: *Georg Jakob Schäblen.*

[6] Über Honorarsucht der Autoren als Quelle für die Vielschreiberei cf. *Ueber die Ursachen der jetzigen Vielschreiberey*, 1790, p. 326.

schrieb, „wunderbar, daß ein Deutscher immer sich ein wenig schämt, zu sagen, er sei ein Schriftsteller".[7] Mit der „Vergrößerung der Schriftstellergruppe" seit der zweiten Hälfte des 18. Jahrhunderts[8] stieg nicht nur die Produktion: es minderten sich gleichzeitig die Erfolgschancen und das Sozialprestige des einzelnen Autors. Von den vielen Winkeldruckereien, die weit davon entfernt waren, auf den Messen als Verlage aufzutreten, ist selten etwas übriggeblieben; nur einige Formulare sind in den Archiven erhalten. Die Privatkorrespondenz der unbedeutenden Autoren[9] und der kleinen Verleger, die Rechnungen und Bestellungen sind nahezu spurlos verschwunden. Verhältnismäßig reicher fließen die Quellen über kleine und kleinste Buchhandlungen, Leihbüchereien und Bibliotheken – aber auch hier läßt das vorhandene Material viel zu wünschen übrig. So bietet dieses Kapitel kaum mehr als verstreute Notizen, die im einzelnen bemerkenswert sein mögen, aber nicht immer allgemeine Schlüsse zulassen. Trotzdem muß der Versuch gewagt werden, die Geschichte von Produktion und Vertrieb der populären Lesestoffe in den Griff zu bekommen; bei der allgemeinen Unwissenheit in bezug auf diesen Komplex duldet eine solche Untersuchung keinen längeren Aufschub.

Die Masse der schriftstellernden Deutschen

Wenn man dem Bio-Bibliographen Johann Georg Meusel Glauben schenken darf, zählte der deutsche Schriftsteller-Clan im Jahre 1771 etwas über dreitausend, um das Jahr 1776 über viertausenddreihundert, 1784 mehr als fünftausendzweihundert, 1791 an die siebentausend und um die Jahrhundertwende gar mehr als zehntausend Mitglieder[10]: „Jetzt, im Jahr 1806, dürften ihrer wohl ungefähr 11 000 anzunehmen seyn."[11] Von diesen darf der Literaturhistoriker freilich, ihrer Unbedeutendheit wegen,

---

[7] Clemens Brentano: *Werke* II, ed. Friedhelm Kemp. — Darmstadt 1963, p. 774–806, sp. p. 781.

[8] H. J. Haferkorn: *Der freie Schriftsteller*, col. 531.

[9] Die Briefwechsel wären in der Tat „außerordentlich wichtige literatursoziologische Quellen" (H. J. Haferkorn, loc. cit. col. 570) — wenn sie immer vorhanden wären.

[10] J. G. Meusel: *Das Gelehrte Teutschland.* 5. Aufl., vol. XII, Lemgo 1806: *Vorrede zu dieser fünften Ausgabe,* p. VI. Daß viele Autoren nur schriftstellerten, um im Meusel zu glänzen, wird 1790 im *Journal von und für Deutschland* behauptet. Cf. *Ueber die Ursachen der jetzigen Vielschreiberey,* p. 499.

[11] Die deutsche Bevölkerung zählte im Jahre 1800 23 Millionen, hundert Jahre später 56,4 Millionen Menschen. H. Bechtel: *Wirtschafts- und Sozialgeschichte,* p. 324. Bei der

zehntausend Mann in Frieden ruhen lassen; er muß dabei nur gelegentlich im Auge behalten, daß es dieses Autorenheer in den Landen deutscher Zunge gab und geben mußte. Welcher Meusel aber hätte bei zunehmender Bevölkerungsziffer und beim Wachstum der städtischen Einwohnerzahlen noch weiter die Menge der deutschen Autoren zusammenstellen mögen – zehn- oder zwanzig- oder dreißigtausend Namen in jeder Generation? Franz Brümmer zählte 1913 rund zehntausend Dichter und Prosaisten des 19. Jahrhunderts auf, ohne behaupten zu können, diese Zahl sei „auch nur annähernd erschöpft".[12] Sophie Pataky lieferte 1898 Angaben über rund 6000 Schriftstellerinnen aus der zweiten Jahrhunderthälfte, von denen die meisten bei Brümmer unberücksichtigt blieben.[13] Von fünfzig- oder auch hunderttausend (oder zweihunderttausend?) haupt- oder nebenberuflich schriftstellernden Deutschen des 19. Jahrhunderts sind vielleicht noch tausend erwähnenswert, und auch im Kreise dieser Auserwählten stellt sich die bange Frage:

> „Wer, was ist:
>
> Bavaria, Palatina;
> Huizinga, Spitta, Monica? –
> Arndt, Arendts, Schiller, Goethe, Dach;
> Görres, Andersen, Staub, Freytag? –
> Aurbacher, Krummacher, Dieffenbach;
> Hagenbach, Redenbacher, Auerbach? –
> Andreä, Andrä, Löwe, Nacke;
> Zschokke, Ule, Gude, Stacke;
> Mügge, Stolle, Ranke, Grube;
> Pfeil, Pilz, Berghaus, Löhr, Kuhn, Bube? –
> Memorabile, Rebele, Ingerle;
> Verschiedene, Andere, Strässle? –
> Castelli, Tschudi, Pocci, Rudolphi;
> Caspari, Hölty, Usteri, Jacobi? –
> Flattich, Hertwig, Pöppig, Heinisch;
> Ullrich, Ludwig, Schurig, Reinick? –
> Medicus, Michaelis, Fix, Jais;
> Masius, Mehl, Mehlis, Salis,
> Konfucius, Martin Claudius;
> Fritz Claus, Matthias Claudius? – [...]".

Diskussion um das Anwachsen der Lesermassen ist diese rapide Bevölkerungszunahme sowie das Anwachsen der Stadtbevölkerung im Verhältnis zur Landbevölkerung stets im Auge zu behalten.

[12] F. Brümmer: *Lexikon der deutschen Dichter* I, p. 6.
[13] S. Pataky: *Lexikon deutscher Frauen der Feder.*

So witzelte im Jahre 1888 Heinrich Werner, Lehrer an der königlich bayerischen Staatserziehungsanstalt zu Speyer, in einem Russischen-Salat-Gedicht, das 332 Männer, 12 Frauen und 16 „verschiedene Schriften" aufzählt.[14] Auch wenn man die Erwägung anstellt, daß die beiden Weltkriege den Bruch mit dem 19. Jahrhundert verstärkt haben und daß die nationalsozialistische Jugendliteratur-Politik systematisch die „Ausmerzung aller inhaltlich veralteten" Schriften betrieb[15], daß also die Kenntnis vieler literarischer Produkte verlorengegangen sein muß; auch wenn man eine Reihe von anderen guten Entschuldigungen sucht und findet, wird man doch vom Schauer der Unwissenheit beim Anblick der nicht wenigen Spezialbibliographien und biographischen Lexika dieses letzten Jahrhunderts[16] gepackt. Dabei gewähren diese Nachschlagwerke noch keineswegs Auskünfte über die Autoren, die für rund 2000 verschiedene deutsche Zeitungen im Jahre 1850 und für 6416 im Jahre 1887 durch die deutsche Post beziehbare deutsche Blätter[17] periodisch den Stoff geliefert haben. Und ebensowenig enthalten sie Angaben über Hunderte oder Tausende von Tagesschreibern, aus deren Federn Zehntausende, ja Hunderttausende[18] von verschiedenen anonymen[19] populären Druckwerken geflossen sind.

Gottfried Kellers Satire auf die heimlichen Schreiberlinge von Seldwyla ist bekannt: Viggi Störteler, Spediteur und Gartenlaube-Leser, schreibt unter dem Pseudonym „Kurt vom Walde" Novellen für Sonntagsblättchen – „und bald begann hier ein Roderich vom Tale, dort ein Hugo von der Insel und wieder dort ein Gänserich von der Wiese einen stechenden Schmerz zu empfinden über den neuen Eindringling." Solche Kollegen waren allerorten anzutreffen: ein Guido von Strahlheim wetteiferte mit einem Oskar Nordstern oder einem Kunibert vom Meere, und „diese Herren, welche ein gutes Buch jahrzehntelang ungelesen ließen, verschlangen alles, was von ihresgleichen kam, auf der Stelle, es in allen Kaffeebuden zusam-

---

[14] H. Werner: *Kurze Biographien*, p. 1–4.

[15] Peter Aley: *Jugendliteratur im Dritten Reich. Dokumente und Kommentare.* — Gütersloh 1967, p. 48.

[16] Die Bibliographie dieser Bibliographien findet sich in Goedekes *Grundriß zur Geschichte der deutschen Dichtung*, NF (1830–1880) I. — Berlin 1962, p. 29–35 (num. 1–125). — Rudolf Dimpfel: *Biographische Nachschlagewerke — Adelslexika — Wappenbücher.* — Leipzig 1922.

[17] F. Walther: *Deutsches Zeitungswesen*, p. 4–5.

[18] Über diese Zahlen lassen die Bestände der Bibliothèque Nationale, Paris keinen Zweifel aufkommen. Es gibt keinen Grund, die deutsche Produktion erheblich niedriger als die französische anzusetzen. Allein Reutlingen dürfte im 19. Jahrhundert verschiedene Titel und Neuauflagen in der Größenordnung von 10 000 Nummern produziert haben.

[19] Zum Streit über die „Namenlosigkeit" der Journalisten cf. F. Walther: *Deutsches Zeitungswesen*, p. 66–67.

mensuchend, und zwar nicht aus Teilnahme, sondern aus einer sonderbaren Wachsamkeit." In diesem kaffee- und weingeistigen Klima mutiert der Kellner zum Schriftsteller, der sich nicht schämt, „im größten Leichtsinn schnell ein Dutzend Seiten zu schmieren". „Es ist etwas Eigentümliches um die schlechten Skribenten", meint Keller: „Obgleich sie die unverträglichsten und gehässigsten Leute von der Welt sind, so haben sie doch eine unüberwindliche Neigung, sich zusammenzutun und ins Massenhafte zu vermehren, gewissermaßen, um so einen mechanischen Druck nach der oberen Schicht auszuüben."[20]

Die obere Schicht rächte sich, indem sie den Druck von unten entweder beschimpfte[21] oder ignorierte. Ganze Legionen von Männern und Frauen der Feder sind in allen Ländern so perfekt totgeschwiegen worden[22] – und warum auch nicht? –, daß man meinen könnte, sie hätten wirklich nicht existiert, und das Papier, das schon am Ende des 18. Jahrhunderts ernstlich knapp wurde, hätte sich selbsttätig vollgeschrieben oder -gedruckt. Viele jedoch, die sich der Menge dieser Lesestoff-Produzenten bewußt waren, wurden nicht abgeschreckt, sondern von diesem Großunternehmen angezogen – wie der wirtembergische Magister Ulrich Höllriegel:

Seine Arbeiten in Rapsers Officin erregten in ihm den unglücklichen Gedanken, den er eher schon mit sich herumgetragen, und nur aus Mangel an Gelegenheit nicht bewerkstelligt hatte, als S c h r i f t s t e l l e r aufzutreten. Zwar war ihm das an sich nicht zu verübeln, da die Schriftstellerey eine freye Kunst ist, die der Scherge, der Abdecker so gut treiben darf, als der Professor, und er wenigstens eben so viel innern Beruf hatte, als zwey drittel der Herren und Damen, an deren Spitze der Herr Hofrath Meusel als Quartiermeister und Musterschreiber steht. Denn er konnte doch orthographisch schreiben, und verstand seine Muttersprache grammatisch richtig; zwo Eigenschaften, die zwar keinem Autor erlassen werden sollten, die man aber in der That bey dem größern Theile derselben vermißt, wie selbst aus dem Beyspiele so manches Recensenten in unsern besten kritischen Journalen klärlich erhellet. Ueberdieß ist ein solcher Entschluß gar nicht unnatürlich bey einem Jüngling von diesem Charakter, der sich auch überall verkannt sah, und seine großen philanthropischen Plane nicht durchführen konnte, ohne sich erst öffentlich über seine Fähigkeiten legitimirt zu haben. Dazu kam die liebe Eitelkeit, welche eine Stelle in Haugs gelehrtem Wirtenberg[23] gar allerliebst fand, und der Eigennutz, der in unsern Tagen die Schriftstellerey zu einem Broderwerb

---

[20] G. Keller: *Die mißbrauchten Liebesbriefe*. In: *Die Leute von Seldwyla*.

[21] P. L. H. Röder: *Geographie und Statistik Wirtembergs*, I. — Laybach 1787, p. 100.

[22] Von den in diesem Kapitel zitierten Autoren sind in Franz Bornmüllers *Biographischem Schriftsteller-Lexikon der Gegenwart*, 1882, nicht viele zu finden.

[23] Balthasar Haug: *Das gelehrte Wirtemberg*. — Stuttgart 1790. 366 p.

gemacht hat, da man seine Ideen zu Markte bringt, wie der Weingärtner seine Steckbohnen, oder der Seifensieder die Talglichter.[24]

Steckbohnen und Talglichter – dieser bissige Vergleich wird umso bemerkenswerter, wenn man Menge, Nutzen und Wirkung dieser vulgären Objekte bedenkt. Daß sie nur Nebenprodukte munterer Außenseiter waren, hat ihrer Notwendigkeit und ihrem Erfolg keinen Abbruch getan.

Die Galerie der unberühmten Außenseiter literarischer Produktion

Das Heer der populären Schriftstellerinnen und Schriftsteller rekrutierte sich aus allen Schichten der Gesellschaft.[25] Prinzessin Alexandra, die Tochter König Ludwigs I. von Bayern, „die ein edles und liebenswürdiges Wesen sein muß [...], schreibt selbst Kindergeschichten, um das Honorar für eine Waisenschule zu verwenden".[26] Ida (Maria Luise Sophie Friederike Gustave Gräfin von) Hahn-Hahn war Tochter des Grafen Karl Hahn, Gattin und später verlassenes Weib ihres Vetters, des Grafen Friedrich Hahn auf Basedow, adelig also durch und durch, und eine Dame, „welche recht eigentlich die Schöpferin des katholischen Romans genannt werden kann und mit ihrem außerordentlichen Talente Dichtungen schuf, die uns erfreuen, rühren und erheben".[27] In Frankreich gehörten die adeligen Schriftstellerinnen – Marie Catherine d'Aulnoy, Stéphanie-Félicité de Genlis, Jeanne-Marie Leprince de Beaumont und die Comtesse de Murat – bis weit ins 19. Jahrhundert hinein zu den meistgelesenen Autorinnen.[28]

---

[24] Johann Gottfried Pahl: *Ulrich Höllriegel* (1802), p. 166–167.

[25] Zur Menge der weiblichen Schriftsteller cf. H. Curwen: *History of Booksellers,* p. 429 (Mudie's Buch-Katalog von 1871 enthielt Werke von 212 männlichen und 229 weiblichen Autoren). — J. von Eichendorff: *Der deutsche Roman,* p. 286 bestätigt die Vorherrschaft der weiblichen Literatur-Produktion und -Konsumtion. — Unter 78 ordentlichen Mitgliedern des deutschen Schriftstellerbundes fanden sich im Jahre 1897 vierzehn Frauen, von denen sieben unverheiratet waren. *Das Literarische Leipzig,* p. 48–75. — Cf. auch Madame de Staël: *De la littérature* II, 4: *Des Femmes qui cultivent les lettres.* (Ed. P. van Tieghem, p. 331–342).

[26] Aus einem Brief von Ottilie Wildermuth an Justinus Kerner vom 12. Mai 1857. J. Kerner — O. Wildermuth: *Briefwechsel 1853 bis 1862,* ed. Adelheid Wildermuth. — Stuttgart 1960, p. 166. Zu der dort genannten Isabella Braun cf. H. Gross: *Deutsche Dichterinnen* II, p. 78–91. — J. B. Heindl: *Galerie berühmter Pädagogen* I, p. 55–60.

[27] H. Keiter: *Katholische Erzähler,* 1890, p. 19–39, sp. p. 19. — J. Kehrein: *Lexikon der katholischen Dichter,* p. 131–134. — Erna Ines Schmid-Jürgens: *Ida Gräfin Hahn-Hahn.* — Berlin 1933 *(Germanistische Studien,* 144). 123 p.

[28] R. Schenda: *1000 FVB,* cf. den Autorenindex.

Überhaupt entstammten die Volksschriftstellerinnen zumeist den vornehmsten Verhältnissen. Gräfinnen widmeten sich vorzüglich der Schriftstellerei.[29] Die Gräfin Sophie Baudissin, die sich Aurelie nannte, war gar Tochter eines Bankiers[30], Thekla von Gumpert (1810–1897) Tochter eines Regierungs-Medizinalrates und zeitweilig Gattin des Legationsrats von Schober[31], Julie Ruhkopf Tochter eines Lyceumsdirektors[32], und sowohl Amanda Hoppe (Tante Amanda)[33] als auch Henriette Stieff[34] wurden Leiterinnen von höheren Töchterschulen.

Was die Herren anbetrifft, so hat ohne Zweifel der geistliche Stand[35] das größte Kontingent von Volks- und Jugendschriftstellern gestellt. Ludwig Donin (1810–1876), „sicher der meistgedruckte Autor seiner Zeit", „eine literarische Großmacht eigener Art, die die geistige Entwicklung nicht bloß Wiens, sondern faktisch ganz Österreichs wesentlich mitbeeinflußte und noch heute beeinflußt", war katholischer Pfarrer in der österreichischen Hauptstadt.[36] Millionenauflagen erlebten auch die Werke des schwäbischen katholischen Pfarrers Christoph von Schmid.[37] Franziskanerpater war der im süddeutschen Raum weitberühmte Aloys Adalbert Waibel (1787–1852), der unter den Pseudonymen Theophil Nelk und A. M. Veilch eifrig für das Volk schriftstellerte.[38] Alban Stolz (1808–1883)[39] war ebenso katholischer Geistlicher wie sein Landsmann Heinrich Hansja-

---

[29] Cf. die Indices zu H. Gross: *Deutsche Dichterinnen und Schriftstellerinnen* II–III.

[30] A. Merget: *Geschichte der deutschen Jugendliteratur*, 1882, p. 150–153.

[31] Ibid. p. 130–135. — H. Gross: *Deutsche Dichterinnen* II, p. 22–26. — J. B. Heindl: *Galerie berühmter Pädagogen* I, p. 181–184. — H. Schwerdt: *Thekla von Gumpert*. In: *Centralblatt* II/1, 1858, p. 34–46.

[32] A. Merget: *Jugendliteratur*, 1882, p. 153–155.

[33] Ibid. p. 155–156. — J. B. Heindl: *Galerie* I, p. 292–294.

[34] A. Merget: ibid. p. 162–164.

[35] Cf. H. Schöffler: *Protestantismus und Literatur* und, von diesem angeregt, L. Rösch: *Der Einfluß des evangelischen Pfarrhauses*. — Über die geistlichen Lieblingsautoren zwischen 1750–1850 (J. J. Arndt, J. F. Starck, J. J. Otto, V. Wudrian, H. Müller und B. Schmolck) cf. H. Neumann: *Der Bücherbesitz*, p. 40. — „Was z. B. zwischen 1700 und 1800 im Verlag J. B. Metzler in Stuttgart erschien, war weitgehend von Pfarrern verfaßt." E. Metelmann in: *Rückblick für die Zukunft*, p. 214.

[36] J. W. Nagl. — J. Zeidler — E. Castle: *Deutsch-Österreichische Literaturgeschichte*, III. — Wien (1930), p. 260–263. „Bei Donins Tod sollen rund 6 000 000 Bücher von ihm in Umlauf gewesen sein, was ganz glaublich ist." (p. 262). — J. Kehrein: *Lexikon der katholischen Dichter* I, p. 75–76.

[37] Cf. infra.

[38] J. Kehrein: *Lexikon* II, p. 230–231. — A. Detmer: *Jugendliteratur*, p. 23–24. — ADB 40, 1896, p. 596–597. — *Verlagskatalog* C. H. Beck, 1913, p. 284. — Verlagsanzeige von J. T. Stettner, Lindau, in: *Der Erzähler am See* III, Lindau 1844, p. 296.

[39] J. B. Heindl: *Galerie berühmter Pädagogen* II, p. 494–496. — J. M. Hägele: *Alban Stolz*.

kob (1837–1916).[40] Die Werke des letzteren wurden in einer Auflage von mehr als einer Million Exemplaren verkauft.[41]

Unter den protestantischen Geistlichen ragen Christian Gottlob Barth[42] und Ottmar Friedrich Heinrich Schönhuth (1806–1864) hervor, welch letzterer rund 130 Bücher und Büchlein, nicht zuletzt für die Reutlinger Volksdrucker Fleischhauer & Spohn und Bardtenschlager geschrieben hat.[43] E. Kaiser lobt im Jahre 1905 das „deutsche Pastorenkleeblatt: Horn[44], Glaubrecht[45], Stöber[46]" und meint: „Auf dem Dorfe wäre eine Bibliothek, die nur Werke dieses Pastorenkleeblattes enthielte, schon eine ganz nette".[47] Protestantische Geistliche waren aber auch die Volksschriftsteller

Friedrich Adolf Krummacher (1768–1845), Superintendent in Bernburg, berühmt wegen seiner *Parabeln* (1805)[48] und mit seinem *Täubchen* (1828) ein Vater der protestantischen Jugenderzählung.[49]

Johann Ludwig Gottfried Walther (1785–1852), Pfarrer zu Haunsheim bei Dillingen[50] – einer der vielen Geistlichen, von denen man höchstens noch die Titel einiger Büchlein zu nennen weiß.

---

[40] B. Kremann: *Hansjakob-Bibliographie.*

[41] Ibid. p. 54–55.

[42] Cf. infra.

[43] J. B. Heindl: *Galerie berühmter Pädagogen* II, p. 412–413. — Otto Borst: *Ottmar F. H. Schönhuth. Pfarrer, Historiker, Erzähler und Dichter.* — In: *Beiträge zur fränkisch-hohenlohischen Heimatgeschichte.* — Gerabronn 1957, p. 344–347 (sieben col.). — — Adolf Kastner: *Der Geschichtsschreiber und Volksschriftsteller Ottmar F. H. Schönhuth, Pfarramtsverweser auf dem Hohentwiel (1830–37).* — In: *Hohentwiel. Bilder aus der Geschichte des Berges.* Ed. Herbert Berner. — Konstanz 1957, p. 280–322 und 385–395 (Bibliographie).— A. Diesbach: *Das Konstanzer Wochenblatt,* p. 250–261: *Schönhuth und das Konstanzer Wochenblatt.*

[44] W. O. von Horn (Wilhelm Oertel), (1798—1867), Superintendent in Sobernheim, Herausgeber der *Spinnstube* (ab 1846), Verfasser zahlreicher vielgelesener Erzählungen. — A. Merget: *Geschichte der deutschen Jugendliteratur,* 1882, p. 100–102, 280–282. — H. Schwerdt: *Horn's Jugenschriften.* — In: *Centralblatt* I, 1857, p. 207–210. — ADB 24, 1887, p. 435–437. — J. B. Heindl: *Galerie berühmter Pädagogen* II, p. 60–65.

[45] O. Glaubrecht (Ludwig Rudolf Oeser), (1807–1859), Pfarrer in Lindheim/Wetterau. ADB 9, 1879, p. 222.

[46] Karl Stöber (1896–1865), Dekan in Pappenheim. Mitarbeiter von C. G. Barth an den *Jugendblättern.* — G. W. Hopf: *Jugendschriften,* p. 45–46. — A. Merget: *Jugendliteratur,* 1882, p. 69–70. — ADB 36, 1893, p. 274–275.

[47] E. Kaiser: *Lesestoff und Bildung,* p. 21–22. Der Ausdruck „Pastorenkleeblatt" taucht für die drei Autoren schon 1863 bei F. Schaubach: *Zur Charakteristik,* p. 187 auf.

[48] A. Merget: *Jugendliteratur,* p. 185–186. — ADB 17, 1883, p. 240–243. — R. Schenda: *1000 FVB,* num. 719.

[49] C. G. Barth: *Erzählungen für Christenkinder* I. — Stuttgart: Steinkopf s. a., p. VIII.

[50] G. W. Hopf: *Jugendschriften,* p. 48–49. — *Neuer Nekrolog der Deutschen* XXX, Weimar 1854, p. 956.

Johann Wilhelm Hey (1789–1854), Superintendent in Ichtershausen, „der eigentliche Meister der neueren Kinderpoesie"[51], vielgerühmt wegen seiner Fabeln.[52]

Gustav Plieninger (1808 geboren), Dekan in Stuttgart[53] und Herausgeber des Jugendalmanachs *Weihnachtsblüthen* (seit 1838), an dem Gustav Nieritz mitarbeiten durfte.[54]

Paul Friedrich Richard Baron (1809–1890), Diakonus in Löwen, Kreis Brieg, der als Pädagoge mit Eifer für die Jugend und das Volk schrieb.[55]

Karl Starck (1813 geboren), Pfarrer zu Oberrosbach in Hessen, der das Volk zu historischen Lektüren führen wollte.[56]

Julius Hoffmann (1823–1855), Subdiakon in Coswig, Neffe des berühmten Franz Hoffmann.[57]

Daß sich Pastoren nicht nur der Produktion von Erbauungsliteratur hingaben, zeigen die Verfasser von Schauerromanen Andreas Christian (oder Carl?) Hildebrandt (1764–1848) und Heinrich August Müller (1766 geboren).[58]

Nach adeligen Damen und geistlichen Herren darf man den Lehrerstand als äußerst produktive Autorengruppe nennen. Die weltlichen Pädagogen erobern sich seit Beginn des 19. Jahrhunderts angesehene Positionen in der populären Publizistik, die „Dichter im deutschen Schulhause"[59] treten nach und nach an die Plätze der Pfarrhaus-Autoren. Seit die neugegründeten Volksschullehrer-Seminare auch Kindern armer Eltern zu einer höheren Laien-Bildung verhelfen, finden sich immer mehr Autoren, die den „niederen Ständen", vorzüglich aber dem Handwerkerstande entsprießen:

---

[51] A. Merget: *Jugendliteratur*, p. 191–192.

[52] ADB 12, 1880, p. 344–345.

[53] J. B. Heindl: *Galerie berühmter Pädagogen* II, p. 104–105.

[54] G. Nieritz: *Selbstbiographie*, p. 338.

[55] A. Merget: *Jugendliteratur*, p. 102–103. — Karl Gustav Heinrich Berner: *Schlesische Landsleute*. — Leipzig 1901, p. 201. — Selbstbiographie in J. B. Heindl: *Galerie* I, p. 25–27.

[56] J. B. Heindl: *Galerie* II, p. 500–511.

[57] A. Merget: *Jugendliteratur*, p. 106–107.

[58] So J. W. Appell: *Ritterromantik*, p. 76–77 und C. Müller-Fraureuth: *Die Ritter- und Räuberromane*, p. 104. — ADB 12, 1880, p. 405 (Hildebrandt). — Man beachte, daß Hildebrandt bei C. G. Kayser: *Bücher-Lexikon* III, 1835, p. 142 die Vornamen Johann Andreas Christoph trägt und daß er auch andere Volksschriften verfaßt hat. Die bemerkenswerte Bibliographie seiner Romane findet sich ibid. V/Romane, 1836, p. 63–64. — Zu H. A. Müller cf. ibid. IV, 1834, p. 164–165 und V/Romane, p. 98.

[59] Conrad Ziegler: *Dichter im deutschen Schulhause*. — Bielefeld 1892. — — J. B. Heindl: *Galerie berühmter Pädagogen* I–II. — J. Pawlecki: *Dichterstimmen aus der deutschen Lehrerwelt*. — Unter den 78 ordentlichen Mitgliedern des deutschen Schriftstellerverbandes zählte man im Jahre 1897 zehn Lehrer. *Das Literarische Leipzig*, p. 48–75.

Friedrich Wilhelm Güll[60] (1812–1879), der Volksschullehrer aus Ansbach, Verfasser des Liedchens *Wer will unter die Soldaten,* war Sohn eines Goldschmieds. Karl Wilhelm Ludwig Hibeau (1805–1876) erblickte in Berlin als Sohn eines Schuhmachergesellen das Licht der Welt.[61] Ferdinand Schmidt (1816–1890) wurde 1816 in Frankfurt/Oder von einem armen Beamten gezeugt.[62] Karl May (1842–1912), Lehrer wie die vorigen, stammte bekanntlich aus einem armen Weberhause in Hohenstein-Ernstthal. Joseph Anton Pflanz (1819 geboren), Lehrer zu Rottenburg und eifrig schreibender schwäbischer Volksblatt-Redakteur, hatte einen Ellwangischen Zimmermeister zum Vater.[63] Julie Hirschmann (1812 geboren), Tochter eines Soldaten, Frau eines Mechanikus, Mutter von sechs Kindern, wurde Lehrerin in Leer/Ostfriesland und beliebte Jugendschriftstellerin.[64] Der Nürnberger Lehrer Philipp Körber (1811 geboren), „einer der fruchtbarsten Jugendschriftsteller", kam in einem Gasthaus zur Welt.[65]

Ludwig Aurbacher (1784–1847), der es vom Hauslehrer bis zum „Professor des deutschen Stils und der Aesthetik" beim königlichen Kadettenkorps in München brachte, verdankte einem frommen und armen Nagelschmied in Türkheim das Leben.[66] Die zahlreichen Kurzbiographien, die trotz nebensächlicher Einzelheiten den sozialen Stand des Vaters nicht enthüllen, lassen darauf schließen, daß der betreffende Lehrer mit keinem Elternhaus prunken konnte, das sein Sozialprestige erhöht hätte.

Lehrerssöhne und selbst Lehrer waren die einflußreichsten Vertreter dieser Autorengruppe: der berühmte Gustav Nieritz[67] (1795–1876) und „Onkel Ludwig" – Ludwig Auer (1839–1914), der Begründer des Cassianeums in Donauwörth.[68] Aus einem Lehrerhause stammte der Soldat,

[60] A. Merget: *Jugendliteratur,* p. 194–196. — F. Brümmer: *Lexikon der deutschen Dichter* III, p. 5–6. — J. B. Heindl: *Galerie berühmter Pädagogen* I, p. 179. — F. Bornmüller: *Biographisches Schriftsteller-Lexikon,* p. 300. — J. Pawlecki: *Dichterstimmen, p.* 124–127. — H. Werner: *Kurze Biographien,* p. 57–62 (mit Porträt).

[61] A. Merget: *Jugendliteratur,* p. 113–114. — F. Brümmer: *Lexikon,* III, p. 206–207.

[62] A. Merget: *Jugendliteratur,* p. 109–112. — F. Brümmer: *Lexikon* IV, p. 227. — J. B. Heindl: *Galerie* II, p. 334–338. — H. Werner: *Kurze Biographien,* p. 154 (Porträt p. 155). — H. Schwerdt: *Ferdinand Schmidt.* — In: *Centralblatt* I, 1857, p. 217–231.

[63] J. B. Heindl: *Galerie berühmter Pädagogen* II, p. 91–93. — J. Kehrein: *Lexikon der katholischen Dichter* II, p. 10–11.

[64] A. Merget: *Jugendliteratur,* p. 156–157.

[65] A. Merget: ibid. p. 108–109. — A. Detmer: *Musterung,* p. 22– — K. Bernhardi: *Wegweiser,* num. 369–385. — J. B. Heindl: *Galerie* I, p. 422–425.

[66] W. Kosch: *Ludwig Aurbacher.*

[67] Cf. infra.

[68] Ludwig Auer jun.: *Ludwig Auer.* — In: *Lebensbilder aus dem Bayerischen Schwaben* I, ed. G. Frh. von Pölnitz. — München 1952, p. 431–444.

Kaufmann, Reisende, Journalist und Erfolgsschriftsteller Friedrich Wilhelm Hackländer (1816–1877).[69]

Zu den vergessenen populären Autoren des 19. Jahrhunderts zählen auch einige Ärzte. Philipp Wilhelm Georg August Blumenhagen (1781–1839)[70], dessen Erzählungen die Leihbibliotheken füllten[71], war Sohn eines hannoverschen Kammerschreibers und praktischer Arzt in seiner Vaterstadt. Gotthilf Heinrich von Schubert (1780–1860), Pfarrerssohn, Mediziner, Mineraloge und oft zitierter Jugendschriftsteller, wirkte als Professor der Naturgeschichte an der neuen Universität in München.[72] Als praktischer Arzt lebte in Höchstädt, Obermedlingen und Augsburg der „Verfasser der Beatushöhle" und Imitator Christoph von Schmids, Wilhelm Bauberger (1809–1883).[73] Arzt war bekanntlich auch Heinrich Hoffmann (1809–1894), der Verfasser des *Struwwelpeter*.[74] Aus einem Arzthause stammte schließlich Franz Hoffmann (1814–1882), der verkrachte Buchhändler und schriftstellernde Nebenbuhler des Gustav Nieritz.[75]

Ein paar Dutzend Autoren aus dem adeligen, dem geistlichen und dem pädagogischen Stande haben den größten Teil der populären Lesestoffe des 18. und 19. Jahrhunderts hervorgebracht. Man mag Zweifel hegen, ob der Baron Grimm die Wahrheit sagte, als er schrieb: „Ne sait-on pas que la moitié de cette bibliothèque [bleue] est du père Bougeant[76], du grave historien de la *Paix de Westphalie?* Il publiait régulièrement tous les quinze jours sa petite historiette, et le prompt débit de cette espèce de marchandise

[69] ADB 10, 1879, p. 296–297.

[70] ADB 2, 1875, p. 751. — Weitere Hinweise bei E. Friedrichs: *Literarische Lokalgrößen*, p. 37.

[71] Katalog der Riegerschen Leihbibliothek Lindau, 1837–1880, num. 2813–2817, 3434–3447.

[72] J. B. Heindl: *Galerie berühmter Pädagogen* II, p. 401–412. — H. Werner: *Kurze Biographien*, p. 162–163. — G. W. Hopf: *Jugendschriften*, p. 43–45. — A. Detmer: *Musterung*, p. 14.

[73] ADB 46, 1902, p. 232–233. — J. B. Heindl: *Galerie* I, p. 34–37 (autobiographische Skizze). — G. W. Hopf: *Jugendschriften*, p. 50. — A. Detmer: *Musterung*, p. 17–18. — J. Kehrein: *Lexikon der katholischen Dichter*, p. 13.

[74] ADB 50, 1905, p. 402.

[75] G. Nieritz: *Franz Hoffmann*. — In: J. B. Heindl: *Galerie* I, p. 274–280. — — K. Bernhardi: *Wegweiser*, p. 28–29. — A. Detmer: *Musterung*, p. 17. — G. W. Hopf: *Jugendschriften*, p. 48. — H. Kunze: *Schatzbehalter*, p. 52 („Ausschuß der deutschen Jugendliteratur, der für immer tot bleiben soll"). — A. Merget: *Jugendliteratur*, p. 103–106. — H. Schwerdt: *Franz Hoffmann*. — In: *Centralblatt* I, 1857, p. 210–216, 285–286.

[76] Guillaume Hyacinthe Bougeant, S. J. (1690–1743). Cf. *Biographie Universelle* V, 1812, p. 299–300.

payait ses confitures et son café."[77] Tatsache ist jedenfalls, daß die Masse der Lesestoffe von einer Minderheit des Autorenclans produziert wurde. Die Gründe, welche diese Autoren zur Schriftstellerei trieben, waren verschiedener Natur. Die adeligen Damen, gebildet genug, um schreiben zu können, und unbegabt genug, um das weite Feld der Mittelmäßigkeit nicht zu verlassen – will man von Madame de Staël, Annette von Droste-Hülshoff und Marie von Ebner-Eschenbach absehen –, diese Damen vertrieben sich mit der modischen Schreiberei die Zeit, da ihnen gesellschaftliche Normen untersagten, einen bürgerlichen Beruf auszuüben; sie kompensierten ihre sozialen Restriktionen durch literarische Ausflüge in niederes Milieu oder fernere Gestade, sublimierten mit ihren „Dichtungen" die erotischen Gefühle, die ihnen eine strenge Gesellschaftsmoral verbot oder verdrängte. Sie produzierten Literatur für höhere Töchter, für ihresgleichen also, förderten die geistige Inzucht in ihrem höheren Stand und bildeten sich doch ein, keine Standesgrenzen zu kennen, in christlicher Liebe zu wirken, „Volks"-Schriftstellerinnen zu sein. Man nehme einen Band des von Thekla von Gumpert in Glogau bei Carl Flemming herausgegebenen Mädchenjahrbuchs *Töchter-Album* zur Hand – wenn möglich den 50. Jubiläumsband vom Anfang unseres Jahrhunderts (1903)[78] –, und man hat diese ganze feine, sublime, frigide, versnobte, schöne, Dürer-deutsche, kaisertreue, jungfräulich-reine, deutsch-patriotische, aristokratische, rechte und schlechte „Mädchen"-Literatur vor Augen.

Ein wenig anders lagen die Verhältnisse bei den Geistlichen. Zu der Langeweile auf dem Dorfe gesellte sich ein berufsgebundenes Lehrbedürfnis, ein apostolischer Eifer. Es lag den Pfarrern viel daran, daß ihre Gläubigen die Heilige Schrift lesen konnten und daß ihnen, statt der weltlichen Lektüren, moralisch aufbauende Lesestoffe in die Hand kamen. Die Literaturprodukte der Geistlichen wirkten als Katalysatoren der Inneren Mission. Eine gewisse Geschäftstüchtigkeit ist besonders im protestantisch-pietistischen Bereich den Geistlichen eigen: ein Gespür für Buchmarkt-Lücken; ein heiliger Eifer, das Lesebedürfnis zu befriedigen und dabei das Sittliche zu fördern; ein Organisationstalent, wenn es darum geht, Verlage zu gründen und Druckereien einzurichten. Geld macht auch den Dorfpfarrer beider

---

[77] *Correspondance littéraire, philosophique et critique adressée à un Souverain d'Allemagne, depuis 1770 jusqu'en 1782, par le Baron de Grimm et par Diderot.* Tome IV, Paris 1812, p. 17 (Mai 1777). — Cf. dazu R. Hélot: *La Bibliothèque Bleue en Normandie,* p. XXV–XXVI.

[78] *Töchter-Album. Unterhaltungen im häuslichen Kreise zur Bildung des Verstandes und Gemütes der heranwachsenden weiblichen Jugend. Begründet von Thekla von Gumpert.* Neue Folge, 7. Band. Herausgegeben von Berta Wegner-Zell. — Glogau: Carl Flemming s. d. (1903).

Konfessionen nicht unglücklich, vor allem, wenn seine Stelle so schlecht dotiert ist, daß die Mittel weder zu einer Armenkasse noch zu einer Dorfbibliothek reichen, ganz zu schweigen von einer Bad-Reise oder einer Pilgerfahrt des geistlichen Herrn. Was die literarischen Produkte anbetrifft, so zielen sie zwangsläufig entweder auf das Jenseits oder auf die praktische Seite des Diesseits ab. Andacht und Tätigkeit werden jahrzehntelang so einseitig durch die Pfarrerliteratur gefördert, daß das Lesepublikum begierig zunächst nach der ein wenig unterhaltsameren Lehrer-Literatur greift, um dann, in der zweiten Jahrhunderthälfte, völlig den modernen Reizen der Sensationsliteratur zu erliegen.

Kein Zweifel, daß die weltlichen Schriftsteller vornehmlich wegen finanzieller Mängel zu literarischer Produktivität angestachelt wurden. Zahllose Ritter- und Räuber-Romane verdanken ihre Existenz den wirtschaftlichen Schwierigkeiten ihrer Autoren.[79] Die neuen Schreiber waren am Ende des 18. Jahrhunderts als geldsüchtig verschrien.[80] Der Ex-Priester Antoine Caillot wurde nach der Revolution Buchhändler und Schriftsteller, um sein Leben zu fristen.[81] Wilhelm Redenbacher (1800–1876), wegen seiner protestierenden Haltung in der schon erwähnten Kniebeugungs-Affäre aus dem bayerischen Pfarrdienst entlassen, verdiente sein freies Brot als Volksschriftsteller.[82] „In seiner anfangs kärglichen Stelle zu Berlin hat er nicht nur für seine eigene Familie, sondern für mehrere Verwandte und arme Freunde den Lebensunterhalt zu erwerben gesucht, und dies war mit die Veranlassung, welche ihn zum Jugendschriftsteller machte." So heißt es von Ferdinand Schmidt.[83] Selbst der Bankiers-Sohn Friedrich August Schulze (Pseudonym August Laun, 1770–1849) mußte seinen Lebensunterhalt „aus seinen literarischen Arbeiten ziehen" – zweihundert Romanbände waren das Ergebnis dieser freien Schriftstellerei.[84] Und Gustav Nieritz schreibt: „Trotz meiner fast übergroßen Leselust würde ich selbst die Feder zum Erzählen niemals ergriffen haben, wenn die Noth – diese Erzieherin zum Guten, dieser Sporn zur Arbeitsamkeit – mich nicht dazu getrieben hätte."[85] Franz Hoffmann scheiterte als Buchhändler in Zürich und Goslar, mußte sein Geschäft an seinen Bruder Carl in Stuttgart verkaufen, verlor den Rest seines Vermögens bei falschen Editions-Spekulationen, war

[79] C. Müller-Fraureuth: *Ritter- und Räuberroman*, p. 104.
[80] J. G. Heinzmann: *Appel an meine Nation*, p. 148–169, 418.
[81] A. Imbert: *Biographie des imprimeurs*, p. 37–38.
[82] ADB 27, 1888, p. 516–518. — J. B. Heindl: *Galerie berühmter Pädagogen* II, p. 177–178.
[83] A. Merget: *Jugendliteratur*, p. 109–113.
[84] ADB 32, 1891, p. 768–769. — Enslin-Engelmann: *Bibliothek*, p. 377–380.
[85] A. Merget: *Jugendliteratur*, p. 97.

auf die Hilfe eines zweiten Bruders angewiesen, versuchte sich an Cooper-Bearbeitungen, verlor die „sämmtliche Bett- und Leibwäsche unsers Hoffmann, welche des nächsten Tages in die Waschwanne wandern sollte", bei einem Brand und schrieb, der Not gehorchend, in 15 Tagen seine *150 kleinen Geschichten* auf Bestellung.[86] „In Folge contractlicher Verbindlichkeit hat er seinem Buchhändler an 20 Erzählungen jährlich für die Jugend liefern müssen und, wie er selbst gesteht, diese Fabrikthätigkeit nicht selten mit Widerwillen geübt."[87] Ludwig Anzengrubers Behausung in der Waisenhausgasse zu Wien sah Ende der sechziger Jahre so aus: „Die Einrichtung war die bescheidenste, die man sich denken kann. Der Längenseite nach standen rechts und links je ein Bett, dazwischen, gerade der Tür gegenüber, ein Schreibtisch. Alles aus weichem Holze. Ein Waschtisch, ein Kasten, etwa drei Stühle und ein eisernes Öfchen nahmen die andere Seite der Wand ein. Ober dem Schreibtische hing eine Aquarellzeichnung, ein Blumenstück darstellend." In diesem nicht einmal spitzwegisch-idyllischen Poeten-Raum schrieb Anzengruber seine ersten Trivialnovellen für das Feuilleton der Wiener Zeitung *Der Wanderer*.[88] Karl May erläutert seine Taschenuhr-Affäre mit der Armut seiner Eltern, und „Da hieß es sparsam sein und jeden Pfennig umdrehen, bevor er ausgegeben wurde. Ich beschränkte mich aufs äußerste und verzichtete auf jede Ausgabe, die nicht unbedingt notwendig war. Ich besaß nicht einmal eine Uhr, die doch für einen Lehrer, der sich nach Minuten richten muß, fast unentbehrlich ist."[89]

Der pädagogische Eros der Lehrer-Schriftsteller war nur allzu häufig von dem Fieber nach Gewinnst angekränkelt; nicht aus Geldsucht, sondern aus wirtschaftlicher Not: aus dem Elternhaus hatten sie keine Hilfe zu erwarten, die Dorflehrerstelle bot – vor allem für eine zahlreiche Familie – nicht genügend finanzielle Mittel. Nicht zu leugnen ist aber auch, daß so manches „arme Dorfschulmeisterlein" sein miserables gesellschaftliches Ansehen dadurch anzuheben suchte, daß es sich in der Welt der Literatur einen Namen machte. Auch dieses Ziel war rascher durch quantitative als durch qualitative Leistungen erreichbar.

Die Massenproduktion der populären Autoren entspringt also vornehmlich wirtschaftlichem und gesellschaftlichem Zwang, keinem Furor poeticus und keinem künstlerischen Plan. Populäre Lesestoffe sind auch aus diesem

---

[86] J. B. Heindl: *Galerie* I, p. 276.

[87] A. Merget: *Jugendliteratur*, p. 103.

[88] A. Kleinberg: *Ludwig Anzengruber*, p. 127–128.

[89] Karl May: „*Ich*". *Karl Mays Leben und Werk*. 22. Aufl. — Bamberg 1959 (Karl May's Gesammelte Werke, 34), p. 120.

Grunde als ökonomische und soziale Produkte zu werten – ästhetische Kategorien sind in diesem Produktionsfeld fehl am Platze.

Vornehme Damen, Geistliche und Lehrer wurden somit aus verschiedenen und variablen Gründen zum Schreiben angeregt. Bei den Autoren der niederen Stände ging es dagegen ausschließlich um den Gelderwerb, wenn sie ein Lied oder eine Geschichte drucken ließen. „Von dem elenden Gesange der Bänkelsänger, Almanachsfüller und Gelegenheitsdichter, die um einen Dukaten lachen oder weinen, schaarenweise den Parnaß bestürmen, um die Leichen oder Hochzeitsgäste, deren Schmäuser sie solemnisieren, mit Makulatur zu versehen, ist kein Schluß auf den Geschmack oder die Fähigkeit der Nation, nur auf den Hunger des Versmachers zu machen. Das Gequäke dieser Stadt- und Dorfpoeten ist schuld, daß Ausländer bisher die Nation so bitter beurtheilt haben."[90]

Wer so offensichtlich um Geld quäkte und den Ruf der ganzen Nation verschlechterte, der durfte weder finanziellen Reichtum noch literarischen Ruhm erwarten – er blieb zeitlebens ein dichternder Bettler oder ein bettelnder Dichter. Eine überraschend vielfältige Schar von armen Leuten – hauptsächlich aber Ex-Militärs Balzacschen Typs – versuchten, in das Literatur-Geschäft einzusteigen – und das nicht nur in dem von Röder so bejammerten Württemberg. Nur selten gelang es einem Anfänger, wie dem Soldaten Pierre Blanchard, sich vom Debütanten zum „homme de lettres" emporzuarbeiten, der schließlich seine eigenen Werke – Lesebücher für Kinder – in Paris verlegte.[91] Der 1795 in Rouen geborene und 1847 dort verstorbene Soldat Hyacinthe-Nicolas Lelièvre empfahl sich, nach seiner Entlassung aus dem Kriegsdienst, in einer Anzeige als „professeur d'écriture et de langue française, donne les leçons en ville et se charge de la rédaction de placets, mémoires, pétitions, etc. Il copie également la musique et se charge de procurer des couplets pour réunions de famille, banquets, fêtes, mariages, repas de noces, baptêmes, etc.".[92] Denis Révillon, ehemaliger Voltigeur in der Kaiserlichen Garde, versuchte sich als Romanzendichter und entschuldigte seine Unvollkommenheiten mit den Worten: „Tous ceux qui feront la lecture de ce petit ouvrage verront bien que je ne suis pas encore bien savant. Mais enfin, le peu d'instruction que j'ai, ce n'est qu'étant soldat que je l'ai recueillie."[93] Der ehemalige garibaldinische Offizier Cesare Causa verdiente sich in den siebziger Jahren sein

---

[90] P. L. H. Röder: *Geographie und Statistik Wirtembergs*, I. — Laybach 1787, p. 100.

[91] A. Imbert: *Biographie des imprimeurs*, p. 32–33. — Cf. R. Schenda: *1000 FVB*, num. 7, 9.

[92] R. Hélot: *Canards et canardiers*, p. 23.

[93] C. Nisard: *Des Chansons populaires* II, p. 4.

Geld beim Verlag Salani in Florenz als Autor von populären Biographien, Briefstellern und Anthologien.[94] Jean-Baptiste Alexandre Morainville (1795–1851) machte als Soldat den Rußlandfeldzug mit, wurde bei Waterloo Gefangener der Engländer und kehrte 1816 nach Frankreich zurück, um Buchdrucker zu werden. Bald fühlte er sich jedoch zu den Jahrmärkten hingezogen, und 1822 heiratete er die Liedverkäuferin Marie-Marguerite Lejour. Mit ihr zusammen wurde er bald zur beliebtesten Attraktion der Märkte; häßlich wie er war, bekleidete er sich noch mit einem Pierrot-Kostüm mit riesigen Knöpfen, einer hanfenen Perücke und einem breitkrempigen Hut. Er spielte auf der Fiedel, seine Frau schlug die Trommel dazu, und in ihrem Kasten hatten sie die Lieddrucke, Morainvilles eigene Kompositionen, welche in Rouen bei der Witwe Ferrand, rue Ganterie, gedruckt worden waren. Er empfahl sich auf diesen Blättern auch als Verfasser von Gedichten zu festlichen Gelegenheiten. Als Bänkelsänger kommentierte er die Kriegstaten der Franzosen, den Tod des Herzogs von Reichstadt, die Hochzeit der Prinzessin Louise d'Orleans, die Einführung des Dezimalsystems und des Leuchtgases, die Ballone und die Versicherungen, gelegentlich auch die Mordprozesse, einen Kirchenbrand und die neuen Eisenbahnen. Am beliebtesten waren jedoch seine Lieder über Frühling, Liebe, Ehe und Wein.[95] – Wie die Heimkehrer der Großen Armee handelten auch viele spätere arbeitslose Krieger. Simon Bitterlin, ein Elsässer, 1858 aus dem Militärdienst entlassen und seitdem ohne Beschäftigung, beantragte am 29. Januar 1862 Kolportagegenehmigung für sein Gedicht *Der junge Soldat im Kampf in Afrika.*[96]

Es wäre falsch zu glauben, daß diese Jahrmarkts- und Eintagsautoren sich für große Dichter hielten. In einem Brief an den Innenminister, datiert Arras, 10. Februar 1859, charakterisiert der Autor F. Marquis folgendermaßen seinen *Recueil de Chansons et de Poésies,* ein Heftchen von 16 Seiten Umfang: „Ces chansons et ces poésies sont plus que médiocres. Elles ne valent même rien, mais comme elles n'ont rien d'immoral, j'ai pensé que l'estampille ne m'en serait point refusée."[97] Der Verfasser des italienischen Volksbüchleins von *Bruno Grillo*[98] erklärt in der letzten Strophe:

[94] G. Giannini: *La poesia popolare* II, p. 618.

[95] A. Jourdain: *Le Chansonnier Morainville.* — Chartres 1861. VII + 51 p., fig. im Text. — R. Hélot: *Canards et canardiers,* p. 21. — R. Schenda: *1000 FVB,* num. 195, 386, 938.

[96] Archives Départementales Haut-Rhin, Colmar, 27907.

[97] Archives Nationales, Paris, F. 18. 554.

[98] R. Schenda: *Italienische Volkslesestoffe,* num. 151 und col. 211–212.

Se son nojosi i miei paragoni
Ed i versi son si villani
E se non valgono agli altri bei sermoni
Ti chiedo perdono e vi bacio le mani,
Perchè io nacqui tra li semplicioni
Alli Barrettari fra li napoletani,
Il mio mestier e di cacciar i vini,
E la giornata mia son due carlini.

Der Autor des *Caterina*-Lebens[99] hält seine Dichtung nicht für sehr spannend, wenn er in der Schlußoktave sagt:

Vi levo il tedio senz' altra ragione [...].

Giuseppe Moroni, ein anderer erfolgreicher Jahrmarktsdichter, gibt zu, er sei „illetterato".[100] Antuninu la Fata, Verfasser einer sizilianischen *Genovefa*-Version, nennt sich „La Fata lu 'ngnuranti"[101], und ebenso ignorant, das heißt, als Analphabet[102] fühlt sich Turi Sarafinu, der Verfasser eines Flugblattes zu Ehren der Maria SS. di li Miraculi.[103] Taubstumm waren übrigens die Autoren Pélissier und Decombes, von denen der erste in Paris bei J. Claye, der zweite in Lyon bei Bajat Fils seine Werkchen unterbrachte.[104]

Diese armseligste Schar von Lesestoff-Produzenten ließ – wie noch bei den Kolporteuren zu zeigen sein wird – ihre Poesie und Prosa bei kleinen Druckern vervielfältigen und versuchte dann, die Blätter und Heftchen auf den Jahrmärkten feilzubieten. Der Lehrer B. F. Schelkle in Biberach verhandelte im Dezember 1808 brieflich mit dem Drucker Heckner in Altdorf, der ihm 2000 Lesebüchlein möglichst wohlfeil und mit seinem Namen auf dem Titelblatt nachdrucken sollte – mehr als 20 Gulden war er nicht gesonnen auszugeben, denn in Dillingen hätte er angeblich, bei Massenbestellungen, das Büchlein zu einem Kreuzer, also billiger – aber ohne seinen Namen! – haben können. 200 Lesebüchlein wollte der Lehrer gleich zu Neujahr 1809 loswerden.[105] Viele Autoren blieben aber auch daheim am sichern Schreibtisch sitzen und verkauften ihre Manuskripte an zahlende

[99] Ibid. num. 5.
[100] G. Giannini: *La poesia popolare* I, p. 361; II, 723. — Moroni, von dem Giannini die beachtliche Menge von 23 Werkchen kennt, hatte von einem Schäfer das Improvisieren gelernt und schlug sich hauptsächlich als Bänkelsänger durchs Leben.
[101] R. Schenda: *Italienische Volkslesestoffe,* num. 17.
[102] Die meisten sizilianischen Bänkelsänger sind noch heute Analphabeten. Cf. R. Schenda: *Der italienische Bänkelsang heute.* — In: *Zeitschrift für Volkskunde* 63, 1967, p. 17–39.
[103] R. Schenda: *Die Sammlung italienischer Flugblätter,* num. 30.
[104] *Catalogue Général* 1858, p. 139.
[105] Staatsarchiv Ludwigsburg, D 54/266.

Verleger. Als durchschnittliches Autorenhonorar waren in den ersten Jahrzehnten des 19. Jahrhunderts fünf Taler pro Bogen üblich.[106] *Ulrich Höllriegel* „hatte kein fixiertes Gehalt, seine Belohnung richtete sich nach den Bögen, so wie der Wochenlohn des Schuhknechts nach den Paaren".[107] Ob die kleinen Autoren, wie M. B. Schilling, der für die Firma C. Tidow Witwe in Hamburg Gelegenheitslieder produzierte[108], oder das geheimnisvolle Pseudonymen-Paar G. und B. Ovm, das die meisten Büchlein für Philipp Krausslich in Urfahr-Linz schrieb[109], fünf Taler pro Bogen erhielten, ist höchst fraglich; Gustav Nieritz informiert uns besser: „Die *Schwanenjungfrau* umfaßte 20 Bogen Manuskript" – das sind freilich keine Druckbogen – „und schrieb ich, neben meinem beschwerlichen Schulamte und etlichen Privatstunden, regelmäßig jeden Tag einen Bogen voll. Für diese 20 Bogen zahlte mir Gubitz[110] 20 Thaler, ohne mich von der Stärke der Auflage zu unterrichten."[111] Keine Rede also von zweitausend Talern, die J. W. von Goethe im Jahre 1812 von Cotta für seine biographischen Arbeiten verlangte.[112] Die Tagesschriftsteller waren der Willkür der Verleger ausgesetzt: jeder Karl May hatte seinen Münchmeyer, der ihn ausnützte. Nur ausnahmsweise konnte sich ein Autor wie Ludwig Aurbacher über einen Cotta freuen, der ihn für einen zweiten Hebel hielt.[113]

Es ist deutlich geworden, daß die große Menge der heute unbekannten populären Autoren des 19. Jahrhunderts keine homogene Gruppe darstellt. Die Enquêten haben die verschiedensten Kleingruppierungen und sozialen Schichtungen erkennen lassen. Es gibt – um nur die Extreme zu bezeichnen – adelige Schriftsteller und bettelnde Jahrmarktsautoren, ruhmbedeckte und ruhig etablierte Pädagogen neben völlig vergessenen Existenzen ohne festen Beruf, Universitätsprofessoren neben Analphabeten. Man er-

[106] J. C. Gädicke: *Zur Statistik der deutschen Literatur*, p. 8.

[107] J. G. Pahl: *Ulrich Höllriegel* (1802), p. 165.

[108] Adolf Spamer: *Die deutsche Volkskunde* II. 2. Aufl. 1935, p. 438, 439.

[109] H. Huemer: *Volksbuchliteratur Oberösterreichs*, p. 464.

[110] Friedrich Wilhelm Gubitz (1786–1870), Professor an der Berliner Kunstakademie und Graphiker, Herausgeber des *Deutschen Volkskalenders* seit 1835. — H. Werner: Kurze Biographien, p. 57.

[111] G. Nieritz: Selbstbiographie, p. 324 (1833). Für die *Vertriebenen* erhielt Nieritz von Gubitz 36 Taler Honorar. Ibid. p. 323. Wie sehr Gubitz ihn ausnützte, erhellt aus p. 339, 342. — Karl May verdiente 1875 als Redakteur bei Münchmeyer 50 Taler monatlich. K May: „Ich" (1969), p. 191.

[112] H. Widmann: *Der deutsche Buchhandel* II, p. 60–61. Cf. dort das Kapitel *Das Honorar*, p. 48 (Bibliographie zum Thema) bis 70. — J. G. Heinzmann: *Appel*, p. 148–169: *Unsere Geldautoren*.

[113] W. Kosch: *Ludwig Aurbacher*, p. 93.

kennt ein Standesbewußtsein der Lehrer[114]; den Stolz der Katholiken, besonders viele Schriftsteller hervorgebracht zu haben[115]; den Eifer der Damen, sich als gleichwertig produktiv neben die privilegierten Männer zu stellen.[116] Doch daneben gibt es die Autoren ohne Zugehörigkeitsgefühl und ohne Mitgliedschaft in einem nationalen Schriftstellerverband: die asozialen Einzelgänger, die geistigen Landstreicher, die Bettelschreiber. Für die allermeisten dieser Autoren ist das Schreiben Geschäft, nicht Kunst; Broterwerb, nicht literarischer Ehrgeiz; Beruf oder Nebenberuf, nicht acte gratuit. Die Schreiberei bekommt einen festen, ökonomischen Zweck, sie zielt auf merkantilischen Nutzen ab; auch die Buchproduktion wird im Laufe des Jahrhunderts industrialisiert.[117] Den Produktionsmethoden nach ist die populäre Literatur des 19. Jahrhunderts „modern" – es wird später zu untersuchen sein, ob auch ihr Inhalt so fortschrittlich auftritt.

Autoren — ihre Ideale, ihre Wirkung, ihr Milieu

Von einem idealen Volksautor hatten die Theoretiker die strengsten und gleichzeitig weltfremdesten Vorstellungen. Christian Wilhelm von Dohm erklärte 1796 kategorisch: „Der Volksschriftsteller darf nur selten bloße Unterhaltung zum Zweck sich machen: sein Ziel ist immer nützliche Belehrung durch Entwicklung von Begriffen, Mittheilung von Kenntnissen, wie sie für sein Publikum gehören, Hervorbringung oder Belebung guter Empfindungen."[118] Und nach Dohm konnte „nur der vom reinsten Adel der Seele, von ächter Religiosität durchdrungene, vom feinsten sittlichen Gefühl geleitete Mann" ein Volksschriftsteller sein.[119] Die schönen Worte wirken befremdend, wenn man sie mit der Meinung konfrontiert, die der Schweizer Johann Georg Heinzmann von den deutschen Schriftstellern der damaligen Zeit hegte.[120] Ein halbes Jahrhundert später meinte Joseph von

---

[114] J. Pawlecki: *Dichterstimmen aus der deutschen Lehrerwelt.* — C. Ziegler: *Dichter im deutschen Schulhause.*
[115] H. Keiter: *Katholische Erzähler.* — J. Kehrein: *Lexikon der katholischen Dichter.*
[116] H. Gross: *Deutsche Dichterinnen.* — A. Kellen: *Katholische Dichterinnen.* — S. Pataky: *Lexikon deutscher Frauen der Feder.*
[117] „Fabrikschriftstellerey" nennt sie schon 1795 J. G. Heinzmann: *Appel,* p. 149.
[118] C. W. von Dohm: *Ueber Volkskalender,* p. 9, 184.
[119] Ibid. p. 183.
[120] J. G. Heinzmann: *Appel,* p. 85–103: *Schriftsteller von bösem Herzen und leichtfertigem Charakter.*

Eichendorff: „Überhaupt aber gehören zu einem wahren Volksschriftsteller dreierlei einfache Dinge, so einfach, daß sie heutzutage schwer begriffen werden, nämlich: daß er es ehrlich meine, daß er wisse, was er will, und daß er mit dem Volke, für das er schreibt, das Gefühl von der Wahrheit und Schönheit der Religion theilt, welche bis daher noch immer das Christenthum ist und, trotz dem süßen Pöbel der Christenjuden, Türkenchristen und Christenheiden, fortan und bis an's Ende der Welt auch bleiben wird."[121] Görres' teutsche Volksbücher und Alban Stolz schwebten ihm als Ideale vor, nicht die moderne realistische und areligiöse Leihbibliothekenliteratur, „Schmierliteratur", „ordinäre Unterhaltungsliteratur".[122] Eichendorffs katholische Meinung wurde von den Protestanten voll akzeptiert und im *Centralblatt* der Pädagogenschaft bekannt gemacht.[123]

Auch die im Zusammenhang mit einer Würdigung Johann Peter Hebels im Jahre 1846 von Berthold Auerbach erhobenen Forderungen zum Thema *Schrift und Volk* fanden weite Beachtung. „Die Volksschrift", hieß es da, „muß den nothwendigen Anforderungen der Kunst und Wissenschaft entsprechen, oder sie genügt auch ihrem sogenannten guten Zwecke nicht."[124] Auerbach setzte sich für die so fatale Pflege des Volkstümlichen ein, sprach von Vorsorge und Nachhülfe und wollte „das im Volke selber liegende zum Klaren ausarbeiten"[125] – seine Schwarzwald-Verfälschungen sind entsprechend ausgefallen.[126] Auch hier verklärt die Ideologie von der heilen Welt früherer Jahrhunderte das alte „Volksbuch", das Vorbild sein soll, „Maß und Richtung"[127], und das nicht nur für die neue Volksliteratur, sondern durch diese für das neue Volksleben. Auerbach schmäht die falsche Volksliteratur der Spätaufklärung, die „moralischen Musterwirthschaften"[128], und er fällt doch sofort darauf in den gleichen Fehler des Verbessern-Wollens. Und diese veredelte Volksliteratur sollte nicht nur die niederen Stände beeinflussen, sondern geradezu „wieder zurückwirken auf

---

[121] J. von Eichendorff: *Die deutschen Volksschriftsteller*, p. 158 (1847). Den ganzen Essay hat Eichendorff dem Werk *Der deutsche Roman des achtzehnten Jahrhunderts in seinem Verhältniß zum Christenthum*, Leipzig 1851, p. 230–240 inkorporiert (Zitat dort p. 240).
[122] J. von Eichendorff: *Der deutsche Roman*, 1965, p. 228, 229.
[123] O. Glaubrecht: *Die Volksschrift und die Volksschriftsteller.* — In: *Centralblatt* I, 1857, p. 113–125.
[124] B. Auerbach: *Schrift und Volk*, p. 196.
[125] Ibid. p. 197–198.
[126] Anton Birlinger, der bessere Kenner, sprach 1859 von den „auerbachschen Schmiereien und Schwarzwald-Lügen". R. Schenda: *Anton Birlinger.* — In: *Zur Geschichte von Volkskunde und Mundartforschung in Württemberg.* Tübingen 1964 (Volksleben, 5), p. 138–158, sp. p. 144.
[127] B. Auerbach: *Schrift und Volk*, p. 199.
[128] Ibid. p. 202.

manche verfeinerte Kreise. Es gibt manchen Don Ranudo von und zu Geist-reichenheim, dessen leerem Magen das einfache Schwarzbrod des Land-volkes gar sehr zu statten kommen wird, wenn er sich auch den Anschein gibt, es nur zu kosten, um zu erproben, mit was sich das ,niedere Volk' nährt."[129]

Auch bei Eichendorff und Auerbach muß man sich also kopfschüttelnd fra-gen, ob die beiden, Zeitgenossen eines Karl Marx und eines Friedrich En-gels[130], auch nur die geringsten Kenntnisse von den wirklichen literarischen Konsumtionen und Bedürfnissen des Proletariats hatten. Beide faßten, wenn sie von „Volk" sprachen, doch nur ein ideales Bürgertum ins Auge und fürch-teten jeden nüchtern-scharfen Blick auf die niederen Klassen. Wilhelm Hein-rich Riehl mußte 1852 eingestehen, „daß zwischen dem Kleinbürger und Bauern und der gediegenen Litteratur fast alle Anknüpfungspunkte fehl-ten"[131] und daß das Volk eine eigenwertige Literatur besitze. In der Tat besaß das Volk nicht nur seine billigen Kalender, sondern es hatte auch längst seinen Paul de Kock gierig in Besitz genommen[132] – um nur einen

---

[129] Ibid. p. 203.

[130] Friedrich Engels verlangte in seiner Schrift *Die deutschen Volksbücher,* „daß das Volksbuch seiner Zeit entspreche oder aufhöre, Volksbuch zu sein. Sehen wir insbesondere die Gegenwart an, das Ringen nach Freiheit, das alle ihre Erscheinungen hervorruft, den sich entwickelnden Konstitutionalismus, das Sträuben gegen den Druck der Aristokratie, den Kampf des Gedankens mit dem Pietismus, der Heiterkeit mit den Resten düsterer Askese, so sehe ich nicht ein, inwiefern es Unrecht wäre zu verlangen, das Volksbuch solle hier dem Ungebildeteren zur Hand gehen, ihm, wenn auch natürlich nicht in unmittel-barer Deduktion, die Wahrheit und Vernünftigkeit dieser Richtungen zeigen — aber auf keinen Fall die Duckmäuserei, das Kriechen vor dem Adel, den Pietismus befördern. Von selbst versteht sich aber, daß Gebräuche früherer Zeiten, deren Ausübung jetzt Un-sinn oder gar Unrecht wäre, dem Volksbuche fremd bleiben müssen." Marx-Engels: *Über Kunst und Literatur,* p. 468.

[131] W. H. Riehl: *Volkskalender im achtzehnten Jahrhundert,* p. 53.

[132] Charles-Paul de Kock (1794–1871), ursprünglich Bankangestellter, hatte sich mit dem frischen Plauderton und der eleganten Welt seiner Romane ganz Europa (auch Itali-en!) erobert — daß er jedoch die Existenz ehelichen Verkehrs oder weiblicher Unterhosen zu erwähnen wagte, machte ihn in den Augen zumindest aller deutscher Pädagogen zum Pornographen. In Gustav Nieritz' *Volksbüchlein für das Jahr 1847* findet sich im Bilder-anhang eine Karikatur mit der Unterschrift *Der Commis voyageur ergibt sich der roman-tischen Lektüre und stillen Schwärmerei* (gezeichnet von Schmolze, Holzschnitt von Flegel): Der Vertreter liest, an einen Baum gelehnt, „Paul de Kock" und „Clauren Mimim". — De Kock selbst stellt die Diskrepanz zwischen Lesen-Dürfen und Lesen-Wollen des Vol-kes folgendermaßen dar: Virginie, eine 17jährige Unschuld vom Lande, muß ihrer Tante aus der Heiligen Schrift vorlesen. Sie protestiert: „[...]ich möchte doch auch einmal etwas Anderes lesen." Die Tante rät ihr zum *Magazin für gute Kinder,* in welchem *La Belle et la bête* abgedruckt ist — sie selbst habe früher immer den *Petit Poucet* gelesen. Virginie „will aber lieber etwas, das ich noch nicht kenne". Da gibt ihr die Tante ein „außerordentlich interessantes" Buch. Es hat den Titel *Berichte von den Kriegen, so ver-schiedene Völker Europens geführt haben.* Virginie möchte indes lieber einen Roman kon-

Autor zu nennen, dessen Existenz die Theoretiker schlicht negierten. Insgesamt drängt sich also der Eindruck auf, daß diese Postulatoren einer „guten" Volksliteratur, blind für brennende Tagesfragen, sich ein goldenes Kalb schufen, das sie allein umtanzten, während das Volk seine echten Kälber weiterhin gesotten, gebraten und heiß verzehrte, ohne daß die Gebildeten gewagt hätten, sich zu ihnen zu setzen: Was der Philister nicht kennt, das probiert er lieber nicht aus.

Die Produktion der großen Praktiker stand nicht weit entfernt von den Lehren der Theoretiker. Ihr Erfolg erlitt daher durch negative Kritiken keine Einbußen, und die gelenkte Lehrer- und Elternschaft kaufte sich und den Kindern die Büchlein eines Christoph von Schmid, eines Christian Gottlob Barth und eines Gustav Nieritz. Diese drei Bestseller des 19. Jahrhunderts haben mit ihren millionenfach reproduzierten Erzählungen die Haltungen und Meinungen der kleinbürgerlichen und bäuerlichen Bevölkerung weitgehend beeinflußt.

Schmids Lebensweg, vom Dinkelsbühler Geburtshaus – der Vater war Beamter im Dienste des Hochstifts Augsburg – bis zu Domkapitularswürden in Augsburg, ist durch seine Erinnerungen, die „offenkundig schönmalen und idyllisch verklären"[133], und dank der Fortsetzung dieser Autobiographie durch Albert Werfer[134] bekannt. „Kein Freund Chr. v. Schmid's, kein Studierender, kein Priester, kein Freund und Kenner der Jugend- und Volksliteratur sollte diese Bände ungelesen lassen", schrieb Engelbert Fischer in den siebziger Jahren, als der Volksschriftsteller bereits zu einem vom Publikum kanonisierten Heiligen und seine Biographie, mehr als seine Werke, „eine höchst gediegene, charakterstärkende, vom eigenthümlichsten Zauber umflossene Lectüre" geworden war.[135] In der Tat müssen sowohl Person als auch Werk des katholischen Pfarrers seine Zeitgenossen tief beeindruckt haben. Wilhelm Bauberger schreibt in seiner autobiographischen Skizze: „Hier [in Thannhausen] lebte auch gerade damals als Schulinspector der berühmte Jugendschriftsteller Christoph Schmid. Da ereignete es sich eines Abends, daß er im Hause meiner Eltern unter herzinnigen Freunden das Manuscript seiner ‚Genovefa' vorlas. Meine Mutter zerfloß in Thränen der Rührung, deren nachhaltige Wirkung bis zu ihrer nahen Entbindung währte. Das Wesen, das sie zur Welt brachte, war – ich

sumieren. Aber die Tante nennt diese Gattung „verfluchte Bücher, die sammt ihren Verfassern verbrannt werden sollen." P. de Kock: Die Jungfrau von Belleville. — Ulm 1841. vol. I, p. 74–75. Die kleine Roman-Szene enthält in nuce einen Teil der hier mühsam erarbeiteten Thesen!

[133] F. Brutscher: *Christoph von Schmid*, p. 5.
[134] C. von Schmid: *Erinnerungen aus meinem Leben*, I–IV.
[135] E. Fischer: *Die Großmacht*, 1877, p. 1711.

selbst, der mit der Christoph Schmid'schen Anlage begabte Sohn Wilhelm."[136] Johann Baptist Pflug, der Genre-Maler, erinnert sich an den Pfarrer in Stadion, anfangs der zwanziger Jahre, der „ein Mensch im reinsten Sinne" war, allgemeinverständlich predigen konnte, im Hungerjahr 1817 unablässig die Not linderte, verstockte Sünder bekehrte und Erzählungen schuf „mit all' der Lieblichkeit, welche so bezaubernd zu den Herzen der Kinder redet und ewig nachklingt in ungetrübter Reinheit durch das Getöse des Lebens".[137] Ähnliche Epitheta verwendet A. Detmer: „In dem schönen Blüthenkranz seiner Jugendschriften duften am lieblichsten die gemüthlichen Erzählungen *Genoveva, Das Blumenkörbchen, Wie Heinrich von Eichenfels zur Erkenntnis Gottes kam, Rosa von Tannenburg, Der gute Fridolin und der böse Dietrich.*"[138] Das Wort „gemüthlich"[139] taucht in Detmers Kurzrezension dreimal auf neben „edel", „rein", „religiös", „frisch", „fröhlich", „christlich", „kindlich", „tüchtig" und „thatkräftig".[140] A. Merget verwendet in seiner Charakterisierung die Epitheta „einfach", „natürlich", „christlich fromm", tadelt jedoch den allzu „katholisch-kirchlichen Charakter" der Schmidschen Erzählungen und deren matte Reimereien. „Die hier gemachten ungünstigen Bemerkungen können jedoch dem reichen Segen keinen Eintrag thun, welchen die Bücher Christoph Schmid's bereits geschaffen haben und noch lange schaffen werden."[141] Auch G. W. Hopf fand 1850 an Schmid einige allzu katholische Mängel, lobte jedoch „die Schilderungen des einfachen, alterthümlichen Lebens" und erkannte deren immerwiederkehrenden „Gang der Entwicklung": „Störung und Wiederherstellung des Glückes frommer Menschen; überhaupt Darstellung des Waltens göttlicher Gerechtigkeit." „Die Entwicklung ist etwas einförmig, man kann das Ende meistens errathen."[142] Von katholischer Seite hieß es: „Fruchtbarer, sittlich reiner und gemüthlicher Jugendschrifsteller, dessen Schriften nie veralten, da ihnen eine Frische und Unmittelbarkeit zu eigen ist, die sich durch keine Kunst ersetzen läßt."[143] Kühner und Schott wiesen, schon ein wenig realistischer denkend, nicht nur auf „freundliche Absicht, herzliche Kinderliebe und [...] christ-

---

[136] J. B. Heindl: *Galerie berühmter Pädagogen* I, p. 34. (Zitat bezieht sich auf das Jahr 1809).

[137] J. B. Pflug: *Erinnerungen* I, p. 172–175. (*Räuber- und Franzosenzeit*, p. 164–166).

[138] Texte in: *Gesammelte Schriften des Verfassers der Ostereier,* Christoph von Schmid. Originalausgabe von letzter Hand. I–VIII. — Augsburg 1841, ²1858.

[139] Man beachte den älteren Wert dieses Wortes!

[140] A. Detmer: *Musterung*, p. 14 (1844).

[141] A. Merget: *Versuch einer Charakteristik*, p. 390–391 (1847).

[142] G. W. Hopf: *Jugendschriften*, p. 40–42.

[143] J. Kehrein: *Lexikon der katholischen Dichter* II, p. 104–105.

liche Gesinnung" des Autors hin, sondern auch auf „des frommen und lieben Domherrn 9- und 12-Kreuzer-Büchlein", die ihren Weg, des niedrigen Preises wegen, „auch zu den unteren Schichten der Bevölkerung" fanden.[144] Friedrich Braun, Neu-Herausgeber der Erzählungen im Verlag D. Gundert, Stuttgart, schwärmte noch 1890: „Die Schmid'schen Erzählungen sind und bleiben echte Kindergeschichten durch ihre in Inhalt und Sprache gleich großartige Einfalt und ihren naiven Idealismus; daran rankt sich das Kindesgemüt dankbar, sinnend, willig empor dem Ziele zu, das diese Geschichten im Einklang mit dem Mund der Mutter und dem Wort der Bibel ihm stecken: Gott gefällig und den Menschen wert zu werden."[145] Robert Gradmann berichtet aus seiner Amtszeit in Forchtenberg (1891): „Besonders zutraulich wurden sie [i. e. die Konfirmanden] dadurch, daß ich eine kleine Schülerbibliothek einrichtete und die Bücher – sentimentale Kinderbücher von Christoph Schmid wie die ‚Genoveva' und dergleichen waren am beliebtesten – selber jede Woche einmal nach dem Konfirmandenunterricht neu verteilte."[146]

Fromm, gemütvoll, idealistisch nach dem Urteil der Zeitgenossen: kirchlich, sentimental, gegenwartsfremd nach unserem heutigen Verständnis, mußten Schmids Erzählungen bei einem Publikum ankommen, das, dank Familientradition, Schulerziehung und Gesellschaftsgefüge, nach diesen Mustern erzogen war. Der Erfolg des Autors mehrte sich durch einen Faktor, den seine Kritiker in den Erzählungen nicht erkannten: den Konsolationseffekt, der auf grenzenlosem Gottvertrauen basierte und durch die stets wiederholte fiktive Errettung der Armen, Unterdrückten, unschuldig Verurteilten, Kranken, Verzweifelnden bewirkt wurde: *Genovefa* ist ja nur e i n Stoff[147], der in dieses Trost-Programm paßte. Entsprechend werden aber nicht die Reichen, Herrschenden und falschen Richter verdammt, sondern nur kleine, schwarze Bösewichter, Menschen wie du und ich – keineswegs Angehörige der oberen Stände. Von sozialer Kritik ist also nicht die Rede, höchstens von Mitleid für die Situation der sozialen Unterschicht. Die bestehende gesellschaftliche Ordnung bleibt unangetastet. Entwicklungen vollziehen sich nur in e i n e r Klasse: der unteren. Diese wiederholten Evolutionen vom schlechten zum guten Glück trösten den unglücklichen Leser und täuschen ihn über die wahren Gründe seines Elends hinweg.

Mit seinem Gemüt und seinem Konsolations-Potential hatte Schmid ungeheuren Erfolg; nach seinen eigenen Worten „haben unzählige Menschen,

[144] Kühner-Schott: *Jugendlektüre*, p. 870.
[145] Aus einer Anzeige des Verlags D. Gundert, 1890.
[146] R. Gradmann: *Lebenserinnerungen.* — Stuttgart 1965, p. 76.
[147] B. Seuffert: *Die Legende von der Pfalzgräfin Genovefa.* — Würzburg 1877.

nicht nur Kinder, Jünglinge und Jungfrauen, sondern auch betagte Männer und Frauen, diese Schriften, die in die meisten Sprachen Europas übersetzt wurden, mit Vergnügen und nicht ohne Segen gelesen."[148] Schmid mußte sich 1841 gegen „von Unberufenen ohne Wissen des Verfassers widerrechtlich veranstaltete Gesamtausgaben" wenden.[149] In Urfahr-Linz wurden seine Erzählungen von G. und B. Ovm für den Verlag Krausslich[150], in Reutlingen von unbekannten Bearbeitern für Ensslin & Laiblin[151] kurzerhand neu erzählt. *Der gute Fridolin* – um nur ein einziges Beispiel von vielen zu nennen – fand eine Nachahmung in der *guten Fridoline und bösen Dorethe,* und in diese Geschichte fügt sich auch die diebische Elster aus dem *Blumenkörbchen* noch einmal ganz zwanglos ein.[152] Nach dem Material im Katalog der Bibliothèque Nationale, Paris[153], kann man sich erst eine, wenn auch immer noch unvollständige Vorstellung von der Beliebtheit Schmids im 19. Jahrhundert machen.[154] Sein Name erscheint noch jetzt jährlich mit mehreren Werken in der italienischen Nationalbibliographie.[155]

Wie der Autor selbst, so galten auch seine Bücher als heilig – genossen also eine sonst nur bei der Bibel oder bei Johann Arndts *Paradiesgärtlein*[156] anzutreffende Verehrung. In dem zu Straßburg bei Heitz erschienenen Exempelbüchlein *Beispiele des Guten* wird von Kindern erzählt, die beim Vieh-Hüten unter einem Kirschbaum rasteten. „Jedes von ihnen hatte ein Exemplar des kleinen Büchleins von Chr. Schmid ‚Erster Unterricht von Gott‘ bei sich." Die Kinder lesen gerade in der zweiten Abteilung vom Kinde Jesu und sagen, sie wollten dem Jesuskinde brav nachfolgen – da stürzt der Kirschbaum auf sie, ohne eines von ihnen zu verletzen.[157]

Christian Gottlob Barth[158] hat, trotz verschiedener Konfession und zeit-

---

[148] C. von Schmid: *Gesammelte Schriften* I. — Augsburg ²1858, p. 11–12.

[149] Ibid. p. 7. — Cf. C. von Schmid: *Erinnerungen* IV, ed. A. Werfer, 1857, p. 200–201.

[150] So etwa *Der gute Fridolin und der böse Dietrich oder: Die Pfade der Tugend und des Lasters.* H. Huemer: *Volksbuchliteratur Oberösterreichs,* p. 384–386.

[151] Dort erschien etwa das *Blumenkörbchen* ohne jegliche Verfasserangabe in verschieden langen Fassungen.

[152] (F. W.:) *Die gute Fridoline und die böse Dorethe.* 2. Auflage. — Reutlingen: J. N. Enßlin 1836. 87 p. — — Cf. auch F. Brutscher: *Christoph von Schmid,* p. 55–60 über Bearbeitungen und Nachahmungen.

[153] *Catalogue Général* 166, Paris 1944, col. 40–269!

[154] In Frankreich erschienen die meisten Schmid-Ausgaben bei Mame in Tours und bei Berger-Levrault in Strasbourg.

[155] *Bollettino delle Pubblicazioni Italiane.* — Firenze: Biblioteca Nazionale Centrale.

[156] H. Beck: *Die religiöse Volkslitteratur,* p. 120. — M. Scharfe — R. Schenda — H. Schwedt: *Volksfrömmigkeit.* — Stuttgart 1967, p. 43.

[157] *Beispiele des Guten.* — Straßburg: Heitz s. d., p. 5–6.

[158] Cf. K. Werner: *Christian Gottlob Barth,* I–III, und, darauf beruhend, W. Kopp: *Chr. Gottlob Barth's Leben und Wirken.*

lichem Abstand von einer Generation, manches mit Schmid gemeinsam: die kleinstädtische Abstammung (Barth war Sohn eines Stuttgarter Anstreichers), die Ausbildung im theologischen Seminar, die außerplanmäßigen Lektüren – jener las bei dem Dillinger Buchbinder, dieser im Tübinger Stift –, den geistlichen Beruf und die Anstellung auf einem schwäbischen Dorfe, die Verfasserschaft von *Biblischen Geschichten* – wobei man annehmen darf, daß Barth die Schmidschen kannte –, die Liebe zur Jugend und das Bemühen um eine gute Lektüre für Kinder und Erwachsene, den ungeheuren Erfolg im In- und Ausland.[159] Als Barth seinen *Armen Heinrich* schrieb (1827), der ihn zum „Verfasser des Armen Heinrich" stempelte, so wie Schmid als „der Verfasser der Ostereier" apostrophiert wurde, da „hatte man außer dem *Täubchen* von Krummacher, das noch unübertroffen dasteht, und den Schmidschen Kinderschriften wenig wahrhaft Brauchbares."[160] Barth wurde folglich als protestantische Parallele zum älteren katholischen Lieblingsschriftsteller angesehen; A. Merget nennt ihn gar „ein vollkommenes Seitenstück zu Christoph Schmid".[161] „Die Kunst zu erzählen besitzt der Vf. in einem ganz ausgezeichneten Grade", lobte ihn 1832 der *Literarische Anzeiger*. – „In der That wird jeder Erwachsene diese vortreffliche Erzählung *[Die Rabenfeder]*, in welcher man bald den kindlich frommen Schubert zu hören glaubt, wie er traulich sein Herz ergießt, bald den romantischen Steffens[162], wie er mit blühendem Pinselstrich mahlt, mit Vergnügen und Rührung lesen, und nichts desto weniger wird auch die erwachsene Jugend sich angeregt und erbaut fühlen. Manche werden den Ton zu hoch finden, aber er zieht das Schwache und niedrig Stehende mit sich hinauf."[163] Ein Jahr später meinte das von Friedrich August Gottreu Tholuck herausgegebene Blatt: „Je mehr er producirt, desto mehr erweist er sich als ein Christoph Schmid in höherer, ästhetischer sowohl als christlicher Potenz. Es sind Kinderschriften, die auch der Erwachsene mit wahrem Vergnügen lies't, und dies ist, wie wir meinen, kein Vorwurf für dieselben, sondern nur Lob; es unterscheidet sie von den kindischen Kinderschriften; auch sind sie frei von der Farbe einer pietistischen

---

[159] Cf. *British Museum General Catalogue of Printed Books* 12, 1965, col. 40–44 (62 Werke, Neuausgaben und Übersetzungen). — *Catalogue Général* 8, Paris 1901, col. 68–70 (16 Titel).

[160] C. G. Barth: *Erzählungen für Christenkinder* I. — Stuttgart s. d. (1854?), *Vorrede* p. VIII.

[161] A. Merget: *Jugendliteratur*, p. 67. In der Ausgabe 1882, p. 68: „Ein würdiges Seitenstück".

[162] Henrik Steffens (1773–1845), der Naturphilosoph, Antiturner und Dichter. Zur Bibliographie cf. E. Friedrichs: *Literarische Lokalgrößen*, p. 314.

[163] *Litterarischer Anzeiger für christliche Theologie und Wissenschaft überhaupt*, num. 65, 25. 10. 1832, col. 520.

Schule, ganz in der Art, wie es Claudius' Schriften waren."[164] Besonderen Beifall fanden Barths lyrische Einlagen.

Eine Generation später stieß Barths angeblich nicht vorhandener Hang zum Pietismus doch auf einen Kritiker in A. Merget: „Wenn Christoph v. Schmid durch ein confessionell katholisches Element zuweilen bei evangelischen Lesern Anstoß erregt, wie durch Anpreisung des Klosterlebens, so haben die Erzählungen von Barth oft eine zu stark aufgetragene pietistische Färbung, besonders durch einen fast abergläubischen Gebrauch des Bibelwortes; allein sie sind wahrhaft fromm und eine durchaus erbauliche Lectüre für Kinder."[165] G. W. Hopf schließlich führt den Vergleich Schmid-Barth noch einmal durch: „Beide theilen das Streben, religiöse Wahrheiten durch das Mittel der Erzählung der Jugend nahe zu bringen, doch so, daß die Barth'schen Erzählungen mehr specifisch Christliches in sich fassen, während die Schmidschen Geschichten großentheils allgemein religiös gehalten sind. Ist in den Schmid'schen Schriften die Entwicklung etwas einförmig, so zieht sich derselbe Fehler durch die Erzählungen von Barth in Bezug auf die Mittel der sittlichen Besserung. Auch in Absicht des Wunderbaren stehen beide ziemlich auf derselben Linie. Die Naturschilderungen in den Erzählungen von Barth sind zum Theil ausgezeichnet."[166]

Und doch unterscheidet sich Barth in seiner gesellschaftlichen Stellung entschieden von dem Augsburger Domkapitular, und dieses Wirken in einem anderen Kreise hat auch auf seine Erzählungen abgefärbt. Als strengen Pietisten kennzeichnen ihn sein Bibelglaube; seine Überzeugung, daß Gebet und Glauben Wunder tun können, seine Abneigung gegen irdische Vergnügungen; seine Meinung, Unglück und Leiden seien von Gott geschickte

---

[164] Ibid. num. 62, 9. 10. 1833, col. 494–496.
[165] A. Merget: *Jugendliteratur*, p. 68. — Cf. auch A. Merget: *Versuch einer Charakteristik*, p. 394–395: „Es sind alles gewaltige Geschichten, die eigenthümlichsten, zuweilen unter geringen Verhältnissen großartigsten Begebenheiten, die uns hier zu wahrer Erbauung vorgeführt werden. Gott wird in diesen Geschichten verherrlicht, nicht blos im Allgemeinen seine Vorsehung und Waltung, sondern der lebendige, gerechte und doch gnädige Gott, der durch seinen Sohn erlösende himmlische Vater. Da wird nicht schwarz zu weiß gemacht, nicht Sünde und Untugend weichlich entschuldigt und nur Bedauern dafür erregt, sondern wahrer Abscheu, wie er sich gebührt, doch Mitleid mit dem Sünder und Verführten. Und das geschieht in einer überaus kräftigen, bilderreichen, anregenden Sprache, in welche die Sprüche göttlicher und wahrer menschlicher Weisheit erquickend verwebt sind. Das Alles endlich erscheint gar nicht so, als ob die Geschichte von Bauern, Bürgern, Kaufleuten zu einer Kirchengeschichte sollte gestempelt werden; sondern Verhältnisse und Scenen sind ganz natürlich herbeigeführt und beruhen auf erlebter Wahrheit. Ich kenne eine große Anzahl von Geschichten für die Jugend, moralische, rührende, phantastische, romantische usw.; sie alle aber werden übertroffen durch die Poesie der Wahrheit in diesen Erzählungen, denen ich die weiteste Verbreitung wünsche."
[166] G. W. Hopf: *Jugendschriften*, p. 43.

Mahnungen; sein missionarisches Bekennertum.[167] Diese – freilich auch dem Katholiken nicht völlig fremden, aber niemals so starr realisierten – Haltungen treten in seinen Werken stark an die Oberfläche: Überall herrscht Gottvertrauen, die Bibel weiß stets einen Kommentar, Beten hilft aus der übelsten Lage, Armut und Unterdrückung werden als gottgegeben akzeptiert, der Nächste wird, wenn möglich – aber meistens ist es möglich –, zum Besseren bekehrt: „Es kommt von oben", ist der Wahlspruch des Kleinen Peter in der *Rabenfeder*. Zu diesem strengen Pietismus gesellt sich aber ein Drang zu sozialer Aktivität, der dem Katholiken in entschieden geringerem Maße gegeben war. In seinen Verlagsgeschäften – Barth ist der Begründer des mächtigen Calwer Verlagsvereins[168] – entwickelt er sich zum überarbeiteten Manager, bei seinen zahlreichen Reisen zum Vertreter in Missionsangelegenheiten, bei seinen literarischen Arbeiten zum gehetzten Vielschreiber. Sein *Calwer Missionsblatt* hatte 1848 eine Auflage von 13 000 Exemplaren; Übersetzungen englischer Traktate ließ er in Auflagen von je 10 000 Stück drucken. Zuschüsse beschaffte er aus London von der dortigen Traktatgesellschaft. 1831 waren 130 000 Traktate gedruckt und bis auf wenige auch verkauft worden. Die *Zweimal 52 biblischen Geschichten* waren bis 1886 durch nahezu 300 Auflagen in ungefähr zwei Millionen Exemplaren verbreitet; Barth hatte allein von April bis November 1832 zehntausend Stück davon verkauft. 1838 verläßt Barth, überanstrengt, den Kirchendienst und widmet sich vorzüglich dem Buchgeschäft. Der Calwer Verlagsverein setzt im ersten Jahrzehnt seines Bestehens 700 000 Traktate und 432 500 Schulbücher ab. 1843 fordert Barth in Berlin die wirtschaftlich günstige Portofreiheit innerhalb Preußens für seine Periodika und erhält sie. 1846 setzt er Kolporteure ein und verbreitet in einem Jahr 30 000 Exemplare seiner vier Missionsblätter. Im Laufe des Jahres 1850 empfängt er 1178 Briefe und schreibt deren 1200. Zehn Jahre lang ist er schwerkrank und arbeitet trotzdem bis zu seinem Tode im Jahre 1862 weiter.[169] Die Sorge für Sein Haus – oder sein Haus? – hatte ihn aufgezehrt.

Entscheidende Gegensätze zu dem stilleren Schmid – gewiß. Und doch nähern einige Charakterzüge den protestantischen Geistlichen wiederum seinem katholischen Kollegen. Beide haben – wie schon Schäblen in den siebziger Jahren des 18. Jahrhunderts – zu den großen weltlichen literari-

---

[167] Cf. C. G. Barth: *Ueber die Pietisten*. — Tübingen: Fues 1819. — Inhalt referiert in K. Werner: *C. G. Barth* I, 1865, p. 128–132.
[168] *Viele Saaten — Eine Ernte. Festschrift zum hundertjährigen Bestehen des Calwer Verlagsvereins 1833—1933*. — Stuttgart 1933.
[169] Alle Daten nach W. Kopp: *Chr. Gottlob Barth's Leben*.

schen Zeitgenossen keinen Kontakt, und sie werden weder von den Romantikern noch vom Jungen Deutschland beachtet. Weder Barth noch Schmid haben bei aller literarischen Produktion die belletristische Literatur ihrer jeweiligen Gegenwart auch nur halbwegs gelesen. Theoretische Überlegungen zum Thema Volksliteratur sind bei ihnen so gut wie nicht vorhanden. Zur Kontaktlosigkeit nach außen, zur Isolation – die allen Schriftstellern des „circuit populaire" eigen ist – gesellt sich also mangelhafte Reflexion über ihr eigenes Schaffen. Vor allem bei Barth hat man den Eindruck, daß ihm auch der persönliche Kontakt zu seinen Lesern abgeht; beide Autoren schriftstellerten zwar gern für die Jugend – aber vornehmlich zu ihrer eigenen Rekreation. Beide vermeiden aber auch die Diskussion theologischer Probleme.[170] Beide nehmen keinerlei Stellung zu politischen Tagesfragen, Schmid nicht zur Restauration, Barth nicht zu den Revolutionen und sozialen Unruhen[171]; sie tun, als sei die wirkliche Welt nicht vorhanden. Erst um 1860 verwandelt sich Barths politisches Desinteresse in einen zwar zeittypischen (auch an der *Gartenlaube* demonstrierbaren), aber deswegen nicht weniger beklagenswerten Chauvinismus.[172] Insgesamt gesehen ist ihre Produktion Fluchtliteratur: die Autoren verstecken sich vor der Realität und bieten ihren Lesern gleichfalls die Möglichkeit, in ein völlig irreales Traumland zu emigrieren.

Diese letzteren Charakteristika passen zum großen Teil auch auf den seinerzeit berühmtesten weltlichen Autor, den Dresdner Volksschullehrer Gustav Nieritz.[173] Über den Wert seiner 117 Bände Jugendschriften, die

---

[170] „Auch hat er es mit Recht unterlassen, in seinen Kinderschriften zu polemisieren und von einem religiösen Zwiespalt zu reden, von dem Kinder doch keinen Begriff haben." C. von Schmid: *Erinnerungen* IV, ed. A. Werfer, 1857, p. 203.

[171] „Aber in einem Stück wurde er doch weder Bürger- noch Christenpflichten gerecht, indem er sich nicht bloß selbst von allen politischen Dingen fernhielt, sondern den Christen überhaupt ein Eingehen auf dieses Gebiet verwehrte." W. Kopp: *C. G. Barth's Leben*, p. 233.

[172] Ibid. p. 237. Cf. H. Radeck: *Zur Geschichte von Roman und Erzählung in der Gartenlaube.*

[173] Urteile über Nieritz bei A. Detmer: *Jugendliteratur*, p. 15–17 („Aber durch dieses Streben nach Unterhaltung wird das religiöse Element zu sehr vernachlässigt."). — F. Hoffmann: *Gustav Nieritz.* In: J. B. Heindl: *Galerie berühmter Pädagogen* II, p. 54–59. — G. W. Hopf: *Jugendschriften*, p. 47–48 („Obwol nun dem Erzählertalente und der Gesinnung des Verf. alle Ehre gebührt, so möchte ich doch nicht diese Art Schriften zur vorherrschenden oder gar, wie man jetzt hie und da sieht, zur alleinigen Lektüre der Jugend empfehlen."). — H. L. Köster: *Geschichte der deutschen Jugendliteratur*, 4. Aufl. p. 292–293 („Ihm war der Verdienst die Hauptsache." — „Seine Menschen sind Schablonen ohne individuelle Gestaltung, Typen des Guten oder des Schlechten."). — A. Merget: *Jugendliteratur*, p. 97–100 („Es ist seinen Arbeiten nachzusagen, daß die Darstellung meist natürlich gehalten ist, sich vor Uebertreibung fast immer bewahrt, dennoch fesselt und spannt."). — A. Merget: *Versuch einer Charakteristik*, p. 392–393 („meisterhafte

in den dreißiger und vierziger Jahren Furore machten, liegen die widersprüchlichsten Urteile der Zeitgenossen vor: er war christlich und unchristlich, jugendgeeignet und nicht jugendgeeignet, ein Genie und ein Schmierer. In seiner Autobiographie[174] erscheint er als unsicherer, schüchterner, stets in die Ecke gedrängter, ja manchmal sogar ausgebeuteter Mann, der es nie zum Ruhm der Großen brachte, finanziell nie zu den Gesegneten zählte, aber auch geistig nie irgendwelche olympischen Vorhöhen erklomm. Er blieb Zeit seines Lebens armseliger Armenschulmeister, der noch froh sein durfte, daß er, als Schuldirektor wohlgemerkt, im Pensionshaushaltsplan der Stadt Dresden noch hinter dem Kopisten, dem Stadtboten und dem Stockmeister rangierte. Kein Wunder, daß er, der zumindest mit überdurchschnittlicher Phantasie Begabte, sich in die Schriftstellerei verkroch und dort Herzenskräfte walten ließ, die er in den Elendsvierteln seiner Heimat vergeblich suchte. Nieritz' Bücher sind Fluchtprodukte eines Slum-Bewohners, der nur allzu selten einen Blick ins Paradies der Oberschicht tun darf. Sein Publikum stammt jedoch keineswegs nur aus denselben Slums, sondern viel eher aus dem wohlhabenden Bürgertum, ja sogar aus dem Adel – das Phänomen des Sich-Herablassens zum „circuit populaire" ist ja viel verbreiteter als das des Sich-Hinauflesens. Immer wieder sind die Personen, die Nieritz, ihren Lieblingsautor, besuchen, beglückwünschen, bewundern, junge, wohlerzogene Mädchen oder ältliche, wohlhabende Damen. Es ist nicht uninteressant, hier als Trivialleserinnen zwei Prinzessinnen von Hannover, nämlich Friederike und Mary, zu zitieren, die Nieritz am 5. Januar 1860 folgendes schrieben:

Lieber Herr Nieritz!

Wir wollten Ihnen unsern besten Dank aussprechen für die vielen angenehmen Stunden, welche Sie uns durch Ihre schönen Bücher bereitet haben. Als wir zufällig vorigen Winter beide zu gleicher Zeit unwohl waren, wurde uns der *Findling* vorgelesen und wir freuten uns darüber so sehr, daß Mama uns zu Weihnachten Ihre sämmtlichen Erzählungen zum Geschenk machte. Diese haben wir nun sehr fleißig gelesen; am schönsten von allen sind aber *Georg Neumark und die Gambe*, der *kleine Trommelschläger* und *Betty und Toms*.[175] Wir wünschen, der liebe Gott möge Sie noch viele Jahre rüstig erhalten und Ihnen in Ihrem Alter recht viele Freude geben, da Sie ja den Kindern so viele Freude bereiten.

Friederike und Mary von Hannover.[176]

Charakterzeichnung der handelnden Personen" — „Der Schluß der Nieritzischen Geschichten ist stets beruhigend und versöhnend.“). — H. Schwerdt: *Gustav Nieritz*. In: *Centralblatt* I, 1857, p. 332–339. — — Bibliographie der Schriften Nieritz' bei K. Bernhardi: *Wegweiser*, p. 34–38, num. 426–519.

[174] G. Nieritz: *Selbstbiographie* (1872). — *Wie ich zum Schriftstellern kam* (1857).
[175] Die exakten Titel bei K. Bernhardi: *Wegweiser*, p. 34–38.
[176] G. Nieritz: *Selbstbiographie*, p. 456–457.

So mußte es den eitlen Mann sehr verwundern, daß der hochgeschätzte Heinrich Zschokke ihn, den „Pfuscher auf dem schriftstellerischen Gebiete", bei seinem Besuche in Aarau (1845) gar nicht kennen wollte; doch tröstete er sich mit dem Gedanken, „daß ich bei der Menge meiner Amtsgeschäfte und vor vielem Schreiben nicht zum Lesen fremder Federn komme und daher manchen neuern Schriftstellernamen nicht kenne".[177] Auch Nieritz pflegte also die geistige Isolation, vermied die gedankliche Konstruktion und die Auseinandersetzung[178], – er gab sich lieber mit den unseligsten Banalitäten als mit den Ideen seiner Zeitgenossen ab. Was sein politisches Interesse anbetraf, so genügt es, seine Erinnerungen an das Jahr 1848 zu resümieren: das goldene Jubelfest eines Rechtsanwalts, Krankheit der Tochter, Tod der Mutter, Vereinsbildungen, Vereinskämpfe, Kritik an der Zensurfreiheit und an den neumodischen Geschworenengerichten, Wahl des konservativen Stadtrats Hensel, Tadel an den Republikanern, Stellungnahme gegen Robert Blum, „und ich galt von Stund' an als der ärgste Reactionär".[179] Kurzum: von D e m o k r a t i e wollte Nieritz nichts wissen, und die politische Diskussion ließ er aus seinen Schriften lieber fort. Politisches Interesse war bei ihm in der Tat mehr vorhanden als bei den Geistlichen, indes fürchtete er – den deutschen Herrschern gleich – jeden Fortschritt, weil er „das Schreckliche eines Volksaufstandes" nicht noch einmal erleben wollte.[180] So hielt er sich ängstlich an das Traditionelle – symbolisiert durch das *Loch im Ärmel*[181] – und akzeptierte, einem Pietesten gleich, alle Schikanen der Obrigkeiten – wie der zu dem Ärmel gehörige Schulmeister, der lieber Bergmann wird, als daß er sich gegen ein falsches Examens-Urteil auflehnt. Nieritz ist so weltfremd, wie Schmid und Barth es waren – „und endlich ist es wohl ein Lob", meinte der Berliner Seminardirektor A. Merget im Jahre 1867, ein Lob, „wenn wir es bewahrheiten, daß er sich von der Behandlung politischer oder socialer Ideen fern gehalten".[182]

Die „Volksschriftsteller" des 19. Jahrhunderts spiegelten ihren Lesern eine nicht vorhandene, unter Gottes Lenkung wohl funktionierende Welt vor. Die Lesermassen wurden zu braven, unpolitischen Untertanen erzo-

---

[177] Ibid. p. 374.
[178] „Mein Schaffen war nicht die Frucht des berechnenden Verstandes, sondern der Phantasie." Ibid. p. 470.
[179] Ibid, p. 413.
[180] Ibid. p. 421.
[181] G. Nieritz: *Das Loch im Ärmel, oder: Die hohe Schule.* — In: *Volksbüchlein für das Jahr 1847.* Leipzig: Georg Wigand's Verlag, p. 19–82. — Cf. dazu A. Merget: *Versuch einer Charakteristik,* p. 393.
[182] A. Merget: *Jugendliteratur,* p. 97.

gen – Zufriedenheit galt bekanntlich seit der Spätaufklärung als das unfehl-
barste Glücksrezept für die niederen Klassen. Die Volksschriftsteller arbeiten somit im Sinne der vorsichtigen, konservativen Erziehungstheoretiker
und im Sinne der zensurfreudigen Politiker. Ein Werk von Schmid, Barth
oder Nieritz ist nie und nirgends beschlagnahmt worden. Die Volksschriftsteller lagen richtig in der restaurativen, reaktionären und bald auch na-
tionalistischen Linie der Regierungspolitik. Alles was nicht in das von
Schmid, Barth, Nieritz vorgeprägte Muster paßte, war entweder französische Unzuchtsliteratur oder sozialistische Revolutionspropaganda, Schmutz
und Schund oder nihilistischer Materialismus, der nach Sue oder Zola, nach
Strauss oder Comte, Darwin oder Haeckel roch. Man könnte nach diesem
dualistischen Schema die populären Autoren in zwei Klassen teilen: die
erlaubten und die verbotenen. Kein Zweifel, daß die letzteren den lobens-
würdigeren Teil der populären Lesestoffe produziert haben.

Druckereien, Verleger und ihre Produktion

„Man kann den Stand von Bildung und von innerer und äußerer Freiheit eines Volkes, einer Gesellschaft in der Tat ebensowenig an Büchern er-
messen wie an der Zahl der Waschmaschinen, Fernsehgeräte und Kampf-
flugzeuge und Raketen."[183] Dieser Feststellung Friedrich Heers kann man
beipflichten, solange seine Beobachtung einen festen Moment in der Geschichte umfaßt; nicht aber, wenn man einen größeren Zeitraum, eine dy-
namische Entwicklung oder ein ungesundes Stagnieren der Kräfte betrachtet. Die Expansion des Buchgeschäftes im Laufe des 19. Jahrhunderts spiegelt doch zumindest das wachsende geistige Interesse dieser und jener Nation, den geistigen Freiheits w i l l e n wenigstens, wenn auch nicht die gelungene Befreiung. Zahlen können diese Evolution sehr wohl verdeutlichen, sofern man sie nur ein wenig kommentiert.

Die bibliographischen Grundlagen sind auch hier, vor allem auf dem Gebiete der populären Lesestoffe, miserabel.[184] Von einem Drucker-Lexikon
sind nicht einmal Spuren vorhanden.[185] Um das Jahr 1780 kamen jedoch

[183] F. Heer: *Die Rolle des Buches*, p. 4.
[184] Cf. H. J. Koppitz: *Zur Bibliographie der deutschen Buchproduktion.*
[185] Einzelne lokale Untersuchungen sind vorhanden, so von Paulus Weissenberger:
*Geschichte der fürstlichen Buchdruckereien und Buchbindereien in Wallerstein und Oettin-
gen.* — In: *Historischer Verein für Nördlingen und das Ries. 23. Jahrbuch.* Nördlingen
1950, p. 66–77.

jährlich rund 2500 neue Bücher auf die Messe (um 1620: rund 1000), davon entfielen 20 % auf das Gebiet der Theologie, 14 % auf angenehme Lektüren und 11 % auf historische Werke. „Noch vor 60 Jahren", bemerkte Frömmichen zu dieser Statistik, „waren diejenigen, welche Bücher kauften, blos Gelehrte: heutigen Tages ist nicht leicht ein Frauenzimmer von einiger Erziehung, das nicht läse; der lesende Theil findet sich jetzt unter allen Ständen; in Städten und auf dem Lande, sogar die Musketiere in grossen Städten lassen sich aus der Leihbibliothek Bücher auf die Hauptwache holen."[186]

Nach den verschiedensten Schätzungen produzierten die deutschen Drukker um das Jahr 1800 zwischen 1000 und 7000 neue Bücher pro Jahr.[187] Auch in Frankreich nahm das Druckgewerbe durch erweiterte populäre Leserkreise im Zeitalter der Revolution einen starken Aufschwung. Napoleon fürchtete jedoch den politischen Einfluß der Presse und würgte sie ab: die Zahl der Drucker fiel rapide bis zum Jahre 1806. Am 30. Januar 1811 wurden durch ein Dekret des Innenministeriums statt der früheren 400 nur 60 Drucker in Paris zugelassen, am 11. Februar 1811 wieder 80 Betriebe[188], die sich bis 1842 noch keineswegs vermehrt hatten.[189] Die Imprimerie Impériale arbeitete dagegen 1811 mit 200 Pressen und beschäftigte in diesem Staatsmonopol im Jahr 1812 mindestens 1000 Personen.[190] Mit den Verhältnissen in Deutschland verglichen, darf man selbst diese beschränkten Zahlen bewundern: Köln wies zwar im Jahre 1810 siebzehn Drucker auf[191], aber die kleineren Staaten und Städte besaßen durchaus nicht immer eine Druckerei. Nach Sigmaringen etwa kam die erste Druckerpresse im Jahre 1808, nach Hechingen, wo bereits 1728 vorübergehend ein Hof- und Kanzleibuchdrucker gelebt hatte, erst im Jahre 1829.[192] Was Württemberg

---

[186] Frömmichen: *Einige Bemerkungen*, sp. p. 179 (1780). Eine zeitgenössische Quelle wie Frömmichen scheint verläßlicher als die Methode, Produktionsziffern aus alten und neuen Bibliothekskatalogen zu berechnen. Die Angaben bei D. T. Pottinger: *The French Book Trade*, p. 26–27 (500 Titel pro Jahr um 1670) unterschätzen ohne Zweifel die tatsächliche Produktion mit Einschluß der populären Drucke.

[187] H. J. Koppitz: *Zur Bibliographie*, p. 22. — Die unterschiedliche Zählung beruht auf der Zweideutigkeit der Begriffe „neu" (neu geschriebenes oder neu aufgelegtes Werk) und „Bücher" (Titel oder Bände). Ein Mittelwert von 3–4 000 völlig neuen und neuaufgelegten Bänden wird der Wirlichkeit entsprechen. Populäre Flugblätter und Heftchen wurden jedenfalls nicht mitgezählt. Sie würden diese Zahlen vielleicht verdoppeln.

[188] Die Liste der 60 + 20 Namen bei P. Dupont: *Histoire de l'imprimerie* I, p. 265. — P. Chauvet: *Les Ouvriers du livre*, p. 54–55.

[189] C. Moisand: *Physiologie de l'imprimeur*, p. 18–19.

[190] P. Chauvet: *Les Ouvriers du livre*, p. 63, 67.

[191] J. Heitjan: *Die Kölner Druckereibetriebe* (nach Akten der französischen Verwaltung).

[192] A. Nolle: *Geschichte des Zeitungswesens in Hohenzollern*, p. 14.

und speziell den Neckarkreis anbetrifft, so befanden sich noch 1842 in den Oberämtern Backnang, Brackenheim, Marbach, Maulbronn, Neckarsulm, Stuttgart Amt und Weinsberg keine Buchdrucker.[193]

Günstiger als in Paris und günstiger als irgendwo in Deutschland verlief die Entwicklung in den östlichen und nördlichen Provinzen Frankreichs. Im Département des Vosges wirkten im Jahre 1810 neun Drucker: Jean-Jacques Christophe Beaucolin in Neufchâteau, ein „gebildeter" Lehrerssohn, mit zwei Pressen; Joseph Bouillon in Mirecourt, mit zwei Pressen, die Andachtsbücher und Volksbüchlein produzierten; Etienne Dubiez in Remiremont, seit 1775 in seinem Beruf tätig, mit drei Arbeitern und zwei Pressen samt großer Typenauswahl; Jean-François Godfroy in Neufchâteau, Drucker der Sous-Préfecture, mit drei Pressen, die er 1806 vom Drucker Monnoyer dortselbst erworben hatte; Antoine Hoener in Épinal, Sohn des Henri Hoener, eines der ersten Drucker in Nancy, Präfektur-Drucker mit sieben Arbeitern und vier Pressen; und schließlich Michel Vivot in Bruyères, dessen Vater seit 1772 dort druckte, mit fünf Arbeitern, drei Pressen und fünf verschiedenen Typensätzen. Vivot war ein Mann, der wegen seiner politischen Vergangenheit in schlechtem Rufe stand und dessen Druckerei die Polizei insgeheim überwachte.[194]

Das französische Druckereigewerbe wurde jedoch durch Napoleons Beamte künstlich im Zaum gehalten. „L'imprimerie" – so sagte der Kaiser vor dem Staatsrat, und seine Worte galten selbstverständlich auch rechts des Rheins – „est un arsenal qu'il importe de ne pas mettre entre les mains de tout le monde; nul ne pourra donc exercer sans être breveté et assermenté, et le nombre sera fixé dans chaque département. L'imprimerie n'est point un commerce; il ne doit donc pas suffire d'une simple patente pour s'y livrer; il s'agit d'un état qui intéresse la politique, et dès lors la politique doit en être juge." Eine unbegrenzte Zahl von Druckern würde zu wirtschaftlichen Schwierigkeiten einzelner führen, so meinte er, die Armut führe jedoch zu unüberlegten Handlungen: „L'imprimerie est une arme terrible qu'il ne faut pas laisser entre les mains du malheureux." Napoleon hatte einen weiteren Vorteil des Verfahrens sehr wohl erfaßt: die Überwachung der wenigen war kein Problem, und diese wenigen, wirtschaftlich gesichert, würden auch keine regierungsfeindlichen Schritte unternehmen. Seine Argumente, man müsse auf diese Weise der Armut steuern – „l'effet infaillible de la liberté illimitée est d'augmenter le nombre des pauvres" – waren schwach: die nichtzugelassenen Drucker waren gerade zur

[193] Staatsarchiv Ludwigsburg E 146/755/9.
[194] Archives Départementales Vosges, Épinal, 7-T-9 (1810).

Armut verdammt – aber sie konnten wenigstens dem Staate nicht schaden![195]

Das Dekret vom 5. Februar 1810 begründete daher eine *Direction de l'imprimerie et de la librairie,* die dem Innenminister unterstellt wurde und welche die Zahl und Produktion der Druckereien zu beschränken und zu überwachen hatte.[196] Das Beschränkungsprinzip hatte noch lange nach Napoleons Sturz Gültigkeit. Die Kontrollorgane verlangten, daß jeder Drucker seine Produktionspläne der zuständigen Präfektur und über diese dem Innenministerium vorzulegen habe.[197] Diesem Papierkrieg verdankt der heutige Forscher eine große Zahl von Daten, die für das deutsche Gebiet nicht mehr zu ermitteln sind.

Trotz der staatlich gelenkten Restriktionen, die sich vor allem auf die unter Konkurrenzdruck verbilligte Produktion von populären Lesestoffen auswirken mußte, konnte sich das Druckereigewerbe in der französischen Provinz unter Restauration und zweitem Empire ausdehnen. So arbeiteten etwa im Département Haut-Rhin um 1820 fünf Drucker[198], 1851 waren es zehn; 1859 produzierten allein in Colmar deren vier, 1860 gab es bereits 31 Drucker und Lithographen.[199] Im Département Vosges wurden in den Jahren 1830 zwei, 1831 fünf, 1832 zehn (Mirecourt: 3, Neufchâteau: 2, S. Dié: 2, und je eine in Rambervillers, Épinal und Remiremont), 1833 sechs, 1834 fünf und 1835 vier neue Druckergenehmigungen (brevets) erteilt.[200]

[195] P. Dupont: *Histoire de l'imprimerie* I, p. 262–263.

[196] Ibid. p. 265.

[197] Die Druckanzeigen wurden von den größeren Verlagen auf eigenen Formblättern, von den kleinen Druckereien handschriftlich bei der Präfektur, meist zusammen mit den beiden Pflichtexemplaren vorgelegt. Die Formblätter hatten folgenden Inhalt:
Je, soussigné, déclare avoir l'intention d.... imprimer.... changements.... pour....
compte.....
un Ouvrage ayant pour titre littéral.....
lequel je me propose de tirer à.... exemplaires, en...., format in-18, de... feuilles d'impression, sur..... Jede Anzeige trägt als Autorisation den handschriftlichen Vermerk:
La présente déclaration a été enregistré aujourd'hui à la Préfecture et il en est donné récépissé à M^r (Name des Druckers). — Archives Départementales Vosges, Épinal, 7-T-6.

[198] Jean Pierre Clerc in Belfort, Jean-Henri Decker in Colmar, Joseph Goetschy in Altkirch, Jean-Michel Hoffmann in Colmar und Jean Risler in Mulhouse. — Archives Départementales Haut-Rhin, Colmar, 1 — T — 453.

[199] Ibid. 1 — T — 453. — Die Colmarer Drucker 1859 waren Camille Decker, Charles-Antoine-Michel Hoffmann, Sebastien Million und Antoine Weigel.

[200] *État nominatif des Imprimeurs et Libraires brevetés existant dans le Département des Vosges jusqu'au 22 Mars 1836.* Archives Départementales Vosges, Épinal, 7 — T — 9.
— Das Antragsverfahren war offenbar mit dem Tag vereinfacht worden, als die Oberaufsicht des Buchhandelswesens innerhalb des Innenministeriums im Jahre 1828 von der Direction de la Police in die Hände der Direction des Belles Lettres, Sciences et Beaux Arts,

Im Jahre 1847 arbeiteten in der gesamten französischen Provinz 638 Druk-
kereien mit 5541 Arbeitern, 332 Arbeiterinnen und 766 Kindern und
Lehrlingen – insgesamt also 6639 Personen. Dazu kamen 248 lithographische Anstalten mit 1125 und 20 typo-lithographische Anstalten mit
339 Arbeitnehmern: Die französische Druckindustrie beschäftigte also in
der Provinz rund 8000 Personen.[201] Eine Statistik des Jahres 1855 zählt
997 französische Drucker, die im Jahre 1854 8098 Druckwerke herstell-
ten. In diesem Jahre waren die aktivsten Firmen (in Klammern die Zahl
der produzierten Titel):

Bonaventure, Paris (132),
Claye et Cie, Paris (150),
Delalain, Paris (131),
Firmin Didot, Paris (173),
Mme Dondey-Dupré, Paris (165),
Lahure, Paris (339, Maximum!),
Lefort, Lille (133),
Mame et Cie, Tours (175, Max. Provinz!),
Martinet, Paris (124),
Masseaux, Nantes (110),
Plon, Frères, Paris (110),
Raçon, Paris (260),
Thunot, Paris (104).

Von den 633 aktiven Druckern dieses Jahres stehen neben weiteren 55
Druckereien, die mehr als 30 Titel produzierten, die restlichen, also 565
Kleinstdruckereien, ohne größere Bedeutung.[202]
Die Masse der Buchproduktion lag demnach in den Händen einer relativ
kleinen Zahl von Druckern, die sich meist zu Verlagen entwickelten, indem
sie Teile ihrer Produktion bei kleineren Firmen zu niedrigen Preisen drukken ließen. Ein Großteil der Druckwerke wurde in wenigen Zentren hergestellt: Augsburg, Reutlingen oder Hamburg, Florenz, Mailand oder
Neapel[203], Paris, Tours, Épinal oder Montbéliard. Jedes Zentrum hatte
seinen eigenen Charakter und seine traditionellen Titel, Themen oder Formen. Gegenüber diesen Monopol-Städten mußten die übrigen Druckereien

---

Abteilung Librairie überging. Leiter dieses Büros war Joseph-Balthazar Siméon (cf. Mi-
chaud: *Biographie Universelle* XXXIX, p. 362–363), der mit dem liberalen Minister Mar-
tignac im Januar 1828 zu seinem Amt gekommen war. Cf. E. Lavisse: *Histoire de France
contemporaine*, IV: *La Restauration*, par S. Charlety. — Paris 1911, p. 329.
[201] P. Chauvet: *Les Ouvriers du livre*, p. 660.
[202] V.-E. Gauthier: *Annuaire de l'Imprimerie 1855–1856*.
[203] Cf. R. Schenda: *Italienische Volkslesestoffe*, col. 299–300.

bescheiden zurücktreten. Die Straßburger Druckereien etwa – Charles Frédéric Heitz, Georges Silbermann, Adolphe Christophe, François Hypolite Leroux, Veuve Berger-Levrault, Édouard Huder und Frédéric Émile Simon – hatten 1866 schon nur noch lokale Bedeutung und konnten mit den Pariser Großdruckereien nicht mehr konkurrieren.[204] Trotzdem haben einige von ihnen für den populären Verbraucherkreis große Bedeutung gehabt: Silbermann etwa für die Bilderbogenindustrie, Berger-Levrault für die Herstellung von Andachts- und Schulbüchern. Diese Bedeutung bleibt jedoch in der Hauptsache lokal begrenzt.

Für Deutschland existieren nur örtliche Statistiken, die aber jedenfalls vermuten lassen, daß das Druckereipotential nicht wesentlich niedriger lag als in Frankreich. Von einer Konzentration auf eine Hauptstadt oder eine beschränkte Zahl von Großbetrieben konnte freilich nicht die Rede sein. Oberbayern wies im Jahre 1847/48 bei einer Seelenzahl von 705 544 siebzehn Buch- und Notendruckereien mit 205 Gehilfen und Arbeitern auf; dazu kamen 10 graphische Betriebe mit 30 Angestellten. In Schwaben-Neuburg waren im Jahre 1861 318 Arbeitnehmer in 28 Druckereien und weitere 45 Arbeiter in 32 graphischen Anstalten beschäftigt.[205]

Unvergleichlich höher als die Zahl der vorhandenen Drucker ist jedoch, links und rechts des Rheins, die Menge der zurückgewiesenen Konzessionsgesuche gewesen.[206] Sie bezeugen einerseits das stark angewachsene Konsumbedürfnis für Druckwerke, anderseits die Furcht der Regierung vor einer geistigen Emanzipation der niederen Klassen, in der zweiten Hälfte des Jahrhunderts schließlich das Unverständnis des bürgerlichen Blocks und der kapitalistischen Produktionsmonopole gegenüber den Bedürfnissen des Proletariats. Als der Drucker George im Jahre 1822 in Épinal eine lithographische Werkstatt einrichten wollte, erhielt der Präfekt aus Paris folgende Mitteilung:

Ministère de l'Intérieur   Paris, le 12 Août 1822
Direction de la Police
Librairie

Monsieur le Préfet, vous m'avez adressé le 3 de ce mois, la demande du Sr. George, Libraire à Épinal, tendant à obtenir le brevet d'Imprimeur lithographe dans la même ville. Malgré le témoignage favorable que vous rendez à la moralité de ce pétitionnaire, il m'est impossible de créer en sa faveur une nouvelle Imprimerie. Celles qui existent en si grand nombre sur tous les points du Royaume

---

[204] Archives Départementales Bas-Rhin, Strasbourg, T. 207.
[205] *Bavaria. Landes- und Volkskunde des Königreichs Bayern.* Erster Band: *Ober- und Niederbayern.* 1. Abt. — München 1860, p. 506.
[206] Für Württemberg cf. die Akten im Staatsarchiv Ludwigsburg E 146/756–757.

exigent une surveillance sévère et assidue; on en compte plusieurs à Épinal, et vous penserez sans doute comme moi, qu'il ne faut point, en multipliant des Établissemens de cette nature, sans une nécessité évidente, aggraver la tâche imposée à l'autorité, et augmenter les dangers déjà si grands, qui naissent de toutes parts des abus de la presse. Agréez, Monsieur le Préfet, l'assurance de ma considération distinguée.

[sign.] Le Directeur de la Police.

Der Drucker Robé wollte zehn Jahre später in Remiremont neben der längst etablierten Druckerei von Dubiez eine zweite Werkstatt einrichten, wurde aber zurückgewiesen. Er protestierte in einem Schreiben mit folgenden Argumenten:

Le sieur Dubiez, père du titulaire actuel est venu s'établir en notre ville au commencement de la révolution sans faire de sacrifices pour obtenir cette faveur, cela était permis alors. Il a cédé, quelque temps avant sa mort, son établissement à son fils aussi sans retribution.

J'ai été le premier apprentif imprimeur, qu'a formé son père, dans l'intime persuasion que je pourrais m'établir plus tard.

J'ai voyagé pendant plus de quinze ans pour me perfectionner dans cet art. J'ai travaillé à Vesoul, Nancy, Toul, Troyes, Paris, Strasbourg, Mulhausen, Colmar, Bâle et Mayence.

J'étais ensuite revenu à Remiremont pour monter une Imprimerie, mais quand il s'est agi d'en obtenir le brevet, je n'ai pu l'avoir sous prétexte que le nombre des Imprimeurs était limité et j'en étais resté là; et ce n'est que depuis la révolution de 1830, ensuite d'une discussion qui a eu lieu sur une loi concernant l'imprimerie, dans la chambre des Députés, que j'ai adressé une nouvelle demande à Monsieur le Ministre, demande qui me paraissait juste d'autant plus que c'est mon état et que les circonstances seules m'ont empêché jusqu'alors d'exercer.

Je pense bien que je pourrai faire quelque peu de tort au titulaire actuel par la concurrence, mais ce ne serait qu'un bien public qui doit faire taire l'intérêt particulier.

D'ailleurs, ce titulaire n'a pas, comme je viens de le dire, acheté son établissement, il en a profité jusqu'à ce jour, qu'il me soit donc permis aussi de m'établir.[207]

Der weitgereiste, offenherzige Handwerksbursche, von dem Wunsche beseelt, seine reichen Erfahrungen in einer eigenen Druckerwerkstatt verwerten zu können, mochte sich seinen Dickschädel an den Höflichkeitsmauern des Innenministeriums einrennen – hier verstand keine Seite die Vorstellungen und das Tun der anderen. Robé erhielt keine Konzession.

---

[207] Archives Départementales Vosges, Épinal, 7 — T — 9. — Weitere Beispiele aus den Vogesen bei R. Schenda: *Die Bibliothèque Bleue,* p. 145.

Ähnlich und noch peinlicher fielen deutsche Entscheidungen aus. Als am 21. April 1835 der ledige, 20 Jahre alte Buchdrucker Friedrich Wilhelm Brandecker beantragte, in Oberndorf am Neckar eine Druckerei und eine Buchhandlung errichten zu dürfen, schrieb das württembergische Innenministerium am 21. Mai 1835 an die Regierung des Schwarzwaldkreises:

> Dem im Rekursweg dahier eingebrachten Gesuch des ledigen Wilhelm Brandecker von Oberndorf über die Concession zur Errichtung einer Buchdruckerei, worüber die [...] unterm 5. d. M. hierher Bericht erstattet hat, weiß das Ministerium des Innern theils bei der Jugend des Bittstellers, theils in Betracht, daß ein örtliches Bedürfniß, welches für die Errichtung einer Buchdruckerei zu Oberndorf spräche, zumal bei der Nähe der mit Officinen versehenen Stadt Rottweil, nicht als vorhanden angenommen werden kann, keine Folge zu geben, wonach diese den Bittsteller bescheiden zu lassen hat.[208]

Ebenfalls in Stuttgart wurde der Antrag des Schriftsetzers Johann Bonaventura Weiss auf Konzession zur Errichtung einer Buchdruckerei in Gaildorf am 13. Juli 1843 abgelehnt, „weil die der Stadt und dem Oberamtsbezirk Gaildorf nächst gelegenen Städte mit Buchdruckereien bereits genügend versehen sind, und aus diesen Städten jeder Druckbedarf für den gedachten Amtsbezirk mit Leichtigkeit bezogen werden kann."[209] Wer die *Allgemeine Press-Zeitung* dieses Jahres 1843 durchblättert, wird bald verstehen, welche reaktionären Kräfte hinter einem so stupiden Bescheid am Werk waren.

Nicht nur der Staat überwachte argwöhnisch die Ausbreitung des Druckergewerbes; die Drucker selbst wandten sich häufig gegen Neulinge in ihrem Fach, die sich in ihrer Stadt niederlassen wollten. Im Jahre 1808 protestierten die Reutlinger Firmen gegen die Zulassung des Druckerschwärzenfabrikanten Christoph Friedrich Bofinger, der dort eine sechste Druckerei eröffnen wollte.[210] 1817 wandten sich die vier etablierten Tübinger Universitätsdrucker gegen einen fünften Aspiranten, Johann Jakob Schönhardt.[211] Die Firma Bucher und Liehner in Sigmaringen wünschte im Jahre 1843 die einzige Buchdruckerei für das Ländchen mit 42.000 Seelen zu bleiben – das Gesuch des Druckers Fidel Gayer um Erlaubnis zur Einrichtung einer Konkurrenz-Druckerei wurde in der Tat vom fürstlichen Oberamt zurückgewiesen.[212]

---

[208] Staatsarchiv Ludwigsburg E 146/757. Cf. ibid. Brandeckers Lehrvertrag mit der Fa. Elben vom 1. Juni 1831.

[209] Ibid. E 146/756.

[210] Ibid. E 146/757. Unterzeichnet von J. J. Fleischhauer d. Ä. und d. J., Lorenz und Fischer, J. Grözinger, Justus J. Fleischhauer.

[211] R. Schenda: *Tübinger Druckerei- und Buchhandelskonkurrenz*.

[212] Staatsarchiv Sigmaringen, II. 7420.

Daß das Druckereigewerbe – zumindest in Frankreich – an niedrigen Löhnen und an mangelndem Sozialprestige litt, zeigen sowohl Polizeiberichte als auch Äußerungen von Zeitgenossen. 1807 waren die Drucker bei den Behörden als „insubordonnés" und „disposés au tumulte et à la coalition" verschrien.[213] In einer offiziellen Statistik der Pariser Arbeiter vom 1. März 1807 heißt es über die Buchdrucker: „La presque généralité des imprimeurs est adonnée à tous les vices anti-sociaux. Les compositeurs, qui devraient être plus civilisés, plus instruits, ne sont ni moins brutaux ni moins crapuleux que les ouvriers à la presse. Presque tous sont voleurs dans leurs ateliers. Ils sont excités par cette multitude d'imprimeurs affamés, qui n'ayant aucun moyen de s'assortir, leur payent à vil prix les caractères qu' ils volent à leurs maîtres. C'est l'avilissement moral de cet art si important qui a amené les ouvriers à ce point affligeant de dépravation sociale dont il sera difficile de les faire sortir." Im ersten Empire war die Arbeitslosigkeit unter den Druckern stark verbreitet. Da die Pariser Arbeiter fünf Francs täglich verdienten, installierte der Verleger Mame zwölf Pressen in der Provinz, in Angers, wo er den Setzern nur drei Francs täglich bezahlen mußte. Derselbe Mame setzte 1812 willkürlich die Arbeitslöhne herab. Seine 40 Angestellten streikten und klagten beim Friedensrichter, der sie jedoch zurechtwies und zur Ordnung rief. Es gab mehrere Hilfsvereine, die gegen einen monatlichen Beitrag den Kranken und Alten des Gewerbes eine tägliche Rente zahlten.[214]

Im Jahre 1835 schrieb der Polizeipräfekt: „Donner un brevet d'imprimeur à ces hommes illettrés, c'est mettre un magasin de poudre à la disposition d'un enfant, et c'est là ce qui se fait pourtant depuis des années, contrairement aux lois et règlements en la matière, qui veulent que le brevet d'imprimeur ne soit délivré qu'à des hommes ayant obtenu un certificat de capacité. Ce certificat de capacité est aujourd'hui obtenu sans difficulté par l'homme le plus ignorant, et sans qu'il ait subi d'examen préalable, il suffit qu'il soit signé par quatre imprimeurs brevetés, et ces signatures sont données d'autant plus facilement que ceux à qui on les demande sont eux-mêmes incapables. Nous pouvons affirmer qu'un tiers des imprimeurs de Paris ne sait pas l'orthographe, quelques-uns savent à peine lire." Und der Oberpolizist nannte Lacrampe „d'une ignorance notoire", Sétier „qui n'a point de capacité" und Sthall (sic für Stahl!) „imprimeur ignorant".[215] Die Behörden wußten offenbar nicht,

---

[213] P. Chauvet: *Les Ouvriers du livre*, p. 60.
[214] Ibid. p. 61, 63, 66, 68–69.
[215] Ibid. p. 550 (nach Arch. Nat. Paris, F. 18. 567/375).

was sie an den Druckern mehr tadeln sollten: deren Armut, deren Unbotmäßigkeit, die soziale Depravation, die Stehlsucht oder deren Dummheit und berufliche Unfähigkeit. So spöttelte denn Constant Moisand 1842 in seiner Drucker-Physiologie: „Un Imprimeur est un homme qui ordinairement a reçu une bonne éducation; il est licencié-ès-lettres ou au moins bachelier."[216] Der Verfasser einer Physiologie des Druckgewerbes teilt 1856 die Druckereien in drei Gruppen ein: die erste besteht aus solchen „boîtes", in denen der Setzer bei der Arbeit sieht, die zweite aus solchen, wo der Setzer ein wenig sieht, die dritte aus solchen, wo der Setzer gar nicht sieht. Die letzte Gruppe ist die stärkste.[217]

In der Tat waren Arbeitsbedingungen und Löhne so schlecht, daß man den Drucker des Jahres 1847 nur mit einem Fabrik-Hilfsarbeiter, keineswegs mit einem modernen Maschinensetzer, vergleichen darf. In Paris hatte ein Handwerksgeselle durchschnittlich folgende Ausgaben pro Jahr:

Lebensmittel, täglich 1 fr. 50, im Jahr	547 fr.
Miete, bescheidenes Zimmer	120
Ein Tuchmantel, Konfektion	30
Eine ebensolche Hose	12
Eine Sommer- und Winterjacke	12
Zwei Unterhosen und zwei Unterjacken	8
Eine Sommerhose, mindere Qualität	5
Zwei solide Arbeitskittel	10
Ein Hut und eine Mütze	15
Ein Paar Stiefel und ein Paar Schuhe	20
Sechs Paar Socken	4
Vier Baumwollhemden	20
Wäscherei und Ausbesserung	50
Vier Bäder mit Wäsche und Trinkgeld	4
Wasser, Seife, Licht	10
Heizung	15
Bart- und Haarpflege	20
Geschenke und Sonderausgaben	8
Unterhaltung an 59 Sonn- und Feiertagen, 2 fr. pro Tag (Preis für ein Schauspiel zweiter Ordnung)	118
Summe	1 028 fr.

Bei 59 Feiertagen, 20 arbeitslosen Tagen, zwei Krankentagen, vier Tagen unvorhergesehener Verhinderungen blieben 280 Arbeitstage. Bei einem

[216] C. Moisand: *Physiologie de l'imprimeur*, p. 27.
[217] *Physiologie de l'imprimerie. Silhouettes typographiques. — Les Ateliers. L'Apprenti. Le Compositeur.* — Paris: Charles Noblet 1856. 36 p.

Durchschnittstageslohn von 3.50 fr. bedeutete das ein jährliches Durchschnittseinkommen von nur 980 fr.[218]

Diese Verhältnisse erklären hinreichend die oft getadelte technische Qualität der populären Druckwerke. Die Entwicklung des Gewerbes war so rasch vonstatten gegangen, daß – wie in anderen Industriebetrieben auch – keinerlei Wert auf ordentliche Arbeitsplätze gelegt wurde, daß eine der Aufgabe des Setzers entsprechende Bezahlung nicht geleistet werden konnte, daß die Arbeitgeber auch Kinder – vor allem zum Kolorieren – als Arbeitskräfte einsetzten, daß man auf die Schulbildung des Arbeiters kaum achtete, daß auch jeder fachfremde Mann sich anschicken durfte, eine eigene Presse zu betreiben. Die Produktion all dieser Betriebe konnte nicht Literatur, sondern höchstens fabrikmäßig hergestellter Lesestoff sein. Der Absatz dieser Massenartikel wurde durch aufwendige Publicity in Form von Prospekten und Anzeigen gefördert.[219]

Die Produktionsziffern verdienen also doch – im Heerschen Sinne – keinen uneingeschränkten Applaus. Zwischen 1830 und 1848 erschien in Frankreich ein jährlicher Durchschnitt von 5862 Werken – die Periodika nicht gerechnet –, in 18 Jahren also 105 516 Werke, und wenn man einen Durchschnitt von drei Bänden pro Werk annimmt, rund 300 000 Bände, was bei einer Durchschnittsauflage von 1200 Exemplaren ein Gesamtvolumen von 360 Millionen Bänden – 20 Millionen pro Jahr – ergäbe.[220] Die deutsche Produktion ist von der französischen nicht wesentlich verschieden: Johann Christian Gädicke hat für 1833 einen Ausstoß von 7696 Büchern (Titeln) errechnet und diese Menge nach Sachgebieten aufgeschlüsselt. Demnach lag das Fach Theologie an erster Stelle (1060 Bücher), Geschichte und Biographien (690) an zweiter, Staats- und Cameralwissenschaft (683) an dritter, schöne Wissenschaften an vierter (578), Philologie an fünfter (538), Romane jedoch erst an neunter Stelle (305), was nicht sehr glaubhaft erscheint.[221] Wie weit die Kleinformen der populären Literatur hier erfaßt sind, läßt sich nicht sagen – Flugblätter galten jedenfalls nicht als Bücher.

Gerade über die Masse der populären Druckwerke liegen jedoch einige konkrete Angaben vor. Die Firma Pellerin in Épinal produzierte 970 000 Bilderbögen im Jahre 1822, zwanzig Jahre später 875 000 Stück.[222] Im

---

[218] P. Chauvet: *Les Ouvriers du livre*, p. 661.
[219] J. Grand-Carteret: *Vieux papiers*, p. 497–502.
[220] P. Dupont: *Histoire de l'imprimerie* I, p. 334.
[221] J. C. Gädicke: *Zur Statistik*, p. 23–25. Die Statistik ist in zwei Halbjahre eingeteilt: im ersten sind 3 500, im zweiten 4 196 Bücher berechnet.
[222] J.-M. Dumont: *Les Maîtres graveurs*, p. 53–54.

Dezember 1853 legte die Druckerei 122 900 Bilderbögen zum Abstempeln vor, im Verlaufe des Jahres 1854 nicht weniger als 2 706 425 Blätter.[223] Es lohnt sich, darüber hinaus die Auflagen von billigen Erbauungsschriften im Département Vosges für ein Jahr (1857) genauer zu betrachten. Das *Registre destiné à l'inscription du dépôt légal fait par les Imprimeurs* bietet dort folgende Zahlen:

Titel	Auflage	Verlag
Prières à l'usage des Soeurs de la Providence de Portieux	9 000	Humbert, Mirecourt
Martyre de M^r. Chapdelaine	10 000	Mongel, Charmes
La Vie et la mort de Mgr. Sibour, archevêque de Paris	6 000	Mongel, Charmes
Choix de dévotions en l'honneur de la Sainte Vierge	5 000	Humbert, Mirecourt
Office de la Sainte Vierge	200	Mongel, Charmes
Le Chrétien sanctifié par l'Eucharistie, 3e édition	4 000	Humbert, Mirecourt
Doctrine chrétienne en forme de lecture de piété (Lhomond)	150 000	Pellerin, Épinal
Prière pour obtenir la Protection de Jésus-Christ	150 000	Mongel, Charmes
Prière pour obtenir la Protection de la Sainte Vierge	150 000	Mongel, Charmes
Motif de dévotion à Notre Dame de Bon Secours	150 000	Mongel, Charmes
Prières Nouvelles	150 000	Mongel, Charmes
Nouveau Recueil de Prières	150 000	Mongel, Charmes
Une Indulgence plénière	2 000	Mongel, Charmes
La Vie du grand St. Hubert	100 000	Mongel, Charmes
Visite au St. Sacrement	1 000	Mongel, Charmes
Chemin de la Croix	1 000	Mongel, Charmes
L'Adorateur en esprit et en vérité	6 000	Mongel, Charmes
Petit Paroissien Romain	2 000	Mongel, Charmes
Pratique de dévotion à Notre Dame de Bon Secours	20 000	Mongel, Charmes
Prière à N. S. Jésus-Christ et à sa très-Sainte et bonne mère	20 000	Mongel, Charmes
Copie au sujet du plus beau miracle	6 000	Mongel, Charmes
Manuel de Congrégation à l'usage du diocèse de St. Dié	4 000	Humbert, Mirecourt
Jahresproduktion 1857	1 096 200	Druckwerke.[224]

Somit wurden in einem einzigen französischen Département im Laufe eines Jahres rund 1,1 Millionen Erbauungsschriften produziert. Man darf diese Zahl für ganz Frankreich unbedenklich verzwanzigfachen. Und die übrigen Blätter und Broschüren?[225] Im Jahre 1860 versahen unermüdliche Stempler bei der Präfektur des Département Bas-Rhin in Strasbourg folgende Druckwerke mit dem zum Vertrieb notwendigen Kolportagestempel:

Almanachs français	90 563
Almanachs allemands	119 688
Ouvrages divers français	11 273
Ouvrages divers allemands	14 082
Livres de piété:	
Culte catholique, français	110
Culte catholique, allemands	6 565
Culte protestant, français	19 997
Culte protestant, allemands	6 153
Culte israélite	434
Total almanachs et livres	268 865
Imagerie:	
Sujets s. genre	20 067
Sujets religieux, saintetés	58 830
Portraits des Réformateurs	815
Total	79 712
+ Livres	268 865
Druckwerke	348 577.

1864 sah die Produktion folgendermaßen aus:

Bücher und Almanache	361 087
Imagerie	113 383
Druckwerke	474 470

und im Jahre 1865:

Bücher und Almanache	326 407
Imagerie	103 849
Druckwerke	430 256.[226]

[223] Archives Départementales Vosges, Épinal, 7 — T — 10. Dabei ist zu beachten, daß Pellerin mit seiner Bilderbogenkapazität in Frankreich 1860 erst an elfter Stelle stand! Die Pariser Verlage produzierten entsprechend mehr. Cf. R. Schenda: *Ein französischer Bilderbogenkatalog,* p. 51.
[224] Ibid. 7 — T — 9 bis.
[225] Cf. R. Schenda: *1000 französische Volksbüchlein.*
[226] Archives Départementales Bas-Rhin, Strasbourg, T. 217. Für die wichtigsten Titel sind detaillierte Aufzeichnungen vorhanden.

Nach all diesen – erstmals so zusammengestellten – Berechnungen ist es durchaus legitim, für Frankreich eine Jahresproduktion in der Größenordnung von 100 Millionen populären Druckwerken – Büchlein, Heftchen und Einzelblättern – pro Jahr zumindest seit der Mitte des 19. Jahrhunderts anzusetzen. Diese Berechnung umfaßt weder die Menge der nicht für die Kolportage bestimmten, gebundenen Bücher, noch die Masse der Zeitschriften und Zeitungen. Ein Kommentar erscheint überflüssig.

Buchhandlungen und ihr Inventar

Auf dem Gebiete des populären Buchhandels[227] wiederholen sich die für den Buchdruck aufgezeigten Phänomene. Auch in bezug auf die Buchhändler herrschen negative Kritik und Zensur vor. „Sie betreiben ihre Geschäffte so mechanisch, so handwerksmäßig, als jeder andere Tuch- oder Strumpffabrikant", heißt es schon 1789.[228] „Ich kenne mehrere, die, ohne die nöthigen Kenntnisse zu haben, Buchhändler wurden, und ungeachtet des auch in diesem Fache gewöhnlichen Handwerksneides [...] sich bald empor arbeiteten", liest man ein Jahr später.[229] Lorenz Westenrieder wandte 1800 allen Eifer auf, um vor der Vermehrung der Buchhandlungen zu warnen.[230] Die Autoren beschweren sich, „daß nicht mehr der Genius oder das Talent dem Schriftsteller eingibt, was er schreibe, sondern die Buchhändler bestimmen, welches Buch geschrieben werden soll; der Buchhändler aber ist ein Handelsmann, [...] die gute Waare ist ihm die, welche reißend abgeht [...]."[231] „Ich glaube", schrieb Ottilie Wildermuth an Justinus Kerner am 14. April 1857 aus Tübingen, „ich glaube, ich schreibe nur, weil mich die

---

[227] Zum Buchhandel des 18./19. Jahrhunderts cf. vor allem — den freilich überholten und so häufig unzuverlässigen — J. Goldfriedrich: *Geschichte des deutschen Buchhandels*, I und II, und das hilfreiche Werk von H. Widmann: *Der deutsche Buchhandel in Urkunden und Quellen*, I–II. Ferner (cf. Bibliographie): *Archiv für Geschichte des Deutschen Buchhandels* (vor allem das Register in vol. XX, 1898). — E. Berger: *Der deutsche Buchhandel*. — *Der evangelische Buchhandel*. — H. Hiller: *Zur Sozialgeschichte*. — H. Kliemann - P. Meyer-Dohm: *Buchhandel*. — M. Plant: *The English Book Trade*. — D. T. Pottinger: *The French Book Trade*. — F. Schulze: *Der deutsche Buchhandel*. — O. A. Schulz: *Allgemeines Adressbuch*. — A. Imbert: *Biographie des imprimeurs*. — Insgesamt enthalten diese Werke nur wenige Angaben über den populären Buchhandel.

[228] *Schreiben an einen Freund*, p. 142.

[229] *Ueber die Ursachen der jetzigen Vielschreiberey*, p. 49.

[230] L. Westenrieder: *Beyträge* VI, p. 290–297.

[231] Aus einer Selbstanzeige des Dichters Wilhelm Zimmermann. In: *Didaskalia*, num. 8, vom 8. Januar 1833, p. 4.

Buchhändler plagen. Dein Buchhändlersgespräch hat mich sehr ergötzt, es haben bei mir schon Buchhändler Bücher bestellt so detailliert, wie eine Bestellung an eine Schneidernäherin [...] ".[232]

Die Regierungen taten wieder ihr Bestes, um dieses geschmähte Buchhandels-Handwerk einzuschränken;[233] die Proteste eines einsichtigen Mannes, wie Heinrich Stephanis, fruchteten nichts.[234] Die Ministerien wiesen Gesuche um Erlaubnis zur Errichtung neuer Buchhandlungen immer wieder zurück.[235] Die etablierten Händler fürchteten wiederum die Konkurrenz neuer Kollegen.[236] C. F. Nast jun., Ludwigsburg, gab am 15. August 1833 sogar ein zweiseitig bedrucktes Flugblatt heraus, in welchem er die Kollegen zum Boykott eines neuen Ludwigsburger Buchhändlers, Kraus, aufrief. Das Echo war einmütig: dem neu zu eröffnenden Pfuscher-Etablissement wollte niemand Kredit geben.[237]

So war es in Württemberg zu Anfang des Jahrhunderts um Buchhandlungen schlecht bestellt: Stuttgart-Amt, Ludwigsburg, Ehingen, Ellwangen hatten 1809 keinerlei stationären Buchvertrieb[238], und noch 1842 besaßen die meisten Oberamtsstädte des Schwarzwaldkreises keine Buchhandlung.[239] Dagegen zählte man im Département Vosges im Jahre 1810 vierundzwanzig approbierte Buchhändler, von denen neun allein in Épinal

---

[232] J. Kerner — O. Wildermuth: *Briefwechsel 1853 bis 1862*. Ed. A. Wildermuth. — Stuttgart 1960, p. 159. — Cf. dazu J. Kerner: *Gespräch im Buchladen*. In: *Werke* II, p. 335–336:

> Der Verleger spricht zum Sänger:
> Den Kontrakt ging' ich wohl ein,
> Wären Ihre Lieder länger;
> Ihre Lieder sind zu klein.
> Jetzt liest man nur Epopöen
> Oder ein Theaterstück;
> Kleine Lieder nicht mehr gehen,
> Kehr'n als Krebse stets zurück. [...]
> Doch ich will sie nicht verdammen,
> Eine Hilfe noch ich seh':
> Machen Sie aus all'n zusammen
> Für mich eine Epopöe.

[233] P. Dupont: *Histoire de l'imprimerie* I, p. 272–273 (1812).
[234] H. Stephani: *System der öffentlichen Erziehung*, p. 197–199 fordert, daß der Buchhandel „bei der regsten Thätigkeit erhalten werde". (1813).
[235] So etwa 1836 beim Buchdrucker Johann Friedrich Bofinger in Tuttlingen (Staatsarchiv Ludwigsburg E 146/757) oder 1846 bei dem Nürtinger Buchbinder Philipp Frasch (ibid. E 146/756).
[236] R. Schenda: *Tübinger Druckerei- und Buchhandelskonkurrenz*.
[237] Staatsarchiv Ludwigsburg E 146/756.
[238] Ibid. D 54/241.
[239] Ibid. E 146/755/9. — Das bedeutet nicht ein gänzliches Fehlen von Büchern: der populäre Bedarf wurde, wie in cap. IV zu zeigen sein wird, weitgehend von Kolporteuren befriedigt.

und sechs in Neufchâteau ansässig waren.[240] Nur die Beschränkung der Neuzulassungen konnte verhindern, daß dort mehr als ein Buchhändler für je tausend Einwohner Lesestoffe feilbot.[241]

„La librairie est, sans contredit, devenue le commerce le plus important de la France; tous les yeux maintenant sont fixés sur elle", konnte A. Imbert stolz im Jahre 1826 schreiben.[242] Freilich beklagt sich auch Imbert bitter über die staatlichen Restriktionen: „[...] enfin tout reste dans une stagnation effroyable qui fait sourire ceux qui ont intérêt de détruire ce brillant commerce."[243] Seine bissigen Biographien zeigen, daß keineswegs alle Pariser Buchhändler gebildete Leute waren. Oft hatten sie in ihren jungen Jahren einen ganz anderen Beruf ausgeübt. Als Leprieur nach Paris kam[244], war er Straßenpflasterer; nachdem er lange im Schlamm gearbeitet hatte, „il en sortit pour prendre un étalage de livres qu'il vendait au hasard; car il ne sait, aujourd'hui même, à peine lire et signer son nom." Mit Glück, Sparsamkeit und Spekulationen konnte Leprieur jedoch ein beträchtliches Vermögen anhäufen, wobei ihm seine Frau sehr behilflich war „par tous les mouvemens qu'elle s'est donnés dans son commerce", wie Imbert recht zweideutig bemerkt. Leprieur habe zwar keine Bildung, zeige aber einen Stolz, der einem Manne wie ihm schlecht anstehe; Hochmut und Dummheit seien da wieder einmal gepaart. Der Buchhändler Germain Mathiot ist für Imbert der augenfällige Beweis, daß man zum Geldverdienen nicht viel Geist braucht. Ohne jegliche Bildung habe dieser Mann durch die Werke des M. de Bourrienne „dont chacun connait la réputation" ein beträchtliches Vermögen erworben.[245] Von Sautelet berichtet Imbert, ein unzufriedener Kunde habe ihn einmal Sot-et-laid geheißen; das Wortspiel sei aber nur zur Hälfte gut, denn Sautelet sei ein schöner Mann. Am schlechtesten aber kommt ohne Zweifel Terry weg, der seinen Laden im Palais Royal hatte. Imberts Biographie sei hier ganz zitiert, weil es sich bei Terry um einen nicht uninteressanten Verleger von Aufklärungsschriften handelt:

[...] comme le sieur Terry tient un certain rang dans le commerce et dans la haute société, je n'ai donc pu me dispenser de le placer dans cette Biographie, bien qu'il ne soit pas tout à fait libraire. La Normandie a vu naître cet illustre

[240] État nominatif des Libraires du Département des Vosges 1810. Archives Départementales Vosges, Épinal, 7 — T — 9.
[241] Ibid. 7 — T — 9. — Cf. R. Schenda: Die Bibliothèque Bleue, p. 145.
[242] A. Imbert: Biographie des Imprimeurs, p. 7.
[243] Ibid. p. 20.
[244] Ibid. p. 64–65, 70, 93.
[245] Louis-Antoine Fauvelet de Bourrienne, Mitglied der Abgeordneten-Kammer. Seine zahlreiche Reden waren bei Hacquard gedruckt erschienen. Cat. Gén. B. N. Paris 18, 1904, col. 32–38.

citoyen, ce digne émule des Renouard et des Didot. Il est vrai de dire qu'en arri-
vant à Paris, il porta long-temps sur le dos sa boutique qui ne contenait qu'une
certaine marchandise que produisent nos jardins; enfin, lassé de vendre de la
salade, et voyant ses dignes compatriotes, tous élèves du fournisseur en chef
du boulevard Saint-Martin prospérer dans la vente des livres, et sentant son
génie créateur s'échauffer à la vue de la brillante perspective qu'avaient devant
eux d'anciens confrères qui tenaient jadis leurs établissements aux barrières, il se
jeta à corps perdu dans le commerce des livres, et son instruction, son génie, ses
connaissances dans cette partie, son esprit piquant, sa finesse et son amabilité le
firent ce qu'il est aujourd'hui. Le sieur Terry vient de supporter plusieurs juge-
mens, et dans celui dont je vais faire part à mon lecteur, son avocat dit au Tribunal: „Messieurs, mon client est un imbécille, et l'on voit que l'imbécillité est
peinte sur sa figure." En effet, le tribunal, ainsi que les auditeurs, ne lui ont point
donné de démenti. En sortant du tribunal, un de ses confrères, fort mauvais plaisant sans doute, lui décocha ce petit quatrain qui a fait fortune dans le pays latin,
et qu'on a décoré du titre d'épigramme:

> Terry nous dit qu'il est un sot,
> Pense-t-il qu'on le contredise?
> Non: l'épigraphe est si précise,
> Que tout Paris le prend au mot.[246]

Die Buchhändler-Dichte in Paris oder in den Vogesen hatte in Deutschland keine Parallele. Eine Statistik für das Jahr 1832 gibt folgende Aufschlüsse:

Staat	Quadratmeilen	Städte	Buchhandlungen
Preußen	5 028	81	296
Österreich (dt.)	3 578,5	18	89
Bayern	1 481	31	114
Hannover	692	10	23
Württemberg	354	10	40
Sachsen	278	17	119
Baden	277	4	20
Hessen Cassel	207	7	12
Hessen Darmstadt	170	5	16
Summe	12 065,5	183	729

Das ergab einen Durchschnitt von 16,66 Quadratmeilen für jede Buchhandlung.[247]

---

[246] A. Imbert: *Biographie des imprimeurs,* p. 98–100. — Katalog der Terry-Produktion
1844 in *Art de faire la cour,* (Schenda: *1000 FVB,* num. 84), Anhang, 20 p.
[247] J. C. Gädicke: *Zur Statistik der deutschen Literatur* (1834), p. 19–20.

J. C. Gädicke hielt 1834 eine in Berlin erreichte Dichte von einer Buchhandlung pro 3000 Einwohner für untragbar. In „älterer Zeit" habe ein Buchhändler 10 000 Einwohner zu seiner Existenz benötigt, und die Berliner seien 1780 bei 140 000 Einwohnern mit zehn oder zwölf Buchhändlern ausgekommen. „Wien hat jetzt 280 000 bis 300 000 Bewohner und nur 43 Buchhandlungen."[248] Man hat nicht den Eindruck, daß die Dichter und Denker den deutschen Buchhandel florieren machten.

Die Händler selbst, zumindest die in Frankreich, sahen die Verhältnisse aus einer ganz anderen Perspektive. Als der 1804 geborene Buchbinder Claude-Étienne Galand 1833 in Neufchâteau eine Buchhandlung eröffnen wollte, begründete er seinen Antrag folgendermaßen: „Que le commerce de la librairie prenant dans ce pays une importance toujours croissante, et le nombre des brevets n'étaient pas en rapport avec les besoins de la population puisqu'il n'y a à Neufchâteau aucun libraire proprement dit (Deux Imprimeurs sans magasin, deux cabinets de lecture, et un libraire qui ne s'occupe que de la Commission et du Débit des Almanachs, ainsi que des livres d'instruction religieuse) – Il croit qu'il serait avantageux d'établir un magasin de livres pour l'instruction primaire et celle secondaire [. . .]."[249] Und Erfolg hatten auch die Remonstrationen der Madame Louise Dubost, verwitweten Durand, Offizierstochter und Mutter mehrerer hungriger Kinder: „L'impulsion donnée à l'instruction publique dans les Vosges semble appeler l'établissement d'un plus grand nombre de libraires. La ville d'Épinal, surtout, qui possède un Collège et une école primaire supérieure fréquentés par un grand nombre d'élèves, plus écoles communales et privées, une commission d'Examen qui y appelle deux fois par an les aspirans aux brevets de capacité, la ville d'Épinal, dis-je, demande l'établissement d'une Librairie exclusivement classique, puisqu'il n'y en a pas encore de ce genre."[250]

Die 80 Mitglieder des 1839 gegründeten Weinheimer Buchhändler-Vereins beschlossen jedoch, sich gegen eine Erweiterung des Buchhandels zu sträuben.[251] Reale Bedürfnisse blieben zudem bis zur Jahrhundertmitte durch die ans Wunderbare grenzende Borniertheit höherer Beamter unberücksichtigt. Als der Buchdrucker und Schriftsetzer Gustav Kissler 1846 die Errichtung einer mit Leihbibliothek verbundenen Sortimentsbuchhandlung in Künzelsau plante, rechnete er mit folgendem Kundenkreis: „[...]

[248] Ibid. p. 20.
[249] Brief vom Januar 1833. Archives Départementales Vosges, Épinal, 7 — T — 9.
[250] Brief vom 18. Mai 1838 an den Präfekten des Département des Vosges. Ibid. 7 — T — 9.
[251] Staatsarchiv Ludwigsburg E 146/755/9/1.

außer den gewöhnlichen Beamtungen, lateinischen und Realschulen befindet sich in dem umfangreichen, aus 49 Schultheißereien bestehenden Oberamtsbezirke noch das evangelische Seminar in Schönthal, dessen Zöglinge bisher ihre Bedürfnisse mit nicht geringen Kosten von entfernten Buchhandlungen beziehen mußten. In einer Entfernung von nur ½ Stunde ist das Städtchen Ingelfingen gelegen, wo, wie hier, mehrere Lehr-Anstalten und Fürstliche Beamte sich befinden und ein Theil der Fürstlich Hohenlohischen Familie sich aufhält. Nimmt man dazu den zahlreichen Adel der Umgegend, die vielen gebildeten Gewerbetreibenden und Kaufleute in der hiesigen, durch ihre Gewerbsamkeit bekannten Stadt, so wird nicht geläugnet werden können, daß für eine Sortimentsbuchhandlung mit Leihbibliothek und Steindruckerei dem hiesigen Orte ein weiteres und ergiebigeres Feld, als in mancher andern Oberamtsstadt, wo bereits derartige Geschäfte bestehen, sich darbietet."[252]

Der Antrag wurde abgelehnt. Erst die 48er Revolution, Kriegswirren und Reichsgründung injizierten auch dem deutschen Buchhandel die längst fälligen Entwicklungshormone, deren Erfolg sich an O. A. Schulzens *Allgemeinem Adressbuch für den Deutschen Buchhandel* ablesen läßt. 1881 hatte auch Künzelsau seine Buchhandlung, und auf die zwei Millionen Einwohner des Königreiches Württemberg fielen 127 Buchhandlungen – eine pro 16 000 Einwohner! –, davon auf Stuttgart allein (117 000 Einwohner) 60 Buchhandlungen (eine auf weniger als 2000 Personen).[253] Die Verhältnisse in Sachsen (rund 550 Firmen pro 2,8 Millionen Einwohner) erscheinen, dank der Zentralen Dresden und Leipzig, entschieden vorteilhafter.[254] Bayern wiederum kam bei einer Einwohnerzahl von 5,3 Millionen mit rund 310 Buchhandlungen – einer für 17 000 Personen – aus.[255] Der Geist Gädickes – der einer beschränkten Aufklärung – lebte immer noch. Und immer noch log jeder das Schwarze vom angeblich so massenhaft bedruckten Papier herunter, der behauptete, das Volk lese zu viel.

Es wäre lohnend, das Inventar einiger populärer Buchhandlungen des 19. Jahrhunderts genau in Querschnitts-Analysen zu bearbeiten. An dieser Stelle können nur einige Titel genannt werden[256] – die ausführliche Be-

---

252 Ibid. E. 146/756.
253 O. A. Schulz: *Allgemeines Adressbuch* 1881, VI. Abteilung, p. 296–298.
254 Ibid. p. 286–294. — Aus dem Raum des Königreichs Sachsen stammten die Cotta, die Voigtländer, die Hiersemann und viele andere Verleger. Ebenso hat das benachbarte Thüringen sehr viele Verleger hervorgebracht. Ernst Metelmann: *Firma und Familie oder Buchhandelsgeschichte einmal anders.* In: *Rückblick für die Zukunft*, p. 251.
255 O. A. Schulz: *Allgemeines Adressbuch 1881*, VI. Abteilung, p. 249–253.
256 Die Auflösung der französischen Anonymen-Rätsel erleichterte A.-A. Barbier: *Dictionnaire des Ouvrages Anonymes.* — Roman-Verzeichnisse (ab 1840) bei Otto Lorenz:

schreibung eines einzigen Katalogs würde eine fesselnde und völlig neue Art von Literaturgeschichte ergeben.[257]

Als sich, im August 1812, Louis Jouve als neuer Buchhändler in Épinal niederlassen wollte, gab er beim Bürgermeisteramt folgende Erklärung ab: 1) er sei von St. Didier im Département Hautes Alpes gebürtig, 2) er wolle Bücher zur Unterrichtung der Jugend verkaufen und andere, deren Titel man aus dem beiliegenden Katalog ersehen könne, 3) die Bücher würden ihm von den Pariser Buchhändlern Ferra, Emery und Pigoreau geliefert, 4) er wolle sich in Épinal als Buchhändler niederlassen und 5) den größten Teil seiner Bücher in den Städten des Département des Vosges verkaufen.[258] Der genannte Katalog, ein seltenes Druckwerk von sieben Folioseiten, bietet unter dem Titel *Livres d'instructions pour la Jeunesse, Voyages, Livres de Piété et autres* und *Romans et autres* ein buntes Durcheinander von rund 275 Werken. Bei den Lehrbüchern handelt es sich um historische und geographische Bände, um Fabelbücher, um Nachschlagewerke und Gesetzestexte. Als Geschenkbücher werden vor allem die Fibeln empfohlen: *Abécédaire moral, Abécédaire utile, Abécédaire instructif et amusant, Abécédaire Mythologique, Abécédaire français.*

Die Reisebücher tragen folgende Titel:

Voyage du jeune Anacharsis, par Barthelémi. 9 vol. in-18. 16 fr. Le même in-8. 18 fr.

Voyage d'Antenor. 5 vol. in-18. 7 fr. 50 cent.

Voyage de Sophie en Prusse, en Saxe et en divers autres endroits du Nord, par P.-B. Lamare. Ouvrage faisant suite aux voyages de Pythagore, Anacharsis et d'Antenor. 3 vol. in-8. avec fig. 12 fr.[259]

Voyage au Mont-Perdu et dans la partie adjacente des Hautes-Pyrénées, par L. Raimond. 1 vol. in-8. avec planch. 6 fr.

Voyage dans l'île de Chypre, la Sirie, la Palestine, avec l'histoire générale du levant, par M. l'abbé Mariti, traduit de l'italien. 2 vol. in-8. 10 fr.

Voyage dans les Pyrénées françaises. 1 vol. in-8. 4 fr. 50 cent.

Catalogue Général de la Librairie Française VIII, Paris 1880, p. 341–439. — Cf. auch den Titel-Index zu Talvart-Place: *Bibliographie,* vol. XVI–XVII. — Für Deutschland konsultiert man bekanntlich Kaysers *Bücher-Lexikon,* jeweils unter dem ersten Hauptwort des Titels, *Georgs Schlagwort-Katalog* (ab 1883) unter *Romane* und Holzmann-Bohatta: *Deutsches Anonymen-Lexikon* I–VII.

[257] Eine solche Untersuchung fordert H. Kreuzer: *Trivialliteratur als Forschungsproblem,* p. 178, wenn er die Arbeit von Eva D. Becker: *Der deutsche Roman um 1780,* Stuttgart 1964 (*Germanistische Abhandlungen,* 5) lobt.

[258] Brief vom 17. August 1812. Archives Départementales Vosges, Épinal, 7 — T — 9.

[259] Französische Übersetzung des Romans von J. R. Hermes, Paris: Poignée 1800. 8°.

Voyage de Gulliver, traduit de l'anglais, par l'abbé de Lafontaine. 4 vol. in-18. 3 fr.

Le nouveau Gulliver, fils du capitaine Gulliver. 4 vol. in-18. 3 fr.

Voyage de Cyrus, par Lecher de Ramsay. 3 vol. in-18. 3 fr.

Le Voyageur français, ou la Connaissance de l'ancien et du nouveau monde, par M. l'abbé de Laporte. 28 vol. 36 fr.

Der praktischen Unterrichtung der Erwachsenen dienen Bücher wie:

Art de la Teinture, par Dabliny. 1 vol. in-12. 2 fr.

Nouveau parfait Bouvier, nouvelle édition, ornée de 3 planch. 1 vol. in-12. 3 fr.

Dictionnaire portatif de Mécanique, ou Définition d'une inscription abrégée et usage de machines, instrumens et outils [...] par L. Cotte. 1 vol. in-8. 4 fr.

Dictionnaire des Plantes alimentaires qui peuvent servir de nourritures et boissons aux différens peuples de la terre [...] *utile aux cultivateurs et aux personnes qui habitent la campagne.* 2 vol. in-8. 12 fr.

La Médicine et la Chirurgie des Pauvres. 1 vol. in-12. 3 fr.

Le Parfait cuisinier, ou le Brevier des gourmands. 1 vol. in-12. 3 fr.

Le Parfait Agriculteur, ou Dictionnaire portatif et raisonné sur l'Agriculture [...] par Cousin d'Avalon. 2 vol. in-12. 5 fr.

Man wird die Verbreitung dieser technischen Handbücher nicht unterschätzen; sie tauchen immer wieder in den Druck-Erklärungen der Zeit auf. Bemerkenswert sind auch Schriften zur Sexualaufklärung:

L'Onanisme, dissertation sur les maladies, produites par la masturbation, par Tissot. 1 vol. in-12. 2 fr.

Tableau de l'Amour conjugal et de la génération de l'homme, par Nicolas Venette, docteur en médecine, par J. K. D., médecin. 2 vol. ornés de 19 figures. 6 fr.

In Jouves Katalog gibt es rund 40 verschiedene Andachtsbücher und Erbauungsschriften, sie machen also etwa 14 % seines gesamten Bücherangebotes aus. Als Literaturgattung läßt sich nur die der Romane, was die Titel anbetrifft, den Andachtsbüchern voranstellen. Die Zahl der Titel sagt selbstverständlich nichts Endgültiges über den aktuellen Erfolg einer Gattung aus. Allein von dem Romancier François-Guillaume Ducray-Duminil (1761–1819) lagen insgesamt 56 Bändchen in-18° vor, und zwar

> *Alexis ou la Maisonnette dans le bois.*
> 4 vol. 4 fr.
>
> *Coelina ou l'Enfant du Mystère.*
> 6 vol. 7 fr. 50 c.

Le Conte de Famille.
6 vol. avec fig. 7 fr. 50 c.

Codicile sentimental.
2 vol. avec fig. 2 fr.

Les Cinquante francs de Jeannette.
2 vol. 2 fr. 50 c.

Les petits Orphelins du Hameau.
4 vol. 6 fr.

Lolotte et Fanfan.
4 vol. fig. 4 fr.

Les Soirées de la Chaumière, ou les Leçons d'un vieux père à ses enfants.
8 vol. jolie édition. 8 fr.

Les Journées au Village, ou Tableau d'une famille.
Ouvrage où l'on trouvera des Contes, Historiettes et Apologues pour amuser utilement la jeunesse.
8 vol. ornés de 72 fig. 12 fr.

Le petit Jacques et Georgette.
4 vol. in-12. 6 fr.

Le même, 4 vol. in-18. 4 fr.

Victor ou l'Enfant de la Forêt.
4 vol. 6 fr.

Paul ou la Ferme abandonnée.
4 vol. fig. 6 fr.

Von den anderen Romanen seien nur zwei Dutzend zur Illustration des Angebotes genannt:

Les Infortunés de Dampierre.
2 vol. 3 fr. 50 cent.

L'Infidèle par circonstance
par M.***. 3 vol. 4 fr. 50 cent.

Batteman
roman nouveau, traduit de l'anglais, par Louis-Henri Durand.
3 vol. 4 fr. 50 cent.

L'Hermite du Mont-Jura.
2 vol. 4 fr.

Emélie Melville, ou le Danger des Soupçons
traduit de l'anglais. 2 vol. 4 fr.

Rosamonde ou le Dévouement filial.
2 vol. fig. 3 fr. 50 cent.

Elisabeth, ou l'Histoire d'une Rusée.
3 vol. 4 fr. 50 cent.

Six mois d'exil, ou les Orphelins de la Révolution
roman historique, par Anna d'Or. 3 vol. in-12. 5 fr.

Mémoire d'un Vieillard de 25 ans.
5 vol. in-12. 9 fr.

Eugène et Alvina, ou les Victimes de l'intolérance
par J.-Étienne Pallard. 2 vol. 3 fr. 50 cent.

Eugénie de Verseuil, ou la Tour mystérieuse
∙par Madame de S. Venant. 2 vol. 3 fr. 50 cent.

Theresia ou le Souterrain du Château de Zeintelberg
par Madame de S. Venant. 2 vol. in-12. 3 fr. 50 cent.

Les Sybarites
roman historique, traduit de l'anglais, par Henry.
2 vol. in-12. 3 fr. 50 cent.

Le fils banni, ou la retraite des Brigands
par Madame Regina Maria Roche. 4 vol. in-12. 6 fr.

Les deux Soeurs rivales.
3 vol. 5 fr.

La vie et les Amours du Chevalier de Faublas
par M. J.-B. Louvet, nouvelle édition, 13 vol. in-18. 8 fr.

La famille Napolitaine
traduit de l'anglais. 4 vol. in-18. 5 fr.

Le Sacrifice de l'Amour
par Dorat. 2 vol. in-18. 2 fr.

Sabina d'Herfeld, ou le Danger de l'imagination, Lettres prussiennes.
2 vol. in-18. fig. 1 fr. 80 cent.

La vie et les Amours de M^r. et Mme. Denis.
1 vol. in-18. fig. 1 fr.

Le Comte de Génie
par Sire Charles Morelle. 3 vol. in-12. 6 fr.

Thérèse vertueuse, ou le bon Curé
par M. de S. Venant. 2 vol. in-12. 4 fr.

La femme de bon sens, ou la prisonnière
traduit de l'anglais. 4 vol. in-18. fig. 5 fr.

Emma ou l'Enfant du Malheur.
2 vol. in-18. 1 fr. 80 cent.

Unter den Klassikern schließlich findet man Lafontaine, Voltaire, Racine, Rousseau, Boileau, Molière, Malherbe, La Bruyère, Bossuet und Montesquieu.

Im Jahre 1824 wurde der Bücherstand des Händlers Jean-Baptiste Benoît Hardy aus Pontgouin im Département Eure-et-Loire nach unanständigen Büchern durchsucht. Die Haussuchung förderte nicht weniger als 322 verschiedene Titel ans Tageslicht; die meisten lagen in mehreren Exemplaren auf dem einfachen Gestell aus weißem Holz, das aus fünf Etagen bestand. Andachtsbücher waren in großer Auswahl vorhanden, und von den Titeln der Bibliothèque Bleue fehlte kaum einer. Herr Hardy war mit Schulbüchern wohlversehen: *Abécédaire ou alphabet français et latin* hatte er gleich 90mal auf Lager, die Grammatik von L'Homond und Letellier 20mal. Es würde zu weit führen, hier alle diese Titel und die vielen Märchenbüchlein aufzuzählen. Doch aus Hardys Spezialabteilung, die „Voyages, Histoires, Romans, Livres divers" enthielt, und zwar nicht weniger als 230 Titel, die also gut zwei Drittel der gesamten Buchhandlung ausmachte, müssen doch wenigstens die auffälligsten Titel genannt sein. Dabei ergeben sich einige Übereinstimmungen mit dem zitierten Buchhandelskatalog von Louis Jouve:

Mort d'Abel
par Gessner.

Captivité et mort de Pie VI
par le Général de Merck.

Le masque de fer ou les aventures du père et du fils.

Les secrets de famille
traduit de l'anglais.

L'abbaye de Grasville
[von George Moore] traduit de l'anglais par B. Ducos.

Les enfans de l'abbaye
[von Regina Maria Roche] traduit de l'anglais par
A[ntoine-Gilbert] [Griffet de] Labaume.

D'Harcourt, ou l'héritier supposé
traduit de l'anglais par Cornélie de Nasser.

La femme de Bonseur, ou la prisonnière de Bohème
par B. Ducos.

Zélie dans le Désert
par Madame D*** [Daubenton].

Irma, ou les malheurs d'une jeune orpheline
par Mme Guenard.

Soirées allemandes
traduit de l'Allemand par C. L. Sevelinges.

Procès de 28 conspirateurs, soi-disans Patriotes, de 1816.
Pulkriska et Leontino, ou le Crime et la vertu.
[von A. Lemercier].

Albert, ou le désert de Strathavern
de mistriss Helme, auteur de *Louisa ou la Chaumière instructive.*

Le Persécuteur inconnu ou l'incendie du Monastère
par l'auteur d'*Armand et Angella,* du *Fantôme Blanc.*

Le Château du Mystère, ou Adolphe et Eugénie
publié par M^r. A. Brisson de Warville.

L'Apparition de la dame Blanche
roman historique par l'auteur des *annales du Crime et
de l'innocence.*

Angelo, Comte d'Albini, ou les dangers du vice
traduit de l'anglais [von Charlotte d'Acre, trad. Elisabeth de Bon].

La jeune fille, ou malheur et vertu
par Mme Augustine Gottis.

Le protégé de Ste Catherine de Sienne
traduit de l'allemand par S. D. P.

Wilmina ou l'enfant des Appenines
par Mad.^lle L. G... de C*** [Girard de Caudemberg].

Wilhelmina ou l'héroïsme maternel.

Atelwold et Clara, ou la montagne de fer
par Madame [Marie-Adèle] Barthélemy Hadot.

Alide et Cloridan ou l'épée de Charles Martel.

La femme malheureuse, ou histoire d'Elise Windham,
racontée par elle-même
[trad. Dumanoir].

Arnold et la belle musulmane
par J. A. M. Jenks.

Elise, ou les papiers de famille
par M. Breton.

Le Brigand de Langerooge, ou les ruines mystèrieuses
par deux ermites [Ch. Vaugeois et M***].

Histoire secrète de la Cour de Berlin
ouvrage posthume [par le comte de Mirabeau].

Le fils banni, ou la retraite des Brigands
par Madame Reg.-Maria Roche, auteur des
enfans de l'abbaye.

Fedaretta
trad. de l'anglais, par Madame de G[uibert, L.-A.].

L'Orphelin de la forêt noire, ou le danger de ne pas se connaître
par Sir Edward-Tom Yomure (?), D. T. M.

Thérésia, ou le souterrain du Château de Zeintelberg
par Madame de St. Venant.

Bateman
[von Elizabeth Blower] par Louis Henry Durand.

Ethelinde ou la recluse du Lac
par Charlotte Smith.

Isabelle et Théodore
histoire traduite de l'anglais.

Histoire des Prisonniers célèbres.

Falkenberg, ou l'oncle
imité de l'allemand, par Mme Isabelle de Montolieu.

Eva, ou Amour et Religion
par de docteur Mathurin.

Les affinités électives
roman de Goethe.

Les crimes de l'amour
nouvelle historique et tragique, par D. A. F. Sade,
auteur d'*Aline et Valcour.*

Les imprudences de la jeunesse
par l'auteur de *Cécilia*, trad. de l'anglais par Mme la Baronne de Wasse.

Julie, ou le devouement filial récompensé
par M. de Bois Préaux.

Les querelles de famille
par M. Breton.

Julie de Merval ou les souterrains du Schmidt-Berg.

La roche du Diable
par Legay, auteur du *March-Forain.*

Sancerre et Adèle, ou le mari coupable
suivi de *la femme desabusée*, par Madame Jossenay.

Eugenie de Verseuil, ou la tour mystèrieuse.

L'homme invisible
par Michel Théodore L. C.

Le souterrain ou Matilde
par Miss Sophie Lee.

La famille d'Almer, ou le souterrain du château de L*
[par Donat].

Alexis et Rosalie.

Maria, ou le malheur d'être femme.

Thaïra et Fernando, ou les amours d'une Peruvienne et d'un Espagnol.

Les aventures de la belle arabe Kamoulu, ou le triomphe de la vertu et de l'innocence
par Mesd.^{elles} A. E. et J. J. P. S.***

La caverne de la mort
traduit de l'Anglais par T. P. Bertin.

Ondine
conte traduit de l'allemand par Madame la B^{ne}. de Montolieu.

Erminia dans les ruines de Rome
traduit de l'allemand [von W.-A. Lindau], par Jean-Nicolas Etienne de Bock.

Le Tom-Jones des enfants
traduit de l'Anglais par T. S. Bertin.

Le Château noir, ou les souffrances de la jeune orpheline
par Anna D'Or[moy] Mer[ard de] St. J[ust] auteur de *la mère Coupable*.

Le visionnaire ou la manie des prodiges
par Madame de ***, auteur de *Splendeur et souffrances*.

Les fureurs de l'amour
traduction anglaise par T. P. Bertin.

Aurélie ou le Bigame
par Madame D***.

Adamina ou les épreuves de la vertu.

Elvire, ou la femme innocente et perdue.

Le fils perverti par son père
trad. de l'Anglais par T. P. Bertin.

Fréderic Latimer, ou l'histoire d'un jeune homme à la mode
traduit de l'Anglais.

L'amitié mystérieuse.

Le mariage malheureux
par V. R. Bar***.

Le fantôme Blanc
par l'auteur d'*Amand et d'Angella*.

Les Chevaliers du Lion
histoire puisée dans les annales du 13e siècle, trad. de l'allemand [von C.-H. Spiess].

Raison et sensibilité
par Madame Isabelle de Montolieu.

Hermina, ou les montagnes de Cheviot
trad. de l'anglais par la Citoyenne C*** D*** B***.

Euphasie, ou le serment redoutable
histoire du 16e siècle, par M. Coffin-Rony.

Constance de Lindendorff
[von Sophie Francis] par Madame P [Julie Périn], auteur de *Henry Saint Léger*.[260]

Man darf daran erinnern, daß zwischen 1810 und 1824 viele Meisterwerke der französischen Literatur erschienen waren:

Madame de Staëls *De l'Allemagne,* mehrere Werke von Chateaubriand, die Lieder von Pierre-Jean de Béranger, der *Adolphe* von Benjamin Constant, die frühen Arbeiten von Stendhal, die *Oeuvres complètes* von André Chénier, die *Méditations poétiques* von Alphonse de Lamartine, Victor Hugos erster Roman: *Han d'Irlande* – um nur einige Titel zu nennen.[261] Weder Louis Jouve in Épinal, noch Jean-Baptiste Hardy in Pontgouin hatten diese Werke auf Lager. Im populären Buchhandel waren die Klassiker und die Avantgarde nicht gefragt. Dagegen fallen die zahlreichen Übersetzungen aus dem Englischen und Deutschen auf. Weibliche Autoren sind in der Überzahl. Der Schauerroman herrscht eindeutig vor. Die Schicksale abenteuerlicher Heldinnen werden allein aus den Titeln deutlich: sie sind Waisen, irgendwo gefangen, in der Wüste oder in einem unterirdischen Verlies, unglücklich aber stand- und tugendhaft, von Ehemännern oder Liebhabern gequält, Liebeswut und Feuersbrünsten ausgesetzt, betrogen, verlassen, verloren, verfolgt; sensibel, treu, schön und unschuldig. Gefangenschaften scheinen ebenso beliebt zu sein wie exotisches Milieu; Kinder spielen eine so große Rolle wie Räuber. Hardys Buchhandlung hat ganz den Charakter einer Leihbücherei; er gibt sich nicht mit „klassischer" Literatur ab, sondern mit Lesestoffen, die bestimmt – und vor allem beim weiblichen Publikum – gehen: der Kommunikator wird wieder einmal vom Konsumenten gelenkt. Der gesamte Konsum ist jedoch nicht aktuell.

Kaum weniger aufschlußreich als die Durchsicht von Buchhandelsbeständen wirkt ein Längsschnitt durch den populären Weihnachts-Buchmarkt. In der Vorweihnachtszeit spricht der Buchhandel einen Konsumentenkreis an, der sonst keine Bücher kauft, und der auch zum Fest nicht lesen, sondern schenken will. Auch hier achtet der Handel auf den Geschmack des Publi-

---

[260] Archives Nationales, Paris F. 18. 551. Die Ergänzungen wurden nur exemplarisch beigefügt. Hilfsmittel v. not. 256.

[261] Cf. die chronologische Bibliographie von Maurice Escoffier: *Le Mouvement Romantique 1788–1850.* — Paris 1934, p. 49–137.

kums, den er aus langjähriger Erfahrung kennt. Wichtige Quellen sind hier weniger die großen Weihnachtskataloge[262] als vielmehr die kleinen Anzeigen in den jeweiligen Wochenblättern, die zudem wichtige Aufschlüsse über die lokale Buchproduktion geben. So bietet der Fürstliche Hofbuchdrucker J. G. Oesterlein in Oettingen[263] für Weihnachten 1819 folgende Geschenke an:

Taschenbuch für das Jahr 1820, der Liebe und Freundschaft gewiedmet von St. Schütze mit 12 niedlichen Monats Kupfern und 6 andern, in farbigem Umschlag in Goldschnitt. 2 fl. 54.

Taschenkalender für das Jahr 1820 mit 12 Theater Costümen, in Maroquin. 1 fl.

Gallerie Baier'scher Volkstrachten. Ein Taschenbuch für Freunde ländlicher Natur und Sitten, mit 12 Abbildungen.

Taschenkalender auf das Jahr 1820, enthaltend lehrreiche Geschichten und Erzählungen, zu verschiedenen Preisen.

Neues unterhaltendes Lesebuch für Jünglinge und Mädchen, zur Bildung ihrer Sitten. 3 Bändchen mit fein illuminierten Kupfern. 2 fl. 24 kr.

Neuer Lustweg oder A B C und Lesebuch nebst nützlichen Unterhaltungen für Kinder, mit illum. Kupfern. 45 kr. und 30 kr.

Gemeinnützige Vorschriften zum Gebrauch beim Schulunterrichte in 12 Blättern. 1 fl. 12 kr.

18 deutsche und englische Vorlegeblätter, zur Erlernung der Schönschreibekunst. 1 fl. 12 kr.

Neue Schreibeschule für deutsche und englische Handschrift, in 17 verschiedenen Alphabeten. 1 fl. 24 kr.[264]

In Lindau waren „für die Festzeit" 1814 in der Math. Riegerschen Buch- und Kunsthandlung zu haben: Philipp Körber: *Die Zwerge in der Pilatusalpe* und alle anderen Schriften „von demselben beliebten Verfasser". – *Das christliche Museum. Erzählungen für das christliche reifere Alter* vom Verfasser der *Schicksale eines Waisenmädchens.*[265] – *Erhebungen des Herzens zum dreieinigen Gott.* – *Glockentöne eines frommen Gemüths.* – *Christlicher Jugendtempel.*[266] – Michael Sintzel: *Gebetbuch zu dem aller-*

---

[262] Cf. etwa: *Illustrirter Weihnachts-Catalog für den Deutschen Buchhandel und Literarischer Jahresbericht,* herausgegeben von E. Dohmke, A. Oppel, O. Seemann. (8. Jahrg., 1878). Leipzig: E. A. Seemann. (180 p.!). – Seemanns *Litterarischer Jahresbericht* (für 1899) *und Weihnachts-Katalog* (29. Jahrgang). Ibid. (144 p. — Auflage: 50 000).

[263] Cf. hier not. 185 (Weissenberger).

[264] Anzeige im *Oettingischen Wochenblatt* vom 15. 12. 1819.

[265] Luitpold Baumblatt, Lehrer (1806—1877). Cf. W. Kosch: *Das katholische Deutschland* I, col. 118.

[266] Drei Gebetbücher für Katholiken aus dem Verlag J. C. Seitz in Ulm. Das letztere hat einen Pfarrer Burkart zum Verfasser.

heiligsten Herzen Jesu und Mariä. – Die Glocke der Andacht.[267] – Theodor Herberger: *St. Paulinus, der Bischof als Sclave.* P. Ammonius Bachner: *Jesus Christus auf dem schmerzhaften Kreuzwege.*[268]

Der Unterschied zwischen den Oettingischen und den Lindauischen Anzeigen ist nicht nur ein chronologischer und geographischer, sondern auch ein konfessioneller und weltanschaulicher: im aufgeklärten protestantischen Oettingen ist man auf nützliche Unterhaltung und Belehrung bedacht, im katholischen Bistum Augsburg, das die Säkularisation überwunden hat, auf Andacht und Erbauung. Wie sehr der populäre Lesekonsum von Ort, Zeit und geistigem Raum abhängig ist, mag schließlich eine Weihnachtsanzeige der katholischen Buchhandlung Ludwig Auer in Donauwörth aus dem Jahre 1884 zeigen:

Giehrl, Emmy: *Meister Fridolin oder die belohnte Nächstenliebe. – Die Paradiesesblumen.* Erzählungen für das Volk. Preis 25 Pf.; kart. 45 Pf.

– *Maria Hilf.* Eine Erzählung für das katholische Volk. Preis kart. 1 M.

– *Rudolf, ein Vorbild für Kinder, oder: Von der Wiege ins frühe Grab.* Ein Lebensbild. 3. Aufl. Mit mehreren Bildern. Preis 30 Pf.; kart. 45 Pf.

Helle, Dr. F. W.: *Christkindleins Wanderung.* Weihnachtsmärchen. Preis kart. 65 Pf.

Ludwig, Onkel: *Die Kinder der Wilden.* Eine Jugendschrift gegen Tierquälerei. Preis 20 Pf.; geb. in Leinwand 50 Pf.

Pfeifer, A.: *Jugendleben in Freud und Leid.* Der frommen und fröhlichen Jugend geweiht. Mit vielen Bildern. Preis geb. 75 Pf.; eleg. kart. 1 M., in Leinwand gebunden 1 M 60 Pf.

Riedel, A.: *Die Krippe des Herrn, für große und kleine Kinder erklärt.* Preis kart. 90 Pf.

Schupp, P. A., S. J.: *Die sieben Finken.* Ein Märchen, Preis kart. 1 M.

Stangl, J. Chr.: *Vater Richard, oder: Das Kloster Walsingham.* Erzählung für das Volk, Preis 35 Pf.; kart. 45 Pf.

Wöhler, C.: *Anna, oder: Gottes Reich baut Hauses Glück.* Erzählung für die christliche Frauen- und Mütterwelt. Preis 50 Pf.; kart. 60 Pf.[269]

Diese wenigen Anzeigen lassen den Schluß zu, daß es auf dem populären Buchmarkt, innerhalb des „circuit populaire", mindestens zwei Produktions- und Konsumtionsgruppen gibt, die man „circuit national (oder: ré-

---

[267] Ein außerordentlich beliebtes Erbauungsbuch, das damals schon in neunter Auflage erschien.
[268] Anzeigen (mit ausführlichen Beschreibungen) in: *Der Erzähler am See* III, Lindau 1844, p. 414–415.
[269] *Raphael* IV, 1884, p. 392.

gional)" und „circuit local" nennen könnte. Die Menge der nur lokal konsumierten Lesestoffe dürfte im 19. Jahrhundert – bei einem noch relativ schwach entwickelten Transportwesen und den kleinstaatlichen, multizentralen Verhältnissen – weitaus umfangreicher gewesen sein als die Menge der national verbreiteten Lesestoffe, und zwar nicht nur im Hinblick auf die Zahl der Titel, sondern auch in bezug auf die Papiermasse. Einen nationalen Konkurrenzkampf hat es vor allem in Deutschland nie gegeben; einen lokalen nur dort, wo es mehrere Produktions- und Vertriebsstätten gab – also in Zentren wie Leipzig, Dresden, Stuttgart oder München. In Kleinstädten wie Donauwörth oder Lindau (aber das sind nur zwei von Hunderten) arbeitet der „circuit local" konkurrenzlos; er hat Monopolcharakter, das heißt, er kann Preis und Qualität seiner Ware ungehindert bestimmen. Diese Tatsache erklärt die konservative Starrheit des lokalen Buchmarktes ebenso wie die nicht sinken wollenden Buchpreise. Für den geringen Lesekonsum der Deutschen sind die politischen Verhältnisse[270] und der deutsche Buchhandel verantwortlich, nicht die Konsumenten. Der Verbrauch wäre bei scharf konkurrierenden Angeboten – mit einer größeren und variableren Titel- und Formenauswahl und mit sowohl differenzierteren als auch niedrigeren Preisen – stark angestiegen.

Die zweifelhaften Leihbüchereien

Die Tribu, berüchtigte Bücherverleiherin in Genf, gab dem jungen Jean-Jacques alle ihre guten und schlechten Bücher auf Kredit, und der lesehungrige Bursche las sie fast alle in weniger als einem Jahr – f a s t alle, denn „si mon goût ne me préserva pas des livres plats et fades, mon bonheur me préserva des livres obscènes et licencieux: non que la Tribu, femme à tous égards très accommodante, se fît un scrupule de m'en prêter. Mais, pour les faire valoir, elle me les nommait avec un air de mystère qui me forçait précisément à les refuser, tant par dégoût que par honte."[271] Das war um 1725, zu einer Zeit, als auch in England das Leihbibliothekswesen zum neuen Buchmarkt wurde.[272] Private Buchverleiher ohne Konzession dürfte es wenig

---

[270] Frankreich dagegen war ein monokonfessioneller Zentralstaat mit verhältnismäßig offenen Départementsgrenzen und folglich interdépartementaler Konkurrenz.

[271] J.-J. Rousseau: *Les Confessions.* Ed. Jean Guéhenno. — Paris 1965. Tome I, Livre premier, p. 72–73, 74.

[272] M. Summers: *The Gothic Quest,* p. 60–105: *The Publishers and the Circulating*

später auch in Frankreich und Deutschland gegeben haben. 1768 ist erstmalig in Leipzig von einer Leihbibliothek die Rede[273]; in München gab 1772 der kurfürstliche Hof-Rats-Sekretär Joseph Alois Crätz, als er seine Buchhandlung vom Rindermarkt in die Kaufingerstraße verlegte, bekannt, „er habe auf dringendes Einrathen die Verfügung getroffen, daß künftig gebundene Bücher zum Lesen ausgegeben werden sollen". Das Experiment schlug jedoch fehl, da die Kunden die Bücher verschmutzten oder ganz behielten.[274] Um die Jahrhundertwende folgten zahlreiche Buchhändler dem neuen Trend.[275] Mit dem Verleih ließ sich, unter günstigen Umständen, mehr verdienen als durch den Buchverkauf. Joseph Lindauers Leihbibliothek in der Kaufingerstraße zu München hatte 1801 2500 und 1806 schon 4000 Bände zum Verleih bereitstehen. In Amberg bot der kurfürstliche Regierungssekretär von Wisinger 1794 ein Verzeichnis von 1335 Werken, und 1800 zusätzlich 2000 neue Titel an. In Landshut – damals Universitätsstadt – besaß die Lesebibliothek von Anton Sandersky 1814 1200 Bände und 1820 bereits 2.526 Werke.[276] Der Bremer Buchhändler Heyse konnte in seiner 1800 begründeten Leihbibliothek im Jahre 1824 nicht weniger als 20.000 Bände vorweisen.[277] „Nirgends kann man den Grad der Kultur einer Stadt und überhaupt den Geist ihres herrschenden Geschmacks schneller und doch zugleich richtiger kennen lernen als – in den Lesebibliotheken", schreibt Heinrich von Kleist am 14. September 1800 an seine Braut, und er schildert seinen Besuch in dem Würzburger Etablissement: Wieland, Schiller, Goethe sind da nicht vorhanden, obwohl das Publikum aus Juristen, Kaufleuten und verheirateten Damen besteht, während die (gut katholischen) Studenten keine Bücher aus dieser Bibliothek ausleihen dürfen. Die Klassiker sind überhaupt verboten, und so findet Kleist nichts als „Rittergeschichten, lauter Rittergeschichten, rechts die Rittergeschichten m i t Gespenstern, links o h n e Gespenster, nach Belieben".[278]

Libraries. — Für England cf. auch H. Curwen: History of Booksellers, p. 421–432 (über Charles Edward Mudie). — A. S. Collins: Authorship in the Days of Johnson. London 1927, p. 246. — W. E. A. Axon: A London Circulating Library of 1743. In: The Library, N. S. I, 1900, p. 377–378 (über T. Wright).

[273] J. Goldfriedrich: Geschichte des Deutschen Buchhandels (III), 1909, p. 257.

[274] M. Wellnhofer: Die Anfänge der Leihbibliotheken, p. 289–290.

[275] Ibid., passim. Dazu: Bayerisches Hauptstaatsarchiv München, M. Inn. 65597. — W. Götze: Die Begründung der Volksbildung, p. 68. — Für Bremen: H. Tidemann: Die Zensur in Bremen, p. 386–391.

[276] M. Wellnhofer: Die Anfänge, p. 292, 294, 293.

[277] H. Tidemann: Die Zensur, p. 387 (mit weiteren Beispielen).

[278] Brief aus Würzburg vom 13.–18. September 1800 an Wilhelmine von Zenge. — In: Heinrich von Kleists Werke. Sechster Teil. Ed. Wilhelm Waetzold. Berlin-Leipzig-Wien-Stuttgart s. a., p. 69–70.

Man darf dieser Beobachtung die des Schwaben Wilhelm Hauff beifügen, der in einer Leihbücherei von 4–5.000 Bänden „in --n" das Verhalten der Leser untersuchte und dabei zu folgenden Ergebnissen kam:

1. Leihbibliotheksbücher dienen als Schlafmittel.

2. Spannende Erste Teile werden abends ausgelesen, dann holt man sich morgens die Fortsetzungen.

3. Jean Paul wird nicht verlangt, sondern Cramers *Erasmus Schleicher* und Werke von Clauren.

4. Das Publikum besteht aus jungen Damen.

5. Adlige und Bediente lesen gleichermaßen Ritterromane wie *Die Burg Helfenstein oder das feurige Racheschwert* von J. A. K. Hildebrandt (1764–1848).

6. Soldaten wollen den „blinden Thorwart vom alten Schott" und meinen den *Quentin Durward von* Walter Scott! Von Scott sind 60.000 Exemplare in Deutschland verbreitet.

7. Die Scott-Texte stammen aus einer auf Team-Work basierenden Übersetzungs-Fabrik in „Scheerau".[279]

Die Leihbücherei war das demokratischste Bücherinstitut – hier verkehrte nicht nur das Lese-„Volk"[280], sondern auch die Oberschicht[281], wie Hauff und Kleist richtig bemerkten; hier lasen nicht nur die Alten, sondern gerade auch die Jugendlichen. Joseph von Eichendorff handelte nicht anders als Jean-Jacques Rousseau – er las wahllos, was er in der Leihbibliothek in Ratibor bekommen konnte.[282] Nur Karl Gutzkow behauptete, er habe den Reizen der *Mimili* und anderer Heldinnen widerstanden[283], und

[279] W. Hauff: *Die Bücher und die Lesewelt,* cap. I–III.

[280] E. Berger: *Der deutsche Buchhandel 1815–1867,* p. 129: „Das Publikum für diese [Räuber-]Literatur waren die Kleinhandwerker, Gesellen, Arbeiter, Dienstboten usw.; sie waren eifrige Besucher der Leihbibliotheken, die meist diese Sachen führten, und erlegten gern 6 Pf. pro Band." — J. Gotthelf: *Der Besuch auf dem Lande* (1847). In: *Gesammelte Schriften* IX, Berlin 1861, p. 36: Jakobli erklärt das Leben des einfachen Bürgers in der Stadt: „[...] manchmal bekömmt man Visiten, dabei kann man stricken, manchmal liest man, wir sind abonnirt in einem Lesladen, wo sie die schönsten Bücher haben, Romane und andere Geschichten [...]".

[281] „Das ist der Fluch des deutschen Schriftstellers, der aus den Leihbibliotheken in die Häuser selbst unserer Reichsten und Gebildetsten wandert, statt aus dem Buchladen." Aus einer Rezension über Melchior Meyrs *Erzählungen aus dem Ries,* in: *Über Land und Meer* X, 1868, p. 491.

[282] H. Pleticha: *Begegnungen mit dem Buch in der Jugend* I, p. 13–15.

[283] K. Gutzkow: *Knabenzeit,* p. 442–443: „Für die damals modische schöne Literatur, für Clauren, van der Velde, Tromlitz und ähnliches fehlte dem Erzähler jede Neigung."

Karl May schämte sich, die ganze *Rinaldo*-Sippe aus einer schmutzigen, ruppigen, äußerst gefährlichen Schankwirtschafts-Leihbibliothek entliehen zu haben, konnte aber gleichzeitig seine Verehrung für diese Literatur nicht verhehlen.[284]

Und wieder trafen sich in dieser neuen Branche – wie im Druckerhandwerk und im Buchhandelsgewerbe – die Unternehmer verschiedenster Herkunft: Buchhändler, Buchbinder, Musiklehrer, Tabakfabrikanten[285] – von dem nicht immer senkrechten Handwerk der Tribu ganz zu schweigen. Die Lesegesellschaften waren ein Treffpunkt der Honoratioren; in der Leihbibliothek jedoch vereinigte der Unterhaltungsdrang Vertreter aller Bevölkerungsschichten.

Es ist müßig, hier im einzelnen auszumalen, wie die Behörden gegen solche, alle Grenzen verwischenden Institutionen wüteten[286] – eine bislang fehlende Monographie mag später mit dem aufschlußreichen Material ein paar hundert Seiten füllen. Johann Rudolph Gottlieb Beyer, der Erfinder des Lese-Luxus, meinte 1795, das bloße Eifern gegen die Leihbüchereien habe keinen Erfolg. Hier müsse der Staat väterlich eingreifen und „auch noch die Lektüre des großen Haufens aus allen Ständen zu einem Gegenstande seiner Aufmerksamkeit und seiner Fürsorge" machen.[287] Lorenz Westenrieder fand 1800 die fraglichen Etablissements „unbeschreiblich schädlich": „In solchen Leihbibliotheken thronet gewöhnlich, als herrschende Königinn, eine vollständige Sammlung aller modischen Ritter- und Gespensterromanen, aller Tagsbrochüren, aller frechen, lockern, und verderblichen Schriften (welche aber immer nur sub Rosa mitgetheilt werden) und aller Liederlichkeiten. Zu solchen Leihbibliotheken nimmt der sittenlose Bursch seine Zuflucht, um ein unschuldiges Mädchen, welches für Ungezogenheiten noch keinen Sinn hat, lüstern und ihre Einbildungskraft für wilde Ausschweifungen empfänglich zu machen. Aus solchen Leihbibliotheken wird die ansteckendste Lektür unter solche Volksklassen verbreitet, deren (ohne Modelektür stets gesündere) Einbildungskraft sorgfältig geschonet, und deren Verstand nur in Dingen ihres Berufes unterrichtet werden soll [...]" und so weiter[288] – das alles war ja, bis zum Überdruß zitierbar, schon gegen jedes andere Buch- und Lesephänomen vorgebracht worden. Das württembergische Oberzensurkollegium stachelte 1815 seine Bücherfiskale

[284] K. May: „*Ich*", p. 92.
[285] H. Tidemann: *Die Zensur in Bremen*, p. 387–388.
[286] Cf. das (magere) Kapitel *Königliche Censuredikte gegen Leihbücher (1788–1869)* in Arnim-Knilli: *Gewerbliche Leihbüchereien*, p. 19.
[287] J. R. G. Beyer: *Ueber das Bücherlesen*, p. 27–28.
[288] L. Westenrieder: *Ob es [...] wohlgethan sey.* In: *Beyträge* VI, 1800, p. 297–298.

zu strengster Überwachung der Leihbibliotheken an, und „[...] sollen jungen Leuten, welche sich noch auf Schulen und Gymnasien befinden, überall keine nicht wissenschaftliche oder auch für ihr Alter nicht taugende wissenschaftliche Bücher, wie anatomische, aus Leihbibliotheken abgegeben werden [...]".[289] Die badischen Leihbibliotheksordnungen waren kaum weniger streng.[290] Und noch 1847, als der Buchhändler Gebhard Lingenhöl in Wangen eine Leihbibliothek eröffnen wollte, und als ihm nicht weniger als fünf katholische Geistliche bestätigten, „daß es hauptsächlich für das Landvolk nicht nur höchst wünschenswert, sondern sogar ein schon oft gefühltes Bedürfniß ist, daß in der Oberamtsstadt eine gute und möglichst vollständige Lese- und Leihbibliothek bestehe, durch welche dieses Bedürfniß befriedigt werden kann [...]", selbst dann noch wußten die Behörden in Ulm unfehlbar, was Bedürfnis sei und was nicht: ihrer Meinung nach war eben kein Bedürfnis für eine solche Anstalt in Wangen vorhanden, zumal der Bittsteller als Spitze der sogenannten Wiestschen Partei[291] „und als Anhänger der Jesuiten und Ultramontanen mit seiner Leihbibliothek voraussichtlich nur schaden würde".[292] Mit Polemisieren drückte man sich vor der Notwendigkeit vernünftigen Handelns und geistiger Progression.

In Colmar dagegen brachten es 1812 zwei Bücherverleiher fertig, nebeneinander zu existieren: Xavier Fontaine[293], der das deutschsprachige, und Jean-Baptiste Geng, der das französische Publikum versorgte. Die Zensur regte sich freilich auch hier: Am 4. Dezember 1810 erhielt der Polizeikommissar von Colmar durch den Präfekten den Befehl, sich in das neu eingerichtete Lesekabinett des Herrn Jean-Baptiste Geng zu begeben, weil „il a prêté à des écoliers qui fréquentent le collège de Colmar des livres et des images très obscènes et il en a même reçu des reproches de la part de M. le Directeur de cet établissement". Der Polizeikommissar ließ am 7. Dezember den Buchbinder Geng in sein Büro kommen, fragte ihn, ob er die Bücher

---

[289] Staatsarchiv Ludwigsburg D 54/236. Schreiben des OCC vom 27. April 1815 an alle Bücherfiskale.
[290] Cf. *Großherzoglich Badisches Regierungsblatt* 50, 1852, p. 306–307: *Die Errichtung und Betreibung von Leihbibliotheken und anderen öffentlichen Leseanstalten betreffend* (5. Juli 1852).
[291] Über den Oberjustizprokurator Andreas Wiest cf. A. Hagen: *Die kirchliche Aufklärung in der Diözese Rottenburg.* — Stuttgart 1953, p. 292. — A. Hagen: *Geschichte der Diözese Rottenburg I.* — Stuttgart 1956, p. 294.
[292] Staatsarchiv Ludwigsburg E 146/757/Wangen.
[293] Jean Risler in Mulhouse druckte 1812 ein *Neues Verzeichnis der deutschen Bücher, die sich in der Lesebibliothek von X. Fontaine, Buchhändler dem kaiserlichen Gerichtshof gegenüber befinden* in 1000 Exemplaren. Archives Départementales Haut-Rhin, Colmar, 1. T. 464.

in seinem Katalog besitze, und erhielt eine affirmative Antwort. Zudem begab sich der Hüter der Ordnung zum Herrn Geng zwecks einer exakten Perquisition und fand dort keine anderen Bücher als die im Katalog aufgeführten. Einige davon – es waren 16 an der Zahl – erschienen ihm, dem Polizeikommissar, jedoch verdächtig, so *Mes vingt ans de Folie, d'Amour et de Bonheur*[294], Tibulls Elegien, Rousseaus Bekenntnisse, *Le Moine* (der des Lewis, natürlich!), Boccaccios Erzählungen, Voltaires Romane, das *Tableau de l'Amour Conjugal*[295] und *Les Passions du jeune Werther*. Der Kommissar überließ es indes dem „Lichte" des Präfekten, den Grad der Verworfenheit dieser Bücher zu beurteilen; ihm selbst waren sie offenbar zu unbekannt, als daß er sich eine Stellungnahme hätte erlauben können. Dem Schuldirektor schickte er ein Werk mit dem Titel *Les Chaînes Brisées ou le retour à la Nature*, das Direktor König angeblich bei Schülern gefunden hatte. Herr König jedoch gab an, das Buch nie gesehen zu haben.[296]

Doch nun zur Aktivität der Leihbibliotheken selbst.[297] Der Katalog[298] des Geislerschen Etablissements in Bremen[299] bot 1829 hauptsächlich Romane an (p. 10–69), an zweiter Stelle rangierte das Theater (69–108). Die anderen Kategorien (historische und politische Schriften, Lebens- und Reisebeschreibungen, Gedichte, Länder- und Völkerkunde, Almanache und Taschenbücher, Jugendliteratur, Journale und Monatsschriften) fielen demgegenüber kaum ins Gewicht. Unter den Romanen herrschten die Ritter- und Räuberstoffe vor: *Die Ruinen der Geisterburg oder die warnende Stimme um Mitternacht vom Verfasser des Lorenzo*[300]; *Erich von Lilienstein oder das Geistergericht; Dodo von Adlerstein, der wilde Ritter oder der Mädchenraub; Pantolino, der furchtbare Räuberhauptmann oder die Schrecknisse der Teufelsgrotte* und so fort. Die bevorzugten Autoren bei Geisler plazierten sich in folgender Reihe:

> Heinrich Clauren (25 Titel),
> Walter Scott (22),
> August Lafontaine (17),

---

[294] Dreibändiger Roman von Antoine Cailleau, 1807 in Paris erschienen.
[295] C. Nisard: *Histoire des livres populaires* I, p. 271–272.
[296] Archives Départementales Haut-Rhin, Colmar, 1 T. 454.
[297] Cf. auch H. Widmann: *Der deutsche Buchhandel* II, p. 267–270: Leseinstitut Wilhelm Fleischer in Frankfurt, 1795, und Leihbibliothek Christoph Müller in Memmingen, 1821.
[298] *Catalog einer Leih- und Lesebibliothek von deutschen, französischen, englischen u. spanischen Büchern. Angelegt von* Arnold Diederich Geisler, *Buchhändler in Bremen.* — Bremen 1829. 8°, VII + 120 p. — *Erster Nachtrag des Cataloges der Leih- und Lesebibliothek [. . .].* — Bremen 1830. 8°, 1 fol. + 85 p.
[299] Cf. H. Tidemann: *Die Zensur in Bremen*, p. 387, 390–391.
[300] Heinrich August Kerndörfer. Der Roman war schon 1805 in Pirna erschienen.

J. A. C. Hildebrandt (13),
Carl Gottlob Cramer (12),
Alexander Bronikowski (11),
Carl Weisflog (10),
Gustav Schilling (10),
James Fennimore Cooper (9),
Friedrich Laun (9),
Caroline Pichler (9),
Carl Franz van der Velde (8).

Die Forderungen an die Teilnehmer lauteten auf drei Taler rheinisch pro Jahr (1 Rthlr 48 Grote für sechs, 66 Grote für drei Monate, 24 Grote für einen Monat). Dafür bekam der Abonnent so oft er wollte je zwei Bücher. Wer fünf Grote einzeln bezahlte, durfte dafür ein Buch eine Woche lang behalten: das große Abonnement lohnte sich also nur bei einem regelmäßigen Monatskonsum von mehr als fünf Büchern; das läßt Rückschlüsse auf den durchschnittlichen Lesekonsum zu. Für die Abonnenten betrug die Leihfrist vier Wochen. Beschädigte Bücher mußten dem Verleiher bezahlt werden.

Einem anderen System folgte 1833 die in Donauwörth errichtete Lesebibliothek der Buchhandlung Carl Veith. Sie forderte für ein Buch nur zwei Kreuzer, wenn es am nächsten Tag wieder zurückgebracht wurde; die Wochengebühr betrug drei Kreuzer, die monatlichen Forderungen stiegen jedoch rapide auf 30 Kreuzer[301]: Veith verlangte also von seinen Kunden zügiges Lesen und für seine Bücher rasche Zirkulation. Ein Bibliotheksverzeichnis wurde kostenlos ausgegeben.

Im Nördlinger *Hausfreund* erschien 1838 folgende Anzeige:

Unsere nunmehr auf c. 2600 Bände vermehrte

Leihbibliothek

ist neuerdings bereichert worden durch die Schriften von Bulwer, Cooper, Göthe, Lewald, Hancke, Huber, Hugo, Irving, Kennedy, Maryat, Rellstab, Skävola, Shakespeare, Steffens, Storch, Tromlitz, C. J. Weber, Zschokke etc. und enthält außer den gediegensten deutschen Zeitschriften und Journalen, die aus unserm Journalisticum aufgenommen werden, so ziemlich die beliebtesten ältern und neuern Erscheinungen der Unterhaltungs-Literatur, so wie die Jugendschriften vom Verfasser des *Armen Heinrich,* des *armen Anton,* von Chr. Schmid, Nelk etc. und entspricht somit auch in einer sorgfältigen Auswahl dem Bedürfnisse der Jugend. Ein Katalog, zu dem der Nachtrag nächstens in Druck gegeben wird, enthält die billigen Lesebedingungen und ist für 6 kr. zu haben. Indem wir Hiesige

---

[301] *Wochenblatt der Stadt Donauwörth* vom 27. Juli 1833: Anzeige, datiert 23. 7. 1833.

und Auswärtige zur Theilnahme an unserm Leseinstitute einladen, geben wir die Versicherung, daß wir für eine fortwährende Erweiterung unserer Anstalt in der Art bedacht sein werden, daß wir eine g e w ä h l t e Lektüre nie fehlen lassen, dagegen Schriften, die Unnatürliches und Ueberspanntes in Verbindung mit dem Unmoralischen zu ihrem Inhalte haben, stets ausschließen werden.

Nördlingen, im November, 1837.

C. H. Beck'sche Buchhandlung.[302]

Die Kranzfeldersche Leihbibliothek in Augsburg stellte 1841 folgende Bedingungen an ihre Leser: „Das Abbonnement für ein Vierteljahr beträgt fl. 1, 21 kr., für einen Monat 30 kr., wogegen wöchentlich 4, auswärtigen Abbonnenten 6 Bücher nach freier Wahl gegeben werden, welche man beliebig wechseln kann. Der vollständige Katalog, welchem die Bedingungen vorgedruckt sind, kostet 12 kr., einzelne Abtheilungen desselben 3 kr."[303] Auch hier kann man also auf einen durchschnittlichen Konsum von mehr als einem Buch pro Woche und Person schließen.

In Lindau entwickelte sich die von Augsburg geleitete Math. Riegersche Leih- und Lesebibliothek rasch und ständig. Nach ihren regelmäßig herausgegebenen Katalogen zählte sie

1837/I	2.129	Bände
1837/II	2.775	
1838	3.416	
1840	3.760	
1841	4.095	
1842	4.440	
1844	4.867	Bände, dann unter Führung

der J. Th. Stettnerschen Buchhandlung

1855	7.800	und
1880	10.149	Bände.[304]

Der Schauerroman fand auch am Bodensee die eifrigsten Leser. Auf den Buchtiteln hatten folgende Stichwörter die stärkste Frequenz: Blut, Bösewicht, Einsiedler (Eremit), Erscheinung, Findling, Gefangenschaft, Geist(er), Gespenst, Gewölbe, Höhle, Kreuzzüge, Kriminalgeschichten, Mitternacht, Mönch, Mörder, Mühle, Neger, Nonne, Rache, Ruinen, Scharfrichter, Schau(d)er, Schrecken, Unterirdisch, Vehmgericht. Das Lesepublikum war eindeutig auf romantische Flucht nach rückwärts bedacht; progressiv-industrielles Denken war ihm fremd. Doch darüber wird noch zu reden sein.

---

[302] *Der Hausfreund.* Nördlingen 1838, col. 14–15.

[303] *Wochenblatt der Stadt Donauwörth* vom 11. Dezember 1841.

[304] *Catalog der Math. Rieger'schen Leih- und Lesebibliothek in Lindau.* — Lindau 1837. 60 p., 2129 num. Insgesamt 22 Fortsetzungen bis 1880, 554 p. und 10. 149 num.

Der Erfolg des Leihbibliotheksprinzips führte auch zur Gründung spezialisierter Etablissements. Die A. Wagnersche Buchhandlung in Stuttgart eröffnete 1847 eine Jugend-Leihbibliothek, deren Katalog sechs Kreuzer kostete.[305] In derselben Stadt hatte seit 1850 der Arbeiterverein seine eigene Lese- und Leihbibliothek: Die Mitglieder durften Bücher aus dem Lesezimmer für die Dauer von 14 Tagen entleihen.[306] Schließlich nützten auch die Religionsgemeinschaften das neue Vertriebs-Medium für ihre Zwecke aus: Christian Gottlob Barth versuchte schon 1830 in Möttlingen die Einrichtung einer Lesegesellschaft, für welche er die Bücher aus eigenen Mitteln anschaffte.[307] Die Evangelische Gesellschaft in Stuttgart besaß 1849 eine „Leihbibliothek von über 1400 Nummern in christlichem Geiste verfaßte Bücher. Dieselbe wird stets mit neuen guten Büchern vermehrt und bietet so dem Publikum von Stadt und Land eine gesunde Lectüre, die auch seit vielen Jahren häufig benützt wird."[308] Und Johann Baptist Hafen, Pfarrer zu Gattnau im Kreis Lindau, schrieb 1870 eine erbaulich-belehrende Biographie mit dem Titel *Heinrich Walther, der hochherzige Gastwirth.* In dem Büchlein schildert er einen überaus strebsamen Mann, der in seiner Gemeinde, Lichtfelden in der Schweiz, auch einen vorbildlichen Leseverein ins Leben ruft: „Der Kaplan bot sein Haus als Aufstellungsort und sich selbst als Bibliothekar an. ‚Die Auswahl der Bücher solle durch ihn, den Pfarrer, und den Oberlehrer geschehen. Die Sammlung muß stets Eigenthum der Gemeinde bleiben. Für jedes Buch muß in der Woche ein Kreuzer bezahlt werden. Ein Einschreibbuch wird angeschafft. Von den Einnahmen sollen alle Jahre weitere Bücher angekauft werden. Die Abholungs- und Ablieferungszeit der Bücher solle sein die Stunde nach dem sonntäglichen Nachmittagsgottesdienst.' Dies waren die Satzungen." Nach 24 Jahren brachte man es auf 750 Bände. Pfarrer Hafen stellte sich deren Zusammensetzung folgendermaßen vor:

1) Gebet- und Erbauungsbücher als Muster für Diejenigen, welche solche in der Buchhandlung bestellen und kaufen wollten.

2) Belehrende Bücher in volkstümlicher Sprache: über Landwirthschaft, Gewerbe, Geschichte, Erdbeschreibung, Naturkunde und Hauswirthschaft.

3) Hauptsächlich unterhaltende Schriften: von Christoph Schmid, Bauberger, Th. Nelk, Lautenschlager, Werfer, Herchenbach, Conscience, Hahn-Hahn, Isabella Braun u.s.w.

---

[305] Anzeige in: *Der Beobachter,* 18. März 1847, p. 303.

[306] F. Balser: *Sozial-Demokratie* II, p. 591.

[307] W. Kopp: *Chr. G. Barth's Leben,* p. 132.

[308] L. Hofacker: *Ein güldenes Jubiläum,* p. 54.

4) Gedichte, namentlich solche, welche Deklamationsstücke und Volksschauspiele mit lauter männlichen Rollen enthielten.[309]

Pfarrer Hafen kam mit seinen Vorschlägen reichlich spät, und außerdem idealisierte er die Lesekapazität einer Landgemeinde beträchtlich. Seine eigene, bescheidene Realität sah so aus: Er hatte 1859 in Gattnau einen Leseverein mit einem Grundstock von 60 Büchern, meistens Erzählsammlungen, begründet. 1862 zählte diese Leihbibliothek 140 Bände; viel größer ist sie wahrscheinlich nicht mehr geworden.[310]

In der Tat war nicht allen Leihbibliotheken ein stets wachsender Erfolg beschieden. Der Lesekabinetts-Besitzer Piton aus Strasbourg, rue du Temple neuf, 4, der sich rühmen konnte, im Laufe eines halben Jahrhunderts 50 000 Bände zusammengebracht zu haben, sah sich im Jahre 1858 gezwungen, seine Bibliothek zu verhökern: „La transformation complète du mode des publications nouvelles par la librairie parisienne et le grand nombre d'illustrations à bon marché, ont tué l'industrie des Cabinets de lecture, jadis d'un rapport avantageux, et m'ont décidé à la vente de mon fonds de Commerce", meldete er am 14. Dezember dem Präfekten.[311] Vor allem in Frankreich hatten die Lesekabinette und Leihbibliotheken zwei übermächtige Konkurrenten: die aktuelle Presse und die Massenproduktion populärer Kleinschriften. Wo neue Lesestoffe nicht viel teurer sind als die Leihgebühr der Leihbibliotheken, da hält sich der Leser wohl lieber an das frisch Gedruckte, das sein Eigentum bleibt oder das er nach Belieben fortwerfen kann. Bis heute hat sich dieser nationale Unterschied erhalten: Die deutschen Leihbüchereien[312] können nach wie vor, wenn auch durch mancherlei Konkurrenz beengt[313], existieren, weil die Kiosk-Literatur einen geringeren Umfang hat, weniger Zuspruch findet und folglich den Trivialroman in geringerem Maße substituiert als in Frankreich oder in Italien. Das Anwachsen der periodischen Literatur wird das Leihbüchereiwesen auch in Deutschland zu Fall bringen.

Wie viele Leihbibliotheksbenützer wie viele Leihbücher lasen, läßt sich jedoch heute nicht mehr exakt ermitteln.[314] Jedenfalls darf man feststellen,

[309] J. B. Hafen: *Heinrich Walther.* — Lindau: Joh. Thom. Stettner 1870, p. 153–154.
[310] J. F.: *Johann Baptist Hafen.* — Lindau: Stettner 1870, p. 35.
[311] Archives Départementales Bas-Rhin, Strasbourg, T. 213.
[312] Cf. für die dreißiger Jahre die *Zeitschrift der Leihbüchereien* (ab I, 1932) und für die Gegenwart die Fachzeitschriften *Der Leihbuchhändler* (ab I, 1948) und *Das Leihbuch* (ab I, 1951).
[313] Arnim-Knilli: *Gewerbliche Leihbüchereien*, p. 124–132.
[314] Cf. die Statistiken für das 19./20. Jahrhundert im *Lexikon des Buchwesens*, 2. Aufl., III, 1959, s. v. *Leihbüchereien*, und Arnim-Knilli: *Gewerbliche Leihbüchereien.* — Verzeichnisse der deutschen Leihbibliotheken bei O. A. Schulz: *Allgemeines Adressbuch.* So z. B. 1881, II. Abteilung, p. 50–62.

daß das Leihbibliothekswesen den Leseverbrauch des 19. Jahrhunderts stark gefördert hat und daß die Buchverkaufsziffern allein ein falsches Bild von der Buchkonsumtion einer Gemeinde oder einer Nation geben. Der Erfolg mancher Leihbuchhandlungen liegt in ihrem variablen Angebot begründet: das große Katalogangebot, das dem Buchhandel fehlte, war hier gelegentlich – in Bremen bei Geisler, in Straßburg bei Piton, in Augsburg-Lindau bei Rieger-Stettner – zu finden. Die Leihbibliothek leistete zudem das, was der Buchhandel nicht zu liefern vermochte: sie offerierte billigsten Lesestoff für den Massenkonsum. Leihbüchereien sind eine Reaktion auf hohe Buchpreise, sie demokratisieren durch ihr Vertriebsgebaren den Lesestoffkonsum. Zensurbestimmungen gegen Leihbibliotheken nahmen deren angebliche Frivolität zum Vorwand, um gerade diesen demokratischen Charakter zu zerstören: die niederen Leserschichten und die Jugendlichen sollten weiterhin vom Buchmarkt ferngehalten werden und jeder Art von Aufklärung oder erweiterter Bildung entbehren.[315] Auf dem Lesemarkt siegt jedoch, mehr als in irgendeiner anderen Verkaufsbranche, die billige Ware – wenn nicht in der Leihbücherei, dann am Zeitschriftenkiosk.

Die vornehmen Lesekabinette

Der Begriff „Lekturkabinett"[316] läßt auf französischen Ursprung[317] und vornehmen Charakter dieser Institution schließen. Die Lesegesellschaft in Colmar etwa bestand seit 1769 und hatte mehrere gelehrte Mitglieder, die in monatlichen Sitzungen deutsche und französische Werke gemeinsam besprachen.[318] Solche Vereinigungen blühten in der zweiten Hälfte des 18. Jahrhunderts auf[319]; Buchhändler räumten Lesezimmer ein und breiteten dort die neuesten Bücher und vor allem Zeitungen und Zeitschriften aus; eine solche Lokalität nannte man gern Museum[320], die Honoratioren trafen

---

[315] Die Bevormundungstendenz der Idealisten ist natürlich nicht auszurotten. Noch Joachim Kirchners *Lexikon des Buchwesens* II spricht 1953, p. 421 von wünschenswerten Gewerbebeschränkungen und Ausschließung volkserzieherisch nicht vertretbaren Schrifttums im Leihbuchhandel.

[316] A. Jesinger: *Wiener Lekturkabinette*. — H. Widmann: *Der deutsche Buchhandel* II, p. 270–276.

[317] F. Balser: *Anfänge der Erwachsenenbildung*, p. 63–65.

[318] *Jahrbuch für Geschichte, Sprache und Litteratur Elsass-Lothringens* XIII, 1897, p. 140.

[319] Stuttgart: 1784, Bonn: 1787, Frankfurt: 1789, Mannheim: 1789.

[320] C. Lotter: *Geschichte der Museums-Gesellschaft*.

sich dort zum Lesen und Bereden der Neuigkeiten[321], ein Verein war bald begründet, damit kam es auch zu „Spiel, Tanz und Eßgelagen", die in Württemberg freilich verboten wurden.[322] „Lesegesellschaften rechnet jeder nicht unbedeutende Ort, dessen Einwohner auf Geisteskultur Ansprüche machen, wo nicht unter seine Bedürfnisse, doch unter die gemeinnützigsten Anstalten, welche zur Befriedigung einer edlen Wißbegierde, zur Verbreitung manchfaltiger Kenntnisse, zur Verfeinerung des Geschmacks und der Sitten, selbst zu den Freuden des gesellschaftlichen Lebens die zweckmässigsten Mittel und die unverkennbarsten Vortheile gewähren." So beginnt die Satzung der Stuttgarter Lesegesellschaft von 1795.[323] Mit den populären Leihbibliotheken haben solch anspruchsvolle Einrichtungen wenig gemein, will man davon absehen, daß Johann Gottfried Hoche am liebsten a l l e Arten von Lesegesellschaften gebrandschatzt hätte.[324] Die Mitgliedsbeiträge lagen recht hoch: in Frankfurt 1789 verlangte man einen Carolin[325], in Oettingen 1800 drei Gulden jährlich[326], in Karlsruhe 1818 gar einen Gulden monatlich[327], in Donauwörth 1848 pro Halbjahr zwei Gulden 30 Kreuzer.[328] Lesekabinette waren für privilegierte Stände geschaffen, nicht „für den gemeinen Mann, dessen Hauptbestimmung körperliche Arbeit ist": „Sie sind vielmehr dieser Klasse schädlich."[329] Privilegiert waren auch die Badegäste von Kissingen, für die 1834 ein Lesekabinett begründet wurde, welches der Frankfurter Buchhändler Carl Zügel mit Zeitungen beschickte.[330] Und Lesegesellschaften für „Honoratioren" gab es schließlich sogar in den Landstädtchen: Mitglieder waren, neben dem Pfarrer, „natürlich auch die Lehrer und die angesehensten unter den Gemeinde- und Kirchengemeinderäten [. . .]. Sie bildeten miteinander

[321] M. Wellnhofer: *Die Anfänge der Leihbibliotheken und Lesegesellschaften.* — W. Götze: *Die Begründung der Volksbildung,* p. 64–67. — *Lexikon des Buchwesens,* 2. Aufl. II, 1953, s. v. *Lesegesellschaften.* — *Journal von und für Deutschland* II/1, 1785, p. 543; III/1, 1786, p. 435; VI/2, 1789, p. 193–196, 348–351. — J. G. Krünitz: *Lesegesellschaft.* In: *Ökonomisch-technologische Encyclopädie* 77, Berlin 1799, p. 278–284. — J. G. Küchle: *Über den Zweck gutbestellter Lesegesellschaften.* — Memmingen 1792. — — W. Löbe: *Geschichtliche Notizen* (1857).
[322] C. Lotter: *Museums-Gesellschaft,* p. 16 (1808).
[323] *Neue Geseze der Stuttgarter Lesegesellschaft 1795.* 8°, 20 p. Staatsarchiv Ludwigsburg D 52/524, num. 23.
[324] J. G. Hoche: *Vertraute Briefe,* p. 98.
[325] *Von der neuen Lesegesellschaft zu Frankfurt am Mayn.* — In: *Journal von und für Deutschland* VI/2, 1789, p. 193–196.
[326] *Oettingisches Wochenblatt* vom 24. Dezember 1800.
[327] *Korrespondenz-Nachrichten von der Lese-Gesellschaft in Karlsruhe.* — In: *Unterhaltungsblatt.* Stuttgart 1818, p. 160.
[328] *Wochenblatt der Stadt Donauwörth* vom 8. Juli 1848.
[329] J. E. W. E. von Massow: *Ideen zur Verbesserung,* p. 135.
[330] Bayerisches Hauptstaatsarchiv München, M. Inn. 65599.

eine ‚Lesegesellschaft', in der die üblichen illustrierten Zeitschriften zirkulierten."[331] Lektürkabinette unterscheiden sich also in wesentlichen Punkten von Leihbibliotheken: sie sind für Angehörige der gehobenen Klassen bestimmt[332], sie behalten die Lesestoffe – zumeist Periodika – an Ort und Stelle, und sie pflegen gesellschaftliche Kontakte. Für populäre Lesestoffe war im „Museum" kein Platz. Der Bauer oder Arbeiter hatte keinen Zutritt zu den Lesezimmern – er hätte sich dort auch nicht wohlgefühlt. Nur selten übernahmen solche Institutionen Aufgaben im Bereich der Volksbildung.

„Populäre" Bibliotheken

Die Idee einer Bauern- oder Dorfbibliothek gehörte zu den fortschrittlichsten Plänen der Volksaufklärer des 18. Jahrhunderts. Einem Georg Jakob Schäblen war sie schon in den siebziger Jahren vertraut[333]; ein größeres Echo fand freilich erst Heinrich Gottlieb Zerrenner im Jahre 1786: „Ich wünschte nämlich", so schreibt er, „auf eine nur dem Bauer nicht kostbar und beschwerlich werdende Art und Weise, ihm Gelegenheit zu verschaffen, manches gute und nützliche Buch, das für ihn geradezu geschrieben ist, zum Lesen in die Hände zu bringen." Die Leser und Wohltäter sollten kleine Beiträge zur Anschaffung von Büchern zahlen, der Pfarrer sich als Bibliothekar gebärden, der Lehrer als Vorleser: „Wenn dadurch nichts Gutes gestiftet werden sollte: so wüßte ich nicht, wie es zugehen sollte." In eine solche Büchersammlung wünschte sich Zerrenner Biblische Geschichten, Erbauungsbücher, Predigtsammlungen, Gebetbücher, Sittenbüchlein, Erziehungsschriften, praktische Ratgeber, Aberglaubens-Bekämpfungsmittel, ökonomische Lehrbücher, Gesetzes-Sammlungen, Gesundheitsführer – nur keine Unterhaltungsschriften.[334] Nun, Zerrenners Pläne schlugen, aus schon dargelegten Gründen, ebenso Löcher in die bildungsleere Luft wie die eines G. J. Schäblen oder eines Rudolph Zacharias Becker;[335] auch die idyllische Darstellung in Zerrenners Volksbuch von der Gründung einer solchen Bibliothek blieb eben Idylle.[336] Nach Revolution und napo-

[331] Robert Gradmann: Lebenserinnerungen. Ed. Karl Heinz Schröder. — Stuttgart 1965, p. 79–80. (Forchtenberg, um 1895).
[332] R. Braun: Sozialer und kultureller Wandel, p. 307.
[333] R. Schenda: G. J. Schäblen, p. 40, 46.
[334] H. G. Zerrenner: Volksaufklärung, p. 130–139.
[335] R. Z. Becker: Noth- und Hülfsbüchlein II. — Gotha 1799, p. 366.
[336] H. G. Zerrenner — J. Füchtner: Volksbuch I. — 1794, p. 61–69.

leonischen Wirren legten Schulmänner das Projekt unter dem Stichwort *Schulbüchersammlung* neu auf den grünen Tisch.[337] In Württemberg sollte schon 1808 in jeder katholischen Schule „eine kleine, aber gut gewählte Büchersammlung angelegt werden", dabei war man damals noch nathanisch-tolerant genug, auch die Anschaffung einiger protestantischer Erziehungsschriften in wohlwollende Erwägung zu ziehen. Die Schulbibliothek durfte auch von den Erwachsenen benutzt werden; man hätte sie also mit doppeltem Recht eine Simultanbibliothek heißen dürfen. Eine jährliche Ausgabe von 6 bis 12 Gulden schien zugunsten einer solchen nützlichen Büchersammlung für Pfarrer und Gemeinde zumutbar. Verständlicherweise rührte sich auf dem Lande ein Jahrzehnt lang kaum etwas; der Katholische Geistliche Rat sah sich also 1816 veranlaßt zu mahnen: „Da nunmehr ruhigere Zeiten eingetreten sind, muß auf Anlegung derselben ernstlich Bedacht genommen werden", hieß es jetzt, und an die Pfarrer ging der Befehl, jährlich das Verzeichnis ihrer Büchersammlung an das Schul-Inspektorat einzusenden.[338]

Bemerkenswert ist auch der Eifer, mit dem sich Heinrich Stephani für die Gründung von „Dorfbibliotheken" einsetzte: „Die Grundmasse jeder Nazion, die produzirende Klasse von Bürgern lebt ihrer Bestimmung wegen auf dem Lande umher zerstreut, und abgeschnitten von allen Gelegenheiten, die der Städter hat, seinen Geist zu bereichern. Wer wagt es zu läugnen, daß auch der Geist des Landmannes Bedürfnisse hat? [...] Dorfbibliotheken müssen also angelegt werden, in welchen jeder Landbewohner nützliche Bücher findet, die ihn nicht nur in Stand setzen, sich alles anzueignen, was seine allgemeine menschliche und bürgerliche Bildung erweitern kann, sondern auch die für seinen Stand geeigneten Kenntnisse zu vermehren."[339] Stephani geht, wie die württembergischen Schulbehörden, von der zwar fortschrittlichen, aber zu unrealistischen Voraussetzung aus, daß der Bauer, dieses Rückgrat der Nation, mit einem lesefähigen Kopf ausgerüstet sei; die Dorfbibliothek hätte aber nur Erfolg haben können, wenn auch die Lese- und fortgeschrittene Schulbildung in entsprechendem Maße gefördert worden wären. Von einer konzertierten Bildungsaktion konnte jedoch in der ersten Hälfte des Jahrhunderts und vor allem auf dem Lande noch keine Rede sein.

---

[337] T. Eisenlohr: *Sammlung der württembergischen Schul-Geseze*, p. 157–159: *Allgemeine Verordnung, die kathol. Elementarschulen im Königreich Württemberg betr.* vom 10. Sept. 1808. Neunter Abschnitt: *Von der Schulbüchersammlung.*

[338] Ibid. p. 329. Als Leitfäden wurden empfohlen „Ziegenbein's *Handbibliothek für die Schullehrer*, und Natorps *Kleine Schulbibliothek*, 4te Auflage", die beide ein kleines Schriftenverzeichnis enthielten.

[339] H. Stephani: *System der öffentlichen Erziehung*, ²1813, p. 168–188.

Die Pläne Karl Preuskers, der in den dreißiger und vierziger Jahren die immer noch eselsträge Bücherei-Idee vorwärtstrieb, waren also nicht ganz neu – neu war nur die Tatsache, daß der Rentamtmann trotz mancher Fehlschläge seine Pläne konsequent verfolgte und nach vielen Mühen auch hie und da durchsetzte – allerdings nicht auf dem Lande, sondern im städtisch-bürgerlichen Milieu.[340] Die 1828 gegründete Stadtbibliothek von Großenhain wurde von den Zeitgenossen stark beachtet und allerorten gelobt.[341] Das gelungene Experiment ermutigte Preusker zu mehreren theoretischen Arbeiten[342], welche der Bibliotheks-Idee endlich, in den vierziger Jahren, zum Siege verhalfen. „Allgemein hat man die Ueberzeugung gewonnen, daß die Errichtung von Volksbibliotheken eine segensreiche Einwirkung auf das sittliche, wie materielle Wohl des Volkes hat. Von sehr vielen Männern, die für das Gedeihen ihrer Mitmenschen Sinn und ein warmes Herz haben, wird deßhalb in neuester Zeit die Anlegung von Gemeinde- oder Volksbibliotheken erstrebt", schrieb ein Herr Ludwig im Jahre 1847, und er schlug folgende Hauptabteilungen für eine solche Bibliothek vor:

1. Naturwissenschaft,

2. Haus- und Landwirtschaft, Technologie,

3. Erd- und Reisebeschreibungen,

4. Geschichte und Biographien,

5. Schriften über Religion und Erziehung,

6. Gesundheitskunde,

7. Schriften verschiedenen Inhalts zur Unterhaltung und Belehrung,

8. Periodische Schriften und Kalender.[343]

Ein Jahr später entstand in Frankreich in der Buchproduktionsindustrie das phantastische Projekt, in jeder der 37 085 französischen Gemeinden eine Gemeindebibliothek von 80 Bänden einzurichten. Der Staat hätte die Kosten für die geplanten 2. 698. 040 Bücher tragen sollen.[344] Vernünftiger waren die Gedanken, die sich F. W. S. H. Walther über die Begründung von Dorf-Schulbibliotheken machte[345], streng und exakt die 1850 von Georg

[340] K. Preusker: Selbstbiographie, p. 216–219.
[341] Ibid. p. 150–155. — K. Preusker: Die Stadt-Bibliothek in Großenhain nach Gründung, Verwaltung und Besitzthum geschildert. — Großenhain 1833, ⁴1847, ⁵1853, ⁶1865.
[342] Cf. K. Preusker: Andeutungen.
[343] Ludwig: Wegweiser. (Ein Exemplar findet sich in der Stadtbibliothek Mainz).
[344] P. Chauvet: Les Ouvriers du livre, p. 184. Nach einem Dossier S in den Archives Nationales, Paris, BB 30. 321.
[345] F. W. S. H. Walther: Die Begründung von Dorf-Schulbibliotheken. — Magdeburg 1843.

Wilhelm Hopf vorgelegten Forderungen und Buch-Empfehlungen.[346] England und die Vereinigten Staaten leuchteten mit ihrem rasch wachsenden Public-Library-Wesen als Vorbilder.[347] So konnten denn in den fünfziger Jahren die einschlägigen Blätter voll Stolz von den zahlreichen neugegründeten Volks-, Dorf- oder Schulbibliotheken berichten.[348] Daß dabei private Initiative und selbstloser Idealismus die führende Rolle spielten, zeigt sich auch an der 1863 in Mulhouse von Jean Macé gegründeten *Société des Bibliothèques Communales du Haut-Rhin,* welche die Einrichtung von Gemeindebibliotheken im Oberelsaß stimulieren wollte, sei es durch Geldspenden oder auch nur mit guten Ratschlägen.[349] Das Innenministerium gab zwar seine Einwilligung zur Gründung der Gemeindebibliotheken-Gesellschaft, fügte aber in einem Schreiben an den Präfekten des Département Haut-Rhin vom 15. Dezember 1863 drohend hinzu: „Quant aux Bibliothèques Communales, il est bien entendu, d'une part, qu'elles ne seront fondées qu'après une autorisation spéciale du Gouvernment et que, d'autre part, votre administration veillera à ce qu'elles ne soient pas détournées de leur but et à ce qu'on ne les fasse pas servir à une arrière-pensée de propagande politique ou religieuse." Schon im April 1864 besaß etwa die Bibliothek von Sundhoffen, die am 15. November 1863 eröffnet worden war, 177 Bände. 122 Familien hatten in dieser Zeit insgesamt 1200 Bücher ausgeliehen – jede Familie also durchschnittlich zehn! Dornach, eine Arbeitergemeinde, besaß 800 Bände und 94 eingeschriebene Namen. 80 Leser, davon 26 weibliche, hatten insgesamt 769 Bände ausgeliehen; 100–110 Bände waren ständig in Umlauf. Die Bibliothek von Beaucourt besaß ebenfalls 800 Bände. In Mülhausen wurden vom 1. Januar bis zum 13. März 661 Bände an 112 verschiedene Personen ausgeliehen. Im Weiler Grandtrait hatte der Bibliothekar, ein Bauer, alle 26 Bände seiner Bibliothek im Umlauf!

Doch am 18. Juni 1864 sah sich der Direktor des Presseamtes im Innenministerium bereits genötigt, in einem Rundschreiben an alle Präfekten, folgende Angaben in bezug auf die Gemeindebibliotheks-Gesellschaften zu erbitten:

1° s'il existe une ou plusieurs associations de ce genre dans votre département.
2° comment sont composés les Comités dirigeants.
3° Quels sont les antécédents politiques des membres de ces Comités.

---

[346] G. W. Hopf: *Jugendschriften,* sp. p. 18–19.
[347] Apel: *Die Verbreitung guten Lesestoffs,* p. 9–10.
[348] Cf. H. Frischbier: *Geschichtliche Nachrichten.* — Centralblatt II, 1858, p. 82–86.
[349] J. Lefftz: *Die gelehrten und literarischen Gesellschaften,* p. 227–228.

4° Quelle est la nature des ouvrages dont la publication a été encouragée; enfin, quelle est l'étendue des opérations de la société.[350]

In jeder volksbildenden Bewegung witterte der Staat Verrat, politische Opposition und im Elsaß speziell separatistische oder progermanische Revolution. Trotzdem hatte die Gemeindebibliotheks-Gesellschaft am Hochrhein Erfolg: der Bibliothekskatalog von Mulhouse aus dem Jahre 1864 nennt über 1500 Bände.[351] Und auch die kleinen Städte ließen Kataloge ihrer „Bibliothèque populaire" drucken: 1866 erschien der von Thann und, in zweiter Auflage, der von Altkirch.[352] Die Bibliothek von Beblenheim besaß 1366 Werke.[353]

Über den Erfolg populärer Bibliotheken in anderen Landstrichen liegen meist deprimierende Meldungen vor. Zunächst ist festzuhalten, daß die Bibliotheksgründungen keineswegs angloamerikanische Ausmaße annahmen. Von hunderttausend Büchern in einer Stadtbibliothek oder drei Ausleihen jährlich pro Kopf einer Stadtbevölkerung[354] konnte nirgends die Rede sein: selbst das fortschrittliche Sachsen besaß 1876 in 196, auf 166 Ortschaften verteilten, Volksbibliotheken nur 72 475 Bände. Durch staatliche Zuschüsse konnte allerdings die Zahl der sächsischen Büchereien bis 1893 auf 1065 erhöht werden. Allgemein war in Deutschland das öffentliche Interesse gering genug, daß man vergaß, irgendeine Statistik über solche Institutionen zusammenzustellen.[355] „Was jetzt von Staaten und Kommunen geschieht, ist nach den zugänglichen Nachrichten herzlich wenig", konstatierte Pastor Apel im Jahre 1896.[356] Wilhelm Bubes Vorschläge zur Einrichtung von Dorfbibliotheken (aus demselben Jahre)[357] zeigen, wie notwendig es immer noch war – hundert Jahre nach Zerrenner –, die

---

[350] Archives Départementales Haut-Rhin, Colmar, 1. T. 467.
[351] *Catalogue de la Bibliothèque Littéraire de Mulhouse.* — Mulhouse: P. Baret et fils 1864. 43 p. — Die Bibliothek enthielt 70 deutsche Titel, hauptsächlich von Maria Nathusius, aber auch von W. O. von Horn, A. von Tromlitz, F. Bremer, O. Wildermuth, F. W. Hackländer und C. F. van der Velde. Unter den französischen Autoren waren besonders beliebt: Edmont About, Gustave Aimard, Émile Augier, Henri Conscience, Victor Cousin, L. Figuier, Madame Émile de Girardin, Alphonse Karr, Xavier Marmier, Jules Michelet, Georges Sand, Émile Souvestre.
[352] Druckanzeigen von P. Baret, Mulhouse und J. Boehrer, Altkirch. Archives Départementales Haut-Rhin, Colmar, 1. T. 446. — Zur Entwicklung französischer Volksbibliotheken cf. E. Reyer: *Entwicklung und Organisation*, p. 66–68. — E. Reyer: *Fortschritte der volkstümlichen Bibliotheken*, p. 53–66 *(Die städtischen Volksbibliotheken in Paris)*.
[353] J. Lefftz: *Die gelehrten und literarischen Gesellschaften*, p. 228.
[354] Apel: *Die Verbreitung guten Lesestoffs*, p. 10–11 (Statistiken für England und Nordamerika). Nach E. Reyer: *Entwicklung und Organisation der Volksbibliotheken*.
[355] Cf. dagegen die Arbeiten des Österreichers E. Reyer.
[356] Apel: *Die Verbreitung*, p. 11–12. — E. Reyer: *Entwicklung*, p. 10.
[357] W. Bube: *Die ländliche Volks-Bibliothek*, 1896. Man beachte den Erfolg dieses Buches und die stark erweiterte 7. Auflage im Jahre 1913.

Verantwortlichen zur Aktivität anzuregen. Von Seiten des Publikums fanden die vorhandenen Einrichtungen gleichfalls nur marginales Interesse – will man von den Protesten kirchlicher Kreise gegen die liberalen Lesehallen absehen.[358] Es mochte im Altwürttembergischen, einem lesefreudigen Gebiet, vorkommen, daß in der Wintersaison „selbst in den kleinen Orten mit 120 Familien wöchentlich 120 Bücher geholt" wurden.[359] Insgesamt gesehen hatten jedoch die Volksbibliotheken vor der Jahrhundertwende nicht den Erfolg, den ihnen die Volkspädagogen gewünscht hätten.[360] Erst das 20. Jahrhundert brachte, wie aus den liberal vorantreibenden Arbeiten Eduard Reyers ersichtlich, entscheidende Fortschritte.[361] Die Schuld für dieses Versagen schrieb man selbstverständlich nicht dem ein Jahrhundert lang wirksam gewesenen staatlichen Mißtrauen zu – zum Sündenbock machte man vielmehr, wie noch zu zeigen sein wird, den Kolporteur[362], dessen billige und durchaus attraktivere Ware mehr Liebhaber fand als das gepflegte, steife, anständige Kleidung und weiße Westen heischende Stadtbibliotheksgebäude – von solchen leserpsychologischen Aspekten, die leider unerkannt blieben, wird noch die Rede sein. Eines muß man freilich den Volkspädagogen zugestehen: daß sie bei allen Niederlagen, für die sie nur zum Teil verantwortlich waren, sich immer wieder etwas Neues einfallen ließen, um das Lesevolk in die Falle der sauberen Lesebildung zu locken. Dieser Kampf der „sittlichen" und „moralischen" Kräfte mit den „unsittlichen" Lesekräften des Volkes – ein Schattengefecht, das seit dem 15. Jahrhundert zu keinem befriedigenden Ergebnis gelangt ist – hat etwas Pathetisches an sich, weil es darin von Mißverständnissen, Lügen und Hinterhalten wimmelt wie in einem Schauerroman.[363] In diesem ergebnislosen Duell sekundieren der „guten" Partei zahlreiche Volksschriftenvereine. Ihre Geschichte verdient eine kurze Beschreibung.

---

[358] U. von Hassel: *Deutsche Zeitschriften*, p. 26–37.
[359] Albert Gmelin: *Ein Beitrag zur Kunde des Schwabenvolks.* — In: *Monatsschrift für Pastoraltheologie* VII, 1912, p. 63–73, 89–104, sp. 99.
[360] Selbst das fortschrittliche Berlin stellte zwischen 1880 und 1890 ein Absinken der Leser- und Ausleihziffern fest. A. Buchholtz: *Die Volksbibliotheken*, p. 47.
[361] Cf. die Bücher von E. Reyer. — A. Buchholtz: *Die Volksbibliotheken* (aufsteigende Tendenz ab 1892). — Eine gewisse Neuentwicklung zeigt auch der *Ratgeber für schwäbische Volksbüchereien. Im Auftrag des Vereins für ländliche Wohlfahrtspflege in Württemberg und Hohenzollern herausgegeben von* Otto Wilhelm. — Heilbronn 1913. 174 p. Hier findet man keine Gumpert mehr und keine Schoppe; Barth ist — beachtlicherweise — ebenso abgeschafft wie Zschokke, Franz Hoffmann und Körber — andere Oldtimer halten sich dagegen rüstig und zäh. Der Katalog wäre eine eigene Studie wert.
[362] T. Kellen: *Der Massenvertrieb*, p. 98. — Apel: *Die Verbreitung guten Lesestoffs*, p. 3.
[363] Cf. E. Reyer: *Fortschritte der volkstümlichen Bibliotheken*, p. 109–112 (*Dr. Emil Reichs Reform-Bestrebungen*).

Volksschriftenvereine

Bei dem stets wachsenden Angebot der freien Druckereien und Verlage bestand, so schien es, die Gefahr, daß die ungebildeten Leserschichten ungeeignete Schriften in die Hände bekamen. Um einerseits diese „Mißbräuche" zu vermeiden, anderseits das Volk durch gewisse Lektüren zu beeinflussen – sei es aufklärerisch-praktisch-nützlich oder kirchlich-konservativ-fromm –, wurden Vereine gegründet, welche sich zur Aufgabe stellten, möglichst billige, aber „gute" Volksschriften in möglichst großer Zahl zu verbreiten. In Bayern ging man mit mehr Zwang als Schwung an dieses Geschäft, als im Jahre 1830 zu München ein Verein zur Verbreitung guter Bücher entstand: Das Unternehmen wurde nicht ohne Druck von kirchlicher Seite propagiert. So verschickte etwa der damalige Bischof von Würzburg, Friedrich von Gross, am 13. August 1830 drei verschiedene gedruckte *Einladungen* zur gefälligen Teilnahme an dem genannten Bücherverein an alle Pfarreien seiner Diözese. „Einladung" war in diesem Falle Verpflichtung: jeder Pfarrer hatte halbjährlich über die Erfolge seiner Abonnentenwerbung an das Dekanat, jedes Dekanat wiederum an das bischöfliche Ordinariat Bericht zu erstatten, wobei sich von Gross die Abrechnung etwa so vorstellte:

Dekanat Alzenau

Pfarrei	Monatlicher Beitrag	detto	detto	Summa per Monat
Alzenau	à 30 kr. von 10 Abonnenten	12 kr. von 8 Abonn.	6 kr. von 5 Abon.	7 fl. 6 kr.
Ernstkirchen	à 15 kr. von 8	10 kr. von 4 Abon.	6 kr. von 6 Abon.	3 fl. 16 kr.[364]

Das für die Büchergesellschaft lukrative System hatte den Zweck, den Lesestoff-Vertrieb unter strenger Kontrolle zu halten und den freien Buchhandel radikal auszuschalten. Die Kritik der süddeutschen Buchhändler fiel entsprechend herb aus, sie sprach mit Recht von einem „exorbitanten Monopol".[365]

---

[364] Bayerisches Hauptstaatsarchiv München, M. Inn. 25117. Cf. auch die Akten über den Katholischen Bücherverein München, 1856–1857, ibid. M. Inn. 46091.
[365] *Süddeutsche Buchhändler-Zeitung* I, Stuttgart 1838, p. 333–334.

Zehn Jahre später begann ein wahrer Volksschriften-Boom, in welchem kirchliche, pädagogische, buchgeschäftstüchtige, idealistische und uneigennützige Kräfte zusammenwirkten. So entstand 1841 der *Zwickauer Volksschriftenverein*, gegründet von Karl Preusker.[366] Dieser Verein zur Verbreitung guter und wohlfeiler Volksschriften zählte im Jahre 1844 bereits 310 Zweigvereine mit 8690 Mitgliedern und hatte bis dahin 112 222 Exemplare Volksschriften verkauft oder verschenkt.[367] Ein Jahr später zählte er 355 Zweigvereine und 10 000 Mitglieder in 2000 verschiedenen Orten mit einem jährlichen Büchlein-Umsatz von etwa 35 000 Exemplaren.[368] 1847 beliefen sich die Ziffern für Zweigvereine und Mitglieder auf 440 beziehungsweise 12 000. Als Mitgliedsbeitrag zahlte man 15 Ngr.[369]

1843 entstand der Württembergische Volksschriftenverein, „welcher sich die Aufgabe setzt, gute und gemeinnützige Bücher unter dem Volke zu verbreiten, und zu diesem Zweck schon vorhandene Volksschriften in Masse aufkaufen, die Herausgabe neuer und Wiederauflegung älterer veranstalten, und diese Schriften in möglichst wohlfeilen Preisen unter das Volk bringen will."[370] In seinen ersten drei Jahren hatte der Verein 63 Agenturen in Württemberg errichtet – in Oberschwaben jedoch nur einzelne Posten – und 1752 Beiträge zahlende Mitglieder gewonnen, darunter 300 Lesegesellschaften und Schulfonds. Vor allem die protestantischen Pfarrer und Lehrer von Göppingen, Reutlingen, Ludwigsburg, Blaubeuren, Nagold, Heidenheim, Ulm und Besigheim waren sehr aktiv gewesen, hatten Mitglieder geworben und die Bestseller des Vereins verkauft:

Warnung und Belehrung über Auswanderung	6000	Exemplare
Auszüge aus Luthers Schriften	4000	
Der Bauernkrieg von Dieterich[371]	4450	
Conrad Wiederhold und der 30jährige Krieg[372]	4000	
Vater Richard, der Weg zum Reichtum[373]	3250	Ex.

In diesen Schriften herrschte „der einfache lautere Sinn für Wahrheit, Sitte und Ordnung, der Geist der Vaterlandsliebe und eines gemeinnützi-

---

[366] G. K. Schauer: *Der deutsche Buchhandel*, col. 1469. — H. Schwerdt: *Der Zwickauer Verein*.

[367] W. Löbe: *Geschichtliche Notizen, p. 71.*

[368] Ibid. p. 71. — G. K. Schauer: *Der deutsche Buchhandel*, col. 1469.

[369] W. Löbe: *Geschichtliche Notizen, p. 72.*

[370] *Württembergische Jahrbücher für vaterländische Geschichte, Geographie, Statistik und Topographie* 1843/1. — Stuttgart und Tübingen 1845, p. 51–52.

[371] Karl Dieterich: *Der Bauernkrieg im Jahr 1525.* — Eßlingen 1840. Ulm ²1844.

[372] Karl Dieterich: *Conrad Wiederhold und der 30jährige Krieg.* — Ulm 1844.

[373] Die in Deutschland und Frankreich in Übersetzungen zahlreich verbreitete Schrift von Benjamin Franklin: *The Way to Wealth, or, Poor Richard Improved* (1758).

gen Zusammenwirkens".[374] Im Jahre 1846 hatte der Verein 35 verschiedene Volksschriften teils angekauft, teils im Selbstverlag herausgegeben und 57 478 Exemplare abgesetzt, so etwa

Die deutschen Auswanderer	8000 Ex.
Will, der Obstzüchter	4500
Luthers Leben	2700
Vater Gottfried[375]	2000 Ex.

Niemand hätte da von einem großen Erfolg sprechen können, aber die Vereinsvorstände, Oberstudienrat Kapff in Reutlingen und Pfarrer E. Süskind in Suppingen, blieben Optimisten: „Das Volk will am liebsten solche Schriften, welche Zeit- und Lebensfragen zu ihrem Vorwurf haben, solche, welche die vornehmsten Angelegenheiten, von denen ein größerer oder kleinerer Kreis berührt wird, in lebendiger anschaulicher Erzählung auffassen und darstellen, und so mittelst geschichtlicher Anschauung die Wißbegierde befriedigen, das Gemüth anfassen und die Erfahrung erweitern."[376]

Förderung geistiger Beschäftigung, sittliche Hebung, Erweckung gesunden Gemeingeistes und edler Vaterlandsliebe versprach man sich durch die Verbreitung der Lesestoffe. „Das materielistische [sic] egoistische Treiben der Zeit, und die tief eingefressene Corruption fordert gebieterisch die entschiedenste Gegenwirkung." Landleute, Handwerker, Gesellen, Lehrjungen, Dienstboten und Schüler hätten die Abnehmer der Büchlein sein sollen; man dachte auch an so günstige Verteil-Gelegenheiten wie Schulentlassungen, und „So hat z. B. ein vaterländischer Geistlicher behufs der Confirmation zur Austheilung an seine Confirmanden von uns 100 Ex. *Luthers Leben* bezogen." *Will der Obstzüchter* fand Verbreitung durch die landwirtschaftlichen Bezirksvereine.[377] Durch die Publikationen des Württembergischen Volksschriftenvereins wurden also neue Lesestoffkonsumenten entdeckt.

---

[374] *Rechenschafts-Bericht des Württembergischen Volksschriften-Vereins für das Jahr 1844–45.*

[375] Karl Dieterich: *Vater Gottfried, oder die schwere Kunst, Kinder zu erziehen. Eine Volksschrift.* — Ulm 1842, ²1844. Der Verfasser der drei hier genannten Büchlein war protestantischer Pfarrer.

[376] *Württembergischer Volksschriften-Verein. Rechenschafts-Bericht des Ausschusses über die Verwaltungsperiode 1843–46.* 8 p.

[377] Ibid. p. 3–5.

Ferner wurden begründet:

1844 der *Norddeutsche Volksschriftenverein* durch Otto Ruppius, den späteren *Gartenlauben*-Autor.[378]

1844 ein *Verein für Verbreitung nützlicher Kenntnisse in dem Gebiete der Naturwissenschaften, der Technik und der Wirtschaftslehre,* durch den Kronprinzen von Bayern. Er wollte „Denjenigen, welchen zum Ankauf von Büchern zu gewöhnlichen Preisen die Mittel fehlen, in den Stand setzen, sich in den genannten Fächern tüchtige Kenntnisse zu verschaffen". Der Mitgliedsbeitrag betrug jedoch nicht weniger als sieben Gulden jährlich.[379]

1844 der *Zschokke-Verein* in Magdeburg, der 1847 bei 470 Mitgliedern 16 000 Bände ausgegeben hatte.[380]

1845 in Berlin ein *Verein zur Hebung und Förderung der norddeutschen Volksliteratur.*[381]

1844/45 der *Borromäus-Verein* in Bonn zur „Förderung von Geistes- und Herzensbildung auf katholischer Grundlage durch Verbreitung guter Bücher" – der einzige Volksschriftenverein, der noch heute floriert.[382]

1847 in Berlin ein *Allgemeiner deutscher Volksschriftenverein und -Verlag* unter Leitung von M. Simion und J. Springer, auf Aktien (!), „der aber wenig Lebenskraft zeigte".[383]

Und außerdem wirkten in diesen vierziger Jahren der *Badische Volksschriftenverein,* die *Traktatgesellschaft* in Barmen, die *Evangelische Missionsgesellschaft* in Basel, die *Niedersächsische Gesellschaft zur Verbreitung christlicher Erbauungsschriften* in Hamburg und der *Hauptverein für christliche Erbauungsschriften in den preußischen Staaten* in Berlin.[384]

In Frankreich existierte in den fünfziger Jahren ebenfalls eine schöne Reihe von meist religiösen Volksschriftenvereinen, wie die

Société des bons livres, Paris (seit 1824),
Société évangélique, Paris,
Société des livres religieux, Toulouse,
Société reproductive des bons livres, Paris,
Société de Saint-Victor, Plancy,
Société des traités religieux, Paris[385], und die
Société des livres utiles.[386]

---

[378] Besprechung der ersten drei Bände seiner *Volksbücher* in A. Merget: *Versuch einer Charakteristik,* p. 380–389. — Über O. Ruppius (1819—1864) ibid. p. 377–378.
[379] W. Löbe: *Geschichtliche Notizen,* p. 70.
[380] Ibid. p. 72.
[381] Ibid. p. 71. — K. Bernhardi: *Wegweiser,* p. 5–6, num. 43–46.
[382] *Lexikon für Theologie und Kirche* II, 1958, col. 613–614 (mit Bibliographie).
[383] E. Berger: *Der deutsche Buchhandel 1815–1867,* p. 146. — K. Bernhardi: *Wegweiser,* p. 5, num. 29–42.
[384] K. Bernhardi: *Wegweiser,* p. 4–9.

1864 wurde in Colmar die katholisch orientierte *Société alsacienne pour l'amélioration et la propagation des publications françaises et allemandes* ins Leben gerufen. In einem Katalog führt sie 559 französische und 375 deutsche Werke auf, unter welch letzteren Autoren wie Auerbach, Herchenbach[387] und Schmid reichlich vertreten waren. 1868 hatte der Verein Wanderbibliotheken in 48 oberelsässischen Gemeinden zirkulieren lassen.[388]

Erfolg hatten von allen diesen Instituten nur die katholischen Büchervereine. Der durch Reskript vom 5. März 1830 durch Ludwig I. von Bayern genehmigte *Katholische Bücherverein* in München besaß schon 1831 einen Fonds von 21 427 fl. – damit konnte kein anderer Verein konkurrieren. Über die – wie gezeigt, zwangsaktiven – Pfarrämter bekam der Bücherverein bald den Großteil des blühenden Erbauungsschriften-Handels in seine Kontrolle. Seine Niederlage in der Redemptoristenkirche in Altötting war größer als die Aszetik-Abteilung irgendeiner bayerischen Buchhandlung. Die Buchhändler sahen sich daher wirtschaftlich geschädigt und baten den König, „daß der katholische Bücherverein als Buchhandlungsinstitut aufgehoben oder wenigstens auf der Gratis-Abgabe von Büchern an seine Mitglieder beschränkt werde". Unterzeichnet war die Bittschrift von 52 Buchhändlern aus München, Augsburg, Landshut, Straubing, Passau, Regensburg, Neuburg, Eichstätt, Nördlingen, Nürnberg, Bayreuth, Bamberg, Würzburg, Aschaffenburg, Kempten und Lindau. Erst am 16. Juli 1849 wurde der Streit durch ein gegenseitiges Abkommen beigelegt.[389]

---

[385] Nach dem *Catalogue Général* 1858. — Cf. A. Schnütgen: *Das Buch im Weltanschauungskampf.*

[386] *Société des Livres Utiles. Son but et son organisation.* — Paris: Blériot et E. Maillet 1867. 16 p. — „La Société se propose de provoquer et de faciliter la publication de petits traités de 10 à 50 centimes exposant, en style simple, les notions que tout le monde a intérêt à connaître: par exemple les notions élémentaires d'hygiène, d'économie sociale et des sciences au point de vue de l'industrie, etc. Ces petits livres raconteront aussi la vie des hommes utiles et de ceux qui se sont élevés par eux-mêmes, ou qui ont contribué au progrès de l'humanité: ils ne créeront pas de demi-savants; mais ils aideront le paysan et l'ouvrier à comprendre ce qui se passe autour d'eux dans l'ordre économique comme dans l'ordre physique; enfin, ils lui apprendront à se rendre compte des conditions de la vie sociale." — Man beachte die Sammlung Z. 60.891 in der B. N. Paris. Der aktivste Mann der Gesellschaft war E.-A. de L'Étang, der auch alle Heftchen aus dem Englischen übersetzte. Cf. auch seine Schriften *Le Colportage*, 1865 und *Des Livres utiles et du colportage,* 1866.

[387] Wilhelm Herchenbach (1818–1889), Lehrer in Düsseldorf. Cf. W. Kosch: *Das Katholische Deutschland* I, col. 1523–1524. — Über den Erfolg der französischen Übersetzungen unterrichtet der *Catalogue Général* der BN Paris 70, 1919, col. 1133–1137.

[388] J. Lefftz: *Die gelehrten und literarischen Gesellschaften,* p. 229. — Über die schweizerischen Vereine schreibt (wenig) T. Kellen: *Der Massenvertrieb,* p. 96.

[389] *Bayerisches Hauptstaatsarchiv München,* M H 5279.

Bemerkenswerterweise haben die Buchhändler nur selten auf diese Weise protestiert.[390] Der Absatz von einigen hunderttausend Büchlein durch die Vereine bedeutete offenbar keine wesentliche Gefahr für die Millionen-produktion der großen Verlage, die zudem ein zumeist anderes Programm anbieten konnten: die große Zeit der Erbauungs- und Belehrungsschriften war vorbei. Wer mit der revolutionären Zeit ging, der produzierte Unter-haltungsschriften, illustrierte Periodika und Sensationsnachrichten für das neue Proletariat; wer nach 1848 hellhörig war, der schwenkte auf die libe-rale, das heißt, antiaristokratische und antiklerikale Modelinie um – wer fragte da noch nach „guten Schriften"? Kurz: Die Volksschriftenvereine konnten höchstens mit ihren praktischen Heftchen – über Auswanderung oder Gartenbau – und patriotisch-historischen Geschichten – Bauernkrieg und Dreißigjähriger Krieg – Erfolg haben, im übrigen waren sie nicht kon-kurrenzfähig, weil sie zu hohe ideelle Ansprüche stellten: das „Volk" hatte andere Gelüste.

„Habgierige und gewissenlose Menschen, einige Verleger und die Mehr-zahl der Kolporteure, treiben mit der im Volke vorhandenen Lesesucht den ärgsten Mißbrauch, sie drängen ihm schlechte und immer schlechtere Schrif-ten auf, sie wenden sich, um einen desto größeren Gewinn zu erzielen, an alle niedrigen Neigungen des Menschen und verstärken dieselben dadurch in für das Volkswohl wahrhaft bedrohlichem Maße."[391] So einseitig, eher vom Neid angenagt als vom Gewissen angestoßen, hätte Heinrich Fränkel nicht die Verleger belasten sollen. Wäre es, am Ende des Jahrhunderts, nach Restauration, jungdeutscher Opposition, industrieller und politischer Re-volution, kommunistischem Manifest, Dänen- und Franzosenkrieg, Reichs-gründung und Kulturkampf, Liberalismus und Sozialdemokratie nicht an der Zeit gewesen, das uralte Verdammungsklischee aufzugeben und nach den geheimen und offenbaren Wünschen der Leser zu fragen, welche diese gesamte Entwicklung miterlebt und miterfahren hatten und eine Literatur forderten, die ebenso rapide, revolutionär, kriegerisch, liberal, patriotisch, raschlebig war wie ihre Zeit und die gleichzeitig das Antidot gegen diese Entwicklung bot, nämlich Romantik, Idylle, Entspannung, Erotik, Exotik und Beharrung? Nichts von alledem. Fränkel schwärmte weiter von der „sittlichen und geistigen Hebung des Volkes", verdammte die Volks- und Leihbibliotheken, verfluchte die Kolporteure, schmähte die Romane und – begründete 1889 den *Verein zur Massenverbreitung guter Schriften*, der

[390] G. K. Schauer: *Der deutsche Buchhandel*, col. 1469 verweist auf *Börsenblatt* 1839, col. 649; 1841, col. 707 und auf F. Schulze: *Der deutsche Buchhandel*, p. 151.
[391] H. Fränkel: *Ein neuer Weg*, p. 9.

Werke von Kleist, Hebel, Zschokke, Hauff, Auerbach, J. J. Engel[392], Gotthelf, K. von Holtei[393], Freytag, H. Schaumberger[394], Rosegger, Anzengruber, Ganghofer, Dickens, Bret Harte und Björnson „in Auflagen von vielen
Hunderttausenden oder mehr" „sehr wohlfeil" ins Volk schmuggeln
sollte.[395] Der Eifer des Vereins war umso bewundernswerter, als ein nüchterner Beobachter und Buchmarkt-Kenner einen sicheren Fehlschlag hätte
voraussagen können. Mit Abschluß des Jahres 1892 hatte der Verein, aus
5–6000 Mitgliedern bestehend, zwar 1 026 831 Zehnpfennig-Heftchen als
Gratis-Vertriebs- oder Agitationsmaterial verbraucht, aber weniger als
16 000 Bücher verkauft. „Dies ist jedenfalls ein bemerkenswertes Resultat", tröstet sich Tony Kellen, „aber der Verein hat doch nicht den Erfolg
gehabt, den man erwartet hatte, und in den letzten Jahren hat man nichts
mehr davon gehört."[396] Fehlgeschlagen war etwa auch der Versuch, einen,
wie es dem Verein schien, „passenden" Roman mit „idealer Tendenz"
und „realistischer Ausgestaltung" bei dem Romancier Max Kretzer in
Auftrag zu geben und mit 18 000 Mark(!) zu honorieren. Die drei Bände
Irrlichter und Gespenster[397] brachten die Bilanz nicht ins Gleichgewicht.
Und, was das Schlimmste war: „Einen Volksschriftsteller hat der Weimarer Verein nicht entdeckt".[398] Erst heute weiß man, bei wem Fränkel hätte
anklopfen sollen. Victor von Falk, Robert Kraft oder Karl May hätten
ihm den Millionen-Bestseller liefern können, und das Volk wäre durch diesen „Schmutz und Schund" keineswegs dümmer und unsittlicher und
ganz sicher nicht noch unpolitischer, patriotischer, kaisertreuer, untertäniger
und kriegslüsterner geworden – an der durch das ganze 19. Jahrhundert
bedingten deutschen Situation ließ sich durch solche Roman-Lappalien
schon nichts mehr verschlechtern. Im Gegenteil.

[392] Johann Jakob Engel (1741–1802). Cf. E. Friedrichs: *Literarische Lokalgrößen*, p. 80.
[393] Karl Eduard von Holtei (1798–1880). Cf. ibid. p. 146. — R. von Gottschall: *Die
deutsche Nationalliteratur* IV, p. 572–577.
[394] Heinrich Schaumberger (1843–1874). Cf. *ADB* 30, 1890, p. 641–643.
[395] H. Fränkel: *Ein neuer Weg*, p. 16–18.
[396] T. Kellen: *Der Massenvertrieb der Volksliteratur*, p. 93.
[397] M. Kretzer: *Irrlichter und Gespenter. Volksroman*. Bilderschmuck von Richard
Lotter und Hans W. Schmidt. I–III. — Weimar 1893. 489, 478, 408 p. Preis: gebunden
12.— Mark! ! — Über den Autor (1854–1941) cf. R. Wrede — H. von Reinfels: *Das
geistige Berlin* I. — Berlin 1897, p. 267. Seine Romane in C. G. Kayser: *Bücher-Lexicon*.
— R. von Gottschall: *Die deutsche Nationalliteratur* IV, p. 757–762.
[398] T. Kellen: *Der Massenvertrieb*, p. 94–95.

IV. KOLPORTEURE UND KOLPORTAGEBUCHHANDEL

Der karikierte Kolporteur

Das Äußere des Kolporteurs ist aus zeitgenössischen Graphiken bekannt. Der Bologneser Kupferstecher Giuseppe Maria Mitelli (1634–1718) zeigt uns im Jahre 1684 einen *Venditore di Stampe e d'Avvisi*.[1] Der Flugblatthändler trägt ein Plakat auf dem Kopf[2] mit der Inschrift „Compra chi vuole. Avisi di Guerra, Carte di Guerra, à buon mercato, à due bolognini l'una". Seine Drucke haben Titel wie *Avisi, Ritratto, Giornal, Nova, Foglietto,* und auf einer der Illustrationen stürzt ein Mann vom Roß. Diese kriegerischen Nachrichten entsetzen die Umstehenden; einer von ihnen ruft: „Non voglio udir più nove, nò, nò, nò", und ein anderer: „Siamo stuffi, via, via, stiam ben cosí". 1845 erschien im *Diable à Paris* eine Karikatur von Paul Gavarni mit einem Kolporteur-Ehepaar und der Unterschrift: „Le nom, la rue et les détails d'une jeune demoiselle de vingt-trois ans horriblement assassinée par un caporal qu'elle allait épouser au milieu du bois de Vincennes avec toutes les circonstances par un sou".[3]

Seit dem frühen 16. Jahrhundert agiert der Kolporteur als asozialer Landstreicher.[4] Er gilt, wie der Stich von Mitelli zeigt, als der Überbrin-

---

[1] Blatt aus der Sammlung Bertarelli, Milano. Abgebildet bei Achille Bertarelli: *Le incisioni di Giuseppe Maria Mitelli.* — Milano 1940, num. 198 und bei F. Novati: *La storia e la stampa,* p. 6. — Eine „Gravure de Burti, d'après J.-M. Mitelli" bei A. Bertarelli: *L'Imagerie populaire italienne,* p. 2 zeigt dagegen in realistischer Manier einen Knaben, der mit Heiligenbildern, illustrierten Flugblättern und Rosenkränzen handelt. Cf. ibid. p. 26 einen Stich von Jacques Callot (um 1614): *Le Marchand d'estampes.*

[2] Diese Art, für sein wandelndes Geschäft Reklame zu machen, war schon im 16. Jahrhundert gebräuchlich. Cf. die Radierung *Der Kramer mit der newe Zeittung,* 1558, im Cabinet des Estampes, BN Paris. Abbildung in: Mistler-Blaudez-Jacquemin: *Épinal et l'imagerie populaire,* p. 45. — Ein Gemälde im Musée National des Arts et Traditions Populaires, Paris, zeigt einen Kolporteur mit politischen Nachrichten aus dem Jahre 1623. Eine der Broschüren ist an seinen Hut gebunden. Abbildung bei P. Brochon: *Le Livre de colportage,* Schutzumschlag.

[3] Abbildung bei J.-M. Garnier: *Imagerie populaire à Chartres,* p. 286.

[4] Cf. *La Vie généreuse des mercelots, gueux et bohémiens, contenant leur façon de vivre, subtilitez et gergon.* — Lyon 1506. — Ed. Abel Chevalley. Paris 1925.

ger von Schreckensnachrichten. Ein Goldschmied, so schildert es die literarische Karikatur, fällt in Ohnmacht, als er die Kolporteure schreien hört: „Grand complot découvert!", aber in seiner Angst versteht: „Grand complot des couverts".[5] Der Kolporteur verkauft unzüchtiges Zeug – auch darüber ist sich die öffentliche Meinung seit Jahrhunderten einig –, Teufelszeug geradezu, und das trifft, wie aus Daniel Martins Sprachbüchlein von 1637 ersichtlich, für beide Seiten des Rheins zu.[6] Und als die Freunde des Comte de Caylus im 18. Jahrhundert eine Reihe von zeitsatirischen, zweideutigen und frechen Schriftchen herausgeben wollten, da gründeten sie kurzerhand eine imaginäre Académie des Colporteurs[7]: für die literarischen Herren war es gelegentlich schick, sich als Kollegen des zigeunerischen Buchhändlers zu gebärden. Und schließlich ist Charles Dickens' Mann mit einem Holzbein, der Balladenverkäufer Silas Wegg aus dem Roman *Our Mutual Friend*[8], „a man with a wooden leg – a literary man", wie der neureiche Bürger Boffin bewundernd, mit „hadmiration amounting to haw", ausrief, schließlich ist auch dieser literarische Kolporteur nur eine Karikatur.

Es gilt nun hier, diese Karikatur, so lebhaft und attraktiv sie in Graphik und Literatur gezeichnet sein mag, mit dem kunstlosen Stift des Historikers zu entzerren und ihr Züge zu verleihen, die der Wirklichkeit ein wenig näher kommen.

---

[5] *Encyclopédie comique*, 1803 (Schenda: *1000 FVB*, num. 321), p. 25: *L'orfèvre et le complot découvert.*

[6] Daniel Martin: *Parlement nouveau* [...]. — Strasbourg 1637, cap. 42: „Vom Hausieren", p. 382. Cit. von E. Martin in: *Jahrbuch für Geschichte, Sprache und Litteratur Elsass-Lothringens* XIII, 1897, p. 222: „Es seind noch andere die hin und wieder feyl herumtragen Calender, Nahmenbüchlein (livrets d'Abece), die wochentliche und extraordinari Zeitungen, Legenden und kleine Märleinbüchlein von Melusina, Maugis, von den vier Söhnen Aimonis, Gottfridt mit dem langen Zahn, Valentin und Orson, Wendunmuth, weltliche schandliche und unzüchtige Lieder, so vom unreinen geist dictirt werden, Gassenhawer (vaudeville), Bawren- und Hofflieder, Saufflieder, welche alle durch dess Engels aus dem Abgrund eingebung, denen zu nutz und gebrauch erdichtet und componirt werden, welche lust und lieb zu desselben dienst haben."

[7] Arthur Dinaux: *Les Sociétés badines, bachiques, littéraires et chantantes.* — Paris 1867, vol. I, p. 172–174. — *Mémoires de l'Académie des colporteurs.* In: *Oeuvres badines, complettes, du comte de Caylus;* quatrième partie. Tome dixième. — Amsterdam 1787, p. 171–392. Dort auch, p. 386–392, eine Kollektion von parodierten Anzeigen (affiches).

[8] Charles Dickens: *Our Mutual Friend* (1864), cap. V: *Boffin's Bower.*

Zur Vorgeschichte des Kolportagehandels

Die Pariser Kolporteure – im Jahre 1611 gab es 46[9] – schlossen sich, zur Wahrung ihrer Interessen, in einer Korporation zusammen, die 1635 bereits 50 Mitglieder umfaßte. Ein Polizei-Reglement vom 30. März 1635 schrieb ihnen vor, daß sie auf der Schulter ein Wappen tragen mußten und daß sie einer gedruckten Genehmigung durch die Stadt Paris bedurften.[10] Der erste Schritt zur Beaufsichtigung und Einschränkung des aufstrebenden Hausier-Buchhandels war damit getan, andere sollten folgen. In einer Regelung vom Jahre 1723, der sogenannten *Charte du Colportage,* wird den Kolporteuren – 1712 zählte man in Paris 120[11] – gestattet „de vendre et débiter par la ville de Paris et les faubourgs tous les livres ne dépassant pas 8 feuilles d'impression".[12] Acht Bogen – das waren 128 Seiten, ein Maximalumfang, der gerade für Romane und Erzählungen bis ins 19. Jahrhundert hinein ein Lieblingsumfang der Kolportageliteratur blieb. Die zweite Einschränkung dieser „Genehmigung" bezog sich auf den Aktionsradius der Kolportage-Korporation: sie hatte brav in Groß-Paris zu bleiben; Pariser Ideen konnten der Provinz höchstens schaden.[13] Dann aber ging es mit den Vorschriften weiter: Nach Artikel 69 der Charta von 1723 mußte der Kolporteur lesen und schreiben können;[14] das nicht etwa, um den Bildungsstand im Buchhandel zu heben, sondern um den Kolporteuren die bei Zensur-Kontrollen beliebte Ausrede abzuschneiden, „sie hätten nicht gewußt, was sie da verkauften". Der Artikel 70 bestimmte, daß vornehmlich die arbeitsunfähig gewordenen Buchdrucker, Buchhändler, Buchbinder und Typengießer als Kolporteure zuzulassen seien – Revolutionen waren von diesen nur noch halb rüstigen Bürgern nicht zu befürchten. Artikel 71 besagte, daß die Zahl der Kolporteure auf 120 beschränkt bleiben solle. Den acht ältesten unter ihnen waren Höfe und Säle des Palais als Verkaufsgebiet reserviert – der Palais Royal blieb bis ins 19. Jahrhundert ein Zentrum des populären Buchhandels. Den Kolporteuren war es nach Artikel 73 verboten, einen Laden zu eröffnen; sie durften auch nichts auf eigene Kosten drucken lassen. Artikel 76 schrieb vor, daß die Kolporteure

---

[9] P. Brochon: *Le Livre de colportage,* p. 12.
[10] H. Basset: *Le Colportage des imprimés,* p. 6.
[11] P. Brochon: *Le Livre de colportage,* p. 12.
[12] H. Basset: *Le Colportage des imprimés,* p. 7.
[13] Die Kollegen von Troyes hatten dagegen das Recht, ihre „Mercerie" überall zu verkaufen: „Images, Tableaux, Peintures, Heures, Psautiers, Catéchismes et autres livres, tant de prières, histoires que tous autres". P. Brochon: *Le Livre de colportage,* p. 14.
[14] H. Basset: *Le Colportage des imprimés,* p. 7.

eine Kupferplakette mit der Aufschrift „Colporteur"[15] und einen Koffer („malle") für ihre Druckschriften zu tragen hätten.[16] Kurz: es handelte sich nicht um eine Charta der Rechte[17], sondern um eine Liste von Verboten und Geboten, die den Sündenbock Kolporteur auf der Pariser Buchhandelswiese mit einer möglichst kurzen Polizei-Leine anpflockten. Dazu kam, daß seit 1732 jeder Kolporteur seine polizeiliche Genehmigung monatlich neu erbetteln und bezahlen mußte. 1757 wurde der Handel mit clandestinen Drucken gar mit der Todesstrafe bedroht.[18]

In der Erklärung der Menschenrechte von 1789 wurde der freie Gedankenaustausch als „eines der kostbarsten Menschenrechte" apostrophiert.[19] Das Zeitungswesen nahm folglich einen ungeheuren Aufschwung. Im März 1791 wurde es jedermann gestattet, den Beruf des Kolporteurs auszuüben, sofern er sich in den städtischen Ämtern ein Patent dazu holte. Die Verbreitung staatsgefährdender Schriften blieb freilich nach wie vor untersagt.[20] Der Weg zum freien Kolportagehandel und zu einer größeren Verbreitung billiger Schriften schien jedoch frei zu sein.

Die Gegner des Kolportagehandels

Selbst bei einer augenblicklichen Lockerung der staatlichen Fesseln blieben dem Kolportagehandel ein paar mächtige Feinde, die seine freie Entfaltung stark hemmten. Die schon 1759 geäußerte Meinung des liberalen Ministers Chrétien Guillaume de Lamoignon de Malesherbes, man schade der Literatur und dem Fortschritt der Kenntnisse im nichtstädtischen Bereich, wenn man den Kolportagehandel unterdrücke[21], diese Meinung fand

---

[15] Cf. die Exemplare im Musée Carnavalet, Paris.
[16] H. Basset: *Le Colportage des imprimés*, p. 8–9.
[17] „La législation parisienne [...] s'efforce, tout au moins, de fixer de plus en plus d'exactitude les droits de chacun", meint P. Brochon: *Le Livre de colportage*, p. 14, gibt aber im gleichen Atemzuge zu, der Kolporteur sei „Soumis à des règlements draconiens, tracassé et menacé par le libraire établi, suspecté et brimé par la police, risquant la ruine de son commerce avec la confiscation de son ballot de marchandises à la moindre infraction [...]".
[18] P. Brochon: ibid. p. 16.
[19] Art. 11: „La libre communication des pensées et des opinions est un des droits les plus précieux de l'homme; tout citoyen peut donc parler, écrire, imprimer librement, sauf répondre de l'abus de cette liberté dans les cas déterminés par la Loi."
[20] H. Basset: *Le Colportage des imprimés*, p. 11–13.
[21] Chrétien Guillaume de Lamoignon de Malesherbes: *Mémoires sur la librairie et la liberté de la presse.* — Paris 1809, p. 154–155: „[...] dans les provinces tout est

231

nicht viele Anhänger. Vor allem in Deutschland sind die Ausfälle der Aufklärer gegen die Kolportageliteratur zahlreich[22]; ihre Grundgedanken spricht etwa Johann Gottfried von Pahl, württembergischer Prälat und Superintendent, folgendermaßen aus:

[...] Ich bemerkte [...], daß auch eine Art von Buchhandel mit dem Volke bestand, der von Colporteurs getrieben wurde, die ihre Waare auf den Jahrmärkten feil boten, oder in den Dörfern umher trugen, und einen nicht unbedeutenden Absatz fanden. Diese Waare bestand in kleinen Büchlein oder einzelnen Blättern, die zwar auf Löschpapier und mit stumpfen Lettern gedruckt, aber mit Holzschnitten und rothen Titeln geschmückt waren, und um den sehr geringen Preis von ein paar Kreuzern verkauft wurden. Aber diese Producte, statt dem Unterrichte und der Bildung des Volkes förderlich zu sein, waren im Gegentheile die Niederlagen und die Werkzeuge des rohsten Aberglaubens, der Dummheit und des Betrugs, indem sie ihren Lesern schauerliche Mord- und Hinrichtungsgeschichten, Erzählungen von Gespenstererscheinungen, gräßlichen Naturbegebenheiten, Wundern und Himmelszeichen, sichtbaren göttlichen Strafgerichten, von Hexen- und Unholdwerk, Prophezeiungen von großen Landplagen und Unglücksfällen, oder gar von dem nahe bevorstehenden Ende der Welt, Anpreisungen von unfehlbaren Arzneimitteln und von mannigfaltigen Kunststücken, um auf mühelose Weise viel Geld zu erwerben, Formeln, um Geister zu beschwören und die in der Erde liegenden Schätze zu eröffnen, Gebete und Lieder voll gotteslästerlichen Unsinns, – und dieß alles in einer rohen, gemeinen Sprache, selbst mit Vernachläßigung der ersten Regeln der Orthographie, zu Besten gaben. Ich hielt es für möglich, daß diese verderbliche Art von Buchhandel zu Grunde gerichtet, und auf dem durch ihn gebahnten Wege, statt des bisher auf ihm ausgestreuten Giftes, viel gesunde und fruchtbare Geistesnahrung unter dem Volke ausgespendet werden könnte [...].[23]

---

rempli de Marchands vagabonds, qui étalent des livres dans les foires, les marchés, les rues des petites villes. Ils vendent sur les grands chemins; ils arrivent dans les châteaux, et y étalent leurs marchandises; en un mot leur commerce est si public, qu'on a peine à croire qu'il ne soit pas autorisé. Si on voulait remédier à cet abus en exécutant strictement la loi, il faudrait interdire tout à fait la vente des livres à ces Colporteurs ou Marchands forains. Or par là on gênerait beaucoup le commerce; on nuirait à la littérature et au progrès des connaissances, en ôtant le moyen d'avoir des livres à tous ceux qui habitent hors des villes."

[22] Cf. H. Beyer: *Die deutschen Volksbücher*, p. 100–109. Die dort angeführten Beispiele lassen sich stark vermehren. Cf. etwa einen Brief von K. Ph. Conz an Fr. D. Gräter vom 12. 12. 1796 (Nachlaß Gräter in der Württ. Landesbibl. Stuttgart, Cod. misc, 4°. 30 c., num. 19): „[...] Kein Verleger will sie (die Werke Fuldas), und es ist auch begreiflich, da das Publicum, das am liebsten mit Ritterromanen, Geistergeschichten, schaalen Komoedien u. d., Kalendern u. d. sich verköstigen läßt, nach solcher Speise wenig fragt." (Freundlicher Hinweis von Roland Narr).

[23] Johann Gottfried von Pahl: *Denkwürdigkeiten aus meinem Leben und aus meiner Zeit*. Nach dem Tode des Verfassers herausgegeben von dessen Sohne Wilhelm Pahl. – Tübingen 1840, p. 94. — Pahls Pläne liegen noch 1889 den Absichten der bis dahin erfolg-

232

Pahl plante, die äußere Gestalt der Kolportagebüchlein listig beizubehalten, ihren Inhalt jedoch einer volkserzieherischen Metamorphose zu unterwerfen. Der Trick fand bei Buchhändlern und Lesern keine Bewunderer – doch das sei nur nebenbei vermerkt. Wichtiger scheint hier die Beobachtung, daß das aufklärerische Pauschal-Urteil über das abergläubische Gift der Büchlein und über den rohen Geist ihrer Verkäufer bald zum zählebigen Gemeinplatz wurde: Als der Theologiestudent Friedrich August Köhler im Jahre 1790 durch das Händlerdorf Eningen bei Reutlingen wanderte, bemerkte er in den Kolportage-Kisten „schlechte Bücher, Volksmärchen und Lieder, wie sie nur dem rohen Landmann schaurig genug sein mögen".[24] 1823 schrieb Gustab Schwab über dieselbe Gemeinde: „Namentlich handelt sie mit Volksbüchern, und bedarf eben darum und wegen ihrer physischen und moralischen Verdorbenheit einer ganz besondern Aufsicht."[25] Und so meinte denn auch Karl Julius Weber über die Eninger: „Diese Leute handeln auch mit Reutlinger Volksbüchern, die wohl mitunter der Aufmerksamkeit hochlöblicher Polizei zu empfehlen wären."[26] Das Urteil war durch die Aufklärung festgelegt worden; es blieb in Kraft trotz der Tatsache, daß die Eninger in Wirklichkeit kaum etwas anderes als Predigt- und Gebetbücher feilboten. Der Ruf der Kolporteure blieb ein denkbar schlechter. Auch die fest etablierten Buchhändler blickten voll Verachtung auf sie herab.[27]

Die ärgste und ärgerlichste Gegnerin des Kolportagehandels war freilich die staatliche Zensur. Der Verlauf der Kolportagehandels-Geschichte im 19. Jahrhundert ist mit der Entwicklung dieser Zensur aufs engste verwachsen. Sie zog ihre Berechtigung zunächst einmal aus dem aufklärerischen Urteil über den schädlichen Inhalt abergläubischer und anstößiger Piècen. So befahl eine Verordnung vom 24. März 1806 die Beschlagnahme

---

los gebliebenen Volkserzieher zugrunde. Cf. H. Fränkel: *Ein neuer* (!) *Weg*, p. 15: „[...] gute Bücher [...] in ebenso auffälliger Ausstattung ebenso aufdringlich und dabei zu noch wohlfeilerem Preise in jedem Hause angeboten [...]".

[24] H. Bausinger: *Eine Albwanderung im Jahre 1790.* — In: *Blätter des Schwäb. Albvereins* 7 (61), 1955, p. 21–25, sp. 23. (Nach einem handschriftlichen Reisebericht in der Landesbibliothek Stuttgart).

[25] Gustav Schwab: *Die Neckarseite der Schwäbischen Alb.* Ed. H. Widmann. — Tübingen 1960, p. 87.

[26] Karl Julius Weber: *Deutschland, oder Briefe eines in Deutschland reisenden Deutschen.* In: Sämtliche Werke, 2. Aufl., IV. — Stuttgart 1834, p. 240. (Freundlicher Hinweis von M. Blümcke).

[27] P. Brochon: *Le Livre de colportage*, p. 16. — P. Dehn: *Moderne Kolportage-Litteratur*, p. 5: „Will der Gesetzgeber das Bücherhausiergeschäft beschränken oder ganz beseitigen, so wird der anständige Buchhändler keinen Widerspruch dagegen erheben. Hier ist wirklich der Schaden größer als der Nutzen [...]". — Cf. auch G. K. Schauer: *Der deutsche Buchhandel im Vormärz*, col. 1471.

der Zauberbüchlein *Dragon rouge* und *Enchiridion du Pape Léon*[28] wegen ihrer sinnlosen Rezepte.[29] Moralisch gefährlich waren vor allem Liederheftchen: Rektor Reuss, der Bücherfiskal von Eßlingen, ließ am 28. November 1809 auf dem dortigen Jahrmarkt den Memminger Kolporteur Johann Georg Beussle festnehmen und seine 29 Lieddrucke, die vom Buchdrucker Sauerländer in Frankfurt am Main stammten, beschlagnahmen. Reuss nannte sie „anstößig" und bat die Stuttgarter Regierung um eine strengere Kontrolle des Imports von Druckwerken.[30] Die Kontrolle der abergläubischen und unsittlichen Druckwerke dehnte sich aber gleichzeitig – in Frankreich schon seit 1793[31], in Württemberg seit der Übernahme napoleonischer Regierungsformen, also seit 1806 – auf die Zensur aller gedruckten politischen Äußerungen aus, die zunächst einmal „in sonstiger Hinsicht verwerfliche Schriften" genannt wurden. Unter dieser generellen Zensur alles Gedruckten – ihre Organisation wurde schon dargestellt – hatten vor allem die Kolporteure zu leiden. Die Verhältnisse in Frankreich und speziell die im Elsaß seien hier, wegen ihrer zentralen Überschaubarkeit, ein wenig näher beleuchtet; die in Deutschland geübten Praktiken, das sei deutlich betont, waren aber für den Kolportagehandel keineswegs günstiger.[32]

Der von Louis XVIII soeben zum Polizeiminister beförderte Elie Decazes ermunterte in einem Rundschreiben vom 15. Dezember 1815 seine Präfekten, die Kolporteure zu überwachen, zu dirigieren und notfalls zu terrorisieren, vor allem die Verkäufer von Kalendern und Liedern.[33] Die befohlene strenge Aufsicht wurde folgendermaßen exekutiert:

---

[28] R. Schenda: *1000 FVB*, num. 313 und 320.

[29] A. Dubois: *Les anciens Livres de colportage*, p. 2.

[30] Staatsarchiv Ludwigsburg D 52/505. — Ähnlich wurden dem Kolporteur Gottfried Fritz aus Iggingen, Oberamt Gmünd, im Jahre 1809 in Eßlingen „verderbliche Lieder" abgenommen, die er angeblich für 2 fl. 40 gr. bei Fischer, Reutlingen, Kramergasse und um 1 fl. 20 gr. bei Jacob Fleischhauer jun. dortselbst in der Kramergasse erstanden hatte. Staatsarchiv Ludwigsburg D 52/506.

[31] A. Dubois: *Les anciens Livres de colportage*, p. 2.

[32] Beispiele aus dem deutschen Bereich finden sich im Kapitel über die Zensur-Organisation.

[33] Paul Gaffarel: *La Terreur blanche à Marseille dans les derniers mois de 1815*. — In: *Revue historique* CXXII, 1916, p. 241–287, sp. 286: Die Funktionäre der zweiten Restauration glaubten gar, man könne aus den Kolporteuren nützliche Propaganda-Agenten machen. Ein Unterpräfekt des Département Bouches-du-Rhône schrieb zu diesem Plan: „il est essentiel, qu'on inculque à ces hommes simples que la cause de nos désastres a été dans les guerres injustes de Bonaparte et dans sa dernière usurpation." Man müsse die intelligentesten Kolporteure mit politischen Propaganda-Schriften auf die Jahrmärkte schicken: „Pour ce qui est des productions convenables au but proposé, l'on devrait s'en procurer dans la capitale; ou, ce qui vaudrait mieux, en commander ici la composition."

Im Januar 1816 erhielten die Bürgermeister Frankreichs ein Rundschreiben ihres zuständigen Präfekten. Es lautete im Département Oberrhein:[34]

Meine Herren!
Die Aufsicht, die Ihnen in Ihren Gemeinden obliegt, soll sich auf alles erstrecken, was mehr oder weniger dazu beitragen kann, die öffentliche Ruhe zu gefährden.
In dieser Rücksicht richte ich Ihre besondere Aufmerksamkeit auf eine Classe von Individuen, die meistens der Wachsamkeit der Polizei entgeht, weil äußerlich ihr geringer Handel so ganz unbedeutend erscheint.
Ich meyne die Bücherhausierer, Umträger von Kalendern, Kupferstichen, Holzschnitten (estampes, chansons), etc. Das Verlangen nach Gewinnst führt diese betriebsamen Menschen in die kleinsten Dörfer und läßt sie selbst die einsamsten Wohnungen auffinden. Nur allzuoft haben sich Uebelgesinnte und Partheisüchtige (la malveillance et l'esprit de faction) solcher Menschen bedient, um durch sie lügenhafte Gerüchte zu verbreiten und hinterlistige Absichten zu erreichen [...]."

Die Kolporteure mußten daher bei der Präfektur ein Kolportagebüchlein (livret de colportage) beantragen. Es hatte folgenden Inhalt:[35]

Le Sieur ..... né à ..... porteur d'une patente, datée de ..... le ..... 181. ., et d'un passeport, daté de ..... le ..... 181. ., est autorisé à circuler dans ce Département pour vendre et débiter les objets d'imprimerie, librairie, gravures, estampes, chansons, ... à charge de se conformer en tout aux lois et règlemens.
Le présent livret, valable pour un an, sera présenté par le porteur au Secrétariat de la Sous-Préfecture de l'arondissement qu'il voudra parcourir, pour y être visé pour un tems déterminé, qui ne pourra excéder un mois, à l'échéance duquel le visa devra chaque fois être renouvellé.
Colmar, le .....

LE PRÉFET
Vu pour valoir jusqu' au .....
A ..... le .....

LE SOUS-PRÉFET.

Wenn die Kolporteure dieses livret de colportage erhalten wollten, mußten sie ein „certificat de bonne conduite", also ein Leumundszeugnis, einen Paß und ihr heimatliches Kolportage-Patent[36] vorweisen. Das Büch-

---

[34] *Recueil des Actes de la Préfecture du Département du Haut-Rhin.* — Sammlung *der Präfektur-Akten des Oberrheinischen Departements,* vol. I, p. 54. Im Original zweisprachig.
[35] Ibid. p. 55.
[36] Ein Pariser diplôme de colporteur, um 1820, sah folgendermaßen aus:
Hôtel-de-Ville de Paris. Département de Police. Commission de colporteur. Nous, Maire, Lieutenant du Maire, et Conseillers-Administrateurs au Département de la Police, ad-

lein war jährlich zu erneuern und monatlich mit einem Visum des für den Aktionsbereich des Kolporteurs jeweils zuständigen Unterpräfekten zu versehen. Diese Verordnungen sollten bis zum 25. Februar 1816 durchgeführt sein; widrigenfalls waren die nachlässigen Hausierer anzuzeigen.

Daß aber so rasch die Bücherhändler nicht informiert werden konnten, daß sie so schnell nicht ihre Papiere aus der Heimatgemeinde herbeischaffen konnten, daß ihnen an dieser doppelten und doppelt schikanösen Legitimation nichts lag, daß sie Büchlein verhökern und nicht in der Subpräfektur Zeit vertrödeln wollten, das wurde selbst dem Herr Präfekten in Colmar bald klar, und er verlängerte die Frist auf den 1. Juni, „damit ein jeder Zeit habe, sich ein Hantirungsbüchlein von seinem eigentlichen Wohnorte oder seinem gewöhnlichsten Aufenthalte zu verschaffen".[37]

Dann aber war der Weg für den polizeilichen Terror im Sinne des Ministers Decazes frei. Ein Kolporteur, der kein Patent aus seinem Heimatort und kein Visum (im *livret de colportage)* von der jeweiligen Unterpräfektur seines Büchlein-Marktes vorweisen konnte, wurde verhaftet.[38] Konnte er sich rechtmäßig ausweisen, so trug er sicher ein „moralisch gefährliches" Druckwerk bei sich, und er wurde trotzdem auf die Polizeiwache geführt.[39] Der letztlich Leidtragende dieser Maßnahmen war nicht der Kolporteur, sondern die Nation, die lesen wollte.

Die Polizei-Praxis sah so aus – auch hier genüge e i n Beispiel aus den Akten:[40]

Nach einem Bericht des Gendarmerie-Hauptmanns zu Colmar vom 16. Oktober 1820 kam dem Polizeileutnant von Altkirch am 12. des Monats

---

mettons le nommé ... au nombre des Colporteurs que nous avons fixé à trois-cents, à l'effet de quoi nous lui avons délivré une plaque numerotée ..., qu'il sera tenu de porter, dans ses Fonctions, d'une manière apparente; sera aussi le nommé ... obligé de porter, sur lui, la présente Commission revêtue de son signalement, et ne pourra le dit ... vendre ni céder les dites Plaques et Commissions, sera, au contraire, tenu de les rapporter au Comité de Police, aussi-tôt qu'il cessera de faire les fonctions de Colporteur. Signalement. Le nommé ...... Natif de ...... Agé de .... Taille de ...... Cheveux ...... Sourcils ...... Barbe ...... Yeux ...... Nez ...... Visage ...... — R. Hélot: *Canards et canardiers,* p. 12.

[37] *Recueil des Actes de la Préfecture du Département du Haut-Rhin,* vol. I, p. 123.

[38] Anschließende Strafen: Der Kolporteur Charles François Sauger wurde am 25. April 1844 zu einer Geldstrafe von 2 000 (zweitausend) Francs verurteilt, weil er Exemplare der Bibliothèque bleue ohne Brevet verkauft hatte. Das Nationalarchiv konserviert nicht weniger als 12 lange Briefe und Berichte, die den Fall zum Gegenstand haben. Archives Nationales Paris, F[18]. 551.

[39] Strafen: Der Kolporteur François Chappuis aus Villars-Bonnot (Isère) wurde am 1. März 1844 mit sechs Tagen Gefängnis bestraft, weil er ein Flugblatt mit dem Titel *Lettre Miraculeuse* (Brief von Christus in Jerusalem geschrieben) ohne Angabe des Druckers vertrieben hatte. Ibid. F[18]. 551.

[40] Archives Départementales Haut-Rhin, Colmar, 1. T. 462.

zu Ohren, daß Wandersänger auf offener Straße mit Liedern und Flugblättern das Lob und den Ruhm des Kotzebue-Mörders Karl Ludwig Sand
(der am 20. Mai in Mannheim hingerichtet worden war) verbreiteten. Das
Thema war politisch, also staatsgefährdend, es roch nach gewalttätiger Revolution, nach Aufwiegelung der Altkircher Bevölkerung. Der Leutnant
ließ sich also vom Prokurator des Königs einen Haftbefehl ausstellen und
schritt ein. Seine Opfer waren Jean Baptiste Plaisant aus Avignon, Georg
Heinrich Schen (Schön) aus Hochspeyer in der bayerischen Pfalz, Wilhelmine Meisner, Frau des letzteren, Catherine Lissner aus Zweibrücken[41],
ledig, und deren kleines Kind. 230 Exemplare des Sand-Pamphlets, „con-
sidéré comme un outrage à la Morale" (!) wurden beschlagnahmt und als
Beweismaterial beim Gericht von Altkirch deponiert. Die Blätter waren,
nach einer beim Drucker Friedrich Bock in Weissenburg, Elsaß, hergestellten
Vorlage, bei Decker in Colmar gedruckt worden.[42] Über den Ausgang der
Affäre ist nichts bekannt, ihre politischen Hintergründe liegen jedoch offen
zutage: Das Volk durfte über freiheitliche Bestrebungen gleich welcher Art
nicht informiert werden.

Bürgermeister und Unterpräfekten erhielten immer wieder Ermahnungen zur Strenge. „Individuen ohne Kenntnisse und Moral", so schrieb der
Präfekt des Département Aube in Troyes, Baron de Valsuzenay, am 28.
März 1822[43], „überschwemmen das Land mit mehr oder weniger gefährlichen Schriften, und manchmal mit Pamphleten gegen die Religion und die
Regierung." Es sei daher scharf zu kontrollieren, ob die Kolporteure sich
rechtmäßig ausweisen könnten, und die Missetäter seien vor die Tribunale
zu schleppen.[44]

Was die Polizei gegen die Kolporteure ausheckte, wurde von kirchlicher
Seite gutgeheißen und dem Volke verständlich gemacht. Hier das Bild des
bösen Kolporteurs in einer Schrift aus dem Jahre 1835, die sich gegen den

---

[41] Über die pfälzischen Kolporteure im Elsaß v. weiter unten.

[42] Die Kolporteure der Pfalz ließen ihre Flugblätter gern in Weissenburg drucken,
um sie dann im Elsaß zu verkaufen. Den hier genannten war der Vorrat, als sie in Colmar
anlangten, offenbar ausgegangen; sie ließen das Sand-Pamphlet also in der Deckerschen
Offizin nachdrucken. Die Auflage mag 300 oder maximal 500 Stück betragen haben. Das
Sand-Thema war äußerst beliebt und diente nicht zuletzt als Schlüsselwort für die Cha-
raden-Ecke der Wochenblätter. Eine Sand-Bilderbogen-Serie, von der bayerischen Polizei
beschlagnahmt, findet sich im Bayerischen Haupt-Staatsarchiv München, M. Inn. 25114. b. I.

[43] Archives Nationales Paris, F[18]. 551.

[44] „[...] je vous invite Messieurs, à faire saisir, dans toute l'étendue de votre Ar-
rondissement, et dans vos Communes, les livres et brochures mis en vente par des Libraires ou autres individus qui ne représenteraient pas un brevet en bonne forme. Les con-
trevenans seront sur-le-champ déférés aux Tribunaux."

clandestinen Handel mit revolutionären und unzüchtigen Drucken wendet:[45]

[...] un colporteur parut à la porte de l'atelier; il venait, disait-il, de Paris. Il ouvrit sa balle, étala ses marchandises à nos yeux: bretelles, gilets, bas, cravates, etc. [...] fouillant au fond de sa balle presque vide: „J'ai bien encore là, nous dit-il d'un air mystérieux, quelque chose qui pourrait vous convenir, mais c'est du fruit défendu, et j'ai peut-être tort de vous en parler." Puis, interprétant favorablement notre silence, il sortit deux gros livres soigneusement enveloppés dans une feuille de papier. „Voilà, continua-t-il en nous les découvrant, l'ouvrage le plus intéressant que je connaisse [...]. J'en ai déjà vendu plus de cinquante exemplaires, mais toujours en cachette, car les hommes de la police ne veulent pas de ces livres, qui éclairent et amusent le peuple, de ceux surtout qui parlent ouvertement d'amour; tenez je ne vends que trente sous les deux volumes, et voyez cependant, la gravure toute seule vaudrait davantage".

Die Unternehmungen der Polizei waren also gerechtfertigt, so meinte die Schrift: das soeben geschilderte Buch wurde nämlich, nicht zuletzt wegen der obszönen Gravuren, gekauft und von allen Arbeitern verschlungen, wobei die Arbeit ungetan blieb. Die Schaffenskraft des Volkes stand auf dem Spiel!

Die Regierungen wechselten, die Unterdrückung des Kolportagehandels blieb im ersten Kaiserreich, in Restauration und Julimonarchie, in der zweiten Republik und im zweiten Empire die gleiche.

Am 27. Juli 1849 erschien ein neues Gesetz, das in seinem Artikel 6 das Feiltragen und die Verbreitung der Bücher, Schriften, Flugschriften, Kupferstiche und Lithographien in neuer Form regelte. Die Bestimmungen drangen durch ministerielle Rundschreiben vom 1. August und vom 6. September zu den Präfekten und von dort am 12. Dezember zu den Gemeindebehörden.[46] Die Kolporteure hatten wiederum eine Autorisation beim Präfekten einzuholen[47] und ein Verzeichnis der von ihnen verkauften Druckwerke mit einem Visum versehen zu lassen. Dem Antrag waren Identitätspapiere, Führungszeugnis und Druckschriftenverzeichnis beizulegen. Die aufgeführten Werke waren zur Prüfung vorzulegen. Gehülfen der Kolporteure bedurften ebenfalls der Autorisation. Nicht autorisierte Händler wurden verhaftet, ihre Waren beschlagnahmt.

---

[45] *Le mauvais Livre* (Schenda: *1000 FVB*, num. 560), p. 12.
[46] *Recueil des Actes de la Préfecture du Haut-Rhin* 34, 1849, p. 243–244.
[47] Es sei nicht vergessen, daß die Autorisation Gebühren kostete. Der Präfekt Cambacérès betonte dies noch ausdrücklich in seinem Schreiben vom 18. September 1854: Die Autorisation befreie die Kolporteure nicht von den „obligations fiscales, auxquelles ils sont astreints par la loi du 25 avril 1844". Ibid. 39, 1854, p. 265.

Am 14. Juni 1850 teilte der Präfekt seinen Maires mit[48], daß durch Erlaß des Kassationshofes vom 25. April das obige Gesetz auch für solche Leute gelte, die Druckwerke, unentgeltlich oder gegen Bezahlung, in ihrem Hause verteilten. Vor allem die Bilderhändler sollten in dieser Hinsicht aufgefordert werden, sich mit einem Autorisations-Scheine zu versehen. Dieses Gesetz sollte jedoch mit der größten Behutsamkeit in Anwendung gebracht werden: „Vous ne perdrez pas de vue que, dans un pays libre, il faut laisser aux opinions la latitude qui est compatible avec les intérêts de l'ordre et qu'il ne faut réprimer que ce qui est réellement mauvais."[49] Ein neuer Ton: „pays libre"! und ein Tadel für den fanatischen Übereifer der vergangenen Jahre! Aber trotzdem wurde den Kolporteuren weiterhin ihre Existenz erschwert. Die Kolportagebestimmungen von 1849 und 1850 waren dem Staat noch nicht sicher genug.[50]

„Außer diesem Erlaubnißscheine aber", schrieb der Präfekt des Oberrheins am 23. Oktober 1852[51], „dem in jedem Falle immer das Verzeichniß der feilzutragenden Bücher und Schriften beigeschlossen seyn soll, muß in Zukunft der Feilträger jedes Exemplar der Bücher und Schriften, deren Verkauf erlaubt worden, mit einem besonderen Stempel bezeichnen lassen." Der besondere Stempel, in roter Farbe, trug in der Mitte, von Rankenwerk umgeben, den Titel Direction de la Librairie und außen die Umschrift Ministère de la Police G.ale (Haut Rhin). Ein blauer Stempel

[48] Ibid. 35, 1850, p. 182–183.

[49] Einige Präfekten waren in ihrem Eifer zu weit gegangen „en interdisant d'une manière absolue le colportage des livres et écrits imprimés". Da mußte der Innenminister Léon Faucher (am 12. Juni 1851) dann doch feststellen, der Gesetzgeber wolle den Kolportagehandel ja nur sauber halten und keineswegs ganz unterdrücken. Ja, die Verbreitung nützlicher und anständiger („utiles et honnêtes") Schriften solle vorzüglich auf diesem Wege geschehen. Aber: „il faut interdire rigoureusement le colportage de tout écrit contraire à la société, à l'ordre, à la morale ou à la religion. Ne permettez la vente des imprimés par la même voie que lorsqu'il s'agit de livres ou emblèmes de nature à éclairer, à moraliser la population ou à l'instruire de ses devoirs." War die Aufklärung 1851 schon so weit vorgedrungen? — G. Dubois: Le Colportage, p. 9–10.

[50] Die Gefahren, daß „aufrührerische Schriften" unters Volk kamen, waren allzu groß. Man lese, was Präfekt Dürkheim am 1. März 1852 an seine Unterpräfekten, Gendarmerie-Kommandanten, Maires und Polizeikommissäre schrieb:
Meine Herren,
Die Feinde der Regierung lassen in Belgien oder in England verläumderische Schriften drucken, deren Zweck ist, die Bevölkerung zu Haß und Verachtung gegen die Regierung und das Staatsoberhaupt anzureizen. Diese Schmähschriften werden ins Geheime nach Frankreich eingebracht und allenthalben böswillig verbreitet (répandus à profusion par la malveillance)." [...] Individuen, die mit solchen Schriften angetroffen würden, seien zu verhaften und den Gerichten zu übergeben. (Gesetz vom 27.7.1849). — Recueil des Actes, Haut-Rhin, 37, 1852, p. 84.

[51] Ibid. 37, 1852, p. 353–354.

wurde nur in Paris verabfolgt: er galt für ganz Frankreich; der rote nur für das jeweilige Département.

Der Kolportagestempel: einer der phantastischsten Einfälle überzüchteter Bürokratie, der Alptraum von hundert neuen Staats-Angestellten, die nichts anderes zu tun hatten, als Tag um Tag zehntausende, Jahr um Jahr zehn Millionen von Büchlein, Blättern, Karten einzeln abzustempeln und die Zahl der Stempel gewissenhaft in Listen aufzuschreiben, in Statistiken aufzuschüsseln.[52] Der Stempel: Schrecken der Büchlein-Händler[53], die ganze Ladungen von Druckwerken in die Präfektur zu schaffen hatten, wo sich die Heftchen und Bögen zuhauf ansammelten. Der Stempel: die geistloseste Erfindung des Jahres 1852.[54]

„Sie werden einsehen", meinte Präfekt Dürkheim tröstend, „daß die Verordnungen des gegenwärtigen Circulars keinen anderen Zweck haben, als die Sittlichkeit des Feiltragens zu verbürgen (moraliser l'exercise du colportage), dessen Mißbrauch zu steuern und die Bevölkerung sicher zu stellen gegen die Verbreitung jener verderblichen Schriften, welche den Geist verwirren und das Herz verderben (qui égarent l'esprit et dépravent le coeur) [...]".[55]

Der neue Beruf des Büchlein-Stemplers wurde jedoch schon bald von einem mechanischen zu einem verantwortungsvollen Posten angehoben. Am 30. November 1852 rief der Polizeiminister Charlemagne Émile de Maupas die „Commission d'examen des livres du colportage" ins Leben.[56] Die Ergebnisse ihrer Untersuchungen wurden in Katalogen zusammengefaßt.[57] Die Stempler auf den Präfekturen hatten also, bevor sie die „estampille" auf ein Druckwerk schlugen, nachzublättern, ob der Titel überhaupt genehmigt war. Es konnte geschehen, daß der Kolporteur mit einem Flugblatt oder Heftchen, das er in einer Auflage von mehreren

---

[52] E.-A. de L'Étang: Le Colportage, p. 16 gibt an, im Jahre 1861 seien 13 320 000 Druckwerke abgestempelt worden, 1863 bereits 18 630 462.

[53] Strafen: Michel Haerling, geb. 1814, wurde am 13. Mai 1855 in La Petite Pierre bei Saverne angehalten, weil er Büchlein ohne Kolportagestempel verkaufte. Er hatte etwa 100 Bücher und Büchlein bei sich, konnte sich mit einer Kolportageerlaubnis des Präfekten vom Département Bas-Rhin ausweisen und hatte zudem ein Geburts- und Leumundszeugnis vom Bürgermeister der Gemeinde Leutesheim vorzuweisen. Haerling erhielt daher keine weitere Strafen. — Arch. Bas-Rhin, T. 217.

[54] Geradezu erheiternd mußte die Tatsache wirken, daß der rote Stempel 1853 abgeschafft und durch einen blauen ersetzt wurde. Innen trug er den Vermerk Sureté Générale — Haut-Rhin — Colportage, außen die Umschrift Ministère de L'Intérieur. Die so gestempelten Bücher durften jedoch in ganz Frankreich verkauft werden. Recueil des Actes, Haut-Rhin, 38, 1853, p. 349–350.

[55] Ibid. 37, 1852, p. 354. Im Original zweisprachig.

[56] Ch. Nisard: Histoire des livres populaires, I. Préface. Cf. hier das cap. Zensur.

[57] Cf. R. Schenda: Ein französischer Bilderbogenkatalog.

hundert Exemplaren hatte drucken lassen, dessen Titel aber nicht im Genehmigungskatalog erschien, unverrichteter Dinge wieder abziehen mußte.

Daß die Urteile der Kolportagekommission eindeutig politischen Charakter hatten, wurde schon von Georges Dubois betont.[58] Die Zeitgenossen wagten jedoch nur versteckte Angriffe gegen einzelne Fehlurteile des Gremiums. Der offizielle Angriff gegen diese unhaltbare Einrichtung und gegen das überholte Gesetz vom 27. Juli 1849 wurde erst am 19. Januar 1878 vor der Deputiertenkammer von Édouard Millaud geführt.[59] Der Abgeordnete wandte sich allgemein gegen die „innombrables et inutiles (welcher Hohn gegen die Nützlichkeits-Apostel!) mesures de répression dont nos codes sont encombrés"[60] und im besonderen gegen die Kolportagekommission, die „sans loi, sans droit, sans autre raison [!] que la raison d'État d'une simple circulaire ministérielle" entstanden sei, „occulte congrégation de l'Index implantée sur le sol même de Paris."[61] Das Kolportagegesetz von 1849 wurde kurz darauf durch das Gesetz vom 9. März 1878 abgeschafft. Der Verkauf von Zeitungen unterlag zunächst einmal keinen Einschränkungen mehr. Am 17. Juni 1880 schließlich genehmigte die Regierung den freien Verkauf von Druckwerken aller Art. Dieses Gesetz wurde am 29. Juli 1881 noch einmal modifiziert und blieb bis in die Gegenwart hinein in Kraft.[62]

Die Vorteile dieses Gesetzes: freie Information aller Lesehungrigen vor allem auf dem Lande, Ausbreitung der Kenntnisse, freie Entwicklung der Literatur, hatte, daran sei noch einmal erinnert, Malesherbes schon 1759 dargelegt. Entscheidende Anregungen der Aufklärung kamen erst mit mehr als hundertjähriger Verzögerung zum Durchbruch. Vorurteile der Aufklärung lebten dagegen mit seniler Zähigkeit weiter.

Der Streit um den Hintertreppenroman

Deutsche Volkspädagogen und Lesestoff-Produzenten lieferten sich im Fin-de-Siècle noch einmal einen erbitterten Kampf. Das Streitobjekt hieß Kolportageroman, Hintertreppenroman oder Lieferungsroman. Der

---

[58] Georges Dubois: *Le Colportage des livres.*
[59] Édouard Millaud: *Rapport sur le colportage.*
[60] Ibid. p. 4015.
[61] Ibid. p. 4016.
[62] H. Basset: *Le Colportage des imprimés,* p. 26–27.

Schlachtruf der um die Moral des Volkes abermals besorgten Erzieher hieß: Nieder mit dem Kolportage-Schund!

Die Zentrums-Partei machte sich 1893 durch den württembergischen Abgeordneten Gröber zur Sprecherin aller Freunde einer anständigen Literatur.[63] Sie legte einen Gesetzesentwurf vor, der die bisher geltenden Bestimmungen der Gewerbeordnung in einigen Punkten abändern sollte. Absatz 10 des § 56 sollte nunmehr lauten:

> Ausgeschlossen vom Feilbieten im Umherziehen sind ferner: 10. Druckschriften, andere Schriften und Bildwerke, insofern sie in sittlicher oder religiöser Beziehung Aergerniß zu geben geeignet sind, oder welche mittels Zusicherung von Prämien oder Gewinnen vertrieben werden, oder welche in Lieferungen erscheinen, sofern nicht die Zahl der Lieferungen des Werkes und dessen Gesamtpreis auf jeder einzelnen Lieferung an einer in die Augen fallenden Stelle verzeichnet ist. Wer Druckschriften, andere Schriften oder Bildwerke im Umherziehen feilbieten will, hat ein Verzeichniß derselben der zuständigen Verwaltungsbehörde seines Wohnortes zur Genehmigung vorzulegen. In dem Verzeichnisse ist bei in Lieferungen erscheinenden Werken die Zahl der Lieferungen des Werkes und dessen Gesamtpreis anzugeben. Die Genehmigung ist nur zu versagen, soweit das Verzeichniß Druckschriften, andere Schriften oder Bildwerke der vorbezeichneten Art enthält oder bei Lieferungswerken der vorstehenden Bestimmung nicht genügt ist. Der Gewerbetreibende darf nur die in dem genehmigten Verzeichnisse enthaltenen Druckschriften, anderen Schriften oder Bildwerke bei sich führen und ist verpflichtet, das Verzeichniß während der Ausübung des Gewerbebetriebes bei sich zu führen, auf Erfordern der zuständigen Behörden oder Beamten vorzuzeigen und, sofern er hierzu nicht im Stande ist, auf deren Geheiß den Betrieb bis zur Herbeischaffung des Verzeichnisses einzustellen.

Zuwiderhandelnden wurde eine Strafe bis zu 150 Mark und im Unvermögensfall Haft bis zu vier Wochen angedroht. Man plante also einen Rückgriff auf das längst überholte französische Kolportagegesetz von 1849, bediente sich der vagen Bestimmungen „in sittlicher oder religiöser Beziehung Ärgernis zu geben geeignet", um möglichst streng und eng zen-

---

[63] *Gesetzentwurf betreffend die Abänderung der Gewerbeordnung für das Deutsche Reich.* (Am 16. 11. 1893 vorgelegt von den Reichstagsmitgliedern Gröber, Hitze, Schaedler, Spahn, Letocha, Marbe, Matzner, Euler. Fraktion des Zentrums). — In: *Stenographische Berichte über die Verhandlungen des Reichstages.* 9. Legislaturperiode. II. Session 1893/94. Erster Anlageband. — Berlin 1894, p. 219–223.
Gröber war Landrichter, Hitze a. o. Professor, Schaedler Gymnasialprofessor, Spahn Oberlandesgerichtsrat, Marbe Rechtsanwalt, Metzner Maurermeister und Euler Kunsttischler — diese soziale Zusammensetzung ist nicht ganz unerheblich. Der Antrag ist übrigens „unerledigt geblieben". — Zur Rolle, welche die Kolportageliteratur angeblich im Kulturkampf spielte, cf. C. Wald: *Die Nothwendigkeit einer christlichen Volksbewegung,* p. 6–7.

sieren zu können, und suchte den Roman-Lieferungs-Produzenten grundsätzlich und gründlich die Freude am Geschäft zu verderben.

Der in Fortsetzungen und Lieferungen gedruckte Kolportageroman[64]
– er existiert noch heute in Italien[65] – nahm in den sechziger und
siebziger Jahren einen rapiden Aufschwung.[66] Geschäftstüchtige, vor allem
in Berlin und Dresden ansässige Verleger[67], verstanden es, mit Hilfe eines
gut organisierten Stabes von fest angestellten Kolporteuren neue Lesestoffe
mit reißerischen oder doch zumindest Wünsche weckenden Titeln an neue
Leserschichten heranzutragen. Neu entstehende „Kolportage-Buchhand-
lungen"[68] sorgten für eine noch größere Verfügbarkeit der neuartigen Literaturgattung. Die Volkspädagogen fürchteten wegen der durchwegs an-
spruchslosen und sensationellen oder erotischen Inhalte der Romane um das
seelische Wohl der neuerschlossenen, ungebildeten Leserschichten. Dem
1844 gegründeten Borromäus-Verein wurden potentielle Leser entrissen.
Die öffentliche Diskussion schlug so hohe Wellen, daß die Affäre in der gezeigten Form bis zum Reichstag gelangte.

Kurz nach dem Antrag der Zentrumspartei auf Verschärfung der Kolportagebestimmungen erschien ein dezidierter Protest von Karl Baumbach.[69]
„Wiederum spricht man immer nur von der Schundlitteratur des Kolportagebuchhandels", hieß es darin, „von den Hintertreppen- und Schauer-

---

[64] Beispiele sind in genügender Zahl in Georgs *Schlagwortkatalog,* jeweils unter dem
Stichwort *Romane* zu finden.

[65] Die Casa Editrice Atlantide, Milano, gab 1960 den Roman *Principessa senza nome*
in zunächst wöchentlichen, dann, auf Wunsch zahlreicher Leser, zweimal wöchentlich erscheinenden Lieferungen von je 16 p. im Quartformat, zu je 40 Lire heraus. Jedes Faszikel
hatte eine große Illustration auf dem Titelblatt.

[66] W. Langenbucher: *Der aktuelle Unterhaltungsroman,* p. 84. — Klaus Russ: *Untersuchungen zum deutschen Lieferungsroman zwischen 1860 und 1914.* Diss. Marburg (in
Vorbereitung).

[67] Ihre Geschichte ist bisher ungeschrieben geblieben, aber ein dringendes Desideratum.

[68] Anzeige im *Börsenblatt für den deutschen Buchhandel,* num. 229, 3. 10. 1873, p. 3618:
„Annaberg, den 30. Septbr. 1873. Nachdem meine am hiesigen Platze bestehende Sorti-
ments- und Colportagebuchhandlung eine größere Ausdehnung gewonnen, bin ich geneigt,
mit dem Buchhandel in directen Verkehr zu treten und bitte, mir alle Circulare, Pro-
specte etc. rechtzeitig zuzusenden. Von Colportageliteratur erbitte ich erste Hefte und
Sammelmaterial in entsprechender Anzahl. Meine Commissionen hat Herr Friedrich
Schneider in Leipzig übernommen und wird derselbe jederzeit in der Lage sein, Fest- und
Baar-Bestellungen sofort einzulösen. Mit ergebener Hochachtung C. R. Gersdorf." — Cf.
auch P. Dehn: *Moderne Kolportage-Litteratur:* beschreibt einen Besuch bei einem Kol-
portagebuchhändler.

[69] K. Baumbach: *Der Kolportagebuchhandel und seine Widersacher.* — Cf. vom selben
Autor schon 1883: *Der Colportagebuchhandel und die Gewerbenovelle.* — Das Thema
wird auch diskutiert bei P. Dehn: *Moderne Kolportage-Litteratur* und bei O. Kraus:
Der deutsche Büchermarkt, p. 31–34 (es sei notwendig, „den scheußlichen Luxus-Artikel
‚Kolportage-Roman' mit Stumpf und Stiel auszurotten", p. 34).

romanen und von der Zudringlichkeit des Kolporteurs, der auf die niedrigsten Leidenschaften des Menschengeschlechts spekuliere. So schickt man sich denn leichten Herzens an, ein wichtiges Kulturfeld von großer wirtschaftlicher Bedeutung, aber auch von hohem Werth für die Entwickelung unserer gesammten Volksbildung durch plumpe Eingriffe einer ungeschickten Gewerbegesetzgebung zu ruinieren. Vernichten will man den Kolportagebuchhandel, anstatt auf die Pflege, Förderung und Hebung desselben Bedacht zu nehmen."[70]

Die Deutschen hätten immer noch eine Abneigung gegen das Bücherkaufen, so meinte Baumbach: mehr als eine Mark pro Kopf und Jahr werde kaum für .Lesestoffe ausgegeben. Neben den vom Reisebuchhandel erfaßten, kreditwürdigen Lesern für Konversationslexika, Brehms Tierleben, Ratzels Völkerkunde[71], Reclams Universalbibliothek, Kürschners Nationalliteratur und der Kollektion Spemann[72] gebe es aber auch ein Publikum für den eigentlichen Hausierbuchhandel. Dessen Waren seien zwar oft recht geschmacklos, aber unsittlich oder unzüchtig seien sie kaum. Das Aufregendste an seinen Lesestoffen sei zumeist der Titel. „Aber *Der Rächer der Nacht, Der geheimnisvolle Schleichhändler* und *Die schöne Lilias* halten im Text kaum, was der Titel verspricht. Der Titel muß nun einmal etwas an- und aufregendes sein."[73]

Weniger als sechs Prozent der damaligen Kolportageliteratur gehörten dem Schund- und Schauerroman an. Der große Rest bestehe aus Schriften von Auerbach, Hebel, Hesekiel[74], Wildermuth, Spyri und Marlitt, aus Jugend- und Bilderbüchern, Schul-, Koch-, Lieder- und Deklamationsbüchern. Humoristische Schriften und Polterabend-Scherze seien sehr beliebt. Atlanten und Karten würden ebenso verkauft wie Werke naturwissenschaftlichen Inhalts. Dann seien die Gebet- und Predigtbücher aller Konfessionen zu erwähnen und an erster Stelle die Bibel selbst. Und neben

---

[70] K. Baumbach: *Kolportagebuchhandel und Widersacher*, p. 4.

[71] Erschien in der in 130 Heften publizierten *Allgemeinen Naturkunde* im Leipziger Bibliographischen Institut. Cf. Kayser: BL XXVI, p. 192, s. v. *Naturkunde*.

[72] *Collection Spemann. Deutsche Hand- und Hausbibliothek.* — Stuttgart: Spemann und Union, ab 1881. – Cf. Kayser: BL XXI, 282 (vol. 1–34 der Coll.); XXIII, 206–208 (vol. 35–262); XXV, 252 (bis 319); XXVII, 318 (div. vol.). Ein Bändchen dieser bemerkenswerten Reihe kostete eine Mark.

[73] K. Baumbach: *Der Kolportagebuchhandel,* p. 24–25. — Daß dem aufreizenden Umschlagbild ein harmloser Text folgt, gibt sogar O. v. Leixner: *Zum Kampfe gegen den Schmutz*, p. 3 zu.

[74] Über diesen heute vergessenen Vielschreiber v. die *Allgem. Deutsche Biographie* XII, 1880, p. 270–271.

so mancherlei wissenschaftlichen Werken seien es „vor allen Dingen die Werke unserer Klassiker, die auf diesem Wege Verbreitung finden."[75]

Baumbach sah freilich die Tatsachen durch die rote Brille seines Zornes auf den Abgeordneten Gröber. Es ist daher notwendig, seine Darstellung, die immerhin dazu beitrug, daß der geplante Gesetzesentwurf erfolglos blieb, mit der eines nüchterneren Beobachters zu konfrontieren.

Die Untersuchungen des Referendars Heinrici[76] erschienen 1899. Auch er unterscheidet Bücherhausierer, die selbständig Bücherposten verkaufen, und Buchhandlungsreisende, die im Dienste einer Firma Abonnenten für umfangreichere Werke suchen, aber auch alle anderen Arten von populären Lesestoffen anzubieten haben. Was nun die „Hintertreppenromane" anbetrifft, so meint der Wirtschaftssoziologe Heinrici:

Nicht minder wichtig für den Colportagebuchhandel sind die Lieferungsromane. Mit ihnen wirbt er Leser in einem Kreise, dem bisher das Lesen fremd war. Mit wenigen Ausnahmen, wie den „Veröffentlichungen des Vereins für Massenverbreitung guter Schriften", einigen Romanen patriotischen Inhalts und dergleichen haben diese Lieferungsromane das Specifische des „anrüchigen Colportageromans" an sich. Sie erscheinen in 15–200 Heften, die gewöhnlich 10, seltener 20, 40, ja 50 Pf. kosten. Der Verleger gibt 2–5 Hefte gratis als Sammelmaterial und gewährt 50 % bis 55 % Rabatt.

Die Titel der Romane sind marktschreierisch. Der Inhalt ist dementsprechend. Die Verfasser sparen Mord- und andere Greueltaten, Beschreibungen von Hinrichtungen u.s.w. nicht. Oft knüpfen sie an sensationelle Ereignisse in der Politik oder an Skandalprozesse an. Auf den unglücklichen König von Bayern erschienen – wie ein Flugblatt des Vereins für Massenverbreitung guter Schriften mitteilt – 13, auf den Tod des Kronprinzen Rudolf 22 solcher Romane.[77]

Heinrici unterstreicht die Gefahr, die darin liegt, daß die Romane vom Standpunkt der Gebildeten beurteilt werden. Es sei zu fragen, ob diese Lesestoffe für das Volk nicht doch den Nutzen des „anständigen Zeitver-

---

[75] K. Baumbach: *Der Kolportagebuchhandel*, p. 28. — Die Angabe „weniger als sechs Prozent Schundliteratur" ging auf eine statistische Erhebung des Freiherrn Flodoard von Biedermann zurück, die Ende 1893 unter dem Titel *Preßfreiheit und Gewerbeordnung* erschien. Sie wurde stark angegriffen. Cf. P. Dehn: *Moderne Kolportage-Litteratur*, p. 19–20.

[76] K. Heinrici: *Die Verhältnisse im deutschen Colportagebuchhandel.*

[77] Ibid. p. 213–214. Heinrici nennt in einer Anmerkung die damals bedeutendsten Verleger von Kolportageromanen: Dietrich, Münchmeyer und Titels Nachf. in Dresden, Öser in Langensalza, das Verlagshaus für Volkslitteratur in Berlin und Weichert ebendort. Von 229 im Jahre 1896 vertriebenen Romanen waren 106 in Berlin, 93 in Dresden, 19 in Langensalza, sieben in Weimar und je einer in Hainichen, Osterfeld, Löbau und Kempten erschienen. — Über H. G. Münchmeyer cf. H. Wollschläger: *Karl May*, p. 37–38 et passim. — Produktion der genannten Verlage im *Gesamt-Verlags-Katalog;* cf. den Registerband. Münchmeyer-Produkte z. B. in vol. XVI, I, 3, col. 4403–4406.

treibs" hätten. Frauen seien die stärksten Konsumenten dieser Literatur.[78] Und schließlich: „Eine Hebung des geistigen Niveaus dieser Romane ist gewiß möglich und wünschenswert. Sie erscheint mir erstrebenswerter als ihre Vernichtung."[79]

In der Tat brachten auch die speziellen Untersuchungen über die Lage des Hausiergewerbes in den einzelnen deutschen Landschaften[80] keine Enthüllungen, die zum nationalen Erröten über die Sündhaftigkeit der Kolportageliteratur Anlaß gegeben hätten. J. Pfluge kannte zwar im Westerwald „ein verkommenes Subjekt aus besserem Stande", aber seine „Indianer- und Räubergeschichten mit den bekannten bunten Umschlägen, die eine blutig-interessante Scene darstellen", waren ja noch nicht unsittlich zu nennen. Im Westerwälder Elbtalgebiet hatte er „keine Klagen über üble Folgen der Kolportage gehört". In Baden verkaufte, nach H. Lohr, nur e i n Kolporteur gelegentlich Sensationsromane aus dem schon genannten Verlag von A. Weichert in Berlin *(Auf ewig getrennt, oder Dreyfus und seine Gattin)* und aus dem Berliner Verlag N. Hartmann *(Jack, der geheimnisvolle Mädchenmörder)*. Hintertreppenromane könnten zwar, gab Lohr zu, in der Brusttasche geschmuggelt werden, doch: „Ein Verbot des Kolportagebuchhandels wäre bei allen Schattenseiten, die derselbe zeigen kann, nicht nur ein Verlust für Verleger, Schriftsteller, Buchdrucker, Papierfabrikanten und Hausierer, sondern auch für weite Kreise der Bevölkerung, für die der Druckschriftenhausierer der einzige Vermittler geistiger Nahrung ist."[81] Selbst Pfarrer Mutschler konnte keine Klagen vorbringen.

Fassen wir kurz zusammen: Die Wirtschaftswissenschaftler betrachteten die Frequenz der Sensationsromane, die sie keineswegs für schädlich erachteten, und der clandestinen, unzüchtigen Literatur, deren Existenz sie zumindest ahnten, als eine quantité négligeable im Verhältnis zum Bildungswert des Gesamtphänomens Kolportageliteratur. Lese- und Bildungshunger der niederen Klassen sollten voll befriedigt werden. Eine Abschaffung des Kolportagehandels war, auch aus wirtschaftlichen Gründen, undiskutabel.

Diese Ergebnisse hinderten die Polemiker nicht, weiterhin gegen den „Massenvertrieb der Volksliteratur" zu wettern.[82] Tony Kellen übernahm,

---

[78] Cf. W. Hofmann: *Die Lektüre der Frau,* p. 45–51: Das Verhältnis der Geschlechter innerhalb der verschiedenen Altersklassen.

[79] K. Heinrici: *Die Verhältnisse,* p. 215.

[80] J. Pfluge: *Westerwälder Hausierer.* — O. Trüdinger: *Das Hausiergewerbe in Württemberg.* — Dr. Geissenberger: *Das Hausiergewerbe in Elsaß-Lothringen.* — Pfarrer Mutschler: *Hausiergewerbe im Amtsbezirk Eberbach.* — H. Lohr: *Das Hausiergewerbe im Großherzogtum und Amtsbezirk Baden.*

[81] H. Lohr: *Das Hausiergewerbe,* p. 245.

[82] T. Kellen: *Der Massenvertrieb der Volksliteratur.* — Heinrich Fränkel war der Begründer des „Vereins für Massenverbreitung guter Schriften", der am 3. März 1889 in

ohne jegliche Kontrolle, die Theorien des damals weithin bekannten Dr. Fränkel, und die Kellensche Kritik wurde wiederum dankbar von Ernst Schultze übernommen.[83] Der Streit um „Schmutz und Schund" hat seitdem nicht aufgehört. Ein fairer Prozeß in Sachen Schundliteratur hat um die Jahrhundertwende nicht stattgefunden. Ob er sich heute noch aufrollen läßt, ist fraglich. Immer wieder in die Diskussion geworfene Romane, wie *Der Scharfrichter von Berlin*[84], sind in den öffentlichen Bibliotheken nicht mehr zu finden (weil sie dort nie aufgenommen wurden), und die Polizei-Akten bieten nur allzuwenig Material. Die reichhaltige Sekundärliteratur bewirft sich untereinander mit den widersprüchlichsten Angaben. Die Fachzeitschriften des Kolportagebuchhandels[85] könnten jedoch noch wichtige Fakten zum Thema „Hintertreppenroman" liefern.

Weimar konstituiert wurde. Cf. Fränkel: *Ein neuer Weg.* Dort heißt es etwa p. 13: „Der Kolporteur nimmt den Leuten die Mühe des Weges bis zur Bibliothek und die noch schwierigere Mühe der Auswahl ab. Das Volk liest, was ihm in's Haus getragen, was ihm durch den Kolporteur mit unermüdlicher Zungenfertigkeit angepriesen, ja oft förmlich aufgedrungen wird. Das sind zunächst die neuesten „Couplets", auf deutsch Gassenhauer, „Lieder", deren Inhalt ebenso gemein wie dumm zu sein pflegt, was nicht hindert, daß dieses Zeug z. B. in den Häusern und auf den Höfen und Straßen Berlins ausgeboten und massenhaft gekauft wird. Vielfach trägt der Kolporteur selbst die von ihm feilgehaltenen Couplets vor — es ist für den Volksfreund (!) kein Vergnügen, dieses entsittlichende (!) Treiben zu beobachten [. . .]" usw.

[83] E. Schultze: *Die Schundliteratur.* — Cf. auch O. von Leixner: *Zum Kampfe gegen den Schmutz.* — R. Schauer: *Zum Begriff der unzüchtigen Schrift.*

[84] Victor von Falk: *Der Scharfrichter von Berlin.* Roman nach Acten, Aufzeichnungen und Mittheilungen des Scharfrichters Julius Krautz. 2 vol. gr. 8°. — Berlin: Weichert 1890. 3120 p. (Heinsius: ABL XIX, 1, p. 347. — Kayser: BL XXV, p. 356). — Cf. etwa P. Dehn: *Moderne Kolportage-Litteratur,* p. 10, 12–13. — T. Kellen: *Der Massenvertrieb,* p. 84. — O. Kraus: *Büchermarkt,* p. 38. — E. Schultze: *Schundliteratur,* p. 10, 32. — Das Scharfrichterthema war sehr beliebt. Cf. *Der Scharfrichter von Paris.* Berlin 1892. 2112 p. — *Der Scharfrichter von Wien,* v. A. Söndermann. Berlin 1884. 2400 p. — *Des Scharfrichters Töchterlein,* v. A. Holm. Neusalza 1895. 2390 p. (Georg: *Schlagwort-Katalog* III, 2, p. 1442). — Ein Roman von J. F. Cooper: *Der Scharfrichter von Bern oder das Winzerfest,* 2 vol. befand sich in der Riegerschen Leihbibliothek Lindau.

[85] Georg: *Schlagwort-Katalog* I, 141; II, 182; III, 2, 1518 nennt folgende Fachzeitschriften: *Anzeiger für den Colportage-Buchhandel, Central-Blatt für den Colportage-Buchhandel, Fachzeitung für den Colportage-Buchhandel, Deutsche Colportage-Zeitung* und *Mitteilungen des christlichen Kolportage-Vereins.* Dazu ibid. IV, 2, 1619: *Schutz- und Trutz-Schriften des christlichen Kolportage-Vereins.*

Der Kolporteur, der unbekannte Mann

Der gezügelte und gezüchtigte Kolporteur

Bei der bisherigen Kritik an den Maßnahmen der verschiedenen Behörden und Interessengruppen ist der Einwand fällig, es sei ja durchaus möglich, daß Polizei und Volkspädagogen allen Grund gehabt hätten, das wirklich gefährliche Treiben der Hausierer zu unterbinden. Die Gerichtsakten müßten, so kann man weiter argumentieren, doch voll sein von den Namen staatsgefährlicher Kolporteure und unzüchtiger Heftchen. Die Wirtschaftssoziologen hätten ja wohl beide Augen zugedrückt, um den Wirtschaftsfaktor Buchhandel nicht zu schädigen. Die Pädagogen dagegen könnten ihre Angriffe doch nicht aus der Luft gegriffen haben, und so fort.

Also muß der Kolporteur, dieser unbekannteste aller Buchhändler, näher betrachtet, mit den Augen der zeitgenössischen Polizei und Zensurbehörden visitiert und mit deren Methoden verhört werden.

Am 8. März 1824 wurde zu Châteaudun (Eure-et-Loir) ein Kolporteur arretiert, weil er, entgegen den zitierten Verordnungen von 1816, keinen Handelsschein besaß. Auf dem Polizeibüro entspann sich folgendes Verhör, das zu Protokoll genommen wurde:[86]

Ihr Name, Vorname, Alter, Beruf, Geburtsort, Wohnort?
Ich heiße François Desbarrac, 17$^{1/2}$ Jahre alt, Kolporteur und Buchhändler, aus Sauveterre gebürtig, ohne festen Wohnsitz.
Seit wann üben Sie Ihren Beruf aus?
Etwa seit vier Jahren.
Haben Sie ein Brevet?
Nein, Monsieur, ich hatte vergangenes Jahr ein Patent, aber weil es nicht mehr gültig war, habe ich es zerrissen und verloren.
Üben Sie den Beruf mit Kollegen aus?
Wir sind zu dritt aus der gleichen Gemeinde; wir reisen herum und treffen uns von Zeit zu Zeit.
Wo treffen Sie sich das nächste Mal?
In Auneau, am 15. dieses Monats.
Wie heißen die beiden anderen?
Der eine heißt Jean Graud und der andere Renaud Moncherrié.
Haben Sie keinen Meister?
Nein, Monsieur, ich arbeite auf meine Rechnung.

---

[86] Archives Nationales Paris, F^{18}. 551.

Woher beziehen Sie Ihre Bücher?
In Paris bei Delarue[87] und anderen Buchhändlern.

Gehen Sie oft dorthin?
Etwa alle drei Monate, manchmal mehr, manchmal weniger oft.

Wo wohnen Sie in Paris?
Rue de la Juiverie 4, bei einem kleinen Gastwirt.

Wo kommen Sie jetzt her?
Aus der Gegend von Authon und Mamert, in Nogent selbst war ich nicht.

Wenn Sie in die Dörfer oder Städte gehen, rufen Sie Ihre Werke aus?[88]
Nein, Monsieur, ich zeige sie nur von Haus zu Haus.

Welche Werke haben Sie?
Hier sind ein paar von den wichtigsten: die Meisterwerke von Voltaire, *Gil Blas,
Le Magasin des Jeunes Dames, Le Magasin des enfants, Les Lettres à Emilie, La
Morale en action, La Henriade, Les Contes moraux* von Marmontel, die Meister-
werke von Corneille usw.

*Hatten Sie Genehmigung von der Polizei der Orte, in denen Sie Ihre Werke
vertrieben?*
Manchmal in den wichtigeren Städten, aber nie in den Dörfern.

Welchen Wert haben ungefähr die Bücher in Ihrem Packen?
Wenigstens 120 Francs.

Sie können also von den Einkünften dieses Handels leben?
Ja, Monsieur, ich kann manchmal zwei bis drei Francs am Tag verdienen.

Sind Sie schon einmal von der Justiz festgenommen worden?
Ich wurde mit einem meiner Brüder in Sceaux festgenommen, weil wir keine Pla-
kette trugen; wir wurden jeder zu 10 Francs Strafe verurteilt.

Waren Sie bei dieser Gelegenheit nicht im Gefängnis?
Die Nacht haben wir dort geschlafen.

Das Protokoll ist bemerkenswert, nicht nur wegen der darin enthaltenen
Auskünfte über die Aktivität eines französischen Kolporteurs, der schon mit
dreizehn Jahren seinen Beruf ausübte und Bücher von gehobenem Niveau
und Preis feilbot, sondern auch durch die Tatsache, daß die Polizei das Stich-

---

[87] Einer der produktivsten Drucker populärer Lesestoffe, damals noch Quai des Augu-
stins, 15, später Rue des Grands-Augustins, 3. — Zur Produktion cf. Schenda: *1000 FVB,*
Index.

[88] J.-M. Garnier: *Histoire de l'Imagerie,* p. 292 schildert einen solchen Ausruf: „Voici,
messieurs et dames. ce qui vient de paraître à l'instant même: extrait du Moniteur
d'aujourd'hui, c'est curieux, c'est intéressant; cela ne se vend qu'un sou. — Il faut voir
l'arrêt mémorable de la Cour d'assises de la ville de Montpellier, portant condamnation
à la peine de mort contre la nommée Jeanne-Françoise-Caroline-Elisabeth Martin,
cuisinière, jeune fille de dix-huit ans, née native du village de Saint-Géniès, département de l'Hérault, en France, convaincue d'avoir assassiné son amant, à l'aide d'une
paire de ciseaux [...]". Und dann folgen die Titel der anderen Flugblätter.

wort „anstößige Schriften" gar nicht erwähnt. Anders bei einem zwölf Jahre zuvor verhafteten Kolporteur aus dem Händlerdorf Eningen, das damals zum Oberamt Urach gehörte. Es handelte sich um den Invaliden Johann Sauter; er wurde am 16. Juni 1812 in Mögglingen, Oberamt Gmünd von einem Gendarmen angehalten und, da er keine Hausiererlaubnis hatte, nach Gmünd geschafft. Dem dortigen Bücherfiskal, Cooperator Vogt, erklärte er, „Er habe nicht gewußt, daß ihm ein solches [Certificat] nöthig sey, Fleischhauer der Jüngere in Reutlingen habe ihm diese Bücher gegeben, und was er nicht verkaufe, dürfe er demselben wieder zurückgeben".[89] In der Tat hatte Sauter einen von Fleischhauer am 2. Juni 1812 unterzeichneten Lieferschein mit 36 Titeln bei sich. Unter den mitgeführten Druckschriften[90] waren „zwar mehrere, deren Verkauf der Bücherfiscal nicht für angemessen hielt, aber keine eigentlich verbothene Schriften".[91] Einigen von diesen fehlte jedoch die Angabe des inländischen Verlegers, und somit verstieß Sauter

---

[89] Staatsarchiv Ludwigsburg, D 54/273.

[90] Es handelte sich um folgende Werke:
Stechbüchlein für die Junggesellen. — o. O. o. J.
Biblisches Lustgärtlein v. M. Wiesern. — Frankfurt u. Leipzig.
Etliche schöne neue Sprüche eines ehrsamen Zimmerhandwerks. — Augsburg 1806.
Geistliches Gnaden-Brünnlein mit 12 Röhren. — o. O. o. J.
Kunstbüchlein. Herausgegeben von D. Pleinhorati, Königl. Leibmedikus in Egipten, als einem gebohrnen Zigeuner. — Frankfurt und Leipzig.
Unsers Herrn Jesu Christi Kinderbuch. — Altona.
Zwölf Sybillen Weissagungen. — Augsburg.
Der gehörnte Siegfried. — Reutlingen: Fleischhauer jun. o. J.
Herzog Ernst. — Frankfurt und Leipzig.
A B C, welches alle und jede in der Kreuzschule erlernen müssen. — Augsburg.
Der lügenhafte Aufschneider, welcher lügen kann, daß sich die Balken mögen biegen. — o. O. o. J.
Traumbuch. — Augsburg 1810.
Glücksrad. — Frankfurt und Leipzig.
Historien Tyll Eulenspiegels. — Reutlingen: Fleischhauer o. J.
Genoveva. — Reutlingen: Fleischhauer o. J.
Viele Lieder, worunter reine und unreine, leichtfertige und gute geflißentlich zusammen gestellt.
Vier Heymons Kinder. Cölln 1808.
Dritthalb hundert kurzweilige Fragen, samt deren Antwort. — Frankfurt u. Leipzig 1809.
Wohl bedagte und reiflich überlegte Heyraths-Abrede, samt einem sehr lustigen Lied. — Gedruckt zu Bratwursthausen.
Oft probirtes und bewährt erfundenes Roß-Arzney-Büchlein. — Augsburg.
Historie von der geduldigen Helena. — Reutlingen: Fleischhauer o. J.
Marianischer Grüne Thal zu Rezbach. — o. O. o. J.
Schöne Magellona. — Frankfurt und Leipzig o. J.
Neu vermehrtes Jesus Büchlein, oder, über hundert schöne Seufzer und Trostreimlein über den Namen Jesus. Von M. Ehregott Marggraf. — Augsburg 1808.

[91] Staatsarchiv Ludwigsburg, D 52/504.

gegen die Verordnung vom 21. Mai 1812.[92] Wegen der beiden Vergehen erhielt er eine Strafe von zehn Reichstalern; die Büchlein wurden von dem aufgeregten Fiscal sämtlich konfisziert (!) und an das Oberzensurkollegium nach Stuttgart geschickt, wo man den kuriosen Fang zu sehen wünschte. Der Kolporteur protestierte gegen die Strafe: Die neue Verordnung sei erst am 14. Juni in Eningen publiziert worden; er habe folglich nicht schon am 16. in Mögglingen davon Kenntnis erhalten können. Der Schriftverkehr über diese Affäre, das sei nebenbei bemerkt, zog sich bis in den Januar 1817 hin; erst da wurde Sauter die von Vogt verhängte Strafe erlassen.[93]

Die Beanstandungen des Gmünder Bücherfiskals richteten sich vor allem gegen den Aberglauben im *Genoveva*-Buch und gegen die „abscheulichen Zoten" (damit sind wohl erotische und skatologische Ein- und Zweideutigkeiten gemeint) im *Lügenhaften Aufschneider*. Ähnliche Abneigungen hatte der Oberamtmann von Backnang, Wolf, der am 24. März den Schwestern Anna Barbara und Elisabetha Sonntag aus Ehingen je ein Exemplar folgender Druckschriften abnahm:[94]

Kaiser Oktavianus – Siegfrieds Historie – Wunderbeschreibung der Melusina – Fortunatus mit seinem Säckel und Wunschhütlein – Haimonskinder – Der lustige Historienschreiber – Die unschuldige Hirlanda – Bauern Planetenbuch – Fragen und Antworten – Traumbuch – Historie des Herzogs Ernst – Die heilige Magdalena – Zwölf Sybillen Weissagungen – Heilige Genoveva – Die sieben weisen Meister.

Lieder: *Auf auf ihr Brüder und seid stark – Kein besser Leben ist – Die Zeiten, Brüder, sind nicht mehr – Ist mein Stübchen eng und nett – Bekränzt mit Laub – Der Mond ist aufgegangen – Herbey zum Vaterländischen Becher – Der lieben Frauen Traum – Mirakelbild der Maria zu Dettelbach.*

Von diesen Büchlein waren die *Melusine*, das *Traumbuch* und die *Zwölf Sybillen* bereits verboten, das *Planetenbuch* und die *Fragen und Antworten* hatten die Stuttgarter noch nicht zensiert. Von den Liedern fand Wolf das vom engen und netten Stübchen[95] „besonders unanständig". Alle Schriften waren bei Lorenz und Heerbrandt in Reutlingen zu haben.

Ein wenig anders lagen die Verhältnisse bei dem am 13. März 1814 zu Rottweil vom Bücherfiskal Professor Beck angehaltenen Eninger Hausierer

---

[92] *Staats- und Regierungsblatt* 1812, num. 24, p. 287.

[93] Staatsarchiv Ludwigsburg, D 52/504 und D 54/273.

[94] Ibid. D 54/170.

[95] Das Lied „Ist mein Stübchen eng und nett", eine Übersetzung des französischen „Dedans mon petit réduit", handelt von verschiedenen Aktivitäten „bald beim Mädchen, bald beim Glas". Es war in zahlreichen Flugblattdrucken verbreitet. Cf. auch S. Grolimund: *Volkslieder aus dem Kanton Solothurn.* — Basel 1910, S. 35–35 und 97, not. 45. — Freundliche Hinweise von R.W. Brednich, Deutsches Volksliedarchiv Freiburg.

Daniel Leuze.[96] März 1814: Napoleon verlor seine letzten Schlachten auf französischem Boden, aber die Württemberger durften von dem Sturz des Kaisers immer noch nichts erfahren. Leuze hatte jedoch antinapoleonische Schriften bei sich, die Beck „in Beschlag nehmen zu müssen glaubte". Es handelte sich um *Napoleons Licht- und Schattenseite*[97], um die „höchst alberne und abergläubische Pièce" *Eine noch niemals gehörte Wundergeschichte so sich in Paris zugetragen von drei weisen Männern* und um eine Satire, in welcher der Flußgott Niemen eine Rolle spielte – „wegen ihrer pöbelhaften Zügellosigkeit".

Als abergläubisch galten den katholischen, josephinistisch aufgeklärten Regierungen alle volkstümlichen Gebet- und Erbauungsbücher. Im Februar 1825 wurden der Landkramhändlerin Barbara Westermeyer aus Abensberg auf dem Jahrmarkt zu Moosburg in Bayern folgende Schriften abgenommen:[98]

1. *Unserer lieben Frauen Traum.*

2. *Ein kräftiger Seegen und Gebet, welches zu Kölln am Rhein in der Thumkirche mit goldenen Buchstaben geschrieben.*

3. *Ein schönes Ablaßgebet von dem wunderthätigen Mirakelbild zu Maria-Dettelbach.*

4. *Sechs andächtige und kräftige Gebete zu der heiligen Dreifaltigkeit.*

5. *Das goldene Vaterunser.*

6. *Geistliches Gnadenbrünnlein mit zwölf Röhren.*

7. *Eigentlicher Bericht von sechs heiligen Messen.*

8. *Die heiligen sieben Himmelsriegel.*

9. *Die fünfzehn geheimen Leiden und Schmerzen.*

10. *Die sieben Schlösser, darinnen sich ein Mensch verschließen kann.*

11. *Der armen betrübten Seelen Klaglied im Fegfeuer.*

12. *Ein andächtiger frommer katholischer Christ soll alle Tage eine arme bedürftige Seele aus dem Fegfeuer zu Tische laden.*

13. *Sieben schöne Gebetlein für die armen verlaßenen Seelen im Fegfeuer, zu beten auf die ganze Woche vom Leiden Christi.*

14. *Ein schönes Exempel von unserer lieben Frau mit einem armen Hirtenmägdlein, geschehen zu Dorfen im Unterlandsbayern.*

---

[96] Staatsarchiv Ludwigsburg, D 54/270.
[97] *Napoleons Licht- und Schattenseite, in drey deutschen Gesängen.* — s. l. 1814, 8°. 16 p. — Benütztes Exemplar: ibid. D 54/270.
[98] Bayerisches Hauptstaatsarchiv München, M. Inn. 25114, b. I.: Schreiben der k. Regierung des Isarkreises vom 22. Februar 1825.

15. *Gebet zu der heiligen Schulterwunde, und Aufopferung aller seiner Werke in die heiligen fünf Wunden.* Straubing bey Lerno 1822.

16. *Geistlicher Kompaß des bittern Leidens und Sterbens Jesu Christi.*

Das waren also die „gefährlichen" und „unzüchtigen" Piècen, vor denen immer wieder in den Erlassen gewarnt wurde: derbe Scherze, politische Satiren, unaufgeklärte Gebete. Doch so herrliche Funde wie bei Leuze oder bei der Westermeyer blieben selten;[99] zumeist führte eine überraschende Untersuchung nur zu den ganz gewöhnlichen Unterhaltungsschriften. Hierzu nur noch ein Beispiel: Im Jahre 1825 wurden bei dem Kolporteur Charles François Sauger aus Boiseville (Eure-et-Loir), der ohne Erlaubnis mit Büchlein handelte, also in höchstem Maße verdächtig war, folgende Druckwerke beschlagnahmt:[100]

Traité des Songes (886)[101] — *Bâtiment des recettes* (108) — *Le Jargon ou langage de l'argot réformé* (468) — *Prophéties perpétuelles* (773) — *Testament d'un gentilhomme gascon* (906) — *Le Chat botté* (210) — *Le Jardin d'amour* (458–464) — *Catéchisme des Maltôtiers* (184) — *Histoire du vaillant Pierre de Provence* (743) — *La Belle au bois dormant* (121) — *Les Malheurs de Pirame et Thisbé* — *L'Arithmétique* (78) — *Les Fables et la vie d'Ésope* (335) — *Sermon de Bacchus* (865) — *Catéchisme à l'usage des Grandes filles pour être mariées* (188) — *Mémoire d'astrologie* — *Les quatre fils Aimon* (777) — *Le Prince Marcassin* (762) — *Le petit sorcier* — *Les Béquilles du diable boiteux* (127) — *Le Cousin germain du Vadé* (275) — *Sermons prononcés par le révérend père Esprit* (874) — *Histoire de la belle Heleine* (125) — *La Grenouille bienfaisante* (415) — *Pasquilles nouvelles* (669).

An den Maßstäben der Volkspädagogen gemessen, waren Traumbüchlein, Zauberrezepte, Gaunersprache, Prophezeiungen, Gasconnaden und Liebesbriefe freilich schädlich für das Volk. Gerade diese Büchlein aber erfreuten sich, oft über länger als ein Jahrhundert, der größten Beliebtheit. Die Unvereinbarkeit von volkspädagogischem Ideal und populärem Geschmack führte folgerichtig zu so grotesken Feststellungen wie: „En 1847, on comptait 3.500 colporteurs, qui répandaient par toute la France 9 millions de volumes dont 8 millions de livres scandaleux".[102] Man stelle sich vor: acht Millionen Ärgernisse in einem Jahr!

---

[99] Diese Aussage ist das Ergebnis der Durchsicht von Dutzenden von Aktenbündeln süddeutscher und französischer Aufsichtsbehörden.

[100] Archives Nationales Paris, F^{18}. 551.

[101] In Klammern jeweils die Nummern nach Schenda: *1000 FVB*.

[102] E.-A. De l'Étang: *Le Colportage, l'instituteur primaire (!) et les livres utiles* (!), p. 16, not. Der Autor macht natürlich nicht den geringsten Versuch, diese Behauptung zu beweisen.

Ein Modellfall: Eningen und sein Ansehen

In besonders schlechtem Rufe standen, wie schon erwähnt, die Eninger Kolporteure. Wie sahen sie wirklich aus? Am 30. Januar 1812 erstattete der Oberamtmann Griesinger von Urach folgenden Bericht über die Buchhändler von Eningen:[103]

Euren Königlichen Majestät
habe ich auf den allerhöchsten Befehl vom 21. diß, den Bücherhandel der Ehninger betreffend, allerunterthänigst zu berichten, daß diese Leute wie aus beiliegendem Protokoll erhellet, mit den Starkschen, Schmolkeschen, Hübnerschen, Habermannschen Gebetbüchern, dem Brastbergerschen Predigtbuche, der Seelen-Apotheke, dem Paradiß-Gärtlen, der Kreuzschule, Kupfer- und Holzstichen auch Landkarten handeln, die sie von den Buchdruckern zu Reutlingen beziehen und theils im Reiche, theils im Elsaß, theils in der Schweiz, theils in dem Großherzogthum Berg, theils im Naßauschen verkaufen.
Sie [haben] hierzu zwar kein Privilegium, handeln aber damit schon seit unfürdenklichen Zeiten. Gewöhnlich ist es der Anfang ihres Handels und nährt sie kümmerlich, und mehr als 150 müßten Bettler werden, wenn ihnen dieser Handel niedergelegt würde. Sie hoffen daher Eure königliche Majestät werden ihnen denselben ferner gestatten.
Ich ersterbe in der allertiefsten Ehrfurcht. Eurer Königlichen Majestät allerunterthänigst Verpflicht gehorsamster Ober Amtmann zu Urach.
                                        gez. Griesinger.

Griesinger hatte, bevor er allerunterthänigst rapportierte, einige Kolporteure nach Urach kommen und verhören lassen:[104] Johann Georg Kuhn, 34 Jahre alt, Eninger Bürger, hatte vier kleine Kinder, sonst aber keinerlei Vermögen. Er handelte schon 17 Jahre im Schwarzwald und im Elsaß mit Starks und Schmolcks Gebetbüchern[105], dem Brastbergerschen Predigtbuch[106], der *Seelen-Apotheke*[107] und anderen Werken, womit ihn Buchbinder Rapp in Reutlingen versah. Er wisse auf keine andere Art seine Familie fortzubringen, gab Kuhn an, weil er den „Güterbau" nicht verstehe. Der Handel ernähre ihn kümmerlich, sei jedoch für seine Existenz notwendig. Er handle

---

[103] Staatsarchiv Ludwigsburg, D 52/504.
[104] Uracher Amtsprotokoll vom 29. Januar 1812. — Staatsarchiv Ludwigsburg, D 52/504.
[105] Über Johann Friedrich Stark (1680–1756). v. H. Beck: *Die religiöse Volkslitteratur*, p. 205–207; über Benjamin Schmolck (1672–1737) ibid. p. 251–252.
[106] Nicht bei Beck, loc.cit., aber in zahllosen Auflagen verbreitet. Im Schillermuseum Marbach etwa ein Exemplar I. G. Brastberger: *Evangelische Zeugnisse der Wahrheit*, um 1760, mit eigenhändigem Besitzervermerk von Schillers Vater vom 3. II. 1778. — Cf. auch O. Schuster: *Kirchengeschichte von Stadt und Bezirk Eßlingen.* — Stuttgart 1946, p. 253–255.
[107] *Die heilsame Seelen-Apotheke zur Bewahrung von muthwilligen Sünden.* — Mannheim: Löffler 1786. (Heinsius: ABL III, col. 695. Kayser: VBL V, p. 211).

neuerdings auch mit Holzstichen, die Schlachten und Landschaften vorstellten, und mit Landkarten, welche ihm der Buchdrucker Heerbrandt in Reutlingen anschaffe.

Ignaz Jacob Mäkleisen war 27 Jahre alt, verheiratet und hatte zwei Kinder. Seit vier Jahren handelte er ins Großherzogtum Berg und ins Nassauische, woher er ein Handels-Patent besaß, mit Starks und Schmolcks Gebetbüchern und Brastbergers Predigtbuch aus Fleischhauers Buchdruckerei in Reutlingen. Mäkleisen nährte von diesem Handel Weib und Kinder.

Georg Michael Walter, 25, ledig, handelte seit acht Jahren teils im Lande, teils in der Schweiz mit Holzstichen, die Schlachten vorstellten, Landkarten und Gebetbüchern vom Drucker Fischer in Reutlingen. Er hatte keinerlei Handwerk erlernt und nährte sich ausschließlich vom Handel.

Zachar Gros, 34, verheiratet, zwei Kinder, handelte schon seit 15 Jahren in der Schweiz mit Starks, Schmolcks, Hübners[108] und Habermanns[109] Gebetbüchern, dem *Paradies-Gärtlein*[110] und der *Kreuzschule*.[111] Er bezog die Werke vom Buchbinder Gröninger in Reutlingen. Den Buchhandel betrieb er als Nebenverdienst.

Jacob Kromer, 30, verheiratet, zwei Kinder, handelte zusammen mit Gros seit 15 Jahren in die Schweiz. Er besaß nur „½ Häusle" und mußte daher zusätzlich mit Büchern handeln.

Schließlich wurden auch die Personalien von zwei Mädchen aufgenommen. Maria Catharina Hämlin, 24, und Maria Catharina Baiwadlin (Waiwadel), 22, handelten seit sechs Jahren miteinander in die Schweiz, ebenfalls mit Starks und Schmolcks Gebetbüchlein aus dem Verlag Fischer. Zu diesem Handel, von dem sie sich elendig ernährten, bringe sie, so gaben sie an, ihre Armut.[112]

---

[108] Über den vielseitigen Johann H. Hübner (1668–1731) v. die *Allgem. Deutsche Biographie* XIII, p. 267–269. Seine *Zweimal 52 biblischen Historien* erlebten 1833 die 101. Auflage. J. Chr. Gädicke: *Zur Statistik*, p. 28.

[109] Über Johann Habermann (1516–1590) v. H. Beck: *Die religiöse Volkslitteratur*, p. 49–50.

[110] *Paradies- oder Lustgärtlein, darinnen schöne katholische Gebete und Gesänge ... enthalten sind.* — Cöslin: Hendeß 1798. 12°. (Heinsius: ABL VII, 2, col. 148. — Kayser: VBL IV, p. 300).

[111] Über Valentin Wudrian (1584–1625) v. H. Beck: *Die religiöse Volkslitteratur*, p. 69–70. — Einer der zahlreichen Reutlinger Drucke trägt den Titel: *M. Valentin Wudrians, Pastor der Hauptkirche zu St. Peter in Hamburg, Creuz-Schul, Oder Kennzeichen aller wahren evangelischen Christen; zur Unterweisung und Trost allen mit Trübsal beladenen Herzen. Aus Gottes Wort und berühmter Kirchenlehrer Trostschriften zusammen getragen. Auch aufs Neue mit Morgen- und Abendsegen, geistlichen Liedern und Herzensseufzerlein vermehrt.* (Mit gnädigster Genehmigung.) — Reutlingen, bey Buchdrucker Kurtz. 1824. 448 p. — Exemplar im L.-Uhland-Institut Tübingen.

[112] Dieses Protokoll ist von der Mutter, Magdalena Baiwadlin, unterschrieben.

Trotz dieser, freilich aufgeputzten Untersuchungen fertigten die Herren Menoth, Baer und Werkmeister im Oberzensurkollegium am 23. März 1812 ein Gutachten für das Königliche Polizeiministerium an.[113] Darin hieß es:

Die Schriften, welche den Gegenstand dieses Handels ausmachen, und die meistens in Reutlingen gedruckt werden, sind gewöhnlich theils ascetische Bücher theils Schriften zur sonstigen Belehrung und Unterhaltung des Landvolks, z. B. Kochbücher, eine populäre Geographie, Beispiel-Sammlungen von Briefen, alte Volksromane, besonders aber auch verschiedene fliegende Blätter und Lieder. Und schon öfters haben gehorsamst Unterzeichnete die Erfahrung zu machen gehabt, daß bei der schlechten, oft ganz unsittlichen Beschaffenheit vieler dieser fliegenden Blätter mancher Schade unter dem Volk von diesem Bücher-Trödel zu besorgen sey. So oft dergleichen schon gedruckte, elende, schädliche und unsittliche Blätter entdeckt wurden, wurden sie confiscirt oder doch verboten, und wenn um die Erlaubniß zum Druck gebeten wurde, dieselbe verweigert, auch den Reutlinger Buchdruckern aufs strengste und unter Androhung von Strafen verboten, auch nur das kleinste fliegende Blatt so wie auch alte Artikel, je ohne Censur zu drucken, und sie zugleich aufgefordert, statt der alten, gewöhnlichen, wenngleich nicht schädlichen, doch geschmacklosen Volksbücher beßere neuere zu verlegen.

Der Bericht Griesingers fand also in diesem Gutachten noch keinerlei Berücksichtigung, die Reutlinger Andachtsbuch-Produktion wurde trotz ihres Umfangs totgeschwiegen, und was die Beschuldigungen anbetraf, so verzichteten die Oberzensoren auf jeglichen konkreten Beweis. So heißt es denn, möglichst vage, aber durch die Wiederholung doch gravierend: *meistens, gewöhnlich, sonstig, verschiedene Blätter, öfters, oft ganz unsittlich, mancher Schade* – und die Volksbücher werden wieder einmal mit dem Epitheton *geschmacklos* bedacht. Konsequenterweise hätte nun das Oberzensurkollegium für eine Unterdrückung der Reutlingen-Eningenschen Allianz stimmen müssen.

Die wirtschaftliche Seite dieses Geschwister-Handels war aber doch auch zu bedenken, und so wandte sich das Oberzensurkollegium schließlich gegen die gänzliche Unterdrückung des Eninger Kolportagehandels, da dieser, gerade durch die Verbreitung religiöser Schriften, einen geistigen und durch den Vertrieb ins Ausland (Berg, Nassau, Schweiz, Elsaß) einen materiellen Nutzen bringe. Dem Vertrieb unsittlicher und abergläubischer Flugschriften sei allerdings durch strenge Aufsicht von Seiten der Bücherfiskale zu steuern.[114]

Das vereinzelte Auftauchen von unanständigen Lieddrucken wurde also verallgemeinert, die allgemeine Warnung vor den unsittlichen Schriften

---

[113] Staatsarchiv Ludwigsburg, D 42/504.
[114] Ibid. D 41/1351.

keineswegs durch Beispiele belegt – mochten die Fiskale zusehen, was sie für unanständig hielten, mochten die Polizisten Kolporteure verhaften und Kisten beschlagnahmen – das ging das Oberzensurkollegium nichts an. Es hatte drohend gewarnt – das genügte. Die Warnung kam aber der moralischen Verurteilung des gesamten Eninger Buchhandels gleich: jeder Kolporteur trug das Mal des potentiellen Staatsfeindes und Sittenstrolches. So wurden denn die Eninger Kolporteure auch in Baden als „Landstreicher" behandelt, wie folgender Bericht der Großherzoglich Badischen Polizei-Direction der Residenz vom 19. März 1813 an das Badische Innenministerium[115] zeigen mag:

Michael Waihwadel von Ehningen, versehen mit einem von den Königlich Würtembergischen Höchsten Staatsbehörden bekräftigten und von der diesseitigen Grosherzoglichen Gesandtschaft zur Reise in[s] Grosherzogthum visirten, für sich und seine Frau von dem OberAmt Urach mit dem Prädikat Handelsmann ausgestellten Paß, wurde gestern dahier angehalten, als er eben ein Blatt sehr abgeschmackten und abergläubischen Inhalts in die Druckerei tragen wollte, um solches frisch auflegen zu lassen. Das verdächtige Aeußerliche dieses Burschen veranlaßte eine nähere Untersuchung, und da die Frau sich zu Grün Wettersbach (Bezirksamt Durlach) aufhielt und angeblich den Waaren Vorrath bei sich haben sollte, so wurde Polizei Sergeant Jacob dahin abgeordnet, welcher die Frau mit dem aus einigen höchstschlechten Liedern und abergläubischen Dingen bestehenden elenden Kram, augenscheinlich bloßen Deckmantel der Landstreicherei alsbald einbrachte.

Diese Leute ziehen damit schon bald 9 Monate im Badischen umher. Der als Handelsmann angegebene Waihwadel kann überdies nicht schreiben und ist mit allen äußerlichen Merkmalen des Landstreichers bezeichnet.

Beschluß.

1. Ist derselbe mit seiner Frau unter dienlichem Beisatz auf seinem Paß fort in sein Vaterland zu weisen.

2. Grosherzoglichem Ministerium des Innern (Landes Polizei Departement) von diesem Unfug mit dem Anheimstellen geziemende Nachricht zu ertheilen, auf welche Weise der Verbreitung solches Unsinnes, wovon man einen Beleg anschließe, ernstlich Einhalt gethan oder überhaupt den Krämern aller Handel mit Liedern und Büchern untersagt werden wolle.

gez. Freyh. von Haynau.

Die Affäre wäre weniger lächerlich, wenn Michael Waihwadel nun wirklich eine hübsche Sammlung von Schmutz und Schund bei sich gehabt hätte. Die Beilagen[116] kann man jedoch höchstens kurios und leichtgläubig, keineswegs aber unsittlich nennen: die eine schildert Visionen und Prophezeiungen

---

[115] Badisches Genrallandesarchiv Karlsruhe, 236/150.

eines alten Mannes, die andere die Abenteuer eines Liegnitzer Handwerkers in tunesischer Sklaverei; die eine mag eine reine Erfindung sein, die andere war zwar die Reprise eines älteren breslauischen Druckes, beruhte aber durchaus auf Tatsachen.[117] Das Vorgehen der badischen Polizei kann also nur psychologisch erklärt, nicht faktisch begründet werden, auch nicht, wenn man Waihwadel und seine Schriften durch die Brille des 19. Jahrhunderts betrachtet.

Frequenz der Kolporteure

Daß, trotz der angeführten Fälle, nicht von einer allgemeinen Kolporteur-Verfolgung gesprochen werden kann, liegt an der hohen Gesamtzahl der Kolporteure und an der entsprechend niedrigen Frequenz solcher strengen Maßnahmen. Wenn Augustin Dubois angibt, im Bürgermeisteramt des Händlerdorfes Chamagne, Département Vosges[118], seien von 1850 bis 1870 3 000 Kolportagepässe ausgegeben worden, so vergißt er zu sagen, daß die Pässe jährlich oder halbjährlich neu auszustellen waren, daß die tatsächliche Zahl der Kolporteure von Chamagne also niedriger lag.[119] René Perrout spricht von 2.000 Kolporteuren, die am Ende der Restaurationszeit, also um 1830, 5–6 Millionen Broschüren jährlich verkauften. Sie kamen zumeist aus den Bergländern der Alpen, des Jura oder der Auvergne[120], aus der Gascogne oder aus Lothringen.[121] 1847 soll es 3.500 Buch-Hausierer in Frankreich gegeben haben.[122] Um 1858 durchliefen 83 Kolporteure allein das Département Bas-Rhin.[123] Im Laufe des Jahres 1865 erhielten in diesem

---

[116] Es handelt sich um folgende Drucke: *In diesem Blatt findet der geneigte Leser ein ausserordentliches Phänomen und erschröckliches Wunderzeichen, oder: neue Prophezeihung, so sich zu Libach in Liefland [...] zugetragen [...] Aus den portugisischen und moskauischen Zeitungen ins deutsche übersetzt.* Also gedruckt und verlegt zu Petersburg bei Johann Christian Schmidt, Buchdrucker und Verleger allda, den 17. März 1811. — 4°, 2fol. n. n. — *Beschreibung der sechs deutschen Sklaven oder Handwerksburschen welche in der Tunischen Sklaverey über 10 Jahre am Pfluge haben ziehen müssen, worunter auch Johann Ehrenfried Weishaupt, ein Schornsteinfegers-Gesell aus Lygnitz [...]* — Reutlingen, bey Christoph Philipp Fischer. 1812. 4°, 2 fol. n. n.

[117] Freundliche Auskunft von Frau Bibliotheksdirektor Dr. Jadwiga Pełczyna, Universitätsbibliothek Breslau, vom 5. Mai 1967.

[118] Über die Händler von Chamagne berichtet R. Perrout: *Les Images d'Épinal*, p. 160–161.

[119] A. Dubois: *Les anciens Livres de colportage*, p. 2.

[120] Ibid. p. 1.

[121] R. Perrout: *Les Images d'Épinal*, p. 159.

[122] E.-A. De l'Étang: *Le Colportage*, p. 16, not.

[123] *Tableau des colporteurs qui parcourent habituellement le Bas-Rhin.* — Archives Bas-Rhin, Strasbourg, T. 217. — Cf. auch das blaue Heft mit dem Titel *Colportage* in dem Aktenbündel T. 212. Es enthält eine alphabetische Namensliste von autorisierten Kolporteuren, 1850–1860. Weitere Listen für 1862–1865 ibid. T. 214.

Département 70 Kolporteure eine Genehmigung, beziehungsweise eine Verlängerung ihrer Genehmigung.[124] Fünf von ihnen stammten aus Wissembourg, sie arbeiteten also für die Bilderbogenfabrik Wentzel. Auffällig ist auch die große Zahl der Händler aus der Gemeinde Gumbrechtshoffen.[125] Viele Kolporteure kamen aus dem bayerischen Pirmasens ins Elsaß, um für Wentzel oder auch selbständig zu arbeiten: Johann Baptist, Heinrich und Friedrich Hartmann, Margarethe Türk, verwitwete Kuntz, Georg Walter, Martin Peter, Elisabeth Gaebel und Henriette Margarethe Wolff, verwitwete Leilich.[126]

Vita activa der Kolporteure

Das ist der Kolporteur des 19. Jahrhunderts: er stammt aus einer unterentwickelten Gemeinde, die im weiteren Umkreis als Landstreicherdorf verschrien ist. Er hat nichts gelernt: sein Vater mußte an den Handel denken, nicht an geistige Fortbildung der Kinder. In der Schule lernt er nur ein bißchen lesen und schreiben – was weiß der Lehrer schon? Für ein Handwerk sind zu wenig Meister im Dorf; die Gemeinde ist handwerklich-industriell unterbesetzt.[127] Das Leben draußen ist attraktiv: der Junge aus Savoyen will Paris sehen, der von der Alb hört Wunderdinge von den noch rauheren und höheren Alpen. Selbst die Mädchen verzichten auf alle bürgerliche Häuslichkeit – auch die Mutter war schon mit dem Vater unterwegs gewesen, hatte Lieder auf dem Jahrmarkt gesungen und Flugblätter verkauft.[128] Aber auch ältere Leute fühlen sich noch vom Kolportagehandel angezogen, wenn der

---

[124] Archives Bas-Rhin, Strasbourg, T. 214.

[125] Ibid. T. 213: Jacques Lienhard, Michel und Jacques Huntzinger, Jacques Berger, George Metzger, Joseph Müller, Louis Gast, Pierre Klein und Joseph Heilmann.

[126] Archives Bas-Rhin, Strasbourg, T. 213 und Archives Haut-Rhin, Colmar, 1. T. 484. — Elisabeth Gaebel, 38, verkaufte 1866 Flugblätter in Wintzenheim, Elsaß. Sie wird als „chanteuse ambulante" bezeichnet. Wohnt in Colmar bei Mme. Strauss neben dem Café Rapp. — Archives Haut-Rhin, Colmar, 27908. — Über die zahlreichen Bilderhändler des Bezirksamtes Bergzabern unterrichtet die Akte 236/5748 des Bad. Generallandesarchivs Karlsruhe.

[127] Bericht des Oberamts Urach, den Zustand des Armenwesens in Eningen betreffend. Staatsarchiv Ludwigsburg D 41/1346 (6. März 1817): „Seine [Eningens] Bevölkerung ist allmählich bis auf 4 500 Seelen angewachsen, welche sich in 900 Morgen Ackerfeld, 500 Morgen Wiesen und Gärten, und 200 Morgen schlechter Weinberge theilen sollen. Von diesem Feldbau ist kaum der vierte Theil, von Handwerkern kaum der zehente Theil der Einwohner sich zu nähren im Stande, weil bei der Nähe von Reutlingen, Pfullingen und Mezingen kein angrenzender Ort dem Eninger Handwerker zu Nuzen kommt [...]".

[128] Eine italienische Darstellung bei R. Schenda: Die Sammlung italienischer Flugblätter, fig. 2.

eigentliche Beruf – Taglöhner, Jahrmarktshändler, Lumpensammler, Soldat – zu wenig einbrachte.[129]

Das bißchen Geschäft war schnell erlernt. Der Drucker in Reutlingen, in Épinal, in Hamburg, in Paris gab Kredit, wenn der Vater oder der Nachbar dort schon eingekauft hatte. Der Drucker kannte seine Bestseller: er gab dem Anfänger von jedem drei, vier Exemplare mit. 30 bis 50 Büchlein für den Anfang, das genügte. Eine Kiste brauchte der Hausierer: eine mit Türen, auf den Rücken zu schnallen, die wie ein Schrank aussah[130]; eine billigere, wie eine Weinbütte, die mußte man in jedem Haus auspacken.[131] Oder einen Bauchladen: da lagen alle Büchlein offen zur Schau, und die Bilderbogen konnte man durch die Luft schwenken.[132] Eine Kolportageerlaubnis brauchte er: das war das schwerste.[133] Den Antrag schrieb der Gemeindesekretär, der kannte sich aus, aber der ließ sich dafür bezahlen. Unten schrieb der Kolporteur ungelenk seinen Namen hin – schreiben konnte er ja, nur nicht so schön.[134] Notfalls genügte ein Kreuzchen.[135] Das gestempelte Papier kostete auch etwas. Schließlich das Patent – er bekam es aber nur, wenn er ein gutes

---

[129] Archives Haut-Rhin, Colmar, 27907 (1860/62). Außerdem: Weber, Strumpfwirker, Fabrikarbeiter, Maurer. — 1866 tauchen in der Akte der Archives Bas-Rhin, Strasbourg, T. 217 als Berufe der Kolporteure auf: épicier, journalier, Brigadier Trompette retraité, ex militaire du 1ᵉʳ voltigeur de la garde Impériale, coutelier, libraire.

[130] „Il portait une boîte plate de la main droite et une autre sur le dos, soutenue par des courroies et s'ouvrant à deux battants comme une petite armoire." A. Dubois: Les anciens Livres de colportage, p. 3. — Cf. auch R. Perrout: Les Images d'Épinal, p. 159.

[131] Musterstücke befinden sich im Heimatmuseum Eningen, Kr. Reutlingen, Rathaus.

[132] Die zahlreichen bildlichen Darstellungen brauchen hier nicht noch einmal aufgezählt zu werden.

[133] Der Kolporteur Philipp Heinrich Hartmann, 58, wollte im Jahre 1859 im Gebiete von Mannheim mit religiösen Schriften handeln (Bibel, Arndts Wahres Christentum, Brastbergers Predigtbuch, Starks Gebetbuch, Ledderhoses Gebetbuch, Habermanns Gebetbuch und Predigten über die 2. Evangelien-Reihe). Er erhielt jedoch keine Hausiererlaubnis, „da für die Verbreitung solcher Druckschriften auf andere Weise genügend gesorgt ist und Bittsteller als Kaufmann seinen Unterhalt leicht finden kann". Bad. Generallandesarchiv Karlsruhe, 236/5748.

[134] Christoph Berger, 39, aus Birkendorf, Baden, wohnhaft in Marienthal bei Hagenau, zeigte sich im Jahre 1853 mutig und selbständig. Er wollte nicht weniger als 110 verschiedene Andachtsbücher, zumeist in deutscher Sprache, im Département Haut-Rhin kolportieren. Der Colportagekommission in Paris waren nur sieben dieser Bücher (die französischen nämlich) bekannt; alle anderen mußte Berger in einem Exemplar nach Paris schicken, um sie genehmigen zu lassen. Das hat Berger, kein Meister im Schreiben und noch weniger in der französischen Sprache, offenbar nicht getan, denn weitere Akten zu seinem Fall fehlen. Archives Haut-Rhin, Colmar, 1. T. 484. Dabei ein „Verzeichnis der Bücher wo Gestempfelt sind v. Christoph Berger".

[135] Noch 1860 unterzeichneten die Kolporteure Gaspard Gallat, Mulhouse, 33, Moise Lery, Balbronn, 32 und Alexander Müntz, Baldersheim, 49 mit einem Kreuz. Archives Haut-Rhin, Colmar, 27907.

Leumundszeugnis vorweisen konnte[136], nicht wenn er ein Trunkenbold oder Ehebrecher war.[137] Ein Paß war schließlich erforderlich, wenn man ins Ausland, von Württemberg nach Baden, von der bayerischen Pfalz ins Elsaß wollte.[138] Manchmal auch eine Liste aller Bücher, die man bei sich führte – aber solche Vordrucke hatte der Verleger schon bereit.

Wer w a s kaufte – das mußte der Kolporteur lernen. Es lohnte sich, wenn er nicht allein auszog, sondern mit seiner Frau, die singen mußte[139], oder mit ein paar Kollegen aus dem Dorf. Da konnte man sich immer wieder treffen und Erfahrungen über den Absatz austauschen. Der Bauer wollte vielleicht einen Viehdoktor oder ein Heiligenbild, das die gleichen Dienste leistete; die Bäurin ein kräftiges Gebetbuch, die Kinder Bilderbögen oder Weltbeschreibungen.[140] Also mußte der Händler sowohl Bilderbogen als

---

[136] Zeugnis für Friedrich Hartmann, 35, ausgestellt vom Bürgermeisteramt Pirmasens am 12. April 1854: „[...] jederzeit eine ganz gute sittliche Aufführung gepflogen und im Jahre 1849 an revolutionären Umtrieben keinen Antheil genommen hat". Archives Bas-Rhin, Strasbourg, T. 210.

[137] Joseph Walliser wird in einem Schreiben des Unterpräfekten von Altkirch an den Präfekten von Colmar vom 22. Okt. 1853 beschrieben als „un ivrogne et un mauvais sujet qui serait parfaitement capable d'abuser du permis qui pourrait lui être accordé [...]" und erhält folglich keine Genehmigung. Archives Haut-Rhin, Colmar, 1. T. 484. — Georg Mergel von Mülhausen wurde im Juni 1869 aktenkundig, weil er zwei Exemplare des *Illustrirten Volks-Novellisten* (Basel: Krüsi's Verlagsbuchhandlung) nach Frankreich eingeführt hatte. Im Bericht des Unterpräfekten von Mulhouse heißt es: „Il résulte des renseignements fournis par le Commissaire central que le Né. Mergel qui est tailleur de profession, s'occupe depuis quelque temps du colportage d'imprimés, qu'il habite Mulhouse, rue Marignan N°. 70. Il est marié, sans enfants. Sa moralité laisse à désirer, il a déjà quitté sa femme pour aller vivre en concubinage avec une étrangère." Politisch hatte man ihm jedoch nichts vorzuwerfen. Ibid. 1. T. 463.

[138] David Ebinger und Johann Friedrich Wurster aus Grafenberg, OA Nürtingen, baten am 10. Januar 1863 das badische Innenministerium um Erlaubnis, mit „religiösen Büchern und Schriften und Kalendern" in Baden handeln zu dürfen. Ihr Antrag wurde „nicht genehmigt, da Leumund nicht ganz tadelfrei". Badisches Generallandesarchiv Karlsruhe, 236/5748.

[139] Ein Kolporteur in den Vogesen spielte die Violine und sang zusammen mit seiner Frau Cantiques, um dann die Texte zu verkaufen. Er deutete zudem auf die Heiligenbilder und erklärte kurz deren mirakulösen Wert: „Voyez ici le grand Saint-Hubert, qué fut le plus grand de tous les chessous [Jäger]. Chessant dans la forêt des Ardennes, Notre-Seigneur li apparut un grand jour du Vendredi Saint; donc que tout chacun doit évoquer contre peste, accident, tonnerre et contre les chiens enragés. Donc que tout chacun soit à jamais préservé et ira tout droit dans le ciel s'il porte sur lui la médaille du grand Saint-Hubert, qué n'y a point de si grands miraques que le grand Saint Hubert n'au fait." R. Perrout: *Les Images d'Épinal*, p. 160–161.

[140] Michel Buck, der oberschwäbische Arzt, Philologe und Mundartdichter, beschreibt in seinen Lebenserinnerungen (Schwäbische Kronik vom 4. 5. 1892, num. 103), wie er als Zehnjähriger bei einem Kolporteur eine Weltbeschreibung kaufte. Cf. R. Schenda: *Michael R. Buck*. In: *Zur Geschichte von Volkskunde und Mundartforschung in Württemberg*. — Tübingen 1964 (Volksleben, 5), p. 120.

Heftchen mit sich führen.[141] Billig mußte alles sein, viel sprang auf so einer Reise nicht heraus, für Lektüre wollte niemand viel Geld ausgeben. Manche fragten nach pikanten Sachen, lustigen Liedern[142], deftigen Histörchen – die würde er das nächste Mal mitbringen. Nach einem Monat Wanderung von Dorf zu Dorf, von Haus zu Haus oder von Marktplatz zu Marktplatz war die Kiste leer.

Die frommen Sachen waren gut gegangen, die lustigen auch, aber die Geschichten mußten sensationeller sein: schrecklich grausam oder furchtbar traurig.[143] Der Kolporteur erfand sie notfalls selbst, dabei konnte er seiner Phantasie die Zügel schießen lassen.[144] Auch Lieder dichtete er hin und wieder selbst.[145] Ältere Flugblätter und neue Texte ließ er bei dem nächstbesten

---

[141] Cf. den Catalogue des ouvrages ou emblêmes que le Sieur Neff est autorisé à colporter dans le Département des Vosges (um 1855). Archives Vosges, Épinal, 7. T. 10.

[142] Im Jahre 1853 durfte Frau Henriette-Margarete Wolff, verwitwete Leilich aus Pirmasens folgende Schriften im Oberelsaß feilbieten:
1. *Sechs neue Lieder* (Annemaries Heiratslied — Die Schwalben — Die goldene Zeit — Die Mailüfterl — Der braune Spanier — Meine Liebe ist eine Alpnerin).
2. *Sechs neue Lieder* (Die Schlacht bei Leipzig — Jägerlied — Die Biermamsell — Der kleine Mann und die große Frau — Muß i denn zum Städtel hinaus — Hoch vom Dachstein an).
3. *Wahrhaftes und schreckliches Unglück von dem grossen amerikanischen Dampfschiffe Amazone, welches am 5. Mai 1852 auf der See in Brand gerieth, und über 400 deutsche Auswanderer auf furchtbare Weise ihr Leben verloren haben.*
4. *Eine wahrhaft traurige Begebenheit, die mir auf meiner Reise in Italien begegnet und die ich jetzt meinen guten Freunden in meinem Vaterlande mittheilen werde, welche traurige Scene ich gesehen und gehört habe. Im Jahr 1852.* Archives Haut-Rhin, Colmar, 1. T. 484.

[143] Im Mai 1853 beantragte Johann Baptist Hartmann aus Pirmasens eine Kolportage-Erlaubnis im Département Haut-Rhin für folgende Druckwerke:
1. *Die Grausamkeit eines afrikanischen Edelmannes, an einem französischen Offizier, den derselbe 5 Jahre lang in einem unterirdischen Gewölbe eingesperrt hielt, um seine Rache an demselben auszuüben. Er wurde jedoch entdeckt und befreit. Der Rachgierige aber durch den Tod bestraft. 1852.*
2. *Traurige Begebenheit welche sich in dem Bergwerke bei Halberstadt im Königreich Hannover, am 24. Juni 1852, zu getragen hat, wo viele Bergwerksleute von dem einstürzenden Bergwerke begraben, doch Etliche durch Ausgraben gerettet wurden.* — Beide Schriften, Flugblätter, waren bei Hallanzy in Zweibrücken gedruckt. Hartmann durfte nur das zweite Blatt auf französischem Boden verkaufen.

[144] Im Jahre 1822 hatte Jean-Charles Pellerin einen Bericht von einem Erdbeben gedruckt, das sich am 24. Dezember 1821 in Baccarat/Elsaß ereignet haben sollte. Ein Kolporteur aus Chamagne hatte ihn herstellen lassen. Der Friedensrichter von Baccarat verklagte Pellerin wegen Verbreitung falscher Nachrichten. J. M. Dumont: *Vie de J.-Ch. Pellerin,* p. 63.
Reine Phantasie darf man bei vielen Mord- und Abenteuergeschichten voraussetzen, so etwa bei der mehrfach gedruckten Geschichte *Der Negerfürst, oder: der Schwur des Sohnes am Grabe seiner Mutter.* — Hamburg um 1860.

[145] Im Jahre 1853 erhielt der Fabrikarbeiter Ignace Lefèvre aus Thann Kolportage-erlaubnis für ein Lied in deutscher Sprache zu Ehren des Kaisers. Schon im August 1849

und billigsten Drucker vervielfältigen.[146] Grundsätzlich blieb er den Titeln treu, die nach seiner bisherigen Geschäftserfahrung oder die schon bei seinen Vorgängern gut gegangen waren. Auf Verkaufsexperimente ließ er sich nur ungern ein. Nur Sensationsmeldungen durften neu sein. Das Geschäft mit

---

hatte er um eine Genehmigung gebeten, „de chanter et débiter des chansons de sa composition". Er legte handgeschriebene Lieder über Louis Napoléon vor. Eines davon beginnt:

> Ihr Leute stehn ein wenig still
> Hört, was ich euch neues singen will,
> Den Dreyzehenten in diesem Brachmonat
> Wagt Napoleon sein Leben in Paris unverzagt [...] .

Ein anderes beginnt:

> Hört zu ihr lieben Leute
> Und stehet ein wenig still
> Es macht euch gewiß viel Freude
> Was ich euch singen will.
> Es ist ein Prinz geboren
> Ludwig Napoleon
> Er ist ja auserkohren
> Für Frankreich seinem Wohl [...].

Ein drittes erzählt die rührende Geschichte einer armen Witwe mit sechs Kindern, deren Mann in der 48er Revolution gefallen ist. Napoleon gibt ihr aber Geld und verspricht ihr, auch weiterhin für sie zu sorgen. Archives Haut-Rhin, 1. T. 444. — Im September 1854 fühlte sich ein gewisser Justus Achilles Gentz, der zu Mülhausen auf dem Schmidtplätzlein (Place des Maréchaux) Nr. 5 wohnte und sich als „Gesetzmann" (homme de loi) bezeichnete, von Beruf aber „Agent d'affaires" war, aufgerufen, ein Lied gegen die Wucherer in deutscher und französischer Sprache zu dichten, es drucken zu lassen und öffentlich vorzutragen. Das Lied fing so an:

> Eilet Freunde, höret mich an,
> Ich singe den Wuchermann.
> Der nagende Wurm, Wucher genannt,
> Wüthet grausam im Vaterland;
> Besonders im Nieder- und Ober-Rhein
> Spricht er gottlos, alles ist mein [...].

Nach vielen Klagen und Beschimpfungen erfährt der Zuhörer schließlich das Schicksal des Herrn Gentz:

> 6. Mir selbst nahm Raubsucht Hab und Gut,
> Nicht aber Kenntniß, rasches Blut,
> Von jenem Tag, von jener Stunde an,
> Schwur ich Rache dem Wuchermann [...].

Dem verkrachten Handelsmann wurde jedoch keine Druckerlaubnis für seinen poetischen Zorn erteilt. Der Antragsteller, so meinte die Präfektur am 28. September 1854, müsse doch einsehen, „qu'il est de son intérêt de ne pas la livrer à l'imprimerie". Archives Haut-Rhin, Colmar, 1. T. 444.

[146] Nicolas Gaulard aus Chamagne ließ 4 000 Stück von dem Flugblatt *Tremblement de Terre* im Jahre 1823 bei Vautrin in Épinal drucken und verkaufte das Stück zu 2 Sous. August Moll ließ die *Schreckliche und gefahrvolle Reise* im Jahre 1866 bei Risler in Mulhouse nachdrucken. Zahlreiche weitere Beispiele in den Druck-Deklarations-Akten der jeweiligen Départements-Archive.

den zeitlosen Andachtsbüchern[147], Kalendern[148] und Volksbüchern[149] war jedoch solider, reeller und ungefährlicher.

---

[147] Im Jahre 1864 wünschte der Ex-Husar und Kleinkrämer Antoine Bolly aus Mülhausen mit folgenden deutschen Andachts- und Erbauungsbüchern zu handeln: Liguori: *Besuch des hl. Altarssakramentes — Übung der Liebe — Leidensstunde — Herrlichkeiten Mariä — Vollkommener Christ — Missionsbuch — Geheiligter Tag — Handbüchlein — Jesus und die Jungfrau —* Cochem: *Leben und Leiden Jesu —* Ott: *Goffine —* Thomas a Kempis: *Nachfolge Christi — Nachfolge Mariä — Gethsemani und Golgotha — Nazareth und Bethlehem —* Alban Stolz: *Kalender —* Weissenburger: *Hausmannskost —* Sturmlerner *Vorbild für Jünglinge und Jungfrauen —* Maurer: *Die Jungfrau — Hausbuch des katholischen Volksfreundes —* Dietrich: *Kirchengesänge —* Schiffmacher: *Licht in der Finsterniß —* Segur: *Antworten —* Spitz: *Der wahre Anbeter —* Cazeaux: *Monat März —* Sintzel: *Herz-Jesu-Buch.* Archives Haut-Rhin, Colmar, 27908.
Der Kolporteur Eugène Henry aus Fontaine (Côte d'Or), wohnhaft zu Marseille, 29 Jahre alt, taubstumm, durfte im Frühjahr 1852 im Département Bas-Rhin folgende Büchlein zum Verkauf feilbieten: *Le nouveau testament — Petit manuel français et allemand par Jacoutot — Règle et exercices de congrégations — Souvenir de la confirmation — Examen de conscience — L'indigence et la charité — La passion de N. S. Jésus-Christ — Neuvaine de la pénitence — La passion de N. S. Jésus-Christ — Alphabet manuel des sourds-muets.* Archives Bas-Rhin, Strasbourg, T. 216.
Der Kolporteur Michel Haerling aus Leutesheim, Baden, bat 1851 um Genehmigung, folgende Büchlein im Département Bas-Rhin kolportieren zu dürfen: verschiedene deutsche und französische *Bibeln* und *Neue Testamente, Evangelien-* und *Psalmenbüchlein,* den *Almanach des bons conseils* für das Jahr 1852, *Der gute Bote,* Starks *Tägliches Handbuch,* Arndts *Wahres Christentum,* Karpffs *Communion-Buch,* zwei verschieden große Ausgaben von Habermanns *Gebetbuch,* Gossners *Schatz-Kästlein* und dessen *Bekehrung des Sünders* und *Anklopfen des Heilandes,* die in Calw erschienenen *Biblische Geschichte, Biblische Naturgeschichte, Kirchengeschichte, Handbuch der Weltgeschichte* und *Missionsgeschichte* sowie ein in Zürich gedrucktes Gebetbuch mit dem Titel *Hausschatz,* eine *Kurze Anleitung die Bibel zu lesen* und eine *Anleitung zur Selbstprüfung,* und schließlich religiöse Traktate für Kinder mit folgenden Titeln: *Die Holzsammlerin — Güte und Freundlichkeit — Des Kindes Traum – Die leeren Teller – Des Kindes Brief an den lieben Heiland – Die zertretenen Blumen — Die Erdbeeren — Der arme Seppeli — Der Ritter von Flensburg — Der Kindlein Weihnachtsfeier — Der Kindlein Sonntagsfeier* und *Der Kindlein Schule.* Archives Bas-Rhin, Strasbourg, T. 216.

[148] Die 21jährige Kolporteuse Catherine Motschwiller aus Châtenois (Vosges) erhielt im November 1869 die Erlaubnis, folgende Kalender im Département Bas-Rhin feilzubieten: *Le Grand Messager boiteux — Le Messager boiteux de Colmar — Le bon Alsacien — Le bon Messager — Le beau Michel — Le Messager de la Montagne — Le Messager de la ville et de la campagne — Le Messager boiteux du Rhin — Le Calendrier du peuple — Le Messager boiteux d l'Ill et du Rhin — Le Calendrier catholique de Colmar.* Archives Bas-Rhin, Strasbourg, T. 213. — Bibliographie der Kalender bei J. Grand-Carteret: *Les Almanachs français.*
Der Kolporteur Jakob Troxler hatte um 1860 in seiner Kiste folgende Almanache: *Messager boiteux de Strasbourg — Le grand messager des familles — Le double messager de France et d'Alger — Le grand conteur — L'almanach de la guerre du Mexique — Le grand juif-errant — Le véritable almanach de Napoléon — L'almanach des Braves — L'almanach des mille et un souvenirs — Le messager Lorrain — Le bon cultivateur — L'almanach des cinq parties du monde — L'anabaptiste des campagnes — L'almanach de Bâle et Berne — Le Postillon — Le conteur amusant — L'almanach du guerrier.* Archives Haut-Rhin, Colmar, 27907.

Eine gute Portion Idealismus brauchte der Kolporteur, wenn er für eine Traktatgesellschaft arbeitete.[150] Die einseitige Ausrichtung seiner Ware und die Verpflichtung, diese Ware den Leuten aufzudrängen, förderten nicht immer den Absatz.[151] Nur die allgemeine Leseneugier kam seinen Interessen entgegen, manchmal wirkte auch die attraktive Aufmachung der Traktate – das Volk las schließlich alles, was man ihm mit einigem Geschick anbot.[152] Die Traktatgesellschaften taten auch ihr bestes, das Angebot reichhaltig zu gestalten.[153]

[149] Die Kolporteuse Anne Marie Wagner, Witwe, aus Laumersheim in Rheinbayern, durfte 1850 auf dem Straßburger Jahrmarkt folgende Büchlein verkaufen: *Robinson — Rose de Tannenbourg — Hirlanda — Hélène — Magelona — Octavianus — Geneviève — Schinderhannes — Jean et Marie — Henri de Eichenfels — Château enchanté — Lettres amusantes — Le bon Fridolin — Les sept Châteaux — Les quatre Enfants de Heymond — Les Enfants orphelins — Les deux bons Enfants — Bonnes aventures — Le Perroquet — La Corbeille — La Colombe — Le Chapeau.* Archives Bas-Rhin, Strasbourg, T. 216. Die Titel sind offenbar aus dem Deutschen übersetzt.

[150] Die Verbreitung der Traktate und Bilder der Evangelischen Gesellschaft Stuttgart geschah ab 1846 „durch Colporteurs, welche das ganze Land bereisen und von Haus zu Haus sowohl die Tractate und Bilder anbieten, als auch die Schriften der evangelischen Bücherstiftung und die Calwer Verlagsvereins zu verkaufen den Auftrag haben". L. Hofacker: *Ein güldenes Jubiläum*, p. 53.

[151] Ibid. p. 69–70: „So trat ein Colporteur von starkem Regen getrieben in ein Wirthshaus an einer frequenten Landstraße, in welchem sehr viele Leute von allerlei Ständen Obdach suchten. Der Lärmen und das Freiheitsgeschrei wurde groß, schreibt er, und mein Muth, hier Traktate anzubieten, immer kleiner. Der Herr stellte mir meinen Beruf vor die Augen und unter Beugung über meinen Kleinglauben ging ich frisch ans Werk und nahm Traktate in die Hand. Da rief sogleich ein Herr mir zu: ‚Haben Sie Freiheitsschriften von Hecker?' ‚Freiheitsschriften habe ich, jedoch nicht von Hecker', entgegnete ich. Er nahm mir einen Traktat ab, und plötzlich eilten alle Anwesenden auf mich zu, um Schriften zu bekommen, wodurch mir meine Arbeit leicht wurde. Im Besitz der Schriften fiengen sie an zu lesen, aber sie fanden sich getäuscht und schrieen: ‚Das sind ja keine Freiheitsschriften!'[...]".

[152] Der Kolporteur J. Schlenker aus Metzingen berichtete um 1850 nach Hofacker, ibid. p. 70–71: „Ich trat heute in ein großes Dorf ein, auf welches mir schon länger bange war, daher ich mit viel Kleinmüthigkeit meine Traktate anbot; aber wie beschämte mich der Herr! Ich fand, zwar unter viel Widerstand und rohen Begegnissen, eine so starke Abnahme, daß ich über 18 fl. erlöste und noch manche an Arme und Reiche verschenkte. Dabei kamen mir ein paar junge Republikaner sehr zu statten, die schimpften mich auf freier Straße, und der eine von ihnen schrie so fürchterlich, daß die Leute zusammenliefen und von den angebotenen Traktaten mir dann eine Menge abkauften. Selbst in einer Branntweinschenke, wo ich mit leichtsinnigem Hohn empfangen wurde, machte ich bei den Giftwassertrinkern und -schenkern nach einer ernsten Unterredung brave Geschäfte."

[153] Der Kolporteur Lorders aus Mühlhausen bot im Jahre 1864 u. a. folgende Titel feil: *Der durchbrochene Damm — Die drei Soldaten im Spital — Das letzte Jahr des Eisenbahn-Arbeiters — Wie lange hast du noch zu leben — Die Witwe und ihre Bibel — Erzählung aus dem letzten indischen Kriege.* Im Jahre 1862 konnte er u. a. folgende Traktate verkaufen: *Der Christ im Dienste seines Herrn — Wo nahm Mose das Gesetz her? — Das zerbrochene Rad — Der Retter in der Noth — Lebendig oder todt? — Geschichte eines verlornen Sohnes — Die beiden Bergleute — Du selbst bist Augenzeuge — Des*

Jedes Jahr kam wenigstens ein Kolporteur durch jedes Dorf.[154] Er lieferte in die einzelnen Häuser den neuen Kalender, ein neues Bild, ein neues Erbauungsbuch. Das Dorf brauchte ihn bis zu dem Zeitpunkt, wo neue Kommunikationsmittel – Wochenblatt, Zeitung, Illustrierte – mit der Post ins Haus gebracht wurden, bis neue Institutionen – Dorfbibliothek, Buchhandlung, Bücherverein – rascher, billiger und reichhaltiger Lesestoffe liefern konnten. Auch der Handel mit Fortsetzungsromanen half dem untergehenden Geschäft nicht mehr auf die Beine. Der Kolporteur, der größte Lesestofflieferant des 19. Jahrhunderts, starb, noch ehe dieses lesehungrige Säkulum zu Ende ging.

Bedeutung des Kolportagewesens

Die Meinung der geistigen Oberschicht, das Kolportagegeschäft schade der ungeistigen Unterschicht, drückte dem Kolporteur des 19. Jahrhunderts ein Kainszeichen auf die Stirn, das ihn auch der Wissenschaft suspekt machte. Daß sich auch die Buch-Historiker – und vor allem die deutschen – von dem moralisch-strengen Blick der Pädagogen einschüchtern ließen und nicht in die Tabuzone des Kolportagewesens vordrangen, mag unglaublich erscheinen, und doch liegt der Forschungspegel bedenklich niedrig: Das *Lexikon des gesamten Buchwesens* weiß zur Geschichte des Kolportagehandels[155] rein gar nichts zu sagen, und das neuere *Lexikon des Buchwesens* hat die Lücken des älteren keineswegs mit Nachträgen zum Thema verkittet.[156] Houbens *Verbotene Literatur* gedenkt nicht ein einziges Mal populärer Lesestoffe.[157]

Fluchers Gebet — Die Lotterie — Die gefundene köstliche Perle — Bunyan's frohe Botschaft für Sünder — Der arme William — Ist es meines Vaters Brief? — Fürchtest du zu sterben? — Die Waldkirche — Warum soll ich in der Bibel lesen? — Die Hölle — Goldene Sachen — Der gläubig sterbende Jude — Das neue Herz — Thomas Wilcocks. Es handelt sich also um die Publikationen einer englisch beeinflußten Traktatgesellschaft.

[154] „[...] Il passait chaque année et on attendait son retour avec curiosité. Un beau jour il ne reparut plus; ce fut je crois vers 1883." A. Dubois: *Les anciens Livres de colportage,* p. 3.

[155] *Lexikon des gesamten Buchwesens,* s. v. *Druckschriftenkolportage, Kolportagebuchhandel.* Kein Stichwort *Kolporteur,* andere einschlägige Stichwörter höchst unbefriedigend.

[156] *Lexikon des Buchwesens.* Der Artikel *Bilderbogen* etwa zeugt von Ungenauigkeit, Unsicherheit, Unkenntnis. Der Bilderteil zeigt weder einen Kolporteur noch eine einzige billige Druckschrift.

[157] H. H. Houben: *Verbotene Literatur.* Der für den 2. Band geplante Artikel *Anzengruber* fiel charakteristischerweise aus.

Helmut Hiller und Wolfgang Strauß übergehen in ihrem Werk über den deutschen Buchhandel[158] das Kolportagewesen vergangener Jahrhunderte. In Hans Widmanns Geschichte des Buchhandels[159] spielt der Kolporteur keine Rolle, und in dem so reichhaltigen Quellenwerk[160] wird ihm ebenfalls kein Denkmal gesetzt. Der Grund für diese Auslassung kann nur in dem traditionellen Prinzip der Literatur- und Buchwissenschaft liegen, die historische Beschreibung ihrer Gegenstände von qualitativen Maßstäben abhängig zu machen, die an den ästhetisch wertvollsten Stücken des zu beschreibenden Patrimoniums entwickelt wurden. Große Teile dieses literarischen und buchhändlerischen Erbes sind jedoch mit diesen Kriterien nicht mehr meßbar und bleiben daher als wertloser Kleinkram liegen.

Und doch: Als Dörfer und Städte, ja ganze Départements oder Oberamtsbezirke weder Buchdruckerei noch Buchhandlungen aufwiesen[161], gab es doch allerorten Kolporteure, die den Lesebedarf der Bevölkerung deckten. Der Kolporteur ist der mächtigste L e s e s t o f f l i e f e r a n t zumindest des 18. und der ersten Hälfte des 19. Jahrhunderts, wenn nicht gar der gesamten Buchhandelsgeschichte. Nahezu die ganze Produktion der Reutlinger oder der Épinaler Buchdrucker wurde durch Hausierer abgesetzt[162]; dabei handelte es sich jährlich nicht um tausende, sondern um hunderttausende von Druckwerken. Die erwähnten französischen Statistiken sprechen von tausenden von Kolporteuren und von zehnmillionen von jährlich im Kolportagehandel abgesetzten Schriften. Die Lesermassen wohnten abseits von den großstädtischen Zentren[163]; sie wurden nahezu ausschließlich von Kolporteuren versorgt.

---

[158] Hiller-Strauß: *Der deutsche Buchhandel.* Cf. das Register.

[159] H. Widmann: *Geschichte des Buchhandels.*

[160] H. Widmann: *Der deutsche Buchhandel in Urkunden und Quellen.*

[161] Cf. J. C. Gädicke: *Zur Statistik der deutschen Literatur,* p. 16–20. — Noch 1842 existierten innerhalb des Neckarkreises in den Oberämtern Backnang, Brackenheim, Marbach, Maulbronn, Neckarsulm, Stuttgart Amt und Weinsberg keinerlei Buchdruckerei noch Buchhandlung. Buchhändler fehlten zudem in den Oberämtern Böblingen, Eßlingen, Heilbronn, Leonberg, Vaihingen und Waiblingen. Staatsarchiv Ludwigsburg E 146/755/9.

[162] Pellerin in Épinal druckte für den Kolporteur Rousseau: *Trésor du laboureur* (918), *Arithmetique nouvelle* (78), *Nouveau secrétaire ou lettres choisies* (856), *Nouvelle science des gens de la campagne* (829), *Traité de la nouvelle orthographe française* (648), *Petit atlas céleste;* für Jean-Louis Warin: *Arrêt et jugement de la cour d'assises du Nord;* für François Cholé: *Grand détail d'un événement malheureux arrivé près de Boulogne* und so fort. J.-M. Dumont: *Les Maîtres graveurs populaires,* p. 49–52. In Klammern die Nummern zu Schenda: *1000 FVB.* Weitere Hinweise auf die Produktion für Kolporteure in den Akten der Archives Vosges, Épinal, 7. T. 6 und 7. T. 7.

[163] Noch im Jahre 1867 wohnten 65,7 % der deutschen Bevölkerung in Gemeinden unter 2 000 Einwohnern. Noch bei der Berufszählung vom 5. Juni 1882 gehörten 42,5 % der deutschen Berufsbevölkerung zur Land-, Forst-, Vieh- und Fischwirtschaft. *Meyers Konversations-Lexikon* IV, 1894, p. 869. — In Frankreich lebten noch 1886 48 % der Bevölkerung

Der Kolporteur ist ein wichtiger N a c h r i c h t e n ü b e r b r i n g e r der praetelegraphischen Epoche. Besser: er wäre der bedeutendste Nachrichtenübermittler gewesen, wenn ihm nicht die Zensur gerade die politischen Meldungen ständig vorenthalten oder entrissen hätte. Es blieben ihm jedoch die Sensationsnachrichten, unpolitische Kriegsmeldungen und Schlachtenberichte.[164] Es blieb auch die Möglichkeit der mündlichen Nachrichtenübermittlung. Die stärkste Konkurrenz erwuchs ihm aus der Verbreitung der Wochenblätter und der Tageszeitungen durch die Post. Für abgelegene Dörfer, Weiler und Höfe blieb er aber der zwar hinkende, aber doch einzige Bote mit Nachrichten aus der großen weiten Welt.

Der Kolporteur ist I d e e n t r ä g e r. Durch ihn gelangen die Theorien religöser und politischer Gruppen in die Provinz. Protestantische Traktate bringen Verwirrung in katholische Gebiete[165], sozialdemokratische Parolen stiften Unruhe unter den Arbeitern kleiner und großer Betriebe.[166] Republikanische Ideen dringen aus der Schweiz über Basel ins Elsaß[167], revolutionäre Nachrichten aus den deutschen Rheinlanden in die französischen Grenzgebiete. Mit den Büchlein des Hausierers kann man lesen lernen und Wissen ansammeln, sich Manieren aneignen und Lebensregeln einprägen. Jede Art von Erbauungsliteratur hat der Kolporteur zur Hand: Mahnungen zur Buße, Trost für die Kranken, Erklärungen der Schrift, Gebete zu den mächtigen Heiligen, Predigten der seit Jahrhunderten bekannten Seelsorger, Beichtspiegel und Andachten, fromme Lieder und Gedanken der Kirchenväter – kurz, Anregungen, die Gedanken vom irdischen Leiden und Ver-

von der Landwirtschaft. Ibid. VI, 1894, p. 718. — Im Jahre 1880 lag das Verhältnis Stadtbevölkerung (in Orten über 2 000 Einwohnern) zu Landbevölkerung im Deutschen Reich bei 41,4 : 58,6; Württemberg 35,3 : 64,7; Bayern 27,7 : 72,3 %. *Das Königreich Württemberg* III, 1, p. 352.

[164] Zahlreiche Beispiele in den Sammlungen von Bänkelsänger-Literatur der Landesbibliothek Oldenburg. — J.-P. Seguin: *Nouvelles à sensation.* — Kriegsberichte aus Vorarlberg und Tirol und von der Schlacht bei Aspern wurden jedoch 1809 in Württemberg konfisziert. Staatsarchiv Ludwigsburg, D 54/160.

[165] Bayerisches Hauptstaatsarchiv München, M. Inn. 25114. b: 1837 zum Beispiel verteilt ein Engländer pietistische Traktate in Bayern und gibt Anlaß zu einem ausgedehnten, beachtenswerten Papierkrieg.

[166] Cf. das Kapitel *Maßnahmen gegen die Opposition* in F. Balser: *Sozial-Demokratie*, p. 319–328. — Ibid. p. 686: Die revolutionären Schriften, die dem 18jährigen Schneidergesellen Georg Hummel aus Worms im Jahre 1851 abgenommen wurden. — Schutz der Arbeiter vor den Irrlehren der Sozialdemokratie fordert C. Wald: *Sozialdemokratie und Volksliteratur.*

[167] Archives Haut-Rhin, Colmar, 1. T. 462: Konfiskation des Schweizer Volksblattes *Das Nordlicht*, Januar 1835. — Ibid. 1. T. 463: Beschlagnahme von importierten regierungsfeindlichen Druckschriften am 28. August 1866.

gnügen zu Gott lenken.[168] Der Kolporteur verbreitet jedoch auch abergläubische Meinungen, unsinnige Prophezeiungen, Anweisungen für schädliche Praktiken. Dieser negative Aspekt seines Einflusses ist nicht zu übersehen, er fällt jedoch gegenüber den positiven Aspekten wenig ins Gewicht. Die vernünftigen Schriften überwuchern die unvernünftigen, die nützlichen machen die schädlichen zu einer tolerablen, wenn auch selten wünschenswerten Größe. Das Irrationale ist zudem ein Faktor, der – wie später zu zeigen sein wird – aus der geistigen Struktur aller Leser, insbesondere aber der ungeübten, nicht fortzudenken ist. Der Kolporteur vermittelt seinen Kunden das Material zu einer geistigen Auseinandersetzung zwischen Unvernunft und Vernunft, Aberglauben und Wissen, Fühlen und Denken. Die Unterdrückung von Teilen dieser Kommunikation oder gar des gesamten Kolportagefonds schadete weniger der Wissensmenge großer Teile der Bevölkerung als ihrer Fähigkeit auszuwählen, abzuwägen, zu überlegen, zu denken und zu diskutieren.

Die wichtigste Rolle des Kolporteurs ist freilich die des U n t e r h a l - t u n g s l i e f e r a n t e n. Unterhaltungsbedürfnis setzt Freiheit voraus. Daß die Idee vom sündhaften Müßiggang in der nachaufklärerischen Epoche langsam abgebaut wurde, hat Rudolf Braun[169] für das Zürcher Oberland gezeigt; der Gesamtkomplex Freizeitgestaltung in der frühindustriellen Zeit ist jedoch noch nicht gründlich untersucht worden. Der Massenkonsum von Unterhaltungsliteratur, deren Funktionen noch zu differenzieren sein werden, läßt nun ebensosehr wie der von Braun beschriebene Hang zur Vereinsgeselligkeit auf ein wachsendes Quantum von Freizeit schließen. Diese Freizeit füllte der Einzelgänger vorzüglich mit der Lektüre von Unterhaltungsschriften aus – das beweisen die angestrengten Versuche der Pädagogen,

---

[168] Zum vornehmlich erbaulich-andächtigen Bücherbestand des Bürgertums cf. H. Neumann: *Der Bücherbesitz.* — Angelika Bischoff-Luithlen hat für ein Dorf auf der Schwäbischen Alb einen nahezu ausschließlichen Besitz an Erbauungsbüchern nachgewiesen in ihrer Untersuchung *Auszüge aus den Inventur- und Teilungsakten der Gemeinde Feldstetten, Kr. Münsingen, über den Besitz an Büchern und Bildern* (1964). Materialien und statistische Auswertung durch Martin Scharfe im Ludwig-Uhland-Institut, Tübingen.

[169] R. Braun: *Sozialer und kultureller Wandel,* p. 353. Lesen zum Zwecke der Unterhaltung wurde freilich noch lange in vielen Moral-Traktaten als sündhafter Müßiggang angeprangert. Im *Wochenblatt der Stadt Donauwörth* vom 25. 10. 1834 liest man:
Die deutsche Redlichkeit
Seitdem man Kinder hochdeutsch lehrt,
Halbnackt sich trägt, in Lüften fährt,
Seit Bürgermädchen vornehm lachen,
Und stolz Pariserkreuze machen,
Seitdem die Magd Romanen liest,
Wird deutsche Redlichkeit vermißt.
Cf. noch 1890 H. Gebhardt: *Zur bäuerlichen Glaubens- und Sittenlehre,* p. 22.

diese „Todtschläger der Langeweile, deren eine unglaubliche Menge existiert"[170] nicht überhand nehmen zu lassen[171] und dem Leser tugend- und sittsame Unterhaltungslektüre vorzuschlagen.[172] Die Masse der Unterhaltungsdrucke wurde während des ganzen 19. Jahrhunderts vom Kolporteur über die Lande verteilt; dabei färbte die vorgebliche schlechte Qualität seiner Ware auch sein persönliches Ansehen mehr oder weniger düster. Sein Unterhaltungsangebot war vielgestaltig[173]; es kam differenzierten, keineswegs primitiv-einschichtigen Lesewünschen entgegen. Es befriedigte die Neugier der ländlichen Leserschichten ebensowohl wie die der kleinbürgerlichen. Es berücksichtigte die verschiedenen finanziellen Möglichkeiten der Konsumenten ebenso wie deren Freizeitpotential. Die rapide Entwicklung des regelmäßig gelieferten und verhältnismäßig zeitraubenden Roman-Lesestoffes in der zweiten Jahrhunderthälfte läuft mit dem rascheren Fortschreiten in Richtung auf eine Freizeitgesellschaft parallel. Der Kolporteur spielt bei dieser Evolution eine äußerst wichtige Rolle als Freizeitgestalter.

Der Kolporteur des 19. Jahrhunderts ist kein Initiator[174]; er teilt keineswegs die hohen Ideale der Volksbildner, sondern will nur an einer günstigen Marktlage verdienen. Die Lese-Nachfrage ist in diesem Kommunikations-System dominant, nicht die Kolportage, die sich daher fortwährend leisten kann, den Konsumenten traditionelle Stoffe in traditioneller Form anzubieten. Sie hatte es nicht nötig, die Leser mit neuen Kreationen anzulocken. Die Kolportage befriedigt nur einen schon vorhandenen Hunger – sie ist Amme, nicht Mutter des nimmersatten Lesepublikums, das „nach allem lüstern und durch nichts zu füllen"[175] war. Mit der Ammenmilch dieser kolportierten Literatur ist die Masse der Leser des vergangenen Jahrhunderts groß geworden. Von diesen Lesern und ihren Denkstrukturen hängt ein Teil der heutigen Leserwünsche und Meinungen ab – Grund genug, dem Kolporteur, dem unbekannten Mann, mehr Beachtung zu schenken, Grund genug auch, seine Ware näher in Augenschein zu nehmen.

---

[170] A. Detmer: *Musterung*, p. 1.
[171] E. Denk: *Denkschrift über die Tagespresse*, p. 13–14.
[172] K. Preusker: *Andeutungen* II, 1835, p. 119–120.
[173] Cf. das Sach-Verzeichnis bei Schenda: *1000 FVB*.
[174] Man hat ihn vielleicht allzu oft als den Mann gepriesen oder gefürchtet, der das Volk zum Lesen bringt. Wer jedoch kein Bedürfnis zum Lesen verspürt, wird sich nicht eine unnütze Geldausgabe aufschwätzen lassen. Vielleicht bildeten d i e Kolporteure eine Ausnahme, die kostenlos Traktate verteilten.
[175] F. Grillparzer: *Ein Bruderzwist im Hause Habsburg*, III.

V. FORMEN UND GATTUNGEN

Einzelblätter und Heftchen

Die technischen Formen der populären Lesestoffe sind begrenzt. Niedriger Preis bedingt den ungeheuren Erfolg der E i n b l a t t d r u c k e [1], deren Bedeutung gern übersehen wird, da diese Publikationen in Bibliographien, welche ausdrücklich *Bücher-Lexika* heißen, nicht auftauchen. In der Tat würde die Aufzählung der Einblattdrucke des 19. Jahrhunderts einen vielbändigen Katalog ergeben. Man hat sich im Deutschen daran gewöhnt, Einblattdrucke, auf denen eine bildliche Darstellung den größten Platz einnimmt und auf welchen die Bildunterschrift eine unbedeutende Rolle spielt, *Bilderbogen* zu nennen, das Blatt mit Bild und ausführlichem Text dagegen ein *illustriertes Flugblatt*. Beide Gattungen werden jedoch im Italienischen zu den *Stampe popolari*, im Französischen zur *Imagerie populaire* gezählt. Genau besehen ist die Unterscheidung zwischen Bilderbogen und illustriertem Flugblatt nicht sehr wesentlich; auch die Kolorierung stellt kein zwingendes Unterscheidungsmerkmal dar. Illustrierte Einblattdrucke aller Art werden also hier *Bilderbogen* genannt. Unter *Flugblättern* sollen dagegen nicht-illustrierte, informative oder nur unterhaltende Einblattdrucke verstanden werden.

Die Frage, ob Bilder ohne Text als Lesestoff zu gelten haben, ist affirmativ zu beantworten. Bilder sind im Prinzip ebenso Zeichen, optische Signale, wie Buchstaben. Sie haben den Lettern gegenüber den Vorteil, daß sie keine Abstraktionen von Lauten darstellen, sondern Konkretisationen von Vorstellungen und Simplifizierungen von realen Gegebenheiten. Sie werden, aneinandergereiht und gesendet, als Informationen leichter empfangen und verstanden als die Kette abstrakter Buchstaben-Zeichen. Wenn

---

[1] Es sei ausdrücklich betont, daß unter *Einblattdruck* ungefalzte Druckwerke auf nur einem Blatt Papier, zumeist im Folioformat, häufig aber auch im Quartformat, einseitig oder beidseitig bedruckt, illustriert oder nicht, also Bilderbogen und Flugblätter, verstanden werden. Die sogenannten „Liedflugblätter" sind demnach zumeist keine Einblattdrucke; die Liedforscher sollten sich dem bibliothekarischen Gebrauch anschließen und ihre Objekte Liedflugschriften oder Liederheftchen nennen, wenn diese gefalzt sind und folglich aus mehr als zwei Seiten bestehen.

das Empfangen und Kombinieren von optischen Signalen als Lesen bezeichnet wird, dann ist auch das Betrachten von Bildern ein Lese-Akt; Bilderbogen und Bildserien müssen also auch ohne die Buchstaben-Texte als Lektüren gelten. Bilder sind seit ältester Zeit der Lesestoff der Analphabeten.[2]

Hier ist nicht der Ort, die Entwicklung der Imagerie im 19. Jahrhundert darzustellen, einen Bilderbogenkatalog samt Interpretationen zu liefern oder die umfangreiche Sekundärliteratur zu diskutieren.[3] Dagegen sei kurz auf einige sozialgeschichtliche Fakten hingewiesen:

1. Der Bilderbogenhandel lag fast ausschließlich in Händen von Kolporteuren, in Süddeutschland – wegen der beliebten Heiligenbilder – „Helglenmänner" oder „Holgenmänner" genannt.[4] Die Firma Wentzel in Weißenburg/Elsaß beschäftigte ständig eine größere Zahl von Kolporteuren.[5] Die Ausmaße und die kulturhistorische Bedeutung dieses Bilderhandels sind unerforscht.

2. Religiöse Darstellungen sind auch im 19. Jahrhundert, wie Statistiken und Kataloge zeigen, die populärsten.[6] Alte Motive halten sich mit großer Zähigkeit. Einzelanalysen erhellen jedoch auch einen orts- und zeitgebundenen differenzierteren Konsumentengeschmack: Die griechischen Helden Kanaris, Miaulis, Kolokotroni und der Kotzebue-Mörder Sand hingen in

---

[2] Cf. das Vorwort zu einem Inkunabeldruck der *Ars moriendi:* „Afin que cette matière soit utile à tout le monde, elle est mise ici sous les yeux de tous, aussi bien en écritures, qui ne servent qu'aux clercs, qu'en images qui servent aux clercs et aux laics." Zitiert nach A. J. J. Delen: *Histoire de la gravure dans les anciens Pays-Bas,* I. — Bruxelles 1924, p. 59.

[3] Cf. in der Bibliographie u. a. die Titel J. Adhémar: *Populäre Druckgraphik.* — Arrigoni-Bertarelli: *Le Stampe Popolari.* — G. Barioli: *Mostra.* — A. Bertarelli: *Imagerie populaire.* — W. Brückner: *Populäre Druckgraphik.* — W. Brückner: *Trivialer Wandschmuck.* — Champfleury: *Histoire.* — V. E. Clausen: *Det folkelige danske traesnit.* — M. de Meyer: *De volks- en kinderprent.* — Duchartre-Saulnier: *L'Imagerie populaire.* — J.-M. Dumont: *Les Maîtres graveurs.* — J. M. Dumont: *La Vie et l'ouvre.* — J. M. Garnier: *Histoire de l'Imagerie.* — J. Grand-Carteret: *Vieux papiers.* — R. Hélot: *Notes.* — L. Magagnato: *Stampe.* — Mistler-Blaudez-Jacquemin: *Épinal.* — E. Reynst: *Friedrich Campe.* — R. Schenda: *Ein französischer Bilderbogenkatalog.* — R. Schenda: *Die Sammlung.* — A. Spamer: *Das kleine Andachtsbild.* — P. Toschi: *Populäre Druckgraphik.* — Van Heurck-Boekenoogen: *Histoire de l'imagerie.* — Van Heurck-Boekenoogen: *L'Imagerie.*

[4] Michael R. Buck: *Erinnerungen aus meiner Kindheit,* ed. A. König (Ms in der Württembergischen Landesstelle für Volkskunde, Stuttgart): Der Bildermann nimmt nicht nur Geld, sondern auch Glasscheiben und Fensterblei. Der Knabe kauft ein Napoleon- und ein Eisenbahn-Bild, welches der Vater an die Stuben- bzw. Kammertür nagelt. — B. Auerbach: *Sämtliche Schwarzwälder Dorfgeschichten,* I. — Stuttgart und Berlin: Cotta s. a., p. 128 *(Ivo der Hajrle):* Bilder für zerbrochenes Glaswerk. — Zum protestantischen Bilderhandel durch Kolporteure cf. M. Scharfe: *Evangelische Andachtsbilder,* p. 73.

[5] Materialien in den Archives Départementales Bas-Rhin, Strasbourg, T. 217.

[6] R. Schenda: *Ein französischer Bilderbogenkatalog,* p. 52.

272

bunter Effigies 1822 in allen Berliner Buchbinderläden.[7] 1837 zeigten die Elsässer große Neigung zu Pin-Ups[8] und Napoleons.[9] Um 1850 – um nur ein anderes Beispiel zu nennen – war in Baden Heckers Porträt weit verbreitet.[10] Der Konsum unterliegt im einzelnen Modeströmungen und aktuellen Problemstellungen.

3. Der Bilderhandel im 19. Jahrhundert ist international zu untersuchen. Die Bildunterschriften der großen Verlage präsentieren sich in mehreren Sprachen. Das Elsaß importiert Bilder aus Deutschland und aus der Schweiz[11], August von Kotzebue findet in Sibirien Nürnberger Bilderbogen[12], in Stuttgart beherrschen zwischen 1810 und 1830 italienische Bilderhändler den Markt[13], Dänemark wird zwischen 1830 und 1840 von Nürnberger und Neuruppiner Bilderbogen und zwischen 1860 und 1914 von May-Bildern aus Frankfurt überschwemmt[14] – auch das sind nur Einzelhinweise auf eine Fülle unbearbeiteten Materials. Bilder sind sprachlich neutral und folglich national ungebunden.

4. Der Problemkreis „Populärer Bilderhandel" schließt den Bilderkonsum des gehobenen Bürgertums nicht aus.[15] Produktion und Konsumtion von Kupferstich-Reproduktionen der Werke alter und neuer Meister gehören in den Forschungsbereich der Imagerie-Soziologie. Die Verlagskataloge[16] erlauben Rückschlüsse auf den Konsumentengeschmack a l l e r Bevölkerungsschichten; Geschmacksträger waren keineswegs nur die niederen Volksklassen.[17]

5. Die Dickleibigkeit der Bilderbücher über Bilderbogen kann nicht über die Tatsache hinwegtäuschen, daß wesentliche Aufgaben der Imagerie-For-

---

[7] K. Gutzkow: *Knabenzeit*, p. 413.

[8] Porträts hübscher Mädchen, „Têtes de fantaisie" genannt, profane Gegenstücke zu den Heiligenporträts.

[9] Import des Buchhändlers Boehrer in Altkirch. Archives Départementales Haut-Rhin, Colmar, 1 T. 462.

[10] L. Hofacker: *Ein güldenes Jubiläum*, p. 72.

[11] Archives Départementales Haut-Rhin, Colmar, 1. T. 392.

[12] A. von Kotzebue: *Das merkwürdigste Jahr meines Lebens*. — München 1965, p. 183. Der Handel lief wahrscheinlich über eine deutsche Buchhandlung in St. Petersburg.

[13] Staatsarchiv Ludwigsburg, D 52/818.

[14] V.-E. Clausen: *Det folkelige danske traesnit*, p. 51 und freundliche Auskunft von Wolfgang Brückner.

[15] Cf. T. Fontane: *Meine Kinderjahre*, p. 47 und p. 76 über den Bilderschmuck im Elternhaus und im Hause des Kommerzienrats Wilhelm Krause in Swinemünde (um 1830).

[16] So etwa ein Lieferkatalog der Kunstverlagshandlung F. M. Reichel in Baden-Baden (um 1865) im Generallandesarchiv Karlsruhe, 236/5748.

[17] Man beachte die begeisterte Rezension (von G. Krüger) der bei Breitkopf und Härtel 1896 erschienenen Bilderbogen *Neue Flugblätter*, in: *Die christliche Welt. Evangelisch-Lutherisches Gemeindeblatt für Gebildete aller Stände* X, 1896, col. 92–94.

schung bisher kaum erkannt wurden: Die traditionelle Motivforschung hat soziologische Fragestellungen bisher weitgehend verdrängt.

Ein wenig anders liegen die Verhältnisse bei den Flugblättern. „Das Flugblatt spricht knapp und eindringlich jeden an und argumentiert in herausfordernden und angreifenden Kampftexten. Es erzwingt so, gelesen und besprochen zu werden und von Hand zu Hand weiter zu laufen. Klar gefaßt, erregt im Ausdruck, weit gestreut, oft auch persönlich verbreitet, ist es ein bevorzugtes Mittel der Massenführung." Emil Dovifat trifft mit dieser wohlbegründeten Definition[18] nur den politisch-publizistischen Teil der Flugblatt-Produktion, der übrigens in Deutschland für das 19. Jahrhundert so gut wie unerforscht ist.[19] Neben diesen hitzigen Druckwerken gab es doch, vor allem in Italien[20], auch gemütlich-unterhaltende; und zu den Flugblättern zählen auch die französischen „Canards", Sensationsdrucke also, die häufig, nach dem Prosatext, mit einer *Complainte*, also einer singbaren Moritat verziert waren.[21] Auch Lieder wurden – vor allem in Italien und Nordamerika, vom Alten England ganz zu schweigen – auf Einblattdrucken verbreitet.[22] Und schließlich konnte ein Dichter, wie Johann Konrad Grübel in Nürnberg, seine Erzeugnisse auf Loseblättern dem Volk anbieten.[23]

Das alles läßt auf eine Funktionsbreite schließen, die größer ist, als die Publizistik eingestehen mag. Das begrenzte Blickfeld wird jedoch durch den niedrigen Forschungsstand bedingt. Während die Italiener wenigstens Teile ihrer politischen Flugblattliteratur (die der Revolution von 1830 und 1848/49 und die der Unifikation von 1860/61) bekannt gemacht[24] und sich eingehend mit den volkstümlichen Flugblättern dieses Jahrhunderts beschäftigt haben[25], während die Franzosen, dank den Forschungen des Pariser Bi-

[18] E. Dovifat: *Allgemeine Publizistik*, p. 274.

[19] Cf. die Bibliographie von Karl d'Ester im *Handbuch der Zeitungswissenschaft* I, 1940, col. 1047–1052, sp. col. 1051. — H. Wäscher: *Das deutsche illustrierte Flugblatt* II, p. 39.

[20] R. Schenda: *Die Sammlung italienischer Flugblätter im Museo Pitrè*.

[21] Cf. die Sammlung F. 4975 in der Bibliothèque Nationale, Paris. — R. Hélot: *Canards*. — J.-P. Seguin: *Antoine Chassaignon. Les „Canards". Un grand imagier. Nouvelles à sensation. Physiologie du canard.*

[22] In diesem Falle ist der Begriff „Liedflugblatt" sehr wohl berechtigt. — Calisi-Rocchi: *La poesia popolare nel Risorgimento.* — E. Wolf: *American Song Sheets.* — Alle Arbeiten von Hyder Edward Rollins.

[23] Monika Jäger: *Theorien der Mundartdichtung.* — Tübingen 1964 (Volksleben, 3), p. 25.

[24] A. Sorbelli: *Opuscoli, stampe alla macchia e fogli volanti.* — S. Vitale: *Fogli volanti di Napoli. Fogli volanti napoletani.* — A. Bertarelli: *Inventario.* — Arrigoni-Bertarelli: *Le Stampe Storiche.*

[25] Literatur bei R. Schenda: *Die Sammlung italienischer Flugblätter.*

bliothekars Jean-Pierre Seguin, über die Canard-Produktion bestens informiert sind[26], während es aufschlußreiche Werke über die englische Straßenliteratur des vergangenen Jahrhunderts gibt[27], hat die deutsche Forschung, nicht zuletzt in Ermangelung brauchbarer Sammlungen[28], das Thema nur hier und da angeschnitten.[29] Die Tatsache jedoch, daß Flugblätter aller Art – politische, unterhaltende, erbauliche – auch in Deutschland massenhaft und in allen Schichten der Bevölkerung verbreitet waren, läßt sich, nach Durchsicht einiger Archivbestände, nicht leugnen.[30] Da die Flugblätter weniger verehrt und weniger behutsam konserviert wurden als die an Wände und Möbel gehefteten Bilderbogen, haben sie nur zum minimalen Teil, und eher zufällig als ordentlich, die Zeiten überdauert. Sie kamen meist unentgeltlich in die Hand des Konsumenten und forderten ihm daher keine Wert-Schätzung ab. Das Flugblatt ist, eher als irgendein anderes Druckwerk, ephemerer Natur; jeder weiß, wie viele davon täglich im Papierkorb begraben werden. Und wie der Flugschriftensammler Gustav Freytag, stets nur an den Bildern der Vergangenheit malend, blind war für die Farben der Gegenwart[31], so verschmähten auch die staatlichen Sammler in den Bibliotheken den aktuellen Plunder: nichts hat den Gelehrten des 19. Jahrhunderts weniger angezogen als seine soziale Gegenwart. Schließlich tat auch die Flugblätterpolizei ihr Bestes, um die Verbreitung derartiger Druckschriften zu beschränken oder ganz zu unterbinden[32]: ihrer Ansicht nach waren Flugblätter das beste Mittel, Unruhe und Unordnung in die bestehenden gesellschaftlichen Verhältnisse zu bringen.

Nicht minder groß als die Flut der Einblattdrucke ist, wenigstens der Papiermenge nach, die Masse der H e f t c h e n , der Broschüren. Ein Fo-

---

[26] Cf. hier not. 21.

[27] H. Mayhew: *London Labour and the London Poor*. — C. Hindley: *Curiosities of Street Literature*. — J.-P. Seguin: *A la manière des „Canards"*.

[28] Die UB Heidelberg besitzt eine sechsbändige *Sammlung von Broschüren zur Revolution 1848* — leider ohne Bibliographie. — Das Museum für Hamburgische Geschichte besitzt (freundliche Auskunft von Ulrich Bauche) eine größere Zahl politischer Flugschriften in verschiedenen Kästen ihrer Sammlungen verstreut. Schreiben 36–550. 5/68. B/Sch.

[29] Cf. K. Schottenloher: *Flugblatt und Zeitung*, p. 479, 499, 516–520.

[30] Die *Flugblätter aus der Deutschen Nationalversammlung* — man beachte den Titel dieser Zeitung — vom 6. September 1848, Beilage, p. 114, drucken „eines der Pamphlets, welche tagtäglich zum Zwecke der Volksverhetzung [...] fort und fort in zahllosen Exemplaren im Badenschen verbreitet werden". *(Volkslied: Das politische Kleeblatt*. Melodie: Es reiten drei Schneider zum Thor hinaus etc). — Über die Flugblätter des Krieges von 1870 berichtet die *Deutsche Roman-Zeitung* VIII, 1871/72, col. 714: *Ein Zweig der Kriegsliteratur*. — Für Frankreich cf. A. Dupuy: *1870–1871. La Guerre, la Commune et la presse*.

[31] Cf. P. Hohenemser: *Flugschriftensammlung Gustav Freytag*.

[32] M. Hoss: *Die Flugblätterpolizei*. Die Menge der Verordnungen läßt ebenfalls auf den Umfang der Flugblattproduktion schließen.

liobogen ergibt, zweimal gefalzt, ein vierblättriges, also achtseitiges Heftchen im Quartformat; dreimal gefalzt, ein achtblättriges Werkchen, also mit 16 Seiten, im handlichen Oktavformat. Zwei oder vier solcher Bogen – die Papiermenge war nicht kostspielig – ergaben schon wohlfeile Büchlein von 32 oder 64 Seiten Umfang – die, von der technischen Form her, wahrscheinlich beliebtesten Druckwerke des 18. und 19. Jahrhunderts. Als Joseph II. im Jahre 1781 Pressefreiheit gewährte, erschienen im Laufe eines Jahres rund 1.000 verschiedene solcher Heftchen – die Produktionskurve sank dann allerdings rasch ab.[33] Die Bibliothèque Nationale in Paris bewahrt mehr als hunderttausend solcher Broschüren auf[34], der offizielle Kolportagekatalog von 1858 bringt rund 8.000 Broschüren-Titel.[35] Die Forschung hat sich – wie noch zu zeigen sein wird – mit Chapbooks, Libretti popolari und Bibliothèque Bleue eingehend beschäftigt – nur über die deutsche Heftchen-Literatur liegt keine brauchbare Arbeit vor, will man von den allzu kurzsichtigen Studien zum sogenannten Volksbuch absehen. Die ungeheure Fülle der Liederheftchen[36] und der populären Theaterdrucke[37] harrt noch der ausführlichen Bearbeitung.

Auch diese Volksbüchlein wurden vorzüglich von Hausierern und auf Jahrmärkten feilgeboten; auch hier sind religiöse Themen, das ganze Jahrhundert hindurch, überdurchschnittlich stark vertreten. Auch diese Produktionen folgen modischen Strömungen und konservieren gleichzeitig unausrottbare Themen. Die internationalen Kontakte sind jedoch viel geringer als bei den Bilderbogen; die sprachlichen Barrieren werden nur gelegentlich durch Übersetzungen bezwungen. Ist der Bilderbogen nahezu vollständig aus unserem gegenwärtigen Lese-Dasein verschwunden – andere Bild-Träger haben ihn ersetzt –, so ist die Broschüre noch immer ein beliebtes Kaufobjekt[38], und das ihrer zeitlosen großen Vorzüge wegen: sie waren und

---

[33] G. Gugitz: *Die Wiener Stubenmädchenlitteratur.* Der Aufsatz beschäftigt sich mit den Publikationen über die Moral der Stubenmädchen, nicht mit den Lektüren dieser liebenswerten Personen.

[34] Cf. R. Schenda: *1000 französische Volksbüchlein*, p. 466.

[35] *Catalogue Général*, 1858.

[36] Rolf-Wilhelm Brednich bereitet ein größeres Werk über *Schriftliche und mündliche Volksliedüberlieferung* (Arbeitstitel) vor. Es erübrigt sich daher, an dieser Stelle einzelne Titel der Sekundärliteratur zu zitieren.

[37] Die Intelligenz- und Wochenblätter geben Aufschluß über das öffentliche populäre Theaterleben. Darüberhinaus gab es zahllose Texte für private Aufführungen. Die italienischen Verlage E. Crotti, Novara und Domenico Malacari, Roma zum Beispiel gaben solche Heftchen dutzendweise heraus. Beachtenswert auch die periodisch erscheinende *France dramatique au dix-neuvième siècle*, Paris, und ähnliche Text-Serien mit den jeweils in Paris gespielten Stücken.

[38] R. Schenda: *Kleinformen der Trivialliteratur*, p. 59–60, 66. — *Massenlesestoffe am kirchlichen Schriftenstand.* — Usko-Schlichting: *Kampf am Kiosk.*

bleiben äußerlich attraktiv, wohlfeil, handlich, leicht auswählbar und auswechselbar, rasch zu lesen und relativ robust. Will man von der preislichen Frage absehen, so bleiben den Heftchen immer noch so viele Vorteile, daß sich ihre Popularität gegenüber den plumpen Bücher-Kolossen leicht erklärt.

Reihen

Die Historiker der modernen Pocket-Books übersehen oft, daß es vor Göschen und Reclam und neben diesen zahlreiche Verleger gab, welche Büchlein und Heftchen in mehr oder weniger zusammenhängenden Reihen veröffentlichten. Schon die Bibliothèque Bleue von Troyes im 18. Jahrhundert[39] stellt ja eine solche Serie dar, auch wenn ihr der Reihentitel erst später gegeben wurde. Das 19. Jahrhundert bringt jedoch Dutzende solcher Serien, meist unter kirchlicher Ägide hervor, so

seit 1827   die *Nouvelle Bibliothèque Catholique* bei Lefort in Lille, mit einer Jahresproduktion von 20 Titeln, die im Abonnement 6 Francs kosteten.

1828/29   erschienen ganz ähnlich 20 Bändchen von jeweils mehr als 100 Seiten der *Petite Bibliothèque des Familles Chrétiennes* bei P.-F. Bottier in Bourg.

1828/31   veröffentlichte der Verleger Weise in Stuttgart 24 Bände der Reihe *Pantheon – Eine Sammlung vorzüglicher Novellen und Erzählungen der Lieblingsdichter Europas*. Jeder Band kostete 12 Heller.[40]

1834   gaben der Brüsseler Verleger P. J. Voglet und der Buchhändler Berthot die *Bibliothèque économique des communes, des écoles et des familles* im Auftrag der Société pour la Propagation des Livres utiles en Belgique heraus. Der erste Plan umfaßte 32 Titel, die Preise bewegten sich zwischen 10 und 50 Centimes.

Äußerst aktiv war der Verleger Mame in Tours mit seinen in den vierziger und fünfziger Jahren erscheinenden Reihen

Bibliothèque de l'enfance chrétienne,
Bibliothèque de la jeunesse chrétienne (rund 200 Bände),

---

[39] A. Assier: *La Bibliothèque Bleue.* — R. Mandrou: *De la culture populaire.*
[40] Enslin - Engelmann: *Bibliothek,* p. 296.

Bibliothèque des écoles chrétiennes,
Bibliothèque des enfants pieux (100 Bände),
Bibliothèque des petits enfants,
Bibliothèque pieuse des maisons d'éducation (100 Bände),
Gymnase moral d'éducation.

Bei Desloges in Paris konnte man 1860 die 40 Bände der *Bibliothèque des Familles* für 35 Francs erstehen; der Einzelband kostete einen Franc. Ein Heftchen der bei E. Philippart erscheinenden und 50 Nummern umfassenden *Bibliothèque pour tout le monde* kostete dagegen nur 4 Sous; für 10 Francs konnte man sich die ganze Reihe portofrei kommen lassen. C. H. Beck in Nördlingen veröffentlichte zwischen 1871 und 1882 einundzwanzig Bände der Reihe *Deutsche Volks- und Jugendschriften;* die Preise bewegten sich zwischen 60 Pfennig und einer Mark.[41] Um die Jahrhundertwende brachten es die anspruchsvollen, aber wohlfeilen (10–50 Pfennig) *Wiesbadener Volksbücher* auf 156 Nummern.[42] Vom *Hausschatz deutscher Erzählungen,* der es bei Ensslin und Laiblin in Reutlingen um 1890 auf 25 Bändchen brachte, kostete jedes Exemplar 50 Pfennig. Die mehr als 135 Nummern zählenden *Schutzengelbriefe* verkaufte Ludwig Auer in Donauwörth um 1890 für einen bis drei Pfennig pro Heftchen.

Dieser Auszug aus dem reichlich vorhandenen Material[43] erläutert hinreichend die Popularität solcher Reihen; sie resultiert aus folgenden Umständen:

Relativ niedriger Preis und Rabatt bei Abnahme der ganzen Reihe,

Möglichkeit, sich eine, wenn auch noch so kleine „Bibliothek" anzuschaffen, die Bildungsprestige und ein Bildungs-in-group-Gefühl verleiht,

Variabilität des Angebots innerhalb einer Reihe und Wahlmöglichkeit nach Katalog (der jedem Heftchen eingedruckt ist),

Gefühl, daß die Herausgeber schon sorgsam vorgewählt haben und daß nur „das Beste" angeboten wird,

Integration in und Identifizierung mit der Gruppe, die im Reihentitel angesprochen ist – und/oder

Identifizierung mit dem Programm der Reihe.

Bei einer näheren Analyse der Heftchen-Reihen des 19. Jahrhunderts wären zudem, auf Seiten der Produzenten, folgende Phänomene zu berücksichtigen:

---

[41] Verlags-Katalog C. H. Beck, 1913, p. 354–355.
[42] E. Kaiser: *Lesestoff und Bildung,* p. 30. — W. Bube: *Die ländliche Volksbibliothek,* p. 195.
[43] Weitere Beispiele bei A. Merget: *Geschichte der deutschen Jugendliteratur,* ³1882, Anhang p. 275–299.

Status und Absichten des Herausgebers oder Verlegers,
Erfüllung oder Nichterfüllung des Titelprogramms,
Macht- und Interessengruppen, die hinter den Produzenten stehen: Kirchen, Bildungsvereine, politische Parteien;
Auswahl der Ersttitel: sie bestimmen den Anfangserfolg der Reihe,
Kurzlebigkeit der meisten Reihen,
Manipulation der in der Reihe aufgenommenen Texte,
Vorherrschen der nicht-aktuellen, nicht-reflektierenden, unpolitischen und atechnischen Literatur.[44]
Diese letzte Eigenschaft ist freilich, wie sich zeigen wird, kein auf die Reihen beschränktes Charakteristikum.

Der hinkende Bote: Kalender und Almanache

Ein zum öffentlichen Verkauf bestimmtes Lithographie-Porträt der Fürstin Amalie zu Oettingen-Oettingen zeigt die Dame, an einem Tischchen sitzend, mit einem aufgeschlagenen Büchlein in der Hand.[45] Die Pose – bis heute weit verbreitet bei Gelehrten-Porträts; das Buch ist also Status-Symbol – fällt weniger ins Gewicht als das Büchlein (mit Schuber!) selbst: es erweist sich als *Minerva. Taschenbuch für das Jahr 1818, Zehnter Jahrgang, Leipzig*, als ein modisches Druckwerk also, das J. G. Hoche 1794 in seinen sonst so lesefeindlichen *Vertrauten Briefen* für die gebildeten Stände sehr wohl akzeptabel fand: „Wenn ich kurz meine Meinung sagen soll: so ist dieser Theil der Modelektüre nicht nur der unschädlichste sondern auch der nüzlichste, und kann bei immer zweckmäßigerer Einrichtung sehr nüzlich werden [. . .]" (sic).[46] Almanache[47] und Taschenbücher[48] bildeten in der Tat seit 1750 einen beliebten Geschenkartikel für arrivierte bürgerliche und adlige Damen – die vorhandenen Bibliographien[49] spre-

[44] Titel-Einzelheiten über die Reihen finden sich in einer später erscheinenden Bibliographie.
[45] Lithographie von Bernhard Rausch, Blatt 400 × 320, Oval 290 × 240 mm. Fürstl. Bibl. Harburg, Porträts Oettingen, 51. — Cf. *Oettingisches Wochenblatt* vom 10. März 1819: das Blatt kostete in der Druckerei von Georg Oesterlein einen Gulden.
[46] J. G. Hoche: *Vertraute Briefe*, p. 62–63.
[47] Der Name ist wiederum — cf. Lektür-Kabinett — aus dem Französischen übernommen und deutet somit auf ein gebildetes Publikum. Im Französischen hat „almanach" jedoch die Bedeutung „Volkskalender", „calendrier" ist der „Kalender" mit Tagestabellen und Raum für Notizen.
[48] Lanckorońska-Rümann: *Geschichte der deutschen Taschenbücher und Almanache*.
[49] Literatur bei F. Marwinski: *Almanache, Taschenbücher, Taschenkalender*, p. 88–89.

chen nicht nur von dem zeitgenössischen Erfolg, sondern auch von der immer noch wirksamen Faszination dieser eleganten, vergnüglichen, musischen, geschmackvollen, geselligen, anekdotenreichen, angenehmen, poetischen, christlichen, unterhaltsamen, belehrenden, genealogischen, kuriosen, blütenvollen, gründlichen, häuslichen, bequemen, launigen, zweckmäßigen, vaterländischen, historischen, auserlesenen, interessanten, gebildeten, liebreichen, naturfreundlichen und edlen Almanach-Welt. Die kleine Auswahl der Titel-Epitheta riecht nicht nur nach großbürgerlichem Salon und billigem Bildungsparfum[50] – sie zeigt auch, daß diese gehobene Lesewelt durchaus für niedere Schlagworte – von kurios bis interessant – empfänglich war. Die Gattung brillierte mehr durch Titel-Quantität und Layout-Neuheiten als durch geistiges Niveau. Zwar hatten alle kleinstädtischen Buchhandlungen zu Weihnachten ein hübsches Dutzend solcher Taschenbücher anzubieten[51], die Auflagenhöhe der einzelnen Titel war jedoch nicht hoch: „Man fragte in einer Gesellschaft, ob die Taschenbücher, die jetzt so häufig erscheinen, auch ihre Leser fänden? Jemand beantwortete diese Frage durch folgendes Impromptu:

> Taschenbücher groß und kleine,
> Legion ist eure Zahl –
> Habt ihr Leser? – Ach fast keine.
> Nicht doch! Viele! Sintemal
> Jeder Dichter liest das Seine –
> Zwanzig – und wohl hundertmal!"[52]

---

[50] C. W. von Dohm: *Ueber Volkskalender* (1796), p. 190, lehnt die Menge der Taschenbücher ab, weil ihre Leser „wohl gar zu der Eitelkeit, die ärger als alle Unwissenheit ist, verführt werden, durch geschicktes Vorzeigen einer oberflächlich gefaßten Almanachs-Kenntniß glauben zu machen, was in der Tasche herumgetragen werde, sey auch in den Kopf gegangen."

[51] Cf. die Buchhandelsanzeigen in den Wochenblättern, jeweils zum Jahreswechsel, so etwa in: *Der Erzähler am See* III, Lindau 1844, p. 26, mit folgenden Titel: *Caritas, Cornelia, Gedenke Mein, Huldigung den Frauen, Iris, Lilien, Penelope, Perlen, Rheinisches Taschenbuch, Rosen und Vergißmeinnicht, Urania, Vielliebchen.* Ibid. p. 264 ausführliche Anzeige von Carl Spindlers *Vergißmeinnicht. Taschenbuch der Liebe, der Freundschaft und dem Familienleben gewidmet.* — Stuttgart: Franckh 1845. — Eine Anzeige im *Intelligenzblatt der Stadt Nördlingen* vom 8. Dezember 1820, Beilage, offeriert aus der Beckschen Buchhandlung für das Jahr 1821: *Frauentaschenbuch* von de la Motte Fouqué, 3 fl. 45 kr., *Minerva,* 4 fl., *Gothaischer genealogischer Kalender,* 2 fl. *Kronos* — genealogisch-historisches Jahrbuch, 2 fl. 24 kr., *Armin-Taschenbuch für Teutsche,* 3 fl. 12 kr., Müllners *Albaneserin,* 3 fl. 12 kr., *Taschenbuch für Damen,* 3 fl. 15 kr., *Almanach der Parodien und Travestien,* 1 fl. 12 kr., Rochlitz *jährliche Mittheilungen,* 2 fl. 48 kr., *Taschenbuch zum geselligen Vergnügen,* 3 fl. 24 kr., *Jahrbuch der häuslichen Andacht und Erhebung des Herzens,* 2 fl. 48 kr., *Tägliches Taschenbuch für alle Stände,* 1 fl. 24 kr. — Man beachte die hohen Preise!

[52] *Conversations-Lexikon für Geist, Witz und Humor,* ed. M. G. Sapir und A. Glassbrenner, II. — Dresden ²1859, p. 425.

Nicht so die Kalender, die einer größeren Publikumsschicht gefielen – nicht nur den lesenden Bauern und Arbeitern, sondern auch armen und reichen Bürgern, und die, nach einem literarischen Topos der Zeit zwischen 1770 und 1810, neben Bibel und Gesangbuch den einzigen Lesestoff des „Volkes" – der 80—90% ländlicher Bevölkerung – darstellten. Man erinnert sich, daß schon *Simplizissimus* sich überlegte, ob er nicht Kalenderverkäufer werden sollte: „Es wollte mir aber fast auf einmal das Herz wieder entfallen, da ich meinen Beutel gar dünne gespickt fand und doch wußte, daß so unzählig viel Kalender unterschiedlicher Orten hin und wieder gedruckt feilstanden, von derer jeglichen Sorten ich doch etliche wo man danach fragte haben müßte. Als zum Exempel: es kam mir zu Sinn der Kometenkalender, der Polnische, Schwedische, Dänische Kalender, der Spanische, Indianische, Englische Kalender, Wetter- und Böhmische Kalender, Haus- und Ehe-, Helden-, Geschichts-, Komödien-, Musik-, Kaufmanns-, Speis- und Küchen-, ja Hasenkalender und dergleichen andere mehr. Ich resolvierte mich doch endlich, durch alle Hindernissen zu brechen, auch in meinem, Gott Lob! in Europa, wo nicht gar Asia, Afrika und Amerika trefflich bekannten Simplizissimus-Namen einen Kalender drucken zu lassen [...]".[53] Dabei ist dieser Rabelaisianische Titelkatalog eher als Understatement zu werten: die große französische Kalenderbibliographie nennt für das 17.–19. Jahrhundert 3.633 verschiedene Nummern.[54] Die meisten davon unterscheiden sich dadurch von den Almanachen für gebildete Stände, daß sie massenhaft gelesen, zerlesen und oft auch bekritzelt wurden.[55] Der Kalender war nicht Zierat wie der Almanach, sondern Gebrauchsgegenstand. Hinzu kommt, daß seine Produzenten, zumindest in seinen frühen Jahren, den Konsumenten sozial näher standen: „Die meisten der heutigen Volkskalender zeigen, was die gebildete Welt aus dem Volke machen möchte, die alten, was das Volk damals wirklich war", schrieb Wilhelm Heinrich Riehl im Jahre 1852.[56]

Nun, das Volk war vor allem unaufgeklärt, und so zogen denn die Volkspädagogen zu Felde gegen die „Zeichen, wenn es gut sey, Bauholz zu fällen, zu purgiren, zur Ader zu lassen, zu säen und zu pflanzen", und reinigten die Kalender „von den Wetterweissagungen, von den Aspecten, und andern unnützen, abergläubischen und betrüglichen Dingen", nur um

---

[53] J. Chr. von Grimmelshausen: *Simplicianische Schriften*, ed. Alfred Kelletat. München 1958, p. 545–546. Cf. ibid. p. 548–549, 550–551 über Kalenderdrucker und Kalenderverkauf.
[54] J. Grand-Carteret: *Les Almanachs français*.
[55] O. Görner: *Volkslesestoff*, p. 393.
[56] W. H. Riehl: *Volkskalender im achtzehnten Jahrhundert*, p. 38.

bald darauf festzustellen, daß die Leute diese expurgierten Kalender nicht mehr kauften. So entschloß sich die Berliner Akademie der Wissenschaften 1780, den irrationalen Kram wieder in ihre Kalender hineinzustecken. „Das Publikum, dessen zahlreichsten Theil der gemeine Mann ausmacht, ist ein großmächtiges Thier, welches sich nicht wohl durch Gewalt und auf einmahl bändigen und zwingen läst, sondern durch Klugheit und nach und nach gelehrig und folgsam gemacht werden muß."[57] Daß man dieses so beliebte Kommunikationsmittel als Propagandamedium benützen müsse, hatten die Pädagogen bald erkannt. „Ich getraue mich", schrieb Rektor Fischer 1783 an die Berliner Akademie, „aus einem Volke mit Hülfe der Kalender zu machen, was ich will. Soll es dumm oder klug, abergläubisch oder aufgeklärt, kühn oder feig, patriotisch oder unpatriotisch werden oder bleiben? Man gebe mir nur Gewalt über seine Kalender!"[58]

Die vorhandenen Kalender waren schlecht genug. Die der Berliner Akademie[59] taugten kaum mehr als der berühmte Hundertjährige mit seinen unbekümmert falschen Prophezeiungen.[60] „Der Vorschlag ist bis zum Ekel wiederholt: den Kalender dazu brauchbarer und zweckmäßiger einzurichten, um gemeinnüzzige Kenntnisse unters Volk zu bringen", schrieb H. G. Zerrenner schon 1786.[61] Aber die Spätaufklärer wiederholten sich weiter. Ferdinand Frey schlug ein Jahr später vor, „daß unsre Volkslehrer, anstatt ganze Alphabete für den Mittelstand zu schreiben, sich auf den engen Raum, den der Kalender anbeut, einschränken, und darin das Nützliche und Gute, was sie ihren Mitbürgern zu sagen haben, aufstellen möchten."[62] Christian Wilhelm von Dohm wies 1796 noch einmal auf das Interesse hin, das die Kalender bei denen, „für welche sie entworfen sind", finden müßten. Sie seien für den Bauern „oft einzige Erkenntnisquelle".[63] Die ausnahmsweise einmütige Haltung der Aufklärer – niemand sprach von Abolition, jeder nur von Amelioration oder Modifikation – trug ihre Früchte. Die Praxis der Kalendermänner verwandelte sich von einer Astro-

[57] A. F. Büsching: *Beschreibung seiner Reise*, p. 13–14.

[58] *Ueber das Kalenderwesen*, p. 126.

[59] Das waren im Jahre 1783: *1. Der Genealogische Kalender*, deutsch und französisch, *2. Der Historische und Geographische Kalender, 3. Der Haushaltungskalender, 4. Der vollständige Haushaltungs- Garten- und Geschichtskalender, 5. Der verbesserte Kalender, 6. Der verbesserte und Schreibkalender, 7. Die Westphälischen Duodezkalender, 8.* Die kleinen *Etui-Kalender, 9.* Die größern und kleinern *Contoir-Kalender.* Ibid.

[60] *Ueber den Glauben an den hundertjährigen Kalender.*

[61] H. G. Zerrenner: *Volksaufklärung*, p. 125.

[62] F. Frey: *Briefe, das Schriftstellerwesen in Deutschland betreffend*, p. 483. „Alphabet" = 24 Druckbogen!

[63] C. W. von Dohm: *Ueber Volkskalender*, p. 188–191.

logenkammer in eine unterhaltsame Schulstube. Seine Aktionen als Kalendermacher schildert Heinrich Zschokke so:

Es lag mir alles daran, noch in die dunkeln Hütten der Ärmsten, die kein Buch, kein öffentliches Blatt, höchstens im Jahr einen Kalender um wenige Kreuzer kaufen und lesen, Licht zu bringen. Ich ward demnach auch noch Kalendermacher, und, um nicht dem Landmann anstößig zu werden durch Verletzung seines ihm anerzogenen Aberglaubens, mußten im *Schweizerboten-Kalender* Bauernregeln und „Kinder in diesem Zeichen geboren", Aderlaßmännlein und Wetterprophezeiungen, astrologische Zeichen und andrer Bocksbeutel getreulich beibehalten wersen. Nur erlaubt' ich mir, sie nach und nach unter mutwilligen Scherzen in die wirksamsten Mittel zu verwandeln, den Unflat der Spinnstubenweisheit wegzufegen, den man seit Jahrhunderten „mit gnädiger Erlaubnis der Obern" unter den Strohdächern der dürftigsten Volksklasse angehäuft hatte. Man lachte und las. Weit mehr aber als der Beifall freute mich, daß die übrigen Kalendermacher aus redlichem Sinne oder aus Brotneid sich dann um die Wette beeiferten, wie sonst aus Aberglauben nun aus Aufklärung des gemeinen Mannes Profession zu machen und den *Schweizerboten* sogar zu überbieten. Nach drei oder vier Jahren überließ ich zufrieden meinen Kalender andern Händen. Der Weg zum Bessern war ja angebahnt.[64]

Der Erfolg blieb nicht aus. In einem Rundschreiben der Direction de la Sûreté générale vom 22. Juli 1853 hieß es: „D'autre part, les almanachs ont subi de grandes modifications. Ce sont actuellement de véritables livres contenant des traités scientifiques, des manuels de tous les arts et métiers, des notices historiques et dont la vente s'élève à plusieurs millions d'exemplaires."[65] Im Jahre 1855 wurden in Frankreich nicht weniger als 246 verschiedene Almanache genehmigt, darunter einige deutschsprachige wie

Der gute Bote für das Jahr der Gnade 1855 (Berger-Levrault, Strasbourg),
Der Mülhauser Bote (Risler, Mulhouse),
Einsiedler Kalender (Benziger, Einsiedeln),
Ganz neuer verbesserter Oberrheinischer Kalender (Veuve Decker, Colmar),
Historischer Kalender, oder der hinkende Bote auf das Jahr Christi 1855 (Hünerwadel, Bern),
Neu Verbesserter Vollkommener Staats-Kalender, genannt der Hinkende Bote (Veuve Decker, Colmar).[66]

---

[64] H. Zschokke: *Eine Selbstschau*, p. 202–203.
[65] G. Dubois: *Le Colportage*, p. 13.
[66] *Ministère de l'Intérieur: Catalogue des almanachs approuvés pour l'année 1855*, (Exemplar in den Archives Départementales Bas-Rhin, Strasbourg, T. 214).

Der Katalog approbierter Almanache für das Jahr 1859 enthält schon 395 verschiedene Kalendertitel, die auf französischem Boden verkauft werden durften.[67] Ein Jahr später sank dieses Maximum wieder auf 363 Kalender, von denen 15 deutschsprachig erschienen.[68] Die Auflagenhöhe belief sich auf fünf bis sechs Millionen Exemplare[69]; jedes Haus hatte also jährlich seinen Kalender. „15 millions de Français n'apprennent que par les Almanachs les destins de l'Europe, les lois de leurs pays, les progrès des sciences, des arts, de l'industrie, leurs devoirs et leurs droits", schrieb der *Almanach de France* optimistisch auf das Titelblatt seines im Jahre 1859 erschienenen 27. Jahrgangs.[70]

Die Variationsbreite der Almanach-Produktion und den Trend zur Popularisierung des vornehmen „Almanachs" (im deutschen Sinne) zeigt ein Katalog[71] des Verlegers Passard aus dem Jahre 1861. Offenbar wurden viele Volksbüchlein-Texte ganz einfach mit einem „ewigwährenden"[72] Tageskalender und einem neuen Titelblatt versehen und als *Almanach perpétuel* verkauft. Jedes Exemplar kostete 50 Centimes. Unter anderem erschienen da der

> *Almanach-manuel des jeux de cartes,* par Hilaire Legai
> *Almanach·du bon ton et de la politesse,* par Verardi
> *Almanach du secrétaire français,* par Louis Delanoue

---

[67] *Ministère de l'Intérieur. Presse et Colportage: Catalogue des almanachs approuvés pour l'année 1859.* (Archives Bas-Rhin, Strasbourg, T. 214).

[68] *Ministère de l'Intérieur: Catalogue des Almanachs approuvés pour l'Année 1860.* (Archives Haut-Rhin, Colmar, 27907). Die deutschen Titel:
Allgemeiner Haus- und Landwirtschafts-Kalender — Rissler, Mulhouse
Christkatholischer Haus-Kalender — Hoffmann, Colmar
Der Colmarer hinkende Bote — Decker, Colmar
Der Elsässische Landbote — Rissler, Mulhouse
Der Elsässer Stadt- und Landbote — Christophe, Strasbourg
Der große hinkende Bote an der Ill und am Rhein — Heitz, Strasbourg
Der große Straßburger hinkende Bote — Heitz, Strasbourg
Der gute Bote — Berger-Levrault, Strasbourg
Der gute Elsässer — Berger-Levrault, Strasbourg
Der kleine Elsässische Landbote — Rissler, Mulhouse
Einsiedler Kalender — Benziger, Einsiedeln
Ganz neu verbesserter oberrheinischer Kalender — Decker, Colmar
Marienthaler Haus-Kalender — Edler, Hagenau
Neuer Schreib-Kalender — Schweighausen, Basel
Verbesserter Kalender, genannt der hinkende Bote am Rhein — Silbermann, Strasbourg.

[69] E.-A. De l'Étang: *Le Colportage,* p. 17, not.

[70] Archives Nationales, Paris, F. 18. 554.

[71] In: *Le Jardin de l'enfance. Nouveau recueil de Compliments.* (Schenda: *1000 FVB,* num. 248).

[72] Cf. J. Chr. von Grimmelshausens *Ewigwährenden Kalender* von 1670.

Almanach de l'Art d'expliquer les songes, par J. Trismégiste
Almanach-manuel de jardinage, par Ragonot-Godefroi
Almanach-manuel des serres chaudes et des serres tempérées
Almanach des propriétaires ruraux, par Louis Delanoue
Almanach des propriétaires de bâtiments, par Louis Delanoue
Almanach Guide pour le choix d'un état industriel
Almanach Prophéties des Thomas Moult et proverbes agricoles
Almanach Prophéties de Nostradamus
Almanach des gasconnades par Cousin d'Avallon et E. Legai
Almanach des enfants, compliments et modèles de lettres
Almanach des souvenirs de l'empire (Bonapartiana)
Almanach Histoire des quatre fils Aymon
Almanach du baron de Crac (Munchhausen)

und andere mehr; sie zeigen in ihrer Themenwahl deutlich den herrschenden Publikumsgeschmack.

Die traditionellen Volkskalender – mit einer durchschnittlichen Auflage von 10 000 Stück – unterschieden sich jedoch höchstens in Einzelheiten, nicht in der Struktur voneinander: alle enthielten ein chronologisches Kalendarium samt Marktverzeichnissen und einen Anhang „variarum lectionum", deren Zusammensetzung und Inhalt allerdings von persönlichen, zeitlichen und örtlichen Sonderbedingungen abhängig war. Hier trifft der Leser medizinische Rezepte[73], land- und hauswirtschaftliche Ratschläge, moralische und erbauliche Geschichten, Anekdoten – viele davon Friedrich Nicolais *Vademecum für lustige Leute* entnommen[74] – Gedichte und Lieder, Abenteuer, Mord- und Schauergeschichten, Berichte von Exekutionen und Unglücksfällen, Reiseschilderungen, Sagen und Schwänke, historische Abhandlungen – nur die politischen Informationen kamen zu kurz.[75] Das altbekannte Prinzip der „Diverses Leçons"[76] sicherte dem Volkskalender den Erfolg bei den untersten Leserschichten. Nicht selten überdauerte dieser Erfolg mehrere Jahrzehnte; manche Namen halten sich vom 18. bis ins 19., vom 19. bis ins 20. Jahrhundert: der *Melchior Griesser*[77], der

---

[73] E. Lombard: *Der medizinische Inhalt der schweizerischen Volkskalender*. (Eine reine Stoffsammlung, ohne kluge Ideen und ohne jeden Blick für größere Zusammenhänge).

[74] Zur Tradierung von Anekdoten cf. Elfriede Moser-Rath: *Anekdotenwanderungen in der deutschen Schwankliteratur*. — In: *Volksüberlieferung*. Festschrift Kurt Ranke. — Göttingen 1968, p. 233–247.

[75] H. Kohlbecker: *Allgemeine Entwicklungsgeschichte des badischen Kalenders*, passim.

[76] Cf. R. Schenda: *Die französische Prodigienliteratur*, p. 14–21.

[77] A. Waltz: *Bibliographie de la ville de Colmar*. — Colmar 1902, num. 2913, 2914a, 2921. — Daß C. Nisard: *Histoire des livres populaires* den Kalender *Grieffer* nennt, ist ganz offenbar der Unkenntnis in bezug auf das gotische (lange) s zuzuschreiben.

Mathieu Loensberg aus Lüttich[78], der *Mathieu de la Drôme*.[79] An Popularität unübertroffen sind jedoch die *Hinkenden Boten* links und rechts des Rheins: 1646 von dem Colmarer Drucker G.-F. Spannseil zum ersten Mal als Kalender veröffentlicht (der Hinkende ist also ein Veteran des Dreißigjährigen Krieges)[80], 1676 bei Jakob Bertsche als der *Basler Hinckende Bott* erschienen[81], 1677 durch Johann Jakob Decker zu Colmar gedruckt, in dem frühesten noch erhaltenen Exemplar von 1684[82] unter der Autoren-Flagge des Anthonius Sorgmann, 1765 französiert unter der des Antoine Souci, „Astrolog. et Histor." marschierend[83], ist der *Hinkende Bote* oder der *Messager Boiteux* bald überall heimisch, nicht nur in der Druckerfamilie Decker und in Colmar, wo 1879 eine „zweihundertjährige Jubelausgabe" erscheinen konnte[84]: *Hinkende Boten* gab es auch in Paris[85], in Lahr, wo einer von ihnen heute noch lebt[86], seit 1703 in Bern und Vevey[87], außerdem in Straßburg, Nürnberg und Frankfurt.[88] Die Buchhandlung Deckherr Frères in Montbéliard konnte zudem 1843 anbieten:

Le grand Messager boiteux conteur, Almanach amusant et récréatif. Prix de la douzaine: 1 fr. 80 c.

Le grand Messager boiteux des cinq parties du monde, Almanach d'histoire naturelle, de géographie et d'histoire politique. Prix de la douzaine: 1 fr. 60 c.

Le grand Messager boiteux algérien, la douzaine 1 fr.

Le grand Messager boiteux à la Giraffe, la douzaine 90 c.

und außerdem die *Messagers boiteux* von Basel und Bern zum Preise von 90 Centimes das Dutzend.[89]

Man darf diesen Lieblingstitel beim Worte nehmen: Der Volkskalender und der populäre Almanach hinken hinter ihrer Zeit her; nur das Kalendarium ist seiner Zeit maximal ein Jahr voraus, das Sammelsurium des zwei-

[78] A. Dubois: *Les anciens livres de colportage*, p. 24. — Cf. auch den *Conducteur en enfer*, 1874 (Schenda: *1000 FVB*, num. 250), p. 5: Laensberg in der Hölle.
[79] A. Dubois: loc. cit. p. 29.
[80] A. Waltz (wie not. 77), num. 2908. — August Scherlen: *Perles d'Alsace. Bilder aus der elsässischen Vergangenheit*, II. — Colmar 1929, p. 16. — Zur Vorgeschichte cf. K. Schottenloher: *Flugblatt und Zeitung*, p. 250–261.
[81] J. H. Graf: *Historischer Kalender oder der Hinkende Bot*, p. 27.
[82] A. Waltz (wie not. 77), num. 2907–2911.
[83] Ibid. num. 2910.
[84] Ibid. num. 2912.
[85] J. Grand-Carteret: *Les Almanachs*, num. 2568.
[86] *Des Lahrer Hinkenden Boten neuer historischer Kalender*.
[87] Jules Capré: *Histoire du messager boiteux de Berne et Vevey*.
[88] J. H. Graf: *Historischer Kalender*, p. 27. — Cf. auch C. Nisard: *Histoire des livres populaires* I, p. 22, 86–90.
[89] Bibliothèque Nationale, Paris: Q 10 / Deckherr.

ten Teils jedoch klebt hoffnungslos an einer idyllischen Vergangenheit und versucht höchstens durch häuslich-praktische Ratschläge die Gegenwart besser zu bewältigen. Der Volkskalender fördert den Status der nicht-informierten, falsch programmierten Gesellschaft.

Die periodische Presse: Tatler oder Tadler?

Das Zeitschriftenwesen[90] nahm im Laufe des 18. Jahrhunderts[91] einen spektakulären Aufschwung.[92] Er läßt sich nach dem *Allgemeinen Sachregister* von J. H. C. Beutler und J. C. F. Gutsmuths[93] statistisch folgendermaßen darstellen[94]:

---

[90] Eine zufriedenstellende Definition des Begriffes „Zeitschrift" hat die Publizistik bei der erschreckenden Zahl verschiedener Erscheinungsformen bisher nicht liefern können. Cf. Günter Kieslich: *Zur Definition der Zeitschrift.* — In: *Publizistik* 10, 1965, p. 314–319.

[91] An Einzelstudien seien hervorgehoben: Hans Mattauch: *Situation und Typologie der französischen Zeitschriftenpresse der Frühzeit (1665–1730).* — In: *Publizistik* 10, 1965, p. 538–551. — A. Ronsin: *Les Périodiques lorrains.* — R. Engelsing: *Die periodische Presse und ihr Publikum.* — H. Lachmanski: *Die deutschen Frauenzeitschriften.* — I. Jentsch: *Zur Geschichte des Zeitungslesens.* — Usko-Schlichting: *Kampf am Kiosk.*

[92] Technische Voraussetzungen (die mechanische Presse) bei P. Chauvet: *Les Ouvriers du livre,* p. 95–100.

[93] *Allgemeines Sachregister.* Ausgewertet wurden in diesem Sachindex die *Ephemeriden der Menschheit,* das *deutsche Museum,* Schlözers *Staatsanzeigen,* das *Göttingische Magazin der Wissenschaften,* der *Deutsche Merkur,* Schlözers *Briefwechsel,* das *Hannöversche Magazin* und die *Berliner Monatsschrift.* — Die Behauptung der Herausgeber, eben diese Zeitschriften seien von allen Ständen gelesen worden, ist indes ein allzu optimistischer Euphemismus. Für die niederen Leserschichten waren gerade d i e Wochenblätter attraktiv, die von den Gelehrten als „gemisbraucht", „unlauter" und „oberflächlich" (ibid. p. I–II) gebrandmarkt und etwa so kritisiert wurden: „Ist mit dem ersten Jahre schon wieder eingeschlafen, und zwar ohne den geringsten Schaden des Publikums" hieß es vom *Zeitvertreib* 1781 (ibid. II, p. 325). Im *Wochenblatt für Damen* 1789 schien ihnen „Alles langweilig und alltäglich, was nicht aus andern schon längst bekannten Büchern genommen ist." (ibid. II, p. 359). *Pägnia, ein Buch zur Unterhaltung* 1789 erhielt das Urteil „Eine zwecklose Sammlung von Erzählungen, Dialogen und dergleichen." (ibid. II, p. 360). In der Tat wimmelt es unter diesen Wochenblättern von Nachahmungen, Exzerpten, Plagiaten, vermischten Inhalten und Mannigfaltigkeiten: hier triumphierten, wie im Volkskalender, die variae lectiones unterhaltsamen Charakters.

[94] Auszählung (Zählfehler ± 2 möglich) nach Allgemeines Sachregister II, p. 1–360.

Themengruppe	Zahl der Titel pro Periode						Summe
	1700/40	40/50	50/60	60/70	70/80	80/90	1700/1790
I. Gottesgelahrtheit	11	14	13	33	37	59	167
II. Rechtsgelahrtheit	13	8	8	9	23	31	92
III. Arzneygelahrtheit	7	2	3	12	14	48	86
IV. Weltweisheit	1	3	1	2	4	13	24
V. Mathematik, Natur-lehre, Chymie, Natur-geschichte, Mineralogie	2	7	15	12	19	46	101
VI. Geschichte, Erd-beschreibung, Sta-tistik, Diplomatik	41	8	9	28	39	84	209
VII. Haushaltungskunst	—	3	8	21	14	42	88
VIII. Erziehungswissenschaft	1	1	—	5	21	35	63
IX. Kriegswissenschaft	—	—	1	—	3	8	12
X. Schöne Wissenschaft und Künste	3	12	11	12	34	32	104
XI. Vermischte Schriften	30	29	31	59	109	176	434
XII. Freymaurerey	—	—	—	—	—	5	5
Summa	109	87	100	193	317	579	1385

Diese alte Bibliographie ist aber durchaus lückenhaft. Bei der „hohen Säuglingssterblichkeit der Spezies", wie Werner Krauss das Phänomen einmal nannte[95], war den Herausgebern so mancher Titel entgangen, und erst in jüngerer Zeit konnte Joachim Kirchner die alte Statistik verbessern.[96] Demnach erschienen im deutschen Sprachgebiet

bis zum Jahre	1700	58 Zeitschriften
von	1701–1710	64
	1711–1720	119
	1721–1730	133
	1731–1740	176
	1741–1750	260
	1751–1760	331
	1761–1770	410
	1771–1780	718
	1781–1790	1225
		3494 Zeitschriften

oder, graphisch dargestellt:

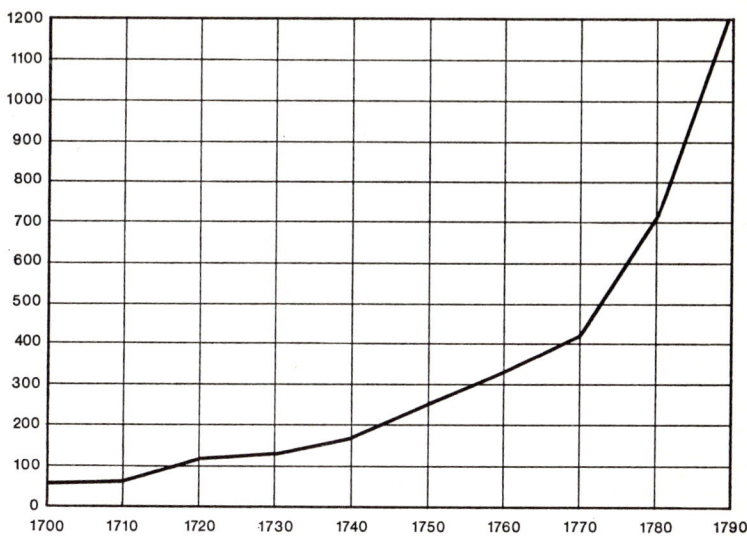

Der Bildungseinfluß der Spätaufklärung ist hier deutlich spürbar; die Tatsache, daß in allen Zeitschriftenbibliographien die Unterhaltungsschriften an erster Stelle liegen, weist jedoch auch darauf hin, daß sich das Lesepublikum nicht mehr nur aus den höheren, gebildeten Ständen rekrutierte. Schon den Zeitgenossen fiel diese fatale Verschiebung auf[97], und es fehlte auch in diesem speziellen Falle nicht an Unkenrufen.[98] Johann Gottfried Herder beklagte die Langweiligkeit der ganzen Literaturgattung.[99] Die *Bibliothek der schönen Wissenschaften* schrieb schon 1759:

---

[95] W. Krauss: *Der literarische Journalismus im Aufklärungszeitalter.* Vortrag an der Universität Tübingen am 12. Mai 1967.
[96] J. Kirchner: *Die Grundlagen des deutschen Zeitschriftenwesens* II, p. 323. Kirchners neueste *Bibliographie* hat abermals die Zahl der produzierten Titel erhöht. Eine statistische Auswertung konnte noch nicht vorgenommen werden.
[97] Cf. Ragotzky: *Ueber Mode-Epochen in der Teutschen Lektüre.*
[98] Cf. die Materialien in Blühm-Engelsing: *Die Zeitung,* p. 114–153 et passim.
[99] Herders *Werke,* ed. W. Dobbek, II, Weimar 1957, p. 34: „Oh, wenn man die Stöße von deutschen Monats- und Wochen-, von Lehr- und Trost- und Erbauungs- und lustreichen Schriften siehet, die vormals und auch jetzt noch gelobt, gesucht und geschmiert werden, muß man nicht ausrufen:
     O curas hominum, o quantum est in rebus inane!
[...] sie schreiben für die Langeweile des Publikums [...]".

Wir Deutschen, die wir so gern nachahmen, und wenn wir einmal angefangen haben, niemals wieder aufhören, mußten nothwendig auch Wochenblätter schreiben, und die Welt weiß, was für eine Ueberschwemmung Deutschland seit der Zeit davon gehabt hat. Alles, was gesunde Hände hatte und gern ein Autor seyn wollte, schrieb ein Wochenblatt, und wir glauben gewiß, daß es für die neuen Schriftsteller solcher Blätter allezeit schwerer ist, einen Titel auszufinden, der nicht schon da gewesen ist, als ein Jahrlang alle Wochen ein Blatt mit einem moralischen Gewäsche anzufüllen. Unter der Menge schlechter und mittelmäßiger können wir uns doch auch vieler guten, eines Patrioten, Weltbürgers und Menschenfreundes, eines Jünglings, eines Fremden, eines Freundes, und noch verschiedner anderer rühmen, die mehr oder weniger sich ihren großen Vorgängern, den Verfassern des Zuschauers, genähert, obgleich sie [sie] nach unsrer Einsicht noch niemal übertroffen haben.[100]

In der Tat war die von den englischen moralischen Wochenschriften ausgestreute Saat mit einiger Verzögerung zwar, aber dann umso blühender aufgegangen.[101] All diese *Spektateure, Tadler, Patrioten* und *Hofmeister* waren für die dünne Leserschicht der höheren Stände geschaffen worden, und innerhalb dieser Schicht fanden sie, der Form und des Preises wegen, weite Verbreitung.[102] Die Volksaufklärer konnten sich nun dieser erprobten Erziehungs-Medien bedienen, ihren Inhalt nützlicher gestalten: „Ein beliebtes und gelesenes Wochenblatt konnte mehr ausrichten, als alle Bücher und Gesetze; es kam Leuten von allen Ständen in die Hände, wurde denen bekannt, die sonst ohne alle Lektüre waren, und war also das bequemste Vehikel, ihre Meynungen zu berichtigen und zweckmäßig zu leiten."[103] Das bequemste Bildungsvehikel fuhr jedoch vielen Kritikern zu schnell: „Eine Hauptquelle der Seichtigkeit des Zeitgeistes ward diese Verbreitung, die einer schalen Unruhe und Charakterlosigkeit zur Nahrung und Bestärkung diente." So meinte Ernst Brandes, geheimer Cabinetsrath in

---

[100] *Bibliothek der schönen Wissenschaften und der freyen Künste* 5, Leipzig 1759, p. 274.
[101] Cf. Friedrich Wilhelm: *Die ersten „Moralischen Wochenschriften" in Deutschland. Ein Stück Hamburger Kulturgeschichte.* — In: *Hamburgische Geschichts- und Heimatblätter* VII, 1933 (Hamburg 1934), p. 14–18 *(Der Vernünftler 1713/14 und Der Patriot 1724/26).* — Emil Umbach: *Die deutschen moralischen Wochenschriften und der Spectator von Addison und Steele.* — Straßburg 1911. — — Ludwig Keller: *Die Deutschen Gesellschaften des 18. Jahrhunderts und die moralischen Wochenschriften. Ein Beitrag zur Geschichte des deutschen Bildungslebens.* — In: *Monatshefte der Comenius-Gesellschaft* IX, 1900, p. 222–242. — — *Die moralischen Wochenschriften, welche in den Jahren 1713 bis 1761 in deutscher Sprache erschienen sind.* Ibid. X, 1901, p. 296–305. — W. Martens: *Die Botschaft der Tugend.*
[102] Martin Stecher: *Die Erziehungsbestrebungen der deutschen moralischen Wochenschriften. Ein Beitrag zur Geschichte der Pädagogik des 18. Jahrhunderts.* Diss. Leipzig. — Langensalza 1914, p. 133–134.
[103] *Allgemeines Sachregister,* p. III.

Hannover, noch 1808, und: „Das Vervielfältigen des Lesens der Zeitungen vermehrte ins Gränzenlose politische Kannengießerey, eine der ärgsten Feindinnen des wahren politischen Blickes."[104]

Brandes hatte allen Grund, beunruhigt zu sein. Die französische Revolution steigerte das schon durch die Aufklärung halb erwachte Informationsbedürfnis und förderte die aktuelle Publizistik.[105] Das gemütliche Wochenblatt und das lokale Intelligenzblatt waren zu langweilig und zu begrenzt geworden; selbst der kleinstädtische Bürger verlangte daneben oder ausschließlich eine aktuelle Tageszeitung mit Nachrichten aus aller Welt: er war bereit und gewillt, sich, daheim oder in einem Journal-Lesekabinett, zu orientieren und über die erlangten Informationen zu diskutieren.[106] Das törichte alte, gefährliche Schlagwort vom „politischen Kannegießer" war nicht kräftig genug, um diesen Informationsdrang zu unterdrücken. Grundvoraussetzung für eine solche unbehinderte Information hätte die Pressefreiheit sein müssen, ein Recht, das „devroit être le droit commun de l'univers, et qu'il est à-propos de l'autoriser dans tous les gouvernemens", wie man schon 1770 in der *Encyclopédie* lesen konnte.[107]

Die Pressegesetze, von Revolutionsfurcht getragen, von Napoleon gefördert, vom Deutschen Bund zementiert[108] und in der Restauration heilig gehalten[109], hemmten jedoch die Entwicklung des Pressewesens und bremsten seinen weiteren steilen Aufstieg. So kommt es, daß ein *Verzeichniß der in dem Königreich Württemberg außerhalb der Residenz Stadt Stuttgardt erscheinenden Zeitungen und Intelligenzblätter* aus dem Jahre 1809 nur neun Periodika nennen kann: aus Altdorf-Isny, Biberach, Gmünd, Hall, Heilbronn, Öhringen, Riedlingen, Rottweil und Stockach.[110] Die Mißstände waren um die Jahrhundertmitte keineswegs behoben: Im Jahre 1851 stimmten 562 Metzinger Männer – Weber, Strumpfwirker, Tuchmacher, Schneider, Sattler, Schuhmacher, Weingärtner, Bäcker und Bauern – mit ihren Unterschriften für die Herausgabe eines *Ermsthal-Boten* „zur Belehrung und Unterhaltung für Jedermann" und als „öffentlicher Anzeiger für Mezingen und Umgegend" durch den Buchdrucker Heinrich

---

[104] E. Brandes: *Betrachtungen über den Zeitgeist*, p. 252–253.
[105] R. Engelsing: *Die periodische Presse*, col. 1495–1496. — I. Jentsch: *Zur Geschichte des Zeitungslesens*, p. 12–15.
[106] Cf. ibid. col. 1497. — R. Braun: *Sozialer und kultureller Wandel*, p. 317.
[107] Diderot-D'Alembert: *Encyclopédie*, s. v. *Presse (Droit politique)*. Autor: D. J.
[108] Beschlüsse der Bundesversammlung vom 20. September 1819, Punkt 3: Preß-Gesetz.
[109] P. Dupont: *Histoire de l'imprimerie*, p. 298-299: „Jamais les procès de presse ne furent plus nombreux que sous la Restauration. [...] Dans la seule année 1825, et à Paris seulement, il n'y eut pas moins de vingt-cinq jugements pour délits de presse, et ce nombre ne fit que s'accroître chacune des quatre années suivantes."
[110] Staatsarchiv Ludwigsburg D 52/451.

Kostenbader. Dieser galt jedoch beim Ministerium als politisch unzuverlässig – ein trefflicher Vorwand, um die Metzinger Bürger weiterhin ohne wöchentliche Informationen dahindösen zu lassen.[111] Erlaubt waren dagegen Blätter praktischen Inhalts, so wie sie die Volksaufklärer gutgeheißen hatten.[112] Politische Unterminierung des Volkes stand von dieser Seite nicht zu befürchten.

Der politische Aspekt eines Periodikums war immer wieder ausschlaggebend für seine Zulassung oder seine Unterdrückung. Zwangsläufig distanzierten sich die Herausgeber der Wochenblätter schon in ihrem Antrag auf Drucklizenz von jeglicher politischen Absicht. Der Publizist Johann Evangelist Fürst meinte 1818: „Der Bauernzeitungsschreiber mischt sich nicht in politische Sachen. Was geht das uns an?"[113] Das *Konstanzer Wochenblatt,* das erstmalig am 1. November 1832 erschien, sollte „mit Vermeidung alles Politischen nur rein wissenschaftlichen und für das praktische Leben bestimmten Inhalts" sein.[114] Die gleiche politische Abstinenz übte man in Frankreich.[115] Der in Nördlingen von der C. H. Beckschen Buch-

---

[111] Ibid. E 146/756. Es war im Falle Kostenbader leicht, einen abschlägigen Bescheid wenn nicht vernünftig, so doch politisch zu begründen: Der Antragsteller hatte, während seines Militärdienstes beim 4. Infanterieregiment, am 9. Juni 1849 beim Ausmarsch aus der Station Weilimdorf gefehlt und war vier Stunden lang ausgeblieben, wofür er mit Arrest zweiten Grades von einem Tag Dauer bestraft worden war. Also konnte man dem Soldaten Heinrich Kostenbacher nachweisen, „daß demgemäß die politischen Gesinnungen desselben als unzuverläßig zu bezeichnen seyn möchten". So jedenfalls das Kriegsministerium am 15. Mai 1851. Und folglich wurde eine Woche später dem Kostenbader mitgeteilt, „daß auch das Ministerium die Voraussezungen eines gedeihlichen Bestands einer von Kostenbader in der Stadt Mezingen zu errichtenden Buchdruckerei nicht als vorhanden betrachte und daher die abweisende Regierungsentschließung vom 21. Feb. d. J. beharrt haben wolle".
[112] Grözinger, Reutlingen reichte 1811 ein Gesuch um Erlaubnis zur Herausgabe eines ökonomischen Wochenblattes ein. Es sollte Hauswirtschaft, Landwirtschaft, insbesondere Viehzucht und Viehkrankheiten sowie Technologie behandeln und für Privatpersonen, Handwerker, Landleute, Frauenzimmer und als Lesebuch in den Sonntagsschulen nützlich sein. Als Zensoren für dieses Wochenblatt schlug das OCC dem König den Geheimen Legationsrat von Batz, „welcher ohnehin nicht viel sonstige Zensur Geschäfte zu besorgen hat", und den Professor Autenrieth, beide aus Tübingen, vor. Der Plan wurde genehmigt. — Staatsarchiv Ludwigsburg D 52/464. — Daß auch die ökonomischen Wochenblätter sich nicht ungehindert entfalten konnten, weil kirchliche Kräfte sie beschuldigten, „de travailler avec une infatigable activité à matérialiser tout l'homme sous prétexte d'éclairer les intelligences", zeigt das beachtenswert fortschrittliche *Journal des Connaissances Utiles* III, 1833, p. 2.
[113] G. Füsser: *Bauernzeitungen,* p. 59.
[114] A. Diesbach: *Das Konstanzer Wochenblatt 1832–1833.*
[115] 1836 kündigte etwa die Witwe Decker in Colmar ein Journal hebdomadaire unter dem Titel *Le Glaneur du Haut-Rhin / Der Sammler des Oberrheins an,* das jeden Donnerstag erscheinen sollte. „Von dem Sitze der Oberverwaltung aus", hieß es in dem Prospekt, „werden wir im Stande seyn unsere Leser in beständiger Kenntnis von den Ver-

handlung ab 1838 herausgegebene *Hausfreund* hatte das Bestreben, „allgemeine Belehrung mit Unterhaltung in der mannigfaltigsten Art zu verbinden". In dem reichen Programm war zwar von moralischen Erzählungen, Reiseberichten, Biographien, Lebensregeln, ökonomischen Mitteilungen, Sinnsprüchen und Charaden die Rede, nicht aber von politischer Information.[116] Das Leipziger *Heller-Magazin* verstand sich 1833 als eine neue Zeitschrift, „welche das ganze Universum, so weit als es dem menschlichen Geiste zugängig ist, zur zuleitenden Quelle haben, zugleich aber aus dieser unversiegbaren Quelle stets nur das Anziehendste, Belehrendste und Nützlichste schöpfen, und dem Leser sowohl die aufgespeicherten Vorräthe vergangener Jahrhunderte erschließen, als auch die sich ewig erneuende und die Keime der Zukunft in ihrem fruchtbaren Schooße tragende Gegenwart anschaulich und faßlich vorführen wird. [. . .] Politik und Angelegenheiten der Kirche sind aus unserer Zeitschrift ausgeschlossen."[117] Ein Wochenblatt, in dessen Programm das Wort „Politik" vorkam, mußte im Jahre 1851 folgendes erleben[118]:

Am 4. Februar 1851 richtete der Rentbeamte im Ruhestand Jacob Heinrich Schwarz aus Amberg, Autor eines *Adreß-Handbuchs für die Oberpfalz* und von *Lesefrüchten für Dorfbibliotheken* ein Gesuch an den bayerischen König, in welchem er um ein Darlehen in Höhe von 125 Gulden bat, um ein Wochenblatt mit dem Titel *Der Hausfreund* gründen zu können. Eine gedruckte *Ankündigung und höfliche Einladung zur freundlichen Theilnahme* lag bei. Darin hieß es:

Wir haben zwar durchaus keinen Mangel an Zeitungen, Zeitschriften, Tagblättern und Abendblättern; aber ich meine, Alle verfehlen sie, theils nach ihrer Fassung, mehr noch wegen der hohen Preise, den Weg zum großen Haufen, welchen man das Volk nennt. Wer möchte leugnen, daß wo dieser große Haufe möglichst unverdorben, bieder, treuherzig, religiös ist, und nach seinem Bedürfnisse Unter-

---

handlungen zu erhalten, welche von demselben ausgehen und das Publikum interessiren könnten. Unser Blatt wird außerdem eine summarische Darstellung der wichtigsten Ereignisse, welche sich entweder im Departemente oder außerhalb zugetragen und keine politische Tendenz haben, so wie auch unterschiedliche, die Wissenschaften, Litteratur, Gewerbfleiß (arts industriels) und den Ackerbau betreffende Aufsätze enthalten. Von diesen wird eine gewisse Anzahl der Geschichte, der Alterthumskunde und der physischen Erdbeschreibung des Elsasses gewidmet seyn, deren Kenntniß wir möglichst zu verbreiten wünschten. Endlich behalten wir in unsern Spalten hinlänglichen Raum vor, zur Einrückung gerichtlicher Bekanntmachungen und sonstigen Nachrichten, nach gefälligem Auftrage." — Archives Départementales Haut-Rhin, Colmar, 1. T. 445.
[116] Anzeige im *Donauwörther Wochenblatt* vom 1. Januar 1842: *Einladung zum Abonnement*.
[117] *Das Heller-Magazin zur Verbreitung gemeinnütziger Kenntnisse,* 5. Oktober 1833.
[118] Nach den Akten im Bayerischen Hauptstaatsarchiv München, M. Inn. 25098.

richt genießt, auch nur Glück, Zufriedenheit, Wohlfahrt und Gedeihen im Staate blüht. Wer will leugnen, daß Störungen der öffentlichen Sicherheit, häufiger Verfall der Familien, Unordnungen im Dienstbotenwesen, frecher Hohn gegen Zucht und Ordnung, laute Klagen hervorrufen. Wie läßt sich aber beitragen, daß nur frisches, gesundes, kräftiges Blut die Adern des großen Haufens durchkreise? Ich meine mit einer Wochenschrift, welche in Schreibart und Kostenpunkt so gehalten ist, daß sie den minder Gebildeten verständlich, zugängig, den Hirten auf dem Felde anzieht, also allgemein nützlich werden kann. Mit Beginn des nächsten 2 ten Vierteljahres 1851 will ich unter dem Titel *Der Hausfreund, Wochenschrift aus Vaterlandsliebe* zu Markte gehen, und hege den heißen Wunsch von Bürger und Bauer auch wegen der Dienstleute, in höheren Häusern, freundlich aufgenommen zu werden.

Der *Hausfreund* sollte jeden Samstag erscheinen, vierteljährlich 24 Kreuzer kosten und folgende „Abteilungen" umfassen:

1. Politisch Neues
2. Landes-Verfassung, Gesetzkunde, Gemeindewesen, Gewerbs-, Dorfs- und Feld-Polizei
3. Gottesfurcht und Sittenzucht
4. Mannigfaltigkeiten als goldene Früchte in silbernen Schalen
5. Landwirthschaft, Viehzucht, Garten- und Obstbau
6. Oeffentlicher Markt.

Das Projekt des so aktiven Jakob Heinrich Schwarz wurde jedoch nie Wirklichkeit. Am 10. März erhielt die Königliche Regierung der Oberpfalz folgendes Schreiben des Innenministeriums in München:

Die -ins.[eretur] wird angewiesen, den zu Amberg sich aufhaltenden q. k. Rentbeamten Heinrich Schwarz auf seine bei dem k. Staats-Ministerium der Finanzen eingereichte Vorstellung d. d. 4ten Februar eröffnen zu lassen, daß seinem Gesuche um vorschußweise Bewilligung eines Geldbetrages von 125 f behufs der Herausgabe einer Wochenschrift keine Folge gegeben werden könne. Die -ins. hat hienach des Weitere zu verfügen.

Schwarz ließ sich durch den abschlägigen Bescheid nicht entmutigen. Am 24. Juni 1851 bat er erneut um ein Darlehen. Dieses Mal legte er gleich die bei Junge & Sohn in Erlangen gedruckte erste Nummer seines Wochenblattes vor. Es trug jetzt den Titel *Der Bürger- und Bauernfreund, Wochenschrift aus Vaterlandsliebe* und war mit dem 4. Juli 1851 datiert. Die einzige Reaktion des Finanzministeriums war (am 7. Juli) die, daß es das Innenministerium bat, „bey einem dem p. Schwarz allenfalls zugehenden Bescheid demselben zugleich auch gefälligst bedeuten lassen zu wollen, daß

[. . .] Eingaben künftighin bey Vermeidung der gesetzlichen Nachtheile auf Stempelpapier zu schreiben wären". Das Innenministerium lehnte das neuerliche Gesuch des Wochenblatt-Herausgebers am 16. Juli 1851 ohne Begründung ab. Die Geschichte des fränkischen Pressewesens blieb um einen Titel ärmer.[119] Wochenblätter, die sich mit Politik, Verfassung, Staatsbürgerkunde abgeben wollten, waren nicht förderungswürdig.

So hätten die biedermeierlichen Wochenblätter[120], wären sie zu einem Selbstverständnis gelangt, sich nicht *Vernünftige Tadler,* sondern eher *Tatler* nennen sollen, nicht *Zuschauer,* sondern Wegschauer, nicht *Erzähler,* sondern Schwätzer.[121]

Die apolitische Qualität der periodischen Presse[122] ließ sich durch die Pressefreiheits-Polemik der dreißiger und vierziger Jahre nicht umformen. Als Harro Harring im Jahre 1832 – und vorsichtshalber in Straßburg – in seinem Drama *Das Volk* durch den raffinierten Polizeimeister Arns dem „Fürsten" das Funktionieren einer eventuell gewährten Preßfreiheit erläuterte:

> Verzeih'n Eur' Majestät. Man giebt sie nicht.
> Allein das dumme Volk muß immer glauben,
> Es habe Preßfreiheit. „Die Preß' ist frei",
> Heiß etwa der Artikel der Verfassung.
> Dann kommen die Bedingungen dabei;
> Die Strafen alle, die der Unterlassung
> Und Uebertretung folgen, und zuletzt

---

[119] Ludwig Ziegelmeier: *Standortverzeichnis der Nürnberger politischen Presse,* Nürnberg 1960, num. 61 registriert die Nr. 4/1851, die sich in der Stadtbibliothek Nürnberg befindet.

[120] Deren Charakter schildert vorzüglich und kenntnisreich R. M. Biedermann: *Ulmer Biedermeier im Spiegel seiner Presse.*

[121] Cf. dazu das satirische Gedicht von August Heinrich Hoffmann von Fallersleben: *Wie ist doch die Zeitung interessant [. . .]* (1841). Text in Blühm-Engelsing: *Die Zeitung,* p. 166.

[122] Zum Periodika-Konsum der deutschen (freien Reichs-) Kleinstadt: In einem 1835 begründeten „Journalisticum" der C. H. Beckschen Buchdruckerei in Nördlingen, standen im Jahre 1838 folgende Zeitschriften zum Zwecke des Abonnements zur Auswahl: *Dresdner Abendzeitung — Ausland — Erheiterungen — Europa — Hellermagazin —* H. von Malten: *Bibliothek der neuesten Weltkunde — Morgenblatt für gebildete Stände — Pfennigmagazin — Phönix — Wiener Zeitschrift für Kunst, Literatur, Theater und Mode — Carlsruher Unterhaltungsblatt — Le Voleur, gazette des journaux français — Neue Zeitschrift für Musik — Allgemeine landwirtschaftliche Zeitung — Wochenblatt für Land- und Hauswirtschaft — Gewerbsblatt für das Königreich Sachsen — Pharmaceutisches Centralblatt — Repertorium der gesamten deutschen Literatur* von Dr. E. G. Gersdorf *— Der Spiegel — Archiv für die civilistische Praxis — Neues Archiv des Kriminalrechts.* — Der Abonnementspreis für vier Journale jährlich betrug 4 fl. 48 kr., der für zehn Journale 9 fl. 36 kr. Natürlich konnte man auch einzelne Journale abonnieren; die Mengenabnahme hatte jedoch große finanzielle Vorteile.

Besitzt das Volk noch wen'ger als vorhin.
Doch weil die Constitution gesetzt:
„Die Preß' ist frei!" vergißt das Volk den Sinn
Und nimmt das Wort und jubelt laut und schreyt:
„Die Preß' ist frei!" – „Der Bürger-Herzog lebe!"
Indeß im Staate die – Censur gedeiht
Und im Gefängniß jene Volks-Phantasten,
Die sich ein Wort für's Pöbelvolk erlaubt,
Als Märtyrer bei Brod und Wasser fasten,
Weil die Verfassung sie des Rechts beraubt.

Der Fürst:
Wahrhaftig, das gefällt mir! – solch ein Ding
Von Constitution wär' zu bereiten.[123]

– da wurde dieses staatsgefährdende Drama kurzerhand beschlagnahmt.
Eine völlige Freiheit der Presse wurde zwar immer wieder gefordert[124] und
durch den kurzlebigen Paragraphen 10 der deutschen Grundrechte 1848
auch gewährt[125], doch wußten die Herausgeber der populären Blätter, nie
daran gewöhnt, zu kritisieren und zu formulieren, gar nicht, was sie mit
dieser Freiheit anfangen sollten.[126] Die passive Haltung einiger Autoren –
C. G. Barth oder G. Nieritz – wurde schon aufgezeigt; das Leben der Wochenblätter ging, ganz entsprechend, ohne große Veränderungen weiter;
man blieb schwatzhaft an kuriosen Einzelheiten hängen, man blieb Anti-
demokrat[127] und stellte der Arnold „Rugeschen Anschauung" eine „christliche" gegenüber:

[...] Ohn Menschenfurcht und falsche Scheu,
Dem Fürsten, den du gabst, getreu.
Erhalt die Obrigkeit im Land

[123] H. Harring: *Das Volk.* — Straßburg 1832, p. 55–56. Akten dazu im Staatsarchiv
Ludwigsburg E 146/741. Über Harrings Ruhm cf. Stadelmann-Fischer: *Die Bildungswelt,*
p. 220–221.
[124] Cf. S.: *Die Gesellschaft und die Presse.* — In: *Allgemeine Press-Zeitung* III, Leipzig
1842, col. 469–473, 491–497.
[125] „Jeder Deutsche hat das Recht, durch Wort, Schrift, Druck und bildliche Darstellungen seine Meinung frei zu äußern. Die Preßfreiheit darf unter keinen Umständen und in
keiner Weise, namentlich weder durch Censur noch durch Concessionen, Sicherheitsstel-
lungen oder Staatsauflagen, noch durch Beschränkungen der Druckereien und des Buchhandels, noch durch Postverbote oder andere Hemmungen des freien Verkehrs beschränkt,
suspendiert oder aufgehoben werden."
[126] Die von K. d'Ester getroffene Beobachtung, „Das Volk wußte vielfach mit der
neuen Preßfreiheit nichts anzufangen" *(Die papierene Macht,* p. 58), trifft ohne Zweifel
auch für die populären Journalisten zu.
[127] Cf. die Artikelserie *Was ist die constitutionelle Monarchie nicht?* im *Amts- und
Intelligenzblatt für die Oberamts-Bezirke Tübingen und Rottenburg* 1848, p. 468, 472,
491–492, 499–500, 504, 511, 519–520.

Als eingesetzt von deiner Hand,
Daß sie umsonst das Schwert nicht führ
Und jedem lohne nach Gebühr.[128]

Man wird im deutschen Provinz-Blätterwald vergeblich irgendeine Auseinandersetzung mit der radikalen Linken suchen, vergebens einen Auszug aus dem Außenseiter, der *Neuen Rheinischen Zeitung.* Die Frist der neuerworbenen Pressefreiheit war auch zu kurz, als daß die Pfennig-Literatur[129] sich in einen liberalen Schatzbehälter hätte verwandeln können. Von den groß angekündigten[130] *Politischen Belehrungen (Zeitfragen, Geschichte und Persönlichkeiten der Gegenwart)* erschienen in Leipzig bei J. J. Weber ab November 1848 nur sechs Bändchen[131] – schon 1849 waren die progressiven Parolen von der Wandtafel staatsbürgerlicher Didaktik abgewaschen. *Unterhaltende Belehrungen*[132], die ab 1851 von Brockhaus verlegt wurden, blühten dagegen munter und lebten rüstig bis zum 27. Bändchen, um dann einer ähnlichen Serie Platz zu machen.

Der deutsche Kleinbürger blieb also bei seinem Käseblatt, um allwöchentlich in des Nachbarn Suppentopf gucken zu können. „Die sogenannten ‚Intelligenzblätter‘“, schrieb Heinrich Wuttke im Jahre 1866[133], „sind in demjenigen, was sie außer den Kundmachungen bringen, gewöhnlich bloße Schmarotzerpflanzen. Fast jedes Städtchen hat sein eigenes Wochenblättlein, eine Mittelstadt in der Regel ein paar. Wie Pilze sind diese kleinen Wochenblätter aufgeschossen. Der Nachdruck hilft ihnen fort. Ihr Vorhandensein verhindert die Ausbreitung der größeren, besseren Zeitungen.“ Der Entwicklung einer freien, guten Presse stellten sich aber auch andere Kräfte in den Weg: Man lese F. Schaubachs „gekrönte Preisschrift“ *Zur Charakteristik der heutigen Volksliteratur,* in welcher der Hamburger fordert, aus dem politischen Teil der Tagesblätter „den Nachweis zu versuchen, wie sie in den verschiedensten Canälen verschiedenes Gift dem Volke

---

[128] *Zum sieben und zwanzigsten September.* Ibid. 27. 9. 1848, p. 513. — Die Frankfurter Nationalversammlung im Spiegel der unpolitischen Presse bleibt noch zu untersuchen.

[129] Über die Pfennig-Presse berichten H. Wuttke: *Die deutschen Zeitschriften*, p. 46–47, E. Berger: *Der deutsche Buchhandel 1815–1867*, p. 138 und G. K. Schauer: *Der deutsche Buchhandel*, col. 1469–1470. — Cf. auch K. d'Ester: *Das Pfennigmagazin.* — In: *Der Zeitungsverlag.* — Berlin, April 1928 (nicht eingesehen).

[130] Cf. die Anzeige im *Amts- und Intelligenz-Blatt für die Oberamts-Bezirke Tübingen und Rottenburg,* 1848, p. 689.

[131] W. Heinsius: *Allgemeines Bücher-Lexikon* XI, 1854, p. 73.

[132] Ibid. XI, p. 73; XII, p. 79.

[133] H. Wuttke: *Die deutschen Zeitschriften*, p. 57. Die bemerkenswerte Schrift übt harte Kritik an zu großer Quantität und zu geringer Qualität der deutschen periodischen Presse.

zuführen".[134] Man lese ferner Egmont Denks *Denkschrift über die Tages-presse des evangelischen Württemberg* aus dem Jahre 1866.[135] Hier wird ein „Nothstand" der Tagespresse postuliert, der Autor erschrickt wieder einmal vor der Evolution der Lesermassen: in einem Jahr sollten die Preu-ßischen Postämter 75 Millionen Nummern von 590 politischen und 1560 nichtpolitischen Blättern befördert haben![136] Da werde auch die Sittlichkeit untergraben „bis zur Vertheidigung der gewerbsmäßigen Hurerei".[137] Und so werden denn das *Daheim* empfohlen, die *Calwer Jugendblätter,* die *Spinnstube* und der Presselsche *Volkskalender*[138]; der *Schwäbische Merkur* dagegen muß bittere Vorwürfe einstecken.

Daß die Presse außerhalb der kriegerischen Epochen[139] bieder blieb, war sicher nicht Schuld der Leser, die ein differenziertes Lesen nicht gelernt hat-ten. Gewiß, die Massenauflagen schienen beträchtlich: 1887 waren 6. 416 deutsche Zeitungen durch die Post beziehbar.[140] Die meisten von ihnen hatten zwar eine Auflage von weniger als 10 000 Stück[141], doch ergibt auch die Multiplikation mit einem geschätzten Mittel von 4–5000 die Möglichkeit, daß jeder lesende Deutsche täglich seine Zeitung durchblät-

---

[134] F. Schaubach: *Zur Charakteristik* (1863), p. 129–130.

[135] E. Denk: *Denkschrift,* passim.

[136] F. Schaubach: *Zur Charakteristik,* p. 136 hatte sich nicht geschämt, darüber zu er-staunen, „daß die Zahl der Abonnenten bei den meisten irgend bedeutenden Blättern [...] in die Tausende [geht]".

[137] E. Denk: *Denkschrift,* p. 10.

[138] Es ist nicht klar, welcher Kalender damit gemeint ist.

[139] Cf. A. Dupuy: *La Guerre, la Commune et la presse.*

[140] F. Walther: *Deutsches Zeitungswesen der Gegenwart,* p. 4–5:
  um 1848: 1 550 Zeitungen und Intelligenzblätter + 400 Journale
  um 1855: 1 600 Zeitungen und Intelligenzblätter + 850 Journale
    1867: 3 600 Periodika in Deutschland, Österreich-Ungarn und im Baltikum, davon 165 aus Berlin, 127 aus Leipzig
    1871: 3 862 Blätter in deutscher Sprache
    1879: 4 256 Blätter, davon 350 aus Berlin
    1886: 6 147 deutsche Zeitungen im In- und Ausland
    1887: 6 416 deutsche Zeitungen durch die Post beziehbar.

[141] O. A. Schulz: *Allgemeines Adreßbuch 1881* enthält angebunden den *Zeitungs-Cata-log der gelesensten Zeitungen Deutschlands und des Auslandes* der Fa. Rudolf Mosse. Die Zeitungen mit den höchsten Auflagen waren demnach:

Dresdner Nachrichten	35 000
Kölner Zeitung	34 750
Neueste Nachrichten, München	28 000
Augsburger Abendzeitung	25 000
Schwarzwälder Bote, Oberndorf	25 000
Generalanzeiger, Essen	21 000
Hamburger Nachrichten	20 000.

terte.[142] Das bedeutet aber noch nicht, daß jeder Deutsche ein vernünftiger Leser[143] und jede Zeitung ein vernünftiges Kommunikationsmittel gewesen wäre.[144] Zumindest die Provinzpresse blieb, von den verschiedensten Kräften oder Unfähigkeiten gedrosselt, auf der Stufe des kleinbürgerlichen Intelligenzblattes vom Anfang des Jahrhunderts stehen. Die Gründe dafür sind in dem hier bereits aufgezeigten Bildungs- und Zensurwesen zu suchen. Die populäre Presse blieb ein *Tatler*. Sie ist es heute noch.

„Volksbuch", Bibliothèque Bleue und Volksbüchlein

Es wäre gefährlich, hier in den abenteuerreichen Wald der „teutschen Volksbücher" einzudringen, eine Literatur zu analysieren, die nur zum kleineren Teil deutsch – zum größeren Teil französisch – und schon gar nicht Lesestoff für die unteren Schichten, das „Volk", war. Joseph Görres trifft übrigens nicht die größte Schuld an diesem Mißverständnis: er sprach, wenngleich in arg blumiger Sprache und mit nahezu blasphemischer Metaphorik vom Absinkprozeß dieser Literaturgattung[145]; und er war es nicht, der die Volksbücher „im engeren Sinne"[146] auf die von Ludwig Tieck bevorzugten Stoffe – *Kaiser Oktavianus, Genoveva,* die *Schöne Magelone und Peter von Provence,* die *Schildbürger,* die *Heymonskinder* und die *Melusina*[147] – reduzierte: Görres schloß vielmehr Sachbüchlein, Briefsteller, Gedichtbändchen, Witzsammlungen, Zaubertraktate und Erbauungsschrif-

[142] Gesamtauflage der deutschen Zeitungen 1885: 8,25 Millionen, 1898: 12,2 Millionen, 1906: 25,5 Millionen. Cf. *Handbuch der Zeitungswissenschaft* I, 1940, col. 276.

[143] Cf. H. Gebhardt: *Zur bäuerlichen Glaubens- und Sittenlehre,* p. 20–21.

[144] „Dieses große Deutschland mit seinen tausend Zeitungen besitzt nicht einen einzigen berühmten Zeitungsschreiber, wohl aber erfreut es sich einer Unzahl in den Zeitungen herumstümpernder Gesellen." H. Wuttke: *Die deutschen Zeitschriften,* p. 61.

[145] J. Görres: *Die teutschen Volksbücher,* p. 1: „Nach keiner Seite hin hat die Literatur einen größeren Umfang und eine allgemeinere Verbreitung gewonnen, als indem sie übertretend aus dem geschlossenen Kreise der höheren Stände, durchbrach zu den untern Classen, unter ihnen wohnte, mit dem Volke selbst zum Volke, Fleisch von seinem Fleisch, und Leben von seinem Leben wurde." Cf. *Johannes-Evangelium* I, 14.

[146] So schon 1905 G. J. Boekenoogen: *De Nederlandsche Volksboeken,* p. 114 („in den eigenlijken, meer beperkten zin"), dann auch Heitz-Ritter: *Versuch einer Zusammenstellung,* p. VII, bis zu R. Beitl: *Wörterbuch der deutschen Volkskunde,* 2. Aufl., Stuttgart 1955, p. 791.

[147] Cf. B. Steiner: *Ludwig Tieck und die Volksbücher.* — A. Rühle: *Studien zu Tiecks Volksbuch-Bearbeitungen.* — F. Delbono: *Il „Volksbuch" tedesco,* p. 13–21. — L. Tiecks Stellungnahme gegen die aufklärerische Ablehnung der Volksbücher findet sich im ersten Kapitel der *Denkwürdigen Geschichtschronik der Schildbürger* (1796, in: Ludwig Tiecks *Schriften,* Neunter Band, Berlin 1828, p. 8–10).

ten in seine Betrachtung ein; und Charles Nisard, der als Zensor vom Material, nicht von romantischer Volks-Seelen-Theorie auszugehen hatte[148], folgte diesem weitherzigeren Prinzip, das den neuen Produktions- und Konsumtionsgegebenheiten des 18. und 19. Jahrhunderts durchaus angemessen war[149]: die populären Lesestoffe nach ihrem Alter in „echte" und „unechte" Volksbücher einzuteilen, mag für einen Inkunabelforscher relevant sein – Hersteller und Verbraucher dieser Literatur haben jedoch nie diesen Maßstab angelegt.[150]

Die „Volksbücher", im Laufe der Jahrhunderte manchen konfessionellen, modischen, stilistischen und nicht zuletzt quantitativen Veränderungen unterworfen[151] und stets von einer Meute von Zensur-Hunden verbellt[152], werden seit dem Beginn des 18. Jahrhunderts in die langsam anschwellende Masse der neuen Lesestoffe integriert: der Katalog Oudot aus dem Jahre 1742[153] ist der erste demokratische melting-pot der wenigen neuen und der vielen alten „Volksbücher". Von nun an gibt es diese Literaturgattung nur noch „im weiteren Sinne". Die Franzosen nennen sie *Bibliothèque Bleue*, die Engländer *Chapbooks*[154], die Italiener *Libretti popolari;* der deut-

[148] Cf. H. Bausinger: *Formen der „Volkspoesie"*, cap. I: *Zur Problemgeschichte.*

[149] Auch P. O. Bäckström: *Svenska Folkböcker* und G. D. J. Schotel: *Vaderlandsche Volksboeken* gehen über den engeren Kreis der alten Volksbücher hinaus. Die Bibliographie von P. Heitz und F. Ritter: *Versuch einer Zusammenstellung* ist demgegenüber begrenzt und längst einer Verbesserung und Erweiterung bedürftig. Auch das 15./16. Jahrhundert hat viel mehr Volkslesestoffe hervorgebracht als dieser Katalog, von romantischer Theorie beeinflußt, erfaßt.

[150] Die Einteilung des Materials nach Sachgruppen ist ein schwieriges und undankbares Geschäft. W. Harvey: *Scottish Chapbook Literature* versuchte 1903 die Gruppierung
  Humorous
  Instructive (Historical, Biographical, Religious and Moral, Manuals of Instruction, Almanacs)
  Romantic
  Superstitious
  Songs and Ballads.
Die Einteilung bei R. Schenda: *Italienische Volkslesestoffe* ist ebenso unbefriedigend wie die bei R. Mandrou: *De la culture populaire.* Am vorteilhaftesten erscheint daher die alphabetische Registrierung mit ausführlichem Sachindex. Vorbildlich ist der Katalog von E. Dronckers: *Verzameling F. G. Waller* mit fünf ausführlichen Registern.

[151] Cf. L. Mackensen: *Die deutschen Volksbücher*, p. 26–41.

[152] Ibid. p. 37–39. — H. Beyer: *Die deutschen Volksbücher,* passim. — Cf. hier das Kapitel I: *Das Problem des Lesens.*

[153] *Catalogue des livres qui s'impriment et se vendent chez la veuve de Jacques Oudot, imprimeur libraire à Troyes, rue du Temple, 1711–1742.* (121 Titel). — In: A. Assier: *La Bibliothèque bleue*, p. 17–21.

[154] J. Ashton: *Chap-Books.* — Zur Bedeutung von „chapbook" cf. W. Harvey: *Scottish Chapbook Literature*, p. 12–13. — Für Nordamerika cf. die Arbeiten von H. B. Weiss. — Im übrigen findet sich die Literatur bei V. E. Neuburg: *Chapbooks.* — Cf. auch den *Catalogue of the Lauriston Castle Chapbooks.*

sche Begriff *Volksbüchlein* ist eine nicht ganz gelungene Übersetzung des italienischen und will sich bewußt vom „Volksbuch" „im engeren Sinne" distanzieren.[155] Zwar werden die alten Titel mit großer Zähigkeit tradiert[156], aber die neu hinzugekommenen Volksbüchlein überwachsen im Laufe des 19. Jahrhunderts[157] die unbrauchbaren Ruinen der ehemals höfischen[158] Romanwelt. Die Demokratisierung dieser Lesestoffe schafft auch die Möglichkeit, daß die billigen Volksbüchlein wieder in den Lesekonsum der höheren Schichten einbezogen werden.[159] Erst durch Erweiterung des Titelangebots und Neubearbeitung der alten Stoffe sind die Volksbüchlein in ihrer Gesamtheit Lesematerial für alle Klassen der Bevölkerung geworden.[160]

Diese bemerkenswerte Entwicklung ist der Tätigkeit der Druckerfamilie Oudot in Troyes zu danken.[161] Unter dem Aushängeschild „Chapon d'or couronné" druckte Nicolas Oudot senior am Anfang des 17. Jahrhunderts nicht nur die Heldentaten der *Ogier, Galien, Meliadus, Hector, Morgan, Huon, Maugis, Mabrian, Aymon* und *Geoffroi*[162], sondern auch die Viten

---

[155] Cf. R. Schenda: *Italienische Volkslesestoffe*, col. 210: „‚Volk' bedeutet dabei nicht ‚unterste Volksschicht', noch hat es irgend etwas mit ‚kräftig-derb' oder ‚urwüchsig-schöpferisch' zu tun; ‚Volk' gibt, in Ermangelung einer besseren Übersetzung, den romanischen Begriff ‚popolare' wieder und bezieht sich auf gewisse soziale Gruppen, die im einzelnen näher zu bestimmen sind oder, wie hier, auf die gesamte Bevölkerung eines Landes."

[156] Cf. L. P. C. van den Bergh: *De Nederlandsche Volksromans*, p. 4: „Het volk bezit even als de hoogere klassen, zijne liederen en poetische verhalen, zijne romans, reizen en komische schriften, maar met dit onderscheid dat het eenmaal aangenomene bij hem blijft voortduren, terwijl bij de beschaafdere standen het oude gestadig door het nieuwere verdrongen wordt."

[157] Cf. R. Schenda: *Tausend französische Volksbüchlein.*

[158] Cf. Wolfgang Liepe: *Elisabeth von Nassau-Saarbrücken. Entstehung und Anfänge des Prosa-Romans in Deutschland.* — Halle 1920. XVI + 277 p.

[159] Die philologische Renaissance der „Volksbücher" — durch L. Tieck, J. Görres, J. G. Büsching — F. H. von der Hagen, G. O. Marbach, K. Simrock, G. Schwab, F. Bobertag und Charles Nodier - Le Roux de Lincy *(Nouvelle Bibliothèque Bleue.* Paris 1842) — förderte selbstverständlich den neuen Aufstiegsprozeß dieser Literatur.

[160] Friedrich Engels hat um 1840 die neue Entwicklung noch nicht erkannt, wenn er schreibt: „Die besonderen Zwecke, die die Gegenwart von ihnen verlangen dürfte, gehen ihnen [den Volksbüchern] als Produkten des Mittelalters natürlich ganz ab. Trotz der äußeren Reichhaltigkeit dieses Literaturzweiges und trotz Tiecks und Görres' Deklamationen lassen sie also noch sehr zu wünschen übrig; ob diese Lücke aber jemals auszufüllen sein wird, ist eine andere Frage, die ich mir nicht zu beantworten getraue." Marx-Engels: *Über Kunst und Literatur*, p. 469. — Zum Demokratisierungsprozeß auf dem Gebiet bildlicher Darstellungen cf. M. Scharfe: *Evangelische Andachtsbilder*, p. 56–77.

[161] A. Assier: *La Bibliothèque Bleue depuis Jean Oudot Ier.* — L. Morin: *Les Oudot.* — P. Brochon: *Le Livre de colportage.* — R. Mandrou: *De la culture populaire.*

[162] Über den Ursprung dieser Romane unterrichtet konzise B. Woledge: *Bibliographie des Romans.* Geoffroi ist bekanntlich ein Sohn der Melusine. Dem Kenner wird es nicht schwerfallen, diese Namen in der internationalen populären Literatur wiederzufinden, so

der Heiligen *Savinien, Augustin, Catherine, Barbe, Roch, Trois Maries, Hubert, Claude, Nicolas, Hélène, Reine, Marguerite;* außerdem noch das *Doctrinal de Sapience*[163], die *Quatre fins de l'homme*[164]; *La Vie, la mort, la passion et la résurrection de Notre-Seigneur Jésus-Christ*[165] und die *Gestes et faits de Judas Iscarioth;* und dazu noch die Theaterstücke *Patience de Job à 49 Personnages, Farce nouvelle du Meusnier et du Gentilhomme à quatre personnages*[166], *Fantaisies de Bruscambille*[167] sowie die Tragikomödie *Amour divin* von Jean Gaulché.[168]

Mitte des 18. Jahrhunderts ist dieser frühe Katalog auf 121 Titel angewachsen, und er preist jetzt auch Büchlein an wie eine *Arithmétique,* das *Bâtiment des recettes* mit Zauberrezepten, die Abenteuer des *Buscon,* einen Briefsteller mit dem Titel *Cabinet de l'éloquence,* ein Anstandsbuch, *Civilité honnête* genannt, die Schuster-Satire *Devoir des savetiers,* die *Entretiens des bonnes compagnies,* eine *Explication des songes,* den *Gargantua* und das Räuberbuch von *Guilleri*[169] – kurzum eine ganze Reihe von profanen, praktischen, lustigen und unterhaltenden Büchlein für ein Absatzgebiet, das inzwischen halb Nordfrankreich umfaßte, etwa in einem Dreieck zwischen Lille, Besançon und Saumur.[170] Das neue Medium brachte seinen Erfindern ein Vermögen ein[171], und dieser beträchtliche Erfolg übertrug sich 1769 auf die Nachfolger-Dynastie Garnier und wiederum 1830 auf die Baudot.[172] Neben den Druckern von Troyes wollten aber auch ortsfremde Produzenten an diesem Boom beteiligt sein, und seit Beginn des

---

zum Beispiel in Italien den Ugieri, Meliadus, Morgante, Malagigi, Mambriano; in den Niederlanden Malaghijs und die Heemskinderen. In Deutschland und Schweden (cf. P. O. Bäckström: *Svenska Folkböcker)* sind sie kaum bekannt.

[163] Schenda: *1000 FVB,* num. 310.

[164] Ibid. num. 778.

[165] Ibid. num. 480.

[166] Cf. Walter Anderson: *Kaiser und Abt.* — Helsinki 1923 (FFC, 42), p. 14, num. 21.

[167] Bruscambille, ein Komiker vom Anfang des 17. Jahrhunderts. Cf. Erich Auerbach: *La cour et la ville.* Jetzt in: N. Fügen: *Wege der Literatursoziologie,* p. 344–388, sp. p. 357–358. — G. Doutrepont: *Les Types populaires* I, p. 39, 150; II, p. 241.

[168] Charles Perrault schreibt 1694 im Vorwort zu seiner *Apologie des Femmes:* „Il [damit ist Boileau gemeint] a beau se glorifier du grand debit que l'on a fait de ses Satyres, ce debit n'approchera jamais de celuy de *Jean de Paris,* de *Pierre de Provence,* de *la Misere des Clercs,* de *la Malice des Femmes,* ni du moindre des Almanachs imprimez à Troye au Chapon d'or." *L'Apologie des Femmes Par Monsieur P**.* — Paris: Coignard 1694, fol. e. ij. r°.

[169] Schenda: *1000 FVB,* num. 78, 108, 163, 164, 224, 295, 332, 347, 398, 433. Ibid. passim weitere Beispiele.

[170] P. Brochon: *Le Livre de colportage,* p. 99 (Verbreitungskarte!). — R. Mandrou: *De la culture populaire,* p. 34 (Verbreitungskarte!).

[171] Rund 200 000 Francs or nach einem Nachlaßinventar aus dem Jahre 1722. Mandrou, ibid. p. 33.

[172] Ibid. p. 31

19. Jahrhunderts beschäftigt sich ein ganzes Dutzend von Offizinen mit dem Druck dieser Heftchen.[173]

Die neue Gattung nannte man Bibliothèque Bleue – ihrer Umschläge wegen, die aus grobem blauem Papier verfertigt waren, und die heute stark ergraut scheinen – wenn sie überhaupt noch vorhanden sind. Auch dieser Name zog die Imitatoren mächtig an; selbst in England, vor allem bei Thomas Tegg (1776–1848) gab es „blue books" mit verkürzten Schauer-romanen[174]; in Deutschland erschien eine *Blaue Bibliothek aller Natio-nen*[175] und eine *Blaue Bibliothek des Feenreichs*[176], während die *Blaue Biblio-thek wohlfeiler Bücher* des Stuttgarter Tausendsassa Johannes Scheible durch die Zensur nicht recht zum Zuge kam.[177] Die Bibliothèque Bleue ist schon im 18. Jahrhundert stark von der Vergangenheit geprägt; sie betreibt eine ständige Flucht in die gute alte Zeit, in die Idylle, in das Numinose. Diesen gegenwartsfremden Charakter behält sie im 19. Jahrhundert[178]; sie schlüpft mit Hilfe dieses Tricks durch Netze der Zensur, sie befriedigt damit auch die von der harten Realität abgewandten Haltungen der Leser. Johann Wolfgang von Goethe lobte bekanntlich diese Heftchen, „deren Inhalt jedoch uns manches Verdienst voriger Zeiten in einer unschuldigen Weise näherbringt".[179]

Auch in Deutschland konnten die Verleger[180] nicht unbegrenzt auf dem Rosse der Haimonskinder herumreiten[181], auch sie mußten, wenn sie schon bei der Überschrift *Volksbücher* blieben, das Titelprogramm erwei-

---

[173] Die Produktion von Deckherr in Montbéliard und Pellerin in Épinal großteils, die von anderen Verlegern teilweise bei R. Schenda: *1000 französische Volksbüchlein.* Cf. den Druckerindex. — R. Hélot: *La Bibliothèque Bleue en Normandie.*

[174] M. Summers: *The Gothic Quest*, p. 82–85.

[175] *Die blaue Bibliothek aller Nationen oder Teutsche Volksmährchen.* I–VI. — Nord-hausen: Fürst 1846. (Kayser: BL IX).

[176] *Die blaue Bibliothek des Feenreichs, der Kobolde, Zwerge und Gnomen oder Deutschlands Zaubermärchen, Hexengeschichten und Schwänke zur ergötzlichen und bil-denden Unterhaltung für die Jugend und Erwachsene.* I–IV. — Leipzig: Hentze 1849.

[177] Bayerisches Hauptstaatsarchiv, München, M. Inn. 25115 (um 1842). Reihentitel er-scheint nicht bei Kayser und Heinsius.

[178] R. Schenda: *Die Bibliothèque Bleue im 19. Jahrhundert.*

[179] J. W. von Goethe: *Dichtung und Wahrheit.* Erster Teil. Erstes Buch. — In: *Goethes Werke* V. — Frankfurt: Insel 1965, p. 33. — Über „unschuldig" cf. H. Bausinger: *Formen der „Volkspoesie"*, p. 19.

[180] Fleischhauer & Spohn in Reutlingen, George Jaquet in Augsburg, Oehmigke & Riem-schneider in Neuruppin, Spaarmann in Oberhausen und Leipzig, Krausslich in Urfahr-Linz, Lutzenberger in Altötting und die Dr. Wildsche Buchdruckerei in München. Cf. Heitz-Ritter: *Versuch einer Zusammenstellung*, p. XI–XII. — H. Huemer: *Untersuchun-gen zur Volksbuchliteratur*, p. 51–52. — Cf. auch Kaysers *Bücher-Lexicon*, jeweils unter *Volksbücher* — ein ungeheures, unbearbeitetes Material!

[181] Cf. A. Merget: *Versuch einer Charakteristik*, p. 369: „Man hat angefangen, diese Geschichten [*Magelona, Genovefa* usw.], eben für das Volk, ein wenig im Ausdruck zu

tern und die Preise senken.[182] Das hat in größtem Umfang der Verlag Ensslin & Laiblin in Reutlingen, 1818 von Jacob Noah Ensslin begründet, 1864 von Christine Barbara Hebsaker übernommen und heute noch als Jugendverlag mächtig[183], realisiert. In diesem Hause erschienen hunderte von verschiedenen Nummern unter dem Reihentitel *Reutlinger Volksbücher* und rund 500 Nummern in der bis zum ersten Weltkrieg lebendigen Reihe *Neue Volksbücher*: jeweils eine wohlausgewogene Mixtur von Oldtimern – *Der ewige Jude, Albertus Magnus' Kräuterbuch, Kaiser Oktavianus, Reineke Fuchs* – populären Klassikern des 19. Jahrhunderts – Christoph von Schmid, Wilhelm Bauberger, Ottmar F. H. Schönhuth, Gustav Schwab – und pseudoaktuellen Knüllern – *In Kamerun, Soldaten-Liederbuch, Neuester (Liebes-)Briefsteller, Von billiger Nahrung und Arznei.*[184] Die Texte wurden umgearbeitet, verkürzt, beschnitten, modernisiert, kurzum: für das Massenpublikum manipuliert, sie waren Konsumware ohne Prätentionen, Unterhaltungsträger ohne Bildungs-Ideologie, Zeitvertreib ohne Zeitbezug, Flucht zu und aus den Indian Captivities, Entspannung nach dem Brand von Mühlen, Schlössern und ganzen ausländischen Dörfern, Seelentröster für alle Kümmernisse, Ratgeber für Küche und Kolik, Heftchen kurzum zum Aufwachen, Einschläfern und Totlachen. Es mag jeder seine Großmutter befragen, ob sie solches Zeug gelesen hat: sie hat es gelesen, auch wenn sie Pfarrerstochter oder Rechtsanwaltsgattin war.[185]

---

poliren und neu abzudrucken; aber es scheint, sie wollen doch nicht mehr recht munden, ihr Inhalt ist z u abenteuerlich, wie z. B. in den sieben [sic!] Heimonskindern und andern [...]."

[182] „Trowitzsch und Sohn in Berlin offeriren gebundene Volksbücher in Bausch und Bogen zu spottwohlfeilen Preisen. Denn sie verkaufen dieselben nicht nach dem Ladenpreis, sondern nach der Bogenzahl, und zwar so, daß per Ries (500 Druckbogen) nur 3³/4 Thaler gezahlt werden, so daß jeder Bogen nur wenig über 2 Pfennige kostet. Eine originelle Spekulation, auf welche die mageren Volks-Bibliothek-Kassen wohl reflektiren möchten. Jede Buchhandlung liefert das Verzeichniß dieser Schriften. Es ist allerdings nichtsnutzige und verlegene Waare darunter; indessen kann man doch wol auch ein Ries recht brauchbarer Schriften (namentlich alte Volksbücher) aus dem reichen Vorrath wählen, die gern und mit Nutzen gelesen werden." *Centralblatt für deutsche Volks- und Jugendliteratur* II, 1858, p. 86.

[183] Cf. *Rückblick für die Zukunft* und speziell den Beitrag von H. Künnemann: *Von Campe bis Caravelle* (mit vielen Irrtümern und Vereinfachungen).

[184] Cf. das Verlagsverzeichnis im *Gesamt-Verlags-Katalog*. Die neuen Star-Autoren des Verlages seien hier wenigstens erwähnt: Otto Berger, Adolf Bredow, Egmont Fehleisen, Heinrich Herold, Oskar Höcker, Norbert Hürte, Moritz Martius, Theres Messerer (1824 in München geborene Lehrerin, cf. W. Bube: *Die ländliche Volksbibliothek,* p. 19.).

[185] Die jetzt gelegentlich im Antiquariat auftauchenden Volksbüchlein stammen aus Bibliotheken der mittleren und oberen Mittelklasse. Der Verf. besitzt einige Sammelbände Reutlinger Volksbüchlein, die auf dem Einbandrücken den Titel *Lebensbilder und Führungen* tragen. Die Heftchen wurden also von den Zeitgenossen viel höher eingeschätzt, als wir das heute zu tun geneigt sind.

„Volksbücher", „Bibliothèque Bleue", „Volksbüchlein", „Heftchen", „Broschüren" – wie immer man diese Gattung nennen mag – stellen im 19. Jahrhundert in großen Teilen Europas den bedeutendsten nichtperiodischen Lesestoff der gesamten lesenden Bevölkerung dar. Ihr konservativer Inhalt vermittelte jedoch den Massen keinerlei Daten über die politische, nationalökonomische oder wissenschaftliche Situation und Progression. Sie war so informationsarm wie jede andere Konsumware.

Romane

Knappe Hinweise müssen auch hier eine große Übersicht ersetzen, für die es einzelne Vorarbeiten – speziell im Hinblick auf das romantolle 18. Jahrhundert – gibt[186], die aber nicht ausreichen, um ein Opus major mit dem Titel *Der populäre Roman im 19. Jahrhundert* zu komponieren. Vielleicht ist es von vornherein geboten, aus einem solchen Werk den Trivialroman, oder zumindest diesen so undefinierten Begriff „Trivialroman" auszuschließen: also nicht vom „gehobenen Unterhaltungsroman" zu reden, August Lafontaine, Ann Radcliffe, Jean Pierre Claire de Florian zunächst einmal fortzulassen, stilistische Vergleiche den Literarhistorikern zuzuschieben, einstweilen die Zwei- und Dreischichtentheorie[187] zu vergessen und ganz unten anzufangen bei den Prosawerken „von einer gewissen Länge"[188] und von einer Qualität, die nicht mit ästhetisch-moralischen, sondern produktionstechnischen, kommunikativen und leserschichtlichen Maßstäben zu messen wäre.

---

[186] C. Touaillon: *Der deutsche Frauenroman*. 1919.
M. Thalmann: *Der Trivialroman des 18. Jahrhunderts*. 1923.
R. Bauer: *Der historische Trivialroman*. 1930.
H. Garte: *Kunstform Schauerroman*. 1935.
R. Horovitz: *Vom Roman des Jungen Deutschland*. 1937.
R. Hackmann: *Die Anfänge des Romans in der Zeitung*. 1938.
D. Huber: *Romanstoffe in den bürgerlichen Zeitungen*. 1943.
D. Bayer: *Der triviale Familien- und Liebesroman*. 1963.
M. Greiner: *Die Entstehung der modernen Unterhaltungsliteratur*. 1964.
Trivialliteratur. 1964.
Studien zur Trivialliteratur. 1968.
N. Miller: *Der empfindsame Erzähler*. 1968.
K.-I. Flessau: *Der moralische Roman*. 1968.
[187] Cf. zu diesem Problem H. Bausinger: *Wege zur Erforschung der trivialen Literatur* und H. Kreuzer: *Trivialliteratur als Forschungsproblem*.
[188] E. M. Forster: *Ansichten des Romans* (1927). — Berlin und Frankfurt 1949, p. 13-14. Diese „certain length" beginnt für D. Mayo: *The English Novel in the Magazines* bei 5 000 Wörtern.

Daß hier die englische Forschung vorbildlich genannt werden muß, wird niemand erstaunen; sind doch die Briten und Nordamerikaner im Romane-Schreiben und im Romane-Erforschen oftmals führend gewesen. So hat Joyce Marjorie Sanxter Tompkins schon 1932 den Roman „rather as a popular amusement than a literary form" gesehen.[189] Robert D. Mayo ist bei seinem Romanbuch von den Periodika ausgegangen und hat eine höchst aufschlußreiche Gesamtschau über die Romanproduktion einer bestimmten Epoche geliefert.[190] Louis James beschränkt sich auf die für die städtische Arbeiterklasse im frühviktorianischen Zeitalter produzierten Romane.[191] Auch James D. Hart geht nicht von einer Mehrschichtentheorie aus, wenn er den nationalen Lesegeschmack der Vereinigten Staaten untersucht.[192] Daß die Arbeit von Richard D. Altick gerade auch für die Erforschung des populären Romans richtungsweisend bleibt, bedarf hier keiner neuerlichen Betonung.[193]

Der Roman-Markt zog, wie mehrfach gezeigt, die Kritiker in besonderem Maße an. Nur zwei ihrer Äußerungen mögen die Situation noch einmal verdeutlichen. Johann Georg Heinzmann schrieb 1795: „Welch eine Miene von Wichtigkeit, von Allwissenschaft, von Allklugheit geben sich die erlogenen Romanschreiber! Wie viel Bombast, wie viel aufgejagter Wind ist in ihrer Sprache! Wie viel politische Kannengießer, wie viele Weltreformatoren sind seit den letzten zwanzig Jahren unter diesen all gelesenen Schriftstellern aufgestanden! Welche Zudringlichkeit wissen sie in ihre Urtheile zu mischen, welche Bitterkeit, welche infame Malice! Was kann diese Lektür bey den Lesern anders bewirken, als Mißmuth mit ihrer Obrigkeit, als Widerstreben gegen die bessere Ordnung, als Hochmuth im Umgang? [. . .] Da [in den „verliebten Romanen"] wird die noch ungebildete Vernunft in alle Irrgänge der Phantasie geführt; da thut sich überall ein Feenpallast auf, ein reizendes Tugendbild, eine übermenschliche Vollkommenheit, eine bezaubernde Unschuld erscheint; und diese noch edlen Bilder verwöhnen sie gegen das wirkliche Leben, und versezen sie in Mißlaune und Gleichgültigkeit [. . .]."[194] Und so gehen die Klagen über Müßiggang, Phantasie-Abschweifungen, politische Gefahr und Sittenverwilderung weiter – nicht nur bei Heinzmann, sondern das ganze Jahrhun-

[189] J. M. S. Tompkins: *The Popular Novel*, p. V.
[190] R. D. Mayo: *The English Novel*.
[191] L. James: *Fiction for the Working Man*.
[192] J. D. Hart: *The Popular Book*.
[193] R. D. Altick: *The English Common Reader*.
[194] J. G. Heinzmann: *Appel an meine Nation*, p. 142–143. — Zu Heinzmann cf. die kritischen Bemerkungen in: *Intelligenzblatt der Neuen allgemeinen deutschen Bibliothek* No. 27, 1797, p. 239–240.

dert hindurch, bis zu den rührenden Jammertönen von F. Hashagen im Vorweltkriegs-Jargon: „In dem Kampfe gegen dies furchtbare Übel darf auch kein gerechtes äußeres Mittel geringgeschätzt werden und ungebraucht bleiben." Da hieß es nun „Schmach für unser Volk" (gemeint war die kaiserliche Nation), „heilloses Verderben für unser Volksleben", „Giftmischer und Gifthöker", „der unreine Geist", „Schmutzklöße" und schließlich: „Die feurigen Pfeile des Bösewichts müssen auch bei uns ausgelöscht werden und können allein ausgelöscht werden im Schilde des Glaubens!"[195] Solche unendlich dummen Beschwörungen des deutschen Geistes waren sicherlich gefährlicher für die Nation als alle Gespenstererscheinungen in der Romanliteratur des 19. Jahrhunderts.

Zwischen den knapp skizzierten Polen der Kritik bewegte sich dennoch der Globus der Roman-Massen, produziert von den kuriosesten Roman-Demiurgen: „Qui voyons-nous accourir auprès de nous avec des manuscrits? C'est un romancier imberbe à peine sortie des bancs de son collège; c'est une femme qui ne connaît pas les premiers élémens de la grammaire [...] C'est une portière: [...] (passe pour la portière, on voit qu'elle a écouté à la porte du salon). C'est une couturière, c'est une cuisinière enfin [...] Mad. M*** reprenez votre aiguille! [...] Mlle. E*** soyez à vos fourneaux!" So schrieb der Romanbibliograph Pigoreau, ernstlich um seine Nachtruhe besorgt, im Jahre 1823.[196] In der Tat produzierten die Franzosen im Jahre

1818	53 neue Romane und 14 Nachdrucke
1819	79 neue Romane und 30 Nachdrucke[197]
1820	116 neue Romane
1821	120 neue Romane
1822	160 neue Romane in 447 Bänden
1823	117 neue Romane[198]
1824	170 neue Romane
1825	136 neue Romane
1826	78 neue Romane
1827	69 neue Romane.[199]

Aber das waren ja nur harmlose Anfänge. Georgs *Schlagwort-Katalog* verzeichnet für das Lustrum von 1898–1902 mehr als 7000 neue Roman-

[195] F. Hashagen: *Nefanda-Infanda. Wider den modernen unsittlichen Roman*, p. 11, 31, 97.

[196] Pigoreau: *Cinquième Supplément à la Petite Bibliographie*, 1823, p. III.

[197] 1818–1819 nach Pigoreau: *Petite Bibliographie* 1821, p. 348–350.

[198] 1820–1823 ausgezählt nach A. Marc: *Supplément 1819–1824*, p. 25–55.

[199] 1824–1827 nach A. Marc: *Supplément 1824–1828*, p. 49–75.

Titel.[200] Die Zeitschriften-Romane – in England waren zwischen 1740 und 1815 schon 1375 solcher Werke erschienen[201] – sind in diesen Zahlen keineswegs erfaßt.

Viele dieser Produkte entsprangen, wie jeder weiß, der „Ritterwuth, die uns von allen Seiten her und aus allen Jahrhunderten belagert"[202], der „seltsamen Vergötterung von kühnen Straßenräubern"[203] und der schauervollen Phantasie sächsisch-thüringischer Landpastoren[204], die sich freilich genügend ausländische Autoren zum Vorbild nehmen konnten.[205] Selbst im Musterland der Raison gierten die Leser nach „Romans Noirs, Sinistres, Assassinats, Empoisonnements, Souterrains, Prisons, Cavernes, Vieux châteaux, Enlèvements, Vengeance et Crimes affreux".[206]

Die Vorliebe für diese Flucht-Literatur par excellence hielt, mit Überlagerungen in der zweiten Jahrhunderthälfte durch den „realistischen" sozialkritischen Roman eines Eugène Sue (1804–1857) und seiner Nachahmer[207] wie – um einmal eminente Italiener zu zitieren – Francesco Mastriani (1819–1891) und Carolina Invernizio (1858–1916) bis zum Jahrhundertende an. Parodien und Satiren[208] konnten dem Schauerroman nichts

---

[200] C. Georg: *Schlagwort-Katalog* IV, 2, p. 1441–1563 (!), pro Seite rund 60 Titel.

[201] R. D. Mayo: *The English Novel.*

[202] J. G. Hoche: *Vertraute Briefe*, p. 45.

[203] W. M.: *Die Romane*, p. 101.

[204] C. Müller-Fraureuth: *Ritter- und Räuberromane*, p. 104. — J. W. Appell: *Die Ritter-, Räuber- und Schauerromantik.* — H. Garte: *Kunstform Schauerroman.* — 194 niederländische „Ridder-, Rover-, en Verschrikkingsromans tot 1900" bei Buisman-Dubiez: *Populaire Prozaschrijvers*, p. 449–474.

[205] M. Summers: *A Gothic Bibliography.* — *The Gothic Quest.*

[206] Unter diesem Titel verzeichnet das *Dictionnaire des Romans* 1819, p. 164–167, 226 Schauerromane.

[207] Über E. Sue in Deutschland berichtet R. Hackmann: *Die Anfänge des Romans*, p. 19–29.

[208] Cf. die „Romanze" *Der Raubritter* in: *Der Hausfreund* II, Nördlingen 1839, col. 337–339:

> Herr Ritter von Hohenburg hat keine Ruh
> Im Grab,
> Die Frevel des Lebens sie setzten ihm zu,
> Im Grab.
> Er durchwandelt stöhnend die schaurige Gruft,
> Und füllet mit bangen Seufzern die Luft,
> Im Grab, im Grab, im Grab.

Der Ritter hatte einst einen Pilger beraubt und verhungern lassen und dann seine protestierende Frau vom Turm gestürzt:

> Doch kaum ist die schreckliche That vollbracht,
> Weh ihm!
> Da naht ein Gewitter mit Sturmesmacht,
> Weh ihm!

anhaben, sie eskalierten höchstens seine Popularität. 1844 erschien bei Fr. Henne in Stuttgart eine von Otto von Friedheim herausgegebene *Lieblingsbibliothek aus der Zeit des Siegwart, Hasper a Spada, Rinaldo*[209]*: Sammlung der beliebtesten Räuber-, Ritter-, Geister-, Kloster-, Liebes- und anderer Romane, Sagen und Geschichten jener Periode.*[210] Und im Kolportagehandel blühte das Räubergeschäft bis zum ersten Weltkrieg.[211]

Daß die großen Meister des Romans, die Manzoni (1785–1873), D'Azeglio (1798–1866) und Cantù (1804–1895); die Balzac (1799–1850), Hugo (1802–1885) und Dumas (1802–1870), die Scott (1771–1832), Dickens (1812–1870) und Collins (1824–1889), die Alexis (1798–1871), Gutzkow (1811–1878) und Spielhagen (1829–1911) – um nur ein schmales Dutzend zu nennen –, die Entwicklung des Roman-Schreibens für ein proletarisches Publikum beflügelten, wird niemand leugnen. Dem Roman wäre indes der steile Aufstieg zum Erfolg versperrt geblieben, wenn es die Produzenten und Mediatoren nicht verstanden hätten, die anfänglich teure Buchform, in welcher die Romane erschienen, auf verschiedene Weise zu modifizieren und damit einem erweiterten Publikum zugänglich zu machen. Leihbüchereien boten folglich Romanlektüren zu einem viel niedrigeren Preis an, als Buchhandlungen das tun konnten; diese demokratische Einrichtung wurde dann auch zum Hauptumschlagplatz des Romankonsums.[212] Antiquariate lieferten Romane zu stark herabgesetzten Preisen.[213] Kolporteure verhökerten die umfangreichsten Werke der Fiktion „in Groschenlieferungen, ausgeschmückt mit Lithographien, die ihres Inhalts vollkommen würdig sind".[214] Periodika nahmen seit dem Beginn des 19. Jahrhunderts Romane stückchenweise unter den Strich, um den Abnehmerkreis

---

Und die zuckenden Blitze sie zünden bald an,
Und das Schloß verbrennet mit Maus und mit Mann.
Weh ihm! Im Grab! Bei Nacht!
— Satirische Roman-Rezepte in den *Fliegenden Blättern* 34, 1861, p. 174–175.

[209] Die beliebtesten Titel der älteren Romanwelle — von Johann Martin Miller, Karl Gottlob Cramer und Christian August Vulpius.

[210] Anzeige in *Der Erzähler am See* III, Lindau 1844, p. 98.

[211] J. W. Appell: *Ritterromantik*, p. 77–78. — A. Spamer: *Deutsche Volkskunde* II, p. 457.

[212] „1836 befanden sich unter den 6 100 Nummern einer Leipziger Leihbücherei 1 700 Ritter- und Räuberromane." Spamer, ibid. p. 457.

[213] Cf. die *Antiquarische Bibliographie der F. F. Haspelschen Buchhandlung in Schwäbisch Hall* II, 1845 (Staatsarchiv Ludwigsburg E 146/756) mit Erotika, Arcana und Ritterromanen.

[214] J. W. Appell: *Ritterromantik*, p. 77–78.

konstant zu erhalten oder gar zu erweitern.[215] Spezielle Romanzeitungen[216] brachten in jeder Nummer gleichzeitig mehrere Romanfragmente und waren daher mehrfach attraktiv und spannend. Zudem boten diese Zeitungen gelegentlich Romane, die als Buch oder Kolportage-Veröffentlichung keine Druckerlaubnis erhalten hätten – das französische Innenministerium hatte sich 1861 lange mit diesem Problem zu beschäftigen.[217] Durch alle diese neuen Vertriebsmethoden wurde der Roman, der als Buch wegen Preis und Länge wenig Chancen hatte, beim Leseproletariat anzukommen, dennoch ein populärer Lesestoff.

Was die Hüter des deutschen Geistes und christlicher Sittlichkeit beunruhigte, das waren Inhalt und Auflagenhöhe dieser „verwerflichen" Literatur.[218] Zwanzig Millionen Deutsche bezogen angeblich ihre geistige Nahrung beim Kolporteur. Über den Tod des österreichischen Kronprinzen Rudolf (Selbstmord auf dem Schloß Meyerling bei Baden, 1889) erschienen zwanzig verschiedene Werke, von denen eines 180 000 Abnehmer fand. Eine Biographie über den anderen blaublütigen Selbstmörder, Ludwig II. von Bayern (1886, Starnberger See), verkaufte sich in Berlin allein 50 000 mal.[219] Den Gipfel der Popularität erreichten jedoch die *Scharfrichter*-Romane[220] und vor allem der *Scharfrichter von Berlin*[221] des Victor von Falk oder Heinrich Sochaczewsky.[222] Auf diesen Millionenerfolg kon-

[215] D. Huber: *Romanstoffe in den bürgerlichen Zeitungen des 19. Jahrhunderts*. Masch. Diss. — Berlin 1943. — R. Hackmann: *Die Anfänge des Romans in der Zeitung.*

[216] In Frankreich etwa: *Journal à cinq centimes* (zweimal wöchentlich je 8 Seiten), *Le Juif Errant* (ebenso), *Journal du Dimanche* (cf. Archives Nationales, Paris, F. 18. 555); in Deutschland: *Deutsche Romanzeitung* (Berlin: Otto Janke, ab 1864), *Deutsche Roman-Bibliothek zu Ueber Land und Meer* (Herausgeber: F. W. Hackländer, Stuttgart: Hallberger, ab 1872).

[217] Archives Nationales, Paris, F. 18. 555.

[218] E. Berger: *Der deutsche Buchhandel 1815–1867*, p. 156. — G. Oertel: *Die litterarischen Strömungen*, p. 21. — E. Schultze: *Schundliteratur*, p. 9–13. — Cf. hier das Kapitel II.

[219] E. Schultze: *Schundliteratur*, p. 9–10 nach einem Aufsatz in: *Das Land*, ed. H. Sohnrey, II, 1893/94, p. 313.

[220] Georgs *Schlagwort-Katalog* III, p. 1442: *Der Scharfrichter von Paris*. Berlin: Verlagshaus für Volksliteratur und Kunst 1892. 2112 p. — *Der Scharfrichter von Wien*. Von A. Söndermann. Berlin: ibid. 1884. 2 400 p. — *Des Scharfrichters Töchterlein*. Von A. Holm. Neusalza: H. Oeser 1895. 2 390 p.

[221] *Der | Scharfrichter von Berlin. | Sensations-Roman | nach | Acten, Aufzeichnungen und Mittheilungen des Scharfrichters | Julius Krautz | von | Victor von Falk. | Verlag: | A. Weichert, Berlin NO., | Barnim-Str. 48. — Wurde in Heften von je einem Bogen Umfang geliefert. Jede Lieferung enthielt einen Holzschnitt (von Hugo Spindler oder P. Haupt) und kostete 25 Pfennig.

[222] Werke in Kaysers Bücherlexikon 25, p. 356; 27, p. 451 (*Geheimnisse von Berlin — Oceana, die schöne Kunstreiterin, — Seelenverkäufer von Amsterdam oder verkaufte deutsche Mädchen*); 29, p. 464 (*Dreyfus!*); 31, p. 525–526 (*Dunkelgraf — Therese Krones,*

zentrierte sich der ganze Haß der reaktionären Kritiker-Kräfte. Es lohnt sich, diesen so oft verdammten[223] Schundroman von 3000 Seiten Länge wenigstens kurz zu analysieren.

Der Roman spielt in der Hauptsache in den Großstädten Berlin und Hamburg, und zwar vorzüglich in Verbrecherkreisen, verrufenen Kneipen, in einer Falschmünzerwerkstatt, im Hause des Scharfrichters, eines Wucherers, einer Bordellwirtin, in einer Irrenanstalt, gelegentlich aber auch in adligen Wohnungen, von denen eine wiederum die Verbrecherseele des ganzen Romans beherbergt, den Grafen Waldemar von Marco-Sternenberg. Das Personal besteht also aus marginalen und extrem gelagerten Mitgliedern einer Gesellschaft, deren Majorität – der bürgerliche Mittelstand – nicht mitspielen darf.

Die Zahl der Handelnden ist, trotz der Länge des Romans, überschaubar; sie beschränkt sich auf 15–20 durchgehend agierende Hauptpersonen und 5–10 weitere Akteure. Von 15 Protagonisten sind fünf weiblichen Geschlechts: 1. Lady Nelson, negativ gezeichnet, Mörderin, Intrigantin, Sexbombe; 2. Olga, positives Mädchen ohne festen Beruf, den wechselndsten Schicksalen ausgeliefert; 3. Sophie (+), Arbeiterin, stumm, mit unehelichem Kind, geheimnisschwanger, melancholisch; 4. Hedwig (+), Tochter des Polizeirats Scharf (+), wahnsinnig, Sadismus-Objekt, gequält; 5. Röschen (+), Tochter des Wucherer-Juden Jonas Bruck (—), unschuldig verflucht, verarmt, unglücklich verliebt. Bei den zehn Herren hält sich die negative und die positive Valenz die Waage: der Erzverbrecher Graf Marco (—), der Wucherer Bruck (—), der Irrenarzt Robin (—), der überaus schurkische einäugige Gewaltverbrecher, genannt Magister (—), und der von seinem hinkenden Weibe abhängige Bahnwärter (—) stehen gegenüber dem englischen

---

die schöne Volkssängerin von Wien — Giuseppe Musolino, der kühnste und verwegenste Räuber-Hauptmann — Unterm Richtbeil); 33, p. 555 (Königin Draga — Feodora — Fra Diavolo — Karl Masch); 35, p. 599 (weitere Räuberromane zu je 100 Lieferungen); Deutsches Bücherverzeichnis I, p. 706 (360 weitere Hefte zu je 10 Pfennig); ibid. IV, p. 684 enthüllt das Pseudonym Falk = Heinrich Sochaczewski; ibid. VI (1921–1925) taucht der Name nicht mehr auf. — Holzmann-Bohatta: Deutsches Pseudonymen-Lexikon, p. 263 lösen (nach Deutscher Literaturkalender, 11) H. von Sochaczewsky auf in Schefsky, Hans Heinrich. — Joseph Kürschner: Deutscher Literaturkalender 11, 1889, p. 422 und 12, 1890, col. 733 schreibt jedoch: „Schefsky, Hans Hr. (Ps. v. H. Sochaczewski), Rom., Redakt. d. ‚Feuilleton‘. (Adresse) Breslau 21. 2. 61. V: Kaiser Friedr. Leidenstage 88." Demnach ist doch wohl Sochaczewski der Geburtsname. Ibid. 13, 1891, col. 857 s. v. Sochaczewski, aber kein Hinweis auf den doch inzwischen erschienenen Scharfrichter. Der Nekrolog zu Kürschners Literatur-Kalender 1901–1935 vergißt, Falk-Schefsky sterben zu lassen. Beruht das Ganze auf einem Irrtum? Wer war Falk wirklich? — Produktion des Falk-Verlegers A. Weichert, Berlin in: Gesammt-Verlags-Katalog XVI, I, 2, col. 2635–2636.

[223] E. Schultze: Die Schundliteratur, p. 10, 23. — T. Kellen: Massenvertrieb, p. 84–90. — W. Börner: Schundliteratur, p. 6.

Lord Nelson (+), dem deutschen Fabrikbesitzer Graf Fernau (+), dem Polizeirat Scharf (+), dem Scharfrichter Krautz (+!) und dem ehemaligen Scharfrichter-Gesellen, dem Buckligen Ralph (+). Die männlichen Parteien sind also zahlenmäßig ausgeglichen; das weibliche Personal ist überwiegend positiv gezeichnet, aber dann zur Passivität verdammt.

Um diese Ökonomie der Dramatis Personae stabil zu halten, werden die in Gefahr schwebenden Figuren errettet, die schon tot scheinenden wieder zum Leben erweckt, die Ausgangszahl wird also möglichst lange konserviert. Ein am Leben erhaltener Held macht die Einführung eines neuen überflüssig. Die Figuren sind in jeder Hinsicht zählebig, auch als Leichen. In jedem neuen Kapitel tauchen unerwartet und zunächst nicht immer erkannt, weil verkleidet, schon bekannte Personen auf, die dem Leser die Orientierung in dem neuen Milieu erleichtern: das Milieu wechselt entschieden häufiger als das Personal. Dieser durch die Konstanz der Personen bewirkte Rekognitionseffekt ist spontan mit einer Wertgebung verbunden: da die erkannte Person schon früher mit einem Vorzeichen (+ oder —) ausgestattet war, übernimmt das neue Milieu das Vorzeichen der addierten Person, deren Wert stets größer ist als der des vorgegebenen Milieus.[224]

Dieser Rekognitionseffekt muß hervorgerufen werden, weil die Kapitel keine durchgehende Sequenz bilden, sondern gegeneinander versetzt sind: Olgas Erlebnisse sind in den Kapiteln 1, 4, 7, 10, 15, 17, 23, 28, 31, 37, 43, 47, 50 und so weiter fortgesetzt. Dr. Robins Irrenhaus enthüllt seine Schrecken in den Kapiteln 19, 23, 28, 31, 35, 37 und 51. Diese Versetz-Technik ist wiederum notwendig, um die Spannung zu erhöhen und um den Konsumenten zum Weiterkauf der Groschenlieferungen zu reizen.

Der Inhalt des Romans ist eine rasende Folge von Handlungen, die Bertolt Brecht „gewaltige Freßfeste aller Sinne" genannt hätte.[225] In den ersten zehn Kapiteln sind etwa folgende Hauptaktionen kumuliert: Hinrichtung eines unschuldigen Mädchens, Sturz einer Artistin vom Trapez, Racheschwur, Kindsraub, Verbrecherjagd, Flucht der Hingerichteten, Vorbereitungen für Kindsmord, Flucht mit Kind, Eisenbahnunfall, Ehebruch, Vergiftungsversuch, Geldgeschäfte, Findelkind-Fund, Falschgeldproduktion, Spionagedienste, Hypnotisierung eines Mädchens, Errettung einer Ertrinkenden, Liebesduell, Überfall in der Verbrecherkneipe, Begräbnis einer

---

[224] —M +P = +M (Positive Figur tritt in ein negatives Milieu und rettet die negative Situation) oder +M —P = —M (negative Person verkehrt ein positives Milieu).

[225] B. Brecht: *Gesammelte Werke*, 18: *Schriften zur Literatur und Kunst* I. — Frankfurt 1967 (werkausgabe edition suhrkamp), p. 8.

lebenden Leiche, Kauf einer Scheintoten, Leichentausch und Leichenerweckung, Vergewaltigungsversuch, Feuersbrunst, Vatermord.

Der erste Grund für die Kritiker, dieses Buch zu verbannen, lag also in der Tatsache, daß seine Akteure ständig gegen das Normverhalten der etablierten Gesellschaft verstoßen und daß es den Eindruck erweckt, der Staat sei bis in seine Grundfesten – den Adel ebenso wie das „Volk" – hinein korrupt. Schließlich mußte der laute Grundton des Romans, der vom Sieg des Bösen, ein biederes Gemüt wenn nicht verwirren, so doch zumindest deprimieren – ein Effekt, der alle aufklärerischen Volksliteratur-Ideale verhöhnte. Im *Scharfrichter* wird die Hoffnung des lauteren Armen immer wieder unterdrückt – welch ein Gegensatz zu den Ideen eines Schmid oder Barth! –, die Rettung des Verzweifelnden vereitelt, die Guttat zuschanden gemacht, das muntere Seifensieder-Gemüt Mildheimischer Provenienz frustiert. Immer wieder entkommt der Delinquent, irrt sich die Polizei, triumphiert der höllische Gegner. Immer wieder hat der Polizeirat Scharf die Schurken handwarm vor sich und findet doch kein Mittel, sie dingfest zu machen: Chimären gleich entschwinden diese listigen Verbrecher, um neues Übel zu wirken. Auch dem Privatdetektiv widerfährt, trotz seiner nordamerikanischen Erfolgsvergangenheit, in Berlin nur Unbill im Angesicht dieser größten und gefährlichsten Verbrecher, die er je jagen mußte. Auf solche Superlative konnte jedoch ein Staat, der sogar den welschen Übermut gedämpft hatte, verzichten; ein Buch mit so destruktiver, alle gesellschaftliche Ordnung verspottender Tendenz durfte nichts taugen. Der *Scharfrichter von Berlin* war ein politisch gefährliches Buch: es untergrub das Vertrauen in die gütige Vorsehung und in einen nur an der Oberfläche wohlfunktionierenden Staatsapparat.

Dabei hätte ein unparteiischer kritischer Leser auch der damaligen Zeit, wenn der Roman je einen solchen gefunden hätte, doch eine schöne Liste von positiven Qualitäten aufzeigen können. Der ungebärdigste Anarchist hat doch schließlich auch irgendeine Art von Erziehung genossen, und der Vielschreiber Victor von Falk war nicht der Mann, sich aus dem Normengeflecht seiner Umgebung völlig zu lösen. Die Kirche, in Gestalt des unendlich gütigen Pfarrers Jung, wird mit Ehrfurcht behandelt, der Kaiser als Reichsgründer und höchster Befehlshaber verehrt. Die hehren Gesetze der bürgerlichen Familienordnung bleiben unangetastet: „Ehemänner sind heilig", heißt es da; und, in eine schwierige Situation mit einer Krankenschwester gebracht, bekennt der Arzt Hillmar: „Ob ich mich auch nach der rückhaltlosen Vereinigung mit Dir sehne wie der gehetzte Hirsch nach dem erfrischenden Quell, so ist mir doch Deine Frauenehre heilig." Unanständige Szenen enthält der Roman nicht, viele Seiten sind von einem aufrichtigen Mitgefühl diktiert, der Autor hat Heine, Keller, Poe[226] und den *Rip van Winkle* das Washington Irving gelesen, er predigt religiöse Toleranz, Aufopferung für den Nächsten, Menschlichkeit. Nein, Victor von Falk war kein Schundromancier, sondern au fond nur ein wohlerzogener, überreich phantasiebegabter Erzähler auf dem viktorianischen Plüschsofa. Was den Kritikern nicht paßte, war doch nicht die hier angeblich fehlende Sittlichkeit, sondern die auf die bürgerlichen Wände aufgeklebten „neuzeitlichen" Parolen: Der Elende bleibt elend, der Reiche bleibt reich, die Arbeiter werden ausgebeutet[227], ein Fabrikbesitzer sollte dem Arbeiter die Hand reichen[228]; wenn ein Arbeiter krank wird, ist seine Familie für immer ruiniert[229], das Zuchthaus ist die Brutstätte des Verbrechens[230], das Leben ist ein Morast und ein Sumpf.[231] Ein Staat, der sich vollkommen dünkte, brauchte sich solche penetranten, beunruhigenden Parolen nicht bieten zu lassen: solche Ketzereien waren nun einmal Schund.

Auf diese Weise wurde ein weiteres Vehikel sozialkundlicher Information und Kritik, der populäre soziale Roman, verteufelt. Der *Scharfrichter von Berlin,* der größte Schundroman des Fin de Siècle, blieb nur in einem einzigen, zur Hälfte verstümmelten Exemplar in einer öffentlichen Bibliothek erhalten.[232] Sein miserables Papier wird in fünfzig Jahren völlig zerfallen sein. Ein Roman, der sozialkritisch so viel weniger radikal war als die Werke eines Eugène Sue oder gar die eines Émile Zola, hätte, so sollte man meinen, auf mehr Toleranz von Seiten der Literaturpäpste stoßen sollen.

---

[226] Es dürfte die Poe-Forschung interessieren, daß die Erzählung *Murder in the Rue Morgue* (Der Affe als Mörder) im *Scharfrichter* (cf. not. 221), Kapitel 88 als *Die Geschichte des Affen Jock* ganz zwanglos plagiiert wird.

[227] *Der Scharfrichter,* p. 293: „Sie hatten die ihnen verliehene Gewalt zu maßlosen Ausschreitungen ausgebeutet, und besonders den Arbeitern der Fabrik gegenüber die ärgste Tyrannei an den Tag gelegt. Sie hatten die Löhne herabgedrückt, für das kleinste Vergehen strenge Strafen angesetzt, ja, sie dehnten ihre Tyrannei noch weiter aus, indem sie sich auch in die Familienangelegenheiten der Arbeiter mischten."

[228] Ibid. p. 575.

[229] Ibid. p. 812.

[230] Ibid. p. 937.

[231] Ibid. p. 1023.

[232] „Ex Biblioth. Regia Berolinensi", jetzt SB Marburg, Yx 24462.

Traktate

Es hieße, die populäre Literatur einseitig von der unterhaltsamen Seite sehen, wollte man die Erbauungsliteratur in dieser Gattungsübersicht außer Acht lassen. Die Quantität der Devotionalliteratur[233] übertrifft womöglich, zumindest bis zur Mitte des 19. Jahrhunderts, die Menge der anderen Lese-

[233] C. Georg: *Schlagwort-Katalog* I, p. 253–258; II, p. 334–339; III, p. 460–469; IV, p. 479–488. — L. Schneider - S. M. Dornbusch: *Popular Religion.* — K. M. Klier: *Andachts- und Liederbücher.* — RGG, 3. Aufl., II, 540–547 (F. Bartsch: *Erbauungsliteratur*) und LThK III, 959–962 *(Erbauung).* — Bemerkenswert das *Verzeichniß der katholischen Gebet- und Andachts-Bücher, welche bey Johannes Rißler und Comp., Buchhändler und Buchdrucker, in Mühlhausen, Reunionsplatz Nro. 335, um beygesetzte Preise zu haben sind.* — Mulhouse 1826, 8°, 18 p. und ähnliche, bisher unausgewertetes Katalogmaterial in der Sammlung Q 10 der BN Paris. — In den Archives Nationales, Paris, F. 18. 32 findet sich eine *Note des livres de dévotion et de morale composant le fonds de Libraire de M.me Mahé-Bizette, imprimeur libraire à Vannes, à l'époque du 1er Mai 1810.* Nach diesem Katalog hatte die Buchhändlerin Mahé nicht weniger als 194 verschiedene Andachtsbücher in ihrem Laden, die sie zumeist aus Paris oder aus Lyon bezogen hatte, sofern sie nicht in der Bretagne gedruckt worden waren. Als Druckort werden genannt: Paris 69mal, Lyon 30mal, Toulouse siebenmal, Rouen sechsmal und Rennes viermal. — Ibid. findet sich der *Catalogue des livres de Religion et de Piété du fonds de V.ve Baudouin, Imprimeur-Libraire de Lorient. Mai 1810.* Dieser nennt 183 verschiedene Andachtsbücher. Die meisten Bücher stammten noch aus dem 18. Jahrhundert, eines sogar von 1646. Die Titel aus dem 19. Jahrhundert waren: *L'âme sanctifiée.* Paris: Belin 1802. — *L'âme unie à J.-C. dans le S. Sacrement* (Abbé Duquesne). Paris: Libraires associés 1802. — *Anecdotes chrétiennes.* Lyon: Girard 1801. — *L'Année affective* (P. Avrillon, Minime). Paris: Belin 1802. — *De la Distinction primitive des Psaumes.* Paris: Nyon 1806. — *Doctrine de l'Evangile.* Paris: Nyon 1807. — *Doctrine de Jésus-Christ.* Paris: Nyon 1807. — *Evangile inédité.* Metz: Collignon 1801. — *Explication du Catéchisme.* Paris: Nyon 1807. — *Histoire abrégée de la religion* (Lhomond). Lyon: Rusand 1807. — *Le parfait adorateur du Sacré Coeur de Jésus-Christ* (Gab. Nicollet). Lyon: Maillet 1801. Noch im Jahre 1867 bot der Buchhändler und Kolporteur Ignaz Holstein in Masevaux (Masmünster) folgende deutsche Erbauungsschriften an: *Leben und Leiden Christi* — *Legende der Heiligen* — *Goffine* — *Geistliche Hausmagd* — *Der Schutzengel* — *Brot des Lebens* — *Trost der armen Seelen* — *Merk der Pilgerstab* — *Sey gegrüßt du Gnadenvolle* — *Lilien Bronn* — *Heil. Aloysius* — *Gnadenpfennig* — *Trost im Alter* — *Missal und Vesperal* — *Effinger Leidensstund* — *Leidens Kelch* — *Herrlichkeiten Mariens* — *Mariakapelle* — *Anmuthung und Gebete* — *Heil. Maria bitt für uns* — *Gebet der Heiligen* — *Betende Christ* — *Wahr Anbeter Gottes* — *Stunde des Pilgers* — *Liguorius Besuchungen* — *Gott meine Hilfe* — *Blüthe der heil. Andacht* — *Andachtsübungen des Christen* — *Philothea* — *Kern der Gebete* — *Nachfolge Christi* — *Freude des Christen* — *Mission Buch* — *Vierzehn heil. Nothhelfer* — *Maria Vorbild der Jungfrauen* — *Ministrant* — *Geheiligte Tag* — *Sammlung der vorzüglichen Gebete* — *Gott meine Hilfe* — *Jungfrauen Buch* — *Christ bei Maria* — *Baumgärtlein* — *Vergiß mein nicht* — *Sonnewen (?) Blume* — *Geistlicher Schild* — *Himmlisches Balmgärtlein* — *Handbüchlein* — *Samen Körner* — *Hochgelobt* — *Senfkörnlein* — *Geistlicher Himmel Schlüssel* — *Frommes katholisches Kind* — *Frommer Christ.* — Holstein hatte außerdem 26 französische Andachtsbücher und „Imageries et Gravures religieuses". Archives Départementales Haut-Rhin, Colmar, 27908.

stoffe[234]; für bestimmte Gruppen gab es keine anderen Lektüren als geistliche[235], der Kolportagehandel mit frommen Büchern sollte keineswegs unterschätzt werden.[236] Die Behandlung der „religiösen Volksliteratur", Erbauungsliteratur, Andachtliteratur, Devotionalliteratur, Inspirationalliteratur – wie immer man dieses Genre nennen mag – würde mehr als nur ein Buch füllen, mehr als nur eine Bibliographie erheischen. Hier sei nur auf ein spezielles Problem, das der kaum mehr bekannten Traktate hingewiesen.[237] Es handelt sich dabei um ein protestantisches Problem; eine Analyse katholischer Kleinschriften würde jedoch ähnliche Tendenzen aufdecken.[238]

Ohne den Einfluß Englands ist die Entwicklung der deutschen Traktatgesellschaften[239] nicht denkbar; das beweisen die Beziehungen zwischen der Religious Tract Society und deutschen Gruppen, das beweist die Biographie eines Christian Gottlob Barth, der seine Missionstraktate mit englischen Hilfsmitteln finanzierte.[240] Der englische Prediger Dr. Robert Pinkerton von der British and Foreign Bible Society[241] scheint da eine wesentliche Vermittlerrolle gespielt zu haben. Traktat-Engländer tauchen auch in deutschen Polizeiakten auf: Im Jahre 1837 etwa erregte ein durch Bayern reisender Brite größtes Aufsehen bei den Behörden, weil er auf völlig ungewöhnliche und, wie sich nach langem Papierkrieg herausstellte, auch völlig ungesetzliche Weise Traktate pietistischen Inhalts von seiner Postkutsche

---

[234] Cf. noch 1873 die Masse erbaulicher Lektüren in H. Höpfner: *Praktischer Wegweiser durch die christliche Volksliteratur.*

[235] Angelika Bischoff-Luithlen: *Auszüge aus den Inventur- und Teilungsakten.*

[236] Bildliche Darstellung eines Andachtsbuch-Verkäufers (Dieppe, 1818) und lebendige Beschreibung bei T. F. Dibdin: *A Bibliographical Tour* I, p. 12–13. — R. Schenda: *Bücher aus der Krämerkiste.* — Bayerisches Hauptstaatsarchiv München, M H 5279: Protest der bayerischen Buchhändler gegen das Verbot, Erbauungsbücher durch Kolportage abzusetzen, vom 1. August 1853.

[237] Keinerlei Artikel in Wetzer-Welte, RGG oder LThK. Ein bemerkenswertes Phänomen!

[238] Ein Vergleich wiederum mit der Traktatliteratur der Gegenwart könnte positive Fortschritte neben erstaunlich konservativen Elementen analysieren. Cf. R. Schenda: *Massenlesestoffe am kirchlichen Schriftenstand.* — C. Rohde-Dachser: *Die Sexualerziehung Jugendlicher.*

[239] H. Rahlenbeck: *Traktatgesellschaften.* — In: *Realencyclopädie für protestantische Theologie und Kirche,* 3. Auflage, vol. 20, Leipzig 1908, p. 53–55 (mit weiterführenden bibliographischen Angaben). Rahlenbeck zählt nicht weniger als 20 deutsche Vereine zur Verbreitung von Erbauungsschriften auf.

[240] K. Werner: *C. G. Barth,* passim. Ibid. p. 133 Barths positive Einstellung zur Traktat-Idee. — Über die Finanzierung der Bremer Traktatgesellschaft durch die Englische Traktatgesellschaft der Methodisten cf. *Der evangelische Buchhandel,* p. 56–57.

[241] Pinkerton wird mehrfach, aber ohne nähere Angaben, zitiert. Die hier vorgelegten stammen, da die Lexika keinerlei Auskunft geben, aus dem *British Museum General Catalogue* 190, 1963, col. 378.

aus den Nahestehenden austeilte oder die Büchlein im Gasthause, wo er abgestiegen, zurückließ oder auch dieselben kurzerhand aus der Chaise auf das Straßenpflaster beförderte. Der verdächtige Mann hieß J. C. Worceley (soweit man den Sprachkenntnissen der bayerischen Behörden Vertrauen schenken darf); er reiste von Frankfurt über Würzburg, Nürnberg, Regensburg und Schärding nach Wien, nicht ohne immer wieder wegen seiner Büchlein-Schleuderei Anlaß zu polizeilichen Berichten zu geben, die sich beim Innenministerium in München zu einem Aktenbündel häuften. Daß die Heftchen von der Niedersächsischen Gesellschaft zur Verbreitung christlicher Erbauungsschriften stammten, hatte man bald herausgebracht; der Pfarrer von Osterhofen, um ein Urteil gebeten, meinte, daß sie „auf eine ganz feine Art auf die Untergrabung des katholischen Glaubens gerichtet seyen". Bis zum Jahre 1841 tauchten mehrere solcher englischen Unruhestifter auf, und der Innenminister Karl von Abel sah sich schließlich genötigt, die Behörden anzuweisen, sie sollten „gegen diesen Unfug, wo immer derselbe wahrgenommen wird", einschreiten. In Bayern hatte schließlich eine pietistische Erbauungsbewegung nichts zu suchen.[242]

Traktate wurden vornehmlich kostenlos verteilt – jeder weiß, daß sie heute noch häufig in die Briefkästen und Eisenbahnabteile praktiziert werden.[243] Eine bemerkenswerte Schilderung seiner Aktivität auf dem Cannstatter Volksfest lieferte um 1850 der Apotheker und Traktat-Verteiler Gottlieb Scholl:

Es fehlte nicht an willigen Abnehmern, besonders bei den Landleuten wurden Tractate, wo Gelegenheit war, ohne Ansehen der Person angeboten, manche wiesen sie auch ab. So kam es unter anderem bei einem sehr vornehm aussehenden Herrn vor, der mit seiner Frau am Arm sich durch die Menge bewegte. Ich hielt ihm die Tractate mit der Frage vor: „wünschen Sie nicht auch eins von diesen Schriftchen zu bekommen?" Er sieht sie an und sagt: „Nein, das ist nur etwas für die Frommen." Ich sagte: „Mein Herr, demnach sind Sie ein Gottloser?" Er und seine Frau wurden sehr roth im Gesicht auf diese Frage, ohne zu sprechen; ich fuhr fort ihm zu sagen: „Lassen Sie sich deß nicht wundern, was ich gesagt habe, die Bibel, das wahrhaftige Wort Gottes, spricht nur von zwei Menschenklassen, nämlich von Frommen und Gottlosen, da Sie erklärt haben, Sie seien kein Frommer, so müssen Sie zu den Gottlosen gehören, und für diese sind gerade meine Schriften." Er nahm aber dennoch keinen Tractat und ging stille seinen Weg weiter. Ein Beamter, mir bekannt, rief mir von ferne zu: „Ich nehme Ihnen keine Schriftchen ab!" Ich fragte, warum? Er sagte: „Weil ich schon habe", und wies mir zwei vor, die er von einem der Brüder erhalten hatte. Es sprach aber ein anderer Herr mit ihm,

---

[242] Bayerisches Hauptstaatsarchiv München, M. Inn. 25114 b.
[243] Cf. den Traktat *Traktate verteilen! Eine Aufgabe für dich!* von Gertrud Wasserzug-Traeder. — Beatenberg/Schweiz: Verlag „Grosse Freude", um 1960.

den fragte ich, ob er auch schon versehen sei? Er antwortete: „Nein". Der Beamte bemerkte dabei, diesem Herrn soll ich auch einen recht passenden Tractat geben. „Wüßte ich nur, welcher der passende wäre", erwiderte ich, hatte eben den Traktat: „Des Fluchers Gebet" oben liegen und fragte: „Mein Herr, fluchen Sie zuweilen noch?" Er antwortete überrascht: „Ja", und ich gab ihm diesen Traktat, den er zu sich steckte. An einem Wirthstisch saßen 16 Personen, einer jeden wurde ein Traktat angeboten und von allen angenommen. Nach etwa einer Stunde kommt ein Mann auf mich zu mit der Aeußerung, er suche mich schon länger, „ich bitte Sie", fährt er fort mit Thränen im Auge, „diese 6 kr. für das Schriftchen zu nehmen, das Sie mir an einem Wirthstisch neben andern gegeben haben, es ist betitelt ‚die schreckensvolle Lage des Sünders', ich habe es gelesen, es hat mein Herz getroffen und mir die Augen geöffnet." Nachdem ich ihm noch einige ermahnende und ermuthigende Worte gesagt hatte, schied er mit gerührtem Danke.[244]

Das sind freilich subjektive Impressionen, mit traditionellen Miniatur-Mirakeln durchsetzt, geläutert zudem durch das Filter Hofackerschen Sendungsbewußtseins; aber auch objektive Zahlen bestätigen den Erfolg dieses kleinen Missions-Mediums: Die Reihen – Nonnweier'sche Kindertraktate, Traktate der Niederlage christlicher Schriften zu Straßburg, Traktate der evangelischen Gesellschaft in Stuttgart[245], Traktate der evangelischen Gemeinschaft in Stuttgart[246], Traktate des evangelischen Goßner'schen Missionsvereins in Berlin, die Goßner'schen Traktate (in größerem Format), die Traktate des Hauptvereins für christliche Erbauungsschriften in Berlin, die Missionstraktate des Calwer Verlagsvereins, die Traktate der Niedersächsischen Gesellschaft zur Verbreitung christlicher Erbauungsschriften in Hamburg, die Veröffentlichungen der Wuppertaler Traktat-Gesellschaft in Barmen, die Rheinischen Missionstraktate aus Barmen[247], in

[244] L. Hofacker: *Ein güldenes Jubiläum*, p. 61–62.
[245] Zur Evangelischen Gesellschaft in Stuttgart cf. L. Hofacker: *Ein güldenes Jubiläum.* — O. Schuster: *Kirchengeschichte von Stadt und Bezirk Eßlingen.* — Stuttgart 1946, p. 282–286. — M. Scharfe: *Evangelische Andachtsbilder*, p. 67–70. — Verzeichnis von 137 Kindertraktaten der Gesellschaft im *Gesammt-Verlags-Katalog* XVI, 3, col. 2078–2079. — Aufschlußreich dürften die Jahresberichte der Traktatgesellschaften sein. C. Georg: *Schlagwort-Katalog* III, 1, p. 255 verzeichnet etwa den *13.–18. Jahresbericht des Deutschen Evangelischen Buch- und Tractat-Gesellschaft in Berlin.* — Berlin 1893–1897 und die *Mittheilungen der deutschen Ev. Buch- u. Tractat-Ges. in Berlin*, Jg. 1893–94. — Berlin.
[246] Liste von 104 Nummern im *Gesammt-Verlags-Katalog* XVI, 3, col. 2071–2072. Je 1 000 Seiten kosteten eine Mark, das Exemplar zu vier Seiten also 0,4 Pfennig!
[247] Die Rheinischen Missionstraktate erschienen ab 1893 im Verlage des Missionshauses zu Barmen. Die Missionserzählung erlaubt, moralische Erbauung und Belehrung im „echt" exotischen Gewande zu bieten, ja diese auf die abenteuerlichste Art zu travestieren. Daß viele der Missionstraktate auch Quellen für die Geschichte des Kolonialismus und der damit verbundenen ethnographischen Forschung sind, sei hier nebenbei erwähnt. Preis der *Rheinischen Missionstraktate*: 10, 15 oder 20 Pfennig. Einige Titelbeispiele: 4.

Frankreich die Traktate der Société Française des Tracts[248] zu Paris – alle diese Traktat-Serien boten oft mehr als hundert verschiedene Heftchen an; die Auflagen bewegten sich zwischen 5000 und 20 000 Exemplaren pro Titel[249], die Bremer Traktatgesellschaft setzte zwischen 1860 und 1869 6 793 000 Traktate neben 311 900 Broschüren und 400 000 Büchern ab.[250]

Die Gesellschaften hatten den Wahlspruch „Moralische, intellektuelle und religiöse Reaktion" auf ihre Fahnen gestickt.[251] Sie lieferten:

Eine ausführliche und dringliche Aufforderung, die Bibel zu lesen

Den wahren Weg, um glücklich zu werden

Kräftige Hinweisung auf die Oberflächlichkeit des Unglaubens

Eine ergreifende Predigt über das Allen bevorstehende letzte Gericht

Dringliche Einladung zum Heiland

Die Freiheit in Christo

Klare und freundliche Einladung, der Seele Heil zu suchen

Aufruf zu einem dem Herrn ganz geweihten Leben

Ernste, von den verschiedensten Gesichtspunkten ausgehende Aufforderung zum Gebet

Klare, ernste und gründliche Belehrung über die Heiligung des Sonntags

Einfache Anleitung zur Abhaltung des Hausgottesdienstes

Zuspruch an Christen, die lange ein schmerzliches Leiden mit sich umhergetragen

Märtyrergeschichten aus den an solchen so reichen Ländern

Wunderbare Umwandlung eines Greises durch plötzliche Bekehrung

Die Bekehrungsgeschichte eines Eisenbahnarbeiters

Erinnerungen an Borneo. — 8. *Lebensgeschichte einer alten Dajakkin.* — 9. *Der Mann mit dem Loche in der Backe.* — 15. *Weinet nicht!* — 17. *Besuch im Hereroland.* — 21. *John Williams, ein Held.* — 28. *Leben und Sterben einer Missionarstochter.* — 31. *Durch Knechtschaft zur Freiheit.* — 37. *Der Häuptlingssohn.* — 38. *Wie der kindliche Glaube siegt.* — 45. *Als Sklavenkinder geboren, als Gotteskinder gestorben.* — Die *Kleinen Missions-Traktate* kosteten 4–5 Pfennig, so: 8. *Lioba.* — 11. *Mego, der Negerknabe.* — 12. *Ein Schäfchen aus dem andern Stalle.* — 13. *Was die Liebe vermag.* — 15. *Der aussätzige Evangelist.* — 16. *Leben und Sterben eines Battaknaben.* — 19. *Warum treiben wir Mission.* — 21. *Ein Mörder und ein Kopfabschneider.* — Auch hier fehlt eine gründliche Einzelstudie!

[248] Cf. das Heftchen *Société Française des Tracts.* Paris 1873. 4 p. BN Paris Z. 60.899.

[249] So bei der Niedersächsischen Gesellschaft. Bayerisches Hauptstaatsarchiv München, M. Inn. 25114. b: Verbreitung religiöser Schriften durch Reisende.

[250] *Der evangelische Buchhandel,* p. 56–57.

[251] „Ce qui manque surtout à cette nation fatiguée, c'est cette énergique réaction morale, intellectuelle, religieuse, qui peut faire de nous un peuple nouveau et sans laquelle nous périssons." *Société Française des Tracts* (not. 248), p. 1.

Leuchtendes Beispiel davon, wie christlicher Sinn und Glaube allein die echte Treue und Hingebung an Volk und Vaterland schaffen kann

Ein löbliches Zeugniß von dem Herzensstande eines alten und doch jungen kindlichen Negers

Schilderung des Segens treuer mütterlicher Erziehung

Erzählungen über das Unglück, das das Grogtrinken, Fluchen und Unzucht unter Seeleuten anrichtet.[252]

Die Gratis-Kleinschriften wollten also auf die Wahrheit des Evangeliums hinweisen, durch treffende Beispiele lenken, trösten, aber auch unterhalten[253], die Ungläubigen missionieren. Man wird speziell gegen den Konsolations-Effekt dieser Literatur nichts einwenden können, den propagandistischen Missionseifer der Traktatgesellschaften des apostolischen Auftrags wegen verstehen, ja sogar die Absicht billigen, das Verbrechen in einer unmoralischen Gesellschaft zu bekämpfen. Weniger einleuchten will die Tatsache, daß die begrüßenswerten Ziele nicht durch exakte Information (über Möglichkeiten sozialen Aufstiegs, über soziale Zustände im industriestädtischen Milieu, über theologische Problemstellungen, über mögliche Auseinandersetzungen mit den Gegnern der Kirche und mit den anderen Konfessionen), sondern durch fiktive Geschichtchen, singuläre Beispiele, Gefühlsduselei erreicht werden sollen. Traktate schildern vorzugsweise traut-familiäre, großherzig-großbürgerliche, idyllisch-exotische Zustände als positiv und behaupten optimistisch, daß sich alle anderen, negativen Zustände – familienlose, proletarische, industriebedingte – durch Gottvertrauen in positive umwandeln lassen. Dies war die einzige Evolution, welche die Traktate der Gesellschaft zubilligten: eine christlich-moralische Entwicklung in Richtung auf eine fromme, problemlose Welt und in Richtung auf das Transzendente. Jegliche realistische Betrachtung von Gesellschaft, Politik (auch Kolonialpolitik) und wissenschaftlichem Fortschritt war verpönt: „Hauptaufgaben für die Gegenwart sind einerseits die gemeinverständliche Bezeugung der Grundgedanken des Evangeliums für das sittlich-wirtschaftliche und gesellschaftliche Leben gegenüber dem die Massen berückenden falschen Prophetentum der Sozialdemokratie – und andererseits die gemeinverständliche Bezeugung der biblischen Wahrheit und christlichen Weltanschauung gegenüber alter und neuer rationalisti-

---

[252] Alle Beispiele wörtlich aus den Inhaltsangaben zu zahlreichen Traktaten in: H. Höpfner: *Praktischer Wegweiser*, p. 296–315. — Zur systematischen Einordnung dieser Themen cf. Schneider-Dornbusch: *Popular Religion*, p. 148–155.

[253] Cf. H. Bausinger: *Zum Beispiel*.

scher Kritik und evolutionistisch-monistischer Hypothese – beiderseits aber weniger zusammenfassend als einzeln zu behandeln."[254]

Im Angesicht sozialer Notstände, nationalistischer Hypostasen, wesentlicher Fortschritte der Naturwissenschaften und kulturökologischer Massenverschiebungen haben es die Traktatschreiber, rückwärts und zum Himmel blickend, unterlassen, aktuelle Sozialhilfen zu bieten und die Probleme der modernen Gesellschaft offen zu diskutieren. Diese Aufgaben hätten sich sehr wohl mit der apostolischen Pflicht, Seelen zu retten, verbinden lassen.

Sachbücher

Neben der unterhaltenden und der erbaulichen Literatur gibt es die der sachlich informierenden, praktisches Wissen vermittelnden Literatur. Der hier verwendete, noch nicht alte Begriff „Sachbuch"[255] deckt sich nur teilweise mit dem angelsächsischen „non-fiction", welcher zusätzlich die Devotionalliteratur umfaßt. Der englischen Zweiteilung fiction – non-fiction steht nach wie vor die deutsche Dreiteilung: Unterhaltung, Erbauung, Belehrung gegenüber. Funktional ausgedrückt: Lesestoffe bewirken Rekreation, Devotion (Inspiration) und Information, wobei jeder dieser Begriffe noch zu differenzieren sein wird.

Die Verdienste der Volksaufklärung für das Sachbuch brauchen hier nicht noch einmal gewürdigt zu werden – die *Noth- und Hülfsbüchlein* haben in der Tat die Nationalökonomie verbessern helfen. Karl Preusker meinte 1835 in seinen *Andeutungen,* für den denkenden Gewerbetreibenden sei die Anschaffung einiger Fachbücher unerläßlich. „Um jedoch nur einseitiges Fortschreiten zu vermeiden und den Geist vielmehr in jeder Hinsicht auszubilden, so wie das Gemüth zu erheben, bedarf es zugleich der Anschaffung eigner Schriften in Hinsicht des Haus-, Familien- und bürgerlichen Lebens, (einige Erziehungs-, diätetische, hauswirthschaftliche und über die Rechte als Staatsbürger, wie in die besondern gewerblichen Verhältnisse Aufschluß gebende Schriften)." Und der Volksbibliotheks-Fachmann empfiehlt Haushaltsbücher, Gartenschriften, Gesundheitskatechismen,

---

[254] H. Rahlenbeck: *Traktatgesellschaften,* p. 55 (1908!).
[255] Kein Artikel im *Lexikon des gesamten Buchwesens* III, 1937, im *Lexikon des Buchwesens* II, 1953, im Register 1965 zum *Handbuch der Bibliothekswissenschaft. Brockhaus, Meyer, Herder* kennen den Begriff nicht, er taucht erst 1967 auf in: *Das Große Duden-Lexikon* VII, p. 13.

Rettungsbücher, wetterkundliche Schriften und Bücher über Kindererziehung.[256] Einen Titel zur löblicherweise vorgesehenen Staatsbürgerkunde hat er in seiner Stadtbibliothek ganz offensichtlich nicht aufgetrieben.

Bei der Durchsicht der populären Lesestoffe nach Sachbüchlein[257] lassen sich folgende Lieblingsschriften herauslösen:

1a) Schulbücher
1b) Briefsteller
1c) Glückwunsch- und Reden-Sammlungen
1d) Spielbücher

2a) Magische und oneirokritische (Traum-)Bücher[258]
2b) Medizinische und hygienische Schriften
2c) Bücher über Tierpflege und Tierzucht

3a) Erziehungsschriften
3b) Haushaltsbücher (Kochbücher etc.)
3c) Oekonomische Belehrungen (Gartenbücher etc.)[259]

Der Katalog entspricht also etwa Preuskers Vorstellungen vom populären Sachbuch. Das Hauptgewicht der Informationsinteressen liegt damit auf folgenden Tendenzen:

1a–d) Erwerb und Anwendung von Lese-, Schreibe-, Rede- und Spiel-Bildung im Hinblick auf bessere soziale Kontakte,

2a–c) Erhaltung der Gesundheit von Mensch und Tier,

3a–c) Verbesserung der familiär-häuslich-ökonomischen Bedingungen.

Diese drei Grundbestrebungen lassen sich wiederum auf einen gemeinsamen Nenner bringen: sie sind egozentrisch und/oder auf ein kleines, geschlossenes System bezogen. Die populären Sachbücher des 19. Jahrhunderts liefern auf Individuen und Kleingruppen, nicht auf die Gesamtgesellschaft bezogene Informationen.[260]

---

[256] K. Preusker: *Andeutungen* III, 1835, p. 60–61.
[257] Speziell Kochbücher behandelt L. Westbury: *Handlist of Italian Cookery Books.* — Firenze 1963 *(Biblioteca di Bibliografia Italiana,* 42).
[258] Cf. H. B. Weiss: *Oneirocritica Americana.*
[259] Hier ist kein Platz, die einzelnen Sachgruppen mit Beispielen zu belegen. Für Frankreich gibt der Sachindex bei Schenda: *1000 französische Volksbüchlein* einige nähere Hinweise.
[260] Auf Sachbüchlein spezialisiert waren die Verleger G. Basse in Quedlinburg, E. F. Fürst in Nordhausen und B. F. Voigt in Weimar/Ilmenau. (Cf. E. Berger: *Der deutsche Buchhandel,* p. 135–136). Auch die technisch so differenzierten Schriften der großen Voigtschen Reihe *Neuer Schauplatz der Künste und Handwerke* (ab 1847, 289 Bände bis 1869; eine Imitation der älteren *Descriptions des Arts et Métiers,* Paris 1761–1789, deutsch von

Dementsprechend fehlen in den populären Reihen nahezu völlig andere mögliche Arten von Sachbüchern über

Staatsbürgerkunde, insbesondere Rechtskunde

Politische Grundbegriffe und Systeme

Nationalökonomische Probleme

Aktuelle technische Fortschritte und Erfindungen, insbesondere auf dem Gebiet des Maschinenbaus[261]

Aktuelle naturwissenschaftliche Erkenntnisse, insbesondere der Medizin

Aktuelle Entwicklung der Schönen Wissenschaften und Künste

Verlauf der aktuellen Weltgeschichte.[262]

Der Anteil der Sachinformationen an der Produktion populärer Lesestoffe war in allen Sparten gering.[263] Man wird allerdings auch hier bedenken müssen, daß die Grundlagen für ein Sachinformationsbedürfnis in den wenigsten Fällen gegeben waren – fehlte es schon an der Grundschulaus-

---

Heinrich Gottlob von Justi: *Schauplatz der Künste und Handwerke,* Berlin 1762–1805) verbessern kaum die Situation der populärwissenschaftlichen Nicht-Information: die Bücher, inhaltlich zu anspruchsvoll, kosteten zwischen 1.— und 24.— Mark!

[261] Aus der weitverbreiteten Nicht-Information der Zeit heraus erklärt sich vielleicht der krankhafte Informationsexhibitionismus eines Jules Verne in Romanen wie *Robur le Conquérant.* Auf nur zwei Seiten bringt es Verne fertig, physikalische, biologische, etymologische, musikhistorische, aviationshistorische, mythologische und technologische Kenntnisse zum besten zu geben, die den Normal-Gebildeten staunen machen. Er wird damit zum Vorbild für die Milieu-Realisten — Arnold Bennett wurde nicht müde, für seine Romane Fakten zu sammeln — und schließlich für moderne Informationsorgane, die durch ein phantastisch komplettes Archiv und entsprechend allwissende Informationen ihre Massenleser wie mit einem Spiegel blenden. Die Prinzipien des Realismus haben ihre Folgen für die Informationsliteratur.

[262] Von den rund 500 *Neuen Volksbüchern* der Firma Ensslin & Laiblin, Reutlingen, kann man höchstens 10 % zu den Sachbüchlein rechnen; diese entsprechen aber keineswegs den hier gestellten Anforderungen. Die Abteilung „Vermischtes" des Verlags enthält Büchlein über Kräuter, Bandwürmer, Hämorrhoiden, Trunksucht, Kosmetika, Lacke, Obstbäume, Münzen, Arzneimittel, Wasser, Umgangsformen, Säugetiere, Säuglinge, Briefträger, Bienen und Kriege (1870!), aber auch nicht mehr. Cf. den *Gesammt-Verlags-Katalog des Deutschen Buchhandels* IX, 1881, col. 1409–1420.

[263] Cf. G. Füsser: *Bauernzeitungen in Bayern und Thüringen,* p. 148–149: „Trotz dieser im ganzen ansehnlichen Summe von Ratschlägen, Schadenaufdeckungen und nützlichen Berufsnachrichten ist das Landwirtschaftliche in der ‚Dorfzeitung' [Hildburghausen] von untergeordneter Bedeutung. Auch bei der Stoffverteilung bleibt sein Anteil hinter den anderen Sparten beträchtlich zurück. Von 5,56 Prozent des Gesamtinhaltes 1819 (6,34 Prozent des redaktionellen Teils) sinkt das Landwirtschaftliche im Jahre 1830 auf nur 0,68 Prozent (1,81 Prozent des redaktionellen Teils), erholt sich allerdings mit dem Steigen seiner Bedeutung nach dem Hungerjahre 1846/1847 auf 6,81 Prozent (15,12 Prozent des redaktionellen Teils). Die praktischen Ratschläge stellten aber davon nur 3,58

bildung, so erst recht an der fachlichen und sozialkundlichen Fortbildung. Der einfache Leser griff lieber zu den weniger anspruchsvollen Lektüren, die Unterhaltung und Erbauung offerierten. Politische, ökonomische und naturwissenschaftliche Fortbildungs-Kenntnisse hat er sich nur in seltenen Fällen erwerben können.

Die populäre Sachliteratur – prozentual gesehen nur ein unwesentlicher Teil der gesamten populären Literaturproduktion – fördert das Sachwissen, nicht aber das Sozialbewußtsein.

Prozent 1819, 1830 0,30 Prozent und selbst 1847 nur 1,07 Prozent des Gesamtstoffes. Dagegen schnellten die Markt-, Wetter- und Ernteberichte von 1,98 Prozent (1819), 0,30 Prozent (1830) auf 5,74 Prozent 1847 in die Höhe (12,7 Prozent des redaktionellen Teils) und erweisen das biegsame Nachgeben der ‚Dorfzeitung‘ gegenüber den treibenden Kräften der Zeit."

VI. BESONDERE KENNZEICHEN DER POPULÄREN LESESTOFFE

Traditionsrelevanz

Beharrungstendenz

Die literarische Kommunikation vollzieht sich mit Hilfe altbekannter Mittel: sie verwendet eine jedermann vertraute Sprache, setzt sie in konventionelle Zeichen um, variiert die Sprachelemente im Rahmen der althergebrachten syntaktischen Regeln, formt aus den Wortelementen verständliche Bilder, Aussagen, Ideen. Der Kommunikationstoleranz sind enge Grenzen gesetzt: ein bestimmtes Massenpublikum würde eine fremde Sprache nicht verstehen können, exotische Schrift nicht begreifen, syntaktische und morphologische Seitensprünge negativ sanktionieren, ausgefallene Metaphorik ablehnen, neue Ideen kopfschüttelnd beiseiteschieben – die ganze Kommunikation zurückweisen. Konkreter gesagt: von der Kleinschreibung will in Deutschland niemand etwas wissen, obwohl sie im Deutschen nicht unangebrachter wäre als in den anderen europäischen Sprachen, *Finnegan's Wake* wird nie ein populäres Buch sein, vor Ezra Pounds *Cantos* streiken selbst Intellektuelle; das Fernsehen dagegen ist so populär, weil es die abscheuliche Kommunikationsbarriere, die abstrakte Schrift, wieder aufhebt und auf die älteren audiovisuellen Medien, gesprochenes Wort und konkretes Bild, zurückfällt. Änderungen in diesem Kommunikationssystem vollziehen sich nur äußerst langsam: die italienische Sprache hat sich seit Dante Alighieri nur belanglos gewandelt, und bei einem seit Jahrhunderten nur unwesentlich verschobenen Gesellschaftssystem sind die Konfliktstoffe in der europäischen Literatur weitgehend die gleichen geblieben. Die literarische Kommunikation verläuft auf immer wieder betretenen und durchmessenen traditionellen Bahnen.

Der Lesenlernende sieht in seiner Fibel keine *Newe Zeytung*. Er sucht zunächst Halt am Alten, Wohlvertrauten: am Kikiriki-Hahn, am Schürzenzipfel der Mama, an seiner engen Welt, an geschilderten Erlebnissen, die er selbst schon erlebt hat. Der einfache Leser sucht Literatur mit einem hohen Identifikationswert.[1] Er ist nicht bereit, die erworbenen Lese-Kenntnisse, die sein Weltbild nicht erweitert, sondern bestätigt haben, zugunsten anderer, besserer Kenntnisse fortzuwerfen. Vielmehr konserviert er das Gelernte[2] in seinem Gedächtnis – Alfons Silbermann hat auf das „Kollektivgedächtnis" hingewiesen, das die Gesellschaft davor bewahrt, alles einmal sozial und kulturell Erworbene zu vergessen[3] – und versucht, zu den ihm bekannten Themen neue Variationen zu finden. Die Literaturproduktion kommt diesen Bestrebungen der einfachen Leser entgegen: in traditioneller Beharrung hält sie, wie Joseph T. Klapper gezeigt hat, den s t a t u s q u o a n t e aufrecht.[4] Daraus resultieren die mannigfaltigsten Formen eines c u l t u r a l l a g, die „vigencia", wie man vielleicht besser mit José Luis Martinez sagen sollte[5]: das In-Kraft-Bleiben eines Stoffes, eines Genres, eines speziellen Werkes, sein Absinken aus einer höheren sozialen Verbraucher-Schicht in eine niedere, sein Aufsteigen aber auch in umgekehrter Weise. Es wäre falsch, gewisse Konstanten – etwa von der *Mimili* Claurens zu Muschlers *Die Unbekannte* – einem gemeinmenschlichen Wunschdenken zuzuschreiben.[6] Gemeinmenschlich kann hier höchstens heißen: konstant in einem gleichbleibenden sozialen Environment, konstant im kulturökologischen System[7]: Die Sehnsucht nach Reichtum ist keineswegs immer populär gewesen – vielleicht ist sie es, dank *Jasmin,* noch heute nicht –; unter dem Druck aufklärerischer Zufriedenheits-Propaganda wurde sie zumindest zeitweilig durch die Idee ersetzt, daß Geld nicht glücklich mache. Das

---

[1] P. Hacks: *Das Poetische,* p. 79: „Der Identifikationswert eines literarischen Zeugnisses ist die Chance, die es dem Leser gibt, es direkt auf seine eigene Lage anzuwenden, also sich mit seiner Hauptperson und ihren Umständen zu identifizieren. Der Identifikationswert ist hoch, wenn das Erzeugnis möglichst grundlegende Erlebnisse einer möglichst umfassenden Zahl von Menschen betrifft."

[2] L. P. C. van den Bergh: *De Nederlandsche Volksromans,* p. 4: „Het volk bezit even als de hoogere klassen, zijne liederen en poëtische verhalen, zijne romans, reizen en komische schriften, maar met dit onderscheid dat het eenmaal aangenomene bij hem blijft voortduren, terwijl bij de beschaafdere standen het oude gestadig door het nieuwere verdrongen wordt. Nog worden in de huizen der geringeren en der landlieden vele liederen en verhalen gretig aangehoord, die voor verscheidene eeuwen reeds hunne voorouders boeiden en daar heeft het oud nationale veelal de beste schuilplaats voor de veranderingszucht dezer eeuw gevonden, want veel dat te voren in de hoogere kringen gelezen en bewonderd werd, behaagt en boeit nu nog de lagere." — Cf. auch G. Doutrepont: *La Littérature et la Société,* p. 332–349: *Le poids énorme de la tradition en littérature.*

[3] A. Silbermann: *Ketzereien eines Soziologen,* p. 103.

[4] Cf. F. W. Dröge — W. B. Lerg: *Kritik der Kommunikationswissenschaft,* p. 271.

[5] R. Escarpit: *Y a-t-il des degrés dans la littérature?,* p. 9–10 (nach J. L. Martinez: *Problemas de la historia literaria.* — In: *Problemas literarios.* Mexico 1955, p. 35–58).

[6] So bei Karlheinz Wallraf: *Soziologische Probleme der unteren Grenze.* — In: *Bücherei und Bildung* III, 1951, p. 792–796.

[7] Cf. Marshall D. Sahlins: *Culture and Environment: The Study of Cultural Ecology.* — In: Sol Tax, ed.: *Horizons of Anthropology.* — London 1965, p. 132–147.

sogenannte Gemeinmenschliche entpuppt sich nur allzuoft als zeit- und raumbedingtes Denken. Literarische Beharrung ist eine Funktion gesellschaftlicher Konstanz.

Reproduktion, Multiplikation

Das Fehlen eines Urheber- und Copyright-Gesetzes bis zum Beginn des 20. Jahrhunderts förderte die unbegrenzte Reproduzierbarkeit der populären Lesestoffe. Daß es nicht nur eine mündliche Tradition volkstümlicher Erzählungen, sondern auch eine viel solidere und zudem besser nachweisbare Druck-Tradition gibt, beweist etwa die Geschichte des *Bonhomme-Misère*-Büchleins[8]: Es wurde sehr wahrscheinlich schon im 17. Jahrhundert von den Oudot in Paris gedruckt[9], die älteste erhaltene Ausgabe ist jedenfalls 1719 von Oudot in Troyes verlegt worden. Champfleury kannte 17 Auflagen des Büchleins, zehn weitere finden sich heute in der Bibliothèque Nationale, die letzte bei Renault 1864 in Paris gedruckt. Die Geschichte ist also rund zwei Jahrhunderte lang reproduziert und verschlissen worden. Ein Fortsetzungsroman konnte ohne weiteres in zwei Medien gleichzeitig erscheinen: *Agnes von Wilnau*, um nur ein Beispiel zu zitieren, präsentiert sich im Jahre 1810 sowohl im *Neuen Schreib-Calender* zu Kempten als auch im *Neuen Haus-Kalender* zu Lindau. Wochenblätter und Zeitungen reproduzieren sich wechselseitig, es gibt einen gemeinsamen Schatz von gedruckten Erzählungen, der allerorten und jederzeit verwendbar ist und auftauchen kann. Die Multiplikation wird gelegentlich plump kaschiert, um Neues vorzutäuschen. So gab der Verlag Vialat et Cie., Paris, 1849 ein Witzbuch mit drei verschiedenen Titeln, aber identischem Inhalt heraus.[10] Die Witwe Desbleds, Paris, wandte diesen Trick gleich viermal an.[11] Durch Veränderung von Äußerlichkeiten wird eine alte Geschichte wieder neu verwendbar: Das italienische Volksbüchlein von den Mordeltern verlegt die Handlung bald nach Bassano ins Veneto[12], bald in einen Wald drei Meilen von Rom oder gar in eine Gegend „presso Valenzien terra della Francia".[13] Reproduktion und Multiplikation sind ökonomisch bedingte

---

[8] R. Schenda: *1000 französische Volksbüchlein*, num. 147–147b.

[9] Champfleury: *De la littérature populaire en France*, p. 6.

[10] *Le Conteur de gaudrioles, Le Véritable farceur de régiment* und *Le Farceur inépuisable*. C. Nisard: *Les Livres populaires* I, p. 302–303.

[11] *La Trompette de la blague* 1844, *Le Véritable farceur perpétuel* 1851, *Le Roi de la gasconnade* 1851 und *Les Souvenirs d'une vieille moustache* 1851. Ibid.

[12] R. Schenda: *Italienische Volkslesestoffe*, col. 241 und num. 154. Über die Mordeltern cf. et infra.

[13] R. Köhler: *Kleinere Schriften* III, p. 191.

Produktionstechniken; sie stützen jedoch den Beharrungszustand und mehren die Traditionsrelevanz der populären Lesestoffe.

Plagiat

So wie die Verleger immer wieder über den Nachdruck[14] klagen, so bejammern die Autoren die Existenz böswilliger Plagiatoren. „Bist du ein Buchhändler, möchtest gern Bücher machen, um etwas zu verdienen, und kannst doch damit nicht fertig werden; so nimm dieß und jenes von Andern, druck es stückweise, buchstäblich und wörtlich ab und setze einen erdichteten Namen darauf", so schimpfte 1797 Johann Christoph Friedrich Gutsmuths, der Vater der deutschen Gymnastik, auf den Buchhändler Wilhelm Oehmigke in Berlin, der ihm zwölf Spiel-Beschreibungen kurzerhand gestohlen und in eigenen Veröffentlichungen abgedruckt hatte.[15] Die *Encyclopédie comique* verspottet 1803 *Le Crime du plagiaire:*

> Vous avez des endroits, on dirait presque beaux,
> Mais le bruit court qu'ils sont d'un autre:
> Non, non; dans vos écrits vous les rendez si sots,
> Qu'en vérité je n'y vois que du vôtre.[16]

Gustav Nieritz schrieb in seiner Autobiographie:

Auch schamlose Diebe gab es unter denen, die mich um Unterbringung ihrer Manuscripte angingen. Diebe, welche sich mit fremden Federn schmückten und solche für ihre eigenen ausgaben. Zwei dieser Freibeuter waren – ich gestehe es mit Betrübniß – öffentlich angestellte Lehrer. Der Eine von ihnen verdiente wegen seiner fortgesetzten Freibeuterei, die er selbst nach seiner öffentlichen Prangerstellung in der *Didaskalia* nicht unterließ, hier von mir genannt zu werden. Derselbe schickte mir aus weiter Ferne eine angeblich von ihm geschriebene Erzählung für meine Jugendbibliothek zu, die ich als eine wörtliche Copie von Adlers *kleinen Seefahrern* erkannte. Gleichen Diebstahl beging er an einer Schriftstellerin, deren Arbeit er unter einem veränderten Titel für die seine ausgab, und an der netten Erzählung *Der Knabe des Murillo.* Selbst in der neuesten Zeit hatte er die Unverschämtheit, seine fremden Federn mir zur Verwendung anzubieten. Ein zweiter literarischer Dieb bot mir Zschokkes Erzählung *Das Loch im Ärmel* unter demselben Titel als seine Arbeit an! In einer zu Prag erschienenen Jugendschrift ist ein ganzes, wörtlich abgeschriebenes, nur mit einem veränderten Titel versehenes

---

[14] Cf. H. Widmann: *Aus der Geschichte des Reutlinger Druck- und Verlagswesens,* p. 58–96.

[15] Guts-Muths: *Ein neues Rezept zum Büchermachen.* — In: *Allgemeiner litterarischer Anzeiger,* num. CXXXIII, 7. November 1797, col. 1367.

[16] *Encyclopédie comique* (Schenda: *1000 FVB,* num. 321), p. 200.

Kapitel aus meinem *Blinden Knaben* enthalten, und der Herausgeber hatte noch die Naivität, mir solches Buch zum Geschenk zu machen. Ein Beweis, daß nicht er selbst, sondern wahrscheinlich der oben erwähnte Dieb an meinem Eigenthume sich vergriffen hatte.[17]

In der Tat wimmelt es in den populären Lesestoffen von Plagiaten; die Kolporteure stahlen sich gegenseitig ihre Sensationsnachrichten, die Wochenblätter ihre Anekdoten, die Romanciers ihre Plots. Auch dieses Phänomen konserviert das Bestehende, tradiert das Alte, wiederholt das schon Bekannte. Das ganze 19. Jahrhundert hat mehr konserviert und tradiert als innoviert und adapiert. Eine Fluktuation in diesem System findet nur scheinbar statt. Der Inhalt der literarischen Waschmaschine dreht sich zwar, kann sich aber weder vermehren noch von seinem Standort fortbewegen.

Fluidität

Gesunkenes Kulturgut

Die *Complainte* der Geneviève de Brabant – eine in allen *Genovefa*-Drukken reproduzierte Ballade – wird auf eine Melodie gesungen, die, über ein intermediäres *Cantique de Saint-Roch,* auf Jean Baptiste Lully zurückgeht: es handelt sich um ein Lied aus der Oper *Adys* (1676): *Que devant nous tout s'abaisse et tout tremble.*[18]

Nachhinken

Nach dem *Grand Jardin d'Amour* von 1841[19] soll ein Liebhaber das Mädchen seiner Wahl folgendermaßen ansprechen: „Mademoiselle, vos bontés et vos bonnes grâces sont cause que je m'approche de vous; je ne sais si la hardiesse que je prends de vous aborder, ne vous déplaira point; mais c'est afin de savoir quel est celui qui est votre ami et serviteur." Diktion und Manier dieser Phrase gehören der höfischen Welt des 18. Jahrhunderts an. Der Produzent des Anstandsbuches hat sich noch nicht für eine Modernisierung der Dialoge entschließen können.

Kollektivgedächtnis

Das nach 1860 verbreitete Rezeptbuch *Bâtiment des Recettes*[20] offeriert die seltsamsten Konkoktionen, konserviert die altertümlichsten Praktiken,

---

[17] G. Nieritz: *Selbstbiographie,* p. 388.
[18] Henri Davenson: *Le Livre des Chansons.* — Neuchâtel 1946, p. 549.
[19] Schenda: *1000 FVB,* num. 459. Zahlreiche andere Beispiele in den Anstandsbüchern und Briefstellern der Bibliothèque bleue.
[20] Ibid. num. 108.

zeugt von der Zählebigkeit des Aberglaubens. Noch 1860 also bereiteten die Dorfmediziner Haarwuchsmittel mit folgenden Ingredienzien: „Prends mouches à miel en quantité, et les fais sécher en un panier près du feu et en fais poudre, laquelle détemperas avec huile d'olive, et de telle onction frotte par plusieurs fois le lieu où tu voudras avoir du poil, et tu verras merveilles." In der Tat stammen diese Vorschriften aus dem 16. Jahrhundert: sie waren 1541 in Italien erschienen[21], 1544 in Poitiers ins Französische übersetzt[22] und immer wieder nachgedruckt worden.[23] Das Kollektivgedächtnis konnte sich von einem solchen Schatz an praktischer Weisheit nicht trennen.

Beharrung

Die *Tagzeiten zu Ehren der seligen guten Betha* in einem *Lehr- und Gebetbüchlein für die wahren Verehrer und Nachfolger der guten Betha,* das 1864 in Ravensburg erschien[24], sind zum großen Teil einem hundert Jahre älteren, anonymen, aber dem Pater Angelus Winkler OFM Conv. zuzuschreibenden Erbauungsbuch mit dem Titel *Seraphische Liebesflammen, zu Ehren der groß-wunderthätig-seligen Elisabetha Bona*[25] entnommen. Spätbarocker Gebetsstil gelangte also wörtlich ins neunzehnte Jahrhundert; ja die gleichen Gebete finden sich, mit nur leichten Veränderungen, abermals einhundert Jahre später, in dem neuesten Wallfahrtsbüchlein von Reute.[26]

Verwendbarkeit

In dem französischen Volkslied *Il était un petit navire qui n'avait ja-, ja-, jamais navigué* wird das Los darüber gezogen, wer von der verhungernden Mannschaft des Schiffes geschlachtet und gegessen werden soll: das Los fällt auf den Schiffsjungen, der freilich im letzten Augenblick gerettet wird. Victor von Falk hat die Geschichte im *Scharfrichter von Berlin* sehr weitläufig ausgemalt[27]: „‚Armer Junge', sagte der Capitain" – so heißt es etwa in dem Roman –, „‚ich hätte Dir einen besseren Tod gewünscht, doch was gesagt ist, muß gelten. Umarme uns noch einmal, dann kniee nieder. Dein Gewehr ist noch mit einer Kugel geladen, Du sollst nicht lange zu leiden haben.'" Der Autor hat das beliebte Gymnasiums-Liedchen vielleicht aus einem Lehrbuch der französischen Sprache gekannt. Es gibt keine

[21] Jacques-Charles Brunet: *Manuel du libraire* I. — Paris 1860, col. 697–698.
[22] *Bastiment des receptes.* — Exemplar in der BN Paris Te[18]. 5.
[23] Eine Ausgabe Lyon 1693 ibid. Te[18]. 5a.
[24] Exemplar in der Diözesanbibliothek Rottenburg D 25/201 angebunden.
[25] s. l. n. d. (Reute 1767). Ibid. 2290.
[26] *Die Selige Gute Betha und Reute.* — Reute: Katholisches Pfarramt, s. d. (1962).
[27] V. von Falk: *Der Scharfrichter von Berlin,* p. 464–465.

noch so disperate Erzählquelle, die nicht in der Masse der populären Lesestoffe irgendwo aufs Neue verwendbar wäre.

Newe Zeytung?

Ein Jahrmarktsdruck aus dem Jahre 1842 mit dem Titel *Beschreibung der gräßlichen That einer Mutter*[28] berichtet von einer armen Witwe, die ihre sieben Kinder nicht ernähren kann, von einem Edelmann kein Korn bekommt, ihre Kinder schlachtet und sich selbst in einen Brunnen stürzt. Die Geschichte war schon 1580 auf den Jahrmärkten erzählt und verkauft worden, nur handelte es sich damals um vier Kinder, und die Mutter erhängte sich.[29] Es ist wahrscheinlich, daß die Moritat von Bänkelsänger zu Bänkelsänger – mündlich oder gedruckt – weitergegeben wurde.

Alter Witz?

1874 las man in der *Deutschen Romanbibliothek zu Über Land und Meer* folgende Anekdote: „Die Frau eines Gärtners in Paris hat sich kürzlich an dem Ast eines Apfelbaumes aufgehängt. Man weiß nicht, ob es aus Liebe geschah. Am Tag nach dem Unglück erhielt der Wittwer den Besuch eines Kollegen. ‚Lieber Freund‘, sagte dieser, ‚ich möchte Dich um einen Ableger des Apfelbaumes bitten, an dem sich Deine Frau aufgehängt.‘ – ‚Warum?‘ fragte der. – ‚Ich möchte sehen, ob ich so glücklich bin, dieselbe Frucht zu erzielen, wie Du‘.“[30] Die Geschichte wird schon im 14. Jahrhundert in den *Gesta Romanorum* erzählt. Von einer durchgehenden Traditionskette kann hier jedoch keine Rede sein: Hermann Oesterley hatte 1872 die *Gesta* herausgegeben[31], und aus dieser wissenschaftlichen Quelle bezog der Journalist seinen Witz. Es ist nicht alles so traditionsreich wie es aussieht.

Schon die alten Griechen?

Altertumsforscher sind mit dem Begriff „uralt" oft rasch bei der Hand. Wer in dem 1852 gedruckten *Recueil de chansons nouvelles* das Lied über *Napoléon et Jésus* liest, in dem Parallelen zwischen den Viten dieser beiden Heroen gezogen werden:

[28] Landesbibliothek Oldenburg, Jahrmarktslit. Reihe c. 1,5.
[29] *Zwue Rewer* (sic) *Zeyttungen. Die erst: Eine erschröckliche Geschicht, So geschehen ist in Braband, ein Meylwegs von Endhofen, von einer Wytfrawen.* — Schweinfurt: Valentin Gröner 1580. 4°, 4 fol. — SB München 4° P. o. germ. 235 (26. Cf. ibid. unter der Signatur Einbl. II, 15 die *Warhafftige newe Zeittung von einer Frawen sampt dreyen Kindern,* Cölln 1591. — Einen späteren Beleg liefert A. Höck: *Leiermänner,* p. 69.
[30] *Deutsche Romanbibliothek zu Über Land und Meer* III, 1874, p. 40.
[31] H. Oesterley, ed.: *Gesta Romanorum.* — Berlin 1872, cap. 33.

[...] Jésus par sa puissance,
Sauva le païen par le péché perdu.
Napoléon sauva la France;
Comme Jésus il fut vendu [...],

der ist versucht, hier ein Weiterwirken des alten Plutarch zu entdecken.
Doch die Feststellung, die Methode der Gegenüberstellung zweier Lebens-
beschreibungen sei schon den alten Griechen bekannt gewesen, genügt nicht,
um den wirklich wirksamen Hintergründen des Napoleon-Jesus-Liedes auf
die Spur zu kommen. Eindeutig scheint nur dies:

Ende des 14. Jahrhunderts verglich der Franziskanerfrater Bartholomaeus de Rinonico in seinem Buch *De conformitate vitae beati Francisci
ad vitam Domini Jesu* vierzig Stationen aus dem Leben des Heiligen mit
ebensovielen Episoden aus dem Leben Jesu, der gleichsam als Präfiguration
des Franziskus erscheint. 1542 wurde diese Methode von dem protestantischen Erasmus Alber in dem Buch *Der Barfuser Münche Eulenspiegel und
Alcoran* heftig attackiert. Diese Polemik zog eine ganze Reihe von weiteren
Satiren auf die *Conformitates* nach sich.[32] Die bedeutendste Rolle für die
Popularisierung dieser Satiren in Frankreich – Alber war 1556, 1560 und
1578 lateinisch und französisch in Genf erschienen[33] – spielt ein um 1590
gedrucktes Heftchen protestantischer Provenienz mit dem Titel *Sermon du
Cordelier aux Soldats*.[34] Darin wird berichtet, wie ein Franziskaner Sol-
daten eine Predigt halten mußte, in welcher er sie mit Jesus verglich:

[...] Premierement il hantoit les meschans:
Sy faictes vous, & les allez cerchans.
Il ne fuyoit les Nopces & Banquets:
A table on oit nuict & iour voz caquetz.
A luy venoyent Paillards & Publicains:
Auecques vous sont tousiours les putains.
En Croix pendu fut entre les larrons:
En tel estat de bref nous nous verrons. [...]

Die Soldaten antworten jedoch mit heftigen Angriffen gegen das laster-
hafte Leben der Mönche – dieser Teil ist sehr viel länger als die Predigt

[32] Einzelheiten bei R. Schenda: *Hieronymus Rauscher* und Johannes Janssen: *Geschichte
des deutschen Volkes seit dem Ausgang des Mittelalters*, vol. V: *Vorbereitung des dreißigjährigen Krieges*. 13. und 14. Ed. von Ludwig Pastor. — Freiburg 1893, p. 4. — —
G. Goyau: *Les étranges destinées du Livre des Conformités*. — In: *S. François d'Assise,
son oeuvre et son influence, 1226–1926*. — Paris 1927, p. 68—98.
[33] *Analecta Franciscana* V, 1912, p. XCIV–XCVI.
[34] Sermon dv Cordelier / Aux Soldats: / ensemble / La Response des / Soldats av
Cordelier. / Recueillis de plusieurs bons Autheurs / Catholiques / Lisez hardiment, car
il n'y a poinct d'Heresie. — s. l. n. d. 11 p. BN Paris Lb[35]. 273 (2).

des Cordeliers –, das Büchlein stellt also eine satirische Polemik gegen die Franziskaner dar. Am Ende aber wird Franziskus noch einmal mit Jesus verglichen, freilich nicht wie beim alten Frater Bartholomaeus, sondern mit dem Ende:

> [...] Iesus aux enfers deualla:
> Saint François aussi y alla.
> Iesus Christ est monté en gloire,
> Emportant d'enfer la victoire.
> Ils sont differens en ce poinct,
> Car sainct François n'en reuient poinct.
>
> V. C. C.

Es ist verständlich, daß der Theologenstreit über die Conformitäten im Laufe des 17. Jahrhunderts der Vergessenheit anheimfiel, daß die populären Autoren jedoch die Möglichkeit, Jesus in witziger Weise mit einer anderen Person oder einer Gruppe zu vergleichen, im Auge behielten. Die Geschichte von dem Pater, der Straßenräubern eine Predigt hält, war den Barockpredigern nicht unbekannt[35], ihr Held war jedoch ein Jesuit; er rettete sein Leben durch seine Conformitäten-Predigt und gleichzeitig die Seelen der neapolitanischen Banditen. 1752 erschien in Frankreich ein Heftchen mit dem später immer wieder abgedruckten *Sermon du Cordelier*[36]: Räuber halten einen Franziskaner an; da er aber kein Geld hat, muß er ihnen eine Predigt halten. Er vergleicht sie mit Christus: der war, wie sie, arm, auf der Flucht, in Begleitung, in Versuchung, antijüdisch eingestellt und schließlich Angeklagter vor Gericht. Nur: Christus wurde unschuldig verurteilt, die Räuber werden zu Recht verdammt werden; Christus verließ die Hölle, die Räuber indes werden darin bleiben müssen. In dem eingangs erwähnten Napoleon-Jesus-Lied läßt der Autor wiederum Satire und Sozialkritik fallen, um zu dem ursprünglich ernsthaften Vergleich der Conformitäten zurückzukehren, und die neuerliche Blasphemie hätte eine neuerliche Polemik der Anti-Napoleon-Partei hervorrufen können:

---

[35] Henricus Engelgrave, S. J.: *Lux Evangelica sub velum sacrorum emblematum*, II. — Köln 1659, p. 247–248. Quelle: „Tylingen pardys der wollusten, pag. 186. Ludov. Garon. cent. I, § 28." Held: P. Nicolaus Bobadilla, S. J. — Nach Engelgrave dann Wolfgang Rauscher: *Oel und Wein des Mitleidigen Samaritans.* Dillingen 1689. III, 8. Sonntag nach Pfingsten, 2. Predigt — und nach Rauscher wiederum Dominicus Wenz: *Lehrreiches Exempelbuch.* Augsburg ⁴1793, p. 513–516. Es dürfte noch mehr als nur diese fünf Belege geben.

[36] Schenda: *1000 FVB*, num. 867, mit weiteren Hinweisen. — Sermon / d'un Cordelier / a des Voleurs / qui lui demandoient / de l'Argent ou la Vie. / (Vignette) / M. DCC. LII. — s. l. 4 p.

> [...] De Jésus, pour finir la scène,
> Le pieux corps fut embaumé;
> Napoléon, à Sainte-Hélène,
> Comme Jésus fut exhumé.
> Ce noble héros, couvert de gloire,
> Aux Invalides nous est rendu.
> Dans mille ans, du Preux de la Loire,
> On parlera comme de Jésus.[37]

Das Alter dieses Vergleichs-Schemas ist dem Autor des Liedes sicher nicht bewußt. Es ist wahrscheinlich, daß er die Franziskanerpredigt in einem Heftchen las; möglich scheint auch, daß ein Andachtsbüchlein in dieser Weise einen Heiligen mit Jesus konfrontiert hatte. Der Autor imitiert immer nur eine ihm nahestehende Quelle, ohne die Tradition oder den Traditionsvorgang zu reflektieren. Nur so ist jedoch Variation des Grundstoffes und das Hinzufügen neuer Akzidentien möglich. Das bewußte Tradieren des Alten – in Märchenbüchern, Museen und bei Folklore-Festivals – ist auf die pathetischste Weise steril.

Der Begriff der Traditionsrelevanz populärer Lesestoffe beinhaltet also nicht zwangsläufig nur ein starres Festhalten am Überkommenen, ein sklavisches Kopieren, ein überlegtes Weiterfahren in alten Geleisen; er berücksichtigt auch die der Traditionsmüdigkeit[38] entgegenwirkenden Kräfte: Variation, Adaptation, Utilisation, die dem Alten oft den Schein des Aktuellen und dem ganzen System seine Fluidität verleihen. Dieses lebendige Kräftespiel wird im folgenden immer wieder zu berücksichtigen sein, wenn es darum geht, Thematik, Erzähltypen und -motive, Stereotype und Requisiten, Formeln und Schemata und Parodie aus der bislang verschlossenen Traditionskiste der populären Lesestoffe hervorzukramen.

Thematik

Idole: Helden wie Napoleon

Bis zur Mitte des 19. Jahrhunderts ist der Held des Volkes der Räuber; der Held der Nation dagegen ein Kaiser, König oder General. Auch hier begnügt sich die populäre Literatur mit zwei Schichten. Es kann keinen Zwei-

---

[37] C. Nisard: *Des Chansons* II, p. 132. „Loire" steht, pars pro toto, für „Frankreich".
[38] Zu diesem Begriff cf. R. Schenda: *Das Onuphrius-Fest in Sutera, Sizilien.* — In: *Österreichische Zeitschr. f. Volkskunde* XIX/68, 1965, p. 166.

fel darüber geben, daß das Phänomen Napoleon Bonaparte Schuld ist an der Heldenverehrung der Neuzeit: eine solche Masse an Generals-Bilderbogen hatte es seit dem Dreißigjährigen Kriege nicht mehr gegeben, keinem anderen Herrscher war eine solche Apotheose zuteilgeworden, weder zu Lebzeiten noch post mortem – selbst der Friedrichs-Kult[39] des 19. Jahrhunderts ist ein verspäteter Napoleon-Ersatz-Kult für deutsche Patrioten. Ein Verspätungsprozeß ist freilich auch bei der Korsenverehrung zu berücksichtigen. Erst als der Große im Invalidendom zur letzten pompösen Ruhe gebettet wurde (1840), schlugen die Wellen populärer und nationaler Volksfest-Anbetung richtig hoch.[40] Und seit etwa 1860 ist die populäre und die nationale Sucht der Heldenverehrung eins geworden: sie konzentriert sich auf Napoleon und seine Generalsrunde, Friedrich den Großen und Blücher, auf Garibaldi dort und auf Bismarck hier – der Flurnamen- und Denkmalforscher weiß Bescheid. Der Räuberheld hat durch diese Entwicklung stark an Prestige verloren.

Der populäre Held ist ein Produkt kollektiver Interpretationen und Idealvorstellungen.[41] Von den möglichen Rollen, die einem Helden zugeschrieben werden können[42], hat Napoleon mindestens drei auf einmal zu spielen: die des kriegerischen E r o b e r e r s, die des von Elba zurückkehrenden R ä c h e r s und die des M ä r t y r e r s von St. Helena. Es würde zu weit führen, hier dieses Rollenspiel noch einmal nachzuschreiben – es gibt genügend Bücher zum Thema.[43] Einige Beispiele mögen jedoch zeigen, wie dieser Held lange Zeit wechselweise zum Heiligen oder zum Unhold – mit einem „fatal charlatan-element", wie Thomas Carlyle es nannte[44] – gestempelt wurde, und wie erst aus einer kollektiven Manipulation der eindeutig große Napoleon – oder, vergleichbar, Bismarck, oder Wagners Siegfried, oder Wilhelm II, oder Hitler zu seinen Lebzeiten – der populären Bücher entstehen konnte.[45]

---

[39] Cf. Friedrich Lüscher: *Friedrich der Grosse im historischen Volkslied. Ein Beitrag zur Stoffgeschichte*. Diss. — Bern 1915. 96 p. — E. Frenzel: *Stoffe der Weltliteratur*, p. 193–198. — F. A. Schmitt: *Stoff- und Motivgeschichte*, p. 50–51, num. 887–901.

[40] Man vergleiche das herrliche Bilderalbum *Napoleon. Von Corsica bis St. Helena. Original-Illustrationen nach berühmten Gemälden von Meissonnier, David, Vernet, Delaroche, Gerome, Gérard, Gros und Steuben. Mit einer Einleitung und erläuterndem Text versehen*. — Hamburg: Hansa-Verlag s. a. (um 1910?), 192 p.

[41] Cf. O. E. Klapp: *The Creation of Popular Heroes*.

[42] Klapp, loc. cit. p. 136 nennt „(1) the conquering hero, (2) the Cinderella, (3) the clever hero, (4) the delivering and avenging hero, (5) the benefactor, and (6) the martyr."

[43] Über Napoleon in der Literatur cf. E. Frenzel: *Stoffe der Weltliteratur*, p. 451–457. — F. A. Schmitt: *Stoff- und Motivgeschichte*, p. 125–126, num. 2239–2266.

[44] T. Carlyle: *On Heroes, Hero-Worship and the Heroic in History*. — London 1901 (*The Works of* Thomas Carlyle, 5), p. 241.

[45] Cf. E. Bentley: *A Century of Hero-Worship*: ideologische Fundamente der Hel-

Der frühe Napoleon-Kult war eindeutig gelenkt: Nach einem Dekret vom 19. Februar 1806 mußten in den deutschen Départements die Geburtstage seiner Majestät (15. August! Namenstag des heiligen Napoleone, aber auch Mariä Himmelfahrt!) sowie die Jahrestage der Krönung (2. Dezember) und der Schlacht von Austerlitz (kurioserweise fand sie genau ein Jahr nach der Kaiserkrönung statt!) gefeiert werden.[46] So hielt Pfarrer Ludwig Antz in Erlenbach und Steinweiler am 15. August 1806 eine Geburtstags-Lobpredigt auf den Kaiser, und Pfarrer Philipp Friedrich Cullmann am 1. Dezember 1811 in Bergzabern eine Napoleons-Predigt über die Freiheit.[47] Die süddeutsche Bevölkerung stand dem Beherrscher ihrer Herrscher mit devoter Sympathie gegenüber. Anton Konenberg aus Riedlingen stimmte 1810 eine Lobeshymne auf Napoleons Taten und auf seine Vermählung mit Louise an.[48] Der vormalige beim Grafen Schenk von Kastell zu Oberdischingen angestellte Kriminalassessor Joseph Matthias Arnold ließ im Jahre 1810 zu Ulm eine vierseitige in lateinischen Distichen abgefaßte Lobeshymne auf Napoleon drucken, die so anhebt:

NAPOLEON Primus, qui Maximus esse meretur,
    In factis Major non fuit nullus Homo,

dann aber kläglich mit den Lebensumständen des unterzeichnenden Dichters schließt: „cum aegrota uxore et 5. Infantibus absque pensione". Anstatt dem armen Teufel Geld zu schicken, überlegte sich das Oberzensurkollegium in Stuttgart, ob dieses Flugblatt zu konfiszieren sei, kam aber schließlich zu dem Entscheid, der Ehinger Kreisamtmann möge die Sache auf sich beruhen lassen.[49] Am 1. April 1811 ließ der Schuhmacher Johann Friedrich Kientsch aus Nußdorf, Oberamt Vaihingen, ein Gedicht auf die Geburt des Königs von Rom drucken mit dem Titel *Napoleon der Weise baut Schlösser des Friedens für Teutschland mit Louise der Theuersten; und der König von Rom ist Bürge dafür.* Das Gedicht, auf acht Seiten gedruckt, wurde jedoch konfisziert; der Drucker ließ sich nicht ermitteln.[50]

denverehrung bei Thomas Carlyle, Friedrich Nietzsche, Richard Wagner, Oswald Spengler, Alfred Rosenberg, Stefan George und D. H. Lawrence. — Bentley hat sich seine Aufgabe nicht leicht gemacht: „Working through the thought of the century is like driving out of New York City." (p. 189).
[46] Günther Volz: *Zeugnisse des Napoleonkultes in der evangelischen Kirche.* — In: *Blätter für pfälzische Kirchengeschichte* 26, 1959, p. 31–35, 73–80. Parenthesen von mir.
[47] Ibid.
[48] Napoleon / und / Louise. / Ein poetischer Versuch / von Anton Konenberg. / Mit Bewilligung des Königl. Oberzensurkollegiums. / Riedlingen, / Gedruckt bei Joseph Friedr. Ulrich 1810. — 16 p. n. n. Incip.: Getreueste Gefährtin meines Lebens. — Staatsarchiv Ludwigsburg D 54/42.
[49] Ibid. D 54/52.
[50] Ibid. D 54/177.

Kein Zweifel, daß die ebenfalls existenten negativen Pamphlete über Napoleon keinesfalls die Zensur passieren konnten, daß also das Lesepublikum nur mit gallophiler Literatur und mit heroischen Liedern versorgt wurde:

> Schön ists unter freyem Himmel
> Stürzen in dem Schlachtgetümmel
> Wo die Kriegs-Trompet erschallt!
> Wo die Roße wiehernd jagen,
> Wo die Trommeln wirbelnd schlagen –
> Und das Blut der Helden wallt.

So beginnt ein in Norddeutschland erschienenes *Volkslied der Franzosen*.[51] Eine in Mannheim gedruckte Schrift in italienischen Terzinen über des Kaisers Hochzeit wurde dagegen 1810 wegen antinapoleonischer Tendenzen beschlagnahmt.[52] Ihr Verfasser war der damalige italienische Lektor an der Universität Heidelberg, Luigi Brucalassi aus Florenz.[53] Im Februar 1813 gingen in Buchau am Federsee handgeschriebene Zettel um, die sich mit folgendem Akrostichon über Napoleon lustig machten:

N	ach
A	llen
P	olitischen
O	perationen
L	igt
E	r
O	hnmächtig
N	ider.

Wer? Der mit großen Buchstaben geschrieben steht.

Der Amtmann verhörte eine große Zahl von Jungen, die diese Zettel verbreitet hatten, kam jedoch zu keinem Ergebnis. Anfang März war das „Pamphlet" bereits mehrfach nach Stuttgart weitergeleitet worden. Man hielt den Autor für ein „unbekanntes ausländisches Subjekt".[54]

Äußerst schwierig gestaltete sich die Situation im Jahre nach der Völkerschlacht. Der Druck von Flugschriften, deren Inhalt sich auf die neuesten

---

[51] Volkslied der Franzosen. / Von /Napoleon den I. / verfertiget. — s. l. n. d. 2 fol. n. n. In: Schön ists unter freyen Himmel. Mel.: Feldmarschall der Franzosen. — LB Oldenburg, Jahrmarktslit. b/5.

[52] Celebrandosi le Nozze / di sua Maestà / l'Imperator de' Francesi, e rè d'Italia / Napoleone il grande [...] — Mannheim: Ferd. Kaufmann 1810. 1 fol., 24 p. In: Una donna m'apparve in negro ammanto.

[53] Badisches Generallandesarchiv Karlsruhe 236/150.

[54] Staatsarchiv Ludwigsburg D 52/1181.

politischen Verhältnisse bezog, war in Württemberg durch Dekret vom 21. Januar 1814 verboten, doch durften solche Druckwerke öffentlich verkauft werden, sofern sie keine „Ausfälle gegen einzelne Souverains oder Ministers" oder gegen die guten Sitten enthielten. Dem Stuttgarter Bücherfiskal Lehr fiel jedoch ein, daß der französische Souverain ja „eine derzeit feindliche Macht" darstellte, und er fragte deshalb am 25. Januar das Oberzensurkollegium, ob auch die „mehr oder minder beleidigenden Ausfälle" gegen Napoleon untersagt sein sollten. Von Menoth leitete die Anfrage tags darauf an das Polizeiministerium weiter. In seiner Antwort vom 28. Januar wich Minister Taube jedoch geschickt dem Problem aus: eine allgemein gestellte Anfrage lasse sich nicht durch eine allgemeine Verfügung erledigen, es komme auf den Inhalt der einzelnen Schrift an, und so wisse man keine nähere Bestimmung, als bereits geschehen, deshalb zu erteilen. So ließ denn Lehr von 58 ihm vorgelegten Schriften 43 passieren, überließ aber die Entscheidung in bezug auf die restlichen 15 dem Oberzensurkollegium (Schreiben vom 30. Januar 1814). Schließlich wurden antinapoleonische Flugschriften von Ernst Moritz Arndt und eine antifranzösische Satire August von Kotzebues verboten; zugelassen waren dagegen etwa *Der Rückzug der Franzosen*, 1813; *Lobgesänge auf Napoleon,* 1814 oder eine *Apologie Napoleons des Großen,* die jedoch, wie man aus einem weiteren Schreiben Lehrs (vom 1. Februar 1814) erfährt, ebenfalls antifranzösischen Inhalts waren. Ein Verbot sei zwecklos, meinte Taube am 8. Februar, da diese Schriften schon seit längerer Zeit in Umlauf und daher beinahe allgemein bekannt seien. In bezug auf *Die Glocke der Stunde in drey Zügen,* einer 96 Seiten starken Schrift Arndts, urteilte der Polizeiminister jedoch: „so ist diese in einem so pöbelhaften Ton geschrieben, daß ganz abgesehen von der Frage, wen diese zügellose Ausfälle treffen sollen? schon der unter gesitteten Menschen herrschende Geist den Umtrieb solcher groben Worte nicht zulässig erachten kann."[55]

„Pöbelhaft", dem monarchischen Gedanken feind, also staatsgefährlich waren dann auch Heinrich von Kleists berühmte Worte der Germania:

> Schlagt ihn tot! Das Weltgericht
> Fragt euch nach den Gründen nicht![56],

„pöbelhaft" die 1814 beschlagnahmten Verse

> Wem fluchten Eltern, Gatten, Kinder, Bräute?

---

[55] Staatsarchiv Ludwigsburg D 54/270. Weitere Rückfragen der Bücherfiskale in bezug auf antifranzösische Schriften ibid. D 54/154.
[56] H. von Kleist: *Germania an ihre Kinder.* — In: *Werke,* ed. W. Waetzold, I. — Berlin, Leipzig, Wien, Stuttgart s. d., p. 94.

Wem mancher nun verwaiste Sohn?
Wem fluchten elend, arm gemachte Leute?
Dir, frechen Held – Napoleon! [...]
Der Kronendieb – aus Corsika entsproßen,
Der adoptirte Satans Sohn!
Das kluge Welt-Genie der Deutschfranzosen,
Der stolze Mann – Napoleon. [...]
Wie gräßlich sehen Dresdens, Leipzigs Auen!
Wie Magdeburgs und Hamburgs Flur!
Die schönsten Gärten ließ er niederhauen,
Verheerte Kunst, Fleiß und Natur. [...][57]

In Norddeutschland hieß es, holprig, aber nicht weniger klar:

Denn sieh, daß nun dich ganze Schaaren,
Die du vor kurzen noch drängst und hetzt,
Frohlockend sehn zur Grube fahren.
Dein Sturtz sey jedem Biedermann Herzensfest.[58].

Und wäre nicht die „gesittete" Zensur gewesen, so hätte bald ganz Europa, und nicht nur England, aus dem Denkmal eine Witzblattfigur[59] gemacht: „Dort sitzt er nun, der Korse, der den leichtsinnigen Franzosen so viel schöne Dinge von Glückseligkeit Frankreichs, so oft bis es die Thörigten glaubten, vorgaukelte, ausgehöhnt und ausgespottet von der ganzen Welt, ja selbst von den bessern Theil seiner Nation, verachtet und ausgezischt, wie ein wahrer Charlatan. Der große Mann bewährt sich nur im Unglück, Napoleon aber hat sich nur wie ein feigherziger Theaterheld bewiesen."[60]

Zu einer solchen antimonarchischen Stimmung konnte es in der Restauration jedoch nicht kommen. Mit der Verbannung nach St. Helena sollte auch jedes positive oder negative Andenken an den Kaiser entfernt werden.[61]

---

[57] *Napoleons Lorbeere, oder die Reine Wahrheit, aus dem Herzen eines Deutschen* (Incipit: Erwacht bist du zum Kampf der blut'gen Rache). — In: Napoleons / Licht- und Schattenseite, / in / drey deutschen Gesängen. / 1814. — s. l. 8°, 16 p., p. 11, 13, 14. — Staatsarchiv Ludwigsburg D 54/270.
[58] Etwas an / Napoleon / und / Eckmühl. / Ganz neu gedruckt. — s. l. n. d. (1814). 8°, 2 fol. n. n. — LB Oldenburg, Jahrmarktslit. b/5. — Louis Nicolas Davout, seit 1809 Fürst von Eckmühl, Generalgouverneur des Département der Elbmündungen, wird genannt:
  Du Schandfleck der Natur,
  Du Scheusal guter Sitten [...].
[59] Cf. J. Ashton: *English Caricature and Satire on Napoleon.*
[60] Napoleon der Gaukler, / oder: / Glückseligkeit durch Zerstöhrung. / Deutschland, 1814. — s. l. 8°, VIII + 48 p. — UB Tübingen Fo III. 500. — V. p. 47.
[61] Cf. J.-M. Dumont: *Les Maîtres graveurs,* p. 56–59.

Süddeutschland schloß sich dem Bourbonenbrauch an.[62] Die Chance, eine Militärdiktatur oder den Weltkrieg ein für allemal zu brandmarken und zu verpönen, war damit vertan. Die in der Anti-Napoleon-Literatur enthaltenen pazifistischen *Gedanken über den Krieg und über die Begriffe von Ruhm und Ehre*[63] kamen nicht zum Tragen und überraschen daher noch heute durch ihre Aktualität.[64]

So blieb Napoleon der Held und wurde darüber hinaus zum populären Heiligen, der zunächst nur geheim verehrt wurde. 1817 erschien in Le Mans ein Bilderbogen mit dem zweideutigen Titel St. Napoléon, Officier Romain, Martir. Ein vierzehnjähriger Junge, der an einem Tag 25 solcher Bilder verkauft hatte, erklärte der Polizei: „J'en ai vendu jusqu' à trois à la même personne, et on m'a demandé plusieurs fois si Bonaparte était de retour, qu'il fallait faire réimprimer de ces estampes de St. Napoléon et que j'en vendrais beaucoup." Die Bilder wurden von der Polizei wieder eingesammelt, sofern das möglich war. Ein Taglöhner hatte das Bild schon in seiner Stube aufgehängt. Der Kolporteur wurde von der Anklage der Aufwiegelei freigesprochen – es war besser, von dem latenten Napoleonkult möglichst wenig Aufhebens zu machen.[65] Der Todesfall des Verbannten im Jahre 1821 brachte nicht nur Alessandro Manzonis berühmte Ode und viele andere Hymnen auf den Verblichenen, sondern auch erste populäre Abschiedsgrüße hervor. Zwar heißt es in einem *Epitaphium auf Napoleon:*

> An Siegen reich, hielt er die Welt für sich zu klein,
> Er, der im Geiste selbst das Heer der Götter schlug;
> Jetzt ist ein enger Raum, den unlängst ihm Freund Hain
> Zum ährnen Schlaf' verlieh, dem Helden groß genug[66],

---

[62] Cf. das Schreiben des Großherzoglich Badischen Directoriums des Pfinz- und Enz-Kreises an das Großherzogl. Ministerium des Innern, vom 16. 1. 1816, die Verbreitung gedruckter Prophezeiungen auf Napoleon betreffend. Badisches Generallandesarchiv Karlsruhe 236/148.

[63] In: *Napoleon der Gaukler* (not. 60), p. 36–44.

[64] Cf. ibid. p. 38–39: „Der Vertheidigungskrieg ist oft politisch nothwendig und zu entschuldigen, aber deswegen doch nicht moralisch, gesetzlich, und noch weniger gerecht zu nennen, weil Gerechtigkeit den Begriff von Unverletzlichkeit der persönlichen Freyheit, Erhaltung des Lebens und Zutheilung der gemeinschaftlichen Ansprüche auf gesetzliche Wohlthaten, als nothwendige Bedingung, involvirt! Das moralische Gesetz erstreckt sich in diesem Falle auf die Gesammtheit der Menschheit, und nicht wie das politische, auf einzelne Völker, und kann nicht dem Interesse einzelner Völker oder Staaten weichen; denn das höchste Gesetz der Vernunft sagt: die ganze Welt ist dein Vaterland, und das der Moral fügt hinzu: und alle Menschen deine Brüder. Dein und deiner Brüder Leben zu erhalten ist deine höchste Pflicht; sie glücklich zu machen deine zweyte."

[65] P. Cordonnier-Détrie: *Imagerie et colportage*, p. 5, fig. 1 und p. 25–35. — J. Adhémar: *Populäre Druckgraphik*, fig. L.

[66] *Donauwörther Intelligenz- und Wochenblatt* vom 28. Juni 1821.

aber in einem wenig später veröffentlichten Gedicht *Napoleons letzter Augenblick* wird klargestellt, daß der Kaiser mit seinen Leiden auf St. Helena seine Missetaten gesühnt und damit Hoffnung auf ein ewiges Leben erworben hat.[67] 1829 stellte der Innenminister La Bourdonnaye zwar noch einmal fest, daß „les portraits et gravures qui représentent Bonaparte sous toutes les formes, dans sa vie publique comme dans sa vie privée et reproduisent des faits d'armes isolés, des incidens et des épisodes plus ou moins apocryphes" et trop souvent en opposition avec l'histoire, doivent être proscrits"[68], aber mit dem Sturz der Bourbonen stieg der populäre Napoleon auf dem Rad der Fortuna nach oben: Von den in Épinal bei Pellerin produzierten Bilderbogen verherrlichen 1831: 20 %, 1832: 40 %, 1833: 66 %, 1834: 100 % die Kaiserzeit; die Anteilkurve der Napoleon-Blätter sank dann bis 1839 auf 14 %.[69] Damit war der Napoleonkult fest etabliert, ein Kult, der alle Realität beiseiteschob, um den Angebeteten in reinem, heiligem Licht erscheinen zu lassen: „Duroc, es gibt ein anderes Leben, da werden wir uns wiedersehen", heißt es da frei nach Christus auf einem Bilderbogen. Die Pestkranken glauben an die thaumaturgische Kraft des gottbegnadeten Herrschers und umdrängen den Kaiser in den Lazaretten von Jaffa. Er selbst ist unverwundbar: „Die Kugel, die mich tötet, ist noch nicht gegossen", sagt er bei Montereau. Seine Achillesferse, bei Regensburg verletzt, wird auf dem Schlachtfeld verbunden und kuriert. Als bei Arcis-sur-Aube eine Granate sein Streitroß tötet, steigt er auf ein anderes um und

---

[67] Ibid. am 18. August 1821:
> Es rauschte über Meer und Hügel
> Auf rabenschwarzem Zauberflügel
> Der Todesengel gräßlich mit
> Versenkter Fackel, kaum verglüht,
> Und stieg beym Gruß' der Eulenlieder
> Auf eine Felsen-Insel nieder,
> Dort lag sein Opfer eng verwahrt,
> Krank, und vor Schmerzen halb erstarrt.
> Der Sturmwind pfiff, der Aether krachte,
> Nun sprach der Geist dumpf zu dem Mann',
> Der kühn die Welt einst zittern machte:
> Dein letzter Hauch naht schnell heran,
> Wie wirst du jetzt vor Gott bestehen?
> „Als Held blieb ich der Pflicht getreu,
> Als Mensch hab' ich sie übersehen,
> Doch sterb' ich gern' und ohne Scheu
> Nach duldsam hier erlitt'nen Wehen;
> Denn zweyfach straft der Himmel nicht",
> Stöhnt dieser, und — sein Auge bricht.

[68] J.-P. Seguin: *Antoine Chassaignon*, p. 17.
[69] J.-M. Dumont: *Les Maîtres graveurs*, p. 59.

galoppiert weiter. Er gibt den Armen Almosen und leidet für die anderen; vor Austerlitz schläft er den Schlaf des Unschuldigen; nach seinem Tode wird er in den Olymp der großen Helden aufgenommen – diese „Apotheose" ist eine mißlungene Kopie eines noch mißlungeneren Deckengemäldes von Andrea Appiani im Königlichen Palast zu Mailand.[70] Man nehme dazu ein Gemälde des Baron Gros im Louvre, auf dem Verwundete dem obersten Feldherrn die Stiefel küssen, und eine Lithographie des napoleonbegeisterten Auguste Raffet, die den Titel trägt *Attention! L'Empéreur a l'oeil sur nous,* dann hat man Napoleon als Heiligen, als Big Brother oder als Gott vor sich, der aller Anbetung würdig ist. Er ist zum Mythos geworden, der keine negativen Episoden und keinen kritisierenden Zweifel zuläßt. Manzonis Frage „Fu vera gloria?" wird nach 1830 nicht mehr gestellt. Jetzt ist Napoleon der unbedingte Nationalheld, und seine Schlachten markieren die Höhepunkte seiner Karriere: Toulon, Rivoli, die Pyramiden, Marengo, Ulm, Austerlitz, Wagram, Lützen. Die Geschichte wird, wie auf Pariser Monumenten, auf wenige positive Signale reduziert.

Ein Irrtum zu glauben, diese Heldenverehrung sei Ausfluß gallischen Nationalbewußtseins. Deutschland war eifrig dabei, ebenfalls Helden-Weihrauch zu verbrennen, in Volksbüchlein sowohl[71] als auch in Wochenblättern[72] und Bilderbogen[73]. „Überall in den Bauernhäusern konnte man Napoleons Bildnis schauen", berichtet Otto Elben etwa aus der Zeit um 1840. Die schwäbischen Knaben kannten – wie übrigens der junge Fontane auch – die Namen der napoleonischen Marschälle auswendig, und „Überall gesungen und gespielt war dazumal ‚Bertrands Abschied': der Abschied des Generals Bertrand an Frankreich, als er mit Napoleon nach St. Helena abreiste, ‚Leb' wohl du teures Land, das mich geboren' war, zumal auch wegen der zündenden Melodie von Pfarrer Glück, eines der

---

[70] Cf. den hektographierten Ausstellungskatalog *Bilderbogen aus Épinal. Ausstellung des Institut Français im Ludwig-Uhland-Institut der Universität Tübingen, vom 10.–22. November 1964.* 13 p., 130 num. (R. Schenda).

[71] Leben, / Thaten und Ende / des / Kaisers Napoleon. / Ein Auszug / aus / den besten, bisher über denselben erschienenen / Schriften. / Reutlingen, / bei Justus Fleischhauer. — s. d. (nach 1821), 8°, 54 p. — StB Ulm, BB 913. (Enthält durchaus auch negative Kritik). — — *Leben und glorreiche Thaten des grossen Kaisers Napoleon I.* — Urfahr-Linz: Ph. Krausslich, s. d., 8°, 48 p. — Huemer: *Volksbuchliteratur Oberösterreichs,* p. 422.

[72] Im Nördlinger Wochenblatt *Der Hausfreund,* num. 21 vom 26. Mai 1838 findet sich das Gedicht *Bonaparte. Nach Alfonse de Lamartine von C. Weber.* Es beginnt:
Auf ödem Felsenriff, von wilder Fluth geschlagen,
Sieht fern der Schiffer dort empor am Ufer ragen
Am einsamen Gestad' ein frisches Heldengrab [...].

[73] E. Reynst: *Friedrich Campe,* p. 58 et passim. — *Erinnerungen vom großen Manne.* Lithographie: Porträt und 18 Szenen aus seinem Leben. — Reutlingen: Mäcken, s. d., 455 × 380 mm. — Kupferstichkabinett Donaueschingen, Mappe XXII (Varia).

populärsten Lieder in ganz Schwabenland."[74] In *Napoleons letzte Thaten und Leichenzug*[75] liest man 1842:

Das große Weltmeer, welches den gefangenen Kaiser nicht verschlingen wollte, verschonte trotz aller drohenden Stürme auch die heiligen Gebeine desselben, und so gelangte denn glücklich die theure Asche, vom Weltmeer unverletzt, zu der heimathlichen Flur. Majestätisch schön war der Leichenzug von Cherbourg nach Rouen. Von 12 stolzen, prachtvoll aufgeschmückten Rossen ward der Sarkophag der Hauptstadt zugeführt. Die Begeisterung in Dörfern und Städten, durch welche der Leichenwagen passirte, hatte keines Gleichen. Hunderttausende von Menschen präsentierten das Gewehr vor dem Kaiser, gleich als wenn er lebend bei seinen alten Kriegern von Wagram und Austerlitz vorbei passirte, und herzergreifende Grabgesänge ertönten unter dem Donner der Kanonen. In Paris angelangt, ward der Sarg des Helden von dem letzten Ueberreste seiner alten Invaliden, unter Weinen und Schluchzen benarbter Veteranen in die ewige Ruhestätte getragen. Sanft ruhe die Asche eines der größten Männer, die unser kleiner Erdball erzeugte.

Zwei Jahre später ist das einstmals satirische Napoleon-Akrostichon zur harmlosen Anekdote geworden: „Ein sehr tapferer und von Napoleon sehr hochgeschätzter Offizier machte nach der Schlacht bei Leipzig im Trauergefühle folgende sehr interessante Auslegung über den Namen seines besiegten Kaisers: Nach Allen Politischen Operationen Liegt Er Ohnmächtig Nieder."[76] Und noch 1908 erzählte Pfarrer Friedrich Baun in seinem Konfirmandenunterricht die hübsche Geschichte von dem niedrigen Soldaten, der dem Kaiser sein zügelloses Pferd zurückbringt und deswegen zum Kapitän der kaiserlichen Garde avancieren darf.[77]

Napoleons Rollen-Repertoire ist im Laufe des Jahrhunderts stark gewachsen. Zur Rolle des Eroberers, Rächers und Märtyrers gesellt sich die des Helfers, des väterlichen Fürsorgers[78], des heilenden Heiligen. In der populären Literatur erfüllt er postum alle die Anforderungen, die man zu seinen Lebzeiten an ihn hätte stellen können. Wie rasch hatte das Kollektivbewußtsein die negative Sanktion in eine positive verwandelt! Die kollektive Manipulation – Zensur, Nationalbewußtsein, Dummheit, Autoren-

---

[74] O. Elben: *Lebenserinnerungen*, p. 25.
[75] *Napoleon's letzte Thaten und Leichenzug.* — Wismar 1842, p. 6. — Cf. auch das Heftchen mit dem Titel *Begraebniss-Feier des Kaisers Napoleon.* — Mülhausen: J. P. Rißler 1841.
[76] V. supra not. 54. — *Münchener Conversationsblatt* V, 1844, p. 23.
[77] F. Baun: *Erzählungen und Erläuterungen zum württembergischen Konfirmandenbüchlein.* — Stuttgart 1908, p. 46.
[78] Cf. *La Fille du capitaine autrichien* (Schenda: *1000 FVB*, num. 383). Ein 16jähriges Mädchen sinkt „dans une attitude d'une adoration muette" (!) vor Napoleon in die Knie, und der Kaiser schenkt ihr 300 000 (!) Francs zur Mitgift. Ja, Napoleon ist kein Louis XV, kein Mädchenschänder, sondern er achtet auf „bonnes moeurs et l'union des familles".

geschmier, mangelndes kritisches Bewußtsein, restaurative Sattheit, Idyllenlust, politisches Desinteresse – machte aus dem Tyrannen einen Heiligen. Alle anderen Helden-Manipulationen bis in unser Zeitalter hinein stellen nur blasse Kopien dieses Prozesses dar. Sie sind deswegen nicht weniger gefährlich.

Alltag: Armut und Malheur

Revolutionen, Kriege, Wirtschaftskrisen, Industrialisierung und Kapitalismus, mangelnde Sozialgesetzgebung und Mißachtung des Proletariats verhalfen der längstbekannten Miseria humana zu einem blühenden Leben im 19. Jahrhundert. Die Geschichte des Elends ist noch nicht geschrieben, die Idee des Malheur – im Gegensatz zu der des Glücks – von den Philosophen wenig berücksichtigt worden. Die populäre Literatur dagegen kreist immer wieder um diese Pole des Glücks und Unglücks, wägt Reich und Arm gegeneinander ab, bejammert die elenden Zeitläufte, die „contre-temps d'à présent":[79]

> [...] les pères mangent dans un jour
> le gain de la semaine,
> femmes et enfans sont sans pain
> et dans la peine [...].

Es geht jedoch bei dem Elend nicht vordergründig um das liebe Brot – wie bei den Helden Christian Gottlob Barths, die fortwährend nichts zu beißen haben[80] –, sondern um einen Zustand, der die Welt beherrscht und der den Menschen seit seiner Kindheit befällt: „[...] le malheur s'attache à l'homme dès le berceau, et ne le quitte que dans la tombe: c'est le plus constant des amis", sagt ein Bauer zu einem städtischen Reisenden. Und er führt aus:

> Cette terre est une *vallée des larmes,* monsieur, un *séjour d'épreuve et de deuil;* il n'est point d'âge, il n'est point de condition si élevée ou si humble qu'elle soit qui nous abrite de *l'infortune;* l'enfant *pleure* dans son berceau, et le vieillard se *désole* au bord de la tombe; l'homme ne semble né que pour *souffrir* en ce monde: voilà pourquoi j'espère fermement qu'il y en a un autre; il est des *misères* si profondes, des *sacrifices si pénibles,* que Dieu, qui les connait seul, peut seul

---

[79] Cf. das Flugblatt *Cantique nouveau sur les contre-temps d'à présent.* — Cosne: Imp. de Gourdet, s. a. (um 1827). 1 fol., einseitig bedruckt, 250 × 195 mm. — Archives Nationales Paris, F 18. 551.
[80] C. G. Barth: *Rabenfeder (Erzählungen für Christenkinder* I, 269): „[...] sah blaß und abgezehrt aus, wie wenn er nicht genug zu essen hätte. So war es auch." — *Armer Heinrich* (ibid. I, 3): „[...] Brod [...] war unsere einzige Nahrung."

en dédommager. Il est *malheureusement* certain que la vie est pleine de *maux* réels; le paysan sent aussi bien cette *triste* vérité que le roi Salomon sur son trône; tout n'est que *peine* et vexation d'esprit.[81]

In diesem pseudo-demokratischen Elends-System, welches die Totentanz-Idee auf den ganzen Lebenslauf des Menschen auszudehnen sucht, werden als besonders „malheureux" „difformité, perte de l'ouie, de la vue, ou d'un membre" empfunden; die Frage, ob ein einarmiger Millionär so elend lebt wie ein einarmiger Arbeiter, wird dabei freilich nicht gestellt.[82] Pierre und Annette in der Geschichte *La Prière du Matin*[83] dagegen „avoient beaucoup de malheur; car leur mère [...] était morte l'année précédente". Der „neue Tobias" wird folgendermaßen mit dem Unglück konfrontiert:[84] Sein Bruder Arsène verschwindet auf mysteriöse Weise, seine Mutter wird todkrank, sein Vater gerät in Schulden, seine mildtätige Brotgeberin stirbt, deren Neffe jagt ihn fort, der Hausherr kündigt seiner Familie, und „la malheureuse famille marchait dans les ténèbres, par le froid le plus rigoureux, et s'acheminait vers un bois connu pour y trouver un instant un abri. Les sifflements de la tempête et le cri des oiseaux nocturnes, telle était la seule et affreuse distraction que trouvaient nos voyageurs dans cette terrible émigration." Aber die Armen werden auch noch von Räubern überfallen. Im Augenblick des größten Elends findet Charles jedoch eine Stellung als Schäfer, und damit geht der Weg wieder nach oben. Nach den sozialen Gründen für den elenden Abstieg der Familie wird nicht gefragt, vielmehr erduldet jeder, frommen Schäflein gleich, das ihm angeblich von der Vorsehung auferlegte Schicksal. „Le dernier degré du malheur" wird, im Zusammenhang mit einer verarmten Dame, so beschrieben: „Cette femme, accablée par la maladie, était enveloppée dans une mauvaise couverture de laine; aucun vestige de linge ne paraissait autour d'elle, et les rayons d'une veilleuse, projetant une lueur terne, mélancolique, dans l'intérieur de la mansarde, éclairaient seuls ses murs grisâtres et son misérable ameublement, qui se composait de deux chaises, d'un vieux fauteuil en tapisserie, d'une table en bois blanc et de quelques ustensiles de cuisine."[85] Malheur hat durchwegs mehr physische als psychische, mehr materielle als soziale Gründe; seine Beschreibung bleibt entsprechend oberflächlich; die Autoren meinten offenbar, das Phänomen des Pauperismus

---

[81] *La Patience dans les maux* (Schenda: *1000 FVB*, num. 678), p. 6–7. Hervorhebungen von mir.
[82] Ibid. p. 9.
[83] *La Prière du Matin* (1867) (Schenda: *1000 FVB*, num. 756), p. 8.
[84] *Le nouveau Tobie* (1863) (Schenda: *1000 FVB*, num. 910), p. 59.
[85] *Le Pauvre honteux* (1853) (Schenda: *1000 FVB*, num. 688), p. 18.

mit Hilfe von schaurig-schönen Milieubeschreibungen hinreichend erfaßt zu haben.

Die populäre Literatur ist voll von solchen elenden Gestalten, reich an unglücklichen Titeln: *Meine Reisen durch die Höhlen des Unglücks und Gemächer des Jammers* beschreibt Christian Heinrich Spiess 1796–98 in einem vierbändigen Roman. Die Kataloge offerieren oftmals paradoxe Berichte über

> *Les malheurs d'un enfant gâté*
> —   *d'un amant heureux*
> —   *de l'amour*
> —   *d'une libérée*
> —   *de l'inconstance*
> —   *de maître Gigot*
> —   *utiles.*[86]

Le Malheur d'Henriette Gérard heißt ein realistischer Roman von Louis-Émile-Edmond Duranty, und ein Kinderbuch der Comtesse de Ségur trägt den Titel *Les Malheurs de Sophie.* P.-J.-B. Nougaret schrieb 1765–66 seine *Lucette;* sie erschien 1821 als eine expurgierte *Juliette ou les malheurs d'une vie coupable* in drei Bänden. *Nos malheurs sont finis* sagt 1805 ein Autor, nachdem er genügend solche erzählt hat. Andere Autoren versprechen Unglücke in den ersten drei Sätzen ihrer Erzählung: „On verra, par le tableau que je vais faire de mes malheurs, que je suis fort éloignée de cette fâcheuse disposition [de faire des reproches]. Puisse mon récit rendre ces malheurs moins communs!" meint die Heldin der *Histoire d'une fille publique.*[87]

Beschreibung des Elends – nicht Kritik an den Gründen des Elends – soll also dem Elend steuern; *Malheurs* sind auch *utiles* – das wird dem Leser ganz deutlich vor Augen geführt: „Vous voyez, mes amis, ce qu'il en coûte d'être méchant. Laurent, dans un seul jour, se vit privé de ses joujoux, se brûla cruellement la langue, et n'eut que du pain sec à manger. Le pauvre malheureux! [. . .] Mais non, tous ces malheurs lui furent très-utiles; car il sentit la nécessité de se corriger, il en prit la résolution, et il sut l'exécuter courageusement."[88]

Armut, Elend, Unglück werden so zum Lehrinstrument, der Arme zum Schau-Objekt, aus dem man Nutzen ziehen kann: Er wird von allen Seiten begutachtet wie das Äffchen des armen Savoyarden im Käfig, vor allem, wenn es sich um einen kindlichen Armen handelt, um einen Knaben *sans*

---

[86] BN Paris, *Catalogue photographique, Romans anonymes.*
[87] Schenda: *1000 FVB,* num. 384.
[88] *Le petit Charles* (1846) (ibid. num. 715), p. 109.

346

famille. Man betrachtet seine lumpigen Kleider, seinen gesunden Appetit, seine Tränen, seine tierische Unschuld. Schornsteinfegerjunge, Schaustellerknabe, kleiner Kolporteur – sie sind alle putzig, herzig, herrlich schmutzig, anfaßbar; man kann sie ins Haus nehmen und abschrubben, füttern, liebhaben. Sie können reizend plaudern, haben große leuchtende Augen und ein gutes Herz. Sie gehen ohne Protest, wenn man ihrer satt ist: „Et les yeux de l'enfant brillèrent à travers son noir visage, qui faisaient ressortir la blancheur de ses dents."[89]

Das alles läßt auf drei Haupt-Exploitations-Methoden des Unglücks-Themas schließen: es läßt sich, da physisch beschrieben, für sensationelle Effekte verwenden; es erlaubt nützliche moralische Lehren, die von der Unzufriedenheit über das eigene Elend ablenken; und es ermöglicht eine Bereicherung der bürgerlichen Idylle.

Daß von einer sachlichen Auseinandersetzung mit dem Problem des Pauperismus nirgends die Rede sein kann, das beweist auch die Ideologie vom glücklichen Armen und vom unglücklichen Reichen. Dieses dümmste aller Oxymora – es widerspricht nachweislich aller populären Weisheit[90] – sollte den Armen bei seiner anerzogenen, nichtreflektierenden Zufriedenheit halten[91]: Man beachte die raffinierte Umbiegung einer beginnenden Sozialkritik – am Ende der Französischen Revolution – in dem Lied *Der Feierabend:*

> Die liebe Feierstunde schlägt.
> Wie sehnt' ich mich nach ihr!
> Ach nun im Schatten hingelegt,
> Wie schmeckt die Ruhe mir.
> Wars doch auch heute gar so heiß.
> Wie stach die Sonne nicht!
> Es strömte mir der helle Schweiß
> Fast siedend vom Gesicht.
> Was doch der Arme leiden muß,
> Für Leute, die nichts thun;
> Und nur in ihrem Überfluß,

---

[89] *Le petit Chien* (1864) (ibid. num. 717), p. 102.

[90] Cf. Franz Freiherr von Lipperheide: *Spruchwörterbuch.* — Berlin 1907, s. v. *Geld,* p. 271–275. Am zweideutig-tiefgründigsten vielleicht ist die Berliner Redensart „Jeld is bei mir immer det wenigste".

[91] Ehrlich gemeint sind entsprechende Äußerungen bei Christoph von Schmid; er glaubte selbst an das Glück der Armut: „Gott geb des Geld und Guts / Wem er nur immer will, / Uns nur die Quelle guten Muths / Dann hahn wir noch so viel, / Dann ist uns jede Arbeit Spiel, / und alle Lebensmühe leicht, / Wir sind so froh, daß uns nichts gleicht, / An uns — kaum selbst der Kaiser reicht." C. von Schmid: *Erinnerungen und Briefe,* p. 191.

Wohl gar sich müde ruhn.
Da sinn' ich (ich gesteh es euch)
So manchmal her und hin;
Warum ich denn nicht auch so reich
Als diese Leute bin.
Da fällt mirs ein, der liebe Gott,
Fand dieses für so gut,
Und dem nur schmeckt sein Stückchen Brod,
Der nach der Arbeit ruht.
Auch währt nur alles kurze Zeit,
In dieser Welt, und dann,
Ruckt nach der langen Ewigkeit,
Der Feierabend an.
Dann sind wir wieder alle gleich,
Das Tagewerk ist aus,
Und dann geht alles Arm und Reich,
Um seinen Lohn nach Haus.[92]

Kein Zweifel, daß dann der böse, faule Reiche bei Belzebub leben wird, weil er auf dieser Welt zu wenig zum Jenseits tendierte: „Ah! mon fils, ne désire pas les richesses; elles ne servent qu'à nous corrompre. Bénissons le Ciel, mon enfant, dans notre humble médiocrité, et ne jetons pas un oeil d'envie sur les riches. Ils sont souvent ingrats envers Dieu, et négligent leurs devoirs religieux pour s'occuper uniquement des biens périssables de ce monde."[93] Der Arme dagegen ruht sanft auf seinem guten Gewissen: „Ich bin arm", sagt der Holzhacker, „aber stets wohlgemuth, und die sparsame Kost, die ich mir mit meinem Schweiße verdiene, ist mir lieber als des Ritters köstliche Speisen. Ich bin gesund und habe ein gutes Gewissen – und dieß ist die Würze des Lebens."[94] Der Kontakt mit den reichen Verbrechern führt zum Verderb: In der Erzählung *Marianna* schlägt die Arbeiterin Marianne die Hand des fleißigen Arbeiters Carlo aus, weil sie glaubt, ihr Leben mit Carlo werde immer arm und unglücklich sein. Sie zieht zu einem reichen Herrn. Nach zwei Jahren kehrt sie gebrochen an Leib und Seele, aber ohne jegliche Erklärung zu dem inzwischen glücklicher Gatte und glücklicher Vater gewordenen armen Carlo zurück und ertränkt sich am selben Abend. Carlo und seine Frau beten jede Woche an ihrem Grabe.[95]

[92] In: *Vier schöne neue Lieder.* — Reutlingen, s. d. (um 1813). Quelle: R. Z. Becker: *Mildheimisches Liederbuch.* — Gotha 1799, p. 303–304, num. 486. Über die große Beliebtheit dieses Liedes cf. G. Weissert: *Das Mildheimische Liederbuch*, p. 187.
[93] In: *Le Portefeuille noir* (1849) (Schenda: *1000 FVB*, num. 749), p. 27–28.
[94] W. Bauberger: *Die Beatushöhle.* 3. Auflage. — Reutlingen, s. a., p. 39–40.
[95] In: *I misteri del chiostro napoletano.* — Milano: F. Barbini 1870, p. 115–126.

Kritik am Kapitalismus? Davon kann keine Rede sein. Wenn irgend etwas kritisiert wird, dann das Aufwärtsstreben des kleinen Mannes, der davor gewarnt wird, in die höhere Sphäre der moralisch nicht immer einwandfreien Reichen eindringen zu wollen.[96] Oder umgekehrt: Der Aristokrat, der das „lower-class girl" verfolgt, wird das arme Ding ins Verderben stürzen.[97] Die Trennung zwischen der Ober- und Unterschicht wird auf diese Weise zementiert, der Arme mit dem Zufriedenheitsopium aus der Mildheimischen Apotheke eingeschläfert.[98] Der Alltag soll so weitergehen, wie er seit eh und je verlief: auf dem Fundament der gottgefälligen Bescheidenheit. Wer andere Doktrinen suchte, der mußte nach Amerika auswandern.

Es mag sein, daß die Malheur-Literatur eine Konsolations-Funktion erfüllt hat. Auf der anderen Seite jedoch hat sie Ansätze demokratischen Bewußtseins im Keime erstickt und dazu beigetragen, den status quo ante sozialer Ungleichheit zu festigen, den Pauperismus zu beschönigen und zu bemänteln, den sozialen Ausgleich zu verhindern. So fügt sich auch die Elends-Literatur zwanglos in das Schema der fortschrittsfeindlichen populären Lesestoffe innerhalb der hier behandelten Epoche ein.

Das Pech der anderen: Grausames Geschick

In allen populären Lesestoffen des 19. Jahrhunderts herrscht der Pessimismus als Grundstimmung vor; nur in den moralischen Erzählungen oder in Erbauungsbüchern wird er vom Optimismus des Gottvertrauens überlagert:

---

[96] Einem Adepten der Spätaufklärung, David Klaus, war ein solcher Aufstieg gelungen. Diesen Mann aus dem Volke lobte C. W. von Dohm: *Ueber Volkskalender*, p. 195. — Cf. J. W. Streithorst: *David Klaus*. — Halberstadt 1793.

[97] L. James: *Fiction for the Working Man*, p. 103. Das Thema aus dem 18. Jahrhundert *(Vicar of Wakefield, Pamela, Clarissa Harlowe)* wird im 19. Jahrhundert immer wieder ausgemalt. In *Laurette* (Schenda: *1000 FVB*, num. 514) wird eine Dorfschönheit von einem Pariser Grafen verführt; trotz der Proteste des Vaters kommt es schließlich zu einem happy ending.

[98] In *Le Pêcheur* (Schenda: *1000 FVB*, num. 695) ist Jacques mit seinem Fischerberuf unzufrieden und beneidet den Schloßbesitzer. Seine Frau tröstet ihn beim mageren Abendessen. Am nächsten Tage fängt er eine schöne Forelle und bringt sie aufs Schloß. Der Schloßherr klagt ihm seine Sorgen: Er möchte lieber Fischer sein, denn er ist krank, seine Kinder sind verdorben, und seine Diener hören nicht auf ihn. So sieht Jacques, wie glücklich er im Grunde ist. „Depuis cette époque, Jacques ne se plaignit plus de son sort; quand la pêche était mauvaise, il se consolait en pensant que peut-être elle serait meilleure le lendemain; de sorte que, supportant avec résignation tout ce que le sort lui envoyait, se réjouissant du bien et prenant le mal en patience, il devint en effet le plus fortuné des hommes." (p. 39).

Allein auf Gott setz dein Vertraun,
Auf Menschen-Hülfe gar nicht bau;
Gott ist allein, der Glauben hält,
Kein Glauben findst du bei der Welt –

heißt es, nach sehr alten Vorbildern, noch 1861 in einem *güldenen ABC für Jedermann*.[99] Und in C. G. Barths *Rabenfeder:* „Du bist also jetzt heimathlos?‘ – ‚Ja, und brodlos; aber doch nicht hoffnungslos.‘ – ‚Nun, worauf hoffst du denn?‘ – ‚Auf Gott.‘“[100]

Während sich der ideologische Überbau nur schlecht zur erzählerischen Ausschmückung eignet, läßt sich die hilflose, brotlose und heimatlose Basis sehr wohl in den düstersten oder auch sattesten Farben schildern. Die *Sepolta viva* erzählt „le infinite sciagure che mi aspettavano", ein „dramma doloroso, nel quale assaggiai tutte le torture che una creatura di Dio possa patire in questo scelleratissimo mondo", kurz, mit einem doppelten Un-: „le infinite inumanità", die unendlichen Unmenschlichkeiten.[101] Das tragische Repertoire des menschlichen Theaters ist in der Tat unerschöpflich, die Phantasie der Schreiber unbegrenzt und ungehemmt, denn die Zensur achtete nur auf die normalen sexuellen Betätigungen; um sadistische Ausschweifungen kümmerte sie sich wenig. Die Pädagogen fanden die Sensationsromane weniger verdammenswert als die Liebesromane; der Bibliograph Pigoreau seufzt einmal über den Roman *Le Monstre:* „Ne trouver sa jouissance que dans les tourmens d'une épouse, la faire traîner au supplice, devenir enfin son bourreau; déshonorer sa fille et l'assassiner! [...] Ces tableaux ne sont pas propres à récréer l'esprit qui cherche à se délasser par la lecture d'un roman."[102] Wie sehr solche Geschichten seit Erfindung des Buchdrucks[103] dem Publikum behagten, konnte er jedoch schlecht beurteilen. Der Umfang der sensationellen Literatur ist erst jetzt zu erkennen, erst heute läßt sich mit einiger Sicherheit feststellen, daß die Blutrünstigkeit der populären Lesestoffe seit 1870 angewachsen ist.[104] Das grausame Geschick der Buchhelden verschaffte dem Lesepublikum offensichtlich ein Vergnügen. Die folgenden Beispiele mögen zeigen, wie weit diese Lust an den Leiden der anderen ging.

---

[99] Das güldene ABC, / für Jedermann, / der gern mit Ehren wollt bestahn. — Weissenburg: Fr. Wentzel (1861). 410 × 320 mm, 1 fol., einseitig bedruckt. — BN Paris X. 1266.

[100] C. G. Barth: *Erzählungen für Christenkinder* I. — Stuttgart s. d., p. 271.

[101] Francesco Mastriani: *La sepolta viva.* — Milano 1960, p. 75, 93.

[102] Pigoreau: *Septième Supplément à la petite Bibliographie,* 1824.

[103] Cf. R. Schenda: *Die französische Prodigienliteratur,* p. 57–59.

[104] J.-P. Seguin: *Nouvelles à sensation,* p. 168–173.

Es gibt bekanntlich noch heute Pädagogen, die das Prügeln für eine pflege-bedürftige Volkssitte halten.[105] So wird man den unwissenden Autoren des 19. Jahrhunderts, welche die humaneren Erziehungsspezialisten von Ludovico Vives bis zum Philanthropin keineswegs gelesen hatten, nicht gram sein dürfen, wenn sie ihre Helden mit großer Ausdauer und bei allen Gelegenheiten auspeitschen lassen. „Laß mich Schurken geißeln. [...] Laß mich windelweich schlagen. Bestrafe mich mit etwas, sonst kann ich dir nicht mehr ins Gesicht sehen", schreit Rinaldo, der Masochist, und gegen den Gatten Aurelias tobt der Sadist: „Diesem Burschen, dem Mann jenes unglücklichen Engels, zerhaut den Rücken und Steiß, bis kein weißes Fleckchen mehr daran zu sehen ist."[106] Der masochistische Leser, seit Jahrhunderten gewöhnt, in Schule und Vaterhaus verhauen zu werden, freut sich, wenn es den elenden Gestalten in seiner Lektüre an den Leib geht: In den italienischen Schauerromanen wird hier ein Mädchen zu Tode geprügelt[107], dort eine Schwester ohnmächtig geschlagen[108], dann wieder bezieht ein 14jähriges Mädchen täglich Hiebe von der Mutter.[109] „Wahnsinniges Balg", schreit die Bordellwirtin Karkosch im *Scharfrichter von Berlin,* indem sie der nicht reizlosen Hedwig die „alten Fetzen" von den „vollen alabasternen Schultern" reißt: „Jetzt angezogen, oder ich schlage Dich blutig, Du heimtückisches Frauenzimmer."[110] Was der viktorianische Autor indes nicht wagt – das Mädchen, unbekleidet, wirklich schlagen zu lassen –, die Legende tut's: In der *Vie de Sainte Marguerite* wird die Heilige bis aufs Blut gegeißelt, der Richter „la fit dépouiller nue", und die Tortur geht weiter. In dem Liedchen heißt es dann noch einmal:

> Le tyran enragea,
> Aux bourreaux commanda
> De la dépouiller nue;

---

[105] Cf. Walter Hävernick: *„Schläge" als Strafe. Ein Bestandteil der heutigen Familien-sitte in volkskundlicher Sicht.* — Hamburg 1964 *(Volkskundliche Studien,* II). 164 p., 12 Diagramme, 43 Fig. — Heftige Kritik an diesem Buch übt Klaus Horn: *Dressur oder Erziehung. Schlagrituale und ihre gesellschaftliche Funktion.* — Frankfurt/M. 1967 *(edition suhrkamp,* 199). 126 p.

[106] C. A. Vulpius: *Rinaldo Rinaldini der Räuberhauptmann.* — Düsseldorf 1959, p. 131–132, 81. Ibid. p. 251 wird Ludovico „bis aufs Blut gegeißelt. So ging es alle Tage. Die Kerle hieben so unbarmherzig auf mich ein, daß mir die Hiebe bis auf die Knochen drangen". Das System wird p. 250 „Totalbuße" genannt.

[107] Carolina Invernizio: *Il bacio di una morta.* — Torino 1951, p. 134.

[108] F. Mastriani: *La sepolta viva* (wie not. 101), p. 100.

[109] Carolina Invernizio: *Il cadavere accusatore.* — Torino 1955, p. 10.

[110] V. von Falk: *Der Scharfrichter von Berlin,* p. 183–184.

Et des verges et cordeaux,
Enchaînée au poteau,
Deux heures fut battue.[111]

Die Commission de Colportage gab dem Büchlein die Zensurnote „le tout sans inconvénient".[112] Der heiligen Regine wird beim Auspeitschen noch mehr Aufmerksamkeit gewidmet, sie liegt schon „toute nue sur un chevalet, pour y être déchiré à coups de verges", aber die Szene wird gleich darauf ein zweites Mal geschildert, weil sie so schön ist: ausziehen, auf den Bock binden, auspeitschen: „et tant la fouettèrent que son sang ruisselait de toutes parts", und dann folgen noch weitere Nudi- und Cruditäten. Illustrationen waren beigegeben.[113] Sadismus im Erbauungsbuch? Er macht keineswegs vor Christus Halt: „Sieh, christliche Seele! was das für ein erbärmliches Blutspiel werden wird. [...] die Gerichtsdiener [...] reißen ihm die Kleider vom Leibe, und entblößen ihn schmählichst [...] binden Jesus [...] daß nicht allein die Hände ganz blau und schwarz wurden, sondern auch das Blut bei den Nägeln herausgepreßt worden [...] Höre nur, wie die Ruthen in den Lüften sausen und pfeifen, höre, wie alle Streiche in dem ganzen Vorhof platzen und schallen [...] so würdest du in Acht genommen haben, wie sich diese armen Sünder geberden, wie sie schreien, wie ihnen der Rücken aufschwelle, blau und schwarz werde, das Blut hervorspritze, wie sie vergebens bitten [...] Die Ruthen waren nicht gemeine Ruthen, wie die Spitzgerten, sondern (wie der heilige Hieronymus schreibt) dornigte, lange Ruthen [...] kamen abermal zwei Henkersknechte mit Peitschen und Riemen geflochten und Knöpfen daran [...] schlagen zu, so lange sie können [...] wieder zwei andere Gerichtsdiener mit Ketten, in welche untenher Häcklein darein geflochten waren [...] daß auch das Fleisch von den Gebeinen an vielen Orten hinweggerissen worden, und also die bloßen Rippen zu sehen waren, so zwar, daß kein Vieh eine solche Geisselung hätte ausstehen können [...]." Und das geht so seitenlang weiter.[114]

---

[111] *Vie de Sainte Marguerite.* — Charmes: Buffet. (Schenda: *1000 FVB,* num. 555).

[112] Archives Nationales, Paris, F18. 554. s. d.

[113] *La Vie de Sainte Reine* (Schenda: *1000 FVB,* num. 789), p. 11.

[114] *Mitleiden der christlichen Seele mit ihrem Erlöser.* s. l. (Augsburg) ³1843, p. 17. Das Bischöfliche Ordinariat tadelte „dieses gedruckte Gefasel" in einem Schreiben vom 17. März 1843 an die Königliche Regierung von Schwaben und Neuburg und veranlaßte die Beschlagnahme. Bayerisches Hauptstaatsarchiv, München, M. Inn. 25125. — Cf. das italienische Volksbüchlein *San Cristoforo* (Schenda: *Italienische Volkslesestoffe,* num. 9), Oktave 69:

Da quattro manigoldi di gran lena
Con delle verghe in ferro arroventate,

Was den geduldig passiven Heiligen recht ist, muß Kindern billig sein. Der von öligem Sadismus triefende Kinder-Ausbeuter Garofoli läßt den nackten Oberkörper eines Knaben, der ihm abends nicht genügend Geld abliefert, von einem Kameraden auspeitschen: „[...] au deuxième coup de fouet le patient poussa un gémissement lamentable, au troisième un cri déchirant [...]" – solche Sätze legt der brave Hector Malot seinen unschuldigen Lesern vor und hält sie mit der Androhung weiterer Peitschenhiebe in Spannung: „[...] tu sais", schleimt der Peiniger Garofoli, „que si le fouet te déchire la peau, tes cris me déchirent le coeur; je te previens donc que pour chaque cri, tu auras un nouveau coup de fouet", und alsbald heult das Opfer – „le malheureux" – „Mamma! mamma!" durch den Saal.[115]

Wie oft wurde nicht diese Szene wiederholt – nicht nur im *Oliver Twist*, nicht nur bei Eugène Sue[116], nicht nur im *Scharfrichter von Berlin!*[117] Und mit der unschuldigsten Miene der Welt konnte man den Kindern auch erzählen, wie Neger zweckmäßig verhauen werden:

> Er wird nämlich auf einen Baumstamm gebunden,
> Die Kehrseite nach oben, der Bauch nach unten,
> Und kriegt fünfundzwanzig aufgezählt,
> Woran in der Regel nicht einer fehlt.[118]

Selbst das so brave, stets auf Mitleids-Erweckung bedachte *Journal des Enfants* brachte Sätze wie: „[...] Le fouet sanglant allait tailler la peau du malheureux nègre, lorsque le maître arrêta un instant le supplice. [...] Monsieur Karibson, furieux de cette résistance, ordonna de commencer le supplice, qui fut supporté par l'esclave avec la plus grande résignation malgré les horribles blessures que lui faisaient les lanières du terrible fouet [...]"; und auch diese Szene protestloser „Resignation" ist bildlich dargestellt: Der Neger, halbnackt, angebunden; der Weiße hin-

---

Batter lo fece con ferocia oscena
Tanto eran crude quelle rie sferzate;
Il sangue uscia da ogni piagata vena
Ai colpi delle orribili stangate,
Perchè dove arrivava una di quelle
Spezzava l'ossa, e insieme carne e pelle.

[115] Hector Malot: *Sans Famille.* 19e (!) éd. — Paris 1880, p. 273–274.

[116] Cf. Das / Mährlein / von Fletsch und Winzelchen. / [...] / nach Eugene Sue bearbeitet von Franz Lauter. — Frankfurt/M. 1844: Der Kinderbesitzer Kopfab prügelt Winzelchen.

[117] V. von Falk: *Der Scharfrichter von Berlin,* p. 563.

[118] Eduard Andreas: *Erlebnisse des Herrn Fritz Pimpelmus auf der Reise nach und in dem schwarzen Erdtheil.* — Dresden (1892), p. 37. Mit entsprechender Abbildung.

ter ihm, wie ein zorniger Gott die Lederpeitsche schwingend. Die Bildunterschrift lautet: *Le bon Nègre!*[119]

Die *Monat-Rosen,* eine Münchner *Zeitschrift für Belehrung und Unterhaltung* bringt 1844 einen Artikel über die Sklaverei und benützt die Gelegenheit, die südamerikanische Peitschenstrafe in Einzelheiten auszumalen. Da liest man unter anderem:

> Das Züchtigungs-Instrument besteht aus einem langen Stocke, an dessen Spitze 7–8 Schnüre von dickem, in der Sonne getrocknetem Leder befestigt sind, die aus mehreren Streifen spiralförmig zusammengedreht sind und mit einem Knopfe endigen. Der Büttel schwingt den Stock erst um den Kopf, bevor er schlägt, und strebt, durch seinen Hieb die Haut mehr zu streifen als zu schlagen, wodurch eben ein weit schneidenderer Hieb erzweckt wird. So lange die Lederschlingen trocken sind, zieht jeder Hieb seine blutige Fährte, und der Büttel vertauscht die vom Blute erweichten alsbald gegen andere, da er stets ein halbes Dutzend seiner selbstverfertigten Peitschen mit sich führt. Die Kette der Verurtheilten stellt sich dem Pfahle gegenüber in Reihe und Glied auf [. . .]

und so fort.[120] Und ein paar Jahre später liest man in einem württembergischen „Volks-Blatt":

> Der Oberst hatte befohlen, die Strafe, welche sonst rasch vor sich geht, langsam zu vollziehen. Beim ersten Hiebe floß des Soldaten Blut über die blauen Striemen herunter, welche die frühere Marter auf seinem Körper zurückgelassen. Jedoch hielt er, ohne eine Klage zu äußern, bis zum fünften Hiebe aus; beim siebenten aber rief er mit dem herzzerreißendsten Tone des Schmerzes aus: O Gott!!! Mein Oberst verzeihe es mir, ich thue es niemals wieder! Ich betrachtete den Obersten, um eine Spur des Mitleids in seinen Zügen zu entdecken, aber vergebens. Acht! rief der Tambour-Major aus; beim Hiebe sank der Aermste bewußtlos zu Boden – und die Strafe wurde an einem scheinbar leblosen Körper vollzogen.[121]

Familienzeitschriften wetteiferten mit Jahrmarktspiècen, deutsche Autoren mit französischen[122] – von den englischen ganz zu schweigen –, um den sadomasochistischen Leser zu befriedigen. Mit dem Prügeln, Hauen, Peitschen war es keineswegs getan. „Noch nie hat ein Jahrzehend so viele Gräuelthaten und nichtswürdige Handlungen an Menschenleben verübt, aufzuweisen, als das vergangene. Auch in dem jetzt zu Ende gehenden

---

[119] *Journal des Enfants* 1858, p. 183, 184, 195.
[120] *Monat-Rosen* 1844, p. 55–64.
[121] *Der Beobachter.* Suttgart, 5. März 1847, p. 252.
[122] Cf. die *Description de la terrible punition et du sort affreux de six militaires russes, déserteurs par amour filial.* — Haguenau: J. C. Brucker. s. d., 1 fol. — LB Oldenburg, Jahrmarktslit. b/5). Die Deserteure erhalten nicht weniger als 1 500 Hiebe mit der Knute; drei von ihnen sterben bei der Exekution.

Jahre wird die Chronik mit blutgetränkten Buchstaben Schauderscenen eintragen, von denen der Genius der Menschheit sein Antlitz weinend abwenden muß",[123] meint ein Jahrmarktsdruck im Jahre 1860. Das hätte man in jedem Jahrzehnt wiederholen und steigern können. Alle Torturen, krankhafter Phantasie entsprungen, werden angedroht, ausgeführt, detailliert beschrieben: eine Stiefschwester will der Heldin mit einer Nadel das Gesicht wie ein Sieb durchlöchern[124], einem chinesischen Märtyrer wird das Gesicht mit Hilfe einer Schuhsohle zermatscht[125], ein Räuber „schwingt mit teuflischer Lust die Keule und zerschmetterte damit das Haupt der armen Mutter", deren Kind von der Dogge des Räubers verspeist wird[126], „man fand den 78 jährigen Bruder des alten Nieper in einem gräßlich verwahrlosten Zustande auf seinem Lager sitzend ohne Hemde, von Ungeziefer zerfressen, in Schmutz und Unreinlichkeit verkommen",[127] in der *Prairieblume* von Gustave Aimard werden Knaben geröstet, dem Vater zieht man die Haut bei lebendigem Leibe ab und macht der Tochter einen Beutel daraus[128], Karl Korn bringt in der Erzählung mit dem harmlosen Titel *Adolph und Walburg:* Hochziehen, Auspeitschen, Pädophilie, Herzessen, Kinderschlachten, Bluttrinken, Vergewaltigen, Kopfauftischen.[129] Mohammedaner werden vorzugsweise per rectum gepfählt[130], Türken braten einen Fabrikherrn mit seiner Gattin[131], Kinder werden von ihren barbarischen Eltern gern an die Wand genagelt, mit den Füßen an die Decke gehängt und ausgepeitscht oder erdrosselt, aufgeschlitzt, röchelnd liegengelassen.[132]

---

[123] Beschreibung / des / Gräulichen Raubmordes, / verübt in einem Gehölz unweit Gardelegen, / an dem Schlossergesellen Weber, / von seinem Collegen Ahrend. / Hamburg: J. Kahlbrock Wwe s. d.

[124] F. Mastriani: *La sepolta viva* (wie not. 101), p. 128.

[125] *Le petit homme noir* (Schenda: *1000 FVB*, num. 721). Darauf folgen Auspeitschen, Eisenkäfig, Halsgeige, Köpfen, Kopf-Zerschmeißen. Das Büchlein war für Schulkinder bestimmt.

[126] *Alex Scharnofsky.* — Vegesack: Rohr 1853, p. 5.

[127] *Ausführliche Beschreibung über ein schreckliches Verbrechen.* L. Petzold: *Grause Thaten*, num. 22.

[128] G. Aimard: *Die Prairieblume, oder Natah Otann, der Fürst der Steppe.* Bearbeitet von Karl Wirth, Oberlehrer. — Leipzig: Gebhardt (nach E. Fischer: *Die Großmacht*, 1877, p. 1755).

[129] K. Korn: *Adolph und Walburg*, p. 114, 115, 146, 147.

[130] *Allgemeine Unterhaltungsbibliothek*, num. 1, Freiburg 1854, p. 8–10. Detaillierte Beschreibung der Exekution mit „fürchterlichen Convulsionen" bis zum „Röcheln des Todes". — *Agneso und Amanda.* Frankfurt/O.: Trowitzsch s. d., p. 42–43: Weiße Sklaven gepfählt.

[131] *Babet und Zerlina.* — Hamburg: Kahlbrock Wwe. (1857).

[132] *Le Crime de la Place Maubert.* — Paris: J. Ferrand (1913!). 1 fol., zweiseitig bedruckt. BN Paris Gr. fol. Ye 85. — Romi: *Histoire des faits divers*, p. 184–185.

Vom Ritter- und Räuberroman bis zur Greuelpropaganda des ersten Weltkrieges[133], vom Bilderbogen[134] bis zur Cronaca nera der Illustrierten führt ein langer Weg der Lust an der menschlichen Grausamkeit. Es wäre verlogen, diese Masse von Subliteratur totzuschweigen und so zu tun, als sei die geistige Welt des 19. Jahrhunderts von poetischen Autoren und zartfühlenden Lesern erfüllt gewesen. Sadismen gehören, aus welchen Gründen auch immer, zur Lieblingsthematik der populären Lesestoffe. Das zugrunde liegende Schema – auf ein „limited attention span" des Lesers zugeschnitten[135] – ist von äußerster Simplizität: an die Stelle des komplizierten Dialogs, der zwei Akteure und Mitdenken von Seiten des Autors und des Lesers erfordert, tritt die grausame Aktion nur eines Protagonisten in Richtung auf ein passives, höchstens wimmerndes Stück Menschenfleisch: diese Handlung evoziert nichts als nervöse Tension. Hand – Waffe – blutendes Fleisch: das versteht doch jeder volksschulgebildete Mensch; das geht jedem, wenn nicht in den Kopf, so doch wenigstens an die Nerven. Wenigstens das hat jedes Mitglied unserer Kultur durch viele Jahrhunderte hindurch gelernt: böse und grausam zu sein und, wenn nötig, zu töten.

Andere extreme Situationen liefern ähnliche Reize für den Normalverbraucher von Lesestoffen: Gewaltverbrechen, Tod, Gefangenschaften, Exekutionen. Auch hier dienen nur einige wenige Beispiele der Illustration.

Extreme Situation: Gewaltverbrechen

„Mit erbärmlichen Abenteuer- und Mordgeschichten habe ich das Publikum verschont", meinte Johann Gottfried Herder in der zweiten Vorrede zu seinen Volksliedern.[136] Hinter diesem Satz steht die Erkenntnis, welche erst spätere Volksliedforscher in Worte faßten: „La muse populaire a une préférence marquée pour les histoires sombres et lugubres: elle se plaît à mettre en scène des ‚maris assassins de leur femme‘, ou encore des ‚amants qui tuent leur maîtresse‘."[137] Aber auch Arthur Rossat beschönigt – „der Muse gefällt es" – die wahre Situation, die alle Aufklärer zutiefst beunruhigte[138]: jährlich erschienen Dutzende von Jahrmarktspiè-

---

[133] Cf. Ernst Herbert Lehmann: *Greuelpropaganda.* — In: *Handbuch der Zeitungswissenschaft* I, 1940, col. 1361–1392.

[134] Cf. etwa im Campe-Katalog, Nürnberg um 1825, num. 1093, 1095, 1110, 1111: „Gräuelthaten", „Gräuelscenen", „Grausamkeit". E. Reynst: *Friedrich Campe,* p. 65. — Auf den 250 *Deutschen Bilderbogen für Jung und Alt* des Verlages Gustav Weise, Stuttgart um 1870, finden sich mindestens ein Dutzend Darstellungen körperlicher Züchtigung.

[135] D. B. Davis: *Violence in American Literature,* p. 30.

[136] J. G. Herder: *Volkslieder. Erster Theil.* — Leipzig 1778.

[137] A. Rossat: *La Chanson populaire,* p. 29.

cen, welche von den schauerlichsten Mordtaten in Prosa berichteten, etwa
so: „Unterdessen waren zwei andere Räuber an das Bett der Frau geeilt
und hatten sie mehrere Male durchstochen; die unglückliche Frau war jedoch nicht gleich todt, da das Messer auf einer Rippe abgeglitten war und
sie erhob deshalb ein klägliches Geschrei. Sogleich ergriff einer der Räuber
einen in der Ecke stehenden Hammer, dessen sich der Müller zum Behauen
der Mühlsteine bediente und versetzte ihr einige Schläge auf den Kopf,
durch welche sie sofort völlig getödtet wurde.“[139]

Die Masse der vorhandenen Drucke[140], die Anzeigen solcher Drucke in
den Wochenblättern[141], die Auflagenhöhe einiger Berichte[142], die internationale Verbreitung mancher Mordfälle[143], die Zahl der blutigen Ge-
waltakte in den Schauerromanen[144], die ungeheure Variabilität der mörderischen Ereignisse – ein Zwölfjähriger erstickt fünf Kinder in einer

---

[138] Cf. C. W. von Dohm: *Ueber Volkskalender*, p. 183: „[...] alles vermeiden, was
dem gemeinen Mann die Ideen von Unmoralität und gar von groben Verbrechen geläufig
machen könnte.“

[139] Wahrhafte und getreue Beschreibung / der Mordthaten, / welche / in einer Mühle
unweit Augsburg / am 20. Mai 1850 verübt / und durch einen Hund / gerächt worden
sind. / Nebst einem schönen Liede. — Calbe a. S.: J. F. Döring 1853. 4°, 8 p. — SB Bremen
IIc. 4966, 15. — StB Augsburg 4° Kult. Flugschrift. 47 g.

[140] J.-P. Seguin: *Nouvelles à sensation*. — Romi: *Histoire des faits divers*.

[141] Cf. etwa das *Oberamtsblatt für den Bezirk Reutlingen* vom 9. 11. 1860, p. 541;
11. 11., 546; 13. 11., 550; 16. 11., 555: „In der Schauwecker'schen Buchdruckerei ist um
3 kr. zu haben: Beschreibung des Raubmords, welchen der 20jährige Joseph Armbruster
von Imbrand bei Oberndorf an der 50jährigen Katharina Summ zu Bergzell bei Wolfach
in Baden am 12. März d. J. verübt hat, nebst dessen Hinrichtung durch das Fallbeil zu
Rottweil den 6. November 1860. Mit einer Abbildung des Fallbeils und einem poetischen
Anhang. Wiederverkäufer erhalten einen bedeutenden Rabatt.“

[142] J.-P. Seguin: *Les „Canards“ des faits divers*, p. 33: *Assassinat d'un père et d'une
mère par leur fille* wurde zwischen 1857 und 1884 mindestens vierzehnmal neu gedruckt.

[143] Der Mordfall Kinck (Mörder: Troppmann) zu Pantin im Jahre 1869 *(Le Crime
de Pantin. Assassinat de la famille Kinck de Roubaix.* — Épinal: Pellerin 1869. 1 fol.,
einseitig bedruckter Bilderbogen mit Lithographie, 177 × 264 mm. Archives Bas-Rhin,
Strasbourg, T. 217. — Cf. auch Romi: *Histoire des faits divers*, p. 149–151) wurde auch
in Wien bei J. Neidl verlegt *(Der geheimnisvolle schreckliche achtfache Mord, verübt an
der Familie Kink zu Pantin.* 8°, 24 p. — Städt. Kulturamt Linz. Cf. H. Huemer: *Untersuchungen*, p. 499). — Bei Risler in Mulhouse erschien 1870 die *Geschichte von Troppmann. Ein höchst trauriges und schauderhaftes Ereigniß, welches sich in der Nacht vom
Sonntag den 19. auf den 20. September 1869 in Pantin, bei Paris, zugetragen hat* und die
*Beschreibung eines schauderhaften Verbrechens, welches im Monat September 1869 in der
Nähe von Paris verübt wurde.* Beide Flugblätter, zweiseitig bedruckt, in der BN Paris,
4° Z. 77. — Cf. auch die *Schwäbische Volks-Zeitung* 1869, p. 901–902, 905–907, 914–915,
921–922.

[144] Alle Romane der Carolina Invernizio leben vom Morden an Geliebten, Mitwissern
und Erbschaftshindernissen, aus Eifersucht, Rachegelüsten und Geldgier. — Für die U.S.A.
cf. D. B. Davis: *Homicide in American Fiction. — Violence in American Literature.*

Kiste[145], eine Mutter zerschneidet ihre 21 jährige Tochter in 21 Teile[146], Jean-Marie Setier durchlöchert seine Frau mit 40 Messerstichen[147] – das alles läßt auf einen überdurchschnittlich starken Konsum dieser Lesestoffe schließen. In der Tat genügen dem mordgesättigten Leser nicht die einfachen Mordfälle mit Messer oder Pistole: die Exekution bedarf eines gewissen Raffinements und die Zahl der Opfer muß gesteigert werden: auf 140 Personen[148], auf dreihundert mit einem einzigen Hackmesser umgelegte Schurken[149], auf 970 von einem Räuber Getötete[150], auf 20 000 abgeschlachtete Christen.[151] Auf tausend Tote mehr oder weniger kommt es dabei nicht an: was fesselt, ist die im Detail geschilderte Mordtat oder die überhöhte Mordmenge – am besten beides.

Das Blut spielt in diesen Geschichten eine wesentliche, die den eigentlichen Schauder erregende Rolle; es muß um so ausführlicher beschrieben werden, als es, im Gegensatz zu den Bedingungen der Bühne, nicht direkt sichtbar gemacht werden kann. „[...] jetzt mag man in Paris, so wie vor kurzem und zum Teil noch jetzt in Deutschland, nur solche Stücke sehen, die voll der blutigsten, abscheulichsten Handlungen sind, wo das Blut in Ströhmen fließt, die Szene ein Kerker ist, und die Hauptperson mit ihren Ketten klirrt, von denen ein witziger Dichter sagte: ces drames qui font peur, et ne font pas pleurer [...]".[152] So schrieb 1793, ein wenig kurzsichtig, die *Neue Bibliothek der schönen Wissenschaften*. Blut ist doch, seit den Märtyrer-Akten bis zu den Blut-Prodigien, das beliebteste Requisit

---

[145] Schreckliche Mordthat, / verübt von / einem nur 12 Jahre alten Knaben, / an fünf unschuldige (sic) Kinder, / zu Bolkenhain. — Hamburg: J. Kahlbrock Wwe, 1857. 8°, 4 fol. n. n. — Auch in Oldenburg: Büttner & Winter 1858 und Bremen: N. A. Ordemann erschienen. LB Oldenburg, Bänkelsang a/1/3–4.

[146] Beschreibung / einer / gräulichen Mordthat, / verübt in Elsenheim am Niederrhein [...]. — Hamburg: J. Kahlbrock Wwe (1860). 8°, 4 fol. n. n.

[147] Ausführliche Erzählung / einer schrecklichen Mordthat, welche kürzlich zu Lyon, im Rhone-Departement, vorfiel, und / durch einen gewissen Johann Maria Setier, einen Mann von 60 Jahren, der daselbst / in der Fischerei-Straße wohnhaft war, begangen wurde. [...]. — Colmar: J. H. Decker 1820. 1 fol., 215 × 175 mm, zweiseitig bedruckt. Archives Départementales Haut-Rhin, Colmar, 1. T. 452.

[148] Beschreibung / einer / schrecklichen, grausamen / Mordthat / an 140 Personen / durch den / Räuberhauptmann Carlo, [...]. — Vegesack: J. F. Rohr 1857. 8°, 8 p. LB Oldenburg, Bänkelsang a/1/1.

[149] A. Johannsen: *The House of Beadle and Adams* II, p. 326, nach dem 1848 in Boston erschienenen Roman *The Signal* von E. Curtiss Hine.

[150] *Katalog der Rieger'schen Leihbibliothek Lindau*, num. 4181: *Gobertino, der 970-fache Mörder, der Fluchwürdigste aller Räuberchefs.* — Leipzig.

[151] Die / schauderhafte Ermordung / von / 20 000 Christen / und das / Blutbad in Damaskus / vom 8. bis 16. Juli 1860 / durch / Drusen und Türken. — Oldenburg: Büttner und Winter (1860). 8°, 4 fol. n. n. LB Oldenburg, Jahrm. Lit. b35.

[152] *Neue Bibliothek der schönen Wissenschaften und der freyen Künste* 50, 1793, p. 152.

der dramatischen Literatur gewesen, und das Grand Guignol verspritzte sein Blut nicht nur in Paris: irgendwo fand man ihn allerorten, den Ochsensaft in der Schweinsblase, und irgendwie findet ihn der Liebhaber immer noch im farbigen Kino. *Die blutende Gestalt mit Dolch und Lampe oder die Beschwörung im Schlosse Stern bei Prag*[153] wirkt heute freilich lächerlich; man hält es doch für stark übertrieben, wenn „das unglückliche Opfer seiner wilden Geldgier im Blute schwimmend, entseelt in ihrem Bette dalag"[154], oder wenn der Mörder selbst im Blute der Mutter schwimmt:

> Ce crime, loin d'apaiser sa rage,
> Ne fait que doubler sa fureur;
> Dans le sang de la mère il nage [...]
> Grand Dieu, quel tableau plein d'horreur![155]

Was aber geschieht, wenn das Klischee („[...] so zog Agneso ein Doppelpistol hervor, drückte, puff! puff! ab, und in seinem Blute wälzte sich der Anführer [...]"[156]) nicht angewandt wird, wenn der italienische Graf sich nicht mit dem Blut, das „in Mengen" aus der Schußwunde des Feindes quillt, begnügt, sondern noch seinen Dolch mit aller Kraft bis zum Heft in die offene Wunde des Getöteten treibt?[157] Hier genießt der Leser mehr als nur einen traditionellen, flächenhaften Handlungsablauf, der angeblich das Märchen auszeichnet[158]: hier genießt er wieder den antirationalistischen, schockierend sadistischen Akt, der seine Nerven kitzelt. Hier reizt ihn die extreme Situation aufs Äußerste. Hier erlebt er nicht Märchen, sondern „kreative Gewalt".[159]

Über die Grausamkeit speziell im deutschen Märchen ist viel diskutiert worden.[160] Im Lichte der hier nur knapp exemplifizierten Verbreitung von Greuelberichten wollen die gepeinigten Märchenhelden nicht mehr so harm-

---

[153] *Katalog der Rieger'schen Leihbibliothek Lindau,* num. 2925 und 4180.
[154] Schauderthat / und / Hinrichtung / des Raubmörders / Johann Lau, / bei Itzehoe, am 18. Dezember. — Hamburg: J. Kahlbrock Wwe. (um 1855), fol. 2 v°.
[155] *Trait de courage* (Schenda: *1000 FVB,* num. 915), p. 2.
[156] *Agneso und Amanda.* — Frankfurt/O.: Trowitzsch, s. d., p. 9.
[157] *L'Assassino seduttore ovvero caso e vendetta. Racconto di* Santi Sganga. — Palermo 1865, p. 134: „Il Conte scese precipitoso da sella, trasse il pugnale, e cacciatolo a viva forza nell'aperta ferita dell' ucciso, vel piantò sino al manico."
[158] Cf. Max Lüthi: *Das europäische Volksmärchen. Form und Wesen.* — Bern und München ²1960, p. 14.
[159] Über Antirationalismus und kreative Gewalt als Realität im Gegensatz zu abstrakten Idealen, Mythen und Institutionen cf. D. B. Davis: *Violence in American Literature,* p. 35.
[160] L. Röhrich: *Die Grausamkeit im Märchen.* — Cf. neuerdings den Streit um Richard M. Dorsons Vorwort zu Kurt Ranke: *Folktales of Germany.* Chicago 1966. Rezension von Maurits de Meyer in: *Zeitschrift für Volkskunde* 64, 1968, p. 133–134.

los erscheinen. Gewiß: Schwesterchens abgeschnittener Finger blutet nicht und schmerzt nicht[161] – aber wie kommt denn der Märchenerzähler überhaupt zu der Idee des Mutilierens und Torturierens? Berichte von Gewaltakten sind, so will es scheinen, mehr an das Environment gebunden, als ein Märchenliteraturforscher zugeben mag.[162] Das geistige Klima aller Menschen des 19. Jahrhunderts ist von realen Gewaltakten und Berichten darüber und von der Masse der fiktiven, vielleicht aus sozialem Protest entstandenen Greuelliteratur mitbestimmt worden.[163] Diesem Klima konnte sich auch der Märchenerzähler nicht entziehen.

Der ungeübte Leser braucht Plots, die ihn an seine schwierige Lektüre fesseln: „To hold the attention of the ordinary reader or even of the educated but fatigued mind in search of diversion, a story must be full of suspense, surprise, and startling contrasts."[164] Es ist in unserer vom aufklärerischen Romantizismus bedingten Gesellschaft offenbar nicht möglich, die gewöhnlichen Leser mit Naturschilderungen oder technischen Beschreibungen wachzuhalten. Also beliefert man die mit Sachlichkeit und Rationalismus angeblich überfütterten Leser mit Sex und Crime. Soziologen und Psychologen haben bis heute nicht herausfinden können, ob und in welchem Grade die Gewalt-Literatur von der Gesellschaft oder die Verbreitung der Gewalt in der Gesellschaft von der entsprechenden Literatur abhängig ist. Die Diskussion ist noch offen.[165]

Gefangenschaften im Souterrain

„The long-enduring punishment, physical or mental or both, is most impressive; it challenges the imagination of poet and peasants alike", schreibt George K. Anderson in seinem Buch über den Ewigen Juden[166]; er weist auf Prometheus, Sisyphus, Ixion und Tantalus hin und verallgemeinmenschlicht: „the protacted suffering of the victim – a symbol of man's struggle against overmastering principalities and powers, a vague but poignant allegory of life itself." Schön wär's, wenn's so wäre! Wenn sich in aller Gefangenschafts-Literatur ein Prometheus fände, der sich aus Rebellion gegen Zeus täglich die Leber zerhacken läßt; oder ein Silvio Pellico, der als revolutionärer Carbonaro acht Jahre lang auf dem Spielberg

---

[161] M. Lüthi (wie not. 158), p. 14–15.
[162] Cf. D. B. Davis: *Violence in American Literature*, p. 29.
[163] Cf. W.-E. Peuckert: *Volksbücher von heute*, p. 427–428.
[164] D. B. Davis: *Violence in American Literature*, p. 30.
[165] O. N. Larsen: *Controversies about the Mass Communication of Violence.*
[166] G. K. Anderson: *The Wandering Jew*, p. 2.

schmachtete; oder ein Nonkonformist wie Karl von François, den der württembergische Liebe Gott, Friedrich I., 1808 auf den Hohenasperg bringen ließ: wäre da wenigstens ein Libertin wie Giacomo Casanova in den Bleikammern des Dogen, ein unliebsamer Publizist wie Rudolf Zacharias Bekker in französischer Gefangenschaft, oder doch zumindest ein harmloser August von Kotzebue, der, wenngleich keine rebellische Natur, sich doch gegen die sibirische Verbannung wehrt und der zaristischen Geheimpolizei trotzt! Dann könnte man von einem Aufbegehren des Freiheitswillens gegen Tyrannei, soziale Unterdrückung, Diskriminierung und Unmenschlichkeit in der populären Literatur sprechen. In Wirklichkeit kommt diese jedoch ohne sozialen Protest aus, sie verzichtet auf das Rebellen-Motiv, sie beschuldigt keine wirklichen und wesentlichen autoritären Kräfte, sie konzentriert sich auf den Vollzug des Unrechts: Der böse Ritter Kunerich nimmt den guten Ritter Edelbert ganz einfach gefangen, und dieser läßt sich willig in den Turm werfen.[167] Allegorie des menschlichen Lebens – das mag sein. Aber dann doch zunächst: Allegorie des sozialen Lebens im 19. Jahrhundert: ein Leben im sozialen Souterrain ohne den Schrei des Protests.

Da wirft also ein französischer Vater seine Tochter in den Keller und nährt sie von rohen Kartoffeln, um sie an der Heirat mit ihrem Geliebten zu hindern[168]; ein anderer legt seinen Sohn sieben Jahre lang an die Kellerkette.[169] In einem deutschen Falle „brach man die Thüre ein, und fand hier zum Entsetzen Aller, die einem Todtengeripppe ähnliche Tochter der ruchlosen Eltern [. . .] auf faulem Stroh liegen, die Hände um Erbarmen zum Himmel empor richtete und um Lebenserquickung und Erlösung flehend [. . .]" (sic).[170] Zwanzig Jahre lang schmachtet ein zärtlich liebend Paar in zwei verschiedenen Gewölben bei Wasser und Brot: „Der Frühling ihrer Jugend war im Kerker verwelkt, der Sommer ihres Lebens in hoffnungsloser Ergebung verschwunden; nur in den Tagen des Herbstes, als die Knospen und Blüthen ihres Lebens entblättert und dahin waren, sollte sie

[167] C. von Schmid: *Rosa von Tannenburg* (1823).

[168] *Horrible captivité d'une jeune fille* [. . .]. Um 1832. J.-P. Seguin: *Un grand imagier*, p. 132, num. 79.

[169] *Crime horrible commis par un père dénaturé* [. . .]. Um 1832. Ibid. p. 115, num. 9. — *Schreckliches Verbrechen, welches durch einen Vater an seinem Sohne begangen wurde* [. . .]. s. l. n. d. (um 1840). 1 fol., zweiseitig bedruckt. LB Oldenburg, Jahrm. Lit. b/5.

[170] Die Bergmannstochter. / Eine sehr traurige Begebenheit, die sich an derselben zugetragen, durch ihre eigene / Mutter veranlaßt und zu einem schrecklichen Ende gekommen ist. / Geschehen bei Neunkirchen im Königreich Preußen 1868. — Mülhausen: J. P. Risler u. Comp. s. d. 1 fol., zweiseitig bedruckt, 280 × 220 mm. — BN Paris 4° Z. 77.

das Licht des Tages und der Sonne wieder sehen [...]".[171] Der Irrenarzt
Dr. Robin läßt Dutzende von Kranken in unterirdischen Gewölben ver-
schmachten, um sie dann für Experimente zu mißbrauchen.[172] Gelegentlich
nur finden die Unterirdischen, wie Silvio Pellico, Fabrice del Dongo oder
Edelbert von Tannenburg „einen Engel in der Person der einzigen Tochter
seines Brodherrn".[173] Dafür geht es anderen um so dreckiger: „[...] sie
banden ihn, stopften ihm ein Tuch in den Mund, daß er nicht schreien
konnte, und schleppten ihn in einen unterirdischen dunklen Behälter,
worin sie ihn einsperrten und an einer Hundekette anfesselten; seine Nahrung wurde ihm durch ein Loch gereicht."[174]

Die Leihbibliotheks- und Romankataloge übertreffen sich gegenseitig
mit attraktiven Titeln:

Le Souterrain du Monastère, ou la Vengeance paternelle.

Le Souterrain du Château vert.[175]

Le Souterrain, ou Camille.

Les Souterrains de la Roche de Baume, ou les Fantômes et les Brigands.[176]

*Carlo von Ortobello, oder der furchtbare Bund des unterirdischen Toten-
gewölbes.*

*Die Drachenritter, oder die furchtbaren unterirdischen Gewölbe der Illen-
steinburg.*[177]

Das unterirdische Felsengemach, oder die Männer des Schreckens.

Amalie von Burgau, oder Schauderszenen in unterirdischen Klüften.[178]

---

[171] Gegenseitige Treue, / oder Leiden und Schicksale zweier Liebenden, durch die
Härte eines Vaters. — Strasbourg: L. F. Le Roux. s. d. 1 fol., zweiseitig bedruckt, 345 ×
225 mm. — BN Paris 4° Z. 77.

[172] V. von Falk: *Der Scharfrichter von Berlin,* cap. 19, 23, 28, 31, 37.

[173] Höchst traurige und interessante / Lebens-Beschreibung / eines unglücklichen Franzosen, / welcher 10 Jahre in Mexiko in Gefangenschaft schmachtete und im / Jahre 1863
durch die siegreiche französische Armee befreit wurde. — Mülhausen: J. P. Risler (1863).
1 fol., zweiseitig bedruckt, 275 × 225 mm. — Archives Départementales Bas-Rhin, Strasbourg, T. 211.

[174] Wiedersehen / eines unglücklichen Sohnes, der von seinen Eltern verhaßt und vier
Jahre / in einem unterirdischen Kerker verborgen war bis die Stunde seiner Erlö- / sung
geschlagen, und Gott ihn wieder das Tageslicht sehen ließ. / Im Jahr 1852, den 12.
September. — Weissenburg: Fr. Wentzel (1852). 1 fol., zweiseitig bedruckt, 295 × 190 mm.
— Archives Bas-Rhin, Strasbourg, T. 216.

[175] A. Marc: *Supplément* 1824–1828, p. 58.

[176] *Dictionnaire des Romans* 1819, p. 102. — *Camille ou le Souterrain* bei Schenda:
1000 FVB, num. 168. Cf. ibid. num. 211.

[177] *Leihbibliothekskatalog Geisler,* Bremen 1829, p. 13.

[178] *Katalog der Rieger'schen Leihbibliothek,* Lindau, num. 349–350, 1077, 2971–2972,
4161.

Besonders zugkräftig waren Geschichten von Eingemauerten. Graf Martagno ließ seine Frau einmauern – bis auf ein kleines Loch, durch welches ihr die „kärgliche Kost gereicht wurde".[179] Buchtitel versprechen dutzendweise ähnliche Szenen, so etwa:

Rosalie, das eingemauerte Mädchen, oder der Mensch als Teufel.[180]

A. Werg: *Die Eingemauerten im Schlosse Szuniogh. Eine Erzählung nach einer magyarischen Volkssage.*[181]

J. A. Gleich: *Die geistige Urmutter auf Guttenstein oder die Eingemauerte.*[182]

Adolf Bäuerle: *Das eingemauerte Mädchen. Wiener Criminalgeschichte.*[183]

Die Exempelbücher schon hatten die Strafe des Eingemauert-Werdens dadurch verfeinert, daß man der eingemauerten Ehebrecherin auch gleich den toten Buhlen zum Gesellschafter beließ.[184] Graf Friedrich Leopold von Stolberg malte die Szene in seiner Ballade *Die Büssende* 1777 aus.[185] Im Schauerroman war sie sehr beliebt[186], und noch 1865 findet man sie in einer sizilianischen Horror-Geschichte.[187]

Das ist nur eine kleine Auswahl aus dem reichhaltigen französischen und deutschen Repertoire.[188] In Italien war das Thema keineswegs weniger gefragt.[189] Von Kampf, Auflehnung, Fluchtversuch ist nur höchst selten die Rede. Ergebung und Gottvertrauen hindern den Gefangenen am Handeln. Er wartet auf die Exekution oder auf das Mirakel.

---

[179] *Rinaldo Rinaldini* (wie not. 106), p. 167.

[180] H. Huemer: *Volksbuchliteratur Oberösterreichs*, p. 382.

[181] *Katalog der Rieger'schen Leihbibliothek*, num. 3278.

[182] O. Rommel: *Rationalistische Dämonie*, p. 195.

[183] A. Bäuerle: *Das eingemauerte Mädchen* I–II. — Pest: Hartleben 1857. 247 und 238 p.

[184] So bei Guillaume Paradin, Simon Goulard, Henning Grosse, Antonius de Balinghen S. J. und Dominicus Wenz.

[185] C. Müller-Fraureuth: *Ritter- und Räuberromane*, p. 83.

[186] S. C. Wagener: *Die Gespenster*, I. — Berlin 1797, p. 274–286: *Von einem Gespenste, welches nach dreyzehnjähriger Vermauerung noch singend spukte.* — O. Rommel: *Rationalistische Dämonie*, p. 199.

[187] S. Sganga: *L'Assassino seduttore ovvero caso e vendetta.* — Palermo 1865.

[188] Bemerkenswert ist vielleicht noch F.-G. Ducray-Duminil: *Coelina* II (Schenda: *1000 FVB*, num. 236), p. 102–103: *Coelina* findet ihre seit zehn Jahren eingesperrte Mutter Isoline. — Über die Kalendergeschichte *Das bestrafte Verbrechen* (1796) cf. C. W. von Dohm: *Ueber Volkskalender*, p. 3–4, 181.

[189] R. Schenda: *Italienische Volkslesestoffe*, col. 223–224.

Christoph von Schmid schaute als junger Student in Dillingen der Hinrichtung des Verbrechers Georg Schussmann zu.[190] Johann Baptist Pflug schildert mehrere Hinrichtungen, die er im Jahre 1805 beobachtete: Schwert, Kugeln oder Strang beförderten den Delinquenten ins Jenseits.[191] Karl Ludwig Sand wurde am 20. Mai 1820 in Mannheim, Johann Christian Woyzeck am 27. August 1824 in Leipzig öffentlich hingerichtet. Die letzte öffentliche Exekution zu Reutlingen fand 1843 an dem Mörder Michael Häussler von Gönningen statt. Erst ab 1850 arbeitete die Guillotine ohne Zuschauermengen am Sitze des Schwurgerichts und Gerichtshofes zu Tübingen.[192]

Wer an solchen Zirkusspielen und Freilicht-Guignols nicht teilnehmen konnte, der kaufte sich Bilderbogen[193], Exekutionsberichte oder Scharfrichterromane, um wenigstens lesend zu erschauern. Als der 19jährige Mörder Dionysius Ottlieb am 13. August 1808 in Cannstatt mit dem Schwerte hingerichtet wurde, druckte Baumann ein entsprechendes Lied „mit einigen vorausgehenden Einleitungen in die Geschichte seines Verbrechens".[194] Am 11. November 1812 erhielt der Landkartenhändler Eicheler von Stuttgart die Erlaubnis, *Letzte auf der Richtstätte gesprochene Worte des 25jährigen Mörders Johannes Schmid* in Druck zu geben und zu verkaufen. „Daß der Hingerichtete", so meinte das Oberzensurkollegium, „diese Worte g e - s p r o c h e n habe, ist wohl fraglich oder Fiction und Einbildung, aber eine ganz unschädliche."[195] Im selben Jahre druckte die Herdersche Buchdruckerei zu Rottweil die *Ermahnungsrede auf der Richtstätte zu Rottweil nach der Enthäuptung des Mörders seines Eheweibs Donatus Mattei und der Theilnehmerin Franciska Kindin* von Pfarrer Huber zu Deißlingen.[196]

[190] C. von Schmid: *Erinnerungen aus meinem Leben,* p. 147–149.

[191] J. B. Pflug: *Erinnerungen* I, p. 5, 99, 182.

[192] Carl Bames: *Chronica von Reutlingen.* — Reutlingen 1875, p. 37.

[193] Die *Hinrichtung des bayerischen Hiesels in Dillingen 1771*, Kupferstich von J. G. Will, Augsburg, ist abgebildet in J. B. Pflug: *Räuber- und Franzosenzeit*, Tafel 4, vor p. 13. — Ein lithographiertes Flugblatt über die Hinrichtung der Raubmörderin Christine Hilpert zu Ansbach am 14. Februar 1851 ist angezeigt in: *Zeitungen und Relationen des 15.–18. Jahrhunderts. Katalog Rosenthal 89.* — München s. a., num. 697. — „On a fait vingt portraits de Desrues [im Mai 1777 hingerichteter Betrüger], et toutes les différentes scènes de son crime et de son procès ont été gravées avec une exactitude merveilleuse. Pendant quinze jours on n'a vu autre chose chez les marchands d'estampes et au coin de toutes les rues." F. M. Grimm: *Correspondance littéraire* IV, p. 20–21.

[194] Lied / auf / die den 13. August 1808. / zu Kannstadt / geschehene Enthauptung / des 19jährigen Mörders / Dionysius Ottlieb [...]. 4°, s. l. n. d., 2 fol. n. n. — Staatsarchiv Ludwigsburg D 54/177.

[195] Ibid. D 54/158.

[196] Ibid. D 54/54.

Bei diesen Berichten geht es keineswegs hauptsächlich um die abschrek-
kende Ermahnung, sondern viel eher um die durch die extreme Situation
des Delinquenten hervorgerufene Spannung: da wird immer wieder ein
wehrloser Bösewicht gefesselt abgeführt und auf den Exekutionstisch ge-
schnallt; er wehrt sich, wird ohnmächtig, brüllt; endlich liegt sein Kopf
unter dem Fallbeil und plumpst in den Korb. Das wird in allen möglichen
Varianten geschildert.[197] Von dem Kindermörder Chevallery, 1852 in Orléans auf dem Boulevard Saint Vincent hingerichtet, heißt es: „[...] à
peine eut-il la tête introduite dans la lunette, qu'il se crispa convulsivement,
rentrant son cou dans les épaules et enflant le dos autant que cela lui était
possible. Cette résistance rendait l'exécution difficile. Les exécuteurs furent obligés de faire violence à ce malheureux [...]"[198]: hier kann sich
die Gewalt so recht austoben, denn, so liest man über den Mörder Pierre-
Florentin' Bance, guillotiniert auf der Promenade St. Julien (auch hier no-
men non est omen: man erinnert sich, daß diesem heiligen Elternmörder
verziehen wurde!) zu Caen: „Les derniers moments de ce scélérat ont révélé
tout ce qu'il y avait de perversité, de brutale impiété dans cette âme
vouée aux plus mauvais instincts."[199] Für soviel Bosheit gibt es nur die
brutale Gewalt dreier geübter Henker und „le glaive vengeur". Wenn
der Kopf gefallen ist, läßt sich der makabre Kitzel durchaus verlängern:
im Civilhospital warten Ärzte, Militärchirurgen und Civileleven in großer
Zahl auf die kopflose Leiche der Kindsmörderin Martha Haumesser (!),
„um mit derselben in Betreff der bei den Geköpften meistens vorkommen-
den kurzen Bewegungen Experimente vorzunehmen. [...] Mittelst einer
elektrischen Säule vermochte er [Professor Dr. Morel] Gesammtbewegun-
gen in den Gliedern der Hingerichteten hervorzurufen. Hierauf prüfte er
mit dem größten Erfolge die durch die Zusammenziehungen gewisser Mus-
keln und namentlich derer des Kehlkopfes veranlaßten Bewegungen"
(sic).[200] Oder wenigstens zeigt der Scharfrichter noch den geschickt abge-
schlagenen Kopf: „Krautz hatte sich herabgebeugt und das blutige Haupt
an den Haaren in die Höhe gehoben. Schaudernd wandten sich die Zuschau-

---

[197] J.-P. Seguin: *Nouvelles à sensation*, p. 167: *Jugement [...] Benoît-Sébastien
Peytel* und J.-P. Seguin: *Physiologie du Canard*, p. 6: *Exécution de l'assassin Pont.* — V.
von Falk: *Der Scharfrichter von Berlin*, p. 765.

[198] *Arrestation de trois voleurs.* — Nogent 1852. BN Paris Lk 7.1 (8).

[199] Ibid. p. 6–8.

[200] Die Kindmörderin / Martha Haumesser, / geborne Guenat. / Beschreibung /
eines abscheulichen Kindsmordes [...]. — Mülhausen: Risler (1860). 1 fol., zweiseitig
bedruckt. BN Paris 4° Z. 77.

er von diesem Anblick ab. ‚Der Gerechtigkeit ist Genüge geschehen‘, sagte der Staatsanwalt feierlich.“[201]

Der gefräßigen Sensationslust des Lesers, möchte man hinzufügen, auch. Übrigens stimmen noch heute (Mai 1967) 54 Prozent der erwachsenen deutschen Bevölkerung mit Volksschulbildung für die Todesstrafe.[202]

Gerechtigkeit: Rettung in letzter Minute und Triumph der Unschuld

Und doch wäre es falsch, dem Leser unterstellen zu wollen, er laure beständig auf das traurige Ende eines hochgehobenen Delinquenten-Kopfes. Der Protagonist kann ja auch positive Züge tragen, ja vielleicht ganz unschuldig sein. Das Gerechtigkeitsgefühl gewinnt die Oberhand, die Grausamkeits-Spannung läßt sich auch in einem überraschenden happy ending lösen. Gerade die Hinrichtungsszene bietet sich für eine solche Verkehrung der Handlung und des Schicksals an; fast scheint es, als seien solche Berichte nicht weniger zahlreich als die Nachrichten von real vollzogenen Exekutionen.

Das Schema ist aus der Volksballade bekannt:

> [...] Die Mutter sprach: ‚Verschont wird nicht
> Hängt zu, hängt zu, ihr Henkersknecht.‘
> Und als sie auf die letzte tritt,
> Ihr Fürst kommt hinten angeritt‘.
> ‚Guten Tag!‘ – ‚Schön Dank!‘ – ‚Ihr allumringt,
> Was schafft ihr mit meinem Weib und Kind?‘[203]

Damit ist die unschuldige, schwangere Fürstin, auf der letzten Stufe vor dem Hängen, gerettet. Und so geht es immer wieder: Joséphine David, nicht gewillt, sich ihrem Brotgeber hinzugeben, wird von ihm der Brandstiftung bezichtigt und folglich (!) zum Tode verurteilt. Aber auf dem Blutgerüst angelangt, „Dieu permit que son innocence fut reconnue“: ihr Verfolger hatte sich inzwischen das Hirn ausgebrannt, nicht ohne in einem Brief die wahren Umstände des dreifachen Feuers – Liebe, Brandstiftung und Pistolenschuß – enthüllt zu haben.[204]

---

[201] V. von Falk: *Der Scharfrichter von Berlin*, p. 157.

[202] *Jahrbuch der öffentlichen Meinung 1965–1967.* — Allensbach und Bonn 1967, p. 171. — Daß selbst kreuzbrave Jugendzeitschriften nicht prüde hintanstehen wollten, zeigt Onkel Ludwigs (Auer, Donauwörth) *Raphael* VI, 1884, p. 70: *Die letzten Augenblicke eines Mörders.*

[203] V. Schirmunski: *Die Ballade vom ‚König aus Mailand‘ in den Wolga-Kolonien.* — In: *Jahrbuch für Volksliedforschung* I, 1928, p. 160–169, sp. p. 162.

[204] *Jugement rendu par la Cour d'Assises de Lons-le-Sonnier (Jura), qui condamne une Jeune fille à la peine de mort, et son innocence reconnue.* (1849). BN Paris F. 4975 (143).

Innocence reconnue heißt seit der *Genovefa*-Erzählung des Jesuiten-paters René de Cerisiers (1603–1662)[205] aus dem Jahre 1634 ein beliebtes Titelschlagwort. Ein Mädchen – es heißt einmal Hélène Canade (1851), in einem anderen Druck Rosalie Grebert (1841) – soll einen Knaben ge-tötet und die Leiche versteckt haben, aber kurz vor der Hinrichtung taucht das Kind wieder auf.[206] Auch Männer passen in das Schema der Innocence reconnue: das letzte Gebet vor dem Schafott schafft den Glücksboten her-bei[207], auch hier rettet das Bekenntnis des Brandstifters den unschuldig Ver-urteilten[208], oder der Mörder springt „gefoltert von den Qualen seines bösen Gewissens hervor und schrie: ‚Haltet ein, ich bin der Thäter [...]‘.“[209] Selbstverständlich kann auch ein wohlwollender Monarch wie Friedrich der Große die Rettung in letzter Minute bewirken; er gibt damit dem Geistlichen Recht, der dem zum Tode verurteilten Soldaten ein hohes Alter prophezeit hatte.[210] Auch in exotischem Milieu läßt sich eine Rettung in Szene setzen: *Johann und Marie*, auf dem Scheiterhaufen, „befahlen ihre Seele Gott. Jetzt nahte sich tanzend der Mann mit der Fackel und wollte unter Gebeten und Zeremonien den Haufen anbrennen. Dies war das Zeichen für den versteckten feindlichen Stamm. Wie das wilde Heer fuhren sie aus den Gebüschen unter die verblüfften Wilden.“[211] Und Karl von François schließlich scheute sich nicht zu erzählen, ihm sei eine solche Rettung in extremer Situation selber widerfahren: „Ich nahm das Tuch und band es um die Augen. ‚Knien Sie nieder‘. Mein Kaskett abnehmend, ließ ich mich nieder auf ein Knie. Schnell gab er ein Zeichen, die Schützen machten ihre Gewehre fertig, ich glaubte den Tod zu empfangen, als – ‚Pardon, Pardon‘ und tausendstimmiges ‚Pardon‘ erschallte.“[212]

[205] Cf. De Backer-Sommervogel: *Bibliothèque de la Compagnie de Jésus* II, 1891, col. 993–999.

[206] *Jugement [...] Hélène Canade [...] Reconnue innocente au moment de son exécution.* BN Paris F. 4975 (94). — *Jugement [...] Rosalie Grebert.* Ibid. F. 4975 (238).

[207] *Innocence reconnue* (Schenda: *1000 FVB*, num. 454).

[208] *Événement malheureux arrivé à un ancien militaire accusé d'avoir incendié une maison dans laquelle il avait reçu l'hospitalité.* — Paris: Baudouin s. d. 1 fol., Holz-schnitt von Garson. — BN Paris Y² p. 70.

[209] Traurige Begebenheit, / welche sich im vorigen Jahre zwischen Debreszin und Te-mesvar / in Ungarn zugetragen hat. — Mülhausen: J. P. Risler (1863). 1 fol., zweiseitig bedruckt, 280 × 225 mm. — Archives Bas-Rhin, Strasbourg, T. 211.

[210] *Wochenblatt der Stadt Donauwörth* vom 3. Juni 1843: *Friedrich der Große und ein Weissager.*

[211] Johann und Marie, / oder / die zwei verlassenen Kinder unter / den Negern. / Eine wahrhafte Geschichte für gefühlvolle / Herzen. — Reutlingen: B. G. Kurtz 1834. 8°, 23 p. — StB Ulm BB 946ⁿ.

[212] K. von François: *Memoiren aus der Zeit der Befreiungskriege*, p. 31–32.

Der Menschheit blieb ein weiterer unschuldiger Held erhalten. Anders dürfte es auch nicht sein, denn „wenn uns auch alle Menschen verlassen, so haben wir doch Gott, der unsere Unschuld hier oder dort an den Tag bringen wird."[213]

Erotik und Skatophilie: Hahnrei und Merdiana

Gewalttat und Grausamkeit gelten als passabel, Sexualität dagegen nicht. Neger dürfen totgepeitscht, Kinder zerstückelt werden: der Koitus bleibt tabu. Kriegerisches Gemetzel ist Heldentum, Sexualpotenz Perversion. Die sanfte Formel *Make love, not war* schockiert. Den Song vom wackeren Krieger, der sein Mädchen unbefriedigt stehen läßt, um die Feinde totzuschlagen, findet dagegen jedermann schön. So darf man, Zensurakten, Heftchenliteratur, Slogans und Volkslieder bedenkend, argumentieren.

Der erste Anschein trügt jedoch ein wenig. Gewiß, die Zensur verwarf Liebeslieder eher als Kriegsgesänge, und Heftchen erzählen häufiger von Gewalt als von Zärtlichkeit. Die Strenge der Zensoren bedeutet jedoch keine Abstinenz der Leser. Erotika wurden zwar verdammt, aber insgeheim lebten sie ein recht intensives Leben. Der Leser, der Mordtaten verschlang, war keineswegs ein Verächter pikanter Szenen. Liebe und Grausamkeit schließen sich nicht notwendigerweise gegenseitig aus. Und die eine läßt sich durch die andere nicht vertreiben.

Auch Erotika beschreiben zumeist in höchst simpler und monoton wiederkehrender Weise[214] Aktion mit Hilfe eines Mediums in Richtung auf ein physisches Ziel; die Art der Beschreibung unterscheidet sich jedoch häufig von der in der Grausamkeitsliteratur üblichen durch eine kompliziertere Metaphorik, die vom Leser eine geistige Transposition, also einen Denkprozeß verlangt.[215] Die populäre erotische Literatur ist intelligenter als die sadistische – schon aus diesem Grunde hätten sie die Zensoren eher dulden sollen als Martyrologien. Sadismus verbindet sich mit tierischem Ernst, Erotik mit Witz (im doppelten Sinne). In dem Witzbüchlein *Les Folies Amoureuses,* das mehrfach aufgelegt wurde, ist neben vielen anderen erotischen Anspielungen in folgender Weise von Koitus und Genitalien die Rede:

p. 9   wird zu den 30 „grains de beauté" gezählt: „3 choses étroites, la bouche (l'une et l'autre), la ceinture et le bas de la jambe".

[213] C. von Schmid: *Das Blumenkörbchen.* — Reutlingen: Ensslin & Laiblin s. d., p. 14.
[214] Cf. dazu G. Steiner: *Über Pornographie,* p. 15.
[215] Cf. R. Schenda: *Der italienische Bänkelsang heute,* p. 24. — G. Steiner: *Pornographie,* p. 21: „eine Schule für die Phantasie".

p. 12	wird eine Nonne geschwängert.
p. 13	verliert ein Bauernmädchen in Paris seine Unschuld.
p. 25	verdient eine Frau Geld auf einem Canapé.
p. 37	geht König François I. mit einer Kurtisane ins Bett.
p. 43	verwechselt ein Jungverheirateter seine Frau im Bett mit deren Schwester (Wortspiel: „percer une pièce de vin").
p. 44–46	wird auf drei Seiten mit dem Doppelsinn von „grosse perruque" und „petite queue" gespielt.
p. 46	will ein Maler nur „l'histoire" malen, und die Dame, die sich malen lassen will, fragt, wer denn den Rest malen solle?
p. 50	wird die „petite queue" eines Hundes mit der eines Mannes verwechselt.
p. 58	wird „pucelage" definiert als „un oiseau charmant, qui s'envole dès que la queue lui vient".
p. 64	versteht ein mathematisch begabter Ehemann nicht viel von „multiplication".
p. 64	möchte ein Mann bei einer Frau, die dick wie ein Walfisch ist, Jonas sein – aber drei Tage und drei Nächte sind ihm zuviel.
p. 66	wird abermals eine Nonne vergewaltigt.
p. 68	schläft ein Mädchen mit seinem Stallknecht.
p. 71	wird das „p... [ucelage]" aus dem Bett der Jungvermählten verjagt.
p. 72	hat Mademoiselle de Montpensier „une grande nature".
p. 79	wird eine Dame mit ihrem Liebhaber im Bett überrascht.[216]

Wortspiele, Zweideutigkeiten, Metaphern für Genitalien und Koitus – die Heftchen gebärden sich geistreich und erfinderisch. Ein Mädchen lobt die Tüchtigkeit der Soldaten (!) mit immer neuen Umschreibungen: Gewehr präsentieren, Fuchsloch graben, dreinschießen, Ader schlagen, Loch zunähen, mit genügend langer Elle messen, den Hanswurst im „Theatrum" aus- und eintauchen.[217] In einem 1828 beschlagnahmten *Lieder-Büchlein* wird die Hobelbank gehobelt, das Loch versohlt, im Rosengarten gepflanzt, der Stutzen geladen und ins Schwarze geschossen; und ein Liedchen lautet:

> Da drunten an der Mühl
> da drunten an dem Bach
> da ist a schöne Müllerin,
> da bleibt man über Nacht.
>
> Da geht die Magd im Stall,
> da rumpelt sie der Knecht,

---

[216] *Les Folies amoureuses.* Schenda: *1000 FVB*, num. 387.

[217] *Sechs schöne neue Lieder.* s. l. n. d. (aber wohl Reutlingen: Fleischhauer, um 1811). 8°, 4 fol. n. n.: *Das Sechste: Fort Mademoisellen, mit euren Blicken.* (Staatsarchiv Ludwigsburg D 54/177).

verschütt mir nur die Milch nicht,
das Rumpeln ist schon recht.

Das Rumpeln ist schon recht,
aber nicht vom kleinen Knecht,
denn er versteht das Rumpeln nicht,
der rumpelt mich nicht recht.[218]

Ein Bauer trägt seinen „Hahn" auf den Markt, bietet seinen „kleinen Kikriki" an, läßt sich von einer schönen Frau einen Taler dafür bezahlen; das „Huhn" „setzt sich nieder" und „legt ein Ei":

Da kam ein junger Hahn zur Welt,
Der Mann der wußt nicht wie.
Es werden so viele Leut geprellt
Mit meinem Kikriki.[219]

Voller Zweideutigkeiten steckt die Rechnung, die ein Schuster einem Nonnenkloster ausstellt[220], voller erotischer Anspielungen eine parodistische Predigt[221]; die Witzbücher leben von der erotischen Ambiguität: ein Präsident führt die Mitglieder seiner Gesellschaft durch die Menge und ruft: „Écartez-vous, Mesdames, que nos membres passent."[222]

Daß es neben den erotischen Kleinformen auch reizvolle Romane gab, wurde schon erwähnt: Leihbibliotheken und Antiquariate[223] lieferten dem Liebhaber das Gesuchte. 1862 wurden etwa beim Buchhändler Eduard Fischhaber neben anderen Erotika folgende Bücher beschlagnahmt:

Jesuitenliebe und Jesuitenränke

Hildegard, die schönste Maske, oder Memoiren einer Prostituirten

Jettchen, die schöne Schenkmamsell

Die flotte Lotte. Memoiren einer Prostituirten

---

[218] Lieder-Büchlein / für / frohe Gesellschaften / zusammengetragen / von / Johann Hiemmer / in Auernhofen. / Den 26. December 1827. 4°, 32 p., 42 Lieder. — Bayerisches Hauptstaatsarchiv München, M. Inn. 25125.

[219] *Vier schöne neue Lieder.* — Hamburg: Kahlbrock Wwe. 1860, num. 3: *Es ist kein bessres Leben.*

[220] Die Rechnung des Schusters Lutille (!) von Nancy an ein dortiges Nonnenkloster spielt in 25 Variationen mit dem Doppelsinn zwischen den Arbeiten des Schuhmachers und den Aktivitäten beim Koitus. („Pour avoir bien graissé et frotté soeur Félicité [...] 8 sous."). Sie findet sich im *Bavard universel* und den *Farceurs et M. Riochet* (Schenda: *1000 FVB,* num. 113, 368).

[221] *Sermon gai et amusant* (ibid. num. 871): „Dimanche prochain je parlerai des hommes, je toucherai les femmes et m'étendrai sur les filles [...]".

[222] *Les Ricanneries* (Schenda: *1000 FVB,* num. 797), p. 106 (1817).

[223] Cf. die *Antiquarische Bibliographie* der F. F. Haspelschen Buchhandlung in Schwäbisch Hall, Nro 2, 1845, p. 30: Erotika von Bruckbräu.

Die falsche Pepita, oder Lust und Seitensprünge einer Tänzerin
Hamburgs galante Häuser bei Nacht und Nebel
Lectionen der Liebe,

und dazu kam eine Serie von französischen Werken.[224]

Das beliebteste erotische Thema ist übrigens nicht der Koitus, sondern die Hahnreischaft. Auch das spricht für den heiteren Ton der erotischen Literatur und darüber hinaus für die Zählebigkeit eines stets überbetonten erotischen Themas. Während sich die Etymologen seit langem in ernstem Eifer die Köpfe zerbrechen, was der Hahn, das -rei und die Hörner, der Kuckuck und der Hirsch miteinander zu tun haben[225], findet der einfache Leser jede Geschichte von betrogenen Ehemännern schrecklich lustig, ohne sich über die inzwischen verhärtete Metaphorik Gedanken zu machen. Der Hahnrei liefert Stoff für

die Anekdoten in den Wochenblättern[226],

allgemeine Witzsammlungen und spezielle Kollektionen von Hahnrei-Witzen[227],

Hahnrei-Orden und ihre Publikationen[228],

Hahnrei-Lieder[229],

Hahnrei-Patente in Form von Einblattdrucken, die dem Empfänger seine Hahnreischaft bezeugen[230],

Hahnrei-Predigten[231],

---

[224] Schreiben der Königlich Württembergischen Regierung des Jagst-Kreises an das Oberamt Öhringen (Ellwangen, 22. Februar 1862). Staatsarchiv Ludwigsburg F 192/425a.

[225] Cf. die Wörterbücher von Grimm, Weigand, Trübner, Kluge-Götze, Gamillscheg mit weiterführenden Literaturangaben. Der ganze Komplex ist nur ungenügend erhellt, zumal die Ikonographie noch sehr beunruhigende Beiträge zum Thema zu liefern vermag. Die Hahnrei-Schriften des 18. Jahrhunderts sind nur ungenügend erforscht.

[226] So etwa das *Donauwörther Intelligenz- und Wochenblatt* vom 31. März 1821. — *Wochenblatt der Stadt Donauwörth* vom 25. Juli 1835. — *Der Erzähler am See* III, Lindau 1844, p. 73. — *Der Erzähler* XIII, Augsburg 1848, p. 36.

[227] *Cuckoldiana ou recueil de bons mots, de naivetés et de quiproquos plaisants de cocus de tous rangs* [...] *par* Oscar Ledru. — Paris, um 1870. 8°, 75 p. BN Paris Rés. Z. 4604. — In vielen Witzsammlungen findet sich folgende Geschichte: „Un homme avait un chien qu'il appelait Cocu. — Quelle horreur! dit une dévote, donner à une bête le nom d'un chrétien!" (In: *Le Bavard intarissable, Le Bavard sans pareil, La Bavarde sans pareille, Le Farceur des bords de la Garonne* etc. Zur Bibliographie cf. Schenda: *1000 FVB*).

[228] Arthur Dinaux: *Les Sociétés badines* II. — Paris 1867, p. 341–342.

[229] A. Rossat: *La Chanson populaire*, p. 60–61.

[230] A. Dinaux: *Les Sociétés badines* I. — Paris 1867, p. 163–169.

[231] *Sermon pour la consolation des cocus* 1751. — *Sermon et Consolation des cocus.* Cf. Schenda: *1000 FVB*, num. 870.

Hahnrei-Spottbüchlein und
Hahnrei-Trostschriften.[232]

Die Vielzahl der Publikationen über den Cornutus überrascht in einem
Gesellschaftssystem, das den Ehebruch durch strenge Gesetzgebung negativ
sanktioniert und literarische Berichte darüber – man denke an den *Bovary*-
Prozeß – verdammt. Die Existenz dieser Publikationen setzt sowohl das
Faktum des oftmals ungestraft vollzogenen Ehebruchs, also einer nicht mehr
funktionierenden Gesetzgebung, als auch eine populäre Ersatzregelung
außerhalb des gesatzten Rechts voraus. Die Hahnrei-Satire zwingt dazu,
den Konflikt auf das Haus zu beschränken – der Ehemann ist der wahre
Schuldige, nicht die untreue Frau – und nicht in die Öffentlichkeit zu tragen,
in welcher der Mann sich lächerlich machen würde. Sozialer Zwang, bewirkt
durch die Satire, hindert den Mann daran, die öffentlichen Gerichte anzu-
rufen, die den Fall nur ungerecht regulieren könnten. Es ist beachtenswert,
daß die populäre Literatur gerade in bezug auf die sexuellen Beziehungen
sozialbewußt reagiert, unbewußt gegen das öffentliche Recht opponiert und
selbst regulativ agiert. Wäre der Ehebrecher in gleichem Maße negativ sanktioniert worden wie die Ehebrecherin, dann hätte es spätestens im 16. Jahrhundert eine populäre Literaturgattung gegeben, welche die impotente Frau
lächerlich macht.[233] Die Hahnrei-Satire trifft weniger die Institution der
Ehe als die staatliche oder kirchliche Gesetzgebung.

Erwähnung fordern auch die skatophilen Tendenzen einer gewissen sub-
erotischen populären Literatur. Auch hier fehlt es den Autoren nicht an
Witz. So enthält eine Lettre d'attrape alle zum Wortfeld der Defäkation
gehörigen Ausdrücke, ohne selbst von diesem Thema zu reden, also etwa
resserré, aller, commodités, remuant, faire quelque chose, cabinet, aisances,
le derrière, papier, relâche, bon nez, ventôse, chaise, bidet und so fort.[234] Die
-ana-Literatur enthält die Titel *Peteriana* und *Merdiana*[235], die *Six espèces
de Pets* werden in einem traditionsreichen Büchlein ausführlich erläutert.[236]
1870 erschien in Paris eine Anthologie von skatologischen Stücken mit dem

---

[232] [J. Gay — J. Lemonnyer:] *Bibliographie des ouvrages relatifs à l'amour, aux
femmes, au mariage.* I–IV. — Paris—Lille ⁴1894–1900, passim et sp. I, col. 603–606,
731–732. — Hayn-Gotendorf: *Bibliotheca Germanorum erotica* III, p. 8–12. — C. Nisard: *Histoire des livres populaires*, 2e éd., I, p. 338–341.
[233] Ansätze dazu sind in der Gestalt des Alten Weibes mit dem Jungen Liebhaber, der
schon nach einem jungen Mädchen schielt, vorhanden.
[234] *Facétieux Réveille-Matin* 1826 (Schenda: *1000 FVB*, num. 352a), p. 8–10. Auch in:
Farceurs et M. Riochet (ibid. num. 368).
[235] Catalogue Terry 1844 und Catalogue Blocquel 1813. Schenda: *1000 FVB*, num. 709.
[236] R. Schenda: *1000 FVB*, num. 879. — C. Nisard: *Histoire des livres populaires*, 2e
éd., I, p. 363–365.

Titel *Le Nouveau Merdiana*.[237] Die Italiener haben eine Predigt zum Lobe der Scheiße hervorgebracht[238], das illustrierte Flugblatt von *Luca Gava* spielt ausschließlich mit dem Doppelsinn Lu cacava[239], und ein anderes Blatt zeigt freimütig eine Serie von Personen bei der Defäkation.[240] Die erotischen Bibliographien liefern genügend weiteres Material.[241]

Die Beliebtheit solcher Druckwerke läßt sich mit der Freude vergleichen, welche Kinder auf dem Spielplatz an der Koprolalie empfinden.[242] Dabei handelt es sich keineswegs um einen krankhaften Zwang[243], Schmutzreden aus der Analsphäre im Munde zu führen; auch der Leser skatologischer Literatur ist in den seltensten Fällen krankhaft koprophil. Vielmehr geht es hier um das Durchbrechen eines Tabus: das Vokabular der Analsphäre ist aus dem Bürgerhause verbannt, mit dem „Sowassagtmannicht"-Verbot belegt. Flatus und Ructus gehören – bekanntlich aus sozialhistorischen Gründen – in die „Sowastutmannicht"-Zone. Das Übertreten dieses Verbots löst eine Spannung, und diese Entladung wirkt nicht selten erheiternd. Die skatologische Literatur bietet die Möglichkeit eines Ausbrechens aus dem gesellschaftlichen Zwang der Wohlanständigkeit. Sie ist nicht unanständig, sondern antianständig: das Gegenstück zu der übermäßig verbreiteten und dem Schulkind oktroyierten Höflichkeitsliteratur. Sie will nicht höfisch sein, sondern menschlich. Diese Freude an der Möglichkeit unbewußter antiautoritärer Opposition sollte man dem Leser des 19. Jahrhunderts gönnen; andere Chancen, aufsässig zu sein, werden Kindern und einfachen Lesern kaum geboten. Der koprophile kleine Mann fühlt sich als Libertin, als Sozialrebell. Das ist kein Grund, ihn in die psychiatrische Klinik zu schicken.[244]

---

[237] Le Nouveau / Merdiana / ou / Manuel / Scatologique / par / une Société de Gens sans gêne / A Paris / Et en tous lieux / 1870. 8°, VIII + 160 p. — BN Paris Z. 56. 480.

[238] G. Giannini: *La poesia popolare a stampa* II, p. 682 (Druck von E. Crotti in Novara 1864). Cf. dort auch *Cacare*, II, 547; *Caccoleide*, I, 78; *Luca Gava*, I, 310 und *Stercoreide* II, 478.

[239] R. Schenda: *Die Sammlung italienischer Flugblätter,* num. 29.

[240] *Questi cacatori* [...]. — Firenze: Salani 1877. Abbildung bei Paolo Toschi: *Arte popolare italiana.* — Roma 1960, Bilderanhang s. pag.

[241] Gay-Lemonnyer (wie not. 232), I–IV, passim. — Hayn-Gotendorf VII, 143.

[242] Beispiele aus der Kinderpoesie bei P. Rühmkorf: *Über das Volksvermögen*, p. 102.

[243] Friedrich Kainz: *Psychologie der Sprache* II. — ²Stuttgart 1960, p. 391, 574 spricht von „automatischer Koprolalie".

[244] Das Gebiet der populären Erotik ist nach den verdienstvollen Studien von Friedrich S. Krauss (vor dem ersten Weltkrieg!) nur höchst selten erforscht worden — man fürchtete offenbar, als Pornograph gescholten zu werden. 1962 hat das *Journal of American Folklore*, vol. 75, p. 189–248 eine Reihe von wichtigen Aufsätzen über *Folk Literature and the Obscene* veröffentlicht und auf die Schwierigkeiten solcher Forschungen hingewiesen. Cf. jetzt die Arbeiten des Amerikaners G. Legman.

Patriotismus: Krieg und Soldatenleben

Wenn es Kriege nicht gäbe, müßten sie für Leser erfunden werden. Tatsache ist jedenfalls, daß die realen zwischennationalen Schlachtereien nicht genügten, um hinreichende Mengen von Kriegsliteratur hervorzubringen: so wurden Dutzende von utopischen Invasionen und Destruktionen sinnreich erdacht, um den Bataillen-Lesestoff nicht verkümmern zu lassen.[245] Krieg, die kumulierte Aggression, die Gefahr für Millionen, der Tod zu Tausenden – das fasziniert die Lesermassen ebenso wie die produktiven Propheten.[246] Und wer selbst einen Krieg nicht mitmachen durfte, der wollte ihn wenigstens mit Worten preisen:

> Darf ich zu Roß nicht fliegen
> In deutscher Männer Schlacht,
> Soll helfen, kämpfen, siegen,
> Des deutschen Liedes Macht![247]

– oder er wollte solche Schlachtgesänge im Lehnstuhl genießen oder auch sich die Schönheit kommender Auseinandersetzungen fein säuberlich ausrechnen.[248]

Die Frage, ob in dieser Art populärer Literatur der Krieg mehr geschminkt als häßlich erscheint, ob er mehr zur Abschreckung oder mehr zur Abendunterhaltung geschildert wird, läßt sich, auf das Gesamtphänomen bezogen, rasch beantworten. Die Antwort läßt sich auch historisch deuten: Ein im Jahre 1806 zu Erlangen gedrucktes *Lied über den jetzigen Krieg*[249], das die Verse enthielt

> (17) Da viel Tausende ihr Leben,
> bey dem allem ohngeacht,
> müssen in der Schlacht aufgeben
> und zu Krüppeln sind gemacht

---

[245] I. F. Clarke: *Voices Prophesying War* (mit umfangreicher Bibliographie).

[246] Cf. Max Kemmerich: *Prophezeiungen. Alter Aberglaube oder neue Wahrheit?* 3. Auflage. — München 1921, p. 438–462, cap. 12: *Der Weltkrieg in der Prophetie* (mit weiteren Literaturhinweisen).

[247] Karl Weitbrecht: *Lieder von Einem der nicht mitdarf. Kriegslieder 1870. VI + 61 p. v. p. 2.* Diese Gedichtsammlung bietet die typische deutsche Mischung aus glut- und blutvoller Mutterboden-Idylle und rasselndem Hurrah-Patriotismus. Cf. dazu auch den trefflichen Aufsatz von R. Minder: *Heidegger, Hebel und die Sprache von Meßkirch*.

[248] Cf. etwa (aber die Literatur ist unübersehbar groß!) Wachs: *Vor der Schlacht. Entgegnung aus dem deutschen Lager.* — Hannover 1886 (sic!), 23 p., mit dem hoffnungsvollen Schluß: „Auf Wiedersehen denn, wenn die eisernen Würfel in's Rollen kommen!"

[249] *Lied über den jetzigen Krieg / und Abschilderung / der vielen blutigen Schlachten bey Jena, / Lübeck, Breslau und Warschau [...].* — Erlangen 1806. 4°, 4 p. n. n. — Staatsarchiv Ludwigsburg D 52/505.

und:

> (18) Da der Unterthan, der Arme
> jetzt noch kleiner wird gemacht,
> mancher ach, daß Gott erbarme!
> auch von Haus und Hof verjagt,

konnte wegen seiner negativen Kritik am Kriegsgeschehen in Württemberg nicht geduldet werden. Dennoch tauchte es, in einer neuen Fassung, 1809 noch einmal auf mit so gefährlichen Zeilen wie

> Kinder, Greise, Mann und Frauen
> Grausam wurden hingemord't [...]

oder:

> Krieger hört in Blut man wimmern,
> Auf dem kalten Schlachtfeld draus [...].[250]

Das Blatt wurde im Mai 1809 in Reutlingen konfisziert und verboten. Am 7. Juni 1809 konnte der Bücherfiskal Rektor Baur trotzdem 170 Exemplare des Liedes bei den Druckern Lorenz, Fischer und Heerbrandt beschlagnahmen und nach Stuttgart schicken. Als Grund für solches Vorgehen gab man dort in bezug auf ein ähnlich kritisches Kriegslied an: „Das Blatt nro. 27 darf nach den in der Censurordnung aufgestellten Grundsätzen, weil es Unzufriedenheit mit den bestehenden Militäreinrichtungen verbreiten könnte, [...] nicht verbreitet werden."[251] Das *Klaglied über den schrecklichen und grausamen Krieg in Rußland* durfte Buchdrucker Baumann 1813 in Ludwigsburg nicht nachdrucken, da es „geschmacklos und zweckwidrig" war. Das Lied erfreute sich jedoch, wie Baumann versicherte, einer starken Nachfrage.[252]

Kriege durften nicht realistisch dargestellt, wohl aber idyllisch verbrämt werden. So liest man 1868 in *Über Land und Meer* über die beliebten Kriegsromane der Zeit: „Wenn diese Literaturerscheinung mit der Treue der Darstellung lebendige und glänzende Schilderung verbindet und auf dem Hintergrunde gewaltiger Völkerkämpfe die Liebe der Geschlechter zu ihrem ewigen Rechte kommt, so wird man sie nur willkommen hei-

---

[250] Ueber den / jetzigen Krieg 1808 bis 1809 / und Abschilderung der vielen blutigen Schlach- / ten bey Jena, Lübeck und in der / Gegend von Warschau [...]. — Erlangen: J. A. Hilpert 1809. 4°, 4 p. n. n. — Staatsarchiv Ludwigsburg D 52/506.

[251] Ibid. D 52/505. Verbot des Königlichen Oberzensurkollegiums vom 26. Mai 1810 in bezug auf *Zwey schöne Neue Lieder. s. l. n. d.*, 8°, 8 p. n. n. *(Das Zweyte: Ach Gott wie gehts im Krieg jetzt zu)*.

[252] Staatsarchiv Ludwigsburg D 54/157. Ein anderer Druck ibid. D 54/169.

ßen."[253] Man zog die Schlachtereien auf die Ebene der Herzenskonflikte und fand das alles schön. Wie zufrieden und harmlos gebärdet sich doch Karl Geyer in den *Erlebnissen eines württembergischen Feldsoldaten!*[254] Wie beliebt waren doch die *Heiteren Bilder aus dem Soldatenleben in Krieg und Frieden* von dem „Inhaber des eisernen Kreuzes II. Cl." Egmont Fehleisen![255] Den dritten Band sollte man gelesen haben, um zu wissen, was „Im Felde" los war. Wortfetzen genügen für die Inhaltsangabe: Jubel, Trubel, Heiterkeit, alles klappt wie am Schnürchen, die Wacht am Rhein, die Kreuzspinne Napoleon, Essen und Trinken, Bier und Wein, brave Soldaten, mit klingendem Spiel, die eisernen Würfel sind im Rollen, das ist der Tag des Herrn, gesiegt auf der ganzen Linie, ins schöne Elsaß hinein, Feindesland, trefflicher Burgunder, das Vaterland verlangt's, requirieren, ein Festtag, endloses Hurrah. Und Aggression ist natürlich immer Vaterlandsverteidigung: „[. . .] das waren M ä n n e r , entschlossene, kampfbereite Männer, die mit dem Leben abgeschlossen hatten, und bereit waren, dem Feind entgegenzutreten, gewillt, keinen Fuß breit deutscher Erde ohne erbitterten Kampf dem Gegner zu überlassen."[256] Hier und in zahlreichen ähnlichen Publikationen[257] wird der Krieg zum „Stimmungsbild", die Vernichtung von Menschenleben zur „ernsten und heiteren Erinnerung". Gleichzeitig bietet dieses Medium die Möglichkeit, den Patriotismus und den Nationalismus zu pflegen. Heinrich Stephani hatte zwar schon 1813, bei aller Befürwortung einer gebildeten Vaterlandsliebe, vor „Haß und Eifersucht gegen andere Nationen" gewarnt, den Tod für das Vaterland jedoch als feurig-freudiges Opfer gepriesen.[258] Befreiungskriege, Risorgimento, nationale Einigungen förderten das patriotische Selbstbe-

---

[253] *Über Land und Meer* X, 1868, p. 703. — Der Herausgeber dieser Zeitschrift, Friedrich Wilhelm Hackländer, war selbst Autor von *Soldatengeschichten* (1854) aller Art *(Bilder aus dem Soldatenleben im Krieg*, 1849–1850 etc.). Cf. dazu F. Winterscheidt: *Die geistesgeschichtlichen Grundlagen*, p. 148–154: *F. W. Hackländer und der Salonroman.*

[254] K. Geyer: *Erlebnisse eines württembergischen Feldsoldaten im Kriege gegen Frankreich und im Lazaret zu Paris* 1870/71. — München: C. H. Beck 1890. IV + 240 p. — Leseprobe: „Die einen galoppierten auf Beutepferden durch die Gassen des Dorfes. Andere saßen, behaglich ihre Pfeifen rauchend, in bunten Gruppen vor den Häusern; einer schoß eben als wir vorbeimarschierten, eine ahnungslos (!) im Freien sich ergehende (!) Kuh (!) mit seinem Zündnadelgewehr (!) durch die Stirne, daß sie brüllend (!) zusammenbrach. — Kameradschaftliche Grüße und Zusprüche wurden ausgetauscht! ‚Na, heute gings heiß her!‘ ‚Gehauen haben wir sie, aber noch nicht ganz!‘ ‚Morgen kommt Ihr dran!‘ rief es herüber [. . .]." (p. 29).

[255] E. Fehleisen: *Heitere Bilder aus dem Soldatenleben.* I–III. — Reutlingen: Enßlin & Laiblin (1882) (Neue Volksbücher, 174–176).

[256] Ibid. III: *Im Felde*, p. 7.

[257] Cf. W. Bube: *Die ländliche Volks-Bibliothek*, p. 80, 150–154, 212–213.

[258] H. Stephani: *System der öffentlichen Erziehung*, ²1813, p. 123.

wußtsein[259] und bald auch die Selbstüberheblichkeit, den Aggressionsdrang, das chauvinistische Bramarbasieren:

> Deutschland, Deutschland, wache auf,
> Schlag an deines Schwertes Knauf!
> Auf und halt dein Schwert parat,
> Wo sich ein Verräther naht!
> Nimm dein Kleinod wohl in acht,
> Blick umher und halte Wacht,
> Wehre dich; laß nie dir rauben
> Deinen Rhein und deinen Glauben.

Diese Strophe stammt nicht aus dem Jahre 1869 oder 1913 und auch nicht von einem politischen Propagandisten: Christian Gottlob Barth, dieser politisch so uninformierte, uniformierte und desinteressierte geistliche Moralschriftsteller schrieb sie schon 1860.[260] Was dem reaktionären Pfarrer recht schien, mußte dem populären Flugblatt billig sein:

> Wilhelm spricht mit Moltk' und Roone,
> Und spricht dann zu seinem Sohne:
> „Fritz geh' hin und haue ihm!"
> Fritze, ohne lang zu feiern,
> Nimmt sich Preußen, Schwaben, Bayern,
> Geht nach Wörth und – hauet ihm;
> Haut ihm, daß die Lappen fliegen!
> Daß sie all' die Kränke kriegen
> In das klappernde Gebein,
> Daß sie, ohne zu verschnaufen,
> Bis Paris und weiter laufen;
> Und wir ziehen hinterdrein.
> Unser Kronprinz, der heißt Fritze,
> Und er fährt gleich einem Blitze
> Unter die Franzosenbrut [...]
> Ein Füsilier von dreiundachtzig
> Hat dies neue Lied erdacht sich
> Nach der alten Melodei [...].[261]

In dieser „Stimmung" ist es eine Lust zu sterben, pro patria mori, wie jeder Gymnasiast wußte, aber auch jeder kühne Matrose:

---

[259] „Der Patriotismus ist das politische Gefühl der Einheit mit den Seinigen, die Seinigen als Volk genommen. Er ist das Selbstgefühl eines Volks (d. h. der sämmtlichen Glieder desselben im Gegensatz zu einem andern)." A. Ruge: *Der Patriotismus*, p. 28. (1844).
[260] W. Kopp: *C. G. Barth's Leben*, p. 237.
[261] *Neue Flugblätter.* — Leipzig: Breitkopf und Härtel, num. 37: *König Wilhelm saß ganz heiter* (Soldatenlied von Kreusler).

377

Und dringt ein feindliches Geschoß
In eines Seemanns Herz,
Nicht klagt der wack're Kampfgenoß
Ihm macht es keinen Schmerz!
„Ho-he!" ruft er, was schadet's mir,
Ich sterb' den Ehrentod,
Für Deutschlands heiliges Panier,
Die Flagge Schwarz-Weiß-Rot![262]

Kriegsverherrlichung und Patriotismus, Nationalismus und Aggressions-
propaganda sind in der populären Literatur aufs engste miteinander ver-
woben. Es würde zu weit führen, hier die mutigen deutschen Dichterstimmen erschallen zu lassen[263], die Familienzeitschriften unter dem Gesichtspunkt der Kriegsverherrlichung zu analysieren[264], den vergeblichen Kampf
eines Arnold Ruge oder der Sozialdemokratie gegen den Chauvinismus
darzustellen[265], die Kriegsliteratur der beiden Weltkriege in die Betrachtung einzubeziehen[266], an die Franzosen Maurice Barrès oder Henri Vaugeois zu erinnern[267] und die vielen antideutschen Lieder, wie den berühmten *Fils de l'allemand*[268], und die germanophoben Histörchen[269] nachzu-

---

[262] Ibid. num. 40: *Deutsches Flaggenlied.* — Zu dieser „vaterländischen" Flugblatt-
serie cf. G. Krüger: *Neue Flugblätter.* — In: *Die christliche Welt. Evangelisch-Lutherisches
Gemeindeblatt für Gebildete aller Stände* X, 1896, col. 92–94.

[263] Cf. in der Anthologie von J. Pawlecki: *Dichterstimmen*, 1902, p. 123: Christian
Grüss: *Schwarz-weiß-rot;* p. 253: Eduard Müller: *Seid auf der Wacht;* p. 304: Emil Ries:
Ein Kaiserlied; p. 315: Alwin Römer: *Zum Geburtstage des Kaisers.* — Andere Antholo-
gien sind nicht weniger ergiebig.

[264] H. Radeck: *Gartenlaube*, p. 113–114, 122–123.

[265] A. Ruge: *Der Patriotismus.* — M. Lange: *Die fortschrittliche bürgerliche Jugendschriftenkritik*, p. 100–102.

[266] P. Samuleit: *Kriegsschundliteratur.* — I. Ritsert: *Zur Gestalt der Ideologie in der
Popularliteratur über den Zweiten Weltkrieg.* — In: *Soziale Welt* 15, 1964, p. 244–253.

[267] Ernst Robert Curtius: *Maurice Barrès und die geistigen Grundlagen des französischen Nationalismus.* — Bonn 1921. VIII + 255 p.

[268] P. Barbier — F. Vernillat: *Histoire de France par les chansons* VIII, p. 38–39, mit
dem schönen Refrain:

Femme, dit l'officier, écoute ma prière,
Pour lui donner ton lait, je t'apporte un enfant.
Dis-moi si tu consens à lui servir de mère.
Moi, je suis un soldat du pays allemand. [...]
Va, passe ton chemin, ma mamelle est française.
N'entre pas sous mon toit, emporte ton enfant,
Mes garçons chanteront plus tard „la Marseillaise",
Je ne vends pas mon lait au fils d'un Allemand!

[269] Cf. *Les Amours de Jacqueline* (Schenda: *1000 FVB*, num. 55) mit einem bösartigen
deutschen Gutsverwalter und Spion. — Die Geschichte von dem gekreuzigten Kind, 1891
im *Petit Parisien* ohne patriotische Tendenz erzählt und abgebildet, wurde von dem Schla-

erzählen, den von Propagandisten gelenkten Haß der Italiener gegen
Österreicher und Franzosen mit Hilfe populärer Drucke zu exemplifizie-
ren[270] und schließlich das Ganze in den Rahmen der Geschichte des Nationalismus und des Patriotismus zu stellen.[271] So viel läßt sich aber aus
den wenigen erläuterten Beispielen schließen: Die Kriegsliteratur des 19.
Jahrhunderts ist staatlich oder oberschichtlich manipuliert; die negative
Kritik an der kriegerischen Auseinandersetzung ist bewußt unterdrückt
worden. Die Darstellung häßlicher Szenen wurde nicht als Propagandamittel gegen die Institutionen des Krieges selbst, sondern nur gegen den
Feind zugelassen. Erlaubt war dagegen die Kriegsverherrlichung durch
idyllische Erzählungen von sanften Kriegen und zärtlichen Kriegern und
durch säbelrasselnde Kräftigung des nationalen Selbstgefühls. Kriegsliteratur verniedlicht den Konflikt und schürt dadurch die Lust am Konflikt.
Die populäre Kriegsliteratur des 19. Jahrhunderts ist nichts als Aufruf zu
neuen Kriegen.

Erzähltypen und Erzählmotive

Es gibt eine Reihe von Erzähltypen und Erzählmotiven, die in den populären Lesestoffen mit ungewöhnlicher Frequenz auftauchen. Sieben von
ihnen seien hier mit ein paar Beispielen belegt; sie gehören zum größeren
Teil dem Themenkreis Sterben-Morden-Tod (fünf von sieben) an; je ein
Typus behandelt das Thema der Verkleidung und der glücklichen Errettung. Die extreme Situation wird demnach in allen Fällen ausgemalt; weder
ein Schwankmotiv noch eine realistische Liebesszene, weder ein Mirakel-
bericht noch eine exotische Reiseschilderung können mit Geschichten über
den Wechsel vom Leben zum Tode konkurrieren. An der Spitze dieser
Lieblingsmotive steht das der Lebenden Leiche oder des Scheintods – aus

---

gertexter René Esse nationalistisch ausgeschlachtet: der barbarische Vater ist ein Germa-
nenknecht, der seinen Sohn an die Wand nagelt, weil dieser Frankreich liebt:
> [...] L'attachant avec une corde
> Ce vil serviteur des Germains
> Contre un mur, sans miséricorde,
> Lui cloua les pieds et les mains [...].
Cf. Romi: *Histoire des faits divers,* p. 184–185.

[270] Cf. Calisi-Rocchi: *La poesia popolare nel Risorgimento* und die Rezension von R.
Schenda in: *Zeitschrift für Volkskunde* 59, 1963, p. 139–141.

[271] Das neue Werk von L'Huillier-Benaerts: *Nationalité et Nationalisme* schenkt
dem populären Nationalismus allzu wenig Aufmerksamkeit, liefert jedoch passim zahlreiche bibliographische Nachweise.

Hunderten von Belegen können selbstverständlich nur einige wenige herangezogen werden.

Kindsmord

Nach dem Prinzip der größtmöglichen Steigerung von Quantitäten oder Qualitäten werden populärliterarische Morde mit Vorliebe an Kindern – sie sind wehrlos, unschuldig und fragil – verübt. Daß dergleichen Erzählungen auch in der gehobenen Autoren- und Konsumentenschicht Freunde fanden, ist aus der Literaturgeschichte hinlänglich bekannt.[272] Die populären Drucke beschränken sich jedoch nicht auf Morde an neugeborenen und unerwünschten Erdenbürgern oder auf den Kasus, daß Kind und Mutter gleichzeitig den Tod finden, wie bei Justinus Kerners *Kindsmörderin:*

> Bleich, bleich und stumm, wie nur der Mond kann sein,
> Blickt erst sie in den Bronnen still hinein,
> Dann wirft sie zitternd was in seinen Schacht
> Und stürzt sich jählings nach in seine Nacht.[273]

Oftmals sind die Kinder schon größer, wie im Falle der schon zweimal erwähnten Martha Haumesser:[274]

> Eine schreckliche That sich zugebracht
> Zu Elsenheim, in der Ebene dort,
> Durch ein' Mutter, vom Teufel angefacht,
> An ihrer eignen Tochter verübt ein' Mord.
> Zu bergen von diesem Greuel die Spur,
> Zerschneidet und kocht sie die Körpertheile;
> Bei nahem Wege auf buschiger Flur
> Sie zu verscharren, geht sie in Eile.[275]

Ein Hund ist hier, wie in vielen anderen Geschichten, als Detektiv beschäftigt, „Fleischfetzen schleppend daher und dahin". Ein Hund spuckt auch, dummerweise in einem Wirtshaus, die Hand des Findelkindes aus, das er auf Befehl seines geldgierigen Herrn fressen mußte – so wird wiederum der Kindsmord ans Licht der Sonnen gebracht.[276] Anna Cook rächt sich an ihrem ungetreuen Liebhaber, indem sie dessen beiden Kindern den

---

[272] Die Sekundärliteratur findet sich bei F. A. Schmitt: *Stoff- und Motivgeschichte,* num. 1642–1645, 3704.
[273] J. Kerner: *Die Kindsmörderin.* In: *Werke* II, p. 363–364.
[274] Cf. supra not. 146 et 200.
[275] *Die Kindsmörderin Martha Haumesser* (wie not. 200).
[276] A. Rossat: *La Chanson populaire,* p. 37.

Garaus macht: „[...] sie empfing die arglosen Kinder freundlich, führte sie jedoch zu ihrem Schrecken in den finstern Keller, wo sie selbige 8 Tage lang bei kärglicher Nahrung einsperrte. Am neunten Tage gegen Mittag trat sie in den Keller, mit einer schweren Axt bewaffnet; sie ergriff erst den Knaben, versetzte ihm mehrere Axthiebe, sodann tödtete sie das jammernde Mädchen, und schlug dann beiden das Haupt ab, welche sie dem erschreckten Manne brachte."[277]

Die ungeheure Mutter wendet die Hänsel-und-Gretel-Methode an: sie läßt ihre drei Kinder im Walde zurück. Nach der Mutter Hinrichtung findet man freilich den Nachwuchs lebend, wenngleich verwahrlost.[278] Die Justiz irrt gerade bei Kindsmörderinnen: sie ist da allzu rasch — wie der Roi Ubu — mit dem „Kopf-ab" bei der Hand. Die Musikantentochter Anna wird des Kindsmordes bezichtigt und vom Richter Schimmer zum Tode verurteilt. Das aufgefundene tote Kind stammte aber von seiner eigenen Tochter, und obwohl es eigentlich eines natürlichen Todes gestorben war, fällt der Richter doch vor Schrecken und Schmerz tot um.[279] Noch tragischer ist freilich die Mordaffäre von Thalkirchen 1851: Bauer Kaspar Ralb kann nicht vertragen, daß seine Frau immer mehr Kinder bekommt. Er übergießt sein Söhnchen mit siedendem Wasser. Die schwangere Frau tötet im Wald ihre beiden Töchterchen mit dem Rasiermesser und hängt sich selbst an einen Baum. Bauer Ralb wird selbstverständlich legal zum Tode befördert.

Genug der mörderischen Verwicklungen. Dreierlei wird aus den Beispielen deutlich: der Leser verzichtet gern auf ein happy ending, wenn man ihm nur genügend Schurken vorsetzt. Tragisch erscheint ihm nicht der innere Konflikt und das unabwendbare Schicksal, sondern das durchaus unwahrscheinliche tödliche Ereignis, der kumulierte Exitus. Und schließlich gefällt ihm die Geschichte umso besser, je komplizierter sie ist, je mehr unerwartete Geschehnisse sich der Haupterzählung beigesellen. Nicht der Mord ist das eigentlich Fesselnde, nicht der Verstoß gegen die Norm, sondern die Nebenumstände, der Klatsch, das kuriose Requisit.

[277] Schreckliche Opfer / leidenschaftlicher Liebe. / Eine wahre Begebenheit, geschehen zu Baltimore in Amerika. — Mülhausen: J. P. Risler und Komp. 1868. 1 fol., zweiseitig bedruckt. — BN Paris 4° Z. 77.

[278] Die ungeheure Mutter / gegen / ihre eigenen Kinder, die sie dem Hungertode preisgab. / Dieselbe wurde zum Tode verurtheilt und am 12. Mai 1859 in Stuhlwei- / ßenburg, Königreich Ungarn, hingerichtet. — Mülhausen: J. P. Risler u. Comp. 1867. 1 fol., zweiseitig bedruckt. — BN Paris 4° Z. 77.

[279] G. und B. Ovm: *Die Kindsmörderin oder: Die Tochter des Musikanten*. Linz-Urfahr: Krausslich s. d., 56 p. H. Huemer: *Volksbuchliteratur Oberösterreichs*, p. 376—378.

Tod im Backofen

Ein beliebtes Requisit der Räuber- und Mördergeschichten ist der märchenhafte Backofen, gut geheizt und besonders für kleine Kinder, Nachfolger –
oder vielleicht doch Vorfahren? – von Hänsel und Gretel, gebaut.[280] Im
Récit douloureux von 1866 werden gleich alle drei Kinder der Räuber-
wirtsleute auf einmal gebraten. Gut, daß zwei tapfere Soldaten wenigstens
die „viande brûlée" rochen! „Dieu! quelle odeur désagréable", heißt es
im Bänkelsängerlied.[281] In der *Nouvelle intéressante*[282], ebenfalls von 1866,
ist ein intelligentes Mädchen zuviel im Räuberhaus. „Le garçon dit à sa
mère que c'était facile, la maison est écartée de la commune, nous sommes
dans le milieu de la nuit, personne ne viendra voir chez nous ce qui s'y
passe. Il n'y a qu'à allumer le four et la mettre dedans." Die kluge Polizei merkt dann auch, daß für den angefeuerten Backofen gar kein Teig zu-
bereitet ist, und zieht ihre fürchterlichen Schlüsse. Aber auch die Erinnerung
an die von Hänsel und Gretel so trefflich in den Backofen gestoßene Hexe
ist noch wach: 1850 wird eine solche von einem verhexten Ehepaar zuerst
mit den Füßen, dann mit dem Kopf voraus in das heiße Loch gesteckt:
„Alors, les hurlements de cette malheureuse devinrent si violents, elle fit
tant d'efforts désespérés, qu'elle parvint enfin à faire lâcher prise à cet
énergumène, lequel lui ouvrit tranquillement la porte, et la laissa sortir."[283]
Diese Errettung ist dem Umstand zuzuschreiben, daß die alte Dame eben
keine richtige Hexe war, sondern nur ein Opfer des heute noch verbreiteten
Aberglaubens an böswillige Hexen. Die *Verbrecherin aus Habsucht* wirft
ihr Kind, das in der Schule über die Mordtat der Mama geplaudert hatte,
„in einen großen Bratofen, den sie eben erst tüchtig geheizt hatte; sie ver-
stopfte dem armen Opfer den Mund, und die grausame That war geschehen." Auch hier verrät der Rauch die Mörderin: Die Nachbarn öffnen den
Ofen und sehen die halbverbrannten Beine des Kindes – der Rest ist schon
„gebraten und verkohlt".[284] In Wimpassing/Österreich verbrannte sich eine

---

[280] Bolte-Polívka: *Anmerkungen zu den Kinder- und Hausmärchen* I, p. 115–126, sp.
p. 123.

[281] *Récit douloureux.* Schenda: *1000 FVB,* num. 785. — Ganz ähnlich: *Jugement* [...]
qui condamne à la peine de mort le nommé Étienne Gibert. — Clermont-Ferrand: A.
Veysset 1851. BN Paris F 4975 (226).

[282] *Nouvelle intéressante.* Schenda: *1000 FVB,* num. 637.

[283] *Une Femme brûlée dans un four.* Ibid. num. 373.

[284] Die / Verbrecherin aus Habsucht, / oder: / das schreckliche Opfer / einer / unna-
türlichen Mutter. / (Holzschnitt: Zwei Männer vor einem Hauseingang, 64 × 70 mm) /
Nebst / einem dazu verfaßten inhaltreichen Liede. / Hamburg. / Gedruckt bei J. Kahlbrock Wwe., Grünsood Nr. 52. — s. d. (um 1855), 168 × 104 mm, 4 fol. n. n. Deutsches
Volksliedarchiv Freiburg/Br.

54jährige Dienstmagd selbst im Backofen, den sie anzündete, nachdem sie hineingekrochen war.[285] Die sizilianische Version des Backofen-Mordes übertrifft jedenfalls die bisher erwähnten an Erfindungsgabe: Die *Donna di Calatafimi* geht in die Kirche, und daheim ersticht ihr Sohn aus Versehen das Brüderchen. Er versteckt sich ängstlich im Backofen. Die Mutter zündet diesen zum – sonntags verboten! – Brotbacken an und verbrennt den Burschen. Dann erdolcht noch das Familienoberhaupt die Frau – aber diese wird in den Himmel aufgenommen.[286]

Menschen zu braten[287], zu kochen, zu essen – das Motiv ist in Chronik, Legende, Prodigienerzählung stärker verbreitet, als man in unserer Gesellschaft erwarten sollte. Der Missionarswitz mit den lüsternen Menschenfressern erfreut noch immer das Herz des Illustrierten-Lesers. Es fragt sich, ob sich hier latente anthropophage Neigungen manifestieren, oder ob man die Lust am Veit-im-Häfele nicht lieber zu dem so vielfach verästelten Thema der Verkehrten Welt zählen sollte. Wenn die Hasen den Jäger braten, so ist das freilich ein Spiel nur der Gedanken. Wer jedoch nach Gründen für die verbreitete Meinung sucht, Demonstranten seien zweckmäßig mit Flammenwerfern zu liquidieren, der sollte vielleicht den vielen kleinen Erzähl-Backöfen des 19. Jahrhunderts einen Gedanken der Erinnerung widmen.

Räuberwirtshaus und Mordeltern

Aus den Arbeiten von Reinhold Köhler, Erich Seemann und Maria Kosko weiß man, welcher Beliebtheit sich der Erzähltypus vom *Fils assassiné* in der ganzen Welt seit dem 17. Jahrhundert erfreut.[288] Ein Bursche, in der Welt reich geworden, kehrt in das Wirtshaus seiner Eltern zurück, gibt seinen Geldschatz, nicht aber seine Person zu erkennen und wird nachts von den Eltern des Mammons wegen ermordet; ein Dritter enthüllt, zu spät,

[285] *Deutsche Roman-Zeitung* VIII, 1871/1, col. 560: *Selbstmord.*
[286] A. Rigoli: *Scibilia nobili*, p. 91–94 (nach S. Salomone-Marino: *Leggende*, p. 122–125 und G. Pitrè: *Canti popolari siciliani* II, p. 204–207. — Das Motiv ist noch heute im italienischen Bänkelsang bekannt. Vito Santangelo erzählt zum Beispiel, wie der Bäcker Ciccinu von seiner Frau und deren Liebhaber in einen Sack gesteckt wird und „Fu ntra lu furnu elettricu (!) 'nficcatu". Antonino Buttitta: *Cantastorie* (wie not. 383), p. 197–198. — Die jüngste Version: Nebenbuhler im Backofen gefoltert bei Romi: *Histoire des faits divers*, p. 131. — Cf. auch noch J. Adhémar: *Populäre Druckgraphik*, fig. 120.
[287] Über ein des Hungers wegen gebratenes fiktives Kind aus dem Hungerjahr 1817 cf. Theodor Distel: *Zur Schandliteratur kurz nach den Freiheitskriegen.* — In: *Zeitschrift für Kulturgeschichte* VII, 1900, p. 414.
[288] M. Kosko: *Le Fils assassiné* (mit weiterführender Bibliographie). — Cf. auch R. Schenda: *Italienische Volkslesestoffe*, col. 241.

das Geheimnis. So die tausendfach verbreitete Grundfabel. Die *Fliegenden Blätter* meinten schon 1858, heutzutage hätte der heimkehrende Sohn seinen Eltern eine Photographie schicken können[289]; und ebenso schob Albert Camus dem Reisenden seinen Teil Schuld an dem *Malentendu* zu: „De toute façon, je trouvais que le voyageur l'avait un peu mérité et qu'il ne faut jamais jouer".[290] Die Geschichte verlangt also vom Leser richtendes, wägendes Denken; sie ist mehr als nur ein Sensationsbericht. Hier einige weniger bekannte Varianten, die zeigen mögen, wie variabel der Typus bei aller Traditionsrelevanz bleibt: In einem Hamburger Jahrmarktsdruck aus dem Jahr 1866[291] erbt die Tochter eines Taglöhners von ihren englischen Adoptiveltern 10 000 Pfund und kehrt damit, nach 18jähriger Abwesenheit, in die Heimat zurück, wo die Eltern inzwischen Wirtsleute geworden sind. Das Mädchen nächtigt dort unerkannt, die Mutter schneidet ihr die Gurgel ab, der Vater übergibt die Mörderin den Behörden und wird wahnsinnig. – Ein tapferer Soldat, François-Joseph Richard, kehrt 1847 aus Afrika nach Bis-Fontaines zurück. Er trifft dort seine Schwester, die ihn ins Elternhaus begleiten will; er geht aber allein, bleibt unerkannt, wird nachts wegen seines Geldes von der Mutter umgebracht und vom Vater im Keller verscharrt:

Je vais trouver ce brave,
Toi creuse son tombeau,
Dans le fond de la cave,
Auprès du grand tonneau.
Aussitôt la furie
Court arracher la vie
Au soldat décoré,
Et sans le reconnaître
Elle s'en va le mettre
Dans le trou préparé.

Die Schwester deckt das Verbrechen auf, und Dominik Richard, 68, und Françoise Firmin, 56, seine Frau, werden in Toulouse hingerichtet.[292] 1897 wird in einer deutschen Jahrmarktsballade der Heimkehrer als Schlosser

---

[289] *Fliegende Blätter* XXIX, 1858, num. 689, p. 84–86: *Eine alte erschreckliche Ballade mit ganz neuer Nutzanwendung.*

[290] A. Camus: *L'Étranger.* Paris 1942, p. 105. In dem Drama *Le Malentendu* macht sich der heimkehrende Sohn ebenso wie Mutter und Schwester als Zauderer schuldig.

[291] *Ausführlicher Bericht des Raubmordes, welchen eine Mutter an ihrer Tochter, die sie nicht erkannte, verübte.* L. Petzold: *Grause Thaten,* num. 19.

[292] *Le Soldat d'Afrique Assassiné par sa Mère.* — Laval: H. Godbert 1847. BN Paris Lk 7. 1. (15). — Cf. auch J.-P. Seguin: *Un grand imagier,* p. 123, num. 33 und J.-P. Seguin: *Nouvelles à sensation,* p. 187–189, 207 (weitere französische Varianten).

bezeichnet; auch hier erkennt ihn die Schwester. Der Mörder ist jedoch der Vater: er ersticht zuerst den Sohn, dann sich selbst. Mutter und Tochter sterben vor Schmerz.[293]

Die Durchsicht einer größeren Menge populärer Kleindrucke des 19. Jahrhunderts ergibt jedoch, daß der Erzähltypus „Mordeltern" eine intellektuelle Ausformung des viel simpleren Typus „Räuber- und Mörderwirtshaus" darstellt, daß dem einfachen Leser an der richterlichen Überlegung, wieviel Schuld dem Ermordeten zuzuschreiben sei, wenig gelegen, daß er vielmehr primär an der Mordszene in einem düsteren Hause interessiert war. Möglich auch, daß das *Mörderwirtshaus* eine Reduktionsstufe des *Mordelternwirtshauses* ist; jedenfalls steht fest, daß die gedankenlosere und aktionsreichere Fassung im 19. Jahrhundert die beliebtere war.[294] Joseph Nansouty sucht 1831 im Wald von Nogent eine Unterkunft, und da ein Wirt ihn nicht aufnehmen will, versteckt er sich in dessen Stall. Nachts hört er, wie die Wirtsleute einen reichen Kaufmann erwürgen. Die Mörder entdecken den Lauscher und klagen ihn der Tat an. Nansouty wird in Provins zum Tode verurteilt. Im letzten Augenblick rettet ihn die Tatsache, daß im Wirtsgarten der wirkliche Mörder noch andere Leichen gefunden werden.[295] – 1843 steigt der Kaufmann Gérard aus Pontarlier in einem abseits gelegenen Wirtshaus „Moulin Rouge" ab und findet in seinem Zimmer unter seinem Bett eine Leiche. Er hat keine Möglichkeit zu fliehen, legt deshalb die Leiche mit seiner Nachtmütze ins Bett und sich selbst darunter. Nachts kommen in der Tat zwei Mörder und erstechen die Leiche ein zweites Mal, dann nehmen sie das Geld aus des Kaufmanns Mantelsack. Dieser wartet zitternd, bis alles schläft, schleicht sich dann aus dem Haus, schwingt sich auf sein Pferd und erreicht die nächstgelegene Gendarmerie. Mit mehreren Polizisten wird das Mörderwirtshaus umzingelt, und die Schuldigen wandern ins Gefängnis. Vier von ihnen werden später in Dijon hingerichtet.[296] – Die *Verbrecherin aus Habsucht,* eine Wirtin,

---

[293] Röhrich-Brednich: *Deutsche Volkslieder* I, num. 44, Bibliographie p. 259. — Cf. auch noch — als weitere Ergänzung zur Bibliographie bei M. Kosko — T. F. Meysels: *Schauderhafte Moritaten,* p. 82–83: *Die Aeltern als Sohnesmörder:* Der Vater erschlägt den heimgekehrten, unerkannten Soldatensohn mit dem Spaten und begeht, als der Richter die Lage aufklärt, Selbstmord. Autor: August Betz.

[294] Ältere Beispiele bei E. Buchner: *Das Neueste von gestern* I, p. 53–54 (1629). — *Kurtzer Begriff oder Chronica derer Merckwürdigsten Geschichte des Jahrs 1723,* s. l. (Hamburg?), p. 57: Reisende im Wirtshaus verwurstet. — *Relazioni dei viaggi del Canonico Bacci.* — In: *Lares* XXVIII, 1962, p. 7 (1763). — Zum Räuberwirtshaus cf. auch L. Schmidt: *Volkserzählung,* p. 79–106.

[295] *L'Innocence accusée et le crime puni.* — In: *L'Innocence reconnue.* Schenda: *1000 FVB,* num. 454, p. 5–9.

[296] *Détails de plusieurs crimes.* Ibid. num. 293.

385

ermordet um 1855 einen abgestiegenen Kaufmann wegen seiner Waren. Als ihr Kind in der Schule ausplaudert, die Mutter habe viele neue Tücher zu Hause, soll der Vater es erschlagen und in eine Grube werfen. Da er die Untat nicht übers Herz bringt, liquidiert die Mutter das Kind mit der Backofen-Methode.[297] – 1859 übernachten drei französische Soldaten in einem russischem Forsthause, um in der Nähe einen verborgenen Schatz zu holen. Sie geben dem Förster für seine Hilfe ein Viertel, aber dessen Frau will alles Geld: „Dann bereitete die vom Teufel überwältigte Frau ein kochendes Oel und goß den im Schlaf versunkenen Franzosen das kochende Oel in den Mund, über das Gesicht, die Augen und die Ohren. Der Mann, der zu dieser That leuchtete, durchbohrte mit einem Hirschfänger die Brust der Franzosen und machte so ihrem Leiden schnell ein Ende." Der Oberförster entdeckt jedoch Blutspuren und die Leichen im Keller. Die Mörder werden nach Sibirien verbannt.[298] – Als Friedrich Kölner, ein Bierbrauer, 1864 aus Deutschland nach Prag zurückkehrt, muß er, von einem Gewitter überrascht, in einem Mörderwirtshaus übernachten. In seiner Kammer soll er umgebracht werden, aber er wehrt sich mit Hilfe seines Hundes und zweier geladener Terzerolen. Andere Räuber ermorden inzwischen alle seine Verwandten. Die Polizei fängt zwar die Schuldigen, aber der Held bleibt todunglücklich auf der schreckensreichen Bühne des Lebens zurück.[299]

Alle diese Geschichten, denen es in der Tat nicht an Variationen mangelt, lassen sich auf einen vereinfachten Grundtypus zurückführen: Ein fremder Reisender übernachtet in einem Haus und wird dort ermordet oder zum Zeugen eines Mordes gemacht. Nur in seltenen Fällen ist es einem populären Autor gelungen, aus diesem Erzähltyp eine anspruchsvollere Geschichte zu gestalten. Alles ist auf Aktion und extreme Situation zugeschnitten. Die Konsumenten gaben sich mit einem Minimum an Ausgestaltung zufrieden.

Lebende Leichen

Knarr! – da öffnet sich die Tür.
Wehe! Wer tritt da herfür!?

---

[297] *Die Verbrecherin aus Habsucht* (cf. hier not. 284).
[298] Das schreckliche Verbrechen, / welches ein russischer Unterförster am 2. Mai 1859 / mit seiner Frau an drei französischen Soldaten verübt hatte, [...]. — Colmar: C. Decker, s. d. 1 fol., zweiseitig bedruckt. BN Paris 4°. Z 77.
[299] Schreckliche und gefahrvolle / Reise in die Heimath, / sowie traurige Ankunft des Sohnes in seines Vaters Hause. Auf Verlangen / vieler guten Freunde herausgegeben und beschrieben von ihm selbst. 1861. — Kol.: Colmar, Buchdruckerei von C. M. Hoffmann. — 1 fol., 275 × 220 mm. BN Paris F 4975 (286).

> Madam Sauerbrot, die schein-
> Tot gewesen, tritt herein.
> Starr vor Schreck wird Sauerbrot,
> Und nun ist er selber tot.[300]

Auch Wilhelm Busch konnte sich der Faszination dieses seit dem Spätmittelalter in Geschichtensammlungen verbreiteten Erzählmotivs nicht entziehen – es war durch die volkspädagogischen Bemühungen um die Wiedererweckung von Scheintoten[301] allzu stark in das Bewußtsein der Öffentlichkeit gerückt worden. Die Volkskalender und Wochenblätter warnten vor dem Lebend-begraben-Werden[302], und nicht nur Friederike Kempner, der schlesische Schwan, malte sich Schauerszenen aus wie:

> Stürmisch ist die Nacht,
> Kind im Grab erwacht:
> „Mutter, wo bist du?"
> Überall ist's zu.
> Endlich stirbt das Kind,
> Froh die Engel sind,[303]

und nicht nur Edgar Allan Poe ließ dem Helden im *Premature Burial*[304] eine Klingel im Sarg anlegen, wie sie die Welfen zu Braunschweig schon erfunden hatten.[305] Allerorten krochen die Leichen lebend aus ihren Gräbern und spielten Auferstehung. „Alle unsere Leichen [statt „Reichen"] sind in die Bäder gereist", witzelte der *Anekdotenjäger*.[306] Aus der Masse der populären Belege können hier nur wenige Beispiele angeführt werden.[307]

---

[300] W. Busch: *Abenteuer eines Junggesellen.* — In: *Das goldene Wilhelm Busch-Album* II. Hannover 1959, p. 28–29.

[301] Rudolf Zacharias Becker: *Das Noth- und Hülfs-Büchlein oder lehrreiche Freuden- und Trauer-Geschichte des Dorfes Mildheim,* cap. 4–5 (in der Ausgabe Gotha 1814, p. 15–26). — F. E. von Rochow: *Der Kinderfreund* II, 1808, p. 119–121. Und viele andere theoretische Werke!

[302] E. Lombard: *Der medizinische Inhalt,* p. 33–36. — H. Kohlbecker: *Allgemeine Entwicklungsgeschichte des badischen Kalenders,* p. 59. — M. Zuber: *Die deutschen Musenalmanache,* p. 471.

[303] G. H. Mostar: *Friederike Kempner, der schlesische Schwan.* — Heidenheim ⁵1953, p. 28–30.

[304] E. A. Poe: *The Premature Burial.* — In: *The Complete Tales and Poems of E. A. Poe.* — New York 1938, p. 258–268.

[305] So erzählt man zumindest in der Welfengruft im Dom von Braunschweig.

[306] *Der Anekdotenjäger.* — Reutlingen: Enßlin & Laiblin s. d., p. 8: *Schöne Druckfehler.*

[307] „Leicht könnten wir noch viel mehrere Beispiele anführen;" meint das *Oettingische Wochenblatt* vom 29. Januar 1800, „denn die in England gestiftete Humanitäts-Societät hat in den Jahren 1774 bis 1796 allein 2175 Scheintote gerettet." Unberücksich-

In der Geschichte von der zu neuem Leben erwachten Leiche gibt es nur e i n wesentliches, variables Element: die Umstände des Wiedererwachens. In Amerika wurde ein toter Knabe namens „Werleig oder Wethley" bei der Beerdigung vom Blitz getroffen und kehrte, geistig regsamer als zuvor, ins Leben zurück.[308] Eine tote Frau, zur Kirche getragen, wird durch einen Busch zum Leben gekitzelt. Bei ihrem zweiten Tode warnt der Mann die Leichenträger vor der Hecke.[309] Ein Neffe, im Testament der verstorbenen Tante zu kurz gekommen, versetzt dem Sarg einen Fußtritt, und die Leiche erhebt sich aus dem umgestürzten Kasten.[310] Ein Totengräber will eine tote Dame ihres Schmucks berauben, öffnet Grab und Sarg, doch

> Hu! – da erhob der Leichnam sich
> mit offnen Augenlidern.
> „Wo bin ich? – Was umfesselt mich
> an allen meinen Gliedern?"
> Der hochbestürzte Räuber war
> ein schlechter Antwortgeber;
> stumm rannt' er, mit empörtem Haar,
> durch's Schauerfeld der Gräber.[311]

Tote Damen wachen gerne auf, wenn der Totengräber ihnen, des Ringes wegen, einen Finger abschneiden will.[312] Auch ein Blutegel am Puls wirkt belebend.[313] In Rußland kroch eine Fliege einem toten Mädchen in die Nase; es mußte niesen und erhob sich von seinem Totenlager.[314] Ist die weibliche

---

tigt bleibt hier auch die mündliche Sagenüberlieferung. Cf. Ingeborg Müller und Lutz Röhrich: *Der Tod und die Toten (Deutscher Sagenkatalog).* — In: *Deutsches Jahrbuch für Volkskunde* 13, 1967/II, p. 346–397.

[308] *Didaskalia,* num. 89 vom 30. März 1833.

[309] *Contes pour rire* (1852) (Schenda: *1000 FVB,* num. 265), p. 10. Bekanntlich auch in Luigi Pirandello: *Novelle per un anno* II, Milano: Mondadori ²1958, p. 310–323 als Schwank erzählt: *La paura del sonno:* „[...] la signora Fana, solleticata alle gambe, alle mani, al volto, dalle foglie dell'albero, tra le grida d'orrore di tutta la gente, sorgere a sedere sul cataletto, coi polsi legati, cerea, sbalordita di trovarsi in quel luogo, all'aria aperta, tra tanto popolo che le urlava attorno raccapricciato."

[310] *Les Folies amoureuses* (Schenda: *1000 FVB,* num. 387), p. 79–80.

[311] *Neues Liederbuch für frohe Gesellschaften.* — Nürnberg 1818, p. 180–181.

[312] *Das Heller-Magazin,* 18. Januar 1834, p. 18–19. Nach Köppen: *Achtung der Scheintodten.* Halle 1800. — E. F. Struve: *Das große Unglück einer zufrühzeitigen Beerdigung.* — Leipzig 1785, p. 5–6.

[313] *Raphael* VI, Donauwörth 1884, p. 302 (aus Haslach, Oberösterreich). — Bei einem Krämer in Poitiers half das Schröpfen an Armen und Füßen. *Le Livre des singularités* (1805) (Schenda: *1000 FVB,* num. 531), p. 160–162.

[314] *Raphael* VI, Donauwörth 1884, p. 327.

Leiche schwanger, so bringt sie noch das Kind im Sarg zur Welt[315] und wacht dadurch gelegentlich auf.[316] Und so geht es mit den Resurrektionen fort – wenn nur irgend möglich, mit weiblichen Leichen – durch Glockenläuten, Massagen, Feuer, Predigten und Stürze.[317] Erst der Schwank benützt die dem Thema innewohnende Möglichkeit der Erweiterung: er fragt nach dem Effekt des Erwachens und malt möglichst komische Situationen aus. Die populäre Literatur des 19. Jahrhunderts hat es jedoch nur selten verstanden[318], Berichten von wiedererweckten Leichen eine heitere Note zu geben, wie Wilhelm Busch es tat. Makabre Scherze, schwarzer Humor sind vor hundert Jahren noch selten; der Leichen-Schauer alter Tradition überwiegt. Aus der tot-lebendigen *Braut von Korinth* ließ sich keine Komödiantin machen. Aber auch Gottfried Kellers Wunsch

> Hinunter die wandelnden Leichen,
> Hinab in die Totengruft[319]

ließ sich weder politisch noch erzählerisch verwirklichen: Leichen aller Art wandeln zählebig weiter auf Erden.[320]

Totenschädel

Der Leichen-Horror konzentriert sich im Totenschädel – in ihm sind alle Späße des „poor Yorick" verfault, alle Kniffe der Juristen vertrocknet. Totenschädel regen jedoch höchstens Hamlet und barocke Prediger zur Meditation an; der populäre Autor sucht auch diesen letzten Rest der Leiche noch zu aktivieren. So rollen in allen Schauerromanen Totenschädel herum;

[315] Bekannt durch Heinrich Heines *Florentinische Nächte*, 2. Nacht (1836): In: *Gesammelte Werke*, ed. Wolfgang Harich, 2. Aufl., 6. Band. — Berlin 1955, p. 132–164, sp. p. 159–160: Grabräuber entdecken Gräfin im Sarg in Kindsnöten und nehmen das „Totenkind" mit, als die Mutter stirbt.

[316] F. Rocchi: *Un secolo di canzoni*, p. 349: *Una donna che partorisce nella cassa mortuaria un bambino senza mani.*

[317] J. P. Brinckmann: *Beweis der Möglichkeit, daß einige Leute lebendig können begraben werden.* — Düsseldorf, Cleve, Leipzig 1772, p. 117–122.

[318] Ein rares Beispiel in *Didaskalia* num. 49 vom 18. Februar 1833, p. 3: Kartenspielende Hinterbliebene werden vom wiedererwachten Erbonkel überrascht.

[319] Cf. Luzius Gessler: *Lebendig begraben. Studien zur Lyrik des jungen Gottfried Keller.* Diss. Basel. — Einsiedeln 1964, p. 27.

[320] Aus vielen aktuellen Zeitungsberichten sei nur der aus der *Stuttgarter Zeitung* vom 1. Juni 1968, p. 92 erwähnt: Eine brasilianische Leiche erhebt sich aus dem Sarge, während sie gerade zur Beerdigung geflogen (!) wird und erschreckt den Piloten so sehr, daß er nach der Landung zusammen mit der Leiche ins Krankenhaus gebracht werden muß. Das moderne Requisit — Flugzeug — evoziert hier raffinierterweise den Gedanken „Himmelfahrt"; der Effekt der Resurrektion ist ein tragikomischer.

der Leser sieht „ein schwarz dekoriertes, nur schwach erhelltes Zimmer, in welchem auf einem Tisch vor einem Kruzifix und einem Totenkopf zwei brennende Wachskerzen standen"[321], oder: „Elle parle, cette tête; elle fait des contorsions épouvantables, et un poignard dans les dents, elle semble survivre au crime pour lequel elle est née. Les mâchoires, les yeux, tous les muscles dans une contraction horrible, expriment encore le meurtre, la soif du sang, de la vengeance, et la lampe brûle continuellement pour éclairer cette scène affreuse."[322] Selbst der Aufklärer, der gegen den Aberglauben von spukenden Hingerichteten wettert, läßt sich die Gelegenheit nicht entgehen, einen Totenschädel zum Protagonisten einer spannenden Geschichte zu machen: ein Pferd scheut „just unter dem Gericht – just in der Spukstunde – just der Schädel eines Gerichteten vom Rade" – das war schließlich die rationale Lösung, aber bis dahin wurde der Leser doch zwei Seiten lang in Spannung gehalten.[323] So schätzen denn auch die Wochenblätter Schädel-Schauer: „Ein kalter Fieberfrost rieselte durch seine Gebeine, und starr war sein Blick auf den Totenschädel gerichtet. Der helle Mond beleuchtete die schreckliche Szene."[324] So 1833 das *Konstanzer Wochenblatt*, und 1857 der Straßburger *Indicateur du Bas-Rhin:* „Die beiden Flammen, welche zischend aus den Augenhöhlen des Schädels brachen, verwandelten die Finsterniß des Gemachs in schauerliche Dämmerung und färbten die Gesichter der Anwesenden ebenso bläulich-todthaft-fahl, wie das Antlitz des Geistes."[325] „Aufklärung" mit Schauereffekt betreibt auch das *Donauwörther Wochenblatt,* wenn es einen herumlaufenden Totenschädel von einer Ratte bewegt sein läßt: „So nimmt oft der natürlichste Hergang die Gestalt eines Wunders an, und bleibt selbst dem hellesten Beobachter so lange ein schauerliches Dunkel, bis ein mitleidiges Ungefähr ihm den gordischen Knoten löst."[326] Nach und nach werden die Schädel-Abenteuer für die Unterhaltungsspalten frei verfügbar. Die Geschichte von dem jungen

---

[321] *Rinaldo Rinaldini* (wie not. 106), p. 243.

[322] *Les Ombres sanglantes* II, Paris: Vve Lepetit 1820, p. 99–101. — Ein vierbändiger Roman der Comtesse de Choiseul hat den Titel *Camille, ou la Tête de mort.* Pigoreau: *Cinquième Supplément à la Petite Bibliographie,* 1823, p. 20.

[323] *Noth- und Hülfsbüchlein für Bürgers- und Bauersleute.* 4. Band. — Grätz 1793, p. 257–260.

[324] A. Diesbach: *Das Konstanzer Wochenblatt,* p. 259.

[325] *Die Lauscherin.* — In: *L'Indicateur du Bas-Rhin,* Strasbourg 22. Juli 1857, p. 3..

[326] *Der Totenkopf.* — In: *Donauwörther Intelligenz- und Wochenblatt,* 20. August 1825. — Cf. auch E. Buchner: *Das Neueste von gestern* II, num. 754 (Maulwurf im Schädel). — Die Quelle für das Wochenblatt war wohl S. C. Wagener: *Die Gespenster* I, Berlin 1797, p. 297–302. Wagener wiederum beruft sich auf *Monathliche Unterredungen von dem Reiche der Geister, nach den Grundsätzen der heil. Schrift.* Leipzig 1735. — Die Geschichte findet sich noch in unserer Epoche in einer französischen Zeitung. Romi: *Histoire des faits divers,* p. 130.

Trompeter, der einen alten Brigadier nach einem Totenschädel auf den Friedhof schickt, sich selbst aber als Gespenst verkleidet und dem Brigadier den Totenschädel abverlangt, schließlich aber stirbt, weil der andere den Schädel auf den Kopf des Trompeters fallen läßt – diese Geschichte findet sich 1862 nicht mehr in einem Exempelbuch, sondern in einem unregelmäßig erscheinenden humoristischen Periodikum mit dem Titel *Peter Lustig*.[327]

Schädel als Trinkgefäße, tote Köpfe in Blumenvasen, beleidigte Totenschädel, sprechende Schädel auf Schlachtfeldern, aufgespießte Köpfe, Köpfe im Korb der Guillotine, glühende Gespensterschädel, Köpfe als Kegelkugeln, abgehackte Köpfe in Johannesschüsseln und in Judiths oder in des Scharfrichters hocherhobener Hand, Krania auf den Tischen des Vehmgerichtes, vertauschte Köpfe – in diesen Szenen, Episoden, Motiven und Bildern konzentriert sich noch einmal die ganze Lust der lebenden Leser an Mord, Tod, Sterben, Hinrichtung, Blut, Angst, Grauen, Gewalt. Diese Sensationslust basierte auf vielen Jahrhunderten sozialen Lebens in der Präsenz von mörderischen Kriegen, öffentlichen Hinrichtungen, willkürlicher Justiz und unklaren Vorstellungen vom Jenseits und seinen angeblichen Schrecken.

Mädchen als Soldat

Man kann die Erzähltypen vom verkleideten Mädchen[328] in den Zyklus der verkehrten Welt einordnen[329], man kann sie unter dem Gesichtspunkt des Transvestitismus betrachten und psychotherapeutische Maßnahmen dagegen ersinnen, man kann sie sozialpsychologisch als Emanzipationsversuch des an den häuslichen Herd geketteten weiblichen Geschlechts oder als männliche Satire an herrschsüchtigen Frauen interpretieren. Die Erzählforscher haben herausgefunden, daß die „fanciulla guerriera" in der Volksballade eine erstaunliche Verbreitung in ganz Europa gefunden hat[330],

---

[327] *Der Todtenkopf.* — In: *Peter Lustig* No 3, Mülhausen: Paul Baret, 25. Juni 1862, p. 10. — Über dieses kuriose und kurzlebige Blatt (BN Paris Zp. 125), das eher Bauernaufklärung als Lachen verbreitet, cf. die Archives Départementales Haut-Rhin, Colmar, 1. T. 44 (Brief des Verlegers an den Präfekten vom 22. Mai 1862).

[328] A. Aarne - S. Thompson: *The Types of the Folktale.* — ²Helsinki 1961 (FFC, 184), num. 880–899.

[329] G. Cocchiara: *Il mondo alla rovescia*, p. 232, 235 und fig. 19, 25–27, 33.

[330] Giuseppe Vidossi: *Saggi e scritti minori*, p. 480–481: *La guerriera.* — Erich Seemann: *Die Gestalt des kriegerischen Mädchens in den europäischen Volksballaden.* — In: *Rheinisches Jahrbuch für Volkskunde* X, 1959, p. 192–212. — Sebastiano Lo Nigro: *La canzone della „Fanciulla guerriera" nella poesia popolare europea.* — In: *Siculorum Gymnasium* N. S. XIX/1, Catania 1966, 61 p. (mit weiterführenden bibliographischen Angaben). Cf. die Rezension in: *Hessische Blätter für Volkskunde* 58, 1967, p. 181.

die Historiker wissen, daß transvestierende Damen eine alte Erscheinung sind[331], die Kenner der Literatur sehen eine Unzahl von Hosenrollen in ihrem Forschungsmaterial, und sie erinnern sich an Penthesilea, an die Päpstin Johanna, an Jeanne d'Arc, an Shakespeares Viola, an *Gustav Adolfs Pagen* von Conrad Ferdinand Meyer und an Bertolt Brechts sozialkritische Geschichte von der Frau, die, der Kleidung nach ihr Geschlecht wechselnd, in einer Fabrik den Wachtposten ihres verstorbenen Mannes einnimmt.[332] Das alles verbietet eine einseitige Interpretation; bei jedem einzelnen Beleg aus den populären Lesestoffen können Sozialprotest, erotischer Kitzel, abgesunkenes Literaturgut, Liedtradition und Verkehrte-Welt-Satire zur Bildung der Geschichte beigetragen haben. Der Erzähltypus vom Soldatenmädchen ist nach seinen kulturalen Komponenten weitaus komplexer als die bisher erwähnten Typen. Das 19. Jahrhundert scheint diesen Erzählungen jedoch einen zusätzlichen Aspekt abgewonnen zu haben: den militaristischen.

Heinrich Zschokkes weibliches Pendant zum *Abällino, Die Heldin der Vendée,* Tochter eines französischen, republikanischen Generals, hilft, als Mann verkleidet, bei der Eroberung von Ancenis[333] mit.[334] Die kriegerische Epoche gebar immer neue Soldatenmädchen: 1803 erschien *Der schöne Flüchtling – Ein Paroxysm der Liebe* von Karl Gottlob Cramer: hier folgt das kampflüsterne Mädchen nicht dem Offiziers-Vater, sondern dem Offiziers-Geliebten.[335] In dem 1805 gedruckten Roman *Nos malheurs sont finis*[336] sind dem Mädchen Aufstiegschancen geboten: es wird selbst Offizier und macht, nach Schwanger- und Gefangenschaft, den Italienfeldzug unter Napoleon mit, eine „lionne terrible, qu'anime la soif de vengeance. Elle se précipite dans les rangs ennemis, elle cherche des yeux le perfide qui m'avait frappé, et renverse du bras désespéré tout ce qui l'empêche d'arriver jusqu'à lui. Le joindre, l'attaquer, lui faire mordre la poussière, est pour mon intrépide amie l'affaire du même moment. Son ardeur se communique bientôt à tout ce qui l'environne [...]."[337] Napoleons Schlachtenwelt kreiert Löwinnen und Heldinnen, die allen Ruhmes würdig sind.

---

[331] Gustav Wulz: *Der Geselle Adam und Eva.* (Eva Barbierer, 1565). — In: *23. Jahrbuch des Historischen Vereins für Nördlingen und das Ries.* Nördlingen 1950, p. 91–115.

[332] B. Brecht: *Der Arbeitsplatz oder Im Schweiße deines Angesichts sollst du kein Brot essen.* — In: *Gesammelte Werke,* 11. — Frankfurt 1967 (werkausgabe edition suhrkamp), p. 224–229. — Cf. dazu O. Görner: *Volkskunde und Tageszeitung,* p. 80–81 (Illustriertenberichte von diesem Fall aus den Jahren 1931/32).

[333] Städtchen an der Loire, aber kein Schlachtenort.

[334] C. Müller-Fraureuth: *Ritter- und Räuberromane,* p. 74.

[335] Ibid. p. 75.

[336] R. Schenda: *1000 FVB,* num. 548.

[337] *Nos malheurs sont finis* (ibid. num. 548), p. 64.

Einmal entdeckt der Kaiser eine Frau im 6. Husarenregiment und erlaubt ihr, Soldat zu bleiben. Sie zeichnet sich in der Schlacht bei Eylau aus, wird bei Friedland verwundet, erhält das Kreuz der Ehrenlegion, verliert bei Waterloo ein Bein und ihren Mann![338] Solche Geschichten, unauffällig in ein Soldaten-Witzbuch geschmuggelt, stärken den Kampfgeist der Truppe.

Die Satiriker wenigstens merkten, in welcher Richtung der militante Eifer wirken sollte. 1813 erschien in Bordeaux – weit vom Schuß – ein Pamphlet, das die Bewaffnung von 200 000 französischen Mädchen forderte und deren Uniformen und Tätigkeiten beschrieb. Eine *Chanson nouvelle* erzählt dazu, wie Bellonas Armee die Engländer besiegt, freiwillig natürlich:

> Nous n'avons nul engagement;
> Nous somme Filles volontaires,
> Nous quittons toutes nos amans
> Jusqu'à la fin de la guerre,
> Et puis nous nous marierons
> Après avoir fait des conquêtes,
> Avec tous ces bons garçons,
> Soldats du grand Napoléon.[339]

Das Heftchen, in großer Auflage gedruckt, wurde von den Behörden als Parodie auf die Rekrutierungsbemühungen der französischen Armee erkannt und sofort verboten, damit es im Publikum keinen Schaden anrichten könne.[340]

Das Soldatenmädchen hängt also eng mit der Militarisierung einer Nation zusammen; in Frankreich blieb es mit dem Napoleonkult verbunden. Wahre Wunder erzählte man sich von Virginie Gesquière, die, ihren Zwillingsbruder ersetzend, 1806 Soldat geworden war, nach Wagram zum Feldwebel avancierte und bei Lissabon, obwohl verwundet, ihren Oberst rettete. Eine Krankheit erst verriet ihr Geschlecht; trotzdem dekorierten sie ihre Vorgesetzten mit einem Orden.[341] Im Zuge der Entnapoleonisierung wurde indes 1816 bei Pellerin in Épinal ein Bilderbogen mit dem Titel *Virginie Chesquiere ou la nouvelle héroïne française* beschlagnahmt. Auf diesem

---

[338] *Le Farceur du Régiment* (1806) (ibid. num. 362), p. 97–102.

[339] *Armée de Bellone*. Ibid. num. 81. — Cf. auch R. Hélot: *Canards et canardiers*, p. 35.

[340] Archives Nationales, Paris F. 18. 40. — Spätere, verharmloste Verwendung des Themas in Kalenderbildern und auf Bilderbogen zeigt R. Hélot: *Notes sur l'Imagerie*, p. 25, 48–49. Mit „féminisme" hatte das Thema ursprünglich nichts zu tun, ja dieser Begriff unterschiebt der Französin schon wieder einen Heroismus, den sie nicht besaß und auch nicht besitzen wollte.

[341] *Der große historische Appenzeller Calender* 1814. — Trogen: Joh. Ulr. Sturzenegger. (Kalendersammlung der Stadtbibliothek Lindau).

Blatt wird erzählt, wie die Tapfere an vielen Schlachten teilnahm, bis sie verwundet wurde:

> Par une maladie
> son sexe est reconnu
> Soldats, de Virginie
> Imitez la vertu!
> D'une ardeur martiale
> Elle vole au combat
> Et par tout se signale
> Comme un brave soldat. [...][342]

1832 dagegen waren die Napoleons-Heldinnen wieder zugelassen: *Die schöne Caroline* blieb seitdem ein sehr beliebter Husarenoberst.[343] Andere Geschichten von kriegerischen Mädchen förderten den Patriotismus, sei es in einer einzelnen Stadt[344] oder den einer ganzen Nation: „‚Meine theure Gattin! Ja, gewiß wird der Sieg unsern Schritten folgen. Für Vaterland und Liebe streiten, dieß sei jetzt unser Losungswort!' Als Iwanna ihre Gebieterin in dem reizenden Waffenschmuck erblickte, verlangte sie ebenfalls Männerkleider, und kaum vermochte man sie von dem Entschlusse zurückzubringen, ebenfalls für das Vaterland zu kämpfen, und ihrer theuren Herrin in die wilde Schlacht zu folgen."[345] 1867 lobte der Volkskundler Ernst Ludwig Rochholz die „deutschen Frauen vor dem Feinde", pries „das Germanenweib als Walküre, Gefolgsgeist, Feldpriesterin und Schildjungfrau" und zitierte aus Karl Weinholds *Geschichte der deutschen Frauen:* „Was die Frauen Holsteins und Schleswigs in der neuesten Zeit für das Vaterland thaten und litten, möge eine Leuchte in der Nacht sein. Deutscher Frauen Herrlichkeit wird nicht erlöschen."[346] Und 1870 war auch in Frankreich wieder die Zeit gekommen, Jeanne d'Arc zu spielen. Will man der *Deutschen Romanzeitung* von 1871 Glauben schenken, so operierten die Franzosen mit einem halben

---

[342] J.-M. Dumont: *Vie de Jean-Charles Pellerin,* Tafel IX. — J. Adhémar: *Populäre Druckgraphik,* fig. 84.

[343] *Die schöne Caroline als Husaren-Oberst oder die edeldenkende Kaufmanns-Frau. Eine wahre Geschichte aus dem neuesten Zeitalter.* — Reutlingen 1832 und verschiedene spätere Drucke aus dem Verlag Enßlin & Laiblin. Die Geschichte enthält zudem die Motive Keuschheitswette, verleumdete Ehefrau verstoßen, Wiederfinden der Ehepartner.

[344] *Jeanne Maillote ou l'héroine lilloise.* Schenda: *1000 FVB,* num. 478. Dort heißt es p. 34: „Croyez-vous que je manque de courage, parce que je suis une femme, dit-elle? Jeanne d'Arc a délivré Orléans; Jeanne Hachette a sauvé Beauvais; Catherine de Lice a protégé Amiens; et l'année dernière encore, une femme, Marie Delalain, a défendu Tournay pendant trois mois."

[345] *Alexis und Natalie oder die Verbannung und glückliche Heirat.* — Reutlingen: R. Bardtenschlager s. d. 8°, 32 p.

[346] E. L. Rochholz: *Deutscher Glaube und Brauch im Spiegel der heidnischen Vorzeit.* II: *Altdeutsches Bürgerleben.* — Berlin 1867, p. 287–335, sp. p. 297.

Dutzend „neuer Jungfrauen von Orléans"[347], um die Kampfmoral zu fördern. Will man dieser Quelle die Zuverlässigkeit absprechen, so bleibt doch die Tatsache, daß dem uralten Soldatenmädchen eine neue Rolle auf dem Kriegspropagandatheater des 19. Jahrhunderts zugefallen war: auf der einen Seite als Retterin gepriesen, auf der andern als Flintenweib gebrandmarkt, mehrte es auf jeden Fall den kriegerischen Haß.

Lieber Löwe

Bei so vielen mörderischen Themen stellt sich die Frage nach dem idyllischen Fluchtmotiv, nach strohgedeckten Hütten, zärtlichen Landmädchen und friedlichen Tieren. Jean Jacques Rousseau hat zwar keine populären Lesestoffe produziert, aber man darf an den ungeheuren Erfolg des Jacques Henri Bernardin de Saint-Pierre mit seinem *Paul et Virginie*[348] und an die fruchtbaren Jean-Pierre Claris de Florian[349] und François Guillaume Ducray-Duminil[350] erinnern. Wer liebende Sehnsucht, Hirtenidylle und Waldleben suchte, mochte sie bei diesen Autoren finden. Daneben gab es Geschichten, die diese immer noch zu wortreiche und langatmige Welt auf ein Signal reduzierten: auf das des glücklichen oder hilfreichen Tieres, das besser ist als der schreckliche Mensch in seinem Wahn.[351] Seit den Wüstenvätern gelten, neben den Hunden, die Löwen als beste Freunde des einsamen Menschen. Die Lust am übertriebenen Paradoxon hat gerade den König der Tiere zum zahmen Gehäuse-Genossen werden lassen, zum schwachen Tier, das Hilfe sucht, zum starken Helfer, der den toten Heiligen begräbt.[352] Das Motiv war freilich älter noch als die Eremiten-Romane. Seneca brachte es

---

[347] *Deutsche Romanzeitung* VIII, 1871/1, col. 559, 798; VIII, 1871/2, col. 77, 158; VIII/3, col. 947–948.

[348] R. Schenda: *Die Sammlung italienischer Flugblätter*, num. 44. — Schenda: *1000 FVB*, num. 682. — Paul Toinet: *Répertoire bibliographique et iconographique de Paul et Virginie, de Bernardin de Saint-Pierre.* — In: *Bulletin du bibliophile et du bibliothécaire* 1961, p. 147–252, 810 num. (bis 1840). — P. Toinet: *Paul et Virginie* 1963.

[349] Schenda: *1000 FVB*, num. 137, 227, 337, 395, 862, 905. — Edouard Guitton: *Folklore ou pédantisme: Les Vicissitudes de la pastorale française dans la seconde moitié du XVIIIe siècle.* — In: *Littérature savante et littérature populaire*, p. 188–200, sp. p. 195–196 (Florian als Vorläufer des Bauernromans). — Die deutschen Übersetzungen der Werke Florians bei Enslin-Engelmann: *Bibliothek der schönen Wissenschaften*, p. 89–90.

[350] Schenda: *1000 FVB*, num. 30, 222, 236, 262, 333, 388, 683, 714, 723, 932, 933. — C. Nisard: *Histoire des livres populaires* II, p. 545–551.

[351] Cf. G. Boas: *The Happy Beast in French Thought of the Seventeenth Century.* — Baltimore 1933. 159 p. — Zahlreiche germanistische Arbeiten zum Thema *Tier* bei F. A. Schmitt: *Stoff- und Motivgeschichte*, p. 177–178, num. 3179–3223.

[352] Das Motiv taucht in den *Vitae Patrum* mehrfach auf. Cf. Heinrich Günter: *Psychologie der Legende.* — Freiburg 1949, p. 79, 179–180.

im zweiten Buch *De beneficiis* (19, 1), Aulus Gellius ließ um 170 nach Christus Apion in den *Attischen Nächten* (LV, 14) von Androklus erzählen, Aelian berichtete davon in seiner Tiergeschichte (VII, 48). Durch die Humanisten und barocken Kompilatoren gelangten die lieben Löwen zu neuem Ruhm: Der Sklave Androklus findet sich bei Jacques de Vitry, bei Antonio Guevara, Pedro Mexia und Michel de Montaigne; andere dankbare Löwen erscheinen bei Chrétien de Troyes, Wolfgang Bütner, Heinrich Kornmann und Abraham a Sancta Clara. Bei einer so reichen Tradition – die Belege lassen sich leicht vermehren – nimmt es nicht wunder, daß die Androklus-Mär noch im 19. Jahrhundert, bis zu George Bernard Shaw, für das Tierreich wirbt: Die Franzosen haben ihm mindestens e i n Volksbüchlein[353], die Deutschen mindestens e i n e n Bilderbogen gewidmet.[354] Die Sensationsliteratur griff die Möglichkeit willig auf, den Löwen als Helden zu zeigen: Ein Zirkusmädchen hat einen Löwenfreund, der sie vor einem bösen Liebhaber beschützt: als dieser das Mädchen erdolcht, haut das Tier dem Kerl den Kopf ab. Der treue Löwe stirbt drei Tage später an Schmerz.[355] Eine nicht sehr intelligente Androklus-Version erzählt, wie der Jude Abraham dem braven Kaufmann Suleiman drei Kinder stiehlt und sie nach Algier verkauft. Suleiman findet sie nach vielen Jahren des Suchens, verdingt sich bei dem Fürsten als Gärtner und flieht mit den Kindern. Ein Löwe stellt sich ihnen entgegen: Suleiman zieht ihm einen Dorn aus dem Fuß. Ein Einsiedler verrät die Flüchtigen; sie werden gefangen, und Suleiman wird einem hungrigen Löwen vorgeworfen – doch dieser leckt nur dankbar dessen Hände: „denn siehe, lieber Leser, es war derselbe Löwe, den Suleiman von dem Dorn befreit hatte in der Wildniß". Der Fürst ist gerührt und läßt die Fremden frei.[356]

In Florenz brach ein Löwe aus dem Käfig, lief durch die Straßen und packte einen Jungen. Die Mutter näherte sich dem Tier, streichelte es und bat es, das Kind loszulassen. Der Löwe tat es:

[353] *Le Lion reconnaissant*. Schenda: *1000 FVB*, num. 524. — Als Bilderbogen bei Pellerin in Épinal, *Imagerie d'Épinal*, Nº 487: *Le Lion reconnaissant*.

[354] *Münchener Bilderbogen*, Nro. 288: *Androklus und sein Löwe*. Holzschnitt von H. Leutemann 1860.

[355] *Das verstoßene Kind / oder die / Löwen-Treue. / Eine merkwürdige Begebenheit aus der neuesten Zeit, geschehen in England.* — Mülhausen: J. P. Risler u. Comp. (1866). 1 fol., zweiseitig bedruckt. BN Paris 4° Z. 77.

[356] *Der Kinderraub.* — Mülhausen: J. P. Risler und Comp. (1866. Als „Eigenthümer" des Druckes nennt sich August Moll). 1 fol., zweiseitig bedruckt. BN Paris 4° Z. 77. — Völlig verderbt ist die Androklus-Geschichte in einem Chassaignon-Druck mit dem Titel *Le Lion et le factionnaire:* Ein Löwe kommt zu einem Unterleutnant der Spahis in der Wüste, tut ihm aber nichts, sondern läßt sich nur streicheln. Cf. fig. LXIV bei J. Adhémar: *Populäre Druckgraphik*, p. 199.

Tutto dire che le belve
Più abbian core degli umani!
Così il Sire delle Selve
Per quel fatto dimostrò.
L'uomo ha spesso sulla lingua
La bontà, di rado in core:
E n'è prova quel rancore
Che al suo simil porta ognor.[357]

Liebe zum Löwen paart sich mit Haß gegen die Menschen. Der Misanthrop nimmt bei den Tieren Zuflucht. Der liebe Löwe repräsentiert in unserer Gesellschaft Pessimismus, Kontaktlosigkeit und Flucht in die paradiesische Welt des Zöllners Henri Rousseau. Nur mit Hilfe des lieben Löwen überwindet Hieronymus seine grauenvolle Isolation.

Stereotypen und Requisiten

Rosige Räuber

Zu Beginn unseres Jahrhunderts konnte der erfolgreiche Dresdener Romanverlag die ganze Bande von Sozialrebellen des 18. und 19. Jahrhunderts in einer Heftchenreihe mit dem Titel *Berühmte Räuber* zusammenfassen.[358] Die Zuneigung des Lesepublikums für solche Helden war gerade um 1800 besonders stark gewesen[359], aber noch 1847 berichtete A. Merget: „So sagte mir auch ein befreundeter Geistlicher, der in der Mark einer Bibliothek für Landleute vorsteht, er müsse den Bauern zwischen den für sie geschriebenen Erzählungen und belehrenden Schriften zuweilen auch eine Ritter- und Räubergeschichte bieten, sonst kämen sie nicht wieder."[360]
Italien, das eine eigene, stark verbreitete Räuberliteratur besaß und heute noch besitzt[361], galt in Deutschland als das klassische Räuberland:

[357] *Fatto di Orlanduccio del leone.* Faksimile bei F. Rocchi: *Un secolo di canzoni,* p. 347.

[358] E. Schultze: *Schundliteratur,* p. 39.

[359] J. W. Appell: *Die Ritter-, Räuber- und Schauerromantik.* C. Müller-Fraureuth: *Die Ritter- und Räuberromane.* — A. G. Murphy: *Banditry, Chivalry and Terror in German Fiction, 1790–1830.* Diss. Chicago 1935. — Das *Dictionnaire des Romans* 1819, p. 167–168 verzeichnet unter dem Titel *Romans de Brigands* 77 Räuberromane. — Cf. auch F. W. Chandler: *The Literature of Roguery.* I–II. — Boston 1907, ²New York 1958. — Der einschlägige Artikel in Merker-Stammler: *Reallexikon,* Zweite Auflage, steht noch aus.

[360] A. Merget: *Versuch einer Charakteristik,* p. 370.

[361] R. Schenda: *Italienische Volkslesestoffe,* col. 238–239.

auf diesem Abenteuerboden spielen Wilhelm Heinses Renaissanceroman *Ardinghello* (1787), die Räuberbücher *Aböllino* (1793) von Heinrich Zschokke[362], *Rinaldo Rinaldini* (1797) von Christian August Vulpius und viele ähnliche Werke.[363] „Wenn ein italienischer Bandit und Räuber um Geld zu erlangen, Leute auf offener Landstraße anfällt und wenn sie sich zur Wehre setzen, sie ermordet, so ist das eine schon mehr gewöhnliche und bekannte Sache", hieß es 1855, als das Vorurteil vom räuberischen Italien bereits zementiert war.[364] Volksbüchlein, Wochenblätter und Jahrmarktsdrucke nützen noch lange die Gelegenheit aus, Italien mit Räubern zu übersäen.[365] Auf italienischem Fiktionsboden konnte sich die Phantasie des Schriftstellers frei und unkontrolliert austoben, und außerdem blieb auf diese Weise das Vaterland davon verschont, als ein unzivilisiertes Land zu gelten.

Es fällt auf, daß die Räuber-Produktionskurve zur Zeit der französischen Revolution Spitzenwerte erreicht.[366] Das legt den Gedanken nahe, daß es sich bei dieser Literaturgattung um einen Revolutionsersatz für Leute handelt, die, aus welchen Gründen auch immer, zu keiner eigenen Revolution gelangen konnten. Zumindest werden in diesen Lesestoffen Proteste gegen die bestehende Ordnung formuliert, wie sie sich auf andere Weise, der politischen Zensur wegen, nicht hätten ausdrücken lassen.[367] Die Bewunderung für die Helden des Sozialprotests – einige Autobiographien

---

[362] Als gekürztes Volksbüchlein von G. und B. Ovm mit dem Titel *Abellino, Venedigs größter Bandit* bei Ph. Krausslich in Urfahr-Linz gedruckt. H. Huemer: *Volksbuchliteratur Oberösterreichs*, p. 267–269. — Andere *Abellino*-Büchlein erschienen in Reutlingen, und zwar 1853 bei Fleischhauer und Spohn, 1856 ebenda in zweiter Auflage und 1877 in vierter Auflage bei Enßlin und Laiblin. LB Stuttgart d. D. oct. K. 3154–3156.

[363] C. Müller-Fraureuth: *Ritter- und Räuberromane*, p. 76.

[364] *Ausführlicher Bericht über den Doppelmord aus Liebe und Geldsucht, welchen der Tischlergeselle Fried. Wilh. Steinecke, am 24. August 1855 an seiner Braut und sich selbst in Hamburg verübt hat.* — Hamburg: J. Kahlbrock Wwe. 1855, p. 2.

[365] L. Petzold: *Grause Thaten*, num. 13: *Carlo Morante, der italienische Räuberchef, genannt „das rothe Kind"*; num. 17: *Der gefürchtete Räuberhauptmann Fabio Turandino. — Agneso und Amanda oder die furchtbaren See- und Landräuber von Marino.* Frankfurt/O.: Trowitzsch und Sohn s. d. 77 p. (Privatbesitz). — *Wochenblatt der Stadt Donauwörth* vom 19. Januar und vom 26. Januar 1839: *Die Räuberbraut* (Die Kalabresin Helene verrät ihren Räuberbräutigam Pafarino nicht und wird wegen ihres Mutes freigelassen.)

[366] Cf. auch die Sammlungen Friedrich Eberhard Rambach (nicht Hagemeister!) — Ludwig Tieck: *Thaten und Feinheiten renommirter Kraft- und Kniffgenies.* I.–II. — Berlin 1790–1791 (dazu James Trainer: *Tieck, Rambach and the Corruption of Young Genius.* — In: *German Life and Letters* XVI, 1962/63, p. 28–35) und *Geniestreiche, Abenteuer und Wagestückchen berüchtigter Schlauköpfe, Gauner und Beutelfeger als Beyträge zur Geschichte des Erfindungsgeistes und listiger Unternehmungen.* — Leipzig 1793 (nach Müller-Fraureuth: *Ritter- und Räuberromane*, p. 36; nicht eingesehen).

[367] Cf. L. E. Genin: *Die volkstümliche deutsche Räuberdichtung.*

legen davon Zeugnis ab[368] – hatte jedoch mehr Gründe als nur den von L. E. Genin unterstrichenen latenten Haß gegen die Feudalherren (zumal ja gerade die Bauern weder Produzenten noch Konsumenten dieser Literatur waren). Dies sind zum Beispiel die Tugenden des *Bayerischen Hiesel*, alias Matthias Klostermeyer[369]: Freiheitsdrang, todtrotzender Schneid, Stehen gegen eine Welt von Feinden, Freundestreue, Wut gegen Verräter, Fähigkeit, sich stets selbst zu helfen, körperliche Kraft und Zähigkeit, Hilfsbereitschaft für arme Bauern und gegenüber Frauen, Jagdlust und Beherrschung der Tiere, Humor, sexuelle Freiheit.[370] Gegen Ende des 19. Jahrhunderts beschrieb ein Verleger den *Schinderhannes*[371] – welchen bekanntlich auch Carl Zuckmayer liebte – folgendermaßen: „Als eine kräftige, feurige Jünglingsgestalt, ringend und kämpfend mit seinem tragischen Geschick, tritt uns Schinderhannes, Deutschlands größter Räuberhauptmann, hier entgegen. Wenn auch die Leidenschaft diesen wild und zügellos, in trüber, trauriger Zeit aufgewachsenen Sohn der Rheinlande auf die Bahn des Verbrechens getrieben, so war es wiederum die ihn ganz beherrschende Macht der Liebe zu Julia, dem jungen, unschuldigen Mädchen, die seinem wildbewegten Räuberleben ein so eigenthümliches Gepräge verlieh. Immer wieder versuchte es Julia, die durch ihre imponirende Schönheit, sowie durch ihr tiefes sittenreines Gemüth einen unbezwinglichen, veredelnden Zauber auf den kühnen Banditenchef ausübte, den geliebten Helden dem Verderben zu entreißen; aber das Verhängniß erfaßte nur zu bald wieder den Wankelmüthigen, um ihn auf diejenige Bahn zurückzuschleudern, die ihn ins Verderben führen mußte und schließlich auch auf das – Blutgerüst brachte."[372]

[368] K. Gutzkow: *Knabenzeit*, p. 379: „Besonders war dem Knaben der bayrische Hiesel sympathisch." — J. B. Pflug: *Erinnerungen* I, p. 10–12.
[369] K. Th. Heigel: *Der bayrische Hiesel und die Hiesel-Literatur.* — In: *Westermanns Monatshefte*, Oktober 1887, p. 122–130. — — Fritz Meingast: *Die Vogelfreien. Ein Lebensbild des Bayerischen Hiasl und seiner Gefährten.* — Buxheim/Allgäu 1962. 227 p. — — H. Huemer: *Volksbuchliteratur Oberösterreichs*, p. 272–286. — A. Schlosser: *Deutsche Volksschauspiele, in Steiermark gesammelt*, II. — Halle 1891, p. 204. — — Hugo Hayn: *Vier neue Curiositäten-Bibliographien.* — Jena: K. W. Schmidt 1904 (nicht eingesehen).
[370] Cf. V. Zack — V. von Geramb: *Die Lieder vom boarischen Hiasl.*
[371] C. Müller-Fraureuth: *Ritter- und Räuberromane*, p. 91. — F. Behrend: *Ein Oberstdorfer Fastnachtspiel vom Schinderhannes.* — In: *Z. des Ver. f. Volkskunde* 12, 1902, p. 326–333. — — C. Elwenspoek: *Schinderhannes, der rheinische Rebell.* — Stuttgart 1925. 255 p. — — H. Huemer: *Volksbuchliteratur*, p. 269–272. — Curt-Manfred Franke: *Der Schinderhannes in der deutschen Volksüberlieferung. Eine volkskundliche Monographie.* Diss. — Frankfurt/M. 1958. 195 p. — — L. Röhrich — R. W. Brednich: *Deutsche Volkslieder. Texte und Melodien.* I: *Erzählende Lieder.* — Düsseldorf 1965, num. 65, p. 350–356 (mit bibliographischen Hinweisen). — — Edmund Nacken: *Schinderhannes.* — Mainz 1968. 272 p.
[372] T. Kellen: *Massenvertrieb*, p. 84.

Im Räuberleben ist also durchaus Platz für die erotische Idylle. Das Wort „edel" steht bei dem Räuber nicht von ungefähr – es ist das zutreffende Epitheton für den literarischen Räuber der ganzen Epoche. Der Seeräuber Agneso sagt: „Meine Hände sind rein von dem Blute unschuldig Ermordeter, (betheuerte er feierlich;) harte Strafe trifft diejenigen meiner Leute, welche sich eines solchen Vergehens schuldig machen. Zwar bin ich Anführer von Seeräubern, doch stifte ich unter diesen Leuten viel Gutes, denn früher waren meine Leute Barbaren, die selbst des Kindes an der Mutter Brust nicht schonten; seitdem ich aber ihr Anführer bin, sind sie viel menschlicher. Ich habe Gesetze eingeführt, welche meine Leute befolgen müssen und ich kann mit gutem Gewissen auf alle meine Thaten zurückblicken." Und ein wenig später heißt es von diesem Tugendbold im Räuberkostüm: „Als Räuber wagte er es nicht, im Gotteshause zu beten, aber in seinem Kämmerlein und unter Gottes freiem Himmel richtete er den Blick oft betend zu Gott empor, daß er seine Absicht, entmenschte Wesen menschlicher zu machen, segnen möchte."[373]

Louis-Dominique Cartouche, alias Bourguignon, 1721 auf der Place de Grève gerädert, wurde im Laufe der Zeit zu einem liebenswürdigen und international beliebten Theaterhelden.[374] „Schwärmerei für die Humanitätsapostel mit Flinte und Räuberhut"[375] findet man in den italienischen Volksbüchlein, wie dem von *Titta Grieco*[376], ebenso wie in dem Hannikel-Roman des Pfarrers Christian Friedrich Wittich[377] (1757–1818). Louis Mandrin, berüchtigter Bandit, 1755 in Valence gerädert[378], erscheint 1833 auf dem Theater im *Paradis des Voleurs*[379], 1755 und noch in der Bibliothèque Bleue von Épinal mit Cartouche und Proserpina, also mythologisch verbrämt, in der Hölle[380], 1849 in den *Blättern für literarische Unterhaltung* als eleganter, höflicher, gebildeter Mann, der einen Steuerein-

[373] *Agneso und Amanda* (wie not. 365), p. 28–29, 32.
[374] *Kurtzer Begriff oder Chronica* (wie not. 294), Hamburg 1722, p. 167–168. — Katalog der Rieger'schen Leihbibliothek, num. 2914. — C. Müller-Fraureuth: *Ritter- und Räuberromane*, p. 92. — G. Doutrepont: *Les Types populaires* I, p. 58; II, p. 31, 541–544. — R. Schenda: *Die Bibliothèque Bleue*, p. 150. — R. Schenda: *1000 FVB*, num. 179.
[375] K. Th. Heigel: *Der bayrische Hiesel* (wie not. 369), p. 127.
[376] R. Schenda: *Italienische Volkslesestoffe*, col. 238 und num. 161, 161a.
[377] C. F. Wittich: *Hannikel, oder die Räuber- und Mörderbande [...]. Eine wahrhafte Zigeunergeschichte, ganz aus den Criminalacten gezogen*. — Tübingen: Heerbrandt 1787. — Zwei weitere Werke über Hannikel bei J. J. Gradmann: *Das gelehrte Schwaben* 1802, p. 790. — Über Hannikel cf. auch J. B. Pflug: *Erinnerungen* I, p. 5–10.
[378] G. Doutrepont: *Les Types populaires* I, p. 59; II, p. 640. — Schenda: *1000 FVB*, num. 552–553.
[379] Doutrepont, loc. cit. I, p. 482.
[380] Ibid. II, p. 543–544. — R. Schenda: *Die Bibliothèque Bleue*, p. 150; *1000 FVB*, num. 180.

nehmer um 6790 Pfund prellt.[381] Rinaldo Rinaldini ist in Vulpius' Lied[382] der „liebe Räuber", der Herzensbrecher, der mutige Kämpfer, der Verliebte. Und so ließen sich die Belege bis zu Salvatore Giuliano in unserer Zeit[383] stark vermehren. Der Räuber entfernt sich immer mehr von der Rolle des Sozialrebellen und mutiert zum bürgerlichen Kavalier wie ein edler Wilder. Diese Metamorphose verharmlost seinen verbrecherischen, antisozialen Charakter. Die Räuberliteratur hat, sozialpädagogisch gesehen, mehr Schaden als Nutzen gestiftet.

Geister und Gespenster

So betrachtet, haben Räuber und Gespenster, wenn sie literarisch genossen werden, manches gemeinsam, und eine Kritik des Historikers Johann Gottfried Hoche an der Geisterliteratur wird umso bedenkenswerter, wenn man hie und da für „Gespenster" „Räuber" einsetzt:

Das Lesen so vieler Geistergeschichten macht gleichgültig gegen die schrecklichen Auftritte; die Einbildung schwebt zu sehr in grausenvollen Scenen, und muß endlich ein Wohlbehagen daran finden. Was zur Gewohnheit wird, unterdrückt die Empfindung, und was sonst Schrecken und Abscheu erregte, kann die Quelle des Vergnügens werden. Beispiele darf ich wohl nicht anführen? Der Mensch kann an alles gewöhnt werden, warum nicht auch an schreckliche Scenen, und an einen vertraulichen Umgang mit Geistern? zumal wenn seine Nerven eine schwache Tendenz, wodurch, mag ich nicht untersuchen, erhalten haben. – Können einmal Geister erscheinen: so ist kein Grund da, warum sie nicht auch diesem oder jenem erscheinen sollten. Ein solcher vertrauter Umgang mit höhern Wesen gibt dem Initiierten in den Augen vieler ein großes Ansehen, und was kann dann nicht alles gewirkt werden! – Die vielen Romane, worin Geister auftreten, haben den Sinn für diese Gaukeleien erweitert.[384]

[381] *Blätter für literarische Unterhaltung* vom 12. Februar 1849, p. 147–148, nach dem „Galignani". — Über Mandrin cf. auch J. Gardien: *La Chanson populaire française.* — Paris 1948, p. 85.

[382] „In des Waldes dunklen Gründen" wurde übrigens zu einer aus dem Bänkelsang stammenden Melodie gesungen, der man ab 1818 den Text von Justinus Kerners „Preisend mit viel schönen Reden" unterschob. Ludwig Erk: *Deutscher Liederschatz* I. — Leipzig: C. F. Peters, num. 64.

[383] Antonino Buttitta: *Cantastorie in Sicilia. Premessa e testi.* — In: *Annali del Museo Pitrè* VIII–X, 1957–1959, p. 204–208. — Daß Banditen ein Produkt der Feudalstruktur sind, und daß die Angehörigen der Unterschicht die edlen Räuber weitgehend akzeptieren, ja loben, zeigt die neueste Dokumentation des Sarden Giuseppe Fiori: *La società del malessere.* — Bari: Laterza 1968, 162 p., sp. p. 14–16 über den Banditen Pasquale Tandeddu und p. 15: „Il gesto d'uno è rivincità per tutti".

[384] J. G. Hoche: *Vertraute Briefe* (1794), p. 27–28.

Der letzten Meinung schloß sich auch der Feldprediger Samuel Chr. Wagener in der Vorrede zu seiner 1797–1799 erschienenen dreibändigen Sammlung *Die Gespenster* an: „Durch eine Menge begierig gelesener Romane wird der Aberglaube und der dem sinnlichen Menschen ohnehin schon so natürliche Hang zum Glauben an Ahndungen, Erscheinungen, Umgang mit Geistern und dergleichen, genährt und gestärkt; ja man hat sich nicht entblödet, selbst in wissenschaftlichen Schriften jenem Unsinne wieder das Wort zu reden."[385] In der Tat waren etwa seit 1780 Geisterreich und Menschenreich auf verwirrende Weise von den verschiedensten Literaten miteinander verquickt worden.[386] Heinrich Stilling hatte durch *Szenen aus dem Geisterreiche* (1790, ²1799, ³1807) und durch die *Theorie der Geister-Kunde* (1808, ²1827)[387] die Existenz der Geister aufs neue und zum Teil nach der Methode des 16. Jahrhunderts zu beweisen versucht. In mündlicher[388] und gedruckter populärer Tradition lebten die Gespenster, aller Aufklärung zum Trotz, rüstig weiter, und auch die „rationalistische Dämonie" der sublimierten, melancholisch entdämonisierten Geisterromane[389] trugen zur Mehrung des Geisterglaubens bei. Von England her strömten seit langem starke Gespenster-Wellen zum Kontinent.[390] Den Produzenten populärer Lesestoffe kamen alle diese Quellen gelegen; ja, bei der Omnipräsenz des Geisterglaubens um die Jahrhundertwende mußten sie die heterogensten Elemente miteinander verbinden, um ihre Leser zu befriedigen. 1812 wurden der geistergläubige Jung-Stilling und der rationalisierende Wagener in Frankreich in einen Topf geworfen und zu einer neuen Gespenster-Speise umgerührt.[391] Es wäre töricht, in dieser Ent-

---

[385] S. C. Wagener: *Die Gespenster* I, Berlin 1797, p. IV–V.

[386] Cf. etwa Johann Christian Schwarze: *Die ungegründete Leugnung der Gespenster betrachtet in einem Sendschreiben an den Hofrath Hennings zu Jena.* — Jena: J. M. Mauke 1779. 64 p.

[387] J. H. Jung-Stilling: *Theorie der Geister-Kunde.* — Cf. G. Stecher: *Jung Stilling als Schriftsteller.* — Berlin 1913 *(Palaestra, 120).*

[388] *Ueber Furcht vor Gespenstern, besonders in pädagogischer Hinsicht betrachtet.* — In: *Bremische Beyträge zur lehrreichen und angenehmen Unterhaltung* I, 1795, p. 369–390. — — *Vom Geister- und Gespensterglauben in Deutschland.* — In: *Deutsche Vierteljahrs-Schrift* 1839/3, p. 126–191.

[389] O. Rommel: *Rationalistische Dämonie,* p. 188: „Das auffälligste Charaktermerkmal dieser Geistergeschichten ist also ihre bewußt festgehaltene Unabhängigkeit von der volkstümlichen Tradition und lehrhaft-spekulativer Charakter."

[390] C. Thürnau: *Die Geister in der englischen Literatur des 18. Jahrhunderts.*

[391] *Fantasmagoriana, ou recueil d'histoires d'apparitions de spectres, revenans, fantômes, etc.; Traduit de l'allemand, par un Amateur.* I–II. — Paris: F. Schoell 1812. — Eine deutsche Gespensteranthologie des Hofrats K. von Eckartshausen trägt den Titel *Sammlung der merkwürdigsten Visionen, Erscheinungen, Geister- und Gespenstergeschichten.* — München 1792. 5 fol. + 243 p.

wicklung irgendwelche klaren Tendenzen, Linien oder Strömungen zu erwarten. Eine zusammenfassende Studie sollte jedoch einmal die Verzahnung aller populären, aufklärerischen, aus dem 16. Jahrhundert tradierten, von den Theologen vorgebrachten und von kleinen und großen Schriftstellern verarbeiteten Elemente der Geistermode um 1800 demonstrieren.

Für den populären Autor ist das Gespenst nichts als ein frei verfügbares Muß-Requisit, ein Gewürz für die fiktive und nicht selten zu dünne Suppe, eine Licht-Erscheinung in der Nacht seiner Einfallslosigkeit, ein Mittel, die Handlung wieder anzukurbeln, ein Titelgag, der Leser lockt. Die Leihbibliotheken leben von Geistergeschichten aus den Zeiten Rudolfs, Cromwells, den Greuelzeiten der Vorwelt oder aus dem jetzigen Zeitalter.[392] Die Kombinationsmöglichkeiten sind unbegrenzt; dieses Requisit läßt sich kumulieren mit Höhlen, Gewölben, Teufelsbeschwörungen, Brudermord, Brunnen, Flüchen, Totenglocken, alten Schlössern, Wundertieren, Eingemauerten.[393] Und auch der Aufklärer hat mit Helden aus dem Geisterreich Erfolg: Die Rezensenten von S. C. Wageners Gespensterkollektion waren sich in ihrem Urteile einig, daß so eine Sammlung jedermann nützlich sei.[394] Aber auch aufgeklärte Gespenster mehrten, in solcher Masse[395], nur den Aberglauben.

Findelkinder, Waisen, Savoyarden

„Je suis un enfant trouvé." So beginnt der Bestseller *Sans Famille* des Hector Malot, ein Kinderroman, der im Jahre 1880 schon bis zur neunzehnten Auflage gelangt war. *Der Findling in der Löwengrube oder die mitternächtliche Schauderthat, Der böse Findling, oder der Schreckenthurm,* und *Der Findling von Granada, oder die Vorsehung wacht* – das waren Titel, die in den Leihbibliotheken zu haben waren.[396] In den sozialkritischen Romanen entpuppen sich die besonders armen aber anständigen Teufel stets als Findelkinder. Das Findelkind als Stereotyp bietet dem Autor günstige Möglichkeiten, populär zu werden: er kann das arme Ding schildern, wie es, in Lumpen gekleidet, halberfroren im Schnee liegt[397], wie es von fremden Menschen herumgestoßen wird:

[392] *Katalog der Rieger'schen Leihbibliothek* Lindau, num. 2319, 2826, 2917, 2040.
[393] Nach Titeln aus den Leihbibliotheken.
[394] S. C. Wagener: *Die Gespenster* II, Berlin 1798, p. VIII–XII.
[395] Die Wagenersche Sammlung enthält 42 + 60 + 51 Erzählungen. — Zum Ganzen cf. H. Bausinger: *Aufklärung und Aberglaube.*
[396] *Katalog der Rieger'schen Leihbibliothek,* num. 2792–95, 2911, 4174.
[397] „La saison était très-rigoureuse; la neige tombait par larges flocons. La petite créature était couverte de quelques misérables langes, d'où dégouttait une eau glacée;

[...] Muß sich mit fremden Leuten ummaschlogn
Geduldig jeden Schmerz und Leid ertrogn
Es hot ka Mutterl ders an Kummer klogt
Verlassen von der Welt oft ganz verzogt [...][398],

und wie sich schließlich mit Hilfe eines Muttermals oder Halskettchens herausstellt, daß der Findling vornehmen Geblütes ist. Bei überströmender Phantasie läßt sich aus dem Baby auch eine Himmelsgabe machen:

Ah Dieu, quel bonheur,
S' écria son mari,
En voyant sur son coeur
Le nom de Jésus-Christ.
Certes que cet enfant
Est une grande merveille:
Il vient du Tout-Puissant,
Il faut que tu le veilles.[399]

Hauptsächliche Funktion dieses populären Stereotyps ist es[400], den sozialen Aufstieg braver, arbeitsamer, gottgefälliger Menschen zu zeigen: Nach dem Elend, das den Leser zu Mitleid bewegt hat, folgt das happy ending mit der Moral: Das Findelkind *Nellora* wird Gärtnerin, darf die Schule besuchen, macht eine gute Heiratspartie, und als Nelloras Mann stirbt, widmet sie sich, vorbildlich wie *Gertrud*, der Erziehung ihrer Kinder.[401]

Findelkinder sind Waisen, welche die Chance haben, ihre Eltern durch glückliche Umstände wiederzufinden. Das unterscheidet sie von den echten Waisenkindern, die für immer elternlos bleiben. Romane[402] und Volksbü-

---

ses mains et son visage étaient bleus de froid; quelques larmes étaient déséchées le long de ses joues. L'enfant n'avait plus la force de pousser des cris, et si les secours n'eussent pas été promptes, il aurait bientôt laissé éteindre le léger souffle de vie qui lui restait encore." *Le pauvre Orphelin* (1836) (Schenda: *1000 FVB*, num. 689), p. 19–20.

[398] *Der Findling.* Lied-Flugblatt von Krausslich, Urfahr-Linz, s. d., 2 fol. n. n. Deutsches Volkslied-Archiv Freiburg V 1. 1140/7.

[399] Sic in der Flugschrift *Relation d'un malheur et accident.* — Saint-Lô: Imprimerie de la Ve. Gomont 1831. BN Paris Lk 7. 1 (43). Prosatext und Complainte berichten unterschiedlich, aber gleich unsinnig, zersagt und zersungen, von diesem Mirakel.

[400] Fieldings *Tom Jones* ist ein umso besserer Roman als der Foundling in vielfacher Hinsicht von diesem populären Stereotyp abweicht.

[401] *Histoire de Nellora l'Italienne.* Bildgeschichte (4 × 4 Bildchen) auf einem Bogen der *Imagerie d'Épinal*, N° 610.

[402] So etwa *Katalog der Rieger'schen Leihbibliothek* Lindau, num. 1158, 3752, 3784. — Pigoreau: *Petite Bibliographie* 1821, p. 101–102, num. 1087–1095. — C. Georg: *Schlagwort-Katalog* I, p. 781; II, p. 1247 etc.

cher[403] offerieren Scharen von armen Waserln, armen Heinrichen, Petits Orphelins. Kumulation ist auch hier möglich. Das beliebteste Waisen-Büchlein berichtet von elf elternlosen Geschwistern aus Wildenheim bei Straßburg[404]: Ein Bauer stirbt auf dem Weg zum Arzt, seine Frau gebiert ihr elftes Kind und stirbt zehn Tage später vor Gram. „O Himmel", heißt es in dem Annaberger (!) Druck, „wer hätte sich dieses Unglück vorstellen können, 11 verlaßne Waisen auf der Erde, ohne Freunde, ohne Vermögen herumzuwandeln. Ach! schreckliche Zukunft, welcher wir entgegensehen." Aber der Älteste, 15, trifft auf dem Kirchhof einen Offizier, der die Kinder in Straßburg aufziehen lassen will, und auf dem Wege dorthin begegnet ihnen eine Dame, die eben sechs Kinder durch das Fieber verloren hat und den Waisen neue Mutter sein will. „Gottes Vatergüte waltet", beginnt das dazugehörige Lied auf dem Hamburger (!) Druck. *Gott führt die Seinen wunderbar*, heißt es auf dem Titelblatt zum Büchlein von *Jane Eyre*[405], einer Waise, die von ihrem Stiefbruder sadistisch mißhandelt und eingesperrt wird. Auch in den Waisen-Geschichten wird zwangsläufig der Hoffnungsbalsam dick aufgetragen.

Besondere Aufmerksamkeit vermochten die Savoyarden auf sich zu lenken; sie bevölkerten nicht nur – als Schornsteinfeger, Murmeltier-Schausteller und Schuhputzer – die Großstädte, sondern auch die populären Lesestoffe.[406] Sie kombinierten kindliche Unschuld, rustikale Ursprünglich-

---

[403] Cf. den Sachindex zu R. Schenda: *1000 FVB*, s. v. *Waisen*. Die num. 476 ist die französische Übersetzung des hier not. 211 erwähnten Druckes *Johann und Marie*.

[404] *Die eilf herumirrenden Vater- und Mutterlosen Waisen, worunter sich 8 Söhne und 3 Töchter befanden. [...] Diese wahrhafte Geschichte geschah zu Wildenheim bey Straßburg im Jahre 1811.* — Annaberg: F. W. L. Hasper. 8°, 4 fol. n. n. Staatsarchiv Ludwigsburg D 54/42. — *Die herumirrenden vater- und mutterlosen elf Waisen. Das Aelteste dieser Familie war nach der Eltern Tode funfzehn Jahre und das kleinste Kind zehn Tage. [...] Geschehen zu Wildenheim bei Straßburg.* — Hamburg: J. Kahlbrock Wwe. s. d. 8°, 4 fol. n. n. Deutsches Volkslied-Archiv Freiburg.

[405] Jane Eyre, / die Waise von Lowood, / oder / Gott führt die Seinen wunderbar. / Für's Volk erzählt / von / O. Berger. — Reutlingen: Enßlin und Laiblin (1882). 8°, 64 p.

[406] *Le Petit Benjamin.* Schenda: *1000 FVB*, num. 711, p. 16. — *Pauvre petit.* Ibid. num. 691. — *Le petit Savoyard.* Ibid. num. 728. — *Les petits Savoyards.* Ibid. num. 736. — *Der kleine Savoyarde oder aufgedeckte Rezepte aller englischen Stiefelwichsen [...].* — Reutlingen: J. J. Mäcken (1812). 8°, 34 p. Staatsarchiv Ludwigsburg D 54/42. — Bilderbogen mit Savoyarden gab es bei Pellerin in Épinal *(Jacques le petit Savoyard. Imagerie d'Épinal,* N° 599, mit 4 × 4 Bildchen), bei Halder und Cronberger in Stuttgart (6 Bildchen) und bei G. P. Buchner in Nürnberg: einmal mit der Unterschrift
Der arme Savoyardenknab' durchzieht die weite Welt,
Er zeigt sein Aeffchen überall, verdient damit sein Geld;
und ein zweites Mal mit den Versen
Du liebes Mädchen, spricht der Savoyardenknabe,
Gieb mir ein Gläschen Wein, daß ich mich daran labe.

keit und waisenhafte Armut mit Optimismus und Heiterkeit. Johann Wolfgang von Goethe brachte ein Savoyardenlied in dem „Schömbartspiel" *Das Jahrmarkts-Fest zu Plundersweilern* unter. Die Melodie zu diesem „Ich komme schon durch manche Land, Avecque la marmotte [...]" stammt von Ludwig van Beethoven.[407] Carl Julius Weber erinnerte sich an „die Murmelthiere der armen kleinen Savoyarden, die sie tanzen lassen, wie arme Polaken den Bären, aber durch ihre eigene lustige Person oft mehr belustigen als ihr Thierchen, das sie nähren muß, was bei Polaken der Fall nicht ist."[408] Will man der Raffschen Bestseller-Naturgeschichte Glauben schenken, so riefen die kleinen Schausteller: „Schöne Murmeltier! Schön tanz, a ha ha! Nu geh raus, du schön Thier! Du izt schön tanz, recht schön tanz must! A ha ha!"[409] Auch die Savoyarden bieten Musterbeispiele sozialen Aufstiegs.[410] Bei Johann Karl August Lewald arbeiten sie sich vom Bettler zum Hasenfellhändler und Ehemann empor[411], auf dem Pellerin-Blatt[412] wird *Jacques le petit Savoyard* Kräuterhändler, Stiefelputzer, Murmeltierbesitzer, Kolporteur, Kaufmannslehrling und reicher Kaufmann, der die Tochter eines verarmten Adligen heiraten kann. Savoyarden sind also Vorbilder der Arbeitsamkeit; außerdem lehren sie, mit ihrer immer wieder gepriesenen Serenität, die Akzeptation sozialer Gegebenheiten nach der Meinung der Volksaufklärer:

> [...!] Allein in dieser Schule lernten
> Sie früh schon die Zufriedenheit,
> Die Millionären und Besternten
> Nur selten ihre Würze leiht.

Die hier gemeinten drei Savoyarden ziehen „sorglos" durch den Schneesturm und schlafen „ermüdet" und „fest umschlungen" ein, um nicht wieder aufzuwachen.[413] Ein anderer vermag jedoch den harten Winter zu

---

[407] J. W. von Goethe: *Das Jahrmarkts-Fest zu Plundersweilern. Ein Schömbartspiel.* — In: *Goethes Werke*, 16. — Weimar: Böhlau 1894, p. 17–18.

[408] C. J. Weber: *Democritos oder hinterlassene Papiere eines lachenden Philosophen*, 6. Band. — In: *Sämtliche Werke*, 21. — Stuttgart 1839, p. 78–79.

[409] Georg Christian Raff — F. A. A. Meyer: *Naturgeschichte für Kinder.* — Reutlingen 1816, p. 393–394. — Eine französische Beschreibung der Savoyarden-Berufe im *Abécédaire des arts et métiers* (1813) (Schenda: *1000 FVB*, num. 6), p. 62–64.

[410] Das Thema „Sozialer Aufstieg" wird auch in einem Reutlinger Volksbüchlein behandelt. W. Raible: *Drei deutsche Arbeiter die als Millionäre endeten.* — Reutlingen: Enßlin und Laiblin (Reutlinger Volksbücher, 51), s. d. 8°, 34 p. Der Einfluß der amerikanischen Fortschrittsgläubigkeit beginnt sich auszuwirken.

[411] A. Lehwald (sic): *Die Savoyarden in Paris* (aus: *Album aus Paris*, 1832). — In: *Didaskalia* vom 31. Januar, 1. und 2. Februar 1833.

[412] Wie not. 406.

[413] August Schnezler (*1809 in Freiburg/Br., Privatgelehrter in Karlsruhe): *Die drei Savoyarden.* — In: H. E. Apel: *Die Sänger unserer Tage* II. — ²Altenburg 1848, p. 85–86.

überstehen, weil er bei einem gutmütigen Bären Unterschlupf findet.[414] Auch die Savoyarden wirken, wie Findlinge und Waisen, als Trostmittel für die Ärmsten der Nation, als ein Medikament, das angereichert ist mit dem Vitamin der Hoffnung auf ein besseres Leben – wenn es sein muß mit Tieren oder doch zumindest im Jenseits.

Giftmischerinnen

Die *Didaskalia* schreibt 1833 über den Roman *Beate* von Alexander August Ferdinand Bronikowski (1788–1834):

Seit die Gottfried durch ihre Schauerthaten die Tiefe zeigte, in welche das Menschenherz sinken kann, wimmelt's von Giftmischerinnen in allen Taschenbüchern und Zeitschriften. – Hier – in Beaten – hast Du eine solche, oder vielmehr, die Gottfried selbst, möglichst noch etwas teuflischer, als sie leider in Natura war. [...] Frau Bilsau, so ist Beatens Geschlechtsname, vergiftet Vater und Mutter, Gatten und Liebhaber, Kinder, wahre Befreundete. Sie vergiftet ihre treue Seele von Dienstmädchen, um ihrer schönen Haare sich zu bemeistern (ich dächte, sie hätte sie ihr abbitten oder im Nothfalle kaufen können? Mit den Motiven nimm's nicht so genau!), sie vergiftet ein schuldloses Kind, der Mutter und Geschwister Stütze, um ihre Perlenzähne zu erhalten. Sie zieht den Bruder derselben zu ihrem Buhlen heran, während sie den edeln Bräutigam auch vergiftet. [...] Endlich krönt sie ihr Werk, indem sie den Teufel selbst vergiftet. Wunder über Wunder! Der arme Teufel! Nein, Liebe, beklage ihn nicht. Solche Lappalien, als: Belladonna, Arsenik und Blausäure vermögen nichts über den infernalischen Magen. Er hat ihr nur ein Näschen gedreht. Jetzt ragt die Nachtseite der Geisterwelt in die Nachtseite des Daseyns herein und weicht nicht wieder.[415]

In der Tat waren die Gift-Romane schon etwas älter als Frau Gottfried. Ignaz Ferdinand Arnold (1774–1812) verfaßte einen „aus den Papieren der Giftmischerin Ursinus" gezogenen Roman, und Paul Ferdinand Friedrich Buchholtz (1768–1843) veröffentlichte 1803 die *Bekenntnisse einer Giftmischerin.*[416] Einigen Ruhm erlangte um 1841 die Marie Capelle, Witwe Lafarge.[417] Alle Kolleginnen übertraf jedoch Helene Jegado, „angeklagt auf das Leben 37 Personen getrachtet zu haben, wovon 25 dem Tode

---

[414] J. Weil: *Hundert Erzählungen zur Belehrung und Warnung für kleine Kinder.* — Reutlingen: Enßlin und Laiblin s. d.

[415] *Didaskalia,* num. 28 vom 28. Januar 1833, p. 4.

[416] C. Müller-Fraureuth: *Ritter- und Räuberromane,* p. 91.

[417] Ibid. p. 91. (Roman von P. F. F. Buchholtz: *Denkwürdigkeiten der Giftmischerin Marie Capelle, Wittwe Lafarge.* — Leipzig 1841). — *Katalog der Rieger'schen Leihbibliothek* Lindau, num. 4217: *Marie Lafarge, verurtheilt als Giftmischerin und angeklagt als Diamantendiebin. Criminalgeschichte der neuesten Zeit.* Leipzig.

unterlagen."[418] Die Geschichte ihres Prozesses und ihrer Verurteilung war 1852 in Charmes, in Le Mans und in Saint-Lô erschienen.[419] Ein Kolporteur aus Chamagne soll beim Verleger Garnier in Chartres vorstellig geworden sein, um seine Complainte:

> Qui pourrait, chrétiens fidèles,
> Écouter, sans en frémir,
> Un récit qui fait pâlir
> Mille actions criminelles? [...][420]

drucken zu lassen. Als Porträt für die Giftmischerin wählte er unter den schon vorhandenen Platten eine schmerzerfüllte Dame aus, die gewöhnlich Reklame für ein Zahnpulver machte.[421] Bei Pellerin in Épinal gab es eine kolorierte Lithographie nach einer Zeichnung von Charles Pinot samt der zwanzigstrophigen Complainte und einem Prosatext, der das scheußliche Leben der Jegado beschrieb.[422]

Der Erfolg dieser Frau regte weitere populäre Drucke über Giftmischerinnen an. Am 12. August 1868 vergiftete eine „schrecklich gewordene Mutter" ihre eigene Erzeugerin, drei ihrer Kinder und sich selbst mit Zyankali.[423] *Juanita, die Giftmörderin in Spanien*[424], von einem treulosen Liebhaber verlassen, vergiftet, als Dienerin verkleidet, die Familie dieses Schurken samt seiner Dienerschaft, insgesamt 86 Personen:

> Alles, alles mußt verderben.
> Ihn auch wild die Rache trifft,
> Auch sein Weib, es mußte sterben,
> Alles fiel durch heimlich Gift;
> Doch das Mädchen auch traf Rache,
> Denn die Rach' gehöret Gott,
> Und sie büßt' die grause Sache
> Schrecklich bald auf dem Schafott.

---

[418] Zweites Blatt auf dem Druck *Schrecklicher Meuchelmord.* — Mülhausen: J. P. Risler u. Komp. 1865. — BN Paris F 4975 (267).

[419] BN Paris F 4975 (269–271).

[420] J.-M. Garnier: *Histoire de l'Imagerie à Chartres*, p. 277–283, sp. p. 279.

[421] R. Perrout: *Les Images d'Épinal*, p. 161.

[422] Ibid. p. 88, pl. 23.

[423] Beschreibung / der schrecklich gewordenen Mutter Anna Kaiser, Wittwe eines Eisenbahnbeamten in / Wien, welche aus dringender Noth, Elend und Armuth ihre 70 Jahre alte Mutter / drei ihrer Kinder und sich selbst vergiftet hat, in der Nacht vom 12. August 1868. — Saargemünd: Ant. Weiß. 1 fol., zweiseitig bedruckt, 278 × 210 mm. BN Paris 4°. Z. 77.

[424] L. Petzold: *Grause Thaten*, num. 4 (Hamburg: Kahlbrock Wwe., s. d.). — Weitere Giftmischer aus neuer und alter Zeit bei Romi: *Histoire des faits divers*, p. 106–107, 139. — Ein Mann, der 1838 in Weimar Kinder mit Schinken und Brot vergiftete, bei dem Sensationenerzähler Pfarrer J. Weil: *100 Erzählungen* (wie not. 414), p. 88–89.

Das alles sind freilich nur Varianten der üblichen Mordszenen. Die Mörderin ist hier stets eine fatale Frau, die, hart und grausam, Gift verstreut und Menschen tötet, als seien sie Ungeziefer. Ihr männliches Gegenstück ist der heute noch beliebte Frauenmörder.[425] Einstmals und noch immer Realität, sind Giftmischerin und Frauenmörder im Sensationsbericht zu einem festen Typ mit konstanten Akzidentien geworden. Auch diese Typen unterliegen einer Zwangsperiodizität: wenn sie nicht real wiederkehren, werden sie stets aufs neue erfunden.

Einsiedler

Unter den Stereotypen repräsentiert der Eremit den Weltverzicht, die Idylle, den Zufluchtsfreund, den gütigen Helfer, den glücklichen Menschen: „Die Tage brachte er mit der Arbeit in seinem Gärtchen zu oder er flocht niedliche Körbchen aus Binsenkraut. Bei Sonnen-Untergang saß er gewöhnlich vor seiner Hütte und spielte Harfe, bis das Abendroth verglommen war. So fand Vater Beatus in seiner Abgeschiedenheit bei wenigen Bedürfnissen das reinste Seelenglück, unter der Menschheit Segen zu verbreiten."[426] Im Schauerroman[427] symbolisiert er zudem Todesnähe, Friedhofsruhe, Erlösung.[428] Bevor er jedoch stirbt, hilft er den ermatteten Wanderern: „Er nahm die Erstarrten in seine Wohnung mildreich auf, reichte den Ermatteten Erquickungen zu ihrer Stärkung und suchte sie zu erwärmen. Doch die Anstrengung war zu groß gewesen; die Kälte hatte die Alten zu Grunde gerichtet.[...]

> [...] Einst reisten All' zu jenem Grabe
> Der Eltern um die Frühlingszeit,
> Da fand man bei dem blüh'nden Grabe
> Ein zweites leeres schon bereit.
> Der Klausner lächelt still und rein, –
> Nach kurzer Zeit schloß es ihn ein."[429]

---

[425] Der international berühmteste von diesen war bekanntlich der jetzt wieder durch einen Film von Claude Chabrol populär gemachte Henri-Désiré Landru. — Cf. Romi: *Histoire des faits divers*, p. 100–101, 201. — R. Schenda: *Der italienische Bänkelsang heute*, p. 19.

[426] W. Bauberger: *Die Beatushöhle* (wie not. 94), p. 19.

[427] Cf. den *Katalog der Rieger'schen Leihbibliothek* Lindau, num. 2896, 3273–74, 4171.

[428] H. Garte: *Kunstform Schauerroman*, p. 68–69.

[429] *Albert Dalvani, der Verstoßene, oder: die von der Liebe besiegte Rache.* — Mülhausen: J. P. Risler und Komp. 1866. — Straßburg: L. F. Le Roux 1866. Jeweils 1 fol., zweiseitig bedruckt, 340 × 225 mm. BN Paris 4°. Z. 77.

Einsiedler trösten einen *Rinaldo Rinaldini*[430] ebenso wie den *Liombruno*[431] und die *Pia de' Tolomei*[432]. In Nordamerika reizte die Wildnis nicht nur Henry David Thoreau zum Einsiedlerleben. 1786 verkauften sich dort massenhaft Heftchen über einen mehr als 200 Jahre alten Eremiten und 1787 zahlreiche Flugblätter über dessen Tod.[433] Damit gewinnt der polyvalente Einsiedler auch noch die Konnotation des zeitlosen, „entrückten Mönches", den ja auch Henry Wadsworth Longfellow in seinem *Monk Felix* besungen hat.[434] Um 1830 florierte in Nordamerika die Geschichte von dem Einsiedler Amos Wilson, der sich aus Schmerz über seine als Kindsmörderin hingerichtete Schwester 19 Jahre lang in die Einsamkeit zurückzog.[435] Meist bleibt der Einsiedler jedoch nicht auf diese *Walden*-Weise isoliert, sondern er dient dazu, die Handlung in neue Bahnen zu lenken, ein Schicksal zu wenden, Rat zu erteilen. Er ist ein vielseitiger Handlungskatalysator, der sich auf dem Reiseweg des Helden zwanglos einbauen läßt; ein Deus ex machina, der jedem einmal begegnen kann, Realpräsenz einer Kraft, die gewöhnlich ihre Hilfe versagt.

Höhle, Mühle, Försterhaus

Seltsame Dinge können sich nicht an alltäglichen Orten abspielen – das wäre zu fade und für Mörder und Diebe auch zu gefährlich. Also verlegt der Autor seine Handlungen nach abgelegenen Schauplätzen, in unheimliche Höhlen, geheimnisvolle Mühlen und heimelige Försterhäuser. Kleine Höhlen sind zwar nur harmlose Eremitenwohnungen; die großen jedoch beherbergen Räuber und Gespenster, Kinderfresser, Geister und natürlich viele Tote.[436] Försterhaus und Mühle sind als Requisiten austauschbar, es sei denn, daß der Leser bei einem Müller von vornherein eher Böses erwartet[437] als bei dem wackeren Förster, dem Antagonisten der Waldfrevler und Wilddiebe. Bei einem Überfall auf das Försterhaus springt selbstverständ-

[430] *Rinaldo Rinaldini* (wie not. 106), p. 150.
[431] R. Schenda: *Italienische Volkslesestoffe*, col. 217–220 und num. 27.
[432] Ibid. col. 225–227 und num. 37.
[433] H. B. Weiss: The „*Wonderful Discovery of a Hermit*", or best seller in 1786. — In: *The Book Collector's Packet* III/11, 1939, p. 1–6.
[434] Cf. L. Röhrich: *Erzählungen des späten Mittelalters* I, p. 135–138.
[435] H. B. Weiss: *American Chapbooks 1722–1842*, p. 6, 10, 19.
[436] Nach den Leihbibliothekskatalogen. — O. Rommel: *Rationalistische Dämonie*, p. 198. — C. Griffith: *Caves and Cave Dwellers* ist in diesem Zusammenhang wenig brauchbar (Beschreibung von Höhlen bei Emerson, Melville, Poe und Hawthorne).
[437] Cf. Werner Danckert: *Unehrliche Leute*. — Bern und München 1963, p. 125. — Hermann Bausinger: *Müller und Mühle im Denken des Volkes*. — In: *Schwäbische Heimat* 12, 1961, p. 73–76.

lich im Notfall auch die einsame Försterstochter Anna mutig ein, um das Haus zu erhalten. Zwei der Räuber macht sie unschädlich, bis ihre Familie nach Hause kommt und der Heimstatt Hüterin errettet.[438] Gleich tapfer ist die Frau des Försters Petri bei einem ähnlichen Überfall: sie besteht einen Zweikampf mit einem fürchterlichen Räuberweib, und als der dazugehörige Räuber schließlich gefaßt wird, gesteht er fünfzehn Mordtaten.[439] Daß die Überfallene jedoch ebensogut Müllersfrau oder -tochter sein könnte, weiß man schon durch Wilhelm Busch, dessen Müllerstochter sogar d r e i Räuber erledigt.[440] Busch wußte, daß er eine erzbekannte Handlung parodierte. Die soeben erwähnte Försterstochter Anna hatte zum Beispiel schon 1833 als Müllerstochter letal gewirkt und gleich sechs Räuber mit dem Küchenbeil erledigt. Auch hier waren die übrigen Hausbewohner in die Kirche gegangen und der erste Räuber als Bettler zum Suppentopf eingelassen worden.[441] Den Überfall einer Mühle ließ sich auch Gustav Nieritz angelegen sein.[442] In einer Mühle bei Augsburg wird 1850 zwar der Müller ermordet, aber dessen Hund tötet drei der Räuber und verwundet den vierten so, daß die Polizei ihn fangen kann.[443] Besonders reizvoll ist eine Szene, die 1864 so geschildert wird:

Endlich ließ das Ungestüm des Wetters nach und es tönte nur noch das Geklapper der Mühle. Da hörten sie auf dem Gange vor ihrer Thüre Fußtritte von Männern; gleich darauf wurde an ihre Thüre gepoltert und geschrieen: Aufgemacht! Als nicht aufgemacht wurde, versuchte die Räuberbande die Thüre zu sprengen, und nach vieler Mühe gelang es ihnen; aber die Offiziere empfingen sie mit Pistolenschüssen und zerfleischten sie mit Säbelhieben, daß viele todt hinfielen und die andern die Flucht ergriffen. Nun ward es ruhig im Hause und man hörte nur noch das langsame Geklapper der Mühle.[444]

[438] *Anna, die muthige Försterstochter oder der Ueberfall im Walde.* — Reutlingen: Enßlin und Laiblin s. d. 8°, 31 p.

[439] *Frauenmuth und Entschlossenheit. Eine wahre Geschichte, welche im Harzgebirge vor nicht langer Zeit zugetragen hat.* — s. l. n. d. 1 fol., zweiseitig bedruckt, 350 × 210 mm. LB Oldenburg, Jahrmarktsliteratur b/5.

[440] Wilhelm Busch: *Die kühne Müllerstochter.* — In: *Über Land und Meer* X, 1868, p. 437, 453, 469.

[441] *Grosse Heldenthaten eines achtzehnjährigen Mädchens, welches am 1. Januar 1833 sechs Räuber, welche in ihres Vaters Haus eingedrungen waren, auf eine politische Weise überwunden und ermordet hat.* — s. l. (1833). 1 fol., zweiseitig bedruckt, zweispaltig. StB Augsburg 4° Kult. Flugschr. num. 47.

[442] *Volksbüchlein für das Jahr 1847*, ed. G. Nieritz, p. 59.

[443] *Wahrhafte und getreue Beschreibung der Mordthaten, welche in einer Mühle unweit Augsburg am 20. Mai 1850 verübt und durch einen Hund gerächt worden sind. Nebst einem schönen Liede.* — Calbe a. S.: Johann Friedrich Döring 1853. 4°, 8 p. SB Bremen II c. 4966, 15.

[444] *Schreckliche Begebenheit, welche zwei ungarischen Husaren-Offizieren begegnet ist [...] geschehen im Monat September 1864.* — Freiburg: F. X. Wangler s. d. 1 fol.,

Reizvoll ist die Szene deswegen, weil sich dann herausstellt, daß die
Räuber die sechsköpfige Müllerfamilie bereits in ein Land geschickt hatten,
wo keine Mühlen mehr klappern. Reizvoll aber auch, weil hier ausnahmsweise das sonst völlig unrealistische Requisit Mühle mit einem mot propre
verbunden wird. Hinweise auf Mehl, Mahlgang oder Mühlbach sucht man
nämlich in solchen Darstellungen vergeblich. Das Requisit ist gestaltlos wie
ein Rauch – ein Signal nur, das nicht „Mehl" evoziert, sondern nur „ab-
gelegener Ort" und „krumme Sache". Es ist Zeichen für eine bestimmte
Kulisse oder für eine bestimmte Geschehenserwartung. Diesen Charakter
des Unspezifischen und Signalhaften teilt die Mühle jedoch mit allen anderen Stereotypen und Requisiten.

Formeln und Schemata

Das Rekognitionsbedürfnis des einfachen Lesers ist am leichtesten durch
ihm geläufige Formeln und Schemata zu befriedigen. Das Alphabet ist ein
solches erzbekanntes Schema; einfacher als diese Kette von 23 Elementen
bietet sich das Wochenschema mit den sieben Tagen oder die Reihe der
zwölf Monate. Wohlvertraut sind die Bitten des Vaterunsers, die Artikel
des Glaubensbekenntnisses, die Formeln der Litanei. Kirche und Schule
haben dem Leser solche erste Denkgerüste und Gedächtnisstützen einge-
prägt; außerhalb dieser Lehranstalten hatte er höchstens das Fünffinger-
system der Hand kennengelernt. Der Leser freut sich, wenn er ähnliche Ge-
rüste in seinen Lektüren wiederfindet. Man könnte, im Anschluß an die
von Hermann Bausinger aufgewiesenen „Formeln" in der Volkspoesie[445]
von einer Formelliteratur sprechen. Die Masse solcherart gegliederter populärer Lesestoffe kann hier wiederum nur durch wenige Beispiele belegt
werden.

---

zweiseitig bedruckt, 285 × 215 mm. Archives Bas-Rhin, Strasbourg, T. 211. — Das Blatt
wurde natürlich, mit gleichem Titel, bei J. P. Risler in Mülhausen nachgedruckt. BN
Paris 4° Z. 77.

[445] H. Bausinger: *Formen der „Volkspoesie"*, p. 65–90: unterscheidet „Funktions-
formel" und „Spielformel". — W. Brückner: *Expression und Formel in Massenkunst.
Zum Problem des Umformens in der Volkskunsttheorie.* — In: *Anzeiger des Germanischen
Nationalmuseums* 1968, p. 122–139. — Cf. auch — aus strukturalistischer Sicht — Mihai
Pop: *Der formelhafte Charakter der Volksdichtung.* — In: *Deutsches Jahrbuch für Volks-
kunde* 14, 1968/1, p. 1–15.

Dualismus: Streitgespräch

Immer wieder zeigt sich, wie sehr bei Autor und Leser ein dualistisches Prinzip Anklang findet. Gut und Böse prallen hart aufeinander, Schwarz und Weiß stehen ohne vermittelnde Grautöne einander gegenüber[446], *Durch Nacht zum Licht* lautet ein beliebter Fiction-Titel.[447] Das Dualsystem ist leicht überschaubar, der Dialog verwirrt nicht so sehr wie der Widerstreit von drei und mehr Meinungen. Daher rührt die altüberlieferte Vorliebe für das Streitgespräch auf der Jahrmarktsbühne und im gedruckten Heftchen[448] und daraus folgernd im Volkslied. So disputieren im „Contrasto" Lebender und Toter, Mann und Frau, Herr und Knecht, Herrin und Magd, die Schöne und die Häßliche, die Unverheiratete und das Eheweib, Leib und Seele, Adlige und Bäurin, Fuchs und Hahn, Müller und Schneider, Sommer und Winter, Neapel und Venedig, Katze und Maus, Arm und Reich. Gerade in Italien hat diese Literatur im 19. Jahrhundert – und bis in unsere Tage – eine ungeheure Beliebtheit erlangt.[449] Die genannten Beispiele zeigen, daß hier vornehmlich soziale Konflikte ausgetragen werden. In der Tat ist der Jahrmarkt eine Brutstätte der sozialen Rüge – nicht zuletzt deswegen standen Bänkelsänger stets unter scharfer Polizeiaufsicht –; und wegen der offenen Anklagen gegen den Reichen als Ausbeuter, den Herrn und die Herrin als Leuteschinder, den Ehemann als impotenten

---

[446] Hier nur ein Beispiel aus *Agneso und Amanda* (wie not. 130), p. 1–2: „Agneso, der erwählte Hauptanführer zweier Schiffe, ein schöner junger Mann, wurde von einer Streiferei zurück erwartet. Ein Unteranführer, Namens Pristol, ein eingefleischter Teufel, hinkend, buckelig und von abschreckend häßlicher Gestalt, dabei voller Neid und Grausamkeit, lag mit dem kleineren Schiffe bereit [...]". Damit sind die Protagonisten wie zwei Blöcke einander gegenübergestellt. Die ganze Geschichte hindurch werden diese beiden Blöcke aneinandergerumpeln, ohne daß sich irgend etwas an ihnen verändert: der Schöne bleibt edel, der Häßliche teuflisch — kurz: die einander gegenübergestellten Grundkräfte bleiben unveränderlich erhalten, mit dem einzigen Unterschied, daß der schwarze Block zugrundegeht. Hier das Resultat: „Hier fand er einen Mann in seinem Blute sich wälzend. [...] Wer beschreibt das Erstaunen beider, als sie den schändlichen Pristol erkannten. Endlich hast du deinen Lohn für deine Verfolgungen gegen mich empfangen, sprach Agneso und stieß ihn mit dem Fuß [...]" (p. 68). Und: „Agneso und Amanda nahmen ihren Aufenthalt in Venedig, ihr Ehestand wurde durch viele liebe Kinder gesegnet, welche eine ausgezeichnete Erziehung bekamen. In ihrem Hause herrschte Tugend und Sittsamkeit, und sie erfreuten sich einer langen und glücklichen Ehe." (p. 77).
[447] C. Georg: *Schlagwort-Katalog* I, p. 999 (Volksschriften).
[448] Über den Streit zwischen Karneval und Fastenzeit cf. etwa P. Toschi: *Le origini del teatro italiano*, p. 149–162; über Wein und Wasser A. Bömer: *Neue Ausgabe eines Vagantenliedes über den Rangstreit zwischen Wein und Wasser.* — In: *Zeitschr. für vergleichende Literaturgeschichte* N. S. VI, 1893, p. 123–133. — Weitere Literaturangaben bei R. Schenda: *Italienische Volkslesestoffe*, col. 229–232.
[449] L. Mango Penta: *Contrasti popolari nei fogli volanti dell' Ottocento.* — In: *Lares* XXVII, 1961, p. 22–30. — R. Schenda: *Italienische Volkslesestoffe*, num. 50, 54, 64, 68, 70, 75, 80, 83, 84, 85, 89, 90, 93, 96, 100, 102, 110, 116–118.

Tyrannen und gegen Müller und Schneider als unkontrollierbare Betrüger fanden die von den Gauklern verkauften Flugblätter und Heftchen reißenden Absatz. Verständlich wurden sie aber nicht durch vernünftige Reflexion und Abwägen des Pro und Kontra, sondern durch die krasse Zweiteilung in These und Antithese, die zu keinem aussöhnenden Vergleich gelangen. Der populäre Leser sieht in seiner von sozialen Dualismen bestimmten Welt keine Lösung, sondern nur den Konflikt.

Zahlen von drei bis zwölf

Zahlenschemata, die bekanntlich in Religion, Magie und Aberglauben eine bedeutende Rolle spielen, haben auch Produzenten und Konsumenten populärer Lesestoffe fasziniert. Drei Dinge unter einem gemeinsamen Gesichtspunkt zusammenzustellen, Trinitäten zu komponieren, den Ecken des geometrischen Triangels Namen zu geben, die beiden Endpunkte des dualistischen Systems zu einer Fläche zu erweitern, das lag aus den verschiedensten Gründen nahe. Verse, die mit drei Dingen spielen, sind wohl seit *Salomos Sprüchen*[450] in allen nachchristlichen Jahrhunderten beliebt gewesen.[451] Der berühmte und fruchtbare italienische Volksdichter des 16. Jahrhunderts, Giulio Cesare Croce hat – um nur e i n Beispiel anzuführen – eine „operetta dilettevole" *Il Tre* verfaßt, in welcher „si mostra quante cose si contengono sotto il numero Trinario", indem er je drei Dinge aufzählt, die zu einem bestimmten Begriff passen.[452] Das 19. Jahrhundert setzt diese Tradition in seinen populären Drucken fort. Äußerst beliebt waren die „30 grains de beauté" der idealen Frau: „Trois choses blanches, la peau, les dents et les mains. Trois noires, les yeux, les sourcils et les paupières" und so fort[453] – wobei die schöne Frau in Deutschland um dreimal drei Punkte häßlicher gemacht wurde, weil Körperteile wie

[450] *Salomos Sprüche* XXX, 18–31.

[451] Cf. E. R. Curtius: *Europäische Literatur und lateinisches Mittelalter*, Exkurs XV: *Zahlenkomposition* und XVI: *Zahlensprüche* (mit zahlreichen Hinweisen). — „*Sunt tria sancta . . .*" aus einer Handschrift des XI. Jahrhunderts mitgeteilt von Karl Bartsch, in: *Germania* XVIII, 1873, p. 351. — „*Trias wirtenbergica*", aus einer ums Jahr 1600 verfaßten Handschrift, in: *Zeitschr. für deutsche Kulturgeschichte* IV, Nürnberg 1859, p. 791–792. — A. Morel Fatio: *Le Livre des trois choses.* — In: *Romania* XII, 1883, p. 230–242.

[452] G. C. Croce: *Il Tre. Operetta dilettevole. Con uno studio introduttivo di* Charles Speroni. — Firenze 1960 *(Supplemento a „Lares"*, vol. XXV, 1959). 10 fol. n. n. (mit vielen weiteren bibliographischen Hinweisen).

[453] Findet sich z. B. in *Caractère des femmes*, 1811, p. 23 (Schenda: *1000 FVB*, num. 175), *Momus français*, 1817, p. 12 (ibid. num. 588), *Le grand farceur*, 1842, p. 93 (ibid. num. 360 a), *La Bavarde sans pareille*, 1845, p. 81–82 (ibid. num. 119) und *Le Bavard intarissable*, p. 93 (ibid. num. 111).

cuisses, tétons und „l'autre bouche" offensichtlich unübersetzbar waren. Statt dessen schrieb der deutsche Bearbeiter die Erfindung der 21 Schönheitsmerkmale dem Maler Velasquez de Silva zu.[454] Je drei werthaltige, gehaltlose und gesegnete Dinge im menschlichen Leben karikiert das Wochenblatt zu Donauwörth im Jahre 1850: gesegnet sind etwa „Ein Namens- und Geburtstag, ein fruchtbares Sommerjahr und eine schwangere Frau".[455] Diese Art zu scherzen hatte dort schon seit 1825 immer wieder Anklang gefunden; 1826 etwa hießen „Drei rührende Dinge im menschlichen Leben: Der Anblick eines geliebten Fürsten, das Monument eines großen Mannes, und das Gebeth im Freischützen".[456] Überflüssig hinzuzufügen, daß die populäre Erzählung gerne ein Dreierschema anwendet – so bei den *Drei Wünschen,* den *Drei Buckligen von Besançon,* den *Drei Brüdern* oder den *Drei Lebenden und den drei Toten,* ja daß die Dreigliederung geradezu ein Stilprinzip des europäischen Volksmärchens darstellt.[457] Nicht nur die dreifache Variation, auch die dreifache Wiederholung findet beim Konsumenten Anklang: sie macht ihm die Geschichte vertrauter und schützt ihn, durch dreifache Orientierung, vor allzuvielen geistigen Schaltprozessen. Auch das Dreierschema kommt dem Bedürfnis nach möglichster Simplizität und Überschaubarkeit entgegen.

Die Zahl Sieben – zum Dreieck gesellt sich das Quadrat – gilt im christlichen Bereich als heilig: so gibt es sieben Vaterunserbitten, Sakramente, Schmerzen Mariae, Worte Jesu am Kreuz, Gaben des heiligen Geistes, Todsünden, Tugenden, Fußfälle und Schläfer – um nur ein paar Kombinationen aus Dutzenden zu nennen. In den populären Drucken erscheint diese Zahl nicht nur in der traditionsreichen und in Volksbüchlein immer wieder gedruckten Erzählsammlung der *Sieben Weisen Meister*[458] und in der hauptsächlich durch Ludwig Aurbacher bekannt gewordenen Geschichte von den *Sieben Schwaben*[459]. Vor allem die Erbauungsliteratur hat sich dieser Zahl bemächtigt: Sehr beliebt waren *Die heiligen sieben Himmels-Riegel, die ein frommer Einsiedler von seinem Schutzengel bekom-*

[454] *Der Erzähler* XIII, Augsburg 1848, p. 84. Die 30 schönen Punkte der Frau waren jedoch schon den Humanisten wohlbekannt. Cf. B. Chasseneux: *Catalogus gloriae mundi* (1529), Lyon 1536, fol. 53 r°, oder Frankfurt 1579, fol. 61 r°.

[455] *Wochen- und Anzeigeblatt der Stadt Donauwörth* vom 1. Juni 1850.

[456] *Donauwörther Intelligenz- und Wochenblatt* vom 29. April 1826.

[457] Cf. M. Lüthi: *Das europäische Volksmärchen,* cap. *Isolation und Allverbundenheit.*

[458] J. Görres: *Teutsche Volksbücher,* num. 22, p. 154–173. — L. Ph. C. van den Bergh: *De Nederlandsche Volksromans,* p. 72–83.

[459] Bolte-Polívka: *Anmerkungen zu den Kinder- und Hausmärchen* II, p. 558. — H. Huemer: *Volksbuchliteratur Oberösterreichs,* p. 433–446.

men hat[460], eine magische Schutz-Schrift, welche die Stationen der Passion Christi und die Sieben letzten Worte als Entriegelung der Himmelspforte betrachtet, und die *Sieben Schloßgebete*, „worin sich die Seele täglich verschließen kann", eine siebenfache Gebetsempfehlung des Gäubigen in der Macht der Dreifaltigkeit, der Menschwerdung Christi, der Passion, des Herzens Jesu, des Kreuzes, der Sakramente und „in die Fürbitte und Verdienste der allerseligsten Jungfrau Maria und aller Heiligen, und in die Ablässe und Gnaden, die durch die ganze Welt ausgetheilt und verdient werden, Amen."[461] In den *Sieben schönen Gebethen vom Leiden Christi*, die um 1848 in München als „abergläubische Druckschrift" verboten wurden[462], tauchen die „Geheimen Leiden Christi" – wie auch in anderen Druckwerken – zahlenmäßig auf: 97 305 blutige Schweißtropfen, 2 360 Schritte vom Ölberg bis zu Annas, 6 666 Geißel- und Rutenschläge, 72 Stiche von der Dornenkrone und 1320 Schritte mit dem Kreuz. Hier wird eine Menge Zahlenmagie in die Passion geheimnißt – doch das angeblich Geheime wird dabei durch die konkreten Angaben allzu publik gemacht. Daß die Zahl Sieben fernerhin auch in profanen Drucken verwendet wurde, zeigen *Sieben arme verlassene Waisenkinder*[463], *Sieben aus Moorburg, welche ihren Tod in der Elbe fanden*[464] oder die *Sette galere di Spagna*.[465]

Während „Zehn" nur immer wieder den Dekalog evoziert[466], gibt die Zahl Zwölf einem Autor Gelegenheit, das so populäre Gemisch-Gemasch

---

[460] F. Tetzner: *Werdauer Altertümer.* — In: *Mitteilungen des Vereins für Sächsische Volkskunde* II, 1902, p. 362–363 (ganzer Text abgedruckt). — R. Weiss: *Volkskunde der Schweiz*, fig. 276. — Heftchen von Fr. Wentzel, Weissenburg: *Die heiligen sieben Himmelsriegel*, 1864, 8 p. in den Archives Bas-Rhin, Strasbourg, T. 211.

[461] In: *Das goldene Vater Unser.* s. l. n. d. 8°, 4 fol. Bayerisches Hauptstaatsarchiv München, M. Inn. 25114. b. („Abergläubische Druckschriften"). — Cf. auch *Zeitschrift des Vereins für Volkskunde* II, 1892, p. 172–173.

[462] Sieben / schöne Gebete / vom Leiden Christi / für / die verlassenen / armen Seelen im Fegfeuer, / zu beten auf die oanze (sic) Woche. s. l. n. d. 8°, 4 fol. n. n. Bayerisches Hauptstaatsarchiv München, M. Inn. 25114. b.

[463] Vollständiger Titel dieses Reiche-Schwiebus-Druckes bei A. Spamer: *Deutsche Volkskunde* II, p. 450–451, dazu p. 451 Bildtafel mit sechs Bildern.

[464] L. Petzold: *Grause Thaten*, num. 9.

[465] R. Schenda: *Italienische Volkslesestoffe*, num. 43.

[466] Zehn-Gebote-Lieder finden sich immer wieder in Schul- und Andachtsdrucken, so im *ABC français* (Schenda: *1000 FVB*, num. 2), p. 8–9; im *Alphabet Chrétien* (ibid. num. 40), p. 99 (Text auch bei J. Gardien: *La Chanson populaire française*. — Paris 1948, p. 31) oder im *Compendiu di la Duttrina Cristiana*, Palermo 1843 (ein anderes sizilianisches Beispiel bei L. Vigo: *Canti popolari siciliani*, Catania 1857, p. 275–277). Cf. auch F. J. Mone: *Übersicht der niederländischen Volks-Literatur*, p. 253, num. 357. — Ältere Beispiele bei R. Morris: *An Old English Miscellany*. — London 1872 (EETS, OS 49), p. 200 und in der *Nota vulgariter de X preceptis et X plagis egipti* 1405. — In: *Alemannia* XIII, 1885, p. 146–147.

von disparaten Gegenständen oder Begriffen in eine scheinbare Ordnung zu bringen. Populäre Lesestoffe, Volkserzählung und Volkslied verbreiten gleichermaßen eine Formeldichtung – in Prosa oder in Versen –, die als die Zwölf Wahrheiten, als Geistliches Kartenspiel, als die Zwölf heiligen Zahlen oder als das Lied „Was ist eins?" bekannt geworden ist.[467] Die Kartenspiel-Version – ein Soldat betet mit Hilfe von Spielkarten und erklärt die einzelnen Blätter durch geistliche Bezüge – ist offenbar eine leicht säkularisierte Version, die vor allem in Flugblättern und Büchlein des 19. Jahrhunderts Verbreitung fand.[468] Man sollte bei aller Motivforschung nicht übersehen, daß hier jeweils ein armer Untergebener festgenommen und verhört wird – wegen flagranter Insubordination gegen Gott und General –, der sich indes durch seine Schwejk-ähnliche Verschmitztheit aus der Affäre zieht. Auch diese Versionen der Zwölf Wahrheiten zählen also zur sozialen Konsolationsliteratur. Wer übrigens eine Zusammenstellung aller den zwölf Zahlen zuteilbaren Dinge sucht, findet im *Bon Chrétien*[469] ein *Abrégé de la doctrine chrétienne par ordre numeral:* Allein für die Zahl Vier gibt es etwa die Zuordnungen „vertus cardinales, parties dans la doctrine chrétienne, choses nécessaires à un chrétien, manières de pécher, qualités d'une bonne confession, qualités de la contrition, effets de la sainte Eucharistie" und so fort – und das alles wird dann noch erläutert, in einer Kompilation, deren Ordnung keine andere Berechtigung hat als die etwas infantile Freude an der Zusammenstellung von Zählbarem. Diesen kindlichen Spielcharakter teilt die Duodezliteratur freilich mit der übrigen Formelliteratur.

Stunden, Tage, Wochen und Monate

Die mathematische Einteilung der Zeit gab oft das Vorbild ab für die Anordnung populärer Lesestoffe: 24 Stunden zählt die beliebte *Passions-Uhr* auf Bilderbogen[470], in Andachtsbüchern[471] und Liedersammlungen.[472] Die

[467] Die Bibliographie der Sekundärliteratur würde einige Seiten umfassen und kann daher nicht ausgebreitet werden. Cf. zuletzt Wolfgang Suppan: *Das Lied von den zwölf heiligen Zahlen im Burgenland und in der Steiermark.* — In: *Jahrbuch des Österreichischen Volksliedwerkes* XI, 1962, p. 106–121.
[468] R. Schenda: *Die Sammlung italienischer Flugblätter*, p. 223. — *Prière d'un grenadier français.* In: *Événement remarquable et funeste.* — Paris: Chassaignon 1846, p. 7–10. BN Paris Lk 7. 1. (38). — J. H. Hofmann: *Handbuch. Enthaltend: die neuesten und merkwürdigsten Ereignisse unserer Zeit.* — s. l. 1832, p. 37–39.
[469] R. Schenda: *1000 FVB*, num. 144 (1827), p. 548–560.
[470] *L'Horloge de la Passion.* Épinal: Pellerin s. d. (*Imagerie d'Épinal*, num. 1903). — Ein älterer Épinaler Holzschnitt von F. Georgin, 1822, bei J.-M. Dumont: *Les Maîtres graveurs*, p. 33. — *Passions-Uhr.* Bilderbogen der Fa. R. Ackermann, Wissembourg, succr.

Liedtradition ist seit dem 14. Jahrhundert entsprechend reich: das Zahlen-
schema erleichterte das Auswendig-Lernen der gereimten Passionsgeschichte.
Die Tage des Jahres wurden nicht nur in dem Volkslied- und Sagenmotiv
von den 365 Fenstern verwendet[473], sondern auch wieder für die Andachtsliteratur in einer Geistlichen Lotterie mit 365 Losen.[474] Das zweite Los
etwa heißt *Weinen und Lieben:*

> JEsus höret all dein Sehnen,
> JEsus schauet deine Thränen:
> Weine frei, doch liebe mit
> So erhört er deine Bitt.

Ein Zusammenhang zwischen den Versen und der Strophennummer besteht hier jedoch nicht mehr; die Zahlen haben nur mehr ordnende Funktion.

Man ist versucht, die Zahlenliteratur vornehmlich in Andachtsschriften
zu suchen und zu erklären, ein solches Schema helfe, wie die Ordnung des
Rosenkranzes, beim Ablauf oft zu wiederholender Gebete, oder es stütze
als Lernformel das Gedächtnis bei allzu ausgedehnten Liedern in der Kirche,
kurz: es sei ein Hilfsmittel für die Laienliturgie. Die Feststellung mag für
das Spätmittelalter und zum Teil auch noch für das Barockzeitalter zu-
treffen: das neunzehnte Jahrhundert hat diese Formeln jedoch häufig pro-

---

de F. C. Wentzel, mit einem *Geistlichen Lied über die Passions-Stunden.* Incipit: Eil'
frommer Christ, schau Jesum an Vom Haupt bis zu den Füßen [...]. 26 Strophen zu
je sechs Versen. — *Verehrung des bittern Leidens und Sterbens Jesu Christi, durch die
24 Stunden, in welchen Jesus seine Marter vollendet.* s. l. n. d. 1 fol., 182 × 220 mm, einseitig bedruckt. Holzschnitt: Kreuzigungsgruppe, 73 × 38. Anrufungen für jede Passions-
Stunde. Bayerisches Hauptstaatsarchiv München, M. Inn. 25114 b.

[471] So im *Adorateur en esprit* (1850) (Schenda: *1000 FVB*, num. 19), p. 147–157:
Cantique spirituel sur l'horloge de la passion de notre Seigneur J. C. Incipit: Peuples
chrétiens, d'un coeur contrit [...]. 26 Strophen zu je sechs Versen. — *Geistliches Blumengärtlein inniger Seelen.* 13. Aufl. Eßlingen 1834, p. 236–241: *Goldenes Uhrwerk
über die Passion.* Incipit: Du Bild der Demuth und der Güte [...]. 24 Strophen zu je acht
Versen. — *Andächtige Uebung der Bruderschaft Jesu Christi zu Lauterburg.* Weißenburg:
Wwe. Bock s. d., p. 22–26: *Geistliches Uhrwerk des hochheiligen Leidens Christi Jesu.*
25 Vierzeiler (etwa 10: „Das Lämmlein zart wird schwer und hart / Um zehen Uhr gebunden. / Ich such sein Strick all Augenblick, / Wo werden sie gefunden?"). — Eine
seriösere Passions-Stunden-Betrachtung versucht G. J. Schäblen: *Stundenzeiger über die
Leidensgeschichte Jesu.* — In: *Monathliche Blätter.* Oettingen, März 1773, p. 33–43.

[472] Maria Pia Giardini: *I canti religiosi in Italia: L' „Orologio" della passione.* —
In: *Lares* XXXII, 1966, p. 31–41 (mit nützlichen weiteren Hinweisen).

[473] L. Schmidt: *Volkserzählung,* p. 55–62. — L. Schmidt: *Volksglaube und Volks-
brauch.* Berlin 1966, p. 302–303.

[474] In: *Geistliches Blumengärtlein* (wie not. 471), p. 318–398. Incipit: Dieß ist der
Frommen Lotterie, / wobei man kann verlieren nie; / Das Nichts darinn ist schon so
groß, / Als wenn dir fiel das beßte Loos.

fanisiert. Das zeigt auch die Wochentagsformel[475], die sich wegen ihrer Siebenzahl und im Anklang an die Schöpfungstage oder an die Karwoche sehr wohl für die religiöse Poesie eignen könnte. Statt dessen wurde sie in den letzten beiden Jahrhunderten — wie der Volksliedforscher weiß — vornehmlich für Brauchtumslieder — bei Hochzeiten[476] — verwendet[477], für Spottverse auf faule Menschen, welche die ganze Woche hindurch nichts tun[478], in Liebesliedern und misogynen Ratschlägen oder auch als Merkvers für die Lebenschancen neugeborener Kinder.[479] Die populären Autoren haben nicht gezögert, die dem Wochenschema innewohnenden Möglichkeiten — leichte Übersichtlichkeit, progressive Steigerung mit Pointe, Wortspielereien mit den Namen der Wochentage, Personifizierung der einzelnen Tage — auszunützen, um die Unterhaltungsschriften zu bereichern und um soziale Rügen aller Art vorzubringen. So enthält das *Livre singulier* 1801 die Geschichte von sieben Räubern, welche die Wochentagsnamen tragen und eifrig stehlen, bis

> Un beau jour *Dimanche* fut pris;
> Notre drôle, mis à la gêne,
> Dénonça, trahit ses amis;
> Et le lendemain, sans sursis,
> L'on pendit toute la Semaine.[480]

Das ist ebenso auf die Pointe zugeschnitten wie der zwei Jahre später gedruckte Wochenlauf eines reich gewordenen Aktienspekulanten:

> Lundi, je pris des actions;
> Mardi, je gagnai des millions;
> Mercredi, je pris équipage;
> Jeudi, je réglai mon ménage;

[475] Johannes Bolte: *Die Wochentage in der Poesie.* — In: *Archiv f. d. Studium der neueren Sprachen u. Litt.* 98, 1897, p. 81–96, 281–300; 99, 1897, p. 9–24; 100, 1898, p. 149–154.

[476] Giuseppe Profeta: *Canti nuziali nel folklore italiano.* — Firenze 1965, p. 155–158 (7 Versionen). — P. McArthur Cole: *New England Weddings.* — In: *Journal of American Folklore* VI, 1893, p. 104 *(Wedding rhymes).*

[477] E. Rubieri: *Storia della poesia popolare italiana.* — Firenze 1877, p. 430–436. — A. Rossat: *La Chanson populaire,* p. 82–83.

[478] *Archivio per lo studio delle tradizioni popolari* IX, 1890, p. 116. — *Mittheilungen des Vereins f. Sächsische Vk.* III, 1903, p. 309–310. — Giovanni Tassoni: *Tradizioni popolari del Mantovano.* Firenze 1964, p. 249–250. — Cf. auch, aus älterer Zeit, Chr. A. Hörl: *Bacchusia.* München 1677, p. 24 und E. Moser-Rath: *Predigtmärlein,* p. 459.

[479] *Mittheilungen des Vereins f. Sächs. Vk.* III, 1904, p. 205. — M. Tallman: *Dictionary of American Folklore.* New York 1959, p. 25.

[480] *Le Livre singulier* (Schenda: *1000 FVB,* num. 535), p. 176.

Vendredi, je m'en fus au bal,
Et samedi, à l'hôpital.[481]

Die leidende Woche wird 1849 in dem Büchlein *Der letzte Grenadier* beschrieben: ein Säufer wird die ganze Woche hindurch aus den Wirtshäusern geworfen; am Samstag überlegt er sich:

Will sehn wie i in Himmel komm,
Wenn i sollt' a mol sterben,
Vielleicht daß dort der Zufall thut,
Mein Himmelfahrt verderben.
Es taugt nit schon auf dieser Welt,
Es wird a dort nichts draus:
Und richtig kommt der Petrus her
Und wirft mi wieder 'naus.[482]

Viele Wochentagsverse dienten also der sozialen Kontrolle. Der Spott ließ sich aber auch auf bedeutendere Objekte wenden. So lasen die Ellwanger Bürger 1852 in ihrem *Hochwächter* einen *Wochenzettel der Schauspiele in Paris:*

Montag den 2. Februar: Die Räuber
Dienstag den 3. Februar: Eigentum ist Diebstahl
Mittwoch den 4. Februar: Die Schuld
Donnerstag den 5. Februar: Der Pariser Taugenichts
Freitag den 6. Februar: Junger Zunder, alter Plunder
Sonnabend den 7. Februar: Der verlorene Sohn.[483]

Es handelt sich offenbar um eine Anspielung auf die finanziellen und politischen Manipulationen im Fahrwasser der Machtergreifung des Louis-Napoléon Bonaparte. Auch Friedrich Rückert versuchte sich übrigens – im Anschluß an Friedrich Logau – an den Wochentagen, und das Gedicht

Sprich, liebes Herz, in deines Tempels Mitten,
Für sieben Wochentage sieben Bitten [. . .][484]

wurde von Josef Knapp wiederum in ein Erbauungsbuch aufgenommen.[485] Ganz ähnlich wie die Wochentage finden sich auch die Monatsnamen

---

[481] *Encyclopédie comique* (ibid. num. 321), p. 14.

[482] In: *Der letzte Grenadier Friedrich Devier, aus Marseille.* — Colmar: Wittwe Decker 1849. 1 fol, zweiseitig bedruckt, 277 × 230 mm. BN Paris 4° Z. 77.

[483] *Der Hochwächter* IV, 10 vom 4. Februar 1852, p. 38.

[484] Friedrich Rückert: *Gesammelte Poetische Werke* VII. — Frankfurt 1868, p. 178: *Für die sieben Tage,* 1.

[485] J. Knapp: *Gottes Wort und Menschenwege.* 2. Aufl. — Stuttgart 1885, p. 1.

häufig in der Volkspoesie und vor allem im Volkstheater[486] – abgeleitet von Kalenderversen oder von poetischen Zyklen: der mit Traditionalismen angefüllte Monatskranz des Josef Weinheber[487] ist ja heute jedem Gymnasiasten vertraut. Ein norddeutsches Heftchen etwa bringt eine *Arie der vier Jahreszeiten und der zwölf Monate* und faßt die einzelnen Aussagen folgendermaßen zusammen:

> Dies sind die 12 Monate, die verhalten sich so:
> der erste macht lustig, der andere macht froh,
> der 3te besäet, der 4te macht naß,
> der 5te macht Friede, der 6te macht Spaß,
> der 7te erwärmet, der 8te fährt ein,
> der 9te bringt Nahrung, der 10te bringt Wein,
> der 11te erfüllet, der 12te macht Lust,
> so sind uns die Monate ja alle bewußt [. . .][488].

Attraktiver als Stunden, Tage, Wochen und Monate war freilich das Alphabet – es hat zahllose Autoren zur Bearbeitung gereizt.

Das gebildete Alphabet

ABC-Dichtungen sind – im Gegensatz zu der bisher genannten Formeldichtung, deren mündliche Tradition oft stärker war als die gedruckte – keine Angelegenheit des Betsaales, der Spinnstube oder der Festgesellschaft, sondern der Schule. Ihrer Länge wegen blieben sie seltener im Gedächtnis eines Volkssängers haften; dagegen wurden sie häufiger als andere Formellieder in Liederhandschriften[489] und populären Drucken – von der Fibel[490] über die Straßenballade[491] bis zum politischen Flugblatt[492] – konserviert.

---

[486] Cf. Johannes Bolte in: *Archiv f. d. Studium der neueren Sprachen u. Litt.* 98, 1897, p. 82–83. — J. Gardien: *La Chanson populaire française.* Paris 1948, p. 137–138. — Alessandro D'Ancona: *I dodici mesi dell' anno nella tradizione popolare.* — In: *Archivio per lo studio delle trad. pop.* II, 1883, p. 237–270. — Cf. ibid. p. 563–568 und IV, 1885, p. 436–450. — „Mesi" als volkstheatralische Karnevalsbelustigung beschreibt Ferdinand Herrmann: *Beiträge zur italienischen Volkskunde.* Heidelberg 1938, p. 28–30. — Cf. auch M. Steinschneider: *Rangstreit-Literatur,* p. 84, num. 142. — P. Toschi: *Le origini del teatro italiano, Bibliografia speciale* p. 750–757. — Leopold Schmidt: *Le Théâtre populaire européen.* Paris 1965, p. 39–49.

[487] J. Weinheber: *O Mensch, gib acht. Ein erbauliches Kalenderbuch für Stadt- und Landleut.* (1937). In: *Sämtliche Werke* II: *Gedichte, Zweiter Teil,* p. 263–336.

[488] Gesang / der / vier Jahrszeiten / und / der zwölf Monate. / Gedruckt in diesem Jahr. — s. l. n. d. 8°, 4 fol. n. n. LB Oldenburg, Bänkelsängerlit. IV, 1.

[489] Leopold Schmidt: *Eine Mondseer Liederhandschrift von 1827.* — In: *Jahrbuch des Österreichischen Volksliedwerkes* XIII, 1964, p. 12–44, sp. p. 28 und num. 86: „Das A-B-C Lied".

[490] F. Bünger: *Entwickelungsgeschichte,* p. 19–23.

Bei der geradezu ärgerlichen Häufigkeit von ABC-Konstruktionen in Poesie und Prosa ist man versucht, deren Faszination magisch zu nennen[493], wenn man es nicht vorzieht, sie als Spielereien von Mitgliedern unserer verschulten Gesellschaft zu betrachten, von Erwachsenen, die in ihrer Kindheit allzusehr zu einem sturen ABC-Kult erzogen wurden. ABC-Literatur zeugt einmal vom Stolz über die Beherrschung dieses Systems, zum anderen aber auch von der beherrschenden Kraft, die von diesem System ausstrahlt: irgendwie ist es schwierig, dieses Trauma aus der Kinderzeit loszuwerden, dieses Gefängnis zu vergessen, in welches, in hundertfacher Variation, die ganze Welt mitsamt der Gottheit eingezwängt wurde:

A – A – A!
Ruft Jeremias da;
Der Anfang und das End zumal
Wird ein Kind und liegt im Stall.
A – A – A!

heißt es sinnig in einem alten Weihnachtsalphabet[494], und bei Wilhelm Busch noch sinniger:

Die Zwiebel ist der Juden Speise,
Das Zebra trifft man stellenweise.[495]

Im *Railroad Alphabet* geht es dagegen hübsch ordentlich und ohne geistlichen oder geistreichen Doppelsinn zu; es enthält alle eisenbahntechnischen Termini von Arch, Bridge, Cattle Truck bis Van, Whistle und Xcursion.[496] Im *Livre Singulier* überrascht der Kompilator seinen „gebildeten" Leser mit einer „description exacte de la vie humaine" in lateinischen Vokabeln, gut gemischt, aber eben doch alphabetisch geordnet:

Aura, bulla, cinis, dolus, error, flammula, gutta,
Herbula, imago, lutum, milium, nihil, offula, pluma,
Quisquiliae, ros, somnia, transitus, umbra.[497]

---

[491] H. E. Rollins: *An Analytical Index to the Ballad-Entries (1557–1709).* — Chapel Hill 1924, num. 2, 3, 4, 49, 169, 299, 989, 1020, 1610, 1628, 1726, 1862, 1919, 2817 und 3059.

[492] E. Weller: *Die ersten deutschen Zeitungen.* (Neue Ed.) — Hildesheim 1962 (A. Heyer: *Nachlese),* p. 410–415.

[493] *Handwörterbuch des deutschen Aberglaubens* I, 1927, col. 14–18, s. v. *Abc* (Franz Dornseiff). Cf. auch die einseitige „magische" Interpretation von Alphabeten auf Tonwaren bei Karl Hillenbrand: *Dachziegel und Zieglerhandwerk.* — In: *Der Museumsfreund* 4/5, 1964, p. 28.

[494] J. Scheible: *Das Schaltjahr IV.* — Stuttgart 1847, p. 80–83.

[495] W. Busch: *Naturgeschichtliches Alphabet.* — *Münchener Bilderbogen,* Nr. 405–406.

[496] *Aunt Mavor's Toy Books. The Railroad Alphabet.* — London: George Routledge & Sons (1868). 8 fol. n. n., 24 × 18 cm.

[497] *Le Livre singulier* (1801) (Schenda: *1000 FVB,* num. 535), p. 76.

1884 gab es schon Fahrzeuge genug, um damit ein Alphabetgedicht zu ersinnen:

A   fuhr per Achse in raschestem Trab;
B   ruderte im Boote den Strom hinab;
C   hatte gemietet ein Cab gar klug;
D   saß in der Droschke, die sanft es trug –

und so intelligent geht es dahin mit Eisenbahn, Fuß und Gondel.[498] Wieviel geistige Mühe war nicht erforderlich gewesen, diese Reihen zusammenzustellen und womöglich auch noch Worte für X und Y zu finden! Wieviel Spaß machte es nicht, dieses altvertraute Alphabet noch einmal nachzulesen und womöglich mit witzigen Wörtern oder gar Wortspielen angereichert zu sehen:

Aujourd'hui commencez,	Aimable Léon	A,
A former votre main	A tracer la lettre	A.
Bon! la voilà, je crois	Borgne et pas trop cour	B;
Bientôt elle sera	Bossue ou trop bom	B.
C' est très-mal, regardez	Ce b, quoique élan	C,
Comme il est de travers,	Comment il est pla	C.
Dites-moi, Léona,	D'où vous vient donc l'i	D
De faire un pareil c	D'une main déci	D?
Ecrivez autrement.	E n'est fait qu'à moiti	E.

Und so quält sich die arme Leona fort bis zum Ende:

Pour faire x, y, z,
Priez Dieu qu'il vous z.[499]

Andere Autoren kamen noch weniger vom pädagogischen Zwang des Abecedariums los: sie predigten Moral und ordneten diese nach dem Alphabet, um sie schmackhaft und interessant zu gestalten:

A heißt alle Ding verlassen,
Bosheit flieht das B.
C das Creuz mit Freud umfassen,
Demuth giebt das D,
E thut sich ums ewig werben
F dem Feind das Herz thut färben, (!)
giebt Geduld das G.

---

[498] *Raphael* VI, Donauwörth 1884, p. 160.

[499] *La Perle des Calembourgs* (1858) (Schenda: *1000 FVB*, num. 701), p. 89–90. „vous z" = vous aide.

Solche Rätsel gibt das bekannte Lied *Wann du willst ein Doktor werden* auf; man beachte, wie geschickt es sich aus der gefährlichen X-Y-Schlinge zieht:

> X den Namen Xaver bildet,
> der gar heilig war,
> Ypsilon gar wenig gilt
> in der deutschen Schaar:
> folg dem ersten in dem Leben,
> thue nach der Tugend streben
> durch das ganze Jahr.[500]

Es ist bemerkenswert, daß man mit dem ABC gern die Idee der Gelehrsamkeit verband: Das *ABC-Büchlein für Kinder der Weisheit* bietet eine Sammlung fader Aphorismen über Alter des Lebens, Aufopferung, Aufrichtigkeit, Augenbrauen (sic), Bethören, Bürgerlich und so fort[501]; *Der kleine Kempis* enthält 1841 *Das kleine A, B, C, in der Schule Christi* mit 23 Lektionen über Ama nesciri (!), Benevolus omnibus und Custodi cor bis Zachaee, descende.[502] Zehn Jahre später ist der „wahre Christ" in einem badischen Kalender Aufmerksam auf das Wort Christi, Brünstig im Geist, Christlich und Demütig bis Zunehmend und wachsend an Weisheit (!)[503], aber 1861 braucht er immer noch *Das güldene ABC für Jedermann* mit dem schönen Ende

> Xerxes verließ sich auf sein Heer,
> Darüber ward er g'schlagen sehr.
> So du mußt kriegen, Gott vertrau,
> Sonst allezeit den Frieden bau.[504]

Abermals zehn Jahre später war der französische Xerxes, Napoleon der Erbfeind und Erzbösewicht, trotz aller christlichen Weisheits-Abeces geschlagen – oder gerade w e i l sie s o und nicht anders waren? – ein Zeichen, daß die Europäer aus ihren ABC-Büchern nichts gelernt hatten. Daß das ABC heute noch zu Reimereien verarbeitet wird[505], ist der Fluch dieses dümmsten aller Schemata.

---

[500] *Vier schöne weltliche Lieder.* — Reutlingen: Chr. Phil. Fischer s. d., p. 2–3 (Incipit: Wann du willst ein Doktor werden), Strophe 2.

[501] *Wochenblatt der Stadt Donauwörth* vom 9. Juni — 27. August 1832.

[502] *Der kleine Kempis.* — Reutlingen 1841, p. 13–21.

[503] *Der Volksbote aus Baden. Ein Kalender für Stadt und Land* 1851, p. 49.

[504] *Das güldene A B C, für Jedermann, der gern mit Ehren wollt bestahn.* — Weissenburg: Fr. Wentzel (1861). 1 fol., einseitig bedruckt, 410 × 320 mm. BN Paris X. 1266.

[505] Cf. H. Kessler: *Schwäbisches Reise-Alphabet.* — In: *Schwäbische Heimat* 14, 1963, p. 16.

Parodie

Wenn Buck Mulligan zu Beginn des *Ulysses* die heilige Messe parodiert, dann zeigt nicht nur der Freund des Stephen Dedalus, daß er mit der Liturgie der römisch-katholischen Kirche vertraut ist, sondern auch der Verfasser des Romans, James Joyce, daß er sich – wie er im Laufe der Erzählung immer wieder zeigen wird – in alten populären Traditionen auskennt. Antike[506] und lateinisches Mittelalter[507] haben dieses Mittel zur Satire weidlich ausgenützt. Es besteht bekanntlich darin, einen wohlbekannten ernsten Text heiter oder sarkastisch zu verändern, aber nur so weit, daß die zugrunde liegende Vorlage sehr wohl noch erkennbar bleibt. Ja, der witzige Effekt der Parodie besteht darin, daß man die Vorlage stets vor dem geistigen Auge behält und die ursprüngliche und die parodierte Fassung miteinander vergleicht. Dazu kommt, daß die Parodie den Respekt vor der Herrlichkeit der Dichtung fallen läßt, daß sie sich auflehnt gegen die Diktatur des überlieferten Wortes und der traditionellen Institutionen, daß sie anders handelt, als es die Tradition befiehlt. Parodie zeugt – wie die antianständigen Verslein und Bilder – von sozialer Auflehnung. Sie ist daher besonders zur politischen Satire geeignet; sie protestiert aber auch gegen die frommen und abgeleierten Sprüche der Kirche und der Schule, kurzum sie rebelliert gegen das „Oben", gegen das Zeremoniell, das Höfische, das Schicke und Schickliche. Trotz dieser Protesthaltung hat sie einen konservativen, traditionskonservierenden Charakter. Kaum nötig zu sagen, daß sie eine distanzierte Haltung voraussetzt, ein gerüttelt Maß an Intelligenz erfordert und daher der Formelpoesie und Formelliteratur weit überlegen ist. In den populären Lesestoffen sind Parodien auf religiöse Texte besonders beliebt, weil die geistige Transposition zum Urtext besonders leicht fällt. Einige von ihnen seien hier kurz beleuchtet.

---

[506] Jean-Pierre Cèbe: *La Caricature et la parodie dans le monde romain antique des origines à Juvénal.* — Paris 1966 *(Bibliothèque des Écoles françaises d'Athène et de Rome,* 206). 408 p., XIX pl.
[507] Paul Lehmann: *Die Parodie im Mittelalter.* 2. Aufl. — Stuttgart 1963. — Viele weitere bibliographische Hinweise bei Lutz Röhrich: *Gebärde — Metapher — Parodie. Studien zur Sprache und Volksdichtung.* — Düsseldorf 1967 *(Wirkendes Wort,* Schriftenreihe, 4), sp. p. 229–231. — Cf. auch Dwight Macdonald, ed.: *Parodies. An Anthology from Chaucer to Beerbohm — and After.* — London: Faber and Faber 1961. XIII + 574 p. — Wido Hempel: *Parodie, Travestie und Pastiche. Zur Geschichte von Wort und Sache.* In: *Germanisch-Romanische Monatsschrift* 15, 1965, p. 150–176. — J. G. Riewald: *Parody as Criticism.* In: *Neophilologus* 50, 1966, p. 125–148. — A. Liede: *Parodie* (mit weiterführender Bibliographie).

Predigten

Predigten stecken oft voll von beachtenswerter Rhetorik, die dem aufmerksamen Zuhörer nicht verborgen bleibt. Die immer wiederkehrenden Anreden, Ausrufe, Mahnungen und Klagen, die Zitate aus Bibel und Volksweisheit, der hehre Ton, der zu der Gedankenarmut des Predigers nicht recht passen mag, die längstbekannten und jährlich wiederkehrenden Episoden aus dem Neuen Testament – das alles reizt zur Parodie. Da wird nun zunächst einmal ein Bibelspruch falsch angewendet, verdreht oder auch erfunden: „Mulier quam dedisti mihi sociam, dedit mihi de ligno", sagt Adam in der *Genesis* (3, 12), aber in der Hahnrei-Predigt bedeutet lignum nicht Baum, sondern Hörner.[508] Der *Sermon gai et amusant*[509] geht über den Spruch: „Deus dixit Petro: ubi sunt oves meae? Nescio respondit autem Petrus", aber dieser ist nur eine fiktive Fortsetzung der Szene bei *Johannes* 21, 15. „Nisi penitentiam egeritis, omnes similiter peribitis" steht zwar fast genau bei *Lukas* 13, 3, aber im *Sermon sur la pénitence*[516] wird daraus „Se vous ne fâtes pénitence, vous périris tretous", und da macht schon das Patois von Besançon lachen, und zudem behauptet noch der Autor: „Ças pairoules sont tiries di couffre de l'Alpoutre saint Paul, en son cabinet spirituel, chap. 18" – was natürlich ganz aus der Luft gegriffen ist. Bei den Predigten selbst herrscht die größte Freiheit, sowohl was das Thema als auch was die Durchführung anbetrifft. Selbstverständlich liebt man Reden über die profansten Dinge, über den Kohl etwa und seine Qualitäten[511], über den Floh oder gar über den Flatus.[512] Der Wein hat ohne Zweifel die meisten Prediger gefunden[513], am meisten belacht wurde wahrscheinlich die Hahnrei-Predigt.[514] Die oftgedruckte Sprichwörter-Predigt[515] verspottet Zitatensucht und Binsenweisheit der Kanzel-

[508] *Sermon et consolation des cocus.* Schenda: *1000 FVB, num.* 870.

[509] Schenda: *1000 FVB, num.* 871. Die Predigt findet sich auch in *La Bavarde des Bavardes* (ibid. num. 114), p. 64–71, *Le Farceur du jour et de la nuit* (ibid. num. 361), p. 64–71, *Le Farceur inépuisable* (ibid. num. 365), p. 50 und *Momus français* (ibid. num. 588), p. 58.

[510] Ibid. num. 875.

[511] *Predica delle verze.* R. Schenda: *Die Sammlung italienischer Flugblätter,* num. 32.

[512] Diese selten gewordenen Texte finden sich in der Anthologie *Sermons facétieux ou ridicules, et anecdotes curieuses sur les prédicateurs.* — Paris: Delarue s. d. 4°, 272 p. BN Paris 8° Z. 16 289.

[513] *Predica del vino.* Schenda: *Die Sammlung,* num. 53. — *Sermon de Bacchus* (über: *Bonum vinum laetificat cor hominis*). Schenda: *1000 FVB, num.* 865. — *Discours bachiques.* Ibid. num. 308.

[514] Wie not. 508.

[515] *Sermon en proverbes.* Ibid. num. 869. — Andere Sprichwörterpredigten bei O. E. Moll: *Sprichwörterbibliographie.* — Frankfurt/M. 1958, num. 3809, –35, –71, –74, –79, –89, –90 und 3905.

redner. Sie schließt: „Au reste, à l'impossible nul n'est tenu; je ne peux pas vous sauver malgré vous. On dit que ce n'est rien de parler, le tout est d'agir; &, comme charité bien ordonnée commence par soi-même, je vais tâcher de faire mes orges, & de tirer mon épingle du jeu; alors quand je serai sauvé, arrive qui plante, allez au Diable, je m'en lave les mains. Au nom du Père, & c."

Witziger sind die Predigten, in denen der Redner sich verspricht oder Sätze sagt, die durchaus zweideutig sind. Im schon zitierten *Sermon gai et amusant* beklagt sich der Prediger, daß seine Schafe beim Teufel seien, und gestern abend seien sie mit den Böcken herumgesprungen: „Mes brebis étaient déjà sourdes à ma voix; déjà percées des flèches de ces démons, et remplies de leur jus séduisant, elles étaient indociles". Aber die Pfarrkinder sagen: „Nous nous moquons bien de M. le curé, il n'a point d'enfans à nourrir. Eh, qu'en savez-vous? Apprenez que nous avons plus de peine à les cacher que vous n'en avez à les faire." Und der Pfarrer schimpft weiter gegen „Ces grands garçons, ces grandes filles, qui sont tous les jours dans les bois, sous prétexte de s'y promener et d'y prendre le frais, qui y commettent le scandale le plus affreux. Qu'arrive-t-il? les filles montent sur les arbres, les garçons restent en bas, et disent: Margot, je te vois les talons, je te vois les jambes, je te vois les. . . . Qu'on empêche tout cela, mes chers frères: vous filles et garçons, je ne prétends pas vous empêcher d'aller dans les bois, ni de grimper sur les arbres; mais qu'à l'avenir les filles restent en bas, et que les garçons montent dessus." Und so groberotisch geht es fort: „Dimanche prochain je parlerai des hommes, je toucherai les femmes, et je m'étendrai sur les filles." Die Kirchendiener tadelt er schließlich: „Messieurs les bédeaux, si cela vous arrive encore, je vous ôterai la verge."[516]

Der antiklerikale Ton der Predigtparodie tritt hier offen zutage – man sollte diesen Aspekt auch beim Lesen harmloser Predigt-Verslein[517] nicht ganz außer Acht lassen.

Vom Vaterunser zum Evangelium

Die Vaterunser-Parodie hält sich eng an den Text des Gebetes des Herrn:

Unser Räuber der du bist in Wien, geheiliget hast du unser Recht. Dein Name ist ausgestrichen aus unsern Herzen, dein Reich kommt in die Hände deiner Feinde, dein Wille geschehe niemals auf Erden. Gib uns heute unsere Freiheit und

---

[516] Wie not. 509.

[517] Beispiele bei L. Röhrich (wie not. 507,2), p. 123–124.

unsere Güter zurück, welche du uns geraubt und gestohlen hast, und vergib uns unsere Schulden, denn du kannst die deinen niemals mehr bezahlen. Führe uns nicht in deine Ketten und Kerker zurück, sondern erlöse uns von deiner Tirannei, die du uns ins Land gesetzt hast, denn dein sind die Schulden, das Papier-Geld, von nun an bis in Ewigkeit. Amen.[518]

So lautet ein 1859 im Elsaß gedrucktes antiösterreichisches *Piemontesisches Gebet*. Als der General David-Henri Chassé im Jahre 1832 die Zitadelle von Antwerpen 24 Tage lang gegen die französische Armee verteidigte, erschien in Frankreich eine *Oraison dominicale:*

Général Chassé, qui êtes à la citadelle, que votre nom soit effacé, que votre commandement cesse, que votre volonté soit sans effet dans la citadelle; laissez aux Belges leur pain quotidien; pardonnez les victoires des Français, comme nous les pardonnons à tous ceux qui s'illustrent par leur bravoure; n'affaissez pas les Belges sous le poids de votre domination; mais délivrez-les de votre présence. Ainsi soit-il.[519]

Ein anderes System behält den Wortlaut des Paternosters bei, fügt jedoch jeder Bitte einen Vers voll weltlicher Gedanken hinzu, wie etwa im *Tiroler Vater Unser* aus den Napoleonkriegen:

Vater unser,
das Bayerland ist unser.
Der du bist im Himmel
das Schwaben steht im Getimmel.
Geheiliget werde dein Nam,
Kempten muß zuerst daran.
Zu komme uns dein Reich,
über Memmingen kommen wir auch gleich.
Dein Will geschehe im Himmel also auch auf Erden,
Ulm muß uns auch noch werden.
Gib uns heut das Tägliche Brodt,
Regensburg steht auch in der Noth.
Und Vergieb uns unsere Schulden,
Passau muß auch und noch dulden.
Als auch wir Vergeben unsern Schuldigern,
Alt Ravensburg wird uns auch müssen huldigen.
Und führe uns nicht in Versuchung,

[518] *Piemontesisches Gebet.* — Mülhausen: P. Baret (1859). 1 fol., einseitig bedruckt, 216 × 140 mm. Archives Départementales Haut-Rhin, Colmar, 1. T. 44.

[519] J. M. Garnier: *Histoire de l'Imagerie à Chartres*, p. 335–337 (mit weiteren Gebetsparodien). Ähnliche Parodie zu Ehren des Generals Joffre bei A. Becker: *Gebetsparodien*, p. 21. — *Nationalliberales Vaterunser* auf Bismarck *(Dresdener Volksbote* 1872, num. 291) bei A. Held: *Die deutsche Arbeiterpresse*, p. 75.

Lindau, Biberach steht in Verfluchung.
Sondern erlöse uns von dem Uebel,
wann Nürenberg, München sich nicht ergibt, so geht es ihnen auch noch übel.
Amen.[520]

Eine dritte weitverbreitete und seit dem 16. Jahrhundert belegte Form der Vaterunser-Parodie hängt die einzelnen Worte des Gebetes sinnvoll an vorausgehende Doppelverse.[521] Das alte, wohlbekannte Bauernvaterunser[522] findet sich etwa, stark verändert, auf einer antinapoleonischen Flugschrift wieder:

Das Vater Unser

Tritt der Franzos ins Haus hinein
So spricht er gleich mit falschem Schein
Vater
Das was du nun gesammelt hast,
Mit großer Müh und schwerer Last, ist
unser
Der Bauer denkt sammt seinem Knecht,
Du Schelm! du bist mir eben recht
der du bist
Wir arme Bauern leiden Noth,
Wir klagen es dem lieben Gott
im Himmel
Ich glaub nicht, daß man einen findt,
Der unter diesem Lumpeng'sind
geheiliget werde
[...]
O! würden sie doch todt geschlagen,
So wollten wir mit Freuden sagen
dein Wille geschehe.
[...]
Befreye uns von dieser Pein,
Und lasse uns erhöret seyn
von dem Übel
O Herr! verleih uns Fried und Ruh,
Und führ dies Volk dem Teufel zu,
Amen.[523]

---

[520] *Das Tiroler Vater Unser.* s. d. Manuskript im Staatsarchiv Ludwigsburg D 54/177. Vorläufer bei R. M. Werner: *Das Vaterunser als gottesdienstliche Zeitlyrik,* p. 7–9 (*Reutlinger Vaterunser,* 1519). Ein vergleichbares *Schweizer Vaterunser* bei G. Mehring: *Das Vaterunser,* p. 130.

[521] Cf. R. M. Werner: *Das Vaterunser,* p. 12.

[522] Ibid. p. 17–33. — Cf. das Bauern-Vaterunser bei H. Wäscher: *Das deutsche Flugblatt* I, 56.

Im Jahre 1842 findet sich diese Fassung, ins Französische übersetzt, aber ohne Reime, im Elsaß wieder als *Le notre père des Français;* sie wurde natürlich beschlagnahmt.[524] 1828 mußten die bayerischen Behörden mehrfach eine Vaterunser-Parodie konfiszieren, die Kritik an der Wirtschaftspolitik Ludwigs I. übte und zudem die protestantische Gebetsfassung zeigte:

Michel'sches Vater unser am Ludwigstage. (Ein Auszug aus dem zu Würzburg erscheinenden „teutschen Michel".)

Allergnädigster Monarch!	Vater unser!
Landesvater und Fürst!	Der du bist!
Freude und Belohnung selbst denen, die den Ruf haben!	Im Himmel!
Wenn du die Gewerbe und andere Steuern verminderst, so rufen wir	Geheiliget werde dein Name!
Wir wünschen, daß dein Versprechen, Gnade und Hilfe	Zu uns komme!
Mächtiger Segen ströme dafür auf	Dein Reich!
Und alle deine treuen Bürger werden sagen	Dein Wille geschehe!
Wenn die Last, die uns drücket, so erleichtert wird	Wie im Himmel!
Denn dieß muß gefallen wie im Himmel	Also auch auf Erden!
Durch Konzessionen und große Steuern entziehst du uns	Unser tägliches Brod!
Gerechter König! den verlornen Wohlstand	Gieb uns heute!
Befördere Ackerbau, Handlung und Künste, damit wir bezahlen können	Unsere Schuld!
Verzeihe deinem Volke, wenn es, von Abgaben gedrückt, seufzet	Wie auch wir vergeben!
Wenn Handlung und Gewerbe blühen, können wir auch Nachsicht haben, mit	Unsern Schuldigern!
Gieb uns weise und deutliche Gesetze, steure den Muthwillen deiner Gerichte, und laß uns nicht zu Grunde gehen;	Sondern erlöse uns von allem Uebel!
Jage die Juden, Wucherer aus dem Lande!	
Hilf uns verarmten Kindern wieder auf!	Denn dein ist das Reich! Denn dein ist die Kraft!
Dann, guter Vater! wirst du auch Ruhm und Segen haben	Und die Herrlichkeit in Ewigkeit.[525]

Das Vaterunser eignet sich also in den verschiedensten parodistischen Formen vorzüglich für die politische Satire und für die Kritik an den sozialen Mißständen im Lande.[526] Es taucht in politischen Krisenzeiten auf. Weil seine Urfassung erzbekannt ist, kann die davon abgehobene Parodie auf Erfolg hoffen. Das große Gebet der Christenheit wird bei dem Umwandlungsprozeß verkehrt zu einem Dokument des Hasses gegen die Herrschenden, der Verzweiflung und der Skepsis, zu einem Anti-Gebet der Unterschicht, das die christlichen Tugenden verhöhnt.

Neben dem Paternoster wird auch das *Credo* parodiert. Das auf den französischen Bürgerkönig lautet im Jahre 1830: „Je crois à Louis-Philippe Ier, Roi des Français, tout-puissant créateur de la liberté; à son génie, fils unique, qui est né de la Révolution, a souffert sous Louis XVIII, est mort sous Charles X," – hier tritt die Kritik deutlich zum Vorschein – „est descendu dans le sein de la ville de Paris, le troisième jour est monté sur le trône, d'où il jugera les carlistes et les chouans.[527] Ainsi soit-il."[528] Neben den Anti-Karlisten haben zur gleichen Zeit die Republikaner ein Credo über „la Liberté, les Droits et la Souveraineté du peuple" verfaßt.[529]

Unpolitisch sind die L i t a n e i e n, die den Jungfern einen Mann beschaffen sollen:

Kyrie, je voudrais, Christe, être mariée;
Kyrie, je prie tous les saints, Christe, que ce soit demain.
Sainte Marie, faites que je me marie.
Saint François, donnes m'en le droit.
Grand saint Nicolas, ne m'oubliez pas.

[523] *Passion oder der Kreutzgang von Moskau nach dem Rhein. Das französische Vater Unser. Gedruckt in Paris.* s. l. n. d. 8°, 4 fol. n. n. LB Oldenburg, Jahrmarkts-Lit. b/5.
[524] Loses Blatt, undatiert, in den Archives Départementales Haut-Rhin, Colmar, 1. T. 462.
[525] 1 fol., einseitig bedruckt, s. l. n. d., 235 × 195 mm. Bayerisches Hauptstaatsarchiv München, M. Inn. 25125. Text auch in *Eos*, 153. Stück, München 24. Sept. 1828 unter dem Titel „Preßfreiheit". Vorläufer bei G. Mehring: *Das Vaterunser*, p. 140–141.
[526] Cf. G. Mehring: *Das Vaterunser als politisches Kampfmittel.* Dort auch p. 141–142 weitere Nachweise aus Zeitungen der Jahre 1832 und 1848. — Selbstverständlich gibt es auch unpolitische, aber doch sozialkritische Vaterunser-Parodien. Cf. *Die sieben Bitten der Ehefrauen an ihre Männer.* Neuruppiner Bilderbogen. Text bei Wilhelm Fraenger: *Materialien zur Frühgeschichte des Neuruppiner Bilderbogens.* In: *Jahrbuch für historische Volkskunde* 1, 1925, p. 300–301. — Für Italien cf. Carmelina Naselli: *Padrenostri popolari italiani.* (im Druck).
[527] Seit den Bauernaufständen von 1792 Bezeichnung für bourbonische Royalisten.
[528] J. M. Garnier: *Histoire de l'imagerie à Chartres*, p. 335–337.
[529] J.-P. Seguin: *Un grand imagier*, p. 122, num. 27: *Le Credo des bons républicains.* — Sceaux: Grosseite 1833. BN Paris Est. Qb. 1. — Das von A. Becker: *Gebetsparodien*, p. 22 mitgeteilte Credo ist keine Parodie, sondern ein ernstgemeintes patriotisches Gebet.

Saint Remy, que j'aie un bon mari.
Sainte Hermine, qu'il ait bonne mine.
Saint Barthélemy, qu'il soit bien gentil.
Saint Mathieu, qu'il soit laborieux.
Saint Clément, qu'il soit bien aimant.
Saint Parfait, qu'il soit parfait.
Saint Cyr, qu'il aime à rire.
Sainte Marcelle, qu'il me soit fidèle.
Saint André, qu'il soit à mon gré.
Saint Leu, qu'il n'aime pas le jeu.
Saint Sévérin, et pas trop le vin.
Saint Blaise, qu'il soit à son aise.
Saint Lazare, qu'il ne soit pas avare.
Saint Boniface, que mon mariage se fasse.[530]

Tugenden und Untugenden des idealen Mannes werden aus dieser Parodie einigermaßen deutlich: fleißig, freundlich, treu und wohlhabend soll er sein, doch besteht auch die Gefahr, daß er spielt, trinkt und geizt. Umgekehrt gab es eine *Invocation que les garçons pourront faire s'ils veulent se marier.* Sie lautet ganz ähnlich:

Sainte Marie, tout le monde se marie.
Saint Joseph, que mon mariage soit fait.
Saint Leu, à la volonté de Dieu.
Sainte Jeanne, que j'aie une bonne femme.
Sainte Christine, qu'elle ne soit pas mutine.
(Sainte Colette, qu'elle ne soit pas coquette.)
Sainte Reine, qu'elle ne soit pas mondaine.
Sainte Cécile, qu'elle soit docile.
Sainte Magdeleine, qu'elle m'aime (sans peine).
Saint Hilaire, qu'elle n'ait pas de gloire.
(Saint Jacques, que je l'aie à Pâques.
Sainte Valérie, pour toute la vie.)
Saint Matthieu, le tout pour la gloire de Dieu.[531]

Hier tritt das Bild der Untertanen-Frau klar zutage, das dem Bürger des 19. Jahrhunderts als das einzig Wahre erscheint. In beiden Litaneien wird

---

[530] *Invocation des filles pour obtenir un mari.* — In: *Explication des songes* (Schenda: *1000 FVB,* num. 348), p. 95–96. Auch im *Catéchisme à l'usage des grandes filles,* zitiert von A. Dubois: *Les anciens livres de colportage,* p. 8–9, aber nicht identisch. — Cf. auch Ch. Nisard: *Histoire des livres populaires* I, p. 377–378. — In der *Explication,* loc. cit., p. 96 auch eine *Oraison à Cupidon:* „Filles qui la diront se marieront dans l'année".
[531] Aus: *Catéchisme à l'usage des grandes filles.* Zitiert bei Nisard, loc. cit. I, p. 378. Ähnlich in der *Explication des songes,* loc. cit. (Varianten in Klammern).

zudem der Stand des Verheiratet-Seins als erstrebenswert gezeigt. Wer trotz aller Anrufungen unverehelicht blieb, konnte sich im Bedarfsfall mit Trostschriften über Jungfräulichkeit und Zölibat trösten.

Ganz deutlich sozialkritisch gebärdet sich wiederum die *Messe constitutionelle* unzufriedener Napoleonisten aus dem Jahre 1833. Sie hält sich eng an den *Canon missae:*

Le Célébrant salue le drapeau de la Liberté et le Coq des Français:

Au nom de la France, de la Liberté, du roi, Et de nos droits,

D. Je m'approcherai de l'autel de la Liberté.

R. De cette Liberté qui remplit ma jeunesse d'une éternelle joie parce qu'elle est le prix de la victoire.

D. La lumière et la vérité ont lui à nos yeux, le drapeau tricolore brille sur la colonne de la gloire, sur nos arcs de triomphe, sur le Panthéon et sur la Citadelle d'Anvers. [. . .]

So geht es fort, und das E v a n g e l i u m verkündet die Theorie der Ausbeuter-Klasse:

En ce temps-là, la France était devenue la proie des gens sans foi, sans honneur, sans probité et sans vertu. Ils disaient: nous sommes les maîtres, il faut que ce peuple soit esclave; il travaillera, il sera courbé sous le fardeau, tandis que nous vivrons dans la débauche et au sein des plaisirs; s'il veut se plaindre, nous le ferons juger; c'est plaire à Dieu que de verser le sang des impies, nos péchés seront effacés. La Liberté dit: je vous sauverai, vous, vos femmes et vos enfants. Ainsi soit-il.[532]

Ein antinapoleonisches und den Rheinbund verhöhnendes Passionsevangelium war in Deutschland nach der Dreikaiserschlacht erschienen. Es beginnt: „Es geschah, daß Rußland seine Vorkehrungen vollendet hatte, da versammelten sich die Franzosen in einer Stadt, die Willna genannt wird, und hielten Rath, wie sie Rußland mit List fangen und tödten könnten. Als dies ihren Plänen aber entging, setzten sie über den Düna-Fluß. Als dies Rußland wahrnahm, sprach es zu den Franzosen: Wahrlich, wahrlich sage ich euch, in dieser Friedens-Nacht werdet ihr euch noch ärgern. [. . .]" Das internationale diplomatische Hin-und-Her zwischen Franzosen, Rheinbundstaaten, Preußen und Österreich wird nun passionsdramatisch dargestellt: Polen ist betrübt bis in den Tod; Preußen und Schweden, um Hilfe gebeten, antworten: „Unser Geist ist zwar willig, aber das Fleisch ist schwach", die Alliierten rufen „Kreuziget ihn", England spricht: „Sein Blut komme über uns und unsre Kindskinder", und Polen meint zu Sach-

---

[532] J. M. Garnier: *Histoire de l'Imagerie à Chartres*, p. 341–345.

sen: „Weine nicht über mich, sondern über dich und deine Kinder." Der Rheinische Bund wird schließlich ans Kreuz genagelt, und „Da die Alliirten Frankreichs alle ihre Freyheit suchten, so neigte der Rheinische Bund sein Haupt, und gab bei Leipzig seinen Geist auf und alle Zeitungsschreiber riefen freudig aus: Es ist vollbracht!!!"[533] Das Ganze ist nicht ungeschickt gemacht; freilich trägt es weder zu politischem Verständnis noch zur Lösung der deutschen Frage bei. Die politische Parodie verzichtet auf jede konstruktive Kritik.

Katechismus und Zehn Gebote

Daß sich der Katechismus auch zu einem politischen Lehrbuch umgestalten ließ, haben nicht nur die Herrschenden gemerkt.[534] Das Nordlicht brachte 1835 eine Republikanische Katechisation und fragte:

Bist du ein Republikaner?
Ja ich bin ein Republikaner.
Woher weißt du das?
Ich bin weder der Sklave eines Zwingherrn, noch der Unterthan eines Fürsten; weder der Leibeigene oder gehorsame Diener eines Patriziers oder Aristokraten, noch das unterwürfige und blindgläubige Schaaf eines Pfaffen.
Was bist du denn?
Ich bin ein Bürger, nicht ein Bürger dieser oder jener Stadt oder sonstigen Gemeinde, sondern der Bürger des Freistaates oder der Republik.
Wer hat dich zu diesem Bürger gemacht?
Seitdem ich vernünftig denken gelernt habe, bin ich ein solcher Bürger geworden.
Was heißt vernünftig denken?
Es heißt Irrthum von Wahrheit, Trug von Redlichkeit, Gaukelei von Einfachheit richtig unterscheiden.
Ist es dir schwer geworden, vernünftig zu denken?
Gott bewahre. Vernünftig denken ist sehr leicht. Nur muß man kein Schaafskopf seyn, und sich abschrecken lassen durch das falsche Gerede der Unterdrücker der Menschen.

---

[533] *Passion, oder der Kreutzgang von Moskau nach dem Rhein.* (wie not. 523).
[534] Cf. *Probe eines Deutschen politischen Volcks-Catechismus.* — In: *Neues Patriotisches Archiv für Deutschland* I. — Mannheim und Leipzig 1792, p. 309–402. — Anzeige des *Verfassungs-Katechismus für Baierns Volk und Jugend* in: *Donauwörther Intelligenz- und Wochenblatt* vom 27. März 1819. — Selbstverständlich gab es auch populäre Gesundheitskatechismen wie den von B. Chr. Faust (Bückeburg 1794, Faksimile-Ed. Dresden 1925) und allgemein moralische Katechismen (*Katechismus der Sittenlehre für das Landvolk.* — Leipzig und Dresden 1772. 142 p. — etc.).

Was reden denn diese Burschen?
Wenn Jemand einen vernünftigen Gedanken hat, so schreien sie, er sey ein Ketzer, ein Hochverräther, ein gefährlicher Kopf, ein Unruhestifter und dergleichen mehr. [...][535]

Selbstverständlich konnten solche Texte, die nach 133 Jahren noch aktuell wirken und seinerzeit die größte Verwirrung bei den Regierenden gestiftet haben müssen, nicht geduldet werden, und man darf annehmen, daß auch von den sicherlich vorhandenen Zehn-Gebote-Parodien die politischen unterdrückt wurden, sofern sie nicht wenigstens als Propaganda gegen einen Staatsfeind benützbar waren. So durften die Franzosen während der italienischen Kampagne den Österreichern vorschreiben:

Commandements du peuple français

1. Autrichien, tu cesseras
   Ton oppression à l'instant.
2. En tes limites rentreras,
   Sans répliquer aucunement.
3. Tous tes voisins respecteras,
   Car nous l'exigeons fermement.
4. Bon gré, mal gré tu garderas
   La religion du serment.
5. L'aigle français redouteras
   Ou tu danseras crânement.
6. Comme gouvernant tu seras,
   Pour ton peuple, doux et clément.
7. Partout tu nous retrouveras,
   Si tu n'agis pas sagement.
8. Le canon tu ne tireras
   Que pour ta fête seulement.
9. Dans tes projets tu tâcheras
   D'agir un peu plus prudemment.
10. Fais tout ceci, puis tu pourras
    T'aller coucher tranquillement.[536]

Die Parodie ist freilich mißlungen: der Reim-Anklang an die regulären Zehngebote-Verslein genügt nicht, um das Ganze, das eher wie eine magi-

---

[535] *Das Nordlicht No 1*, 1835, p. 7–11.

[536] Ch. Nisard: *Des Chansons populaires* II, p. 181–182. Ebenso gab es sechs Gebote Italiens an Österreich. Nisard weist ibid. p. 182–183 darauf hin, daß schon 1650 in einer Broschüre mit dem Titel *Apologie des Frondeurs* zu finden waren *Les Commandemens des frondeurs*. Sie beginnen: „Un seul Mazarin frondereas [...]". Zehn-Gebote-Parodien sind natürlich schon in der populären Literatur des 16. Jahrhunderts zu finden. — *Zehn Gebote der Arbeiter (Die Verbrüderung*, Leipzig, 9. März 1849) bei P. H. Noyes: *Organization and Revolution*, p. 294.

sche Beschwörung als wie ein Sündenregister der Österreicher aussieht, überzeugend scharf zu machen. Erlaubt waren selbstverständlich auch die harmlosen Zehn Wirtshaus-Gebote, die man hie und da noch heute in alten Gasthäusern ausgehängt sieht.[537]

Aufgrund des hier beigebrachten Materials läßt sich zusammenfassend feststellen: Die populäre Parodie bedient sich religiöser Vorlagen, weil diese Texte besser als alle anderen bekannt sind. Sie zielt also nicht auf Blasphemie ab, sondern sie wünscht, sofort verstanden zu werden. Wenngleich sie keine Gotteslästerung beabsichtigt, so übt sie durch die Verdrehung der Texte doch Opposition gegen die gedankenlos-fromme Verwendung dieser Texte, ja gelegentlich sogar Opposition gegen die Kirche und ihre Institutionen. Die populäre Parodie will in den meisten Fällen soziale oder politische Kritik üben. Sie tut das in aller Deutlichkeit und Schärfe, bleibt jedoch unkonstruktiv. Sie ist das Sprachrohr einer unterdrückten Minderheit gegen alle Arten von Oppression. Gerade deswegen ist sie immer wieder von Seiten der Behörden supprimiert worden. Die anonymen Autoren der populären Parodie zeigen sich intelligent, informiert, kritisch und verantwortungsbewußt. Die soziale Parodie ist ein Lichtblick in dem Wust gedankenloser, apolitischer populärer Literatur.

Ergebnisse

Der hier gebotene Versuch, einige hervorstechende Merkmale der populären Lesestoffe herauszuarbeiten, konnte keine Inhaltsanalyse im literatursoziologischen Sinne sein: er ist weder streng objektiv, noch – bei der Masse des Materials – systematisch und quantifizierend durchgeführt.[538] Objektivität wäre indes nur zu erreichen gewesen, wenn, statt einer autorspezifischen oder schein-repräsentativen Selektion von einigen tausend populären Texten aus einem Zeitraum von anderthalb Jahrhunderten ein Großteil des überhaupt vorhandenen Materials – einige hunderttausend Texte – herangezogen worden wäre. Für eine systematische und quantitative Analyse wäre demnach ein trainiertes Heer von Lesern und eine Computeranlage nötig gewesen. Die Inhaltsanalyse von ausgewählten Teilen dieser

---

[537] W. Fraenger: *Materialien zur Frühgeschichte*, p. 304–306. — *Dieci Comandamenti dell' Oste*. (G. Giannini: *La poesia popolare a stampa* II, p. 641). Incipit: Tu devi prendere alloggio presso di me, e mai in nessun altro luogo.

[538] Cf. die Forderungen von A. Silbermann: *Systematische Inhaltsanalyse*.

Literatur – einer spezifischen Zeitschriftenserie oder auch nur einer Anthologie[539] – hätte wiederum keine Aussagen über das Gesamtphänomen der populären Lesestoffe zwischen Aufklärung und erstem Weltkrieg zugelassen. Soziologische Inhaltsanalysen sind nur bei Objekten von begrenztem Umfang sinnvoll.

Trotzdem war es nötig, die Kapitel über Produktion, Konsumtion und Repression der populären Lesestoffe zu illustrieren, die Thesen der Arbeit nicht nur mit Zitaten der Theoretiker, sondern auch mit den diskutierten Gegenständen selbst zu belegen. Die aufgezeigten Phänomene wurden daher nach der altbewährten literarhistorischen Methode – möglichst objektive Auswertung der Frequenzmaxima eines so breit wie möglich verzettelten, möglichst umfangreichen Materials – erarbeitet. Dabei wurden nicht nur manifeste Inhalte notiert und beschrieben, sondern – der soziologischen Theorie zum Trotz – auch die latenten Intentionen. Den strengen Sozialempirikern sei erlaubt, das Ganze nur als Pilot Study zu werten und die dabei aufgewandte „Intuition" und das subjektive Engagement als wissenschaftsfremd zu bewerten.

Entgegen der von Zeitungswissenschaftlern vorgetragenen Theorie von der Zeitungsrelevanz, das heißt, von der Aktualität populärer Lesestoffe und speziell des Unterhaltungsromans[540], wird in diesem ganzen Kapitel die Traditionsrelevanz dieser Lesestoffe nachgewiesen. Thematik, Motive, Stereotypen, Formeln, Haltungen sind gelegentlich seit dem lateinischen Mittelalter, häufig seit dem 16. Jahrhundert und fast immer im Barockzeitalter nachweisbar. Es genügt nicht, dieses Phänomen mit der billigen Weisheit abzutun, es gebe eben nichts Neues unter der Sonne. Es hat vielmehr autor- und leserpsychologische Gründe – von denen noch weiter zu reden sein wird – ebenso wie Gründe der gesellschaftlichen und der wirtschaftsstrukturellen Konstanz. Die traditionelle Konstanz ist jedoch nicht völlig starr; sie erlaubt eine interne Fluidität – die sogar aktuelle Elemente aufnehmen kann – ohne ihre althergebrachte Substanz wesentlich zu verändern.

---

[539] Cf. etwa den Versuch von Ch. Grivel: *Matériaux pour servir à l'examen sociologique de la poésie.*

[540] Cf. W. Langenbucher: *Der aktuelle Unterhaltungsroman,* p. 16: „[...] solche massenhaft verbreitete Literatur ist dann „zeitungs"-relevant, wenn sie das Zeitgespräch der Gesellschaft manifestiert oder — publizistisch — auf dieses Einfluß zu nehmen sucht." Literarischer Erfolg — von Langenbucher vielfältig nachgewiesen — oder modische Zeitbezogenheit ist jedoch noch keine Auseinandersetzung mit der Gesellschaft und auch kein Spiegel der gesellschaftlichen Problemsituation. Der von Hanns Braun in seinem Vorwort zu dieser Arbeit beschworene „auch im Roman stets zutagetretende Zeitbezug seiner Berede (sic)" wird von Langenbucher in seinen Inhaltsanalysen (p. 174–209) nur unvollkommen dargestellt.

Der Versuch einer Inhaltsbeschreibung der populären Lesestoffe fördert wenig Erfreuliches zutage. Helden wie Napoleon schütteln im Laufe der Zeit alle negativen Aspekte ab, mutieren durch kollektive Manipulation zu Heiligen und werden zu leuchtenden Vorbildern. Ganz ähnlich wird die Realität der Armut verfälscht: die Darstellungen des Malheur erscheinen bald sensationell aufgebauscht, bald idyllisch verbrämt; jedenfalls aber werden sie moralisch ausgewertet, mit dem Effekt, daß sie die Probleme des Pauperismus vertuschen. Die Unzufriedenheit an der eigenen Misere überwindet der Leser mit dem Konsum von Lust-Literatur: er genießt die grausame Behandlung der Protagonisten und verliert dadurch den kritischen Abstand zur realen Anwendung von Grausamkeit und Gewalt. Er sieht zahllose Helden in unterirdischen Verliesen schmachten und lernt nichts über Auflehnung und Protest gegen die Unterdrücker. Exekutionen akzeptiert er in der Realität wie in den Lesestoffen, ausgenommen bei Helden, die ausdrücklich – aber nach welchen Kriterien! – als unschuldig bezeichnet werden. Der Konsum an Erotika und skatophilen Druckwerken ist, trotz aller Zensur, bemerkenswert groß: Die Lektüre antianständiger Literatur ist des kleinen Mannes einziger, armseliger Versuch der antiautoritären Opposition. Die Zensur sorgt dafür, daß der Krieg nur als idyllische Rauferei erscheint, die Aggression als löbliche Vaterlandsverteidigung. Böse und häßlich handelt nur der Feind: so hetzt die populäre Kriegsliteratur – selbst die harmlos scheinenden Berichte von Soldatenmädchen – zu neuen Kriegen auf. Das zu bekämpfende Böse lag niemals im eigenen Lande, sondern nur jenseits seiner hart gezogenen Grenzen.

Und doch hätten die unzähligen Mordberichte – vielleicht die allerbeliebteste Lektüre seit Gutenbergs Zeiten – zu denken geben müssen. Aber auch hier fehlte es an einer sozialkritischen Interpretation: nur das Blut zählte, die makabre Situation, die bethlehemitische Schlächterei, der wackelnde Totenschädel – all das ereignete sich auf derselben Ebene des sozial ungebundenen Schaurigen und Kuriosen. Das Räuberwesen galt ganz ähnlich nicht als Geschwür am Leib der Nation: die Lesestoffe stellten die Banditenüberfälle als Kavaliersdelikte hin und machten glauben, die Verbrecher seien die wahren Sozialrebellen – oder ein Attentat sei politische Opposition.

So vermittelten die populären Lesestoffe nichts als Mißverständnisse: über Geister ebensosehr wie über Waisenkinder, über Helden nicht weniger als über Mörder, über Soldaten sowohl wie über Müllerstöchter. Die Furcht vor dem Erlernen realer Tatsachen und neuer Gesichtspunkte tritt dabei ganz deutlich hervor: anders ließe sich das krampfhafte Festhalten an den altbekannten Formeln und Schemata nicht erklären. Die populäre Lektüre scheut die Auseinandersetzung mit der Moderne. Sie versagt im Angesicht der gesellschaftspolitischen Probleme. Ihr Konservativismus ist steril. Die progressiven Kräfte – hie und da kommen sie in der Parodie zu Wort – werden weitgehend zurückgewiesen.

Doch damit nicht genug. Die populären Lesestoffe meiden nicht nur die Auseinandersetzung mit den aktuellen Problemen. Sie zementieren darüber hinaus die reaktionären Verhaltensweisen und Meinungen und stellen sie so als die dauerhaft gültigen hin. Sie postulieren ihren Inhalt als dauernde Norm. Sie sind die reaktionäre Meinungsdiktatur der Gesellschaft.

Die populären Lesestoffe unterscheiden sich damit zumindest von Teilen der elitären Literatur. Bei den englischen Schriftstellern der Oberschicht hat man immer wieder die Auseinandersetzung mit aktuellen politischen und wirtschaftlichen Problemen feststellen können.[541] Das deutsche Sprachgebiet brachte – bei aller provinziellen Kleinbürgerlichkeit seiner Literatur – doch einige Schriftsteller hervor, die eine geistige Auseinandersetzung mit den politischen Tagesfragen nicht fürchteten.[542] In Frankreich läßt sogar die lyrische Dichtung der sechziger Jahre des vergangenen Jahrhunderts eine – freilich nicht immer politisch reflektierte und aktivierte – Ablehnung des zeitgenössischen gesellschaftlichen Zustandes erkennen.[543] Die populären Lesestoffe wagen dagegen nur höchst selten eine Kritik am Bestehenden, eine Änderung des Althergebrachten, eine Diskussion der Demokratie und des Fortschritts, einen Zweifel am Gottesgnadentum aller möglichen Instanzen und Institutionen. [Ansätze dazu sind in der sozialdemokratischen Propagandaliteratur, in einigen politischen (aber wenig populären) Periodika[544] und im Kolportageroman zu erkennen, doch wie sehr wurden nicht gerade diese drei Literaturgattungen verteufelt!] Der deutsche Dichter strebte – um ein Bild des politisch bewußten Historikers Georg Gottfried Gervinus zu verwenden – stets zu viel zum Parnaß, zu wenig zum Forum.[545] Der populäre Schriftsteller hat weder den Parnaß noch das Forum auch nur von ferne erblickt. Der aus diesem politischen Scheuklappendasein resultierende reaktionäre Charakter der Massenkommunikationsmittel des 19. Jahrhunderts – die historischen Gründe für diesen Tatbestand

---

[541] H.-J. Müllenbrock: *Literatur und Zeitgeschichte.* — H. L. Sussman: *Victorians and the Machine.*

[542] Cf. G. Lukács: *Die Grablegung des alten Deutschland.*

[543] Ch. Grivel: *Matériaux pour servir à l'examen sociologique de la poésie*, p. 57.

[544] Cf. W. Haacke: *Die politische Zeitschrift 1665–1965.*

[545] G. G. Gervinus: *Einleitung in die Geschichte*, p. 191.

wurden in den einleitenden Kapiteln dargelegt – hat die ungebildeten Leser dieser Epoche verbildet und verdummt.

Das abschließende Kapitel dieses Buches versucht nun, die bisher gewonnenen Ergebnisse der Arbeit zusammen mit einigen neuen Belegen zu einem Bild dieses „Lesers" populärer Lesestoffe zusammenzufassen. Dabei wird zu bedenken sein, daß dieser „Leser" nichts anderes sein kann als eine Hilfskonstruktion, die dazu dient, die gesellschaftliche Situation der wenig gebildeten Bevölkerungsschichten des 19. Jahrhunderts besser zu erkennen.

VII. DIE LESER DER POPULÄREN LESESTOFFE

Leser und Nichtleser

Die Idylle von der lesenden Nation

Ich lagerte mich an einem schönen Abend ermüdet im Schatten eines Obstbaumes am Ufer des Zürichsees in der Nähe des Dorfes Stäfa. Ein junger Bauer, der vor mir sein Feld umhackte, ließ sich mit mir gefällig ins Gespräch, und nach vollbrachter Arbeit lud er mich zu einem Glase Weins in seinem Hause ein. Ich schlug's nicht ab und begleitete ihn. Während er die Kleider änderte und den Wein herbeiholte, musterte ich im saubern Zimmer alles, besonders die auf einem Gesimse stehenden Bücher. Da fand ich neben Bibel und Gesangbuch Schriften von Iselin[1], Wieland, Möser u. a. m. Dies, die lehrreiche Unterhaltung mit dem jungen Landmann, die Anmut der Gegend, die Bequemlichkeit eines großen Gasthofes und das freundliche Benehmen der Leute bewog mich, einige Tage daselbst zu verweilen. Man besaß hier und in den benachbarten Dörfern längs dem See nicht nur Lesegesellschaften, sondern auch ein Liebhabertheater. Shakespeares „Romeo und Julie" war das letzte der gegebenen Schauspiele gewesen.

Diese hübsche Szene schildert Heinrich Zschokke in seiner Autobiographie[2], und die Literatur der Spätaufklärung liefert eine Reihe von weiteren gelehrten Bauern[3], vorbildlichen Nachfahren des *Paysan du Danube,* den die Autoren des 16. und 17. Jahrhunderts geradezu als Prodigium bestaunt hatten.[4] Der „lesende Bauer" ist für den Aufklärer ebenso eine Wunschfiktion wie für den Musiker der „Frohe Ackersmann" oder der „Fröhliche Landmann". Beide Gestalten haben nur als seltene Ausnahmen existiert.[5] Es fragt sich, ob man den Leopardi der Verse

---

[1] Gemeint ist Johann Rudolf Iselin (1705–1779), der Basler Jurist und Historiker. ADB 14, p. 611.

[2] H. Zschokke: *Eine Selbstschau. Werke* I, p. 59.

[3] H. Möller: *Angewandte Aufklärung,* p. 500.

[4] Cf. R. Schenda: *Die französische Prodigienliteratur,* p. 115.

[5] Cf. auch H. Gebhardt: *Zur bäuerlichen Glaubens- und Sittenlehre,* p. 22: „Ich habe einen begüterten Landwirt gekannt, der, anstatt zu heiraten und sein Land zu bearbeiten, immerzu las, bis er verrückt war und im Irrenhaus endete; ein anderer Lesebauer wurde als angeblich geheilt aus der Irrenanstalt entlassen, vertiefte sich alsbald wieder in seine Zauberenthüllungsbücher, verkaufte Haus und Land und ging in Schande und Elend

Diman tristezza e noia
Recheran l'ore, ed al travaglio usato
Ciascuno in suo pensier farà ritorno[6]

nicht besser als Sozial-Realisten[7] denn als elegischen Kulturpessimisten bezeichnen sollte. Denn der Bauer – ganz abgesehen davon, daß er das Lesen nicht erlernt hatte – dachte an alles andere eher als an die Welt der Bücher. Der russische Maler Victor Michailowitsch Wasnetzow (1848–1926) hat auf einem Gemälde aus dem Jahre 1875 die Verhältnisse deutlicher gesehen als die Literaten: da betrachten Bauern staunend und furchtsam die Ware eines Bilderbogenhändlers in seiner Holzbude.[8] Das Gedruckte, diese Realität aus zweiter Hand, ist dem Landmann völlig fremd. In seinem Lebenskreis hat er einen Spiegel seiner Welt nicht nötig.

Die Idylle von der lesenden Nation wird immer wieder ausgemalt: Rudolf Stadelmann hat die Bildungswelt des deutschen Handwerkers in rosigen Farben geschildert[9], Ernst Volkmann sammelte die *Erlebnisse mit Büchern in deutschen Selbstzeugnissen*[10] und wollte damit offenbar beweisen, wie vertraut der deutschen Seele der Umgang mit Büchern ist, und Heinrich Pleticha hat ganz ähnlich in jüngster Zeit noch einmal zwei Bändchen mit bücherlesenden jungen Deutschen angefüllt.[11] Man erinnert sich in der Tat an den „reisenden Handwerker" Adam Henss, der schon um 1780 im Besitze seiner Mutter eine Kiste voller Bücher fand und durchlas[12]; an den Gerber, Lederhändler und Gastwirt Georg Gottfried Gervinus den Älteren, der um die Jahrhundertwende „eine kleine Leihbibliothek fast ganz ausgelesen" hatte[13]; an den geradezu erschreckend lesegebildeten Vetter Wilhelm des Karl Gutzkow, einen Webermeister, der Pascal und Bossuet, Spener, Arndt und Andreä ebenso kannte wie Böhme und

in der Stadt unter. Ähnliche Beispiele stehen mir noch mehrfach zu Gebote; im allgemeinen konnte man früher sogar mit ziemlicher Sicherheit annehmen, daß es bei einem viellesenden Bauer ,Nicht ganz richtig im Oberstübchen' sei, wenn es auch manchmal zweifelhaft blieb, ob er infolge des Lesens übergeschnappt oder infolge eines ,Schmitzes' in die Leserei geraten war, oder ob Lesen und Geistesgestörtheit in Wechselwirkung mit einander standen."

[6] Giacomo Leopardi: *Il Sabato del villaggio* (1829). (In allen Leopardi-Ausgaben). Zu Leopardis sozialkritischer Haltung cf. G. Venè: *Letteratura e capitalismo*, p. 136–153.

[7] Ganz im Gegensatz zu den Landmann-Idealbildern im *Mildheimischen Liederbuch* oder in Christian Friedrich Daniel Schubarts Gedichten *(Schwäbisches Bauernlied, Der Bauer in der Erndte, Der Bauer im Winter)*.

[8] Abbildung bei S. Taubert: *Bibliopola* II, p. 463, Tafel 231.

[9] Stadelmann-Fischer: *Die Bildungswelt des deutschen Handwerkers*.

[10] E. Volkmann: *Erlebnisse mit Büchern* I–II.

[11] H. Pleticha: *Begegnungen mit dem Buch in der Jugend* I–II.

[12] A. Henss: *Aus dem Tagebuch*, p. 21.

[13] G. G. Gervinus: *Leben*, p. 5–6.

Tauler[14]; oder gar an den Leineweberssohn Karl Preusker (1786–1871), der sich schon mit zwölf Jahren ein kritisches Bücherverzeichnis anlegte und die heimatliche Leihbibliothek in Löbau auslas[15], und der dann später, 1835, unbekümmert um die Lesefähigkeiten der Nation, eine beachtliche Reihe von „Büchern über die speziellen Berufsfächer" und von Unterhaltungsschriften zusammenstellte, die „der nach höherer Bildung strebende junge Gewerbetreibende zu lesen habe".[16] Das alles[17] darf man in der Tat als beachtliche Leistungen bewundern, aber eben doch nur als singuläre Erscheinungen und Bestrebungen, die später allzuoft als Beweismaterial für den Mythos vom Volk der Dichter und Denker zu dienen hatten. Das Buch gehört zu den Prestige-Requisiten des Bildungsbürgertums. Kein Autobiograph vom Minister bis zum Handwerker (aber eben einem Handwerker, der seine Autobiographie schreibt!) läßt die Episode seines jugendlichen Leseeifers aus, und immer wieder genießt das Buch eine Verehrung, als sei es ein Paradiesvogel[18] oder der heilige Gral selbst.[19] Bücher mit Lederrücken in der bürgerlichen Vitrine und vereinzelte Bibliophilie sind jedoch noch kein Beweis für eine allgemeine Lesebildung. Prestigesymbole kaschieren oft einen Mangel an Fortschritt.

Warum, so fragt man sich, verbergen die Idylliker Tatsachen wie die, daß sich 1763 in Bochum „unter hundert erwachsenen Leuten kaum zehn derselben erfinden, die im Lesen und Schreiben tüchtig sind"[20]? Die Bildungssituation und die Sozialstruktur des 18. Jahrhunderts lassen kaum mehr als zehn Prozent Leser unter der Erwachsenen-Bevölkerung erwarten. Eine norddeutsche Kleinstadt wie Wunstorf, die am Ende des 18. Jahrhunderts 1600 Einwohner zählte, besaß damals maximal 60 lesende Personen (also weniger als vier Prozent der Gesamtbevölkerung), zusammengesetzt aus Stiftsdamen, Geistlichen, Medizinern, Juristen, Militärs, Lehrern und städtischen Beamten samt deren nächsten Anverwandten.[21] 1820 konnte in Grünberg nur ein Drittel der selbständigen Tuchmacher ihre Namen

---

[14] K. Gutzkow: *Knabenzeit*, p. 262–263.

[15] K. Preusker: *Selbstbiographie*, p. 11.

[16] K. Preusker: *Andeutungen über Sonntags-, Real- und Gewerbeschulen* II, 1835, p. 119–120.

[17] Zahlreiche weitere Beispiele bei H. Möller: *Die kleinbürgerliche Familie im 18. Jahrhundert*, cap. *Wissen*, p. 248–278. Das reichhaltige, dort jetzt bereitgestellte Material diene zur Ergänzung der hier nur knapp dargestellten Fakten.

[18] So Richard Dehmel in E. Volkmann: *Erlebnisse mit Büchern* II, p. 175.

[19] Josef Weinheber: *Das Buch*. Ibid. p. 225.

[20] W. Brepohl: *Industrievolk im Wandel*, p. 53, nach Daniels-Beckmann: *Geschichte der evangelischen Kirchengemeinde Eickel*, Wanne-Eickel 1927.

[21] C. Haase: *Der Bildungshorizont der norddeutschen Kleinstadt*, p. 517–518.

ordentlich schreiben"; ob dieses Drittel aus aktiven Lesern bestand, ist eine andere Frage. Im Paris der ersten Jahrhunderthälfte „l'analphabétisme est immense, pour ces populations recemment immigrées de régions où l'analphabétisme est plus considérable encore".[23] Zeitgenössische Statistiken liegen aus der ersten Jahrhunderthälfte kaum vor, und die später bei Volkszählungen, Rekrutierungen und Eheschließungen angefertigten lassen sich nur schwer auf einen Nenner bringen. Doch trotz aller Schwierigkeiten bei der Ermittlung von Analphabeten-Indices läßt sich sagen, daß 1861 rund 70 % der italienischen Bevölkerung ab sieben Jahren Analphabeten waren; 1881 lag diese Zahl noch bei 60 %. Österreich hatte 1880 noch mehr als 30 % Analphabeten in der Bevölkerung über sechs Jahre; selbst für Frankreich und Belgien darf man für 1872 noch einen so hohen Prozentsatz von Nicht-lesen-Könnenden ansetzen.[24] Im deutschsprachigen Gebiet (ohne Österreich und Schweiz) gab es 1871 mindestens noch 10 % Analphabeten unter den mehr als Zehnjährigen (man beachte die günstigere Berechnungsbasis!): mehr in Ost- und Westpreußen (rund 35 %), weniger in Hohenzollern (rund 2 %), mehr unter Katholiken (rund 18 %) als unter Protestanten (rund 9 %).[25]

Nimmt man eine kontinuierliche Entwicklung des Bildungswesens an, und betrachtet man die vorliegenden Zahlen, Berichte, Klagen und Erfolgsmeldungen mit wohlwollenden Augen, so darf man sagen, daß in Mitteleuropa um 1770: 15 %, um 1800: 25 %, um 1830: 40 %, um 1870: 75 % und um 1900: 90 % der Bevölkerung über sechs Jahre als potentielle Leser

[22] Oskar Simon: *Die Fachbildung des Preußischen Gewerbe- und Handelsstandes im 18. und 19. Jahrhundert.* — Berlin 1902, p. 48.

[23] L. Chevalier: *Classes laborieuses*, p. 507. Wie Chevalier im selben Paragraphen behaupten kann, daß „théâtre populaire et romans populaires règnent sans concurrence sur les loisirs ouvriers", bleibt freilich unverständlich.

[24] Dem scheinen andere, optimistischere Angaben zu widersprechen. Cf. M. Ragon: *Histoire de la littérature ouvrière*, p. 63 (nach E. Levasseur: *Histoire des classes ouvrières depuis 1789 jusqu'à nos jours*, 2 vol., Paris 1867): „De 1828 à 1846, le nombre d'hommes sachant lire augmenta de 52 %. Les cours du soir pour adultes, après la fermeture des ateliers, comptaient 115.164 élèves en 1847. Les écoles se multipliaient. 2 791 communes nouvelles avaient un instituteur en 1830. Mais le nombre des couples illettrés au moment du mariage, s'il ne se chiffrait plus qu'à 31 % en 1855, n'était guère abaissé qu'à 25 % en 1866. Quant aux femmes, plus de la moitié ne savaient pas signer sur le registre du mariage en 1833."

[25] A. Petersilie: *Analphabeten.* — In: *Handwörterbuch der Staatswissenschaften* I. — Jena 1890, p. 248–252. Insgesamt lagen bildungspolitisch die protestantischen, germanischen, tschechischen und finnischen Länder vorn, die Kelten, Magyaren, katholischen Slawen und Italiener an mittleren Positionen und die Spanier, Portugiesen und Ostkirchen-Länder in Osteuropa weit hinten. — Daß um 1860 nur 21,9 % der italienischen Gesamtbevölkerung (in Süditalien weniger als 10 %) lesen konnten, behauptet, wohl nach A. Amati: *L'analfabetismo*, E.-A. de l'Étang: *Le Colportage*, p. 41–42.

in Frage kommen. Das sind nur abgerundete und optimale Zahlen, und sie bedeuten nicht, daß ein solcher Prozentsatz der Bevölkerung auch wirklich las.

Bauern und Arbeiter lesen keine Bücher

Die niedrigen Leserzahlen widersprechen, wie jeder durch eine Befragung nachprüfen kann, der landläufigen Meinung vom Bildungsstand des Mitteleuropäers im 18. Jahrhundert.[26] Und doch erklären sie sich leicht, wenn man die hier schon geschilderten mangelhaften Schulverhältnisse[27] und die Sozialstruktur der Zeit in Betracht zieht. Um 1800 lebten etwa 90 % der deutschen Bevölkerung (in den Grenzen von 1914: 24,5 Millionen) auf dem Lande. Die Hälfte der restlichen Stadtbevölkerung wohnte in Kleinstädten.[28] Noch 1840 waren 60–70 % der deutschen Bevölkerung (32,8 Millionen) in der Landwirtschaft beschäftigt; 1907 (rund 60 Millionen) betrug dieser Anteil noch 27 %.[29] Die Zahl der freien[30], nichtlandwirtschaftlichen Arbeiter in Deutschland wuchs in der ersten Hälfte des 19. Jahrhundert rapide: gab es um 1800 maximal nur 85 000 Arbeiter, so stieg diese Zahl bis 1816 auf 250 000, bis 1832 auf 450 000 und bis 1848 auf nahezu eine Million.[31] 1882 zählten die Arbeiter mit Familienangehörigen 17,3 und 1907 bereits 25,8 Millionen Köpfe.[32] Der größte Teil dieser

[26] Eine die kulturgeschichtlichen Hintergründe kurz andeutende Umfrage bei 45 Studenten der Philosophischen Fakultät der Universität Tübingen ergab, daß nach der Durchschnittsmeinung historisch nicht ganz ungebildeter junger Leute im Jahre 1770: 32 % und im Jahre 1870: 65 % der deutschen Bevölkerung über sechs Jahre lesen konnten. — Wer Fritz Valjavecs *Geschichte der abendländischen Aufklärung* liest, möchte meinen, Deutschland habe schon 1770 ein perfektes Schulsystem und lauter gebildete Einwohner besessen. Eine so einseitige Darstellung kann man kaum anders als Fälschung der Geistesgeschichte nennen. Aber die Aufklärer selbst haben diese Fälschung vorgezeichnet: Man lese nur in Condorcets Darstellung seiner „Achten Epoche" die Ausführungen über die Buchdruckerei und ihre nützlichen Folgen. Condorcet: *Entwurf eines historischen Gemäldes*, p. 157–162.
[27] Cf. hier cap. I, Abschnitt *Was ist Volksbildung?*
[28] F. Lütge: *Deutsche Sozial- und Wirtschaftsgeschichte,* ³1966, p. 421. — Cf. auch H. Bechtel: *Wirtschafts- und Sozialgeschichte Deutschlands,* p. 324.
[29] *Brockhaus Enzyklopädie* IV, 1968, s. v. *Deutsche Geschichte, Wirtschafts- und Sozialgeschichte,* p. 499.
[30] Es ist daran zu erinnern, daß die verschiedenen Formen der Leibeigenschaft (Leibherrschaft, Erbuntertänigkeit) zum Teil erst im 19. Jahrhundert abgebaut wurden.
[31] J. Kuczynski: *Die Geschichte der Lage der Arbeiter* I. — Berlin 1947, p. 34. — — J. Kuczynski: *Die Geschichte der Lage der Arbeiter* I, 1, 1961, p. 222. — Nach F. Lütge: *Deutsche Sozial- und Wirtschaftsgeschichte,* ³1966, p. 486 zählte allein der Deutsche Zollverein im Jahre 1846 bereits 1,2 Millionen Fabrikarbeiter.
[32] *Brockhaus Enzyklopädie* IV, 1968, p. 499. — Cf. dagegen A. von Randow: *Versuch einer Arbeiterstatistik,* p. 601 (für 1882):

unteren Volksschichten, nahezu die Hälfte der Gesamtbevölkerung, fällt bis
weit über die Jahrhundertmitte als Leser, ganz gleich welcher Literatur, aus.
Für diese Behauptung gibt es mindestens ebenso viele Belege – und zwar
von außenstehenden Betrachtern – wie für den Mythos vom lesenden Bauern oder Arbeiter. Hier ein Dutzend Ergänzungen zu den schon gelieferten
Beispielen[33]:

1779

erschien in der von Lorenz Westenrieder herausgegebenen Zeitschrift
Baierische Beyträge zur schönen und nützlichen Litteratur ein freimütiger
Artikel, der die elende Situation der bayerischen Landbevölkerung schildert. Darin heißt es: „Nun ist Unwissenheit das allgemeine Erbtheil unserer Landleute; der große gesellschaftliche Trieb, der uns mit dem ganzen
Vaterland aufs engste verbindet, ist unbekannt; er ist ein Werk der Erziehung, und es war von jeher bey uns ein Locus communis, daß der Bauer
müsse weder lesen noch schreiben können. Der Landschulen sind durchge-
hends zu wenig. Es giebt ganze Pflegegerichte, wo kaum eine oder die andere Schule zu finden ist, so wie es ganze Dorfschaften giebt, wo kaum
einer lesen oder gar schreiben kann."[34]

1785

erklärte der aufklärungsbegeisterte und sonst sehr fortschrittsstolze preu-
ßisch-protestantische Prediger zu Welschleben bei Magdeburg, Christian Lu-
dewig Hahnzog, in der Vorrede zu seinen *Patriotischen Predigten,* die für
das Landvolk geschriebenen Bücher seien zwecklos, denn das Landvolk
lese nicht: „Nun ist es gewiß, daß der Landmann im Winter besonders
Abends wol Zeit hätte, ein gutes für ihn geschriebenes Buch zu lesen. Aber
das ist noch nicht der Ton des Landpublikums. Dazu gehören Anlagen und

Prinzipale und Aufsichtspersonen	5 497 955
deren Angehörige	12 818 232
Unselbständige Arbeiter	10 705 324
deren Angehörige	9 612 092
Tagelöhner	397 582
deren Angehörige	538 523
Andere Berufsarten (und Rentiers)	2 385 633
deren Angehörige	3 266 772
Gesamtbevölkerung	45 222 113 Personen

Die unselbständigen Arbeiter und ihre Familienangehörigen machen also fast die Hälfte
der Gesamtbevölkerung aus. Die zweitgrößte Gruppe bilden die Beamten und Angestellten
(Prinzipale und Aufsichtspersonen).

[33] Cf. supra, cap. I, Abschnitt *Lesen lernen, lesen dürfen und lesen können,* p. 50–57.

[34] *Baierische Beyträge zur schönen und nützlichen Litteratur* I, München: J. B. Strobl
1779, p. 276. — Auch zusammenfassend zitiert von Philipp Wilhelm Gercken: *Reisen
durch Schwaben, Baiern, die angrenzende Schweiz* [...]. II. Theil. — Stendal 1784, p. 141.

Zubereitungen von einem halben Jahrhundert, ehe das Ziel erreicht werden könnte. Zum Privatlesen hat der jetzige Bauer weder Lust, noch Geschick. Lesen ist ihm eine ungewohnte und daher saurere Arbeit, als das Pflügen. Seine Lektüre ist die Bibel, doch sehr selten."[35]

Um 1800

finden sich in 47 Frankfurter Nachlaßinventaren von Kutscherknechten, Taglöhnern, Bedienten und Dienstmägden 32 Verzeichnisse (68 %) ohne Bücher; acht Arbeiter besaßen 1–5 Bücher, vier 6–10 Bücher und nur einer mehr als elf.[36]

1835

nennt Karl Preusker einen wesentlichen Grund für die Nichtanschaffung von Büchern: „Wer daher bändereiche Bücher für den Bürger und Landmann schreibt, irrt sehr, wenn er sie von diesen künftig benützt glaubt, und kennt die Vehältnisse derselben nicht. Ueberdieß hält der hohe Preis die Meisten von der Anschaffung ab, da dieselben nicht gewöhnt sind, für Literatur viel auszugeben, es auch oft bei dem besten Willen nicht vermögen. [...] Selbst höher Gebildete werden durch Preis und Stärke der Werke oft abgeschreckt."[37]

1847

macht sich Robert Prutz Gedanken über den fehlenden Bildungstrieb der niederen Klassen: „Die ungeheure Mehrzahl des Volkes, verdammt, mühselig, im Schweiße des Angesichts, für die Nothdurft des Augenblicks zu arbeiten und dem Heute das Morgen abzuringen, ja öfters sogar umgekehrt – woher soll ihr die Bildung kommen? oder auch nur der Bildungstrieb? In ihren ärmlichen Wohnungen, in ihren niedern Hütten, zwischen ihren Webstühlen und Maschinen, die glücklicher sind als sie, weil sie nicht hungern – wo soll ihnen die Idee, wo das Bedürfniß des Schönen aufgehen?"[38]

1863

ist dagegen E. Schaubach der Meinung, es werde zuviel gelesen; doch tröstet ihn der Gedanke, daß wenigstens das Proletariat, ermüdet von Arbeit und

[35] C. L. Hahnzog: *Patriotische Predigten oder Predigten zur Beförderung der Vaterlandsliebe für die Landleute in den preussischen Staaten.* — Halle 1785, *Vorrede.* — Man beachte dagegen Hahnzogs optimistische Darstellung des preußischen Schulwesens, ibid. p. 141–144.
[36] W. Wittmann: *Beruf und Buch im 18. Jahrhundert,* p. 130. 1799 besaß etwa eine Frankfurter Dienstmagd bei ihrem Dahinscheiden: Seilers *Geist des Christentums,* Gellerts *Schriften* und das *Frankfurter neue Gesangbuch.*
[37] K. Preusker: *Andeutungen* III, 1835, p. 22.
[38] R. E. Prutz: *Ueber die Unterhaltungsliteratur,* p. 169.

Schnaps, keine Lesebedürfnisse hat: „Auf der untersten Stufe der Leser steht die Classe der Besitzlosen, allerdings nicht das eigentliche Proletariat der großen Städte, denn dieses findet nach der anstrengenden Handarbeit des Tages seine Erholung im Schlaf, seinen Genuß in Kartoffeln und Branntwein, und ist darum so ziemlich der einzige Theil der Bevölkerung, welcher nicht nach Büchern verlangt, wohl aber die Schaaren der Dienstboten, der Handwerksgesellen, der Soldaten in den Garnisonen etc."[39]

1885

erzählt Jens L. Christensen von einem holsteinischen Bauernknecht, der neun Jahre nach dem Besuch der Schule das Lesen der Druckschrift vollständig verlernt hatte. Ein Gutsarbeiter aus Mecklenburg hielt einen Schnittmusterbogen für eine Landkarte. Der an norwegische Verhältnisse gewöhnte Beobachter fährt dann fort: „Was aber thun u n s e r e Bauernbursche, wenn sie an den langen Winterabenden zusammenkommen? Lesen auch sie [wie angeblich die norwegischen Bauern] aus guten Büchern und Zeitungen vor, sprechen auch sie über Politik, Litteratur u. dergl.? Fällt ihnen gar nicht ein! Sie haben einen interessanteren Unterhaltungsstoff: sie sprechen von den ,Dirns', erzählen ihre schmutzigen Liebschaften, reißen Zoten, singen schlüpfrige Lieder, machen faule Witze und haben sich nachher trefflich amüsiert. Und in den sogenannten besseren Kreisen ist es unter jüngeren Leuten kaum anders, nur daß man da weniger plump, d. h. etwas raffinierter ist."[40]

1887

untersuchte H. Mehner eine Leipziger Arbeiterfamilie, bestehend aus Vater, Mutter und drei Kindern. Der Mann arbeitete als Knochenstampfer in einer Kunstdüngerfabrik, die Frau im selben Betrieb als Knochensortiererin. Mehner schreibt: „Die geistigen Genüsse der Leute sind äußerst bescheidener Natur, zur Zeit der Untersuchung gleich Null. Eine Zeitung liest der Mann nur, wenn er einmal in eine Restauration geht; ich habe mitgetheilt, wie selten dies der Fall ist. Früher, noch im vorigen Jahre, hielten die Leute ,billige Monatsschriften', das heißt, sie lasen einen Colportage-Roman. Zur Begründung dieser Ausgabe geben sie an: ,Fortkommen thut man nicht und eine Unterhaltung muß man haben.' [...] Daß außer derjenigen Bildung, welche die Kinder in der Schule erhalten, nichts weiter geboten wird, ist klar, auch auf die Erziehung können die Eltern nur wenig Zeit verwenden (Geld, etwa in veredelnden Jugendschriften,

[39] F. Schaubach: *Zur Charakteristik der heutigen Volksliteratur*, p. 8–9.
[40] J. L. Christensen: *Der moderne Bildungsschwindel*, p. 16–17. Zum Teil auch zitiert bei E. Schultze: *Freie öffentliche Bibliotheken*, p. 9.

gar nicht). Auf begangene schwere Fehler erfolgt Prügel oder Einsperrung in den erwähnten Stall, weil die das kürzeste ist. [...] Daß die untersuchte Familie besser lebt als große Bevölkerungsschichten in anderen Erwerbszweigen, lehrt jeder Blick in eine Lohnstatistik."[41]

1891
versucht Otto von Leixner zu erklären, warum der einfache Leser auf die so gefährliche Tagespresse und auf die noch gefährlichere Schundliteratur rekurriere: „Der junge Bursche und das Mädchen auf dem Lande, die Kinder kleiner Handwerker und Gewerbearbeiter müssen meist rasch in das Thatleben eintreten. Damit hört für die Meisten die Verbindung mit belehrenden bildenden Büchern auf; nicht aber das Bedürfniß nach Anregung des Geistes, der Einbildungskraft. [...] Zur Anschaffung von Büchern, die er sogleich bezahlen soll, fehlt ihm das Geld; und selbst, wenn er zuweilen 2 bis 3 Mark aufwenden kann, hat er nicht Kenntnisse noch Zeit, beim Buchhändler etwas zu suchen, was ihm zusagen könnte."[42]

1900
übt Ernst Schultze Kritik an den allzu rosigen Analphabeten-Statistiken: „Man vergesse auch nicht, wie diese Analphabetenzählungen zu stande kommen: sie bedeuten in der That weiter nichts, als was das Wort in seiner ureigensten Bedeutung besagt: dass nämlich der Analphabet jeglicher Kenntnis der Buchstaben ermangelt; wie weit aber die Alphabeten diese Kenntnisse wirklich besitzen, geht aus der Statistik nicht hervor, und es liegt aller Grund vor, anzunehmen, dass ein sehr bedeutender Prozentsatz unter ihnen nie in ihrem Leben einen einfachen Brief zu schreiben imstande sein wird. Und das sind noch die jungen Männer, die erst vor wenigen Jahren die Schule verlassen haben; ich fürchte, es würde sich ein erschreckendes Resultat herausstellen, wenn es möglich wäre, eine Analphabetenstatistik z. B. der Altersstufe von vierzig bis zu fünfzig Jahren, oder gar der Frauen aufzustellen."[43]

1900
hatte man immerhin schon so viele Volksbibliotheken eingerichtet, daß man die Möglichkeit der Bücherausleihe bei irgendwelchen Aussagen über den Bücherkonsum des Arbeiters in Betracht ziehen muß. Vor allem die Sozialdemokratie rühmte sich, daß die organisierten Arbeiter sehr beachtliche Bücherliebhaber seien. Aber selbst A. H. T. Pfannkuche muß seinen

---

[41] H. Mehner: *Der Haushalt und die Lebenshaltung*, p. 327–328, 332.
[42] O. von Leixner: *Zur Reform*, p. 18, 19.
[43] E. Schultze: *Freie öffentliche Bibliotheken*, p. 8–9.

eigenen Optimismus ein wenig dämpfen, wenn er schreibt: „Eine weitere wichtige Frage wäre die, welche Gruppen der Arbeiterschaft das größte Lese- und Bildungsinteresse haben. Die Antwort lautet kurz: Diejenigen, welche den höchsten Lohn, die kürzeste Arbeitszeit und die beste Organisation haben. Zum Beweise brauche ich nur an einzelnes aus den gemachten Mitteilungen zu erinnern. Die Bedeutung einer straffen ausgedehnten Fachorganisation erhellt zunächst schon aus der einen Thatsache, daß die Buchdrucker nicht nur bei der Beantwortung der Fragebogen den größten Eifer zeigten – die Aufforderung zur Beantwortung der Fragebogen erging in gleicher Weise an alle Fachverbände, ohne daß ich etwa bei den Buchdruckern mich besonders bemüht hätte – sondern vor allem daraus, daß von den Mitgliedern der Buchdruckervereine 34,3 % Benutzer der Bibliothek waren, während im Gesamtdurchschnitt der Procentsatz der Leser nur 24,5 beträgt. Daß wiederum die eifrigsten Mitglieder der Organisation bezw. die fleißigsten Besucher der Gewerkschaftsversammlungen zugleich die fleißigsten Benutzer der Bibliothek sind, wurde oben mehrfach ausdrücklich berichtet."[44]

1900
liefern die freien öffentlichen Bibliotheken in der Tat ein sehr viel negativeres Bild vom deutschen Buchkonsum. Die Frankfurter Volksbibliothek, die von ihren Lesern ein Lesegeld von einigen Gulden jährlich forderte, hatte

1856	240 Abonnenten
1866	567 Abonnenten
1886	1111 Abonnenten
1894	1381 Abonnenten.

Frankfurt besaß 1895 230 000 Einwohner, nur rund 0,6 % der Bevölkerung hatten demnach Bücher aus der Bibliothek entliehen. Man bedenke dabei auch, daß die Volksbibliotheken von 28 deutschen Großstädten am Ende des Jahrhunderts zusammen nicht mehr als 402 000 Bände besaßen! Ein Viertel davon fiel auf die Stadt Berlin allein. Hier wurden am Ende

[44] A. H. T. Pfannkuche: *Was liest der deutsche Arbeiter?*, p. 65–66. Der Autor betont p. 54, daß das Leseinteresse in den Kreisen der organisierten Arbeiterschaft ein sehr viel höheres sei „wie z. B. in den Schichten der Handwerker und kleinen Gewerbetreibenden". Bei der Prozentzahl 24,5 handelt es sich wohlgemerkt um Gewerkschaftsmitglieder, welche wiederum nur einen Bruchteil der gesamten deutschen Arbeiterschaft ausmachten. Unter solchen Umständen klingt es geradezu belustigend, wenn etwa Johannes Richter: *Die Entwicklung des kunsterzieherischen Gedankens*, p. 237 behauptet: „Der eigentliche Herrscher über die Mußestunden des Volkes ist in unserer Zeit das Buch" und: „Ein tiefer Bildungshunger heißt unser Volk nach dem Buche greifen". Es ist klar, daß solche Behauptungen nicht des Beweises bedurften — jeder bürgerliche Patriot glaubte sie blindlings.

des 19. Jahrhunderts 630 000 Bände pro Jahr ausgeliehen, in Bonn 41 000, in Bremen 40 000 (Einwohnerzahl: 142 000!), in Breslau 200 000 (bei 375 000 Einwohnern), in Dresden 172 500 (bei 335 000 Einwohnern), in Köln nur 34 000 bei 322 000 Einwohnern! München lieh bei 410 000 Einwohnern 102 000 Bände im Jahr aus, Stuttgart bei 160 000 Einwohnern 45 000 Bände: kurz, die deutsche Großstadtbevölkerung las nicht mehr als maximal ein Drittel Buch pro Kopf und Jahr aus einer öffentlichen Bibliothek.[45]

1908
schob Rudolf von Gottschall die Schuld für den minimalen Bücherbedarf dem Phänomen Z e i t u n g in die Schuhe: „Es gibt Zeitungsleser, die niemals ein Buch in die Hand nehmen, und zu ihnen gehört ein großer Teil des Mittelstandes. Für den deutschen Philister ist die Zeitung ein so notwendiges Requisit wie das Bierglas."[46]

Es wäre in der Tat vermessen, den im Verhältnis zum Anwachsen der Bevölkerung nahezu konstant bleibenden niedrigen Bücherkonsum – noch heute besitzen in Deutschland 30–35 % von über 18 Jahren alten Personen keine Bücher, rund 50 % der Bevölkerung kaufen keine Bücher, 37 % von Befragten hatten 1966 seit mehr als einem Jahr kein Buch mehr gelesen[47] – so auszulegen, als sei das allgemeine Leseinteresse im 19. Jahrhundert nicht gewachsen; gerade in der zweiten Jahrhunderthälfte stieg zum Beispiel der Zeitungskonsum in beträchtlichem Maße: In der Stadt Bremen fielen auf ein Zeitungsexemplar im Durchschnitt

1841/42	25	Personen als potentielle Leser
1844/45	16,2	
1848/49	8,8	(Revolutions-Interesse!)
1855/56	9,3	
1885	5	
1902	2,6	
1908/14	2,9	Personen als potentielle Leser.

Ein Durchschnitt von 4 % Zeitungskäufern und -abonnenten wuchs seit 1840 zu einem Durchschnitt von 36 % im Jahre 1910 an; die Zahl der pri-

[45] E. Schultze: *Freie öffentliche Bibliotheken*, p. 131–134.
[46] R. von Gottschall: *Die Lektüre des heutigen Lesepublikums*, p. 157.
[47] Wolfgang Strauß: *Der Buchhandel und seine potentiellen Kunden. Eine soziologische Betrachtung.* = *Berichte des Instituts für Buchmarkt-Forschung*, 6. — Hamburg 1963, p. 158–160. — — *Jahrbuch der öffentlichen Meinung 1965–1967.* — Allensbach: Institut für Demoskopie 1967, p. 31. — — Cf. auch *Buch und Leser in Deutschland*, p. 280: „Wie oft im Laufe eines Jahres schaffen Sie sich ein Buch an?" 64 % der Befragten kaufen „einmal im Jahr", „sehr selten" oder „nie" ein Buch!

mären Zeitungsleser verneunfachte sich also, jedes Zeitungsexemplar hatte darüber hinaus noch sekundäre Leser.[48] Zeitungen galten in der Tat als „Volksbildungsmittel", wie Karl Friedrich Wilhelm Wander das 1847 in Robert Blums *Vorwärts* erläutert hatte[49], und es scheint, daß sich die neu heranwachsenden Leserschichten des Kleinbürgertums – aus Gründen, die noch zu erläutern sein werden – viel eher der Zeitung als dem Buch zuwandten.[50] Das Buch ist jedenfalls dem Bauern und Arbeiter des 19. Jahrhunderts weitgehend fremd geblieben. Das lag jedoch nicht nur an der mangelnden Lesefähigkeit. Der Arbeiter, der in der zweiten Jahrhunderthälfte das Lesen in der Schule gelernt haben mochte, und der sich vielleicht, trotz früherer Kinderarbeit[51] und späterer Übermüdung (nach einem zwölf- oder vierzehnstündigen Arbeitstag), ein Leseinteresse bewahrt hatte, ein solcher Arbeiter besaß, im Zeitalter des Pauperismus[52] und des Kapitalismus[53], ganz einfach kein Geld für Lesestoffe.

Finanzielle Probleme

„Ich für meine Person wenigstens könnte mich nicht leicht dazu entschliessen, meine Bauern in den Buchladen zu schicken, um Volksschriften zu kau-

---

[48] R. Engelsing: *Massenpublikum und Journalistentum,* p. 285.

[49] F. Balser: *Die Anfänge der Erwachsenenbildung,* p. 69–70.

[50] Allzu spektakulär darf man sich freilich auch die Zeitungs-Lesefrequenz bei den Arbeitern nicht denken. Im Jahre 1872 zählte man in Deutschland zwar zwanzig „Arbeiterorgane"; sie hatten jedoch insgesamt nur 35 000 Abonnenten. A. Held: *Die deutsche Arbeiterpresse,* p. 2.

[51] W. Troeltsch: *Die Calwer Zeughandelskompagnie,* p. 230–231. — J. Kuczynski: *Die Geschichte der Lage der Arbeiter* I, vol. 8, 1960; 19 und 20 (noch nicht zugänglich). — Cf. Karl-Heinz Ludwig: *Die Fabrikarbeit von Kindern im 19. Jahrhundert. Ein Problem der Technikgeschichte.* — In: *Vierteljahrsschrift für Sozial- und Wirtschaftsgeschichte* 52, 1965, p. 63–85.

[52] Cf. H.-J. Ernst: *Das württembergische Armenwesen im 18. Jahrhundert.* Diss. — Tübingen 1951 (Bibliographie!) (Nach den Akten der Armen-Deputation im Staatsarchiv Ludwigsburg, A 244a). — C. Jantke - D. Hilger: *Die Eigentumslosen.* — W. Abel: *Der Pauperismus in Deutschland am Vorabend der industriellen Revolution.* — Dortmund 1966 *(Vortragsreihe der Gesellschaft für westfälische Wirtschaftsgeschichte,* 14). — — W. Fischer — G. Bajor: *Die soziale Frage.* — Baron Pierre Bigot de Morogues: *De la Misère des ouvriers et de la marche à suivre pour y remédier.* — Paris 1832. — — P. B. de Morogues: *Du Paupérisme, de la mendicité, et des moyens d'en prévenir les funestes effets.* — Paris 1834. VIII + 675 p.

[53] Cf. J. Kuczynski: *Die Geschichte der Lage der Arbeiter unter dem Kapitalismus.* Teil I, vol. 1–18 (noch nicht erschienen: vol. 19–21). Im 9. Band dieses Monumentalwerkes, p. 267–284 findet sich Ruth Hoppe: *Bibliographie der in den Jahren 1820 bis 1850 erschienenen bürgerlichen Literatur zur Lage der Arbeiter.* — — Kurt Hinze: *Die Arbeiterfrage zu Beginn des modernen Kapitalismus in Brandenburg-Preußen* 1685–1806. 2. Aufl. Berlin: De Gruyter 1963 *(Neudrucke,* 1). XX + 296 p. — — W. Fischer - G. Bajor: *Die soziale Frage.* — W. Fischer, ed.: *Wirtschafts- und sozialgeschichtliche Probleme der frühen Industrialisierung.* — Berlin 1968. XII + 542 p.

fen, weil sie glauben würden, ihr Pfarrer sey nicht recht klug, daß er sie zu Verschwendern machen wolle. Denn für Verschwendung halten es gewiß die meisten, für einige zwanzig Bogen Papier eben so viele Groschen auszugeben." So klagt 1787 in Süddeutschland der Volksaufklärer Ferdinand Frey[54], und Johann Rudolph Gottlieb Beyer fand 1795 die Bücher selbst für das gehobene Bürgertum zu teuer: „Schon in Ansehung der Geldausgaben ist das Bücherlesen [...] ein theures Vergnügen, [...] oft reizt doch die Neugierde und Leselust zum eignen Ankauf, wenn der Beutel es nur einigermaßen vermag. [...] Und gerade die Modeschriften pflegen am theuersten zu seyn, sowohl wegen des Splendiden, das man ihnen durch Papier, Druck und Band zu geben sucht, als wenn es Schriften für Jahrhunderte wären, als auch wegen der Liebhaberey, der [sic] mit den Kupfern getrieben wird."[55]

Es ist gut, dabei die ungefähre Einkommensrelation zu bedenken, in welcher der Arbeiter zum Bürger stand. Am Ende des 18. Jahrhunderts verdiente ein

Präsident des Regierungskollegiums jährlich	fl. 3000
Teilhaber der Calwer Compagnie	2000–2500
Adliger Regierungsrat	1000
Gelehrter Regierungsrat	750
Werkmeister in einer Textilfabrik	300
Pfarrer	260– 520
Lehrer (Volksschule bis Gymnasium)	100– 390
Fabrikarbeiter der Calwer Compagnie jährlich	fl. 95– 115.[56]

In den armen Familien mußten alle größeren Kinder und Erwachsenen arbeiten, um ein Existenzminimum von 200 oder 300 Gulden im Jahr zu verdienen. Die Kinder konnten also, aus rein ökonomischen Gründen, weder regelmäßig die Schule besuchen, noch sich irgendwelche Lektüren kaufen.

In Frankreich verdiente der Arbeiter um 1830 durchschnittlich 1.50 bis 2.00 fr. pro Tag; bei 300 Arbeitstagen kam er somit auf 450 bis 600 fr.[57] im Jahr. Bei einer fünf- bis sechsköpfigen Familie brauchte er jedoch 670 (nach Levasseur) bis 860 (nach Bigot de Morogues) Francs jährlich; Frau

[54] F. Frey: *Briefe, das Schriftstellerwesen betreffend*, p. 482–483.
[55] J. R. G. Beyer: *Ueber das Bücherlesen*, p. 6.
[56] W. Troeltsch: *Die Calwer Zeughandelskompagnie*, p. 152–153. — Zur hohen Lohndifferenz zwischen Arbeitern und Meistern cf. Fischer-Bajor: *Die soziale Frage*, p. 230.
[57] Kaufwert des Franc, bezogen auf Nffr. 1964. 1805: 10 Nffr., 1820: 9, 1830: 8, 1850: 7, 1880: 6, 1900: 5,50, 1914: 4,60, 1925: 1 Nffr. Nach R. de Livois: *Histoire de la presse française* I, p. 318.

und Kinder mußten also,· bei einem durchschnittlichen Stundenlohn von 0.90, beziehungsweise 0.50 fr. mitarbeiten. Bei allen zeitgenössischen Berechnungen der Jahresausgaben kommt der Posten „Zeitung" oder „Lesestoffe" nicht vor. Es handelt sich bei diesen Zahlen wohlgemerkt um Durchschnittsberechnungen; die „Misérables" unter den Arbeitern verdienten nur 200–300 Francs jährlich. Die heutigen Ökonomen fragen sich „comment les ouvriers pouvaient-ils vivre dans ces conditions?" Von einem Bildungskonsum konnte bei diesen Existenzminima jedenfalls keine Rede sein: weder kamen die Kinder, wie auch in Deutschland, zu einem geregelten Schulbesuch, noch dachte der unverschulte Arbeiter daran, die Weinflasche gegen ein gedrucktes Heftchen auszutauschen. Ein Büchlein kostete mindestens 10 Centimes; ein Kilo Brot um 1830 zwischen dreißig und 35 Centimes.[58]

In Deutschland verlangte der Buchhändler noch 1849 für Jeremias Gotthelfs *Uli*-Romane vier Gulden, und die Einsichtigen sagten sich mit Recht: „Wie lange es geht, bis ein Bauer für ein Buch, das nicht gerade die Bibel ist, vier Gulden disponibel hat, weiß Jeder selbst, der mehr in einem Bauernhaus verweilt hat als blos, um an einem heißen Sommertage eine frische Milch darin zu essen. Und vollends ein armer Bauer oder gar ein Knecht!"[59]

Die ökonomische Situation der niederen Volksklassen besserte sich in der zweiten Jahrhunderthälfte nicht so wesentlich, daß man einen höheren Lesestoffkonsum erwarten könnte. Ein schlesischer Weber verdiente um 1864 jährlich 61–88 Mark für seine ganze Familie.[60] Die Kinder mußten also mitverdienen. Ob bei diesen harten Arbeitsbedingungen auch nur ein Pfennig für Lesestoffe übrigblieb, ist äußerst fraglich. „Außer denjenigen, die in Gewerkschaften oder Parteien mitarbeiteten, war die Mehrzahl der Arbeiter nicht fähig, am Feierabend genügend Initiative zu entwickeln, sich fortzubilden oder auch nur zu versuchen, sich mit einem Buch oder der Zeitung zu entspannen."[61]

In den Dörfern der Schwalm hatten um 1875 die Näherinnen ein Jahreseinkommen von 60 Mark (für zwei zu versorgende Personen) bis zu 360 Mark (für drei Personen). Eine Gänsehirtin bezog 125 Mark, ein Schneider von 90 Mark (für eine Person) bis zu 350 Mark (für zwei, beziehungsweise für vier Personen) im Jahr. Nur ein Lehrer brachte es auf

[58] Paul Paillat: *Les Salaires et la condition ouvrière en France à l'aube du machinisme (1815–1830).* — In: *Revue économique* 1951, p. 767–776.
[59] *Blätter für literarische Unterhaltung,* 18. Dezember 1849, p. 1205. — Bücherpreise 1834 bei J. C. Gädicke: *Zur Statistik der deutschen Literatur.* — Lohnskalen aus dieser Zeit bei Fischer-Bajor: *Die soziale Frage,* p. 233–241.
[60] L. Schneider: *Der Arbeiterhaushalt,* p. 34.
[61] Ibid. p. 142 nach J. Feige: *Der alte Feierabend.*

ein Jahresgehalt von 1439 Mark. Ein Töpfermeister zu Michelsberg, Kreis Ziegenhain, verdiente 1877/78 705 Mark für sechs Personen, ein Geselle 420 Mark für zwei Personen; ein Töpfer, der zugleich Ackerbau betrieb, 1078 Mark für sieben Personen, ein anderer 1171 Mark für fünf Personen, ein dritter 1544 Mark für dieselbe Personenzahl. Eine Geschirr-händlerin verdiente nicht mehr als 100 Mark im Jahr, ein Ziegelbrenner dagegen zwischen 772 und 1618 Mark für fünf bis sechs Personen.[62] An Bücherkauf war hier ebensowenig zu denken wie im städtischen Klein-bürgertum: Eine sechsköpfige Familie aus Halle a. S. gab 1879 bei einem Jahresumsatz von 1313 Mark für ein Schulkind 46 Mark an Schulgeld und für Schulutensilien aus; ein Posten für Familien-Lesestoffe taucht je-doch in der Abrechnung nicht auf.[63] Ein Minimal-Haushaltungsbudget einer Leipziger vierköpfigen Buchdruckerfamilie sah 1886 bei einem Mini-mal-Wochenlohn von 23.40 Mark die Ausgabe von 1.53 (Wochendurch-schnitt) für „Diverse (Bier, Tabak, Lesebücher, Lektüre etc., Schulbedarf)" vor. „Lektüre" wird also zumindest bei diesem gutverdienenden Spezial-arbeiter erwähnt. Bei einer hannoveranischen Mittelstadts-Familie von vier Köpfen und einem Wochenlohn von 25.00 Mark (Jahreslohn also 1300 Mark) gibt es wiederum nur den Posten „Schulutensilien für ein Kind pro Jahr: M. 8.00".[64] Eine gut verdienende Frankfurter Arbeiter-familie gab 1889 für Bildung und Erholung pro Jahr folgende Summen aus:

Schule (14 M. Schulgeld und Schulbücher für 2 Kinder)	20,99 Mark,
Vergnügen	5,25
Vereine	13,80
Zeitungen	7,30
Wirtshauszehrung und Tabak	45,26
Insgesamt	92,60 Mark,

das waren 8,07 % der Jahresausgaben. „Die Lektüre bestand nur aus dem ,Generalanzeiger' und einem Kalender für 10 Pfg."[65]

---

[62] Alfred Höck: *Beiträge zur hessischen Töpferei I.* — In: *Hessische Blätter für Volks-kunde* 56, 1965, p. 87–94, sp. p. 92–93. — Cf. auch die Lohntabellen bei J. Kuczynski: *Die Geschichte der Lage der Arbeiter* I, 2, p. 222–231 (mit Bibliographie). Lebenshaltungs-kosten ibid. p. 231–232. — Weitere Heimarbeiterlöhne bei Fischer-Bajor: *Die soziale Fra-ge*, p. 245–246.

[63] A. Gerstenberg: *Die neuere Entwickelung*, p. 153.

[64] Ibid. p. 153–155.

[65] L. Schneider: *Der Arbeiterhaushalt*, p. 143 nach L. Opificius: *Haushaltungsbudget eines Arbeiters in einer chemischen Fabrik.* — In: *Frankfurter Arbeiterbudgets.* — Frank-furt/M. 1890 *(Schriften des Freien Deutschen Hochstiftes).*

Das mag genügen. Der Bildungsnotstand des 19. Jahrhunderts lag ganz offensichtlich nicht nur im Versagen des Schulsystems, in politischen Restriktionen oder in der geistigen Trägheit der niederen Schichten, sondern zum großen Teil in deren ökonomischer Situation begründet. Bei aller schon in der Frühindustrialisierung feststellbaren Differenzierung der Arbeitslöhne, auf die Wolfram Fischer mit vielen Beispielen hingewiesen hat, läßt sich doch feststellen, daß sie, zumindest bis 1850 „weithin Hungerlöhne waren und allein zum Erhalten einer Familie nicht ausreichten."[66]

Bauern (gemeint sind die ehemals leibeigenen Landarbeiter, die Mägde, die Knechte, die Kätner und die Halbpächter, nicht die Großgrundbesitzer) und Arbeiter (Handwerksgesellen und Lehrlinge, Bergleute, Fabrikarbeiter, Hilfsarbeiter, Hausindustriearbeiter, Arbeiterfrauen und -kinder) konnten sich in der ersten Jahrhunderthälfte überhaupt keine Lesestoffe und in der zweiten höchstens wohlfeile Drucke – Einzelblätter, einzelne Periodika oder Heftchen – und diese nur einige Male im Jahr leisten. Den begrenzten ökonomischen Lesemöglichkeiten des Proletariats kamen seit den siebziger Jahren Zehnpfennigpublikationen aller Art entgegen: Der *Berliner Lokal-Anzeiger,* der „jeden Sonnabend Nachmittag gratis an die im Adreßbuch stehenden Einwohner Berlins geliefert wurde", kostete im Monat nur zehn Pfennig Zustellgebühr, während *National-Zeitung* oder *Vossische Zeitung* vierteljährlich 6,75 beziehungsweise 6.50 Mark plus Zustellgebühr forderten.[67] *Reutlinger Volksbücher* aller Art kosteten nicht mehr als zehn Pfennig; die *Volksbibliothek des Lahrer Hinkenden Boten* bot Miniaturheftchen zum Preise von zwei Pfennig pro Stück an.[68] Die wohlfeilen Drucke erreichten, wie noch heute, die größte Diffusion.[69]

Der „gemeine" Leser ist ein Bürger

Es wäre also falsch, die „populären" Leser des 19. Jahrhunderts primär auf dem Lande oder in der Fabrik zu suchen. Die Geschichte der populären Lesestoffe zeigt, daß man sich deren Publikum nicht konstant derselben niederen sozialen Schicht zugehörig denken darf, sondern daß sich diese Konsumenten vom feudalen, aber wenig gebildeten Adel über das wenig gebildete höhere und niedere Bürgertum bis zum wenig gebildeten Proletariat in einem Prozeß ausdehnt, der noch heute nicht abgeschlossen ist. Im neunzehnten Jahrhundert hat die Lesebewegung die Arbeiterklasse noch

[66] Fischer-Bajor: *Die soziale Frage,* p. 246.
[67] E. Dovifat: *Die Anfänge der Generalanzeigerpresse,* p. 176.
[68] W. Bube: *Die ländliche Volksbibliothek,* p. 23.
[69] Cf. Dumazedier-Hassenforder: *Éléments pour une sociologie,* p. 27–32.

keineswegs ergriffen. Der Lesefortschritt vollzog sich vielmehr nur vom höheren zum niederen Bürgertum: von Lesern, die zwar nicht alle Lafontaine, Clauren[70] oder Cramer lasen, weil viele von ihnen dafür zu ungebildet waren, sondern ebensosehr Heftchen vom Niveau der Bibliothèque Bleue, zu Konsumenten von Schmid, Barth oder Nieritz; vom Publikum der Trivialromane also zu den Verbrauchern von „populären Lesestoffen"; von Professoren, gut bestallten Geistlichen, Schulrektoren, angesehenen Ärzten, Offizieren, Landadligen[71], Regierungsbeamten, wohlhabenden Kaufleuten, Bürgermeistern[72] und jeweils deren Frauen, zu Geistlichen und Lehrern aller Ränge, Landärzten und Advokaten, Beamten und Angestellten aller Ränge, Fabrikanten und Geschäftsleuten, Gutsbesitzern, Handelsleuten, Jugendlichen mit höherer Schulbildung, Militärs, Handwerksmeistern und jeweils deren Angehörigen einschließlich dem Dienstpersonal.[73] Erst nach der Reichsgründung, ja erst um die Wende zum 20. Jahrhundert erweitert

---

[70] H. Liebing: *Die Erzählungen H. Claurens,* p. 73, 92 und dazu H. Bausinger: *Zu Kontinuität und Geschichtlichkeit,* p. 405–406: „In einem breiten, umfassenden Sinn ‚populäre' Lektüre waren Claurens Schriften aber nicht." (p. 406).

[71] Eine landadelige, aber durchaus triviale Bibliothek (um 1870) schildert Fedor von Zobeltitz (in: E. Volkmann: *Erlebnisse mit Büchern* II, p. 11–12): „In meinem Vaterhause auf dem neumärkischen Gute Spiegelberg gab es keine Bibliothek, die sich sehen lassen konnte, sondern nur zwei Schränke aus gemasertem Birkenholz mit grünverhängten Glasscheiben; der eine stand auf dem Korridor, der andere in einem Fremdenzimmer. Der auf dem Korridor enthielt ganz gute ältere Ausgaben unsrer Klassiker, neben einigen Romanen des Pastors Lafontaine und der Naubert und derlei, und von Ausländern hauptsächlich die Erzählungen der Flygare-Carlén, den illustrierten Dickens und einiges von Sue und Dumas, obenan der ganz zerlesene ‚Monte Christo'. Der Bücherschrank im Fremdenstübchen war für mich interessanter. Da stand der ‚Anton Reiser', der ‚Ardinghello' und ‚Das Fräulein von Sternheim', und massenhaft Geschichten von Meissner, Spiess und Vulpius reihten sich an, von diesem natürlich die zärtliche Räuberhistorie des Rinaldo, aus dem meine Großmutter das Lied ‚In des Waldes tiefsten Gründen' sogar singen konnte. [...] Später wurden die meisten dieser Bücher, in Kisten verpackt, auf den Oberboden gestellt; der Geschmack des Landadels fühlte sich neueren Erscheinungen auf belletristischem Gebiete an, beispielsweise der Paalzow, Pichler und Hahn, auch Pückler, Spindler und Meinhold fehlten nicht; und endlich begann die gute alte Mühlbach, mit ihren schönen Geschichtsklitterungen das intellektuelle Bedürfnis des Hauses zu befriedigen."

[72] Alle diese Berufe finden sich z. B. in der Subskribentenliste zu C. F. D. Schubarts *Sämtlichen Gedichten* II, Stuttgart 1786, Anhang. Unter den 310 Subskribenten der *Baierischen Beyträge zur schönen und nützlichen Literatur* I, München: J. B. Strobl 1779, fol. 1–8 finden sich 26 Professoren, 16 Hofräte, 12 Pfarrer, 9 Kämmerer, 9 Regierungsräte, 9 Weltpriester, 8 Geheime Räte, 7 Hofkammerräte, 7 Licentiaten, 5 Schulrektoren, 5 Geistliche Räte und insgesamt 19 verschiedene Schreiber und 14 Sekretäre aller Art. — Cf. auch D. Narr: *Vom Wert der Subskribentenlisten.*

[73] Cf. E. Denk: *Denkschrift über die Tagespresse,* p. 6: „Das Lesen, vorher ein Privilegium der höheren Stände, hat nun unter allen Schichten sich ausgebreitet; die Leselust hat Alles angesteckt und ergriffen. Ganze Kreise der Gesellschaft, die früher nie mit Druckschriften sich zu schaffen machten, außer etwa mit einem Predigtbuch und mit der Hausbibel, haben sich nach und nach daran gewöhnt, Allerlei zu lesen."

sich dieser Leserkreis auf die Großbauern, die Facharbeiter, Bergleute, Handwerksgesellen, Soldaten, die hie und da ein Büchlein, ein Kirchenblatt, eine Tageszeitung, eine Flugschrift, eine Erbauungsschrift oder auch ein Buch aus der öffentlichen Lesehalle konsumieren. Nur eine sehr dünne Schicht von hochgebildeten „Weltleuten" liest während der ganzen Epoche die „klassischen" Autoren.[74]

Das ist freilich nur ein grobes Schema, das mit statistischen Augen gesehen ist, das mit Durchschnittswerten rechnet und welches das Wort „gewöhnlich" zuläßt. Ausnahmen sind ungewöhnlich, aber durchaus möglich: Der Hanauer Hofschneidermeister Johann Peter Heynemann soll 1784 eine Privatbibliothek von 3600 Bänden besessen haben[75], ein Fabrikarbeiter kann sich in den zwanziger Jahren unseres Säkulums die *Buddenbrooks* gekauft haben, und der Universitätsprofessor darf jederzeit Kriminalromane lesen. Ein solches Leseverhalten sagt jedoch nichts über den Durchschnittskonsum von Arbeitern oder Professoren aus. Von einem Absinkprozeß der Lesestoffe im Laufe des 18., 19. und 20. Jahrhunderts kann jedenfalls nur zum Teil die Rede sein: viel eher handelt es sich um eine Erweiterung der Leserkreise und um ein gleichzeitiges Anwachsen einer adäquaten Lesestoffproduktion.

Das Gros der Leser des 19. Jahrhunderts, die Bürger – nicht zuletzt die der Kleinstadt – wurde von den Zeitgenossen immer wieder apostrophiert. Die überlieferten Abbildungen von Lesekunden in Buchhandlungen zeigen Angehörige des Bürgertums, zumeist feingekleidete Damen: die Buchhandlung ist, wie schon im 17. Jahrhundert, Treffpunkt der Gesellschaft. Auch gutbürgerliche Kinder besuchen, will man den Künstlern glauben, die Buchhandlung, aber beileibe keine Straßenkinder: Arbeiter und Bauern werden in diesem Milieu offenbar nicht dargestellt.[76] Johann Wolfgang von Goethe sprach im Zusammenhang mit der „vollkommenen Ausbildung innerhalb unserer Sprache", die der Aufklärung zu danken sei, von einem „gewissen Mittelstand [...] wie ich ihn im besten Sinne des Wortes nennen möchte. Hiezu gehören die Bewohner kleiner Städte, deren Deutschland so viele wohlgelegene, wohlbestellte zählt: alle Beamten und Unterbeamten daselbst, Handelsleute, Fabricanten, vorzüglich Frauen und Töchter solcher Familien, auch Landgeistliche, in so fern sie Erzieher sind. Diese Personen sämmtlich, die sich zwar in beschränkten, aber doch wohlhäbigen, auch ein sittliches Behagen fördernden Verhältnissen befinden, alle können

[74] Cf. A. Lewald: *Das Buch der Gesellschaft*, 1847, p. 45–54, cap. *Literatur*.
[75] F. K. G. Hirsching: *Versuch einer Beschreibung sehenswerter Bibliotheken* II, 1787, p. 344–350.
[76] Cf. S. Taubert: *Bibliopola* I, p. 47–71 und fig. 123–193.

ihr Lebens- und Lehrbedürfniß innerhalb der Muttersprache befriedigen"[77] In Goethes Vaterstadt besaßen jedoch um 1800 nur die höheren
Beamten so viele Bücher, daß man annehmen darf, sie hätten fünf und
mehr gebundene Druckwerke im Jahr gelesen. Mehr als zwei Drittel aller
Arbeiter, Handwerker, unteren und mittleren Beamten und Militärs besaßen bei ihrem Tode keinerlei Buch; das übrige Drittel begnügte sich mit
einem Minimum von Büchern. Es kann auf keinen Fall behauptet werden,
daß es sich bei diesen Buchbesitzern um regelmäßige Leser gehandelt
habe.[78] Auch Goethe sah also die geistige Bildung seiner Mitbürger – oder
lagen die Verhältnisse in Weimar anders? – mit durchaus vergoldendem
Blick. Unreflektierte und wohlüberlegte Äußerungen über den Bürger als
Leser sind denn auch leicht voneinander zu trennen. Da ist der ironisch-
bissige Pigoreau, der ohne Zweifel karikiert, wenn er 1823 schreibt: „Il
faut des romans populaires, si j'ose m'exprimer ainsi, puisque le peuple
veut lire des romans: il en faut pour l'artisan dans sa boutique, pour la
petite couturière dans son humble mansarde, pour la ravaudeuse dans son
tonneau; il en faut pour les petits esprits, comme il faut des éditions de
nos philosophes pour la petite propriété. De là tous ces romans d'un jour;
toutes ces productions insipides. Dépêchons-nous d'en inonder la Province,
mettons-les au plus vil rabais; sans nous inquiéter de ce que deviendront
les exemplaires que nous venons de vendre en gros à nos confrères, faisons
colporter nos éditions, à tout prix, dans les rues, dans les marchés; autre-
ment, elles occuperont bientôt dans nos magasins une place inamovible."[79]

Robert Prutz sieht 1847 die Verhältnisse nüchterner. Er stellt fest, der
größere Teil des Mittelstandes – Kaufleute, Gewerbetreibende, Beamte –
sei „Tage und Wochen an das einförmige Zahlbrett, das Contobuch, den
Aktentisch gebannt", und nur „bevorzugte und bessergeartete Naturen"
wüßten sich in solcher Umgebung „das Bedürfniß einer geistigen Anregung
überhaupt nur zu bewahren: so daß es schon alle Achtung verdient, wenn
sie überhaupt noch in der Literatur, das heißt also doch immer im Gebiete

---

[77] J. W. von Goethe: *Deutsche Sprache.* — In: *Werke,* 41. Band. — Weimar 1902, p.
115–116.

[78] W. Wittmann: *Beruf und Buch im 18. Jahrhundert,* p. 58–65. Von 299 Frankfurter
Handwerker-Inventaren aus der Zeit um 1808 nennen 195 (62,2 %) überhaupt keine Bücher; 264 (88,3 %) verzeichnen keine weltlichen Bücher; 10 Inventare (3,3 %) nennen mehr
als 6 weltliche Bücher; 65 Inventare (21,7 %) nennen 1–5 religiöse Bücher. Insgesamt ist
gegenüber der Zeit um 1750 ein starker Rückgang des Besitzes an religiösen Büchern zu
verzeichnen. „Der herrschende Handwerkertyp ist jetzt der Handwerker ohne Buch."
Die Gruppe mit mehr als 5 profanen Büchern enthält die Berufe: Vergolder, Knopfmacher, Schuhmacher, Parfumeur, Gastwirt, Gasthalter, Kupferschmied und Chirurg —
also solche, die zum Teil zum Kleinunternehmertum tendierten.

[79] Pigoreau: *Cinquième supplément à la petite Bibliographie,* 1823, p. IV.

geistiger Interessen, ihre Unterhaltung und Erholung suchen. Daß sie dabei, der Mehrzahl nach, nicht nach demjenigen greifen werden, was nicht genossen werden kann ohne die Voraussetzung einer Bildung, die sie nicht haben, oder eines Studiums, zu dem ihnen so Zeit wie Neigung mangeln: sondern vielmehr nach der compacten Speise der Unterhaltungsliteratur, einer Literatur, die keine anderen Voraussetzungen nöthig macht, als die der Neugier und der Langeweile – was kann natürlicher sein?"[80]

Nach Prutzscher Auffassung war noch 1847 die Bildung „auf unendlich Wenige beschränkt": „Die Andern, die Meisten, müssen, wie praktisch mit dem bloßen Schein des Rechtes, der Illusion des Besitzes, so auch in diesem geistigen Gebiete mit dem bloßen Schein der Bildung sich begnügen."[81]

Wenn – um wieder eine Gegenstimme zu zitieren – F. Schaubach im Jahre 1863 so tut, als sei das Lesen in allen Ständen gleichmäßig verbreitet, dann kann man ihn von vornherein zu den Bildungsidyllikern rechnen. Bei ihm haben Dienstboten viel Freizeit, und wenn der Herr seinen Bedienten ausschickt (oh, diese lesehungrigen deutschen Herren!) „um ihm eine Lektüre zu holen; wie oft versorgt sich dieser zugleich selbst mit Lesestoff, manchmal sogar auf Kosten des nichts ahnenden Herrn"![82] Ja, wie oft wohl? Bei Schaubach haben die Handwerksgesellen sonntags eine gekehrte und aufgeräumte Werkstatt, und dann: „Vormittags gelesen, Nachmittags spazieren gegangen und gekneipt, das ist leider bei ihrer Vielen die Eintheilung des Tages, von dem geschrieben steht: du sollst den Feiertag heiligen. In den Vormittagsstunden des Montags, des blauen, fällt dann auch noch so viel Zeit ab, um, da es mit der Arbeit nicht recht gehen will, den Rest des gestern angefangenen Buches ‚durchzuwürgen‘."[83] Bei Schaubach lesen die Soldaten Stöße von Büchern zur Unterhaltung, und der Mittelstandsbürger liest dazu noch zur Belehrung und Bildung: „Und gerade in diesen Kreisen ist die Zunahme des Bedürfnisses am auffallendsten bemerkbar, indem die Nachfrage nach belehrend unterhaltenden Büchern und Blättern wie nach populär-wissenschaftlichen Werken kaum befriedigt werden kann."[84]

---

[80] R. E. Prutz: *Ueber die Unterhaltungsliteratur*, p. 170–171.

[81] Ibid. p. 184.

[82] F. Schaubach: *Zur Charakteristik der heutigen Volksliteratur*, p. 9.

[83] Ibid. p. 10.

[84] Ibid. p. 11. — Sehr viel realistischer wiederum dachte in Paris die Société des Livres Utiles (S. des L. U.: *Son But et son organisation*. — Paris: Blériot et E. Maillet 1867): „L'un des plus graves problèmes qu'ait à résoudre notre époque est celui de l'éducation populaire", heißt es da. Mit Traktaten, die 10–15 Centimes kosteten, wollte

Ein solches unterhaltsames Kulturbild-Geplapper ist nicht nur naiv, sondern, den sozialen Realitäten gegenüber, geradezu schamlos. Das ganze Verfahren diente nur wieder dazu, die verderbliche Lesesucht anzuprangern. Noch heute wird jemand, der in einer großen Buchhandlung steht, nicht begreifen, daß 50 % der Bevölkerung nie eine Buchhandlung besuchen. Wer sich selbst mit Büchern umgibt, versperrt sich allzu leicht den Blick auf das Volk ohne Buch.

Die populären Lesestoffe selbst waren ehrlicher. Am Ende des Jahrhunderts liest man in einem Reutlinger *Anekdotenjäger*: „Auf die Frage: ‚Welches ist Ihre liebste Lektüre?‘ antwortete ein Wiener: ‚Der Speisezettel‘.“

Lesen ist. eben kein Primärbedürfnis – auch im Volk der Dichter und Denker nicht.

Bücherbesitz: ein Gegenbeweis?

Mehrere Wissenschaftler haben sich mit dem Bücherbesitz städtischer Bürger beschäftigt.[85] Die neueste dieser Arbeiten, die von Hilde Neumann, liefert die kuriosesten Ergebnisse. Sie hat in 460 Tübinger Nachlaß-Inventaren der Zeit von 1750–1760 4730 Bücher (durchschnittlich also 10), in 408 Inventaren der Zeit 1800–1810 3145 (durchschnittlich 8) und zwischen 1840 und 1850 in 301 Inventaren nur noch 1409, durchschnittlich also weniger als fünf Bücher gefunden. Daß es sich dabei durchschnittlich um 80 % geistliche und um 14 % weltliche (mit weiteren 6 % fremdsprachlichen Werken) Bücher handelt, ist wohl erwähnenswert; auch darf man anmerken, daß Johann Arndt und Johann Friedrich Stark als die beliebtesten Autoren der protestantischen Kleinbürgerwelt hervortreten.[86] Einen triftigen Grund für den starken Rückgang im Bücherbesitz kann die Autorin

---

die Société folgende Klassen von Abnehmern erreichen: 1. Campagnes, 2. Ouvriers des villes, 3. Militaires et Marins, 4. Jeunes Femmes, 5. Bibliothèques populaires, 6. Enfants Écoles, 7. Lecteurs plus instruits. Man beachte die Gliederung von unten nach oben.

[85] G. Kohfeldt: *Zur Geschichte der Büchersammlungen*, p. 383–388: *Von der Mitte des 18. Jahrhunderts bis zur Gegenwart* (behandelt nur die Büchersammlungen von Gelehrten). — Stadtpfarrer Breining: *Die Hausbibliothek des gemeinen Mannes* (nach Inventur- und Teilungsakten des Oberamts Besigheim; statistisch unbrauchbar). — W. Wittmann: *Beruf und Buch im 18. Jahrhundert* (statistische Erhebungen nach Frankfurter Akten; die bisher solideste Arbeit). — H. Neumann: *Der Bücherbesitz der Tübinger Bürger*.

[86] H. Neumann, op. cit. p. 83. Ibid. p. 40 eine Statistik der geistlichen Schriftsteller, die am meisten gelesen wurden: J. J. Arndt (549 mal), J. F. Starck (235 mal), J. J. Otto (147 mal), V. Wudrian (137 mal), H. Müller (91 mal), B. Schmolck (91 mal).

jedoch nicht angeben[87], und die Tatsache, daß sich im Laufe von hundert Jahren bei wachsender Bevölkerungszahl die Zahl der Inventare o h n e Bücherangaben nicht vermindert, sondern verdreifacht (von 56 über 116 auf 152 Inventare zwischen 1840 und 1850), fällt ihr ebensowenig auf wie der Umstand, daß ausgerechnet in der Dekade der Märzrevolution 33 % der Inventare nichts von Büchern wissen.[88] Die Dissertation gibt vor, statistisch zu arbeiten; sie bietet in der Tat eine Reihe schöner Bücherlisten, berichtet aber nichts über die Bevölkerungszahlen und Berufsstatistiken der Stadt Tübingen, vergißt, die jährlichen Sterbeziffern anzugeben, und läßt das Schulwesen und die daraus resultierende Analphabetenstatistik völlig außer Acht. Es kann kein Zweifel bestehen, daß die Lesefähigkeit protestantischer Handwerker im 18. und 19. Jahrhundert überdurchschnittlich hoch war – nicht zuletzt in einer Universitätsstadt –; anders ließe sich der große Bücherbesitz auch kleinerer Gemeinden nicht erklären.[89] Am Neckar sahen die Verhältnisse etwa so aus: In den drei untersuchten Dekaden besaßen folgende Berufsgruppen durchschnittlich

über 50 Bücher: Bürgermeister, Rat, Kommissar;

35–20 Bücher: Müller (nur 2 Inventare!), Pfarrer, Handelsmann (30 Bücher, nach 26 Inventaren), Stadtwerkmeister, Schäfer (nur 2 Personen!), Umgelter (2 Personen!);

14–7 Bücher: Torwart, Spitalmeister, Peruquier (14); Hofmeister, Arzt, Orgelmacher (13); Gürtler, Buchdrucker (12!); Dreher, Mechaniker (11); Gerichtsverwandter, Glaser (10); Tagschreiber, Schneider (47 Inventare), Schmied (32 Inventare), Sporer, Buchbinder (9); Tuchmacher (36 Inventare), Färber, Gerber, Knopfmacher, Stuttgarter Bote (8); Schuhmacher (71 Inventare), Bäcker (97 Inventare!), Sattler, Schlosser, Hutmacher, Nadler, Seiler, Flaschner, Kübler, Maurer, Uhrmacher (7);

6 Bücher bis 1 Buch: Lehrer, Weber, Wagner, Küfer, Schreiner (6); Totengräber, Metzger (103 Inventare!), Kürschner, Hafner, Zimmermann, Seifensieder, Silber-

---

[87] Ibid. p. 82: „Wirtschaftliche Not — in jener Zeit fanden besonders zahlreiche Auswanderungen statt — kann neben der allgemeinen Wandlung des Lebensgefühls, einem Rückgang der Innerlichkeit, die sich auch in der Wertschätzung eines guten Buches äußert, geltend gemacht werden."

[88] C. P. Magill: *The German Author and his Public,* p. 494 betont das Anwachsen der Literaturproduktion gerade in den vierziger Jahren: von 4 012 Büchern im Jahre 1800 und 7 308 Büchern 1830 stieg die Kurve 1843 auf 14 309 Bücher. — Cf. C. P. Magill: *The Development of the German Reading Public,* 1840–1848.

[89] Cf. die aufschlußreichen Aktenauszüge von Angelika Bischoff-Luithlen: *Der Bücherbesitz in der Gemeinde Feldstetten 1650–1852,* Sammlung Ludwig-Uhland-Institut der Universität Tübingen.

arbeiter, Zinngießer, Gärtner (5); Fuhrmann, Gastwirt, Förster (4); Feldschütze, Strumpfstricker, Ziegler, Weingärtner (150 Inventare!) (3); Holzspalter (1 Buch).[90]

Es ist einsichtig, daß diejenigen Ziffern, denen nur zwei Inventare zugrunde liegen, keine allgemeine Aussagekraft besitzen. Immerhin steht aber fest, daß drei Lehrer der Dekade 1800–1810 zusammen nur 18 Bücher besaßen und daß sich sieben Ärzte desselben Zeitraumes mit zusammen 93 Büchern begnügten![91] Zumindest verwunderlich erscheint auch, daß die Buchdrucker im Durchschnitt nur zwölf und die Buchbinder nur neun Bücher in ihrem Hause stehen hatten. Bei der großen Zahl der Inventare anderer Berufsgruppen läßt sich allerdings die Tatsache nicht bezweifeln, daß ein kleinstädtischer Handwerker, wenn überhaupt Buchbesitzer, im Vormärz fünf bis sieben Bücher zu seinem Inventar zählte. Ob er diese Bücher persönlich gekauft hatte, ist indes sehr zu bezweifeln. Viele der in Tübinger Besitz befindlichen Bücher tauchen in den Nachlaß-Akten – wie in denen anderer Gemeinden auch – mehrfach auf, weil sie vom Vater auf den Sohn vererbt und beim Ableben jeder Generation aufs neue registriert wurden: Bücher blieben also jahrhundertelang in Familienbesitz[92], und gerade die pietistische Andachtsliteratur, die ja zum großen Teil aus dem 17. Jahrhundert stammte, hielt sich mit großer Zähigkeit. Der Bücherbestand im 19. Jahrhundert nimmt ab, weil diese ererbten Erbauungsbücher immer häufiger fortgeworfen und weil keine neuen Bücher dem alten Bestand hinzugefügt werden. Charakteristisch ist eben auch, daß der Name Ludwig Uhland in 301 Inventaren der Uhlandstadt aus dem Dezennium 1840–1850 nur einmal bei einem Kaufmann auftaucht[93], der des großen Goethe ebenfalls nur ein einziges Mal mit einer Gedichtsammlung im Besitze eines Uhrmachers.[94] Handwerkliche Fachliteratur findet sich schließlich überhaupt nicht.

Der Bücherbesitz des kleinstädtischen protestantischen Handwerkers ist mehr Hausrat als aktueller Lesestoff. Er ist respektabel als Beweis für eine weitverbreitete Frömmigkeit, für häusliche Andacht und für Familientra-

---

[90] H. Neumann: *Der Bücherbesitz*, p. 16.

[91] Ibid. p. 8.

[92] Martin Scharfe: *Merke wohl! Gedanken zu einer Fellbacher Luther-Postille.* — In: *Alt-Württemberg* 13, 1967, num. 4, p. 2–3.

[93] H. Neumann: *Der Bücherbesitz*, p. 91, 57.

[94] Ibid. p. 91, 55. Dazu p. 91–92: „Nicht die Aufklärung und nicht der deutsche Idealismus wirkten bildend auf das Gemüt des einfachen Volkes, sondern die Predigt und das Andachtsbuch der Mystik und des Pietismus. Nur hier haben wir es in unserer Bücherstatistik mit großen und deshalb objektiven Zahlen zu tun — alles andere sind mehr oder weniger beachtenswerte Einzelfunde, die zwar durchaus nicht ohne Interesse sind, aber nur in ganz beschränktem Maß verallgemeinernde Rückschlüsse zulassen."

dition, nicht aber für eine lebendige Leseaktivität, für eine Lust an Büchern oder für einen hohen Buchkonsum.[95] Kommt hinzu, daß sich die Tübinger oder die Feldstetter Beispiele nicht verallgemeinern lassen. Um 1800 besaßen in Frankfurt überhaupt kein Buch:

- 73,7 % der Handwerksgesellen
- 71,7 % der Militärpersonen
- 71,2 % der unteren und mittleren Beamten
- 68,3 % der Arbeiter
- 65,2 % der Handwerker
- 49,6 % der Kaufleute
- 22,2 % der kaufmännischen Angestellten (2 von 9 Inventaren)
- 0,0 % der höheren Beamten.

Rechnet man zu dieser Gruppe diejenigen Bürger hinzu, die nur ein paar Erbauungsschriften besaßen, so gab es in Frankfurt um 1800 mit minimalem oder gar keinem Bücherbesitz:

- 91,7 % der Arbeiter
- 89,5 % der Handwerksgesellen
- 88,3 % der Handwerker
- 87,9 % der unteren und mittleren Beamten
- 86,9 % der Militärs
- 66,6 % der kaufmännischen Angestellten
- 63,5 % der Kaufleute.[96]

Bei allen „Statistiken" zum Bücherbesitz ist schließlich zu bedenken, daß sich dieselben ausschließlich mit Haushaltungsvorständen und nicht mit deren Angehörigen beschäftigen. „Ein Schneider besitzt sieben Bücher" bedeutet schließlich nichts anderes, als daß mindestens drei andere in seinem Hause lebenden Personen keine weiteren Bücher besaßen.[97]

Die Bücherlisten in einem Teil der Inventar- und Teilungs-Akten sind in der Tat kein Beweis für den Bücherkonsum oder die Leselust der ganzen Nation. Sie dürfen nur unter Berücksichtigung vieler Nebenumstände statistisch ausgewertet und im Zusammenhang mit anderen Konsumgewohnheiten[98] interpretiert werden.

---

[95] Es wäre auch falsch, wie Stadelmann-Fischer: *Die Bildungswelt*, p. 180 von „Bücherschränken der Tübinger Bürger" oder „dem Bücherbord deutscher Kleinbürger" zu schreiben. Metaphern, gewiß — aber sie tragen dazu bei, den ansehnlichen Bücherbesitz einiger weniger als Charakteristikum des deutschen Kleinbürgers zu postulieren.

[96] W. Wittmann: *Beruf und Buch im 18. Jahrhundert*, p. 133.

[97] Karl Fischers Vater, Bäcker, besaß — um ein literarisch belegtes Beispiel zu zitieren — eine Bibel, ein großes Buch über Friedrich den Großen, Luthers Leben, ein Buch von Claudius und eines von Arndt; und die Mutter hatte die *Stunden der Andacht* von Zschokke in die Ehe gebracht. K. Fischer: *Denkwürdigkeiten*, p. 33–34.

Vorlesen bei Kerzenschimmer

> [...] Und bricht die Abendzeit herein,
> So trink ich halt mein Schöpple Wein;
> Da liest der Herr Schulmeister mir
> Was Neues aus der Zeitung für. [...]

So sieht Christian Friedrich Daniel Schubart den fröhlichen *Bauern im Winter*[99], und Johann Baptist Pflug hat eine solche Szene säuberlich in Öl gemalt: Der Herr Pfarrer lehnt an einem Tisch in der geräumigen Wirtsstube und liest einem halben Dutzend andächtiger Zuhörer männlichen und weiblichen Geschlechts aus der Zeitung vor.[100] Diese weitverbreitete Art der Kommunikation muß hier zumindest erwähnt werden: sie korrigiert das Bild von dem Bauern und Arbeiter ohne Buch insoweit, als das nichtlesende Publikum eben doch Ohren hatte zu hören und so wenigstens an gewissen Informationen teilhaben konnte. Das Vorlesen war auch in der bürgerlichen Familie ein weitverbreiteter Brauch.[101] August von Kotzebue besaß gar ein „Verzeichnis der Bücher, die ich meiner Frau vorgelesen habe".[102] Die Mutter des Gustav Nieritz trug ihrem Hausgesinde einen Roman von August Lafontaine über eine rührende sibirische Verbannung vor, so „daß alle Zuhörer und Zuhörerinnen, aus unserem Dienstmädchen, einer Pflegetochter, unserm Pensionair Fritz M. und mir bestehend, in Thränen zerflossen. Wir beiden Buben aber flennten bloß aus Nachahmungstrieb mit, denn wir hatten nur wenig von des Buches Inhalt vernommen und ver-

---

[98] Inventur- und Teilungsakten geben grundsätzlich keine Auskunft über den Konsum an Tagesliteratur; Schundliteratur ließ man selbstverständlich nicht von dem Beamten aufschreiben — und so fort. Daß in ihrem Hause oder in dem ihrer Eltern auch Hintertreppenromane zu finden gewesen seien, wollten die Autobiographen durchaus nicht wahrhaben — irgendwie scheinen alle Elternhäuser von Dichtern eine Heimstätte hoher Literatur gewesen zu sein. Nur Adolf Damaschke, Schreinerssohn, Lehrer und Bodenreformer, gesteht kleinlaut und beschönigend: „Auf irgendeine Weise waren in unseren Besitz 30 Hefte eines Kolportageromans gekommen: *Rinaldo Rinaldini, der große Räuberhauptmann.* Die Eltern hatten verständigerweise diese Hefte in irgendeine Kiste geworfen." Trotzdem gaben sie dem Knaben die Lieferungen zur Lektüre, aber: „Ich habe sie nur durchgeblättert ohne Freude." A. Damaschke: *Aus meinem Leben.* Neue Auflage. — Berlin 1928, p. 21–22.
[99] C. F. D. Schubart: *Sämtliche Gedichte. Von ihm selbst herausgegeben.* 2. Band. — Stuttgart 1786, p. 360.
[100] J. B. Pflug: *Aus der Räuber- und Franzosenzeit Schwabens,* Tafel XII (Biberach, Städt. Sammlungen). Dazu Text p. 131. — Cf. das Foto einer Spinnstube in Kippel im Lötschental (Kt. Wallis) mit vorlesendem Pfarrer in: R. Weiss: *Volkskunde der Schweiz,* fig. 252.
[101] W. Melchers: *Die bürgerliche Familie,* p. 92–93. — H. Möller: *Familie,* p. 259.
[102] A. von Kotzebue: *Das merkwürdigste Jahr meines Lebens,* ed. W. Promies. — München 1965, p. 32.

standen."[103] Während Karl Fischers Vater, der Bäckermeister, seinem kranken Buben allabendlich aus der Bibel vorlas[104], mußte der Knabe Karl Gutzkow Sonntag nachmittags eine Predigt aus der *Postille* zitieren: „Die Mutter entschlummerte sanft. Doch gegen den Schluß wachte sie auf und hörte noch die Nutzanwendung und das erlösende Amen. Worauf der Kaffee erfolgte."[105] Das Vorlesen dient also unterschiedlich der Unterhaltung[106], Belehrung und Erbauung[107] – diese Funktionen müssen freilich noch differenziert werden –, dazu auch dem puren Zeitvertreib, der Erhaltung häuslicher Ordnung und dem Dekorum des bürgerlichen Sonntags.

So mancher Vorleseakt bedurfte indes eines sanften Zwanges: der Pfarrer mußte die lesefähigen Kinder anhalten, ihren Eltern den Nutzen des Schulbesuchs praktisch vorzuführen: „daher liegt es nahe, anzunehmen, daß, wenn auch die Erwachsenen, vielleicht in einer Art von Stumpfsinn befangen, sich sehr wenig als Leser und positive Förderer der Sache beiheiligen, sie doch dem guten Einflusse des Vorhandenseins dieser Büchersammlung sich nicht entziehen, und manche Belehrung, Tröstung, Warnung neben der bloßen Unterhaltung empfangen. Namentlich sind sie es aber sehr zufrieden, daß ihre Jugend sich mit dieser neuen Art von Zeitvertreib [!] beschäftigt."[108] Der Württembergische Volksschriftenverein bemühte sich um 1845, in den Lesevereinen Vorlese-Abende zu veranstalten. „Von ergreifender Wirkung auf einfache Landleute war das Vorlesen so mancher Scene aus der vaterländischen Geschichte, und eine freudige ernste

---

[103] G. Nieritz: *Selbstbiographie*, p. 55.

[104] K. Fischer: *Denkwürdigkeiten*, p. 31 (um 1850).

[105] K. Gutzkow: *Knabenzeit*, p. 329 (um 1820).

[106] Cf. auch noch R. Gradmann: *Lebenserinnerungen*, p. 33 (um 1880).

[107] Cf. auch noch Jonathan Friedrich Bahnmaiers *Cäcilia* I, 1817, p. 133–134: „Noch eins, liebe Rosalie! dein Vater ist ein Mann, dem es zur Leidenschaft geworden ist, in seinem Kreise sich darum zu mühen, manches Gute und Schöne zu verbreiten durch Wort und Schrift und That. Da thut es ihm nun wohl, [...] wenn er merkt, daß du Freude hast an dem, was seine Seele füllt. Wenn er dir da etwas vorliest, wenn er etwas erzählt, von dem, was ihm auszuführen gelungen ist, wenn er ausströmt sein warmes Gefühl im Gesang, — im Gebät am Schlusse des Tages, — wenn es ihm sein Beruf gestattet, euch ein Stück der heiligen Schrift oder sonst eines guten Buches vorzulesen —; laß dann alles, was stört, aus der Hand fallen, sey ganz da mit deinem Sinn, Geist, Gefühl; suche Stille zu erhalten, so unbemerkt als möglich, um nicht auch dadurch zu stören. Glaub es, solche Augenblicke sind um Nichts zu theuer erkauft; und sind sie entwischt — das Leben ist kurz! — sie kehren nicht wieder." Vorlesen galt also geradezu als heiliger Akt wie das Beten.

[108] Brief des Pfarr-Adjunkten Kossobutzki in Locken/Poln. Preußen. in: *Centralblatt* II/1, 1858, p. 83. Man beachte, daß die Elterngeneration in diesem Teil Preußens nicht lesen konnte!

Begeisterung für das Höchste im Menschenleben, für Glaube, Recht und Vaterland hat bei solchen Veranlassungen ihren Ausdruck gefunden."[109] Das Vorlesen kann also nicht nur pädagogischen, sondern auch politischen Zwecken dienstbar gemacht werden. Gerade die sozialistische Agitation unter Arbeitern des frühen Industrialismus läßt sich ohne den Vorleseakt nicht denken.[110] Aus dem Vorlesen entwickelte sich die Diskussion über das Gehörte. So wurde dieses Mittel der Kommunikation ein wichtiger Faktor in der Erwachsenenbildung.[111]

Was der Leser will

Geschmack oder Präferenzen?

Bei einem Vergleich von deutschen, englischen und amerikanischen Öffentlichen Bibliotheken stellte Eduard Reyer im Jahre 1893 „eine überraschende Uebereinstimmung zwischen den Benutzungsverhältnissen" fest: „Mag die Bibliothek viel oder wenig leichte Lectüre anschaffen, es werden, so weit dies überhaupt erreichbar ist, unter allen gelesenen Büchern etwa 70–80 % der Gruppe ‚Literatur, Fiction und Jugendschriften' angehören, etwa 10 % entfallen auf Geschichte, Biographie und Reisen und 5 % auf Naturwissenschaften, Gewerbe und Technik. Es erübrigen dann noch einige Procent Zeitschriften von gemischtem Inhalt." Es werden „selbst in England und Amerika selten mehr als 0,6–0,9 % religiöser Schriften gelesen."[112]

Demnach genoß die Unterhaltungsliteratur am Ende des Jahrhunderts eindeutig den Vorrang vor allen anderen Arten von Lesestoffen, und es scheint, daß die Säkularisation des Lesekonsums in der Großstadt fast hundertprozentig vollzogen war. Die Lieblingsautoren in den österreichischen Volksbibliotheken anfangs der neunziger Jahre hießen übrigens Auerbach, Dahn, Dumas, Ebers, Eckstein, Eschstruth, Freytag, Ganghofer, Gerstäcker, Hackländer, Heimburg, Jokai, P. Lindau, Marlitt, Mauthner, Ohnet, G. Raimund, Rosegger, Samarow, S. Schwartz, Spielhagen, Tolstoi, Verne, Werner, Wilbrandt, Wildenbruch und Wolff, und schon zu Beginn des 20. Jahrhunderts hatte sich die Liste folgendermaßen verschoben: Baumbach,

[109] *Württembergischer Volksschriften-Verein. Rechenschaftsbericht*, p. 3–4.
[110] Stadelmann-Fischer: *Die Bildungswelt*, p. 220 (über Wilhelm Weitling in Zürich).
[111] F. Balser: *Die Anfänge der Erwachsenenbildung*, p. 231.
[112] E. Reyer: *Entwicklung und Organisation der Volksbibliotheken*, p. 13, 14.

Dostojewski, Dumas, Ebner-Eschenbach, Eschstruth, Freytag, Ganghofer, Gorki, Hauptmann, Heimburg, Keller (Paul), Marlitt, Marriat, May, Ohnet, Pötzl, Scheffel, Schubin, Spielhagen, Sudermann, Tolstoi, Viebig, Wassermann, Werner, Wilbrandt, Wildenbruch, Wolzogen.[113]

Somit gab es nicht nur eine rasche Fluktuation in bezug auf die Bestseller-Autoren, sondern auch eine Reihe von Steadysellern: etwa Nataly von Eschstruth (1860–1939) mit ihren veradelten Romanen, den Franzosen Georges Ohnet (1848–1918), dessen *Hüttenbesitzer* zahlreiche Liebhaber fand[114], oder den Direktor des Burgtheaters, Adolf von Wilbrandt (1837–1911), der natürlich in Wien besonderen Erfolg hatte. Daß alle genannten Autoren für eine gehobene Bildungsschicht schrieben, sei nur nebenbei erwähnt – die Wiener Volksbibliotheken schafften schließlich keinen Schund für Proletarier an.

Solche Statistiken liegen für die erste Jahrhunderthälfte nicht vor[115], aber es gibt ja genügend zeitgenössische Zeugnisse über die Lieblingsstoffe

---

[113] E. Reyer: *Fortschritte der volkstümlichen Bibliotheken*, p. 99–105. — Bei E. Reyer: *Entwicklung und Organisation*, p. 17 findet sich eine ebenso bürgerliche, aufschlußreiche Statistik aus der Volksbibliothek in Boston/Mass., die 1867 auslieh:

Werke von	Cooper	5 460mal
	Dickens	4 000
	Marryat	3 730
Mrs.	Hentz	3 380
	Scott	2 660
	Simms	2 350
Miss	Yonge	1 660
Miss	Mulock	1 310mal.

Die klassischen Autoren — Shakespeare 550, Longfellow 430, Goethe 338, Schiller 262, Kotzebue 220 und Tennyson 120 mal — fielen dagegen stark ab. — Cf. auch *Die meistgelesenen Bücher 1903–1904 (1908–1909). Statistische Umfrage bei 136 Leihbüchereien (bei den größeren deutschen Leihbibliotheken).* — In: *Das literarische Echo* VII, 7, 1904/1905, col. 523–531; XI/13, 1908/09, col. 955–966. — Für die Vereinigten Staaten aufschlußreich und methodisch bemerkenswert ist A. P. Hackett: *60 Years of Best Sellers*.

[114] Georges Ohnet: *Les Batailles de la vie. Le Maître des Forges.* — Paris 1882. Der Roman (oder die von R. Schleicher übersetzte Schauspielfassung?) wurde im Mai 1892 in einer Wiener Volksbibliothek mehr als alle anderen Bücher, nämlich 22mal verlangt. E. Reyer: *Entwicklung und Organisation*, p. 18. — *Catalogue Général*, BN Paris, 126, 1934, col. 787–788.

[115] Cf. dagegen A. H. Hein: *Was las man in Lindau zu Goethes Zeiten?* — In: *Der Lindauer reitende Bote*, 9. Dezember 1953, 4 col.: Der Lindauer Buchhändler Fritzsch bot in dem von ihm herausgegebenen Intelligenzblatt zwischen 1785 und 1794 1 266 Werke an. Darunter waren 28,5 % theologische Schriften, 9,1 % Theaterstücke, 7,3 % Erzählungen und Romane und 2 % Schriften über Pädagogik und Jugenderziehung; der Rest bestand aus naturwissenschaftlicher und wirtschaftlicher Fachliteratur, neben Sensationsschriften und abergläubischen Drucken. — Solche Statistiken müßten in größerer Zahl vorliegen. Sie sagen selbstverständlich nichts über den Konsum der Kolportageliteratur — Einzelblätter und Heftchen — aus.

des „Volkes", worunter, wie gezeigt, das gehobene und mittlere Bürgertum zu verstehen ist. Die Menge der Verurteilungen des Ritter-, Räuber- und Geisterromanes läßt keinen Zweifel an der Tatsache, daß diese Literatur mit Vorliebe konsumiert wurde.[116] Schon 1799 machte sich Johann Adam Bergk Gedanken über die Gründe für dieses Phänomen. Den Hang nach dem Übersinnlichen hielt er für ein gemeinmenschliches „Erbgut aus einer andern Welt", und deshalb schloß er: „Geisterromane gefallen uns deshalb sehr, weil sie den Trieb nach dem Übernatürlichen, der tief in unserer Seele eingewurzelt ist, zu befriedigen, und uns Aufschluß über Dinge zu geben versprechen, worauf so viele ihr ganzes Seelenheil sezzen."[117] Bei der Interpretation der Ritterromane bringt Bergk dagegen eine andere Motivation ins Spiel: die des Ungenügens der aktuellen Gesellschaft und der Projektion besserer, idealer sozialer Verhältnisse in die Vergangenheit: „Warum gefällt uns aber die Lektüre der Ritterromane? Weil diese uns in ein Zeitalter zurück versezzen, das reich an Abenteuern war, und weil sie uns Sitten und eine Denkungsart zeigen, die weit von der unsrigen abweichen, die aber einen Anstrich vom Romantischen und Heroischen haben. Man wähnt, Treue und Ehrlichkeit, Kühnheit und Bravheit sey damals unter den Rittern einheimisch gewesen; ihr frommer Aberglaube und ihre heldenmäßige Denkungsart, ihre Kühnheit, ihre Derbheit zieht unsern Geist an, weil ihnen ein Anschein von natürlicher Einfalt zum Grunde liegt. Ihre Ritterspiele, ihre Hochachtung gegen das andere Geschlecht, ihre Verachtung des Pfaffenbetrugs, und ihre Aufopferung für einander bringt uns auf den Wahn, daß die Menschen damals nicht allein mehr körperliche Stärke, sondern auch eine edlere und erhabenere Denkungsart besessen haben."[118]

Man ist versucht, bei all diesen Beispielen – von der Lust an der Geisterhand im Totengewölbe bis zu den meistgelesenen Autoren des Fin-de-Siècle – den so vieldeutigen Begriff „Geschmack"[119] ins Spiel zu bringen und, Levin L. Schücking folgend, vom Lesegeschmack des Bürgers zu reden. Aber das Wort klingt doch, wie das Bergksche „Erbgut aus einer andern Welt", so, als seien die Vorlieben der Leser angeborene Charaktereigenschaften, gemeinmenschliche Phänomene oder Tendenzen, die von irgendwoher in das Publikum geworfen werden. „Der Geschmack an diesen Mordgeschich-

---

[116] Zu den im Kapitel VI zitierten Autoren lese man noch F. L. Jahn: *Deutsches Volkstum*, 1810, p. 201–205.

[117] J. A. Bergk: *Die Kunst, Bücher zu lesen,* p. 251.

[118] Ibid. p. 249.

[119] Man lese die neun Kolumnen über *Geschmack* im Grimmschen *Wörterbuch* IV, I, 2, 1897, col. 3924–3933.

ten in unserm Volke beweist uns neben dem angeborenen Hang zum Dämonischen in der Menschennatur den [geistigen] Futtermangel unseres Volkes", meint Otto Glaubrecht (Rudolf Oeser), der Volksschriftsteller, im Jahre 1857.[120] Zudem krankt der Begriff „Geschmack" allzusehr an der Konnotation des haut goût, der ästhetischen Urteilskraft, die der schlichte Leser einfach nicht besitzt. Es scheint daher nützlich, statt von „Geschmack" von „Präferenzen"[121] zu reden. Damit wird ein singularer Begriff pluraliert: Der Leser hat nicht e i n e n Geschmack, sondern mehrere Präferenzen. Dieser Begriff gesteht ihm die Fähigkeit zur Selektion[122] zu: aus einer vorgegebenen Auswahl von literarischen Fakten greift er einzelne heraus, die ihn anziehen, fesseln, beschäftigen. Seine Selektionsprinzipien sind keine ästhetischen – auch wenn er sagen sollte, er lese etwas, weil es eben schön sei –, sondern Prinzipien, die auf seiner psychischen Struktur ebenso basieren wie auf seiner ökonomischen und sozialen Umwelt, die ihn prägt, befähigt, anstößt, manipuliert, zwingt, frustriert, aushungert, lenkt. Präferenzen sind zeitgebundene und schichtspezifische, sozialpsychologische Phänomene. Menschen mit gleicher (affiner) sozialer Umwelt und gleichem Bildungsgrad haben, vor die gleiche Auswahl von Fakten gestellt, gleiche Präferenzen. Anders formuliert: Die Affinität von Präferenzen beruht auf sozialer Affinität.

Lesebedürfnisse: Exigenzen

Diese Präferenzen werden durch Bedürfnisse, Exigenzen[123] gesteuert: Die Leser haben gegenüber dem Phänomen Literatur spezifische Erwartungen; sie stellen Forderungen an das Kommunikationsmittel. Jeder Stadtbibliothekar kennt diese Exigenzen des einfachen Lesers, die sich verbal in Sätzen manifestieren wie: „Ich möchte etwas Spannendes", „Ich hätte gern einen Bauernroman", „Haben Sie etwas Lustiges?". Aber das sind nur unbehol-

---

[120] O. Glaubrecht: *Die Volksschrift*, p. 115.

[121] Im Sinne des französischen „préférence" = Vorliebe.

[122] Die Probleme der Selektion auf Seiten des Rezipienten behandelt G. Maletzke: *Psychologie der Massenkommunikation*, p. 147–149. — Cf. auch H. Reimann: *Kommunikations-Systeme*, p. 119–121.

[123] Durch dieses Fremdwort soll das mehrdeutige „Bedürfnis" präzisiert werden. „Exigenz" soll die Konnotation „Bedarf" und „Forderungen an das literarische Faktum" enthalten. Französisch „exigence" ist nicht „indigence" (Dürftigkeit, Armut), nicht „nécessité" (Notwendigkeit, Not, Mangel), sondern „Anforderung", „Anspruch", und es setzt somit ein Objekt, in unserem Falle die Literatur voraus. Das Problem, ob und wie weit ein literarisches Objekt den Exigenzen des Lesers entspricht, wird hier nicht behandelt. Cf. dazu G. Maletzke, loc. cit. p. 149. Der dort verwendete Begriff „Erwartung "wird hier durch das aktivere „Exigenz" eingeschlossen.

fene, vordergründige Ausdrücke einer weit komplizierteren Struktur von Neugierden, Wünschen, Sehnsüchten, Hemmungen, Ängsten, Erwartungen, Spannungen, Träumen, Erregungen, Lüsten, Gereiztheiten, Aggressionen, Begierden, Trieben – das psychologische Vokabular geizt nicht mit Begriffen, die wiederum den Exigenzen zugeordnet werden können.[124] Der Leser selbst vermag seine Forderungen bekanntlich nicht zu differenzieren: der Lehrling will einen Krimi, „weil der so spannend ist und so", und die Hausfrau möchte einen Liebesroman, „weil das alles so echt ist und so". Über solche Urteile läßt sich nicht mehr aussagen, als daß sie das unreflektierte Verhältnis des einfachen Lesers zu seinen Exigenzen und den daraus folgenden Präferenzen demonstrieren.

Die Volksliteraturforschung ihrerseits hat sich bislang damit begnügt, die Funktionen der populären Lesestoffe mit den drei Begriffen Unterhaltung, Belehrung und Erbauung zu bezeichnen. Es fragt sich, ob diese Kategorien nicht zu verschwommen sind, und ob man sich nicht bemühen sollte, sie durch differenziertere Begriffe zu ersetzen. Es fragt sich ferner, ob es sich nicht lohnt, eine Funktionstheorie in eine Exigenzentheorie zu verwandeln, das heißt, im Falle der populären Lesestoffe nicht die Literatur, sondern den Leser als erstes Agens zu sehen: den Leser, der Forderungen an die Literatur stellt. Das ist, wenn man so will, auch wieder eine Funktionstheorie, aber eben aus der Perspektive des Lesers, und dieser sollte das wichtigste Studienobjekt der Literatursoziologie sein.

Der Inhalt der populären Lesestoffe gewährt einen gewissen Einblick in die Exigenzen des Lesers, aber nur einen indirekten, mittelbaren, gebrochenen Einblick. Das sechste Kapitel dieser Arbeit hat diesen Inhalt in Einzelheiten geschildert. Bei den daraus folgenden Rückschlüssen ist zu bedenken, daß die populären Autoren diese Inhalte ihren Lesern nicht einfach vorgesetzt, daß sie ihr Publikum nicht einseitig manipuliert haben. Vielmehr ist der Autor entweder über die an ihn gestellten Forderungen gut informiert oder gar selbst Leser: was er schreibt, ist das, was er selbst gerne lesen möchte. Er trifft die Exigenzen seiner Leser, weil er ähnliche Einstellungen gegenüber der Literatur hat. Der populäre Autor liest am liebsten sich selbst oder die Erzeugnisse seiner Konkurrenten. Er ist kein poeta vates, sondern ein voll integriertes Mitglied in der Gruppe oder in der Schicht

---

[124] G. Maletzke, loc. cit. p. 133 verwendet „Antriebe" „ganz allgemein als Bezeichnung für alle vom Menschen ausgehenden Impulse." Er betont, gegenüber älteren Antriebslehren („das Antriebssystem ist rein biologisch bedingt"), „daß die Antriebe in hohem Maße durch sozial-kulturelle Einflüsse überlagert und überformt werden." Ibid. p. 134. Der Begriff „Exigenz" geht somit über den des „Antriebs" hinaus; er schließt die soziokulturale Steuerung des biologisch-psychologischen „Antriebs" ein.

seiner Leser. Diese – hier freilich verallgemeinerte und idealisierte – Egalität[125] erleichtert zusammenfassende und – hélas – generalisierende Aussagen über die Exigenzen der Leser populärer Lesestoffe.

Bei einer so weitausgreifenden Arbeit wie der hier vorliegenden, erweist sich nämlich ein Problem als nahezu unlösbar. Präferenzen und Exigenzen variieren zunächst einmal im Laufe der Zeit: die Leserwünsche der vorrevolutionären Jahre sind andere als die der revolutionären, die der Zeit der Befreiungskriege andere als die der Aggressionskriege, die der Restauration andere als die der Gründerjahre; etwas weiter gefaßt: die der ersten Jahrhunderthälfte andere als die der zweiten. Sie variieren zweitens in bezug auf die Leserschicht: der Einödbauer verlangt vom Kolporteur etwas anderes als der Fabrikarbeiter, die Bürgersfrau wünscht ein anderes Buch als die adlige Dame, der Jugendliche andere Lektüren als die Alte. Drittens wären geographische und konfessionelle, also kulturräumliche Unterschiede zu bedenken: in Schweden, England und Neuengland sind die durchschnittlichen Lesefähigkeiten und damit die Lesebedürfnisse entschieden weiter fortgeschritten als auf dem europäischen Kontinent und speziell im südlichen und südöstlichen Europa; im pietistischen Albdorf konsumiert der Handwerker andere Lesestoffe als in der bereits stark säkularisierten Großstadt; das früh industrialisierte Sachsen produziert und konsumiert andere Lesestoffe als das agrarische, katholische, im Verhältnis zu Sachsen weniger progressive Bayern; Paris ist mit keiner der französischen Provinzstädte auf eine Stufe zu setzen. Und viertens wären die sich bei der Umbildung zur Industriegesellschaft verändernden sozialen Bedingungen in ihrer Auswirkung auf die sich wandelnden Exigenzen zu berücksichtigen: der sozial Aufgestiegene verbessert mit seiner Position auch seinen Bücherbestand und vielleicht auch seine Lesegewohnheiten; die industriell entwickelte Kleinstadt fordert die Gründung einer Volksbibliothek; die an eine Leihbibliothek oder Buchhandlung gerichteten Leserwünsche sind in München unter Ludwig I. völlig andere als, bei verzehnfachter Bevölkerungsziffer, unter dem Prinzregenten Luitpold – und so fort. Es leuchtet ein, daß solche Differenzierungen nach Zeit, Schicht, Raum und Wandlungsprozeß in beschränktem Umfange möglich und bei einer engeren Themenstellung auch notwendig wären. Sie lassen sich gar, bei stetiger Anwendung des Prinzips, ad absurdum führen: es ginge schließlich darum, die Exigenzen des Individuums X aus Y in seinem 25. Lebensjahr und im Jahre 1837 von dem

---

[125] Die von Jean-Paul Sartre erdachte Utopie von der Freiheit der Literatur in einer klassenlosen Gesellschaft *(Qu' est-ce la littérature,* p. 197) wäre in dieser sozialen Schicht gegeben — wenn nicht die anderen Klassen mit ihrer Literatur das populäre System ständig von außen und innen störten!

seines Nachbarn zu unterscheiden. Solche Analysen sind aber nur in der Gegenwart praktikabel[126], und nützlich wären sie nur, wenn man sie wieder zu allgemeineren, soziologisch relevanten Ergebnissen zusammenfassen würde. Für das 19. Jahrhundert gibt es jedoch allzu wenig Material über die individuellen Exigenzen der städtischen Arbeiter oder der kleinstädtischen Handwerksgesellen. Ja, die vorliegenden Materialien reichen kaum zu verallgemeinernden Aussagen, und es ist notwendig, immer wieder die moderne Kommunikationsforschung zu Rate zu ziehen, die auf gesicherten empirischen Untersuchungen aufbauen kann, und die, mutatis mutandis, Rückschlüsse auf das Konsumverhalten der Leser des 19. Jahrhunderts zuläßt.

Solche Überlegungen sind nützlich, um die hier folgenden Schlüsse in bezug auf die E x i g e n z e n einfacher Leser notfalls zu relativieren und um ihre beschränkte Zahl zu erklären. Die individuellen Lesewünsche der einfachen Leser des 19. Jahrhunderts sind nahezu unerforschlich, die allgemeingültigen jedoch durchaus überschaubar[127]:

1. Der Leser verlangt primär b i l l i g e L e s e s t o f f e. Der enorme Zuwachs von potentiellen Lesern – zwischen 1770 und 1870 von etwa 15 bis zu 70 % der stets wachsenden und sich stark verdoppelnden Bevölkerung – rekrutiert sich aus den finanziell leistungsschwächsten Schichten der nationalen Bevölkerungen. Diese können ihre mühsam erworbenen ABC-Kenntnisse nur anwenden, wenn ihnen der Lektüre-Markt billigste Ware liefert. Die Drucker und Verleger haben diese Exigenz durchaus erkannt und Einblattdrucke, Heftchen-Serien und Periodika zu niedrigsten Preisen hergestellt. Trotzdem verdiente ein großer Teil der potentiellen Leser zu wenig, um diese Literatur in größerer Menge oder regelmäßig – einmal in der Woche oder einmal im Monat – kaufen zu können. Die Frage nach dem Preis eines Druckwerkes bestimmt noch heute die gesamte Buchkonsum-Situation. Für den einfachen Leser ist diese Frage letztlich bestimmend für jeden Buchkauf.

2. Der Leser sucht primär B e k a n n t e s, erst sekundär Neues. Er will zunächst seine Welt wiedererkennen und bestätigt sehen, dann erst seinen

---

[126] Cf. etwa A. Beeg: *Leseinteressen der Berufsschüler.* — H.-J. Ipfling: *Jugend und Illustrierte.*

[127] Es ist notwendig, um Mißverständnissen vorzubeugen, noch einmal zu betonen, daß hier n i c h t vom „Trivialroman" die Rede ist, sondern von den in der Einführung zu dieser Arbeit definierten „populären Lesestoffen". Die Ergebnisse müssen also zwangsläufig zum Teil andere sein als die von Walter Killy, Dorothee Bayer und anderen erarbeiteten. Unter „einfacher" Leser — auch das sei wiederholt — soll eine Person verstanden werden, die eine minimale Lese-Erfahrung besitzt.

Horizont erweitern.[128] Er fordert vom Gegenwartsroman nur eine Schein-
Aktualität und auch vom exotischen Abenteuerroman, daß er ihm nur geläufige Situationen schildere[129]; fordert von der Poesie, daß sie eine ihm
verständliche, simple Sprache rede, fordert Klischees – erkennbare Zeichen – statt neuer Wortkombinationen. Er verlangt von der Literatur All-
tagsverbundenheit[130], das heißt, einen Spiegel, in welchem er sich selbst entdeckt, nicht ein Gemälde mit einem fremden Porträt. Seine ihm selbst un-
bewußten Exigenzen heißen also: weitgehende Reproduktion der individuellen Realität, möglichst hohe Rekognitionschancen und Identifikations-
möglichkeit.[131]

3. Der Leser wünscht von den Lesestoffen nicht primär Unterhaltung[132] –
die fände er, und fand er, müheloser im Wirtshaus, beim Lichtkarz, im
Freundeskreis, auf dem Tanzboden und heute auch bei anderen Massenme-

---

[128] Friedrich H. Tenbruck sieht die wichtigsten sozialen Funktionen der Literatur in
der „Reproduktion der gültigen Normen, Werte und Sinnstrukturen". Der Verfasser
verdankt viele Anregungen zu diesem Abschnitt Tenbrucks Hauptseminar *Kultur, Literatur, Gesellschaft* im Soziologischen Institut der Universität Tübingen, Wintersemester
1968/69.

[129] Es kann sich nur um eine Verkennung von Scheinaktualität handeln, wenn zum
Beispiel die *Didaskalia* Nr. 27 vom 27. Januar 1833, p. 4 über Bronikowskis Romane
schreibt: „Es ist eine sehr richtige Bemerkung gewesen, die neulich der Recensent von
[Heinrich] Dörings *Phantasiegemälden* in der *Didaskalia* gemacht hat, daß es nämlich
fast unmöglich sey für den Novellisten, eine neue Situation auszuhecken, da die einfache
Darstellung des Lebens und seiner einfachen Verhältnisse nicht mehr dem verwöhnten Ge-
schmacke zusagt. Eben so wahr ist [Wolfgang] Menzels Bemerkung, daß die Novellisten über jedes neue Zeitereigniß herfallen wie gierige Wölfe und zu nun schnell zerflei-
schen zu ihrem Gebrauche. Seit die griechische Revolution die Aufmerksamkeit der Welt
auf sich zog, spielten alle Romane und Erzählungen in Griechenland und als die französische die Welt turbirte, flugs hatten wir Erzählungen, die sich dort bewegten, dann jetzt
in Polen."

[130] Cf. O. Görner: *Volkslesestoff*, p. 391: „Volkslesestoff [...] muß mit dem Leben
des Alltagsmenschen unmittelbar zu verknüpfen, zu ihm in Beziehung zu setzen sein."

[131] Diesen Exigenzen entsprechen die keineswegs „dummen" oder „lustigen" Aussagen
wie: „Ich lese das, weil es wahr ist", „Das Buch gefällt mir, weil es Klasse ist" oder „Das
ist spannend, weil es so aufregend ist". Der scheinbare Pleonasmus ist nur ein Ausdruck
dafür, daß der Leser seine Erwartungen im Buch erfüllt sieht, daß er sich im Buch-Spiegel
erkannt hat.

[132] So meinte etwa 1795 der Verfasser des Aufsatzes *Warum lieset man Bücher*, p. 5–6:
„Jeder, der ein Buch zum Lesen in die Hand nimmt, sey er nun ein eigentlich sogenannter
Gelehrter, oder ein Ungelehrter, sucht darin entweder Unterricht und Belehrung, oder er
lieset es zum Zeitvertreib und zu seinem Vergnügen, oder aber er hat beyde Zwecke zugleich. Das letzte möchte nun wohl bey den mehrsten Lesern der Fall seyn, da es gewiß
nur wenige Menschen giebt, die Gedult genug besitzen, und es aushalten können, ein Buch,
sey es übrigens auch noch so unterhaltend, durchzulesen, in welchem, neben dem Belehrenden, nicht auch auf irgendeine Weise für die a n g e n e h m e Unterhaltung des
Lesers gesorgt wäre."

dien, sondern primär I n f o r m a t i o n[133] über spezielle, ihn beschäftigende Themen, über mögliche soziale Konflikte. Daß diese Themen zunächst
die extremen Situationen des Menschen: Elend, Krankheit und Tod, betreffen, wurde aus dem gezeigten Material deutlich. Der Leser fordert von
den Lesestoffen die Vorwegnahme von Situationen, denen er sich nicht gewachsen fühlt, denen er hilflos gegenübersteht.[134] Zu den extremen physischen Lebenslagen gesellen sich die extremen psychischen – die Liebe (die
freilich aufs engste mit dem physischen Bereich verbunden ist) und der
Wahnsinn, der Haß und die Perversität[135] – und die metaphysischen Erlebnisbereiche: der Kontakt mit dem Numinosen, mit dem Wunder, mit
dem Prodigiösen, dem Heiligen und dem Teuflischen. Der Leser, erpicht
auf eine Erweiterung seines Empfindungshorizonts, will wissen, wie sich
andere Menschen in diesen Situationen verhalten: wenn sie nichts zu essen
haben, wenn sie bluten, wenn sie sterben; wie sie Liebe machen, wie sie
rasen, wie sie rachgierig andere quälen; was sie tun, wenn sie dem Jenseitigen begegnen. Ihn treibt also zunächst nicht Unterhaltungsbedürfnis – das
ist doch eine sehr vage Kategorie – sondern Unwissenheit in bezug auf das
sozial Gültige, Hilflosigkeit gegenüber der noch nicht erfahrenen, aber dro-

---

[133] Daß „Information" eng mit „Bildung" zusammenhängt, zeigt Helmut Seiffert:
Information über die Information, p. 25–29. — Auch Friedrich H. Tenbruck betont die
Bedeutung der Literatur als eines „sozialen Informationsträgers", ihre „soziale Vermittlungsfunktion". Cf. hier not. 128.

[134] Cf. E. Dichter: *Strategie im Reich der Wünsche*, p. 216: „Das Leben ist heutzutage
von einer komplexen Unregelmäßigkeit, und die Menschen fühlen sich enttäuscht und hoffnungslos, wenn sie die Probleme ihrer Welt betrachten. Im atomaren Zeitalter liegt ein
Versprechen von Übermaß und Zerstörung, das jedes Fassungsvermögen übersteigt. Es
hat den Anschein, als könnte niemand individuell an der Formung der Zukunft teilnehmen. Im krassen Gegensatz zu nuklearen Waffen und Weltkriegen sind die Kampfmittel
des Western der Revolver oder sogar die blanke Faust. Hier ist es möglich, daß sich ein
Mann beim Zuschauen mit dem Helden identifiziert. Für Augenblicke kann er die ganzen
Rätsel einer komplizierten Gesellschaftsordnung vergessen, wenn er zusieht, wie Probleme
auf gerechte und verständliche Weise gelöst werden."

[135] Die nörgelnden Pädagogen haben nicht erkannt, daß auch der liederlichste „Unterhaltungs"roman eine Fülle von (für den Leser) brauchbaren und wichtigen Informationen
über diese extremen Situationen bietet. So klagt E. Denk: *Denkschrift* (1866), p. 13–14
über „widerchristliche Zerstörungsversuche"; sie fänden sich unter anderem „auf dem
Boden der Unterhaltungsliteratur theils a) in unsittlichen und obscönen Romanen usw.
(hierher gehören die Werke von Heine, Gutzkow, überhaupt vom ‚jungen Deutschland';
die neueren französischen Romane eines Paul de Cock, der zwei Dumas, einer George
Sand, eines Victor Hugo usw.; endlich die verabscheuungswürdigen Preßerzeugnisse,
welche durch Hamburger und Frankfurter Juden in Deutschland verbreitet werden, welche
Pestgruben von Liederlichkeit sind, und welche z. B. unser *Schwäbischer Merkur*, wenn er
vor Gott bedenken wollte, was er thut, unmöglich durch Ankündigung verbreiten helfen
könnte;) [...]" und so fort über verschiedene „antichristliche" Periodika. — Cf. auch
A. Detmer: *Musterung*, p. 1 über die „Todtschläger der Langeweile".

henden und deshalb zu explorierenden sozialen Realität[136] und schließlich Ersatzsuche für eine nicht erfahrbare Realität. Die Beliebtheit der Not- und Hülfsbüchlein zwischen 1790 und 1810 und die Vorherrschaft des Sachbuches in der Gegenwart[137] bestätigen den Umfang der Informations- appetenz über die unbekannte *Welt in der wir leben.*[138]

4. Der Leser fordert V a r i e t ä t[139], Abwechslung und deutliche Unterteilung der Lesestoffe. Seine begrenzte Konzentrationsfähigkeit läßt ihn immer wieder zu Druckwerken greifen, die, wie das erste Lesebuch, zerstückelt sind: in viele kleine Kapitel, dem Schriftbild nach in viele kleine Absätze, der Syntax nach in Kurz-Sätze. Er liebt viele einzelne Bilder, einzelne Erzählungen, ein Gemisch aus Geschichten, Gedichten, Ratschlägen und Rätseln. Er zieht Periodika den Büchern vor. Er zeigt eine ausgeprägte Präferenz für *Variae lectiones,* für *Tutti frutti.*[140] Auch der Roman muß in viele Einzelhandlungen zerlegt sein; der Feuilleton-Roman findet darüber hinaus mehr Abnehmer als der Buchroman. Abwechslung ist alles, und Abwechslung erheischt Ruhepausen. Der Leser fordert also neben der Varietät die D o s i e r b a r k e i t[141] der Lesestoffe.

[136] Über den Begriff der gruppenspezifischen und variablen „sozialen Realität" cf. Katz-Lazarsfeld: *Persönlicher Einfluß,* p. 64–67: *Die Bildung einer sozialen Realität.* Der Begriff deckt sich übrigens nicht mit dem der „subjektiven" oder „objektiven" Realität in der Dichtungstheorie. Cf. hierzu R. Brinkmann: *Wirklichkeit und Illussion,* vor allem p. 59–68 (über Georg Lukács). Cf. auch K. Hamburger: *Die Logik der Dichtung.*

[137] Cf. A. P. Hackett: *60 Years of Best Sellers,* passim.

[138] Cf. Heinz Eckardt: *Die Buchkäufe im 4. Quartal 1967. —* In: *Bertelsmann Briefe* 60, Dezember 1968, p. 2.

[139] Cf. das Vorwort zu Josef Knapp: *Gottes Wort und Menschenwege,* Stuttgart ²1885, p. VII: „Die Erzählungen bringen Altes und Neues, Licht- und Schattenbilder aus Welt und Zeit, führen in Paläste, Klöster, Pfarrwohnungen und einfache Hütten, zu Christen und Heiden, in die frühern Jahrhunderte und hart an die Schwelle der Gegenwart. Gerade auf diesem Boden gemahnt es uns an das häufig zitierte Wort: ‚Wer vieles bringt, wird jedem etwas bringen'. Eine bunte, wechselvolle, vielgestaltige Welt thut sich hier vor unsern Blicken auf."

[140] *Tutti Frutti. Sammlung ausgewählter und interessanter Erzählungen, Novellen, Criminalgeschichten aus allen Weltgegenden* erschienen zum Beispiel in zwölf Teilen in Leipzig, eine zweite Serie mit 10 Teilen ebendort. Die Sammlung — selbstverständlich für bürgerliche Leser bestimmt — fand sich in der Rieger'schen Leihbibliothek, num. 5217–5233. — Ähnliche Sammlungen erschienen 1839 und 1840 in Berlin und 1845 in Stuttgart (Kayser: *Bücher-Lexikon* 8, 1842, p. 458; Heinsius: *Bücher-Lexikon* 10, 1848, p. 47). — Cf. auch J. Goldschmidt: *Tutti Frutti. Sammlung der neuesten und beliebtesten humoristischen Vorträge, Couplets und komische Gedichte.* — Eisenberg 1854, ²1855. — *Tutti Frutti. Eine Unterhaltungsbibliothek für Gebildete aller Stände,* ed. M. Berendt. I–II. — Berlin 1861–1862. — — *Tutti Frutti. Illustrirte Feuilleton-Bibliothek,* ed. Siegmey. — Berlin/ Straßburg 1877.

[141] O. Görner: *Volkslesestoff,* p. 391: „Volkslesestoff [...] muß unter Umständen ‚täglichem Bedarf' genügen, tägliche Dosierung vertragen, um den Alltag zu begleiten oder zu überhöhen. Die Hauspostille gibt dem Frommen sein tägliches Gebet und seine

5. Der Leser fordert Konzentration, Direktheit und Konkretheit, Überschaubarkeit der Realität, also eine Ö k o n o m i e d e r A u s s a g e n, die seinem Zeit- und Geldmangel entgegenkommt. Er verzichtet allerdings nicht auf Redundanz[142]: überflüssige Wiederholungen fallen ihm, wie dem Märchen-Konsumenten[143], nicht auf, weil sie seine begrenzte Konzentrationsfähigkeit ausgleichen. Aber er weist Weitschweifigkeit zurück, er haßt das breit Epische ebenso wie Reflexionen, wünscht konkrete Aktion, nicht „Schattenbegriffe, Halbideen und symbolischen Letternverstand (von dem sie in keinem Worte ihrer Sprache, da sie fast keine Abstrakta haben, wissen)" und nicht „furchtsam schleichende Politik und verwirrende Prämeditation", wie Johann Gottfried Herder einmal von der Sprache der „Wilden" sagte.[144] Der unliterarische Leser sucht Ereignisse, nicht Ideen[145], und diese Ereignisse müssen in einer Häufung von Aktionen rasch aufeinanderfolgen.[146] Daher der Erfolg von gekürzten, auf den Handlungsverlauf re-

tägliche Erbauung und führt ihn zum Worte Gottes in der Bibel selbst hin, sie gibt ihm die tägliche erbauliche Lektüre von selbst an die Hand. Der Volkskalender mit seinen Daten, Feier- und Festtagen, Meß- und Markttagen, mit seinen Bauernregeln und seinen Kalendergeschichten begleitet das geistliche wie das weltliche Jahr. Der als Volkslesestoff dienliche Liebes- oder Abenteuer- oder Kriminalroman muß den Abdruck in täglichen ,Fortsetzungen' vertragen können."

[142] Zu diesem Begriff cf. H. Seiffert: *Information über die Information,* p. 62. — H. Reimann: *Kommunikations-Systeme,* p. 100–102.

[143] Parallelen zu Charakteristika des Volksmärchens, wie Max Lüthi sie herausgearbeitet hat, fallen bei dieser Exigenz besonders auf. (Cf. auch W. Killy: *Deutscher Kitsch,* p. 24, 26). Das liegt nicht an der Funktionsäquivalenz Märchen = populäre Lesestoffe, sondern zunächst einmal an den gleichen sozialen und psychologischen Bedingungen, unter denen beide produziert und konsumiert werden.

[144] J. G. Herder: *Briefwechsel über Ossian.* — In: *Werke,* ed. W. Dobbek. Zweiter Band. — Weimar 1957, p. 214.

[145] Cf. C. S. Lewis: *Über das Lesen von Büchern,* p. 34. Im übrigen ist freilich mit den Lewis'schen Kategorien wenig anzufangen.

[146] Hier nur ein Beispiel aus Tausenden, um das Gemeinte zu vergegenwärtigen: „Nun galt es die Ein- und Ausgänge des Hauses zu verriegeln, und eben noch rechtzeitig war diese schwere Aufgabe gelöst, alle Läden geschlossen, und alle Riegel vorgeschoben, als auch schon die kreischende Stimme eines geifernden Weibes Einlaß begehrte und schrie. ,Mein Mann muß hier sein, er bleibt lange aus, wo hast du ihn hingethan? Heraus mit ihm, oder ich haue die Thüre mit dieser Axt ein, die deinem elenden Leben ein sicheres Ende macht!' ,Gerechter, barmherziger Gott! flehte auf die Knie gesunken die Försterin zum Vater aller Wesen, rette Du mich und mein unschuldiges Kind aus diesen Räuberhänden!'
Von zweiten Stockwerk aus hieß die Försterin das rasende Weib mit ihrem Klopfen und Schlagen aufzuhören, allein umsonst. — Das Weib schäumte vor Wuth, und hieb mit ihrer scharfen Axt gegen die Hausthüre, daß die Splitter abfielen. Nun galt es Leben um Leben; außen tobte das Weib mit Axtschlägen fluchend gegen die Thüre, in der Kammer suchte ihr eingesperrter Mann ebenfalls mit verzweifelter Anstrengung die fest verriegelte Thüre aus den Angeln zu heben.
Um doch wenigstens das Weib unschädlich zu machen, ergriff die Försterin das nächste

duzierten Romanen, daher die Vorliebe für den „Digest".[147] Diese Ereignisse brauchen nicht motiviert zu sein; Motivation setzt schon wieder Überlegung voraus, Überlegung kommt aber überflüssiger Digression gleich. Die Aktion wird also ebenso unspezifisch dargestellt – nur die Requisiten und Stereotypen sind austauschbar – wie ein Gegenstand oder eine Person[148]; die Klischee-Zeichen informieren hinreichend. Die Entwicklung der Comic Strips (aus schon früher bekannten, aber nicht massenhaft konsumierten Bildbogen) ist eine zwangsläufige Folge der Exigenz einfacher Leser nach konkreter und konzentrierter Zeichensprache.

In einer fortgeschrittenen Phase des Lesens können sich weitere Exigenzen entwickeln. Da ist zunächst die Forderung nach F l u c h t h i l f e aus den Grenzen der erfahrenen sozialen Realität, nach Verdrängung der Wirklichkeit, nach Aufbau einer Scheinwelt, nach Lösung aus dem Geflecht sozialer Normen, aus Bindung und Verantwortung.[149] Gegen diese Exigenz vor allem haben sich, wie gezeigt wurde, die Pädagogen seit der Aufklärung immer wieder ausgesprochen[150]: das Reich der Phantasie war ihnen so su-

---

Beste, und schleuderte es auf die Rasende: Holz, Pflastersteine, Küchengeräthschaften, siedendes Wasser, kurz, was ihr in der Herzensangst in die Hände fiel, — denn es galt nicht nur ihr eigenes, sondern auch das Leben des innigstgeliebten Kindes, — flog vom obern Gangfenster auf die Wüthende herunter, und Alles war nur geeignet ihre Wuth und ihre kräftigen Axtschläge zu vermehren. Da warf die bedrängte Försterin noch mit aller Anstrengung eine große irdene Schüssel herab, diese zersplitterte am Kopfe und verwundete das immer fortfluchende Weib; stark blutend sützte sie zu Boden, doch nicht lange und sie erholte sich, wischte das Blut aus dem Gesichte, und mit hochemporgehobener blutbefleckter Schürze rief sie der Försterin zu: ‚dieses Blut fordert wieder Blut — ich vergelte Dir Deine Bosheit.' — In dieser schrecklichen Verblendung arbeitete ungeachtet des Blutverlustes das Weib fort an der zerhackten Thüre, keine Drohung, keine Wunde, — nichts achtete die Schäumende, alle Ermahnungen waren umsonst.
Da griff die bedrohte Försterin nothgedrungen zum Aeußersten [...]." Karl Korn: *Adolph und Walburg.* — Augsburg 1858, p. 74–75.

[147] Cf. R. D. Altick: *The English Common Reader,* p. 314. — H. Huemer: *Volksbuchliteratur Oberösterreichs,* p. 459. — L. James: *Fiction for the Working Man,* p. 47.

[148] Von einer schönen Frau heißt es also etwa: „Perle parevano gli occhi suoi, corallo le sue labbra, rose le gote, alabastro il collo, ebano le chiome [Man vergleiche Schneewittchens „Schönheit"!]; tutto insomma era in lei proprio di un serafino disceso quaggiù al conforto dei figli d'Adamo." Santi Sganga: *L'assassino seduttore.* Palermo 1865, p. 8. Aber auch die historische Information gebärdet sich ähnlich unspezifisch. So schreibt die *Illustrazione popolare,* Milano, am 3. November 1870, p. 23 unter dem Titel *Ricordi storici:* „Novembre 10, 1674 Muore a Brunntul Giovanni Milton uno dei più celebri poeti inglesi. Scrisse diverse opere fra cui primeggia il *Paradiso perduto* di cui abbiamo diverse traduzioni."

[149] G. Maletzke: *Psychologie der Massenkommunikation,* p. 135. — J. T. Klapper: *The Effects of Mass Communication,* p. 166–205.

[150] Cf. die Diskussion um die Schädlichkeit der Lektüren im Kapitel II, Abschnitt *Mythos und Ideologie von der „schlechten" Lektüre.* — Cf. auch G. Maletzke, loc. cit. p.

spekt wie der Müßiggang. Die Realitätsflucht steht in Opposition zur primären Realitätssuche; sie beweist, daß dem Leser die Bewältigung seiner sozialen Situation nicht gelungen ist und daß er in materieller, emotioneller und spiritueller Hinsicht Mangel leidet. Eskapismus ist Indiz für die Nichtbewältigung der Realität.

Der Leser flieht vor der Gegenwart[151] und fordert eine idealisierte Darstellung des Vergangenen: der Aufklärung folgt die Epoche der Romantik, der Revolution die traditionsbewußte Restauration.[152] Die Traditionsrelevanz der populären Lesestoffe ist ein Beweis für diese ständige Suche nach der pastoralen Ruhe ohne soziale Konflikte, wie sie die Vergangenheit zu bieten schien, oder nach einer Demonstration, wie die Kleinprobleme einer ritterlichen Gesellschaft durch Zweikämpfe oder Vehmgerichte bis zu einem glücklichen Ende lösbar waren. Nicht von ungefähr schwillt die Rittersucht zu bestimmten Zeiten oder in bestimmten Gegenden mächtig an; sie ist, vom deutschen Ritterroman bis zum sizilianischen Puppentheater, eine Folge starker sozialer Spannungen.

Mit der Flucht in die Vergangenheit verbündet sich die Flucht in das Fremde und in das Geheimnisvolle. Jules Verne (1828–1905), der Fanatiker des technischen Fortschritts, kommt ohne diese Flucht um die fremde Welt oder in die geheime Welt nicht aus. James Fenimore Cooper (1789–1851)[153], Friedrich Gerstäcker (1816–1872)[154], Gustave Aimard (1818–1883)[155], Karl May (1842–1912)[156], Emilio Salgari (1862-1911)[157] und

---

136: die heutigen Pädagogen billigen eine kurzfristige Regression in Scheinwelten, fürchten jedoch die „Passivität durch Massenkommunikation". Empirische Studien haben gezeigt, daß „extreme Fluchttendenzen häufig mit Fehlanpassungen, neurotischen Störungen und Kontaktschwierigkeiten einhergehen".

[151] Zur Flucht vor der Gegenwart cf. H. Radeck: Gartenlaube, p. 3–4.

[152] Cf. H. Plessner: Die verspätete Nation, p. 84: „Die tragende Schicht des wirtschaftlichen Prozesses, ein vielfach entwurzeltes Kleinbürgertum, das allzu rasch groß und reich wurde, brauchte die historische Anlehnung. Seine eigene Unsicherheit fand an der Gegenwart, die selber aus den Fugen war, keinen Halt. Der Darwinismus konnte wohl die Industrialisierung, nicht aber die eigene neue nationale Existenz deuten und verklären."

[153] Eine Übersicht über die umfangreiche Cooper-Literatur kann hier nicht gegeben werden. Cf. die jüngste Cooper-Arbeit von G. Dekker: James Fenimore Cooper, the Novelist. — London 1967. 265 p.

[154] J. Prahl: Gerstäcker und die Probleme seiner Zeit.

[155] Werke im Catalogue Général der BN Paris, vol. I, 1897, p. 407–415. — H. P. Thieme: Bibliographie de la littérature française I, p. 14–15. — Über Aimards Erfolg in Amerika cf. A. Johannsen: The House of Beadle and Adams II, p. 121.

[156] Bibliographie bei H. Wollschläger: Karl May.

[157] Werke im Catalogo Cumulativo der Biblioteca Nazionale Firenze, vol. 33, 1968, p. 7–20, num. 528080–528526. — Wenige bio-bibliographische Angaben bei L. Russo: I narratori, 1958, p. 153.

Emil Robert Kraft (1869–1916)[158] sind mit ihren Abenteuerromanen die internationalen Bestseller der zweiten Jahrhunderthälfte. Kleinräumiger gedacht wären ihnen jedoch zahlreiche, heute weniger bekannte Autoren (Bearbeiter zumeist) wie O. Berger, Hans Brunner, W. Frey, Alexander Gropp, Max Kümmel oder Moritz Martius zur Seite zu stellen.[159] Robinsone, Seefahrer und Trapper genießen höchstes Ansehen. Fremder Matrosen *Freuden und Leiden auf offener See*[160] sind leichter zu ertragen als die private Realität, aber diese Realität wird durch das Medium der Literatur auch leichter ertragbar. Der Leser fordert, angesichts aller unpersönlichen Information über die wirkliche Welt, ein Reservat des Irrealen, des Mysteriösen, das keine rationale Erklärung finden kann und darf.[161] Daher die Lust an der Mirakelliteratur[162], die Vorliebe für alle Arcana in ungezählten Zauberbüchlein[163], der unersättliche Hunger nach fiktiven *Mystères*[164], *Mysteries*[165] und *Mysterien*[166], nach den Sue'schen *Geheimnissen von Paris*[167] und Dutzenden von Nachahmungen dieses Massenerfolges.[168]

Es wäre töricht, nach allen vorliegenden psychologisch-empirischen Studien zum Fluchtmotiv den Leser zu tadeln, der seine Exigenzen nach Fluchthilfe aus der Realität betont, der sich mit einem Abenteuerbuch in den toten

[158] Robert Kraft: *Eine kurze Lebensbeschreibung, von ihm selbst verfaßt.* Mit einem Begleitwort von Johannes Jühling. — Dresden-Niedersedlitz: H. G. Münchmeyer s. a 31 p., 1 Foto.

[159] Zur Abenteuerliteratur cf. Kühner-Schott: *Jugendlektüre*, p. 878.

[160] Titel einer Erzählungssammlung von J. H. O. Kern. — Stuttgart 1887. Über die Abenteuerromane dieses Verfassers informiert Kaysers *Bücher-Lexikon*, vol. 21, 23, 25, 27.

[161] Zum Gesamtkomplex des Irrationalen cf. W. Schumaker: *Literature and the Irrational.*

[162] Über Mirakelliteratur als Quelle emotioneller Erleichterung cf. R. Schenda: *Massenlesestoffe im kirchlichen Schriftenstand*, p. 163–164.

[163] A. Spamer: Romanusbüchlein. — R. Schenda: *1000 FVB*, v. Sachverzeichnis s. v. *Zauberbüchlein.*

[164] Cf. die *Mystères*-Romantitel bei Pigoreau: *Petite Bibliographie* 1821, p. 94, num. 1015–1018; sie sind alle aus dem Englischen übersetzt.

[165] Cf. L. James: *Fiction for the Working Man*, p. 79, 141, 165. — A. Johannsen: *The House of Beadle and Adams* II, p. 384–395: 75 verschiedene Titel beginnen mit *Mystery, Mysteries* oder *Mysterious.*

[166] Cf. etwa Otfried Mylius: *Neue Londoner Mysterien. Ein Sittengemälde aus der Gegenwart.* I–IV. — Stuttgart: E. Ebner 1867. 380 + 383 + 392 + 460 p. — In der *Schwäbischen Volkszeitung* — um nur ein weiterres Beispiel zu nennen — erschienen 1869 als Feuilleton-Roman die *Nonneburger Mysterien* von Graf Ulrich Baudissin.

[167] Cf. jetzt Umberto Eco: *Rhétorique et idéologie dans „Les Mystères de Paris" d'Eugène Sue.* — In: *Revue internationale des Sciences sociales* 19, 1967, p. 591–609.

[168] Der populäre Autor ist der Führer zu diesen Geheimnissen. Cf. S. Sganga: *L'assassino* (wie not. 148), p. 82: „Alla fantasia dello scrittore tutto è permesso: essa penetra nei più reconditi nascondigli, s'interna nei ricchi palagi, nei poveri abituri; ficcasi nella sala dei divertimenti e dell' orgie, nella stanza dei lamenti e dei dolori; non v'ha cosa insomma che ad essa nota non sia."

Winkel seiner sozialen Verpflichtungen verkriecht. Seine Robinson-Isolation ist eine Folge des soziopsychischen Schiffbruchs, den er erlitten hat.[169] Eine weitere Exigenz ist die nach fiktivem K o n t a k t und nach K o n - s o l a t i o n. Das Scheingespräch des Autors mit dem Leser[170], auch wenn es selten in einem Text in Erscheinung treten sollte, kommt dieser Exigenz entgegen: der Leser fühlt sich angesprochen, gefragt, belehrt, in einen Gesprächskreis einbezogen. Eine weitere Kontaktmöglichkeit ergibt sich dadurch, daß sich der Leser mit einer Figur oder mehreren Akteuren des Lesestoffes identifiziert[171] und mit verschiedenen Antagonisten handelt oder verhandelt. Wichtigste Kontaktfigur ist schließlich Gott: die Erbauungsliteratur zeigt ganz konkret, wie der vertrauende[172] Leser mit ihm reden kann[173] und was Gott in allen Lebenslagen zu ihm sagt.

Die Forderung nach Kontakt geht Hand in Hand mit dem Wunsch nach Konsolation.[174] Hilflosigkeit, Unsicherheit und Pessimismus[175] erheischen

[169] Cf. G. Maletzke: *Psychologie der Massenkommunikation*, p. 138.

[170] Cf. E. Lämmert: *Bauformen des Erzählens*, p. 67–70. — Käte Friedemann: *Die Rolle des Erzählers in der Epik.* — In: V. Klotz: *Zur Poetik des Romans*, p. 162–196.

[171] Zum Problem der Identifikation cf. G. Maletzke: *Psychologie*, p. 120–126, 138. — P. Hacks: *Das Poetische*.

[172] Gottvertrauen wird dem Leser in ungezählten Liedern und Geschichten anempfohlen. Es entbindet von sozialer Verantwortlichkeit, schafft aber auch Hoffnung, und kommt damit neben der eskapistischen auch der Konsolations-Exigenz entgegen.

[173] *Unterhaltungen mit Gott* sind ein bekanntes Erbauungsbuch von Christoph Christian Sturm (1740–1786). Cf. H. Beck: *Die religiöse Volksliteratur*, p. 266.

[174] Dieser Begriff ist von dem in der antiken Literatur abgeleitet. Rudolf Kassel: *Untersuchungen zur griechischen und römischen Konsolationsliteratur.* — München 1958 (Zetemata, 18). 107 p. — Er wird wieder aufgegriffen von K. Burke: *Dichtung als symbolische Handlung*, p. 62: „Dichtung wird tatsächlich zum Zwecke des Wohlbefindens der Leser geschrieben, im Sinne der *consolatio philosophiae*. Man widmet sich ihr, weil man sie als Lebenshilfe nimmt, als einen rituellen Schutz gegen Hilflosigkeit und Gefährdung." — Zum übergeordneten Begriff des „emotional release" in der Kommunikationsforschung cf. J. T. Klapper: *The Effects of Mass Communication*, p. 179–181.

[175] Pessimismus und Resignation sind weitverbreitete Grundhaltungen der populären Lesestoffe. Der Autor des Büchleins *La morte d'Oronzo Albegna* (R. Schenda: *Italienische Volkslesestoffe*, num. 158) teilt seinen Lesern in einem Sonett mit:

> Teatro di malizia è fatto il mondo
> Innocenze, e virtù poste in oblìo,
> Cieco di vanità corre al profondo.

Das *Konstanzische Intelligenzblatt*, gedruckt und verlegt in dem Wagnerschen Intelligenzkomtoir, begann seine erste Nummer vom 1. 1. 1813 mit einem „Geburtslied dem Jahre 1813". Dieses hebt also an:

> Weh dir, daß du geboren bist,
> o Jahr! du wirst des Greuels viel
> auf Gottes weiter Erde seh'n;
> wirst Blut von Menschen rinnen seh'n
> wie Bäche, wenn, zerrissen, sie
> da liegen auf dem offnen Feld,
>
> zerrissen, nicht von Löwen, nicht
> von Tigern; nein! von Menschen selbst,
> durch fliegend Eisen, durch den Hieb
> des Schwertes und der Lanze Stich;
> wirst sehn des Landmanns Halmendach,
> die feste Stadt, und den Pallast

eine Beruhigung, die durch den fiktiven Kontakt zustandekommen kann. „Als Lehrling war ich verlassen, sie rief mir zu: verzage nicht! Als Handwerksbursch war ich von der Welt verachtet, sie tröstete: verliere das Vertrauen nicht! Und wenn ich als verheirateter Mann mich manchmal in meinen Mußestunden durch das Lesen ihrer schönen Erzählungen über die Sorgen und Mühen des täglichen Lebens zu erheben suche, so ruft sie stets: hoffe." Das schrieb ein „einfacher Arbeiter", nicht über die heilige Maria, wie man, „Erzählungen" durch „Gebete" ersetzend, vermuten könnte, sondern, durchaus säkularisiert, an den Bruder der Marlitt über die erbauliche Wirkung der Romane dieser Schriftstellerin.[176] Christian Gottlob Barth verfaßte seine Erzählung *Huldreich Mirken* direkt zum Trost für einen unheilbar kranken Knaben.[177] Der *Evangelische Krankentrost* (1671) von Johann Jakob Otto (1629–1669) taucht in den Tübinger Inventaren von 1750 bis 1760 93mal auf.[178] „Seht Ihr nun, daß man nicht verzweifeln darf, und wenn das Verderben noch so nahe scheint, die Hülfe des Allmächtigen ist uns nahe."[179] Solche Trostsentenzen, tausendfach in mora-

---

in hohen hellen Flammen stehen. [...]
Die hagre Habsucht wirst du sehen,
wenn Brüder nach der Brüder Gut
die Finger strecken, Lug und Trug

Verträge schließt, Verträge bricht,
und blasser Neid und Diebrei
in jeglichem Gewerb und Amt
nichts sicher läßt, nichts heilig hält. [...]

Das Blatt wurde in Württemberg konfisziert. Staatsarchiv Ludwigsburg D 54/173. — Francesco Mastriani schreibt in seinem Schauerroman *La sepolta viva* (Milano 1960, p. 140): „L'uomo è l'Attila della creazione, è il flagello delle opere di Dio; egli guasta il mirabile congegno dell'ordine morale di questo mondo; si arroga diritti che non ha; il più forte scavalca il più debole; mette il cervello a tortura per inventare nuove armi omicide e perfezionare di più quelle che ha già messo in uso; chiama civiltà la ripulitura de' vizi antichi e l'arte sopraffina di canzonarsi a vicenda; spoglia legalmente il suo simile col codice civile, e lo impicca giuridicamente col codice penale: ludibrio di se stesso nella scala degli esseri organizzati, occupa un posto distinto e privilegiato: è un animale che ride." Vor dieser Miseria humana (das Thema wurde seit 1195 durch den Bestseller des Kardinals Lotario dei Conti di Segni *De Miseria humanae conditionis* popularisiert) fliehen viele populäre Texte des 19. Jahrhunderts in die resignierte Akzeptation des sozialen und ökonomischen Ungenügens. Cf. etwa die Heftchen *Le Pêcheur* (1861), *Les Pêcheurs de la côte* (1844) oder *La Patience dans les maux* (1835) (Schenda: *1000 FVB*, num. 695, 697, 678). Das ganze Elends-Thema erfordert eine eigene größere Studie, in welcher besonders die sozialen Effekte dieser Literatur zu berücksichtigen wären.

[176] B. Potthast: *Eugenie Marlitt*, p. 21.

[177] W. Kopp: *C. C. Barth's Leben*, p. 19.

[178] H. Neumann: *Der Bücherbesitz*, p. 23. 1800–1810 ist Otto noch 50mal zu finden. Cf. auch C. F. D. Schubart: *Der Bauer im Winter* (wie not. 99): „Und nach dem Essen lies ich dann / Im Krankentrost und Habermann." — Die Situation des Kranken wird in zahlreichen aufklärerischen, pädagogischen und moralischen Schriften geschildert und kommentiert; ein Beweis für die ungeheure, heute nicht oft genug betonte, Bedeutung dieses auch sozialen Problems gerade im 19. Jahrhundert.

[179] Victor von Falk: *Der Scharfrichter von Berlin*. — Berlin 1890, p. 465.

lischen Erzählungen und in Abenteuerromanen bis zu Karl May eingebaut, braucht der Leser immer wieder zum Abstützen seiner persönlichen Notlage.

Wie ein Lesestoff aber auch indirekt Konsolation vermitteln kann, soll schließlich ein Gedicht des Lehrers Wilhelm Idel (geboren 1849) zeigen. Es lautet:

Das liebste Kind

„Lieb Mütterlein, schau an uns drei
Und sage, wer dir am liebsten sei!"

Der älteste wirft sich in die Brust:
Der Mutter lacht das Herz vor Lust.

Die zweite lächelt wie Apfelblüt':
·O, das erquickt der Mutter Gemüt.

Der jüngste – ein Krüppel – blickt niederwärts:
Ihn schließt die Mutter innig ans Herz.[180]

Diese Verse spiegeln eine soziale Realität, mit welcher sich der Konsument unter Umständen identifizieren kann. Sie zeigen, wie sich eine Mutter, vorbildhaft, in dieser Realität bewährt. Das Gedicht kommt also der Exigenz nach sozialer Information entgegen. Darüber hinaus vermag es des Lesers Sekundärexigenz nach Konsolation zu erfüllen. Wenn er in der gleichen oder einer ähnlichen Situation lebt, kann er sich sagen, daß offenbar noch viele andere Menschen diese Realität zu akzeptieren haben und daß auch andere mit diesem Problem fertigwerden. Wenn er persönlich mit keinem so schwierig zu bewältigenden Faktum konfrontiert wird, kann er seine eigenen Probleme zu den im Gedicht geschilderten in Relation setzen und schließen, daß er „eigentlich" mit seinem Schicksal zufrieden sein sollte.[181] Ein Journalist hat 1852 diese Überlegung als typisch „deutschen Trost" bezeichnet und damit zu Recht angedeutet, daß ein solches Phänomen nicht nur sozial bedingt, sondern auch national – etwa durch die Zufriedenheits-Propagierung in der deutschen Spätaufklärung – ma-

---

[180] J. Pawlecki: *Dichterstimmen*, p. 164. Über Idel schreibt auch C. Ziegler: *Dichter im deutschen Schulhause*, p. 138–148. — Zu der hier vorgelegten Effekt-Analyse müßte, bei einer literatursoziologischen Interpretation, auch noch der Inhalt beachtet werden: Das erste Kind ist, wie selbstverständlich, ein Junge; der Junge ist groß und stark, das Mädchen schön; die Familie hat zwei Jungen, ein Mädchen — nicht umgekehrt; mit dem Problem der Kinder wird die Mutter konfrontiert, nicht der Vater; sie liebt und akzeptiert ihre Kinder. Das Gedicht reproduziert und setzt also zeit- und raumspezifische soziale Normen, erfüllt also auch eine Sozialisations-Funktion.

[181] Cf. „[...] da beschlich uns wohl neben dem Schauder und Entsetzen über solche Gräuelszenen ein behagliches Gefühl der Sicherheit, daß wir hier in unserem civilisirten Europa wenigstens vor solchen Bestien geschützt, in Ruhe leben können." *Merkwürdige und schreckliche Gräuelscenen* (1859). L. Petzold: *Grause Thaten*, num. 5.

nipuliert sein kann.[182] Schließlich kann dieses Gedicht-Beispiel auch noch eine Kompensations-Exigenz erfüllen: Ein Leser in einer schwierigen und auswegslosen Situation kann durch mehr oder weniger schadenfrohes Genießen solcher Elendsberichte seine eigene Notlage kompensieren.[183]

Viele populäre Lesestoffe – vor allem die mißachteten Moralischen Erzählungen[184] – befriedigen die Konsolations-Exigenz einfacher Leser: sie stellen Kontakte mit dem Autor oder mit dem Jenseits her, sie spenden direkten Trost oder vermitteln ihnen indirekt das Gefühl, in ihrem Leid nicht allein zu sein, und sie vermitteln schließlich die Lehre, daß man mit seinem Los zufrieden sein muß. Die Konsolationsliteratur erfüllt damit eine äußerst wichtige soziale Funktion.[185]

Als letzte Exigenz wäre schließlich die nach Überhöhung der Wirklichkeit zu nennen. Die Texte bieten immer wieder „Unerhörtes", das *fait inoui*[186], sie schwelgen, gelegentlich auch sprachlich[187], in Absurditäten, Verdrehtheiten[188] und Superlativen[189], und es wäre nicht

---

[182] Wenn ein Deutscher in den Rachen eines Löwen fällt, so schrieben *Die Grenzboten* 1852, dann sagt er sich: „Es ist nur ein Glück, daß das Beest kein Tiger ist, denn Tiger sind noch viel grausamer. Reflexionen, wie die letzte, nennen unsre Nachbarn, die Franzosen, Engländer und Russen, ‚deutschen Trost', und besonders die Franzosen verspotten uns deshalb. Es ist wahr, die Fähigkeit, jede bedenkliche Lage dadurch genießbar zu machen, daß wir ihr eine noch schlimmere gegenüber stellen, hat uns eine gewisse Virtuosität im Ertragen von unangenehmen Dingen gegeben. Und bei Einzelnen, wie bei der ganzen Nation ist dies allerdings eine Tugend von zweifelhaftem Werte." W. Haacke: *Die politische Zeitschrift*, Textanhang p. 151: *Deutscher Trost.*

[183] Zum Begriff des Kompensations-Effekts cf. J. T. Klapper: *The Effects of Mass Communication*, p. 180.

[184] Schenda: *1000 FVB*, v. Sachverzeichnis s. v. *Moralische Erzählung*. — Cf. auch Kühner-Schott: *Jugendlektüre*, p. 869, 872–873. — *Ueber Jugendschriftstellerei* (1842), p. 38. — F. W. Sommerlad: *Die Jugendschrift* (1857), p. 297. — Eine bemerkenswerte Rezension der *Kurzen Erzählungen zur Beförderung der Tugend und eines guten Herzens*, ³1791, findet sich in: *Allgemeine deutsche Bibliothek* 110/2, Kiel 1792, p. 558–559.

[185] Zur Lektüre empfohlen: das „nützliche und moralische Lesebuch für Volksschulen und bürgerliche Familien" des Schwerborner Pfarrers Rudolph Christoph Lossius: *Meister Liebreich*. I–III. — Gotha: J. Perthes 1800–1801.

[186] Cf. J.-P. Seguin: *Physiologie du canard*, p. 7.

[187] Cf. die Absurditäten im *Devoir des Savetiers* (Schenda: *1000 FVB*, num. 295) oder im *Contrat de Mariage* (ibid. num. 272), im *Déjeuner de la Râpée* (ibid. num. 286) oder in der *Arrivée du brave Toulousain* (ibid. num. 82).

[188] G. Cocchiara: *Il mondo alla rovescia*.

[189] Cf. *Johann und Marie.* — Schwiebus: Reiche s. d., p. 7: „[...] gründete [...] ein Geschäft, welches er mit dem besten Erfolge betrieb. [...] glücklich und zufrieden über das Glück seiner Kinder, welche sein größter Stolz waren. Sein Geschäft war das geachtetste in der ganzen Gegend [...]". — Oder in den *Gräuelscenen* (wie not. 181): „Es war das schrecklichste Raubthier welches die Erde aufzuweisen hat, eine Hyäne, aus dem Käfig einer Menagerie entsprungen und raste nun im Lande umher, seine Opfer zu suchen." — Einen Katalog von Superlativen, aus 37 Biographien gezogen, gibt L. Löwenthal: *Die biographische Mode*, p. 375–379.

ohne Reiz, den „Manierismus" in den populären Lesestoffen zu analysieren. Die Biographienliteratur stellt ihre Helden als unnachahmliche Heilige hin – erst die amerikanische Literatur hat sie am Ende des Jahrhunderts als Beweise sozialer Aufstiegsmöglichkeiten verwendet –, und Leo Löwenthal hat sie deshalb des „seelischen Terrors" bezichtigt.[190] Jules Vernes *Reise um die Erde in achtzig Tagen* hat mit der Heldenliteratur, aber auch mit der Jahrmarkts-Geschichte von Weib und Tochter, die von einem ausgebrochenen Krokodil gefressen werden[191], manches gemein: alle diese Berichte sind so fiktiv wie Napoleons Heiligkeit, und alle stellen ihre Helden auf einen Sockel, der sie über die Ebene des Alltäglichen hinaushebt.[192] Dieser Denkmalscharakter der Helden in Biographie, Abenteuerroman oder Sensationserzählung hat aber im 19. Jahrhundert noch wenig mit Terror zu tun: die Leser der populären Lesestoffe hätten dann von einer sozialen Frustration in die andere fallen müssen, weil sie sich enttäuscht hätten sagen müssen, daß sie nie Moskau erobern, um die Erde reisen oder einem Krokodil zur Speise gereichen würden. Solche Frustrationen könnten höchstens schon vorgegeben sein, wenngleich auf einer sozial realeren Ebene: der Proletarier wußte, daß er nie sozial aufsteigen konnte, daß ihm die Freuden dieser Welt verwehrt waren und daß er ein nichtiges Stäubchen Erde war, das niemals Schlagzeilen machen würde. Das Gleichgewicht des Lesers in bezug auf die soziale Realität war gestört, und er forderte, da er nur wenige Chancen hatte, gegen das System zu protestieren[193], von dem literarischen Faktum eine Kompensation für diese Störung, eine fiktive Lebensbilanzierung.[194] Durch Identifikation mit einem Helden wirkt der Leser seiner sozialen Gleichgewichtsstörung entgegen; durch die Lust an Überhöhungen poliert er die Glanzlosigkeit seines Daseins auf. Terror von Seiten der Kommunikation ist erst dann gegeben – die moderne Illustriertenpresse liefert Beispiele dafür –, wenn die Überhöhung als Norm gesetzt wird.

---

[190] L. Löwenthal: *Literatur und Gesellschaft,* p. 230–231: „Was auf den ersten Blick als eine recht harmlose Welt der Unterhaltung und des Konsums erscheint, erweist sich bei näherer Betrachtung als ein Reich seelischen Terrors, in dem die Massen die Geringfügigkeit und Bedeutungslosigkeit ihres Alltagslebens einzusehen haben. [...] Der Biograph erscheint in der Rolle eines Ansagers für lebende Attraktionen und eines Predigers menschlicher Bedeutungslosigkeit."

[191] *Fatto successo a Monte Calderaro.* G. Giannini: *La poesia popolare a stampa* I, p. 200–201.

[192] A. Merget: *Jugendliteratur,* p. 105 rühmt an den historischen Erzählungen des Ferdinand Schmidt, daß darin „die gute Absicht nicht zu verkennen ist, die Leser durch Schilderung von Großthaten zu gleichem Streben zu begeistern".

[193] Cf. im Kap. VI die Ausführungen über Koprophilie und Parodie.

[194] Der Begriff wurde den Ausführungen von Friedrich H. Tenbruck entlehnt. Cf. hier not. 128.

Auch Gefühle müssen in der populären Literatur überhöht sein: sie sollen expressis verbis betont, ja klischeehaft wiederholt werden. Tränen müssen über die Wangen rinnen, das Blut in den Adern stocken[195], Gedanken wie ein Blitz das Gehirn durchzucken. Der Leser fordert von den Protagonisten, daß sie nicht nur physische, sondern auch sentimentale Höchstleistungen vollbringen. Schauder, Angst, Glücksgefühle sollen ständig ihre Glieder durchbeben, und der Leser will dabei sein, wie sie auf Fortunas Rad nicht gemächlich regnabo – regno – regnavi spielen, sondern sich wie toll unablässig auf- und abbewegen. Die Gefühle müssen alle ausgedrückt sein, denn nur so kann der Leser sie miterleben. Da die reale Umwelt ihre wahren Gefühle verbirgt, soll sich wenigstens die fiktive Welt exhibitionistisch gebärden.

Wenn das soziale Milieu in den Lesestoffen überhöht wird, so ist das dem Konsumenten auf jeden Fall willkommen. Er möchte entweder die ganze Welt veradelt sehen oder kapitalisiert, in seidene Gewänder gehüllt oder in Salons sich tummelnd, oder aber die Welt der Armen unendlich tief in den Schlamm des Elends getaucht haben. Diese überzeichneten Milieus bekommen pauschale Vorzeichen: der Graf soll ein armseliger Schurke, der schwindsüchtige Bettler ein Muster von Seelenadel sein. Eine Inhaltsanalyse von tausend Texten würde zeigen, welche sozialen Schichten für den Bürger interessant sind: nicht seine eigene breite Mittelklasse, sondern die Randklassen der Gesellschaft.[196] Überhöhung heißt: Ausbrechen aus der faden Mittelmäßigkeit.

Dazu gehört auch der Wunsch, aus den Mauern der Kleinstadt gleich ins Universum zu fliehen. Lokal begrenzte Wochenblätter, wie der Nördlinger *Hausfreund*, der sicherlich nur im Ries gelesen wurde, bringen keineswegs Nachrichten und Erzählungen aus der Kirchturmperspektive, sondern vornehmlich Berichte aus fernen Ländern. Und andere Wochenblätter nennen sich großspurig *Alte und Neue Welt* oder *Über Land und Meer*.[197] Die Horizonterweiterung soll keine Grenzen kennen, und sie macht phantastische Sprünge: vom heimischen Herd zum Feuerland, von der Fibel direkt zur Jugendenzyklopädie, vom Hauskalender zum All-Buch. Der Leser will das Gefühl haben, daß ihm diese Welt zugänglich ist: er fordert

---

[195] Cf. dazu C. S. Lewis: *Über das Lesen von Büchern*, p. 37.

[196] Eine Analyse der Sozialstrukturen des Märchens würde ähnliche Ergebnisse zeitigen: es pendelt rasch zwischen der Klasse der Armen zur adeligen Oberschicht, vom Dienstleistungsstand zur Klasse der Müßiggänger, ohne dem mittleren Bürgertum besondere Aufmerksamkeit zu widmen.

[197] Ins 20. Jahrhundert gehören Periodika wie *Das Neue Universum, Kosmos, Das große Weltpanorama* oder *Durch die weite Welt*.

damit von der Literatur auch eine Überhöhung seiner eigenen körperlichen und geistigen Fähigkeiten.

Zu allen Lektüren, die den Exigenzen der Leser entsprechen, kann sich der Wunsch nach Wiederholung des Erlebten, nach Perpetuierung der positiv bewerteten Situationen gesellen. Der einfache Leser konsumiert folglich ein und denselben Lesestoff mehrfach, oder er sucht nach ähnlichen Lesestoffen: er entwickelt sich vom Einmal-Leser zum Dauerverbraucher, zum „Fan", zum Spezialisten für bestimmte Realitäts-Ausschnitte. Er geht damit den mit der Selektion verbundenen Schwierigkeiten – den Wahl-Qualen – aus dem Wege. Er vermeidet die verwirrende Fülle des Sortiments in der Buchhandlung, das Gespräch mit dem Buchhändler und den bürokratischen Apparat der öffentlichen Bibliothek. Er zieht es vor, als nicht-engagierter, anoymer Konsument am Kiosk die Fortsetzung der einmal begonnenen Heftchen-Serie zu verlangen. Die Präferenzen reduzieren sich leicht auf eine einzige Präferenz, die Exigenzen auf eine einzige Forderung nach Wiederholung und Dauer. Dieses Verhalten ist wiederum Resultat einer geistigen und sozialen Frustration, ein Verlust von offenstehenden Möglichkeiten zur Orientierung, Information und Exploration; ein Sich-Zurückziehen in einen beschränkten, gut ausgeloteten, also sicheren Bereich fiktiver Realität. Allzu hohe Kommunikationsbarrieren[198] und das Fehlen von geeigneten Vermittlern haben die Exigenzen verkümmern lassen. Aus dem interessierten einfachen Leser kann ein desorientierter und desinteressierter Leser werden. Wie hoch der Prozentsatz solcher Leser ist, weiß man, insbesondere für das 19. Jahrhundert, nicht.

Der Leser als Opfer seiner Lesestoffe

Können die Leser zu Opfern des komplexen literarischen Systems und ihrer eigenen Präferenzen und Exigenzen werden? Es steht fest, daß die Kommunikationsmittel die Denkweisen einer ganzen Nation beeinflussen können.[199] Man darf also den populären Lesestoffen des 19. Jahrhunderts in

---

[198] Cf. H. Reimann: *Kommunikations-Systeme*, p. 170–192: *Institutionelle Kommunikationsbarrieren.*

[199] Dieses Faktum besteht — vor allem die Auswirkungen der nationalsozialistischen Propaganda haben das gezeigt — trotz der Proteste einiger Kommunikationsforscher, die behaupten, Massenmedien hätten keine Chancen, die Masse der Rezipienten zur Uniformität zu zwingen. Über die Primärgruppenintervention als Korrektiv zu den Nivellierungstendenzen der Massenmedien cf. F. Neidhardt: *Gesellschaftliche Wirkungen der Massenmedien.*

ihrer Gesamtheit und in einzelnen Teilen meinungsbildende Kräfte zuordnen.[200] Darüber hinaus haben die neuen Meinungen, etwa die Theorien der Volksaufklärung, in einem Rücklaufprozeß[201] die Präferenzen und Exigenzen der Leser neu gesteuert oder gefestigt. Die meinungsbildende und damit verhaltensdeterminierende Tendenz des Gesamtsystems der populären Lesestoffe des 19. Jahrhunderts sei an zwei Komplexen mit einigen Beispielen demonstriert.

Das absolutistische Herrschaftssystem forderte von seinen Untergebenen Gehorsam; dieselbe Tugend verlangten die Kirchen von ihren Gläubigen. „Gott regiert die Welt durch Obrigkeiten. Die Obrigkeit ist von Gott verordnet. Sie straft die Bösen, und ist der Frommen Schutz und Beystand. Jedermann sey also willig unterthan der Obrigkeit, die Gewalt über ihn hat. Röm. 13,1 u. f." So schrieb Friedrich Eberhard von Rochow 1776 in seinem *Kinderfreund*.[202] Die allgemein akzeptierte Lehre, in Gotteshäusern und Schulstuben propagiert, galt für Primärgruppen ebenso wie für die ganze Nation. Nachdenken, eine Tugend, die doch zumindest einige Aufklärer in ihrem Programm gepriesen hatten[203], schickte sich nicht: „Kinder haben eigentlich gar kein Recht nach denen Ursachen zu fragen, warum ihre einsichtsvollern Eltern dieses oder jenes thun oder nicht." So lehrte 1800 der Pfarrer Rudolph Christoph Lossius.[204] Eine Generation später stellt der Erfolgsschriftsteller Christian Gottlob Barth den Helden seiner *Rabenfeder* als Vorbild hin: „Wenn er daher so freche Äußerungen der Unbotmäßigkeit und Verachtung gegen die Regierung unter dem Volke hörte, so dachte er nur an die Vorschriften in der Bibel, welche Jedermann befiehlt, der Obrigkeit gehorsam zu seyn, auch wenn sie eine wunderliche wäre."[205]

---

[200] Zu den Prozessen der Meinungsbildung cf. Katz-Lazarsfeld: *Persönlicher Einfluß.* — E. Denk: *Denkschrift über die Tagespresse*, p. 8 schrieb schon 1866: „Denn was man öffentliche Meinung nennt, ist in vielen Fällen wesentlich ein Erzeugniß der Tagespresse. Während diese nämlich ursprünglich dazu da war, der Ausdruck der öffentlichen Meinung zu sein, ist sie dagegen jetzt vielfach — in den Händen unlautern Parteitreibens, schlauer Literaten usw. — ein Mittel, die öffentliche Meinung erst zu machen, sie zu beherrschen und zu lenken, sie in bestimmte Bahnen und Richtungen zu leiten."

[201] Die Kompliziertheit von Rücklauf- (feedback-) Prozessen wird aus H. Reimann: *Kommunikations-Systeme*, p. 40–43 deutlich.

[202] F. E. von Rochow: *Kinderfreund*, p. 85.

[203] Cf. H. Stephani: *System der öffentlichen Erziehung*, p. 99–100: „Die Güte seines [i. e. des Menschen] gesammten Handlungsvermögens wird daher von der Güte seines Denkvermögen bedingt. [...] Jeder Mensch muß selbst denken lernen, und andere können dabei nichts anderes thun, als ihm dieses erleichtern.

[204] R. C. Lossius: *Meister Liebreich.* I. — Gotha 1800, p. 192.

[205] C. G. Barth: *Erzählungen für Christenkinder.* I. — Stuttgart: Steinkopf s. d., p. 293.

Christian Wilhelm von Dohm, Pfarrersohn und preußischer Diplomat, dekretierte 1796, „daß Achtung der Obrigkeit für den Unterthan selbst am wichtigsten sey."[206] Vor allem der Jugend mußte diese Weisheit eingebläut werden: die Rute, vom sechsten Lebensmonat an applizierbar, schien das geeignete Mittel, Kindern den absoluten Gehorsam beizubringen[207]

Die Kommunikationsmittel, allerorten und allzeit bereit, waren indes bei der Heranbildung von Untertanen nicht weniger effektiv. An Napoleons Geburtstagsfest im Jahre 1806 sangen die pfälzischen Protestanten in ihren Kirchen:

> Der Herrscher, den Du uns verliehst,
> Aus allen auserkoren,
> Auf den Du gnädig niedersiehst,
> Ist heute uns geboren. [...]
> O schütze Du mit starker Hand
> Des Herrschers teures Leben!
> Du hast ihn unserm Vaterland
> Zum Trost und Glück gegeben.
> Erhalte seinen neuen Thron,
> Gesetze und Religion
> Für Kind und Kindeskinder. [...]
> Ein Segen werde selbst der Krieg:
> Gib der Gerechtigkeit den Sieg
> Und gib ihr feste Würde![208]

1811 sang die Schuljugend von Ravensburg ganz ähnlich, wenngleich für einen anderen Monarchen:

> [...] Fern sey, o Gott, sein Ziel,
> Daß noch des Guten viel
> Durch ihn gescheh'!
> So herrsch' Er froh und frey!
> Ihr Bürger bleibt ihm treu,
> Und singt vereint Ihm Heil,
> Dem König Heil!
> Sey du, Gott, seine Wehr,

---

[206] C. W. von Dohm: *Ueber Volkskalender.*
[207] *Ueber ein allgemeines, für alle Nationen brauchbares Mittel, gleich von den ersten Jahren ihres Lebens an Menschen absolut gehorsam und tugendhaft zu erziehen. Ein Dreyhellerspfennig eines Vaters von sieben Kindern zum heutigen Educationswesen.* — Frankfurt und Leipzig 1781. 35 p.
[208] G. Volz: *Zeugnisse des Napoleonkultes in der evangelischen Kirche.* — In: *Blätter für pfälzische Kirchengeschichte* 26, 1959, p. 78.

Daß seiner Feinde Heer
Ihn nie besieg'!
Vernicht, was ihre List
Schlau gegen ihn beschließt,
Der unsre Hoffnung ist;
Erhalt uns ihn![209]

Bei diesen Loyalitätsdemonstrationen akzeptierten die Untertanen gedankenlos Gott, Herrscher, Autorität und Krieg. „Die Jugend muß lernen,
nicht schulmeistern, sie muß glauben auf Autorität hin, nicht selber prüfen,
sie muß zum Bewußtseyn ihrer geringen Fähigkeiten und Kenntnisse gebracht, nicht in einem hohlen Weisheitsdünkel bestärkt werden."[210] Das
könnte im Jahre 1968 ein deutscher Zeitungsleser als Kommentar zu den
Studentenunruhen geschrieben haben, aber der Satz stand schon 1842 in
dem Aufsatz *Ueber Jugendschriftstellerei*. Die Theorie wurde immer wieder in Geschichten exemplifiziert. In Deutschland lasen die Endverbraucher
über vorbildliche Soldaten: „Ich bin sehr zufrieden mit meinem Stande,
und es hat mich noch keine Stunde gereut, daß ich Soldat geworden bin;
ich werde es auch bleiben, so lange ich dazu tauglich bin. Wie es Leute geben
kann, die mit dem Gedanken an's Desertiren umgehen, ist mir ganz und
gar unbegreiflich. Man darf ja nur befolgen, was man einem befiehlt, so hat
man es gut [...]".[211] Und in Frankreich: „Recevez tous les ordres de vos
officiers avec respect, comme venant de Dieu même. Exécutez-les exacte-
ment et de bonne grâce. Les devoirs de votre état sont quelque fois bien
pénibles à la nature et par conséquent bien difficiles à remplir; mais aussi,
vous deviendriez de grands saints en peu de temps, si vous les accomplis-
siez tous en chrétiens."[212]
Das sind wenige Beispiele aus hunderten, ja tausenden von vorgebrachten Meinungen und Attitüden[213], die sich nicht nur in den populären Lese-

[209] *Lieder, welche am Tage des [. . .] SchulJugendFestes in Ravensburg gesungen werden.* — Ravensburg: J. A. Gradmann 1811, p. 7–8. Staatsarchiv Ludwigsburg D 54/79.

[210] *Ueber Jugendschriftstellerei*, p. 30.

[211] G. Werner: *Christliche Erzählungen zum württembergischen Confirmationsbüch-
lein.* — Stuttgart 1856, p. 51.

[212] *Moniteur du Soldat* (1850) (Schenda: *1000 FVB*, num. 590), p. 28.

[213] Cf. E. K. Bramsted: *Aristocracy and the Middle Class*, p. 215–216 über die Familienzeitschrift *Daheim*: „The readers of this periodical consisted chiefly of officials, cler-
gymen, and artisans who supported the conservative ideology with its stress on union
between throne and altar, between Prussian feudalism and orthodox protestant piety.
Loyalty to the King and Church was the distinguishing mark of this periodical. [. . .]
Submission to the will of God and submission to the existing semi-feudal social order is
the moral that is preached uninterruptedly by the novels of this periodical from 1866
to the end of the century."

stoffen, sondern auch in der Literatur der Gebildeten finden.²¹⁴ Es ist nicht vermessen, von den Philanthropisten des 18. bis zu den Henkern des 20. Jahrhunderts in puncto Untertanengeist eine durchgehende Linie zu ziehen. Was gemeint ist, möge ein Gespräch des *Scharfrichters von Berlin* noch einmal verdeutlichen. Eine Million Konsumenten hat, wenn nicht die untertänigen moralischen Heftchen, so doch diese Stelle im Kolportageroman gelesen:

„Aber Sie, Meister", fragte Reinhardt, „warum sind Sie vor jeder Hinrichtung so erregt? Sie sind ja doch nicht verantwortlich für das, was Sie thun müssen."

„Das ist es auch nicht", erwiderte der Scharfrichter ernst, „ich führe das aus, was die Richter beschlossen haben und mein Kaiser gutgeheißen; das ist gewiß keine Schande, die Befehle solcher Männer zu vollziehen."²¹⁵

Das Lesebürgertum ist während des ganzen 19. Jahrhunderts mit diesen Prinzipien gefüttert worden. Das System hat die Prinzipien in die Tat umgesetzt und als ideale Haltungen aufs neue propagiert und akzeptiert. Durch die Rückkopplung ist das System weiter in seinen Gehorsams-Strukturen gefestigt worden. Diese Strukturen wurden schließlich selbst noch nach den Revolutionen der beiden Weltkriege akzeptiert, als sie den neuen politischen Gegebenheiten nicht mehr angemessen waren.

Ein ähnlicher Prozeß läßt sich anhand des Komplexes Nationalismus – Chauvinismus demonstrieren. Ludwig Thoma schrieb am 29. März 1913 im *März*, erschreckt über die Kriegshetze im deutschen Schrifttum: „Es ist alles vergiftet, und das verdanken wir der nationalen Presse."²¹⁶ Der Krieg, welcher dieser Vergiftung folgte, war jedoch nur der Endpunkt von

²¹⁴ Cf. G. Lukács: *Die Grablegung des alten Deutschland*, p. 8: Otto Ludwig: *Der Erbförster*, versucht eine ‚tragische Schuld' zu konstruieren, „ die notwendig entstehen müsse, wenn der deutsche Kleinbürger, auf echte oder eingebildete ‚alte Rechte' pochend, gegen seinen Arbeitgeber, gegen die Obrigkeit aufbegehrt. In dieser Ludwigschen Theorie von der ‚tragischen Schuld' ist — und zwar unter rein ästhetischer Form in einer knechtisch-servilen Weise — das deutliche Echo der Niederlage der achtundvierziger Revolution in jenen Massen des deutschen Volkes und seiner führenden Intelligenz vernehmbar, die berufen gewesen wären, den demokratischen Umbau der vereinten Nation vorzunehmen." Und ibid. p. 13 über Gustav Freytag: „Er stellt am wirksamsten den deutschen Philister in den Mittelpunkt einer verklärenden Darstellung, und zwar nicht den ins Spießertum herabgesunkenen Romantiker, sondern den wirklichen, massenhaften, ordinären, fleißigen, unterwürfigen, bei aller liberaler Gesinnung vor dem Adel katzbuckelnden deutschen Philister. Was für Goethe ein ‚hohler Darm' war, ist für Freytag die Goldgrube der Poesie geworden."
²¹⁵ Victor von Falk: *Der Scharfrichter von Berlin.* — Berlin 1890, p. 139.
²¹⁶ O. Nippold: *Der deutsche Chauvinismus*, p. 66. — Nippold bietet eine außerordentliche Dokumentation von chauvinistischen und antichauvinistischen Äußerungen in der deutschen Publizistik von 1912–1913.

hundert Jahren nationaler Meinungsbildung. Das fing alles harmlos an, als „läßliche Sünde", wie Walther Boehlich den Nationalismus eines Jacob Grimm und seiner Zeitgenossen nannte[217], als nationale Erweckung mit pietistischem Einschlag[218], als vaterländische Begeisterung in den Befreiungskriegen, als Nationalbewußtsein, das zur Einigung der Staaten drängte. Solche Ideen gelangten in die Wochenblätter und Helden-Heftchen, in die Kriegsbilderbogen der Napoleon-Renaissance, in die Kalender-Literatur[219] und in die Feuilleton-Romane.[220] Wenige Jahre nach der Mitte des Säkulums ist das Nationalbewußtsein durch die Kommunikationsmittel zum Nationalstolz verfestigt, der, wiederum zurückgekoppelt, in den sechziger Jahren den Nationalismus stützt. Und noch bis 1870 mag diese nationalbewußte, gut-deutsche, gut-französische oder gut-italienische populäre Literatur harmlos sein; dann aber haben sich die verschiedenen Kommunikationsmittel gegenseitig so aufgeschaukelt, daß der Chauvinismus penetrant aus allen ihren Ritzen grinst, und daß weder Produzenten noch Konsumenten die Kriegshetze unter dieser Larve mehr erkennen. Die biedere deutsche *Spinnstube* will 1873 den Franzosen zeigen, „wie entsetzlich schmutzig unter ihrer feinen, äußeren Kleidung – die Wäsche ist. Der geneigte Leser versteht's."[221] „La Francia" wird in Italien, in der *Sepolta viva* des Francesco Mastriani mit „romore, schiuma, bei colori, grazioso sapore, ma zero sostanze" gleichgesetzt.[222] Carolina Invernizio läßt in ihrem *Bacio di una morta* ihren italienischen Helden einen Franzosen zum Duell fordern, weil „Quell' uomo ha insultato la mia patria."[223]

Proteste gegen die chauvinistischen Produzenten fruchteten nichts: die Schmierer hatten die öffentliche Meinung zum großen Teil auf ihrer Seite. Als die Sozialdemokraten im Jahre 1910 Wilhelm Kotzde, Verfasser der *Geschichte des Stabstrompeters Kostmann*, des Chauvinismus beschuldigten, antwortete der Jugendschriftsteller: „Wir brauchen heldenhaften Sinn, um auch im nächsten Kriege zu bestehen, wir brauchen eine Jugendliteratur,

[217] W. Boehlich: *Aus dem Zeughaus der Germanistik*, p. 68: „Erst im Laufe des Jahrhunderts und noch zu Lebzeiten Jacobs hat er sich zu einer Pest entwickelt und wurde, während er bei ihm defensiv blieb, offensiv. Aber der deutsche offensive Nationalismus durfte sich auf Jacob Grimm berufen. Er hat es mit Nachdruck [getan]."
[218] G. Kaiser: *Pietismus und Patriotismus*. — G. Kaiser: *Nationale Erweckung*.
[219] Man beachte zum Beispiel, wie viele *Anekdoten aus der Zeit der Befreiungskriege* in der *Spinnstube* von W. O. von Horn (W. Oertel) enthalten sind.
[220] Zum Nationalismus in der Familienzeitschrift cf. H. Radeck: *Gartenlaube*, p. 24–44.
[221] *Die Spinnstube, ein Volksbuch für das Jahr 1873*. 28. Jahrgang. — Frankfurt (1872), p. 3–4. — Zum Nationalismus in Pfarrer Oertels *Spinnstube*, cf. H. Kunze: *Schatzbehalter*, p. 52.
[222] F. Mastriani: *La sepolta viva*. — Milano 1960, p. 95.
[223] C. Invernizio: *Il bacio di una morta*. — Torino s. d., p. 126.

die im Innersten dasjenige weckt, was auf dem Schlachtfelde seine stahl-
harte Probe auszuhalten haben wird."[224]

In ganz ähnlicher Weise haben die populären Lesestoffe nationale Meinungen, Vorurteile oder Aversionen in bezug auf andere Objekte geschaffen
oder gefestigt. Minoritäten und fremde Rassen wurden abgelehnt: das ließe
sich, in bezug auf die Juden, schon allein aus den Wochenblatt-Witzen her-
auslesen; der Neger steht in vielen exotischen Geschichten als minderwer-
tiger Mensch da. Unter den Berufen gilt der Soldat ungewöhnlich viel, der
Student relativ wenig. Als ideale Seelenhaltung werden die Zufriedenheit
und das Akzeptieren widriger Umstände hingestellt. Die Lesestoffe pflegen
durchgängig das Heimatbewußtsein und verteufeln dementsprechend das
Phänomen der Auswanderung. Unter den Altersgruppen hat die Jugend
weitaus mehr Sympathien als das Alter – auch dieses Phänomen ist nicht
erst im 20. Jahrhundert entstanden. Und so ließen sich, bei einer eingehen-
den Meinungsanalyse der Blätter und Heftchen, noch weitere durchgängige
und durchaus diskussionswürdige Ideen finden.

Die Leser der populären Lesestoffe sind demnach auf mannigfaltige
Weise manipulierbar. Da die Reproduktion des Bestehenden und des Vergangenen zu den Exigenzen gehört, die sie an das Kommunikationsmittel
richten, fällt ihnen nicht auf, daß sie Opfer längst überholter Denkstrukturen, veralteter Ideologien, zopfiger Meinungen werden. Sie akzeptieren
Herrschaftsverhältnisse, die ihrer realen Gegenwart nicht mehr angemessen
sind, sie halten Darstellungen für neu, die der verstaubten Requisitenkam-
mer vergangener Generationen entnommen sind. Da sie sich der objektiven
Realität der gegenwärtigen Gesellschaft nicht stellen, gehen sie in die Falle
geschickter Manipulationen oder kollektiver Dummheit. Sie klammern sich
an die Tradition und lassen sich willenlos und gedankenlos von der Gegenwart lenken, anstatt selbst die Gegenwart zu gestalten.

Wenn je die populären Lesestoffe gefährlich waren, dann nicht, weil
sie zum Müßiggang verleiteten, weil sie die Phantasie erregten, weil sie
sexuell aufreizten oder weil sie Aggressionen freimachten – der Beweis
müßte erst erbracht werden, daß diese Folgen des Lesens von „Schund"literatur der Nation in nennenswertem Maße geschadet haben. Wenn sie gefährlich waren, dann nur deshalb, weil sie reaktionäre Haltungen und Meinungen förderten und zementierten, weil sie eine ständige Inzucht betrie-

[224] Wilhelm Kotzde: *Geschichte des Stabstrompeters Kostmann.* — Mainz 1910 (Mainzer Volks- und Jugendbücher). — W. Kotzde — Josef Scholtz: *Der vaterländische Gedanke
in der Jugendliteratur.* — Mainz: J. Scholtz 1912. — *Der Kampf um die Jugendschrift.*
Ibid. 1913. — Nach: M. Lange: *Die fortschrittliche bürgerliche Jugendschriftenkritik,*
p. 100–102.

ben, weil ihr geschlossenes System sich abkapselte von den Aufgaben der Gegenwart, weil sie nicht zum Denken anregten, sondern zur politischen Interesselosigkeit, weil sie geistig nicht Akte vollzogen, sondern nur onanierten.

Diese Literatur entsprach im 18. und 19. Jahrhundert den ökonomischen, bildungsmäßigen und sozialpsychologischen Möglichkeiten der neuen Leserschichten. Es war hier notwendig, die Lesestoffe im Zusammenhang mit der schulischen, erziehungspolitischen, buchtechnischen und nationalökonomischen Entwicklung darzustellen, um diesen „einfachen" Lesern und auch den „einfachen" Autoren gerecht zu werden. Es schickt sich nicht, sie dumm, träge oder spießerhaft zu heißen; es lohnt sich nicht, ihren „Geschmack" als „kitschig" abzutun; es nützt nichts, ihnen das Recht auf „Schund" abzusprechen. Vielmehr geht es darum, einzusehen, daß den potentiellen Lesern die wirtschaftlichen Grundlagen für die Anschaffung von Lesestoffen weitgehend fehlten, daß reaktionäre Kräfte ihnen den Spaß am Lesen vergällten, daß ihnen größere Bildungsmöglichkeiten und Denkanleitungen in besseren Schulen abgingen und daß nur wenige mutige Produzenten und Politiker sich bemühten, in ihnen neue und differenziertere Informationsinteressen zu wecken.

Die Resultate der gesamten Entwicklung des 19. Jahrhunderts sind bekannt. Die Konsumenten populärer Lesestoffe haben dabei eine ebenso klägliche wie anklagende Rolle gespielt. In zwei Weltkriegen haben Millionen von Lesern – manipuliert, willfährig, gedankenlos, blind – der Tradition getraut, der Autorität zugestimmt, auf alte Werte hingewiesen, der verlogenen Fiktion falscher Berichte geglaubt, Abenteuer auf dem Felde der Ehre gesucht, vom großen Vaterland oder von der großen Nation bramarbasiert und vom idyllischen Frieden geträumt.

Das gibt, für Gegenwart und Zukunft, zu denken.

TAUSEND TITEL ZUM THEMA

Diese Bibliographie enthält einerseits nicht alle für die Arbeit benützten Bücher und Aufsätze, anderseits nennt sie eine Reihe von zusätzlichen Titeln – speziell zum Thema der populären Lesestoffe im 20. Jahrhundert –, die im Laufe der Arbeit nicht zitiert wurden. Der Verfasser hat jedoch alle hier aufgeführten Arbeiten – Ausnahmen sind als solche gekennzeichnet – in der Hand gehabt und möglichst exakt bibliographiert. Damit korrigiert dieses Verzeichnis eine große Zahl von Irrtümern und Fehlern, die sich in der bisherigen Literatur fortgeschleppt hatten. Die französischen und italienischen Arbeiten wurden hauptsächlich in Paris, bzw. in Palermo eingesehen. Etwa 80 % der zitierten deutschen und englischen Titel waren in der Universitätsbibliothek Tübingen erreichbar; der Rest mußte durch Fernleihe bestellt werden. Von diesem Rest waren wiederum rund 15 % – etwa 25 Titel – überhaupt nicht zu erreichen. Noch eine statistische Bemerkung sei erlaubt: rund ein Fünftel der gesamten, für dieses Buch aufgewendeten Arbeitszeit war nötig, um Titel zu bibliographieren, Bestellzettel (in dreifacher Ausfertigung) auszufüllen, Kataloge mit mehr oder weniger Erfolg zu befragen. Ein solcher Aufwand für die rein technische Seite der wissenschaftlichen Arbeit ist ebenso Zeitvergeudung wie das mühselige handschriftliche Kopieren von Buchtexten und Archivalien in öffentlichen Anstalten, die noch heute kein Kopiergerät besitzen. Mindestens zwei Fünftel der Gesamtarbeitszeit fallen auf das Abschreiben von Quellen und Manuskript; nur je ein Fünftel bleiben für das Lesen von Büchern und für die (manuelle) Niederschrift des ersten Manuskripts, also für die wesentliche geistige Arbeit. Diese Bilanz ist im Zeitalter der Kybernetik deprimierend. Möge die hier folgende Bibliographie einigen Kollegen ihre Sklavenarbeit erleichtern.

ACKER, HERMANN, S.J.: Der Kampf um die Jugendschriften. – In: Stimmen aus Maria-Laach 77, 1909, p. 538–547 (mit Bibliographie!).

Actes de la Préfecture du Département du Haut-Rhin. – v. Recueil des Actes.

ADB – v. Allgemeine Deutsche Biographie.

ADHÉMAR, JEAN et al.: Populäre Druckgraphik Europas. Frankreich vom 15. bis zum 20. Jahrhundert. – München 1968. 225 p., LXVII + 121 fig.

ADLER, ALFRED: Rückzug in epischer Parade. Studien zu Les Quatre Fils Aymon, La Chevalerie Ogier, Garin le Lorrain, Raoul de Cambrai, Aliscans, Huon de Bordeaux. – Frankfurt/M. 1963 (Analecta Romanica, 11). 296 p.

ADRESSBUCH für den deutschen Buchhandel und verwandte Geschäftszweige. Ed. OTTO AUGUST SCHULZ. I. – Leipzig 1839. VIII + 108 + 63 p. – Cf. SCHULZ, O. A.

Albrecht, Milton C.: Art as an Institution. – In: American Sociological Review 33, 1968, p. 383–397.

Alff, Wilhelm, ed.: Condorcet. Entwurf einer historischen Darstellung der Fortschritte des menschlichen Geistes. – Frankfurt/M. 1963. 407 p.

Allgemeine Deutsche Bibliothek. 118. Band enthaltend doppelte Register zum sieben und achtzigsten bis hundert und siebenzehnten Bande, und den Beschluß der allgemeinen deutschen Bibliothek von den Jahren 1763 bis 1791. – Kiel: C. E. Bohn 1796. 894 p.

Allgemeine Deutsche Biographie. vol. 1–56. – Leipzig 1875–1912 (mit Registerband!).

Allgemeine Press-Zeitung. Annalen der Presse, der Literatur und des Buchhandels. Ed. Julius Eduard Hitzig. – Leipzig: J. J. Weber (I–IV.) 1840–1843. (Ab 1844 ed. Albert Berger, bei Brockhaus).

Allgemeines Sachregister – v. Beutler-Gutsmuths.

Altheim, Franz: Literatur und Gesellschaft im ausgehenden Altertum. I–II. – Halle/Saale 1948–1950. 330, 306 p., XXVI, XXVIII fig.

Altick, Richard D.: The English Common Reader. A Social History of the Mass Reading Public 1800–1900. – Chicago and London (1957) 1963 (Phoenix Books, 140). IX + 430 p. (mit Bibliographie!).

Amati, Amato: L'analfabetismo in Italia. Studio statistico. – Novara 1888. VIII + 258 p., 51 Tabellen.

Anderson, George K.: The Legend of the Wandering Jew. – Providence: Brown University Press 1965. IX + 489 p.

Angeleri, Carlo: Bibliografia delle stampe popolari a carattere profano dei secoli XVI e XVII conservate nella Biblioteca Nazionale di Firenze. – Firenze 1953. 218 p., 293 num.

Annalen des Preußischen Schul- und Kirchenwesens. Herausgegeben von D. Friedrich Gedicke. Erster Band. – Berlin: J. F. Unger 1800. IV + 528 p. – Zugabe zu den Annalen [. . .]. Ibid. 1800. 66 p.

Apel (Pastor): Die Verbreitung guten Lesestoffs. – Berlin: C. Heymann 1896. (Schriften der Centralstelle für Arbeiter-Wohlfahrtseinrichtungen, 8). 109 p.

Appell, J. W.: Die Ritter-, Räuber- und Schauerromantik. Zur Geschichte der deutschen Unterhaltungs-Literatur. – Leipzig 1859. (Reprint Leipzig 1967). 92 p.

(Archives Nationales:) État sommaire des versements faits aux Archives Nationales par les ministères et les administrations qui en dépendent. Tome III, fasc. I. – Paris 1933, p. 1–69: Série F^{18}: Imprimerie, Librairie, Presse, Censure.

Arndt, Karl J. R. – May E. Olson: Deutsch-amerikanische Zeitungen und Zeitschriften 1732–1955. – Heidelberg 1961. 794 p.

Arnim, Bernd von – Friedrich Knilli: Gewerbliche Leihbüchereien. Berichte, Analysen und Interviews. Unter Mitarbeit von J. Holzapfel und W. Langner. – Gütersloh 1966 (Schriften zur Buchmarktforschung, 7). XI + 315 p. (mit Bibliographie!).

496

ARNOLD, CARL: J. H. Campe als Jugendschriftsteller. Diss. – Leipzig 1905. 92 p.

ARNOLD, ROBERT F.: Allgemeine Bücherkunde zur neueren deutschen Literaturgeschichte. 4. Auflage. Neu bearbeitet von HERBERT JACOB. – Berlin 1966. XIII + 395 p.

ARONSTEIN, PHILIPP: Die socialen und politischen Strömungen in England im zweiten Drittel unseres Jahrhunderts in Dichtung und Roman. – In: Archiv für das Studium der neueren Sprachen und Litteraturen 98, 1897, p. 323–342; 99, 1897, p. 59–76, 327–338; 100, 1898, p. 31–52.

ARRIGONI, PAOLO – ACHILLE BERTARELLI: Le Stampe Popolari conservate nella „Civica Raccolta di Stampe e Disegni" di Milano. – In: Il Folklore Italiano V, 1930, p. 43–56, 13 fig.

ARRIGONI, PAOLO – ACHILLE BERTARELLI: Le Stampe Storiche conservate nella raccolta del Castello Sforzesco. Catalogo descrittivo. – Milano 1932. X + 515 p.

Art populaire de Lorraine – v. CHOUX, J. – A. RIFF.

ASHTON, JOHN: Chap-Books of the Eighteenth Century, with Facsimiles, Notes, and Introduction. – London 1882. XVI + 486 p.

ASHTON, JOHN: English Caricature and Satire on Napoleon I. – London 1888. XVI + 454 p., 115 fig.

ASSIER, ALEXANDRE: La Bibliothèque Bleue depuis Jean Oudot Ier jusqu'à M. Baudot. 1600–1863. – Paris 1874. 59 p.

AUERBACH, BERTHOLD: Schrift und Volk. Grundzüge der volksthümlichen Literatur, angeschlossen an eine Charakteristik J. P. Hebel's. – Leipzig 1846. X + 408 p.

AUERBACH, ERICH: Mimesis. Dargestellte Wirklichkeit in der abendländischen Literatur. (1946). 4. Auflage. – Bern 1967. 524 p.

Aurbacher, Ludwig – v. KOSCH, W., MASSMANN, H. F.

BAASCH, KAREN: Die Crescentialegende in der deutschen Dichtung des Mittelalters. – Stuttgart 1968 (Germanistische Abhandlungen, 20). VIII + 249 p.

BACKHAUS, WILHELM: Sind die Deutschen verrückt? Ein Psychogramm der Nation und ihrer Katastrophen. – Bergisch Gladbach 1968. 323 p.

BÄCKSTRÖM, P. O.: Svenska Folkböcker. Sagor, legender och äfventyr, efter äldre upplagor och andra källor utgifne, jemte öfversigt af svensk folkläsning från äldre till närvarande tid. I–II/1,2. – Stockholm 1845–1848. VIII + 360; 295 + 274 p.

BALDENSPERGER, FERNAND: Ist die Literatur der Ausdruck der Gesellschaft? – In: Deutsche Vierteljahrsschrift für Literaturwissenschaft und Geistesgeschichte 7, 1929, p. 17–28.

BALLAUF, L.: Ueber Kinder- und Jugendlectüre. – In: Pädagogisches Archiv. Centralorgan für Erziehung und Unterricht in Gymnasien, Realschulen und höheren Bürgerschulen I, Stettin 1859, p. 37–48, 122–132.

BALSER, FROLINDE: Die Anfänge der Erwachsenenbildung in Deutschland in der ersten Hälfte des 19. Jahrhunderts. Eine kultursoziologische Deutung. – Stuttgart 1959. 375 p. + Zeittafel.

BALSER, FROLINDE: Sozial-Demokratie 1848/49–1863. Die erste deutsche Arbeiterorganisation. „Allgemeine Arbeiterverbrüderung" nach der Revolution. Textband und Quellen. – Stuttgart 1962 (Industrielle Welt, 2). 727 p.

BAMBERGER, RICHARD: Jugendlektüre. Jugendschriftenkunde, Leseunterricht, Literaturerziehung. – Wien: Verlag für Jugend und Volk (1955) ²1965 (Schriftenreihe des Buchklubs der Jugend, 1). 848 p. (mit Bibliographien!).

BARBIER, ANTOINE-ALEXANDRE: Dictionnaire des ouvrages anonymes. Troisième édition. I–IV. – Paris 1872–1879.

BARIOLI, GINO, ed.: Mostra dei Remondini, calcografi stampatori bassanesi. – Bassano 1958. 99 p., 640 num.

BARTHES, ROLAND: Le Centre d'Études des Communications de Masse – le C. E. C. MAS. – In: Annales. Économies, Sociétés, Civilisations 16, 1961, p. 991–992.

BASSET, HENRY: Le Colportage des Imprimés. Thèse pour le doctorat en droit. – Paris 1938. 124 p.

BAUER, HELMUT: Die Presse und die öffentliche Meinung. – München-Wien 1965 (Geschichte und Staat, 106). 159 p.

BAUER, RUDOLF: Der historische Trivialroman in Deutschland im ausgehenden 18. Jahrhundert. Diss. München. – Plauen 1930. 99 p.

BAUMANN, CARL: Literatur und intellektueller Kitsch. Das Beispiel Stendhals. Zur Sozialneurose der Moderne. – Heidelberg 1964. 151 p.

BAUMANN, HANS: Das Regensburger Intelligenzblatt als Zeitung und Zeitspiegel. Diss. München. – Günzburg 1937. 88 p.

BAUMBACH, KARL: Der Colportagebuchhandel und die Gewerbenovelle. – Berlin: Simion 1883 (Volkswirtschaftliche Zeitfragen, 33). 34 p.

BAUMBACH, KARL: Der Kolportagebuchhandel und seine Widersacher. – Berlin 1894 (Volkswirtschaftliche Zeitfragen, 118). 32 p.

BAUSINGER, HERMANN: Aufklärung und Aberglaube. – In: Deutsche Vierteljahrsschrift für Literaturwissenschaft und Geistesgeschichte 37, 1963, p. 345–362.

BAUSINGER, HERMANN: Formen der „Volkspoesie". – Berlin 1968 (Grundlagen der Germanistik, 6). 291 p. (mit Bibliographie!).

BAUSINGER, HERMANN: Schwierigkeiten bei der Untersuchung von Trivialliteratur. – In: Wirkendes Wort 13, 1963, p. 204–215.

BAUSINGER, HERMANN: Wege zur Erforschung der trivialen Literatur. – In: Studien zur Trivialliteratur, p. 1–33.

BAUSINGER, HERMANN: Zu Kontinuität und Geschichtlichkeit trivialer Literatur. – In: Festschrift für Klaus Ziegler. – Tübingen 1968, p. 385–410.

BAUSINGER, HERMANN: Zum Beispiel. – In: Volksüberlieferung. Festschrift für Kurt Ranke. – Göttingen 1968, p. 9–18.

BAUSINGER, HERMANN: Zur Struktur der Reihenromane. – In: Wirkendes Wort 6, 1955/56, p. 296–301.

BAYER, DOROTHEE: Der triviale Familien- und Liebesroman im 20. Jahrhundert. – Tübingen 1963 (Volksleben, 1). 184 p.

498

BEAUJEAN, MARION: Der Trivialroman in der zweiten Hälfte des 18. Jahrhunderts. Die Ursprünge des modernen Unterhaltungsromans. – Bonn 1964 (Abhandl. zur ·Kunst-, Musik- u. Literaturwissenschaft, 22). 218 p., 1 Tabelle.

BECHTEL, HEINRICH: Wirtschafts- und Sozialgeschichte Deutschlands. Wirtschaftsstile und Lebensformen von der Vorzeit bis zur Gegenwart. – München 1967. 573 p.

Beck, C. H., Verlag – v. VERLAGSKATALOG und FESTSCHRIFT.

BECK, HERMANN: Die religiöse Volkslitteratur der evangelischen Kirche Deutschlands in einem Abriß ihrer Geschichte. – Gotha 1891 (Zimmers Handbibliothek der praktischen Theologie, 10). VI + 291 p.

BECKER, ALBERT: Gebetsparodien. Ein Beitrag zur religiösen Volkskunde des Völkerkrieges. – In: Schweizerisches Archiv für Volkskunde 20, 1916, p. 16–28. – Hambacher Gebetsparodien. – In: Blätter für pfälzische Kirchengeschichte 8, 1932, p. 61–62. – Zur kirchlichen Volkskunde der Pfalz. Noch weitere politische Gebetsparodien. – Ibid. 8, 1932, p. 119–122; 10, 1934, p. 63–69.

BECKER, EGON: Das Bild der Frau in der Illustrierten. – In: Zeugnisse. Theodor W. Adorno zum sechzigsten Geburtstag. Ed. MAX HORKHEIMER. – Frankfurt 1963, p. 427–438.

BECKER, EVA D. – MANFRED DEHN: Literarisches Leben. Eine Bibliographie. Auswahlverzeichnis von Literatur zum deutschsprachigen literarischen Leben von der Mitte des 18. Jahrhunderts bis zur Gegenwart. – Hamburg 1968 (Schriften zur Buchmarktforschung, 13). 254 p.

BEEG, ARMIN: Lese-Interessen der Berufsschüler. – München-Basel 1963 (Erziehung und Psychologie, 23). 135 p.

BENJAMIN, WALTER: Das Kunstwerk im Zeitalter seiner technischen Reproduzierbarkeit. Drei Studien zur Kunstsoziologie. – Frankfurt/M. 1963, ²1968 (edition suhrkamp, 28). 157 p.

BENTLEY, ERIC: A Century of Hero-Worship. A study of the idea of heroism in Carlyle and Nietzsche, with notes on Wagner, Spengler, Stefan George and D. H. Lawrence. (1944). Second Edition. – Boston 1957 (Beacon Contemporary Affairs Series). XII + 271 p.

BERELSON, BERNARD: The Library's Public. A Report of the Public Library Inquiry of the Social Science Research Council. – New York: Columbia University Press 1949, ³1950. XX + 174 p. (mit Bibliographie!).

BERG, LEO: Der Zukunftsroman. – In: Das litterarische Echo II, 1899/1900, col. 159–165.

BERGER, EDUARD: Der deutsche Buchhandel in seiner Entwicklung und in seinen Einrichtungen in den Jahren 1815 bis 1867. – In: Archiv für Geschichte des Deutschen Buchhandels II, 1879, p. 125–234.

BERGK, JOHANN ADAM: Die Kunst Bücher zu lesen. Nebst Bemerkungen über Schriften und Schriftsteller. – Jena: Hempel 1799. XVI + 416 p. (Reprint Leipzig 1966).

BERNHARDI, KARL, ed.: Wegweiser durch die deutsche Volksschriftenliteratur. – Leipzig: Gustav Mayer s. a. (um 1850). 80 p., 1051 num.

BERNHART, JOSEPH: Alban Stolz. Zur Würdigung des religiösen Schriftstellers. – In: Hochland V/1, 1907/08, p. 697–709.

BERNSTEIN, EDUARD: Die Geschichte der Berliner Arbeiter-Bewegung. Ein Kapitel zur Geschichte der deutschen Sozialdemokratie. I.–II. Illustriert mit Bildern und Dokumenten aus der Zeit. – Berlin 1907. VI + 404 p., 137 fig.; VI + 359 p., 130 fig.

BERTARELLI, ACHILLE: L'Imagerie populaire Italienne. – Paris s. d. (1929). 105 p., 6 pl., zahlreiche fig. im Text.

BERTARELLI, ACHILLE: Inventario della raccolta formata da A. B. – I: Italia geografica. – II: Risorgimento. Giornali, opuscoli e fogli volanti contemporanei agli avvenimenti 1796–1850. – III: L'Italia nella vita civile e politica. – Bergamo 1914–1921.

Bertarelli, Achille – v. ARRIGONI, P.

BEUTLER, JOHANN HEINRICH CHRISTIAN – J. C. F. GUTSMUTHS: Allgemeines Sachregister über die wichtigsten deutschen Zeit- und Wochenschriften. – Leipzig 1790. XVI + 571 p. (Sachindex) + 360 p. (Raisonnirendes Verzeichniß aller von 1700 bis 1790 erschienenen periodischen Blätter) + 48 p. (Verfasserregister).

BEYER, HILDEGARD: Die deutschen Volksbücher und ihr Lesepublikum. Diss. – Frankfurt 1962. 146 p.

BEYER, JOHANN RUDOLPH GOTTLIEB: Ueber das Bücherlesen, in so fern es zum Luxus unsrer Zeiten gehört. Vorgelesen in der churfürstl. mainz. Academie nützlicher Wissenschaften zu Erfurt, am 2ten Febr. 1795. – Erfurt 1796 (Acta Academiae Electoralis Moguntinae Scientiarum Utilium, vol. XII, 1794/95, commentatio 10). 34 p.

BIEDERMANN, FLODOARD FREIHERR VON: Anweisung für den Betrieb des Kolportage-Buchhandels. 2. Auflage. – Leipzig: F. W. von Biedermann 1891. 16 p. – 3. Auflage: Leipzig 1898. 24 p.

BIEDERMANN, RUDOLF MAX: Ulmer Biedermeier im Spiegel seiner Presse. – Ulm 1955 (Forschungen zur Geschichte der Stadt Ulm, 1). 234 p.

BILDUNG UND STAAT. Volksbibliotheken. [Aufsätze von E. REYER et al.]. – Wien und Leipzig 1912. 76 p. (mit Bibliographie über Volksbibliotheken), 5 statistische Beilagen.

BISCHOFF-LUITHLEN, ANGELIKA: Auszüge aus den Inventur- und Teilungsakten der Gemeinde Feldstetten Kreis Münsingen über den Besitz an Büchern und Bildern. Masch. MS 1964. Ludwig-Uhland-Institut Tübingen.

BLASER, FRITZ: Bibliographie der Schweizer Presse mit Einschluß des Fürstentums Liechtenstein. I.–II. – Basel 1956–1958 (Quellen zur Schweizer Geschichte N. F. IV, 7). XXX + 1441 p.

BLOCH, ERNST: Das Prinzip Hoffnung. In fünf Teilen. I: Kapitel 1–37, II: Kapitel 38–55. – Frankfurt am Main 1959. XVIII + 1657 p.

BLÜHM, ELGER – ROLF ENGELSING:Die Zeitung. Deutsche Urteile und Dokumente von den Anfängen bis zur Gegenwart. – Bremen 1967 (Sammlung Dieterich, 319). 299 p.

500

BLUMENTHAL, H.: Das Buch-Sortiment und der Colportage-Buchhandel. – Iglau: Blumenthal 1894. 26 p. (nach GEORG III, 255).

BLUMENTHAL, H.: Der Colportage-Buchhandel und das buchhändlerische Reisegeschäft. – Iglau: Blumenthal 1896. 137 p. (nach GEORG III, 255).

BLUMENTHAL, H.: Der direkte Verkehr des Colportage-Buchhandels mit den Verlegern. – Iglau: Blumenthal 1894. 28 p. (nach GEORG III, 255).

BLUMENTHAL, H.: Die Instandhaltung des Lagers im Colportage-Geschäft. – Iglau: Blumenthal 1894. 15 p., 3 fig. (nach GEORG III, 256).

BÖCKEL, OTTO: Psychologie der Volksdichtung. – Leipzig 1906. VI + 432 p.

BODE, INGRID: Die Autobiographien zur deutschen Literatur, Kunst und Musik 1900–1965. Bibliographie und Nachweise der persönlichen Begegnungen und Charakteristiken. – Stuttgart 1966 (Repertorien zur Deutschen Literaturgeschichte, 2). X + 308 p.

BOEHLICH, WALTER: Aus dem Zeughaus der Germanistik. Die Brüder Grimm und der Nationalismus. – In: Der Monat 217, Oktober 1966, p. 56–68.

Boehlich, Walter – v. GERVINUS, G. G.

BOEKENOOGEN, G. J.: De Nederlandsche Volksboeken. – In: Tijdschrift voor Boek- en Bibliotheekwezen 3, 1905, p. 107–142.

Boekenoogen, G. J. – v. VAN HEURCK, E.

BOHNE, FRIEDRICH: Wilhelm Busch. Leben, Werk, Schicksal. – Zürich-Stuttgart 1958. 308 p., 32 Tafeln, 30 fig. im Text.

BOILEAU, PIERRE – THOMAS NARCEJAC: Der Detektivroman. – Neuwied-Berlin 1967. 260 p. (Le Roman Policier. Paris 1964).

BOLLÈME, GENEVIÈVE: Littérature populaire et littérature de colportage au 18e siècle. – In: BOLLÈME et al.: Livre et société, p. 61–92.

BOLLÈME, GENEVIÈVE – J. EHRARD – F. FURET – D. ROCHE – J. ROGER: Livre et société dans la France du XVIIIe siècle. – Paris-La Haye 1965 (Civilisations et Sociétés, 1). 238 p.

BÖMER, KARL: Internationale Bibliographie des Zeitungswesens. – Leipzig 1932 (Sammlung bibliothekswissenschaftlicher Arbeiten, 43). XXI + 373 p.

BONALD, LOUIS DE: Opinion sur le projet relatif aux Journaux (prononcée à la Chambre des Députés, Séance du 28 janvier 1817). – In: BONALD, L. DE: Pensées sur divers sujets, et discours politiques II. – Paris 1817, p. 289–324.

BÖRNER, WILHELM: Die Schundliteratur und ihre Bekämpfung. – Wien 1908. 16 p.

BORNMÜLLER, FRANZ: Biographisches Schriftsteller-Lexikon der Gegenwart. Die bekanntesten Zeitgenossen auf dem Gebiet der Nationalliteratur aller Völker mit Angabe ihrer Werke. – Leipzig 1882. VI + 800 p.

BÖTTCHER, HANS: Das publizistische Werk Johann Hinrich Wicherns. – In: Publizistik 10, 1965, p. 22–48.

BOUTMY, EUGÈNE: Dictionnaire de la langue verte typographique, précédé d'une monographie des typographes et suivi de chants dus à la Muse typographique. – Paris 1878. 139 p.

BRADY, P. V.: Ahasver: On a Problem of Identity. – In: German Life & Letters NS 22, 1968, p. 3–11.

BRAMSTED, ERNEST K.: Aristocracy and the Middle-Classes in Germany. Social Types in German Literature 1830–1900. Revised Edition. – Chicago-London (1937) 1964. XXIV + 364 p. (mit Bibliographie!).

[KOHN-] BRAMSTED, ERNST: Probleme der Literatursoziologie. – In: Neue Jahrbücher für Wissenschaft und Jugendbildung 7, 1931, p. 719–731.

BRANDES, E.: Betrachtungen über den Zeitgeist in Deutschland in den letzten Decennien des vorigen Jahrhunderts. – Hannover 1808. 257 p.

BRAUN, RUDOLF: Industrialisierung und Volksleben. Die Veränderungen der Lebensformen in einem ländlichen Industriegebiet vor 1800 (Zürcher Oberland). – Erlenbach-Zürich-Stuttgart 1960. 287 p.

BRAUN, RUDOLF: Sozialer und kultureller Wandel in einem ländlichen Industriegebiet (Zürcher Oberland) unter Einwirkung des Maschinen- und Fabrikwesens im 19. und 20. Jahrhundert. – Erlenbach-Zürich-Stuttgart 1965. 368 p.

BRAVO VILLASANTE, CARMEN: Historia de la literatura infantil española. – Madrid: Revista de Occidente 1959. 270 p., 29 fig.

Brednich, R.-W. – v. RÖHRICH, L.

BREINING (Stadtpfarrer in Besigheim): Die Hausbibliothek des gemeinen Mannes vor 100 und mehr Jahren. – In: Blätter für württembergische Kirchengeschichte NF XIII, 1909, p. 48–63.

BRENNA, ERNESTINA: La letteratura educativa popolare italiana nel secolo XIX. – Milano 1931. 247 p.

BREPOHL, WILHELM: Industrievolk im Wandel von der agraren zur industriellen Daseinsform dargestellt am Ruhrgebiet. – Tübingen 1957 (Soziale Forschung und Praxis, 18). IX + 400 p.

BRINKMANN, RICHARD: Wirklichkeit und Illusion. Studien über Gehalt und Grenzen des Begriffs Realismus für die erzählende Dichtung des neunzehnten Jahrhunderts. (1957). 2. Auflage. – Tübingen 1966. XXVIII + 350 p.

BROCHON, PIERRE: Le Livre de colportage en France depuis le XVIe siècle. Sa littérature – ses lecteurs. – Paris 1954. 152 p., 36 fig.

BRONZINI, GIOVANNI B.: Il mito della poesia popolare. – Roma: Edizioni dell' Ateneo 1966 (Collana di Cultura, 12). 182 p.

BRONZINI, GIOVANNI B.: Tradizione di stile aedico dai cantari al „Furioso". – Firenze 1966 (Biblioteca di „Lares", 23). 131 p.

BRÜCKNER, WOLFGANG: Kleinbürgerlicher und wohlstandsbürgerlicher Wandschmuck im 20. Jahrhundert. Materialien zur volkstümlichen Geschmacksbildung der letzten hundert Jahre. – In: Beiträge zur deutschen Volks- und Altertumskunde 12, 1968, p. 35–66, fig. 10–15.

BRÜCKNER, WOLFGANG: Populäre Druckgraphik Europas. III: Deutschland. – München 1969. 248 p., 199 fig. (mit Bibliographie!).

Brückner, Wolfgang: Trivialer Wandschmuck der zweiten Hälfte des 19. Jahrhunderts. Aufgezeigt am Beispiel einer Bilderfabrik (May, Frankfurt). Forschungsstand und Forschungsaufgabe. – In: Anzeiger des Germanischen Nationalmuseums 1967, p. 117–132.

Bruford, Walter H.: Germany in the Eighteenth Century: The Social Background of the Literary Revival. – Cambridge 1935. X + 354 p., 1 Karte. – Paperback Ed.: Cambridge 1965. XII + 354 p.

Bruford, Walter H.: Kultur und Gesellschaft im klassischen Weimar 1775–1806. – Göttingen 1966. 425 p.

Brümmer, Franz: Lexikon der deutschen Dichter und Prosaisten vom Beginn des 19. Jahrhunderts bis zur Gegenwart. 6. Auflage. I–VIII. – Leipzig: Reclam s. a. (1913). (mit Bibliographie in vol. I).

Brutscher, Friedrich: Christoph von Schmid als Pädagoge und Jugendschriftsteller. Diss. – München 1917. 96 p. (Auch erschienen unter dem Titel: Christoph von Schmid. Eine pädagogisch-literarische Studie. – Ibid. 1917. Text identisch).

Bube, Wilhelm: Die ländliche Volks-Bibliothek. Ein kritischer Wegweiser und Musterkatalog nebst Grundstöcken und Winken zur Einrichtung und Leitung. – Berlin 1896. 100 p. – Sechste, stark erweiterte Auflage: Berlin 1913. 382 p.

Buch und Leser in Deutschland. Eine Untersuchung des Divo-Instituts Frankfurt am Main bearbeitet von Maria-Rita Girardi, Lothar Karl Neffe und Herbert Steiner. – Gütersloh 1965 (Schriften zur Buchmarkt-Forschung, 4). 356 p.

Buchholtz, Arend: Die Volksbibliotheken und Lesehallen der Stadt Berlin 1850–1900. Festschrift der Stadt Berlin zum fünfzigjährigen Bestehen der Volksbibliotheken, 1. August 1900. – Berlin 1900. 111 p.

Buchner, Eberhard: Das Neueste von gestern. Kulturgeschichtlich interessante Dokumente aus deutschen Zeitungen. I–V. – München s. d. (1911).

Büchsel, Carl: Erinnerungen eines Landgeistlichen. Neubearbeitet und mit einer Einführung versehen von Pfarrer Dr. Roessle. – Konstanz 1966 (Konstanzer Taschenbuch, 34). 216 p.

Budd, Richard W. – Robert K. Thorp – Lewis Donohew: Content Analysis of Communications. – New York-London: Macmillan 1967. XI + 147 p. (mit Bibliographie!).

Buijnsters, P.-J.: Moralische Wochenschriften in den Niederlanden. – In: Études Germaniques 21, 1966, p. 408–416.

Buisman, M. – F. J. Dubiez: Populaire Prozaschrijvers van 1600 tot 1815. Romans, Novellen, Verhalen, Levensbeschrijvingen, Arcadia's, Sprookjes. – Amsterdam s. d. (1960). 508 p., 2798 num.

Bünger, Ferdinand: Entwickelungsgeschichte des Volksschullesebuches. – Leipzig 1898. X + 630 p. – Ergänzungsband. Leipzig 1901. 99 p. (Register).

Burke, Kenneth: Dichtung als symbolische Handlung. Eine Theorie der Literatur. – Frankfurt 1966 (edition suhrkamp, 153). 168 p.

Burke, Kenneth: The Philosophy of Literary Form. Studies in Symbolic Action. (1941). – [2]Baton Rouge: Louisiana State University Press 1967. XXVI + 455 p.

Burnand, Robert: La Vie quotidienne en France en 1830. – Paris (1943) 1959. 255 p.

Büsching, Anton Friedrich: Beschreibung seiner Reise von Berlin über Potsdam nach Rekahn unweit Brandenburg, welche er vom dritten bis achten Junius 1775 gethan hat. 2. Ausgabe. – Frankfurt und Leipzig 1780. 401 p.

Calisi, Romano – Francesco Rocchi: La poesia popolare nel Risorgimento italiano. – Roma-Milano-Napoli 1961. XVIII + 324 p.

Calwer Verlagsverein – v. Viele Saaten.

Carlsson, Anni: Die deutsche Buchkritik. I: Von den Anfängen bis 1850. – Stuttgart 1963 (Sprache und Literatur, 10). 236 p.

Cartojan, Nicolae: Cartile populare în literatura romîneasca. I–II. – Bucuresti 1929–1938. (nicht benutzt).

Catalog der Math. Rieger'schen Leih- und Lesebibliothek in Lindau. – Lindau 1837–1880. (In 22 Fortsetzungen unter verschiedenen Inhabern). 554 p., 10.149 num.

(Catalogue Général). Ministère de l'Intérieur. Presse et Colportage. Catalogue Général des livres approuvés jusqu'au 1er janvier 1858. – Paris 1858.

Catalogue of English and American Chap-Books and Broadside Ballads in Harvard College Library. – Cambridge, Mass. 1905. XI + 171 p., 2461 num.

Catalogue of the Lauriston Castle Chapbooks. National Library of Scotland, Edinburgh. – Boston, Mass. 1964. 273 p., ca. 4.000 num.

Centralblatt für deutsche Volks- und Jugendliteratur. Ein kritisches Organ für alle Förderer und Freunde der Volks- und Jugendbildung, besonders für Lesevereine, Volks- und Jugendbibliotheken. Herausgegeben von H. Schwerdt. – I–II, 1. – Gotha: Scheube 1857–1858. V + 388, 111 p.

Cerquand, J.-F.: L'Imagerie et la littérature populaires dans le Comtat Venaissin (1600–1830). Essai d'un catalogue. – Avignon 1883. 51 p.

Champfleury [Jules Hussin de Fleury, dit –]: De la littérature populaire en France. Recherches sur les origines et les variations de la légende du Bonhomme Misère. – Paris 1861. 32 p.

Champfleury [Jules Hussin de Fleury, dit –]: Histoire de l'Imagerie populaire. – Paris 1869. L + 312 p., zahlreiche fig. im Text.

Charvat, William: Literary Publishing in America 1790–1850. – Philadelphia 1959. 94 p.

Chatelet, François: Peut-il y avoir une Sociologie du roman? – In: Annales. Économies, Sociétés, Civilisations 20, 1965, p. 490–502.

Chauvet, Paul: Les Ouvriers du livre en France de 1789 à la constitution de la Fédération du livre. – Paris 1956. XI + 717 p.

Chevalier, Louis: Classes laborieuses et classes dangereuses à Paris pendant la première moitié du XIXe siècle. – Paris: Plon 1958 (Civilisations d'hier et d'aujourd'hui). XXVIII + 566 p., 13 Falttafeln.

CHITIMIA, ION C. – DAN SIMONESCU, ed.: Cartile populare în literatura romîneasca. I–II. – Editura Pentru Literatura 1963. XL + 454, 414 p., 12 + 12 fig.

CHOUX, J. – A. RIFF, ed.: Art populaire de Lorraine. – Strasbourg-Paris 1966. 375 p., zahlreiche fig. im Text.

CHRISTENSEN, JENS L.: Der moderne Bildungsschwindel in Schule und Familie, sowie im täglichen Verkehr. – Leipzig 1885. 180 p.

CLARKE, I. F.: The Tale of the Future from the Beginning to the Present Day. A Check-list. – London 1961. 165 p.

CLARKE, I. F.: Voices Prophesying War 1763–1984. – London: Oxford University Press 1966. X + 254 p. (mit Bibliographie!).

CLAUSEN, V. E.: Det folkelige danske traesnit i etbladstryk, 1650–1870. Avec un résumé français. – Munksgaard 1961. 264 p., 576 num., 49 fig.

CLAUSSE, ROGER: Publikum und Information. Entwurf einer ereignisbezogenen Soziologie des Nachrichtenwesens. – Köln und Opladen 1962 (Kunst und Kommunikation, 6). 159 p.

COCCHIARA, GIUSEPPE: Il mondo alla rovescia. – Torino 1963. 320 p.

COCCHIARA, GIUSEPPE: Per la raccolta e lo studio delle stampe popolari italiane. – In: Giornale storico della letteratura italiana XCV, 1930, p. 115–124.

COIRAULT, PATRICE: Formation de nos chansons folkloriques. I–IV. – Paris 1953–1963.

CONDORCET – v. ALFF, W.

CONRADY, KARL OTTO, ed.: Deutsche Volksbücher. Die schöne Magelone. Historia von D. Johann Fausten. Die Schildbürger. Historie von dem gehörnten Siegfried. – Reinbek 1968 (Rowohlts Klassiker, 510/11). 250 p. (mit Bibliographie!).

CORDONNIER-DÉTRIE, PAUL: Imagerie et colportage. – In: Revue historique et archéologique du Maine. Deuxième série, XXXIII, 1953, p. 3–51.

CRAIG, ALEC: The Banned Books of England And Other Countries. A study of the conception of literary obscenity. – London 1962. 243 p.

CROCE, BENEDETTO: Geschichte Europas im neunzehnten Jahrhundert. 2. Auflage. – Stuttgart 1950. 400 p.

CROCE, BENEDETTO: Problemi di estetica e contributi alla storia dell' estetica italiana. – ²Bari 1923. VIII + 515 p.

CURTI, MERLE: Dime Novels and the American Tradition. – In: Yale Review, New Series, 26, 1936, p. 761–778.

CURWEN, HENRY: A History of Booksellers, the Old and the New. – London s. d. (1873). 483 p.

DAICHES, DAVID: Literature and Society. – London 1938. 287 p.

DAINVILLE, FRANÇOIS DE: D'aujourd'hui à hier. La géographie du livre en France de 1764 à 1945. – In: Le Courrier graphique, janv.-févr. 1951, p. 43–52; mars-avril 1951, p. 33–36. (nicht benutzt).

DAL, ERIK: Ahasverus in Dänemark. Volksbuch, Volkslieder und Verwandtes. – In: Jahrbuch für Volksliedforschung IX, 1964, p. 144–170.

D'ANCONA, ALESSANDRO: Poemetti popolari italiani raccolti ed illustrati. – Bologna: Zanichelli 1889. 562 p.

D'ANCONA, ALESSANDRO: Saggio di una Bibliografia ragionata della poesia popolare italiana a stampa del secolo XIX. – In: Bausteine zur romanischen Philologie. Festgabe für Adolfo Mussafia. – Halle 1905, p. 117–146.

DARGE, ELISABETH: Der deutsche Frauenroman. Ein Versuch. – In: Die Bücherei 5, 1938, p. 78–90.

DAVIS, DAVID BRION: Homicide in American Fiction, 1798–1860: A Study in Social Values. – Ithaca: Cornell University Press 1957. XVIII + 346 p. (mit Bibliographie!).

DAVIS, DAVID BRION: Violence in American Literature. – In: M. E. WOLFGANG: Patterns of Violence, p. 28–36.

DE BALZAC À JULES VERNE: un grand éditeur du XIXe siècle: P.-J. Hetzel. – Paris: Bibliothèque Nationale 1966. 92 p. (Ausstellungskatalog).

DEHN, PAUL: Moderne Kolportage-Litteratur. – Stuttgart: Belser 1894 (Zeitfragen des christlichen Volkslebens, XIX, 1). 35 p.

DELBONO, FRANCESCO: Il „Volksbuch" tedesco. Ricerche e interpretazioni. – Arona: Paideia 1961. 139 p.

DE LIVOIS, RENÉ: Histoire de la presse française. I–II. – Lausanne 1965. 660 p., zahlreiche fig.

DE MEYER, MAURITS: De volks- en kinderprent in de Nederlanden van de 15e tot de 20e eeuw. – Antwerpen-Amsterdam 1962. 621 p., 184 + 14 fig.

DENK, EGMONT: Denkschrift über die Tagespresse des evangelischen Württembergs. (Sonderdruck aus: Volksfreund aus Schwaben). – Stuttgart: Belser 1866. 55 p.

DE RUBERTIS, ACHILLE: Nuovi Studi sulla censura in Toscana. – Firenze 1951. VIII + 187 p.

D'ESTER, KARL: Aus den Anfängen des deutschen Witzblattes am Rhein. – In: Archiv für Buchgewerbe und Gebrauchsgraphik 1928, Heft 4 (Pressa-Sonderheft), p. 105–130, 7 fig.

D'ESTER, KARL: Die papierene Macht. Kleine Pressekunde, geschrieben von Zeitgenossen. – München 1950 (Presse und Welt, 3). 174 p.

D'ESTER, KARL: Zeitung und Zeitschrift. – In: Deutsche Philologie im Aufriß, ed. WOLFGANG STAMMLER, vol. III. – Berlin 1957, col. 559–648.

DETMER, A.: Musterung unserer deutschen Jugend-Literatur, zugleich ein Wegweiser für Eltern in der Auswahl von passenden, zu Weihnachtsgeschenken sich eignenden Büchern. Zweite umgearbeitete Auflage. – Hamburg 1844. 60 p.

Die DEUTSCHE PRESSE IM JAHRE 1842. – In: Vorwärts! Volks-Taschenbuch für das Jahr 1843, ed. ROBERT BLUM und FRIEDRICH STEGER. – Leipzig 1843, p. 100–112.

DEXTER, LEWIS ANTHONY – DAVID MANNING WHITE, ed.: People, Society, and Mass Communications. – New York-London 1964. XII + 593 p.

DIBDIN, THOMAS FROGNALL: A Bibliographical, Antiquarian and Picturesque Tour in France and Germany. Second Edition. I–III. – London 1829. XLII + 102 p.; p. 103–232; IV + 214 p.

DICHTER, ERNEST: Strategie im Reich der Wünsche. – München 1964 (dtv, 229/30). 354 p.

DICTIONNAIRE DE BIOGRAPHIE FRANÇAISE. I–(XII). – Paris 1933–(1968) (bisher bis DUPRAT erschienen).

DICTIONNAIRE DES ROMANS ANCIENS ET MODERNES, ou Méthode pour lire les romans d'après leur classement par ordre de matières. – Paris: A. Marc – Pigoreau 1819. XVI + 318 p.

DIEDERICH, BENNO: Von Gespenstergeschichten, ihrer Technik und ihrer Literatur. – Leipzig 1903. XII + 354 p.

DIERKS, MARGARETE: Vom Bilderbuch zum Arbeitsbuch. Eine Studie im Auftrag des Instituts für Jugendbuchforschung in Frankfurt. – Reutlingen: Ensslin & Laiblin 1965. 72 p.

DIESBACH, ALFRED: Das Konstanzer Wochenblatt 1832–1833. Das Porträt einer kämpferischen Zeitung. – In: Hegau. Zeitschrift für Geschichte, Volkskunde und Naturgeschichte des Gebietes zwischen Rhein, Donau und Bodensee 10, 1965, p. 243–275.

DIESCH, CARL: Bibliographie der germanistischen Zeitschriften. – Leipzig 1927 (Bibliographical Publications, 1). XV + 441 p., 4.642 num.

DISTEL-BLASEWITZ, THEODOR: Zur Schandlitteratur kurz nach den Freiheitskriegen. – In: Zeitschrift für Kulturgeschichte VII, 1900, p. 414.

DOEBERL, M.: Entwicklungsgeschichte Bayerns. I–III. – München 1916–1931.

DOHM, CHRISTIAN WILHELM VON: Ueber Volkskalender und Volksschriften überhaupt. (Gelesen in der Litterarischen Gesellschaft zu Halberstadt, den 6ten Januar 1796). – In: Deutsche Monatsschrift, Leipzig 1796, Erster Band, p. 181–205. Auch separat: Leipzig 1796. 48 p.

DOUTREPONT, GEORGES: La Littérature et la Société. – Bruxelles 1942 (Académie Royale de Belgique. Classe des Lettres et des Sciences Morales et Politiques. Mémoires in –8⁰, 2e Série, XLII). LII + 688 p.

DOUTREPONT, GEORGES: Les Types populaires de la littérature française. I–II. – Bruxelles 1926–1928 (Académie Royale de Belgique. Classe des Lettres et des Sciences Morales et Politiques. Mémoires in –8⁰, XXII/1–2). 499 p., 660 p.

DOVIFAT, EMIL: Allgemeine Publizistik. – Berlin 1968 (Handbuch der Publizistik, 1). XI + 333 p. (mit Bibliographie!).

DOVIFAT, EMIL: Die Anfänge der Generalanzeigerpresse. – In: Archiv für Buchgewerbe und Gebrauchsgraphik 1928, Heft 4 (Pressa-Sonderheft), p. 163–184.

DRAHN, ERNST – SUSANNE LEONHARD: Unterirdische Literatur im revolutionären Deutschland während des Weltkrieges. – Berlin 1920. 200 p.

DREYFUS, F. G.: Société et culture dans les Allemagnes au XVIIIe siècle. – In: Annales. Économies, Sociétés, Civilisations 20, 1965, p. 976–983.

DRONCKERS, EMMA, ed.: Verzameling F. G. WALLER. Catalogus van Nederlandsche en Vlaamsche Populaire Boeken. – 'S-Gravenhage 1936. XX + 551 p., 1.915 num.

DRUCKENMÜLLER, ALFRED: Der Buchhandel in Stuttgart seit Erfindung der Buchdruckerkunst bis zur Gegenwart. – Stuttgart 1908. VI + 272 p.

Drujon, Fernand: Catalogue des ouvrages, écrits et dessins de toute nature poursuivis, supprimés ou condamnés depuis le 21 octobre 1814 jusqu'au 31 juillet 1877. Édition entièrement nouvelle [. . .]. – Paris 1879 (Reprint Bruxelles 1968). 430 p.

Dubois, Auguste: Les anciens Livres de colportage en Sologne. – Remorantin 1938. 35 p.

Dubois, Georges: Le Colportage des livres, particulièrement dans la Seine-Inférieure de 1815 à 1870. – Rouen 1939. 28 p.

Duchartre, Pierre-Louis: L'Imagerie populaire russe et les livrets gravés, 1629–1885. – Paris 1961. 188 p., 147 fig., VIII pl.

Duchartre, Pierre-Louis – Saulnier, René: L'Imagerie populaire. Les images de toutes les provinces françaises du XVe siècle au second empire. Les complaintes, contes, chansons, légendes qui ont inspiré les imagiers. – Paris 1925. 447 p., zahlreiche fig. im Text, 20 pl.

Ducourtieux, Paul: Les Almanachs populaires et les livres de colportage de Limoges. – Paris-Limoges 1921 (Extrait du Bulletin du Bibliophile). 42 p.

Dumazedier, Joffre – Jean Hassenforder: Éléments pour une sociologie comparée de la production, de la diffusion et de l'utilisation du livre. – Paris 1962 (Bibliographie de la France, 151e année, 5e série; num. 24 = 15 juin – num. 27 = 6 juillet 1962; 2e partie „Chronique", Sociologie comparée, fasc. 1–7). 100 p. (mit Bibliographie!).

Dumont, Jean-Marie: Le Maîtres graveurs populaires 1800–1850. – Épinal 1965. XVI + 88 p., 34 fig., 13 pl.

Dumont, Jean-Marie: La Vie et l'oeuvre de Jean-Charles Pellerin, 1756–1836. – Épinal 1956. X + 90 p., 14 fig., 14 pl.

Dünninger, Josef: Das 19. Jahrhundert als volkskundliches Problem. – In: Rheinisches Jahrbuch für Volkskunde 5, 1954, p. 281–294.

Duncan, Hugh Dalziel: Communication and Social Order. – New York 1962. 475 p.

Duncan, Hugh Dalziel: Language and Literature in Society. A Sociological Essay on Theory and Method in the Interpretation of Linguistic Symbols with a Bibliographical Guide to the Sociology of Literature. (Chicago 1953). – New York 1961. XV + 262 p. (mit Bibliographie!).

Dupont, Paul: Histoire de l'imprimerie. I–II. – Paris 1854. XXIII + 523, 612 p.

Dupront, Alphonse: Livre et culture dans la société française du XVIIIe siècle. (Réflexions sur une enquête). – In: Annales. Économies, Sociétés, Civilisations 20, 1965, p. 867–898.

Dupuy, Aimé: 1870–1871. La Guerre, la Commune et la presse. – Paris 1959 (Kiosque). 255 p.

Dyhrenfurth-Graebsch, Irene: Geschichte des deutschen Jugendbuches. – Hamburg 1951. 324 p., 19 fig., 27 pl. (mit Bibliographie!). – 3. Auflage: 1967.

Eberhard, Wolfram: Die soziale Welt der südchinesischen Volksballaden. – In: Volksüberlieferung. Festschrift für Kurt Ranke. – Göttingen 1968, p. 429–444.

EBISCH, WALTHER – LEVIN LUDWIG SCHÜCKING: Bibliographie zur Geschichte des literarischen Geschmacks in England. – In: Anglia LXIII, 1939, p. 1–64.

ECO, UMBERTO: Rhétorique et idéologie dans „Les Mystères de Paris" d'Eugène Sue. – In: Revue internationale des sciences sociales XIX, 1967, p. 591–609.

EDLER, ERICH: Eugène Sue und die deutsche Mysterienliteratur. Diss. – Berlin 1932 (Teildruck). 54 p.

EHNI, GUNTHER – FRANK WEISSBACH: Buchgemeinschaften in Deutschland. – Hamburg 1967 (Berichte des Instituts für Buchmarkt-Forschung, 37–39). 128 p. (mit Bibliographie!).

EHNI, JÖRG: Das Bild der Heimat im Schullesebuch. – Tübingen 1967 (Volksleben, 16). 296 p.

EICHENDORFF, JOSEPH VON: Der deutsche Roman des achtzehnten Jahrhunderts in seinem Verhältniß zum Christenthum. – Leipzig 1851. 306 p. – Auch in: Sämtliche Werke des Freiherrn VON EICHENDORFF. Historisch-kritische Ausgabe, ed. H. KUNISCH. vol. VIII/2: Abhandlungen zur Literatur. – Regensburg 1965, p. 1–245.

EICHENDORFF, JOSEPH VON: Die deutschen Volksschriftsteller. (1847). – In: Sämtliche Werke des Freiherrn VON EICHENDORFF. Historisch-kritische Ausgabe, ed. H. KUNISCH. vol. VIII/1: Aufsätze zur Literatur. – Regensburg 1962, p. 140–158.

EICHHORN, BRIGITTE: Carlo Collodi – der Mensch, sein Leben und sein Werk. – In: Zeitschrift für Jugendliteratur 1968, p. 269–276.

EISENLOHR, TH.: Sammlung der württembergischen Schul-Geseze. Erste Abtheilung, enthaltend die Gesetze für die Volksschulen bis auf die neueste Zeit und die Einleitung in dieselben. (A. L. REYSCHER: Sammlung der württembergischen Geseze, XI). – Tübingen 1839. LXVII + 746 p.

EMMERICH, WOLFGANG: Germanistische Volkstumsideologie. Genese und Kritik der Volksforschung im Dritten Reich. – Tübingen 1968 (Volksleben, 20). 368 p. (mit Bibliographie!).

ENGELSING, ROLF: Der Bürger als Leser. Die Bildung der protestantischen Bevölkerung Deutschlands im 17. und 18. Jahrhundert am Beispiel Bremens. – In: Archiv für Geschichte des Buchwesens III, 1961, col. 205–368.

ENGELSING, ROLF: Massenpublikum und Journalistentum im 19. Jahrhundert in Nordwestdeutschland. – Berlin 1966 (Schriften zur Wirtschafts- und Sozialgeschichte, 1). 305 p. (mit Bibliographie!).

ENGELSING, ROLF: Die periodische Presse und ihr Publikum. Zeitungslektüre in Bremen von den Anfängen bis zur Franzosenzeit. – In: Archiv für Geschichte des Buchwesens IV, 1963, col. 1481–1531.

ENGELSING, ROLF: Zur politischen Bildung der deutschen Unterschichten 1789–1863. – In: Historische Zeitschrift 206, 1968, p. 337–369.

ENGLER, WINFRIED: Jean-Pierre Claris de Florian, Estelle, Roman Pastoral (1787). – In: Zeitschrift für französische Sprache und Literatur 78, 1968, p. 302–316.

ENSLIN, THEODOR CHRISTIAN FRIEDRICH: Bibliothek der schönen Wissenschaften oder Verzeichniß der vorzüglichsten, in älterer und neuerer Zeit, bis zur Mitte des Jahres 1836 in Deutschland erschienenen Romane, Gedichte, Schauspiele und anderer [...] Werke Ed. WILHELM ENGELMANN. 2. Auflage. – Leipzig: Engelmann 1837. X + 506 p.

ERNST, HANS-JOACHIM: Das württembergische Armenwesen im 18. Jahrhundert. Masch. Diss. – Tübingen 1951. 144 p.

ESCARPIT, ROBERT: Das Buch und der Leser. Entwurf einer Literatursoziologie. – Köln und Opladen 1961 (Kunst und Kommunikation, 2). 132 p.

ESCARPIT, ROBERT: La Révolution du livre. – Paris 1965. 163 p.

ESCARPIT, ROBERT: Sociologie de la littérature. – Paris 1960 (Que sais-je, 777). 128 p.

ESCARPIT, ROBERT: The Sociology of Literature. – In: International Encyclopedia of the Social Sciences 9, 1968, p. 417–425.

ESCARPIT, ROBERT: Y a-t-il des degrés dans la littérature? – In: Littérature savante et littérature populaire, p. 1–10.

ESCARPIT, ROBERT – NICOLE ROBINE: Atlas de la lecture à Bordeaux. – Bordeaux 1963 (Faculté des Lettres et Sciences Humaines, Centre de Sociologie des Faits Littéraires). 56 p., 11 graphische Darstellungen.

ESTIVALS, ROBERT: Le Dépôt légal sous l'Ancien Régime de 1537 à 1791. – Paris 1961 (Bibliothèque d'Histoire Économique et Sociale). III + 141 p.

État sommaire – v. ARCHIVES NATIONALES.

EULEN, FOCKO: Vom Gewerbefleiß zur Industrie. Ein Beitrag zur Wirtschaftsgeschichte des 18. Jahrhunderts. – Berlin 1967 (Schriften zur Wirtschafts- und Sozialgeschichte, 11). 215 p.

Der EVANGELISCHE BUCHHANDEL. Eine Übersicht seiner Entwicklung im 19. und 20. Jahrhundert. Mit 600 Firmengeschichten aus Deutschland, Österreich und der Schweiz. Herausgegeben von der Vereinigung evangelischer Buchhändler. – Stuttgart 1961. – 344 p.

EWALD, JOHANN LUDWIG: Ist es jetzt rathsam, die niederen Volksklassen aufzuklären? – Leipzig und Gera: Heinsius 1800. XIV + 206 p.

EWALD, JOHANN LUDWIG: Über Volksaufklärung; ihre Gränzen und Vortheile. Den menschlichsten Fürsten gewidmet. – Berlin: Unger 1790. 6 fol. + 158 p.

EYBISCH, HUGO: Anton Reiser. Untersuchungen zur Lebensgeschichte von K. Ph. Moritz und zur Kritik seiner Autobiographie. – Leipzig 1909 (Probefahrten, 14). VII + 338 p.

FAILLE, RENÉ: L'Imagerie populaire cambrésienne. Avant-propos de JEAN ADHÉMAR. – Paris 1964 (Bulletin du Vieux Papier, fasc. 210, oct. 1964). 84 p., 233 num., 54 pl.

FECHTER, WERNER: Das Publikum der mittelhochdeutschen Dichtung. (Frankfurt/M. 1935. Deutsche Forschungen, 28) – Darmstadt 1966. 124 p.

510

FEISSKOHL, KARL: Die publizistische Tätigkeit Ernst Keils in den Jahren 1846 bis 1851. Diss. Heidelberg. – Stuttgart 1914. (Teildruck) 62 p. – Die ganze Arbeit erschien unter dem Titel: Ernst Keils publizistische Wirksamkeit und Bedeutung. – Stuttgart 1914.

FESTSCHRIFT zum zweihundertjährigen Bestehen des Verlages C. H. Beck. 1763–1963. – München 1963. XII + 297 p., 18 fig.

FICHTE, JOHANN GOTTLIEB: Reden an die deutsche Nation. Ed. RUDOLF EUCKEN. – Leipzig 1909. XVI + 269 p.

FISCHER, ENGELBERT: Die Großmacht der Jugend- und Volksliteratur. I–IV. – Neustift am Walde 1877. 1988 p. (nach dem unvollständigen Exemplar der Päd. Hochsch. Dortmund).

(FISCHER, KARL:) Denkwürdigkeiten und Erinnerungen eines Arbeiters. Herausgegeben und mit einem Geleitwort versehen von PAUL GÖHRE. I–II. – Leipzig 1903–1904 (Leben und Wissen, 2, 4). XII + 390 p., XVI + 391 p.

FISCHER, WOLFRAM, ed.: Wirtschafts- und sozialgeschichtliche Probleme der frühen Industrialisierung. – Berlin 1968 (Einzelveröffentlichungen der Historischen Kommission zu Berlin, F.-Meinecke-Institut der FU Berlin, 1, Publikation zur Geschichte der Industrialisierung). XII + 542 p.

FISCHER, WOLFRAM – GEORG BAJOR: Die soziale Frage. Neuere Studien zur Lage der Fabrikarbeiter in den Frühphasen der Industrialisierung. – Stuttgart 1967. 324 p. (mit Bibliographie!).

FLEISCHER, R. A.: Die Wichtigkeit des Buchhandels. Mit einem Vorwort von RUDOLF ALEXANDER SCHRÖDER. – Kassel und Basel 1953. 128 p. + 10 p. facs., 22 fig.

FLESSAU, KURT-INGO: Der moralische Roman. Studien zur gesellschaftskritischen Trivialliteratur der Goethezeit. – Köln-Graz 1968. 185 p.

Fogli volanti di Napoli e Sicilia – v. VITALE, S.

FOGLI VOLANTI NAPOLETANI del 1860–61. Biblioteca di Storia Moderna e contemporanea, Roma. A cura di SALVATORE VITALE. – Roma 1963 (Indici e Cataloghi, N. S. IX). 141 p., 656 num.

FOLTIN, HANS FRIEDRICH: Die Methoden der Leserforschung. – In: Jahrbuch des Marburger Universitätsbundes 1963, p. 121–135.

FOLTIN, HANS FRIEDRICH: Die minderwertige Prosaliteratur. Einteilung und Bezeichnungen. – In: Deutsche Vierteljahrsschrift für Literaturwissenschaft und Geistesgeschichte 39, 1965, p. 288–323.

FONTANE, THEODOR: Meine Kinderjahre. Autobiographischer Roman. – In: FONTANE. Sämtliche Werke, Band XIV. – München 1961, p. 7–185.

FOUCAULT, MICHEL: Folie et Déraison. Histoire de la folie à l'âge classique. – Paris 1961 (Civilisations d'hier et d'aujourd'hui). XI + 672 p.

FRAENGER, WILHELM: Materialien zur Frühgeschichte des Neuruppiner Bilderbogens. – In: Jahrbuch für historische Volkskunde I (Die Volkskunde und ihre Grenzgebiete), 1925, p. 232–306.

FRANCKE, KUNO: A History of German Literature as Determined by Social Forces. – London 1901. XIII + 595 p.

FRANCKE, KUNO: Social Forces in German Literature. A Study in the History of Civilization. – New York 1896. XIV + 577 p. – Titel ab 4. Auflage: A History of German Literature as Determined by Social Forces (v. supra).

FRÄNKEL, HEINRICH: Ein neuer Weg zur sittlichen und geistigen Hebung des Volkes. 7. Auflage. – Berlin 1889. 23 p.

FRATI, C.: Stampe popolari parmensi della R. Biblioteca Palatina di Parma (1821–1831). – In: La Bibliofilia XIX, 1917, p. 141–143.

FREIDEL, FRANK, ed.: Union Pamphlets of the Civil War, 1861–1865. I–II. – Cambridge, Mass.: Harvard University Press 1967 (John Harvard Library Book). 1233 p., 8 fig.

FRENZEL, ELISABETH: Stoffe der Weltliteratur. Ein Lexikon dichtungsgeschichtlicher Längsschnitte. – Stuttgart 1962 (Kröners Taschenausgabe, 300). XV + 670 p.

FREY, FERDINAND: Briefe, das Schriftstellerwesen in Deutschland betreffend. – In: Schwäbisches Magazin zur Beförderung der Aufklärung. Herausgegeben von JOHANNES KERN. Zweyter Band. – Ulm 1787, p. 217–284, 427–513.

FRICKE, WILHELM: Grundriß der Geschichte deutscher Jugendliteratur. – Minden 1886 (nach DYHRENFURTH-GRAEBSCH).

FRIEDRICHS, ELISABETH: Literarische Lokalgrößen 1700–1900. Verzeichnis der in regionalen Lexika und Sammelwerken aufgeführten Schriftsteller. – Stuttgart 1967. X + 439 p., Bibliographie mit 604 num.

FRISCHBIER, H.: Geschichtliche Nachrichten über Volks- und Schulbibliotheken in Ostpreußen. – In: Centralblatt I, 1857, p. 268–272.

FRÖHNER, ROLF: Das Buch in der Gegenwart. Eine empirisch-sozialwissenschaftliche Untersuchung. – Gütersloh 1961. 198 p.

FROHOCK, W. M.: The Novel of Violence in America. (Dallas 1946). – London 1959. XI + 238 p.

FROMM, HANS: Bibliographie deutscher Übersetzungen aus dem Französischen. I–VI. – Baden-Baden 1950–1953. 28.740 num.

FRÖMMICHEN: Einige Bemerkungen welche sich über den deutschen Meßkatalogus machen lassen. – In: Deutsches Museum 1780/2, p. 176–187.

FRONEMANN, WILHELM: Das Erbe Wolgasts. Ein Querschnitt durch die heutige Jugendschriftenfrage. – Langensalza 1927. VIII + 246 p. (mit Bibliographie!).

FÜGEN, HANS NORBERT: Die Hauptrichtungen der Literatursoziologie und ihre Methoden. Ein Beitrag zur literatursoziologischen Theorie. – Bonn 1964 (Abhandlungen zur Kunst-, Musik- und Literaturwissenschaft, 21). 2. verbesserte Auflage 1966. VII + 215 p.

FÜGEN, HANS NORBERT, ed.: Wege der Literatursoziologie. – Neuwied-Berlin 1968 (Soziologische Texte, 46). 479 p. (mit Bibliographie!).

FUHRMANN, OTTO W.: Über die Auflagenhöhen der ersten Drucke. Nebst Bemerkungen über den Verlauf der Erfindung Gutenbergs. – Mainz 1956. 51 p.

Für und wider den „Krimi". – Akademie der Diözese Rottenburg 1965 (Beiträge zur Begegnung von Kirche und Welt, 77). 79 p.

Füsser, Gerhard: Bauernzeitungen in Bayern und Thüringen von 1818–1848. Ein Beitrag zur Geschichte des deutschen Bauernstandes und der deutschen Presse. – Hildburghausen 1934 (Zeitung und Leben, 8). 187 p., 29 Beilagen (mit Bibliographie!).

Gädicke, Johann Christian: Zur Statistik der deutschen Literatur und des deutschen Buchhandels. Vergleichende Zusammenstellung aus den Jahren 1818, 1832 und 1833, größtentheils in merkantilischer Hinsicht, interessant und lehrreich für Staatsmänner, Gelehrte, Bibliothekare und Buchhändler. – Berlin: T. Trautwein 1834. 48 p.

Ganss, Richard: Die deutsche Schnellpressen-Industrie. Die wirtschaftliche Bedeutung ihrer technischen Entwicklung. Diss. – Heidelberg 1913. 28 p.

Garnier, J.-M.: Histoire de l'Imagerie populaire et des cartes à jouer à Chartres. Suivie de recherches sur le commerce du colportage des complaintes, canards et chansons des rues. – Chartres 1869. VIII + 450 p., fig. im Text.

Garte, Hansjörg: Kunstform Schauerroman. Eine morphologische Begriffsbestimmung des Sensationsromans im 18. Jahrhundert von Walpoles „Castle of Otranto" bis Jean Pauls „Titan". Diss. – Leipzig 1935. 179 p., 4 Tabellen (mit Bibliographie!).

Gauthier, V.-Eugène: Annuaire de l'imprimerie, de la presse et de la librairie pour 1855–1856. – Paris 1855. XX + 164 p.

[Gay, J.] – J. Lemonnyer: Bibliographie des ouvrages relatifs à l'amour, aux femmes, au mariage et des livres facétieux, pantagruéliques, scatologiques, satyriques, etc. Quatrième édition. I–IV. – Paris 1894 – Lille 1900. VIII p. + 928 col., 960, 1408, 1300 col.

[Gebhardt, Hermann:] Zur bäuerlichen Glaubens- und Sittenlehre. Von einem thüringischen Landpfarrer. Zweite, vermehrte Auflage. – Gotha 1890. VIII + 336 p.

Gedanken über die moderne schöne Literatur. – In: Deutsche Vierteljahrs Schrift. – Stuttgart und Tübingen 1840, Drittes Heft, p. 244–286.

Gedicke, Friedrich – v. Annalen des Preußischen Schul- und Kirchenwesens.

Gehlen, Arnold: Die Seele im technischen Zeitalter. Sozialpsychologische Probleme in der industriellen Gesellschaft. – Hamburg (1957) 1967 (rde, 53). 132 p.

Geissenberger, (Dr.): Das Hausiergewerbe in Elsaß-Lothringen. In: Untersuchungen über die Lage des Hausiergewerbes in Deutschland. Vierter Band. – Leipzig 1899 (Schriften des Vereins für Socialpolitik, LXXX), sp. p. 52–53.

Genin, L. E.: Die volkstümliche deutsche Räuberdichtung im 18. Jahrhundert als Protest gegen den Feudalismus. – In: Weimarer Beiträge. Zeitschrift für deutsche Literaturgeschichte VI/4, 1960, p. 727–746.

GEORG, CARL (– LEOPOLD OST): Schlagwort-Katalog. Verzeichnis der Bücher und Landkarten in sachlicher Anordnung. I: 1883–1887. Hannover 1889. – II: 1888–1892. Hannover 1898. – III: 1893–1897 (1. A–K, 2. L–Z). Hannover 1900–1901. – IV: 1898–1902 (1. A–K, 2. L–Z). Hannover 1903–1904.

GEORGE, ALBERT J.: The Didot Family and the Progress of Printing. A Brief Review of the development and accomplishments of the House of Didot, with facsimile pages and translation of Épître sur les progrès de l'imprimerie [. . .]. – Syracuse University Press 1961. 52 p.

GEORGE, ALBERT J.: Short Fiction in France 1800–1850. – Syracuse University Press 1964. IX + 245 p.

GERMOND DE LAVIGNE, A.: Les Pamphlets de la fin de l'Empire, des Cent Jours et de la Restauration. Catalogue raisonné d'une collection de discours, mémoires, documents politiques, procès, biographies, histoires secrètes, pièces de vers, comédies, chansons, etc. Publiés en 1814, 1815, 1816, 1817. – Paris 1879. III + 214 p.

GERSTENBERG, A.: Die neuere Entwicklung des deutschen Buchdruck-Gewerbes in statistischer und sozialer Beziehung. – Jena 1892 (Sammlung nationalökonomischer und statistischer Abhandlungen des staatswissenschaftlichen Seminars zu Halle a. d. S. VII, 2). IX + 192 p.

GERTH, HANS: Die sozialgeschichtliche Lage der bürgerlichen Intelligenz um die Wende des 18. Jahrhunderts. Ein Beitrag zur Soziologie des deutschen Frühliberalismus. Diss. Frankfurt/M. 1936. – Berlin 1935. 129 p. (mit Bibliographie!).

GERVINUS, GEORG GOTTFRIED: Einleitung in die Geschichte des neunzehnten Jahrhunderts. Herausgegeben von WALTER BOEHLICH. – Frankfurt/M. 1967 (sammlung insel). 211 p.

GERVINUS, GEORG GOTTFRIED: Geschichte des neunzehnten Jahrhunderts seit den Wiener Verträgen. I–VIII. – Leipzig 1855–1866. X + 518, VI + 782, 512, VI + 877, 515, 570, VIII + 748, VII + 884 p.

[GERVINUS, GEORG GOTTFRIED:] G. G. Gervinus Leben. Von ihm selbst. 1860. – Leipzig 1893. XVI + 408 p., 4 fig.

GESAMT-VERLAGS-KATALOG des Deutschen Buchhandels. Vollständig bis Ende 1880. I–XVI + Registerband. – Münster 1881–1894.

GESCHICHTE DER CENSUR IN WÜRTTEMBERG. – In: Der Beobachter. Ein Volks-Blatt aus Württemberg. – Stuttgart 1847, p. 713–714, 717–718, 725, 731, 735–736, 773–774, 777–778.

GIANNINI, GIOVANNI: La poesia popolare a stampa nel secolo XIX. I–II. – Udine 1938. 766 p. – Cf. die Rezensionen von NALLI und VIDOSSI.

GIRARD, C. F.: Discours sur la littérature populaire. – Lausanne ²1864. 32 p.

GLAUBRECHT, O.: Die Volksschrift und die Volksschriftsteller. – In: Centralblatt I, 1857, p. 113–125.

GLOTZ, PETER: Massenkultur, Literatur und Gesellschaft. Eine Auseinandersetzung mit Thesen von Jürgen Habermas. – In: Bertelsmann Briefe 60, Dezember 1968, p. 23–29.

GOEDEKE, KARL: Grundriß zur Geschichte der deutschen Dichtung. 2. und 3. Auflage fortgesetzt von EDMUND GÖTZE. I–XV. – Dresden-Berlin 1884–1966. – Neue Folge (1830–1880) I (A-AYSSLINGER). – Berlin 1962.

GÖHRING, LUDWIG: Die Anfänge der deutschen Jugendliteratur im 18. Jahrhundert. Ein Beitrag zur Geschichte der deutschen Jugendliteratur. Mit einem Anhang: Drei Kinderdichter. Hey, Hoffmann von Fallersleben, Güll. – Nürnberg 1904. Reprint Leipzig 1967. 140 p.

GOLDFRIEDRICH, JOHANN: Geschichte des Deutschen Buchhandels vom Beginn der klassischen Litteraturperiode bis zum Beginn der Fremdherrschaft (1740–1804). (Geschichte des Deutschen Buchhandels – Börsenverein der Deutschen Buchhändler, III). – Leipzig 1909. IX + 673 p.

GOLDFRIEDRICH, JOHANN: Geschichte des Deutschen Buchhandels von Beginn der Fremdherrschaft bis zur Reform des Börsenvereins im neuen Deutschen Reiche (1805–1889). (Geschichte des Deutschen Buchhandels – Börsenverein der Deutschen Buchhändler, IV). – Leipzig 1913. XII + 595 p.

GOLDMANN, LUCIEN: Pour une sociologie du roman. – Paris 1964 (Collection Idées, 93). 372 p.

GOLDMANN, LUCIEN: La Sociologie de la littérature: situation actuelle et problèmes de méthode. – In: Revue internationale des sciences sociales XIX, 1967, p. 531–554.

GÖÖCK, ROLAND: Bücher für Millionen. Fritz Wixforth und die Geschichte des Hauses Bertelsmann. – Gütersloh 1968. 224 p.

GÖRNER, OTTO: Volkskunde und Tageszeitung. – In: Mitteldeutsche Blätter für Volkskunde 8, 1933, p. 73–84.

GÖRNER, OTTO: Der Volkslesestoff. – In: A. SPAMER: Die deutsche Volkskunde I. – Leipzig 1934, p. 388–399.

GÖRRES, JOSEPH: Die teutschen Volksbücher. Nähere Würdigung der schönen Historien-, Wetter- und Arzneybüchlein, welche theils innerer Werth, theils Zufall, Jahrhunderte hindurch bis auf unsere Zeit erhalten hat. – Heidelberg: Mohr und Zimmer 1807. 4 fol. + 311 p. – Neuausgabe von LUTZ MACKENSEN, Berlin 1925, mit gleicher Paginierung. Nachwort des Ed. p. 313–352.

GOTTSCHALL, RUDOLF VON: Die deutsche Nationalliteratur des neunzehnten Jahrhunderts. Litterarhistorisch und kritisch dargestellt. 7. Auflage. I–IV. – Breslau 1901. XV + 670, 666, 704, 839 p.

GOTTSCHALL, RUDOLF VON: Die Lektüre des heutigen Lesepublikums. – In: Deutsche Revue. Eine Monatsschrift, ed. R. FLEISCHER. XXXIII/1, 1908, p. 156–169.

[GÖTZ, GEORG FRIEDRICH, ed.:] Kinderbibliothek für Aeltern und Erzieher oder Nachrichten von den neuesten guten Kinderschriften. – Frankfurt/M.: H. L. Brönner 1781–1784. (Zweites Stück 1781. 55 p. – Drittes Stück 1782. 78 p.).

GÖTZE, WALTER: Die Begründung der Volksbildung in der Aufklärungsbewegung. Diss. Leipzig. – Langensalza 1932. 134 p.

Gove, Philipp Babcock: The Imaginary Voyage in Prose Fiction. A History of Its Criticism and a Guide for Its Study, with an Annotated Check List of 215 Imaginary Voyages from 1700 to 1800. – London (1941) 1961. XI + 445 p.

[Graf, Johann Heinrich:] Historischer Kalender oder der Hinkende Bote. Seine Entstehung und Geschichte. Ein Beitrag zur bernischen Buchdrucker- und Kalendergeschichte herausgegeben von der Stämpflischen Buchdruckerei. – Bern 1896. 2 fol. + 103 p., zahlreiche fig. im Text.

Gramsci, Antonio: Letteratura popolare. – In: Gramsci: Letteratura e vita nazionale (Opere di A. Gramsci, 6). – Torino: Einaudi 1954, p. 103–142.

Grand-Carteret, John: Les Almanachs français. Bibliographie-Iconographie des Almanachs, Annuaires, Calendriers, Chansonniers, États, Étrennes, publiés à Paris (1600–1895). – Paris 1896. CX + 847 p., 3.633 num.

Grand-Carteret, John: Vieux papiers – Vieilles images. Cartons d'un collectionneur. – Paris 1896. XVI + 543 p., 467 fig.

Greiner, Martin: Die Entstehung der modernen Unterhaltungsliteratur. Studien zum Trivialroman des 18. Jahrhunderts. Ed. Therese Poser. – Hamburg 1964 (rde, 207). 153 p.

Griffith, Clark: Caves and Cave Dwellers: The Study of a Romantic Image. – In: Journal of English and Germanic Philology LXII, 1963, p. 551–568.

[Grimm, Friedrich Melchior, Baron de:] Correspondance littéraire, philosophique et critique, adressée à un souverain d'Allemagne, depuis 1753 jusqu'en 1769, par le baron de Grimm et par Diderot. I–VI. – Paris 1812.

Grimm, Susanne: Die Bildungsabstinenz der Arbeiter. Eine soziologische Untersuchung. – München 1966. 191 p. (mit Bibliographie!).

Grivel, Charles: Matériaux pour servir à l'examen sociologique de la poésie à la fin du second empire. – In: Neophilologus 50, 1966, p. 44–59.

Gross, Heinrich, ed.: Deutsche Dichterinnen und Schriftstellerinnen in Wort und Bild. I–III. – Berlin 1885. VI + 484, 509, 504 p.

Groth, Otto: Die unerkannte Kulturmacht. Grundlegung der Zeitungswissenschaft (Periodik). I–VII. – Berlin 1960–1967.

Grube, August Wilhelm: Ueber den erziehlichen Einfluß der Sagen- und Märchen-Poesie. – In: Centralblatt I, 1857, p. 301–307.

Gugitz, Gustav: Die Wiener Stubenmädchenlitteratur von 1781. Ein Beitrag zur Josephinischen Broschüren- und zur Dienstbotenliteratur. – In: Zeitschrift für Bücherfreunde VI/1, 1902/03, p. 137–150.

Guidi, Edmondo: I libri per il popolo. – In: Illustrazione popolare III/1, Milano, 3 novembre 1870, p. 15.

(Gumuchian-Katalog) Les Livres de l'enfance du XVe au XIXe siècle. Préface de Paul Gavault. Tome I (Texte), Tome II (Planches). – Paris s. d. (Verkaufskatalog 13 der Buchhandlung Gumuchian & Cie). 6.251 num.

Gutzkow, Karl: Aus der Knabenzeit. – In: Gutzkows Werke, ed. Peter Müller. 3. Band. – Leipzig und Wien: Bibliographisches Institut s. d., p. 213–470.

HAACKE, WILMONT: Die politische Zeitschrift 1665–1965. Band I. – Stuttgart 1968. X + 209 + 292 p. (mit Bibliographie!).

HAAG, PAUL: Aus der Volksbildung. – In: Patria. Jahrbuch der „Hilfe", ed. FR. NAUMANN. – Berlin 1908, p. 106–115.

HAASE, CARL: Der Bildungshorizont der norddeutschen Kleinstadt am Ende des 18. Jahrhunderts. Zwei Bücherverzeichnisse der Lesegesellschaften in Wunstorf aus dem Jahre 1794. – In: Festschrift Hermann Aubin zum 80. Geburtstag II. – Wiesbaden 1965, p. 511–525.

HACKETT, ALICE PAYNE: 60 Years of Best Sellers 1895–1955. – New York 1956. X + 260 p. (mit Bibliographie!).

HACKMANN, RUDOLF: Die Anfänge des Romans in der Zeitung. Diss. – Berlin 1938. 69 p.

HACKS, PETER: Das Poetische. – In: kürbiskern 1966/4, p. 77–89.

HAFERKORN, HANS JÜRGEN: Der freie Schriftsteller. Eine literatur-soziologische Studie über seine Entstehung und Lage in Deutschland zwischen 1750 und 1800. – In: Archiv für Geschichte des Buchwesens V, 1964, col. 523–712 (mit Bibliographie!).

HÄGELE, J. M.: Alban Stolz nach authentischen Quellen. Mit Porträt und einem Handschreiben von Alban Stolz in Autotypie. – Freiburg/Br. 1884. 265 p.

HAIN, MATHILDE – v. SPAMER, A.

HAMBURGER, KÄTE: Die Logik der Dichtung. Zweite, stark veränderte Auflage. – Stuttgart 1968. 284 p.

HAMP, PIERRE: La Littérature, image de la Société. – In: Encyclopédie française XVI, 1935, fasc. 16.64, 1–3.

HANDBUCH DER ZEITUNGSWISSENSCHAFT, ed. WALTHER HEIDE – ERNST HERBERT LEHMANN. I (Abonnent – Greuelpropaganda). – Leipzig 1940. XII p. + 1.392 col.

HARDACH, GERD H.: Der soziale Status des Arbeiters in der Frühindustrialisierung. Eine Untersuchung über die Arbeitnehmer in der französischen eisenschaffenden Industrie zwischen 1800 und 1870. – Berlin 1969 (Schriften zur Wirtschafts- und Sozialgeschichte, 14). 221 p. (mit Bibliographie!).

HARE, JOHN: Literature and Society. An Apology for a Sociology of Literature. – In: Culture XXVI, Quebec 1965, p. 412–423 (mit Bibliographie!).

HART, HERMANN: Die Geschichte der Augsburger Postzeitung bis zum Jahre 1838. – Augsburg 1935 (Zeitung und Leben, 10). 162 p.

HART, JAMES D.: The Popular Book. A History of America's Literary Taste. – Berkeley-Los Angeles: University of California Press 1961. 351 p. (mit Bibliographie!).

HARVEY, WILLIAM: Scottish Chapbook Literature. – Paisley 1903. 153 p., zahlreiche fig.

HASHAGEN, ELFRIEDE: Der Beruf des Dichters in den Anschauungen der Biedermeierzeit. Diss. Tübingen. – Düsseldorf 1938. VII + 138 p.

HASHAGEN, FR.: Nefanda – Infanda. Wider den modernen unsittlichen Roman. 2. Aufl. – Leipzig s. d. (1911). 97 p.

HASSELL, ULRICH VON: Deutsche Zeitschriften und ihre Wirkung auf das Volk. –
In: Zeitfragen des christlichen Volkslebens 27, Stuttgart 1902, p. 1–48.

HATZIPETROS, NICOLAUS: Begriff der unzüchtigen Schrift und ihrer Verbreitung
(Str. G. B. § 184.). – Diss. Göttingen. – Guben 1896. 51 p.

HAUFF, WILHELM: Die Bücher und die Lesewelt. – In: HAUFF: Werke II, 1. Ed.
FELIX BOBERTAG. – Stuttgart s. d. (Deutsche National-Literatur, ed. J. KÜRSCHNER,
157/1), p. 325–341.

Das HAUS TROWITZSCH & SOHN IN BERLIN. Sein Ursprung und seine Geschichte von
1711 bis 1911. – Berlin 1911. VI + 122 p., 6 fig. im Text, 6 pl.

HAUSER, ARNOLD: Sozialgeschichte der Kunst und Literatur. I–II. – München 1953.
XI + 536 p., VIII + 586 p.

HAZARD, PAUL: Les Livres, les enfants et les hommes. – ²Paris 1949. 232 p.

HAYN, HUGO – ALFRED N. GOTENDORF: Bibliotheca Germanorum erotica & curiosa.
Verzeichnis der gesamten deutschen erotischen Literatur mit Einschluß der Übersetzungen, nebst Beifügung der Originale. I–VIII. – München 1912–1914.

HEALY, JAMES N., ed.: The Mercier Book of Old Irish Street Ballads. vol. I (–III). –
Cork: The Mercier Press 1967 (Mercier Paperback). 368 p.

HEBSAKER, JOACHIM U. – v. Rückblick für die Zukunft.

HEENEMANN, HORST: Die Auflagenhöhen der deutschen Zeitungen. Ihre Entwicklung und ihre Probleme. Diss. Leipzig. – Berlin 1930. XI + 151 p.

HEER, FRIEDRICH: Die Rolle des Buches in der Geistes- und Meinungsbildung. –
Wien: Verlag des Österreichischen Gewerkschaftsbundes 1962 (Aktuelle Probleme
unserer Zeit). 30 p.

HEIDE, WALTHER: Presse-Dissertationen an deutschen Hochschulen 1885–1938. –
Leipzig 1940. 165 p., 1.353 num.

HEIGEL, K. TH.: Der bayerische Hiesel und die Hiesel-Litteratur. – In: Westermanns
illustrierte deutsche Monats-Hefte, 32. Jg., 63. Band, 1887/88, p. 122–130.

HEIN, A. H.: Was las man in Lindau zu Goethes Zeiten. – In: Der Lindauer reitende
Bote. – Lindau, 9. Dezember 1953. 4 col.

HEINDL, JOHANN BAPTIST: Galerie berühmter Pädagogen, verdienter Schulmänner,
Jugend- und Volksschriftsteller und Componisten aus der Gegenwart in Biographien und biographischen Skizzen. I–II. – München 1859 (Repertorium der pädagogischen Journalistik und Literatur, Erg. Bd. 1–2, 1858). 576, 670 p.

HEINRICI (Referendar): Die Verhältnisse im deutschen Colportagebuchhandel. – In:
Untersuchungen über die Lage des Hausiergewerbes in Deutschland. Dritter Band.
– Leipzig 1899 (Schriften des Vereins für Socialpolitik, LXXIX), p. 183–234.

HEINSIUS, WILHELM: Allgemeines Bücher-Lexikon. I–XIX/2. – Leipzig 1812–1894.

HEINZMANN, JOHANN GEORG: Appel an meine Nation über Aufklärung und Aufklärer; über Gelehrsamkeit und Schriftsteller; über Büchermanufakturisten, Rezensenten, Buchhändler; über moderne Philosophen und Menschenerzieher; auch über
mancherley anderes, was Menschenfreyheit und Menschenrechte betrifft. – Bern
1795. 546 p.

518

HEISS, HANNS: Die romanischen Literaturen des 19. und 20. Jahrhunderts. – Berlin-Neubabelsberg 1923 (Handbuch der Literaturwissenschaft, ed. OSKAR WALZEL). 384 p., 288 fig.

HEITJAN, ISABEL: Die Kölner Druckereibetriebe und Buchhandlungen 1810. – In: Archiv für Geschichte des Buchwesens IV, 1963, col. 1549–1556.

HEITZ, PAUL – FR. RITTER: Versuch einer Zusammenstellung der Deutschen Volksbücher des 15. und 16. Jahrhunderts nebst deren späteren Ausgaben und Literatur. – Strassburg 1924. XIV + 218 p., 735 num.

HELD, A[DOLF]: Die deutsche Arbeiterpresse der Gegenwart. – Leipzig 1873. 196 p.

HELLMANN, GUSTAV: Meteorologische Volksbücher. Ein Beitrag zur Geschichte der Meteorologie und zur Kulturgeschichte. 2. Aufl. – Berlin 1895 (Sammlung populärer Schriften hgg. von der Gesellschaft Urania zu Berlin, 8). 68 p.

HÉLOT, RENÉ: La Bibliothèque Bleue en Normandie. – Rouen 1928 (Société Rouennaise de Bibliophiles, 72). LXXVI p. + 40 pl. + 4 p. + 7 p. + 126 p. + 2 fol., 273 num.

HÉLOT, RENÉ: Canards et canardiers en France et principalement en Normandie. – Paris s. d. 37 p., 14 pl.

HÉLOT, RENÉ: Notes sur l'Imagerie populaire en Normandie. – Lille 1908 (Extrait du Bulletin de la Société archéologique, historique et artistique Le Vieux Papier). 77 p. 9 fig. im Text. XII pl.

HEMSEN, W.: Zur Charakteristik Berthold Auerbach's und der neuern volksthümlichen Dichtung. – In: Blätter für literarische Unterhaltung. – Leipzig: Brockhaus, 2.–10. Juli 1849 (num. 157–164), p. 625–631, 633–635, 637–638, 641–643, 645–647, 649–651, 653–655.

HENSS, ADAM: Aus dem Tagebuch eines reisenden Handwerkers. Ed. KARL ESSELBORN. – Friedberg 1923 (Hessische Volksbücher, 49/50). 196 p.

HEPPE, H.: Geschichte des deutschen Volksschulwesens. Erster Band. – Gotha 1858. IV + 344 p.

HERMAND, JOST: Der deutsche Vormärz. Texte und Dokumente. – Stuttgart 1967 (Reclams Universal-Bibliothek, 8794–98). 424 p.

HERMANIN, FEDERICO: La vita nelle vecchie stampe italiane. – Spoleto: Argentieri 1928. 191 p., 280 fig.

HERMES, GERTRUD: Die geistige Gestalt des marxistischen Arbeiters und die Arbeiterbildungsfrage. – Tübingen 1926. XI + 331 p.

HERRMANN-MASCARD, NICOLE: La Censure des livres à Paris à la fin de l'Ancien Régime (1750–1789). – Paris 1968 (Travaux et recherches de la Faculté de Droit et des Sciences économiques de Paris, Série „Sciences historiques", 13). VII + 147 p.

HERZ, MAXIMILIAN JOSEPH: Praktische Anleitung zum seelsorglichen Privatunterricht. – Stuttgart 1834. XVI + 176 p.

[HETZEL, P.-J.] De Balzac à Jules Verne un grand éditeur du XIXe siècle: P.-J. Hetzel. – Paris: Bibliothèque Nationale 1966. XX + 89 p., 373 num., VIII pl.

HILLER, HELMUT: Zur Sozialgeschichte von Buch und Buchhandel. – Bonn 1966 (Bonner Beiträge zur Bibliotheks- und Bücherkunde, 13). 213 p.

HILLER, HELMUT – WOLFGANG STRAUSS, ed.: Der deutsche Buchhandel. Wesen, Gestalt, Aufgabe. 3. Auflage. – Gütersloh 1966. 461 p.

HINGLEY, RONALD: Von Puschkin bis Tolstoj. Eine Literatursoziologie. – München 1967 (Kindlers Universitäts Bibliothek), 256 p., zahlreiche fig. im Text.

HINTZE, MANFRED: Massen-Bildpresse und Fernsehen. Funktionswandlungen und Wettbewerbseinflüsse in sozialökonomischer Analyse. – Gütersloh 1967 (Schriften zur Buchmarkt-Forschung, 6). XI + 312 p.

HIRSCH, ARNOLD: Soziologie und Literaturgeschichte. – In: Euphorion 19, 1928, p. 74–82.

HIRSCHING, FRIEDRICH KARL GOTTLOB: Versuch einer Beschreibung sehenswürdiger Bibliotheken Teutschlands nach alphabetischer Ordnung der Städte. I–IV. – Erlangen 1786–1791. I: 8 fol. + 303 p., II: XVI + 532 p., III/1: 8 fol. + 724 p., III/2: 452 p., IV: 4 fol. + 224 p.

HISTOIRE DE L'OEUVRE DES BONNES LECTURES pour la jeunesse (Courrier de la jeunesse, Arc-en-ciel, etc.) dans vingt-cinq diocèses. – Paris 1860. 128 p.

HISTOIRE DES LITTÉRATURES. III: Littératures françaises, connexes et marginales. – Paris 1958 (Encyclopédie de la Pléiade, 7). XIII + 2.053 p.

Hitzig, J. E. – v. Allgemeine Press-Zeitung.

HOBRECKER, KARL: Alte vergessene Kinderbücher. – Berlin 1924. 159 p. (mit Bibliographie!). – Cf. dazu die Rezension von W. BENJAMIN (1924), jetzt in W. BENJAMIN: Über Kinder, Jugend und Erziehung. – Frankfurt/M. 1969 (edition suhrkamp, 391), p. 39–46.

[HOCHE, JOHANN GOTTFRIED:] Vertraute Briefe über die jetzige abentheuerliche Lesesucht und über den Einfluß derselben auf die Verminderung des häuslichen und öffentlichen Glücks. – Hannover: Chr. Ritscher 1794. 148 p.

HÖCK, ALFRED: Hessischer Bücherkrämer hat Schwierigkeiten auf dem Markt in Fulda. – In: Buchenblätter 40, Fulda 1967, p. 122–123.

HÖCK, ALFRED: Leiermänner und Zeitungssänger. Ältere hessische Notizen über Straßenmusikanten. – In: Jahrbuch für Volksliedforschung 13, 1968, p. 59–70, 2 fig.

HODEIGE, FRITZ: Die Stellung von Dichter und Buch in der Gesellschaft. Eine literarsoziologische Untersuchung. – In: Archiv für Geschichte des Buchwesens I, 1956–1958, p. 141–170.

HODEIGE, FRITZ: Über einige Formen des Bucherfolges in der Trivialliteratur, wie in der Belletristik. – In: das werck der bucher. – Freiburg 1956, p. 214–223.

HOFACKER, LUDWIG: Ein güldenes Jubiläum. Geschichte der 50jährigen Wirksamkeit der evangelischen Gesellschaft in Stuttgart. – Stuttgart 1880. VI + 255 p.

HOFFMANN, JULIUS: Die „Hausväterliteratur" und die „Predigten über den christlichen Hausstand". Lehre vom Hause und Bildung für das häusliche Leben im 16., 17. und 18. Jhdt. – Weinheim-Berlin 1959 (Göttinger Studien zur Pädagogik, 37). 246 p.

HOFMANN, WALTER: Die Lektüre der Frau. Ein Beitrag zur Leserkunde und zur Leserführung. Mit zahlreichen graphischen und tabellarischen Übersichten. – Leipzig 1931 (Leipziger Beiträge zur Grundlegung der praktischen Literaturpflege, 1). VII + 210 p.

HOFSTÄTTER, PETER R.: Einführung in die Sozialpsychologie. 3. Auflage. – Stuttgart 1963 (Kröners Taschenausgabe, 295). 511 p.

HOGGART, RICHARD: The Uses of Literacy. Aspects of working-class life with special reference to publications and entertainments. – Harmondsworth (1957) 1966 (Pelican Books, A 431). 384 p.

HOHENEMSER, PAUL: Flugschriftensammlung Gustav Freytag. – Frankfurt/M. 1925. XIX + 512 p., 6.265 num.

HOLTMANN, ROBERT B.: Napoleonic Propaganda. – Baton Rouge: Louisiana State University Press 1950. XV + 272 p.

HOPF, GEORG WILHELM: Musterung der deutschen Lesebücher. – In: Centralblatt I, 1857, p. 135–149.

HOPF, GEORG WILHELM: Ueber Jugendschriften. Mittheilungen an Aeltern und Lehrer. – Fürth 1850. 78 p.

HÖPFNER, H.: Praktischer Wegweiser durch die christliche Volksliteratur. Herausgegeben auf Veranstaltung des Rheinisch-Westfälischen Provinzial-Ausschusses für innere Mission. Zweite umgearbeitete und vervollständigte Ausgabe. – Bonn 1873. IX + 343 p., 1.917 + 125 num.

HOROVITZ, RUTH: Vom Roman des Jungen Deutschland zum Roman der Gartenlaube. Ein Beitrag zur Geschichte des deutschen Liberalismus. Diss. Basel. – Breslau 1937. 146 p.

HOSS, MAX: Die Flugblätterpolizei in Deutschland mit besonderer Berücksichtigung Württembergs. – Stuttgart 1903. 66 p.

HOUBEN, HEINRICH HUBERT: Der gefesselte Biedermeier. Literatur, Kultur, Zensur in der guten alten Zeit. – Leipzig 1924. 272 p.

HOUBEN, HEINRICH HUBERT: Hier Zensur – wer dort? – Leipzig 1918. 207 p.

HOUBEN, HEINRICH HUBERT: Polizei und Zensur. Längs- und Querschnitte durch die Geschichte der Buch- und Theaterzensur. – Berlin 1926 (Die Polizei in Einzeldarstellungen, 11). 141 p., 62 fig.

HOUBEN, HEINRICH HUBERT: Verbotene Literatur von der klassischen Zeit bis zur Gegenwart. I–II. (Berlin 1924 – Bremen 1928). – Hildesheim 1965. 618 + 616 p.

HUEMER, HELMUTH: Untersuchungen zur Volksbuchliteratur Oberösterreichs im neunzehnten Jahrhundert. Masch. Diss. – Wien 1950. III + 517 p. (mit Bibliographie!).

HUNDERT JAHRE KOHLHAMMER. 1866–1966. – Stuttgart 1966. 364 p., zahlreiche fig. im Text.

HÜRLIMANN, BETTINA: Europäische Kinderbücher in drei Jahrhunderten. – Zürich und Freiburg 1959. 247 p., zahlreiche fig. im Text.

HURWITZ, HAROLD: Der heimliche Leser. Beiträge zur Soziologie des geistigen Widerstandes. – Köln-Berlin 1966. 441 p.

[IMBERT, A.:] Biographie des imprimeurs et des libraires, précédée d'un coup-d'oeil sur la librairie. Par M^r. A. I*****, libraire. – Paris 1826. 128 p.

IORGA, NICOLAE: Livres populaires dans le sud-est de l'Europe et surtout chez les Roumains. Quatre conférences données en Sorbonne. – In: Académie Roumaine. Bulletin de la section historique 14, Bucarest 1928, p. 7–72 (1–66).

IPFLING, HEINZ-JÜRGEN: Jugend und Illustrierte. Pädagogisch-zeitungswissenschaftliche Untersuchung. – Osnabrück 1965 (Dialogus. Zeitung und Leben N. F., 1). 197 p.

JAHN, FRIEDRICH LUDWIG: Deutsches Volksthum. – Lübeck 1810. XXIV + 459 p.

JAMES, LOUIS: Fiction for the Working Man 1830–1850. A study of the literature produced for the working classes in early Victorian urban England. – London 1963. XIV + 226 p.

JANTKE, CARL – DIETRICH HILGER, ed.: Die Eigentumslosen. Der deutsche Pauperismus und die Emanzipationskrise in Darstellungen und Deutungen der zeitgenössischen Literatur. – Freiburg-München 1965. 510 p.

JENTSCH, IRENE: Zur Geschichte des Zeitungslesens in Deutschland am Ende des 18. Jahrhunderts. Mit besonderer Berücksichtigung der gesellschaftlichen Formen des Zeitungslesens. Diss. – Leipzig 1937. 179 p.

JESINGER, ALOIS: Wiener Lekturkabinette. – Wien 1928. 141 p.

JOESTEN, (Dr.): Litterarisches Leben am Rhein. Zwei Studien über „Die litterarische Bildung am Rhein im vorigen Jahrhundert" „Gottfried Kinkel und sein Kreis in Bonn". – Leipzig 1899. 127 p.

JOHANNSEN, ALBERT: The House of Beadle and Adams and Its Dime and Nickel Novels. The Story of a Vanished Literature. I–II. – Norman: University of Oklahoma Press 1950. XXV + 476 p., 443 p.

JUNG-STILLING, JOHANN HEINRICH: Theorie der Geister-Kunde, in einer Natur-, Vernunft- und Bibelmäßigen Beantwortung der Frage: Was von Ahnungen, Gesichten und Geistererscheinungen geglaubt und nicht geglaubt werden müsse. Neue Auflage. – Stuttgart 1827. XVI + 304 p.

KAES, RENÉ: Les Ouvriers français et la culture. Enquête 1958–1961. – Paris: Dalloz 1962. 592 p. (Cf. dazu die Rezension von MICHELLE PERROT in: Annales. Économies, Sociétés, Civilisations 19, 1964, p. 1139–1146).

KAISER, BRUNO, ed.: Aus verbotenen Büchern. Ein unbekanntes Kapitel der deutschen Literaturgeschichte. Mit zwei farbigen Beilagen. – Berlin 1957. 145 p.

KAISER, E.: Lesestoff und Bildung. Einführung in die Literatur der Volksschriften (Romane, Novellen, Erzählungen, Zeitschriften, Zeitungen, wissenschaftliche Werke). – Halle a. S. 1905. 31 p.

KAISER, GERHARD: Nationale Erweckung. Nachwirkungen des Pietismus in der Frühgeschichte des Patriotismus. – In: Wirkendes Wort 17, 1967, p. 73–92.

KAISER, GERHARD: Pietismus und Patriotismus im literarischen Deutschland. Ein Beitrag zum Problem der Säkularisation. – Wiesbaden 1961 (Veröffentlichungen des Instituts für europäische Geschichte Mainz, 24). 302 p. (mit Bibliographie!).

Im KAMPF GEGEN DIE SCHUND-DRUCKERZEUGNISSE. Erfahrungen, Ratschläge und Materialien. – Berlin 1910 (Flugschriften des Volksbundes zur Bekämpfung des Schmutzes in Wort und Bild, 5). 52 p. (mit Bibliographie der Anti-Schund-Literatur).

KASTNER, ADOLF: Der Geschichtsschreiber und Volksschriftsteller Ottmar Friedrich Heinrich Schönhuth, Pfarramtsverweser auf dem Hohentwiel (1830–37). – In: Hohentwiel. Bilder aus der Geschichte des Berges. Ed. HERBERT BERNER. – Konstanz 1957, p. 280–322. – Schrifttum von und über Schönhuth ibid. p. 385–395.

KATALOG DER BIBLIOTHEK DES BÖRSENVEREINS der deutschen Buchhändler. I–II. – Leipzig 1885–1902 (Verzeichniss der Sammlungen des Börsenvereins der deutschen Buchhändler, 1, 3). XXXVI + 708 p., XX + p. 655–1406 (mit Gesamtregister über beide Bände).

KATZ, ELIHU – PAUL F. LAZARSFELD: Persönlicher Einfluß und Meinungsbildung. (Personal Influence. The Part Played by People in the Flow of Mass Communication. – Illinois 1955). – Wien 1962. 175 p.

KAYSER, C.: Die Versorgung der Gemeinde mit den Erzeugnissen der christlichen Presse. – Nürnberg: Schrag 1891. 27 p. (nach GEORG II, 1018).

KAYSER, CHRISTIAN GOTTLOB: Vollständiges Bücher-Lexicon. Ein Verzeichnis der seit dem Jahre 1750 im deutschen Buchhandel erschienenen Bücher und Landkarten. I–XXXVI. – Leipzig 1834–1911.

KEHREIN, JOSEPH: Biographisch-literarisches Lexikon der katholischen deutschen Dichter, Volks- und Jugendschriftsteller im 19. Jahrhundert. I–II. – Würzburg 1868–1871. – 2. Auflage: Lexikon der katholischen Dichter [...]. – Würzburg 1872. VIII + 318, IV + 298 p.

KEITER, HEINRICH: Katholische Erzähler der Neuzeit. – Paderborn 1880. – 2. Auflage: Katholische Erzähler der neuesten Zeit. Litteraturhistorische Studien. – Paderborn 1890. VIII + 396 p.

KELLEN, TONY: Der Massenvertrieb der Volksliteratur. – In: Preußische Jahrbücher, ed. H. DELBRÜCK 98, 1899, p. 79–103.

KERNER, JUSTINUS: Werke. Auswahl in sechs Teilen. Ed. RAIMUND PISSIN. – Berlin-Leipzig-Wien-Stuttgart s. d.

KIEPE, HANSJÜRGEN: Landschaft Gottes. Zur Rolle der Verbzusätze in Johanna Spyris „Heidi". – In: Wirkendes Wort 67, 1967, p. 410–429.

KILLY, WALTHER: Deutscher Kitsch. Ein Versuch mit Beispielen. – Göttingen 1961 (Kleine Vandenhoek-Reihe, 125–127). 168 p.

KIRCHNER, JOACHIM: Bibliographie der Zeitschriften des deutschen Sprachgebietes bis 1900. – Stuttgart 1966–. (Bisher erschienen: Lieferung 1–3, 1966–1967, num. 1–4.297).

KIRCHNER, JOACHIM: Die Grundlagen des deutschen Zeitschriftenwesens. Mit einer Gesamtbibliographie der deutschen Zeitschriften bis zum Jahre 1790. I (Bibliographische und buchhandelsgeschichtliche Untersuchungen) – II (Die Bibliographie der deutschen Zeitschriften bis zur französischen Revolution. Statistische Ergebnisse). – Leipzig 1928–1931. XII + 144 p., XVI + 347 p., 3.494 + 252 num.

KIRSCHSTEIN, EVA-ANNEMARIE: Die Familienzeitschrift. Ihre Entwicklung und Bedeutung für die deutsche Presse. Diss. Leipzig. – Berlin 1936 (Beiträge zur Erforschung der deutschen Zeitschrift, 2). 171 p. (mit Bibliographie!).

KLAPP, ORRIN E.: The Creation of Popular Heroes. – In: The American Journal of Sociology LIV, 1948/49, p. 135–141.

KLAPPER, JOSEPH T.: The Effects of Mass Communication. – New York: The Free Press (1960). Sixth Printing 1965. XVIII + 302 p.

KLAUSMEIER, RUTH-GISELA: Völkerpsychologische Probleme in Kinderbüchern. Vergleichende Untersuchungen an englischer, französischer und deutsch-schweizerischer Kinderliteratur. – Bonn 1963 (Abhandlungen zur Philosophie, Psychologie und Pädagogik, 25). 111 p., 6 fig. (mit Bibliographie!).

KLEINBERG, ALFRED: Die deutsche Dichtung in ihren sozialen, zeit- und geistesgeschichtlichen Bedingungen. Eine Skizze. – Berlin 1927. XV + 443 p., 27 Tafeln.

KLEINBERG, ALFRED: Ludwig Anzengruber. Ein Lebensbild. Mit einem Geleitwort von WILHELM BOLIN. – Stuttgart und Berlin 1921. XII + 448 p.

KLEINBERG, ALFRED: „Soziologische Literaturgeschichtsforschung". – In: Die Gesellschaft II/2, 1925, p. 573–578.

KLIEMANN, HORST – PETER MEYER-DOHM: Buchhandel. Eine Bibliographie. – Gütersloh 1963 (Schriften zur Buchmarkt-Forschung, 1). 160 p.

KLIER, KARL M.: Andachts- und Liederbücher der Wiener Buchbinder- und Druckerfamilie Grund, 1742–1858. – In: Kultur und Volk. Beiträge zur Volkskunde aus Österreich, Bayern und der Schweiz. Festschrift für GUSTAV GUGITZ. – Wien 1954, p. 139–152.

KLINGBERG, GÖTE: Die Gattungen des Kinder- und Jugendbuches. Ein Programm für die geschichtliche Kinder- und Jugendliteraturforschung. – In: Wirkendes Wort 17, 1967, p. 329–340.

KLINGBERG, GÖTE: Svensk barn- och ungdomslitteratur 1591–1839. En pedagogikhistorisk och bibliografisk översikt. Stockholm 1964, 413 p.

KLOTZ, VOLKER, ed.: Zur Poetik des Romans. – Darmstadt 1965 (Wege der Forschung, 35). XVI + 406 p.

KLÜPFEL, KARL: Literarischer Wegweiser für gebildete Laien. Die Jahre von 1870–1874 (1874–1876). –Leipzig 1874 (1876). VII + 132 p. (XIX + 80 p.).

KNAPP, ALBERT: Lebensbild. Eigene Aufzeichnungen, fortgeführt und beendigt von seinem Sohne JOSEPH KNAPP. – Stuttgart 1867. VIII + 536 p.

KOHFELDT, GUSTAV: Zur Geschichte der Büchersammlungen und des Bücherbesitzes in Deutschland. – In: Zeitschrift für Kulturgeschichte VII, 1900, p. 325–388.

KOHLBECKER, HELLMUT: Allgemeine Entwicklungsgeschichte des badischen Kalenders in der Zeit von 1700 bis 1840. Diss. Freiburg. – Baden-Baden 1928. 79 p.

KÖHLER, ERICH: Über die Möglichkeiten historisch-soziologischer Interpretation (aufgezeigt an französischen Werken verschiedener Epochen). – In: E. KÖHLER: Esprit und arkadische Freiheit. Aufsätze aus der Welt der Romania. – Frankfurt – Bonn 1966, p. 83–103.

KÖHLER, REINHOLD: Kleinere Schriften. Herausgegeben von JOHANNES BOLTE. I: Zur Märchenforschung. – Weimar 1898. – II: Zur erzählenden Dichtung des Mittelalters. – Berlin 1900. – III: Zur neueren Literaturgeschichte, Volkskunde und Wortforschung. – Berin 1900. XII + 608, XII + 700 und XV + 659 p.

Kohlhammer – v. Hundert Jahre.

Kohn-Bramsted, E. – v. Bramsted, E. K.

KÖNNEKE, GUSTAV: Hessisches Buchdruckerbuch enthaltend Nachweis aller bisher bekannt gewordenen Buchdruckereien des jetzigen Regierungsbezirks Cassel und des Kreises Biedenkopf. – Marburg 1894. IV + 362 p. + Anhang + XXIII p. Register, 96 Buchdruckerzeichen.

KOPP, WIILHELM: Chr. Gottlob Barth's Leben und Wirken. – Calw & Stuttgart 1886 (Calwer Familienbibliothek, 1). 304 p. 1 Porträt.

KOPPITZ, HANS-JOACHIM: Zur Bibliographie der deutschen Buchproduktion des 18. Jahrhunderts. – In: Zeitschrift für Bibliothekswesen und Bibliographie IX, 1962, p. 18–30.

KOSCH, FRIEDRICH WILHELM: Das Grazer Bücherrevisionsamt 1781–1848. – In: Zeitschrift des Historischen Vereins für Steiermark 60, 1969, p. 45–84.

KOSCH, WILHELM: Ludwig Aurbacher, der bayrisch-schwäbische Volksschriftsteller. Seine Jugenderinnerungen (1784–1808) nebst Briefen an ihn [...] sowie einem Abriß seines Lebens und Schaffens. – Köln 1914 (Schriften der Görres-Gesellschaft, 1). 127 p.

KOSKO, MARIA: Le Fils assassiné (AT 939 A). Étude d'un thème légendaire. – Helsinki 1966 (FFC, 198). 364 p.

KÖSTER, HERMANN L.: Geschichte der deutschen Jugendliteratur in Monographien. I–II. – Hamburg 1906–1908. VIII + 196, VII + 191 p. – 4. Auflage: Braunschweig – Berlin – Hamburg 1927. 478 p. Reprint 1968. – v. SCHERF, W.

KOSZYK, KURT – GERHARD EISFELD: Die Presse der deutschen Sozialdemokratie. – Hannover 1966 (Schriftenreihe des Forschungsinstituts der Friedrich-Ebert-Stiftung, B). IX + 404 p.

KRANAWETTER, HERMANN: Steyr in Oberösterreich, als Druckort „fliegender Blätter" des 18. und 19. Jahrhunderts. – In: Bayerische Hefte für Volkskunde VI, 1919, p. 35–105.

KRAUS, OTTO: Der deutsche Büchermarkt 1893. – Stuttgart 1894 (Zeitfragen des christlichen Volkslebens, XIX, 3). 51 p.

KRAUT, DORA: Die Jugendbücher in der deutschen Schweiz bis 1850. – Bern 1945 (Bibliothek der Schweizer Bibliophilen, II, 17) (nicht benützt).

KREMANN, BERNHARD: Hansjakob-Bibliographie. Mit Inhaltsangaben, Erläuterungen und Hinweisen. (Umschlagtitel: Heinrich Hansjakob, der Schwarzwalderzähler). Sonderdruck aus: Die Ortenau 41, 1961. 55 p., 700 num.

KREUTZWALD, HEINRICH: Zur Geschichte des Biblischen Unterrichts und zur Formgeschichte des biblischen Schulbuches. – Freiburg 1957 (Untersuchungen zur Theologie der Seelsorge, 11). XII + 305 p. (mit Bibliographie!).

KREUZER, HELMUT: Die Boheme. Beiträge zu ihrer Beschreibung. – Stuttgart 1968. XVI + 435 p.

KREUZER, HELMUT: Trivialliteratur als Forschungsproblem. Zur Kritik des deutschen Trivialromans seit der Aufklärung. – In: Deutsche Vierteljahrsschrift für Literaturwissenschaft und Geistesgeschichte 41, 1967, p. 173–191.

KUCZYNSKI, JÜRGEN: Die Geschichte der Lage der Arbeiter unter dem Kapitalismus. Teil I: Die Geschichte der Lage der Arbeiter in Deutschland von 1789 bis zur Gegenwart. vol. 1–18 (–21). – Berlin: Akademie-Verlag 1961–1966 (vol. 19–21 noch nicht erschienen).

KUHN, HUGO: Dichtungswissenschaft und Soziologie. – In: Studium generale 3, 1950, p. 622–626.

KÜHNER, C. – TH. SCHOTT: Jugendlectüre, Jugendliteratur. – In: Encyclopädie des gesammten Erziehungs- und Unterrichtswesens, ed. K. A. SCHMID. 2. verbesserte Auflage. vol. III, Gotha 1880, p. 859–896.

KÜNNEMANN, HORST: Von Campe bis Caravelle. Kritische Chronik eines Jugendbuchverlages. – In: Rückblick für die Zukunft, p. 135–210.

KUNZ, GERHARD: Untersuchungen über Funktionen und Wirkungen von Zeitungen in ihrem Leserkreis. – Köln–Opladen 1967 (Forschungsberichte des Landes Nordrhein-Westfalen, 1840). 84 p. (mit Bibliographie).

KUNZE, HORST: Lieblings-Bücher von dazumal. Eine Blütenlese aus den erfolgreichsten Büchern von 1750–1860. Zugleich ein erster Versuch zu einer Geschichte des Lesergeschmacks. – München (1938) 1965. 438 p. 24 pl., 40 fig. im Text.

KUNZE, HORST: Schatzbehalter. Vom Besten aus der älteren deutschen Kinderliteratur. – Hanau 1965. 444 p.

LÄMMERT, EBERHARD: Bauformen des Erzählens. – Stuttgart 1955. 296 p.

LAMPARTER, CONRAD: Geschichte der Lithographie in Württemberg. – In: Württembergische Jahrbücher für Statistik und Landeskunde 1898. Stuttgart 1899, p. I. 47–I. 76.

LANCKORONSKA, MARIA – ARTHUR RÜMANN: Geschichte der deutschen Taschenbücher und Almanache aus der klassisch-romantischen Zeit. – München 1954. 215 p. (Text) + 160 p. (fig.) + 8 p. (Register).

LANGE, MARIANNE: Die fortschrittliche bürgerliche Jugendschriftenkritik am Jugendbuch des 19. Jahrhunderts und ihre Auswirkungen auf die Bildungsarbeit der Arbeiterklasse. Masch.-Diss. – Leipzig 1957. II + 185 p. (mit Bibliographie!).

LANGENBUCHER, WOLFGANG: Der aktuelle Unterhaltungsroman. Beiträge zu Geschichte und Theorie der massenhaft verbreiteten Literatur. – Bonn 1964 (Bonner Beiträge zur Bibliotheks- und Bücherkunde, 9). IX + 292 p.

LANGENBUCHER, WOLFGANG R.: Der Roman als Quelle geistesgeschichtlicher Forschung. – In: Zeitschrift für Religions- und Geistesgeschichte 20, 1968, p. 259–272.

LANSON, GUSTAVE: L'Histoire littéraire et la sociologie. – In: Revue de Métaphysique et de Morale XII, 1904, p. 621–642.

526

LANTZ, HERMAN R. – ELOISE C. SNYDER – MARGARET BRITTON – RAYMOND SCHMITT: Pre-Industrial Patterns in the Colonial Family in America: A Content Analysis of Colonial Magazines. – In: American Sociological Review 33, 1968, p. 413–426.

LARSEN, OTTO N.: Controversies About the Mass Communication of Violence. – In: M. E. WOLFGANG: Patterns of Violence, p. 37–49.

LASSL, JOSEF: Dichtung und Gesellschaft. Aufsätze zur Literatursoziologie. – Linz 1966. 157 p.

LAZARSFELD, PAUL FELIX: Am Puls der Gesellschaft. Zur Methodik der empirischen Soziologie. – Wien–Frankfurt–Zürich 1968 (Europäische Perspektiven). 184 p.

LE BLANC-HARDEL, F., ed.: Sermon prononcé par le Révérend Père Esprit de Tinchebray Capucin dans l'église des Dames religieuses de Haute-Bruyère le 22 juillet 1694, fête de sainte Madeleine. Réimprimé avec une étude sur la Bibliothèque Bleue. – Caen 1884. 72 p.

LEENHARDT, JACQUES: Psychocritique et sociologie de la littérature. – In: G. POULET, ed.: Les Chemins actuels de la critique, p. 253–271.

LEENHARDT, JACQUES: La Sociologie de la littérature: quelques étapes de son histoire. In: Revue internationale des sciences sociales XIX, 1967, p. 555–572.

LEFFTZ, JOSEPH: Die gelehrten und literarischen Gesellschaften im Elsass vor 1870. – Colmar 1931. X + 255 p.

LEGMAN, GERSHON: The Horn Book: Studies in Erotic Folklore and Bibliography. – New Hyde Park, N. Y. 1964. 505 p.

LEIXNER, OTTO VON: Unser Jahrhundert. Ein Gesammtbild der wichtigsten Erscheinungen auf dem Gebiete der Geschichte, Kunst, Wissenschaft und Industrie der Neuzeit. I–II. – Stuttgart 1882–1883. XI + 636 p., XIV + 815 p., zahlreiche fig. im Text.

LEIXNER, OTTO VON: Zum Kampfe gegen den Schmutz in Wort und Bild. Ein Mahnwort und ein Aufruf. 2. Auflage. – Leipzig: Dietrich 1904 (Sozialer Fortschritt, 10). 20 p.

LEIXNER, OTTO VON: Zur Reform unserer Volkslitteratur. Herausgegeben im Auftrage des Vereins für Volkslitteratur. – Berlin s. d. (1891). 36 p.

LEPREUX, GEORGES: Gallia typographica ou Répertoire biographique et chronologique de tous les imprimeurs de France depuis les origines de l'imprimerie jusqu' à la Révolution. 7 vol. – Paris 1911–1913. (Série Départementale I; II; III, 1; III, 2; IV; Série Parisienne I, 1; I, 2).

LEROY, ALFRED: La Civilisation française du XIXe siècle. – Tournai 1963 (Lumières de l'histoire). 434 p.

LESSING, CLEMENS: Das methodische Problem der Literatursoziologie. Masch.-Diss. – Bonn 1950. 197 p.

L'ÉTANG, E.-A. DE: Le Colportage, l'instituteur primaire et les livres utiles dans les campagnes. – Paris 1865. 42 p.

L'ÉTANG, E.-A. DE: Des Livres utiles et du colportage comme moyen d'avancement moral et intellectuel des classes rurales et ouvrières. – Paris 1866. 160 p.

LEUILLIOT, PAUL: L'Alsace au début du XIXᵉ siècle. Essais d'histoire politique, économique et religieuse (1815–1830). I–III. – Paris 1959–1960.

LEWIS, CLIVE STAPLES: Über das Lesen von Büchern. (An Experiment in Criticism). Literaturkritik ganz anders. – Freiburg 1966 (Herder-Bücherei, 250). 128 p.

LEXIKON DES BUCHWESENS, ed. JOACHIM KIRCHNER, I–IV. – Stuttgart 1952–1956.

LEXIKON DES GESAMTEN BUCHWESENS, ed. KARL LÖFFLER und JOACHIM KIRCHNER. I–III. – Leipzig 1935–1937.

L'HUILLIER, FERNAND – PIERRE BENAERTS: Nationalité et Nationalisme (1860–1878). – Paris 1968. 761 p.

LIEBING, HEINZ: Die Erzählungen H. Claurens (Carl Heuns) als Ausdruck der bürgerlichen Welt- und Lebensanschauung in der beginnenden Biedermeierzeit. Diss. Halle-Wittenberg. – Halle 1931. 107 p.

LIEDE, ALFRED: Parodie. – In: Reallexikon der deutschen Literaturgeschichte III. – ²Berlin 1966, p. 12–72.

LIETZMANN, HILDA: Bibliographie zur Kunstgeschichte des 19. Jahrhunderts. Publikationen der Jahre 1940–1966. Mit Referaten von K. LANKHEIT, F. NOVOTNY und H. G. EVERS. – München 1968 (Studien zur Kunst des neunzehnten Jahrhunderts, 4). 234 p., 4.431 num.

LITERATUR UND GESELLSCHAFT vom neunzehnten ins zwanzigste Jahrhundert. Ed. HANS JOACHIM SCHRIMPF. (Festgabe für Benno von Wiese). – Bonn 1963. 384 p.

Das LITTERARISCHE LEIPZIG. Illustriertes Handbuch der Schriftsteller- und Gelehrtenwelt, der Presse und des Verlagsbuchhandels in Leipzig. – Leipzig 1897. 293 p. + 5 fol. (Namens-Verzeichnis).

LITTÉRATURE ET SOCIÉTÉ. Problèmes de méthodologie en sociologie de la littérature. Colloque organisé conjointement par l'Institut de Sociologie de l'Université Libre de Bruxelles et l'École Pratique des Hautes Études (6ᵉ section) de Paris du 21 au 23 mai 1964. (Établi par LUCIEN GOLDMANN, MICHEL BERNARD et ROGER LALLEMAND). – Bruxelles: Éditions de l'Institut de Sociologie de l'Université Libre de Bruxelles 1967 (Études de sociologie de la littérature). 222 p.

LITTÉRATURE SAVANTE ET LITTÉRATURE POPULAIRE. Bardes, conteurs, écrivains. (Société française de littérature comparée. Actes du sixième congrès national. Rennes 1963). – Paris 1965. XVIII + 210 p.

Les Livres de l'enfance – v. GUMUCHIAN-Katalog.

LÖBE, W.: Geschichtliche Notizen über Lesevereine und Volksbibliotheken. – In: Centralblatt für deutsche Volks- und Jugendliteratur I, 1857, p. 69–73.

LÖFFLER, SIEGFRIED: Die Presse im preußischen Regierungsbezirk Kassel als Spiegelbild ihrer Zeit. – In: Zeitschrift des Vereins für hessische Geschichte und Landeskunde 75/76, 1964/65, p. 601–610.

LOHR, HERMANN: Das Hausiergewerbe im Großherzogtum und Amtsbezirk Baden. – In: Untersuchungen über die Lage des Hausiergewerbes in Deutschland. Fünfter Band. – Leipzig 1899 (Schriften des Vereins für Socialpolitik, LXXXI), p. 240–246, 271–272.

LOMBARD, ED.: Der medizinische Inhalt der schweizerischen Volkskalender im 18. und 19. Jahrhundert. – Zürich 1925 (Zürcher medizingeschichtliche Abhandlungen, 2). 152 p., 33 fig.

LOMMATZSCH, ERHARD: Beiträge zur älteren italienischen Volksdichtung. Untersuchungen und Texte. I–IV/2. – Berlin 1950–1963 (Veröffentlichungen des Instituts für romanische Sprachwissenschaft der Deutschen Akademie der Wissenschaften zu Berlin). – I–III auch in: Zeitschrift für Romanische Philologie LVII, 1937, p. 1–30; LVIII, 1938, p. 233–330; LIX, 1939, p. 431–550.

LOTTER, CARL: Geschichte der Museums-Gesellschaft in Stuttgart. Zur Feier des 100jährigen Bestehens der Gesellschaft im Auftrag des Verwaltungsrats verfaßt. – Stuttgart 1907. 187 p., XXIV pl.

LÖWENTHAL, LEO: Das Bild des Menschen in der Literatur. – Neuwied – Berlin 1966 (Soziologische Texte, 37). 305 p.

LÖWENTHAL, LEO: Die biographische Mode. – In: Sociologica. Aufsätze, Max Horkheimer zum sechzigsten Geburtstag gewidmet. – Frankfurt 1955 (Frankfurter Beiträge zur Soziologie, 1), p. 363–386.

LOWENTHAL, LEO: Literature, Popular Culture, and Society. – Englewood Cliffs, N. J.: Prentice Hall 1961 (Spectrum Book, S 18)). XXIV + 169 p.

LÖWENTHAL, LEO: Literatur und Gesellschaft. Das Buch in der Massenkultur. – Neuwied – Berlin 1964 (Soziologische Texte, 27). 281 p.

LÖWENTHAL, LEO: Zur gesellschaftlichen Lage der Literatur. – In: Zeitschrift für Sozialforschung I, 1932, p. 85–102.

LUBLINSKI, S.: Litteratur und Gesellschaft im neunzehnten Jahrhundert. I–IV. Berlin 1899–1900 (Am Ende des Jahrhunderts. Rückschau auf 100 Jahre geistiger Entwickelung, XII, XIII, XVI, XVII). VIII + 152, 154, 180, 186 p.

LUDWIG: Wegweiser im Gebiete der Volksliteratur, für Vorsteher von Volksbibliotheken. – Darmstadt 1847. 27 p. (Bibliographie!).

Das LUDWIG RICHTER ALBUM. Sämtliche Holzschnitte. Einleitung von WOLF STUBBE. I–II. – München: Rogner & Bernhard 1968. 1.726 p., 2.572 fig.

LUKÁCS, GEORG: Deutsche Literatur in zwei Jahrhunderten. (Werke, 7). – Neuwied – Berlin 1964. 626 p.

LUKÁCS, GEORG: Die Grablegung des alten Deutschland. Essays zur deutschen Literatur des 19. Jahrhunderts. Ausgewählte Schriften, I. – s. l. (Reinbek:) Rowohlt 1967 (rde, 276). 172 p.

LUKÁCS, GEORG: Schriften zur Literatursoziologie. Ausgewählt und eingeleitet von PETER LUDZ. – Neuwied 1961 (Soziologische Texte, 9). 568 p. (mit Bibliographie!).

LÜTGE, FRIEDRICH: Deutsche Sozial- und Wirtschaftsgeschichte. Ein Überblick. 3. Auflage. – Berlin–Heidelberg–New York 1966 (Enzyklopädie der Rechts- und Staatswissenschaft, Abt. Staatswissenschaft). XVIII + 644 p. (mit Bibliographie!).

LÜTHI, MAX: Das europäische Volksmärchen. Form und Wesen. 2. Auflage. – Bern – München 1960 (Dalp-Taschenbücher, 351), 132 p.

M., W.: Das deutsche Journalwesen. – In: Deutsche Vierteljahrs Schrift 1839, Erstes Heft, p. 1–32.

M., W.: Die Romane. – In: Deutsche Viertel-Jahrs-Schrift 1838, Zweites Heft, p. 92–137.

MACKENSEN, LUTZ: Die deutschen Volksbücher. – Leipzig 1927. XI + 152 p.

Mackensen, L. – v. GÖRRES, J.

MAGAGNATO, LICISCO, ed.: Stampe popolari venete dal secolo XVII al secolo XIX. – Venezia: Neri Pozza 1959. 79 p.,10 fig. ,12 tav.

MAGILL, CHARLES PHILIP: The Development of the German Reading Public 1840 –1848. Diss. – London 1938 (in Deutschland nicht zugänglich).

MAGILL, CHARLES PHILIP: The German Author and his Public in the Mid-Nineteenth Century. – In: The Modern Language Review XLIII, 1948, p. 492–499.

MAIER, KARL ERNST: Jugendschrifttum. Formen, Inhalte, pädagogische Bedeutung. – Bad Heilbrunn: Klinkhardt 1965. 184 p.

MAILLARD, FIRMIN: Les Publications de la rue pendant le Siège et la Commune. Satires – Canards – Complaintes – Chansons – Placards et Pamphlets. Bibliographie pittoresque et anecdotique. – Paris 1874. XII + 198 p., 435 num.

MALESHERBES, CHRÉTIIEN GUILLAUME DE LAMOIGNON DE: Mémoires sur la librairie et sur la liberté de la presse. (1759). – Paris 1809. XIV + 432 p.

MALETZKE, GERHARD: Psychologie der Massenkommunikation. Theorie und Systematik. – Hamburg 1963. 311 p.

MANDROU, ROBERT: De la culture populaire aux 17e et 18e siècles. La Bibliothèque bleue de Troyes. – Paris 1964. 222 p.

MANN, GUNTER: Die medizinischen Lesegesellschaften in Deutschland. – Köln 1956 (Arbeiten aus dem Bibliothekar-Lehrinstitut des Landes Nordrhein-Westfalen, 11) 120 p., 2 Karten, 21 fig.

MANNHEIM, KARL: Ideologische und soziologische Interpretation der geistigen Gebilde. – In: Jahrbuch für Soziologie 2, 1926, p. 424–440. – Jetzt auch in: K. MANNHEIM: Wissenssoziologie. Auswahl aus dem Werk, ed. KURT H. WOLFF. – Berlin – Neuwied 1964 (Soziologische Texte, 28), p. 388–407.

MANZ, WALTER: Der Königlich-bayerische Zentralschulbücherverlag 1785–1849 (1905). Der Staat als Schulbuchverleger im 19. Jahrhundert. Diss. München 1963. – In: Börsenblatt für den Deutschen Buchhandel, Frankfurter Ausgabe, num. 36 vom 5. Mai 1964, p. 791–946. – Auch in: Archiv für Geschichte des Buchwesens VI, 1966, col. 1–312.

MARC, A.: Supplément au Dictionnaire des Romans, du 30 septembre 1819 au 1er janvier 1824; avec un choix des meilleures productions. – Paris 1824. 62 p.

MARC, A.: Supplément au Dictionnaire des Romans, du 1er janvier 1824 au 1er janvier 1828, avec un choix des meilleures productions. – Paris 1828. 80 p.

MARC, A. – v. Dictionnaire des Romans.

MARSHALL, THOMAS F. et al.: Literature and Society, 1950–1955. A Selective Bibliography. – Coral Gables, Florida 1956 (University of Miami Publications in English and American Literature, II, November 1956). IX + 57 p., 94 (Books) + 284 (Articles) num.

MARTENS, WOLFGANG: Die Botschaft der Tugend. Die Aufklärung im Spiegel der deutschen Moralischen Wochenschriften. – Stuttgart 1968. XVI + 592 p. (mit Bibliographie!).

MARTIN, ELEONORE: Die Bemühungen um das „Gute Buch" im katholischen Deutschland der Restaurationszeit. Masch.-Diss. – Mainz 1950. 223 p. (Bibliographie!).

MARTIN, HENRI-JEAN: L'Édition parisienne au XVIIe siècle. Quelques aspects économiques. – In: Annales. Économies, Sociétés, Civilisations 7, 1952, p. 303–318.

MARTIN, PAUL: Les Petits Soldats de Strasbourg. – Strasbourg–Paris 1950. 78 p., 32 fig.

MARX, KARL – FRIEDRICH ENGELS: Über Kunst und Literatur. Eine Sammlung aus ihren Schriften. Ed. MICHAIL LIFSCHITZ. – Berlin 1948. XV + 610 p.

MARWINSKI, FELICITAS: Almanache, Taschenbücher, Taschenkalender. – Weimar 1967. 105 p., 816 num. (Bibliographie!)

MASSMANN, HANS FERDINAND: [Rezension zu:] Ein Volksbüchlein [von LUDWIG AURBACHER], München 1827. – In: Heidelberger Jahrbücher der Literatur 1827, p. 354–390.

MASSOW, JULIUS EBERHARD WILHELM ERNST VON: Ideen zur Verbesserung des öffentlichen Schul- und Erziehungswesens mit besonderer Rücksicht auf die Provinz Pommern. – In: Annalen des Preußischen Schul- und Kirchenwesens, ed. FRIEDRICH GEDIKE, I, Berlin 1800, p. 76–143, 181–260, 361–395.

MATTEUCCI, LUIGI: Descrizione ragionata delle stampe popolari della Governativa di Lucca. – In: Il Libro e la Stampa V, 1911, p. 46–80, 128–146.

MATTHÄUS, KLAUS: Zur Geschichte des Nürnberger Kalenderwesens. Die Entwicklung der in Nürnberg gedruckten Jahreskalender in Buchform. – In: Archiv für Geschichte des Buchwesens IX, 1968, col. 965–1396.

MAVARO, ROSANNA: La lettura a Palermo. – In: Uomo & Cultura. Rivista di studi etnologici I, Palermo 1968, p. 231–274.

[MAY, KARL:] „Ich". Karl Mays Leben und Werk. Ed. E. A. SCHMID. (1916). – Bamberg 221959 (KARL MAYs Gesammelte Werke, 34). 570 p.

MAYERHOFER, J.: Alban Stolz nach seinen Schriften. – Freiburg/Br. 1884. 14 p.

MAYHEW, HENRY: London Labour And the London Poor; a Cyclopedia of the Condition and Earnings of Those That Will Work, Those That Cannot Work, And Those That Will Not Work. I–III. – London 1851. 492 p., 432 p.

MAYO, ROBERT D.: The English Novel in the Magazines 1740–1815. With a Catalogue of 1375 magazine novels and novelettes. – Evanston: Northwestern University Press 1962. X + 695 p. (mit Bibliographie!).

McCoy, Ralpph E.: Freedom of the Press. An Annotated Bibliography. With a Foreward by Robert B. Downs. – Carbondale and Edwardsville: Southern Illinois University Press. – London and Amsterdam: Feffer & Simons, Inc. 1968. LX p. + 260 fol. n.n.

McCurdy, Harold G.: The Psychology of Literature. – In: International Encyclopedia of the Social Sciences 9, 1968, p. 425–430.

Mehner, H.: Der Haushalt und die Lebenshaltung einer leipziger Arbeiterfamilie. – In: Jahrbuch für Gesetzgebung, Verwaltung und Volkswirtschaft im Deutschen Reich 11, 1887, p. 301–334.

Mehring, Franz: Aufsätze zur deutschen Literatur von Klopstock bis Weerth. – Aufsätze zur deutschen Literatur von Hebbel bis Schweichel. (Gesammelte Schriften, 10, 11). – Berlin 1961. 24 + 711 p., 627 p.

Mehring, Franz: Zur Literaturgeschichte von Calderon bis Heine. – Zur Literatur-geschichte von Hebbel bis Gorki. (Gesammelte Schriften und Aufsätze, ed. Eduard Fuchs, 1, 2). – Berlin 1929. 416 p., 398 p.

Mehring, Franz: Zur preussischen Geschichte von Tilsit bis zur Reichsgründung. (Gesammelte Schriften und Aufsätze, ed. Eduard Fuchs, 4). – Berlin 1930. 416 p.

Mehring, Gebhard: Das Vaterunter als politisches Kampfmittel. – In: Zeitschrift des Vereins für Volkskunde 19, 1909, p. 129–142.

Melchers, Wilhelm: Die bürgerliche Familie des 19. Jahrhunderts als Erziehungs-und Bildungsfaktor. Auf Grund autobiographischer Literatur. Diss. Köln. – Düren 1929. 104 p.

Melzi, Gaetano: Bibliografia dei romanzi e poemi cavallereschi italiani. Seconda edizione corretta ed accresciuta. – Milano: P. A. Tosi 1838. VIII + 380 p., 813 num.

Menzel, Wolfgang: Die deutsche Literatur. I–II. – Stuttgart 1828. 280 p., 302 p.

Méray, Antony: Bibliographie des chansons, fabliaux, contes en vers et en prose, facéties, pièces comiques et burlesques, dissertations singulières, aventures galantes, amoureuses et prodigieuses ayant fait partie de la collection de M. Viollet-Leduc. Avec des Notes biographiques et littéraires sur chacun des ouvrages cités. – Paris 1859. XXIII + 31 + 252 p.

Mercury, Lamberto – Carlo Tuzzi: Canti politici italiani 1793–1945. I–II. – Editori Riuniti 1962 (Enciclopedia tascabile, 44–45). 261 p., 145 p.

Merget, A.: Geschichte der deutschen Jugendliteratur. – Berlin 1867. 220 p. – 3. Auflage, ed. Ludwig Berthold. Berlin 1882. 300 p. (Reprint: Leipzig 1967).

Merget, A.: Versuch einer Charakteristik deutscher Volksbücher. – In: Schulblatt für die Provinz Brandenburg. Zwölfter Jahrgang. Berlin 1847, p. 367–406.

Merker, Paul: Neue Aufgaben der deutschen Literaturgeschichte. – Leipzig–Berlin 1921 (Zeitschrift für Deutschkunde: Ergänzungsheft 16). VI + 82 p.

Merker, Paul: Individualistische und soziologische Literaturgeschichtsforschung. – In: Zeitschrift für deutsche Bildung I, 1925, p. 15–27.

Meunié, Félix: Bibliographie de quelques almanachs illustrés des XVIIIe et XIXe siècles. – Paris 1906. IV + 162 p., 337 num.

MEYER, F. HERMANN: Die Organisation und der Geschäftsbetrieb des Deutschen Buchhandels. – Leipzig s. d. (1865). 160 col.

MEYER, HEINRICH: Grundlagen der Literatursoziologie. – In: Studium Generale 17, 1964, p. 1–33.

MEYER, HERBERT: Carl Friedrich Loening. Lebensbild eines deutschen Verlegers im 19. Jahrhundert. – In: Archiv für Geschichte des Buchwesens IV, 1963, col. 1535–1548.

MEYSELS, THEODOR F., ed.: Schauderhafte Moritaten. – Salzburg: Residenz Verlag s. d. (1962). 157 p.

MIERENDORFF, MARTA – HEINRICH TOST: Einführung in die Kunstsoziologie. – Köln–Opladen 1957 (Synthese, 2). 139 p. (mit Bibliographie!).

MILLAUD, ÉDOUARD: Rapport sur le colportage des journaux et autres écrits imprimés. (Chambre de Députés. Séance du 19 janvier 1878). – In: Journal officiel de la République Française 5/6/7 avril 1878, p. 4014–4019, 4038–4051, 4068–4073.

MILLER, MAX: Von schwäbischen Kalendern in alter Zeit. – In: Hundert Jahre Kohlhammer, p. 337–347.

MILLER, NORBERT: Der empfindsame Erzähler. Untersuchungen an Romananfängen des 18. Jahrhunderts. – München 1968 (Literatur als Kunst). 479 p.

MINDER, ROBERT: Dichter in der Gesellschaft. Erfahrungen mit deutscher und französischer Literatur. – Frankfurt 1966. 402 p.

MINDER, ROBERT: Heidegger, Hebel und die Sprache von Meßkirch. – In: Der Monat 214, Juli 1966, p. 13–23.

MISTLER, JEAN – FRANÇOIS BLAUDEZ – ANDRÉ JACQUEMIN: Épinal et l'imagerie populaire. – Paris 1961. 190 p., 14 + XIII pl., zahlreiche fig. im Text.

MOHR, ADRIAN: Volkslesestoff. Offene Worte zur Psychologie und Soziologie der Massenlektüre. – Frankfurt/M.: Verlag für Sozialwissenschaften s. d. (1954). 32 p.

MOISAND, CONSTANT: Physiologie de l'imprimeur. – Paris: Desloges s. d. (1842). 128 p.

MOLINARI, OLGA MAJOLO: La stampa periodica romana dell' ottocento. I–II. – Roma 1963. XCVI + 1.188 p., 1.703 num.

[MOLL, GEORG PHILIPP:] Ueber Kinder- und Jugendschriften. An Aeltern und Jugendfreunde von einem Jugenderzieher. – Tübingen: J. F. Heerbrandt 1797. 56 p.

MÖLLER, HELMUT: Angewandte Aufklärung und magia naturalis. Versuch über ein konfisziertes Hausbuch des ausgehenden 18. Jahrhunderts. – In: Volksüberlieferung. Festschrift für Kurt Ranke. – Göttingen 1968, p. 491–502.

MÖLLER, HELMUT: Hersfelder Volksbücher? – In: Zeitschrift für deutsche Philologie 79, 1960, p. 410–421.

MÖLLER, HELMUT: Die kleinbürgerliche Familie im 18. Jahrhundert. Verhalten und Gruppenkultur. – Berlin 1969 (Schriften zur Volksforschung, 3). 341 p., 17 fig.

MONE, FRANZ JOSEPH: Übersicht der niederländischen Volks-Literatur älterer Zeit. – Tübingen 1838. XIV + 405 p., 580 num.

MOOS, HENNY: Zur Soziologie des Witzblattes. Mit einem Anhange: Das moderne Witzblatt im Kriege. – München 1915. X + 141 p.

Morin, Louis: Histoire des imprimeries de Troyes depuis 1789 et des autres imprimeries du département de l'Aube depuis leur fondation. – Troyes 1893. 63 p.

Morin, Louis: Les Oudot, imprimeurs et libraires à Troyes, à Paris, à Sens, à Tours. – Paris 1901. 36 p. – Auch in: Bulletin du Bibliophile et du Bibliothécaire 1901, p. 66–77, 182–194.

Morin, L. – v. Sébillot, P.

Möser, Justus: Patriotische Phantasien. Ed. J. W. J. von Voigts. Neue vermehrte Auflage. I–II. – Berlin 1868. VIII + 448 p., VIII + 363 p.

Moser-Rath, Elfriede: Predigtmärlein der Barockzeit. Exempel, Sage, Schwank und Fabel in geistlichen Quellen des oberdeutschen Raumes. – Berlin 1964 (Supplement-Serie zu Fabula, 4, 5). XVI + 544 p.

La Mostra d'Iconografia Popolare Italiana all' Esposizione Etnografica di Roma. – In: Il Libro e la Stampa N. S. 5, 1911, p. 91–98.

Muir, Percy: English Children's Books 1600 to 1900. – London 1954. 256 p., 107 fig.

Müllenbrock, Heinz-Joachim: Literatur und Zeitgeschichte in England zwischen dem Ende des 19. Jahrhunderts und dem Ausbruch des Ersten Weltkrieges. Diss. – Hamburg 1967 (Britannica et Americana, 16). X + 235 p.

Müller, K. J.: Forderungen an den Verein für Massenverbreitung guter Schriften. – Berlin: Buchhandlung der Berliner Stadtmission 1890. 24 p.

Müller, K. J.: Die Kolportage christlicher Schriften. Wie ist sie zu betreiben, wenn sie ihren Zweck erfüllen soll? – Berlin: Wiegandt & Grieben 1890. 16 p.

Müller, K. J.: Notwendigkeit der Verbreitung christlicher Volksschriften. – Berlin: Buchhandlung der Berliner Stadtmission 1890. 20 p. (nach Georg II, 1018).

Müller, K. J.: Die Pflichten der inneren Mission gegenüber dem verderblichen Volksschriftenwesen. – Berlin: Wiegandt & Grieben 1891. 24 p. (nach Georg II, 1243).

Müller-Fraureuth, Carl: Die Ritter- und Räuberromane. – Halle 1894. – Reprint Hildesheim 1965. 112 p.

Müller-Freienfels, Richard: Bücher und ihr Publikum. Literar-soziologische Randbemerkungen. – In: Die Literatur. Monatsschrift für Literaturfreunde, ed. E. Heilborn 34, 1931–1932, p. 665–667.

Mutschler, (Pfarrer): Untersuchungen über das Hausiergewerbe im Amtsbezirk Eberbach. – In: Untersuchungen über die Lage des Hausiergewerbes in Deutschland. Fünfter Band. – Leipzig 1899 (Schriften des Vereins für Socialpolitik, LXXXI), p. 161.

Nacken, Edmund: Schinderhannes. Die wahre Geschichte des Johann Wilhelm Bückler, nachmals bekannt geworden als Räuberhauptmann Schinderhannes nach den Mainzer Voruntersuchungsakten und anderen Quellen dargestellt. – Mainz 1968. 271 p.

Näf, Werner – Fritz Blaser: Bibliographie zur Geschichte des Schweizerischen Zeitungswesens. – Basel 1940 (Quellen zur Schweizer Geschichte N. F. IV, 4). VIII + 86 p.

Nalli, Paolo: (Rezension zu) Giannini: La poesia popolare. In: Maso Finigverra IV, 1939, p. 168–173.

Nalli, Paolo: Per una compiuta bibliografia delle stampe popolari italiane. – In: Accademie e Biblioteche d'Italia XIV, 1940, p. 406–408.

Nalli, Paolo: Saggio bibliografico sui testi a stampa in dialetto siciliano. Contributo allo studio della poesia popolare italiana. – In: Scritti vari dedicati a Mario Armanni. – Milano: Hoepli 1938, p. 159–198.

Nalli, Paolo: Saggio di una bibliografia delle bosinade. – In: Rivista italiana di letteratura dialettale III, 1931, p. 343–357 (num. 1–85); IV, 1932, p. 41–50, 155–164 (num. 86–163, 164–221).

Nalli, Paolo: Testi popolari siciliani a stampa. – (Estratto dal:) Bollettino del Centro di Studi Filologici e Linguistici Siciliani 3, 1955. 66 p.

Namer, Gérard: L'Imprimerie Nationale sous la Commune. – In: Revue d'histoire économique et sociale XL, 1962, p. 343–362.

Narr, Dieter: Fragen der Volksbildung in der späteren Aufklärung. – In: Württembergisches Jahrbuch für Volkskunde 1959/60, p. 38–67.

Narr, Dieter: Vom Quellenwert der Subskribentenlisten. – In: Württembergisch Franken 50, 1966 (Festschrift K. Schumm), p. 159–168.

Natorp, B. C. L.: Briefwechsel einiger Schullehrer und Schulfreunde. I–III. – Duisburg und Essen 1811–1816. XVI + 312, XII + 284, XVI + 311 p.

Needham, H. A.: Le Développement de l'esthétique sociologique en France et en Angleterre au XIXᵉ siècle. Thèse, Université de Paris. – Paris 1926. VII + 323 p. (mit Bibliographie!).

Neidhardt, Friedhelm: Gesellschaftliche Wirkungen der Massenmedien. Untersuchung zur These von der Angleichung der Menschen. – In: Hamburger Jahrbuch für Wirtschafts- und Gesellschaftspolitik 9, 1964, p. 210–234.

Neuburg, Victor E.: Chapbooks. A bibliography of references to English and American Chapbook Literature of the eighteenth and nineteenth centuries. – London: The Vine Press 1964. 88 p., 10 pl.

Neumann, Hildegard: Der Bücherbesitz der Tübinger Bürger von 1750–1850. Ein Beitrag zur Bildungsgeschichte des Kleinbürgertums. Masch.-Diss. – Tübingen 1955. 178 p.

Nieritz, Gustav: Selbstbiographie. – Leipzig 1872. 474 p.

Nieritz, Gustav: Wie ich zum Schriftstellern kam. – In: Centralblatt I, 1857, p. 36–52.

Nipperdey, Thomas: Nationalidee und Nationaldenkmal in Deutschland im 19. Jahrhundert. – In: Historische Zeitschrift 206, 1968, p. 529–585.

Nippold, Otfried: Der deutsche Chauvinismus. – Stuttgart 1913 (Veröffentlichungen des Verbandes für internationale Verständigung, 9). VIII + 131 p. (mit Bibliographie!).

NISARD, CHARLES: Des Chansons populaires chez les anciens et chez les Français. Essai historique suivi d'une étude sur la chanson des rues contemporaine. I–II. – Paris 1867.

NISARD, CHARLES: Histoire des livres populaires ou de la littérature du colportage depuis le XVe siècle jusqu'à l'établissement de la Commission d'examen des livres du colportage (30 novembre 1852). I–II. – Paris 1854. XVI + 580 p., 599 p. – 2Paris 1864 (Reprint Paris: Maisonneuve et Larose 1968. 498 + 512 p., 167 fig.).

NISARD, CHARLES: La Muse pariétaire et la muse foraine ou les chansons des rues depuis quinze ans. – Paris 1863. XXIV + 368 p. (Später in: Des Chansons populaires II, 1867).

[NODIER, CHARLES – LE ROUX DE LINCY:] Nouvelle Bibliothèque Bleue ou légendes populaires de la France, précédées d'une introduction par M. CHARLES NODIER de l'Académie française et accompagnées de notices littéraires et historiques par M. LE ROUX DE LINCY. – Paris 1842. XLVIII + 309 p.

NOEL, MARY: Villains Galore: The Heyday of the Popular Story Weekly. – New York 1954. VIII + 320 p.

NOLLE, ALBERT: Geschichte des Zeitungswesens in Hohenzollern von seinen ersten Anfängen bis zum Jahre 1850. Diss. München. – Sigmaringen 1935. 108 p.

NOLTE, JOST: Trivialität in der Literatur. – In: Der Monat 17, Heft 203, August 1965, p. 33–38.

Die NOTWENDIGKEIT EINER CHRISTLICHEN VOLKSBEWEGUNG und einer apologetischen Volksliteratur. – Berlin 1892. 30 p.

Nouvelle Bibliothèque Bleue – v. NODIER – LE ROUX DE LINCY.

NOVATI, FRANCESCO: Intorno all' origine e alla diffusione delle stampe popolari. – In: Atti del Primo Congresso di Etnografia Italiana. – Perugia 1912, p. 129–134.

NOVATI, FRANCESCO: La Raccolta di stampe popolari italiane della Bibioteca di Francesco Reina. – In: Lares II, 1913, p. 17–50 (num. 1–41); III, 1914, p. 151–219 (num. 42–122).

NOVATI, FRANCESCO: La Storia e la Stampa nella produzione popolare italiana. Con un elenco topografico di tipografi e calcografi italiani che dal sec. XV al XVIII impressero storie e stampe popolari. – Bergamo 1907. 40 p., zahlreiche fig. im Text.

NOYES, P. H.: Organization and Revolution. Working-Class Associations in the German Revolutions of 1848–1849. – Princeton, New Jersey 1966. X + 434 p.

[NUTZ, WALTER:] Trivialliteratur. – In: Das Fischer Lexikon. Literatur II, Zweiter Teil. – Frankfurt 1965, p. 571–581.

NUTZ, WALTER: Der Trivialroman, seine Formen und seine Hersteller. Ein Beitrag zur Literatursoziologie. – Köln-Opladen 1962 (Kunst und Kommunikation, 4). 119 p.

OERTEL, G.: Die litterarischen Strömungen der neuesten Zeit, insbesonndere die sogenannten „Jungdeutschen". – Heilbronn 1887 (Zeitfragen des christlichen Volkslebens, XIII, 3). 59 p.

Ollivier, Joseph: Catalogue bibliographique de la chanson populaire bretonne sur feuilles volantes (Léon – Tréguier – Cornouaille), suivi de notices sur les auteurs et les imprimeurs. – Quimper 1942. LXVII + 451 p., 1.154 num.

Otto, Ulla: Die literarische Zensur als Problem der Soziologie der Politik. – Stuttgart 1968 (Bonner Beiträge zur Soziologie, 3). XI + 168 p. (mit Bibliographie!).

[Pahl, Johann Gottfried:] Ulrich Höllriegel. Kurzweilige und lehrreiche Geschichte eines Wirtembergischen Magisters. – Waldangelloch und Leipzig 1802. 226 p.

Pandolfi, Vito: Copioni da quattro soldi. – Firenze 1958 (I Castori). 363 p., 12 fig.

Papini, Giovanni: Carolina Invernizio. – In: Tutte le opere di Giovanni Papini, IV: Scrittori e artisti. – Milano 1959, p. 1325–1330.

Paris, Gaston: Poèmes et Légendes du Moyen-Age. – Paris 1900. VIII + 269 p.

Passano, Giambattista: I Novellieri Italiani in verso indicati e descritti. – Bologna 1868. VIII + 306 p.

Pataky, Sophie: Lexikon deutscher Frauen der Feder. Eine Zusammenstellung der seit dem Jahre 1840 erschienenen Werke weiblicher Autoren, nebst Biographien der lebenden und einem Verzeichnis der Pseudonyme. I–II. – Berlin 1898. XV + 527, 543 p.

Paulsen, Friedrich: Aus meinem Leben. Jugenderinnerungen. – Jena 1909. 210 p.

Paulsen, Friedrich: Das deutsche Bildungswesen in seiner geschichtlichen Entwicklung. 4. Auflage. – Leipzig–Berlin 1920 (Aus Natur und Geisteswelt, 99/100). 192 p.

Pawlecki, Johannes: Dichterstimmen aus der deutschen Lehrerwelt. 4. Auflage. – Leipzig 1902. XV + 432 p.

Pellechet, M.: Catalogue général des incunables des bibliothèques publiques de France. I–III (Abano-Gregorius). – Paris 1897–1909. 5.394 num.

Pellisson, Maurice: Les Bibliothèques populaires à l'étranger et en France. – Paris 1906 (Publications du Musée pédagogique, N. S. 9). 220 p.

Penta, Lea: La storia d'Italia nelle canzoni popolari e nei fogli volanti dell' Ottocento. – In: Lares 24, 1958, p. 42–54.

Penta, Lea Mango: Contrasti popolari nei fogli volanti dell' Ottocento. – In: Lares 27, 1961, p. 22–30.

[Perrault, Charles:] L'Apologie des Femmes Par Monsieur P**. – Paris: Coignard 1694.

Perrout, René: Les Images d'Épinal. – Nancy: Éd. de la Revue Lorraine illustrée 1912. VII + 179 p., 207 fig., 44 pl.

[Perthes, Friedrich Christoph:] Der deutsche Buchhandel als Bedingung des Daseyns einer deutschen Literatur. – s. l. 1816. 35 p. (Faksimile-Druck in: Hiller-Strauss: Der deutsche Buchhandel).

PESCH, RUDOLF: Die kirchlich-politische Presse der Katholiken in der Rheinprovinz vor 1848. – Mainz 1966 (Veröffentlichungen der Kommission für Zeitgeschichte bei der Katholischen Akademie in Bayern. Reihe B: Forschungen, 2). XXIX + 368 p., 4 pl.

PESTALOZZI, F.: George Hesekiel. – In: Allgemeine Conservative Monatsschrift für das christliche Deutschland XXXVII, 4. Bd., Juli-Dezember 1880, p. 176–198.

PETITE BIBLIOGRAPHIE BIOGRAPHICO-ROMANCIÈRE, ou Dictionnaire des romanciers, tant anciens que modernes, tant nationaux qu'étrangers. – Paris: Pigoreau 1821. IV + 354 p., 1.505 num.

PETZOLD, LEANDER, ed.: Grause Thaten sind geschehen, 31 Moritaten aus dem verflossenen Jahrhundert ausgewählt von L. P. Nebst einer Vorrede und Anmerkungen. – München: Heimeran 1968. s. pag., 31 num.

PEUCKERT, WILL-ERICH: Göttingen und die magische Hausväterliteratur. – In: Zeitschrift für deutsche Philologie 76, 1957, p. 365–378.

PEUCKERT, WILL-ERICH: Die kleinbürgerliche Welt im „Schundroman“. – In: Soziale Welt IX, 1958, p. 281–288.

PEUCKERT, WILL-ERICH: Probleme einer Volkskunde des Proletariats. – In: Zeitschrift für Volkskunde 55, 1959, p. 11–23.

PEUCKERT, WILL-ERICH: Volksbücher von heute. In: Zeitschrift für deutsche Philologie 82, 1963, p. 423–447.

PEUCKERT, WILL-ERICH: ‚Zwölff Sybillen Weissagungen'. – In: Mitteilungen der Schlesischen Gesellschaft für Volkskunde 29, 1928, p. 217–257.

PFANNKUCHE, A. H. Th.: Was liest der deutsche Arbeiter? Auf Grund einer Enquete beantwortet. – Tübingen–Leipzig 1900. 79 p., 1 Tabelle.

PFLUG, JOHANN BAPTIST: Aus der Räuber- und Franzosenzeit Schwabens. Die Erinnerungen des schwäbischen Malers aus den Jahren 1780–1840. Neu herausgegeben von MAX ZENGERLE. – Weißenhorn: A. H. Konrad 1966. 268 p., zahlreiche fig., 1 Karte.

[PFLUG, JOHANN BAPTIST:] Erinnerungen eines Schwaben. Zeit- und Sittenbilder aus den letzten und ersten Tagen des 18. und 19. Jahrhunderts. Ed. JULIUS ERNST GÜNTHERT. I–II. – Nördlingen 1874–1877. VIII + 204 p., VI + 189 p.

PICHOIS, CLAUDE: En marge de l'histoire littéraire: Vers une sociologie historique des faits littéraires. – In: Revue d'histoire littéraire de la France 61, 1961, p. 48–57.

PICHOIS, CLAUDE: Pour une sociologie des faits littéraires. Les cabinets de lecture à Paris durant la première moitié du XIX° siècle. – In: Annales. Économies, Sociétés, Civilisations 14, 1959, p. 521–534.

PIECHOWSKI, PAUL: Proletarischer Glaube. Die religiöse Gedankenwelt der organisierten deutschen Arbeiterschaft nach sozialistischen und kommunistischen Selbstzeugnissen. (1927). – Berlin ⁵1928. 243 p.

Pigoreau. – v. DICTIONNAIRE DES ROMANS. – PETITE BIBLIOGRAPHIE. – PREMIER . . . SUPPLÉMENT.

Piloni, Luigi: Cagliari nelle sue stampe. – Cagliari: Editrice Sarda 1959. XVII + 31 p., 100 fig.

Plan einer zu errichtenden Lesegesellschaft zu Mannheim. – In: Journal von und für Deutschland VI/2, 1789, p. 348–351.

Plant, Marjorie: The English Book Trade. An Economic History of the Making and Sale of Books. – London ²1965. 500 p.

Plenge, Johann: Westerwälder Hausierer und Landgänger. – In: Untersuchungen über die Lage des Hausiergewerbes in Deutschland II, Leipzig 1898 (Schriften des Vereins für Socialpolitik, LXXVIII), sp. p. 101–102.

Plessner, Helmuth: Die verspätete Nation. Über die politische Verführbarkeit bürgerlichen Geistes. – Stuttgart (1959) ³1962. 174 p.

Pleticha, Heinrich, ed.: Begegnungen mit dem Buch in der Jugend. Aus Selbstzeugnissen ausgewählt. I–II. – Reutlingen: Ensslin & Laiblin 1957–1963. 80 p., 80 p.

Ponteil, Félix: Histoire de l'enseignement en France. Les grandes étapes 1789–1964. – Paris 1966. 454 p.

Pörnbacher, H. – v. Schmid, C. von.

Pospelov, G. N.: Littérature et sociologie. – In: Revue internationale des sciences sociales XIX, 1967, p. 573–589.

Potthast, Bertha: Eugenie Marlitt. Ein Beitrag zur Geschichte des deutschen Frauenromans. Diss. Köln. – Bielefeld 1926. XI + 135 p.

Pottinger, David T.: The French Book Trade in the Ancien Régime. 1500–1791. – Cambridge, Mass.: Harvard University Press 1958. XIV + 363 p.

Poulet, Georges, ed.: Les Chemins actuels de la critique. – Paris 1968 (le monde en 10/18, 389/390). 309 p. (mit Bibliographie!).

Prahl, Augustus J.: Gerstäcker und die Probleme seiner Zeit. Diss. Baltimore 1933. – Wertheim 1938. 103 p.

Praz, Mario: Liebe, Tod und Teufel. Die schwarze Romantik. (La carne, la morte e il diavolo nella letteratura romantica. – Firenze 1930). – München 1963. 464 p., 24 fig.

Premier (Second ... Dix-septième) Supplément à la petite Bibliographie biographico-romancière, ou Dictionnaire des Romanciers, contenant le Catalogue des romans qui ont paru depuis sa publication. – Paris: Pigoreau 1821–1828.

Prestel, Josef: Geschichte des deutschen Jugendschrifttums. – Freiburg/Br. 1933. 163 p.

Preusker, Karl: Andeutungen über Sonntags-, Real- und Gewerbschulen, Cameralstudium, Bibliotheken, Vereine und andere Förderungsmittel des Gewerbefleißes und allgemeiner Volksbildunng. Zweite vermehrte Auflage. I–III. – Leipzig: Hartmann 1835. XII + 263, 206, 200 p.

Preusker, Karl: Lebensbild eines Volksbildungsfreundes. Selbstbiographie 1786–1871. – Leipzig: Heinrichs'sche Buchhandlung 1871. IV + 304 p.

Preuss, E.: Der Mißerfolg des Vereins für Massenverbreitung guter Schriften. – Berlin: G. Nauck 1890. 19 p. (nach Georg II, 1018).

PRÖBSTING, (Dr.): Aufruf zur Bildung eines gemeinnützig-wohlthätigen Bücher-Vereins. – Elberfeld: Sam. Lucas 1837. 15 p.

PROSS, HARRY: Literatur und Politik. Geschichte und Programme der politisch-literarischen Zeitschriften im deutschen Sprachgebiet seit 1870. – Olten und Freiburg 1963. 376 p.

PRÖVE, KARL-HEINZ: Von der ersten Lesegesellschaft zur Stadtbücherei. Ein Kapitel Würzburger Kulturgeschichte. – Würzburg 1967 (Mainfränkische Hefte, 48). 51 p.

PRUTZ, ROBERT: Menschen und Bücher. Biographische Beiträge zur deutschen Literatur- und Sittengeschichte des achtzehnten Jahrhunderts. – Leipzig 1862. VI + 496 p.

PRUTZ, ROBERT E.: Ueber die Unterhaltungsliteratur, insbesondere der Deutschen. – In: R. E. PRUTZ: Kleine Schriften. Zur Politik und Literatur. Zweiter Band. – Merseburg 1847, p. 166–212.

PUBLIZISTIK. Zeitschrift für die Wissenschaft von Presse, Rundfunk, Film, Rhetorik, Werbung und Meinungsbildung. Ed. EMIL DOVIFAT et al. – Bremen: Heye. Ab vol. 1, 1956 (z. Z. bis 14, 1969 erschienen).

PUBLIZISTIKWISSENSCHAFTLICHER REFERATE-DIENST. (p r d). – Köln–Opladen: Westdeutscher Verlag. Ab vol 1, 1966, num. 1, 2–3, 4; 5; 2, 1967, num. 1, 2–3. Erscheint laufend (jeweils mit ausführlichen Registern).

QUENEAU, RAYMOND: Littératures marginales. – In: Histoire des littératures III, 1958, p. 1665–1734.

RADDATZ, FRITZ J., ed.: Marxismus und Literatur. Eine Dokumentation in drei Bänden. I–III. – Reinbek 1969 (Rowohlt Paperback, 80–82). 375, 306. 414 p.

RADECK, HEIDE: Zur Geschichte von Roman und Erzählung in der „Gartenlaube" (1853 bis 1914). Heroismus und Idylle als Instrument nationaler Ideologie. Diss. – Erlangen-Nürnberg 1967. XII + 125 p.

RAGON, MICHEL: Histoire de la littérature ouvrière du Moyen Age à nos jours. – Paris 1953. 222 p.

RAGOTZKY: Ueber Mode-Epoken in der Teutschen Lektüre. – In: Journal des Luxus und der Moden VII, 1792, p. 549–556.

RAMMENSEE, DOROTHEA: Bibliographie der Nürnberger Kinder- und Jugendbücher 1522–1914. – Bamberg 1961, 182 p., 1.660 num.

RANDOW, ALBERT VON: Versuch einer Arbeiterstatistik für das Deutsche Reich und Oesterreich. – In: Jahrbuch für Gesetzgebung, Verwaltung und Volkswirthschaft im Deutschen Reich 11, 1887, p. 595–635.

RAVRY, ANDRÉ: Curiosités du journalisme et de l'imprimerie. – In: Bulletin officiel de l'Union syndicale des maîtres imprimeurs de France. – Paris, Décembre 1938, p. 5–176.

RECHENSCHAFTS-BERICHT DES WÜRTTEMBERGISCHEN VOLKSSCHRIFTEN-VEREINS für das Jahr 1844–45. – s.l.n.d. 12 p. – v. WÜRTTEMBERGISCHER VOLKSSCHRIFTEN-VEREIN.

Recueil des Actes de la Préfecture du Département du Haut-Rhin. – Sammlung der Präfektur-Akten des Oberrheinischen Departements. vol. I, 1815–1816 et sequ. – v. Table générale et alphabétique des Actes de la Préfecture du Départment du Haut-Rhin (1801–1858). – Colmar 1858.

Redies, Rainer: Der Schweizerische Robinson. Kritische Überlegungen anhand der „Jubiläumsausgabe" im 150. Jahre seit dem ersten Erscheinen. – In: Zeitschrift für Jugendliteratur 1968, p. 260–268.

Reimann, Horst: Kommunikations-Systeme. Umrisse einer Soziologie der Vermittlungs- und Mitteilungsprozesse. – Tübingen 1968 (Heidelberger Sociologica, 7). VIII + 242 p.

Reinhard, Marcel, ed.: Histoire de France. I–II. – Paris: Larousse 1954. 515 p., 509 p., zahlreiche fig. im Text.

Renard, Georges: La Méthode scientifique de l'histoire littéraire. – Paris 1900. 502 p.

Renard, Georges: Les Travailleurs du livre et du journal. I–III. – Paris 1925–1926 (Bibliothèque sociale des Métiers). 277, 351, 303 p.

Reyer, Eduard: Entwicklung und Organisation der Volkksbibliotheken. – Leipzig 1893. 116 p.

Reyer, Eduard, ed.: Fortschritte der Volkstümlichen Bibliotheken. – Leipzig 1903. VI + 180 p., 4 fig.

Reyer, Eduard: Handbuch des Volksbildungswesens. – Stuttgart 1896. X + 274 p.

Reyer, Eduard – v. Bildung und Staat.

Reynst, Elisabeth: Friedrich Campe und sein Bilderbogen-Verlag zu Nürnberg. Mit einer Schilderung des Nürnberger Kunstbetriebes im 18. und in der ersten Hälfte des 19. Jahrhunderts. – Nürnberg 1962. 65 p., 1.115 num.

Richards, Donald Ray: The German Bestseller in the 20th Century. A complete Bibliography and Analysis 1915–1940. – Bern: Herbert Lang 1968 (German Studies in America, 2). IX + 276 p.

Richter, Ludwig – v. Ludwig Richter Album.

Ridé, Jacques: Aspects du nationalisme allemand: Enquêtes et interprétations. – In: Études Germaniques 21, 1966, p. 51–59, 264–277.

Riedel, Karl Veit: Der Bänkelsang. Wesen und Funktion einer volkstümlichen Kunst. – Hamburg 1963 (Volkskundliche Studien, 1). 121 p., XII pl.

Riedel, Karl Veit: Volksliteratur und „Massen"-lesestoff. Probleme und Wege der Forschung. – In: Beiträge zur deutschen Volks- und Altertumskunde 6, 1962, p. 65–84.

Rieder, Heinz: Die triviale Literatur. – In: Die Pforte. Schriften für Wertkultur, Heft 92. – Esslingen 1958, p. 467–477.

Riehl, Wilhelm Heinrich: Volkskalender im achtzehnten Jahrhundert. (1852). – In: W. H. Riehl: Culturstudien aus drei Jahrhunderten. – Stuttgart 1859, p. 38–56.

Riess, Curt: Bestseller. Bücher, die Millionen lesen. – Hamburg 1960. 356 p.

Rigoli, Aurelio, ed.: Scibilia nobili e altre „storie". – Parma: Guanda 1965 (Piccola Fenice, 25). 137 p.

Ristelhuber, P. – v. Sébillot, P.

Ritter, G. Erwin: Die Elsass-Lothringische Presse im letzten Drittel des 19. Jahrhunderts. – Strassburg 1934. X + 378 p.

Rocchi, Francesco: Un secolo di canzoni. Fogli volanti. – Roma: Parenti Editore 1961. XX + 395 p., 268 facsim.

Rocchi, F. – v. Calisi, R.

Roche, Daniel: La Diffusion des lumières. Un exemple: L'Académie de Châlons-sur-Marne. – In: Annales. Économies, Sociétés, Civilisations 19, 1964, p. 887–922.

Rocholl, Heinrich: Ueber christliche Volksbildung, das Grundbedürfniß unserer Zeit. – Köln 1882. 24 p.

Rochow, Friedrich Eberhard von: Der Kinderfreund. Ein Lesebuch zum Gebrauch in Landschulen. – Brandenburg und Leipzig 1776. (Faksimile-Ed. E. Wiegandt. Leipzig 1925). 112 p.

[Rochow, Friedrich Eberhard von] – Riecke – Völter: Der Kinderfreund, zum Unterrichte in dem Lesen und bei dem Lesen: vornemlich in Landschulen. Für Oberteutschland, insbesondere Schwaben, bearbeitet. I–II. 2. Auflage. – Stuttgart: Fr. Uebel 1808.

Roedel, Reto: Individuo e comunità nella Divina Commedia. In: Individuum und Gemeinschaft. Festschrift zur Fünfzigjahrfeier der Handels-Hochschule St. Gallen 1949. – St. Gallen 1949, p. 515–560.

Roethe, Gustav: Vom literarischen Publikum in Deutschland. Festrede im Namen der Georg-August-Universität zur akademischen Preisverteilung am 4. Juni 1902. – Göttingen 1902. 27 p.

Rohde-Dachser, Christa: Die Sexualerziehung Jugendlicher in katholischen Kleinschriften. Ein Beitrag zur Problematik der Moraltradierung in der komplexen Gesellschaft. Diss. – München 1967. IV + 348 p.

Röhrich, Lutz – Rolf Wilhelm Brednich, ed.: Deutsche Volkslieder. Texte und Melodien. I–II. – Düsseldorf 1965–1967. 356 p., 583 p.

Röhrich, Lutz: Die Grausamkeit im Märchen. Ihre kulturhistorischen, rechtsgeschichtlichen und psychologischen Grundlagen. – In: Rheinisches Jahrbuch für Volkskunde 6, 1955, p. 176–224, 13 fig.

Rollins, Hyder Edward: An Analytical Index to the Ballad-Entries (1557–1709) in the Registers of the Company of Stationers of London. – Chapel Hill, N. C. 1924. 324 p., 3.081 num.

Romi: Histoire des Faits Divers. – Paris 1962. 205 p., zahlreiche fig. im Text.

Rommel, Heinz: Das Schulbuch im 18. Jahrhundert. – Wiesbaden-Dotzheim 1968 (Probleme der Erziehung, 9/10). 473 p. (mit Bibliographie!).

Rommel, Otto: Rationalistische Dämonie (Die Geister-Romane des ausgehenden 18. Jahrhunderts). – In: Deutsche Vierteljahrsschrift für Literaturwissenschaft und Geistesgeschichte 17, 1939, p. 183–220.

Ronsin, Albert: Almanachs populaires vosgiens au XIXᵉ siècle. – In: Art populaire de Lorraine, p. 213–229.

Ronsin, Albert: Impressions et gravures populaires vosgiennes du XVIIIᵉ siècle. – In: Art populaire de Lorraine, p. 175–187.

Ronsin, Albert: Les Périodiques lorrains antérieurs à 1800. Histoire et Catalogue. – Nancy 1964. 107 p.

Rösch, Lydia: Der Einfluß des evangelischen Pfarrhauses auf die Literatur des 18. Jahrhunderts. Diss. Tübingen. – Bremen 1932. 91 p.

Rosenberg, Bernard – David Manning White, ed.: Mass Culture. The Popular Arts in America. – Glencoe: The Free Press (1957) ⁸1963. X + 561 p.

Rosenfeld, Hellmut: Familienblatt. – In: Reallexikon der deutschen Literaturgeschichte I, 1958, p. 450–456.

Rosenhaupt, Hans Wilhelm: Der deutsche Dichter um die Jahrhundertwende und seine Abgelöstheit von der Gesellschaft. Diss. – Bern 1939 (Sprache und Dichtung, 66). 287 p.

Rosenkranz, Carl: Zur Geschichte der Deutschen Literatur. – Königsberg 1836. cap. XV: Die Bilderliteratur des deutschen Volkes, p. 244–287.

Rossat, Arthur: La Chanson populaire dans la Suisse romande. – Basel–Lausanne 1917 (Publications de la Société suisse des Traditions populaires, 14). VIII + 219 p.

Roth, Günther: Die kulturellen Bestrebungen der Sozialdemokratie im kaiserlichen Deutschland. – In: H. U. Wehler: Moderne deutsche Sozialgeschichte, p. 342–365.

Roth, Hannelore: Tageszeitungen als Quelle der volkskundlichen Forschung. Eine methodische Untersuchung. Masch. Diss. – Tübingen 1956. VI + 134 p.

Roth, Hannelore: Tageszeitungen als Quelle der volkskundlichen Forschung. – In: Württembergisches Jahrbuch für Volkskunde 1957/58, p. 34–48.

Rückblick für die Zukunft. Berichte über Bücher, Buchhändler und Verleger zum 150. Geburtstag des Ensslin-Verlages. Ed. J. U. Hebsaker. – Reutlingen 1968. 240 p., 91 fig.

Ruge, Arnold: Der Patriotismus. Ed. Peter Wende. – Frankfurt/M. 1968 (sammlung insel, 38). 143 p.

Rühle, Arnd: Studien zu Tiecks Volksbuch-Bearbeitungen. Ein Beitrag zu der Struktur der ritterlich-abenteuerlichen, volkstümlich gewordenen Romane des 15. und 16. Jahrhunderts und ihrer Verwandlung durch Tieck. – Masch. Mag.-Art.-Arbeit. – Tübingen 1965. 77 + V p.

Rühmkorf, Peter: Über das Volksvermögen. Exkurse in den literarischen Untergrund. – Reinbek 1967. 289 p.

Rümann, Arthur: Alte deutsche Kinderbücher. – Wien – Leipzig – Zürich 1937. 102 p., 150 pl. (mit Bibliographie, 368 num.).

Rümann, Arthur: Die illustrierten deutschen Bücher des 19. Jahrhunderts. – Stuttgart 1926 (Taschenbibliographien für Büchersammler, 4). VIII + 429 p., 2.763 num.

RUMPF, WALTER: Das literarische Publikum und sein Geschmack in den Jahren 1760–1770. Masch. Diss. – Frankfurt 1924. (Gedruckter Auszug, 2 p.).

RUNTE, ALFONS: Das soziale Schrifttum Bischof Kettelers. Stilanalytische Studien zur katholischen Publizistik des 19. Jahrhunderts. Diss. Münster. – Bottrop 1935. III + 106 p.

RUSSO, LUIGI: I Narratori (1850–1957). Terza edizione integrata e ampliata. – Milano – Messina 1958. 488 p.

S.: Die Gesellschaft und die Presse. – In: Allgemeine Press-Zeitung III, Leipzig 1842, col. 469–473, 491–497.

S., E.: Ueber die Lesevereine in Deutschland. – In: Deutsche Vierteljahrs Schrift. – Stuttgart und Tübingen 1839, Erstes Heft, p. 239–251.

SACHSE, FRIEDRICH: Die Anfänge der Büchercensur in Deutschland. – Leipzig 1870. 53 p.

SADLEIR, MICHAEL: XIX Century Fiction. A Bibliographical Record Based on His Own Collection. I–II. – London – Los Angeles 1951. XXXIII + 399 p., 195 p., 16 pl.

[SAINT ABRAN, HIPPOLYTE DE:] Das deutsche Zeitungswesen. – In: Deutsche Vierteljahrs Schrift. – Stuttgart und Tübingen 1840, Erstes Heft, p. 1–66.

SAINT-ALBIN, [ALEXANDRE – ADRIEN – MARIE – JOSEPH –] EMMANUEL [HUOT DE LONGCHAMP DE]: Les Bibliothèques municipales de la ville de Paris. – Paris 1896. XXXVI + 335 p.

SALOMON, LUDWIG: Geschichte des Deutschen Zeitungswesens von den ersten Anfängen bis zur Wiederaufrichtung des Deutschen Reiches. I–III. – Oldenburg – Leipzig 1900–1906. X + 265, X + 272, XVIII + 694 p.

SALOMONE-MARINO, SALVATORE: Le storie popolari in poesia siciliana messe a stampa dal sec. XV ai dì nostri, indicate e descritte. – Palermo 1896. 282 p.

Sammlung der Präfektur-Akten des Oberrheinischen Departements – v. Recueil des Actes.

SAMULEIT, PAUL: Kriegsschundliteratur. – Berlin 1916 (Flugschrift der Zentralstelle zur Bekämpfung der Schundliteratur in Berlin). 54 p.

SANDER, MAX: Die illustrierten französischen Bücher des 19. Jahrhunderts. – Stuttgart 1924 (Taschenbibliographien für Büchersammler, 1). 255 p., 702 num.

SANTI, ALDO: Bibliografia della Enigmistica. – Firenze 1952 (Biblioteca Bibliografica Italica, 3). 393 p., 2.541 num.

SANTORO, CATERINA: Stampe popolari della Biblioteca Trivulziana. Catalogo. – Milano 1964. XV + 169 p., 391 num., 37 fig.

SARTRE, JEAN-PAUL: Situations. I–III. – Paris 1947–1949. 335, 330, 311 p.

SASHEGYI, OSKAR: Zensur und Geistesfreiheit unter Joseph II. Beitrag zur Kulturgeschichte der habsburgischen Länder. – Budapest 1958 (Studia Historica Academiae Scientiarum Hungaricae, 16). 244 p.

Saulnier, R. – v. DUCHARTRE, P.-L.

SAUERMANN, DIETMAR: Historische Volkslieder des 18. und 19. Jahrhunderts. Ein Beitrag zur Volksliedforschung und zum Problem der volkstümlichen Geschichtsbetrachtung. – Münster 1968 (Schriften der volkskundlichen Kommission des Landschaftsverbandes Westfalen-Lippe, 18). 504 p., 11 Karten.

SCHAER, WOLFGANG: Die Gesellschaft im bürgerlichen Drama des 18. Jahrhunderts. Grundlagen und Bedrohung im Spiegel der dramatischen Literatur. – Bonn 1963 (Bonner Arbeiten zur Deutschen Literatur, 6). 255 p.

SCHARFE, MARTIN: Archivalien als heimatkundliche Quellen. – In: Zeitnahe Schularbeit 21, 1968, p. 397–426.

SCHARFE, MARTIN: Evangelische Andachtsbilder. Studien zu Intention und Funktion des Bildes in der Frömmigkeitsgeschichte vornehmlich des schwäbischen Raumes. – Stuttgart 1968 (Veröffentlichungen des Staatlichen Amtes für Denkmalpflege Stuttgart. Reihe C: Volkskunde, 5). 366 p., 161 fig.

SCHARFE, MARTIN: Merke wohl! Gedanken zu einer Fellbacher Luther-Postille. – In: Alt-Württemberg. Heimatgeschichtliche Blätter der IWZ 13, 1967, num. 4, p. 2–3.

SCHATTENMANN, PAUL: Georg Adam Michel, Generalsuperintendent in Oettingen, und sein gelehrter Briefwechsel. Ein Beitrag zur Kirchengeschichte des 18. Jahrhunderts. – Nürnberg 1962 (Einzelarbeiten aus der Kirchengeschichte Bayerns, 37). 160 p.

SCHAUBACH, F.: Zur Charakteristik der heutigen Volksliteratur. Gekrönte Preisschrift. – Hamburg: Agentur des Rauhen Hauses 1863. – VIII + 216 p.

SCHAUER, GEORG KURT: Der deutsche Buchhandel im Vormärz und das bürgerliche Bildungsbedürfnis. Vorwiegend nach dem Börsenblatt für den Deutschen Buchhandel dargestellt. – In: Archiv für Geschichte des Buchwesens IV, 1963, col. 1443–1480.

SCHAUER, RUDOLF: Zum Begriff der unzüchtigen Schrift. Ein Beitrag zur Erläuterung des § 184 R.St.G.B. – Leipzig 1893. VIII + 62 p.

SCHEFFLER, WILHELM: Die französische Volksdichtung und Sage. Ein Beitrag zur Geistes- und Sittengeschichte Frankreichs. I–II. – Leipzig 1884–1885. XIV + 332 p., VIII + 296 p.

SCHELSKY, HELMUT: Gedanken zur Rolle der Publizistik in der modernen Gesellschaft. – In: SCHELSKY: Auf der Suche nach Wirklichkeit. – Düsseldorf 1965, p. 310–327.

SCHENDA, RUDOLF: Die Bibliothèque Bleue im 19. Jahrhundert. – In: Studien zur Trivialliteratur, p. 137–153.

SCHENDA, RUDOLF: Bücher aus der Krämerkiste. – In: Rückblick für die Zukunft, p. 107–134.

SCHENDA, RUDOLF: Die deutschen Prodigiensammlungen des 16. und 17. Jahrhunderts. – In: Archiv für Geschichte des Buchwesens IV, 1962, col. 637–710.

SCHENDA, RUDOLF: Ein französischer Bilderbogenkatalog aus dem Jahre 1860. – In: Schweizerisches Archiv für Volkskunde 62, 1966, p. 49–61.

SCHENDA, RUDOLF: Die französische Prodigienliteratur in der zweiten Hälfte des 16. Jahrhunderts. – München 1961 (Münchner Romanistische Arbeiten, 16). 146 p.

SCHENDA, RUDOLF: Georg Jakob Schäblen und seine volkspädagogischen Bemühungen in Oettingen. – In: Historischer Verein für Nördlingen und das Ries. 24. Jahrbuch 1969, p. 34–59.

SCHENDA, RUDOLF: Hieronymus Rauscher und die protestantisch-katholische Legendenpolemik. – In: W. BRÜCKNER, ed.: Volkserzählung und Reformation. Berlin 1970 (im Druck).

SCHENDA, RUDOLF: Der italienische Bänkelsang heute. – In: Zeitschrift für Volkskunde 63, 1967, p. 17–39, 4 fig.

SCHENDA, RUDOLF: Italienische Volkslesestoffe im 19. Jahrhundert. Einführung und Bibliographie zur Sammlung italienischer Volksbüchlein im Museo Pitrè, Palermo. – In: Archiv für Geschichte des Buchwesens, VII, 1966, col. 209–300.

SCHENDA, RUDOLF: Kleinformen der Trivialliteratur aus sechs Jahrhunderten. – In: Beiträge zur deutschen Volks- und Altertumskunde 10, 1966, p. 49–66.

SCHENDA, RUDOLF: Massenlesestoffe im kirchlichen Schriftenstand. – In: Populus revisus. – Tübingen 1966 (Volksleben, 14), p. 157–166.

SCHENDA, RUDOLF: Die Sammlung italienischer Flugblätter im Museo Pitrè, Palermo. – In: Zeitschrift für Volkskunde 58, 1962, p. 210–237, 6 fig.

SCHENDA, RUDOLF: Tausend französische Volksbüchlein aus dem neunzehnten Jahrhundert. Versuch einer bibliographischen Auswahl. – In: Archiv für Geschichte des Buchwesens IX, 1968, col. 779–952.

SCHENDA, RUDOLF: Tübinger Druckerei- und Buchhandelskonkurrenz zwischen 1817 und 1831. – In: Der Sülchgau. – Rottenburg/N. 1968, p. 94–96.

SCHERF, WALTER: Hermann Leopold Köster. – In: H. L. KÖSTER: Geschichte der deutschen Jugendliteratur. 4. Auflage (1927), ed. W. SCHERF. – München-Pullach 1968, p. 479–571 (mit Bibliographie!).

SCHMID, CHRISTOPH VON: Erinnerungen aus meinem Leben. Ed. ALBERT WERFER. I–IV. – Augsburg 1853–1857. (Viertes Bändchen: Spätere Berufsjahre, Schriftstellerleben, Lebens-Ende. IV + 344 p.).

SCHMID, CHRISTOPH VON: Erinnerungen aus meinem Leben. Neu bearbeitet von HUBERT SCHIEL. – Freiburg: Herder 1953. 279 p.

SCHMID, CHRISTOPH VON: Erinnerungen und Briefe. Ed. HANS PÖRNBACHER. – München 1968. 317 p., 1 fig.

CHRISTOPH VON SCHMID UND SEINE ZEIT. Ed. HANS PÖRNBACHER. – Weißenhorn: A. H. Konrad 1968. 206 p., 7 pl. col., 49 pl., IV facsim.

SCHMID, EUGEN: Geschichte des württembergischen evangelischen Volksschulwesens von 1806 bis 1910. – Stuttgart 1933. XII + 904 p.

SCHMIDT, ALFRED: Publizistik im Dorf. – Dresden 1939 (Leipziger Beiträge zur Erforschung der Publizistik, 2). 195 p.

SCHMIDT, ARNO: Sitara und der Weg dorthin. Eine Studie über Wesen, Werk und Wirkung Karl May's. – Karlsruhe 1963. 363 p.

SCHMIDT, LEOPOLD: Die Volkserzählung. Märchen – Sage – Legende – Schwank. – Berlin 1963. 448 p., 4 Karten.

SCHMITT, FRANZ ANSELM: Stoff- und Motivgeschichte der deutschen Literatur. Eine Bibliographie. Begründet von KURT BAUERHORST. – Berlin 1959. X + 226 p., 3.712 num.

SCHNEIDER, LOTHAR: Der Arbeiterhaushalt im 18. und 19. Jahrhundert. Dargestellt am Beispiel des Heim- und Fabrikarbeiters. – Berlin 1967 (Beiträge zur Ökonomie von Haushalt und Verbrauch, 4). 166 p.

SCHNEIDER, LOUIS – SANFORD M. DORNBUSCH: Popular Religion. Inspirational Books in America. – Chicago 1958. XI + 174 p.

SCHNÜTGEN, ALEXANDER: Das Buch im Weltanschauungskampf der französischen Restaurationszeit. – In: Von Büchern und Bibliotheken (Festschrift ERNST KUHNERT, ed. GUSTAV ABB). – Berlin 1928, p. 124–131.

SCHNÜTGEN, ALEXANDER: Der Verein vom hl. Karl Borromäus geschichtlich gewürdigt. – In: Zentralblatt für Bibliothekswesen 41, 1924, p. 273–291, 327–337.

SCHOEPS, HANS JOACHIM, ed.: Das Wilhelminische Zeitalter. – Stuttgart 1967 (Zeitgeist im Wandel, 1). 287 p.

SCHÖFFLER, HERBERT: Protestantismus und Literatur. Neue Wege zur englischen Literatur des achtzehnten Jahrhunderts. – Leipzig 1922. VIII + 239 p.

SCHOLL, F.: Volksbildung und Bildungsvereine. – In: Jahrbücher der Gegenwart I, Tübingen 1848, p. 102–103, 176–178 (je 2 col.).

SCHÖNBACH, ANTON E.: Über Lesen und Bildung. Umschau und Ratschläge. 6. Aufl. – Graz 1900. XIV + 369 p. (Cf. dazu ANTON BETTELHEIM: Lesen und Bildung. – In: Das litterarische Echo II, 1899/1900, col. 1465–1470, 1 Porträt.) – Siebente, stark erweiterte Auflage. Graz 1905. XV + 407 p.

SCHÖNER, CHRISTIAN HEINRICH: Die christliche Volkslitteratur und ihre Verbreitung. – Gotha: Perthes 1891. 166 p.

SCHÖNER, CHRISTIAN HEINRICH: Die periodische Presse und die Kirche mit besonderer Berücksichtigung der Tagespresse. – Gotha: Perthes 1892 (Zimmers Handbibliothek der praktischen Theologie, XI–XIV, 20). 189 p.

SCHÖPFF, W.: Ueber die positiv gehaltene Volkserzählung der jüngsten Vergangenheit. – In: Allgemeine Conservative Monatsschrift für das christliche Deutschland XXXVIII, 5. Band, Jan.–Juni 1881, p. 67–69.

SCHOTEL, G. D. J.: Vaderlandsche Volksboeken en Volkssprookjes van de vroegste tijden tot het einde der 18e eeuw. I–II. – Haarlem 1874. XV + 304 p., VIII + 334 p.

SCHOTTENLOHER, KARL: Flugblatt und Zeitung. Ein Wegweiser durch das gedruckte Tagesschrifttum. – Berlin 1922 (Bibliothek für Kunst- und Antiquitätensammler, 21). 555 p., XV pl., 73 fig. im Text.

SCHRAEPLER, ERNST: Quellen zur Geschichte der sozialen Frage in Deutschland. Band I: 1800–1870. II: 1871 bis zur Gegenwart. 2. Auflage. – Göttingen–Berlin–Frankfurt 1960–1964 (Quellensammlung zur Kulturgeschichte, 6, 9). 212 p., VII + 270 p.

SCHRAMM, PERCY ERNST: Zur Bildungsgeschichte Hamburger Kaufleute um 1860–1870. Die Lektüre junger Übersee-Kaufleute. – In: Tradition. Zeitschrift für Firmengeschichte und Unternehmerbiographie 8, 1963, p. 1–14.

SCHRAMM, WILBUR: Grundfragen der Kommunikationsforschung. – München 1964. 191 p.

SCHREIBEN AN EINEN FREUND über die Ursachen der jetzigen Vielschreiberey in Deutschland. – In: Journal von und für Deutschland VI/1, 1789, p. 139–143. – Cf. ibid. VI/2, 1789, p. 197–203. – Cf. Ueber die Ursachen der jetzigen Vielschreiberey.

SCHRIMPF, HANS JOACHIM – v. Literatur und Gesellschaft.

SCHRÖDER, ERNST: Die Pfarrerstochter von Taubenhain. Stoff- und motivgeschichtliche Studien zur Volkskunde und Literaturwissenschaft. Diss. – Kiel 1933. 85 p.

SCHRÖDER, ERNST: Untersuchungen über die kleine Lokalpresse unter besonderer Berücksichtigung der wirtschaftlichen Seite. Masch. Diss. – Tübingen 1922. 237 p.

SCHÜCKING, LEVIN LUDWIG: Literaturgeschichte und Geschmacksgeschichte. Ein Versuch zu einer neuen Problemstellung. – In: Germanisch-Romanische Monatsschrift V, 1913, p. 561–577. – Auch in: L. L. SCHÜCKING: Essays über Shakespeare, Pepys, Rossetti, Shaw und anderes. – Wiesbaden 1948 (Sammlung Dieterich, 114), p. 359–387.

SCHÜCKING, LEVIN LUDWIG: Soziologie der literarischen Geschmacksbildung. 3. Auflage. – Bern–München 1961 (Dalp-Taschenbücher, 354). 112 p.

SCHÜCKING, LEVIN LUDWIG: Soziologie und Literatur. – In: Forschungen und Fortschritte 7, 1931, p. 372–373.

Schücking, L. L. – v. EBISCH, W.

SCHULTZE, ERNST: Freie öffentliche Bibliotheken. Volksbibliotheken und Lesehallen. – Stettin 1900. XX + 362 p.

SCHULTZE, ERNST: Die Schundliteratur. Ihr Vordringen – Ihre Folgen – Ihre Bekämpfung. – Halle a. d. S. 1909. 114 p.

SCHULZ, HANS FERDINAND: Das Schicksal der Bücher und der Buchhandel. System einer Vertriebskunde des Buches. 2. Auflage. – Berlin 1960. 243 p.

SCHULZ, HEINRICH: Sozialdemokratie und Volkserziehung. – In: Protokoll über die Verhandlungen des Parteitages der sozialdemokratischen Partei Deutschlands abgehalten zu Mannheim vom 23. bis 29. September 1906 sowie Bericht über die 4. Frauenkonferenz am 22. und 23. September 1906 in Mannheim. – Berlin 1906, p. 323–347.

SCHULZ, OTTO AUGUST: Allgemeines Adressbuch für den Deutschen Buchhandel, den Antiquar-, Kolportage-, Kunst-, Landkarten- und Musikalienhandel sowie verwandte Geschäftszweige. 1881. Bearbeitet und herausgegeben von HERMANN SCHULZ. – Leipzig 1881. I–II. – XX + 480 p., 360 p. + Anzeigen. – Cf. Adressbuch.

SCHULZE, FRIEDRICH: Der deutsche Buchhandel und die geistigen Strömungen der letzten hundert Jahre. – Leipzig 1925. 295 p., zahlreiche fig.

SCHUSTER, WILHELM: Zur Geschichte des lesenden Volkes und seiner Büchereien. – In: Die Bücherei 5, 1938, p. 703–714.

SCHWARZ, HERTA: Bibliographie und Register der von 1945–1955 im Börsenblatt für den Deutschen Buchhandel veröffentlichten Beiträge zur Geschichte des Buchwesens. – In: Archiv für Geschichte des Buchwesens I, 1956–1958, p. 185–208.

SCHWARZKOPF, VON: Uebersicht der sämmtlichen Intelligenz- und Nachrichtsblätter in Deutschland. – In: Neues Hannöverisches Magazin 60./61. Stück, 27./31. Juli 1801, col. 961–980.

SCHWENK, SIGRID: Die „Tübinger Chronik" als Quelle für volkskundliche Forschung. Masch. Wiss. Zulassungsarbeit. – Pädagogische Hochschule Weingarten 1963. IV + 94 p.

SCHWERDT, HEINRICH: Thekla von Gumpert. – In: Centralblatt für deutsche Volks- und Jugendliteratur II/1, 1858, p. 34–46.

SCHWERDT, HEINRICH: Ueber Volksbibliotheken, deren Anlegung, Einrichtung und Verwaltung. – In: Centralblatt für deutsche Volks- und Jugendliteratur II/1, 1858, p. 1–24.

SCHWERDT, HEINRICH: Der Zwickauer Verein zur Verbreitung guter und wohlfeiler Volksschriften. – In: Centralblatt II/1, 1858, p. 24–34 (mit Schriftenverzeichnis).

SCHYBERGER, BO W:SON: Methods of Readership Research. A thesis on some of the methodological problems encountered when studying certain consumer habits and attitudes from a marketing point of view. – Lund: University of Lund 1965. 266 p.

SÉBILLOT, PAUL – LOUIS MORIN – P. RISTELHUBER: Livres et images populaires. (Extrait de la) Revue des Traditions Populaires. – Paris 1894. 19 p.

SEEBASS, ADOLF, ed.: Alte Kinderbücher und Jugendschriften. Livres de l'enfance. Children's Books. Basel: Haus der Bücher AG. Katalog 636. s. d. 240 p., 2.112 num., 85 fig.

SEGARIZZI, A., Bibliografia delle stampe popolari italiane della R. Biblioteca Nazionale di S. Marco di Venezia. – Bergamo 1913. XVI + 356 p., 431 num.

SEGUIN, JEAN-PIERRE: A la manière des „canards". Nature et commerce des feuilles d'actualité en Angleterre au XIXe siècle. – In: Études de Presse N. S. XII, 1960, p. 69–86.

SEGUIN, JEAN-PIERRE: Antoine Chassaignon, imprimeur, libraire et canardier parisien (1810–1854). – In: Arts et Traditions Populaires 3, 1955, p. 1–22, 116–133. 2 fig., 3 pl.

SEGUIN, JEAN-PIERRE: Les „Canards" de faits divers de petit format en France, au XIXe siècle. – In: Arts et Traditions Populaires 4, 1956, p. 30–45, 113–135.

SEGUIN, JEAN-PIERRE: Faits divers sensationnels, dans seize bulletins imprimés en France, pendant le règne de François Ier. – In: Mélanges F. Calot. – Paris 1960, p. 65–80.

SEGUIN, JEAN-PIERRE: Un grand imagier Parisien, Garson aîné, son œuvre et notes sur les canards et canardiers parisiens de la première moitié du XIXe siècle. – In: Arts et Traditions Populaires 2, 1954, p. 97–146, 8 fig., 2 pl.

SEGUIN, JEAN-PIERRE: L'Information à la fin du XVe siècle en France. Pièces d'actualité imprimées sous le règne de Charles VIII. – In: Arts et Traditions Populaires 4, 1956, p. 309–330; 5, 1957, p. 461–474. 62 num.

SEGUIN, JEAN-PIERRE: L'Information en France avant le périodique. 517 canards imprimés entre 1529 et 1631. – Paris 1964. 129 p., 31 pl.

SEGUIN, JEAN-PIERRE: L'Information en France, de Louis XII à Henri II. – Genève 1961 (Travaux d'Humanisme et Renaissance, XLIV). 133 p.

SEGUIN, JEAN-PIERRE: Notes sur deux livrets de colportage à l'usage des pèlerins du Mont Saint-Michel (XVIIe–XIXe siècles). – In: Bulletin du Bibliophile et du Bibliothécaire 1953, p. 74–93.

SEGUIN, JEAN-PIERRE: Nouvelles à sensations. Canards du XIXe siècle. – Paris 1959 (kiosque). – 227 p., zahlreiche fig. im Text.

SEGUIN, JEAN-PIERRE: Physiologie du canard. – Paris: Flammes et Fumées 1965. 34 p., fig. im Text.

SHEEHAN, DONALD: This Was Publishing. A Chronicle of the Book Trade in the Gilded Age. – Bloomington, Indiana 1952. XIV + 302 p.

SHUMAKER, WAYNE: Literature and the Irrational. A Study in Anthropological Backgrounds. – Englewood Cliffs, N. J.: Prentice Hall 1960. XII + 275 p.

SICHELSCHMIDT, GUSTAV: Hedwig Courths-Mahler. Deutschlands erfolgreichste Autorin. Eine literatursoziologische Studie. – Bonn 1967 (Bonner Beiträge zur Bibliotheks- und Bücherkunde, 16). 87 p.

SILBERMANN, ALPHONS: Literaturphilosophie, soziologische Literaturästhetik oder Literatursoziologie. – In: Kölner Zeitschrift für Soziologie und Sozialpsychologie 18, 1966, p. 139–148.

SILBERMANN, ALPHONS: Systematische Inhaltsanalyse III: Literaturanalyse (Vorbilder und Themen). – In: R. KÖNIG – H. MAUS: Handbuch der Empirischen Sozialforschung I. – Stuttgart 1962, p. 576–578.

SILVER, ROLLO G.: The American Printer, 1787–1825. – Charlottesville: University Press of Virginia 1967. 189 p.

SNELL, BRUNO: Dichtung und Gesellschaft. Studien zum Einfluß der Dichter auf das soziale Denken und Verhalten im alten Griechenland. – Hamburg 1965. 204 p.

SOCARD, ALEXIS: Livres populaires. Noëls et cantiques imprimés à Troyes depuis le XVIIe siècle jusqu'à nos jours, avec des notes bibliographiques et biographiques sur les imprimeurs troyens. – Paris–Troyes–Reims 1865. 134 p. + 1 fol., 24 fig. im Text.

SOCARD, ÉMILE: Étude sur les Almanachs et Calendriers de Troyes (1497–1881). – Troyes 1881. (nicht benutzt).

SOMMER, GEORG: Die Zensurgeschichte des Königreichs Hannover. Diss. Münster. – Quakenbrück 1929. XII + 151 p.

SOMMERFELD, MARTIN: Zum Problem der literarischen Kritik. – In: Deutsche Vierteljahrsschrift für Literaturwissenschaft und Geistesgeschichte 7, 1929, p. 693–704.

SOMMERLAD, F. W.: Die Jugendschrift und die Jugendschriftsteller. – In: Centralblatt I, 1857, p. 289–300.

SORBELLI, A.: Opuscoli, stampe alla macchia e fogli volanti riflettenti il pensiero politico italiano (1830–35). – Firenze 1927 (Biblioteca di Bibliografia Italiana, 8). LXXXVIII + 273 p.

SPAMER, ADOLF, ed.: Die Deutsche Volkskunde. 2. Auflage. I–II. – Berlin 1934–1935.

SPAMER, ADOLF: Die geistliche Hausmagd. Ein Beitrag zur Geschichte unserer religiösen Bilderbogen und des volkstümlichen Erbauungsschrifttums. Bearbeitet von MATHILDE HAIN. Göttingen 1969 (Veröffentlichungen des Instituts für mitteleuropäische Volksforschunng an der Philipps-Universität Marburg/Lahn, A 6). (im Druck).

SPAMER, ADOLF: Das kleine Andachtsbild vom XIV. bis zum XX. Jahrhundert. – München 1930. 334 p., CCXVII pl.

SPAMER, ADOLF: Romanusbüchlein. Historisch-philologischer Kommentar zu einem deutschen Zauberbuch. Ed. JOHANNA NICKEL. – Berlin 1958 (Veröffentlichungen des Instituts für Deutsche Volkskunde, 17). VIII + 446 p., VII pl.

SPAMER, ADOLF: Zauberbuch und Zauberspruch. – In: Deutsches Jahrbuch für Volkskunde I, 1955, p. 109–126.

SPIEGEL, MARIANNE: Der Roman und sein Publikum im früheren 18. Jahrhundert. 1700–1767. – Bonn 1967 (Abhandlungen zur Kunst-, Musik- und Literaturwissenschaft, 41). 216 p.

SPIELHAGEN, FRIEDRICH: Finder und Erfinder. Erinnerungen aus meinem Leben I. – Leipzig 1890. XII + 404 p.

SPIETHOFF, GUSTAV: Die Großmacht Presse und das deutsche Schriftsteller-Elend. Ein Wort an alle Zeitungs-Verleger und Literaten Deutschlands aus Anlaß des Falles Dr. Maron in Berlin. – Düsseldorf 1883. 16 p.

STADELMANN, RUDOLF – WOLFRAM FISCHER: Die Bildungswelt des deutschen Handwerkers um 1800. Studien zur Soziologie des Kleinbürgers im Zeitalter Goethes. – Berlin 1955. 258 p.

STAËL, MADAME DE: De l'Allemagne. Nouvelle édition publiée d'après les manuscrits et les éditions originales [...] par la Comtesse JEAN DE PANGE. I–IV. – Paris 1958–1959 (Les Grands Écrivains de la France).

STAËL, MADAME DE: De la Littérature considérée dans ses rapports avec les institutions sociales. Ed. PAUL VAN TIEGHEM. I–II. – Genève–Paris 1959. LXVI + 444 p.

STÄHLIN, FRIEDRICH: Napoleons Glanz und Fall im deutschen Urteil. Wandlungen des deutschen Napoleonbildes. – Braunschweig 1952. 147 p.

STATISTIK DER BIBELVERBREITUNG in Deutschland im Jahre 1879 den Mitgliedern des Congresses für innere Mission gewidmet von der Privilegirten Bibel-Anstalt Stuttgart. – Stuttgart 1880. 4 p.

STEINER, BERNHARD: Ludwig Tieck und die Volksbücher. Diss. – Berlin 1893. 64 p.

STEINER, GEORGE: Über Pornographie. – In: Der Monat 218, November 1966, p. 14–21.

STEINHAUSEN, HEINRICH: Ueber den Begriff der christlichen Litteratur, ihre Stellung und Aufgabe in der Gegenwart. – In: Die christliche Welt. Evangelisch-Lutherisches Gemeindeblatt für Gebildete aller Stände X, 1896, col. 12–14, 37–41, 51–55.

STEINITZ, WOLFGANG: Deutsche Volkslieder demokratischen Charakters aus sechs Jahrhunderten. I–II. – Berlin 1954 (Deutsche Akademie der Wissenschaften zu Berlin. Veröffentlichungen des Instituts für deutsche Volkskunde, 4/I–II). XLIV + 499 p., XLII + 630 p.

STEINSCHNEIDER, MORITZ: Rangstreit-Literatur. Ein Beitrag zur vergleichenden Literatur- und Kulturgeschichte. – In: Sitzungsberichte der Akademie Wien, Phil.-hist. Kl. 155 (1906). Wien 1908, IV. Abhandlung. 87 p.

STEPHANI, HEINRICH: System der öffentlichen Erziehung. Ein nöthiges Handbuch für alle, welche an derselben zweckmäßigen Antheil nehmen wollen. 2. Ausgabe. – Erlangen: Palm 1813. XXIV + 398 p.

STERN, FRITZ: Kulturpessimismus als politische Gefahr. Eine Analyse nationaler Ideologie in Deutschland. (The Politics of Cultural Despair). – Bern–Stuttgart–Wien 1963. XIII + 420 p.

STOCKMANN, ALOIS, S. J.: Der Roman und die Moral. – In: Stimmen aus Maria Laach 77, 1909, p. 491–502.

STRAUSS, WALTER: Vorfragen einer Soziologie der literarischen Wirkung. Diss. – Köln 1934. 344 p.

STREISSLER, FRIEDRICH: Einrichtung und Betrieb des Kolportage- und Reise-Buchhandels. – Leipzig 1899. 60 p. (nach GEORG IV, 257).

STREISSLER, FRIEDRICH: Der Kolportagehandel. – Leipzig: Rühle 1887. 60 p. (nach GEORG I, 140).

STROTHMANN, DIETRICH: Nationalsozialistische Literaturpolitik. Ein Beitrag zur Publizistik im Dritten Reich. – Bonn 1960 (Abhandlungen zur Kunst-, Musik- und Literaturwissenschaft, 13). 483 p.

STUDIEN ZUR TRIVIALITERATUR, ed. HEINZ OTTO BURGER. – Frankfurt 1968 (Studien zur Philosophie und Literatur des neunzehnten Jahrhunderts, 1). VIII + 270 p.

SUCHIER, WALTHER: L'Enfant sage. (Das Gespräch des Kaisers Hadrian mit dem klugen Kinde Epitus). Die erhaltenen Versionen herausgegeben und nach Quellen und Textgeschichte untersucht. – Dresden 1910 (Gesellschaft für romanische Literatur, 24). XIII + 612 p.

SULLEROT, EVELYNE: La Presse féminine. – Paris 1963 (kiosque). 320 p., zahlreiche fig. im Text (mit Bibliographie!).

SUMMERS, MONTAGUE: A Gothic Bibliography. – London 1941. XX + 622 p.

SUMMERS, MONTAGUE: The Gothic Quest. A History of the Gothic Novel. – London s. d. 443 p.

SUSSMAN, HERBERT L.: Victorians and the Machine. The Literary Response to Technology. – Cambridge, Mass.: Harvard University Press 1968. VIII + 261 p.

Suttina, Luigi: Per un catalogo delle stampe popolari italiane. – In: Accademie e Biblioteche d'Italia V, 1932, p. 214–216.

Szövérffy, Josef: Das Volksbuch – Geschichte und Problematik. – In: Der Deutschunterricht 14/2, April 1962, p. 5–28. (mit Bibliographie!).

Szövérffy, Josef: Volkserzählung und Volksbuch. (Drei kleine Beiträge zur Quellenfrage). – In: Fabula I, 1957, p. 3–18.

Talvart, Hector – Joseph Place – Georges Place: Bibliographie des auteurs modernes de langue française (1801–1927–1962). I–XV (A-Mirbeau), XVI–XVII (Index), XVIII (Mirecourt – Monglond). – Paris 1928–1966.

Tanselle, G. Thomas: The Historiography of American Literary Publishing. – In: Studies in Bibliography 18, 1965, p. 3–39 (mit Bibliographie!).

Taubert, Sigfred: Bibliopola. Bilder und Texte aus der Welt des Buchhandels. Pictures and Texts about the Book Trade. Images et Textes sur la Librairie. I–II. – Hamburg 1966. XXVI + 126 p., X + 526 p., 317 fig. im Text, 258 pl., 4 facsim.

Tenbruck, Friedrich H.: Über Kultur im Zeitalter der Sozialwissenschaften. – In: Saeculum XIV, 1963, p. 25–40.

Thalmann, Marianne: Der Trivialroman des 18. Jahrhunderts und der romantische Roman. Ein Beitrag zur Entwicklungsgeschichte der Geheimbundmystik. – Berlin 1923 (Germanische Studien, 24). 326 p.

Theden, Dietrich: Führer durch die Jugendliteratur. Grundsätze zur Beurtheilung der deutschen Jugendliteratur, Winke für Gründung, Einrichtung und Fortführung einschlägiger Bibliotheken, und Verzeichnis empfehlenswerter Schriften. – Hamburg 1883. 4 fol. + 78 p.

Theden, Dietrich: Die deutsche Jugendlitteratur. Kritisch und systematisch dargestellt. Grundsätze zur Beurtheilung der deutschen Jugendlitteratur, Winke für Gründung, Einrichtung und Fortführung einschlägiger Bibliotheken und Verzeichniss empfehlenswerther Schriften. Ein Handbuch für Eltern, Erzieher und Bibliothekare. Zweite, umgearbeitete und stark vermehrte Auflage. – Hamburg 1893. 6 fol. + 144 p.

Thieme, Hugo P.: Bibliographie de la littérature française de 1800 à 1930. I–III. – Paris 1933. XXVII + 1061 p., XXV + 1041 p., 216 p.

[Tholuck, F. A. D.:] Ueber die Litteratur unserer Jugendschriften in christlicher Beziehung, nebst einem Blicke auf die früheren Perioden. – In: Litterarischer Anzeiger für christliche Theologie und Wissenschaft überhaupt, num. 21, 9. April 1832, col. 161–166; num. 22, 14. April 1832, col. 169–173.

Thomas, Henry: Spanish and Portuguese Romances of Chivalry in the Spanish Peninsula, and Its Extension and Influence Abroad. – Cambridge 1920. VIII + 335 p.

Thürnau, C.: Die Geister in der englischen Literatur des 18. Jahrhunderts. Ein Beitrag zur Geschichte der Romantik. – Berlin 1906 (Palaestra, 55). VIII + 150 p.

TIDEMANN, HEINRICH: Die Zensur in Bremen von ihren Anfängen bis zu den Karlsbader Beschlüssen 1819. – In: Bremisches Jahrbuch. Herausgegeben von der Historischen Gesellschaft des Künstlervereins. XXX, 1926, p. 311–394.

TIDEMANN, HEINRICH: Die Zensur in Bremen von den Karlsbader Beschlüssen 1819 bis zu ihrer Aufhebung 1848. I–II. – In: Bremisches Jahrbuch XXXI, 1928, p. 370–414; XXXII, 1929, p. 1–110.

TIERSOT, JULIEN: La Chanson populaire et les écrivains romantiques. – Paris 1931. 326 p.

TILLE, ARMIN: Verzeichnis von 1802 konfiszierten Volksliedern. – In: Mitteilungen des Vereins für Sächsische Volkskunde III/5, 1904, p. 133–136.

TOINET, PAUL: Paul et Virginie. Répertoire bibliographique et iconographique. – Paris 1963. 203 p., 1.006 num.

TOMPKINS, J. M. S.: The Popular Novel in England 1770–1800. – London 1932 (Reprint: London s. d. und Nebraska University Press 1961, Bison Book 121). IX + 388 p.

TOSCHI, PAOLO: Le origini del teatro italiano. Torino: Einaudi 1955 (Collezione di studi religiosi, etnologici e psicologici, 27). XIV + 767 p., 81 fig. (mit Bibliographie!). – Cf. dazu die Rezension von G. B. BRONZINI in: Cultura Neolatina XVI, 1956, p. 201–239.

TOSCHI, PAOLO: Populäre Druckgraphik Europas. Italien vom 15. bis zum 20. Jahrhundert. Trad. RAGNI MARIA GSCHWENDT. – München 1967. 258 p., 167 pl., LVI fig. im Text (mit Bibliographie!). Cf. dazu die Rezension von R. SCHENDA in: Zeitschrift für Volkskunde 64, 1968, p. 305–308.

TOUAILLON, CHRISTINE: Der deutsche Frauenroman des 18. Jahrhunderts. – Wien–Leipzig 1919. VIII + 664 p.

TOUCHARD, JEAN: Histoire des idées politiques. II: Du XVIIIᵉ siècle à nos jours. – Paris 1962, p. 383–869 + IV p.

TREITSCHKE, HEINRICH: Deutsche Geschichte im Neunzehnten Jahrhundert. I–IV. – Leipzig 1879–1894 (Staatengeschichte der neuesten Zeit, 24–28). VIII + 790, VIII + 638, VIII +778, VIII + 753, VIII + 774 p.

TRIVIALLITERATUR. Aufsätze, ed. GERHARD SCHMIDT-HENKEL, HORST ENDERS, FRIEDRICH KNILLI, WOLFGANG MAIER. – Berlin 1964. 266 p.

TROELTSCH, WALTER: Die Calwer Zeughandelskompagnie und ihre Arbeiter. Studien zur Gewerbe- und Sozialgeschichte Altwürttembergs. – Jena 1897. XX + 484 p.

Trowitzsch – v. Das HAUS TROWITZSCH.

TRÜDINGER, OTTO: Das Hausiergewerbe in Württemberg. – Leipzig 1898 (Sonderdruck aus: Schriften des Vereins für Socialpolitik, vol. 80). 58 p.

TRÜMPY, HANS: Die Hintergründe des Schwankbuchs von den Laleburgern. – In: Festgabe Hans von Greyerz zum sechzigsten Geburtstag. – Bern: Herbert Lang 1967, p. 759–782.

TRÜMPY, HANS: Schweizerdeutsche Sprache und Literatur im 17. und 18. Jahrhundert (auf Grund der gedruckten Quellen). – Basel 1955 (Schriften der Schweizerischen Gesellschaft für Volkskunde, 36). 390 p.

Uccello, Antonino: Risorgimento e società nei canti popolari siciliani. – Firenze: Parenti 1961 (Saggi di Cultura Moderna, 39). VIII + 348 p., 25 fig.

Ueber das Kalenderwesen. An die Berliner Akademie. – In: Fliegende Blätter. Für Freunde der Toleranz, Aufklärung und Menschenverbesserung I, Dessau und Leipzig 1783, p. 125–189. (Autor: Rektor Fischer).

Ueber den Glauben an den hundertjährigen Kalender. – In: Berlinische Monatsschrift, ed. F. Gedike – J. E. Biester, III, Januar–Juni 1784. – Berlin 1784, p. 508–516.

Ueber die gegenwärtige Vielschreiberei, ihre Ursachen und Folgen. – In: Allgemeiner literarischer Anzeiger num. LXVI, 3. Juny 1797, col. 689–694.

Ueber die Ursachen der jetztigen Vielschreiberey in Deutschland. – In: Journal von und für Deutschland VII, 1790/1, p. 324–326, 498–502; 1790/2, p. 49–51. – Cf. Schreiben an einen Freund.

Ueber Jugendschriftstellerei. – In: Der Katholik; eine religiöse Zeitschrift zur Belehrung und Warnung. Ed. Dr. Dieringer. 85. Band, 22. Jahrgang, VII.–IX. Heft. – Mainz 1842, p. 26–48.

Ueber unsere Erziehung. Ein Fragment für die Nachwelt. – In: Baierische Beyträge zur schönen und nützlichen Litteratur II/10, October 1780, p. 1139–1164.

Usko, Hans Jürgen – Günter Schlichting: Kampf am Kiosk. Macht und Ohnmacht der deutschen Illustrierten. – Hamburg 1961 (Das aktuelle Thema, 10). 152 p.

Václavek, Bedrich: Die Volksliteratur in der tschechischen Entwicklung. – Halle a. d. S. 1953. 53 p.

Valjavec, Fritz: Geschichte der abendländischen Aufklärung. – Wien–München 1961. 378 p.

Van den Bergh, L. Ph. C.: De Nederlandsche Volksroman. Eene bijdrage tot de geschiedenis onzer letterkunde. – Amsterdam 1837. XVI + 198 p.

Van Heurck, Émile H.: Les Livres populaires flamands. – Anvers 1931. 160 p., 65 fig.

Van Heurck, Émile: Voyage autour de ma Bibliothèque. Livres populaires et livres d'école flamands in-4⁰. – Anvers 1927. 139 p., 12 fig., 159 num.

Van Heurck, Émile – Boekenoogen, G. J.: Histoire de l'imagerie populaire flamande et de ses rapports avec les imageries étrangères. – Bruxelles 1910. IX + 727 p., 14 pl., zahlreiche fig. im Text.

Van Heurck, Émile – Boekenoogen, G. J.: L'Imagerie populaire des Pays-Bas: Belgique, Hollande. – Paris s. d. (1930). 196 p., 16 pl., zahlreiche fig. im Text.

Veit, Ludwig Andreas: Das Aufklärungsschrifttum des 18. Jahrhunderts und die deutsche Kirche. Ein Zeitbild aus der deutschen Geistesgeschichte. – Köln 1937 (2. Vereinsschrift der Görres-Gesellschaft). 63 p.

Venè, Gian Franco: Letteratura e capitalismo in Italia dal '700 ad oggi. – Milano: Sugar Editore 1963 (Argomenti, 10). 515 p.

VERLAGSKATALOG DER C. H. BECKSCHEN VERLAGSBUCHHANDLUNG OSKAR BECK IN MÜNCHEN. 1763–1913. Mit einer geschichtlichen Einleitung. Herausgegeben zur Feier des hundertfünfzigjährigen Bestehens der Firma. – München 1913. 376 p.

VERZEICHNISS der in der Bibliothek des Börsenvereins der deutschen Buchhändler vorhandenen Geschäftsrundschreiben über Gründung, Kauf, Verkauf usw. buchhändlerischer Geschäfte. Mit Personen- und Ortsregister. – Leipzig 1897 (Verzeichniss der Sammlungen des Börsenvereins der deutschen Buchhändler, 2). XII + 825 p.

VIDOSSI, GIUSEPPE: Letteratura popolare a stampa. (Recensione a G. GIANNINI: La poesia popolare a stampa nel secolo XIX). – In: G. VIDOSSI: Saggi e scritti minori, p. 347–355.

VIDOSSI, GIUSEPPE: Saggi e scritti minori di folklore. – Torino 1960. XXXVIII + 542 p.

VIELE SAATEN – EINE ERNTE. Festschrift zum hundertjährigen Bestehen des Calwer Verlagsvereins 1833–1933. – Stuttgart 1933. 127 p. (mit Bibliographie!).

VITALE, SALVATORE; ed.: Fogli volanti di Napoli e Sicilia del 1848/49. – Roma: Istituto poligrafico dello Stato 1956 (Biblioteca di Storia Moderna e Contemporanea.) 174 p.

Vitale, S. – v. FOGLI VOLANTI NAPOLETANI.

VOGEL, ADOLF: Die Beschränkungen des Wanderbuchhandels in Deutschland. Historisch-kritische Darstellung. Diss. Tübingen. – Kirchhain 1906. IV + 78 p.

VOIGT, GÜNTHER: Friedrich Engels und die deutschen Volksbücher. – In: Deutsches Jahrbuch für Volkskunde I, 1955, p. 65–108.

VON DER LEYEN, FRIEDRICH: Volksliteratur und Volksbildung. – In: Deutsche Rundschau CLVII, 1913, p. 104–130.

VON DER NEUEN LESEGESELLSCHAFT ZU FRANKFURT AM MAYN. – In: Journal von und für Deutschland VI/2, 1789, p. 193–196.

[WALD, CARL:] Die Nothwendigkeit einer christlichen Volksbewegung und einer apologetischen Volksliteratur. – Berlin: Wald 1892. 30 p.

WALD, CARL: Sozialdemokratie und Volksliteratur. – Berlin: Selbstverlag des Verfassers 1889. 31 p.

Waller, F. G. – v. DRONCKERS, E.

WALLRAF, KARLHEINZ: Die „Bürgerliche Gesellschaft" im Spiegel deutscher Familienzeitschriften. Diss. – Köln 1939. 147 p.

WALLRAF, KARLHEINZ: Soziologische Probleme der unteren Grenze. – In: Bücherei und Bildung III, 1951, p. 792–796.

WALTHER, F. W. S. H.: Die Begründung von Dorf-Schulbibliotheken. Allen Vorstehern von Landschulen und den Lehrern an denselben angelegentlichst empfohlen. – Magdeburg 1843. 76 p. (mit Bibliographie empfehlenswerter Bücher).

WALTHER, FRANZ: Deutsches Zeitungswesen der Gegenwart. – Heilbronn 1888 (Zeitfragen des christlichen Volkslebens, XIII, 7/8). 93 p.

556

WAMELING, GRETE: Geisterhaftes und Okkultistisches in der englischen Erzählungskunst von 1880 bis 1890. Diss. Münster. – Emsdetten 1931. XI + 59 p.

WARUM LIESET MAN BÜCHER? und was hat man dabey zu beobachten? – In: Bremische Beyträge zur lehrreichen und angenehmen Unterhaltung für denkende Bürger. Erster Jahrgang. – Bremen 1795, p. 1–30.

WÄSCHER, HERMANN: Das illustrierte Flugblatt. II: Von der Zeit der Restauration bis zur Gegenwart. – Dresden 1956. 41 p., 119 fig.

WATT, IAN: Literature and Society. – In: The Arts in Society, ed. R. N. WILSON. – Englewood Cliffs, N. J. 1964, p. 300–314.

WEBER, HELMUT: Das Jugendbuch im Urteil seiner Leser. – Reutlingen 1954. 80 p.

WEBER, MARTA: Fanny Lewald. Diss. Zürich. – Rudolstadt 1921. 175 p.

WEHLER, HANS-ULRICH, ed: Moderne deutsche Sozialgeschichte. – Köln–Berlin 1966 (Neue Wissenschaftliche Bibliothek, 10). 585 p. (mit Bibliographie!).

WEISS, HARRY B.: American Chapbooks 1722–1842. – New York 1945 (Sonderdruck aus: Bulletin of the New York Public Library, 1945). 19 p. (Bibliographie nicht numeriert).

WEISS, HARRY B.: Hannah Moore's Cheap Repository Tracts in America. – New York 1946 (Sonderdruck aus: Bulletin of the New York Public Library, July-August 1946). 21 p.

WEISS, HARRY B.: Oneirocritica Americana. The Story of American Dream Books. – New York 1944 (Sonderdruck aus: Bulletin of the New York Public Library, June-July 1944). 37 p. (Bibliographie nicht numeriert).

WEISS, HARRY B.: Solomon King. Early New York Bookseller and Publisher of Children's Books and Chapbooks. – New York 1947 (Sonderdruck aus: Bulletin of the New York Public Library, September 1947). 16 p. (Bibliographie nicht numeriert).

WEISSE, CHRISTIAN FELIX: Sebstbiographie herausgegeben von dessen Sohne Ernst Weiße und dessen Schwiegersohne Samuel Gottlob Frisch. Mit Zusätzen von dem Letztern. – Leipzig 1806. VIII + 329 p.

WEISSERT, GOTTFRIED: Das Mildheimische Liederbuch. Studien zur volkspädagogischen Literatur der Aufklärung. – Tübingen 1966 (Volksleben, 15). 265 p.

WEISSTEIN, ULRICH: Einführung in die Vergleichende Literaturwissenschaft. – Stuttgart – Berlin – Köln – Mainz 1968. VIII + 256 p.

WELLEK, RENÉ – AUSTIN WARREN: Theory of Literature. – London (1949, 1953, 1954, 1956, 1961) [3](revised ed.) 1966. 375 p. (mit Bibliographie!).

WELLNHOFER, MATTHIAS: Die Anfänge der Leihbibliotheken und Lesegesellschaften in Bayern. – In: Heimat und Volkstum 17, 1939, p. 289–295.

WELSCHINGER, HENRI: La Censure sous le Premier Empire. Avec documents inédits. – Paris 1887. 400 p.

WENCK, MARTIN: Zur sozialen Lage der Redakteure und Journalisten. – In: Patria. Jahrbuch der „Hilfe", ed. FR. NAUMANN. – Berlin 1908, p. 136–146.

WENDT, BERNHARD: Der Versteigerungs- und Antiquariats-Katalog im Wandel von vier Jahrhunderten. – In: Archiv für Geschichte des Buchwesens IX, 1968, col. 1–88.

WENGRAF, EDMUND: Literatur und Gesellschaft. – In: Die Neue Zeit. Revue des geistigen und öffentlichen Lebens VII, 1889, p. 241–248.

WENIG, OTTO: Buchdruck und Buchhandel in Bonn. – Bonn 1968. 548 p.

WERNER, HEINRICH: Kurze Biographien der Verfasser der Lesestücke in den pfälzischen, sächsischen und hessischen Volksschul-Lesebüchern. – Speyer 1888 (H. Werners Autorensammlung). X + 230 p.

WERNER, KARL: Christian Gottlob Barth, Doktor der Theologie, nach seinem Leben und Wirken gezeichnet. I–III. – Calw–Stuttgart 1865–1869. VIII + 416 p., 396 p., 420 p., 1 Porträt (Kupfer von P. BARFUS, München).

WERNER, RICHARD MARIA: Das Vaterunser als gottesdienstliche Zeitlyrik. – In: Vierteljahrsschrift für Litteraturgeschichte 5, 1892, p. 1–49.

WESSELSKI, ALBERT: Die Formen des volkstümlichen Erzählguts. – In: A. SPAMER: Die deutsche Volkskunde I. – Leipzig 1934, p. 216–248.

WESSENBERG, IGNAZ HEINRICH VON: Die Elementarbildung des Volks im Achtzehnten Jahrhundert. – Zürich: Orell, Füßli u. Comp. 1814. 248 p., 1 fol. n.n.

WESTENRIEDER, LORENZ: Ob es, wenn man die Litteratur, und die Sittlichkeit befördern will, wohlgethan sey, die Vermehrung der Buchhandlungen, und Leihebibliotheken zu befördern. – In: L. WESTENRIEDER: Beyträge zur vaterländischen Historie, Geographie, Statistik, etc. VI. – München 1800, p. 290–301.

WHITE, D. M. – v. DEXTER, ROSENBERG.

WHITNEY, LOIS: Primitivism and the Idea of Progress in English Popular Literature of the Eighteenth Century. – New York (1934) 1965. XXI + 333 p.

WICHERN, JOHANN HINRICH: Die Begründung einer Verlagsbuchhandlung im Rauhen Hause (1844). – In: J. H. WICHERN: Sämtliche Werke, ed. P. MEINHOLD, IV/1. – Berlin 1958, p. 296–299.

WIDMANN, HANS: Aus der Geschichte des Reutlinger Druck- und Verlagswesens. – In: Rückblick für die Zukunft, p. 27–134.

WIDMANN, HANS: Der deutsche Buchhandel in Urkunden und Quellen. I–II. – Hamburg 1965. 445 p., 457 p.

WIDMANN, HANS: Geschichte des Buchhandels vom Altertum bis zur Gegenwart. Die Entwicklung in Umrissen auf Grund der Darstellung von ERNST KUHNERT. – Wiesbaden 1952. 189 p.

WIDMANN, HANS: Neuere Literatur zur Geschichte des Buchhandels (1945–1956). Erster Teil. – In: Tradition. Zeitschrift für Firmengeschichte und Unternehmerbiographie 7, 1962, p. 234–254.

WIEBER, FRIEDKARL: Der deutsche Zeitungsroman im zwanzigsten Jahrhundert. Eine volkskundliche Auseinandersetzung. – Halle 1933. 135 p.

WIEDEMANN, THEODOR: Die kirchliche Bücher-Censur in der Erzdiöcese Wien. Nach den Acten des fürstbischöflichen Consistorial-Archives in Wien. – In: Archiv für österreichische Geschichte 50, 1873, p. 215–520.

WIESE, LEOPOLD VON: Methodologisches über den Problemkreis einer Soziologie der Kunst. – In: Verhandlungen des Siebenten Deutschen Soziologentages 1930. – Tübingen 1931, p. 121–132.

WIESNER, ADOLPH: Denkwürdigkeiten der Oesterreichischen Zensur vom Zeitalter der Reformation bis auf die Gegenwart. – Stuttgart 1847. XVI + 436 p.

WILDI, MAX: Künstler und Gesellschaft in England 1850–1900. – In: Individuum und Gemeinschaft. Festschrift zur Fünfzigjahrfeier der Handels-Hochschule St. Gallen 1949. – St. Gallen 1949, p. 605–628.

WILHELM, OTTO: Ratgeber für schwäbische Volksbüchereien. – Heilbronn 1913. 174 p.

WILLIAMS, RAYMOND: Culture and Society 1780–1950. (1958). – Garden City, N. Y. 1960 (Anchor Book, A 220). XVIII + 382 p.

WILLKE, INGEBORG: ABC-Bücher in Schweden. Ihre Entwicklung bis Ende des 19. Jahrhunderts und ihre Beziehungen zu Deutschland. – Stockholm 1965. 411 p., 32 fig. (mit Bibliographie!).

WINTERSCHEIDT, FRIEDRICH: Die geistesgeschichtlichen Grundlagen der deutschen Unterhaltungsliteratur der Jahre 1850–1860. Diss. Erlangen-Nürnberg. – Erlangen 1966. 291 + XXIII p.

Wirtschafts- und sozialgeschichtliche Probleme – v. FISCHER, W.

WITKOWSKI, G.: Verzeichnis der im Verlage der verwitweten Solbrigin zu Leipzig herausgekommenen Volkslieder, welche anbefohlenermassen zur Censur gelangt sind. Anno 1802. – In: Mittheilungen des Vereins für Sächsische Volkskunde IV, 1908, p. 299–309.

WITTE, W.: The Sociological Approach to Literature. – In: The Modern Language Review 36, 1941, p. 86–94.

WITTKOWER, RUDOLF und MARGOT: Künstler – Außenseiter der Gesellschaft. – Stuttgart 1965. XII + 320 p.

WITTMANN, WALTER: Beruf und Buch im 18. Jahrhundert. Ein Beitrag zur Erfassung und Gliederung der Leserschaft im 18. Jahrhundert, insbesondere unter Berücksichtigung des Einflusses auf die Buchproduktion, unter Zugrundelegung der Nachlaßinventare des Frankfurter Stadtarchivs für die Jahre 1695–1705, 1746–1755 und 1795–1805. – Diss. Frankfurt/M. – Bochum 1934. 145 p.

WOHLFAHRT (Dr.): Einige Momente zur Geschichte der Volksbildung in Deutschland. – In: Centralblatt I, 1857, p. 186–191.

WÖLCKEN, FRITZ: Der literarische Mord. Eine Untersuchung über die englische und amerikanische Detektivliteratur. – Nürnberg 1953. 348 p.

WOLF, EDWIN: American Song Sheets, Slip Ballads and Poetical Broadsides, 1850–1870. A Catalogue of the Collection of The Library Company of Philadelphia. – Philadelphia 1963. 205 p., 2.722 + 194 num.

WOLFF, KURT H.: Versuch zu einer Wissenssoziologie. – Berlin–Neuwied 1968 (Soziologische Texte, 53). 321 p.

WOLFGANG, MARVIN E., ed.: Patterns of Violence. – In: The Annals of The American Academy of Political and Social Science 364, Philadelphia 1966, p. 1–157.

WOLGAST, HEINRICH: Das Elend unserer Jugendlitteratur. Ein Beitrag zur künstlerischen Erziehung der Jugend. 2. Auflage. – Hamburg 1899. 218 p.

WOLLSCHLÄGER, HANS: Karl May in Selbstzeugnissen und Bilddokumenten. – Hamburg 1965 (rowohlts monographien, 104). 167 p., zahlreiche fig. im Text.

WÜRTTEMBERGISCHER VOLKSSCHRIFTEN-VEREIN. Rechenschafts-Bericht des Ausschusses über die Verwaltungsperiode 1843–46 – s. l. n. d. 8 p. – Cf. Rechenschafts-Bericht.

WUTTKE, HEINRICH: Die deutschen Zeitschriften und die Entstehung der öffentlichen Meinung. Ein Beitrag zur Geschichte des Zeitungswesens. – Hamburg 1866. 151 p.

ZACK, VIKTOR – VIKTOR VON GERAMB: Die Lieder vom boarischen Hiasl in Deutschösterreich. – In: Bayerische Hefte für Volkskunde VI, 1919, p. 1–34, 3 fig. und Notenbeispiele.

ZANG, HERMANN: Die „Gartenlaube" als politisches Organ. Belletristik, Bilderwerk und literarische Kritik im Dienste der liberalen Politik 1860–1880. Diss. Würzburg. – Coburg 1935. 131 p.

ZELLWEGER, RUDOLF: Les Débuts du roman rustique. Suisse – Allemagne – France 1836–1856. – Paris 1941. 381 p. (mit Bibliographie!).

ZENDER, MATTHIAS: Schinderhannes und andere Räubergestalten in der Volkserzählung der Rheinlande. – In: Rheinisch-Westfälische Zeitschrift für Volkskunde 2, 1955, p. 84–94, 1 Karte.

ZERRENNER, HEINRICH GOTTLIEB: Volksaufklärung. Uebersicht und freimüthige Darstellung ihrer Hindernisse nebst einigen Vorschlägen denselben wirksam abzuhelfen. Ein Buch für unsere Zeit. – Magdeburg 1786. 4 fol. n. n. + 142 p.

ZIEGELMEIER, LUDWIG: Standortverzeichnis der Nürnberger politischen Presse. – Nürnberg: Stadtbibliothek 1960. 78 p., 147 num.

ZIEGENFUSS, WERNER: Kunst (Bildende Kunst und Literatur). – In: Handwörterbuch der Soziologie, ed. ALFRED VIERKANDT. – Stuttgart 1931, p. 308–338.

ZIEGLER, CONRAD: Dichter im deutschen Schulhause. – Bielefeld s. a. (1892). 382 p.

ZIEGLER, KLAUS: Vom Recht und Unrecht der Unterhaltungs- und Schundliteratur. – In: Die Sammlung 2, 1946, p. 565–574.

ZIEGLER, THEOBALD: Die geistigen und socialen Strömungen des Neunzehnten Jahrhunderts. – Berlin 1899. VIII + 714 p.

ZIMMER, DIETER E., ed.: Die Grenzen literarischer Freiheit. 22 Beiträge über Zensur im In- und Ausland. – Hamburg 1966 (Die Zeit Bücher). 225 p.

ZIMMERMANN, EMIL: Die Korruption in der Presse. Ein Beitrag zur Charakteristik des heutigen Zeitungswesens nebst den nötigen geschichtlichen Notizen. – Leipzig s. d. (1894). 60 p.

ZSCHOKKE, HEINRICH: Eine Selbstschau. – In: H. ZSCHOKKE: Werke in 12 Teilen, ed. HANS BODMER. Teil 1. – Berlin–Leipzig–Wien s. a., p. 1–325.

VERZEICHNIS DER BENUTZTEN ARCHIVALIEN

Archives Nationales, Paris

F^{18}. 32	Impression d'ouvrages de piété dans les départements.
F^{18}.551	Bouquinistes et colporteurs 1818–44.
F^{18}.552/553	Autorisations de colportage 1855/56.
F^{18}.554	Commission de colportage 1822/62.
F^{18}.555	Commission de colportage 1864/69.
F^{18}.556/561	Presse et colportage 1871/94.
F^{18}.562/564	Presse et colportage 1871/80.

Archives du département Bas-Rhin, Strasbourg

T. 205	Presse non politique 1848–1868.
	Presse politique.
	Censure et procès-verbaux.
T. 206	Presse politique 1852–1870.
T. 207	Libraires, imprimeurs et lithographes 1811–1869.
T. 208	Dépôt légal 1850–1866.
T. 209	Dépôt légal 1868–1869.
T. 210	Colportage et colporteurs 1853–1861.
T. 211	Colportage 1863–1865.
T. 212	Colportage 1858–1866.
T. 213	Colportage et colporteurs 1854–1865.
T. 214	Colportage et colporteurs 1829–1870.
T. 215	Colportage et colporteurs 1853–1860.
T. 216	Colportage et colporteurs 1850–1853.
T. 217	Colportage et colporteurs 1852–1870.
T. 218	Dépôt légal 1828–1870.

Archives du département Haut-Rhin, Colmar

Aus der Serie 1. T die Faszikel
392, 444, 445, 446, 449, 450–454, 456, 457, 462–464, 467, 475, 484.
Aus den noch ungeordneten Akten die Faszikel
27.907 und 27.908.

Archives du département Vosges, Épinal

Serien 7 - T - 6, 7 - T - 7, 7 - T - 9, 7 - T - 9bis, 7 - T - 10.

Staatsarchiv Ludwigsburg

D 52	Residenzpolizeiministerium 1808–1820.
D 54	Oberzensurkollegium 1808–1817.
E 141	
E 143	
E 146	Innenministerium, 19. Jahrhundert.
E 150	
F 201	Stadtdirektion Stuttgart, insbesondere Büschel 609–653 (Vereinspolizei) und 654–670 (Pressepolizei) – etwa 1825–1890.
J 30	Museumsgesellschaft Ludwigsburg, 19. Jahrhundert

Bayerisches Hauptstaatsarchiv München

MH 9111	Leihbibliotheken, Generalia 1849.
MH 5279	Buchhandel und Buchhandlungen 1820–1855.
MH 14613	Beaufsichtigung des Kolportagehandels.
MInn 25097–98	Handhabung der Pressezensur.
MInn 25114–32	

Badisches Generallandesarchiv Karlsruhe

Aus der Abteilung 236 „Innenministerium" die einschlägigen Faszikel 148, 149, 150, 227, 243, 5748, 5749, 5753.

REGISTER

1. Autorenverzeichnis

Dieses Verzeichnis enthält alle im Text und in den Fußnoten, nicht aber die in der Bibliographie zitierten Verfasser. Zu den populären Autoren cf. auch den ausführlichen Index zu J. D. Hart: *The Popular Book*, p. 319–351 sowie das soeben erschienene Buch von Gustav Sichelschmidt: *Liebe, Mord und Abenteuer*, Berlin 1969, p. 253–259. Viele Daten über populäre Autoren der zweiten Jahrhunderthälfte finden sich in den zeitgenössischen Ausgaben von Meyers *Konversationslexikon*. – Im Text fehlende Vornamen wurden mit Hilfe der Nationalbibliographien sorgfältig ergänzt.

2. Drucker, Verleger, Buchhändler, Kolporteure

Dieses Verzeichnis ist an vielen Stellen so unvollkommen wie die Angaben in den Archivalien und auf den Druckwerken. Die Angaben sollen dem Buchhistoriker (ein Drucker- und Verlagsverzeichnis für das 19. Jahrhundert gibt es bislang nicht) nur einzelne Hinweise liefern. Die nähere Lokalisierung einzelner Orte findet sich im anschließenden Ortsverzeichnis. Für Frankreich cf. das Verlagsregister zu Schenda: *1000 FVB*, p. 546–548.

3. Ortsverzeichnis

Bei den Ortsnamen (es handelt sich zumeist um Druck- und Verlagsorte) sind hinter dem Schrägstrich, soweit möglich oder nötig, Kreise, Départements, Kantone, Provinzen oder Staaten angegeben. Die Frequenz der Seitenangaben läßt – mit wenigen Ausnahmen – keine Rückschlüsse auf die relative Bedeutung der Druckorte zu, da das Material in der Hauptsache aus Süddeutschland und Ostfrankreich stammt. Für Frankreich cf. ergänzend den Ortsindex zu Schenda: *1000 FVB*, p. 548–549.

4. Sachverzeichnis

Zu der hier gebotenen Stichwort-Auswahl vergleiche man ergänzend die aufschlußreichen Register zu den nach Abschluß dieses Manuskripts erschienenen Büchern von E. D. Becker – M. Dehn: *Literarisches Leben* und H. Möller: *Die kleinbürgerliche Familie.*

593

Studien zur Philosophie und Literatur des 19. Jahrhunderts

Weitere Bände in Vorbereitung. Bitte Prospekt der ganzen Reihe anfordern.

Vittorio Klostermann · Frankfurt am Main